J. von Staudinger's Kommentar

zum

Bürgerlichen Gesetzbuch

und dem Einführungsgesetze

herausgegeben von

Dr. Theodor Loewenfeld,
Univ.-Professor und Rechtsanwalt in München

Dr. Erwin Riezler,
Professor an der Universität Freiburg i. B.

Philipp Mayring,
k. Oberlandesgerichtsrath in München

Karl Kober,
k. Landgerichtsrath in München

Dr. Theodor Engelmann,
k. Landgerichtsrath in München

Dr. Felix Herzfelder,
Rechtsanwalt in München

Joseph Wagner,
k. Oberlandesgerichtsrath u. Landtagsabgeordneter in Augsburg.

---

2. vollständig neubearbeitete **Auflage.**

München 1904.
J. Schweitzer Verlag (Arthur Sellier).

J. von Staudinger's Kommentar zum Bürgerlichen Gesetzbuche und dem Einführungsgesetze

I. Band.

Allgemeiner Theil.

Erläutert

von

Dr. Theodor Loewenfeld,
Univ.-Professor und Rechtsanwalt in München

und

Dr. Erwin Riezler,
Professor an der Universität Freiburg i. B.

2. vollständig neubearbeitete **Auflage.**

München 1904.
J. Schweitzer Verlag (Arthur Sellier).

Inhaltsübersicht
zum ersten Bande.

Erstes Buch.
Allgemeiner Theil.

Vorwort zur 1. Auflage.

Die erste Lieferung dieses Kommentars erschien im April 1898. Fünf Jahre sind ins Land gegangen, bis die Fertigstellung möglich war. Wie unliebsam diese auf Gründen innerer und äußerer Art beruhende Verzögerung von den Mitarbeitern und vom Verleger empfunden wurde, bedarf keiner besonderen Hervorhebung; wer Umfang und Schwierigkeit des Gesammtwerks in billige Erwägung zieht, wird die Verspätung des Abschlusses erklärlich finden. Selbstverständlich hat dieser Umstand auch eine schon im Umfange der einzelnen Theile hervortretende Verschiedenheit der Bearbeitung zur Folge gehabt; ist doch die bei Erscheinen der ersten Lieferungen noch recht spärliche Literatur und Judikatur in der Zwischenzeit zu gewaltigem Umfang angewachsen. Auch im Uebrigen konnten gewisse Verschiedenheiten der Darstellung bei der den Mitarbeitern programmmäßig eingeräumten Selbstständigkeit nicht völlig vermieden werden; trotzdem wird das die einzelnen Theile zusammenhaltende „geistige Band" wohl nicht vermißt werden.

Leider war es Geheimrath v. Staudinger, der die letzten Jahre seines arbeitsreichen Lebens hingebungsvoll in den Dienst des Unternehmens stellte, nicht vergönnt, dessen Vollendung zu erleben.

Die Vertheilung des Stoffes unter die einzelnen Mitarbeiter ergiebt sich aus nachstehender Uebersicht:

Es haben bearbeitet:

Band 1:	Einleitung und Abschnitt 1 (§§ 1—89)	Prof. Dr. Th. Loewenfeld.
	Abschnitt 2—7 (§§ 90--240) . . .	Prof. Dr. E. Riezler.
Band 2:	Abschnitt 1—6 (§§ 241—432) . .	OLGR. Ph. Mayring.
	Abschnitt 7 Titel 1 u. 2 (§§ 433—534)	Geh. R. Dr. J. v. Staudinger.
	Titel 3 (§§ 535—597) . . .	LGR. K. Kober.
	Titel 4—9 (§§ 598—661) . . .	Geh. R. Dr. J. v. Staudinger.
	Titel 10—13 (§§ 662—704) .	LGR. Dr. Th. Engelmann
	Titel 14 und 15 (§§ 705—758) .	LGR. K. Kober.
	Titel 16—18 (§§ 759—778) . .	LGR. Dr. Th. Engelmann.
	Titel 19—23 (§§ 779—811) . .	LGR. K. Kober.
	Titel 24 und 25 (§§ 812—853) .	LGR. Dr. Th. Engelmann.
Band 3:	. . .	LGR. K. Kober.

Band 4:	Abschnitt 1 Titel 1—5 (§§ 1297—1362)	LGR. Dr. Th. Engelmann.
	Titel 6 (§§ 1363—1563) . . .	Geh. R. Dr J. v. Staudinger.
	Titel 7 und 8 (§§ 1564—1588) .	LGR. Dr. Th. Engelmann.
	Abschnitt 2 und 3 (§§ 1589—1921) .	LGR. Dr. Th. Engelmann.
Band 5: . .	. .	RA. Dr. F. Herzfelder.
Band 6: .	. . .	OLGR. J. Wagner.

Die redaktionelle Leitung des Gesammtwerkes führte bis zu seinem im Februar 1902 erfolgten Tode Geh. R. v. Staudinger, von da ab LGR. Kober.

Das Register ist von Amtsrichter Keidel bearbeitet.

München, im März 1903.

Die Herausgeber.

Vorwort zur 2. Auflage.

Die Ziele und Zwecke der neuen Auflage gehen über die der ersten erheblich hinaus. Während es sich bei dieser vielfach nur um markante Darstellung der Grundzüge des Gesetzes handeln konnte, mußte nunmehr zu den inzwischen in gewaltiger Anzahl aufgetauchten Einzelfragen Stellung genommen werden. Daß die erweiterte Aufgabe eine völlige Umgestaltung einzelner Theile erforderlich machte, wird auch bei flüchtiger Vergleichung der beiden Auflagen nicht übersehen werden können.

Besonderes Augenmerk ist der landesrechtlichen Ausführungsgesetzgebung zugewendet worden. Die Ausführungsgesetze von Preußen, Bayern, Sachsen, Württemberg und Baden sind ständig, die der übrigen Bundesstaaten, soweit es die Wichtigkeit der einzelnen Materie erheischte, in Berücksichtigung gezogen; daneben ist auch der Vergleichung des neuen Rechtes mit dem bisherigen Rechtszustand in erweitertem Umfange Rechnung getragen worden.

Der Name des inzwischen verstorbenen Herausgebers der 1. Auflage, Geheimraths von Staudinger, soll auch fernerhin dem Werke erhalten bleiben. Von den in erster Auflage durch Geheimrath von Staudinger erläuterten Materien wird nunmehr das eheliche Güterrecht von Landgerichtsrath Dr. Engelmann, der dem Obligationenrecht angehörende Theil von Landgerichtsrath Kober bearbeitet; s. nachstehende Uebersicht:

Band 1:	Einleitung und Abschnitt 1 (§§ 1—89)	Prof. Dr. Th. Löwenfeld.
	Abschnitt 2—7 (§§ 90—240) . .	Prof. Dr. E. Riezler.
Band 2:	Abschnitt 1- 6 (§§ 241—432) . . .	OLGR. Ph. Mayring.
	Abschnitt 7 Titel 1—9 (§§ 433—661) .	LGR. K. Kober.
	Titel 10—13 (§§ 662—704) .	LGR. Dr. Th. Engelmann.
	Titel 14 und 15 (§§ 705—758)	LGR. K. Kober.
	Titel 16—18 (§§ 759—778) .	LGR. Dr. Th. Engelmann.
	Titel 19—23 (§§ 779—811) .	LGR. K. Kober.
	Titel 24 und 25 (§§ 812—853)	LGR. Dr. Th. Engelmann.
Band 3:		LGR. K. Kober.
Band 4:		LGR. Dr. Th. Engelmann.
Band 5:		RA. Dr. F. Herzfelder.
Band 6:		OLGR. J. Wagner.

Die redaktionelle Leitung des Gesammtwerks wird von Landgerichtsrath Kober und Landgerichtsrath Dr. Engelmann in Gemeinschaft geführt.

Die nunmehr jedem einzelnen Bande beigegebenen Register sowie das als Band 7 erscheinende Gesammtregister sind von Amtsrichter Keidel bearbeitet.

München, im Januar 1904.

Die Herausgeber.

Literatur im Allgemeinen.

Die Spezialliteratur ist in Fußnoten (*) bei den einzelnen Abschnitten, Titeln oder Paragraphen aufgeführt.

Cosack = K. Cosack, Lehrbuch des deutschen Bürgerlichen Rechts, 4. Aufl., Bd. I, Jena 1903.

Crome = Crome, System des deutschen Bürgerlichen Rechts, Bd. I, Berlin 1900.

Dernburg, Pand. = H. Dernburg, Pandekten, 1. Bd., 6. Aufl. Unter Mitwirkung von J. Biermann, Berlin 1901—1903.

Dernburg, Das Bürgerliche Recht des Deutschen Reichs und Preußens, Bd I, Die allgemeinen Lehren, Halle 1902.

Eck = Eck, Vorträge über das BGB., 2. Aufl., 1903.

Endemann = F. Endemann, Lehrbuch des Bürgerlichen Rechts, 8. Aufl., Bd. I, Berlin 1900.

Enneccerus-Lehmann = L. Enneccerus und H. O. Lehmann, Das Bürgerliche Recht, 2. Aufl., Bd. I, Marburg 1901.

Fischer-Henle = Bürgerliches Gesetzbuch vom 18. August 1896. Handausgabe, herausgegeben von O. Fischer und W. v. Henle, 5. u. 6. Aufl., München 1902 u. 1903.

Gareis = Karl Gareis, Der Allg. Theil des BGB., Berlin 1900.

Otto Gierke, Deutsches Privatrecht, Bd. I, 1895.

Habicht = H Habicht, Die Einwirkung des BGB. auf zuvor entstandene Rechtsverhältnisse, 3. Aufl., Jena 1901.

Hachenburg, Vortr = M. Hachenburg, Das BGB. für das Deutsche Reich, Vorträge, 2. Aufl., Mannheim 1900.

Hellmann = Fr. Hellmann, Vorträge über das BGB., 1897.

Hölder = E. Hölder, Kommentar zum Allg. Theil des BGB., Berlin 1900.

Jacubezky, Bem. = K. Jacubezky, Bemerkungen zu dem Entwurfe eines BGB. für das Deutsche Reich, München 1892.

Kuhlenbeck = L. Kuhlenbeck, Das BGB. für das Deutsche Reich, 1. Bd., 2. Aufl., Berlin 1903.

Kuhlenbeck, Von den Pandekten = L Kuhlenbeck, Von den Pandekten zum BGB., 1 Theil, 1898.

Lehmann = s. oben unter Enneccerus-Lehmann.

Leonhard = R. Leonhard, Der Allg. Theil des BGB., Berlin 1900.

Meisner = Meisner, Das BGB., Bd. I, 1898.

Neumann = H. Neumann, Handausgabe des BGB. für das Deutsche Reich, 1. Bd., 3. Aufl., Berlin 1903

Oertmann, Bayr. Landesprivatrecht, 1. Abth., Halle 1903.

Planck = G. Planck, Bürgerliches Gesetzbuch nebst Einführungsgesetz, 1 Bd., 2 u. 3. Aufl., Berlin 1900—1902, 1903. Die 3. Aufl. ist von § 90 an berücksichtigt.

Rehbein = H. Rehbein. Das BGB. mit Erläuterungen, Bd. I, Berlin 1899.

Roth = P. Roth, Bayr. Civilrecht, 1. Bd., 2. Aufl., 1881.

Staub, Kommentar zum HGB, 6. u. 7. Aufl., 1900.

Stobbe, Handbuch des deutschen Privatrechts, 3. Aufl., 1. Bd., Berlin 1893.

Windscheid-Kipp, P. = B. Windscheid, Lehrbuch des Pandektenrechtes, 8. Aufl, bearbeitet von Th. Kipp, Frankfurt a/M. 1901.

Abkürzungen.

AG. = Ausführungsgesetz zum BGB.
AGO. = Ausführungsgesetz zur Grundbuchordnung und zu dem Gesetz über die Zwangsversteigerung und die Zwangsverwaltung.
Anf.Ges. = Gesetz betr. die Anfechtung von Rechtshandlungen eines Schuldners außerhalb des Konkursverfahrens.
Bayr. Oberst. LG. = Sammlung von Entscheidungen des Bayrischen Obersten Landesgerichts in Civilsachen; — n. F. = Sammlung 2c. neue Folge (von 1901 ab).
Bl. f. RA = Dr. J A. Seufferts Blätter für Rechtsanwendung
BLR. = Bayrisches Landrecht.
BGB. = Bürgerliches Gesetzbuch.
Central-Bl. = Central-Blatt für freiwillige Gerichtsbarkeit u. Notariat, sowie Zwangsversteigerung.
CPO. = Civilprozeßordnung.
cod. civ. = code civil.
D. = Denkschrift (z B. D. z. CPO); D (ohne Beisatz) = Denkschrift zum Entwurf eines BGB.
D. Jur Z. = Deutsche Juristenzeitung.
E I, II, III = Entwurf I, II, III d BGB.
EG. = Einführungsgesetz z. BGB.
Entsch. FG. = Entscheidungen in Angelegenheiten der freiwilligen Gerichtsbarkeit und des Grundbuchrechts, zusammengestellt im Reichs-Justizamte.
FG. = Reichsgesetz über die Angelegenheiten der freiwilligen Rechtspflege.
GBO = Grundbuchordnung.
Gem. R. = Gemeines Recht.
Gruchot, Beitr. = Beiträge zur Erläuterung des deutschen Rechts, begründet von Gruchot.
G. u. VBl. = Gesetz- und Verordnungsblatt für das Königreich Bayern.
GVG. = Gerichtsverfassungsgesetz.
HGB. = Handelsgesetzbuch.
Jur. Wschr. = Juristische Wochenschriftt.
KO. = Konkursordnung.
Kreittmayr, Ann. = Kreittmayr, Annotattionen zum bayer Landrecht.
M. I, 1 = Motive zum Entwurfe (I) eines BGB. Bd. I Seite 1.
Mot. z. EG. = Motive zum Einführungsgesetz z. BGB.
Not.Ges. = Notariatsgesetz.
P. I, 1 = Protokolle der Kommission für die zweite Lesung des Entwurfs des BGB. Bd I Seite 1.
PLR. = Preußisches Landrecht.
RG. = Reichsgesetz.
RGBl. = Reichsgesetzblatt.
ROHG. = Entscheidungen des Reichsoberhandelsgerichts.
RTK 1 = Bericht der Reichstagskommission Seite 1.
Röm. R. = Römisches Recht.
RGE. = Entscheidungen des Reichsgeerichts in Civilsachen.
RGE. in StS. = Entscheidungen des Reichsgerichts in Strafsachen.
Rspr d. OLG. = die Rechtsprechung der Oberlandesgerichte auf dem Gebiete des Civilrechts, herausgegeben von Mugdan und Falkmann.
SR. = Sachenrecht.
Sächs. GB. = Bürgerliches Gesetzbuch für das Königreich Sachsen.
Seuff. Arch. = Seufferts Archiv.
StB. 1 = Stenographische Berichte des Reichstags Seite 1.
StGB. = Strafgesetzbuch.
StPO = Strafprozeßordnung.
ZG. I, 1 = Zusammenst. d. gutachtl. Aeeußerungen zu dem Entw. eines BGB. Bd. I Seite 1.
ZwVG. = Gesetz über die Zwangsversteigeerung und die Zwangsverwaltung.

Sämmtliche Gesetzesmaterialien sind in der Ausgabe von J. Guttentag citirt.

Einleitung

und

Allgemeiner Theil.

(§§ 1—89.)

Erläutert

von

Dr. Theodor Loewenfeld.

Einleitung.

Von Dr. Theodor Loewenfeld.

I.

Zur Vorgeschichte des BGB.

1. Die Verkündigung des BGB. und seiner reichs- und landesrechtlichen Ergänzungsgesetze stellt einen vorläufigen Abschluß des Kampfes zwischen rezipirtem und einheimischem Rechte und damit der Rezeptionsgeschichte dar. Wie weit römisches, wie weit einheimisches Recht zur Herrschaft gelangt oder dabei verblieben ist, läßt sich nur aus der Gesammtmasse des am 1. Januar 1900 in formelle Geltung getretenen oder in solcher bestätigten Rechtes ersehen. Der historischen und praktischen Bedeutung des BGB. als der ersten umfassenden einheitlichen und unmittelbar geltenden Kodifikation des deutschen Privatrechts thut es keinen Eintrag, daß ein System des letzteren nicht in ihm allein gefunden werden kann. Es sei gestattet, hier mit ein paar Worten an bekannte Thatsachen zu erinnern.

2. Das deutsche Volk ist nicht als Einheit in die Geschichte eingetreten, sein Recht war daher von Anfang an nicht ein einheitliches Recht. Die verschiedenen deutschen Stämme hatten verschiedenes Recht; nur Grundzüge waren gemeinsam. Diese Rechtsspaltung setzte sich im Mittelalter in erweitertem Umfange fort. Das Recht war nach Ständen verschieden und örtlich zersplittert. „Jede Landschaft, jedes weltliche oder geistliche Herrschaftsgebiet, jeder Gerichtsbezirk, jede Stadt, jede Mark, jedes Dorf erzeugte ein eigenartiges Recht" (Gierke). Die Rechtsanwendung lag in den Händen von Volksgerichten, die bei zunehmender Massenhaftigkeit des Rechtsstoffs und Verwickeltheit der Verhältnisse ihrer Aufgabe nicht mehr gewachsen waren. Man nimmt auch an, daß dieses vorwiegend auf agrarische Bedürfnisse zugeschnittene Recht in seiner Zersplitterung, mangelhaften Feststellung und Durchbildung den Ansprüchen des aufstrebenden gewerbetreibenden Bürgerthums nicht mehr genügte.

3. In diesen Zuständen erblickt man eine der Ursachen der Aufnahme (Rezeption) des römischen Rechtes. Gierke vergleicht diesen Vorgang mit der „Annahme einer fremden Sprache mit Wortschatz, Grammatik und Syntax" durch ein Volk. Ob das römische Recht aber wirklich „in complexu" rezipirt wurde und wie weit es sich hiebei um einen den Betheiligten bewußten Vorgang gehandelt hat, bedarf immer noch der Aufhellung. Zweifellos hat das römische Verkehrsrecht zunächst im weitesten Umfange das einheimische Recht verdrängt; Deutschland wurde hiemit ein Theil eines durch die Hauptländer Europas gebildeten, vom römischen Rechte beherrschten Gebietes. Rezipirt wurde nicht nur Privatrecht, sondern auch öffentliches Recht im heutigen Sinne des Wortes (z. B. Strafrecht) welches man lange zum „Civilrecht" rechnete. Dies ist auch jetzt noch von erheblicher praktischer Bedeutung. Vielfach, insbesondere für agrarische und Familienverhältnisse, erhielt sich das einheimische Recht, theilweise römisch gefärbt. Andererseits unterlag auch das römische Recht, wie vor der Rezeption in dem Stammland Italien, so auch auf deutschem Boden, mannigfachen Aenderungen im Sinne einer Anpassung an germanische Rechtsanschauungen. Derartige Aenderungen, welche als „avitizische Reminiszenzen", als Rückfall in ein überwundenes Stadium der Rechtsentwicklung, gekennzeichnet worden, sind gerade im Verkehrsrechte, speziell des Großhandels, weiter entwickelt, in den neuesten

Gesetzgebungen europäischer wie außereuropäischer Länder festgehalten worden und haben im BGB. und seinen Neben- und Ausführungsgesetzen, insbesondere auch im neuen HGB. eine weitere Ausgestaltung erfahren. Von Anfang an aber hatten sich diese germanischen Abwandlungen des gemeine Geltung beanspruchenden römischen Rechtes als lokale Satzung oder Gewohnheit zu vertheidigen. Die Auseinandersetzung zwischen römischem und deutschem Rechte und die innere Aneignung des ersteren war mit der äußeren Vollendung der sogenannten Rezeption eher am Anfang als am Ende. Zunächst zeigte sich das gesammte einheimische Recht — römischen und deutschen Ursprungs — als ein Chaos, dessen Ordnung vergeblich von der alten Reichsgewalt erwartet wurde. Die auf diesem Wege nicht zu beseitigende Rechtsunsicherheit veranlaßte zahlreiche partikularrechtliche Bearbeitungen beider Rechte. Umfangreichere Arbeiten mit größerem Geltungsgebiete waren das Werk des 18. und beginnenden 19. Jahrhunderts. Hierher gehören:

Das bayrische Landrecht von 1756, welches, trotz der vielfachen Polemik seines Verfassers Kreittmayr gegen das römische Recht in den „Anmerkungen", zum allergrößten Theile Pandektenrecht in der Auffassung des 18. Jahrhunderts enthält und die subsidiäre Geltung des gemeinen Rechtes anerkennt, das römischste neuere Partikularrecht; ferner

das Allgemeine preußische Landrecht von 1794,

das österreichische BGB. von 1811,

der Code Napoléon von 1804.

Diese drei Gesetzbücher haben erheblich mehr germanisches Recht verarbeitet.

Läßt man die Thatsache außer Betracht, daß auch die zuletzt genannten drei Kodifikationen großentheils römisches Recht enthalten und insoweit nur formell, nicht materiell die Geltung des letzteren abgeschafft haben, berücksichtigt man also nur die formelle Geltung, so kann man mit der Denkschrift zur Reichstagsvorlage[1]) vier große Rechtsgebiete feststellen, indem man von der Geltung des dänischen Rechtes, des österreichischen BGB. und anderer Rechte für verhältnißmäßig kleine Gebietstheile absieht:

a) das Rechtsgebiet des Gem. R., ein durch das Deutsche Reich von den Alpen bis zur Nordsee, südlich zwischen Schwarzwald und Böhmerwald, nördlich zwischen Weser und Elbe, durch 23 Bundesstaaten gehender breiter Landstreifen. Hier gilt zumeist römisches Recht für etwa 33% der deutschen Bevölkerung, subsidiär hinter einer großen Anzahl von Partikularrechten. Die Denkschrift zählt 30 der hauptsächlichsten auf, darunter das BLR. und sogen. gemeines Sachsenrecht;

b) das Rechtsgebiet des preußischen Landrechts: in Preußen (Ostpreußen, Westpreußen, Posen, Schlesien, Brandenburg, Sachsen, Westfalen, in Theilen von Pommern, Hannover, der Rheinprovinz); in Bayern (innerhalb der Kreise Ober-, Mittel- und Unterfranken und einer Reihe von Orten anderer Kreise); in Sachsen-Weimar innerhalb der vormals Erfurt'schen Gebietstheile. Es galt theils ausschließlich, theils subsidiär hinter zahlreichen älteren und neueren Partikularrechten für rund 43% der deutschen Bevölkerung;

c) das Rechtsgebiet des französischen Rechtes: die Rheinländer Preußens, Hessens, Bayerns, Baden, Elsaß-Lothringen, das oldenburgische Fürstenthum Birkenfeld, ungefähr 17% der deutschen Bevölkerung; Partikularrechte sind ausgeschlossen.

d) das sächs. BGB. galt im Königreich Sachsen unter Ausschluß von Partikularrechten für ungefähr 7% der deutschen Bevölkerung.

4. Die Publikation, die Anwendbarkeit, die sachlichen und örtlichen Geltungsgrenzen der zum gemeinrechtlichen und zum preußischen Rechtsgebiete zählenden Partikularrechte,

---

[1]) Die Angaben der „Denkschrift" sind theilweise ungenügend und unrichtig; vgl. Cosack, Lehrbuch des deutschen bürgerlichen Rechtes (III. Auflage) I S. 22 Anm. 1 in Bezug auf das gemeinrechtliche Gebiet; in Bezug auf das Gebiet des PLR.: Roth, Deutsches Privatrecht I S. 133 ff., Völderndorff, Civilgesetzstatistik des Königreiches Bayern (1880) S. 96—103 mit Denkschrift Anlage I C 2.

welche vielfach zweifelhaft, bedürften um so mehr einer umfassenden Feststellung, als in Zukunft bei Entscheidungen nach altem Rechte diese Feststellung im einzelnen Falle größeren Schwierigkeiten auf Grund lokaler Veränderungen in immer steigendem Maße begegnen wird. Die Degradation einer Anzahl von Partikularrechten zu Rechten zweiter Klasse durch CPO. §§ 549, 562, EG. z. CPO. § 6 (vgl. hiezu Kaiserl. Verordnung vom 28. September 1879 und die Gesetze betr. die Begründung der Revision in bürgerlichen Rechtsstreitigkeiten vom 15. März 1881 und 13. März 1893), d. h. zu Rechten, deren Verletzung die Revision nicht begründet, ist ein Nothbehelf, welcher nur die nicht zu überwältigenden Schwierigkeiten beweist, denen hier die Rechtsprechung begegnet. Die bestrittene Frage, ob die mit dem 1. Januar 1900 aufgehobenen Rechte bei Anwendung auf frühere Rechtsverhältnisse überhaupt der Revision zugänglich sind, ist von untergeordneter Bedeutung, da durch den Ausschluß der Revision die Aufgabe der Landgerichte und Oberlandesgerichte nicht verändert wird. Andererseits wird durch den Ausschluß der Revision die Möglichkeit einer einheitlichen Rechtsprechung für den Bereich der in Betracht kommenden Partikularrechte erschwert.

5. Die Forderung eines einheitlichen bürgerlichen Rechtes, seit Jahrhunderten und insbesondere nach den Freiheitskriegen erhoben, wurde nach Gründung des Deutschen Reiches durch wiederholte Beschlüsse des Reichstags anerkannt. Das Reichsgesetz vom 13. Dezember 1873 erstreckte die Zuständigkeit der Reichsgesetzgebung auf das gesammte bürgerliche Recht. Am 22. Juni 1874 wurde eine aus 11 Juristen bestehende Kommission (die sog. I. Kommission) zur Ausarbeitung des Entwurfs eines BGB. für das Deutsche Reich berufen, nachdem Plan, Stoff und Methode des Gesetzbuchs durch die sog. Vorkommission festgestellt worden war. Die Arbeit der I. Kommission nahm über 13 Jahre in Anspruch. Ihr Ergebniß, der I. Entwurf (E. I), wurde sammt 5 Bänden Motiven auf Grund Beschlusses des Bundesraths vom 31. Januar 1888 von dem Reichskanzler veröffentlicht mit der an die Vertreter der Rechtswissenschaft und Rechtspraxis, sowie der wirthschaftlichen Interessen gerichteten Aufforderung, an dem Werke Kritik zu üben. Die Urtheile über den Entwurf veranlaßten die Einsetzung einer II. Kommission, welche nicht bloß aus Juristen, sondern auch aus Vertretern verschiedener wirthschaftlicher Interessenkreise, sowie der theoretischen Nationalökonomie bestand. Der von der II. Kommission in etwa 4½ jähriger Arbeit hergestellte Entwurf des BGB. wurde im Laufe des Jahres 1895 veröffentlicht (E. II), sodann — in einer letzten Redaktion des Entwurfs des BGB. Ende Oktober 1895 und des Einführungsgesetzes Ende Dezember 1895 — dem Bundesrath überreicht („Bundesrathsvorlage"). Vgl. hiezu unten S. 20, C.

Die verbündeten Regierungen legten den vom Bundesrathe mehrfach abgeänderten Entwurf der II. Kommission am 17. Januar 1896 dem Reichstage vor (E. III, „Reichstagsvorlage"). Die Verhandlungen des Reichstags — einschließlich derjenigen der vom Reichstage zur Vorbereitung der Beschlußfassung gewählten Kommission — fanden in der Zeit vom 3. Februar bis 1. Juli 1896 statt. Am 1. Juli 1896 wurde der Entwurf eines BGB. für das Deutsche Reich zusammen mit demjenigen des EG. in III. Lesung vom Reichstag angenommen. Die Publikation des Gesetzes erfolgte unter dem Datum des 18. August 1896 im Reichsgesetzblatte vom 24. August 1896. Ueber die mit dem 1. Januar 1900 gleichzeitig mit dem BGB. in Kraft tretenden, in Art. 1 des EG. z. BGB. bezeichneten, Gesetze und den Geltungsbeginn des EG. z. BGB. vgl. Band VI Erl. zu Art. 1 des EG. Bemerkenswerth ist, daß in Art. 1 des EG. der Geltungsbeginn von Gesetzen auf den 1. Januar 1900 festgesetzt wurde, deren Entwürfe zur Zeit der Verkündigung des EG. noch nicht den gesetzgebenden Organen des Reiches vorlagen. Juristisch war dies ein Gesetzgebungsprogramm, kein Gesetzesbefehl.

II.

Rechtsstoff und Stoffbegrenzung.

Das BGB. enthält bürgerliches Recht, aber nicht nur bürgerliches Recht und nicht alles bürgerliche Recht.

1. Das Gutachten der Vorkommission über die Ausarbeitung des Entwurfs eines Bürgerlichen Gesetzbuchs sprach aus: „Ein bürgerliches Gesetzbuch für das Deutsche Reich hat nur Privatrecht zu enthalten.“ Dieses Programm ist nicht vollständig festgehalten worden. Das BGB. enthält zahlreiche in das öffentliche Recht eingreifende Bestimmungen; dem öffentlichen Rechte gehören diese Bestimmungen an, obwohl sie im BGB. stehen. Die moderne Unterscheidung von öffentlichem und bürgerlichem Rechte ist aus der römischen von jus privatum und jus publicum[1]) erwachsen. Sie bedeutet einen sachlichen Unterschied, der durch verfassungsrechtliche Normen, durch die Behördenorganisation und durch Normen über das Verfahren gestützt wird. Die Gesetzgebung des Deutschen Reiches ist bisher grundsätzlich nur auf das bürgerliche, nicht grundsätzlich auf das öffentliche Recht erstreckt worden. Die geschichtliche Entwicklung hat dahin geführt, daß Umfang und Gegenstand des öffentlichen Rechtes in den einzelnen Bundesstaaten nicht überall gleich sind, ferner daß öffentliches Recht immer weiter in das früher dem Privatrechte vorbehaltene Gebiet eingreift. Darin ist es begründet, daß bisher eine Begriffsbestimmung weder des öffentlichen noch des Privatrechts gelungen ist, und daß es auch unmöglich ist, den Begriff des öffentlichen Rechtes auf Grund des Reichsrechts festzustellen (Vgl. M. I, 1; M. z. EG. S. 147). Ueber die Hauptmaterien oder Gebiete besteht kein Zweifel, wohl aber über die Grenzen und Grenzfälle. Die Frage, was öffentliches, was Privatrecht, gewinnt nunmehr mit Rücksicht auf das EG. z. BGB. Art. 55 eine sehr erhebliche praktische Bedeutung. Vgl. hiezu diesen Kommentar Bd. VI zu Art. 55, Niedner, Komm. z. EG. 2. Aufl. zu Art. 55, Endemann 8. Aufl. I § 97 Note 10; Gierke, DPR. I S. 26—33. Ueber die Entwicklung des Begriffs des öffentlichen Rechtes s. auch E. Ehrlich, Beiträge zur Theorie der Rechtsquellen (1902) S. 236 ff. Ein sachlicher Unterschied ist gegeben, obwohl alles Recht und daher auch öffentliches wie Privatrecht sammt ihren Grenzen lediglich in der Vorstellung vorhanden ist und ihre „Wirklichkeit“ nur die Wirklichkeit von Vorstellungen bedeutet. Denn jene Unterscheidung geht in letzter Linie darauf zurück, daß sich das Recht als Privatrecht mit dem Einzelnen als solchem befaßt, das Recht als öffentliches Recht mit der Gemeinschaft und dem Menschen als Glied derselben. Mit aller Schärfe der begrifflichen Unterscheidung ist vereinbar, daß im wirklichen Rechte die Grenzen beider Gebiete flüssig werden, daß Normen beider Arten im selben Rechtsverhältnisse zusammentreffen und in engstem Zusammenhange stehen, daß das Privatrecht Züge des öffentlichen Rechtes in zunehmender Menge an- und aufnimmt, endlich daß öffentliches und Privatrecht sich in einem Rechtsverhältnisse nicht nur äußerlich, sondern auch innerlich verbinden, derart, daß öffentliches und Privatrecht in einander übergehen, Privatrecht der Natur des öffentlichen, öffentliches Recht der Natur des Privatrechts sich nähert. Vgl. hiezu diesen Kommentar Bd. VI zu Art. 55 EG. Bem. 6 und die Bemerkungen Niedners zu Art. 55 EG. z. BGB. zu II. In solchen Fällen kann allerdings die Aufnahme der betreffenden Normen in das BGB., als Theil der Regelung der Privatrechtsordnung, von Bedeutung für die sachliche Entscheidung sein.

2. Das BGB. enthält nicht das ganze bürgerliche Recht. Es behandelt im Wesentlichen diejenigen generalrechtlichen Materien, welche früher in Pandektenlehrbüchern behandelt wurden. Ausgeschieden sind

a) dem Spezialrecht angehörige Materien und damit privatrechtliche Bestimmungen
   I. der bisherigen, auch materielles Recht behandelnden Reichsgesetze. Diese sind grundsätzlich in Art. 32 EG. z. BGB. aufrecht erhalten und gelten daher

[1]) Vgl. E. Ehrlich, Beiträge zur Theorie der Rechtsquellen (1902) S. 159.

neben dem BGB., soweit sich nicht ihre Aufhebung aus dem BGB. oder dem EG. selbst ergiebt. Der Grund, der in der Denkschrift dafür angegeben ist, — daß nämlich die Ausscheidung der betreffenden materiellrechtlichen Bestimmungen aus den einzelnen Reichsgesetzen deren Zusammenhang unterbrechen und deren Verständniß erschweren würde — gilt auch für das materielle Prozeßrecht, das in die CPO. verwiesen wurde.

Ausgeschieden wurde insbesondere: Das gesammte Handels- und Wechselrecht, das Urheberrecht, das Gewerberecht und das gesammte Korporationsrecht, soweit dasselbe bisher reichsgesetzlich geordnet war.

II. Die spezialrechtlichen Bestimmungen der bisherigen Landesrechte. Die Ausscheidung erfolgte theils durch Vorbehalte im BGB. selbst[1]), theils durch solche in Art. 55 ff. EG. z. BGB. Die Vorbehalte zu Gunsten des Landesrechts sind zum Theile allgemeine, sofern ganze privatrechtliche Gebiete der Landesgesetzgebung überwiesen wurden, theils spezielle, indem für bestimmte in das BGB. einbezogene Theile des bürgerlichen Rechtes abweichende oder ergänzende landesrechtliche Vorschriften zugelassen sind. Vgl. hiezu Bd. VI zu Art. 55; ferner Niedner z. Art. 55. Soweit die allgemeinen Vorbehalte reichen, kann die Landesgesetzgebung alle die Materie betreffenden Vorschriften des BGB., auch solche des Allgemeinen Theiles, durchbrechen und Sonderbestimmungen treffen, z. B. für die Formerfordernisse des Rechtsgeschäfts, Verjährung u. s. w.

Der Zahl, dem Umfang und der Tragweite nach am bedeutendsten sind die Vorbehalte im Gebiete des Sachenrechts und zwar die allgemeinen wie die speziellen. Hierher gehören die Vorschriften über Bergrecht, Wasserrecht, Deich-, Siel-, Jagd-, Fischereirecht, über Enteignung, Gemeinheitstheilung, Zusammenlegung von Grundstücken, Regelung gutsherrlicher und bäuerlicher Verhältnisse, Ablösung von Dienstbarkeiten und Reallasten, Familienfideikommisse, Lehen- und Stammgüter, Rentengüter, Erbpacht, Anerbenrecht. Vgl. hieher Einleit. zu Bd. III.

Im Uebrigen ist zu bemerken:

Erstens: Die dem Landesrechte vorbehaltenen Materien gehören nicht lediglich dem Privatrecht an; sie sind theilweise dem Landesrechte belassen worden, weil sie auch dem öffentlichen Rechte oder dem Grenzgebiete zwischen öffentlichem und Privatrecht angehören oder mit staatlichen Einrichtungen derart zusammenhängen, daß sie nicht getrennt davon behandelt werden können. Vgl. z. B. Art. 80, 102—104, 65, 67, 70, 71, 75, 82, 83 EG. z. BGB.

Zweitens: „Vorbehalte sind keine Reservate"; die Reichsgesetzgebung kann daher, soweit privatrechtliche Vorbehalte in Frage, jederzeit die dem Landesrechte vorbehaltenen Materien ordnen. Die in Art. 75, 76 dem Landesrechte vorbehaltenen Materien sind inzwischen reichsgesetzlich geregelt worden. Vgl. Reichsgesetz über das Verlagsrecht vom 19. Juni 1901; Reichsgesetz über die privaten Versicherungsunternehmungen vom 12. Mai 1901.

Drittens: Die Ausdehnung der Vorbehalte und damit die Grenzen zwischen Reichsrecht und dem vorbehaltenen Landesrechte können sich in einzelnen Bundesstaaten verschieden gestalten, die vorbehaltenen Rechtsinstitute oder Rechtsnormen nach Landesrecht verschiedenen Umfang haben, sofern eine reichsrechtliche Begriffsfeststellung fehlt. Ein Beispiel bildet das dem Landesrechte vorbehaltene Gesinderecht (EG. z. BGB. Art. 95). Der Begriff des Gesindes ist reichsrechtlich nicht festgestellt, landesrechtlich von verschiedener Ausdehnung. Vgl.

---

[1]) Vgl. z. B. BGB. §§ 85, 233, 919, 1315, 1322, 1642, 1723, 1745, 1807—1809, 1813, 1888, 2194, 2249.

Lotmar, Der Arbeitsvertrag nach dem Privatrecht des Deutschen Reiches (1902) I S. 17 ff. Vgl. ferner Bd. II dieses Komm. Zusatzbemerkungen zum 6. Titel.

Viertens: Entsteht ein Zweifel, ob eine Materie als öffentliches Recht dem Landesrechte vorbehaltlos überlassen oder als Privatrecht durch einen Vorbehalt gedeckt sein müßte, so kann dem geltenden Reichsrechte möglicherweise eine Entscheidung nicht entnommen werden, weil es den Begriff des öffentlichen Rechtes nicht feststellt. Wo das Reichsrecht eine Materie als bürgerliches Recht geordnet und für sich beansprucht hat, kann sie diese Eigenschaft nicht durch Landesrecht verlieren (Endemann I 8. Aufl. S. 28). Wo dagegen aus dem Reichsrecht eine Entscheidung der Grenzfrage nicht zu entnehmen ist, hat sie der Richter auf Grund der Verfassung und der öffentlichen Einrichtungen des einzelnen Bundesstaats zu treffen. Ein Beispiel bietet das Verhältniß des reichsrechtlich geordneten Namensrechts zum Standesrecht und zur Standesbezeichnung; die viel ventilirte Frage, ob Adelsprädikate wie das „von" vor einem Familiennamen Bestandtheile des Namens sind und daher unter dem Namensschutze des § 12 BGB. stehen, kann nur gemäß den öffentlichen Einrichtungen und der Gesetzgebung des einzelnen Bundesstaates entschieden werden. Das BGB. ordnet die Materie des Namensrechts, nicht die des Standesrechts: es giebt keine reichsrechtliche Bestimmung darüber, was zum Namen, was zur Standesbezeichnung gehört. Dagegen ist eine landesgesetzliche Grenzziehung im Sinne einer authentischen Interpretation des Reichsgesetzes und seiner Geltung gegenüber dem Landesrecht abzulehnen. Uebereinstimmend die M. z. EG. S. 147. Vgl. Bd. IV Bem. 10 zu § 1355, Bd. VI zu Art. 55; theilweise anders Niedner zu Art. 55.

b) Eine Reihe von generalrechtlichen Materien sind außerhalb des BGB. in Nebengesetzen geordnet:

I. im EG. zum BGB. ein Theil des internationalen Privatrechts und die zeitliche Herrschaft der Normen des BGB.;

II. formelles Immobiliarrecht in der Grundbuchordnung vom 24. März 1897 und im Gesetz über die Zwangsversteigerung und Zwangsverwaltung vom 24. März 1897;

III. formellrechtliche Vorschriften insbesondere des Vormundschaftsrechts, Vereinsrechts, ehelichen Güterrechts, auch des Handelsrechts im Gesetz über die Angelegenheiten der freiwilligen Gerichtsbarkeit vom 17. Mai 1898.

Die Vorschriften zu II und III greifen zweifellos größtentheils über das Gebiet des Privatrechts hinaus. Bezüglich der Vorschriften zu I ist die Zugehörigkeit zum Privatrechte bestritten.

Die Frage, ob die Normen des sogen. internationalen Privatrechts (und die zeitlichen Kollisionsnormen) dem Privatrecht, auf welches sie sich beziehen, selbst „als Attribute der durch sie in ihrer Tragweite bestimmten Rechtssätze" angehören (Niemeyer, Das internationale Privatrecht des Bürgerlichen Gesetzbuches S. 183) oder dem öffentlichen Rechte oder einem über Privatrecht und öffentlichem Rechte stehenden Theile der Rechtsordnung, ist von besonderer Bedeutung angesichts der Thatsache, daß das EG. zum BGB. die örtlichen Kollisionsnormen nur zum Theil enthält; für das Gebiet der Schuldverhältnisse z. B. fehlt im EG., wie man ziemlich allgemein annimmt, jede Kollisionsnorm. Für den deutschen Richter besteht die Möglichkeit der Anwendung fremden Rechtes grundsätzlich nur auf Grund eines deutschen Gesetzbefehls. Daß auch fremdes Recht Recht ist, hat für diese Frage keine Bedeutung. Denn jede Rechtsnorm wendet sich nur an ihre eigenen Unterthanen. Der deutsche Richter ist dem deutschen Rechte unterworfen, nicht dem englischen, der englische Richter dem englischen, nicht dem deutschen. Der Ersatz der im EG. fehlenden Vorschriften für einen ganzen Rechtstheil kann nicht mehr im Wege der Analogie erfolgen, ebensowenig durch Befolgung der Mahnung, daß der Richter mehr als bisher „zur selbständigen Durchdringung der Grundsätze des internationalen Privatrechts

Veranlassung habe" (Niedner, EG. S. 18), oder indem die Entscheidung einfach der Rechtsprechung übertragen (Niemeyer a. a. O. S. 26) oder in die „Natur der Sache" verlegt wird (Dernburg, Bürgerliches Recht I S. 93). Denn mit Alledem wird der Richter auf keine Rechtsquelle verwiesen, deren er zur Gesetzesanwendung bedarf. Mag man auch die Hoffnung hegen, daß es „mit der Zeit zur Bildung von gewohnheitsrechtlichen Normen kommen wird" (Niemeyer, S. 27), so kann man doch den Richter nicht anweisen, von 1900 ab Gewohnheitsrecht zu entwickeln, mit anderen Worten aus Nichtrecht Recht zu machen. Die durch die angegebenen unbrauchbaren Mittel vermeintlich zu beseitigenden Schwierigkeiten bestehen aber nur für diejenige Theorie, welche das sogen. internationale Privatrecht als Privatrecht auffaßt. In der That sind die anzuwendenden Rechtssätze ebensowenig international als Privatrecht. Sie beziehen sich auf Privatrecht, gehören aber nicht zu diesem, sind vielmehr ein Theil der Lehre von den Rechtsquellen. Die Lehre von den Rechtsquellen, soweit sie überhaupt dem Rechtsgebiet angehört, sagt, wie Recht überhaupt und Recht bestimmter Art insbesondere in einem Gebiet entsteht; die sogen. Kollisionsnormen oder die Vorschriften des internationalen Privatrechts als Recht eines bestimmten Gebiets entscheiden die Frage, ob ein bestimmtes Recht auf einen bestimmten Fall zur Anwendung kommt oder ob nicht, und beschränken sich hiebei unter Umständen auf die Verneinung der Zuständigkeit eines bestimmten, des heimischen oder des ausländischen Rechtes, während sie in anderen Fällen eine Anweisung zur Auffindung des anzuwendenden Rechtes geben oder dieses Recht direkt bezeichnen. Die Rechtssätze, welche lediglich formelle Entscheidungsnormen bezüglich des anzuwendenden Rechtes enthalten, können dem anzuwendenden Rechte selbst nicht angehören (Vgl. Affolter, Das intertemporale Recht I S. 3, Zitelmann, internationales Privatrecht I S. 199; Crome, System des deutschen Bürgerlichen Rechtes I S. 131 Note 6). Ehrlich a. a. O. legt dar, daß bis in das 19. Jahrhundert zum jus civile diejenigen Gegenstände gezählt wurden, welche in den Vorlesungen über jus civile, nämlich in den Pandektenvorlesungen behandelt wurden; dazu gehörten Prozeßrecht, Strafrecht, auch Staatsrecht. Die Umwälzung im juristischen Unterrichte wirkte zurück auf den Begriff des Civilrechts und mit ihr ging Hand in Hand die Entwicklung des Begriffs des öffentlichen Rechtes. Es hat den Anschein, daß auch die Lehre von der örtlichen und zeitlichen Herrschaft des Rechtes nicht dem Privatrechte zugewiesen würde, wenn man sie nicht immer noch in den Systemen des Privatrechts behandelte, im Anschluß oder als Theil der Lehre von den Rechtsquellen. Gehört das internationale Privatrecht nicht dem Privatrecht an, so ist es durch Art. 55 EG. zum BGB. nicht aufgehoben. Aufgehoben ist das Landesprivatrecht als solches, aufgehoben ist ferner auch das bisherige öffentliche Recht, dieses aber nur soweit das BGB., das EG. zum BGB. oder eines der Nebengesetze die betreffende Materie ausschließlich und erschöpfend ordnet oder ordnen will. Eine solche Ordnung des internationalen Privatrechts bot der E. II, bietet aber nicht das Gesetz. Gegenüber dem vorliegenden Gesetze ist auch gleichgültig, was der Bundesrath aus nicht veröffentlichten Motiven mit der Streichung der vorgeschlagenen Bestimmungen beabsichtigte. Das Gesetz hat das bisherige öffentliche Recht nur soweit aufgehoben als es selbst reicht, die Annahme einer beabsichtigten Kodifikation ist angesichts der Uebergehung eines ganzen Rechtstheils in den Kollisionsnormen des EG. abzulehnen. Vgl. hiezu M. z. EG. S. 146. Die bisherigen Grundsätze des internationalen Privatrechts können daher, da sie dem öffentlichen Rechte der einzelnen Bundesstaaten angehören, weiter zur Grundlage dienen, soweit dies mit den Kollisionsnormen des EG. vereinbar ist. Hiemit wird der Richter auf eine wirkliche Rechtsquelle und nicht auf eine vorerst in der Luft stehende Entscheidungsgrundlage verwiesen.

Mit dieser Auffassung ist jene Ansicht vereinbar, welche dem einheimischen Rechte nur die Befugniß zuweist, die eigene Zuständigkeit zu bejahen oder zu verneinen, nicht aber über die Zuständigkeit eines bestimmten fremden Rechtes zu entscheiden. Nach dieser Auffassung sind die Zuständigkeitsnormen Blankettgesetze, welche den Richter anweisen, das auf Grund seiner wissenschaftlichen Forschungen über die Grundsätze der in

Betracht kommenden fremden Kollisionsnormen zutreffende Gesetz zu bestimmen. Auch hier wird der Richter auf Grund eines einheimischen Gesetzbefehls thätig. Man hat aber mit Grund darauf hingewiesen, daß das internationale Privatrecht in jahrhundertelanger Entwicklung eine derartige Reserve sich nicht auferlegt hat und dieselbe daher auch nicht durch die Rücksicht auf Vermeidung von vermeintlichen Eingriffen in fremde Souveränitätsrechte geboten war; soweit altes fortbestehendes internationales Privatrecht durch den Richter angewendet werden muß, besteht keinesfalls ein Anlaß, einheimische Grundsätze, welche direkt auf die Anwendung eines bestimmten fremden Rechtes hinweisen, unangewendet zu lassen. Ueber die verschiedenen Ansichten in dieser Materie vgl. die Uebersicht bei Niedner a. a. O. S. 13, IV.

Für Bayern kommt als landesrechtliche Norm das Statutenkollisionsgesetz in Betracht, welches eine am 11. Juni 1816 erlassene „Königliche Verordnung", die in Civilsachen gegen Militärpersonen anzuwendenden Gesetze betr., enthält. Diese Verordnung gilt als authentische Interpretation der Kollisionsnormen der bayrischen Gerichtsordnung von 1753, welche ihrerseits im Wesentlichen gemeines Recht kodifizirt hat. Vgl. hiezu J. A. Seuffert, Kommentar über die bayrische Gerichtsordnung von 1753, 2. Auflage 1. Bd. S. 303 ff.; Vierling, Die fragmentarischen civilrechtlichen Gesetze des Königreiches Bayern rechts des Rheins 3. Auflage 1894 S. 41. In Art. 1 des bayr. AG. z. BGB. sind nur die „Vorschriften des bürgerlichen Rechtes", welche aus der Zeit vor Erlassung der Verfassungsurkunde vom 26. Mai 1818 stammen, in dem dort bezeichneten Umfange aufgehoben. Die Statutenkollisionsnormen gehören nicht zu den „Vorschriften des bürgerlichen Rechtes".

Im Uebrigen ist zu sagen, daß die vor 1900 entwickelten gemeinrechtlichen Grundsätze nicht nur in Bayern, sondern auch über das gemeinrechtliche Gebiet des Deutschen Reiches hinaus, soweit das EG. z. BGB. Bestimmungen nicht enthält, nach wie vor zur Anwendung gebracht werden können.

III.

Gliederung des Rechtsstoffs.

1. Aus dem Bisherigen ergiebt sich, daß das deutsche bürgerliche Recht als ein zusammenhängendes Ganzes oder als ein System nicht allein aus dem BGB. und dessen EG. und Nebengesetzen und anderen mit dem BGB. oder nachträglich in Kraft getretenen oder in Kraft gebliebenen Reichsgesetzen entnommen werden kann; ein sehr großer Theil dieses Rechtsstoffs ist vielmehr in den Landesrechten enthalten. Die Landesgesetzgebung hat das in Geltung gebliebene Landesrecht theils unverändert gelassen, theils auf Grund des Art. 218 EG. z. BGB. mit Rücksicht auf die Reichsgesetzgebung Aenderungen unterstellt oder neugestaltet, theils nur dessen Geltung örtlich weiter erstreckt[1]). Die für die Landbevölkerung wichtigsten Gesetze gehören nicht dem Reichsrechte, sondern dem Partikularrecht an. Ein ähnliches Verhältniß ist bezüglich anderer Berufsklassen nachzuweisen. Ein umfassendes System des deutschen bürgerlichen Rechtes kann daher die in den einzelnen Bundesstaaten geltenden verschiedenen Rechte nicht übergehen; dies schon aus dem Grunde nicht, weil vielfach Reichs- und Landesrecht derart ineinander greifen, daß ein und dasselbe Rechtsverhältniß theils reichsrechtlich, theils landesrechtlich geordnet ist. Das BGB. hat z. B. darauf verzichtet, eine Ordnung des gesammten Personenrechts, insbesondere des gesammten Korporationsrechts aufzunehmen. Diese Ordnung gehört theilweise dem Reichsrecht außerhalb des BGB., theils dem Landesrecht an, während das BGB. ein Generalrecht dazu stellt. Entstehung und Beendigung des Namensrechts sind theils reichsrechtlich, theils landesrechtlich geordnet. Der Schutz des Namensrechts ist im BGB. und in anderen Reichsgesetzen geregelt. Aehnliches gilt im Obligationenrechte z. B. für

[1]) Vgl. z. B. Art. 14 § 2 des preuß. AG. z. BGB.

den Arbeitsvertrag, und weithin im Sachenrecht. Soweit dies der Fall, kann das betreffende Rechtsverhältniß systematisch nicht lediglich nach dem BGB. dargestellt werden.

2. Zur systematischen Gliederung des Rechtsstoffs überhaupt gehört die Aufgabe, die Stellung des Privatrechts im ganzen Gebiete des geltenden Rechtes zu kennzeichnen; im Einzelnen kann dies durch den Hinweis auf innerhalb eines Rechtsverhältnisses oder Rechtsinstitutes wirksame Normen anderer Rechtsgebiete als des privatrechtlichen geschehen. Wenn in dieser Weise die Einheit alles Rechtes deutlich wird, so wird hiedurch nicht bloß einem besonders von Germanisten neuerdings betonten theoretischen Gedanken Gestalt verliehen, sondern auch der Praxis gedient, welche sehr häufig wichtige Veranlassung hat, den Menschen als einheitliches Wesen und dessen Rechtsverhältnisse in ihrer Zusammengehörigkeit anzufassen.

3. Der in das BGB. aufgenommene Rechtsstoff ist mit einer Ausnahme im Allgemeinen entsprechend den bisherigen Systemen des Pandekten- und deutschen Privatrechts geordnet. Die eine Ausnahme betrifft die vielfach angegriffene Stellung des Rechtes der Schuldverhältnisse im II. Buche des BGB. Sie hat ihr Vorbild im „Entwurfe eines Bürgerlichen Gesetzbuches für das Königreich Bayern" (München 1861). In den Motiven zu diesem Entwurf, Einleitung S. III, wird hierüber gesagt: „Die Voranstellung des Rechtes der Schuldverhältnisse rechtfertigt sich, abgesehen von der Wichtigkeit desselben für den Rechtsverkehr, durch die Erwägung, daß dieser Theil des Privatrechts fast gar keine Rechtssätze aus den übrigen Theilen des Rechtssystems zu seiner Voraussetzung hat, während seine eigenen Bestimmungen vielfach in dieselben eingreifen." Es dürfte wohl verfehlt sein, aus dieser Anordnung rechtliche Folgerungen abzuleiten (vgl. hiezu ZG. I S. 17 18).

IV.

Charakteristik des Rechtsstoffs des BGB. nach seiner Herkunft.

Die Frage nach der Herkunft des Rechtsstoffs hat trotz der Forderung, das Gesetz „aus sich" zu interpretiren, eine praktische Bedeutung, die bei der Art dieses Stoffes am wenigsten verkannt werden kann. Die Vorkommission und mit ihr die I. und II. Gesetzeskommission hat abgelehnt, dem BGB. eines der neueren deutschen Civilgesetzbücher oder Gesetzentwürfe zu Grunde zu legen. Die Grundlage sollte vielmehr das Gemeine Recht bilden, unter Berücksichtigung der neueren Gesetzgebung. Es sei, sagt das Gutachten der Vorkommission, „sorgsam zu prüfen, wie weit die von der gemeinsamen Grundlage des sogen. Gem. R. (gemeines Civilrecht und deutsches Privatrecht) abweichenden Bestimmungen der neueren großen Civilgesetzgebungen, der Landesgesetze und der etwaigen Reichsgesetze beizubehalten seien oder ob und welche Ausgleichung zu versuchen sei". Von diesem Programme wurde nur in Bezug auf einen, allerdings sehr wichtigen, Theil des BGB. im Drange der Noth abgewichen: für das Recht der Schuldverhältnisse wurde der Dresdener „Entwurf eines allgemeinen deutschen Gesetzes über Schuldverhältnisse"[1]) in Bezug auf diejenigen Theile zu Grunde gelegt, welche der anfangs 1884 verstorbene Redaktor des Schuldrechts, v. Kübel, nicht vollendet hatte. Bei Berathung des Dresdener Entwurfes hatte aber nach dem Berichte des Herausgebers seinerzeit der oben erwähnte bayrische Entwurf als „Leitfaden" gedient, unter „Mitberücksichtigung" des Hessen-Darmstädtischen Entwurfs und des Kgl. sächsischen Bürgerlichen Gesetzbuchs, ferner unter „Vergleichung" der Grundsätze des Gem. R., sowie der größeren deutschen Kodifikationen und der Vorschriften des Allgemeinen deutschen Handelsgesetzbuchs. Von dem Programme, dem BGB. das Gem. R. zu Grunde zu legen, machte das Verfahren bezüglich des Rechtes der Schuldverhältnisse keine sachlich bedeutende Ausnahme, weil dem bay-

[1]) „Im Auftrage der Kommission herausgegeben" von Dr. B. Francke, erstem Sekretär der Kommission, Dresden 1866.

rischen Entwurfe selbst wieder das Gem. R. zu Grunde lag: im Wesentlichen war der Inhalt desselben Pandektenrecht in der Auffassung der damaligen Zeit. Gleiches gilt von dem Entwurfe der I. Kommission in Bezug auf die Schuldverhältnisse. Die II. Kommission hat hier wie sonst mehrfach mit Erfolg den Entwurf im deutschrechtlichen Sinne umgearbeitet.

Geht man auf die letzten für uns in Betracht kommenden Wurzeln des Rechtsstoffs des BGB. zurück, so kann man allerdings feststellen, daß die große Masse desselben entweder römischer oder einheimischer deutscher Bildung entstammt. Man hat sich jedoch gegenwärtig zu halten, welche Umbildung dieses Recht durch Theorie und Praxis, abgesehen von gesetzgeberischen Eingriffen, erfahren, eine Umbildung, die man als gewohnheitsrechtliche, ebenso wie die ursprüngliche Aufnahme des römischen Rechtes, zu erachten hat. Die im 19. Jahrhundert auf Grund der Erfolge der sog. historischen Schule hie und da versuchte Reaktion zu Gunsten des „richtigen", d. h. des reinen Justinianischen Rechtes ist nicht gelungen. Wenn daher auch für die historische Erkenntniß des geltenden Rechtes die Zurückführung desselben auf seine ältesten erkennbaren Wurzeln nicht entbehrlich ist, so ist für die Rechtsanwendung das gleiche Verfahren unter Umständen irreführend. Vielfach sind Bestimmungen der Partikularrechte das unmittelbare Vorbild des BGB. Auch dann handelt es sich meistens um ursprünglich römisches oder um ursprünglich einheimisches älteres Recht. In sehr vielen Fällen haben die Partikularrechte und deren wissenschaftliche und praktische Entwicklung diese Elemente selbständig weiter gebildet und in dieser ihrer modernen Gestalt ist die Aufnahme in das BGB. erfolgt. Auch dann würde ein Zurückgehen hinter die neuere Gestaltung ursprünglich römischen oder deutschen Rechtes einen Weg in die Irre bedeuten. Will man den Rechtsstoff des BGB. gegenüber den „extravaganten" Reichsgesetzen und der Landesgesetzgebung kurz charakterisiren, so wäre zu sagen: römisches Recht dominirt im I. und II. Buch. Den „Allgemeinen Theil" des Gesetzes beherrscht es, abgesehen von dem hier aufgenommenen Personenrechte, nahezu vollständig, obwohl eine Abstraktion, wie die des Begriffs des „Rechtsgeschäfts", dem römischen Rechte nicht bekannt ist. Diese Rechtspartien sind auch in moderner Zeit vor Allem von Romanisten gepflegt worden und das römische Recht dieser Rechtstheile steht bemerkenswerther Weise auch da, wo es formell niemals rezipirt worden, wie in den Gebieten des englischen und amerikanischen Rechtes, vielfach in Anwendung. Doch ist darauf hinzuweisen, daß für die wissenschaftliche Durchdringung des Obligationenrechts die größte wissenschaftliche Leistung der letzten Dezennien in der grundlegenden Unterscheidung von Schuld und Haftung durch germanistische Arbeit[1]) vollbracht worden ist, eine Unterscheidung, deren Durchführung für das Gebiet des BGB. und das deutsche bürgerliche Recht überhaupt eine erst zu bewältigende Aufgabe ist. — Das Sachenrecht beherrscht die deutschrechtliche Unterscheidung der beweglichen und unbeweglichen Sache, welche auch dem römischen Rechte durch drei Perioden bekannt, erst im Justinianischen Rechte und in Folge dessen im rezipirten römischen Rechte als völlig ausgemerzt erscheint.

Im Familiengüterrecht ist fast ausschließlich deutsches Recht kodifizirt. Das Eheschließungsrecht beruht im Wesentlichen auf den Bestimmungen des Civilehegesetzes von 1875; das Ehescheidungsrecht stellt in Bezug auf die Ehescheidungsgründe einen Kompromiß zwischen den Normen der verschiedenen bisher herrschenden konfessionellen Systeme dar. Das Vormundschaftsrecht beruht auf dem Vorbilde des neuen preußischen Vormundschaftsrechts. Nach Art der vormundschaftlichen Gewalt ist ferner die elterliche Gewalt des Vaters und der Mutter gestaltet, die Zulassung der elterlichen Gewalt der Mutter ist deutschem Rechte entnommen, wenn sie auch romanischem Rechte, z. B. dem italienischen Codice civile von 1865 Art. 220, bekannt ist. Das Erbrecht operirt im Wesentlichen mit umgebildeten römischen Begriffen, hält insbesondere den Begriff der Universalsuccession fest; der gesetzlichen Erbfolgeordnung ist in der dem römischen Rechte

---

[1]) Karl v. Amira, Nordgermanisches Obligationenrecht 2 Bände 1884, 1895.

unbekannten, im österreichischen BGB. durchgeführten Parentelenordnung eine deutschrechtliche Einrichtung zu Grunde gelegt.

Die aus dem BGB. ausgeschlossenen und dem Landesrechte vorbehaltenen Rechtsinstitute gehören fast ausschließlich dem deutschen Rechte an. Der Wurzel nach modernes Recht gehört in der Hauptmasse den dem BGB. vorangegangenen in Art. 32 des EG. z. BGB. aufrecht erhaltenen Reichsgesetzen an. In dieser Spezialgesetzgebung und deren Fortsetzung wird die Reform des deutschen Rechtes und dessen Fortbildung auf absehbare Zeit ihren Schwerpunkt haben.

V.

Rechtsquellen.

Das objektive Recht stellt eine Ordnung von menschlichen Verhältnissen dar; jeder einzelne Rechtssatz „ordnet" bestimmte Verhältnisse. Wenn man das objektive Recht als Rechtsordnung bezeichnet, so verbindet sich hiemit ein zweiter Sinn: das objektive Recht ist in sich selbst eine Ordnung, ein zusammenhängendes, geschichtlich erwachsenes Ganzes, nicht ein bloß zufälliges Aggregat einzelner Sätze. Darüber, wie die Rechtsordnung überhaupt entsteht, kann in ihr selbst keine Entscheidungsnorm gefunden werden. Theoretische und geschichtliche Betrachtung zeigt, daß alles Recht, wie es von Menschen zu verwirklichen ist, auf Anerkennung von Menschen beruht, daß bloß einseitige Auferlegung kein Recht bewirkt. Dies ist — auch für modernes Recht, insbesondere Gesetzesrecht — der richtige Kern derjenigen (vor Allem germanistischen) Theorie, welche das Wesen des Rechtes in der Ueberzeugung findet. Die Thatsache der Anerkennung der Normen, als rechtlich nothwendiger, macht sie zu Rechtsnormen; die Thatsache selbst und ihre geschichtlichen Ursachen gehören wohl der Rechtsgeschichte, aber nicht dem Rechte an.

1. „Rechtsquelle" ist ein bildlicher Ausdruck mit mehrfacher Bedeutung. Rechtsquelle ist zunächst

a) der rechterzeugende Faktor oder die Mehrheit solcher Faktoren in einem bestimmten Gebiet und einer bestimmten Zeit. Das Recht setzt eine freie Gemeinschaft voraus, deren Ordnung es sein will; eine freie Gemeinschaft ist nicht mehr vorhanden, wenn ihr die Ordnung lediglich von Außen, von einer nicht zu ihr selbst gehörigen Macht auferlegt wird und nicht von ihr selbst stammt. Daher ist die Auffassung des deutschen Rechtes[1]), daß alles Recht vom Volke ausgeht, als von der Rechtsgemeinschaft, nicht eine bloß historische Auffassung, sondern auch theoretisch richtig, schon aus dem Grunde, weil die Rechtsnorm ohne Anerkennung nicht besteht. Welche Elemente im einzelnen Falle zur Rechtserzeugung über die Gemeinschaft suggestiv verfügen, kommt hier nicht in Betracht, ebensowenig wie die geschichtliche Form der Erscheinung dieser Elemente, ob insbesondere ihre Funktion als bloßer Organe der Gemeinschaft anerkannt oder verkleidet wird.

b) Wenn man Gesetz oder Rechtsgewohnheit als Rechtsquelle bezeichnet, so meint man damit einen bestimmten Thatbestand, in welchem sich der Vorgang der Rechtserzeugung darstellt, durch welchen Menschen die von ihnen gewollte Rechtsordnung herstellen. Der rechtserzeugende Faktor kann Organe, Anstalten und Formen, wie für die Rechtsanwendung, so auch für die Rechtssetzung schaffen, als Werkzeuge seines rechtserzeugenden Willens; er kann aber ebensowenig sich selbst wie spätere rechtserzeugende Faktoren an diese Organe, Anstalten und Formen binden und jene oder sich von der Rechtssetzung außerhalb derselben ausschließen.

---

[1]) Vgl. hiezu schon Puchta, Das Gewohnheitsrecht I, XIII: „Das Volk ist aber nicht bloß der Boden, auf welchem das Recht entsteht, sondern es ist auch die Quelle des Rechtes selbst"; weitere Ausführung S. 133—143.

c) Begrifflich wie geschichtlich ist die Art der Rechtserzeugung, welche man als gewohnheitsrechtliche bezeichnet, nicht nur die ursprünglich allein wirksame, sondern auch heute noch die Grundlage aller Rechtserzeugung, jede andere Art als von ihr abgeleitet oder als „sekundär"[1]) zu bezeichnen. Daß bestimmte Organe der Gemeinschaft für die letztere Recht setzen, hat die fortwährende Anerkennung dieser Organe und ihres Amtes als vertretender Organe der Rechtserzeugung zur Voraussetzung. In diesem Sinne wird mit Recht betont, daß die verbindende Kraft des Gesetzes auf Gewohnheitsrecht beruht und daß diesem nicht nur zeitlich oder für bestimmte Perioden der Rechtsgeschichte, sondern überhaupt begrifflich die übergeordnete Stellung zukommt, nicht aber umgekehrt dem Gesetze gegenüber dem Gewohnheitsrecht. Beide unterscheiden sich als unmittelbare und mittelbare Rechtserzeugung. Mit Recht weist Puchta darauf hin, daß die Frage, aus welchem Grunde Gewohnheitsrecht gültig, identisch ist mit der Frage, aus welchem Grunde „Recht überhaupt gilt"[2]).

Was gegen diese Begründung des Rechtes überhaupt, des Gewohnheitsrechts insbesondere, und gegen die theoretische Zulässigkeit der Annahme eines „Volkswillens", einer „Volksüberzeugung", eines „Volksgeistes" vom Standpunkte der Psychologie aus eingewendet wurde, trifft nicht zu; bezüglich dieser Einwendungen gilt der Satz Wilhelm Wundts: „Es ist augenfällig, daß diejenigen, welche diese Einwände erheben, selbst in jener mythologischen Vorstellungsweise befangen sind, die sie hinter dem Ausdrucke Volksseele verborgen wähnen"[3]).

2. Das Gewohnheitsrecht kann als originäre selbständige Rechtsquelle durch Vorschriften des Gesetzes nicht beschränkt werden. Es ist daher unrichtig, wenn

a) auf Grund vermeintlich bindender römischer Gesetzesstellen angenommen wurde, daß Gewohnheitsrecht aus irrthümlicher Auffassung des bestehenden Rechtes sich nicht bilden könne. Die Rezeption des römischen Rechtes hätte dann, als ein einziger großer Rechtsirrthum, überhaupt nicht auf gewohnheitsrechtlichem Wege erfolgen können[4]).

Es ist ferner

b) unrichtig, wenn der Inhalt des Gewohnheitsrechts als erheblich für die Annahme seiner Existenz erklärt und insbesondere behauptet wird, das Gewohnheitsrecht dürfe nicht „gegen die guten Sitten" verstoßen[5]).

Was in Gesetzen über die Voraussetzungen der Bildung und der Zulässigkeit von Gewohnheitsrecht gesagt wird, gehört zum „unverbindlichen" Gesetzesinhalt.

Der im I. E. enthaltene Versuch einer gesetzlichen Einengung des Gewohnheitsrechtes ist im BGB. aufgegeben worden.

3. Das Recht hat einen örtlichen, persönlichen und sachlichen Bereich, welchen es seinem Begriffe nach nicht überschreiten kann. Innerhalb dieses Bereichs giebt es Bezirke, die es nicht überschreiten soll. Wenn gesagt wird, der Gesetzgeber habe nicht die Aufgabe der Wissenschaft zu übernehmen, so trifft dies eine Kompetenzüberschreitung der letzteren Art, welche als solche mit dem Berufe des Gesetzgebers begründet wird[6]).

---

[1]) Wilhelm Schuppe, Das Gewohnheitsrecht, zugleich eine Kritik der beiden ersten Paragraphen des Entwurfs eines bürgerlichen Gesetzbuches für das Deutsche Reich (1890) S. 55 ff.

[2]) G. F. Puchta, Das Gewohnheitsrecht I. Theil (1828) S. 181.

[3]) W. Wundt, Völkerpsychologie I. Bd. 1. Theil S. 8 (1900).

[4]) Das Reichsgericht hat noch in neuester Zeit die gegentheilige Ansicht festgehalten; vgl. Entsch. vom 28. Dezember 1901 in Jur. Wschr. 1902 S. 34, ferner die Entscheidungen bei Gierke, DPR. I 168 Note 35 und die Note 33 daselbst angeführten Schriftsteller.

[5]) So Endemann, Lehrbuch des deutschen Bürgerlichen Rechtes VIII. Aufl. I S. 35 § 9 Note 7; vgl. hiezu Gierke, DPR. I 169 und Cosack a. a. O. I S. 41.

[6]) Vgl. hiezu Brinz, Rechtsgesetzgebung und Rechtswissenschaft (Rektoratsrede), Beilage zur Allgemeinen Zeitung 1877 S. 3169 ff.

Ist von „Zuständigkeitsnormen“[1]) in dem Sinne die Rede, daß das Gesetz sich bestimmter Anweisung des ihm unterworfenen Richters in Fällen zu enthalten habe, in denen derselbe um Entscheidung über Verhältnisse des sog. internationalen Privatrechts angegangen wird, so können derartige Normen, als — nicht den Richter —, sondern den Gesetzgeber bindende Rechtsnormen nicht anerkannt werden; sie sind lediglich mehr oder minder begründete politische Postulate.

Bindende Zuständigkeitsnormen sind diejenigen, welche sich aus der Eingliederung der deutschen Bundesstaaten in das Deutsche Reich, aus der Reichsverfassung und den auf Grund derselben verkündigten Reichsgesetzen, insbesondere dem EG. z. BGB. ergeben. Reichsgesetze gehen den Landesgesetzen vor (RV. Art. 2); daß Reichsgesetze auch dem partikulären Gewohnheitsrechte vorgehen, wird mehrfach mit guten Gründen bestritten[2]).

4. Das BGB. hat das Landesprivatrecht in Art. 55 EG. grundsätzlich aufgehoben, in den Art. 55—152 in den dortselbst bezeichneten Materien das Landesrecht als „unberührt“ erklärt, das öffentliche Recht der Bundesstaaten grundsätzlich nicht berührt. Hienach ergiebt sich die Nothwendigkeit einer doppelten Grenzziehung. Es ist im einzelnen Falle die Grenze zwischen öffentlichem und Privatrechte festzustellen; es ist weiter die Grenze zwischen dem vorbehaltenen Privatrechtsgebiete und dem Gebiete des Reichsprivatrechts zu ziehen. Für die Landesgesetzgebung, welcher die Aufgabe zufiel, mit Rücksicht auf das BGB. das grundsätzlich unberührte und das nur theilweise unberührte Recht einer Revision und Umgestaltung im Sinne einer Anpassung an das Reichsrecht zu unterstellen, war die Nothwendigkeit gegeben, sich innerhalb des durch die reichsgesetzliche Zuständigkeit gewiesenen sachlichen Gebietes zu halten. Ob und wieweit dies geschehen, kann nicht die Landesgesetzgebung, sondern nur der Richter entscheiden. Diesem fällt in Bezug auf die Landesgesetzgebung eine Aufgabe zu, welche er sonst allgemein in Bezug auf rechtssetzende Verordnungen hat. Er kann zwar nicht die Zuständigkeit der Reichsgesetzgebung, wohl aber immer die Zuständigkeit der Gesetzgebung des Bundesstaats prüfen, bevor er das Gesetz als solches anwendet.

Im Einzelnen ist bezüglich dieser Zuständigkeitsfrage zu bemerken:

„Gegenüber dem Landesrechte hat das BGB. den Charakter einer Kodifikation, welche den ihr angehörigen Rechtsstoff ausschließlich d. h. dergestalt regelt, daß neben ihr keine anderweitigen Rechtsnormen Geltung haben oder künftig Geltung erlangen. Das Landesprivatrecht wird in seiner Gesammtheit aufgehoben und ausgeschlossen, mag es mit dem im BGB. enthaltenen Rechte inhaltlich übereinstimmen, diesem Rechte widerstreiten oder Lücken seiner Satzungen ergänzen. Jede privatrechtliche Bestimmung des Landesrechtes muß, wenn sie ausnahmsweise in Geltung bleiben soll, durch einen Vorbehalt geschützt, jedes Institut, welches ausnahmsweise partikularrechtlicher Regelung überlassen bleiben soll, als solches bezeichnet sein.“

So die M. zu Art. 32 des Entwurfs des EG., dem Art. 55 des Gesetzes. Die Vorbehalte stellen sohin Ausnahmen von der Regel der Kodifikation des bürgerlichen Rechtes dar. Andererseits standen die vorbehaltenen Rechtsmaterien innerhalb des Ganzen des aufgehobenen Landesprivatrechts: sie wurden ergänzt durch seine allgemeinen Vorschriften, deren Beseitigung sie zu einem Torso gestaltete. Es entsteht daher zunächst die Frage: Ist das aufgehobene Landesprivatrecht insoweit in Geltung geblieben, als es zur sinngemäßen Anwendung des vorbehaltenen Landesprivatrechts erforderlich ist? Bildet insoweit das aufgehobene Landesprivatrecht nicht einen Theil des weiter geltenden vorbehaltenen Landesprivatrechts? Bei Bejahung der Frage würden die gesammten Privatrechtssysteme der Bundesstaaten, soweit sie früher auf

[1]) Vgl. die bei Riedner a. a. O. S. 13 IV Citirten.

[2]) Haenel, Deutsches Staatsrecht I (1892) S. 250 Anm. 1; Cosack, Lehrbuch des deutschen bürgerlichen Rechts (III. Aufl.) I S. 40; Krückmann in Iherings Jahrb. Bd. 38 S. 191; Kuhlenbeck, Das BGB. I S. 10.

Sondermaterien Anwendung fanden, weiter gelten. Dieses Ergebniß würde bei dem großen Umfang und der großen Zahl der Vorbehaltsmaterien und Vorbehaltsnormen dem Zwecke der Kodifikation, soweit möglich ein einheitliches Recht und dadurch eine Besserung des Rechtszustandes für Gegenwart und Zukunft anzubahnen, direkt zuwiderlaufen. Neben dem System des BGB. hätte man weiter alle bisherigen Privatrechtssysteme anzuwenden. Die richtige Interpretation des Art. 55 als Ausnahmsbestimmung führt dazu, die Frage zu verneinen[1]). Den „Allgemeinen Theil" zum Vorbehaltsrechte bilden die entsprechenden Vorschriften des BGB., nicht die allgemeinen Vorschriften der aufgehobenen Landesrechte. Dann ist aber die zweite Frage zu entscheiden: Was gehört dem besonderen Vorbehaltsrechte, was den allgemeinen Vorschriften an? Diese Frage zählt zu den schwierigsten, weil man früher keine Veranlassung hatte, allgemeine und besondere Bestimmungen mit derjenigen Präzision zu scheiden, welche nunmehr die Anwendung des Art. 55 voraussetzen würde, weil ferner die Bestimmungen des sogenannten Allgemeinen Theiles — soweit solchen die modernen Kodifikationen besitzen (vgl. Code civil) — nur aus technischen Gründen demselben überwiesen wurden, wie denn die Gesetzgebungen, auch in ihren „besonderen" Theilen, ebenso wie das BGB. eine Menge allgemeiner Vorschriften enthalten, weil endlich ein „Wille" des Gesetzes in Bezug auf derartige zunächst rein systematische Fragen überhaupt für die Vergangenheit schwer oder nicht festzustellen ist. Diese Schwierigkeiten werden keineswegs gehoben durch die Erläuterungen der Gesetzmaterialien. In dieser Beziehung sagen zunächst die M. z. EG. S. 148: „In Kraft bleiben diejenigen bestehenden Vorschriften, welche zwar inhaltlich von dem bisherigen Gem. R. nicht abweichen, nach der Absicht des betreffenden Gesetzes aber nicht lediglich die Bedeutung einer erläuternden Wiederholung des jus commune haben, sondern einen Bestandtheil des Spezialrechts bilden sollen." Die Protokolle der II. Kommission (VI, 363, 600) sagen, es komme darauf an, ob das allgemeine Recht „als solches" „oder als eine Besonderheit des betreffenden Gesetzes zur Anwendung kommen solle"; „ob der betreffende Rechtssatz inhaltlich zu einem Bestandtheile des betreffenden Spezialrechts gemacht" werde, ob er einen „selbständigen Theil dieses Landesgesetzes zu bilden bestimmt" sei. Diese Erklärungen beziehen sich zwar direkt auf Art. 4 des EG. z. BGB., treffen aber auch die hier erörterte Frage. Die Ansicht, daß aus denselben eine wirkliche Handhabe zur Entscheidung entnommen werden könnte, ist zu optimistisch, schon aus dem Grunde, weil „Absichten" von der Art, wie sie in denselben dem Gesetze zugeschrieben werden, überhaupt nicht in Bezug auf die Gesetzgebungen der Vergangenheit anzunehmen sind, da keine Veranlassung dazu bestand[2]). Dagegen kann allerdings nunmehr der Gesetzgeber mit Rücksicht auf Art. 3, 4 u. 55 des EG. z. BGB. einen derartigen „Willen" haben. Innerhalb der vorbehaltenen Gebiete kann die Landesgesetzgebung gemäß Art. 3 EG. neues Recht schaffen und zwar nach Belieben. Die Landesgesetzgebung kann für die vorbehaltenen Materien Sonderrecht schaffen und hiebei diejenigen Bestimmungen aufnehmen, welche den bisherigen dieses Sonderrecht ergänzenden allgemeinen Bestimmungen des Landesrechts entsprechen, sie kann die allgemeinen Vorschriften des BGB. für dieses Vorbehaltsgebiet vollständig oder theilweise beseitigen[3]). Es ist daher mit Recht gesagt worden: „Dem vorhandenen Landesrechte

[1]) Zitelmann, Zum Grenzstreit zwischen Reichs- und Landesrecht (1902) S. 11—15.

[2]) Vgl. hiezu die bei Zitelmann a. a. O. angeführten Schriftsteller, vor Allem Niedner, S. 7, 11, 127 ff.

[3]) Die Motive z. EG. S. 149 sprechen dies in Bezug auf die zukünftige Landesgesetzgebung mit aller Schärfe aus: „An und für sich sind auch in Ansehung der allgemeinen Vorschriften des BGB. auf dem vorbehaltenen Gebiete Abweichungen statthaft; es steht nichts entgegen, daß die Landesgesetzgebung Sonderbestimmungen trifft über die Formerfordernisse eines Rechtsgeschäfts, über die Statthaftigkeit oder Unstatthaftigkeit von Bedingungen oder Zeitbestimmungen, über die Verjährung, über die Wirksamkeit des rechtskräftigen Urtheiles

gegenüber hat das BGB. in weitem Umfange derogirende, dem zukünftigen Landesrechte gegenüber — immer in Anwendung auf Vorbehaltsmaterien — nur subsidiäre Kraft[1]). Die Landesgesetzgebung hat die Macht, „das gesammte Reichsrecht in Anwendung auf die Sondermaterien jeden Augenblick unschädlich zu machen und auf dem Gebiete der Vorbehalte auch in den allgemeinsten Fragen Sonderlandesrecht zu schaffen oder wieder herzustellen. Das Reichsrecht lebt soweit nur von der Gnade des Landesrechts". Bekanntlich haben indessen bisher die Ausführungsgesetze der Bundesstaaten von dieser rechtlichen Möglichkeit nicht nur keinen Gebrauch gemacht, sondern zeigen durchgängig das Bestreben, die Anwendung der allgemeinen Bestimmungen des BGB. auf Vorbehaltsmaterien zu sichern, wie dies denn auch im Bereiche des öffentlichen Rechtes der einzelnen Bundesstaaten geschehen ist. Die Schwierigkeiten der Grenzziehung bleiben nur da in vollem Umfange bestehen, wo die Landesgesetzgebung an dem Vorbehaltsrechte nichts geändert hat. Im Zweifel ist mit Rücksicht auf das Kodifikationsprinzip, welches in Art. 55 klar zum Ausdrucke gekommen ist, gegen die Anwendung des aufgehobenen Rechtes in Bezug auf Vorbehaltsgebiete zu entscheiden.

5. Als Rechtsquelle ist auch die sog. Autonomie anzusehen. Vgl. hierüber und über das der Autonomie entsprechende Gewohnheitsrecht, die Observanz, Niedner a. a. O. zu Art. 2; Gierke DPR. I § 19. M. I, 10 ff.

6. Dagegen ist nicht als Rechtsquelle zu erachten die „Verkehrssitte" (dagegen Danz, Laienverstand und Rechtsprechung S. 20 ff.), die Rechtsprechung, die Rechtswissenschaft. Wohl aber kann Rechtsprechung und Wissenschaft zur Bildung von Gewohnheitsrecht führen. „Juristenrecht" ist, soweit es wirklich neugebildetes Recht ist, ein Theil des Gewohnheitsrechts. Es giebt Gebiete, auf welchen sich Gewohnheitsrecht nur als Juristenrecht, als Gerichtsgebrauch und Recht der Wissenschaft, entwickelt. So auf dem Gebiete des Prozeßrechts. Im Bereiche des bürgerlichen Rechtes kann das Juristenrecht diese bevorzugte Stellung nicht beanspruchen.

7. Zur Lehre von den Rechtsquellen gehört auch die Lehre von der örtlichen und zeitlichen Geltung der Rechtsnormen. Die erstere ist zum Theil im EG. Art. 7—31, die letztere im EG. Art. 153 ff. behandelt. Nicht entschieden ist der Fall eines Zusammentreffens von zeitlicher und örtlicher Kollision der Gesetze. Hier ist die Frage nach der Priorität der einen oder anderen Kollision zu beantworten. Die Meinungen sind getheilt: nach Niedner a. a. O. S. 297 ist die örtliche Kollision zuerst zu lösen, nach Habicht[2]) und Anderen die zeitliche. Die Entscheidung zu Gunsten der Priorität der zeitlichen Kollisionsnormen dürfte den Vorzug verdienen; in diesem Sinne hat das Reichsgericht neuerlich entschieden: zum „bisherigen" Rechte gehören auch die bisherigen örtlichen Kollisionsnormen. Vgl. Jur. Wschr. 1901 S. 452, RGE. vom 29. April 1901.

---

gegen Dritte, über die das Grundbuchrecht betreffenden Fragen u. s. w. Ebenso schließt die Beseitigung der Institute der unvordenklichen Verjährung und der Wiedereinsetzung in den vorigen Stand durch das BGB. nicht aus, daß landesgesetzliche Vorschriften über unvordenkliche Verjährung und Wiedereinsetzung in den vorigen Stand für eine vorbehaltene Materie getroffen werden können bezw. bereits getroffene derartige Vorschriften ihre Kraft behalten."

[1]) Zitelmann a. a. O. S. 47.

[2]) Die Einwirkung des BGB. auf zuvor entstandene Rechtsverhältnisse 3. Aufl. S. 39 und die daselbst angeführten Schriftsteller.

VI.

Rechtsanwendung.

1. Gleichviel wie man das Wesen des Rechtes auffaßt, darüber dürfte Einigkeit bestehen, daß der unmittelbare Zweck des Rechtes ist, angewendet zu werden, als Entscheidungsnorm zu dienen und zwar nicht nur für Streitfälle, sondern auch und insbesondere für friedliche „Geschäftsfälle". Brinz, Pand. 2. Aufl. I S. 124. Um angewendet zu werden, muß das Recht zunächst gewiß sein. Es ist zunächst zu entscheiden, ob das anzuwendende Gesetz überhaupt existirt, eine Frage, die mit Unrecht der „niederen" Kritik überwiesen wurde, sodann, welchen Inhalt dieses Recht hat. Diese Frage zu beantworten ist die Aufgabe der Auslegung.

Es wird darüber gestritten, ob die Auslegung sich nur mit dunklen und mangelhaften oder auch mit klaren Gesetzen zu befassen habe. Bei genauer Betrachtung zeigt sich indessen zunächst, daß die Streitenden von verschiedenen Dingen sprechen. Diejenigen, welche mit Savigny (System I S. 318) für die Berechtigung der Auslegung klarer Rechtsvorschriften eintreten, meinen damit die Aufgabe der Rechtswissenschaft, den Inhalt der Gesetze darzulegen und in seinen sämmtlichen Folgesätzen aufzuweisen, „den ganzen Reichthum ihres Inhaltes und ihrer Beziehungen zu enthüllen". Die Gegner, welche wie Brinz (a. a. O. S. 118) gegen die Auslegung unzweideutiger Gesetze sich wenden, sprechen von der Berufspflicht des Richters, der es nicht mit allem möglichen Gesetzesinhalte, sondern dem auf den bestimmten Fall anzuwendenden bestimmten Rechtssatze zu thun hat. Mit letzterem Falle beschäftigt sich der Befehl des ALR. (Thl. I cap. 1 § 9): „Deutliche Gesetze und Ordnungen soll man nicht auszulegen suchen, sondern die Worte bei ihrer gewöhnlich und landläufiger Bedeutung ohne Verdrehung belassen." Mit dem ersteren Falle dagegen befaßte sich Justinian, als er die Verfertigung und Benützung von Kommentaren und Erläuterungen zu seinem Gesetzeswerk überhaupt verbot, da er davon nur „perverse" Wirkungen auf seine vermeintlich durchaus klaren Gesetze erwartete (const. Deo Auctore § 12, const. Tanta § 21). Es läßt sich nicht verkennen, daß eine an den Richter sich wendende Vorschrift, die Auslegung klarer Gesetze zu unterlassen, auf bedeutender Unterschätzung der Schwierigkeit absolut klarer Gesetzessprache und weiter der Veränderlichkeit der Verhältnisse beruht und daher, soweit sie nicht selbstverständlich, falsch ist. Vgl. hiezu Regelsberger, Pand. I S. 141.

2. Ziel der Auslegung ist die Feststellung des objektiven Sinnes des Gesetzes, nicht des Willens des Gesetzgebers. Der Wille des Gesetzgebers entscheidet über den Gesetzestext, ist gerichtet auf Verkündigung des Gesetzes. Ueber den Inhalt seiner Erklärung kann der Gesetzgeber, nachdem er sie abgegeben hat, nicht mehr entscheiden. „Mit dem Momente der Gesetzespublikation, mit deren kategorischer Erklärung: wie es in dem Gesetze steht, so soll es Recht sein — verschwindet mit einem Schlage der ganze Unterbau von Absichten und Wünschen des geistigen Urhebers des Gesetzes, ja des Gesetzgebers selbst: und das ganze Gesetz ruht von nun an auf sich, gehalten durch die eigene Kraft und Schwere, erfüllt von eignem Sinn; oft klüger, oft weniger klug als sein Schöpfer, oft reicher, oft ärmer als dessen Gedanken, oft glücklicher im Ausdrucke als dieser zu vermuthen wagte, und hie und da an Stellen, wo der Autor festgefügte, dem Mißverständniß spottende Satzung sah, plötzlich durch die Verkettung mit den übrigen Theilen der Norm in unheilvolles Schwanken gerathen"[1]). An die Stelle des Gesetzgebers ist nun das Gesetz getreten. Diese Auffassung — welche auch innerhalb des Privatrechtsgebietes für die Lehre von den rechtsgeschäftlichen Willenserklärungen richtiger als das Willensdogma — ist bei modernen Gesetzen, deren Urheber vielgliederige Korporationen

[1]) Binding, Handbuch des Strafrechts (1885) I S. 454: Thöl, Einleitung in das deutsche Privatrecht S. 150. Vgl. auch die bei Regelsberger Pandekten I S. 143 Note 10 angeführten Schriftsteller.

sind, ganz besonders gerechtfertigt. Sie wird auch in der neueren Theorie meistens und — theoretisch wenigstens — auch vom Reichsgericht anerkannt. Die Praxis, auch die des Reichsgerichts, ist von der Theorie verschieden. Selbstverständlich hat die Rechtsanwendung das Gesetz nicht als isolirte Erscheinung, losgelöst von seiner zeitlichen und örtlichen Umwelt, zu prüfen. Die Erfassung des im Gesetze zum Ausdrucke gelangten Rechtsgedankens ist ohne Würdigung der Bedeutung des Gesetzes als geschichtlicher Erscheinung, ohne Würdigung des Gesetzes in seiner Eigenschaft als Ordnung geschichtlich erwachsener und sich fortbildender Verhältnisse und als Eingriff in solche nicht möglich. Sie setzt unter Umständen die Beschaffung eines thatsächlichen Materials voraus, welches dem „Gesetzgeber" überhaupt nicht oder nur in Umrissen und mangelhaft bekannt war [1]). Auf diesem Wege kann der „wirkliche Sinn des Gesetzes", im Gegensatze zum bloßen Buchstaben festgestellt werden, der „Sinn des Gesetzes", welcher hie und da von dem „Willen des Gesetzgebers" sich unterscheidet und sich immer mehr unterscheiden kann, je länger das Gesetz angewendet wird. Die sogenannten „Materialien" können hiezu sehr schätzbares Material liefern [2]), sie stellen aber auch für den Fall der Uebereinstimmung ihrer Aeußerungen keine authentische Gesetzesinterpretation dar, welcher gegenüber die Rechtswissenschaft und der Richter keine Aufgabe mehr hätte. In diesem Sinne ist denn auch die bisherige Auslegung und Anwendung des BGB. grundsätzlich verfahren.

3. Das BGB. will, soweit es reicht, eine Kodifikation, ein zusammenhängendes seinen Stoff erschöpfendes Ganzes sein. Es will ferner ein widerspruchsloses Ganzes sein zusammen mit den nach EG. Art. 1 gleichzeitig in Kraft getretenen und mit den nach Art. 32 des EG. aufrecht gebliebenen Reichsgesetzen [3]). Diese Reichsgesetze stellen Sondergesetze im Verhältnisse zum BGB. dar [4]). Vorschriften derselben, welche mit denjenigen des BGB. inhaltlich nicht im Einklange stehen, enthalten daher nicht nothwendig Widersprüche, sondern möglicherweise nur Gegensätze zum BGB.

4. E. I enthielt als § 1 die Vorschrift:

> „Auf Verhältnisse, für welche das Gesetz keine Vorschrift enthält, finden die für rechtsähnliche Verhältnisse gegebenen Vorschriften entsprechende Anwendung. In Ermangelung solcher Vorschriften sind die aus dem Geiste der Rechtsordnung sich ergebenden Grundsätze maßgebend."

Von der II. Kommission wurde die Vorschrift gestrichen. Mit dem Inhalte war man einverstanden, ging aber davon aus, daß zur Handhabung der Analogie eine gesetzliche Ermächtigung nicht erforderlich, zumal Analogie und Auslegung im engsten Zusammenhange mit einander stünden, über die Auslegung aber gleichfalls Vorschriften nicht aufgenommen würden. Hiezu ist zu bemerken: E. I unterschied im Einklange mit der herrschenden Theorie Gesetzes- und Rechtsanalogie. Die „Gesetzesanalogie" geht aus von der Auffassung, daß das einzelne mehr oder weniger umfassende Gesetz ein systematisches, seinen Gegenstand erschöpfend behandelndes Ganzes sein will, die „Rechtsanalogie" im Sinne des E. I von der weitverbreiteten Auffassung, daß die bestehende Rechtsordnung alle Lebensverhältnisse überhaupt als geschlossenes Ganzes umfaßt und behandelt [5]). Die Ge-

[1]) Vgl. hiezu: Ph. Lotmar, Der Arbeitsvertrag nach dem Privatrecht des Deutschen Reiches I. Bd. 1902.

[2]) Vgl. hiezu: Cosack I S. 42.

[3]) Crome findet, daß bezüglich der älteren Reichsgesetze in Art. 32 eine „Bestätigung, gleichsam ein neuer Erlaß" enthalten sei (D. Jur.Z. 1896 S. 187, System des deutschen Bürgerlichen Rechts I S. 47 Note 5). „Gleichsam" ein Neuerlaß ist schwerlich ein Neuerlaß.

[4]) Hierüber Niedner EG. II. Aufl. zu Art. 32 S. 91 ff.

[5]) Anders und reservirter Thöl, Einleitung in das deutsche Privatrecht (1851) S. 154: „Die Analogie ist Findung und Anwendung des Prinzips. Je nachdem das Prinzip aus einem Rechtssatz oder aus mehreren Rechtssätzen gefunden wird, ist sie Gesetzesanalogie oder Rechtsanalogie."

setzesanalogie soll „Lücken“ innerhalb des Gesetzes, die Rechtsanalogie Lücken in der Rechtsordnung ausfüllen. Diese Thätigkeit soll der Richter oder wer sonst an der Rechtsanwendung sich zu betheiligen hat, ausüben und die Rechtswissenschaft soll sie vorbereiten. Von Anwendung der Operation der Analogie überhaupt ist nicht zu reden, wenn das Gesetz selbst die „entsprechende“ Anwendung der für einen bestimmten Fall gegebenen Vorschriften auf einen anderweitig geordneten Fall vorschreibt. Dies ist lediglich eine im BGB. sehr häufige und die Aufgabe der Auslegung vielfach sehr erschwerende Abbreviatur. Das Wesen der Gesetzesanalogie besteht in Erweiterung eines für einen bestimmten Fall vorhandenen Rechtssatzes zu einem allgemeineren Satze, aus welchem sodann die für den Rechtsfall erforderlichen besonderen Vorschriften abgeleitet werden. Dieses Vorgehen ist als logische Operation mit der ausdehnenden Auslegung verwandt. „Lücken aber, die namentlich die Analogie ausfüllen soll, bestehen überhaupt nicht“ (Brinz, Pand. II. Auflage I § 32 S. 129). „Es giebt keinen rechtlosen Raum im Recht; ist für diesen oder diesen Fall noch keine actio, keine exceptio, kein Erbrecht . . . gesetzt, so besteht . . . lediglich eine Lücke auf Seite des Rechtsuchenden; bei ihm fehlt es an dem Erfordernisse, das vom Recht für den Fall der actio oder exceptio positiv gesetzt ist“ [1]). Es giebt keinen Fall, über welchen der Richter nicht auf Grund des Gesetzes entscheiden könnte, weil für den Fall kein Gesetz existirt; ist dem so, so ist der Antrag, welchem der Richter entsprechen soll, da er sich auf ein Gesetz nicht berufen kann, unbegründet und muß zurückgewiesen, das dem Richter angesonnene bestimmte Eingreifen unterlassen werden; auch diese Entscheidung wird gefällt auf Grund des Gesetzes und ist keine Justizverweigerung. Zur Analogie kann es nur kommen, nicht weil überhaupt eine Entscheidung, sondern weil eine Entscheidung einer bestimmten Art ermöglicht werden soll. Die Zulässigkeit der Gesetzesanalogie wird für das Privatrechtsgebiet in Theorie und Praxis anerkannt und nur soweit abgelehnt, als jus singulare, Ausnahmerecht, in Frage steht.

Die Rechtsanalogie im Sinne der herrschenden Theorie faßt in letzter Linie die Rechtsordnung nicht nur als eine einheitlich geschlossene, sondern auch als eine alle Lebensverhältnisse umspannende Ordnung auf [2]), eine Auffassung, die auch dem römischen Rechte geläufig ist: legum auctoritas, quae et divinas et humanas res bene disponit et omnem iniquitatem expellit (Justinian in const. Deo auctore § 1). Während aber Justinian trotzdem darauf bestand, daß ein neuer, noch nicht in die „Schlingen der Gesetze“ verstrickter, Thatbestand (negotia quae adhuc legum laqueis non sunt innodata) dem Gesetzgeber vorgelegt werden müsse, will die Rechtsanalogie die Entscheidung aus dem „Geist“ der Rechtsordnung durch den Richter ableiten lassen. Dieser Theorie entspricht aber bisher keine deutsche Praxis; die deutschen Richter waren zufrieden, wenn es ihnen gelang, den Sinn des Gesetzes, statt den Geist der Gesetze oder gar der Rechtsordnung, festzustellen. Damit blieben sie, ihrer Aufgabe gemäß, auf dem Boden des wirklichen Rechtes. Wenn ihnen und den „Juristen“ überhaupt über die Rechtsanalogie hinaus noch die Aufgabe zugewiesen wird, neues Recht, das nicht Gewohnheitsrecht sein soll, zu produziren, kraft einer ihnen zukommenden zwar nicht äußeren, aber „inneren Autorität“ [3]), so wird diese Aufgabe jedenfalls mit Absicht nicht erfüllt werden [4]), nicht erfüllt werden können.

---

[1]) Brinz, Krit. V.-Jschr. XV S. 164 und hiezu Zitelmann, Lücken im Recht (1903) S. 40.

[2]) Vgl. Gierke, DPR. I S. 141, Bruns, Pand., herausgegeben von Mitteis in Holtzendorff-Kohler, Rechtsencyklopädie VI. Auflage S. 304 § 9.

[3]) Kuhlenbeck, Von den Pand. z. BGB. I 25.

[4]) Vgl. hiezu Thöl, Volksrecht, Juristenrecht (1846) S. 129.

VII.

Materialien zum BGB.

A. Vgl. im Allgemeinen hiezu:

Georg Maas, Bibliographie der amtlichen Materialien zum BGB. für das Deutsche Reich und zu seinem Einführungsgesetze, J. Guttentag 1897, 35 S.

B. Zum I. Entwurf des BGB. und des EG.:

1. Derselbe behandelte in fünf Büchern:

Den Allgemeinen Theil, das Recht der Schuldverhältnisse, das Sachenrecht, das Familienrecht, das Erbrecht. Die I. Kommission hatte aber auch eine „die Vorschriften über die räumliche Herrschaft der Rechtsnormen" betreffende Vorlage berathen und festgestellt. Dieselbe war, nach dem Berichte des Redaktors derselben, Gebhard, dem Reichskanzler bei Einreichung des Entwurfs des Gesetzes mit dem Bemerken vorgelegt worden, daß man es für zweifelhaft erachte, ob es geeignet sei, Vorschriften dieser Art in das Gesetzbuch aufzunehmen, und daß die Entscheidung hierüber anheim gegeben werde. Die Vorlage ist in den Entwurf erster Lesung nicht aufgenommen und nicht veröffentlicht worden.

Die I. Kommission hat für die Bearbeitung der nach dem Gutachten der Vorkommission für das materielle Recht zu entwerfenden fünf Bücher je einen Redaktor bestellt, nämlich

für den Allgemeinen Theil: Gebhard,
für das Obligationenrecht: v. Kübel,
für das Sachenrecht: Johow,
für das Familienrecht: Planck,
für das Erbrecht: v. Schmitt.

Für das EG. hatte jeder Redaktor die seinem Gebiete zugehörigen Vorschriften zu bearbeiten. Mit Ausnahme des Redaktors des Obligationenrechts, welcher bald nach seiner Bestellung erkrankte und im Januar 1884 starb, haben die Redaktoren die ihnen übertragenen Theilentwürfe hergestellt. Vor, während und nach Herstellung der Theilentwürfe fanden Gesammtberathungen der Kommission statt. Die hierüber aufgenommenen Sitzungsprotokolle, 734 an der Zahl und 12309 metallographirte Folioseiten stark, sowie die von den Redaktoren der Theilentwürfe zu denselben gefertigten im Buchdruck vervielfältigten Motive stellen die eigentlichen „authentischen" Motive zu den Entwürfen dar. Mit Rücksicht auf den Umfang dieses Materials wurden aber zum I. Entwurfe des BGB. gedrängte, die Uebersicht erleichternde Motive ausgearbeitet. Diese Arbeit erfolgte auf Grund der Motive zu den Theilentwürfen, sowie der Sitzungsprotokolle durch die Hilfsarbeiter der Redaktoren, zum Theile unter deren Leitung. Die Gesammtkommission hat jedoch diese Arbeit nicht geprüft und genehmigt. Diese Motive zum E. I wurden durch den Buchhandel in fünf Bänden veröffentlicht unten dem Titel

„Motive zu dem Entwurfe eines Bürgerlichen Gesetzbuches für das Deutsche Reich. Amtliche Ausgabe." Berlin und Leipzig. J. Guttentag 1888.

Bearbeiter waren:

1) des Bandes I Allgemeiner Theil: Karl Heinrich Börner,
2) des Bandes II Recht der Schuldverhältnisse: Karl von Ege,
3) des Bandes III Sachenrecht: Viktor v. Liebe,
4) des Bandes IV Familienrecht: Hermann Struckmann,
5) des Bandes V Erbrecht: Wilhelm Neubauer.

2. Die gutachtlichen Aeußerungen, welche zu dem veröffentlichten E. I des BGB. und EG. z. BGB. ergingen, sind im Reichsjustizamt für den Zweck amtlicher Verwerthung in gedrängten Auszügen zusammengestellt und, soweit sie bis zum November 1890 bekannt waren, als Manuskript gedruckt worden unter dem Titel „Zusammenstellung der gutachtlichen Aeußerungen zu dem Entwurfe eines BGB.", gefertigt im Reichsjustizamt, 6 Bände, 1890, 1891. Hiezu ferner eine „Zusammenstellung der gutachtlichen Aeußerungen

zu dem Entwurfe eines EG. z. BGB.", gefertigt im Reichsjustizamt, als Manuskript gedruckt, 1 Band, 1891.

3. Die einzelnen Bundesregierungen haben auf Grund einer Aufforderung des Reichskanzlers vom 27. Juni 1889 Vorschläge und gutachtliche Aeußerungen zu E. I ausgearbeitet. Dieselben sind theils als Manuskript gedruckt, theils metallographirt worden. Sie wurden ebenfalls im Reichsjustizamte bearbeitet, in gedrängtem Auszuge zusammengestellt und als Manuskript gedruckt unter dem Titel „Zusammenstellung der Aeußerungen der Bundesregierungen zu dem Entwurfe eines BGB., gefertigt im Reichsjustizamt". 2 Bände, Berlin 1891.

4. Im Buchhandel ist erschienen: „Bemerkungen zu dem Entwurfe eines BGB. für das Deutsche Reich. Dem k. bayr. Staatsministerium der Justiz vorgelegt von dem Referenten Karl Jacubezky, k. Ministerialrat". München 1892, Wolf & Sohn. Nach dem Vorwort sind in diese „Bemerkungen" auch Ausführungen eingeschaltet, welche der Verfasser als ständiges Mitglied der II. Kommission zur Vorbereitung der Berichterstattung über das Recht der Schuldverhältnisse ausgearbeitet hat.

C. Zum II. Entwurf:

Der von der II. Kommission gefertigte Entwurf des BGB. behandelte den Rechtsstoff in 6 Büchern. Buch VI enthielt das internationale Privatrecht, dessen Aufnahme die Kommission in ihrer zweiten Sitzung beschlossen hatte. Die Grundlage der Berathungen bildete der E. I des BGB. und des EG. z. BGB. Für jedes Buch des BGB. wurde ein Referent bestellt, dem Referenten des Allgemeinen Theils auch das Referat über das EG. und das internationale Privatrecht übertragen; als Generalreferent fungirte Planck. Die Beschlüsse der II. Kommission wurden zunächst 1895 veröffentlicht unter dem Titel: „Entwurf eines BGB. für das Deutsche Reich. Zweite Lesung. Nach den Beschlüssen der Redaktionskommission. Auf amtliche Veranlassung". Berlin, J. Guttentag, 1895. Diese Veröffentlichung wird in amtlichen Drucksachen und in der Literatur als Entwurf II (E. II) bezeichnet; diesem Gebrauch hat sich gegenwärtiger Kommentar angeschlossen. Die Beschlüsse der II. Kommission sind in E. II zum Theil in Anmerkungen zu den im Text stehenden Paragraphen niedergelegt und betreffen auch Aenderung oder Streichung solcher Anmerkungen. Dem Bundesrath wurde das Werk der Kommission in einer Fassung überreicht, welche die in E. II in Anmerkungen stehen gebliebenen Beschlüsse in den Paragraphentext inserirt und eine andere Paragraphirung aufweist als E. II. Diese letzte Fassung des Entwurfes der II. Kommission wurde erst 1898 veröffentlicht unter dem Titel: „Entwurf eines BGB. und eines zugehörigen EG. sowie eines Gesetzes betr. Aenderungen des Gerichtsverfassungsgesetzes, der CPO., der KO. und der EG. zur CPO. und KO. In der Fassung der Bundesrathsvorlagen. Auf amtliche Veranlassung." Berlin, J. Guttentag, 1898.

Die II. Kommission hielt 457 Sitzungen ab. Die hierüber aufgenommenen Protokolle wurden zunächst — 9524 Folioseiten stark — metallographirt. Das Reichsjustizamt veranlaßte die Veröffentlichung derselben in einer Bearbeitung. Dieselbe ist erschienen unter dem Titel: „Protokolle der Kommission für die II. Lesung des Entwurfes des BGB. Im Auftrage des Reichsjustizamtes bearbeitet von Dr. Achilles, Reichsgerichtsrath a. D., Dr. Spahn, k. preuß. Kammergerichtsrath, Dr. Gebhard, großh. badischer Geh. Rath." 6 Bände und 1 Registerband. Berlin, J. Guttentag, 1897—1899.

In Bezug auf die Art dieser Bearbeitung sagt das „Vorwort" (Bd. 1 S. XIV):

„Der Inhalt der Protokolle wird, unter Weglassung lediglich geschäftlicher Bemerkungen, grundsätzlich so wiedergegeben, wie die Protokolle liegen. Dies schließt nicht aus, daß etwaige offensichtliche Irrungen berichtigt, daß der Kürze dienende oder das Verständniß erleichternde Aenderungen des Ausdruckes vorgenommen werden und daß Ausführungen, die mit Rücksicht auf den Inhalt des Gesetzbuches und der Nebengesetze für die Auslegung ohne jede Bedeutung sein sollten, wegfallen, sofern dies nicht wegen des Zusammenhanges mit anderen Ausführungen unthunlich erscheint."

In der Bearbeitung selbst sind Textänderungen nicht bemerkbar gemacht, sondern nur die größeren Weglassungen. Die Annahme dieses Bearbeitungsprinzipes ist zu bedauern. Für den rechtswissenschaftlichen Gebrauch der Protokolle war eine exakte Wiedergabe des gesammten Wortlauts erforderlich und die Bearbeiter hätten die „das Verständniß erleichternden Aenderungen" im Vertrauen auf das juristische Publikum unterlassen dürfen. Hielt man Korrekturen für erforderlich, so hätte man sie dem getreu wiedergegebenen Text anfügen und als Zuthat oder Anmerkung der Herausgeber kennzeichnen müssen.

Die Berathungen des Bundesraths über E. II sind nicht veröffentlicht. Die Beschlüsse sind aus den Aenderungen ersichtlich, welche E. III, die „Reichstagsvorlage", gegenüber E. II aufweist. Dem Reichstag wurde der E. III nebst einer im Reichsjustizamt gefertigten „Denkschrift" vorgelegt. Vermuthungen, welche über die Gründe von Aenderungen in der Literatur laut geworden sind, fallen nicht mehr unter den Begriff der „Materialien".

Ueber die Verhandlungen des Reichstags und seiner Kommission vgl. die Drucksachen und stenographischen Berichte des Reichstags, 9. Legislaturperiode, 4. Session 1895/1896, insbesondere den Bericht der Reichstagskommission, Drucksache Nr. 440—440 d. Die Verhandlungen sind noch besonders im Buchhandel herausgegeben worden. Vgl. hiezu: „Erste, zweite und dritte Berathung des Entwurfes eines BGB. im Reichstag, Stenographische Berichte". Berlin, J. Guttentag, 1896 (914 S.). Ferner: „Bericht der Reichstagskommission über den Entwurf eines BGB. und eines EG. nebst einer Zusammenstellung der Kommissionsbeschlüsse. Berichterstatter: Abgeordnete Dr. Enneccerus, Dr. v. Buchka, Dr. Bachem, Schröder." Berlin, J. Guttentag, 1896, VIII, 450 S.

VIII.

Bibliographie des BGB. und des EG. zum BGB.

Hiezu

1. Bibliographie des Bürgerlichen Rechts. Verzeichniß von Einzelschriften und Aufsätzen über das im BGB. für das Deutsche Reich vereinigte Recht; sachlich geordnet von Dr. jur. Georg Maas, Bibliothekar des Reichsgerichts, 1888—1898. Bd. XVI des Archivs für Bürgerliches Recht, XXXX und 387 S.

2. Bibliographie des Bürgerlichen Rechts. Von demselben 1899. Archiv für Bürgerliches Recht, Bd. XVIII S. 193—258.

3. Bibliographie des Bürgerlichen Rechts. Von demselben 1900. Arch. f. BR., Bd. XIX S. 345—426.

4. Bibliographie des Bürgerlichen Rechts. Von demselben 1902. Arch. f. BR., Bd. XX S. 315—395.

5. Bibliographie des Bürgerlichen Rechts. Von demselben April 1903. Arch. f. BR., Bd. XXII S. 199—280.

6. Für neuere Erscheinungen vgl. ferner Literarische Mittheilungen der Annalen des Deutschen Reichs. Herausgegeben von Eheberg und Dyroff. XV. Jahrgang 1902 und XVI. Jahrgang 1903 Nr. 1 ff.

Erstes Buch.

Allgemeiner Theil.

Erster Abschnitt.

Personen.

Erster Titel.

Natürliche Personen.

Vorbemerkungen.*)

I. A) „Person“ bedeutet im BGB. ein mit der Fähigkeit, Träger von Rechten und Verbindlichkeiten zu sein, mit Rechtsfähigkeit, ausgestattetes Wesen. Die Terminologie des BGB. stimmt in dieser Richtung überein mit derjenigen neuerer Partikularrechte (vgl. PLR. Thl. I Tit. 1 § 1, Thl. II Tit. 6 § 81; BLR. Thl. I cap. 3 § 1 und Anm. § 1 Nr. 2; sächs. GB. I, II. Abth. „von der Person“). Im Uebrigen vgl. in Bezug auf die Verwendung des Terminus „Person“ im BGB.: Gradenwitz, Wortverzeichniß zum BGB. S. 120, 121.

Als Arten der „Personen“ erscheinen in der Ueberschrift des ersten Titels die „natürlichen Personen“, d. h. die Menschen, als welche dieselben sofort in § 1 bezeichnet werden (der Ausdruck „natürliche Personen“ kommt außer in der bezeichneten Titelüberschrift nicht mehr vor), im zweiten Titel die „juristischen Personen“. Die Unterarten der letzteren sind nach der äußeren Gesetzeseintheilung: I. Vereine, II. Stiftungen, III. Juristische Personen des öffentlichen Rechtes. Das BGB. stellt weder für die „Personen“ überhaupt, noch für die juristischen Personen ausdrücklich gemeinsame Regeln in den beiden von den Personen handelnden Titeln des ersten Abschnittes auf. Die Frage, inwieweit den „natürlichen Personen“ und inwieweit den „juristischen Personen“ Rechtsfähigkeit zukommt, ist aus dem weiteren Gesammtinhalte des Gesetzes zu beantworten.

B) Das Wort „Rechtsfähigkeit“ ist erst in vorigem Jahrhundert zu einem technischen Ausdrucke der Jurisprudenz geworden. Es kommt z. B. in dem 1800 erschienenen II. Bande von Glücks Erl. der Pand. noch nicht vor, dagegen bei Savigny, Syst. des Röm. R. Bd. II

---

*) Literatur: Gierke, DPR. I § 40; Stobbe-Lehmann, DPR. I §§ 30, 36; Regelsberger, Pand. I § 56; Kuhlenbeck, Von den Pandekten 2c. I § 2; Bierling, Zur Kritik der juristischen Grundbegriffe II S. 74 ff.; Dernburg, Das bürgerliche Recht des Deutschen Reichs und Preußens I §§ 48 ff.; Endemann, Lehrbuch des bürgerlichen Rechts VIII. Aufl. §§ 24 ff.; Cosack, Lehrbuch des deutschen bürgerlichen Rechts (IV. Aufl.) I §§ 17 ff.; Hölder, Kommentar zum Allgemeinen Theil des Bürgerlichen Gesetzbuchs S. 67 ff.; Gareis, Der Allgemeine Theil des Bürgerlichen Gesetzbuchs S. 3 ff.: Crome, System des Deutschen Bürgerlichen Rechts I. Bd. S. 190 ff.: Leonhard, Der Allgemeine Theil des Bürgerlichen Gesetzbuchs §§ 29 ff.

S. 2 (1840) und zwar hier anscheinend als bereits bekannt. Dem gemeinen Sprachgebrauche ist das Wort fremd (Bierling, Zur Kritik II, 75). Bei den Reichstagsverhandlungen wurde es beanstandet, RTK. zu § 1.

Die Rechtsfähigkeit ist ein Verhältniß- oder, wie Brinz (Pand. II. Aufl. I, 105) es bezeichnete, ein Gemeinschaftsbegriff, wie der Begriff des Rechtes selbst. Die Rechtsfähigkeit setzt eine Rechtsgemeinschaft voraus, innerhalb deren sie begründet ist, als eine Eigenschaft der Mitglieder derselben. Während früher diese Rechtsgemeinschaft auf die Mitglieder einer bestimmten Staats- oder Volksgemeinde und anfänglich weiter noch auf gewisse allein vollberechtigte Kreise innerhalb eines Staates beschränkt war und daher Rechtsfähigkeit nur den Volks- oder Staatsgenossen zukam, nicht dagegen den Fremden, ist im modernen Rechte diese Beschränkung der Rechtsfähigkeit auf die Angehörigen eines Staates oder sonstigen Gemeinwesens nur im Gebiete des öffentlichen Rechtes noch grundsätzlich vorhanden; es kommt die Fähigkeit zum Besitz und zur Ausübung öffentlicher Rechte, wie z. B. des aktiven und passiven Wahlrechts, innerhalb eines Gemeinwesens regelmäßig nur Angehörigen desselben zu, übrigens zumeist auch diesen nicht allen, z. B. nicht den Frauen, Minderjährigen, konskribirten Armen u. A. Dagegen hat das Civilrecht diese Schranke wenigstens für die eine Hauptart der Rechtsfähigkeit, welche das Röm. R. als commercium bezeichnet — die Fähigkeit zum Erwerbe und zum Haben von Vermögensrechten —, in der Hauptsache längst fallen lassen und damit auf diesem Gebiete die Rechtsgemeinschaft, innerhalb der Grenzen der Geltung des einschlägigen Civilrechtes, allen Menschen zugänglich gemacht. Im Gebiete des Familienrechts ist dagegen erst durch das Reichsgesetz vom 6. Februar 1875, betr. den Personenstand und die Eheschließung, die Rechtsgemeinschaft und damit die Rechtsfähigkeit über die früher durch Kirchenrecht und weltliches Recht gesetzten Schranken hinaus erweitert worden. Diese Entwicklung der privatrechtlichen Rechtsfähigkeit zu einer durch das Gesetz innerhalb seines Geltungsgebiets dem Menschen als solchen beigelegten Eigenschaft ist nunmehr durch das BGB. vorerst abgeschlossen. Inwieweit Rudimente des früheren Rechtszustandes, in welchem nicht der Grundsatz der Rechtsgleichheit bestand, sondern die Ungleichheit die Regel war, noch aufrechterhalten werden, soll in einzelnen Beziehungen erörtert werden. Es muß dabei unterschieden werden zwischen der Rechtsfähigkeit im Allgemeinen und den einzelnen Rechtsfähigkeiten oder Rechtsfähigkeitsarten des Privatrechtes. Wer im Allgemeinen rechtsfähig ist, hat deßwegen noch nicht die Rechtsfähigkeit für jede Art von Rechten, auch nicht innerhalb des Privatrechtes.

1. Vollständiger Mangel der Rechtsfähigkeit oder Rechtsunfähigkeit ist im Falle der Sklaverei gegeben. „Sklaverei ist dem deutschen Rechtsgebiete fremd" (M. I, 25). Dies ist richtig, soferne das überseeische deutsche Schutzgebiet nicht zum deutschen „Rechtsgebiete" gehört. Hierüber ist zu sagen: Innerhalb der deutschen Schutzgebiete trat am 1. Januar 1900 das BGB. in Kraft: Art. 4 EG. z BGB.; § 2 des Gesetzes, betr. die Rechtsverhältnisse der deutschen Schutzgebiete, vom 15. März 1888; § 3 des Gesetzes über die Konsulargerichtsbarkeit vom 10. Juli 1879. Vorher galten in den deutschen Schutzgebieten das PLR. und die das bürgerliche Recht betreffenden allgemeinen Gesetze derjenigen Landestheile, in welchen das PLR. galt, daher auch das preuß. Gesetz vom 9. März 1857, betr. die Abänderung der im PLR. Thl. II Tit. 5 §§ 198 ff. enthaltenen Bestimmungen über Sklaverei Nach diesem Gesetze wurden Sklaven mit dem Augenblicke frei, wo sie das preußische Gebiet betraten. Bei analoger Anwendung dieser Gesetze auf die Schutzgebiete wären Sklaven in dem Augenblicke frei geworden, in welchem sie die Grenze der deutschen Schutzgebiete überschritten. Indessen die Geltung dieser Gesetze war im deutschen Schutzgebiete subjektiv beschränkt und erstreckte sich nur auf Reichsangehörige und Schutzgenossen, zu welchen Sklaven nicht gehören (§ 1 des Gesetzes über die Konsulargerichtsbarkeit vom 10. Juli 1879) Es war daher juristisch erklärlich, daß eine in Ostafrika publizirte Verordnung des Kaiserlichen Gouverneurs von Ostafrika vom 1. September 1891, „betr. den Freikauf von Sklaven" (Deutsches Kolonialblatt 1891 S. 502), die Forteristenz der Sklaverei und des Zustandes der Unfreiheit innerhalb des deutschen Schutzgebiets voraussetzt und sanktionirt, indem z. B.

hienach der Sklave erst nach Bezahlung der Loskaufsumme als „Freier“ gilt und die einschlägigen Rechtsverhältnisse unter Mitwirkung der deutschen Beamten geordnet werden. Auch das BGB. gilt nunmehr in derselben *subjektiven* Beschränkung in den Schutzgebieten, in welchen vorher das preußische Recht galt. Es blieb daher daselbst nach dem 1. Januar 1900 der alte Rechtszustand aufrecht. Dabei hat es auch nach §§ 2, 19 des Reichsgesetzes vom 7. April 1900, die Konsulargerichtsbarkeit betr., und nach Art. 1 des Reichsgesetzes vom 25. Juli 1900, Aenderungen des Gesetzes über die Rechtsverhältnisse der deutschen Schutzgebiete betr., sowie §§ 3, 4 des Schutzgebietsgesetzes in der Fassung vom 10. September 1900 sein Bewenden.

2. *Religiose.* Klosterpersonen (Mönche und Nonnen), welche die lebenslänglichen Gelübde abgelegt haben, sind gemeinrechtlich unfähig, Vermögen für sich zu erwerben.

Nach PLR. Thl. II Tit. 11 § 1199 wurden Mönche und Nonnen nach abgelegtem Klostergelübde als verstorben angesehen und waren daher unfähig, Eigenthum oder andere Rechte zu erwerben, zu besitzen oder darüber zu verfügen. Vgl. ferner Roth, BCR. I § 33 Note 13 ff.; M. z. E. des EG. Art. 48 S. 168.

Nach *Bayr.* Rechte konnten sie bis zu 2000 fl. bewegliches Vermögen *für ihr Kloster* erwerben. Roth BCR. 2. Aufl. I § 33 zu Note 6 ff., § 38; Kahl, Die deutschen Amortisationsgesetze (1880) S. 298 und derselbe, Artikel „Amortisationsgesetze“ im Handwörterbuch der Staatswissenschaften von Conrad u. Lexis Bd. I S. 246, 247; Urtheile des Bayr. Oberst. LG. Bd. 7 S. 767, Bd. 11 S. 214. Hiebei wurde vorausgesetzt, daß es sich um einen von der obersten Kirchenbehörde approbirten Orden, nicht um eine neuere Kongregation handelte (Bayr. V. vom 17. November 1803, 27. April 1807).

Diese weitgehenden Beschränkungen sind kraft der Art. 55 und 87 Abs. 2 EG. außer Kraft getreten. „Unberührt“ blieben nur landesgesetzliche Beschränkungen der Kapazität von Religiosen in Bezug auf unentgeltlichen und in Bezug auf erbrechtlichen Erwerb, soweit solcher landesrechtlich nur mit staatlicher Genehmigung stattfinden darf (EG. Art. 87). Die Zulassung dieser Beschränkungen hatte den Zweck, die Durchführung der Amortisationsgesetze gegen die Erwerbungen der „todten Hand“ *mittelbar* zu sichern (s. Art. 86 des EG. und Mot. z. EG. S. 170). Vgl. hiezu die Ausführungen in der Vorbem. II zu §§ 13—20 u. auch Bem. 7 zu § 1923.

Von der Möglichkeit, in dieser Weise die Kapazität der Religiosen zu beschränken, hat man indessen weder in Preußen noch in Bayern, noch in anderen größeren Bundesstaaten Gebrauch gemacht; dagegen z. B. in Lübeck AG. z. BGB. § 14, Schwarzburg-Sondershausen AG. Art. 59, Reuß j. L. AG. § 14, Schwarzburg-Rudolstadt AG. Art. 29.

Dagegen haben die Ausführungsgesetze zumeist die *Amortisationsgesetze selbst* neu geordnet, entweder unter formeller Beschränkung dieser Gesetze auf „geistliche Gesellschaften“ (Bayr. AG. Art. 7) oder auf juristische Personen, welche „religiöse oder Wohlthätigkeitszwecke oder Zwecke des Unterrichts oder der Erziehung verfolgen“ (Württemberg AG. Art. 140) oder unter formeller Erstreckung dieser Gesetze auf Juristische Personen überhaupt (Preußen AG. Art. 6, 7; Baden AG. Art. 7; Elsaß-Lothringen AG. § 6; Hessen AG. Art. 12; Mecklenburg-Schwerin AV. § 27; Mecklenburg-Strelitz AV. § 26; Lübeck AG. § 13; Reuß j. L. AG. § 12; Sachsen-Altenburg AG. §§ 9, 11; Sachsen-Weimar AG. § 18; Schwarzburg-Rudolstadt AG. Art. 30; Schwarzburg-Sondershausen AG. Art. 15; Waldeck-Pyrmont AG. Art. 5, 6).

3. *Hoher Adel.* Derselbe bildet nach Deutschem Rechte einen in Bezug auf das Eherecht abgeschlossenen Geburtsstand. Die Ehe eines Mitgliedes des hohen Adels mit einem unebenbürtigen Ehegatten hat trotz bürgerlicher und kirchlicher Gültigkeit als „Mißheirath“ nicht die *vollen* Ehewirkungen: Gierke, DPR. I S. 402. Hiemit ist ein Mangel des connubium und damit eine Modifikation der Rechtsfähigkeit gegeben. Dieser Rechtszustand wird im EG. Art. 57 und 58 aufrechterhalten.

Dem hohen Adel ist das Recht der Autonomie in Bezug auf Familienverhältnisse und Güter vorbehalten durch EG. Art. 58.

4. Niederer Adel. In Baden und Bayern ist die Errichtung von Familienfideikommissen ein Sonderrecht des Adels überhaupt, nicht bloß des hohen Adels. Andere Bundesstaaten kennen dieses Privileg nicht. Diese Besonderheit bleibt nach EG. Art. 59 aufrecht. Vgl. hiezu: Roth, DPR. III § 331 IV; Dernburg III § 126; Oertmann, bayerisches Landesprivatrecht I § 17.

5. Verlust der bürgerlichen Ehrenrechte. Dieser zog früher eine Minderung der Rechtsfähigkeit nach sich, wie solche im StGB. § 34 Nr. 6 bestimmt ist, nämlich die Unfähigkeit, „Vormund, Nebenvormund, Kurator, gerichtlicher Beistand oder Mitglied eines Familienrathes zu sein, es sei denn, daß es sich um Verwandte in absteigender Linie handelt und die Obervormundschaftsbehörde oder der Familienrath die Genehmigung ertheilen". Vgl. Dernburg, Pand. Bd. 3 § 46 zu Note 12; preuß. Vormundschaftsordnung vom 5. Juli 1875 § 21; ALR. Thl. I cap. 7 § 3 Nr. 5; Roth, BCR. 2. Aufl. I § 112 Note 45; E. I § 1640 Ziff. 3; M. IV, 1067.

Die Bestimmung des StGB. in § 34 Nr. 6 wird scheinbar aufrechterhalten, da im EG. Art. 34 Abs. 1 nur die Bezeichnung der Aemter, zu welchen Unfähigkeit eintreten soll, geändert wird („Vormund, Gegenvormund u. s. w."). Indessen aus dem BGB. §§ 1781 Ziff. 4, 1866 Ziff. 2, 1897, 1915, 2237 Ziff. 2 ergiebt sich, daß diese Minderung der Rechtsfähigkeit thatsächlich durch das BGB. abgeändert ist, indem an die Stelle zwingender Gesetzesvorschriften bloß instruktionelle Vorschriften getreten sind. Die Bestellung des nach § 34 Nr. 6 des StGB. „unfähigen" Vormunds ist gültig. Vgl. BGB. § 1780 u. Bem. 2, d zu § 1781. Ordnungsvorschriften enthalten ferner die Bestimmungen im BGB. §§ 1318, 2237; FG. § 173. — Auch ohne Aberkennung der bürgerlichen Ehrenrechte hat ehrloses Verhalten erhebliche Rechtsfolgen gemäß BGB. §§ 1568, 1666, 1686, 1886, 2227, 2333 Nr. 5 u. sonst.

Ebenso bleiben andere Rechtsfolgen der Ehrenminderung, welche auf Grund von Reichsgesetzen verhängt werden, in Kraft, z. B. die Normen der Gewerbeordnung in Bezug auf Ausschluß von Innungen (§ 100 Abs. 6) und von der Anleitung jugendlicher Arbeiter (§ 106); des Weiteren landesrechtliche Nachtheile, welche sich an die Verurtheilung zum Verluste der Ehrenrechte anknüpfen, ohne direkte Folgen der Ehrenminderung zu sein; z. B. Unfähigkeit zum Abschlusse eines Jagdpachtvertrags (bayer. Jagdgesetz vom 30. März 1850 Art. 7).

6. Fremde. Für das Privatrecht kommt in Betracht die Vorschrift des EG. z. BGB. Art. 88. „Unberührt bleiben die landesgesetzlichen Vorschriften, welche den Erwerb von Grundstücken durch Ausländer von Staatsgenehmigung abhängig machen." Vgl. hiezu Gierke, DPR. I § 56 S. 448 N. 22—24. Von diesem Vorbehalte hat Hessen Gebrauch gemacht in AG. Art. 15, ferner Hamburg AG. § 28. Fremde entbehren grundsätzlich des Wohnrechts im Inland und können daher von durch Wohnsitz begründeten Privatrechten ausgeschlossen werden. Vgl. Gierke, DPR. I § 56 S. 449, § 57 S. 454/55. Ausnahmsweise haben Fremde durch Staatsvertrag Wohnrecht. Vgl. Niederlassungsvertrag zwischen dem Deutschen Reiche und der Schweizerischen Eidgenossenschaft vom 31. Mai 1890 Art. 1, 2. — Vgl. ferner EG. z. BGB. Art. 31 (Retorsionsrecht).

7. Uneheliche Kinder. Das BGB. schließt die unehelichen Kinder nicht vom testamentarischen, aber vom gesetzlichen Erbrecht in Bezug auf den Vater aus, weil es eine väterliche Verwandtschaft mit dem außerehelichen Kind nicht anerkennt (§ 1589 Abs. 2). In Bezug auf die Alimentation stellt es die unehelichen Kinder dem Vater gegenüber schlechter als die ehelichen (§§ 1602, 1603, 1708, EG. Art. 208).

8. Bezüglich der unehelichen Mutter und der mütterlichen Aszendenten unehelicher Kinder vgl. §§ 1776, 1782, 1855, 1861, 1863, 1867, 1912 und ferner die Bem. zu § 1705.

9. Geschlecht. Eine Zurücksetzung des weiblichen Geschlechts nach vorbehaltenem Landesrechte ist zu finden in den Bestimmungen des preußischen und bayrischen Fideikommißrechts: vgl. PLR. Thl. II Tit. 4 § 189; bayr. Familienfideikommißedikt § 73; Börsengesetz § 7 Abs. 1 Nr. 1. Vgl. hiezu EG. z. BGB. Art. 32, 59. Nach dem BGB. selbst sind

Mann und Frau weder als Ehegatten noch als Eltern gleichgestellt. Vgl. §§ 1354, 1358, 1363, 1443, 1519, 1549, 1627, 1634, 1684, 1687, 1697.

II. Die „natürlichen Personen" sind Personen nicht schon von Natur, sondern durch die Rechtsordnung, nicht anders als die juristischen Personen. Dem Menschen wird die Rechtsfähigkeit mit der Vollendung der Geburt, dem menschlichen Verbande wird sie nicht immer schon auf Grund seiner Existenz verliehen. Noch weniger können bestimmte Privatrechte als solche bezeichnet werden, welche dem Menschen ausnahmslos und unter allen Umständen auf Grund seiner Existenz anhaften mußten. „Angeborene schon durch die Vernunft einleuchtende Rechte", welche das österr. BGB. § 16 dem Menschen als solchem zuerkennt, oder „allgemeine Rechte der Menschheit", welche nach PLR. Thl. I Tit. 1 § 10 schon dem Nasciturus zugeschrieben werden, können nur insoweit gelten, als sie die positive Rechtsordnung wirklich im Einzelnen gewährt. Soweit dies nicht der Fall, sind derartige „angeborene" oder „mitgeborene Rechte" trotz im Allgemeinen bleibender „Erklärung der Menschenrechte" nur politische, ethische u. s. w. Postulate (vgl. hiefür Philipp Lotmar, „Vom Rechte, das mit uns geboren ist," Bern 1893; dagegen Meisner BGB. S. 4—6 für den alten naturrechtlichen Standpunkt). Soweit das positive Recht solche Postulate anerkennt und zu Rechtsnormen gestaltet, kann dies im Wege des öffentlichen oder im Wege des Privatrechts oder im Wege des öffentlichen und des Privatrechts geschehen. Anerkennt das Privatrecht aus der Natur des Menschen oder aus dem Begriffe der Person abgeleitete Rechte, welche ihrem Subjekte „die Herrschaft über einen Bestandtheil der eigenen Persönlichkeitssphäre gewährleisten" (Gierke), so werden dieselben als Personenrechte oder „Persönlichkeitsrechte", auch Individualrechte bezeichnet.*) Dieselben gehören zu den sog. absoluten Rechten. Das PLR. Thl. I Tit. 1 §§ 2 ff. und das österr. BGB. (Thl. I, erstes Hauptstück) haben den „Personenrechten" eigene Darstellungen gewidmet. Nach dem von den Personen handelnden ersten Abschnitt des deutschen BGB. ist nur ein Personenrecht, das Namensrecht, im § 12 als besonderes Privatrecht und entsprechend seinem Charakter als absolutes Recht gegen jede Verletzung, auch gegen nicht kulpose, geschützt. Als Personenrechte werden ferner aber insbesondere das Recht auf Leben, körperliche Integrität, Gesundheit, Freiheit, Ehre in der Literatur bezeichnet. Vgl. dazu § 823 mit Bem. Ueber die Tragweite dieser Bestimmung in Ansehung der Frage, wie sich das BGB. zur Frage der Persönlichkeitsrechte verhält und was nach dem BGB. zu den Persönlichkeitsrechten zu rechnen ist, namentlich gegenüber den Verh. d. RTK. zu § 807 E. III, ist an dieser Stelle Folgendes zu bemerken. Viel erörtert ist bereits, ob das BGB. die im § 823 genannten Rechtsgüter: Leben, Gesundheit, Freiheit 2c. als Gegenstände besonderer Privatrechte und damit als Personenrechte anerkannt hat. Die Frage wird bejaht u. A. (abgesehen von diesem Kommentar s. Bem. II zu § 823) von Meisner S. 4—6 zu § 1; Hachenburg, Vorträge S. 153, 154; Kuhlenbeck, Von den Pandekten 2c. II S. 357, Komm. zu § 823 Note 8; Dernburg, Das bürgerliche Recht II § 383 S. 613; Henle-Fischer, Komm. § 823 Note 8; verneint von Planck II. Aufl. I S. 51, 52; Endemann I § 200 Note 28; Oertmann, Komm. S. 556; Cosack I § 163 I 1, c; Crome II § 325; Enneccerus I S. 67, 68; Schönfeld, „Zum § 823 BGB." (Münchener Inauguraldissert. 1899); RGE. Bd. 51 S. 369 ff. (unter Berufung auf Planck, Oertmann und Cosack).

Die erstere Gruppe von Schriftstellern nimmt an, daß die Nennung des Lebens, des Körpers, der Gesundheit und der Freiheit in § 823 nicht enumerative, sondern exemplifikative Bedeutung habe. — Planck beruft sich für die Verneinung der Frage nicht nur auf die Fassung, sondern auch auf die Entstehungsgeschichte des § 823, wonach man nicht annehmen könne, daß das BGB. ein besonderes subjektives Recht auf Leben, Körper, Gesundheit, Freiheit und Ehre habe anerkennen wollen; „das Leben, der Körper, die Gesundheit und Freiheit sind in dem § 823 nicht als Rechte bezeichnet und stehen dadurch im Gegensatze zu den folgenden Worten: „das Eigenthum oder ein sonstiges Recht"; die Ehre ist ganz weggelassen". Indessen

*) Ueber die „Persönlichkeits"- und „Individualrechte" überhaupt vgl. Gierke, DPR. I § 81, woselbst auch die Hauptgegner der Theorie der „Persönlichkeitsrechte" verzeichnet sind.

sprechen die Protokolle der II. Komm. nicht gegen die Anerkennung der bezeichneten Rechtsgüter als Personenrechte, sondern für dieselbe. Die M. z. § 704 des E. I erklären es allerdings als zweifelhaft, ob das Leben, der Körper, die Gesundheit, die Freiheit, die Ehre als „Rechte" bezeichnet werden können und erachteten gerade wegen dieses Zweifels die Aufnahme einer ausdrücklichen Vorschrift, wonach die kulpose Verletzung dieser Rechtsgüter schadensersatzpflichtig macht, als erforderlich. Dies geschah durch E. I § 704 Abs. 2 Satz 2, welcher lautete: „Als Verletzung eines Rechtes im Sinne der vorstehenden Vorschrift ist auch die Verletzung des Lebens, des Körpers, der Gesundheit, der Freiheit, der Ehre anzusehen." Diese Bestimmung wurde von der II. Komm. abgelehnt, ebenso wie ein dieselbe unwesentlich modifizirender Antrag (P. II, 566, 573). Die Ablehnung wurde aber damit begründet, daß die vorgeschlagene Bestimmung einen „durchaus doktrinären Eindruck mache" (P. II, 573). Nur in Bezug auf die Verletzung von Freiheit und Ehre wurde von der Mehrheit geltend gemacht, daß sachliche Bedenken gegeben seien, hier einen besonderen privatrechtlichen Schutz eintreten zu lassen (Prot. vom 26. Oktober 1892). Einigermaßen im Widerspruche hiemit steht die unmittelbar vorausgehende Ausführung in den P. II, 568 in Bezug auf die Anschauungen der Komm. bei Annahme eines Modifikationsantrags zu E. I § 704 (Prot. vom 25. Oktober 1892). Hier wird ein Persönlichkeitsrecht in Bezug auf Freiheit und Ehre anerkannt, das nach dem Protokolle vom nächsten Tage „sachlichen Bedenken unterliegt". Die Unklarheit bezüglich der eigentlichen Meinung der Komm. wird indessen beseitigt durch das Prot. vom 22. Mai 1895, an welchem Tage die dermalige Fassung des § 823 beschlossen wurde. Der bezügliche von der Komm. gebilligte Vorschlag wurde als „in der Hauptsache redaktioneller Natur" erklärt; „bei der früheren Berathung habe man den lehrhaften Schlußsatz des § 704 E. I, daß als Verletzung eines Rechtes „im Sinne der vorstehenden Vorschriften" auch die Verletzung eines der einzeln aufgeführten immateriellen Rechtsgüter anzusehen sei, mit Recht gestrichen, da die heutige Wissenschaft ein Persönlichkeitsrecht im weiteren Sinne annehme. Danach finde sich aber im E. II nirgends ausgesprochen, daß die Verletzung dieser Güter sich civilrechtlich als ein Delikt darstelle." Dieser Begründung zufolge wurde die dermalige Fassung gewählt, um einerseits einen „doktrinären Eindruck" zu vermeiden, andererseits aber, weil durch die Fassung des E. I der Annahme weiterer Persönlichkeitsrechte als der ausdrücklich genannten präjudizirt zu sein schien, was den Absichten der II. Komm. nicht entsprach. Die Fassung des § 823 wurde sonach nicht gewählt, um etwa zwischen den in § 823 bezeichneten Rechtsgütern (Leben, Gesundheit u. s. w.) einerseits und dem in § 823 erwähnten „Eigenthum" einen Gegensatz dahin zu statuiren, daß die ersteren nicht ebenfalls „Rechte" seien. Wenn jetzt Planck darauf hinweist, daß in § 823 das Leben, die Gesundheit u. s. w. nicht als Rechte bezeichnet seien und dadurch im Gegensatze zu den folgenden Worten „das Eigenthum oder ein sonstiges Recht" stehen, während die Ehre ganz weggelassen sei, so ist von der Möglichkeit einer solchen Auslegung allerdings schon in der II. Komm. in der fraglichen entscheidenden Sitzung vom 22. Mai 1895 die Rede gewesen, aber nur als von einer Auslegungsmöglichkeit, welche mit Rücksicht auf die vorgeschlagene, von der II. Komm. gebilligte und in das Gesetz übergegangene Fassung zu befürchten sei. Dem von der II. Komm. zum Beschlusse erhobenen Antrage wurde nämlich entgegengehalten, daß es nach seiner Fassung fraglich erscheine, „ob alle Rechtsgüter gedeckt seien". „Die Schlußklausel: „oder ein sonstiges Recht" schließe sich an „Eigenthum" an und könne daher enger verstanden werden" (P. VI, 201). Dieser lediglich redaktionelle Einwand zeigt, wie darüber Einverständniß bestand, daß „alle Rechtsgüter", d. h. alle sog. Persönlichkeitsrechte als Rechte im Sinne des § 823 grundsätzlich anerkannt werden sollten. Die Weglassung der „Ehre" in dem angenommenen Antrage und demgemäß auch im § 823 ist dadurch erklärlich, daß für den Rechtsschutz der Ehre spezielle Vorschriften gegeben waren (§§ 824, 825) und man in Bezug auf die Ehre eine allgemeine Vorschrift wie die in § 823 enthaltene als bedenklich erachtete, wie dies auch seitens der RTK. (Drucks. Nr. 440 S. 103) in Bezug auf die Ehre und ferner in Bezug auf das Rechtsgut der Sittlichkeit und der Arbeitskraft ausgesprochen wurde. Hienach wollte die II. Komm. in § 823

a) die neben und vor dem „Eigenthum“ genannten Rechtsgüter als Persönlichkeitsrechte anerkennen,

b) anerkennen, daß auch andere persönliche Rechtsgüter Persönlichkeitsrechte seien und unter dem Schutze des § 823 stehen können; und weiter

c) wollte die Komm. nicht alle persönlichen Rechtsgüter unter den Schutz des § 823 als „Rechte“ stellen.

Bestätigt wird diese Auffassung der Verhandlungen durch die Denkschrift S. 100, welche zu § 807 (= § 823 BGB.) bemerkt: „Dementsprechend macht der § 807 die Schadensersatzpflicht davon abhängig, daß die schädigende Handlung entweder das Recht eines Andern, insbesondere dessen Leben, Gesundheit, Freiheit, Eigenthum verletzt oder gegen ein den Schutz eines Anderen bezweckendes Gesetz verstößt“. Es fragt sich, ob diese Absichten der II. Komm., welche von der RTK. nicht abgelehnt worden sind, im Gesetze den entsprechenden Ausdruck gefunden haben. Grammatische Auslegung führt nicht dazu, den von Planck in § 823 gefundenen Gegensatz zwischen „Eigenthum oder ein sonstiges Recht“ einerseits und den vor diesen Worten aufgeführten Rechtsgütern, als deren letztes die „Freiheit“ genannt wird, andererseits als nothwendig zu erachten.

Inwieweit andere als die in § 823 genannten persönlichen Rechtsgüter als „Rechte“ zu gelten haben und damit unter § 823 fallen, hängt von der weiteren Entwicklung der Theorie der Persönlichkeitsrechte ab, deren grundsätzliche Anerkennung in § 823, wenn auch nicht am rechten Ort, zu finden sein dürfte.

Zuzugeben ist freilich, daß dieses Ergebniß nicht zweifelfrei sein kann; denn das Leben, der Körper u. s. w. sind, wenn man von § 823 absieht, nirgends im BGB., insbesondere nicht im Abschnitte von den „Personen“, als Rechte bezeichnet und diese Bezeichnung in § 823 wäre sogar sprachwidrig, wenn sie sich lediglich auf die vor dem Worte „Freiheit“ erwähnten Rechtsgüter beziehen würde.

III. Internationales Privatrecht. Ueber die Frage, nach welchem Rechte in örtlicher Hinsicht über die Rechtsfähigkeit, die allgemeine wie die besondere, sowie über die aus dem Begriffe der Person ableitbaren Persönlichkeitsrechte zu entscheiden ist, hatten die Vorentwürfe zum BGB. folgende Bestimmung getroffen: „Die Rechtsfähigkeit wird nach dem Rechte beurtheilt, welches über das Rechtsverhältniß, bei dem sie in Frage kommt, entscheidet.“ Gebhardt'scher Vorentwurf § 5 und Mot. zu demselben S. 30—39. Das EG. z. BGB. enthält keine Bestimmung. In der Literatur sind zwei Meinungen vertreten. Nach der einen entscheidet grundsätzlich das Personalstatut (Gierke, DPR. I S. 222), nach der anderen, welche neuerdings insbesondere durch von Bar und Stobbe vertreten wird, soll die bezeichnete in den deutschen Vorentwürfen enthaltene Regel gelten. Beide Anschauungen lassen Ausnahmen zu (vgl. hiezu: E. Zitelmann, Internationales Privatrecht II S. 80 ff.). In Betracht kommt, daß bestimmte auf die Rechtsfähigkeit bezügliche Normen des deutschen Rechtes ausschließlicher Natur sein wollen, so daß der deutsche Richter entgegenstehenden Normen anderer Rechtsgebiete die Anwendung versagen muß. Hierher gehört der Rechtssatz, daß jedem Menschen die allgemeine Rechtsfähigkeit zukommt. Doch haben auch derartige ausschließliche Rechtssätze ihre Anwendungsgrenzen. Der deutsche Richter kann einem Sklaven nicht mit Erfolg Rechtsfähigkeit auch für das Sklavenland zusprechen. Auf diesem Standpunkte steht auch die Praxis des deutschen Kolonialrechtes. Für die besonderen Rechtsfähigkeiten dürfte die Herrschaft der oben bezeichneten Regel der deutschen Vorentwürfe anzuerkennen sein. Ausschließlicher Natur ist nur die Bejahung der Rechtsfähigkeit des Menschen. Bezüglich der Frage dagegen, wann die Rechtsfähigkeit des Menschen beginnt, soferne diese Frage von der Entscheidung darüber abhängt, wann ein lebender Mensch zu sein beginnt, kann dem deutschen Rechte ausschließliche Natur nicht zugeschrieben werden. Kommt es auf die Entscheidung dieser Frage an, so entscheiden, wie in zeitlicher Beziehung, so auch in örtlicher nicht nothwendig die Grundsätze des BGB.

§ 1.

Die Rechtsfähigkeit des Menschen beginnt mit der Vollendung der Geburt.

E. I, 3; II, 1; III, 1.

I. 1. Die Rechtsfähigkeit des Menschen*) beginnt mit der Vollendung der Geburt. So auch nach Röm. R., auf welches die M. I, 28 sich berufen: l. 3 C. de posth. hered. 6, 29. Nicht ausgesprochen ist: mit der Geburt eines lebenden Menschen, weil dies selbstverständlich ist. Ein Mensch ist nur vorhanden, wenn ein lebendes Wesen vorhanden ist. Eine Todtgeburt ist auch nach vollendeter Trennung vom Mutterleibe kein Mensch. Brinz, Pand. I 2. Aufl. § 50 zu Note 7; l. 129 D. 50, 16. E. I ließ die Rechtsfähigkeit „mit der Geburt" beginnen. Dies war als ungenau getadelt worden, weil die Geburt kein schlechthin momentaner Vorgang sei.

2. „Die Geburt ist vollendet mit der auf natürlichem oder künstlichem Wege herbeigeführten Trennung vom Mutterleibe" (M. I, 28). Wann dies der Fall, ist Sache thatsächlicher Feststellung, insbes. der Feststellung durch die medizinische Wissenschaft. Ein negatives Moment steht fest: Lösung der Nabelschnur ist nicht erforderlich (M. I, 28). Nothwendig ist nur, daß das Kind den Mutterleib verlassen habe, nicht daß der Zusammenhang des Kindes mit dem Mutterleib vollständig aufgehoben sei. Nur in diesem Sinne kann das Erforderniß der „Trennung" des Kindes vom Mutterleibe verstanden werden. Dies ist auch der Standpunkt des Gem. R.: l. 3 C. 6, 29 de posth.; Regelsberger, Pand. Bd. 1 § 58 zu Note 2.

3. Dagegen ist nach dem StGB. für die Existenz eines Menschen die Vollendung der Geburt im obigen Sinne nicht erforderlich. Es ist vielmehr nur erforderlich, daß das Kind zu irgend einem Theile bereits den Mutterleib verlassen hat. § 217 StGB. Denn hier wird ein „Kind" schon während der Geburt („in der Geburt") als vorhanden angenommen, unter der Voraussetzung, daß Leben vorhanden ist. Es genießt also auch die erst in der Geburt befindliche Leibesfrucht vor dem Strafgesetze „in Bezug auf ihre vitale Existenz und Integrität die Rechte eines geborenen Menschen" (RGE. in StS. Bd. I S. 448).

4. Lebende Geburt ist vorhanden, wenn das Kind „nach der vollständigen Trennung vom Mutterleibe Lebenszeichen irgend welcher Art gegeben hat, sollte es auch unmittelbar nach dieser Lebensäußerung verstorben sein" (v. Sicherer, Komm. zum Pers.Ges. S. 104; Matthiaß a. a. O. I S. 61).

Lebende Geburt ist dagegen nicht vorhanden, wenn das Kind zwar vor oder während der Geburt gelebt hat, aber vor vollendeter Geburt gestorben ist. Hiebei muß, wer sich auf das Leben nach der Geburt beruft, dies beweisen (M. I, 28). Welcher Art die „Lebenszeichen" waren, ist gleichgültig. Es kann z. B. in dem durch die Lungenprobe zu beweisenden Athmen des Kindes bestehen. Das BGB. stellt keine Rechtsvermuthung für die lebende Geburt auf, im Einklange mit dem Gem. R. (Kuhlenbeck, Von den Pandekten I S. 93) und im Gegensatze zum BLR. Thl. I cap. 3 § 2 Nr. 4 a. E., sächs. GB. § 34. In Bezug auf das Preuß. R. vgl. PLR. Thl. I Tit. 1 § 13. Andererseits beweist das standesamtliche Geburtsregister, wenn in dieses die Geburt eingetragen worden, gemäß §§ 15, 23 des RG. über die Beurkundung des Personenstandes und die Eheschließung vom 6. Februar 1875 die Thatsache der lebenden Geburt unter Vorbehalt des Gegenbeweises der Fälschung, der unrichtigen Eintragung oder der unrichtigen Anzeige. v. Sicherer, Komm. S. 50, Gebhardt a. a. O. S. 66, 67. Der Eintrag in das standesamtliche Register „beweist" die Thatsache der Geburt, zu deren Beurkundung es bestimmt ist; es begründet keine bloße Vermuthung für dieselbe. And. Ans. Cosack § 18 I, dagegen wieder Endemann I § 26 Note 10.

Die gleiche Beweiskraft kommt dem Eintrag in das standesamtliche Register zu, wonach ein Kind „todt geboren oder in der Geburt verstorben ist"; der Eintrag beweist mit der erwähnten Maßgabe, daß ein lebender Mensch nicht geboren worden ist.

Die Eintragung der todtgeborenen und in der Geburt verstorbenen Kinder ist durch das Pers.Ges. vorgeschrieben, jedoch soll dieser Eintrag nur im Sterbe-, nicht im Geburtsregister erfolgen. § 23 des Pers.Ges.

5. Gemeinrechtlich war Lebensfähigkeit oder Vitalität in mehrfachem Sinne als Erforderniß der Rechtsfähigkeit aufgestellt worden. Eine ältere Theorie schloß die Rechtsfähigkeit aus, wenn das lebendig geborene Kind aus irgend welchen Gründen nicht lebensfähig war, sei es, weil es nicht den Grad der Reife erlangte, der zur selbständigen Fortsetzung des Lebens außerhalb des Mutterleibes erforderlich ist, oder daß z. B. mangel-

---

* Literatur: Cosack I § 17; Dernburg I § 49; Endemann I § 26; Crome I § 39; Kuhlenbeck I S. 76; Planck Bem. zu § 1; Matthiaß I § 18; Hoelder zu § 1: Gareis zu § 1.

hafte Bildung von zur Fortsetzung des Lebens nothwendigen Organen eine Lebensunfähigkeit bewirkte. In neuerer Zeit ist das Erforderniß der Lebensfähigkeit im Gem. R. überhaupt bestritten worden. Vgl. Savigny, Syst. II S. 385 ff.; Vangerow, Pand. I § 32 und die bei Vangerow citirten Autoren. Die überwiegende Meinung hält zum Theil auf Grund der dem Deutschen Rechte in der Frage zugeschriebenen Bedeutung (Gierke, DPR. I § 41 Anm. 12) an dem Erfordernisse der Lebensfähigkeit in dem engeren Sinne fest, daß das Kind vermöge der ihm zu Theil gewordenen Reife lebensfähig sein soll. Beim Mangel dieser Lebensfähigkeit wird die Rechtsfähigkeit bestritten von Windscheid, Pand. Bd. 1 § 52; Wächter, Pand. I § 40; Dernburg, Pand. I § 50; Brinz, Pand. I § 50; Gierke, DPR. I § 41 Anm. 12. And. Ans. neuerdings Regelsberger, Pand. I § 58 S. 243, 244; Endemann I 93 Note 4. Das Erforderniß der Lebensfähigkeit wird nicht aufgestellt durch das BLR. Thl. I cap. 3 § 2 Nr. 4 (vgl. Bl. f. RA. Bd. 7 S. 219 Anm. 6), das PLR. und das sächs. GB.; dagegen cod. civ. Art. 725; Bad. LR. Satz 314, 725, 906.

Das BGB. läßt das Erforderniß der Lebensfähigkeit überhaupt fallen (M. I, 28). Es ist daher ein rechtsfähiger Mensch existent geworden, wenn auch nur einen Augenblick ein lebendes Kind nach der Geburt existirte. Matthiaß a. a. O. S. 61; Enneccerus § 11 Nr. 3; Planck Bem. 2 zu § 1. Mit Unrecht behauptet Kuhlenbeck (von den Pand. S. 80, Komm. 2. Aufl. zu § 1), das BGB. lasse die gemeinrechtliche Streitfrage offen. Derselbe vertritt die Ansicht, daß auch dann, wenn die vom Mutterleibe vollständig getrennte Leibesfrucht gelebt hat, also ein lebendes Wesen geboren worden ist, ein Sachverständigengutachten darüber einzuholen sei, ob die Leibesfrucht „bereits im Besitze aller zur Lebensfähigkeit absolut erforderlichen Organe war oder ob sie den hiezu nothwendigen embryonalen Entwicklungsprozeß noch nicht abgeschlossen hatte". Auf diese Fragen kann es nach dem BGB. nicht mehr ankommen, wenn feststeht, daß die Leibesfrucht nach der Geburt gelebt hat.*)

Grund für diese Behandlung waren rein praktische Erwägungen der Rechtssicherheit (M. I, 28).

6. Das Gem. R. stellt als weiteres Erforderniß der Rechtsfähigkeit die „menschliche Bildung" des geborenen Kindes auf und versagt die Rechtsfähigkeit dem sog. monstrum oder prodigium. Windscheid, Pand. Bd. I § 52 z. N. 6; Brinz, Pand. Bd. I § 50 z. N. 17; Savigny, System II S. 9; Gierke, DPR. I § 40, II, 2. Was monstrum oder prodigium ist, sagen die Quellen nicht. Savigny findet die „wirkliche Grenze der Menschengestalt" darin, „daß der Kopf menschliche Bildung an sich tragen muß". Regelsberger, Pand. Bd. I § 58 S. 243 erklärt mit Recht, daß der ganze Begriff an Unklarheit leidet und unbrauchbar ist. Trotzdem ist derselbe aus dem Gem. R. in mehrere deutsche Partikularrechte übergegangen, so in das BLR. Thl. I cap. 3 § 2 Nr. 5; PLR. Thl. I Tit. 1 § 17; sächs. GB. § 33.

Die neuere medizinische Wissenschaft bezeichnet den Begriff der Monstrosität als inhalts- und gegenstandslos (vgl. v. Sicherer, Komm. a. a. O. S. 66; M. I, 28). Das BGB. hat mit Rücksicht hierauf das Erforderniß der „menschlichen Bildung" nicht aufgenommen. Der Mißgeburt im Sinne eines abnorm gebildeten, aber immerhin noch menschlichen Wesens, welchem schon nach Röm. R. Rechtsfähigkeit zukommt, wird diese auch durch das BGB. nicht abgesprochen. „Geburten ohne menschliche Form und Bildung giebt es nicht. Ein noch so mißgestaltetes Kind ist ein Kind, ein Mensch" (Kuhlenbeck a. a. O. S. 80, 81; M. I, 29; Cosack § 17 S. 62).

7. Cosack I § 17 stellt als weiteres Erforderniß auf: „Das Leben des Kindes muß ein selbständiges gewesen sein, deßhalb ist die Zerschneidung der Nabelschnur zur Vollendung der Geburt zwar nicht nöthig, aber ein nur durch die Nabelschnur vermitteltes Leben genügt rechtlich nicht." Die Aufstellung dieses Erfordernisses als einer weiteren selbständigen Voraussetzung der Rechtsfähigkeit ist abzulehnen. Wenn das Kind den Mutterleib vollständig verlassen hat, so gilt es nach dem BGB. wie nach der herrschenden Lehre des Gem. R. als rechtsfähig, auch wenn die Nabelschnur nicht gelöst ist. Das Leben des Kindes nach dessen Austritt aus dem Mutterleibe wird nicht durch die Nabelschnur vermittelt, da das Kind selbständig athmosphärische Luft athmet.

II. Der Nasciturus.

1. Das Röm. R. betrachtet die Frucht im Mutterleibe als einen erst in der Entstehung begriffenen, aber noch nicht existenten Menschen. Rechte kann daher die Leibes-

*) Vgl. Cosack I § 17 Nr. 2; Dernburg I § 49 Note 4; Crome I § 39; Hoelder zu § 1 Nr. 6 S. 70; Gareis zu § 1; Endemann § 26 zu Note 6 findet nur, daß das BGB. nicht mehr „Lebensfähigkeit in dem Sinne, daß das neu geborene Kind ausgetragen sein muß", verlangt, scheint sonach Vitalität im Sinne des Vorhandenseins der zum dauernden Leben erforderlichen Organbildung zu verlangen. Diese Unterscheidung findet im BGB. keine Grundlage.

frucht noch nicht erwerben. Das Gem. R. hat aber andererseits diese unfertige Existenz doch nicht als bloße Nichtexistenz behandelt, vielmehr den Erwerb von Rechten, welche dem Ungeborenen erworben würden, wenn er schon geboren wäre, „vorbehalten", nicht gegeben — vorbehalten nicht als dem Ungeborenen, sondern als dem, der zur Welt kommt (Brinz, Pand. Bd. 1, 2. Aufl. § 50 S. 173). Der Anfall von Rechten an das ungeborene Kind bleibt in Schwebe und wird später, wenn ein rechtsfähiges Kind zur Welt kommt, so behandelt, wie wenn er gegenüber dem Geborenen erfolgt wäre. Die Rechte, deren Anfall an den Nasciturus in Schwebe bleibt, haben einstweilen noch kein Subjekt und erhalten dasselbe mit der Geburt des rechtsfähigen Menschen. Diesem Inhalte des Röm. R. werden die in l. 7 und l. 26 D stat. hom. 1, 5 enthaltenen allgemeinen Regeln anerkanntermaßen nicht gerecht, da dieselben zu weit gefaßt sind und — innerhalb gewisser Grenzen — eine Gleichstellung der Ungeborenen mit den Geborenen aussprechen.

Wie das Röm. R., so haben auch die meisten neueren deutschen Partikularrechte Fürsorgemaßregeln für erzeugte ungeborene Kinder aufgenommen und enthalten zu diesem Zwecke allgemeine Erklärungen entsprechend dem röm. Rechtssatze der l. 7 D 1, 5. So das PLR. Thl. I cap 3 § 2 Nr. 3; Einzelbestimmungen des PLR. in Thl. I cap. 4 § 10, Thl. III cap. 1 §§ 12, 13, Thl. III cap. 3 § 14 Nr 1, 2, Thl. III cap 6 § 5 Nr. 2, Thl. III cap 12 § 2 Nr. 5, Roth I, 22; PLR. Thl I Tit. 1 § 12; sächs. GB. § 32 Satz 2 u 3. österr. GB. § 22 S. 2.

Das BGB. hat von der Aufnahme solcher **allgemeiner** Erklärungen abgesehen, dagegen im II., IV. und V. Buch Bestimmungen im Interesse des Nasciturus getroffen und damit von vorneherein das Anwendungsgebiet derselben deutlich begrenzt. In Betracht kommen die §§ 844 Abs. 2 letzter Satz, 1912, 1923, 2043 Abs 1, 2108 Abs. 1; ferner Art. 42 EG z. BGB.

Nach § 844 Abs. 2 wird dem Nasciturus ein Ersatzanspruch gegen denjenigen vorbehalten, welcher einen dem Nasciturus gegenüber (nach dessen Geburt) Alimentationspflichtigen rechtswidrig getödtet hat. Vgl. hiezu die Haftpflicht gegenüber dem Nasciturus nach § 3 des Gesetzes, die Verbindlichkeit zum Schadensersatz für die beim Betriebe von Eisenbahnen, Bergwerken u. s. w. herbeigeführten Tödtungen und Körperverletzungen betr., vom 7. Juni 1871 in der Fassung des Art. 42 EG. z. BGB. — Nach § 1912 erhält eine Leibesfrucht zur Wahrung ihrer künftigen Rechte, **soweit** diese einer Fürsorge bedürfen, einen Pfleger. Zur Wahrung künftiger Erbrechte ist eine solche Pflegschaft mit Rücksicht auf das Institut der Nachlaßkuratel (§ 1960 Abs. 2) nur ausnahmsweise ein Bedürfniß, z. B. für den Fall, daß der Nasciturus als Nacherbe eingesetzt oder mit einem Vermächtniß bedacht ist. Der Pfleger ist innerhalb seines Wirkungskreises gesetzlicher Vertreter der Leibesfrucht. Ueber die Grenze dieses Wirkungskreises vgl. die Bem. zu § 1912, ferner Neumann, Handausgabe des BGB. zu § 1912, Dernburg I § 49 II

§ 1923 Abs 2 bestimmt: „Wer zur Zeit des Erbfalles noch nicht lebte, aber bereits erzeugt war, gilt als vor dem Erbfall geboren." Ueber die Mängel der Fassung dieser Regel vgl. Endemann a. a. O. 1 § 26 S. 119 Note 17 und unten Bem. 2.

2. Sofern ein Rechtserwerb von der Existenz wenigstens eines Nasciturus abhängt, kann eine **Berechnung des Beginnes** dieser Existenz erforderlich werden. Vgl. hierüber die Bem. zu § 1923. Die gesetzlichen Vermuthungen, welche in Bezug auf eheliche und uneheliche Vaterschaft bestehen (§§ 1592, 1717), entsprechen medizinischen Erfahrungen, sie können daher als Anhaltspunkte für die Beantwortung der Frage dienen, ohne daß aber der Richter in der freien Beweiswürdigung **beschränkt** würde. Abgesehen hievon aber führen diese Vermuthungen in Bezug auf die Empfängnißzeit bei dem weiten Spielraum derselben nicht nothwendig zu einem genügenden Ergebnisse. Damit, daß als bewiesen gilt, ein Kind sei innerhalb eines **Zeitraums** von 120 Tagen empfangen, ist noch Nichts bewiesen für Erzeugung zu einem kalendermäßigen bestimmten **Zeitpunkt**, auf welchen es im Fall des § 1923 BGB. ankommen kann. Vgl. die Bem. zu § 1923, insbes. Bem. 6 hiezu und die daselbst angeführten Schriftsteller, ferner die Bem. zu § 1717, sowie Bem. 8 zu § 1310.

III. **Nondum concepti.**

1. **Bisheriges Recht.** Gemeinrechtlich ist bestritten, ob Personen, welche zur Zeit des Todes des Erblassers noch nicht konzipirt sind, als Intestaterben oder Testamentserben in Betracht kommen können. Die Frage wird überwiegend verneint. Die gleiche Frage besteht in Bezug auf die Berufung zu Vermächtnissen und wird hier überwiegend bejaht (Roth BCR. III § 296 Nr. 40, § 309 Nr. 30, § 318 Note 8).

Im PLR. wird das Erforderniß der Existenz zur Zeit des Todes des Erblassers verneint zunächst für die testamentarische Berufung zur Erbschaft und zum Vermächtniß. (Roth § 296 Note 40 und § 318 Note 8. Von der Praxis wird dies auf alle Successionsarten ausgedehnt (Seuff. Arch. Bd. 8 Nr. 63). Neuerlich ist die Ansicht des zuletzt erwähnten Urtheils und überhaupt die bezeichnete Auffassung des PLR. bekämpft worden (von Haenle in Bl. f. RA. Bd. 49 S. 166 ff., 177 ff., 209 ff., 225 ff.).

2. Das BGB. kennt einen Vorbehalt des Rechtserwerbes für nondum concepti in folgenden Fällen:

a) Nach §§ 2101, 2106, 2109 Abs. 1 Ziff. 2 kann ein Nacherbe in der Person des nondum conceptus gültig berufen werden.

b) Nach § 2162 Abs. 2 und § 2178 kann ein Vermächtniß einem zur Zeit des Todes des Erblassers noch nicht Erzeugten gültig zugewendet werden.

c) Nach § 331 Abs. 2 kann ein Versprechen der Leistung zu Gunsten eines noch nicht Geborenen gültig abgegeben werden. Gebhardt, Abschn. II § 42 S. 77; Endemann I § 26 S. 119 zu Note 19.

3. Als Nacherben und als Vermächtnißnehmer kann dem noch nicht erzeugten Kinde ein Pfleger bestellt werden gemäß BGB. § 1913. Ueber andere Fälle dieser Pflegschaft vgl. die Bem. zu § 1913.

IV. Die Zeit der Geburt und damit des Anfangs der Rechtsfähigkeit ist nach den allgemeinen Beweisregeln festzustellen. Eine Modifikation derselben enthält nur die gesetzliche Vermuthung zu Gunsten der gemäß § 22 des Pers.Ges. erfolgten Einträge ins Geburtsregister in Bezug auf Tag und Stunde der Geburt. In Bezug auf die Reihenfolge von Zwillings- oder Mehrgeburten hat die Beurkundung im standesamtlichen Register nach § 22 Abs. 2 des Pers.Ges. derart genau zu erfolgen, daß „die Reihenfolge der verschiedenen Geburten ersichtlich ist". Im Uebrigen hat es auch hier bei den allgemeinen Beweisgrundsätzen sein Bewenden.

Partikularrechtlich war vorgeschrieben, daß, falls die Reihenfolge der Geburten nicht ermittelt werden kann, das Loos entscheidet (PLR. Thl. I Tit. 1 §§ 14–16; BLR. Thl. III cap. 10 § 9 Nr. 6). Eine solche Entscheidungsnorm ist nicht mehr anwendbar, sofern sie nicht einen Bestandtheil eines aufrechterhaltenen landesgesetzlichen Rechtsinstitutes bildet. Die Frage der Priorität einer von mehreren Geburten kommt privatrechtlich in Betracht bei der sogen. Individualerbfolge z. B. in Fideikommisse. Vgl. bayr. Fideikomm.Ed. § 87, wonach bei Neuerrichtung die Succession nach dem Recht der Erstgeburt geschieht. Die M. I, 30 verweisen auf die „allgemeinen Grundsätze". Diese — nämlich die allgemeinen Grundsätze des BGB. — sind für die Entscheidung nicht genügend. Ueber die Frage, ob und inwieweit die allgemeinen Grundsätze des Landesrechtes durch Art. 55 EG. aufgehoben sind, vgl. die Einl. S. 13—15 und die daselbst angeführten Schriftsteller, sowie die Bem. zu Art. 55.

V. Ende der Rechtsfähigkeit der natürlichen Person. Vgl. hierüber die Vorbemerkung zu §§ 13—20 und die Bem. zu diesen Gesetzesstellen.

§ 2.

Die Volljährigkeit tritt mit der Vollendung des einundzwanzigsten Lebensjahrs ein.

E. I, 25; II, 11; III, 2.

I. Zu unterscheiden sind:

1. Die Altersstufen, welche für die civilrechtliche Handlungsfähigkeit allgemein oder in Bezug auf ein bestimmtes Rechtsgeschäft von Bedeutung sind;

2. die Altersstufen der Deliktsunfähigkeit und der Deliktsfähigkeit.

II. Bisheriges Recht.*) Das Gem. R. unterscheidet:

1. in Bezug auf die civilrechtliche Handlungsfähigkeit im Allgemeinen:

a) die Zeit bis zum vollendeten 7. Lebensjahre: infantia;

b) das Alter der impuberes infantia majores, bei Knaben bis zum vollendeten 14., bei Mädchen bis zum vollendeten 12. Lebensjahre reichend;

c) puberes minores, das Alter vom vollendeten 12. bezw. 14. Lebensjahre bis zum vollendeten 25. Lebensjahre, seit dem Reichsgesetze vom 17. Februar 1875 betr. das Alter der Großjährigkeit bis zum vollendeten 21. Lebensjahre;

d) das Alter nach Vollendung des 25. bezw. 21. Lebensjahres.

Die rechtliche Bedeutung der drei ersten Altersstufen ist mit Rücksicht auf die an die Reichspolizeiordnung sich anschließende Entwicklung und den Einfluß des deutschen Rechtes bestritten. Der herrschenden Anschauung auf gemeinrechtlichem Gebiet und der in den bedeutenderen Partikularrechten zum Gesetz erhobenen Anschauung entsprechen folgende Sätze:

aa) einheitliche Altersvormundschaft findet statt für alle nicht volljährigen Personen;

*) Literatur: Gierke, DPR. I § 44; Stobbe-Lehmann, DPR. I § 40; Dernburg, Pand. I § 54; Mandry-Geib, Civilrechtl. Inhalt der Reichsgesetze IV. Aufl. § 1.

bb) in Bezug auf die Handlungsfähigkeit:

α) Kinder unter 7 Jahren sind zur Vornahme von Rechtsgeschäften unfähig;

β) Minderjährige über 7 Jahren sind selbständig erwerbsfähig und fähig, sich von Verbindlichkeiten zu befreien; zu Veräußerungs- und Verpflichtungsgeschäften bedürfen sie der Genehmigung des gesetzlichen Vertreters ohne Unterscheidung zwischen impuberes und puberes. Vgl. preuß. Gesetz vom 12. Juli 1875, betr. die Geschäftsfähigkeit der Minderjährigen; Roth, BCR. I § 26 (2. Auflage).

2. Altersstufen für einzelne Rechtsgeschäfte:

a) In Bezug auf letztwillige Verfügungen tritt gemeinrechtlich Handlungsfähigkeit ein mit erreichter Pubertät d. h. dem vollendeten 12. bezw. 14. Lebensjahre; partikularrechtlich ist die Testamentsmündigkeit weiter hinausgerückt, allgemein auf das vollendete 14. Lebensjahr nach BLR. Thl. III cap. 3 § 3 Nr. 2, nach PLR. Thl. I Tit. 12 §§ 17, 18, anderweitig auf das vollendete 16., 17., 18., 21. Lebensjahr. Vgl. Stobbe, DPR. V § 303 Note 8.

b) Ehemündigkeit tritt nach Reichsgesetz vom 6. Februar 1875, betr. den Personenstand und die Eheschließung, bei Männern mit vollendetem 20., bei Frauen mit vollendetem 16. Lebensjahre ein.

c) Die Verlöbnißmündigkeit datirt das Gem. (kanonische) Recht vom zurückgelegten 7. Lebensjahre an, so auch das BLR.; das PLR. Thl. II Tit. 1 § 76 verlangt das Alter der Ehemündigkeit auch für das Verlöbniß.

3. Die civilrechtliche Deliktsfähigkeit wird von der strafrechtlichen (StGB. § 55) abhängig gemacht von Dernburg, Pand. I § 54. Von der herrschenden Meinung dagegen wird die civilrechtliche Deliktsfähigkeit von der strafrechtlichen unterschieden und die Fortgeltung der einschlägigen civilrechtlichen Bestimmungen behauptet, wonach die civilrechtliche Deliktsfähigkeit geringere Voraussetzungen hat als die strafrechtliche. M. II, 733; Mandry-Geib S. 4, 5 zu Note 8, a; Windscheid, Pand. I § 101 Note 12; Förster-Eccius, PPR. (6. Aufl.) I § 27 Note 2, a. Hienach reicht z. B. gemeinrechtlich und nach preußischem Rechte die absolute Deliktsunfähigkeit nicht wie im Strafrechte bis zum vollendeten 12., sondern nur bis zum vollendeten 7. Lebensjahre.

III. Das BGB. unterscheidet:*)

1. in Bezug auf die Handlungsfähigkeit im Allgemeinen:

a) das Alter bis zum vollendeten 7. Lebensjahre (im E. I § 25 als Kindesalter bezeichnet); Kinder dieses Alters sind nach § 104 geschäftsunfähig;

b) das Alter vom vollendeten 7. bis zum vollendeten 21. Lebensjahre: die Minderjährigkeit. Menschen dieses Alters sind nach §§ 106—113 in der Geschäftsfähigkeit beschränkt;

c) das Alter vom vollendeten 21. Lebensjahr an: Volljährigkeit und unbeschränkte Geschäftsfähigkeit.

2. Altersstufen in Bezug auf einzelne Rechtsgeschäfte:

a) In Bezug auf letztwillige Verfügungen: ein Minderjähriger kann ohne Zustimmung des gesetzlichen Vertreters ein Testament errichten, wenn er das 16. Lebensjahr vollendet hat (§ 2229 Abs. 2). Als Ehegatte oder Verlobter kann ein Minderjähriger ohne diese zeitliche Schranke einen Erbvertrag abschließen, bedarf jedoch der Zustimmung des gesetzlichen Vertreters (§ 2275).

b) In Bezug auf das Verlöbniß gelten die bezüglich der allgemeinen Handlungsfähigkeit bestehenden Grundsätze. Es kann daher ein Verlöbniß nach vollendetem 7. Lebensjahre (wie nach Gem. R.) stattfinden. Vgl. Band IV S. 6, 7 Vorbemerkung III vor § 1297.

c) In Bezug auf Eheschließung: Frauen sind ehemündig mit vollendetem 16. Lebensjahre, Männer mit erreichter Volljährigkeit (§ 1303). Für Frauen ist Dispensation von dieser Vorschrift zulässig. Männer können daher mit dem vollendeten 21. Lebensjahr oder bei Volljährigkeitserklärung mit dem vollendeten 18. Lebensjahre heirathen (§ 3).

d) Zur Anfechtung einer Ehe ist der minderjährige Ehegatte ohne Zustimmung des gesetzlichen Vertreters berechtigt: § 1336.

---

*) Süßheim, Die Altersstufen des Bürgerlichen Gesetzbuchs (1901) in Gruchot, Beitr. 1901 S. 53 ff.

e) Die Einwilligung einer minderjährigen Mutter zur Adoption ihres Kindes bedarf nicht der Zustimmung des gesetzlichen Vertreters der Mutter: § 1748.

f) Prozeßfähigkeit des Minderjährigen im Eheprozeß: CPO. § 612.

3. Die civilrechtliche Deliktsfähigkeit gestaltet sich, wie folgt:

a) Absolut deliktsunfähig sind Kinder, welche das 7. Lebensjahr noch nicht vollendet haben.

b) Junge Leute, welche das 7., aber noch nicht das 18. Lebensjahr vollendet haben, sind deliktsfähig, wenn sie bei Begehung der unerlaubten Handlung „die zur Erkenntniß der Verantwortlichkeit erforderliche Einsicht" besitzen (§ 828). Mit dem vollendeten 18. Lebensjahre beginnt die unbedingte Deliktsfähigkeit.

4. Die strafrechtliche absolute Deliktsunfähigkeit dauert bis zum vollendeten 12. Lebensjahre, die relative strafrechtliche Deliktsunfähigkeit vom vollendeten 12. bis zum vollendeten 18. Lebensjahre (StGB. §§ 55, 56 in der Fassung des Art. 34 II EG. z. BGB.). Minderjährige, welche relativ oder absolut deliktsfähig sind, können unabhängig von ihrem gesetzlichen Vertreter einen Vertheidiger wählen (StPO. § 137). Der durch eine strafbare Handlung Verletzte dagegen kann erst, wenn er das 18. Lebensjahr vollendet hat, selbständig einen Strafantrag stellen (Art. 34 Ziff. IV des EG. z. BGB.).

5. Weitere Fälle rechtlich erheblicher Altersstufen:

a) das Alter bis zum vollendeten 6. Lebensjahr in § 1635;
b) das vollendete 14. Lebensjahr gemäß §§ 1728, 1750, 1827, FG. § 59;
c) das vollendete 16. Lebensjahr in § 1708;
d) das vollendete 18. Lebensjahr gemäß § 3, § 1827 Abs. 2;
e) das vollendete 21. Lebensjahr in §§ 1305, 1726, 1747, 1822 Nr. 5 (vgl. § 1643 Abs. 1);
f) das vollendete 31. Lebensjahr in § 14;
g) das vollendete 50. Lebensjahr gemäß § 1744;
h) das vollendete 60. Lebensjahr gemäß §§ 1786 Abs. 1 Nr. 2, 1889;
i) das vollendete 70. Lebensjahr in § 14.

6. Ueber sonstige rechtliche Bedeutung von Altersstufen vgl. Matthiaß, I § 23; Hachenburg, Vorträge S. 109.

IV. 1. Die generelle „Volljährigkeit" des BGB. ist die Zeit der unbeschränkten Geschäftsfähigkeit. Vor derselben kennt das Gesetz als Regel nur zwei Altersstufen: das Kindesalter, die Zeit der Geschäftsunfähigkeit, und die Minderjährigkeit, die Zeit der beschränkten Geschäftsfähigkeit. Ein in der II. Komm. gestellter Antrag, eine weitere Zwischenstufe, entsprechend dem Alter der gemeinrechtlichen puberes minores, aufzunehmen, sowie ein Antrag, die Unterscheidung zwischen dem Kindesalter und der Minderjährigkeit, sowie die Geschäftsunfähigkeit der Kinder überhaupt zu beseitigen, wurde abgelehnt (P. I, 46 ff.; vgl. hiezu ZG. I, 52; Gierke, DPR. I, 386).

2. Die Volljährigkeit tritt ein mit Vollendung des 21. Lebensjahrs. Gemäß § 187 Abs. 2 Satz 2 ist der Tag der Geburt bei der Berechnung des Lebensalters mitzurechnen. Es ist daher das 21. Lebensjahr vollendet mit dem Ablaufe des letzten Tages des 21. Lebensjahrs, also des Tages vor dem „Geburtstag". Mit Beginn dieses letzteren hat das 22. Lebensjahr begonnen.

3. Die „Volljährigkeit" wird außer durch Vollendung des 21. Lebensjahrs auch erreicht durch Volljährigkeitserklärung (§§ 3 ff.). Dagegen ist der im BLR. und den meisten bayrischen Statuten geltende, gemeinrechtlich bestrittene, dem PLR. unbekannte Satz: „Heirath macht mündig" nicht aufgenommen worden (vgl. hiezu M. I, 57; ZG. I, 54; diesen Komm. Bd. IV S. 111 Ziff. II, S. 147 Ziff. 9, a, Bd. VI Bem. z. EG. Art. 153). Ein in der II. Komm. gestellter Antrag auf Annahme dieses Satzes wurde abgelehnt; dabei wurde betont, es könne durch den Eintritt der Ehemündigkeit als Folge der Volljährigkeitserklärung (§ 3) „eine gewisse Annäherung an das mit dem abgelehnten Antrage erstrebte Resultat" herbeigeführt werden (P. I, 52).

4. In Bezug auf Landesherren, Mitglieder landesherrlicher Familien, sowie der Fürstlichen Familie Hohenzollern ist mit Rücksicht auf EG. Art. 57 die Bestimmung des § 2 nur beim Mangel abweichender Normen der Hausverfassungen und des Landesrechts anwendbar. In Bezug auf andere Mitglieder des hohen Adels gilt dieser Vorbehalt nicht.

5. Internationales Privatrecht: EG. Art. 7 Abs. 2 u. 3. Das Gesetz geht von dem Grundsatz aus, daß die Geschäftsfähigkeit und damit auch die Grundlage derselben, die Volljährigkeit, sich nach dem Personalstatute richtet und daher nach dem Gesetze des Staates, welchem die Person angehört, zu beurtheilen ist (Art. 7 Abs. 1 EG.). Eine Ausnahme von diesem Satze enthält Art. 7 Abs. 2: Ein Deutscher wird in Bezug auf die Volljährigkeit nicht nach deutschem Gesetze dann beurtheilt, wenn er dieselbe zwar nach dem Gesetze des ausländischen Staates, welchem er früher angehört hat, erlangt hat,

nicht aber nach deutschem Gesetze. Er behält die Stellung des Volljährigen, obwohl sie ihm nach deutschem Gesetz — unter welchem er steht — nicht zukommen würde.

Eine zweite Ausnahme statuirt Art. 7 Abs. 3: Ein Ausländer wird in Bezug auf die Geschäftsfähigkeit nicht nach dem Gesetze seines Staates beurtheilt, wenn er ein Rechtsgeschäft im Inland abschließt, sofern er nach deutschem Gesetze geschäftsfähig ist, nicht aber nach dem Gesetze seines Staates.

In diesen beiden Fällen wird sonach die dem Handelnden und der Gültigkeit des Geschäfts günstigere Norm angewendet.

Die Ausnahme zu Abs. 3 soll aber keine Anwendung finden auf familien- und erbrechtliche, sowie Immobiliengeschäfte, auf letztere nicht, wenn das Grundstück im Auslande sich befindet (dann gilt die lex loci).

Ueber das Alter der Volljährigkeit nach den Gesetzen der europäischen und außereuropäischen Staaten vgl.: Wilh. Cahn, Komm. zum Reichsgesetz über die Erwerbung und den Verlust der Reichs- und Staatsangehörigkeit vom 1. Juni 1870, 2. Aufl., zu § 8 Note 6a S. 77—79.

6. Uebergangsvorschrift: EG. zum BGB. Art. 153. Ein Minderjähriger, welcher zur Zeit des Inkrafttretens des BGB. entweder durch Volljährigkeitserklärung „oder sonst" die rechtliche Stellung eines Volljährigen erlangt hat, steht auch nach dem Geltungsbeginne des BGB. einem Volljährigen gleich. Dieser Satz hat eine zweifache Bedeutung:

a) die unvollkommene Wirkung der venia aetatis, welche nach bisherigem Rechte eintrat, wird in die vollkommenere des BGB. verwandelt (vgl. Vorbemerkung II zu §§ 3—5),

b) dem BGB. unbekannte Gründe der Volljährigkeit, wie die Verheirathung, üben diese Wirkung weiter auch nach dem Geltungsbeginne des BGB.

(Vgl. hiezu Bd. VI Bem. zu EG. Art. 153.)

Vorbemerkungen zu §§ 3—5 (Volljährigkeitserklärung).

I. Früheres Recht.

1. Nach Röm. R. war die venia aetatis ein Grund der Beendigung der Vormundschaft von gewaltfreien Minderjährigen. Auf den Bestand der väterlichen Gewalt dagegen hatte die Volljährigkeit nach Röm. R. keinen Einfluß.

2. Die Rechtsstellung der für volljährig Erklärten ist gemeinrechtlich, nach ALR. und anderen deutschen Partikularrechten nicht gleich der Rechtsstellung der durch Erreichung des Volljährigkeitsalters volljährig gewordenen Personen. Der für volljährig Erklärte ist u. A. ausgeschlossen von der Führung von Vormundschaften, er bedarf zur Veräußerung von Immobilien der obrigkeitlichen Genehmigung (Glück, Pand. Bd. 2 S. 227 Note 85; l. 3 C. de his qui veniam 2, 45). Die venia aetatis kommt für Privatwillenserklärungen, in welchen die Erreichung der Großjährigkeit als Bedingung oder Befristung gesetzt ist, nicht ohne weiteres in Betracht.

3. Auch im früheren preußischen Rechte war die venia aetatis ebenfalls nur als Beendigungsgrund der Vormundschaft geregelt. Zu Gunsten der unter väterlicher Gewalt stehenden und daher nicht bevormundeten Minderjährigen fand eine Gewaltentlassung statt, welche die Rechte der Volljährigkeit gewährte (M. I, 53.). Dagegen bestimmte die preußische Vormundschaftsordnung vom 5. Juli 1875 eine gleichheitliche Behandlung aller Minderjährigen ohne Unterscheidung zwischen gewaltfreien und gewaltunterworfenen Minderjährigen: die Volljährigkeitserklärung hat bei beiden Kategorien dieselbe Wirkung. Die gemeinrechtlichen Beschränkungen der Handlungsfähigkeit der für volljährig erklärten Minderjährigen sind beseitigt (§ 98 Abs. 1 der preuß. Vormundschaftsordnung).

4. Die Volljährigkeitserklärung ist gemeinrechtlich, nach bayrischem Gesetz und einer Reihe anderer Partikularrechte ein Akt des Landesherrn. Nach der preußischen Vormundschaftsordnung erfolgt die Volljährigkeitserklärung durch das Vormundschaftsgericht (VO. § 61, 97); vgl. M. I, 56.

5. Die Volljährigkeitserklärung kann gemeinrechtlich und nach ALR. von minderjährigen Männern mit vollendetem 20. Lebensjahre, von minderjährigen Frauen mit vollendetem 18. Lebensjahre beantragt werden (l. 2 C. 2, 45; ALR. Thl. I cap. 7 § 36 Nr. 7, cap. 7

§ 3 Nr. 1). Nach der preußischen Vormundschaftsordnung hat die Volljährigkeitserklärung allgemein die Vollendung des 18. Lebensjahrs zur Voraussetzung.

II. Die erwähnten Bestimmungen des neueren preußischen Rechtes sind das Vorbild für die Vorschriften des BGB. Auch das BGB. stellt die für volljährig erklärten Minderjährigen ausdrücklich den Volljährigen gleich. Mit Rücksicht hierauf ist die Volljährigkeitserklärung nicht mehr lediglich als Grund der Beendigung der Vormundschaft im Familienrechte, sondern im Allgemeinen Theile behandelt (M. I, 53). Auch das Erforderniß des Alters, die Nothwendigkeit der Einwilligung des Minderjährigen, sowie der Einwilligung des Gewalthabers sind der preußischen Vormundschaftsordnung entnommen (VO. §§ 61, 97), ebenso wie die Zuständigkeit des Vormundschaftsgerichts zur Volljährigkeitserklärung.

III. Zweck des Gesetzes. Die Volljährigkeitserklärung hat den Zweck, Minderjährigen, deren wirthschaftliche Verhältnisse und deren sonstige Lebenslage es als erforderlich oder nützlich erscheinen lassen und deren geistige und moralische Eigenschaften es ermöglichen, die rechtliche Stellung der Volljährigen und damit rechtliche Selbständigkeit zu verleihen.

IV. Begriff und rechtliche Bedeutung der Volljährigkeitserklärung. Sie ist eine Rechtsvergünstigung im Wege eines Staatsaktes, wodurch die durch das jugendliche Alter bedingte Verschiedenheit der Person auf dem Gebiete des Privatrechts beseitigt wird. Die Volljährigkeitserklärung ist daher kein „Rechtsgeschäft" im Sinne des BGB. Daraus ergeben sich erhebliche Folgen.

V. Voraussetzungen:

1. Dem Ermessen der Behörde entzogene (absolute):
   a) das vollendete 18. Lebensjahr des Minderjährigen (§ 3);
   b) Einwilligung des Minderjährigen (§ 4 Abs. 1);
   c) Einwilligung des Gewalthabers (§ 4 Abs. 2); zwei Ausnahmen von letzterem Erfordernisse bestimmt § 4 Abs. 2.

2. Dem Ermessen der Behörde unterstellte (relative): eine Sachlage, wonach gemäß der Ueberzeugung der Behörde die Volljährigkeitserklärung das Beste des Minderjährigen zu befördern geeignet ist (§ 5).

VI. Zuständigkeit.

1. Sachliche:
   a) Nach BGB. § 3 und FG. § 35: das Amtsgericht als Vormundschaftsgericht.
   b) Auf Grund von EG. Art. 147, FG. § 196 und landesrechtlichen Ausführungsbestimmungen ist zuständig:
      in Bayern: das Justizministerium (AG. Art. 2);
      in Sachsen: das Justizministerum (AV. vom 24. Juli 1899 § 14);
      in Württemberg: das Amtsgericht (daselbst nicht „ordentliches" Vormundschaftsgericht; AG. Art. 52 Z. 1, vgl. Art. 41);
      in Mecklenburg-Schwerin: das Justizministerium (AV. § 10);
      in Mecklenburg-Strelitz: die Landesregierung (AV. § 10);
      in Sachsen-Weimar: das Staatsministerium (AG. § 5);
      in Sachsen-Koburg-Gotha: die Landesjustizverwaltung (AG. Art. 2);
      in Braunschweig: das Staatsministerium Abtheilung für Justiz (AG. § 2);
      in Anhalt: das Staatsministerium (AG. Art. 1);
      in Reuß ä. L.: die Landesregierung (AG. § 4);
      in Reuß j. L.: das Ministerium, Abth. für die Justiz (AG. § 5).

2. Oertliche. Reichsgesetzlich ist für die Volljährigkeitserklärung zuständig:
   a) bei bevormundeten Minderjährigen: das Gericht, bei welchem die Vormundschaft anhängig ist (FG. § 43 Abs. 2);
   b) bei nicht bevormundeten Minderjährigen: das Vormundschaftsgericht des Domizilsortes oder beim Mangel eines inländischen Wohnsitzes des Aufenthaltsortes des Minderjährigen (§ 43 Abs. 1, § 36 FG.).

VII. Verfahren.

1. Die Volljährigkeitserklärung soll nur auf Antrag erfolgen (FG. § 56 Abs. 1). Der Antrag ist keine wesentliche Voraussetzung der Volljährigkeitserklärung; diese kann auch ohne Antrag wirksam sein.

2. Legitimirt zur Stellung des Antrags sind der Minderjährige oder derjenige gesetzliche Vertreter desselben, welchem die Sorge für die Person zusteht (FG. § 56 Abs. 1).

3. Die Volljährigkeitserklärung erfolgt durch Beschluß des Vormundschaftsgerichts (§ 3), der in § 56 Abs. 2 FG. als „Verfügung" bezeichnet wird.

4. Vor der Entscheidung soll das Vormundschaftsgericht bei bevormundeten Minderjährigen Verwandte oder Verschwägerte des Minderjährigen hören, wenn es ohne erhebliche Verzögerung und ohne unverhältnißmäßige Kosten geschehen kann (BGB. § 1847 Abs. 1). Die Bestimmung des E. I § 27 Abs. 3, wodurch die Anhörung von Verwandten und Verschwägerten auch bei nicht bevormundeten Minderjährigen und trotz Zustimmung des Inhabers der elterlichen Gewalt vorgeschrieben war (M. I, 57), ist gestrichen.

5. Gegen den gerichtlichen Beschluß ist sofortige Beschwerde zulässig (FG. § 56 Abs. 2, § 60 Abs. 1 Nr. 6). Das beschließende Gericht selbst ist zur Abänderung nicht berechtigt (§ 18 Abs. 1 FG.). Dabei ist zu unterscheiden:

a) Gegen den die Volljährigkeitserklärung ablehnenden Beschluß steht dem Minderjährigen und dessen gesetzlichem Vertreter als Antragsteller das Beschwerderecht zu.

b) Gegen den dem Antrage stattgebenden Beschluß steht die Beschwerde jedem zu, dessen Recht durch die Verfügung beeinträchtigt wird. Dies kann sein der Minderjährige und der Inhaber der elterlichen Gewalt, auch die Mutter, die durch die Volljährigkeitserklärung das Recht der elterlichen Gewalt verliert (Opet, Verwandtschaftsrecht des BGB. S. 293 Note 11).

6. Der Beschluß tritt erst mit der Rechtskraft in Wirksamkeit (FG. § 56 Abs. 2).

7. Die Bestimmungen zu 3, 5 und 6 finden in den zu VI, 1, b genannten Bundesstaaten — mit Ausnahme von Württemberg — keine Anwendung; hier tritt die Verfügung, durch welche der Minderjährige für volljährig erklärt wird, mit der Bekanntmachung an den Minderjährigen in Wirksamkeit (FG. § 196).

VIII. Wirkung der Volljährigkeitserklärung.

1. Der für volljährig Erklärte erlangt die Rechtsstellung eines Volljährigen (§ 3).

2. Die elterliche Gewalt erlischt (§ 1626; M. I, 54).

3. Der für volljährig Erklärte ist ehemündig; derselbe bedarf aber bis zur Vollendung des 21. Lebensjahres immer noch zur Eingehung der Ehe der Einwilligung des Vaters oder der Mutter gemäß § 1305; die Einwilligung kann auf Antrag durch das Vormundschaftsgericht ersetzt werden gemäß § 1308. Vgl. ferner §§ 1726 Abs. 1 Satz 1, 1747 Satz 1 und 1822 Nr. 5 (vgl. auch § 1643 Abs. 1).

4. Die Aufhebung der Volljährigkeitserklärung hat auf die Wirksamkeit der von dem für volljährig Erklärten oder ihm gegenüber vorgenommenen Rechtsgeschäfte nur nach Maßgabe des § 32 FG. Einfluß.

§ 3.

Ein Minderjähriger, der das achtzehnte Lebensjahr vollendet hat, kann durch Beschluß des Vormundschaftsgerichts für volljährig erklärt werden.

Durch die Volljährigkeitserklärung erlangt der Minderjährige die rechtliche Stellung eines Volljährigen.

E. I, 26, 27; II, 12, 13; III, 3.

1. Zulässigkeit. Die Volljährigkeitserklärung kann erfolgen, wenn der Minderjährige das 18. Lebensjahr vollendet hat. Die Berechnung des Alters geschieht gemäß § 187 Abs. 2 Satz 2. Hienach ist die Volljährigkeitserklärung zulässig mit Beginn des 19. Geburtstages des Minderjährigen. Die Instruktion des Beschlusses und die nach dem Gesetze zu pflegenden Erhebungen können schon vor dieser Zeit erfolgen.

2. Die Volljährigkeitserklärung ist Sache des pflichtmäßigen Ermessens des Vormundschaftsgerichts oder der nach Landesrecht zuständigen Zentralstelle (s. Vorbem. VI zu §§ 3—5 S. 36). Ein civilrechtlicher Anspruch auf Volljährigkeitserklärung besteht nicht. Die Volljährigkeitserklärung „kann" erfolgen, wenn die absoluten und relativen Voraussetzungen des Gesetzes gegeben sind. Der Umstand, daß nach BGB. nicht mehr der Landesherr, sondern eine Behörde die Volljährigkeitserklärung ausspricht, hat die rechtliche Bedeutung derselben als einer Rechtsvergünstigung durch Staatsakt nicht verändert. Nicht Ermessungssache ist die Ablehnung der Volljährigkeitserklärung, wenn die gesetzlichen absoluten Voraussetzungen nicht gegeben sind.

3. Durch die Volljährigkeitserklärung erlangt der Minderjährige die rechtliche Stellung eines Volljährigen. Im E. I § 1233 Abs. 4 war die Ehemündigkeit ausdrücklich ausgenommen. Die späteren Entwürfe und das Gesetz haben diese Ausnahme beseitigt. D. 169 bezeichnet die Volljährigkeitserklärung geradezu als ein Mittel für minderjährige Männer, zur Ehemündigkeit zu gelangen und als einen Ersatz für die in E. I auch für Männer zugelassene Dispensation von dem Erfordernisse der Ehemündigkeit (vgl. Bd. IV Bem. 3 zu § 1303).

4. Die Volljährigkeitserklärung stellt den Minderjährigen auf dem Gebiete des Privatrechts dem Volljährigen gleich. Damit erlangt der Minderjährige auch die Prozeßfähigkeit für den Civilprozeß (§ 52 CPO.). In Ehesachen ist der Minderjährige auch ohne Volljährigkeitserklärung prozeßfähig (CPO. § 612 Abs. 1); ferner gewinnt der Minderjährige die Prozeßfähigkeit im Verwaltungsrechtsverfahren nach dem bayr. Gesetze vom 8. August 1878, die Errichtung eines Verwaltungsgerichtshofes betr. Art. 19 (vgl. Krais, Komm. zu Art. 19, Lindner-Hauck, Verwaltungsgerichtsprozeß in Bayern S. 97). Inwieweit die Volljährigkeitserklärung im übrigen auf dem Gebiete des öffentlichen Rechtes den Minderjährigen dem Volljährigen gleichstellt, kann nur aus dem Inhalte des einzelnen Gesetzes entnommen werden. Ist in demselben eine bestimmte Rechtswirkung von einer ziffermäßig bestimmten Altersgrenze abhängig gemacht oder sonst ersichtlich, daß unter dem Ausdruck „Volljährigkeit" z. B. nur das vollendete 21. Lebensjahr zu verstehen ist, so hat es dabei sein Bewenden. Erscheint aber jener Ausdruck im Sinne des jeweiligen allgemeinen Begriffs gebraucht, so muß auch hier der Volljährigkeitserklärung die entsprechende Wirkung beigelegt werden. Im Zweifel ist das letztere anzunehmen. Selbstverständlich ist die Wirkung der Volljährigkeitserklärung auf dem Gebiete des öffentlichen Rechtes, wenn in öffentlich-rechtlichen Normen die Handlungsfähigkeit einer Privatperson ein Thatbestandsmerkmal bildet. Volljährig erklärte Ausländer können z. B. nach dem Reichsgesetz über die Erwerbung der Bundes- und Staatsangehörigkeit vom 1. Juni 1870, § 8, naturalisirt werden, wenn sie durch die Volljährigkeitserklärung „nach den Gesetzen ihrer bisherigen Heimath dispositionsfähig" geworden sind (vgl. W. Cahn, Das Reichsgesetz über die Erwerbung und den Verlust der Reichs- und Staatsangehörigkeit vom 1. Juni 1870, 2. Aufl. Nr. 6a zu § 8). Der eben dargelegte Standpunkt ist insbesondere auch älteren öffentlich-rechtlichen Landesgesetzen gegenüber einzunehmen.

5. „Die Volljährigkeitserklärung stellt den Minderjährigen lediglich vor dem Gesetze dem Volljährigen gleich und hat daher auf die durch Privatwillenserklärungen von der Volljährigkeit abhängig gemachten Rechte und Verbindlichkeiten nur dann Einfluß, wenn dies dem Willen des Erklärenden entspricht. Ob dies der Fall ist oder nicht, ob der Ausdruck Volljährigkeit im natürlichen oder im juristischen Sinne verstanden werden muß, ist eine nach den Umständen des Falles zu beantwortende Frage der Willensauslegung." M. I, 55.

6. Internationales Privatrecht. Die Hauptbedeutung der Volljährigkeitserklärung liegt auf dem Gebiete der Geschäftsfähigkeit. In Bezug auf die Frage, ob Ausländer im Deutschen Reiche für volljährig erklärt werden können, kann daher Art. 7 des EG. z. BGB. nicht außer Acht gelassen werden. Welche Wirkung der von einer deutschen Behörde verfügten Volljährigkeitserklärung in Bezug auf einen Ausländer zukommt, bestimmt sich gemäß Art. 7 Abs. 1 grundsätzlich nach dem Rechte des Heimathstaates des Ausländers, sofern nicht der in Art. 27 EG. aufgenommene Grundsatz der Zurückverweisung zu einem anderen Ergebnisse führt. Das Recht des Heimathstaates des Ausländers hat gemäß Art. 7 insbesondere auch darüber zu bestimmen, ob die Volljährigkeitserklärung eines deutschen Gerichts überhaupt wirksam ist. Unwirksame Volljährigkeitserklärungen aber gehören nicht zur Aufgabe der deutschen Behörden. Es dürfte daher die Behauptung Scherers, daß, weil § 3 nicht unterscheidet, Ausländer von deutschen Gerichten für volljährig erklärt werden können, jedenfalls in dieser Allgemeinheit unrichtig sein. Vgl. M. I, 55. Auch die Behauptung Kuhlenbecks Bem. 4 zu § 3, daß eine solche Volljährigkeitserklärung Gültigkeit nur für das Inland beanspruchen könne, ist unrichtig. Anerkennt der ausländische Staat das Domizilsrecht als Personalstatut, so ist gemäß Art. 27 des EG. das deutsche Recht maßgebend, wenn der Ausländer im

Deutschen Reiche seinen Wohnsitz hat und zwar maßgebend in diesem Falle nicht bloß für das Inland, sondern auch für das Ausland; die deutsche Volljährigkeitserklärung bewirkt daher in diesem Falle für den Minderjährigen die Rechtsstellung eines Volljährigen auch im Ausland. Gilt dagegen im ausländischen Staate, welchem der Minderjährige angehört, das Heimathrecht als Personalstatut, so kann mit Rücksicht auf Art. 7 die deutsche Volljährigkeitserklärung auch im Inlande keine Wirkung beanspruchen; sie ist daher in diesem Falle überhaupt zu unterlassen.

7. In Bezug auf Reichsangehörige im Auslande wird die Zuständigkeit zur Volljährigkeitserklärung geordnet durch FG. §§ 36, 43, ferner Konsulargerichtsbarkeitsgesetz vom 7. April 1900 § 7, Schutzgebietsgesetz vom 25. Juli 1900 in der Fassung vom 10. September 1900 § 2.

§ 4.

Die Volljährigkeitserklärung ist nur zulässig, wenn der Minderjährige seine Einwilligung ertheilt.

Steht der Minderjährige unter elterlicher Gewalt, so ist auch die Einwilligung des Gewalthabers erforderlich, es sei denn, daß diesem weder die Sorge für die Person noch die Sorge für das Vermögen des Kindes zusteht. Für eine minderjährige Wittwe ist die Einwilligung des Gewalthabers nicht erforderlich.

E. I, 27; II, 13; III, 4.

1. Die **Volljährigkeitserklärung ist nur zulässig**, wenn der Minderjährige seine **Einwilligung** ertheilt. „Ohne seinen Willen darf dem Minderjährigen die geschützte Stellung, welche er vermöge des regelmäßigen Rechtes genießt, nicht entzogen, die Rechtsvergünstigung nicht aufgedrängt werden." M. I, 55. Eine **Form** für die Erklärung der Einwilligung ist nicht vorgeschrieben. Sie kann daher insbesondere auch dadurch erklärt werden, daß der Minderjährige gemäß § 56 Abs. 1 FG. persönlich den Antrag auf Volljährigkeitserklärung stellt. Dagegen ist der gesetzliche Vertreter des Minderjährigen als **solcher** nicht berechtigt, die Einwilligung mit Wirkung für den Minderjährigen zu erklären. Wenn der gesetzliche Vertreter gemäß § 56 Abs. 1 FG. den Antrag auf Volljährigkeitserklärung stellt, so bedarf es noch der eigenen Erklärung des Minderjährigen über seine **Einwilligung**.

2. Da die Volljährigkeitserklärung kein „Rechtsgeschäft", so fällt die „Einwilligung" des Minderjährigen **nicht unter die Bestimmung des** § 183 BGB. Die Einwilligung kann daher von dem Minderjährigen noch **widerrufen** werden, wenn die Volljährigkeitserklärung erfolgt ist, bis zur Rechtskraft des Beschlusses. Der Widerruf ist in jeder Form zulässig, insbesondere auch in der Form, daß der Minderjährige gegen die auf seinen Antrag erfolgte Volljährigkeitserklärung sofortige Beschwerde mit der Erklärung des Widerrufs einlegt (§ 56 Abs. 2, § 60 Abs. 1 Nr. 6 FG.). Nach erfolgter rechtskräftiger Volljährigkeitserklärung ist der Widerruf ausgeschlossen, also bei Volljährigkeitserklärung durch eine Centralstelle, sobald der Beschluß ergangen ist.

3. Die **Einwilligung oder Zustimmung des Vormundes des Minderjährigen** zur Volljährigkeitserklärung ist **nicht** erforderlich (M. I, 55 zu § 27 E. I).

4. Dagegen ist, wenn der Minderjährige unter elterlicher Gewalt steht, die **Einwilligung des Gewalthabers** erforderlich. Auch von dieser Einwilligung gilt, was von der Einwilligung des Minderjährigen: Sie ist nicht Einwilligung zu einem Rechtsgeschäft, fällt daher nicht unter § 183 BGB., ist also **widerruflich**; auch hier kann der Widerruf durch Beschwerde gegen den Beschluß des Vormundschaftsgerichts geltend gemacht werden. In Bezug auf den Endtermin des Widerrufsrechts gilt die Bem. zu 2.

5. Der Gewalthaber kann unter keinen Umständen **gezwungen** werden, die Einwilligung zur Volljährigkeitserklärung zu erklären, auch dann nicht, wenn das Vormundschaftsgericht die Einwilligung als dem Interesse des Minderjährigen entsprechend erachtet. Indem der Gewalthaber die Einwilligung verweigert, wahrt er lediglich sein Recht der elterlichen Gewalt, das durch die Volljährigkeitserklärung beendigt würde. Mit Rücksicht auf diese Wirkung der Volljährigkeitserklärung stellt die Einwilligung des Gewalthabers wie die Verweigerung derselben eine **Verfügung** über das **Recht** der elterlichen Gewalt vor, nicht aber eine Ausübung der zum **Inhalte** der elterlichen Gewalt gehörigen Rechte, insbesondere nicht die Ausübung des Rechtes der Sorge für die Person des Minderjährigen. Dagegen ist der „**Antrag**" des Vaters als **gesetzlichen Vertreters** des Kindes auf Volljährigkeitserklärung gemäß § 56 Abs. 1 des FG. allerdings eine Ausübung des Rechtes der Sorge für die Person des Kindes. Die Verweigerung der Einwilligung kann daher nie als ein Mißbrauch des Rechtes der elterlichen Gewalt gemäß § 1666

BGB. behandelt werden (vgl. Gebhardt, Motive zum Vorentwurf des Allgemeinen Theils des BGB. S. 150). Die Eltern haben während der Minderjährigkeit des Kindes ein Recht auf die elterliche Gewalt. „Es wäre nicht gerechtfertigt, ihnen die Gewalt gegen ihren Willen zu dem Zwecke zu entziehen, um dem Kinde während der Jahre der Minderjährigkeit ausnahmsweise eine selbständige Stellung zu verschaffen" (M. I, 55, 56).

6. Andererseits ist das Zustimmungsrecht den Eltern nicht gegeben zum Schutze lediglich eigennütziger Interessen der Eltern (M. I, 56). Mit Rücksicht hierauf hat das Gesetz dem Gewalthaber, welchem weder die Sorge für die Person noch die Sorge für das Vermögen des Kindes zusteht, das Recht der Einwilligung entzogen (§ 4 Abs. 2). „Gewalthaber" ist der Vater oder die eheliche Mutter des Minderjährigen (§§ 1626, 1686; s. auch §§ 1719, 1736, 1757, 1765). Steht dem Vater die elterliche Gewalt zu und sind ihm die Sorge für die Person und das Vermögen nicht entzogen, so übt er das Recht der Einwilligung aus. Der Mutter steht die elterliche Gewalt zu in den Fällen des § 1684; sie übt die elterliche Gewalt aus in den Fällen des § 1685. Hervorzuheben ist Folgendes:

a) Weder dem Vater noch der Mutter steht die elterliche Gewalt zu und es bedarf daher keiner Einwilligung zur Volljährigkeitserklärung:
   α) wenn dem Vater auf Grund des § 1666 die Sorge für die Person und die Sorge für das Vermögen des Kindes vom Vormundschaftsgericht entzogen worden ist (vgl. die Bem. zu § 1666);
   β) wenn der Vater die elterliche Gewalt gemäß § 1680 verwirkt hat und die Ehe fortbesteht.

   In diesen beiden Fällen steht die elterliche Gewalt der Mutter nicht zu (§ 1684) und wird auch von der Mutter nicht ausgeübt (§ 1685), sondern es wird dem minderjährigen Kinde ein Vormund bestellt, neben welchem der Mutter die Sorge für die Person des Kindes zusteht, wie gemäß § 1634 neben dem Vater (§ 1698).

b) Wenn die elterliche Gewalt des Vaters ruht, so übt die Mutter dieselbe während der Dauer der Ehe mit Ausnahme der Nutznießung aus (§ 1685 Abs. 1). Dies gilt auch für den Fall, daß die elterliche Gewalt des Vaters aus dem Grunde ruht, weil er in der Geschäftsfähigkeit beschränkt ist oder für seine Person einen Pfleger gemäß § 1910 Abs. 1 erhält. In diesem Falle steht ihm gemäß § 1676 Abs. 2 die Sorge für die Person des Kindes neben dem gesetzlichen Vertreter des Kindes zu (also neben der Mutter, falls diese am Leben und in der Lage ist, die elterliche Gewalt auszuüben). Bei einer Meinungsverschiedenheit zwischen dem gesetzlichen Vertreter und dem Vater geht die Meinung des gesetzlichen Vertreters vor. Die in dem § 1634 enthaltene Rollenvertheilung zwischen Vater und Mutter in Bezug auf die Sorge für die Person des Kindes ist also hier, wenn die Mutter die elterliche Gewalt ausübt, gerade umgekehrt: Der Mutter allein steht das Recht der Einwilligung zu. Vgl. die Bem. zu § 1685; Planck, Komm. zu § 4 Nr. 3. Anderer Meinung aus nicht genügenden Gründen Opet, Verwandtschaftsrecht S. 291 Note 8.

c) Wenn der Vater an der Ausübung der elterlichen Gewalt thatsächlich verhindert ist, übt die Mutter die elterliche Gewalt aus (§ 1685 Abs. 1). Dem Vater steht in diesem Falle die elterliche Gewalt zu, insbesondere auch die Sorge für die Person und das Vermögen. Nach dem Wortlaute des § 4 Abs. 2 wäre seine Einwilligung zur Volljährigkeitserklärung erforderlich und die letztere könnte während der Dauer der Verhinderung, wenn dies der Fall, nicht beschlossen werden. Indessen wird im Gesetze (§ 1686) die der Mutter während der Verhinderung des Vaters zustehende „Ausübung" der elterlichen Gewalt ebenfalls als „elterliche Gewalt" bezeichnet; die elterliche Gewalt steht grundsätzlich beiden Ehegatten gemeinsam zu; es kann sich nur regelmäßig die elterliche Gewalt in den Händen der Mutter, wenn der Vater sie auszuüben in der Lage ist, nicht oder nicht in entscheidender Weise (§ 1634) entfalten (D. 224). Nach § 1686 finden auf die elterliche Gewalt der Mutter grundsätzlich die gleichen Vorschriften Anwendung, welche für die elterliche Gewalt des Vaters gelten. Die Mutter hat daher das Recht, die Einwilligung zu ertheilen oder zu verweigern, während ihr die Ausübung der Gewalt zusteht. Soll diese Einwilligung nicht völlig bedeutungslos sein, so kann, wie Planck mit Recht annimmt, nicht auch die Einwilligung des Vaters gefordert werden, da vorausgesetzt wird, daß dieser thatsächlich verhindert und daher die Volljährigkeitserklärung trotz der Einwilligung „des Gewalthabers" gemäß § 4 Abs. 2 nicht erfolgen könnte. § 4 Abs. 2 setzt nur die Einwilligung eines Gewalthabers voraus, der dieselbe nach Lage der Sache zu ertheilen vermag. Wenn daher auch das Ergebniß, zu welchem Planck gelangt, zu billigen ist, so doch nicht die von demselben hiefür angegebenen Gründe. Nach Planck handelt es sich nicht um eine Verfügung über das Recht der elterlichen Gewalt, sondern um die Einwilligung zu einer das Interesse des Kindes betreffenden Maßregel, welche deßwegen in die Hände des Gewalthabers gelegt ist, weil ihm die Sorge für die Person und das Vermögen des Kindes zusteht. Die Einwilligung des Gewalthabers ist allerdings Zustimmung zu einer das Interesse des Kindes betreffenden Maßregel; aber da diese Maßregel das Ende der elterlichen Gewalt herbeiführt, ist die Einwilligung des Gewalthabers eine Verfügung über die elterliche Gewalt. Gerade aus diesem Grunde kann die Einwilligung des Gewalthabers nicht erzwungen werden (oben Nr. 5). Der Vater verfügt, indem er die Einwilligung ertheilt, nicht bloß über seine elterliche Gewalt, sondern auch über die der Mutter, ebenso umgekehrt die Mutter nicht bloß über ihre elterliche Gewalt, sondern auch über die des Vaters. Hiezu ist sie gemäß § 1686 befugt. Nur ist, wie der Einwilligende selbst die von ihm erklärte Einwilligung widerrufen darf (oben Nr. 4), der Vater berechtigt, die von der Mutter während der Zeit ihrer „Ausübung“ der elterlichen Gewalt erklärte Einwilligung zu widerrufen, wenn seine thatsächliche Verhinderung aufgehört hat und daher die elterliche Gewalt wieder von ihm selbst ausgeübt wird. Andererseits ist auch die Mutter als Inhaberin der elterlichen Gewalt berechtigt, die von dem Vater erklärte Einwilligung zu widerrufen, solange die Volljährigkeitserklärung noch nicht rechtskräftig ausgesprochen ist; sie kann das Recht des Widerrufs insbesondere durch Beschwerde gegen den Beschluß des Vormundschaftsgerichts ausüben (§ 20 FG.). Das Kammerger. Berlin hat mit Beschluß vom 9. Juni 1902 (Entsch. FG. Bd. 3 S. 111 ff.) die Beschwerde der Mutter gegen die auf Antrag des Vaters erfolgte Volljährigkeitserklärung eines unter seiner elterlichen Gewalt stehenden Kindes mit Recht als unzulässig erklärt, da bei Beschwerdeeinlegung die Volljährigkeitserklärung bereits rechtskräftig und während des Laufes der Frist der Vater Inhaber der elterlichen Gewalt, daher die Mutter nicht widerrufsberechtigt war.

d) Gemäß § 4 Abs. 2 ist der Vater in der Lage, das Recht der Einwilligung auszuüben, wenn seine Sorge für die Person des Kindes auf die Vertretung des Kindes in den die Person betreffenden Angelegenheiten beschränkt ist (§§ 1633, 1635 Abs. 2).

7. Da der Satz „Heirath macht mündig“ im BGB. nicht gilt (s. oben S. 34 Bem. IV, 3), so würde an sich auch die minderjährige Wittwe zur Volljährigkeitserklärung der Einwilligung des Gewalthabers bedürfen. Hiegegen hat die Kritik, insbesondere die des Generalcomités des landwirthschaftlichen Vereins in Bayern, sich ausgesprochen mit Rücksicht auf die Verhältnisse minderjähriger Bauerswittwen, da „es an Chicanen von Seite des Inhabers der elterlichen Gewalt gegen die eigene Tochter gerade unter der bäuerlichen Bevölkerung selten mangele“ (ZG. VI, 43). Unter Bezugnahme auf diese Erwägung hat die II. Komm. den ins Gesetz übergegangenen zweiten Satz des § 4 Abs. 2 beschlossen: „Für eine minderjährige Wittwe ist die Einwilligung des Gewalthabers nicht erforderlich“ (P. I, 52).

§ 5.

Die Volljährigkeitserklärung soll nur erfolgen, wenn sie das Beste des Minderjährigen befördert.

E. I, 27; II, 13; III, 5.

1. Die Volljährigkeitserklärung „soll“ nur erfolgen, wenn sie das Beste des Minderjährigen befördert. Nur das Interesse des Minderjährigen, nicht dasjenige dritter Personen soll in Betracht kommen. Ob durch die Volljährigkeitserklärung „das Beste“ des Minderjährigen befördert wird, ist unter Berücksichtigung der gesammten Verhältnisse des Minderjährigen zu prüfen, nöthigenfalls sind hiezu Ermittlungen zu pflegen (FG. § 12). Das „soll“ zeigt an, daß es sich lediglich um eine instruktionelle Vorschrift handelt, nicht um absolute Voraussetzungen, wie solche in § 4 festgesetzt sind. Die Entscheidung darüber, was dem Besten des Kindes entspricht, ist Sache des Ermessens des Vormundschaftsgerichts. Die Thatsache, daß die Volljährigkeitserklärung dem Interesse des Mündels nicht förderlich ist, thut der Gültigkeit des gerichtlichen Beschlusses keinen Eintrag (so auch P. I, 51).

2. Ein in der II. Komm. gestellter Antrag auf Streichung der Vorschrift des § 5 wurde abgelehnt, weil dieselbe geeignet sei, einer sonst „leicht möglichen, allzu formalen

Behandlung der Volljährigkeitserklärung vorzubeugen". Es wollte insbesondere das Mißverständniß ausgeschlossen werden, als ob bei Vorhandensein der Antragsvoraussetzungen des § 4 die Volljährigkeitserklärung ohne weitere Prüfung beschlossen werden müßte. Der Vorschrift kommt nach P. I, 52 eine „nicht zu unterschätzende materiell rechtliche Bedeutung" insofern zu, als der Richter erst dann die Volljährigkeitserklärung aussprechen darf, wenn er sich davon überzeugte, daß dieselbe dem Minderjährigen zum Besten gereicht.

§ 6.*)

Entmündigt kann werden:

1. wer in Folge von Geisteskrankheit oder von Geistesschwäche seine Angelegenheiten nicht zu besorgen vermag;
2. wer durch Verschwendung sich oder seine Familie der Gefahr des Nothstandes aussetzt;
3. wer in Folge von Trunksucht seine Angelegenheiten nicht zu besorgen vermag oder sich oder seine Familie der Gefahr des Nothstandes aussetzt oder die Sicherheit Anderer gefährdet.

Die Entmündigung ist wiederaufzuheben, wenn der Grund der Entmündigung wegfällt.

E. I, 28, 29, 1739; II, 14; III, 6.

A. Begriff und rechtliche Bedeutung der Entmündigung im BGB. Während die Volljährigkeitserklärung (§§ 3—5) eine Verfrühung der Geschäftsfähigkeit durch Staatsakt darstellt, ist die Entmündigung umgekehrt ein Akt der freiwilligen Gerichtsbarkeit, welcher die Geschäftsfähigkeit aufhebt oder beschränkt, oder ihren Eintritt verhindert (vgl. O. Levis S. 27).

B. Fälle der Entmündigung.

I. Geisteskrankheit und Geistesschwäche.

1. Früheres Recht. Die ältere gemeinrechtliche Doktrin unterschied Geisteskrankheit, welche die Handlungsfähigkeit aufhebt, auch von jeher zur Einleitung einer Vormundschaft führt, und „bloße Geistesschwäche", welche an sich die Handlungsfähigkeit nicht berührt, aber, wenn sie einen höheren Grad erreicht, eine außerordentliche obrigkeitliche Vorsorge durch Anordnung einer Kuratel veranlassen kann. Savigny, System III, 85. Streitig ist geworden, ob diese Kuratel ohne Einwilligung des Geistesschwachen zulässig ist (M. IV, 1230 und Brinz, Pand. Bd. 3, 2. Aufl. § 515); bestritten war ferner, ob die Anordnung der Kuratel eine Beschränkung der Handlungsfähigkeit zur Folge hat (M. IV, 1230). Leibliche Gebrechen, welche den Bresthaften dauernd hülfsbedürftig machen, werden gemeinrechtlich wie die Geistesschwäche behandelt. Beide führen zur sog. cura debilium. Indessen ist die bezeichnete Unterscheidung von Geisteskrankheit und Geistesschwäche neuerlich in verschiedenem Sinne bestritten. Einerseits wird die Geistesschwäche der Geisteskrankheit subsumirt und als Entmündigungsgrund behandelt (Wächter, Pand. Bd. 2 § 267, Regelsberger, Pand. Bd. 1 § 64 Anm. 7), andererseits Geisteskrankheit als Grund einer vollkommenen und absoluten Handlungsunfähigkeit und Geistesschwäche als Grund einer theilweisen und relativen Handlungsunfähigkeit erklärt (Regelsberger, Pand. Bd. 1 § 133; Bayr. Oberst. LG. Bd. 10 S. 627). Das Gem.R. entzieht dem Geisteskranken die Handlungsfähigkeit übrigens nur nach Maßgabe seines wirklichen Geisteszustandes und beläßt ihm dieselbe in „lichten Augenblicken". Gierke, DPR. I § 45 zu Note 18. Ob daran durch Entmündigung etwas geändert wird und der letzteren mehr als deklarative Bedeutung zukommt, ist gemeinrechtlich bestritten (Regelsberger, Pand. Bd. I § 133 Note 4). Dagegen wird im französischen, preußischen, sächsischen und österreichischen Rechte die Entmündigung zu einem selbständigen Handlungsunfähigkeitsgrunde erhoben (Gierke, DPR. § 45 Note 19, M. IV, 1229 ff.). Dem Beispiele dieser Rechte folgt das BGB.

2. Entstehungsgeschichte des § 6. E. I unterschied wie die ältere gemeinrechtliche Doktrin zwischen Geisteskrankheit und Geistesschwäche. Als Entmündigungsgrund war in § 28 nur „Geisteskrankheit" anerkannt und als geisteskrank eine Person

---

*) Otto Levis, Die Entmündigung Geisteskranker. Leipzig 1901. E. Schultze in A. Hoche, Handbuch der gerichtlichen Psychiatrie, Berlin 1901, S. 155—387. Milferstaedt, Die Entmündigung nach dem BGB., Gruchot, Beitr. 1897 S. 508 ff. E. Schultze, Die Stellungnahme des Reichsgerichts zur Entmündigung wegen Geisteskrankheit oder Geistesschwäche (§ 6 Abs. 1 BGB.) und zur Pflegschaft (§ 1910 BGB.). Halle 1903.

bezeichnet, welche „des Vernunftgebrauches beraubt ist". „Bloße Geistesschwäche" sollte weder zur Entmündigung noch zur Vormundschaft ohne Entmündigung führen, da sie die natürliche Geschäftsfähigkeit nicht ausschließe (M. I, 62). Die nach einzelnen Landesrechten bestehenden Bevormundungen wegen „Geistesschwäche" sollten mit dem Inkrafttreten des BGB. in Wegfall kommen (M. zum E. I des EG. S. 246). In § 1739 ließ E. I eine die Handlungsfähigkeit des Geistesschwachen nicht beeinflussende Anordnung einer Pflegschaft nach Art der gemeinrechtlichen cura debilium wegen körperlicher oder geistiger Gebrechen zu, welche einen Volljährigen ganz oder theilweise verhindern, seine Vermögensangelegenheiten zu besorgen. Diese Pflegschaft sollte grundsätzlich nur mit Einwilligung des Pfleglings bestellt werden. Dagegen war für Taube, Blinde und Stumme, welche in Folge ihrer Gebrechen ihre Angelegenheiten nicht zu besorgen vermögen, die Möglichkeit eines „vormundschaftlichen" Schutzes vorgesehen, welcher zwar ebenfalls grundsätzlich nur mit Einwilligung des „Schutzbedürftigen" angeordnet wird, aber nach E. I § 71 Beschränkung der Geschäftsfähigkeit zur Folge haben sollte. Sowohl die Anordnung der Pflegschaft als auch die Anordnung des vormundschaftlichen Schutzes sollten im Wege der freiwilligen Gerichtsbarkeit durch Beschluß des Vormundschaftsgerichtes erfolgen.

Die ärztliche Kritik des E. I erklärte, daß „gerade die Geistesschwachen am dringendsten des vormundschaftlichen Schutzes bedürfen" (ZG. IV, 501). In der II. Komm. wurde der Antrag, auf die Geistesschwachen den in § 1727 E. I für die Tauben, Stummen und Blinden angeordneten vormundschaftlichen Schutz auszudehnen, abgelehnt, weil das für seine Anordnung bestimmte vormundschaftsgerichtliche Verfahren keine genügenden Garantien der Rechtssicherheit des Geistesschwachen biete. Dagegen wurde die Ausdehnung der Entmündigung auf den Fall der Geistesschwäche beschlossen. An die Stelle des „vormundschaftlichen Schutzes" der Tauben, Stummen u. s. w. nach E. I § 1727 trat eine Pflegschaft ohne Einfluß auf die Geschäftsfähigkeit, die auch für den Fall „geistiger Gebrechen" zugelassen wurde (BGB. § 1910; P. I, 32; IV, 839 ff.).

3. Die verschiedenen Geistesmängel nach dem BGB. In Gemäßheit dieser in das Gesetz übergegangenen Beschlüsse stellen sich zunächst drei Arten von geistigen Defekten dar, an welche das Gesetz verschiedene Rechtswirkungen anknüpft:

a) Die „Geisteskrankheit" gemäß §§ 6 und 104 Nr. 3, welche zur Entmündigung berechtigt mit der Wirkung der Geschäftsunfähigkeit des Entmündigten, sofern in Folge der Geisteskrankheit der Geisteskranke „seine Angelegenheiten nicht zu besorgen vermag".

b) Die „Geistesschwäche" gemäß §§ 6 und 114, welche zur Entmündigung berechtigt mit der Wirkung der Beschränkung der Geschäftsfähigkeit des Entmündigten nach Art der Minderjährigen, wenn in Folge des Defektes der Geistesschwache seine Angelegenheiten nicht zu besorgen vermag.

c) Die in § 1910 Abs. 2 genannten „geistigen Gebrechen", in Folge deren ein Volljähriger einzelne seiner Angelegenheiten oder einen bestimmten Kreis seiner Angelegenheiten, insbesondere seine Vermögensangelegenheiten, nicht zu besorgen vermag. Diese geistigen Gebrechen berühren die Geschäftsfähigkeit nicht, auch dann nicht, wenn sie Veranlassung zur Anordnung einer Pflegschaft geben. Diese ist, wenn Verständigung mit dem Gebrechlichen möglich, nur mit seiner Einwilligung zu beschließen (vgl. jedoch §§ 1676 Abs. 2, 1781 Nr. 2, 1897, 1915).

Hiezu kommen noch nach Einzelbestimmungen:

d) der in § 104 Nr. 2 erwähnte nicht vorübergehende „die freie Willensbestimmung ausschließende Zustand krankhafter Störung der Geistesthätigkeit"*), welcher ohne Entmündigung die Geschäftsunfähigkeit nach sich zieht;

e) der in § 105 (vgl. § 1325) erwähnte Zustand „vorübergehender Störung der Geistesthätigkeit", welcher die Nichtigkeit der in diesem Zustande abgegebenen Willenserklärung zur Folge hat und krankhaft oder nicht krankhaft sein kann;

f) der in § 827 erwähnte die „freie Willensbestimmung ausschließende Zustand krankhafter Störung der Geistesthätigkeit". Er bewirkt grundsätzlich Deliktsunfähigkeit. Die Störung kann vorübergehend oder nicht vorübergehend sein. Die in § 827 behandelten Anomalien sind identisch mit den in § 104 Nr. 2 und einem Theile der in § 105 Abs. 2 behandelten Fälle: Die vorübergehende nicht krankhafte Störung der Geistesthätigkeit macht nicht deliktsunfähig.

---

*) Ueber die Einwände gegen diese Formulirung geistiger Anomalien vgl. Ernst Schultze, Die für die gerichtliche Psychiatrie wichtigsten Bestimmungen des BGB. (1899) S. 8; derselbe in Hoche, Handbuch der gerichtlichen Psychiatrie S. 218 ff.

g) die in § 1569 erwähnte „Geisteskrankheit", durch welche „die geistige Gemeinschaft zwischen den Ehegatten aufgehoben" wird.

4. Das Verhältniß der verschiedenen Fälle zu einander.

a) Aus den gesetzgeberischen Verhandlungen wie aus dem Gesetze selbst ergiebt sich zunächst, daß unter „Geisteskrankheit" und unter „Geistesschwäche" im Sinne des § 6 psychische Defekte zu verstehen sind, welche sich nur in Bezug auf den Grad der geistigen Anomalie unterscheiden, daß ferner die „Geisteskrankheit" einen schwereren, die „Geistesschwäche" einen leichteren Grad darstellt. Gleichgültig ist dagegen der Grund des Zustandes, ebenso wie die psychiatrische Bezeichnung desselben. Vom medizinischen Standpunkt aus kann jede Art von Geistesschwäche als Geisteskrankheit bezeichnet werden (ZG. IV, 502). Andererseits werden in der Psychiatrie Zustände als „Geistesschwäche" oder als „psychische Schwächezustände" bezeichnet, welche in Bezug auf den Grad des geistigen Defektes den eingreifendsten unheilbaren „Geisteskrankheiten" gleichkommen, z. B. die Idiotie (Kraepelin, Psychiatrie, 5. Aufl. S. 802, 803). Die psychiatrische Terminologie kommt für die Auslegung des Gesetzes nicht in Betracht (Schultze bei Hoche S. 256). Des weiteren ist gleichgültig, ob der Zustand auf einer vor oder nach der Geburt eingetretenen Gehirnerkrankung oder auf unvollkommener Ausbildung der Gehirnrinde beruht. Dies muß bemerkt werden, weil in D. 2 die „Geistesschwäche" (im Sinne des BGB.) bezeichnet ist als der Zustand desjenigen, dessen geistige Kräfte unvollkommen entwickelt sind, was psychiatrisch als „Entwicklungshemmung" gekennzeichnet wird (Kraepelin S. 789 ff.). Zu den „Entwicklungshemmungen", welche geistige Schwächezustände hervorrufen, gehört nicht bloß der leichtere Grad der sog. Imbezillität, sondern auch der schwere der Idiotie, der hinter der „Stoffwechselerkrankung" des Kretinismus und den Zuständen völlig Verblödeter nicht zurücksteht (Kraepelin S. 420). Außerdem ist auch die „Entwicklungshemmung" vielfach durch krankhafte Vorgänge veranlaßt oder beeinflußt. Der heutige Zustand der Psychiatrie gestattet schwerlich, eine nicht krankhafte Geistesschwäche von einer krankhaften d. h. durch Krankheit verursachten zu trennen, falls ein derartiger Unterschied gemacht werden könnte. Vgl. P. IV, 844. A. M. Levis S. 82—84, welcher auch einen Menschen, der im „medizinischen Sinne geistig nicht anormal ist", wegen Geistesschwäche entmündigen will, wenn er „jeder Erziehung, jeder Kenntniß des modernen Lebens, des Einblickes in unsere gesellschaftlichen und kulturellen Verhältnisse" entbehrt. Als Exempel dieser angeblich vorhandenenen „Klasse" wird „ein schwarzer Reichsangehöriger" genannt, „der aus den Kolonien zu uns kommt". Wenn dieser Schwarze wirklich „Reichsangehöriger" (vgl. oben S. 23) und wirklich geistig normal ist, so giebt es zu seinem Schutze andere Mittel als Entmündigung. Dafür, daß Geistesschwäche und Geisteskrankheit im Sinne des BGB. nur verschiedene Grade geistiger Defekte oder Anomalien sind, hat sich nun auch das RG. wiederholt ausgesprochen s. RGE. Bd. 50 S. 203; Jur. Wschr. 1900 S. 848, 867; vgl. ferner z. B. Rspr. d. OLG. Bd. 4 S. 4, Bd. 5 S. 10.

b) Die Unterscheidung der Geisteskrankheit als Entmündigungsgrund von der Geistesschwäche als Entmündigungsgrund würde in der Praxis zu den gleichen Schwierigkeiten führen, zu welchen die im PLR. Thl. I Tit. 1 §§ 27—29 enthaltene Unterscheidung geistiger Defekte geführt hat, wenn das BGB. die fragliche Unterscheidung von Entmündigungsgründen durch Identifizirung mit bestimmten in der Psychiatrie angenommenen geistigen Mängeln gesetzlich festgelegt hätte. Dies ist aber abgelehnt worden (P. IV, 844). Trotzdem wurde daran festgehalten, „daß die Geistesschwäche etwas Anderes sei als Geisteskrankheit" (P. IV, 844). Als maßgebend für diese Unterscheidung wurde erachtet „die verschiedene Art, in Folge deren der Geistesschwache wie der Geisteskranke seine Geschäfte nicht zu besorgen vermöge" (so wörtlich P. IV, 844). Der Geisteskranke im Sinne des § 6, wie der Geistesschwache im Sinne des § 6 kann „seine Angelegenheiten nicht besorgen", aber es waltet ein Unterschied ob, der in den verschiedenen gesetzlichen Folgen der Entmündigung zur rechtlichen Anerkennung gelangt. Der „Geisteskranke" kann in Folge des geistigen Defektes zur Besorgung seiner Angelegenheiten überhaupt nichts thun. Er wird daher in dieser Geschäftsbesorgung vollständig durch den gesetzlichen Vertreter ersetzt, wie das Kind unter sieben Jahren (§ 104 Nr. 1). Wo solche gesetzliche Vertretung unzulässig ist, wie z. B. bei Eheschließung (§§ 1317, 1325) oder Testamentserrichtung (§ 2064), da ist die Vornahme des betreffenden Rechtsaktes dem Geschäftsunfähigen überhaupt verschlossen. Der Geistesschwache kann seine Angelegenheiten grund=

sätzlich nicht allein, nicht selbständig besorgen. Er bedarf des Beistandes und Schutzes, ist aber noch in der Lage, bei Besorgung seiner Angelegenheiten mitzuwirken, wie der Minderjährige, der das siebente Lebensjahr vollendet hat (§§ 106, 114). Er kann Rechtsgeschäfte unter Lebenden mit Einwilligung des gesetzlichen Vertreters abschließen (§§ 107 ff.), er kann heirathen (§ 1304), hat das Recht der Sorge für die Person seines Kindes neben dessen gesetzlichem Vertreter (§ 1676). In den Fällen der §§ 112, 113 ist er unbeschränkt geschäftsfähig auf Grund einer Generalermächtigung seines gesetzlichen Vertreters. Diese Bestimmungen lassen einen Schluß zu auf die Verschiedenheit der „Art", in welcher einerseits der Geisteskranke, andererseits der Geistesschwache im Sinne des § 6 ihre Angelegenheiten in Folge ihrer geistigen Mängel nicht zu besorgen vermögen sollen, und damit wieder einen Schluß auf den maßgebenden Unterscheidungsgrund. Beim Geisteskranken soll absolute und vollständige Unfähigkeit, beim Geistesschwachen relative und theilweise Unfähigkeit zu selbständiger Geschäftsbesorgung gegeben sein. Das Gesetz läßt indessen auch diesen Unterscheidungsgrund nur aus den an die beiden Entmündigungsfälle sich anschließenden verschiedenen Entmündigungsfolgen erkennen und verzichtet darauf, denselben in Gestalt einer Begriffsbestimmung festzulegen. Ein Antrag auf Bestimmung des Begriffs der „Geisteskrankheit" im Gegensatze zur Geistesschwäche, welcher in der II. Komm. gestellt wurde, ist abgelehnt worden (P. VI, 121). Der Antrag wollte den Begriff der Geisteskrankheit in § 6 durch folgende Fassung näher bestimmen und zugleich mit der Fassung des § 104 Nr. 2 in Einklang bringen: „wegen Geisteskrankheit, wenn dadurch die freie Willensbestimmung ausgeschlossen wird und der Kranke in Folge davon seine Angelegenheiten nicht zu besorgen vermag".

Zur Begründung wurde geltend gemacht:

„Geisteskrankheit und Geistesschwäche seien keine Gegensätze. Geistesschwäche sei immer auch Geisteskrankheit, da unter dieser auch die angeborenen Zustände geistiger Unvollkommenheit mitverstanden würden. Die Geistesschwäche sei nur eine besondere Art der Geisteskrankheit in diesem weiteren Sinne. Es müsse also diejenige Art von Geisteskrankheit, welche im Gegensatz zur bloßen Geistesschwäche die Entmündigung mit der Wirkung vollständiger Geschäftsunfähigkeit zur Folge hat, näher bezeichnet und von der Geistesschwäche als einer Form der Geisteskrankheit unterschieden werden."

Nach der von dem Antragsteller vorgeschlagenen, mit der Bezeichnung des geistigen Defektes in § 104 Nr. 2 übereinstimmenden Begriffsbestimmung würden unter die „Geisteskrankheit" im Sinne des § 6 nur diejenigen geistigen Defekte gefallen sein, deren Vorhandensein auch ohne Entmündigung Geschäftsunfähigkeit gemäß § 104 Nr. 2 zur Folge hat.

Die Ablehnung erfolgte mit der Begründung:

„Für den Gesetzgeber könne nicht entscheidend sein, ob vom psychiatrischen Standpunkte die Geistesschwäche auch unter den Begriff der Geisteskrankheit falle. Der Gesetzgeber muß vielmehr damit rechnen, daß es Zustände der geistigen Unvollkommenheit gebe, die nach der gewöhnlichen Auffassung nicht unter den Begriff der Geisteskrankheit fielen, trotzdem aber dem Geistesschwachen die Besorgung seiner Angelegenheiten unmöglich machten. Der Unterschied, der im praktischen Leben zwischen der Geisteskrankheit und der Geistesschwäche gemacht werde, genüge, um ihn zum Gegenstande zweier verschiedener Entmündigungsfälle zu machen. Es bestehe kein Bedürfniß, den Gegensatz besonders scharf hervortreten zu lassen, dadurch, daß man unter die Fälle der Entmündigung wegen Geisteskrankheit nur solche Fälle subsumire, die auch schon vor der Entmündigung die natürliche Geschäftsunfähigkeit der Kranken zur Folge hätten."

Nach dem abgelehnten Antrage mußte in jedem Entmündigungsfalle festgestellt werden, ob die Erkrankung ihrer Art nach zu denjenigen gehört, welche die „freie Willensbestimmung ausschließen". Je nach dem Ausfalle dieser Entscheidung würde die Entmündigung wegen Geisteskrankheit oder wegen Geistesschwäche einzutreten haben. Nach dem Beschlusse der II. Komm. ist eine solche Entscheidung für den Entmündigungszweck nicht erforderlich. Es kann die Entmündigung wegen Geisteskrankheit auch in Fällen erfolgen, in welchen im Sinne jenes abgelehnten Antrags bloß „Geistesschwäche" vorliegen würde. Ob Entmündigung wegen Geisteskrankheit oder wegen Geistesschwäche erfolgt, hängt lediglich davon ab, in welchem Umfange das Gericht eine Unfähigkeit des zu Entmündigenden annimmt, seine Angelegenheiten zu besorgen. Dafür werden regelmäßig in erster Linie Art und Grad der geistigen Anomalie in Betracht kommen, sofern sie einen Aufschluß über die zu entscheidende praktische Frage geben.*) Aber keinerlei gesetzliche Begriffsbestimmung schränkt das richterliche Ermessen ein. Die Grenzen zwischen denjenigen Anomalien, auf Grund deren Entmündigung wegen Geisteskrankheit, und den anderen, auf Grund deren Entmündigung wegen Geistesschwäche gestattet ist, sind flüssig (P. IV, 853). Auch der oben gekennzeichnete maßgebende Unterschied zwischen beiden Anomalien, der in den Entmündigungsfolgen hervortritt, der Unterschied in Bezug auf die Art, in welcher der zu Entmündigende in beiden Fällen seine Geschäfte nicht zu besorgen vermag, tritt naturgemäß im Leben nicht immer dem theoretischen Begriffsunterschiede entsprechend scharf hervor. Endlich ist der Gegensatz auch im Gesetze, so scharf er hier ausgeprägt ist, nicht auf allen Gebieten vorhanden. Der Geschäftsunfähige kann selbständig Besitz erwerben, wie der in der Geschäftsfähigkeit Beschränkte.**) Der wegen Geisteskrankheit Entmündigte kann ebenso wie der wegen Geistesschwäche Entmündigte selbständig und ohne gesetzlichen Vertreter die Anfechtungsklage erheben (CPO. § 664). Der in der Geschäftsfähigkeit Beschränkte ist im Gebiete der letztwilligen Verfügung geschäftsunfähig. Andererseits ist ein Unterschied zwischen in der Geschäftsfähigkeit Beschränkten und unbeschränkt Geschäftsfähigen überhaupt nicht vorhanden auf dem Gebiete der Vertretung Anderer (§ 165).

c) Nach Planck, Bem. 3 zu § 6 soll „Geisteskrankheit" im Sinne von § 6 nur dann angenommen werden können, wenn auf den Erkrankungsfall die Begriffsbestimmung des § 104 Nr. 2 zutrifft, also ein „die freie Willensbestimmung ausschließender Zustand krankhafter Störung der Geistesthätigkeit" gegeben ist. Daß diese Auffassung den mitgetheilten Verhandlungen der II. Komm. (P. VI, 121) nicht entspricht, wird von Planck zugegeben. Es wird aber ausgeführt, daß „die ursprünglich allein bestehende Entmündigung wegen Geisteskrankheit lediglich den Zweck verfolgte, den geistigen Zustand zu konstatiren, der schon von selbst die Geschäftsunfähigkeit zur Folge hatte". Hieran sei durch die Entmündigung wegen Geistesschwäche nichts geändert. „Diese hat insoferne einen anderen Charakter wie die Entmündigung wegen Geisteskrankheit, als durch sie nicht ein vorhandener Zustand beschränkter Geschäftsfähigkeit konstatirt, sondern ein solcher Zustand erst geschaffen wird". Diese Begründung trifft nicht zu. Denn die Entmündigung hatte schon nach dem E. I § 64 nicht lediglich deklarative, sondern konstitutive Wirkung, wie sie denn insbesondere weder die Zeit der Genesung von der Geisteskrankheit noch auch lichte Augenblicke von der durch die Entmündigung bewirkten Geschäftsunfähigkeit ausnahm (M. I, 130). Abgesehen davon hatte zwar E. I § 28 den Versuch einer Definition der zur Entmündigung führenden „Geisteskrankheit" gemacht: „Eine Person, welche des Vernunftsgebrauches beraubt ist, kann wegen Geisteskrankheit entmündigt werden." Und diese Definition stimmte wörtlich überein mit der Definition der Geisteskrankheit, welche nach E. I § 64 (= § 104 BGB.) auch ohne Entmündigung die Geschäftsunfähigkeit zur Folge hatte. Die Definition des E. I § 28 wurde aber aufgegeben und auf jede Begriffsbestimmung der nach § 6 zur Entmündigung genügenden Geisteskrankheit verzichtet, während man andererseits in § 104 Nr. 2 in Anlehnung an § 51 StGB. diejenige geistige Erkrankung näher zu bestimmen suchte, welche an sich und ohne Entmündigung Geschäftsunfähigkeit zur Folge haben sollte. In den Berathungen der II. Komm. wurde insbesondere ausgesprochen, daß diese „in § 51 StGB. gegebene, übrigens auch wissenschaftlich angefochtene Bestimmung des Begriffes der Unzurechnungsfähigkeit" zwar für die Feststellung der Voraussetzungen der Geschäftsunfähigkeit, nicht aber für die Feststellung der Voraussetzungen der Entmündigung verwerthbar

*) A. M. Levis S. 86, 90, welcher Entmündigung auch ohne geistige Anomalie und ohne pathologischen Defekt zulassen will, daher auch der Geisteskrankheit nur „untergeordnete Bedeutung" im Entmündigungsverfahren zuschreibt.

**) Vgl. Bd. III S. 8; D. 109; Matthiaß, 2. Aufl., 2. Bd. § 3 zu Note 1; Dernburg III § 17 S. 55; Strohal in Jherings Jahrb. Bd. 38, 2. F. S. 75; Gierke, Bedeutung des Fahrnißbesitzes S. 4 Anm. 4.

sei (P. I, 32, 56). Hienach ist auch die Annahme, daß sich seit dem E. I in Bezug auf § 6 nichts geändert habe, abgesehen von der Hinzufügung der Entmündigung wegen Geistesschwäche, nicht richtig. Man hat absichtlich die Uebereinstimmung der Fassung des § 28 E. I (= § 6) und des § 64 E. I (= § 104 Nr. 2) fallen gelassen. Die Erklärung der II. Komm., daß die Bestimmung des Begriffs der Geschäftsunfähigkeit in § 104 Nr. 2 für die Feststellung der Entmündigungsvoraussetzungen des § 6 nicht verwerthbar sei, hat im Gesetze selbst den erforderlichen Ausdruck gefunden. Dagegen wollte man durch die an § 51 StGB. sich anschließende Formulirung des § 104 Nr. 2 den Einfluß der anomalen geistigen Zustände auf die Geschäftsfähigkeit und den Einfluß derselben auf die strafrechtliche Deliktsfähigkeit in Uebereinstimmung bringen (P. I, 56). Dem entspricht die gleiche Formulirung des Einflusses der geistigen Anomalie auf die civilrechtliche Deliktsfähigkeit in § 827. Daneben sollte durch diese Anlehnung des § 104 Nr. 2 BGB. an § 51 StGB. „für die Auslegung der privatrechtlichen Vorschrift die Anknüpfung an die reiche strafrechtliche Literatur" gewonnen werden (P. I, 56).

d) Die Entmündigung wegen Geistesschwäche schließt die Möglichkeit nicht aus, daß im einzelnen Falle prozeßrichterlich die natürliche Handlungsunfähigkeit des Entmündigten und damit gemäß § 104 Nr. 2 BGB. die Geschäftsunfähigkeit desselben festgestellt wird. Konstitutiv wirkt die Entmündigung wegen Geistesschwäche nur insofern, als sie dem Entmündigten die volle Geschäftsfähigkeit entzieht, denselben in der Geschäftsfähigkeit gemäß § 114 beschränkt. Dadurch wird der Prozeßrichter nicht verhindert, festzustellen, daß der Entmündigte sich in einem „die freie Willensbestimmung ausschließenden Zustande krankhafter Störung der Geistesthätigkeit" (§ 104 Nr. 2) befindet oder befand. Auch die vor der Entmündigung erfolgte Feststellung verliert durch die Entmündigung wegen Geistesschwäche nicht ihre Rechtswirkung. Es kann also ein später wegen Geistesschwäche Entmündigter, wie auch eine bereits wegen Geistesschwäche entmündigte Person als geschäftsunfähig behandelt werden, wenn der Thatbestand des § 104 Nr. 2 gegeben ist. Denn das Entmündigungsverfahren hat nicht die Bedeutung eines Präjudizialprozesses über die Handlungsfähigkeit.

e) Nach Vorstehendem ist es unrichtig, daß die „Geistesschwäche" im Sinne des § 6 einen geistigen Mangel bedeute, welcher auch ohne Entmündigung geschäftsunfähig macht. Richtiger ist vielmehr, anzunehmen, daß im Sinne des Gesetzes der Geistesschwache vor der Entmündigung überhaupt unbeschränkte Geschäftsfähigkeit besitzt. In den Berathungen ist eigens darauf hingewiesen worden, daß auch die Entmündigung wegen Geisteskrankheit nicht eine geistige Erkrankung voraussetzt, welche Geschäftsunfähigkeit zur Folge hat (P. VI, 121). Andererseits aber sind allerdings die in § 104 Nr. 2 bezeichneten Zustände Hauptfälle der Entmündigung wegen Geisteskrankheit.

f) Die „geistigen Gebrechen" des § 1910 Abs. 2 sind als Fälle noch leichterer geistiger Defekte gedacht, als wie sie bei Geistesschwäche vorliegen. Die betreffenden Personen sind geschäftsfähig und bleiben es auch bei Anordnung einer Pflegschaft, so daß sie in der Lage sind, die Anordnungen des Pflegers zu durchkreuzen und zu beseitigen.

g) Der in § 104 Nr. 2 bezeichnete Zustand hat Geschäftsunfähigkeit zur Folge, „sofern nicht der Zustand seiner Natur nach ein vorübergehender ist". Nach E. I, sowie nach der ersten Fassung der Kommissionsbeschlüsse II. Lesung enthielt § 104 Nr. 2 noch nicht den Zusatz „sofern nicht der Zustand seiner Natur nach ein vorübergehender ist", enthielt also — wie § 51 StGB. — nicht die Unterscheidung von vorübergehenden und nicht vorübergehenden krankhaften Geistesstörungen. Geschäftsunfähig war vielmehr nach dieser Fassung auch, wer nur vorübergehend bewußtlos oder — z. B. durch Trunkenheit — in Bezug auf die Geistesthätigkeit nicht normal war (E. I § 64; II § 78; P. I, 55; II, 56). Hienach würde die schriftliche Erklärung eines Abwesenden gegenüber einem „vorübergehend Geschäftsunfähigen", z. B. Berauschten, unwirksam gewesen sein und es hätte, wer einen Brief schreibt oder telegraphirt, sich immer um den Zustand des Adressaten im Augenblicke des Empfanges kümmern müssen (vgl. § 131 und dazu Strohal, „Streifzüge" in Iherings Jahrbüchern für Dogmatik Bd. 28 S. 344 ff.). Da dieses Ergebniß nicht sachentsprechend schien, wurde die Redaktionskommission beauftragt, eine Fassung des § 64 E. I (= § 104) zu suchen, nach welcher die Bezeichnung „geschäftsunfähig" sich nicht auf Personen bezieht, die nur gerade in dem Augenblicke der Erklärung nicht fähig sind, eine Willenserklärung abzugeben oder entgegenzunehmen (P. I, 72, 73). Die Folge dieses Beschlusses war die Bestimmung des § 105 Abs. 2 und die in E. II und III, sowie im Gesetz enthaltene Fassung des § 104 Nr. 2. Als Beispiele von nur „vorübergehenden Zuständen der Bewußtlosigkeit" wurden in der II. Komm. angeführt: Schlaf, Fieber, Trunkenheit, circulärer Wahnsinn (P. I, 72). Dieses letzte Beispiel kann nicht dazu verführen, Formen einer chronischen und zumeist unheilbaren Erkrankung, zu welchen der circuläre Wahnsinn, recte Irrsinn, in der That gehört, zu den „vorübergehenden" krankhaften Störungen zu rechnen, wie dies von Endemann I S. 143 Note 14 geschieht; vgl. auch Riedel, Das BGB. S. 377. Bei circulären Irrsinnsformen, bei welchen krankhafte Erregung (Manie) und Depression (Melancholie) abwechseln, dauern die Krankheitsanfälle von durchschnittlich 4—8 Monaten bis zu zwei Jahren; zwischen den einzelnen Anfallzeiten liegen scheinbar freie Zwischenzeiten.

Im übrigen ist zu bemerken: § 105 Abs. 2 verlangt nicht, daß die „vorübergehende Störung der Geistesthätigkeit" eine krankhafte sei; die Störung braucht ferner nicht „die freie Willensbestimmung" auszuschließen; nicht krankhafte vorübergehende Zustände der Geistesstörung sind z. B. der Zustand der Schlaftrunkenheit nach Erwachen aus tiefem Schlafe oder der Erschöpfungszustand nach großer Anstrengung, langem Hunger, momentane Besinnungslosigkeit oder Verwirrung. Brinz, Pand., 2. Aufl., IV § 526; Schultze, Die für gerichtliche Psychiatrie wichtigsten Bestimmungen des BGB., Halle 1899, S. 7; derselbe bei Hoche S. 197—218. Daß nunmehr § 105 Abs. 2 den Ausdruck Geschäftsunfähigkeit für „vorübergehende" Störungen vermeidet und diesen Ausdruck und Begriff auf die nicht vorübergehend und daher auch immer krankhaft Gestörten beschränkt, hat lediglich den oben angegebenen Grund, zu verhüten, daß Erklärungen Abwesender gegenüber momentan Bewußtlosen oder Gestörten als wirkungslos erachtet würden (vgl. hiezu die Bem. zu § 131).*)

5. Die materiellen Voraussetzungen der Entmündigung wegen Geisteskrankheit und wegen Geistesschwäche sind:

a) ein geistiger Defekt; derselbe wird je nach seiner Bedeutung, dem Grade der psychischen Mangelhaftigkeit und dem Umfange seines Einflusses auf die natürliche Handlungsfähigkeit als Geisteskrankheit oder als Geistesschwäche bezeichnet;

b) ein dauernder, nicht bloß vorübergehender oder voraussichtlich vorübergehender Zustand geistigen Defektes. M. I, 61. Die Entmündigung ist auf die Zukunft berechnet. Ihrer Anordnung durch das Gericht müssen Erhebungen über den Geisteszustand und die Verhältnisse des zu Entmündigenden vorausgehen und es folgt ihr die Bestellung eines Vormundes. Daraus ergiebt sich von selbst, daß wegen eines voraussichtlich vorübergehenden Störungszustandes von verhältnißmäßig kurzer Dauer Entmündigung nicht eintreten soll;

c) als Folge dieses Zustandes, daß der zu Entmündigende „seine Angelegenheiten nicht zu besorgen vermag". Nicht die Thatsache einer geistigen Anomalie an sich ist Entmündigungsgrund, sondern nur die durch den Defekt begründete Unfähigkeit, die eigenen Angelegenheiten zu besorgen. AM. Hölder Bem. 4, b zu § 6, Matthiaß I S. 90; dagegen vgl. Levis S. 87, Rspr. d. OLG. Bd. 3 S. 29, RGE. in Jur. Wschr. 1900 S. 848.

Es ist schon oben darauf hingewiesen worden, daß in dieser nach dem Wortlaute des Gesetzes scheinbar einheitlichen und gleichartigen Voraussetzung für den Fall der Geisteskrankheit einerseits und der Geistesschwäche andererseits ein verschiedener Thatbestand gedacht ist, daß der in Folge der Entmündigung geschäftsunfähige „Geisteskranke" (§ 104 Nr. 3) seine Angelegenheiten absolut nicht zu besorgen vermag, daher diese Besorgung an seiner Stelle von dem gesetzlichen Vertreter zu bethätigen ist, während dem „Geistesschwachen" nur die Fähigkeit zu selbständiger Besorgung, nicht aber zur Mitwirkung bei dieser Besorgung fehlt.

Die „Angelegenheiten", welche der zu Entmündigende zu besorgen hat, können ihrer Art nach sehr verschieden sein. Nicht bloß die Art des Geistesmangels, sondern auch die

*) Auffallend ist die wohl kaum beabsichtigte Inkongruenz zwischen § 105 Abs. 2 und § 827: bei vorübergehender nicht krankhafter Störung der Geistesthätigkeit ist eine in diesem Zustand abgegebene Willenserklärung nichtig (§ 105 Abs. 2), dagegen ist man für einen in diesem Zustand einem Anderen zugefügten Schaden verantwortlich (§ 827).

Art der „Angelegenheiten" kommt für die rein praktische Frage in Betracht, ob Jemand zu entmündigen ist. Mit dem Umfang und der Schwierigkeit der Angelegenheiten wächst für den Geisteskranken oder Geistesschwachen die Gefahr, je kleiner dagegen der Kreis der Angelegenheiten, je einfacher diese selbst sind, desto geringer ist die Gefahr, gegen welche die Entmündigung schützen soll, desto geringer ist dann auch die Veranlassung zu einer Entmündigung (Planck Bem 4 zu § 6). „Angelegenheiten" sind ferner nicht lediglich Rechtsangelegenheiten. „Seine Angelegenheiten" sind für den zu Entmündigenden u. A. die Verwaltung des Vermögens, die Erfüllung der durch die elterliche Gewalt oder durch eheliches Güterrecht begründeten Aufgaben, aber auch die Sorge für die eigene Person; dies ist für den Kranken selbst keine Rechtsangelegenheit, wenn sie auch zu solcher führen kann. Es ist daher Entmündigung zulässig, wenn für die Wiederherstellung des Geisteskranken oder für dessen Pflege dessen Verbringung in eine Irrenanstalt nothwendig und auf anderem Wege als durch Bestellung eines Vormunds nicht erreichbar wäre. Entmündigt kann auch derjenige werden, welcher kein Vermögen besitzt und für keine Familie zu sorgen hat. „Seine Angelegenheiten" sind ferner nicht lediglich einzelne Angelegenheiten. Das Unvermögen, einzelne oder einen bestimmten Kreis von Angelegenheiten zu besorgen, rechtfertigt nicht die Entmündigung, sondern nur die Anordnung einer Pflegschaft nach § 1910 Abs. 2 BGB. (Rspr. d. OLG. Bd. 2 S. 447, Bd. 5 S. 10). Andererseits ist nicht erforderlich, daß der zu Entmündigende überhaupt und dauernd keine seiner Angelegenheiten mehr zu besorgen vermag. Auch in den schwersten Erkrankungsfällen ist dies nicht immer der Fall. Unvermögen zur Besorgung der eigenen Angelegenheiten liegt ferner vor, wenn die Angelegenheiten in Folge der geistigen Mangelhaftigkeit in verkehrter Weise erledigt werden; auch dann sind sie nicht „besorgt" (Milferstädt in Gruchot, Beitr., 1897 S. 527).

Das Unvermögen zur Besorgung der eigenen Angelegenheiten muß ferner die Folge von Geisteskrankheit oder Geistesschwäche sein, also nicht etwa die Folge des Mangels von Erziehung, mangelhafter Erfahrung, ungenügender Kenntnisse oder von bloßen „Gebrechen" gemäß § 1910 (A. M. Levis S. 82). Gemeingefährlichkeit des geistig Defekten ist für sich allein kein Entmündigungsgrund (anders bei Trunksucht nach § 6 Nr. 3); vgl. RGE. Bd. 38 S. 191, ferner die bei Levis S. 73 Citirten.

II. Verschwendung.*)

1. Bisheriges Recht. Die „Verschwendung" hatte schon nach Röm. R. und dann nach Gem. R., wenn sie einen gewissen Grad erreichte, die Folge, daß der Verschwender unter Kuratel gestellt werden konnte und hiedurch in seiner vermögensrechtlichen Handlungsfähigkeit beschränkt wurde (Windscheid-Kipp, Pand. Bd. 2 § 446).

Diese Kuratel hat in neueren Civilrechten theils eine Ausgestaltung zu einer vollen Vormundschaft erfahren, wie im preuß. Recht, im BLR., im sächs. Rechte, theils eine Abschwächung zu einer bloßen Beistandschaft, wie im französischen Recht. Vgl. M. I S. 62, 63.

2. Materielle Voraussetzungen der Entmündigung wegen Verschwendung.

a) Verschwendung. E. I § 29 umschrieb den Begriff der Verschwendung mit „verschwenderischer Lebensweise oder verschwenderischer Geschäftsführung" und verlangte (M. I, 63) einen „Hang" zur zweck- und nutzlosen Vermögensverschwendung. Die II. Komm. erachtete diese nähere Bestimmung der Verschwendung als entbehrlich sowie nicht einwandfrei (P. I, 33), und lehnte dieselbe daher ab. Dagegen verlangt das Gesetz, daß die Verschwendung eine bestimmte Gefahr herbeiführe, die Gefahr des Nothstandes für den Verschwender oder dessen Familie. Dies entspricht schon dem Röm. R.

b) Verschwendung kann eine Folge von Geisteskrankheit oder Geistesschwäche sein (Kraepelin a. a. O. S. 628). Dann kann der Entmündigungsantrag wegen Geisteskrankheit oder Geistesschwäche gestellt werden. Hiemit kann für den Fall, daß dem Antrag aus diesen Gründen nicht stattgegeben würde, der Antrag auf Entmündigung wegen Verschwendung verbunden werden. (A. M. aus unzureichenden Gründen Levis S. 179.) Für die Entmündigung wegen Verschwendung ist keine geistige Abnormität nachzuweisen, ob man nun dieselbe

c) begrifflich als „Sucht" (Regelsberger) oder als „Charakter" (Endemann Bd. I S. 150 Note 3) oder als „Hang" bezeichnen will (M. I, 64; RGE. Bd. 21 S. 167 und Jur. Wschr. 1901 S. 475). Genügend ist vielmehr, wie schon für das Gem. R. das Reichsgericht festgestellt hat (E. Bd. 7 S. 350), die Thatsache, daß Jemand bei seinen Ausgaben weder Maß noch Ziel zu halten

*) Albert Heucke, Begriff und Rechtsstellung des Verschwenders nach römischem und deutschem Recht, Berlin 1898.

versteht, daß er übermäßige, zu seinem Vermögen in keinem Verhältnisse stehende unnütze Ausgaben macht und hiemit eine Lebensweise führt, deren Fortsetzung die Gefahr des Nothstandes für ihn oder seine Familie begründet. Die Gefahr, daß die verschwenderische Lebensweise fortgesetzt wird, bedarf keiner besonderen Begründung. „Unnütz" sind nicht die Ausgaben, bei welchen kein nützlicher Erfolg für den Ausgebenden erzielt wird, sondern solche Ausgaben, deren völlige Ziel- und Zwecklosigkeit von vorneherein feststeht. Dagegen ist es nicht erforderlich, um den Vorwurf der Nutzlosigkeit zu vermeiden, daß die Ausgaben dem eigenen Vortheile des Ausgebenden dienen. Ausgaben für öffentliche oder sonstige ideale Zwecke fallen nicht unter den Begriff der Verschwendung. Wie der Begriff des römischen prodigus (von prodigere = verthun, vgl. Heucke a. a. O. S. 14) ein «disperdere» verlangt, so ist das deutsche „Verschwenden" ursprünglich = „vernichten", „spurlos verschwinden lassen" (Kluge, Etym. Lexikon unter „Verschwender"). Nach Röm. R. ist das Verhalten des zu interdicirenden Verschwenders eine „Nichtsnutzigkeit" (nequitia, Paulus sent. rec. III, 4a, 7, vgl. Lotmar, Der unmoralische Vertrag S. 14), ein Verstoß gegen die guten Sitten. In dem gleichen Sinne ist auch nach dem BGB. die Verschwendung kein rein wirthschaftlicher Begriff, wenn auch das wirthschaftliche Moment in demselben überwiegt.

d) „Nothstand" ist diejenige wirthschaftliche Lage, in welcher der Verschwender selbst oder seine Familie wirthschaftlich Noth leidet. Noth ist hier als Mangel der Mittel zur standesgemäßen wirthschaftlichen Existenz zu verstehen. Die Verschwendung, welche die Gefahr eines Nothstandes in diesem Sinne herbeiführt, begründet die Entmündigung.

e) Die Gefahr des Nothstandes muß durch die Verschwendung herbeigeführt sein für den Verschwender selbst oder seine Familie. Der Begriff der „Familie" in § 6 ist nicht definirt. Im Sinne von § 6 gehören zur „Familie" der Natur der Sache nach außer dem Ehegatten (§§ 1360, 1361) diejenigen Verwandten in gerader Linie (§§ 1589, 1601), welchen gegenüber dem Verschwender eine Unterhaltspflicht obliegt (vgl. Ziff. 2 der Einl. zum 4. Buche). Gleichgültig ist, ob dieselben in einer häuslichen Gemeinschaft zusammen leben. Die Gefahr eines Nothstandes der „Familie" kann die Entmündigung des Verschwenders nur dann rechtfertigen, wenn die Verschwendung die Erfüllung einer Rechtspflicht des Verschwenders gefährdet. Dagegen könnte die Thatsache, daß der Verschwender gegenüber Verwandten, welchen er ohne Verpflichtung Unterhalt gewährt, solche Liberalität in Folge der Verschwendung nicht mehr zu gewähren vermöchte, die Entmündigung nicht rechtfertigen, auch wenn die Unterhaltsgewährung etwa einem officium im moralischen Sinne entsprechen würde. Soferne kein Anspruch auf Unterhalt besteht, ist die Gefahr des Nothstandes der „Familie" in solchem weiteren Sinne kein Zustand, welcher die Beschränkung der Geschäftsfähigkeit des Verschwenders herbeiführen könnte. Dies schon aus dem Grunde, weil durch die Entmündigung eine Aenderung zum Vortheile der betreffenden Verwandten nicht eintreten könnte. Die Möglichkeit, daß nach § 1804 Satz 2 der Vormund an nicht unterhaltsberechtigte Verwandte den Unterhalt auf Grund einer „sittlichen Pflicht" des Mündels gewährt, ist juristisch nach § 1804 eine Schenkungsmöglichkeit; daß dieselbe durch die Verschwendung ausgeschlossen wird, kann die Entmündigung nicht begründen.

III. Trunksucht.*)

1. Die Entmündigung wegen Trunksucht ist dem alten Rechte nicht bekannt. Vgl. hiezu Verh. des XIX. Juristentages II S. 88 ff.; III S. 213 ff. Es ist zwar für das Gem. R. in der RGE. Bd. 21 S. 167 der Versuch gemacht worden, in einem Falle, in welchem Jemand lediglich in Folge Trunksucht die Bewirthschaftung seines Hofes vernachlässigt und dadurch seine wirthschaftliche Existenz erheblich gefährdet hatte, ohne daß Vergeudungshandlungen nachgewiesen worden, die Entmündigung wegen Verschwendung zu begründen. Aber dieser Versuch konnte an der Hand der Quellen des Gem. R. nicht gelingen.

2. Materielle Voraussetzungen der Entmündigung wegen Trunksucht sind:
a) Trunksucht;

---

*) Albrecht Erlenmeyer, Die Entmündigung wegen Trunksucht nach dem BGB., Coblenz und Leipzig 1899. E. Schultze bei Hoche S. 305 ff. und die daselbst erwähnte Literatur.

b) eine der drei in § 6 Abs. 1 Nr. 3 bezeichneten Folgen der Trunksucht, nämlich daß entweder
α) der Trinker seine Angelegenheiten nicht zu besorgen vermag oder
β) sich oder seine Familie der Gefahr des Nothstandes aussetzt oder
γ) die Sicherheit Anderer gefährdet.
Jede dieser drei Folgen genügt zur Entmündigung.

Zu a) Trunksucht. Es herrscht im allgemeinen Uebereinstimmung darüber,
α) daß Trunksucht ein krankhafter Zustand ist, in Folge dessen die betreffende Person unter gewöhnlichen Verhältnissen nicht mehr die Kraft hat, dem Anreize zum übermäßigen Genusse geistiger Getränke zu widerstehen (Planck Bem. 6 zu § 6, Fuld in Verh. des XIX. Juristentages II S. 91);
β) daß der Begriff der Trunksucht nicht schon durch die Thatsache eines übermäßigen Genusses geistiger Getränke erschöpft wird, daß auch Trunkenheit als Folge derselben nicht nothwendig ist;
γ) daß der Begriff der Trunksucht sich nur auf alkoholhaltige Getränke bezieht, also sich nicht erstreckt auf den Mißbrauch von Morphium, Aether, Cocaïn u. dgl., obwohl dieser Mißbrauch, wenn andauernd, zu den gleichen Folgen wie der Alkoholmißbrauch führen kann (in Bezug auf die „Aethermanie", welche sich im Osten Preußens entwickelt hat, vgl. Schultze bei Hoche S. 306).

Die Trunksucht kann zur chronischen Geisteskrankheit führen z. B. zur alkoholischen Paralyse (Kraepelin S. 391). Wo diese oder auch nur Geistesschwäche im Sinne des BGB. sich ausgeprägt zeigt, kann selbstverständlich die Entmündigung wegen Geisteskrankheit oder Geistesschwäche erfolgen. Wo dies nicht der Fall, erfolgt die Entmündigung wegen Trunksucht, sofern der hiezu erforderliche krankhafte Hang zum Alkohol vorliegt und dieser Hang eine der in § 6 erwähnten Folgeerscheinungen herbeiführt. Diese Folgeerscheinungen sind:

aa) daß der Trinker seine Angelegenheiten nicht mehr zu besorgen vermag. Dies kann der Fall sein in Folge des durch den chronischen Alkoholismus eintretenden Defektes der geistigen Leistungsfähigkeit, durch die Urtheilsunfähigkeit, Einsichtslosigkeit, insbesondere aber die Willensschwäche und sittliche Entartung des Trinkers (Kraepelin S. 365).

bb) Die gleichen Gründe führen dazu, daß der Trinker sich oder seine Familie der Gefahr des Nothstandes aussetzt. Die Trunksucht vermindert die Arbeitskraft des Trinkers und setzt ihn außer Stand, seine wirthschaftlichen und sozialen Pflichten zu erfüllen. Abgesehen davon aber führt sie in Folge der dem Trinker eigenen äußeren Erscheinung soziale und wirthschaftliche Folgen herbei, welche ebenfalls den Nothstand der Familie verschulden können. Der Trinker ist ferner schon wegen seiner Unzuverlässigkeit zur Erfüllung von Pflichten unbrauchbar, welche größere Anforderungen an täglich unausgesetzte Arbeitsleistungen stellen. Die bloße Entmündigung ist selbstverständlich nicht geeignet, diesen thatsächlichen Gefahren und schädlichen Veränderungen in den leiblichen, geistigen, rechtlichen, wirthschaftlichen und sozialen Verhältnissen Einhalt zu thun. Sie führt aber zur Bestellung eines Vormunds (§ 1896) und dieser ist berechtigt, nicht nur für das Vermögen des Entmündigten Sorge zu tragen, sondern auch für dessen Person (§ 1901). Der Vormund hat insbesondere das Recht, für die Heilung der Trunksucht durch, wenn nöthig, zwangsweise Verbringung des Trunksüchtigen in ein Trinkerasyl oder in eine andere Krankenanstalt zu sorgen und erfüllt damit in vielen Fällen den eigentlichen und Hauptzweck der Entmündigung des Trunksüchtigen, eine Aufgabe, die nach altem Rechte nicht lösbar war (Kraepelin S. 373). Die „Gefahr, daß die Entmündigung verzögert wird, bis es zur Heilung zu spät ist" (Schultze S. 313), besteht nicht; die nach § 1906 zulässige vorläufige Vormundschaft läßt sie bei richtiger Gesetzesanwendung nicht aufkommen.

cc) Eine weitere die Entmündigung rechtfertigende Folgeerscheinung der Trunksucht ist, daß der Trunksüchtige „die Sicherheit Anderer gefährdet". „Mit der sittlichen Verblödung geht eine Erhöhung der gemüthlichen Reizbarkeit des Trunksüchtigen einher" (Kraepelin S. 368). Aus ihr entwickelt sich eine Neigung zu raschen Gewaltthaten und Rohheiten, Mißhandlungen, Zerstörungen. Indem die Entmündigung die Möglichkeit einer Entfernung des Trinkers aus dem ihm schädlichen Milieu und Ueberführung in eine Heilanstalt schafft, schützt sie ihn nicht bloß vor strafrechtlicher Verfolgung, sondern auch Andere vor den ihnen von dem Trunksüchtigen drohenden Gefahren, bis dieselben durch die Heilung des Trinkers definitiv beseitigt werden. Mit Unrecht behauptet Levis S. 75, daß Gemeingefährlichkeit des Trunksüchtigen allein zur Entmündigung nicht genüge, sondern nur im Zusammenhange mit Unfähigkeit zur Ordnung der Familienverhältnisse oder als Beweis solcher Unfähigkeit.

B. Formelle Voraussetzungen der Entmündigung; das Entmündigungsverfahren.*)

I. Das Entmündigungsverfahren wegen Geisteskrankheit und wegen Geistesschwäche ist in CPO. §§ 645—679 geordnet. Daraus ist, weil auch das materielle Recht berührend, Folgendes hervorzuheben:

1. Die Entmündigung erfolgt durch Beschluß des Amtsgerichts (§ 645 Abs. 2). Der Beschluß erfolgt nur auf Antrag. Der Antrag kann gestellt werden von dem Ehegatten, einem Verwandten oder demjenigen gesetzlichen Vertreter des zu Entmündigenden, welchem die Sorge für die Person zusteht. Gegen eine Person, die unter elterlicher Gewalt oder unter Vormundschaft steht, kann der Antrag von einem Verwandten nicht gestellt werden. Gegen eine Ehefrau kann der Antrag nur ausnahmsweise von einem Verwandten gestellt werden, insbesondere wenn auf Aufhebung der ehelichen Gemeinschaft erkannt ist oder wenn der Ehemann die Ehefrau verlassen hat (CPO. § 646 Abs. 1 Satz 2). Zur Stellung des Antrags ist hier in allen Fällen auch der Staatsanwalt bei dem vorgesetzten Landgerichte befugt (§ 646 Abs. 2).

2. Das Gericht kann vor der Einleitung des Verfahrens die Beibringung eines ärztlichen Zeugnisses anordnen. Erforderlich ist dies nicht (CPO. § 649). Wird das Verfahren eingeleitet, so sind die zur Feststellung des Geisteszustandes des zu Entmündigenden erforderlichen Ermittelungen von Amtswegen zu veranstalten und ebenso die erheblich scheinenden Beweise aufzunehmen: von Amtswegen, wenn auch unter Benützung der im Antrage angegebenen Thatsachen und Beweismittel (CPO. § 653). Neu ist die Vorschrift, daß vor Beginn dieses Ermittelungsverfahrens dem zu Entmündigenden „Gelegenheit zur Bezeichnung von Beweismitteln zu geben ist", eine Pflicht, welche dem Gericht auch gegenüber demjenigen Vertreter des zu Entmündigenden obliegt, welchem die Sorge für die Person zusteht, sofern er nicht die Entmündigung beantragt hat. Letzterenfalls nimmt das Gesetz an, daß die Bezeichnung der Beweismittel schon im Antrage zu geschehen habe (CPO. § 653 Abs. 1, § 647).

3. Im Interesse der Rechtssicherheit sind die Vorschriften in Bezug auf die persönliche Vernehmung des zu Entmündigenden verschärft. Der zu Entmündigende ist persönlich unter Zuziehung von Sachverständigen zu vernehmen. Während bisher diese Anordnung zwar Pflicht des Gerichts, aber ihre Befolgung nicht Pflicht des zu Entmündigenden war, ist nunmehr vorgeschrieben, daß zum Zwecke der persönlichen Vernehmung die Vorführung des zu Entmündigenden angeordnet werden kann (CPO. § 654 Abs. 2). Die Vernehmung darf nur unterbleiben, wenn sie mit besonderen Schwierigkeiten verbunden oder ohne Nachtheil für die Gesundheit des zu Entmündigenden nicht ausführbar, also nicht, wenn sie „nach Ansicht des Gerichts für die Entscheidung unerheblich ist" (wie die frühere CPO. § 598 vorschrieb).

4. Neu ist weiter die Vorschrift, daß der zu Entmündigende mit Zustimmung des Antragstellers auf die Dauer von höchstens sechs Wochen zur Beobachtung in eine Heilanstalt verbracht werden kann, wenn dies nach ärztlichem Gutachten zur Feststellung des Geisteszustandes geboten und ohne Nachtheil für seinen Gesundheitszustand ausführbar ist. Die Zustimmung des zu Entmündigenden ist nicht erforderlich, jedoch hat derselbe gegen den Beschluß das Recht der Beschwerde (CPO. § 656).

5. Ueber Beschwerde und Anfechtungsklage enthalten Bestimmungen die §§ 663 ff. CPO.

II. Das Entmündigungsverfahren wegen Verschwendung und wegen Trunksucht unterscheidet sich von dem bei Entmündigung wegen Geisteskrankheit und wegen Geistesschwäche vorgeschriebenen nur in wenigen Punkten:

1. Eine Mitwirkung des Staatsanwalts findet nicht statt (CPO. § 680 Abs. 4).

2. Einer persönlichen Vernehmung des zu Entmündigenden bedarf es nicht (CPO. § 680 Abs. 3).

3. Wenn die Entmündigung wegen Trunksucht beantragt ist, kann das Amtsgericht die Beschlußfassung über die Entmündigung aussetzen, „wenn Aussicht besteht, daß der zu

*) Vgl. hierüber Daude, Das Entmündigungsverfahren, 2. Aufl. 1899; Friedländer, Das Entmündigungsverfahren im Archiv f. d. civilist. Praxis Bd. 86 S. 437 ff., Bd. 89 S. 197 ff., O. Levis, Die Entmündigung Geisteskranker S. 109—323.

Entmündigende sich bessern wird“ (CPO. § 681). Ueber diese Bestimmung, welche mit der Auffassung, daß Trunksucht ein Krankheitszustand sei, unvereinbar ist, vgl. Erlenmeyer a. a. O. S. 23, Schultze S. 318.

4. Die landesgesetzlichen Vorschriften, nach welchen eine Gemeinde oder ein der Gemeinde gleichstehender Verband oder ein Armenverband berechtigt ist, die Entmündigung wegen Verschwendung oder wegen Trunksucht zu beantragen, bleiben unberührt (CPO. § 680 Abs. 5). Von diesem Vorbehalte haben Gebrauch gemacht: Preußen: AG. z. CPO. Art. 1 Ziff. III: zuständig ist der Armenverband; Bayern: AG. z. BGB. Art. 100 Ziff. VIII (neue Fassung des Art. 36 Abs. 4 des Gesetzes vom 29. April 1869 über öffentliche Armen- und Krankenpflege): Armenpflegschaftsrath; Sachsen: AV. z. CPO. u. KO. § 8: die Gemeinde des Wohnsitzes oder Unterstützungswohnsitzes; Baden: AG. z. ZwVG. und CPO. § 11: Gemeinderath der Wohnsitzgemeinde und der Armenverband; Württemberg: AG. z. BGB. Art. 272 Ziff. V: Der Gemeinderath der Wohnsitz- oder Aufenthaltsgemeinde. Im übrigen vgl. Anhalt: AG. z. RG. betr. Aenderungen der CPO. Art. 3; Bremen: AG. z. CPO. § 3; Braunschweig: Gesetz betr. Aenderungen des Gesetzes die Ausführung der deutschen Prozeßordnungen betr Art. 2; Elsaß-Lothringen: AG. z. CPO. § 3; Hamburg: AG. z. CPO. § 3; Lübeck: AG. z. CPO. § 3; Mecklenburg-Schwerin: AV. z. CPO. § 10; Mecklenburg-Strelitz: AV. z. CPO. § 10; Oldenburg: AG. z. CPO.: für das Herzogthum Oldenburg § 2, für Birkenfeld § 2, für das Fürstenthum Lübeck § 2; Reuß ä. L.: AG. z. CPO. § 8; Reuß j. L.: AG. z. CPO. § 5; Sachsen-Altenburg: AG. z. CPO. § 4; Sachsen-Koburg: AG. z. CPO. Art. 4; Sachsen-Meiningen: AG. z. RG. betr. Aenderungen der CPO. Art. 5; Sachsen-Weimar: AG. z. CPO. § 3; Schaumburg-Lippe: AG. z. RG. betr. Aenderungen der CPO. Art. 1 Ziff. IV; Schwarzburg-Rudolstadt: AG. z. CPO. Art. 4; Schwarzburg-Sondershausen: AG. z. CPO. § 4; Waldeck-Pyrmont: AG. z. RG. betr. Aenderungen der CPO. Art 1.

III. Wenn die materiellen Voraussetzungen der Entmündigung gegeben sind, so „kann“ die Entmündigung erfolgen (§ 6). Dies bedeutet:

1. Die Entmündigung ist fakultativ, sofern sie abhängt von dem Einschreiten der Betheiligten (§ 646 Abs. 1 CPO.) beziehungsweise des Staatsanwalts (646 Abs. 2 CPO.). Eine Verpflichtung zum Einschreiten ist für die betheiligten Verwandten, sowie Ehegatten nicht aufgestellt. Ob dieselben einen Entmündigungsantrag stellen, ist lediglich Sache ihres Ermessens. Dagegen muß eine Pflicht zur Antragstellung angenommen werden bezüglich des gesetzlichen Vertreters, des Vormunds, Pflegers, Inhabers der elterlichen Gewalt, sowie bezüglich des Staatsanwalts (vgl. Levis S. 183 ff.).

2. Für den Entmündigungsrichter ist, wenn die materiellen und formellen Voraussetzungen der Entmündigung erfüllt sind, die Entmündigung nicht fakultativ. Sie ist zwar Sache des Ermessens, aber nur insofern, als der Richter das Ergebniß der ihm von dem Antragsteller vorgelegten Beweise und der von ihm selbst von Amtswegen anzustellenden Ermittlungen (CPO. § 653) nach freier Ueberzeugung zu würdigen und hienach die Fragen zu entscheiden hat, ob der zu Entmündigende in der That wegen Geisteskrankheit, wegen Geistesschwäche oder wegen Trunksucht „seine Angelegenheiten nicht zu besorgen vermag“ oder sich oder seine Familie der Gefahr des Nothstandes wegen Verschwendung oder Trunksucht aussetzt u. s. f. Muß der Richter diese Fragen bejahen, so hat er die Entmündigung auszusprechen. Das „kann“ in § 6 bedeutet also für den Richter nicht ein freies Belieben, sondern ein Müssen, wenn der Thatbestand des Gesetzes, und zwar sowohl derjenige des BGB., als auch derjenige der CPO. erfüllt ist. Zu diesem letzteren Thatbestande gehört der Antrag der Betheiligten oder des Staatsanwalts. Daß dieser „Antrag“ also im Falle der Entmündigung wegen geistiger Mängel auch ein bestimmtes Gesuch auf Entmündigung wegen Geisteskrankheit oder wegen Geistesschwäche oder wegen Geisteskrankheit und eventuell wegen Geistesschwäche zu enthalten hat, dürfte zweifellos sein, ebenso wie bei Entmündigung wegen Verschwendung oder wegen Trunksucht. Wenn Entmündigung wegen Geisteskrankheit beantragt ist, so kann das Amtsgericht, wenn es einen geringeren Grad von geistiger Mangelhaftigkeit gegeben findet, wegen Geistesschwäche entmündigen. Rspr. d. OLG. Bd. 4 S. 5. Dagegen fragt sich, ob Entmündigung wegen Geisteskrankheit zulässig ist, wenn Entmündigung wegen Geistesschwäche beantragt ist. Diese Frage kann nicht durch die Erwägung entschieden werden, daß die Entmündigung wegen Geisteskrankheit, wenn Entmündigung wegen Geistesschwäche beantragt ist, ein Hinausgehen ultra petita partium bedeuten würde. Denn nach der richtigen Ansicht giebt es keine Parteien im Entmündigungsverfahren (Levis S. 149) und der Antrag hat nicht die Bedeutung eines Antrags im kontradiktorischen Prozeßverfahren. Nicht über den Antrag wird entschieden, sondern über die „Entmündigung“ (CPO. § 659; vgl. Friedländer, Archiv f. d. civilist. Praxis Bd. 86 S. 448). Andererseits giebt es keine Entmündigung ohne Antrag. Der Antragsteller kann die Entmündigung jederzeit ausschließen, indem er

den Antrag zurückzieht (BGB. § 115; Friedländer, Archiv f. d. civilist. Praxis Bd. 89 S. 209). Das Gesetz unterstellt sonach zwar nicht das Entmündigungsverfahren, wohl aber die Entmündigung selbst der Disposition des Antragstellers. Wenn nun auch in dem weitergehenden Antrag auf Entmündigung wegen Geisteskrankheit der Antrag auf Entmündigung wegen Geistesschwäche als das Geringere enthalten ist, so doch nicht umgekehrt. Man kann auch nicht sagen, daß durch eine weitergehende Entmündigung, wie sie in der Entmündigung wegen Geisteskrankheit gegeben ist, unter allen Umständen ein weitergehender und daher besserer Schutz des zu Entmündigenden gegeben ist. Dieser weitergehende Schutz kann eine empfindliche Schädigung der Interessen des zu Entmündigenden gegenüber der Entmündigung wegen Geistesschwäche herbeiführen, gerade so wie eine Entmündigung überhaupt, wo die gesetzlichen Voraussetzungen fehlen, als eine Gefährdung und Schädigung des Entmündigten zu erachten ist. Von diesem Gesichtspunkt ist ja auch das Entmündigungsverfahren mit Garantien der bürgerlichen Rechtssicherheit umgeben (vgl. hiezu den Bericht der RTK. zur rev. CPO. bei Hahn S. 387). Es darf daher, wenn nur Entmündigung wegen Geistesschwäche beantragt ist, Entmündigung wegen Geisteskrankheit nicht eintreten (übereinstimmend Levis S. 279; dagegen RGE. vom 20. Nov. 1900 in Jur. Wschr. 1900 S. 867: „Die Gerichte sind bei der Entscheidung über den Grad der Entmündigung an den Inhalt des Antrags nicht gebunden"). Muß aber das Amtsgericht wegen Geistesschwäche entmündigen, wenn dies beantragt wird, während nach den Ermittelungen Geisteskrankheit angenommen werden darf? Diese Frage ist zu bejahen, wenn es zulässig ist, wegen Geistesschwäche zu entmündigen, während der schwerere Grad der Geisteskrankheit vorliegt. Denn wenn dies zulässig ist, so ist zu erwägen, daß die beantragte Entmündigung wegen Geistesschwäche dem zu Entmündigenden jedenfalls einen erheblichen Rechtsschutz gewährt, welcher bei Ablehnung der Entmündigung demselben versagt wird. Die Frage, ob es zulässig ist, einen im Sinne des § 6 Geisteskranken wegen bloßer Geistesschwäche zu entmündigen, ist verschieden zu beantworten, je nach der rechtlichen Bedeutung, welche der Entmündigung beigelegt wird. Wäre die Entmündigung ein gerichtliches Präjudizialurtheil über den Geisteszustand des zu Entmündigenden, so wäre das Amtsgericht nicht befugt, wegen bloßer Geistesschwäche zu entmündigen, wenn es aus den Ermittelungen die Ueberzeugung gewonnen hat, daß Geisteskrankheit, insbesondere ein Fall des § 104 Nr. 2, vorliegt. In Wirklichkeit ist aber die Entmündigung in Bezug auf den wirklichen Geisteszustand ohne präjudizielle Bedeutung (Levis S. 24 ff.), wenn auch mit Rücksicht auf die ihr bei gesetzlichem Verfahren vorangehenden Ermittelungen ihr eine gewisse thatsächliche Bedeutung als Beweismittel bezüglich des Geisteszustandes des Entmündigten zukommen kann. Hienach kann es nicht als unzulässig erachtet werden, einen Geisteskranken wegen Geistesschwäche zu entmündigen. Der Feststellung des wirklichen Geisteszustandes im einzelnen Civil- oder Kriminalfalle wird dadurch nicht präjudizirt.

IV. Zweck der Entmündigung. Die Entmündigung ist eine Maßregel zum Schutze des zu Entmündigenden gegen Gefahren, welche ihm als Geisteskranken, Geistesschwachen, Verschwender oder Trunksüchtigen in Bezug auf seine „Angelegenheiten" drohen. Beim Verschwender und Trunksüchtigen ist auch der Schutz der Familie gegen Nothstand, beim Trunksüchtigen auch der Schutz dritter Personen gegen Gefährdungen von seiner Seite als Zweck der Entmündigung anzusehen. Beim Geisteskranken und Geistesschwachen kann Gefährdung dritter Personen, wenn sie im einzelnen Falle die zweckentsprechende Besorgung der eigenen Angelegenheiten durch den zu Entmündigenden ausschließt oder beeinträchtigt, zur Entmündigung führen, aber nur zu dem Zwecke, den Geisteskranken oder Geistesschwachen selbst in Bezug auf seine Angelegenheiten zu schützen. Niemals kann die Förderung der Interessen dritter Personen für sich einen Zweck der Entmündigung wegen Geisteskrankheit oder Geistesschwäche bilden. Es muß daher als unzulässig bezeichnet werden, lediglich im Interesse eines Gläubigers des Geisteskranken die Entmündigung zu beschließen. Daß eine Gefahr für Dritte die Entmündigung nicht rechtfertigen kann, hat das RG. in Bezug auf gemeingefährliche Geisteskranke vor Geltung des BGB. ausgesprochen (RGE. Bd. 38 S. 191—194); diese Entscheidung wird nunmehr durch BGB. § 6 Abs. 1 gestützt. Die Unmöglichkeit einer Klage gegen den Geisteskranken ist keine Gefahr für „seine" Angelegenheiten (die gegentheilige Auffassung liegt der bei Neumann Bem. B, c zu § 6 citirten preuß. Allgem. Verfügung vom 28. November 1899 § 5 zu Grunde). Darüber, daß die Entmündigung keinen Strafzweck haben darf, vgl. Levis S. 78, 79.

V. Die Wirkungen des Entmündigungsantrags.

1. Ein Volljähriger, dessen Entmündigung beantragt ist, kann unter vorläufige Vormundschaft gestellt werden gemäß § 1906. Der unter vorläufige Vormundschaft Gestellte wird in der Geschäftsfähigkeit beschränkt wie ein Minderjähriger, der das 7. Lebensjahr vollendet hat (§ 114).

2. Die Stellung des Antrags auf Entmündigung wegen Geistesschwäche, Verschwendung oder Trunksucht hat Unfähigkeit des zu Entmündigenden zur Errichtung eines Testaments zur Folge (§ 2229 Abs. 3), unter der Voraussetzung, daß die Entmündigung rechtskräftig erfolgt. Eine Vorschrift gleichen Inhalts besteht nicht für den Fall, daß Entmündigung wegen Geisteskrankheit beantragt ist. Doch dürfte die Ausdehnung der Vorschrift auf diesen Fall, die vom Bundesrathe — dem Urheber der Bestimmung des § 2229 Abs. 3 — übersehen worden, wohl gerechtfertigt sein.

VI. Die Wirkungen des Entmündigungsbeschlusses.

1. Beginn.

a) Bei Entmündigung wegen Geisteskrankheit: wenn der Entmündigte unter elterlicher Gewalt oder unter Vormundschaft steht, mit der Zustellung an den gesetzlichen Vertreter, welchem die Sorge für die Person zusteht, anderenfalls mit der Bestellung des Vormunds (CPO. § 661 Abs. 1);

b) bei Entmündigung wegen Geistesschwäche, Verschwendung oder Trunksucht: mit der Zustellung an den Entmündigten (CPO. §§ 661 Abs. 2, 683 Abs. 2).

2. Die einzelnen Rechtswirkungen.

a) Der wegen Geisteskrankheit Entmündigte wird geschäftsunfähig, der wegen Geistesschwäche, Verschwendung oder Trunksucht Entmündigte in der Geschäftsfähigkeit beschränkt wie ein Minderjähriger unter 7 Jahren (BGB. §§ 104 Nr. 3, 114).

b) Der volljährige Entmündigte erhält einen Vormund (BGB. § 1896).

c) Der Entmündigte kann nicht zum Vormunde bestellt werden; § 1780 (vgl. dagegen in Bezug auf den Minderjährigen § 1781).

d) Der Entmündigte kann kein Testament errichten (§§ 2064, 2229 Abs. 3); der wegen Geistesschwäche, Verschwendung oder Trunksucht Entmündigte kann ein Testament widerrufen (§ 2253 Abs. 2) und ferner als Ehegatte oder Verlobter mit dem anderen Ehegatten oder Verlobten mit Zustimmung seines gesetzlichen Vertreters einen Erbvertrag abschließen (§ 2275 Abs. 2).

e) Die elterliche Gewalt des Entmündigten ruht. Jedoch hat der wegen Geistesschwäche, Verschwendung oder Trunksucht Entmündigte noch neben dem gesetzlichen Vertreter des Kindes nach Maßgabe des § 1676 Abs. 2 die Sorge für die Person des Kindes, jedoch ohne entscheidende Stimme bei Meinungsverschiedenheiten.

f) Ueber Wirkungen der Entmündigung im Gebiete des ehelichen Güterrechts und der fortgesetzten Gütergemeinschaft s. §§ 1418 Abs. 1 Nr. 3, 1428 Abs. 2, 1468 Nr. 4, 1495 Nr. 4, 1542, 1549.

g) Ueber die Wirkung der Entmündigung im Civilprozeß vgl. CPO. §§ 51, 52, 473, 612; im öffentlichen Rechte überhaupt: Levis S. 19 ff., ferner Bd. VI Bem. zu Art. 211 EG.

3. Die Wirkungen des Entmündigungsbeschlusses treten ein, auch wenn die materiellen Voraussetzungen der Entmündigung nicht gegeben sind. Sie bleiben bestehen, auch wenn jene Voraussetzungen nicht mehr gegeben sind, bis zur Aufhebung der Entmündigung. Dem Beschlusse kommt konstitutive Wirkung zu. Dies gilt auch für den Fall der Entmündigung wegen Geisteskrankheit (§ 104 Nr. 3 und § 114).

4. In Folge der konstitutiven Wirkung des Entmündigungsbeschlusses würden im Falle einer Aufhebung der Entmündigung durch Anfechtungsurtheil (CPO. § 672) die in der Zwischenzeit seit der Entmündigung von dem Entmündigten oder gegenüber demselben vorgenommenen Rechtshandlungen nicht gültig werden, wenn sie wegen der Geschäftsunfähigkeit oder der Beschränkung der Geschäftsfähigkeit des Entmündigten nicht gültig waren. Durch BGB. § 115 ist indessen dem die Entmündigung aufhebenden Anfechtungsurtheile Wirkung ex tunc beigelegt, so daß die von dem Entmündigten oder gegenüber demselben vorgenommenen Rechtshandlungen gerade so gültig sind, wie wenn die Entmündigung nie erfolgt wäre. Diese Rückwirkung des Anfechtungsurtheils tritt aber nicht nach allen Richtungen ein. Die Wirksamkeit der von dem gesetzlichen Vertreter des Entmündigten oder gegenüber dem gesetzlichen Vertreter vorgenommenen Rechtshandlungen wird durch die Aufhebung der Entmündigung nicht beeinflußt (§ 115 Abs. 2 Satz 2).

5. Die Geschäftsunfähigkeit oder Beschränkung der Geschäftsfähigkeit tritt erst als Wirkung der Entmündigung ein. Vorher sind Geisteskranke, Geistesschwache, Verschwender und Trunksüchtige vollkommen geschäftsfähig; Geisteskranke jedoch nur, sofern nicht eine unter § 104 Nr. 2 fallende geistige Erkrankung gegeben ist. Rspr. d. OLG. Bd. 3 S. 29.

VII. 1. Der nicht entmündigte Geisteskranke, dessen Entmündigung auch nicht beantragt ist, kann zur Besorgung einzelner Angelegenheiten einen Pfleger erhalten gemäß

BGB. § 1910 (Entsch. FG. Bd. 1 S. 134, 135; RGE. Bd. 52 S. 240). Dieser Satz ist auch auf den nicht entmündigten Geistesschwachen anzuwenden (vgl. EG. z. BGB. Art. 210 Abs. 1 a. E.).

2. Ueber Wirkungen der Geistesmängel ohne Entmündigung im Civilprozesse s. CPO. § 393 Abs. 1 Nr. 1; § 471 Abs. 1.

VIII. Die Verschwendung übt als solche ohne Entmündigung folgende Rechtswirkungen:

1. Im Gebiete des ehelichen Güterrechts.

a) Nach §§ 1468 Nr. 4, 1542, 1549 kann die Frau auf Aufhebung der allgemeinen Gütergemeinschaft, Errungenschaftsgemeinschaft oder Fahrnißgemeinschaft klagen, wenn der Ehemann wegen Verschwendung entmündigt ist oder das Gesammtgut durch Verschwendung erheblich gefährdet. Verschwendung des Mannes begründet ferner unter gewissen Voraussetzungen gemäß § 1391 beim gesetzlichen Güterstande den Anspruch der Frau auf Sicherstellung ihres durch die Verschwendung gefährdeten eingebrachten Gutes und gemäß § 1418 Abs. 1 Nr. 1 den Anspruch auf Aufhebung der Verwaltung und Nutznießung des Mannes am eingebrachten Gut. Vgl. Bd. IV Bem. 3, c zu § 1418.

b) Nach § 1495 Nr. 4 kann bei fortgesetzter Gütergemeinschaft ein antheilberechtigter Abkömmling gegen den überlebenden Ehegatten auf Aufhebung der fortgesetzten Gütergemeinschaft klagen, wenn der überlebende Ehegatte wegen Verschwendung entmündigt ist oder das Gesammtgut durch Verschwendung erheblich gefährdet.

2. Im Gebiete des Erbrechts: Der Pflichttheil eines Abkömmlinges kann wegen Verschwendung gemäß § 2338 zu Gunsten der gesetzlichen Erben desselben beschränkt werden.

3. Verschwendung und Trunksucht können auch ohne Entmündigung Rechtswirkungen üben gemäß

a) § 1611, sofern wer durch sein sittliches Verschulden bedürftig geworden ist, gegen unterhaltspflichtige Verwandte nur das Recht auf nothdürftigen Unterhalt hat; die Anwendung der Bestimmung auf den Trunksüchtigen setzt voraus, daß dessen krankhafter Zustand ein verschuldeter ist;

b) § 1666, sofern dem Verschwender und dem Trunksüchtigen die Sorge für die Person des in seiner elterlichen Gewalt stehenden Kindes entzogen werden kann.

C. Die Wiederaufhebung der Entmündigung. Nach Abs. 2 des § 6 ist die Entmündigung wieder aufzuheben, wenn der Grund der Entmündigung wegfällt.

1. Die Entmündigung ist sonach wieder aufzuheben:

a) wenn die Geisteskrankheit geheilt, die Geistesschwäche gehoben oder erheblich gemildert ist;

b) wenn der Verschwender genügende Beweise einer Aenderung seiner Lebensweise gegeben hat;

c) wenn der Trunksüchtige als geheilt erscheint.

Als Wiederaufhebung der Entmündigung ist auch der Fall zu behandeln, daß wegen Milderung der geistigen Erkrankung die Entmündigung wegen Geisteskrankheit durch Entmündigung wegen Geistesschwäche ersetzt wird.

2. Die Wiederaufhebung der Entmündigung ist aber auch gemäß dem das Entmündigungsrecht beherrschenden Grundsatze der materiellen Wahrheit zulässig, wenn von Anfang an kein Entmündigungsgrund gegeben war, also die rechtskräftig beschlossene Entmündigung nicht hätte beschlossen werden sollen. Rspr. d. OLG. Bd. 2 S. 447.

3. Die Wiederaufhebung der Entmündigung erfolgt durch Beschluß des Amtsgerichts auf Antrag des Entmündigten oder desjenigen gesetzlichen Vertreters desselben, welcher die Sorge für die Person desselben hat, bei Entmündigung wegen Geisteskrankheit oder Geistesschwäche auch auf Antrag des Staatsanwalts (CPO. §§ 675, 685). In Bezug auf diesen Antrag steht also dem Entmündigten Geschäftsfähigkeit zu.

4. Die Wiederaufhebung ist, wenn feststeht, daß der Grund der Entmündigung weggefallen, nicht Ermessenssache, sondern, sofern durch eine legitimirte Person Antrag gestellt ist, Pflicht des Gerichts.

5. Die Entmündigung ist nur dann aufzuheben, „wenn der Grund der Entmündigung weggefallen ist". Wie die Entmündigung voraussetzt, daß der gesetzliche Grund gegeben ist, so die Aufhebung, daß er nicht mehr besteht d. h. mit Rücksicht auf Z. 2: daß er im Augenblicke des Antrags auf Wiederaufhebung und später nicht besteht. Darüber, ob dies der Fall, hat zunächst das Amtsgericht zu entscheiden. Wird der Antrag

vom Amtsgericht abgelehnt, so kann die Aufhebung innerhalb der Frist eines Monats durch Klage zum Landgerichte beantragt werden. Die Befugniß zur Klage steht demjenigen gesetzlichen Vertreter des Entmündigten zu, welcher die Sorge für die Person hat, bei Entmündigung wegen Geisteskrankheit oder Geistesschwäche auch dem Staatsanwalt (CPO. §§ 679, 686). Will der gesetzliche Vertreter des Entmündigten die Klage nicht erheben, so kann der Vorsitzende des Prozeßgerichts dem Entmündigten einen Rechtsanwalt als Vertreter beiordnen (CPO. §§ 679 Abs. 3, 686 Abs. 2). Es hängt also in diesem Falle vom Ermessen des Vorsitzenden ab, ob die Anfechtungsklage erhoben werden kann.

D. „Entmündigung" setzt sprachlich Mündigkeit d. h. Volljährigkeit voraus. Der Fall der Entmündigung Volljähriger ist auch der Regelfall. Nach § 6 können aber auch Minderjährige entmündigt werden. Der Zweck dieser Entmündigung kann sein, durch die im Augenblicke des Eintritts der Volljährigkeit bereits bestehende Entmündigung und deren Folgen, insbesondere die Bestellung einer Vormundschaft, Gefahren zu verhüten, welche den Volljährigen bedrohen würden für den Fall, daß er, wenn auch nur kurze Zeit, geschäftsfähig bliebe.

E. Entmündigt können Inländer und Ausländer werden, die letzteren unter der Voraussetzung, daß ihr Wohnsitz oder, falls sie keinen Wohnsitz haben, ihr Aufenthaltsort sich im Inlande befindet (Art. 8 EG. z. BGB.). Ausgeschlossen ist daher die Entmündigung von Ausländern, welche einen Wohnsitz im Auslande haben. Vgl. hiezu Art. 23 EG. z. BGB.

F. Uebergangsbestimmungen s. in Art. 155, 210, 211 EG. zum BGB. Hienach steht, wer zur Zeit des Inkrafttretens des BGB. wegen Geisteskrankheit entmündigt ist, nach dieser Zeit einem nach den Vorschriften des BGB. wegen Geisteskrankheit Entmündigten gleich. Nach Art. 210 Abs. 1 Satz 3 gilt eine Vormundschaft, die wegen Geistesschwäche angeordnet worden ist, ohne daß eine Entmündigung stattgefunden hat, von Geltung des BGB. an als eine Pflegschaft im Sinne des § 1910 Abs. 2. Die Mot. z. EG. S. 246 zu Art. 97 (= Art. 155) erwähnen die dem französischen und badischen Rechte bekannte beschränkte Entmündigung geistesschwacher Personen, die zur Folge hat, daß dem Entmündigten ein Beistand bestellt wird und der Entmündigte in Ansehung gewisser im Gesetze genannter Rechtsgeschäfte an die Mitwirkung des Beistandes gebunden ist (cod. civ. art. 499; Bad. LR. Satz 499; EG. zur älteren CPO. § 10; Gaupp, Komm. z. CPO. II Vorbem. z. Buch VI, Abschn. II Ziff. 3 Abs. 3). Der Entw. des EG. z. BGB. ging in Gemäßheit des im E. I vertretenen Standpunktes (M. I, 62) davon aus, daß mit dem Inkrafttreten des BGB. diese beschränkt Entmündigten der Beistandschaft ledig werden und die volle Selbständigkeit erlangen sollen, daß es sich nicht rechtfertigen lassen werde, dieselben den wegen Geisteskrankheit Entmündigten gleichzustellen. Wenn der Zustand der betreffenden Geistesschwachen derart sei, daß in der That Geisteskrankheit vorliege, so möge Entmündigung beantragt werden (Mot. z. E. des EG. S. 247). In Konsequenz dieser Auffassung schrieb Art. 97 des Entw. z. EG. vor:

Abs. 1: „Auf eine Person, welche vor dem Inkrafttreten des BGB. entmündigt ist, finden von dem Inkrafttreten des BGB. an dessen Vorschriften über die entmündigten Geisteskranken Anwendung."

Abs. 2. „Die nach den Vorschriften des französischen oder badischen Rechtes angeordnete Bestellung eines Beistandes verliert von dem Inkrafttreten des BGB. an ihre Wirkung."

Art. 97 Abs. 1 entspricht dem Art. 155 EG.; Art. 97 Abs. 2 entspricht dem Art. 211 des EG.

Die nach altem Rechte zulässige beschränkte Entmündigung wegen Geistesschwäche und die Anordnung einer Vormundschaft für solche Geistesschwache ohne Entmündigung verlor sonach ihre Wirkung mit dem 30. Juni 1900. Die Festsetzung dieses Termins gestattete bei Fortdauer des Schutzbedürfnisses die rechtzeitige Entmündigung des Geistesschwachen nach den Bestimmungen des BGB. Vgl. hiezu Bd. VI Bem. zu Art. 211 EG.; Habicht (3. Aufl.) S. 63; Affolter, System des Deutschen Bürgerlichen Uebergangsrechts S. 247

G. Die Kosten des Verfahrens trägt

I. der Entmündigte:

a) wenn die Entmündigung rechtskräftig erfolgt (CPO. §§ 658, 682);

b) wenn die Entmündigung wieder aufgehoben oder der Antrag des Entmündigten auf Wiederaufhebung der Entmündigung abgelehnt wird (CPO. §§ 677, 685);

c) wenn seine Anfechtungsklage oder seine Klage auf Wiederaufhebung der Entmündigung erfolglos bleibt (CPO. §§ 673, 679, 686).

II. Die Staatskasse trägt die Kosten im Verfahren betr. Entmündigung wegen Geisteskrankheit oder Geistesschwäche:

a) wenn die Entmündigung abgelehnt wird (CPO. § 658);
b) wenn die Anfechtungsklage des Entmündigten oder seine Klage auf Wiederaufhebung der Entmündigung Erfolg hat (CPO. §§ 673, 679);
c) wenn der Staatsanwalt die Anfechtungsklage oder die Klage auf Wiederaufhebung der Entmündigung gestellt hat, in allen Fällen (CPO. §§ 673, 679);
d) bei Unterliegen des Staatsanwalts in den Fällen von CPO. §§ 684 Abs. 3 und 686 Abs. 3.

III. Der Antragsteller trägt die Kosten:
a) im Verfahren betr. die Entmündigung wegen Geisteskrankheit oder Geistesschwäche:
wenn ihn bei Stellung des Antrages ein Verschulden trifft (CPO. § 658);
b) im Verfahren betr. Entmündigung wegen Verschwendung oder Trunksucht:
α) wenn die Entmündigung abgelehnt wird (CPO. § 682);
β) wenn die gegen ihn gerichtete Anfechtungsklage des Entmündigten oder dessen gegen ihn gerichtete Klage auf Wiederaufhebung der Entmündigung Erfolg hat (CPO. §§ 673, 684, 686).

IV. Ueber die Pflicht zur Kostentragung, falls der Entmündigte verheirathet ist, vgl. Levis S. 315, 316.

Vorbemerkungen zu §§ 7—11. Wohnsitz.

I. Das BGB. unterscheidet als örtliche Beziehungen von Menschen: den Wohnsitz, den Wohnort, die Wohnung, den Aufenthalt, die gewerbliche Niederlassung.

1. Der „Aufenthalt" bedeutet zunächst ein nicht bloß momentanes Verweilen an einem Orte. Nach Art. 8 EG. kann ein Ausländer im Inlande nach deutschem Gesetz entmündigt werden, wenn er seinen Wohnsitz oder, falls er keinen Wohnsitz hat, seinen Aufenthalt im Inlande hat. Es kann aber ein Ausländer, welcher durch Deutschland reist, nicht etwa auf jeder Eisenbahnstation, wo er sich eine Stunde „aufhält", mit einem Entmündigungsverfahren bedacht werden. Ebenso setzen die Bestimmungen in §§ 1320, 1631, 1850, 1851, 1911, EG. Art. 14, 16, 24, wenn sie von „Aufenthalt" sprechen, nicht den Ort eines momentanen Verweilens voraus.

Zum Aufenthalte gehört:

a) das thatsächliche Verweilen an einem bestimmten Orte,
b) mindestens ein mehr als bloß momentanes Verweilen.

Auch an dem Orte, wo sich Jemand in der Absicht, ständig zu bleiben, niederläßt, kann möglicher Weise nur „Aufenthalt" begründet sein, sofern durch diese Absicht und die entsprechenden Veranstaltungen ausnahmsweise kein Wohnsitz begründet werden kann, wie bei einem Kinde oder einer Ehefrau oder einer Militärperson (§ 9 Abs. 2, vgl. § 21 Abs. 2 CPO.). Der Aufenthalt ist an einem „Orte" d. h. innerhalb eines Bezirkes, einer Ortsgemeinde, begründet. Der Aufenthalt an einem „Orte" wird so wenig wie der Wohnsitz verändert dadurch, daß Jemand seine Wohnung in der Straße A verläßt und in die Straße B zieht. Ausnahmsweise hat aber der „Aufenthalt" einen engeren Sinn. Der „Aufenthalt" des Kindes, den der Vater gemäß § 1631 zu bestimmen hat, bezieht sich nicht bloß auf einen Bezirk, sondern auch auf die Wohnung innerhalb des Bezirks (vgl. § 1631).

Der „gewöhnliche Aufenthalt", den § 1320 in Bezug auf die Zuständigkeit des Standesbeamten dem Wohnsitze gleichstellt, aber von diesem unterscheidet, wird „durch das thatsächliche Verhältniß des längeren Verweilens an einem Orte begründet" (vgl. Sicherer, Komm. z. Pers.Ges. S. 353), wenn der Verweilende die Absicht nicht hat oder die Absicht kraft Gesetzes nicht haben kann, an diesem Orte seinen Wohnsitz zu begründen (vgl. Bem. 3 zu § 1320). In diesem Falle, wie in allen Fällen des bloßen Aufenthalts, handelt es sich um ein rein thatsächliches Verhältniß, dessen Herstellung auch dem rechtlich Dispositionsunfähigen oder beschränkt Dispositionsfähigen möglich ist. Dagegen ist die Begründung des Wohnsitzes eine Rechtshandlung und setzt daher die Fähigkeit zu solcher voraus. Aber auch der Aufenthalt ist eine juristische Thatsache, an die sich verschiedene Rechtswirkungen anknüpfen. Dabei ist nur von dem Aufenthalt als einem thatsächlichen Zustande, nicht von dem Rechte zum Aufenthalte die Rede. Ueber das Recht des Aufenthalts vgl. Gesetz vom 1. November 1867, betr. die Freizügigkeit § 1; Reichsverf. Art. 3 und 4; Bayrisches Gesetz über Heimath, Verehelichung und Aufenthalt vom 16. April 1868 und 17. Juni 1896 Art. 13, 43—52.

2. Der „Wohnort" ist in der älteren juristischen Terminologie meist identisch mit Wohnsitz; so bei Savigny, Syst. VIII S. 58; Bekker, Pand I § 52; (dafür auch Wohnplatz in Bayr. Gerichtsordnung I § 3).

In modernen deutschen Gesetzen ist „Wohnort" der Ort, wo Jemand thatsächlich „wohnt" oder eine Niederlassung hat, ohne Rücksicht auf seine rechtlichen Beziehungen zu diesem Orte, so z. B. in der Wechselordnung Art. 4 Nr. 8, Art. 24, 97; identisch mit Wohnsitz dagegen ist Wohnort in HGB. §§ 162, 426, 445; Gew.O. §§ 14, 42, 42 b, 55, 59, 61; Waarenzeichengesetz § 3 Abs. 1 Nr. 3; RG. betr. die Erwerbs- und Wirthschaftsgenossenschaften vom 1. Mai 1889 § 13 Abs. 2 Nr. 7 ff.; Preßgesetz vom 7. Mai 1874 § 6. Ueber die Identität und Nichtidentität mit Wohnsitz s. Schwarze-Appelius, Preßgesetz, 3. Aufl. zu § 6 S. 29; vgl. ferner „Wohnsitz" ebenda in § 8.

Im BGB. bedeutet Wohnort den Ort, wo Jemand seine oder eine Wohnung hat, so z. B. § 570, § 1354; den „Ort" d. i. die Ortschaft. Von diesem Orte wird die wirkliche „Wohnung", die sich an diesem befindet, unterschieden (§ 1354). Der Wohnort kann Wohnsitz sein, wie dies z. B. im Falle des § 570 regelmäßig der Fall sein dürfte. Diese Identität ist aber nicht nothwendig. Der „Wohnort" einer Frau, die kraft Gesetzes den Wohnsitz des Mannes theilt, kann thatsächlich von dem Orte dieses Wohnsitzes verschieden sein. Der „Wohnort" eines Strafgefangenen ist nicht nothwendig der Wohnsitz desselben.

3 Die gewerbliche Niederlassung: vgl. hierüber unten Bem. II, 2.

4. Der Wohnsitz wird zunächst durch freie Wahl bestimmt. In bestimmten Fällen weist das Gesetz durch mehr oder weniger zwingende Vorschriften dem Einzelnen seinen Wohnsitz an. Hienach ist zu unterscheiden: der gewählte Wohnsitz und der gesetzliche Wohnsitz (domicilium voluntarium, necessarium). Von dem gewählten Wohnsitze handeln die §§ 7, 8, von dem gesetzlichen die §§ 9—11 BGB.

II. Der Begriff des Wohnsitzes bezieht sich

1. nur auf die „natürliche Person". Dem Wohnsitze der natürlichen Person entspricht der „Sitz" der juristischen Person (BGB. §§ 23, 24, 57, 80; HGB. § 195; vgl. Gierke, DPR. I § 66 Note 12; Gierke, Genossenschaftstheorie S. 166 Note 2). Nach dem „Sitze" der juristischen Person bestimmt sich regelmäßig deren Staats- und Gemeindeangehörigkeit und daher auch die Eigenschaft einer Körperschaft als „inländischen" oder „ausländischen" (EG. Art. 10; vgl. unten die Bem. zu §§ 23, 24).

2. Von der ständigen Niederlassung der Person, die den Wohnsitz begründet, unterscheiden das BGB., sowie andere Reichsgesetze eine ständige Niederlassung für einen begrenzten gewerblichen oder geschäftlichen Zweck: die gewerbliche Niederlassung, die Handelsniederlassung. Vgl. Gew.O. §§ 42, 42a, 42b, 44, 55; Gesetz zur Bekämpfung des unlauteren Wettbewerbs § 2; Börsengesetz § 55 Abs. 2, § 68 Abs. 2; HGB. § 29; BGB. §§ 269, 270; KO. § 71; CPO. § 21.

3. Der Unterstützungswohnsitz auf Grund der Reichsgesetze vom 6. Juni 1870 und 12. März 1894 setzt den bürgerlichen Wohnsitz nicht nothwendig voraus und ist auch nicht dessen nothwendige Folge, wenn er auch dessen Folge sein kann. Derselbe gehört in der Hauptsache dem öffentlichen Rechte an (Gierke, DPR. I S. 455).

4. Mit dem gewählten Wohnsitze des BGB. hat das domicile élu des französischen Rechtes (cod. civ. art. 111, Bad. LR. Satz 111) überhaupt nichts zu thun. Die Bedeutung des domicile élu besteht darin, daß die Parteien eines Rechtsgeschäfts für den Vollzug desselben einen von ihrem wirklichen Wohnsitze (domicile réel) verschiedenen Ort bestimmen, womit dieser Ort zugleich für den Prozeß und die prozessualen Zustellungen als prorogirt gilt. Vgl. Zachariae-Crome, Franz. Civilrecht, 8. Aufl., Bd. 1 § 85. Die Normen des französischen Rechtes über das domicile élu sind durch Art. 157 EG. aufrechterhalten für

Rechtsverhältnisse, die nach bisherigem Rechte zu behandeln sind, sofern das domicile élu vor dem 1. Januar 1900 von den Parteien bestimmt worden ist.

III. Rechtliche Bedeutung des Wohnsitzes. Der Wohnsitz hat rechtliche Bedeutung nicht nur für das Privatrecht. Im öffentlichen Rechte ist von dem Wohnsitze z. B. abhängig das Wahlrecht (§ 1 des Reichstagswahlgesetzes vom 31. Mai 1869), die Zuständigkeit der Gerichte im Civilprozesse (CPO. §§ 13—15, 606, 648, 689), im Strafprozesse (StPO. § 8), in der freiwilligen Gerichtsbarkeit (FG. § 36), im Konkursverfahren (§ 71 KO.). Vgl. ferner Rechtsanwaltsordnung vom 1. Juli 1878 §§ 18, 20, 21, 29, 37, 107. Grundsätzlich ist auch hier der Wohnsitzbegriff des BGB. maßgebend. In Bezug auf Ausnahmen vgl. Dernburg I § 57 S. 142. Im Privatrechte war bisher der Wohnsitz von erheblicherer Wichtigkeit, als er sie in Zukunft besitzen wird. Nach dem Gem.R., PLR. und BLR. entscheidet über die Zugehörigkeit einer Person zu einem Rechtsgebiete das Recht des Wohnsitzes, ebenso nach englischem und nordamerikanischem Rechte. Das so bestimmte Personalstatut ist nach bisherigem gemeinen, preußischen und bayrischen Rechte für alle Personenrechte, ferner im Familienrecht und Familiengüterrechte, sowie im Erbrechte maßgebend (Gierke, DPR. I § 26 S. 220 ff.). Dagegen hat das EG. z. BGB. sich im Anschluß an das französische Recht für die grundsätzliche Bestimmung des Personalstatuts durch das Recht der Staatsangehörigkeit entschieden. Art. 7—9, 13—25. Im Gebiete des internationalen Privatrechtes entscheidet sonach für die in Zukunft zu begründenden und vielfach auch für die bestehenden Rechtsverhältnisse nicht mehr das Domizilsrecht, sondern das Recht der Staatsangehörigkeit.

Für die Verhältnisse der Uebergangszeit ist indessen das Domizilsrecht noch von sehr erheblicher Bedeutung. Wenn ein Rechtsverhältniß auf Grund der Uebergangsvorschriften des EG. z. BGB. Art. 153—218 nach bisherigem Rechte zu beurtheilen ist und zugleich ein Fall örtlicher Kollision verschiedener deutscher Landesrechte vorliegt, so hat der Richter an der Hand des vor dem 1. Januar 1900 geltenden Rechtes die Frage der örtlichen Kollision zu entscheiden. Soweit bisher das Domizilsrecht maßgebend war, ist es auf die nach altem Rechte zu entscheidenden Fälle auch in Zukunft anzuwenden. Dies gilt auch dann, wenn das Domizilsrecht ein ausländisches ist. Vgl. Habicht a. a. O. § 6 S. 39 ff.

Auch abgesehen hievon ist der Wohnsitz nach den Vorschriften des BGB., des sonstigen Reichsrechts und des aufrechterhaltenen Landesrechts von rechtlicher Bedeutung. Vgl. z. B. BGB. §§ 132, 269, 270, 773, 1320 Abs. 2, 1558, 1559, 1786 Abs. 1 Nr. 5.

§ 7.

Wer sich an einem Orte ständig niederläßt, begründet an diesem Orte seinen Wohnsitz.

Der Wohnsitz kann gleichzeitig an mehreren Orten bestehen.

Der Wohnsitz wird aufgehoben, wenn die Niederlassung mit dem Willen aufgehoben wird, sie aufzugeben.

E. I, 34; II, 17; III, 7.

1. Der gewählte Wohnsitz wird gemeinrechtlich definirt als der Ort, den jemand zum Mittelpunkt oder Hauptpunkte seiner Rechtsverhältnisse und Geschäfte gewählt hat. Vgl. Savigny, System VIII, 57. Aehnlich Windscheid-Kipp, Pand. I § 36; Dernburg, Pand. I § 46; Regelsberger, Pand. I § 74; Gierke, DPR. I § 57 S. 453. Das BGB. enthält keine solche descriptive Definition, sondern nur die Angabe der Begründungsthatsachen.

2. Wahlfreiheit. Soweit nicht das Gesetz in einzelnen Fällen die Wahl des Wohnsitzes beschränkt (domicilium necessarium), ist diese Wahl gemeinrechtlich frei. Eine vertragsmäßige Beschränkung der freien Bestimmung des Wohnsitzes ist überhaupt als ungültig zu erachten (RGE. Bd. 23 S. 176, l. 71 § 2 D. cond. 35, 1). Da das BGB. keine entgegengesetzten Bestimmungen enthält und in der Materie des gewählten Wohnsitzes lediglich Röm. R. wiedergiebt, ist dieser Grundsatz als aufrechterhalten zu erachten. Nicht nur, wo Jemand seinen Wohnsitz haben will, ist Sache des freien Ermessens — soweit nicht gesetzliche Bestimmungen im einzelnen Falle entgegenstehen und die Wahl behindern —, sondern auch die Entscheidung darüber, ob Jemand überhaupt

einen Wohnsitz haben will, also die Freiheit, keinen Wohnsitz zu wählen (übereinstimmend Dernburg I § 57 S. 143). Das „Vagiren" steht Jedermann frei, der die Mittel dazu hat und den gesetzliche Pflichten dauernd an keinen Ort binden. Vgl. Savigny, System VIII S. 65 Note d a. E.

3. Begründungserfordernisse. Zur Begründung eines gewählten Wohnsitzes ist erforderlich die thatsächliche Niederlassung und ein bestimmter Wille in Bezug auf diese, wodurch die Niederlassung als bleibend gewollt erscheint.

Mit Rücksicht auf diese Willensseite der Domizilsbegründung setzt sie eine Willens- oder Handlungsfähigkeit voraus, welche nicht identisch ist mit „Geschäftsfähigkeit" und daher in § 8 den Gegenstand eigener Festsetzung bildet.

4. Ständige Niederlassung. Das BGB. verlangt zur Begründung des Wohnsitzes eine ständige Niederlassung. „Wer sich an einem Orte ständig niederläßt, begründet an diesem Orte seinen Wohnsitz." Hiezu ist zu bemerken: In dem „Sichniederlassen", in der „Niederlassung" liegt an sich „ein Moment der Stabilität" (Wach, CP. I, 425). Dieses zeitliche Moment wird in § 7 noch besonders verschärft hervorgehoben, indem zur Begründung des Wohnsitzes verlangt wird, daß Jemand an einem Orte sich „ständig" niederläßt. Damit ist gemeint eine Niederlassung, die nicht bloß als vorübergehend gewollt ist, nicht gemeint aber eine Niederlassung, die für immer gewollt ist. Vgl. auch Beschluß des bayerischen obersten Landesgerichts in Bl. f. RA. Bd. 45 S. 522: „zur ständigen Niederlassung hat das Gesetz mehr gefordert, als nur einen Aufenthalt von unbestimmt langer Dauer" d. h. ohne den Willen der ständigen Niederlassung. Andererseits bedeutet „ständig" nicht so viel als ununterbrochen Es kann jemand an einem Orte seinen Wohnsitz haben, an welchem er sich nur in bestimmten vorübergehenden Zeiträumen und den geringeren Theil des Jahres aufhält oder vermöge seines Berufes aufzuhalten in der Lage ist. Auch der Geschäftsreisende, der umherziehende Artist und Händler kann einen Wohnsitz haben, wenn er auch an dem Orte desselben regelmäßig sich nur mit längeren Abwesenheitspausen aufzuhalten vermag. Ob jemand mit Rücksicht auf dieses zeitliche Moment an einem Orte seinen Wohnsitz begründet, ist eine Thatfrage, die im einzelnen Falle unter Berücksichtigung der gesammten Lebenslage einer Person zu entscheiden ist, ebenso wie das rein örtliche Moment des Wohnsitzes, die „Niederlassung" in diesem Sinne.

5. Begriff der Niederlassung. Von „Niederlassung" und „sich niederlassen" ist in der Reichsgesetzgebung mehrfach im Sinne von ständiger Niederlassung die Rede, ohne daß damit die Begründung eines Wohnsitzes gemeint ist. Vgl. die „gewerbliche Niederlassung" der Gew.O. §§ 42, 42a, 42b, 44, 55; Gesetz zur Bekämpfung des unlauteren Wettbewerbs § 2: Börsengesetz § 55 Abs. 2, § 68 Abs. 2; die „Handelsniederlassung" in § 29 HGB.: „Hauptniederlassung" in HGB. § 13, Gesetz zur Bekämpfung des unlauteren Wettbewerbs § 16; „Zweigniederlassung" in HGB. §§ 13, 15, 30; „Niederlassung" schlechthin in HGB. §§ 31, 55; im Waarenzeichengesetz § 23. Unter „Niederlassung" ist in diesen Fällen zu verstehen die Begründung einer „Centralstelle für den Rechtsverkehr" (Wach) für einen begrenzten, gewerblichen oder geschäftlichen Zweck: Handels-, Gewerbe-, Fabrikbetrieb. Für die „Gewerbsniederlassung" bestimmt § 42 Gew.O. die örtlichen Minimalerfordernisse: „Eine gewerbliche Niederlassung gilt als nicht vorhanden, wenn der Gewerbetreibende im Inlande ein zu dauerndem Gebrauche eingerichtetes, beständig oder doch in regelmäßiger Wiederkehr von ihm benutztes Lokal für den Betrieb seines Gewerbes nicht besitzt." Persönliche Benützung durch den Geschäftsherrn ist nicht erforderlich. Auch wenn der Geschäftsherr am Orte seiner gewerblichen Niederlassung sich persönlich überhaupt nicht oder nicht regelmäßig aufhält, wenn er sein Geschäft daselbst lediglich durch fremde Kräfte betreibt (Wach, CP. I, 425), ist eine gewerbliche Niederlassung gegeben. Zu dem begrenzten Zwecke des Gewerbebetriebs läßt man sich nieder, indem man irgend welche dauernde sachliche und persönliche Veranstaltungen trifft, um von einem bestimmten Orte aus und an diesem Orte ein Gewerbe zu betreiben. Wer „sich" an einem Orte nur gewerblich, als Kaufmann oder sonst als Gewerbetreibender niederläßt, braucht diesen Ort persönlich nie gesehen zu haben. Wer dagegen „sich" an einem Orte „ständig niederläßt", um dortselbst seinen Wohnsitz zu begründen, der kann diesem Orte nicht in eigener Person ferne bleiben. Den Wohnsitz kann man an einem Orte durch Wahl nur dadurch begründen, daß man an diesem Orte sich in eigener Person aufhält und zwar in der Absicht, diesen Ort zum Sitze eines ständigen Aufenthalts im oben erörterten Sinne zu nehmen. Dazu gehört vor Allem, daß man an dem Orte des Aufenthalts eine Wohnung besitzt und persönlich bezieht (die actualis habitatio der bayer. GO. I, 3 und Anm.), gleichviel, wo und auf Grund welchen Rechtsverhältnisses. Wenn auch eine Vertretung in Bezug auf den zur Wohnsitzbegründung erforderlichen Willen möglich ist, (§ 8 und Bem. 3b zu § 11), so doch nicht in Bezug auf die Thatsache der „ständigen Niederlassung" selbst. Daß Jemand „sich" im Sinne des § 7 an einen Ort „ständig

niedergelassen", an welchem er nur seine Familie untergebracht hat, während er selbst diesem Orte fern bleibt, wie Hölder Bem. 2 B zu § 7 S. 91 annimmt, ist zu bestreiten. Würde man solche Vertretung im Thatbestande der Niederlassung zulassen, so könnte allerdings kein Unterschied zwischen Wohnsitz und gewerblicher Niederlassung mehr aufrecht bleiben. Ferner ist zu sagen: Als Obdachloser kann man einen Wohnsitz wohl haben und behalten, aber nicht begründen. Vgl. hiezu Levy, Begriff des Wohnsitzes, in Bl. f. RA. Bd. 64 S. 113 ff., 130 ff.

6. Dauernde Niederlassung. Der Aufenthaltsort muß aber ferner als ein dauernder Haupt-Stützpunkt für die persönliche Existenz gewollt sein. Damit ist vereinbar, daß für Sonderzwecke, auch für solche umfassender Art, wie den gesammten Gewerbebetrieb oder die gesammte berufliche Thätigkeit eine andere Centralstelle gewählt wird. Die Niederlassung muß sich nicht auf die gesammten Lebensverhältnisse beziehen (RGE. vom 1. Mai 1901 in Bl. f. RA. Bd. 67 S. 22). Daher können Wohnsitz und gewerbliche Niederlassung getrennt sein. Wo sich der Wohnsitz eines Menschen, zum Unterschiede vom bloßen Aufenthalt oder von gewerblicher Niederlassung befindet, ist eine Frage, die je nach Verschiedenheit der persönlichen Verhältnisse an der Hand des gleichen äußeren Thatbestandes verschieden beantwortet werden kann. Bei dem Einen kann eine bloße Zimmermiethe ein Grund gegen die Annahme eines Wohnsitzes sein, während sie bei dem Anderen diesen Willen und die thatsächliche dementsprechende Niederlassung beweist. Ebenso kann die Beschaffung eigener Behausung und deren Ausstattung mit eigenen Möbeln in dem einen Falle die Absicht ständiger Niederlassung beweisen, in einem anderen Falle bedeutungslos sein.

7. Beweis. Vermuthungen oder Fiktionen, wie etwa die, daß Jedermann irgend ein Domizil haben müsse, sind weder gemeinrechtlich noch nach dem BGB. anzuerkennen, während sie anderweitig durch das Gesetz aufgestellt werden, so im französischen Rechte (s. Zachariae-Crome, 8. Aufl., I § 80 Anm. 2); im englisch-amerikanischen Rechte (s. v. Bar, Theorie und Praxis des internationalen Privatrechts Bd. I § 46, S. 161 ff.); im internationalen Privatrechte, soweit es das persönliche Recht vom Domizil abhängig macht (RGE. Bd. 36 S. 209). Diese letztere Erwägung fällt für das BGB. weg, da dieses (EG. Art. 7—31) über das persönliche Recht nicht mehr das Domizil, sondern die Staatsangehörigkeit entscheiden läßt. Das BGB. anerkennt denn auch in § 10 Abs. 2 ausdrücklich die Möglichkeit, daß eine Person keinen Wohnsitz habe. Den Wohnsitz eines Menschen muß daher derjenige beweisen, welcher ihn behauptet. Wie sonst kann auch hier der Wille nicht als bloß innerer Vorgang, sondern nur, insoweit er sich geäußert hat, bewiesen werden. Zur Begründung eines Wohnsitzes genügt aber nach dem deutschen Rechte und nach dem BGB. nicht eine beliebige Willenserklärung, wie solche nach französischem Rechte zur Begründung des domicile élu genügt, das vom wirklichen Wohnsitze verschieden ist und im wesentlichen prozessualen Zwecken dient (vgl. hierüber Vorbem. II, 4). Es ist vielmehr erforderlich, daß der Wille zur Domizilgründung sich in der thatsächlichen Niederlassung bekundet. Neben dieser Thatsache ist eine besondere Willenserklärung nicht erforderlich. Hienach ist es eine nach den Umständen des Falles verschieden zu beantwortende Frage, ob ein Pächter auf dem Pachtgute seinen Wohnsitz hat, ob der Dienstbote am Wohnsitzorte der Dienstherrschaft domizilirt, während Studierende jedenfalls regelmäßig den Wohnsitz an dem Orte ihrer Studien nicht begründen; s. Zwischenbemerkung 2, b zu §§ 9—11. Die Rechtsprechung nimmt regelmäßig an, daß Dienstboten am Dienstort ihren Wohnsitz nicht begründen, der Eintritt in ein Dienstverhältniß nicht die Bedeutung einer „ständigen Niederlassung" hat oder haben soll. Vgl. Rspr. der OLG. Bd. 2 S. 443, Bd. 3 S. 36; Bayr. Oberst.LG. n. F. Bd. 1 S. 156, 205, 328, 720; Bd. 2 S. 109.

8. Wohnrecht und Niederlassungsverbote. Kein Erforderniß der Begründung eines Wohnsitzes ist ein positives Wohnrecht am betreffenden Orte; RGE. Bd. 8 S. 146 ff. Dagegen stehen allerdings gesetzliche oder behördliche Niederlassungsverbote oder Ausweisungen der Begründung eines Domizils entgegen. RGE. Bd. 34 S. 399.

9. Mehrfacher Wohnsitz.

a) Bisheriges Recht. Das Gem.R. und die meisten deutschen Partikular-Rechte anerkennen die Möglichkeit eines mehrfachen Wohnsitzes. L. 5 D. 50, 1; Savigny, Syst. VIII, S. 64; Windscheid-Kipp, Pand. I § 36 Anm. 7; bayr. G.O. cap. I § 3; bayr. AG. z. CPO. vom 23. Februar 1879 Art. 81; PLR. Einl. § 27; PrGO. Thl. I Tit. 2 § 15; Urtheil des bayr. Oberst.LG. in Samml. XV Nr. 2. Das französische Recht läßt nur einen Wohnsitz zu. (Zachariae-Crome I, 8. Aufl. Note 1a; cod. civ. art. 108). Dem französischen Rechte gleich verhält sich das englisch-nordamerikanische Recht (v. Bar a. a. O. I S. 161) und zwar aus den gleichen Gründen, aus welchen französisches und nordamerikanisches Recht keine Wohnsitzlosigkeit eines Menschen annehmen.

Diese Gründe hätten konsequenterweise auch für das Gem.R. maßgebend sein müssen; gegenüber dem BGB. fallen sie, wie oben gezeigt, weg.

b) Das BGB. folgt dem Gem.R. P. I, 38 sagen, mehrfacher Wohnsitz sei zwar selten, aber nicht unmöglich, „da eine Person sehr wohl den Aufenthalt zwischen zwei Orten dergestalt theilen könne, daß jeder derselben in gleichem Maße als Hauptpunkt ihrer Verwaltung und Thätigkeit und weder der eine noch der andere als Mittelpunkt eines abgesonderten Kreises des gewerblichen oder geschäftlichen Lebens erscheine". Zur Feststellung eines mehrfachen Wohnsitzes ist also eine bestimmte thatsächliche Gestaltung der Lebensverhältnisse erforderlich. Dagegen ist gleichgültig, ob man den Wohnsitz mit den meisten gemeinrechtlichen Schriftstellern nach dem Vorgange Savignys als den Ort bezeichnet, woselbst Jemand den „Mittelpunkt" seiner Lebensverhältnisse hat, oder mit dem BGB. als Ort, wo sich Jemand „ständig niederläßt". Planck Bem. 5 zu § 7 meint, die herrschende gemeinrechtliche Definition würde einen mehrfachen Wohnsitz ausschließen, da man nicht gleichzeitig an mehreren Orten einen Mittelpunkt seiner gesammten Lebensverhältnisse haben könne. Zu dieser Meinung kann man nur gelangen, wenn man den „Mittelpunkt" geometrisch und die „Lebensverhältnisse" als einen Kreis auffaßt. Bei solcher Auffassung ist auch eine „ständige Niederlassung" eines und desselben Menschen an zwei Orten unmöglich, da man sich rein physisch auch nicht „ständig" an zwei Orten zugleich niederlassen kann. Diese vom Gesetze geforderte Absicht ist in der That auch als unvereinbar mit der Zulassung eines mehrfachen Wohnsitzes hingestellt worden (Gierke, Entw. eines BGB., Leipzig 1889, S. 140 und die dort Note 1 Citirten). In Wirklichkeit werden bei der Bezeichnung des Wohnsitzes als eines „Mittelpunktes" oder „Hauptpunktes" von Lebensverhältnissen oder als einer „ständigen Niederlassung" bildliche Bezeichnungen zur Zusammenfassung von sehr komplizirten Thatbeständen angewendet und es ist unzulässig, aus dem ursprünglichen Sinne dieser Bezeichnungen Schlüsse zu ziehen auf deren übertragene Bedeutung und damit weiter zu operiren.

c) Rechtliche Bedeutung des mehrfachen Wohnsitzes. Wer einen mehrfachen Wohnsitz begründet, hat die aus dem Wohnsitze sich ergebenden Rechte und Pflichten an jedem der Domizilsorte. Er kann an jedem der mehreren Domizilsorte verklagt werden (§§ 12, 35 CPO.). Nach BGB. § 1320 ist der Standesbeamte jedes der mehreren Wohnsitzorte zuständig zur Eheschließung; die Verlobten haben die Wahl. Ebenso ist nach Art. 46 EG. jeder Standesbeamte der mehreren Wohnsitzorte zuständig für die Erlassung des Aufgebots. Nach dem aufrechterhaltenen § 46 des Personenstandsgesetzes muß das Aufgebot in jedem der mehreren Wohnsitzorte bekannt gemacht werden. Die Ehescheidungsklage kann bei dem Gerichte jedes der mehreren Domizile des Ehemannes gestellt werden.

Ist eine Leistung am Wohnsitze des Schuldners zu machen (§ 269), so hat im Zweifel der Schuldner die Wahl unter den mehreren Wohnsitzorten; es liegt eine alternative Obligation vor (§ 262).

Sofern sich nach dem Orte des Wohnsitzes der Status einer Person bestimmt — was nach dem BGB. nur ausnahmsweise der Fall (EG. Art. 29) —, entsteht bei mehrfachem Wohnsitze die Frage, nach dem Rechte welchen Wohnsitzortes die Entscheidung zu treffen ist. Gemeinrechtlich wird in solchem Falle das Recht des zuerst begründeten Wohnsitzes als maßgebend erachtet; Savigny, Syst. VIII S. 101, 102 zu Note m; Roth, DPR. I § 51 zu Note 21. Diese Entscheidung dürfte auch bei Anwendung des EG. Art. 29 zutreffen. Umgekehrt wird man bei erbrechtlichen Fragen den zuletzt begründeten Wohnsitz als entscheidend erachten müssen.

10. Die Aufhebung des Wohnsitzes. Hiezu ist

a) nach bisherigem deutschen Rechte wie nach BGB. (§ 7 Abs. 3) erforderlich, daß sowohl die thatsächliche Niederlassung aufgegeben, als auch der Wille bekundet wird, den Wohnsitz nicht mehr an dem bisherigen Orte zu haben. Diese Willensbekundung kann sich, wie bei der Wohnsitzbegründung, lediglich durch schlüssige Handlungen darstellen. Da sowohl die thatsächliche Niederlassung als auch der Wohnsitzwille aufgegeben sein müssen, so bleibt der Wohnsitz bestehen, wenn nur die Niederlassung thatsächlich aufgegeben wurde, ohne daß der Wille zur Aufgabe des Wohnsitzes vorhanden ist. Die Fortdauer des Wohnsitzes bedarf also nicht, wie die Begründung desselben, des Zusammentreffens einer thatsächlichen Niederlassung mit dem Wohnsitzwillen. Auch ein Obdachloser behält den Wohnsitz.

an dem bisherigen Orte; ebenso behält seinen Wohnsitz, wer seine bisherige Wohnung aufgab, weil er sich z. B. für längere Zeit auf eine Reise begiebt, in der Absicht, nach Beendigung derselben wieder am bisherigen Domizilsorte eine Wohnung zu beziehen. Wenn sich dagegen Jemand unter Aufgabe der bisherigen Niederlassung an einem anderen Orte unter Umständen niederläßt, die auf die Absicht, dauernd zu bleiben, schließen lassen, wird man die Aufgabe des bisherigen Wohnsitzes anzunehmen haben, sofern nicht bestimmte Verhältnisse auf die Absicht eines mehrfachen Wohnsitzes hinweisen.

b) Wohnsitzlosigkeit als Folge der Aufhebung des Wohnsitzes. Die Aufhebung des Wohnsitzes kann sich gleichzeitig mit der Begründung eines neuen Wohnsitzes vollziehen und sich gerade in der Begründung des neuen Wohnsitzes bekunden. Es kann aber auch die Aufhebung des alten und die Begründung des neuen Domizils zeitlich auseinanderfallen oder der Aufhebung des Domizils überhaupt keine neue Wohnsitzbegründung folgen. Aus der Thatsache der Wohnsitzlosigkeit ergeben sich (wie aus der Thatsache eines mehrfachen Wohnsitzes) Schwierigkeiten, insbesondere wenn das in einem einzelnen Falle anzuwendende örtliche Recht nach dem Wohnsitze zu bestimmen ist. Das französische und englisch-amerikanische Recht entgeht dieser Schwierigkeit, indem von diesen Rechten angenommen wird, daß der aufgegebene Wohnsitz bis zur Erwerbung eines neuen Wohnsitzes fortbesteht. So auch für das internationale Privatrecht RGE. Bd. 31 S. 197, Bd. 36 S. 209. Diese Annahme ist aber gegenüber den wirklichen Verhältnissen eine Fiktion. In der That erklärt man hiemit den letzten, wenn auch aufgegebenen Wohnsitz rechtlich als für die Entscheidung der mit dem Wohnsitze zusammenhängenden Rechtsfragen maßgebend. Vgl. §§ 16, 606 Abs. 3 CPO. Der „Wohnsitz" kann aber auch durch den Aufenthalt ersetzt werden, wie dies in § 16 CPO., § 1320 BGB., ferner Art. 8, 29 EG. geschieht. Nach Art. 29 EG. werden Rechtsverhältnisse einer Person, welche grundsätzlich nach den Gesetzen des Heimathstaates bestimmt werden, wenn eine Heimath nicht feststellbar und auch kein Wohnsitz vorhanden ist, nach dem Rechte des Aufenthaltes bestimmt.

c) Aufenthaltsverbote. Die Aufhebung des Wohnsitzes können gesetzliche oder behördliche Aufenthaltsverbote beeinflussen. Behördliche Aufenthaltsverbote sind grundsätzlich gegenüber Ausländern zulässig. Vgl. ferner RG. über den Orden Jesu vom 5. Juli 1872 § 2; RG. vom Juli 1870 über den Unterstützungswohnsitz; RG. vom 1. November 1867 betr. die Freizügigkeit §§ 3, 5.

11. Da Begründung und Aufhebung des Wohnsitzes Rechtshandlungen, der Begriff des Wohnsitzes ein Rechtsbegriff, so sind die hierauf bezüglichen gerichtlichen Entscheidungen revisibel. Vgl. Bayr. Oberst. LG. Bd. 1 [1900] n. F. S. 249 ff.

§ 8.

Wer geschäftsunfähig oder in der Geschäftsfähigkeit beschränkt ist, kann ohne den Willen seines gesetzlichen Vertreters einen Wohnsitz weder begründen noch aufheben.

E. I, 36; II, 18; III, 18.

1. § 8 behandelt die zur Begründung und Aufhebung des Wohnsitzes erforderliche Geschäftsfähigkeit. Der Wohnsitz wird, wie zu § 7 ausgeführt, an sich durch rein thatsächliche Vorgänge begründet und aufgehoben: eine thatsächliche Niederlassung und einen bestimmten auf diese bezüglichen thatsächlichen Willen des sich Niederlassenden bei Begründung, die Umkehrung dieser thatsächlichen Vorgänge in ihr Gegentheil bei Aufhebung des Wohnsitzes. Da aber die Thatsache der Wohnsitzbegründung und Wohnsitzaufhebung von rechtlichen Folgen begleitet ist, so sind diese Handlungen zwar keine Rechtsgeschäfte, aber Rechtshandlungen, rechtlich erhebliche Handlungen. Vgl. hiezu M. I, 127; Brinz, Pand. IV § 521; Bierling, Juristische Prinzipienlehre II § 21. Mit Rücksicht hierauf verlangt das bisherige Gem.R. zur Wohnsitzbegründung oder -Aufhebung Handlungsfähigkeit oder Zustimmung des gesetzlichen Vertreters (Bayr. Oberst. LG. Bd. 6 Nr. 218; Bd. 14 Nr. 17). Das BGB. verlangt ausdrücklich zur wirksamen Wohnsitzbegründung und -Aufhebung Geschäftsfähigkeit. „Wer geschäftsunfähig oder in der Geschäftsfähigkeit beschränkt ist", dem spricht § 8 nicht jede Mitwirkung bei Begründung oder Aufhebung des Wohnsitzes ab. Aber „ohne den Willen seines gesetzlichen Vertreters"

kann er einen Wohnsitz weder begründen noch aufheben. Der Wille des gesetzlichen Vertreters ist in § 8 gedacht als Ergänzung der an sich zur wirksamen Wohnsitzbegründung oder -Aenderung ungenügenden eigenen Handlung des Geschäftsunfähigen oder in der Geschäftsfähigkeit Beschränkten. Denn § 8 handelt nicht von der Wohnsitzbegründung oder -Aufhebung durch den gesetzlichen Vertreter, sondern von der Wohnsitzbegründung oder -Aenderung durch den Geschäftsunfähigen oder in der Geschäftsfähigkeit Beschränkten. Von diesen wird gesagt, daß sie des „Willens" des gesetzlichen Vertreters bedürfen. Der „Wille" des gesetzlichen Vertreters setzt daher die den Wohnsitz betreffende Handlung des Vertretenen als einen thatsächlichen Vorgang voraus. Rechtswirksamkeit erlangt diese aber erst durch das Hinzukommen des Willens des Vertreters. Wäre ein „Rechtsgeschäft" in Frage, so könnte die eigene Handlung des Geschäftsunfähigen gar nicht in Betracht kommen.

Welches das zeitliche Verhältniß der Willensbekundung des gesetzlichen Vertreters zur Handlung des Vertretenen und welches die Form dieser Willensbekundung sein müsse, wird nicht gesagt und muß daher als gleichgültig erachtet werden. Ebenso wird nicht unterschieden zwischen Geschäftsunfähigen und in der Geschäftsfähigkeit Beschränkten. Damit ist gesagt, daß beide, sofern sie einen Wohnsitz begründen oder aufheben, hiezu des Willens des gesetzlichen Vertreters bedürfen. Dagegen ist hiemit noch nicht gesagt, daß Geschäftsunfähige und in der Geschäftsfähigkeit Beschränkte in gleicher Weise in der Lage sind, bei Hinzutreten des Willens des gesetzlichen Vertreters einen Wohnsitz zu begründen. Hiezu wird vielmehr unter allen Umständen eine natürliche Handlungsfähigkeit verlangt werden müssen, die hier dem Kinde fehlt, ebenso wie den Geisteskranken gewisser Kategorien. Die Schaffung desjenigen Thatbestandes, der die thatsächliche Niederlassung bedingt, ist nicht in jedem Alter und nicht bei jeder Geistesverfassung möglich. Es ist zwar richtig, daß zur Begründung eines Wohnsitzes, ebenso wie bei Abschluß eines Rechtsgeschäftes, die Kenntniß der rechtlichen Tragweite der Handlung nicht erforderlich ist (Regelsberger Pand. I § 74 Anm. 9). Aber immerhin setzt die Begründung des Wohnsitzes einen komplizirten Thatbestand voraus, der von einem Unmündigen oder einem geistig vollständig Verblödeten schon aus rein natürlichen Gründen nicht geschaffen werden kann. Auch das Gem.R. steht auf diesem Standpunkte. Sofern nach § 8 die Initiative zur Wohnsitzbegründung nicht vom gesetzlichen Vertreter, sondern vom Vertretenen ausgeht, wird vorausgesetzt, daß derselbe aus natürlichen Gründen hiezu in der Lage ist. Diese Voraussetzung des Gesetzes versteht sich von selbst und wird durch den Wortlaut des Gesetzes nicht widerlegt.

2. Gesetzlicher Vertreter ist der Vater und die Mutter in ihrer Eigenschaft als Inhaber der elterlichen Gewalt, der Vormund, der Pfleger (§§ 1630, 1686, 1793, 1909, 1915). Solange die elterliche Gewalt in der Hand des Vaters sich befindet, hat die Vorschrift des § 8 eine geringe Bedeutung, da das Kind den Wohnsitz des Vaters kraft Gesetzes theilt: § 11. Doch ist die Vorschrift des § 11 nicht in dem Sinne als zwingendes Recht aufzufassen, daß etwa auch mit dem Willen des Vaters das Kind an einem von dem väterlichen Wohnsitze verschiedenen Orte sein Domizil nicht begründen könnte. Gemeinrechtlich ist anerkannt, daß der Vater dem Kinde in seiner Gewalt einen von seinem eigenen verschiedenen Wohnsitz begründen kann (Seuff. Arch. Bd. 31 Nr. 10). Es unterliegt nach Gem.R. keinem Zweifel, daß auch das Kind selbst einen von dem väterlichen Domizil verschiedenen Wohnsitz mit Einwilligung des Vaters zu begründen in der Lage ist. Für das BGB. ist letzteres ebenfalls anzunehmen. Vgl. Bem. 2 zu § 11.

3. Verschieden von dem in § 8 behandelten Falle ist der Fall, daß der gesetzliche Vertreter selbst dem Vertretenen einen Wohnsitz begründet oder den begründeten Wohnsitz aufhebt. Da der Inhaber der elterlichen Gewalt ebenso wie der Vormund den Aufenthalt des Vertretenen zu bestimmen berechtigt ist (§§ 1631, 1793, 1800, 1915), so ist derselbe rechtlich in der Lage, dem Vertretenen einen Wohnsitz zu bestimmen. Nach der Absicht des Vertreters entscheidet sich daher die Frage, ob ein in eine Irrenanstalt untergebrachter Mündel am Orte der Anstalt seinen Wohnsitz erlangt habe s. Bayr. Oberst. LG. n. F. Bd. 2 S. 869, Beschl. v. 31. Dez. 1901. Ein für immer in einer Irrenanstalt von seinem gesetzlichen Vertreter untergebrachter Geisteskranker dürfte Wohnsitz am Orte der Anstalt erlangen. So auch OLG. Oldenburg in Seuff. Arch. Bd. 55 S. 134.

4. Ein vor dem 1. Januar 1900 Entmündigter konnte seither den Wohnsitz nur nach Maßgabe von § 8 verlegen. Rspr. d. OLG. Bd. 2 S. 444.

Zwischenbemerkungen zu §§ 9—11.

1. In den Fällen des gesetzlichen Wohnsitzes wird das Domizil durch das Gesetz mit einem bestimmten Thatbestand als Folge desselben — ohne Wahl — verbunden. In diesen Fällen soll eine Wahl nicht nur thatsächlich nicht stattfinden, sondern ausgeschlossen sein. Mit Rücksicht hierauf ist von „nothwendigem" Wohnsitz, domicilium necessarium, im

Gegensatze zum domicilium voluntarium, dem gewählten Wohnsitze, die Rede (Glück, Pand. Bd. 6 S. 265; Wach CP. S. 404; Dernburg, Pand. I § 46 Anm. 7, 8; Endemann I § 36 Note 13). Die „Nothwendigkeit" ist aber nicht in allen Fällen gleich zwingend. Aus Gründen des öffentlichen Rechtes ist eine Abänderung durch Parteidisposition ausgeschlossen bei dem gesetzlichen Wohnsitze der Militärpersonen (§ 9), sowie bei dem abgeleiteten Wohnsitze der Ehefrau (§ 10); dagegen nicht ausgeschlossen bei dem abgeleiteten Wohnsitze des Kindes (§ 11).

2. Außer den vorerwähnten Fällen des gesetzlichen Wohnsitzes kamen in verschiedenen älteren Rechten vor:

a) Der gesetzliche Wohnsitz der Beamten am Orte des Amtssitzes nach Gem.R. (Dernburg, Pand. I § 46; Windscheid-Kipp, Pand. I § 36; vgl. aber Seuff. Arch. Bd. 23 Nr. 3).

b) Der gesetzliche Wohnsitz der Dienstboten am Dienstorte nach Gem.R. (bestritten), nach früherem Bayr. Recht, Preuß. und Franz. Recht (vgl. Savigny, Syst. VIII S. 63 Nr. 4; Bayr. GO. cap. 1 § 14 (aufgehoben durch Art. 81 des AG. z. CPO. u. KO.); Preuß. AGO. Thl. I Tit. 2 § 13 u. PLR. Thl. I Tit. 4 § 4; Koch, Komm. z. PLR. Nr. 34 z. Einl. § 25; dagegen Förster-Eccius, Preuß. PrR., 6. Aufl. I § 11 S. 56 Note 7; cod. civ. art. 109; Zachariae-Crome I § 82 Note 10). In Bezug auf Dienstboten ist durch Art. 95, 218 des EG. die Möglichkeit der Aufrechthaltung oder Anordnung eines landesrechtlich gesetzlichen Domizils geschaffen. Das Bayr. AG. hat hievon keinen Gebrauch gemacht. Auch in Preußen sind die Bestimmungen betr. das gesetzliche Domizil der Dienstboten aufgehoben worden. Vgl. Dernburg I § 57 Note 11.

c) Der besondere Wohnsitz der Strafgefangenen nach Gem.R. (neuerlich bestritten s. Urth. des bayr. Oberst. GH. in Bl. f. RA. Bd. 35 S. 252 ff.: Bayr. Oberst. LG. in Seuff Arch. Bd. 56 S 433; RGE. Bd. 15 S. 368).

d) In Bezug auf Deutsche, welche das Recht der Exterritorialität besitzen, sowie im Ausland angestellte Beamte des Reiches oder eines Bundesstaates enthielt der E. I in § 38 eine Bestimmung, welche dem § 16 Abs. 1 Satz 1 und 2 und Abs. 2 der früheren CPO. entspricht. Hienach wurde den betreffenden Beamten in Ermangelung eines gewählten Wohnsitzes in ihrer Heimath ein gesetzlicher Wohnsitz in der Hauptstadt ihres Heimathstaates zugewiesen. Diese Bestimmung wurde bei der Berathung des Entwurfs in II. Lesung gestrichen, weil kein Bedürfniß vorliege, zu bestimmen, daß diese Person in allen privatrechtlichen Beziehungen den Wohnsitz im Inlande haben. Eine solche Bestimmung könne auch, weil mit den thatsächlichen Verhältnissen in Widerspruch, zu schwerwiegenden Unzuträglichkeiten führen (P. I, 41). Nunmehr ist in der CPO. § 15 die bisherige Bestimmung mit der Hinzufügung aufrechterhalten, daß, wenn ein Beamter der fraglichen Kategorie keinem Bundesstaat angehört, die Stadt Berlin als sein Wohnsitz gilt. Durch diese Bestimmungen sind die civilrechtlichen Normen über das gewählte Domizil nicht berührt, sondern ist nur eine Norm bezüglich des Gerichtsstandes geschaffen. Die im Auslande befindlichen Reichsbeamten können hienach ihren Wohnsitz im Auslande haben.

Das BGB. kennt bezüglich aller zu 2, a—d Genannten keinen gesetzlichen Wohnsitz und es finden daher bezüglich derselben lediglich die Bestimmungen der §§ 7—8 Anwendung, soweit nicht für die Dienstboten die landesrechtlich bestehenden Normen einen gesetzlichen Wohnsitz bestimmen. Hienach ist z. B. für Beamte nicht nothwendig am Amtssitz ein Wohnsitz gegeben, wenn z. B. bei Uebernahme des Amtes an einem bestimmten Orte von vorneherein feststeht, daß die Führung des Amtes an diesem Orte nur von vorübergehender Dauer sein wird. Dabei handelt es sich nur um den Wohnsitz des Beamten als einer Privatperson, nicht als eines Beamten. In letzterer Hinsicht hat er seinen „Wohnsitz" am Sitze des Amtes. Dieser dienstliche Wohnsitz oder Amtssitz hat mit den eigenen privatrechtlichen Verhältnissen des Beamten nichts zu thun.

§ 9.

Eine Militärperson hat ihren Wohnsitz am Garnisonorte. Als Wohnsitz einer Militärperson, deren Truppentheil im Inlande keinen Garnisonort hat, gilt der letzte inländische Garnisonort des Truppentheils.

Diese Vorschriften finden keine Anwendung auf Militärpersonen, die nur zur Erfüllung der Wehrpflicht dienen oder die nicht selbständig einen Wohnsitz begründen können.

E. I, 37; II, 9; III, 9.

I. § 9 handelt vom gesetzlichen Wohnsitze der Militärpersonen. Wer „Militärperson" ist, bestimmt § 4 des Miliärstrafgesetzbuches und § 38 des Reichsmilitärgesetzes. § 4 des Militärstrafgesetzes sagt: „Unter Militärpersonen sind die Personen des Soldatenstandes und die Militärbeamten zu verstehen, welche zum Heer oder zur Marine gehören".

Zum Heere und zwar zum „aktiven Heere" gehören aber nach § 38 des Reichsmilitärgesetzes vom 2. Mai 1874 folgende Kategorien:

A. Die Militärpersonen des Friedensstandes, und zwar

1. die Offiziere, Aerzte und Militärbeamten des Friedensstandes vom Tage ihrer Anstellung bis zum Zeitpunkte ihrer Entlassung aus dem Dienste;

2. die Kapitulanten vom Beginne bis zum Ablauf oder bis zur Aufhebung der abgeschlossenen Kapitulation;

3. die Freiwilligen und die ausgehobenen Rekruten von dem Tage, mit welchem ihre Verpflegung durch die Militärverwaltung beginnt, Einjährig-Freiwillige von dem Zeitpunkte ihrer definitiven Einstellung in einen Truppentheil an, sämmtlich bis zum Ablauf des Tages ihrer Entlassung aus dem aktiven Dienst.

B. 1. Die aus dem Beurlaubtenstande (V. Abschnitt) zum Dienst einberufenen Offiziere, Aerzte, Militärbeamten und Mannschaften von dem Tage, zu welchem sie einberufen sind, bis zum Ablaufe des Tages der Wiederentlassung;

2. alle in Kriegszeiten zum Heeresdienst aufgebotenen oder freiwillig eingetretenen Offiziere, Aerzte, Militärbeamten und Mannschaften, welche zu keiner der vorgenannten Kategorien gehören, von dem Tage, zu welchem sie einberufen sind, oder vom Zeitpunkte des freiwilligen Eintritts an, bis zum Ablaufe des Tages der Entlassung.

C. Die Civilbeamten der Militärverwaltung vom Tage ihrer Anstellung bis zum Zeitpunkte ihrer Entlassung aus dem Dienste.

Auf diese Personen findet § 9 des BGB. Anwendung, soferne sie nicht etwa „nur zur Erfüllung der Wehrpflicht dienen" oder „nicht selbständig einen Wohnsitz begründen können". Zur Erfüllung der Wehrpflicht dienen

a) die unter A, 3 aufgeführten „Freiwilligen und Rekruten";

b) die unter B aufgeführten „aus dem Beurlaubtenstande zum Dienst einberufenen Offiziere, Aerzte, Militärbeamten und Mannschaften" (§ 56 des Reichsmilitärgesetzes).

Ob eine solche Person nicht selbständig einen Wohnsitz zu gründen vermag, ergiebt sich aus § 8 des BGB.

Die übrigen „Militärpersonen" haben ihren Wohnort am Garnisonorte des Truppentheils, zu welchem die Militärperson gehört und für den Fall, daß der betreffende Truppentheil zur Zeit einen Garnisonort im Inlande nicht hat, am letzten inländischen Garnisonorte des Truppentheils. Diejenigen Militärpersonen, welche nur zur Erfüllung der Militärpflicht dienen oder einen Wohnsitz selbständig nicht zu begründen vermögen, behalten ihren bisherigen Wohnsitz.

II. § 9 Abs. 1 des BGB. entspricht dem § 14 Abs. 1 und § 15 der früheren CPO., die durch die Vorschrift des BGB. ersetzt werden und daher in der CPO. jetzt nicht mehr erscheinen. Diese ergänzt die neue Vorschrift der CPO. § 14, die den Gerichtsstand für den Fall der Theilung des Garnisonortes in mehrere Gerichtsbezirke regelt.

III. Die früheren §§ 14, 15 CPO. bestimmten über den Wohnsitz von Militärpersonen nur „in Ansehung des Gerichtsstandes". Die CPO. enthielt in dieser Beziehung im wesentlichen nur die Vorschriften des § 39 Abs. 2 des Reichsmilitärgesetzes, der selbst wieder dem Gem.R., sowie den Bestimmungen des PLR. entspricht. Vgl. hiezu die Ausführungen in dem Urtheile des ROHG. Bd. 1 Nr. 59, Bd. 21 Nr. 107. Mit Rücksicht hierauf war und ist anerkannt, daß neben dem civilprozessualen Wohnsitze der

Militärpersonen, den das Gesetz bestimmt, diese einen anderen civilrechtlichen Wohnsitz haben können, wonach sich z. B. das Statusrecht zu bestimmen hat. Die lediglich prozeßrechtliche Vorschrift der bisherigen §§ 14, 15 CPO. hatte keinen Einfluß auf die civilrechtliche Entscheidung bezüglich des Wohnsitzes, dessen Bedeutung nicht lediglich im Gerichtsstand aufging. Es erhebt sich nun die Frage, ob die nunmehrigen Bestimmungen des § 9 BGB. keinen Raum für einen zweiten civilrechtlichen Wohnsitz lassen. § 9 bestimmt zweifellos, daß eine Militärperson ihren Wohnsitz am Garnisonorte „hat". Daß der Garnisonort Wohnsitz der Militärpersonen ist, muß als zwingendes und daher unabänderliches Recht erachtet werden. Diesem zwingenden Rechte thut es aber keinen Eintrag, wenn neben dem militärischen nothwendigen Wohnsitz am Garnisonorte, der begründet ist, ob die Voraussetzungen des § 7 vorliegen oder nicht, ein zweiter gewählter Wohnsitz besteht. Es unterliegt keinem Zweifel, daß z. B. ein Offizier außerhalb seines Garnisonortes an einem benachbarten Orte thatsächlich im Sinne des § 7 einen Hauptpunkt seiner privatrechtlichen Verhältnisse haben kann; er hat dort etwa Wohnung, Gutsbesitz, seine Familie. Der Grundsatz der Zulässigkeit eines mehrfachen Wohnsitzes wird durch den gesetzlichen Wohnsitz nicht nothwendig aufgehoben. Denkbar ist der Fall, daß ein früherer Wohnsitz mit Rücksicht auf die voraussichtlich vorübergehende Dauer des Militärdienstes beibehalten wird. Insbesondere aber kommt der Fall in Betracht, daß eine Militärperson dienstlich ständig an einen außerhalb des Garnisonortes gelegenen Ort berufen ist und an diesem Orte ihres Dienstsitzes ihren Wohnsitz durch Begründung des Thatbestandes des § 7 begründet.

IV. Der gesetzliche Wohnsitz der Militärpersonen am Garnisonorte endigt, wenn dieselben aufhören, Militärpersonen zu sein. Ob dann der Wohnsitz als gewählter fortbesteht, ist darnach zu beurtheilen, ob der Thatbestand des § 7 gegeben ist. Dies ist nicht der Fall, wenn die Militärperson neben dem gesetzlichen Domizil ein gewähltes hatte, in welchem allein in Wirklichkeit die ständige Niederlassung gegeben war.

V. Die Vorschrift des § 9 ist zwingend. Es kann sonach durch keine behördliche Anordnung eine Ausnahme dahin geschaffen werden, daß eine Militärperson nicht am Garnisonort ihren gesetzlichen Wohnsitz habe. Wohl aber können solche behördliche Anordnungen die thatsächliche Möglichkeit eines zweiten gewählten Wohnsitzes schaffen (vgl. oben Bem. III).

VI. Als Wohnsitz einer Militärperson, deren Truppentheil im Inlande keinen Garnisonort hat, gilt der letzte inländische Garnisonort des Truppentheils. Für Militärpersonen, die einem neuformirten Truppentheil ohne inländischen oder ausländischen Garnisonort angehören, kommen lediglich die Bestimmungen des BGB. §§ 7, 8 und der CPO. §§ 13—16 in Betracht, sofern die Militärperson nicht vorher einem im Inlande garnisonirenden Truppentheil angehörte. Vgl. hiezu die Ausführung von Sauer über den Gerichtsstand der bei den deutschen ostasiatischen Truppentheilen befindlichen Militärpersonen in der D. Jur.Z. 1900 S. 415 ff.

VII. Für das internationale Privatrecht wird dem gesetzlichen Wohnsitze des Militärs die rechtliche Bedeutung abgesprochen und behauptet, daß immer zu untersuchen sei, ob am Orte des gesetzlichen Domizils der Wohnsitz sich thatsächlich nach den für den gewählten Wohnsitz bestehenden Normen befinde (v. Bar a. a. O. I 156 u. 157).

§ 10.

Die Ehefrau theilt den Wohnsitz des Ehemanns. Sie theilt den Wohnsitz nicht, wenn der Mann seinen Wohnsitz im Ausland an einem Orte begründet, an den die Frau ihm nicht folgt und zu folgen nicht verpflichtet ist.

Solange der Mann keinen Wohnsitz hat oder die Frau seinen Wohnsitz nicht theilt, kann die Frau selbständig einen Wohnsitz haben.

E. I, 39; II, 20; III, 10.

1. Der Wohnsitz der Ehefrau ist nach Gem.R. und den einzelnen deutschen Partikularrechten

a) durch zwingendes Gesetz vorgeschrieben und
b) vorgeschrieben als abhängig vom Wohnsitz des Ehemannes: sog. abgeleiteter Wohnsitz der Ehefrau.

Der Satz, daß die Ehefrau den Wohnsitz des Mannes theilt, ergiebt sich aus der rechtlichen Natur, die dem ehelichen Verhältnisse zwischen Mann und Frau im bisherigen Rechte und im BGB. zugeschrieben wird, wonach erstens beide Ehegatten einander die eheliche Gemeinschaft schuldig sind und zweitens in Angelegenheiten der ehelichen Gemeinschaft der Mann entscheidet. Dernburg, Pand. III § 6 zu Note 5. Nach dem Röm. R. und Gem. R. ist es ein Recht des Ehemanns, die Frau „bei sich zu haben", d. h. in seinem Haus (Brinz, Pand. III 2. Aufl. § 469, I § 42 Anm. 1 u. 2, l. 5 D. de ritu nuptiarum [»quasi domicilium matrimonii«]; BLR. Thl. I cap. 4 § 1, cap. 6 § 12 Ziff. 6.) Durch Vertrag unter den Eheleuten kann mit Rechtswirkung während der Ehe weder die eheliche Gemeinschaft ausgeschlossen, noch bestimmt werden, daß die Ehefrau nicht den Wohnsitz des Mannes zu theilen oder daß der Ehemann den Wohnsitz nicht zu bestimmen habe oder daß die Ehefrau berechtigt sei, für sich einen eigenen Wohnsitz zu begründen. RGE. Bd. 23 S. 176; RGE. in Seuff. Arch. Bd. 46 Nr. 198, Bd. 47 Nr. 202; BLR. Thl. I cap. 6 § 40 Ziff. 2. Dies ist auch der Standpunkt des BGB. Vgl. Bem. 5 zu § 1354.

2. Die Bestimmung des § 10 entspricht im wesentlichen dem § 17 der alten CPO., der in der rev. CPO. nicht mehr erscheint.

Was der frühere § 17 CPO. nur „in Ansehung des Gerichtsstandes" vorschrieb, ist nunmehr durch § 10 BGB. nicht bloß für den Prozeß, sondern auch mit materieller Rechtsgültigkeit vorgeschrieben.

3. Das gesetzliche Domizil der Ehefrau beginnt mit der Ehe unter der Voraussetzung, daß in diesem Augenblicke der Ehemann einen Wohnsitz hat. Ob der Wohnsitz des Ehemanns ein gesetzlicher oder ein gewählter Wohnsitz, ist gleichgültig, ebenso, ob der Ehemann nur einen oder mehrere Wohnsitze hat. Die Ehefrau theilt alle Wohnsitze des Mannes kraft Gesetzes.

Hat der Ehemann keinen Wohnsitz, so braucht die Ehefrau nicht ebenfalls wohnsitzlos zu sein. Sie kann, wenn der Mann keinen Wohnsitz hat, für sich einen solchen begründen und haben (§ 10 Abs. 2).

4. Der gesetzliche abgeleitete Wohnsitz der Frau beginnt mit dem gültigen Abschlusse der Ehe. Das Domizil, das in diesem Augenblicke der Ehemann hat, ist auch das Domizil der Ehefrau. Hat die Frau schon vorher an diesem Orte den gewählten Wohnsitz, so hört dieser als gewählter auf zu bestehen und verwandelt sich in den abgeleiteten Wohnsitz. Hatte die Frau vor dieser Zeit oder zur Zeit der Eheschließung ein Domizil an einem vom Domizilsorte des Ehemanns verschiedenen Orte, so hört dieses Domizil überhaupt auf. Denn sie kann nicht neben dem Wohnsitze des Mannes ihr eigenes selbständiges Domizil beibehalten, weil sie nicht berechtigt ist, vom Manne getrennt zu leben, soferne ihr nicht seitens des Ehemanns das Zusammenleben unmöglich gemacht wird, und unbeschadet der Möglichkeit von Unterbrechungen des ehelichen gemeinschaftlichen Lebens aus erheblichen Gründen, insbesondere während eines Scheidungsprozesses. CPO. § 627. Vgl. RGE. Bd. 17 S. 213, Bd. 25 S. 150; Seuff. Arch. Bd. 34 Nr. 308, Bd. 40 Nr. 211, Bd. 42 Nr. 306, Bd. 47 Nr. 202, 203. Vgl. BGB. § 1361 und Bem. 2 hiezu.

5. Auf die freie Wahl des ehelichen Wohnsitzes kann der Ehemann nicht verzichten (Bem. 1). Eine andere Frage ist dagegen, ob die Frau dem Ehemann an jedes von ihm gewählte Domizil zu folgen verpflichtet ist. Dies ist nicht der Fall, auch nicht, wenn das Domizil an einen inländischen Ort verlegt wird, falls die Wahl des Domizilsortes den Zwecken der Ehe widerstreitet und sich als ein Mißbrauch des Entscheidungsrechts des Ehemanns darstellt. So nach Gem. R.: Dernburg a. a. O. § 6 Note 6. So auch nach BGB. §§ 1353, 1361. Die Frau braucht z. B. dem Manne nicht zu folgen, wenn sie vor der Ehe einen Bauernhof bewirthschaftet hat, in den der Mann einzieht, falls er verlangen würde, daß sie unter Aufgabe ihrer Wirthschaft mit ihm in die Stadt ziehe und da einen völlig anderen Erwerb betreibe, oder daß sie ein anderes von ihr betriebenes Geschäft, von dessen Ertrage sie die Familie ernährt, aufgebe und fortziehe. Vgl. RGE. Bd. 5 S. 165, Bd. 17 S. 386, Bd. 15 S. 190, Bd. 6 S. 150; ferner aber auch RGE. in Bl. für RA. Bd. 66 S. 368. Aber auch wenn die Frau dem Manne nicht nach dem von ihm gewählten Domizilsorte zu folgen braucht, theilt sie kraft Gesetzes diesen Wohnsitz, soferne er sich im Inlande befindet. Ebenso theilt die Frau kraft Gesetzes den Wohnsitz des Mannes, wenn sie während der Ehe berechtigt ist, das gemeinschaftliche Leben zu unterbrechen, insbesondere, wenn ihr die gerichtliche Erlaubniß ertheilt wird, während des Scheidungsprozesses getrennt von dem Manne zu leben. In diesem Falle kann sie einen vom Wohnsitze des Mannes verschiedenen Wohnort haben, aber keinen verschiedenen Wohnsitz. Nach Gem. R. konnte nicht angenommen werden, daß die Frau verpflichtet sei, dem Manne nach grundlos fortwährend veränderten Wohnorten zu folgen, also „mit ihrem Manne vagabundirend umherzuziehen" (Dernburg, Pand. III § 6 Note 6). Nach dem BGB. kann sie in diesem Falle, wie oben erwähnt, einen eigenen Wohnsitz begründen (§ 10 Abs. 2). Anders liegt die Sache, wenn der Mann schon vor der Ehe seinen Erwerb im Umherziehen als Künstler, Artist, Händler fand und dies während der Ehe fortsetzt oder ihn wirthschaftliche oder andere ernste Gründe nach Eingehung der Ehe dazu veranlassen. Es fragt sich, ob das Recht auf eheliche Gemeinschaft,

das auch die Frau hat (§ 1353), dahin führt, daß sie vom Manne die Aufgabe einer vor der Ehe gepflogenen fortwährenden Wohnortsveränderung und die Wahl eines bleibenden Aufenthalts, also eines Wohnsitzes verlangen kann. Die Frage ist zu verneinen, da die gesetzlichen Zwecke der Ehe eine derartige Festigkeit des Wohnorts, wie sie zur Begründung des Domizils erforderlich ist, im allgemeinen — abgesehen von besonderen Fällen — keinesfalls verlangen. Andererseits geht das Recht, den Wohnsitz zu bestimmen, auch nicht während einer Freiheitsstrafe des Mannes auf die Frau über. Bayr. Oberst. LG. vom 7. Dezember 1900 in Seuff. Arch. Bd. 56 S. 433.

6. Bei Nichtigkeit der Ehe ist zu unterscheiden:

a) der Fall der Ehenichtigkeit wegen Mangels der in § 1317 vorgeschriebenen Form und Nichteintragung der Ehe in das Heirathsregister nach §§ 1324, 1329 („absolute" Nichtigkeit vgl. Bd. IV S. 64). Da hier die Wirkungen der Nichtigkeit sofort und ohne Urtheil eintreten, so entsteht keine Verpflichtung zur ehelichen Lebensgemeinschaft und daher auch für die Ehefrau kein nothwendiger oder abgeleiteter Wohnsitz. Bd. IV S. 67 Bem. VII, a.

b) „Relative" Nichtigkeit der Ehe (die Nichtigkeitsfälle des § 1329 BGB.). Diese kann während des Bestehens der Ehe nur im Wege der Nichtigkeitsklage geltend gemacht werden. Die Befugniß zum Getrenntleben auf die Dauer des Nichtigkeitsprozesses kann nach gesetzlicher Bestimmung den Ehegatten nur durch einstweilige Verfügung des Gerichts ertheilt werden (CPO. § 627; Bd. IV S. 66, S. 76 ff.). Dies setzt den Bestand eines Ehedomizils voraus. Gleiches gilt für den Fall einer anfechtbaren Ehe (§§ 1330 BGB., 627 CPO.).

7. Der gesetzliche Wohnsitz der Ehefrau hört auf:

a) wenn der Wohnsitz des Mannes ohne Begründung eines neuen Wohnsitzes aufhört;

b) wenn der Mann seinen Wohnsitz ins Ausland verlegt an einen Ort, an den ihm die Ehefrau nicht folgt und zu folgen nicht verpflichtet ist (§ 10 Abs. 1);

c) wenn die Ehe gelöst wird durch den Tod des Ehemanns oder durch Todeserklärung des Mannes und neue Ehe der Frau (§ 1348); in diesem letzteren Falle wird das alte Ehedomizil durch das Ehedomizil der neuen Ehe ersetzt.

d) wenn die Ehe geschieden wird, mit der Rechtskraft des Scheidungsurtheils (§ 1564).

Hiezu ist zu bemerken:

Zu b) Wenn der Mann seinen Wohnsitz ins Ausland verlegt und die Ehefrau ihm dorthin folgt, so wird der ausländische Wohnsitz des Mannes ihr gesetzliches Domizil, da der Grundsatz, daß die Ehefrau den Wohnsitz des Mannes theilt, sich nicht auf das inländische Domizil beschränkt. Wenn die Frau dem Ehemanne nicht ins Ausland folgt, so ist zu unterscheiden, ob die Frau verpflichtet ist zur ehelichen Folge oder nicht. Diese Frage ist nach Maßgabe der §§ 1353, 1354 zu entscheiden: die Ehefrau ist nicht verpflichtet, dem Manne zu folgen, wenn sich die Wahl des ausländischen Wohnsitzes oder vielmehr das Verlangen, daß die Ehefrau dahin folge, als ein Mißbrauch des dem Manne zustehenden Rechtes auf Herstellung der ehelichen Gemeinschaft und auf Entscheidung in gemeinsamen Eheangelegenheiten darstellt. Kann in der Begründung des ausländischen Wohnsitzes und dem Verlangen der Ehefolge dahin kein Mißbrauch seitens des Mannes erblickt werden, so theilt die Frau den ausländischen Wohnsitz des Mannes kraft Gesetzes, auch wenn sie ihm nicht dahin folgt. Anders, wenn der Mann seinen Wohnsitz nach einem inländischen Orte verlegt, wohin die Frau zu folgen nicht verpflichtet ist und nicht folgt: in diesem Falle theilt sie den neuen Wohnsitz unter allen Umständen kraft Gesetzes.

Zu d) Die „Aufhebung der ehelichen Gemeinschaft" (§ 1575) läßt das Band der Ehe fortbestehen. Daß in Folge des Urtheils „die mit der Scheidung verbundenen Wirkungen" eintreten (§ 1586), ist ein ungenauer Ausdruck des Gesetzes. Vgl. Bd. IV Bem. zu § 1586; Jacobi, Das persönliche Eherecht 2. Aufl. S. 104 Note 106a. In Folge der Aufhebung der ehelichen Gemeinschaft kann die Frau einen andern Wohnort als der Mann haben, wie in den Fällen des § 1361. Der gesetzliche Wohnsitz des § 10 dagegen bleibt bestehen. A. M. Planck Bem. 4 zu § 10.

8. War in den Fällen der Aufhebung des gesetzlichen Wohnsitzes der Frau an irgend einem Orte, insbesondere an dem Orte dieses gesetzlichen Wohnsitzes selbst für sie der Thatbestand des gewählten Wohnsitzes begründet, so ist an diesem Orte nunmehr ihr gewählter Wohnsitz begründet. Fehlt es an diesem Thatbestande, so ist die Ehefrau zunächst wohnsitzlos, bis sie einen neuen Wohnsitz begründet.

Im Falle der Bem. 7, b ist die Möglichkeit gegeben, daß die Frau sich nach Verlegung des eheherrlichen Domizils ins Ausland erst nach einiger Zeit entschließt, ihm dahin zu folgen. Dann hört zuerst der gesetzliche Wohnsitz auf, die Frau kann einen Wohnsitz selbständig begründen (§ 10 Abs. 2). Wenn sie dann dem Manne ins Ausland folgt, begründet sie dortselbst den abgeleiteten Wohnsitz der Ehe. Die Frage, ob sie dann wieder durch spätere Trennung von dem Manne ohne gerichtliche Erlaubniß den gesetzlichen Wohnsitz ohne weiteres aufgeben kann, hängt davon ab, ob die Ehefrau dann noch die Ehefolge zu verweigern berechtigt ist oder nicht, ob der Akt der Ehefolge unwiderruflich ist, auch wenn er von Anfang gemäß §§ 1353, 1354 von dem Manne nicht verlangt werden konnte. Hiebei kommt insbesondere auch die Möglichkeit einer Aenderung der Verhältnisse in Betracht, die dahin führen kann, daß eine zunächst bestandene Pflicht der Ehefolge in einem späteren Zeitpunkte nicht mehr anzuerkennen ist (Planck Bem. 5 zu § 10).

§ 11.

Ein eheliches Kind theilt den Wohnsitz des Vaters, ein uneheliches Kind den Wohnsitz der Mutter, ein an Kindesstatt angenommenes Kind den Wohnsitz des Annehmenden. Das Kind behält den Wohnsitz, bis es ihn rechtsgültig aufhebt.

Eine erst nach dem Eintritte der Volljährigkeit des Kindes erfolgende Legitimation oder Annahme an Kindesstatt hat keinen Einfluß auf den Wohnsitz des Kindes.

E. I, 40; II, 21; III, 11.

Der gesetzliche Wohnsitz des Kindes.

1. Altes Recht. Nach Gem.R. haben eheliche Kinder von ihrer Geburt an denselben Wohnsitz wie der Vater, sie folgen dem Vater in einen neuen Wohnsitz, den dieser nach ihrer Geburt begründet, so lange sie selbst zu seinem Hausstande gehören (Savigny, Syst. VIII S. 62). Einen vom väterlichen Domizil verschiedenen Wohnsitz zu begründen, sind sie während der Minderjährigkeit nur mit Willen des Vaters in der Lage (Glück, Erl. z. Pand. VI S. 268, 278). Sind sie großjährig oder für großjährig erklärt, so können sie auch ohne Einwilligung des Vaters durch separata oeconomia sich von dem väterlichen Haushalte trennen und einen selbständigen Wohnsitz begründen. Der Vater selbst aber kann den ehelichen Kindern auch während ihrer Minderjährigkeit ein von seinem eigenen Wohnsitze verschiedenes Domizil konstituiren (Seuff. Arch. Bd. 31 Nr. 10). Es ist daher nicht, wie im Verhältnisse von Ehemann und Ehefrau, eine zwingende Norm dahin vorhanden, daß Vater und Kinder denselben Wohnsitz haben.

Nach dem Tode des Vaters behalten die Kinder den Wohnsitz des Vaters, bis sie ihn rechtsgültig aufheben oder dieser für sie aufgehoben wird (während der Minderjährigkeit durch den Vormund). Wach, CP. I S. 141; Dernburg, Pand. I § 46 Note 8.

Die unumgängliche Voraussetzung dieses abgeleiteten Wohnsitzes ist, daß der Vater selbst einen Wohnsitz hat. Ist er wohnsitzlos, so ist es auch das eheliche Kind. Nach dem Tode des Vaters geborene Kinder erwerben nicht den abgeleiteten Wohnsitz, sie sind vielmehr so lange wohnsitzlos, bis sie durch Bestimmung des gesetzlichen Vertreters einen Wohnsitz erhalten.

Was von ehelichen Kindern gilt, ist auch von den legitimirten und den vollkommen adoptirten, den Kindern aus einer putativen Ehe, sowie den durch Einkindschaft angenommenen zu sagen. Vgl. hiezu Art. 1 des bayr. Heim.Ges. vom 16. April 1868.

Uneheliche Kinder theilen nach Gem.R. den Wohnsitz der Mutter, bis sie handlungsfähig werden und selbständig einen Wohnsitz für sich zu begründen vermögen und neu begründen. Hat die Mutter keinen Wohnsitz, so sind sie wohnsitzlos (Savigny, Syst. VIII, 62). Dagegen folgen sie nicht, wie eheliche Kinder bei Veränderung des väterlichen Domizils das neue Domizil des Vaters theilen, bei Veränderung des mütterlichen Domizils der Mutter. Solche Domizilsveränderung und -Neubegründung kann vielmehr während der Minderjährigkeit nur mit Genehmigung des Vormunds erfolgen (v. Bar a. a. O. I, 158). Mit dem Willen des Vormunds aber kann die Domizilsveränderung erfolgen auf Initiative des Vormunds oder des Kindes: der Vormund kann das Domizil des Kindes, selbstverständlich nicht ohne Aenderung des thatsächlichen Aufenthalts, verlegen oder die vom Kinde ausgehende gutheißen (Urth. des Bayr. Oberst. LG. in Samml. Bd. 11 Nr. 109). Ob zu dieser Wohnsitzveränderung mit dem Willen des Vormunds auch eine obervormundschaftliche Genehmigung erforderlich, ist gemeinrechtlich bestritten (Seuff. Arch. Bd. 31 Nr. 10; Bayr. Oberst. LG. Bd. 11 Nr. 109; v. Bar I, 159).

Diese gemeinrechtliche Ordnung entspricht auch dem bayrischen Rechte (BGO. cap. I, § 3; Art. 81 AG. zur CPO. und KO.); ebenso dem preuß. Rechte (Einl. zum PLR. §§ 25, 26 Thl. II Tit. 2 § 60; AGO. Thl. I Tit. 2 §§ 17—21, 24; Roth, BCR. I, 2. Aufl., § 17 Anm. 17; Förster-Eccius, preuß. Pr.R. I, 6. Aufl., § 11 Note 7 S. 56). Dagegen weicht von dieser gemeinrechtlichen Ordnung wesentlich ab das französische Recht in cod.

civ. art. 108. Minderjährige eheliche Kinder, die nicht aus der Gewalt entlassen sind, theilen den Wohnsitz des Vaters, nach dessen Tode aber den Wohnsitz der Mutter. Wenn sie einen anderen Vormund haben, so theilen sie den Wohnsitz desselben, sogar dann, wenn Vater und Mutter noch leben und die Kinder mit ihnen zusammenwohnen. Zachariae-Crome a. a. O. I § 92 Note 6. Entmündigte volljährige Personen haben den Wohnsitz des Vormunds (Zachariae-Crome a. a. O. Note 7), so daß, wenn der Ehemann entmündigt und unter die Vormundschaft seiner Frau gestellt wird, er den Wohnsitz seiner Frau theilt. Das uneheliche Kind hat, wenn vom Vater anerkannt, den Wohnsitz des Vaters, wenn nicht, den der Mutter, sofern es von dieser anerkannt, anderenfalls das Domizil der Person (z. B. der Findelanstalt), bei welcher es untergebracht ist (Zachariae-Crome a. a. O. Note 5).

Findelkinder sind Kinder, deren Eltern unbekannt sind. Sie können daher keinen abgeleiteten Wohnsitz haben, ebenso wenig wie bezüglich ihrer ehelichen und unehelichen Geburt etwas feststehen kann; für die Domizilsfrage ist es bedeutungslos, daß das PLR. (Thl. I cap. 3 § 2 Ziff. 7) zu ihren Gunsten die Vermuthung der ehelichen Geburt aufstellt. Gemeinrechtlich sollen sie da ihren Wohnsitz haben, „wo sie gefunden und erzogen worden sind" (Glück VI, 262, 263); richtiger nach bayrischem Rechte (BGO. cap. I § 3), „wo sie gefunden oder erzogen werden" (Art. 81 AG. zur CPO. und KO.). Vgl. für das öffentliche Recht bayr. Heim.Ges. Art. 15 Abs. 2 Ziff. 1: „Findelkinder sollen ihre vorläufige Heimath in jener Gemeinde haben, in deren Gemarkung sie gefunden wurden." Demnächst ist nach den vorerwähnten Grundsätzen der Vormund berechtigt, ihren Wohnsitz zu bestimmen.

2. Das BGB. folgt in § 11 im wesentlichen dem gemeinrechtlichen System. Hienach ist Folgendes bestimmt:

a) Ein eheliches Kind theilt den Wohnsitz seines Vaters ohne Rücksicht auf elterliche Gewalt. Wann ein Kind ehelich ist, sagt BGB. § 1591. Wohnsitzlos ist das eheliche Kind eines Vaters, der bei der Geburt des Kindes keinen Wohnsitz hat und auch später keinen Wohnsitz erwirbt. Folgeweise ist wohnsitzlos auch das Kind, das nach dem Tode des Vaters geboren wird. Andererseits theilt das eheliche Kind immer nur den bestehenden Wohnsitz des Vaters; der abgeleitete Wohnsitz des Kindes verändert sich mit jeder Aenderung des väterlichen Wohnsitzes. Bei Wiederverheirathung einer Frau nach Auflösung ihrer ersten Ehe gilt das Kind nach § 1600, wenn es innerhalb 270 Tagen nach Auflösung der früheren Ehe geboren wird, als Kind des ersten, wenn es später geboren wird, als Kind des zweiten Mannes; erstenfalls folgt es dem Wohnsitze des ersten Mannes, im letzten Falle dem Wohnsitze des zweiten Mannes. Ist die frühere Ehe durch den Tod gelöst worden, so ist das Kind im ersten Falle wohnsitzlos. Den ehelichen Kindern stehen in Bezug auf den Wohnsitz die legitimirten (§§ 1719, 1736) gleich. Das an Kindesstatt angenommene Kind, das ebenfalls die Rechtsstellung eines ehelichen Kindes hat (§ 1757), theilt den Wohnsitz des Annehmenden. Vgl. jedoch Bem. 5. Das von einer Frau angenommene Kind folgt dem Wohnsitze der Adoptivmutter (§ 11). Adoptirt jedoch eine Ehefrau, die den Wohnsitz des Ehemanns nicht theilt, dessen eheliches Kind, so behält das Kind den Wohnsitz des Vaters mit Rücksicht auf § 1757 Abs. 2 BGB.

b) Uneheliche Kinder „theilen" den Wohnsitz der Mutter. Auch hier wird vorausgesetzt, daß die Mutter einen Wohnsitz hat. Ebenso entsteht wieder die Frage, ob Veränderungen des mütterlichen Wohnsitzes eine Wohnsitzveränderung für das Kind zur Folge haben, aus den oben bei der Darstellung des Gem.R. in Bem. 1 erörterten Gründen. In Betracht kommt, daß der unehelichen Mutter nicht die elterliche Gewalt zusteht (§ 1707), wohl aber ein Bestandtheil der elterlichen Gewalt, nämlich „das Recht und die Pflicht, für die Person des Kindes zu sorgen", während der Vormund des Kindes, soweit der Mutter die Sorge zusteht, nur die rechtliche Stellung eines Beistandes hat. Vgl. hiezu Bd. IV Bem. zu § 1707. Nach § 1631 umfaßt die Sorge für die Person des Kindes das Recht und die Pflicht, den Aufenthalt des Kindes zu bestimmen. Es ist daher anzunehmen, daß nach dem BGB., im Gegensatze zum Gem.R., Veränderungen des Wohnsitzes der Mutter auch die Wohnsitzfolge des unehelichen Kindes nach sich ziehen. Dafür spricht auch die Gleichstellung des gesetzlichen Domizils der ehelichen Kinder und des gesetzlichen Domizils der unehelichen Kinder, sofern bezüglich beider Kategorien von Kindern in gleicher Weise gesagt wird, daß sie den Wohnsitz „theilen", die einen des Vaters, die andern der Mutter. Außerdem kommt in Betracht, daß der Vater den abgeleiteten Wohnsitz seiner ehelichen Kinder bestimmt, auch wenn er nicht Inhaber der elterlichen Gewalt ist.

Denn nur von dem „Vater", nicht von dem Inhaber der elterlichen Gewalt spricht § 11. Uebereinstimmend Bayr. Oberst.LG. n. F. Bd. 2 S. 109.

3. Das Kind behält den einmal begründeten gesetzlichen Wohnsitz nach § 11 Abs. 1 Satz 2, bis es ihn rechtsgültig aufhebt. Damit ist gesagt:

a) Wenn der Vater, die Mutter u. s. w. aufhören, einen Wohnsitz zu haben, so hat dies nicht auch eine Beendigung des gesetzlichen Wohnsitzes des Kindes zur Folge. Das Kind behält den zuletzt begründeten gesetzlichen Wohnsitz, wenn der Vater, die Mutter, die annehmende Person wohnsitzlos werden oder sterben oder für todt erklärt werden. Das Kind behält in diesen Fällen den Wohnsitz, bis es ihn rechtsgültig aufhebt. Dies kann geschehen:

α) indem das Kind rechtsgültig den Wohnsitz aufhebt ohne Begründung eines neuen Wohnsitzes oder

β) durch Begründung eines neuen Wohnsitzes.

Für beide Veränderungen sind die Voraussetzungen der §§ 7 und 8 erforderlich. Es kann also das Kind, wenn es volljährig ist, den Wohnsitz ohne Begründung eines anderen Wohnsitzes aufheben oder einen neuen Wohnsitz begründen. Solange das Kind geschäftsunfähig ist oder in der Geschäftsfähigkeit beschränkt, ist zu diesen Veränderungen des Wohnsitzes der Wille des gesetzlichen Vertreters erforderlich. Vgl. hiezu Bayr. Oberst.LG. n. F. Bd. 1 S. 249.

b) Das Kind „behält den Wohnsitz, bis es ihn rechtsgültig aufhebt"; dies bedeutet ferner, daß es, während der Vater oder die Mutter oder die annehmende Person noch am Leben sind und einen Wohnsitz haben, diesen Wohnsitz nicht mehr theilt, wenn es ihn aufzuheben berechtigt ist und wirklich aufhebt. Dazu ist nach dem Vorerörterten das volljährige Kind allein berechtigt. Ist die Mutter Inhaberin der elterlichen Gewalt, so kann sie auch bei Lebzeiten des Vaters und bei Fortdauer des väterlichen Domizils eine Domizilsveränderung des Kindes herbeiführen und genehmigen. Bayr. Oberst. LG. n. F. Bd. 1 S. 412. Die Zulässigkeit einer Vertretung im Willensmoment bei der Wohnsitzbegründung ist zweifellos (BGB. § 8). Gleiches muß aber auch vom Vater selbst, ferner der Mutter des unehelichen Kindes, sowie der annehmenden Person gelten. Wenn diese einverstanden sind, kann aus § 11 ein Hinderniß dagegen nicht hergeleitet werden, daß das Kind einen von ihrem eigenen Wohnsitze verschiedenen Wohnsitz begründet.

4. Von Findelkindern kann man weder sagen, ob sie ehelich oder unehelich, noch einen abgeleiteten Wohnsitz gemäß § 11 feststellen. Nach FG. § 36 ist für die Vormundschaft über einen Minderjährigen, dessen Familienstand nicht zu ermitteln ist, das Gericht zuständig, in dessen Bezirke der Minderjährige aufgefunden wurde. Der von diesem Gerichte gemäß §§ 1772, 1774 von Amtswegen zu bestellende Vormund hat nach § 1800 das Recht, den Wohnsitz des Kindes zu bestimmen.

5. Eine Ausnahme von dem Grundsatze des § 11 Abs. 1 bestimmt Abs. 2: Wurde ein volljähriges Kind legitimirt oder als Kind angenommen, so hat dies keinen Einfluß auf den Wohnsitz des Kindes. Es wird in diesem Falle also nicht der gesetzliche abgeleitete Wohnsitz begründet, sondern es bleibt der bisherige Wohnsitz des Kindes bestehen oder die bisherige Wohnsitzlosigkeit.

§ 12.*)

Wird das Recht zum Gebrauch eines Namens dem Berechtigten von einem Anderen bestritten oder wird das Interesse des Berechtigten dadurch verletzt, daß ein Anderer unbefugt den gleichen Namen gebraucht, so kann der Berechtigte von dem Anderen Beseitigung der Beeinträchtigung verlangen. Sind weitere Beeinträchtigungen zu besorgen, so kann er auf Unterlassung klagen.

E. II, 22; III, 12.

I. E. I enthielt zwar im Familienrecht einzelne namensrechtliche Normen (§§ 1274, 1455, 1497, 1569, 1622), aber keine allgemeine Bestimmung bezüglich eines Namensrechts, deren Aufnahme vielmehr ausdrücklich abgelehnt wurde (M. IV, 1005). In Folge der

*) Literatur: Gierke, DPR. I § 83 S. 717 ff.; Dernburg I § 55; Endemann I § 37; Gareis, Komm. Bem. 1 zu § 12; derselbe in Hartmanns Zeitschrift für Gesetzgebung und Praxis auf dem Geb. des öffentl. Rechts Bd. 3 S. 137; derselbe in Busch's Arch. f. Handels- u. Wechselrecht Bd. 35 S. 197; Opet, Das Namenrecht des BGB. im Arch. f. d. civilist.

gegen diese Haltung dieses Entwurfs gerichteten Kritik wurde in den E. II § 22 eine Bestimmung aufgenommen, welche im wesentlichen dem jetzigen § 12 des Gesetzes entspricht. Diese Norm betrifft den Schutz des Rechtes auf den erworbenen Namen, nicht aber die Entstehung oder Beendigung des Namensrechts. Ebensowenig wird in § 12 der Begriff des Namens begrenzt. Aber auch der reichsrechtliche Schutz des Namensrechts ist nicht vollständig in § 12 enthalten. Namensrechtliche Normen enthält noch insbesondere das Personenstandsgesetz, das Reichsgesetz zum Schutze der Waarenzeichen, das HGB., das Gesetz zur Bekämpfung des unlauteren Wettbewerbs. Ueber das Verhältniß dieser verschiedenen Gesetze zum BGB. vgl. Fuld, „Zum Schutze des Namens" in der Zeitschrift für gewerblichen Rechtsschutz und Urheberrecht II (1897) S. 343: insbesondere über das Verhältniß des § 37 HGB. zu § 12 BGB. Ramdohr a. a. O. S. 66, 67, 74, 76: Olshausen a. a. O. S. 85. Rechtssätze, welche die Entstehung und die Beendigung des Namensrechts betreffen, gehören theils dem BGB., theils anderen Reichsgesetzen, wie dem HGB., dem Personenstandsgesetz, theils auch den Landesrechten an.

II. Begriff und rechtliche Bedeutung des Namensrechts.

1. Begriff des Namens. Name ist ein sprachliches Mittel zur ständigen Bezeichnung einer Person zwecks Unterscheidung von anderen Personen.

Person ist natürliche oder juristische Person. Der bürgerliche Name ist zunächst diejenige Personenbezeichnung, welche bestimmt ist, einen rechtsfähigen Menschen in allen bürgerlichen, rechtlichen und gesellschaftlichen Beziehungen zu bezeichnen. Der bürgerliche Name ist bei natürlichen Personen im modernen deutschen Rechtssysteme zusammengesetzter Name. Er besteht mindestens aus einem Vornamen und einem Familiennamen. Der Familienname weist die Person einer bestimmten Familie zu, der Vorname unterscheidet sie von andern Trägern des gleichen Familiennamens. Ob auch bei Adeligen der bürgerliche Name nur aus Vornamen und Familiennamen besteht, oder das Wort „von" zum bürgerlichen Namen gehört, ist bestritten.*) Entscheidend bezüglich dieser Frage können aber zunächst nur die Bestimmungen des öffentlichen Rechtes der einzelnen Staaten sein. Ist nach diesen Bestimmungen das „von" Standesbezeichnung, wie dies z. B. für Bayern aus dem bayrischen Adelsedikte sich ergiebt (vgl. Staudinger, D. Jur.Z. 1898 S. 362 ff.), so ist es kein Namensbestandtheil und die Bestimmungen des BGB. finden darauf keine Anwendung, sofern nicht das Landesrecht dies ausdrücklich vorschreibt; vgl. unten III, A, 2, c, β. Wo dagegen nach dem öffentlichen Rechte des einzelnen Bundesstaates, weil es einen Adel als einen besonderen Stand im Rechtssinne nicht giebt, das „von" nicht Standeszeichen sein kann, da bildet es einen Bestandtheil des bürgerlichen Namens. Ersterenfalls kann auf das „von" ohne weiteres verzichtet werden, letzterenfalls nicht ohne Genehmigung des Staates, sofern solche zu Namensänderungen erforderlich ist. Vgl. hiezu die Verhandlungen des 25. D. Juristentags Bd. 3 S. 63 ff.; ferner Bd. IV Bem. 10 zu § 1355 und die daselbst angeführten Bestimmungen der Ausführungsgesetze zum BGB., sowie die dort citirte Literatur.

Der Name einer juristischen Person wird nach anderen Grundsätzen gebildet, hat aber ebenfalls den Zweck der Unterscheidung und Kennzeichnung.

In Bezug auf die juristischen Personen ist zunächst zu vergleichen BGB. § 57; HGB. §§ 19, 20, 33.

Praxis Bd. 87 S. 313 ff.; v. Sicherer unter Artikel „Namensgebung" in v. Stengels Wörterbuch des deutschen Verwaltungsrechtes II S. 159 ff.; G. Meyer, Lehrbuch des deutschen Verwaltungsrechtes (2. Aufl.) I § 31; Kohler, Recht des Markenschutzes, 1884 S. 5—18: Staudinger in Bl. f. RA. Bd. 62 S. 161 ff., 177 ff., 193 ff.; derselbe in der D. Jur.Z. 1898 S. 362 ff.; Nippold im Sächs. Arch. f. bürg. R. Bd. 1 S. 369. Weitere Literatur siehe bei Opet, Das Verwandtschaftsrecht des BGB. (1899) § 29; ferner Alfred Manes, Das Recht des Pseudonyms (Göttingen 1899) § 1 Note 1: Mantey, Der deutsche niedere Adel und das BGB. im Arch. f öffentl. Recht Bd. 13 S. 20 ff ; H. Müller, Namensführung, Namensänderung, Namensfeststellung und Namensstreitigkeiten in Bl. f. adm. Pr. Bd. 50 (1900) S. 353 ff.; Olshausen, Das Verhältniß des Namensrechts zum Firmenrecht, 1900; Isaak, Der Schutz des Namens nach den Reichsgesetzen, 1900; G. Cohn, Neue Rechtsgüter: Das Recht am eigenen Namen; das Recht am eigenen Bilde (Rektoratsrede), 1902; v. Bülow, Krückmann, Opet in den Verhandlungen des 24. D Juristentags Bd. 3 S. 117 ff., 151 ff., 191 ff.; Verhandlungen des 25. D. Juristentags Bd. 3 S. 43 ff.; Gareis in den Verhandlungen des 26. D. Juristentags Bd. 1 S. 3 ff.; Keyßner, ebenda Bd. 1 S. 72 ff.; Ramdohr, Das Recht zum Gebrauch eines Namens nach dem BGB., in Gruchot, Beitr. Bd. 43 S. 1 ff.; Süßheim, Namensrecht von Frau und Kind in Gruchot, Beitr. Bd. 43 S. 579 ff.; Oertmann, Bayr. Landesprivatrecht I (1903) §§ 15 und 16.

*) Die Literatur hierüber vgl. bei Opet, Verwandtschaftsrecht S. 343—351, woselbst die verschiedenen Theorien behandelt sind.

2. Der „bürgerliche“ Name ist nach der Ausführung unter 1 derjenige Vor- und Familienname eines Menschen, welchen er in der Gesellschaft und grundsätzlich in allen rechtlichen Beziehungen führt und zu führen hat. Neben dem bürgerlichen Namen kann dieselbe Person noch andere Namen führen:

a) den Handelsnamen. Der Handesname ist nicht „bürgerlicher Name“, auch wenn er mit demselben sprachlich identisch ist. Entsch. d. bayr. Oberst. LG. vom 21. Januar 1893 in Seuff. Arch. 48 Bd. Nr. 263. Sprachliche Identität ist aber nur möglich, nicht nothwendig. Der Mann, welcher den bürgerlichen Namen Johann Mayer besitzt, kann als Kaufmann Carl Müller heißen. HGB. §§ 17, 21, 22. Das EG. z. HGB. Art. 9 Nr. I hat für Gewerbetreibende, die einen offenen Laden haben oder eine Wirthschaft betreiben, vorgeschrieben, daß an dem Laden oder der Wirthschaft der Familienname des Gewerbetreibenden mit mindestens einem ausgeschriebenen Vornamen anzubringen ist, von Kaufleuten, die eine Handelsfirma führen, zugleich mit der Firma, sofern diese nicht den Familiennamen und den ausgeschriebenen Vornamen enthält. Der Handelsname ist beim ersten Inhaber des Handelsgeschäfts grundsätzlich identisch mit dem bürgerlichen Namen und unterscheidet sich von diesem nur insofern, als er sich auf den Familiennamen beschränken kann, der Hinzufügung des Vornamens nicht bedarf. Die Differenzirung von Handelsnamen und bürgerlichem Namen kann in Folge Geschäftsübergangs mit der Firma eintreten.

b) Das Pseudonym. Darstellende, auch bildende Künstler, sowie Schriftsteller bedienen sich einer mehrhundertjährigen Uebung gemäß vielfach dem Publikum gegenüber eines „angenommenen Namens“ (Gierke). Schauspieler, Sänger, Tänzer machen ihren ersten Versuch oft nicht unter ihrem bürgerlichen, sondern unter einem angenommenen Namen und behalten denselben sodann, wenn sie Erfolg haben, bei, so daß das Publikum sie überhaupt nur unter diesem Theaternamen kennen lernt und kennt. Dabei sind die verschiedensten Erwägungen maßgebend, wie Rücksichten auf die Familie, die Möglichkeit einer anderen Laufbahn, die Ungeeignetheit des bürgerlichen Namens. Andere Rücksichten führen zum Schriftsteller-Pseudonym, dessen Verbreitung schon im 17. Jahrhundert durch große Sammlungen festgestellt ist. Auch das schriftstellerische Pseudonym tritt derart an die Stelle des bürgerlichen Namens, daß das Publikum zumeist den bürgerlichen Namen des Autors überhaupt nicht kennt. Der „angenommene Name“ kann sich vermöge des an ihn sich knüpfenden Rufes zu einem werthvollen persönlichen Gut entfalten (Gierke) und ist in der ausländischen Gerichtspraxis mehrfach als schutzberechtigt anerkannt (Nachweise bei Kohler, Arch. f. bürgerl. R. V S. 80).

Es fragt sich vor allem, ob das Pseudonym Name ist, wie der bürgerliche Name oder der Handelsname. In zweiter Linie, wenn diese Frage zu bejahen, fragt es sich, ob ein Recht auf das Pseudonym im Sinne des § 12 erworben werden kann. Die Literatur zu diesen Fragen vgl. bei Alfred Manes, Recht des Pseudonyms (1899); ferner Götte, Arch. f. bürgerl. R. 1899 S. 320 ff.; für den namensrechtlichen Schutz des Pseudonyms haben u. A. sich ausgesprochen: Gierke, Kohler, Eck, Opet, Hölder, Endemann, Leonhard, Riedel, Kuhlenbeck, Manes, Götte, Cohn; dagegen Planck, Rehbein, Zitelmann, Cosack, Gareis, Ramdohr, Neumann, Staudinger. Die preußische Praxis hat schon im ersten Drittel des 19. Jahrhunderts das Pseudonym geschützt (vgl. hiezu Endemann I § 37 Note 15). Ueber die französische und amerikanische das Pseudonym schützende Praxis vgl. Kohler, Arch. f. bürgerl. R. V S. 80, 99; Cohn S. 37. Das englische Recht schützt nur den Handelsnamen (trade name), vgl. Olshausen S. 27.

Nach Kohler, Recht des Markenschutzes § 120, ist das Pseudonym kein Name, sondern ein „außerhalb des Namens stehendes Bezeichnungsmittel“ (dagegen: Derselbe, Arch. f. bürgerl. R. V, 79 ff.). Namensqualität bestreitet dem Pseudonym ferner Staudinger, der in dem Pseudonym nur eine „dekorirte Anonymität“ findet (a. a. O. S. 165 Note **). Daß nun Bezeichnungen einer Person keine Personennamen sind und sein wollen, wenn z. B. ein Arzt medizinische Aufsätze mit der Unterschrift Medicus, ein Jurist mit der Unterschrift Judex veröffentlicht, dürfte zweifellos sein, während auch derartige und ähnliche Bezeichnungen als „Pseudonym“ erklärt worden sind (vgl. Manes S. 33; Götte S. 331). Die wirklichen Pseudonyme präsentiren sich aber — rein sprachlich genommen — in der üblichen Form der bürgerlichen Namen. Man kann ihnen regelmäßig nicht ansehen, daß sie nicht wirklich bürgerliche Namen sind. Sie können daher, sprachlich betrachtet, auch Namensfunktion üben. Auf einem durch jahrhundertelange Uebung eng begrenzten Gebiet übt in der That das Pseudonym Namensfunktion ähnlich wie der Handelsname. Die Erlaubtheit dieser Uebung ist allgemein anerkannt. Die fragliche Uebung hatte früher einen festen Rechtsboden in der l. un. Cod. 9, 25, welche die Wahl des Namens überhaupt unter gewissem Vorbehalt in das Belieben des Einzelnen stellt. Die Geltung dieser gemeinrechtlichen Vorschrift wird überwiegend verneint (RGE. Bd. 5 S. 172; Gierke I, 719 Note 11; Opet, Namensrecht S. 347; dagegen Meyer § 31). Daß sie einmal gemeinrechtlich gegolten hat, darauf deutet die zur Renaissancezeit verbreitete Uebung willkürlicher Latinisirung und Gräcisirung der Eigennamen sowie sonstiger Namenswandlung.

Die Auffassung, welche das richtige Pseudonym als einen Personennamen erachtet, dürfte nach Vorstehendem gerechtfertigt sein. Ob aber nach deutschem Rechte ein besonderes Privatrecht auf ein Pseudonym erworben werden kann, ist damit noch nicht entschieden. Das System des modernen bürgerlichen Namens ist erst im 19. Jahrhundert zum Abschlusse gekommen; auch die Anerkennung des bürgerlichen Namens als Gegenstandes eines besonderen Privatrechts ist verhältnißmäßig jungen Datums und erst durch das BGB. zweifellos geworden. Der Hinweis auf die Urheberrechtsgesetze vom 11. Juni 1878 §§ 11, 28 und 9. Januar 1876 §§ 9, 76, nunmehr das Gesetz betr. das Urheberrecht an Werken der Literatur und der Tonkunst vom 19. Juni 1901 § 7, wo „der wahre Name" des Urhebers und das Pseudonym (ohne ausdrückliche Nennung des letzteren) unterschieden werden, beweist nichts für die Anerkennung des Pseudonyms als Gegenstandes eines Privatrechtes (Rehbein S. 27 Nr. 5). Daß das Pseudonym bei Abschluß der Verträge gebraucht werden darf, welche auf das Anwendungsgebiet des Pseudonyms sich beziehen, z. B. Schauspielverträge, wie überhaupt da, wo es nur darauf ankommt, die Person des Erklärenden irgendwie zu bezeichnen (Planck Bem. 2 zu § 126), dürfte für die Entscheidung bedeutungslos sein. Denn es ist auch, wo eine Form für die Identifizirung nicht vorgeschrieben ist, bei Rechtsgeschäften vollkommen genügend für die Bezeichnung einer Person, wenn dieselbe mit ihrem den Betheiligten bekannten Spitznamen oder sonst thatsächlich geführten Namen, z. B. Hausnamen bei Bauern, bezeichnet wird und sich bezeichnet. Das Pseudonym kann, wenn es Gegenstand eines besonderen Privatrechts sein soll, dies auf Grund des BGB. nur als absolutes Recht, mit Wirkung gegen Jedermann sein. Es beweist daher nichts für die Eigenschaft des Pseudonyms als Gegenstandes eines Privatrechts, daß der Schauspieler auf Grund von Engagementsverträgen darauf Anspruch hat, in den vom Theaterunternehmer ausgehenden Bekanntmachungen unter dem von ihm für seine Berufsthätigkeit gewählten Namen als Träger der von ihm darzustellenden Rolle genannt zu werden (Opet, Theaterrecht S. 178). Andererseits ist bemerkenswerth, daß deutsche Bühnendirektoren verlangen, daß die Engagementsverträge von Schauspielern mit ihrem bürgerlichen Namen unterzeichnet werden und daß sie sich das Recht der Entlassung vorbehalten, wenn die Unterschrift nicht den bürgerlichen Namen wiedergiebt (vgl. das Bühnenengagementsformular des Deutschen Bühnenvereins bei Opet, Theaterrecht S. 470 § 12).

Dagegen kommt für die Bejahung der Frage, ob das Pseudonym den Gegenstand eines Privatrechts bilden kann, in Betracht:

α) daß das Pseudonym unter dem Schutze des § 8 des Gesetzes zur Bekämpfung des unlauteren Wettbewerbs vom 27. Mai 1896 steht. Dies wurde bei der Berathung des Gesetzes im Reichstage von der Reichsregierung ausdrücklich anerkannt und ist überhaupt unbestritten. Vgl. Finger, Komm. zum Gesetze zur Bekämpfung des unlauteren Wettbewerbs S. 190. Das Pseudonym ist sohin in jener Richtung privatrechtlich geschützt. Seinem Inhaber sind unter den in § 8 bezeichneten Voraussetzungen Schadensersatz- und negatorische Klage zur Verfügung gestellt. Weiter kommt

β) in Betracht § 823 des BGB. Wenn der Gebrauch eines Pseudonyms an sich nicht auf Grund besonderen Privatrechts, sondern auf Grund der allgemeinen persönlichen Freiheit erfolgt und erlaubt ist, so ist für diejenigen, welche in § 823 die „Freiheit" als besonderes Personenrecht anerkannt finden, auch ein Privatrecht auf den Gebrauch eines Pseudonyms festgestellt. Es ist oben Vorbem. II zum I. Abschnitte dargelegt, daß diese Meinung den Wortlaut des Gesetzes nicht gegen sich und die gesetzgeberischen Verhandlungen für sich haben dürfte.

Darf angenommen werden, daß ein Recht auf das Pseudonym erworben werden kann, so ist die Frage, ob dasselbe unter dem Schutze des § 12 steht, zu bejahen. Denn § 12 schützt jedes „Recht zum Gebrauche eines Namens". Daß die II. Komm., wie festgestellt ist, das Pseudonym von dem Schutze des § 12 ausschließen wollte (P. I, 45), könnte nicht in Betracht kommen, da diese Absicht im Gesetze nicht zum Ausdrucke gelangte.

3. Das Recht auf den Namen ist ein „Persönlichkeitsrecht" (Gierke I, § 81) und daher grundsätzlich von der Person unabtrennbar. Es ist Persönlichkeitsrecht, aber kein Statusrecht. Vgl. Kammerger. (28. Mai 1901) in Rspr. d. OLG. Bd. 3 S. 85 (dagegen bayr. Oberst. LG. in Seuff. Arch. Bd. 48 Nr. 263). Name ist nichts Anderes als eine Kennzeichnung der Person. Ein Vertrag, wodurch der Berechtigte seinen Namen einem Anderen überträgt, hat keine „dingliche" Wirkung, begründet vielmehr nur die obligatorische Verpflichtung, von den aus dem Namensrechte sich ergebenden Berechtigungen einer bestimmten Person gegenüber keinen Gebrauch zu machen (Urth. des RG. in der Zeitschrift „Gewerblicher Rechtsschutz und Urheberrecht", III. Jahrg. [1898] S. 18, 19). Das Recht der Namensführung kann nicht allgemein von dem Berechtigten auf einen Anderen übertragen werden, insbesondere kann das Namensrecht auch nicht als Firmenrecht, losgelöst von dem mit dem Namen oder der Firma bezeichneten Geschäfte, übertragen werden. HGB. § 23. Dagegen kann mit einem gewerblichen Unternehmen das Namensrecht als Firmenrecht übertragen, ferner auch das Recht zum Gebrauch eines Namens mit einem Unternehmen veräußert werden, das nicht firmenpflichtig ist z. B. einem Pensionat (RGE. vom 19. Oktober 1900 in Bl. f. RA. Bd. 66 S. 268, Gruchot, Beitr. Bd. 45 S. 74), einer Wirthschaft (OLG. Stuttgart 31. Mai 1900 in Jahrb. f. Württ. Rechtspfl. Bd. 13 S. 137). Vgl. auch RGE. in Seuff. Arch. Bd. 42 Nr. 92 und RGE. in Jur. Wschr. 1900 S. 829 Nr. 10. Weiter kann das Recht der Namensführung zum Zwecke der Waarenbezeichnung übertragen werden (RGE. vom 1. Februar 1897 in Pat.Bl. 1897 S. 83), vorbehaltlich der Rechte Dritter (RGE. vom 4. Oktober 1888 in Pat.Bl. 1896 S. 143; HGB. § 22).

4. Als Persönlichkeitsrecht ist das Recht auf den erworbenen Namen Privatrecht, gleichviel, ob der Namenserwerb auf Grund von Bestimmungen des Privatrechts oder des öffentlichen Rechtes erfolgte. Diese Auffassung entspricht der heute herrschenden Ansicht. Vgl. D. 4; M. IV, 1005 und die dort angeführten Entscheidungen, insbes. RGE. Bd. 5 S. 171 ff.; ferner die Literatur bei Kuhlenbeck a. a. O. § 11 S. 149. Von Anderen z. B. Gerber, DPR. § 34 Nr. 1, wird der Schutz des Namens lediglich im öffentlichen Rechte gefunden und damit ein Privatrecht auf den erworbenen Namen in Abrede gestellt. Für diese letztere Ansicht spricht u. A. auch heute noch der Umstand, daß die Staatsgewalt, sofern ihr das Recht der Namensverleihung im Wege der Verbescheidung der Gesuche um Namensänderung zusteht, an Beachtung erworbener Namensrechte dritter Personen nicht gebunden ist, so daß jedenfalls die „Ausschließlichkeit" und Absolutheit des privatrechtlichen Namensrechts eine erhebliche Abschwächung erleidet. Vgl. unten Bem. III, A, 2.

5. Mit dem Namensrechte kann eine Pflicht zur Namensführung Hand in Hand gehen. Dies ist nicht der Fall in Bezug auf das Pseudonym, wohl aber in Bezug auf den bürgerlichen Namen und den Handelsnamen. In Bezug auf letzteren s. HGB. §§ 17, 29. In Bezug auf den bürgerlichen Namen ergiebt sich eine Pflicht zur Namensführung zunächst aus den Vorschriften des öffentlichen Rechtes. StGB. § 360 Abs. 1 Nr. 8, bayr. Pol.StGB. Art. 25; preuß. Kabinetsordnung vom 15. IV. 1822. Hieher gehören ferner die Vorschriften des öffentlichen Rechtes, welche die Namensbeurkundung in öffentlichen Registern betreffen (Personenstandsgesetz §§ 22, 54), sowie diejenigen Vorschriften, welche die Aenderung von Vor- und Familiennamen regeln (s. unten III, A, 2 und 4, b). Ob es eine privatrechtliche Pflicht zur Namensführung giebt und damit ein Recht von Privatpersonen, von anderen Privatpersonen die Führung eines bestimmten Namens zu verlangen, ist bestritten: verneint wird dies von Gierke I S. 721 Note 25, bejaht dagegen von den Mot. (IV, 712) in Bezug auf das Kind gegenüber den Eltern, ferner in Bezug auf die Ehefrau gegenüber dem Manne (IV, 106); so auch Fischer-Henle zu § 1355 Note 1, Staudinger a. a. O. S. 165. Die M. IV, 106 (zu § 1274 E. I) geben dem Ehemanne gegen die dieser Pflicht zuwiderhandelnde Frau eine „Klage auf Herstellung der ehelichen Gemeinschaft". Das BGB. schreibt in § 1353 eine Pflicht „zur ehelichen Lebensgemeinschaft", davon unabhängig in § 1355 vor, daß die Frau den Familiennamen des Mannes „erhält". Es kennt in § 1567 eine Klage und ein Urtheil auf Herstellung der häuslichen Gemeinschaft, deren Rechtsfolge die Berechtigung zur Klage wegen böslicher Verlassung sein kann. Die von dieser Klage auf Herstellung der häuslichen Gemeinschaft verschiedene Klage auf Herstellung der ehelichen Gemeinschaft führt zu keinem vollstreckbaren

Urtheil (CPO. § 888 Abs. 2). Es kann aber die Weigerung der Frau zur Führung des Familiennamens des Mannes unter Umständen eine „schwere Verletzung der durch die Ehe begründeten Pflichten" darstellen und zur Ehescheidung nach § 1568 BGB. führen. Auf Grund von § 1355 ist, unabhängig von der Frage nach der Möglichkeit eines civilprozessualen Vollzugs der Gesetzesnorm, die auch bei anderen Fragen der ehelichen Lebensgemeinschaft sich erhebt, die Verpflichtung der Frau zur Führung des Namens als eine dem Manne gegenüber begründete Rechtspflicht anzuerkennen; für deren Erfüllung sind nöthigenfalls die Normen des öffentlichen Rechtes anzurufen, da die ausschließliche Führung des Mädchennamens durch die verheirathete Frau als Namensänderung zu betrachten ist, welche nicht nur unbefugt, sondern überhaupt unzulässig ist. Auch seitens der zur Bewilligung von Namensänderungen zuständigen Organe des Staates könnte der Frau nicht gestattet werden, an Stelle des Familiennamens des Mannes ihren Mädchennamen als bürgerlichen Namen zu führen. Die gesetzliche Verpflichtung der Frau, den Familiennamen des Mannes zu führen, ist zwingendes Recht, von dessen Befolgung die Frau weder durch den Mann (Bd. IV, Vorbem. VII zu Abschnitt 1 Tit. 5 und Bem. 8 zu § 1355) noch durch einen Verwaltungsakt des Staates dispensirt werden kann. Dies muß als geltendes Recht erachtet werden, insbesondere aber als Recht des BGB., nachdem in dieser Beziehung dem Landesrechte keine Konzessionen gemacht sind, abgesehen von dem Vorbehalt in EG. z. BGB. Art. 57, 58 zu Gunsten des hohen Adels und der landesherrlichen Familien. Vgl. Bd. IV Bem. 9 zu § 1355.

Nicht dasselbe gilt in Bezug auf die Namenspflicht der Kinder. Auch diese sind zwar verpflichtet, den Familiennamen des Vaters zu führen. Für die Erfüllung dieser Pflicht ist während der Minderjährigkeit des Kindes der Vater oder die Mutter als Inhaber der elterlichen Gewalt, auch der Vormund in der Lage, auf Grund der ihnen zustehenden Sorge für die Person des Kindes und ihrer Vertretungsbefugniß zu sorgen; auch ihnen steht das öffentliche Recht zur Seite. Mit erreichter Großjährigkeit und dem Wegfalle der elterlichen Gewalt ist aber das Kind berechtigt, eine Namensänderung herbeizuführen und es kann insofern eine Verpflichtung des Kindes, den Familiennamen des Vaters beizubehalten, nicht angenommen werden. Es muß aber auch als zulässig gelten, daß schon während des Bestehens der elterlichen Gewalt mit Zustimmung des Inhabers der letzteren eine Namensänderung von dem Kinde oder für dasselbe erwirkt wird, da dagegen sprechende Gründe, wie sie bei Ehegatten aus der öffentlichen Rechtspflicht zur Lebensgemeinschaft entnommen werden können, in dem Verhältnisse von Eltern und Kindern nicht vorliegen. Vgl. Bd. IV Bem. zu § 1616.

III. Erwerb und Verlust des Namensrechts; insbesondere

A. des Rechtes auf den bürgerlichen Namen der Einzelperson.

1. Der Familienname und familienrechtliche Vorgänge.

a) Familienname der Kinder. Früheres Recht. Die Geburt des Kindes erwirbt demselben als ehelichem Kinde den Familiennamen des Vaters, als unehelichem Kinde den Familiennamen der Mutter. So schon nach Gem.R. (Gierke, DPR. S. 718 zu Note 4); nach BLR. Thl. I cap. 4 § 5 Nr. 3, Anm. Nr. 5 a. E.; bayr. ME. vom 12. Dezember 1852 (Ztschr. f. G. u. R. I S. 6) und ME. vom 11. Februar 1864 (Just.Min.Bl. 1864 S. 113); sächs. BGB. § 1801, PLR. Thl. II Tit. 2 §§ 58, 640). Eine Ausnahme besteht bezüglich der ehelichen Kinder aus sogen. morganatischen Ehen. Sie erhalten den Namen des Vaters nur dann, wenn dieser der nicht ebenbürtige Theil, anderenfalls den Namen der Mutter; Gierke I § 47 zu Note 20. Nach französischem Rechte giebt die Geburt des unehelichen Kindes demselben noch nicht den Namen der Mutter, es wird vielmehr die Anerkennung durch die Mutter oder die erfolgreiche recherche de la maternité vorausgesetzt, welche bei Kindern ex damnato coitu ausgeschlossen ist (cod. civ. art. §§ 334, 335, 341, 342).

In Bezug auf Kinder aus nichtigen Ehen verhielt sich das frühere Recht verschieden. Nach Gem.R. und den meisten Partikularrechten, insbes. auch nach BLR., gelten diese Kinder als eheliche, wenn beide Eltern oder ein Elterntheil bei Abschluß der Ehe in gutem Glauben war (Dernburg, Pand. Bd. III § 28 zu Note 17; BLR. Thl. I cap. 6 § 44; cod. civ. art. 201, 202). In diesen Fällen führen die Kinder den Namen des Vaters (Gierke a. a. O.) Nach preuß. Rechte dagegen haben die Kinder aus nichtigen Ehen zwar immer die Rechte ehelicher Kinder, führen aber „in der Regel" den Namen der Mutter (PLR. Thl. II Tit. II §§ 50—53; Förster-Eccius IV § 227).

Brautkinder gelten als uneheliche Kinder nach Gem.R., PLR. u. BLR. Vgl. Stobbe DPR. IV § 261 Anm. 25, 26; BLR. Anm. z. Thl. I cap. 3 § 2 Nr. 6. Sie führen daher nach diesen Rechten den Namen der Mutter.

Die außerehelichen Kinder einer Wittwe oder geschiedenen Frau führen nicht den durch die Heirath erworbenen, sondern den ursprünglichen Namen der Mutter (Gierke, DPR. I § 83 Anm. 5), das außereheliche Kind einer adeligen Mutter deren Familiennamen ohne das Adelsprädikat (Mantey a. a. O. S. 42—54). Durch die Legitimation erlangen uneheliche Kinder grundsätzlich die Stellung ehelicher Kinder und es führen legitimirte Kinder daher den Namen des Vaters. Gierke I S. 719 Anm. 8; Engelmann, Die rechtliche Stellung der unehelichen Kinder nach BLR. S. 114, 116; Kammerger. Berlin in Rspr. d. OLG. Bd. 2 S. 85 (20. V. 1901).

Unrichtig ist die Behauptung, daß in Bayern ein außereheliches Kind, auch ohne irgendwie das Recht eines ehelichen Kindes erworben zu haben, den Namen des Vaters hätte führen dürfen. In verschiedenen anderen Partikularrechten ist aber die Möglichkeit geschaffen, daß das außereheliche Kind mit Genehmigung des Vaters dessen Namen führt (M. IV, 859). Adoption außerehelicher Kinder durch den außerehelichen Vater verleiht denselben — sofern sie zulässig — ebenfalls die Rechte ehelicher Kinder und daher die Befugniß zur Führung des väterlichen Namens. Im übrigen hat die Annahme an Kindesstatt für das angenommene Kind überhaupt das Recht auf den Namen des Adoptivvaters oder der Adoptivmutter zur Folge. (Gierke, DPR. § 83 Note 9; vgl. auch BLR. I cap. 5 §§ 10 u. 11).

Nach dem EG. z. BGB. Art. 207 u. 208 ist der Namenserwerb der Kinder aus vor dem Inkrafttreten des BGB. geschlossenen nichtigen Ehen, sowie der vor dem Inkrafttreten des BGB. geborenen unehelichen Kinder nach dem bisherigen Rechte zu beurtheilen.

Das BGB. steht in Bezug auf den Erwerb des Namensrechts durch Geburt auf gemeinrechtlichem Standpunkte (§§ 1616, 1706, vgl. auch § 1699). Hienach erhalten eheliche Kinder den Familiennamen des Vaters, uneheliche den Familiennamen der Mutter. Als eheliche Kinder gelten auch die Kinder aus relativ nichtiger Ehe (§ 1699 Abs. 1), dagegen nicht die Kinder aus absolut nichtiger Ehe (§ 1699 Abs. 2), ferner nicht die Kinder aus relativ nichtiger Ehe, wenn beiden Ehegatten die Nichtigkeit der Ehe bei der Eheschließung bekannt war (§ 1699 Abs. 1). Das uneheliche Kind erhält den vorehelichen Familiennamen der Mutter, wenn diese verheirathet ist. Der Ehemann der Mutter kann aber dem unehelichen Kinde der letzteren mit dessen und der Mutter Einwilligung seinen Namen durch Erklärung gegenüber der zuständigen Behörde „ertheilen" (§ 1706). Diese partikularrechtlich bereits mehrfach bestehende Möglichkeit ist in den E. I, II, III, sowie von der Reichstagskommission abgelehnt, jedoch vom Reichstag in II., und — in der gegenwärtigen Fassung — in III. Lesung zugelassen worden.*)

Da zur Rechtsstellung der ehelichen Kinder das Recht auf den Familiennamen des Vaters gehört, so erlangen dieses Recht auch die durch nachfolgende Ehe oder durch einen Akt der Staatsgewalt Legitimirten, sowie die Adoptirten (vgl. die Ueberschrift zum IV. Tit. des II. Abschn. von Buch IV, dann §§ 1699, 1719, 1723, 1758). Das von einer Frau angenommene Kind erlangt deren Familiennamen und, wenn dieselbe verheirathet ist, deren vorehelichen Familiennamen (§ 1758), das durch ein Ehepaar angenommene Kind erhält den Familiennamen des Mannes. Das angenommene Kind darf dem neuen Namen seinen früheren Familiennamen hinzufügen, sofern nicht durch den Annahmevertrag etwas Anderes bestimmt ist (§ 1758 Absatz 2). Die „Hinzufügung" bedeutet, daß der neue Name an erster Stelle zu führen ist (Staudinger, Bl. f. RA. Bd. 62 S. 169).

b) Die Ehefrau erhält nach früherem Rechte durch die Verheirathung den Familiennamen des Mannes gemäß Gem.R. (Dernburg, Pand. Bd. 3 § 6

---

*) Die endgültige Fassung beruht auf einer an der Fassung II. Lesung vorgenommenen, angeblich redaktionellen, in Wirklichkeit aber inhaltlichen Aenderung durch den Abgeordneten Spahn. Vgl. die in der II. Lesung des BGB. am 26. Juni 1896 unverändert angenommene Fassung des Antrags Bebel u. Gen. in StB. 1895/97, III. Anl. Bd., Aktenstück Nr. 469/71, Antrag zu § 1682, dazu den Beschluß, betreffend die Ermächtigung des Abg. Spahn zu redaktionellen Aenderungen einzelner Beschlüsse der II. Lesung zur Vorbereitung der III. Lesung bei der Zusammenstellung der ersteren (StB. 687 ff.) und das Referat v. Buchkas in III. Lesung (St.B. 892), welches von inhaltlicher Aenderung des Beschlusses II. Lesung, die vorlag, nichts bemerkt. Vgl. aber auch die Bemerkung des Antragstellers ebenda S. 892.

zu Note 4; BLR. Thl. I cap. 6 § 12 Nr. 5, Anm. dazu Nr. 2; PLR. Thl. II Tit. 1 § 192). Anders nur bei morganatischen Ehen: Gierke, DPR. I, § 47 Anm. 19 S. 402. Wird die Ehe als nichtig erklärt, so verliert die Frau das Recht auf den Familiennamen des Mannes: Seuff. Arch. Bd. 49 Nr. 147. Die Wittwe behält den erheiratheten Namen: Gierke a. a. O. S. 718 Nr. 7. Ob die geschiedene Frau den Familiennamen des Mannes behält, ist gemeinrechtlich bestritten. Die überwiegende Meinung geht wohl dahin, daß die als schuldig erklärte Frau den Namen des Mannes gegen dessen Willen nicht behält (Gierke a. a. O.), sich aber als geschiedene Frau des Mannes bezeichnen darf (Bl. f. RA. Bd. 28 S. 235). Nach preuß. Rechte darf sich die als schuldig erklärte Frau ohne den Willen des Mannes auch nicht in dieser letzteren Form seines Namens bedienen: Bayr. Oberst. LG. Bd. 11 Nr. 155; PLR. Thl. II Tit. 1 §§ 741 und 742. Ueber andere Partikularrechte s. M. IV, 620, 621. Diese Bestimmungen bleiben in Kraft in Bezug auf Ehen, welche vor dem Geltungsbeginne des BGB. rechtskräftig geschieden wurden (M. zu E. I des EG. z. BGB. S. 290; vgl. bayr. Ministerialentschließung vom 18. Juli 1902 in Bl. f. adm. Pr. 1902 S. 372); dagegen gilt für Ehen, welche erst unter der Herrschaft des BGB. rechtskräftig geschieden werden, das neue Recht.

Nach dem BGB. erwirbt die Frau durch die Verheirathung den Familiennamen des Mannes (§ 1355). Sie ist berechtigt, demselben ihren vorehelichen Familiennamen „beizufügen", jedoch so, daß über die rechtliche Bedeutung dieses Familiennamens kein Zweifel entstehen kann, also z. B. mit dem Zusatze: „geborene" (P. IV, 448; RTK. 222 ff. Bd. IV Bem. 1 zu § 1355). Mit der gleichen Maßgabe kann auch der Mann den Mädchennamen seiner Frau seinem Namen hinzufügen (P. a. a. O.). Dagegen wurde in der Reichstagskommission ein Antrag, der Frau die einfache Beifügung ihres Mädchennamens zu gestatten, abgelehnt, weil dadurch der Familienname des Mannes und derjenige der Frau verschieden würden. Ueber diese nicht zu billigende Auffassung vgl. unten zu c, β. Neben dem erheiratheten bürgerlichen Namen hat die Frau das Recht, einen Künstler- oder Schriftstellernamen, ein Pseudonym, das vorher von ihr geführt wurde, beizubehalten, sofern nicht der Mann aus triftigen Gründen die Weiterführung verbietet (RTK. a. a. O.). Mit der gleichen Beschränkung muß der verheiratheten Frau auch erlaubt sein, ein Pseudonym neu anzunehmen. Vgl. Bd. IV Bem. 3 zu § 1355.

Daß die Wittwe den Namen des Mannes behält, ist nicht ausdrücklich ausgesprochen, ist aber aus dem Mangel einer entgegengesetzten Vorschrift zu folgern. Opet a. a. O. S. 339. Die geschiedene Frau behält den Familiennamen des Mannes, kann aber ihren vorehelichen Familiennamen wieder annehmen, d. h. wenn die geschiedene Ehe die erste war, ihren Mädchennamen, anderenfalls den erheiratheten Namen, welchen sie vor der geschiedenen Ehe führte (§ 1577 Abs. 1 und 2). Die Wiederannahme des früheren Namens erfolgt durch Erklärung „gegenüber" der „zuständigen Behörde". Der als allein schuldig erklärten Ehefrau kann der Mann die Weiterführung seines Namens untersagen durch eine gegenüber der „zuständigen Behörde" abzugebende Erklärung, welche von der Behörde der Frau mitgetheilt wird. In diesem Falle hat die Frau die Pflicht, ihren Mädchennamen zu führen und nicht das Recht, den vor der geschiedenen Ehe erheiratheten Namen wieder anzunehmen. Die Frau verliert also in diesem Falle nicht bloß das Recht auf den Namen ihres geschiedenen Gatten, sondern auch das Recht auf den Namen ihres ersten Gatten, gegen welchen sie nicht sich verging und ohne daß der geschiedene Mann ihr die Führung dieses ihm fremden Namens untersagen könnte. § 1577 Abs. 3; P. IV, 446—448. Eine Frist für die Ausübung des Verbotsrechtes ist nicht vorgeschrieben, auch eine Verjährung desselben findet nicht statt (Opet S. 443). Vgl. Bd. IV Bem. zu § 1577.

2. Namenserwerb durch Namensänderung im Wege obrigkeitlichen Aktes. Wie schon S. 67 erwähnt, ist die gemeinrechtliche Geltung der römischen Vorschrift, welche die Wahl des Familiennamens wie die des Vornamens in das Belieben des Einzelnen stellt (l. un. Cod. 9, 35) bestritten. Die Annahme eines neuen Familiennamens ist in den Landesgesetzen meist ausdrücklich von staatlicher Genehmigung abhängig gemacht. In Folge dessen wird das Recht der Namensänderung dem öffentlichen Rechte und zwar speziell dem Verwaltungsrechte zugewiesen. (M. IV, 797.) In Bayern wurde schon

durch churfürstliches Mandat vom 12. März 1677 (Döllinger III S. 391) die Genehmigung des Landesherrn zur Familiennamensänderung verlangt. Vgl. hiezu die Interpretation in der ME. vom 8. März 1866. Ueber andere bisherige partikularrechtliche Bestimmungen, insbesondere preußische, badische, hessische, französische, welche die Aenderung des Familiennamens ohne staatliche Genehmigung ausschließen, vgl. Meyer a. a. O. § 31 Note 4; Kuhlenbeck a. a. O. S. 152 Note 2.

Im Einzelnen ist zu bemerken:

a) Zur Entscheidung über Familiennamensänderungen sind zuständig:

in Preußen nach Kgl. Erlaß vom 12. Juli 1867, GS. 1310 die Regierungspräsidenten;

eine Oberste Centralverwaltungsbehörde: in Baden AG. z. BGB. §§ 3—9 (Justizministerium); in Sachsen AV. z. BGB. § 1 (Ministerium des Innern); in Württemberg AG. z. BGB. Art. 132—134 (Justizministerium); in Elsaß-Lothringen AG. z. BGB. § 1 (der Statthalter); in Lübeck AG. z. BGB. § 1 (der Senat); in Sachsen-Meiningen AG. z. BGB. Art. 25 (Staatsministerium); in Sachsen-Weimar AG. z. BGB. §§ 6—9 (Staatsministerium); in Schaumburg-Lippe AG. z. BGB. §§ 1—4 (Ministerium);

landesherrliche Genehmigung ist erforderlich in Bayern AG. z. BGB. Art. 3 (vgl. auch Just.Min.Bl. 1899 S. 856 ff.); in Hessen AG. z. BGB. Art. 2; in Lippe AG. z. BGB. § 1; in Reuß ä. L. AG. z. BGB. § 5; in Reuß j. L. AG. z. BGB. § 2; in Sachsen-Altenburg AG. z. BGB. § 94; in Sachsen-Coburg AG. z. BGB. Art. 3; in Schwarzburg-Rudolstadt AG. z. BGB. Art. 6; in Schwarzburg-Sondershausen AG. z. BGB. § 1.

b) Die Berücksichtigung der Interessen von dritten Inhabern des im Gesuch um Namensänderung erbetenen Familiennamens, Veröffentlichung des Gesuchs und Entscheidung über dasselbe erst nach Ablauf einer den dritten Interessenten gewährten Reklamationsfrist ist vorgeschrieben: in Baden AV. §§ 6, 7; in Elsaß-Lothringen AG. z. BGB. § 2; in Hessen Verordnung vom 14. Oktober 1899 zur Ausführung des Art. 2 Abs. 3 des AG. z. BGB. § 3; in Reuß j. L. AG. z. BGB. § 2; in Sachsen-Weimar AG. z. BGB. § 8; in Schaumburg-Lippe AG. z. BGB. § 2; in Schwarzburg-Sondershausen AG. z. BGB. § 2. Im größten Theil des Deutschen Reichs ist sonach eine Rücksichtnahme auf Namensrechte dritter Personen bei Bewilligung von Namensänderungen nicht gesetzlich vorgeschrieben. Doch soll solche Rücksichtnahme nach Verwaltungsnormen stattfinden. Vgl. für Bayern Bekanntmachung des Kgl. Staatsministeriums der Justiz und des Innern vom 27. Dezember 1899, G. u. VBl. S. 1241 § 9.

c) Die Frage, was Namensänderung ist, ist nach Landesrecht zu beantworten. Es kommen in Betracht:

α) Aenderung der Schreibweise, ohne Aenderung des Wortklanges eines Namens (z. B.: Gucz statt Gutsch, Blume statt Bluhme). Die preußische Rechtsprechung hat gewechselt. Das Kammergericht Berlin hat früher solche Aenderungen nicht als Namensänderungen und daher nicht als strafbar im Sinne der Kabinetsordre vom 15. April 1822 erklärt: Urtheil vom 13. März 1899 in D. Jur.Z. 1899 S. 467 Nr. 48. Mit Entsch. vom 12. April 1900 (D. Jur.Z. 1900 S. 484 Nr. 51) hat das Kammergericht diese — die Polonisirung deutscher Namen gestattende — Ansicht geändert und erklärt nunmehr Aenderungen der Schreibweise als strafbare Namensänderungen. — Auch die zu b a. E. erwähnte bayrische Ministerialbekanntmachung § 6 Abs. 2 erklärt Aenderungen der Schreibweise als Namensänderung. Gegen diese Auffassung für das preußische Recht Dernburg I § 55 Note 4, für das bayrische Recht Oertmann, bayr. Landesprivatrecht I § 15 zu Note 7 unter Hinweis auf eine in allen Theilen Deutschlands vorherrschende solche Aenderung gestattende Uebung.

β) Die Hinzufügung eines weiteren Namens oder anderer Zusätze zum Familiennamen. Sie ist Namensänderung, wenn der hinzugefügte weitere Namen oder sonstige Zusatz Namensbestandtheil ist oder sein soll. Namensänderung liegt daher nicht vor, wenn Jemand zwischen Vor- und Familiennamen ein „von“ einschiebt, sofern das „von“ nach dem öffentlichen Rechte des Bundesstaates nicht Namensbestandtheil ist; dagegen kann es als unbefugte Annahme eines „Adelsprädikates“ nach StGB. § 360 Nr. 8 bestraft werden. Einige AG. und AV. zum BGB. erklären auf diesen Fall den § 12 des BGB.

entsprechend anwendbar (so Braunschweig AG. z. BGB. § 4, Lippe AG. z. BGB. § 2, Mecklenburg-Schwerin AV. z. BGB. § 4, Mecklenburg-Strelitz AV. z. BGB. § 4).

Als Namensänderung ist es grundsätzlich nicht zu betrachten, wenn eine Ehefrau dem Familiennamen des Mannes ihren Mädchennamen ohne weiteren Zusatz, lediglich mit Verbindungsstrich, beifügt. Die RTK. hat zwar darin eine Namensänderung erblickt, indessen mit Unrecht, da diese Hinzufügung nur einen Hinweis auf den vorehelichen Namen darstellt, in solcher Auffassung auch einer viel geübten Sitte und bei Künstlerinnen und Schriftstellerinnen einem Berufsbedürfniß entspricht. Vgl. Bem. 3 zu § 1355; Oertmann, bayr. Landesprivatrecht I § 15 Nr. 2, c S. 50.

Ebenso wenig fällt es unter den Begriff der Namensänderung, wenn dem Namen zur Verhütung von Verwechselungen mit anderen Namensträgern eine Ziffer (Schmidt I) wie dies in Westdeutschland vielfach üblich, oder ein „senior" oder „junior", oder eine Ortsbezeichnung hinzugefügt wird. Denn auch hier wird die Hinzufügung nicht Namensbestandtheil (vgl. Oertmann S. 50).

γ) In einer Reihe von AG. z. BGB. ist die Hinzufügung von Namen und sonstigen Zusätzen zum Familiennamen ausdrücklich als Namensänderung erklärt: so in Hessen AG. z. BGB. Art. 2 Abs. 2; Elsaß-Lothringen AG. z. BGB. § 1 Abs. 2; Lübeck AG. z. BGB. § 1; Reuß ä. L. AG. z. BGB. § 5; Reuß j. L. AG. z. BGB. § 2; Sachsen-Weimar AG. z. BGB. § 6 Abs. 2; Schaumburg-Lippe AG. z. BGB. § 1 Abs. 2. Es ist nicht erforderlich, diese Bestimmungen anders, als vorstehend geschehen, aufzufassen.

δ) Namensänderung ist nur dann gegeben, „wenn ein neuer Name ohne staatliche Erlaubniß mit dem Vorsatz angenommen wird, denselben ständig zu führen", nicht schon dann, wenn sich Jemand nur bei einzelnen Gelegenheiten einen falschen Namen beilegt. Vgl. RGE. in StS. Bd. 28 S. 244, Bd. 30 S. 230; StGB. § 360 Nr. 8; Dernburg I § 55 Note 4.

d) Die Wirkung der Namensänderung des Ehemannes erstreckt sich von selbst auf die Ehefrau (§ 1355); in Bezug auf die zur Zeit der Namensverleihung bereits geborenen ehelichen Kinder in elterlicher Gewalt des Antragstellers, welche gemäß § 1616 mit der Geburt den Familiennamen des Vaters erhielten, bestimmen die Erstreckung der Namensänderung die AG. z. BGB. von Württemberg Art. 134; Elsaß-Lothringen AG. z. BGB. § 4; Lippe AG. z. BGB. § 1 Abs. 4; Lübeck AG. z. BGB. § 1 Abs. 3; Reuß j. L. AG. z. BGB. § 3; Sachsen-Altenburg AG. z. BGB. § 94; Sachsen-Meiningen AG. z. BGB. Art. 25 § 2; Sachsen-Weimar AG. z. BGB. § 9; Schaumburg-Lippe AG. z. BGB. § 4. Wo solche Bestimmungen nicht bestehen, ist die Erstreckung der Namensänderung auf die Kinder nicht ohne deren Einwilligung anzunehmen.

3. Findelkinder hat nach § 24 des Personenstandsgesetzes die Polizeibehörde des Ortes, in dessen Bezirk das Kind gefunden wurde, dem Standesbeamten behufs Eintragung in das Geburtsregister anzumelden und zwar auf Grund von Ermittelungen. Die Eintragung hat auch die Namen zu enthalten, welche dem Kinde „beigelegt" werden. Wer das Recht der Namensbeilegung hat, sagt das Gesetz nicht. v. Sicherer, Namensgebung S. 159, nimmt an, daß dieses Recht der Ortspolizeibehörde zusteht. Ist für das Kind ein Vormund bestellt, so dürfte diesem das Recht der Namensgebung zustehen. So v. Sicherer a. a. O. Nach einigen AG. zum BGB. hat das Vormundschaftsgericht den Familiennamen dem Findling beizulegen. Reuß j. L. AG. § 4; Sachsen-Coburg AG. Art. 3; Sachsen-Meiningen AG. Art. 25 § 3. Ueberhaupt für staatliche Verleihung des Namens Gierke I S. 718 Note 6; ebenso (für bayr. Recht) Oertmann I S. 51. Diese den Familiennamen und den Vornamen umfassende Namensgebung ist nur eine provisorische, da sie bei Ermittelung des Familienstandes des Kindes dem aus diesem sich ergebenden Namen zu weichen hat.

4. Der Vorname. Derselbe wird zum Unterschiede vom Familiennamen nicht schon durch die Geburt, sondern erst durch einen späteren Vorgang erworben, nämlich

a) durch die Namensgebung seitens einer hiezu berechtigten Person;
b) durch spätere freie Wahl, zu welcher staatliche Genehmigung erforderlich sein kann.

Der Vorname wird ferner nicht berührt durch die Ereignisse, welche den Familiennamen verändern.

Zu a. Namensgebung. Das Recht, dem Kinde den Vornamen beizulegen, ist Ausfluß der Sorge für die Person des Kindes (vgl. Bem. zu § 1616). „Es kommt bei ehelichen Kindern den Eltern zu, jedoch so, daß der Wille des Mannes entscheidet; wenn die Eltern gestorben sind, dem Vormund; bei unehelichen Kindern der Mutter; wenn die Mutter verstorben ist, dem Vormunde." Vgl. Sicherer, Namensgebung § 1; Opet, S. 344. „Der gewählte Vorname muß sich im Allgemeinen als Name darstellen und darf nicht wider die gute Sitte, die staatliche Ordnung oder das religiöse Gefühl verstoßen" (Gierke I, 720). Ueberhaupt können in Bezug auf die Art des zu wählenden Namens Vorschriften des öffentlichen Rechtes maßgebend sein (M. IV, 712). Da der Vorname zur Unterscheidung nicht nur der verschiedenen Träger des gleichen Familiennamens, sondern auch der Geschlechter dienen soll, so wird weiter behauptet, daß männliche Vornamen nicht Kindern weiblichen Geschlechtes beizulegen sind. Gesetzliche Bestimmungen bestehen zwar meistens hierüber nicht, wohl aber dürfte man sich auf Uebung berufen (Staudinger, Bl. f. RA. Bd. 62 S. 178, 179). Die Wahl des Vornamens selbst ist formlos. Definitiv wird sie nicht mit dem kirchlichen Akt, womit sie etwa verbunden wird, sondern erst mit der Eintragung in das Geburtsregister; diese kann aber trotzdem nur deklaratorische, nicht konstitutive Bedeutung haben. Die Eintragung hat zu erfolgen in Verbindung mit der Beurkundung der Geburt oder, sofern zu jener Zeit der Vorname des Kindes noch nicht feststeht, spätestens innerhalb einer Frist von zwei Monaten (Pers.Ges. § 22).

Zu b. Die Aenderung beurkundeter Vornamen ist im Gebiete des Deutschen Reiches meist an behördliche Genehmigung gebunden. Es ist indessen auch behauptet worden, daß die Aenderung von einmal im Geburtsregister beurkundeten Vornamen überhaupt unzulässig sei. So in einer bayrischen ME. vom 20. Dezember 1877 („Standesbeamte" 1878 S. 267), in einer preuß. ME. vom 15. Dezember 1885 („Standesbeamter" 1886 S. 1). Diese Auffassung ist unrichtig und ist in Preußen durch Allgemeine Verfügung des Ministers des Innern vom 15. August 1897 verlassen (Ministerialblatt für die ges. innere Verw. in den k. preuß. St. 1898 S. 191); sie ist auch in Bayern durch eine ME. vom 8. August 1881 (JMBl. 1881 S. 396) aufgegeben. Den Standpunkt der letzteren nimmt auch das bayr. AG. z. BGB. Art. 3 ein. Dort wird jetzt mit Gesetzeskraft die Aenderung des Vornamens mit Genehmigung der „zuständigen Behörde" als zulässig erklärt. Zuständig zur Genehmigung ist die Distriktspolizeibehörde. Vgl. hiezu Oertmann I S. 53, 54. In anderen Bundesstaaten ist zur Bewilligung der Aenderung von Vornamen fast überall die Stelle zuständig, welche über Aenderung von Familiennamen entscheidet, also: in Preußen die Regierungspräsidenten (s. Allg. Verf. vom 15. August 1897); der Landesherr in Hessen, Lippe, Reuß ä. L., Reuß j. L., Sachsen-Altenburg, Sachsen-Coburg, Schwarzburg-Rudolstadt, Schwarzburg-Sondershausen; eine Centralverwaltungsbehörde in Baden (Justizministerium), Sachsen-Meiningen, Sachsen-Weimar, Schaumburg-Lippe (Ministerium); in Württemberg ist das Amtsgericht zuständig (Verf. des Justizm. vom 9. Oktober 1899 RBl. S. 745).

Als Aenderung eines Vornamens dessen Abkürzung (z. B. Heinz für Heinrich) zu erklären, ist nach Oertmann S. 55 „unerhört"; das Kammerger. Berlin hat indessen mit Beschluß vom 9. Januar 1902 (Rspr. d. OLG. Bd. 4 S. 460) die Abkürzung Fritz für Friedrich als Namensänderung erklärt und abgelehnt, vor behördlicher Genehmigung der Namensänderung eine Firmeneintragung mit diesem Vornamen zu gestatten. Vgl. hiezu die in diesem Beschluß angeführte Literatur zu HGB. § 18.

B. Der Name der juristischen Person. Die juristische Person kann einen bürgerlichen Namen oder einen kaufmännischen Namen haben. Nach einer Reihe von neueren deutschen Gesetzen müssen Körperschaften „einen besonderen Namen annehmen, der einerseits ihre Zugehörigkeit zu einer bestimmten Gattung anzeigen, andererseits sich von den schon vorhandenen Namen unterscheiden soll" (Gierke I § 66 S. 515 Note 8). Beispiele für „Namen": bayr. Ges. vom 29. April 1869, die privatrechtl. Stellung von Vereinen betr. Art. 2 Ziff. 3; k. sächs. Ges., die juristischen Personen betr., vom 15. Juni 1868 § 11 Ziff. 1; Reichsbankgesetz vom 14. März 1875 § 12; für „Firmen" RG. betr. Gesellschaften mit beschr. Haft. vom 20. April 1892 in der Fassung vom 20. Mai 1898 § 3 Abs. 1 Ziff. 1; Reichsges. über die Erwerbs- und Wirthschaftsgenossenschaften vom 1. Mai 1889 in der Fassung vom 20. Mai 1898 § 3 Abs. 1.

Nach BGB. § 57 müssen die Satzungen eines eingetragenen Vereins „den Namen des Vereins" enthalten. Die Annahme eines Namens gehört zu den wesentlichen Entstehungsvoraussetzungen des Vereins. Der Name soll sich von den Namen der an demselben Orte oder in derselben Gemeinde bestehenden eingetragenen Vereine deutlich unterscheiden (§ 57 Nr. 2).

Die Frage, ob es ein Privatrecht an dem angenommenen Namen der Verbandsperson giebt, dürfte vom Standpunkte des bisherigen Rechtes aus nicht anders als bezüglich des bürgerlichen Namens der Einzelperson zu beantworten sein. Gierke a. a. O. S 723 in Note 33. Während aber bezüglich des Namens der Einzelperson diese Frage für die Zukunft durch § 12 BGB. aufgehört hat, eine Frage zu sein, ist bezüglich des Namens der Verbandsperson die Beantwortung derselben im BGB. sehr zweifelhaft. Denn § 12 steht in dem von den „natürlichen Personen" handelnden I. Titel des I. Abschn. von Buch I und bezieht sich daher zweifellos zunächst nur auf die „natürlichen Personen", während Tit. II, der von den „juristischen Personen" handelt, keinerlei Andeutung darüber enthält, daß § 12 entsprechende Anwendung auch auf diese „Personen" zu finden habe. Ebenso fehlt eine solche Andeutung auch im § 12. In P. II, 45 ist gesagt, die Komm. sei darüber einverstanden gewesen, daß der privatrechtliche „Schutz nur den Familiennamen zukomme". In P. VI S. 115 findet sich nachstehende Konstatirung: Es wurde beantragt, als § 37 a folgende Vorschrift aufzunehmen: „Die Vorschrift des § 22 (= § 12 BGB.) über das Recht zur Führung eines Names gilt auch für Vereine". Mit diesem Antrage erklärte sich die „Mehrheit" der Komm. einverstanden, sie glaubte indessen, „Wissenschaft und Praxis werden von selbst finden, daß der § 12, obwohl er in dem von den natürlichen Personen handelnden Titel Aufnahme gefunden habe, auch für die Vereine gelte. Der Schutz des Namensrechts gehöre zu den Personenrechten und diese seien, soweit sich nicht aus der Unkörperlichkeit der juristischen Personen ein Anderes ergebe, wie für physische Personen auch für juristische Personen anwendbar. Von anderer Seite wurde die Selbstverständlichkeit der Anwendbarkeit des § 12 in Zweifel gezogen." Ein Antrag, die Vorschrift in einem eigenen Titel des Abschnittes „Personenrecht" unter der Ueberschrift „Namensrecht" aufzunehmen, wurde abgelehnt (P. I, 44). Durch die Annahme dieses Antrags wäre jeder Zweifel an der Meinung des Gesetzes ausgeschlossen gewesen. Daß im bisherigen Rechte das Namensrecht den juristischen Personen zugeschrieben wird, beweist nichts für den Inhalt des BGB., wie sich aus der Thatsache ergiebt, daß ohne die gegen den I. Entw. gerichtete Kritik auch das Namensrecht der Einzelpersonen des nun in § 12 normirten Rechtsschutzes hätte entbehren müssen, da die M. IV, 1006 keine genügende Veranlassung zur Aufnahme der nun in § 12 gewährten Rechtsmittel als gegeben erachteten. Wäre es dabei geblieben, so hätte das BGB. einen Theil des im bisherigen Rechte meist anerkannten Privatrechtsschutzes des Namens abgeschnitten. Wenn nunmehr dieser Rechtsschutz für die natürlichen Personen durch § 12 zweifellos gewährt ist, so versteht sich die Ausdehnung auf die juristischen Personen nicht von selbst; die für die Ausdehnung sprechende Ansicht der Protokolle an der erwähnten späteren Stelle, welche mit der Ansicht der Protokolle an einer anderen Stelle im Widerspruche steht, hat keinen Ausdruck im Gesetze gefunden. Die Frage, ob § 12 auch auf die juristischen Personen anzuwenden sei, ist bei dieser Sachlage sehr bestritten. Vgl. über die verschiedenen Meinungen Opet S. 374. Für die Bejahung haben sich u. A. ausgesprochen Endemann I § 37 Note 16; Kuhlenbeck I S. 154; Hölder Bem. 1 d zu § 12; Fischer-Henle Note 1 zu § 12; Neumann zu § 12 Bem. I, 2; Gareis Bem. 5 zu § 12, wohl auch Planck a. a. O. S. 67; dagegen Opet a. a. O. S. 373—376. Die Frage kann nur auf Grund einer Entscheidung über Begriff und Wesen der jur. Personen nach dem BGB. gelöst werden. Für diejenigen, welche die juristische Person für eine bloß fingirte, für eine „Rechtsfigur" halten, kann von einem Namensrechtsschutze keine Rede sein. Die Analogie der natürlichen Person kann nur für diejenigen in Betracht kommen, welchen die juristische Person ein in Wirklichkeit, wenn auch in anderer Weise als die natürliche Person existentes Wesen ist, dessen thatsächliche Existenz die Voraussetzung für die Verleihung der Rechtsfähigkeit seitens des Rechtes ist. Im BGB. ist die juristische Person wohl im letzteren Sinne aufzufassen. Ist dies richtig, dann ist auch der Namensschutz auf dieselbe auszudehnen.

IV. Der Schutz des Namensrechts.

1. Die bisherige civilrechtliche Gerichtspraxis kennt zum Schutze des erworbenen Namensrechts folgende Rechtsmittel:

a) eine Klage auf Anerkennung des bestrittenen Rechtes zur Führung eines Namens seitens des Berechtigten;

b) eine Klage auf Anerkennung des ausschließlichen Rechtes zur Führung eines Namens seitens des Berechtigten und damit Aberkennung des Rechtes der gleichen Namensführung, sowie eines anderen Gebrauchs des Namens durch einen Nichtberechtigten.

Diese beiden Klagen werden überwiegend als Ausfluß des „Individualrechts" bezeichnet (Opet a. a. O. S. 40). Die Bezeichnung als actio status praejudicialis durch das bayrische Oberst. LG. (in Seuff. Arch. Bd. 48 Nr. 263) ist abzulehnen; der Name ist Kennzeichnung der Person und daher unter Umständen auch der Zugehörigkeit der Person zu einem Familienverbande, also des Status, aber das Namensrecht ist nicht identisch mit dem Rechte des Status, was sich insbesondere bei Entscheidung der Frage nach der Rechtswirkung des Urtheils in Namenssachen gegenüber der Rechtswirkung des Urtheils in Statussachen als erheblich erweist. Das Namensrecht ist als Individualrecht ein Theil des Personenrechts, nicht des Familienrechts, wenn es auch großentheils durch familienrechtliche Vorgänge begründet wird. So auch die P. VI, 113. Ueber die Praxis vgl. Kuhlenbeck, Rechtsprechung des Reichsgerichts in Beziehung auf die wichtigsten Begriffe und Institute des Civilrechtes S. 91—100. Die beiden erwähnten Klagen sind als Leistungsklagen zu erachten, sofern sie vom Beklagten ein bestimmtes Verhalten verlangen, ein Thun oder Unterlassen oder Dulden, z. B. Beseitigung des Namens aus öffentlichen Büchern oder aus Gewerbsschildern, Unterlassung der Führung des Namens.

Eine Beschränkung der unter b erwähnten Klage auf den Fall, wenn der Gebrauch des Namens durch den Unberechtigten den Schein einer falschen Familienangehörigkeit zu erwecken geeignet ist, entspricht nicht der Bedeutung des Namensrechts als Individualrechts.

In den bisher durch die deutsche Gerichtspraxis entschiedenen Fällen ist die Klage übrigens nirgends als Feststellungsklage bezeichnet und von den speziellen Erfordernissen des § 231 der bisherigen CPO. abhängig gemacht worden.

2. Das bisher geltende Reichsrecht schützt das Namensrecht noch in weiterem Umfange, nämlich:

A. nach den Bestimmungen des HGB. Art. 27 (im Wesentlichen = HGB. § 37 Abs. 2); danach kann jeder, der durch den unbefugten Gebrauch einer Firma in seinen Rechten verletzt wird, auf Unterlassung der Weiterführung dieser Firma und auf Schadensersatz klagen. Nach Art. 27 kann auch derjenige rechtswidrig handeln, welcher sich als Kaufmann seines eigenen bürgerlichen Namens bedient, weil er

a) sein Geschäft unter diesem Namen verkauft und dem Erwerber gestattet hat, sich dieses Namens zu bedienen;
b) weil nach Art. 20 sich jede neue Firma von den bereits am gleichen Orte bestehenden und eingetragenen Firmen deutlich unterscheiden muß (§ 30 HGB.);
c) weil er sich seines Namens mit einem unberechtigten Zusatze bedient (RGE. Bd. 3 S. 164);*)
d) weil die Firmenbetheiligung des Namensträgers eine fiktive ist (RGE. Bd. 25 Nr. 1 S. 1 ff.; HGB. § 23).

B. Nach § 14 des Gesetzes zum Schutze der Waarenbezeichnungen ist derjenige, welcher wissentlich oder aus grober Fahrlässigkeit Waaren oder deren Verpackung oder Umhüllung, oder Ankündigungen, Preislisten, Geschäftsbriefe, Empfehlungen, Rechnungen oder dgl. mit dem Namen oder der Firma eines Anderen widerrechtlich versieht oder dergleichen widerrechtlich gekennzeichnete Waaren in Verkehr bringt oder feil hält, dem Verletzten zur Entschädigung verpflichtet. Hat er die Handlung wissentlich begangen, so wird er außerdem mit Geldstrafe von 150 bis 5000 Mark oder mit Gefängniß bis zu sechs Monaten bestraft. Die Strafverfolgung tritt nur auf Antrag ein. Die Zurücknahme des Antrags ist zulässig.

Dieser Namensschutz ist davon nicht abhängig, daß der Berechtigte selbst Gewerbetreibender oder Produzent ist. Andererseits kann der Gebrauch des Namens zur Waarenbezeichnung — im Gegensatze zum Gebrauche des Namens zur Firmenzeichnung — für sich übertragen werden (RGE. I. Straffen. vom 1. Februar 1897 in Bl. für Patent-, Muster- und Zeichenwesen 1897 S. 83). Die Anwendung des § 14 des Waarenzeichen-Gesetzes setzt voraus, daß der Personenname nicht durch die Verkehrsentwickelung zur allgemeinen Waarenbezeichnung, zum Namen einer Waarengattung geworden ist (Urth. d. RG. vom 4. Oktober 1888 in Bl. für Patent-, Muster- und Zeichenwesen 1896 S. 143). Der Gebrauch eines fremden Namens zur Waarenbezeichnung ohne Genehmigung des Namensträgers ist auch dann nicht widerrechtlich, wenn eine Verwechselungsgefahr nicht vorliegt, indem eine Waare nur als nach der Art, dem System, der Methode eines Anderen hergestellt bezeichnet, nicht aber in besondere Beziehung zur Person des Anderen, etwa als des Produzenten oder Kontrolleurs oder Empfehlers der Waare gebracht wird (RGE. in StS. Bd. 31 S. 32—35; vgl. hiezu auch Kohler, „Protektionsbezeichnung und ihr Recht" in „Gewerbl. Rechtsschutz" II. Jahrgang [1898] S. 197 ff., insbesondere S. 200).

---

*) Nach Art. 27 (§ 37 Abs. 2 HGB. n. F.) handelt aber insbesondere unbefugt, wer sich eines fremden Namens als Firma bedient, ohne hiezu in einer den Bestimmungen des HGB. entsprechenden Weise durch den Berechtigten ermächtigt worden zu sein. Niemand kann einem Anderen das Recht zur Führung seines Namens als Firma geben, losgelöst von einem mit diesem Namen bezeichneten Geschäfte (Art. 23 HGB. = § 23 HGB. n. F.), sei es, daß ein kaufmännisches Geschäft für den Namensträger überhaupt nie bestand oder wenigstens mit dem Namen zugleich nicht übertragen wurde. Die Klage ist davon nicht abhängig, daß der Berechtigte selbst Kaufmann ist.

C. Nach § 8 des Gesetzes zur Bekämpfung des unlauteren Wettbewerbs vom 1. Juli 1896:

„Wer im geschäftlichen Verkehr einen Namen, eine Firma oder die besondere Bezeichnung eines Erwerbsgeschäftes, eines gewerblichen Unternehmens oder einer Druckschrift in einer Weise benützt, welche darauf berechnet und geeignet ist, Verwechslungen mit dem Namen, der Firma oder der besonderen Bezeichnung hervorzurufen, deren sich ein Anderer befugter Weise bedient, ist diesem zum Ersatz des Schadens verpflichtet. Auch kann der Anspruch auf Unterlassung der mißbräuchlichen Art der Benützung geltend gemacht werden."

Verboten ist nach § 8 die Benützung „eines Namens", welche darauf berechnet und geeignet ist, Verwechslungen mit dem Namen hervorzurufen, dessen sich ein Anderer in befugter Weise bedient. „Name" im Sinne des § 8 ist unbestrittenermaßen auch das Pseudonym. Der Name kann der eigene Name oder die eigene Firma des Mißbrauchenden sein, indem eine bestehende oder absichtlich herbeigeführte Synonymität benützt wird, um Täuschungen hervorzurufen. Hierher gehören vor allem Fälle, welche nicht durch die firmenrechtlichen Bestimmungen des HGB. getroffen werden. Im Gegensatze zu Art. 27 HGB. (§ 37 Abs. 2 HGB. n. F.) ist hier eine Absicht der Herbeiführung einer Verwechslung erforderlich.

Diese Bestimmungen bleiben neben § 12 BGB. in Kraft.

3. § 12 BGB. schützt den bürgerlichen Namen in zwei Fällen.

A. Es wird das Recht zum Gebrauche eines Namens dem Berechtigten von einem Anderen bestritten.

B. Es wird von einem Anderen unbefugt der Name des Berechtigten gebraucht.

Zu A. Geschützt wird

1. das Recht zum Gebrauch eines Namens, also:

α) ein Recht. Dieses Recht wird damit, daß es unter den Schutz des § 12 gestellt wird, zum Privatrecht erklärt. Wie es erworben wurde, ob auf Grund privatrechtlicher oder auf Grund öffentlich rechtlicher Vorgänge ist gleichgültig;

β) ein Recht zum Gebrauche eines Namens. „Gebrauch" des Namens ist zunächst Führung des Namens zur Kennzeichnung der eigenen Person, ferner auch anderweitige Benützung des Namens, z. B. zur Bezeichnung von Waaren oder zur Bezeichnung eines gewerblichen Etablissements, etwa eines Hotels. Wenn dieser Gebrauch des Namens von dem angeblich dadurch Verletzten als unberechtigt erklärt wird, ohne daß eine Klage aus § 14 des Waarenzeichengesetzes angestrengt wird oder die Bestreitung von einem Anderen als dem Träger des gleichen Namens ausgeht, so ist durch das Waarenzeichenrecht gegen diese Bestreitung kein Rechtsmittel gegeben, wohl aber durch § 12, auf Grund dessen insbesondere, wenn die Bestreitung öffentlich, in der Presse, erfolgt ist, oft ein dringendes Interesse an der Zurückweisung des Widerspruchs durch richterliches Urtheil geltend gemacht werden kann.

γ) Geschützt ist das Recht zum Gebrauch eines Namens: des bürgerlichen Namens, des Handelsnamens; streitig, ob auch des Pseudonyms.

Der bürgerliche Name ist als Gesammtheit und in seinen einzelnen Theilen geschützt; auch der Vorname steht unter dem Schutze des § 12, jedoch nur als Theil des Ganzen, indem er mit dem Familiennamen zusammen den bürgerlichen Namen des Menschen darstellt. Ein Mann, der Franz Spohr heißt, kann nur demjenigen die Annahme des Vornamens Franz verbieten wollen, der hiedurch denselben bürgerlichen Namen erhalten würde, wie er selbst.

Auch der Handelsname, sofern er abweicht vom bürgerlichen Namen, ist „Name" (Art. 15 HGB. = § 17 HGB. n. F.). Gegen die Bestreitung des Rechtes zur Führung eines bestimmten Handelsnamens (= Firma) hat das HGB. kein Rechtsmittel. Dieses bietet sich im § 12 BGB.

Gleiches gilt in Bezug auf das Pseudonym für den Fall, daß dasselbe ebenfalls als Name im Sinne des § 12 BGB. zu erachten ist und ein Recht an demselben erworben werden kann.

Geschützt ist weiter der Name der juristischen Person. Dies ist bestritten von Opet, Archiv f. d. civilist. Praxis Bd. 87 S. 374. Dafür aber ist die herrschende Meinung (s. oben Bem. III, B).

2. Nothwendig ist, daß das Recht zum Gebrauche des Namens dem Berechtigten bestritten wird. Berechtigt ist derjenige, welcher das Recht auf den Gebrauch des Namens für sich erworben hat. Nicht nothwendig ist, daß er dieses Namensrecht ausschließlich erworben hat. Der „Familienname“ berechtigt jedes Mitglied der Familie zur Führung des Namens der Familie. Als Recht zum Namensgebrauche muß aber auch die Befugniß der verheiratheten Frau gelten, dem Familiennamen ihres Mannes ihren vorehelichen Namen hinzuzufügen. Sie kann gemäß § 12 Klage stellen, wenn ihr das Recht zur Führung ihres früheren Familiennamens in dieser Form bestritten wird (vgl. Bd. IV Bem. 2 und 3 zu § 1355). Gleiches gilt in Bezug auf den ursprünglichen Familiennamen eines angenommenen Kindes (§ 1758 Abs. 2). Die Bestreitung muß nicht gegenüber dem Berechtigten selbst erfolgt sein, wenn nur durch die Bestreitung dem Berechtigten die Befugniß zum Namensgebrauche bestritten ist. Die Bestreitung kann z. B. erfolgen gegenüber einer Behörde (§ 1577 Abs. 3) oder gegenüber dritten Privatpersonen, anderen Familienmitgliedern, sowie in öffentlicher Erklärung.

3. Klageberechtigt ist nur der Berechtigte, nicht ein anderer Interessent der Namensführung desselben. Der Buchhändler hat kein Recht zur Klage, wenn das Recht des Pseudonyms des Autors bestritten wird. Berechtigt ist der Inhaber des Namens, nicht derjenige, welchem gegenüber eine Pflicht besteht, daß der Name geführt wird. Wird der Ehefrau das Recht auf den Namen ihres Mannes bestritten, so hat sie, nicht der Mann, ein Klagerecht.

4. Klageberechtigt ist nur der Berechtigte, gegen welchen die Bestreitung des Rechtes auf den Gebrauch des Namens sich richtet. Wird einem Mitglied einer Familie das Recht zur Führung des Familiennamens derselben bestritten, so ist nicht ein anderes Mitglied der Familie zur Klage berechtigt, sofern nicht die Bestreitung auch seine Namensführung betrifft.

5. Das Recht zum Gebrauch eines Namens muß bestritten worden sein. Dies geschieht auch, wenn die Pflicht zur Führung eines anderen Namens behauptet wird und zwar

a) als eine Pflicht gegenüber dem Bestreitenden,

b) als eine öffentlichrechtliche Pflicht.

Zu a. Die Klage aus § 12 steht daher der Frau zu, welcher der Ehemann durch Erklärung gegenüber der „zuständigen Behörde“ des § 1577 die Führung seines Namens grundlos untersagt. Ferner der Frau, welcher die Familie, der sie durch Heirath vor der weiteren geschiedenen Ehe angehörte, die Führung ihres Namens bestreitet; der Frau, welche in dem Falle des § 1324 Abs. 1 ihren Mädchennamen führt, wenn der Mann behauptet, daß sie seinen Namen zu führen habe; der Frau, welche neben ihrem ehelichen Namen ein Pseudonym als Künstlerin oder Schriftstellerin führt, während der Mann ihr dieses Recht grundlos bestreitet.

Zu b. Die Bestreitung setzt nach § 12 kein Rechtsverhältniß zum Namensberechtigten voraus. Die Klage geht gegen Jedermann, welcher das Recht zum Namensgebrauche bestreitet.

6. Die „Bestreitung“ ist nicht nothwendig eine ausdrückliche Erklärung, daß dem Kläger das Namensrecht nicht zukomme. Es genügt irgend welche Thätigkeit des Beklagten, durch welche dem Berechtigten der ihm zukommende Name versagt wird, z. B. indem ihm ein anderer Name beigelegt wird, der Ehefrau ihr Mädchenname, dem ehelichen Kinde der Mädchenname seiner Mutter.

7. Die Bestreitung muß derart sein, daß sie zu einer „Beeinträchtigung“ führt; denn die Klage geht auf Beseitigung einer Beeinträchtigung.

Es fragt sich, ob hiemit das Gesetz eine bestimmte Qualität der Bestreitung verlangt oder jede Bestreitung als genügend und die „Beeinträchtigung“ als selbstverständliche und unvermeidliche Folge der Bestreitung erachtet. Nach Kuhlenbeck, Von den Pand. I S. 154, ist Bestreitung im Sinne von § 12 nur dann gegeben, wenn entweder ein in der Oeffentlichkeit zum Ausdrucke gekommener Widerspruch vorliegt, an dessen öffentlichem Widerrufe der Kläger ein Interesse hat, oder ein sonst irgendwie, sei es durch schriftliche Fixirung, sei es auf andere Weise sich als dauernder Widerspruch kennzeichnendes Verhalten gegeben ist, das beseitigt werden kann. Es genüge nicht zum Klagegrunde die Thatsache, „daß der Beklagte einmal irgendwie und irgendwann das Recht des Klägers zur Führung seines Namens bestritten hat“. In diesem letzteren Falle will Kuhlenbeck eine Feststellungsklage nach § 231 CPO. (= § 256 CPO. n. F.) gewähren, sofern das für diese Klage erforderliche rechtliche Interesse gegeben sei, aber nicht die Klage aus § 12 BGB. Diese Auffassung ist wohl unrichtig. „Bestreiten“ ist ein Anderen gegenüber bethätigtes Verhalten des Beklagten, wodurch dem Kläger das Recht auf Gebrauch seines Namens abgesprochen wird und abgesprochen werden will. Die bloße Thatsache eines solchen Verhaltens kann, ob es nun öffentlich oder nicht öffentlich, dauernd oder nur einmal bethätigt wurde, dahin führen, daß die Sicherheit der Ausübung des Namensrechts beeinträchtigt wird und dem Namensberechtigten Schwierigkeiten entstehen. Wenn Kuhlenbeck für den Fall der bloß einmaligen nicht öffentlichen Namensbestreitung zwar nicht die Klage aus § 12, aber Feststellungsklage aus § 231 CPO. (= § 256 CPO. n. F.) zulassen will, so ist dies ungerechtfertigt. Denn § 12 BGB. setzt nicht die Behauptung und den Nachweis eines verletzten Interesses voraus, sondern bloß die Thatsache der Bestreitung; daß die Behauptung eines verletzten Interesses nicht erforderlich, ergiebt sich klar aus dem Gegensatze der ferner in § 12 statuirten Klage wegen Namensanmaßung, bei welcher Interessenverletzung ausdrücklich verlangt wird, während bei der Bestreitungsklage eben nur die „Bestreitung" verlangt wird. Die Kuhlenbeck'sche Unterscheidung ist dem Gesetze fremd und würde die Sicherheit der Rechtsanwendung keineswegs fördern. Vgl. Dernburg I § 55 IV, Cosack I § 26a II, 2 S. 77, Hölder Bem. 3 zu § 12, Endemann I § 34 Note 4, Olshausen S. 90 zu Note 228. Von „Bestreiten" kann nur da die Rede sein, wo Jemandem der Name bewußt versagt wird, den er selbst beansprucht, nicht dann, wenn dem Namensträger irrthümlich ein unrichtiger Name beigelegt wird. Dagegen ist eine besondere Absicht „der Rechtskränkung", welche Opet S. 381 verlangt, nicht erforderlich.

8. Der Namensberechtigte kann Beseitigung der Beeinträchtigung von dem Anderen verlangen d. h. Beseitigung des an die Bestreitung sich knüpfenden Erfolgs. Dieser kann sehr verschieden sein. Er kann einfach bestehen in der Kenntniß von der Namensbestreitung, die ein Dritter erlangt hat, und der damit möglicherweise verbundenen Verbreitung dieser Thatsache: die „Beseitigung" erfolgt hier z. B. durch Widerruf der Bestreitung und Anerkennung des Namensrechts. Ist die Bestreitung öffentlich erfolgt oder konnte dieselbe einem unbestimmten Kreise von Personen bekannt werden, so wird öffentlicher Widerruf und öffentliche Anerkennung verlangt werden können. Die Beeinträchtigung kann darin bestehen, daß in Folge der Bestreitung in öffentlichen Registern für den Namensberechtigten ein anderer Name eingetragen wird, daß die Verfolgung von Rechten in Folge von entstehenden Zweifeln an der Identität des Berechtigten erschwert oder unmöglich gemacht wird. Die Beseitigung der Beeinträchtigung hat als Beseitigung den Zustand wieder herzustellen, welcher vor der Bestreitung vorhanden war. Sofern die Beseitigung der Beeinträchtigung Kosten verursacht, hat diese der Beklagte zu tragen. Die Beseitigung der Beeinträchtigung hat bezüglich der Namensrechtsausübung den früheren Zustand wieder herzustellen. Dagegen gehört zur Beseitigung der Beeinträchtigung nicht die Beseitigung des Schadens, welcher etwa durch die Bestreitung, abgesehen von der Beeinträchtigung der Rechtsausübung selbst, verursacht wurde. Die Klage wird in P. I, 45 als quasinegatorisch bezeichnet und ihre Nothwendigkeit damit begründet, daß der Anspruch auf Schadensersatz in der Regel versage, wenn es auf Seite des Störenden an einem Verschulden fehle. Man könnte daraus entnehmen, daß die Absicht darauf ging, zum Gegenstande der Klage auch den Schadensersatz zu machen. Durch die Konstruktion der Klage als quasinegatorischer Klage würde dieser Zweck nicht erreicht. Es scheint jedoch, daß man in der II. Komm. von der älteren jetzt meist verworfenen Auffassung der negatorischen Klage ausging, wonach diese auch auf Schadensersatz gerichtet ist, auch wenn kein Verschulden des Beklagten gegeben ist (Windscheid-Kipp, Pand. Bd. 1 § 198 Note 5; RGE. Bd. 4 S. 221; Seuff. Arch. Bd. 48 Nr. 6; dagegen Seuff. Arch. Bd. 46 Nr. 249; RGE. Bd. 17 Nr. 24). Im BGB. ist die actio negatoria auf Schadensersatz nur unter der Voraussetzung einer Verschuldung begründet (s. § 1004 mit Bem.; D. 137; M. III, 427, 428). Indem daher die wegen Namensrechtsbestreitung aus § 12 anzustellende Klage als „quasinegatorisch" bezeichnet wird, ist derselben nach dem Systeme des BGB. trotz der entgegengesetzten Meinung der P. a. a. O. nicht die Ausdehnung auf Schadensersatz gegeben. Zu diesem letzteren Anspruche genügt nicht die bloße „objektive Rechtsverletzung", welche in den Prot. als genügende Grundlage der Namensklage bezeichnet wird, es muß vielmehr noch ein Verschulden behauptet werden können. Erst dann ist die Klage — gemäß § 823, nicht gemäß § 12 — begründet. Dagegen genügt zur Klage aus § 12 die objektive Rechtsverletzung.

9. Die „Beseitigung der Beeinträchtigung" ist ein Thun und daher eine Leistung des Verpflichteten. Dadurch unterscheidet sich die Klage aus § 12 von der Feststellungsklage. Ob zur Anstellung einer Feststellungsklage aus § 231 CPO. (= § 256 CPO. n. F.) neben der Klage aus § 12 BGB. noch ein Raum ist, dürfte zu bezweifeln sein. Denn die Voraussetzungen des § 231 sind nicht geringer als die des § 12 BGB. Den Zweck eines richterlichen Ausspruchs, der das Namensrecht feststellt, kann der Kläger bei Anwendung des § 12 jederzeit durch Beschränkung des Klageantrags erreichen. Zu einer Feststellungsklage wäre möglicherweise nur dann noch Anlaß, wenn § 12 eine weitere Voraussetzung als die Bestreitung des Namensrechts enthielte, nämlich — wie zu Bem. 7 erwähnt — eine Dauer der Bestreitung. Aber auch dann wäre die Sache nicht zweifellos; denn auch das Feststellungsinteresse ist ohne Beeinträchtigung

des Namensrechts oder seiner Ausübung nicht denkbar. Ist zu dieser Beeinträchtigung eine Dauer des Widerspruchs erforderlich, so ist ohne solche auch die Feststellungsklage nicht begründet. A.M. Gareis Bem. 2 zu § 12.

10. Wenn weitere Beeinträchtigungen zu besorgen sind, kann auf Unterlassung geklagt werden. Die Unterlassuug ist gemäß § 890 CPO. durch Androhung und nöthigenfalls Vollzug einer Geldstrafe bis 1500 Mk. oder Haftstrafe bis zu 6 Monaten zu erzwingen. Das Maß der Gesammtstrafe darf zwei Jahre nicht übersteigen.

Zu B. Der zweite Fall des § 12 ist der unbefugte Gebrauch des Namens des Berechtigten durch einen Anderen, wodurch das Interesse des Berechtigten verletzt wird.

Es wird vorausgesetzt:

1. Ein Gebrauch des Namens des Berechtigten. Der Gebrauch kann sein die Führung des Namens durch den Unberechtigten zur Kennzeichnung seiner Person oder eine andere Verwendung des Namens z. B. zur Bezeichnung eines gewerblichen Etablissements, eines Hotels, zu Reklamezwecken (P. VI, 113) oder zur Bezeichnung einer künstlerischen oder literarischen Leistung; nach einer viel vertretenen Meinung gehört hieher ferner der Fall, wenn Jemand „in Büchern, Zeitungen, Theaterstücken Personen mit dem klägerischen Namen auftreten läßt, da Dritte dann geneigt sein können, die in jenen literarischen oder künstlerischen Werken enthaltenen Angaben auf den Kläger oder ihm verwandte Personen zu beziehen" (Opet a. a. O. S. 386 und Anm. 168). Vgl. RGE. in Gruchot, Beitr. Bd. 46 S. 127; Rspr. d. O.L.G. Bd. 2 S. 215, Bd. 3 S. 283. Weiter wird vorausgesetzt:

2. Ein Gebrauch des Namens des Berechtigten. Ob der fremde Name mit völlig gleicher oder mit unbedeutender Abänderung der Schreibweise gebraucht wird, ist gleichgültig. Vgl. Ramdohr S. 75, Endemann I § 37 Note 9.

3. Ein Gebrauch des Namens des Berechtigten. Nur das erworbene Namensrecht wird geschützt und ist auf Bestreiten nachzuweisen.

4. Der Gebrauch muß „unbefugt" sein. Unbefugt ist der Namensgebrauch dann nicht, wenn dem Anderen das Namensrecht ebenfalls zusteht; unbefugt ist der Namensgebrauch unter Umständen ferner nicht, wenn dem Anderen der Namensgebrauch gestattet wurde. (Der Käufer eines Pensionats, welches unter einem bestimmten Namen gegründet worden ist, wurde als berechtigt erklärt, das Pensionat unter diesem Namen weiter zu führen und mit demselben Namen weiter zu verkaufen. RGE. vom 19. Okt. 1900 in Gruchot, Beitr. Bd. 45 S. 74.) Diese Erlaubniß wirkt regelmäßig nur obligatorisch, nicht dinglich. Sie bewirkt, daß der Gestattende sich über den Namensgebrauch nicht beschweren kann, sie bewirkt dagegen nicht, daß das Namensrecht Anderer an der Erlaubniß Unbetheiligter dadurch seinen Klageschutz verliert. Aber auch eine bloß obligatorische oder relative Wirkung der Gestattung ist dann nicht anzunehmen, wenn die Erlaubniß des Namensgebrauchs eine rechtlich unzulässige und daher unwirksame Namensübertragung darstellt. Die Namensänderung ist ohne Genehmigung des Staates im Gebiete des Deutschen Reiches heute regelmäßig unzulässig; es kann daher Niemand mit Rechtswirkung einem Andern gestatten, seinen, des Gestattenden, Namen zu führen.

„Unbefugt" ist der nicht berechtigte Namensgebrauch auch dann, wenn er nicht bösgläubig ist. Der unbefugte Namensgebrauch braucht nicht „Mißbrauch" zu sein. RGE. in Jur. Wschr. 1901 S. 765. Daß der Gebrauch des Namens unbefugt gewesen, hat der Kläger, wenn der Beklagte nicht denselben Namen trägt, nicht zu beweisen. Es ist vielmehr Sache des Beklagten, darzuthun, daß und wie er dem Kläger gegenüber das Recht erworben habe, dessen Namen zu gebrauchen. Der Kläger hat lediglich zu beweisen, daß ihm das Recht auf den Namen zusteht.

5. Der unbefugte Gebrauch muß das Interesse des Berechtigten verletzen. M. IV, 1006 wollten ein Interesse auf Untersagung eines fremden Namensgebrauchs nur dann anerkennen, wenn durch den fremden Namensgebrauch der falsche Schein einer nicht begründeten Familienzugehörigkeit erweckt wird. In P. I, 45 ist anerkannt, daß die Anmaßung falscher Familienangehörigkeit nur einen Hauptfall der Verletzung des Namensrechtes bilde. Es seien insbesondere auch die Fälle zu berücksichtigen, in welchen Vermögensinteressen und Interessen des gewerblichen Verkehrs dadurch verletzt werden, daß Jemand unbefugt den Namen eines Anderen führt. Mit Rücksicht auf den Wortlaut des Gesetzes muß aber weiter gegangen werden: jedes Interesse genügt zur Begründung der Klage. Das Interesse besteht ganz allgemein darin, daß eine durch den Namensgebrauch ermöglichte Irreführung, die Annahme eines nicht bestehenden Familienzusammenhangs oder einer „Zurechnung fremder Vorgänge zu Gunsten oder zu Lasten des Namensberechtigten oder seiner Angehörigen" (Opet S. 390) ausgeschlossen werde. Rspr. d. O.L.G. Bd. 2 S. 215, 312.

6. Die Klage ist gerichtet auf Beseitigung der Beeinträchtigung. Die Beeinträchtigung ist nicht identisch mit der Interesseverletzung, sie besteht auch hier lediglich in dem durch die Störung des Namensrechts herbeigeführten Zustande. Dieser Zustand ist zu beseitigen. Zu diesem Zwecke hat der Beklagte alles dasjenige zu thun oder zu unterlassen, was nothwendig ist, um die Fortdauer des durch die Namensanmaßung herbeigeführten rechtswidrigen Zustandes auszuschließen: Löschung in standesamtlichen Registern, Beseitigung von Ladenschildern, Beseitigung des Namens in öffentlichen und anderen Ankündigungen. Die Beeinträchtigung besteht ferner auch hier nicht in dem Schaden, welchen die Namensanmaßung zur Folge gehabt hat. Auf Schadensersatz kann nur unter der Voraussetzung einer Verschuldung geklagt werden.

7. Die Klage richtet sich weiter auf Unterlassung künftiger Namensanmaßung, wenn weitere Beeinträchtigungen zu besorgen sind. Hat die Namensanmaßung eine Beeinträchtigung zur Folge gehabt, so muß die Fortsetzung der Namensanmaßung als Grund weiterer Beeinträchtigungen erachtet werden und es bedarf die „Besorgniß" weiterer Beeinträchtigung keiner besonderen Begründung.

8. § 12 schützt den Berechtigten auch dann, wenn der unbefugte Namensgebrauch unter der Herrschaft des alten Rechtes begann und eine vor dem 1. Januar 1900 erhobene Klage wegen Mangels einer dem § 12 entsprechenden Bestimmung rechtskräftig abgewiesen wurde (Rspr. d. OLG. Bd. 2 S. 312; RGE. in Jur. Wschr. 1901 S. 765).

C. Beweis des Namensrechts. In Bezug auf den Familiennamen ist der Erwerb durch einen familienrechtlichen Vorgang oder durch einen Akt obrigkeitlicher Verleihung nachzuweisen (III, A, 1 u. 2). In ersterer Richtung „muß genügen, daß eine Familie sich thatsächlich des Namens bediente und daß Kläger in einem Verhältnisse zu derselben steht, durch welches er den Rechtsgrundsätzen nach deren Namen überkommen hat" (Dernburg I § 55 Note 14). Es kann hienach nicht verlangt werden, daß der Beweisführer den ganzen Stammbaum seiner Familie klarlege, wie bei Adelsproben. Maßgebend ist der Zustand der Namensführung, wie er zur Zeit des namengebenden Aktes besteht und dem Verkehre zu Grunde liegt. So für das preuß. R. in ausführlicher, auch für nichtpreußische Verhältnisse zutreffender, Begründung Kammerg. Urth. vom 30. September 1901 im Jahrb. f. Entscheidungen des Kammerg. Bd. 22 Abtheilung C S. 115 Nr. 34.

D. Internationales Privatrecht und Uebergangsrecht. Das Namensrecht der Ausländer ist als Persönlichkeitsrecht nach dem Personalstatute zu beurtheilen. Weiter ist für die Frage des Erwerbs eines Namensrechts das Recht der Zeit der Erwerbsthatsachen maßgebend. Der Namenserwerb der Ausländer ist daher für die Zeit vor 1900 auf gemeinrechtlichem und preußischem Rechtsgebiete nach Domizilsrecht, auf französischem nach dem Rechte des Heimathstaates, für die Zeit nach 1900 nach Heimathrecht zu beurtheilen. Abweichend, wie es scheint, in Bezug auf die Frage der Kollision der zeitlichen und örtlichen Kollisionsnormen Kammergericht 28. Mai 1901 Rspr. d. OLG. Bd. 3 S. 86.

E. Für das von Keyßner zuerst vertretene und von ihm auch zuerst so genannte „Recht am eigenen Bilde" bietet § 12 keine Grundlage, auch nicht für Gesetzesanalogie. Vgl. hiezu Verhandlungen des 26. Deutschen Juristentags Bd. 1 S. 3 ff. (Gutachten von Gareis); Bd. 1 S. 72 ff. (Gutachten von Keyßner); Keyßner, Das Recht am eigenen Bild, 1896; derselbe im Recht 1901 S. 42; Olshausen, Das Recht am eigenen Bild in Gruchot, Beitr. Bd. 46 S. 492; Kohler, Autor- und industrierechtliche Abhandlungen H. 2 S. 56; G. Cohn, Neue Rechtsgüter 1902; S. Rietschel, Das Recht am eigenen Bilde (Sonderabdruck aus dem Archiv f. d. civilist. Praxis Bd. 94) 1903; Gareis in D. Jur.Z. 1902 S. 412 ff.; Stenglein, ebenda S. 502.

Vorbemerkungen zu §§ 13—20 (Todeserklärung).

I. Die Rechtsfähigkeit des Menschen endigt mit dem Tode. Dieser Satz stand in § 3 des E. I, seine Streichung wurde in der II. Komm. wegen Ueberflüssigkeit der Bestimmung beantragt, zuerst abgelehnt, dann aber der Redaktionskommission überlassen, welche sie verfügte (P. I, 4; P. VI, 106, 107).

II. Nach dem bisherigen Rechte endigt die Vermögensfähigkeit auch durch den Eintritt in einen Mönchs- oder Nonnenorden und Ablegung des Gelübdes immerwährender Armuth (Gierke, DPR. I § 42 zu Note 9—13; Roth, BCR., 2. Aufl. Bd. 1 § 33 Anm. 7—9; Bl. f. RA. Bd. 46 S. 113 ff.; Urth. des bayr. Oberst. GH. Bd. 7 Nr. 302, Bd. 11 Nr. 86; Bl. f. RA. Bd. 26 S. 292 ff.; Roth BCR. 1. Aufl. Bd. 3 § 296 Note 28 ff., § 300 S. 221 Note 21 ff., § 337 S. 491 Note 23; M. z. EG. I Art. 48 S. 168). Dieser „Klostertod" ist als ein Fall des sog. „bürgerlichen Todes" aufgefaßt, aber durch die Aufhebung des letzteren nicht berührt worden. Nach Gem.R. geht die vermögensrechtliche Person des Ordensgeistlichen nicht unter, sondern auf das Kloster über, so daß er von nun an lediglich Erwerbsorgan des Klosters ist. Ist das Kloster selbst vermögensunfähig, so wird der Religiose sofort als todt angesehen und nach Maßgabe des bürgerlichen Rechtes beerbt. Nach preußischem Rechte*) eröffnet die Ablegung des Klostergelübdes als „bürgerlicher Tod" alsbald die Erbfolge, ebenso nach verschiedenen bayrischen Amortisationsgesetzen (M. I, 168). Nach dem BGB. hat der Eintritt in ein Kloster und die Ablegung von Ordensgelübden auf die privatrechtliche Stellung der Person grundsätzlich keinen Einfluß mehr. Ueber die nach Art. 87 EG. zum BGB. zulässigen Ausnahmen von diesem Grundsatze vgl. oben S. 25 Ziff. 2. Nach Art. 213 EG. z. BGB. bleiben, wenn der Erblasser vor dem Inkrafttreten des BGB. gestorben ist, für die erbrechtlichen Verhältnisse die bisherigen Gesetze maßgebend. Diese Bestimmung bezieht sich auf die Rechtsfolgen eines natürlichen Sterbefalles. Es fragt sich daher, ob, wenn die Ablegung der Ordensgelübde vor dem Inkrafttreten des BGB. erfolgte, der Religiose die an seine gesetzlichen oder Testamentserben erfolgte Ausantwortung seines Vermögens anfechten oder, wenn sie vor dem Inkrafttreten des BGB. nicht erfolgt ist, verhindern kann, soferne nach dem geltenden Rechte die Beerbung des Professen die Folge des definitiven Eintrittes in das Kloster wäre. Zu unterscheiden sind jedenfalls die Fälle, in welchen der Religiose mit Ablegung des Gelübdes als todt angesehen wird, was nach preußischem Rechte allgemein, nach bayrischen Statuten bei Eintritt in ein vermögensunfähiges Kloster oder in ein ausländisches Kloster geschieht, und der Fall, wo diese Wirkung des Gelübdes nicht unmittelbar eintritt, vielmehr die Beerbung erst bei Eintritt des natürlichen Todes erfolgt. Diese letztere Wirkung ist nach Gem.R. anzunehmen, insbesondere wenn der Religiose vor Ablegung des Gelübdes eine letztwillige Verfügung gemacht, welche in Folge des Gelübdes unwiderruflich wird (Roth 1. Aufl. Bd. 3 § 300 Note 22, § 296 Note 30; BLR. Thl. III cap. 3 § 3 Anm. 6; Nov. 123 cap. 38). Letzterenfalls verwandelt sich die „Erbschaft" des Religiosen mit dem Augenblick, in welchem er wieder vermögensfähig wird, in sein „Vermögen", über welches ihm wieder freie Disposition zusteht. Ersterenfalls ist weiter zu unterscheiden zwischen dem Falle, daß das Vermögen des Religiosen definitiv auf Grund seines vor dem Inkrafttreten des BGB. erfolgten Professes dritten Personen zugefallen ist und dem Falle, daß solche definitive Erwerbung seitens Dritter noch nicht stattgefunden hat. Wenn letzteres der Fall ist, dürfte der Religiose nach dem Inkrafttreten des BGB. sein Vermögen in Anspruch nehmen können, wenn ersteres, wird eine Revokation Mangels einer rückwirkenden Kraft des BGB. nicht stattfinden. Vgl. hiezu Gierke a. a. O. § 42 Note 13; Habicht S. 44.

III. In Folge Aufhebung des „bürgerlichen Todes" der Klosterleute ist der natürliche Tod gemäß den Bestimmungen des BGB. der einzige Beendigungsgrund der Rechtsfähigkeit des Menschen. Der Tod setzt das Gelebthaben, die Existenz eines Menschen voraus. Von Tod im civilrechtlichen Sinne kann nicht gesprochen werden, wenn ein Kind während der Geburt stirbt. Anders im Strafrecht (StGB. §§ 217, 218). Der Tod im civilrechtlichen Sinne ist das Ende eines rechtsfähigen Menschen, dessen Existenz mit der vollendeten Geburt beginnt. Hienach ist auch die „Tödtung" in BGB. §§ 844—846 aufzufassen.

IV. Der Tod begründet, beendigt und verändert vielfach bestehende Rechtsverhältnisse. Wer auf den Tod eines Menschen Rechte zu gründen in der Lage ist, hat die Thatsache des Todes zu behaupten und zu beweisen. Als Beweismittel dienen insbesondere die Einträge in das standesamtliche Sterberegister (Personenstandsgesetz §§ 56 ff.). Die bezüglichen Bestimmungen des Personenstandsgesetzes sind durch das BGB. nicht berührt worden (Art. 46 EG. z. BGB.). „Die ordnungsgemäß geführten Standesregister beweisen diejenigen Thatsachen, zu deren Eintragung sie bestimmt und welche in ihnen

*) W. v. Brünneck, Das Klostergelübde und seine vermögensrechtliche Bedeutung im Geltungsgebiete des preußischen Landrechts seit dem 1. Januar 1900, Gruchot, Beitr. Bd. 45 S. 193 ff.

eingetragen sind, bis der Nachweis der Fälschung, der unrichtigen Eintragung oder der Unrichtigkeit der Anzeige und der Feststellungen, auf Grund deren [die] Eintragung stattgefunden hat, erbracht ist. Dieselbe Beweiskraft haben die Auszüge, welche als gleichlautend mit dem Haupt- oder Nebenregister bestätigt und mit der Unterschrift und dem Dienstsiegel des Standesbeamten oder des zuständigen Gerichtsbeamten versehen sind" (Personenstandsgesetz § 15). Das Sterberegister ist bestimmt zum Beweise des Sterbefalls. Das Heirathsregister ist nicht bestimmt, Sterbefälle zu beweisen. Wenn daher bei Eintragung eines Eheschließungsfalls in das Heirathsregister etwa bemerkt ist, daß die Eltern des Bräutigams oder der Braut gestorben sind, so steht dieser Eintrag nicht unter der Sanktion des § 15 des Personenstandsgesetzes (v. Sicherer, Personenstandsgesetz S. 51 ff.). Unrichtige Anmeldungen, sofern sie Thatsachen betreffen, zu deren Eintragung das betreffende Register bestimmt ist, also die Anmeldung des Todes einer Person zum Sterberegister, werden nach §§ 169, 271 StGB. geahndet. Die strafrechtliche Praxis geht jedoch hierüber hinaus (Oppenhoff zu StGB. § 271 Note 14) und straft auch unrichtige Anmeldungen von Thatsachen, zu deren Beurkundung das standesamtliche Register nicht gemäß § 15 des Gesetzes „bestimmt" ist.

Reichen die standesamtlichen Register zum Beweis eines Todesfalls nicht aus, so ist der Tod auf Grund anderer Beweismittel festzustellen, welche zur richterlichen Beweiswürdigung dienen können: Zeugen, Sachverständige, Urkunden, Augenschein. Dies gilt zunächst für den Fall, daß die standesamtlichen Register nicht ordnungsmäßig geführt sind. Inwieweit ihnen solchenfalls noch Beweiskraft zukommt, ist in das richterliche Ermessen gestellt (§ 15 Abs. 3 des Pers.Ges.). Die freie Beweiswürdigung muß aber insbesondere dann eintreten, wenn es auf Thatsachen ankommt, welche im standesamtlichen Register nicht beurkundet sind. Es kann z. B. mit Rücksicht auf die erbrechtlichen Verhältnisse nothwendig oder wünschenswerth sein, die Zeit des Todes einer Person genauer als bloß dem Tage und der Stunde nach festzustellen.

V. *An die Stelle des Beweises* traten nach *früherem Rechte* in gewissen Fällen *Vermuthungen* in Bezug auf den Tod und zwar:

1. *Hinsichtlich der Zeit des Todes*, wenn bezüglich der Thatsache des Todes Gewißheit besteht und es sich darum handelt, das zeitliche Verhältniß mehrerer Todesfälle unter einander festzustellen, da die Berufung zur Erbfolge und auch außerhalb des Gebiets des Erbrechts Rechtsveränderungen von der Thatsache des Vorabsterbens, Ueberlebens oder gleichzeitigen Sterbens abhängig sein können.

Ueber die Vermuthungen, welche das Röm. R., das Gem.R. und die wichtigsten Partikularrechte in dieser Beziehung aufstellen, vgl. unten zu § 20.

2. *Verschollenheit.* Nicht bloß in Bezug auf die Zeit, sondern auch in Bezug auf die Thatsache des Todes, wie in Bezug auf die Thatsache des fortdauernden Lebens können Zweifel bestehen und jeder Beweis versagen bei Abwesenheit oder Vermißtheit eines Menschen, sofern sie längere Zeit dauert und Nachrichten über den Abwesenden oder Vermißten nicht vorliegen. Dies ist der Fall der *Verschollenheit* (Gierke a. a. O. § 42 zu Note 31; Savigny, System II § 63 S. 17). In Bezug auf Verschollene stellte das Röm. R. weder für die Fortdauer noch für das Aufhören des Lebens eine Vermuthung auf, überließ vielmehr die Frage, ob ein Verschollener noch lebe oder gestorben sei, der richterlichen Entscheidung des einzelnen Falles. Ueber das Deutsche Recht vgl. Gierke a. a. O. § 42 III S. 365. Dagegen bildete sich nach Rezeption des Röm. R. im Anschluß an die Glosse die *Vermuthung* aus, daß der Verschollene gestorben sei, wenn seit seiner Geburt 70 Jahre abgelaufen sind. Daß diese Vermuthung *gemeinrechtlich* galt, ist bestritten, wird aber von der überwiegenden Meinung angenommen (Gierke a. a. O. § 42 zu Note 42; a. M. Roth, DPR. I § 61 zu Note 19 ff.). Ob neben dieser Todesvermuthung eine Vermuthung des *Lebens* bis zum Eintritte der Todesvermuthung im Gem. R. galt, ist ebenfalls bestritten (Windscheid-Kipp, Pand. I § 53 Anm. 2; Gierke a. a. O. § 42 zu Note 31—42; Roth, DPR. I § 61 zu Note 49 ff.; Dernburg, Pand. I § 51 zu Nr. 5; Regelsberger, Pand. I § 61 Note 19; Zusammenstellung der oberstrichterlichen Praxis bei Seuff. Arch. Bd. 44 Nr. 162). Darüber, in welchem Zeitpunkte die Todesver-

muthung eintritt, wenn Jemand erst nach dem 70. Lebensjahre verschollen ist, hat sich eine einheitliche gemeinrechtliche Regel nicht gebildet.

In einer Reihe von Partikularrechtsgebieten galt eine beschränkte Lebensvermuthung gesetzlich. Vgl. die Zusammenstellung bei Roth, DPR. I § 61 Note 156—158. Zu erwähnen ist insbesondere: PLR. Thl. I cap. 1 § 38 „Kommt es aber darauf an, ob Jemand einen gewissen Erb= oder anderen Anfall erlebt habe, so wird vermuthet, daß ein Mensch, von dessen Leben oder Tod keine Nachricht zu erhalten ist, nur 70 Jahre alt geworden sei". Zu dieser Lebensvermuthung gesellte sich nach erfolgter Todeserklärung eine durch diese begründete Todesvermuthung, auf Grund deren die erbrechtliche successio ex nunc eintrat (PLR. Thl. II Tit. 18 § 835). In zeitlicher Beziehung hat man diese Todesvermuthung in Einklang zu bringen gesucht mit der Lebensvermuthung von PLR. Thl. I Tit. 1 § 38 durch die Bestimmung in PLR. Thl. II Tit. 18 § 823: „Ist er erst nach dem 65. Jahre seines Alters verschollen, so kann er nach Verlauf von fünf Jahren für todt erklärt werden." — Eine beschränkte Lebensvermuthung enthielt ferner Art. 100 des Bayr. AG. z. CPO. u. KO. vom 23. Februar 1879: „Besteht Ungewißheit, ob der Abwesende den Anfall einer Erbschaft oder eines Vermächtnisses erlebt hat, so wird sein Leben, solange er nicht für todt erklärt worden ist, bis zum Ablauf von 70 Altersjahren vermuthet; nach dem Ablauf von 70 Jahren ist der Abwesende im Falle einer solchen Ungewißheit, wenn er innerhalb drei Monaten nach erfolgter öffentlicher Aufforderung sich nicht gemeldet hat, in Ansehung des Vermögensanfalls nicht zu berücksichtigen, ohne jedoch mit seinen Rechten ausgeschlossen zu werden. Dieselben Bestimmungen finden entsprechende Anwendung, wenn es sich für den Abwesenden um den Erwerb einer Schenkung auf den Todesfall oder um Vermögensrechte handelt, welche derselbe als Ehegatte kraft Gesetzes oder Vertrags auf Ableben des anderen Ehegatten in Anspruch zu nehmen hat."

Zu dieser Lebensvermuthung kam gemäß Art. 118 Abs. 1 des Bayr. AG. z. CPO. eine durch die Todeserklärung begründete „Vermuthung, daß der Verschollene nicht mehr am Leben sei".

Dagegen schrieb Art. 118 Abs. 2 vor: „In Ansehung des zurückgelassenen Vermögens der für todt erklärten Person wird vermuthet, daß dieselbe am Tage des Ausspruchs der Todeserklärung gestorben sei; in denjenigen Fällen jedoch, in welchen der Ausspruch nach dem Ablauf von 70 Jahren seit der Geburt des Verschollenen erfolgt, ist der Tag, an welchem 70 Jahre seit der Geburt abgelaufen sind, wenn aber die Verschollenheitsfrist erst nach diesem Zeitpunkte geendigt hat, der Tag, an welchem diese abgelaufen ist, als Todestag anzusehen." Hiezu ist zu bemerken, daß nach Art. 104, wenn der Verschollene zur Zeit der letzten Lebenskunde bereits das 65. Lebensjahr vollendet hatte, zur Todeserklärung nur der Ablauf von weiteren fünf Jahren erforderlich war.

Das bayrische, wie das preußische System kannte daher auf Grund der Todeserklärung eine verschiedene Todesvermuthung für erbrechtliche und für andere Verhältnisse des Verschollenen. Für die ersteren trafen die beschränkte Lebensvermuthung und die an die Todeserklärung sich anknüpfende Todesvermuthung im wesentlichen zusammen, für letztere nicht.

Der Unterschied zwischen dem Systeme des Gem. R. und der erwähnten Partikularrechte, insbesondere des bayrischen und preußischen Rechtes bestand daher im Wesentlichen im Folgenden:

Nach Gem.R. wird bis zum Eintritte der Todesvermuthung das Leben des Verschollenen vermuthet. Die Lebensvermuthung wie die Todesvermuthung hat allgemeine Wirkung. Beide Vermuthungen gehen dahin, daß der Verschollene bis zu 70 Jahren gelebt, von da ab nicht mehr gelebt hat.

Die Todeserklärung wurde durch richterliches Urtheil ausgesprochen und zwar im Wege des Aufgebotsverfahrens gemäß CPO. §§ 823 ff. (= §§ 946 ff. CPO. n. F.). Ob das ergehende, die Todeserklärung aussprechende Ausschlußurtheil deklarative oder konstitutive Bedeutung habe, war streitig.

Das neuere bayrische und preußische Recht hat aus dem Gem.R. die Lebensvermuthung entnommen, welche dahin geht, daß ein noch nicht für todt erklärter Verschollener bis zu 70 Jahren gelebt habe. Diese Lebensvermuthung gilt aber nicht allgemein, sondern nur für erbrechtliche oder für erbrechtliche und ehegüterrechtliche Vermögensanfälle an den Verschollenen.

Die Todesvermuthung dieser Partikularrechte knüpfte sich nicht an ein bestimmtes Alter des Verschollenen, sondern an eine bestimmte Dauer der nachrichtlosen Abwesenheit desselben, die so geordnet ist, daß, wenn Jemand mit 65 Jahren anfängt, verschollen zu sein, die Todeserklärung mit dem vollendeten 70. Jahre erfolgen kann, während sonst regelmäßig der Termin der Todeserklärung ein anderer ist. Die Todeserklärung hatte allgemeine konstitutive Wirkung; für die Familienverhältnisse bestand die Vermuthung dahin, daß der Verschollene nicht mehr am Leben sei, also die Todeserklärung nicht überlebt habe, ohne daß bezüglich der Todeszeit eine bestimmte Feststellung erfolgte. Für die Beerbung des Verschollenen dagegen wurde der Tag der Todeserklärung als Todestag angenommen. Nur dann, wenn die Todeserklärung nach Ablauf des 70. Jahres des Verschollenen erfolgte, galt als Todestag der Tag, an welchem seit der Geburt des Verschollenen 70 Jahre abgelaufen waren, oder, wenn bis dahin die Verschollenheitsfrist noch nicht abgelaufen und daher die Todeserklärung nicht erfolgen konnte, der Tag, an welchem die Verschollenheitsfrist abgelaufen war.

Nach bayrischem wie nach preußischem Rechte war daher die Möglichkeit gegeben, daß je nach den in Betracht kommenden Verhältnissen Jemand an drei verschiedenen Terminen nicht mehr als lebend galt, je nachdem es sich handelte:

a) um eine dem Verschollenen anfallende Erbschaft oder einen anderen Erwerb desselben von Todeswegen (Art. 100 des Bayr. AG. z. CPO.; PLR. Thl. I Tit. 1 § 38) oder

b) um die Succession Dritter in das Vermögen der Verschollenen und für todt Erklärten (Bayr. AG. Art. 118 Abs. 2; PLR. Thl. II Tit. 18 § 835) oder

c) eine andere Rechtswirkung der Todesvermuthung.

VI. E. I hat sich im allgemeinen an diese den größten Theil des Deutschen Reiches beherrschenden partikularrechtlichen Systeme angeschlossen, indem er

1. in § 4 eine auf erbrechtliche und ehegüterrechtliche Vermögensanfälle zu Gunsten des Verschollenen beschränkte Lebensvermuthung und Todesvermuthung konform den Bestimmungen des Art. 100 des Bayr. AG. z. CPO. und des PLR. Thl. I Tit. 1 § 38 aufnahm, dahin, daß der Verschollene bis zum Ablaufe des 70. Lebensjahres gelebt, später aber nicht mehr gelebt habe, eine Vermuthung, welche unabhängig von der Todeserklärung Platz zu greifen hatte, während nach E. I § 21 die Todeserklärung die allgemeine Vermuthung begründete, daß der Verschollene den Zeitpunkt ihrer Erlassung nicht überlebt hat, ferner aber nach E. I § 21 Abs. 2 in Ansehung der Beerbung des Verschollenen selbst die Vermuthung zu gelten hatte, daß er in dem Zeitpunkte des die Todeserklärung aussprechenden Urtheils gestorben sei.

„Verschollen" im Sinne des E. I ist derjenige, bezüglich dessen die Voraussetzungen der Todeserklärung vorliegen. Ein Abwesender ist in diesem Sinne nach E. I verschollen, wenn seit 10 Jahren keine Nachrichten über sein Leben vorliegen; wenn seit der Geburt des Abwesenden 70 Jahre verflossen sind, genügte eine Nachrichtlosigkeit von 5 Jahren.

2. Die Kritik tadelte die Willkürlichkeit und Komplizirtheit dieses — übrigens, wie bemerkt, das früher geltende deutsche Partikularrecht beherrschenden — Systems, wonach derjenige, welcher etwa als hoher Sechziger verschwand, als Erbe mit dem 71. Geburtstage sterbe, als Erblasser dagegen erst in dem Augenblicke der ungefähr 5 Jahre später zulässigen Todeserklärung, im übrigen an irgend einem Tage zwischen seiner Entfernung und der Todeserklärung. Insbesondere verlangte Gierke (Kritik S. 136 ff.) die Herstellung einer bis zum Beginne der Todesvermuthung reichenden allgemeinen Lebensvermuthung und im Einklange hiemit die Beseitigung der konstitutiven Wirkung der Todeserklärung, die Aufnahme des

Prinzips der deklarativen Wirkung. Im Sinne dieser Vorschläge ist denn auch der E. II und darnach das Gesetz gestaltet worden.

VII. Im E. II wurde die beschränkte Lebensvermuthung des § 4 des E. I gestrichen. Die Todeserklärung verlor ihre konstitutive Wirkung. Indem die Todeserklärung die Vermuthung des Todes nicht mehr im bisherigen Sinne begründete, sondern nur feststellte, und damit zugleich den womöglich auf Grund amtlicher Ermittelungen festzustellenden Todestag, war auch festgestellt, daß bis zu diesem Todestage der Verschollene gelebt habe. Diese Lebensvermuthung ist ferner als unabhängig erklärt von Durchführung des Verfahrens auf Todeserklärung (§ 19). Für eine auf Erbanfälle beschränkte anderweitige Lebensvermuthung blieb kein Raum mehr. Vgl. E. II § 7, E. III § 18, BGB. § 19; P. I, 20, 22.

In Bezug auf die zeitlichen Voraussetzungen der Todeserklärung schloß sich der I. wie der II. Entw. und das Gesetz selbst an die modernen deutschen Partikularrechte an, welche, wie das preußische und das bayrische Recht, im Gegensatze zum Gem. R. die Todeserklärung in erster Linie nicht von einem bestimmten Alter des Verschollenen, sondern von einer bestimmten — verschieden gestalteten — Verschollenheitsdauer abhängig machten. E. I §§ 6—9, E. II §§ 2—5, E. III §§ 14—17, BGB. §§ 14—17.

Die Regel der gewöhnlichen Verschollenheitsfrist enthält § 14: „Die Todeserklärung ist zulässig, wenn seit 10 Jahren von dem Leben des Verschollenen keine Nachrichten eingegangen sind". Die Frist wird verlängert für Minderjährige, verkürzt für Greise. Noch kürzere Verschollenheitsfristen werden statuirt für den Fall

1. der Kriegsverschollenheit (§ 15);
2. der Seeverschollenheit (§ 16);
3. der „Landgefahr" oder „Unfallverschollenheit" (§ 17).

VIII. Ueber bloße Unbekanntheit eines Berechtigten vgl. §§ 887, 1104, 1112, 1170, 1171 ꝛc. u. insbes. Bem. 1, a zu § 1170.

IX. Uebergangsbestimmungen: Vgl. Bd. VI Bem. zu Art. 158—162 EG. z. BGB. Ferner Habicht § 12 S. 68—104; Affolter § 56 S. 209—217; Rspr. d. OLG Bd. 4 S. 440, Bd. 5 S. 473; Bayr. Oberst. LG. n. F. Bd. 2 S. 213.

§ 13.*)

Wer verschollen ist, kann nach Maßgabe der §§ 14 bis 17 im Wege des Aufgebotsverfahrens für todt erklärt werden.

E. I, 5, 10, 20; II, 2, 6; III, 13.

I. Der Begriff der Verschollenheit wird im BGB. nicht definirt. In der deutschen Rechtssprache wird der Ausdruck „verschollen" und „Verschollenheit" in verschiedenem Sinne gebraucht. Er bedeutete im Gem. R. längere nachrichtslose Abwesenheit im Gegensatze zur Vermißtheit (Savigny, System II, S. 17; Gierke, DPR. I § 42 Note 31; M. I, 33); so auch PLR. Thl. II Tit. 18 § 830; gerichtlich erklärte längere nachrichtslose Abwesenheit (absence declaré) bad. LR. Satz 115 ff. Der Ausdruck bezog sich ferner auf denjenigen, bezüglich dessen die Voraussetzungen der Todeserklärung vorliegen: Art. 103 des bayr. AG. zur CPO. und KO. im Gegensatze zu Art. 94 das.; §§ 39 ff. des sächs. GB.; ferner E. I §§ 6 ff.

Im Entw. II und III, sowie im BGB. ist ein neuer Begriff der Verschollenheit aufgenommen, der indessen durch die Etymologie des Wortes und den Sprachgebrauch des Lebens gerechtfertigt wird. „Verschollen" ist ein Rest des mittelhochdeutschen intransitiven „schellen" = schallen, tönen (vgl. Kluge, etymol. Lexikon 5. Aufl. S. 320; Paul, Deutsches Wörterbuch „schallen"). „Verschollen" ist derjenige, von welchem man nichts mehr hört.

---

*) Literatur: s. bei Gierke, DPR. I § 42 Note 14. Ferner Dernburg I §§ 51—54; Endemann I § 38; Crome I § 40; Cosack I § 18; Planck Bem. zu §§ 13—20; Hölder Bem. zu §§ 13—20; Gareis zu §§ 13—20; Bodo Lehmann, Die Todeserklärung Verschollener nach dem BGB. in „Annalen des Deutschen Reichs", Jahrgang 1901 S. 18—73, 121—157, 223—236; Dressel, Die Bestimmungen über Verschollenheit und Todeserklärung, Berlin 1902; Katz, Verschollenheit und Todeserklärung nach dem BGB., München 1899; Verhandlungen des 20. Deutschen Juristentags Bd. 1 S. 258 280; Verhandlungen des 21 Deutschen Juristentags Bd. 3 S. 173, 433.

Zur Verschollenheit in diesem Sinne ist nicht erforderlich, daß der Verschollene sich von seinem Wohnort oder Aufenthaltsort entfernt hat, in der Fremde verschollen ist und daher ein „Abwesender“ in diesem Sinne ist, über dessen Leben oder Tod längere Zeit hindurch keine Nachricht vorliegt. Zum Begriffe der Verschollenheit im Sinne des BGB. genügt vielmehr, daß Jemand vermißt wird. Wer nach einem schlagenden Wetter, nach einem Theaterbrand, nach einer Ueberschwemmung und ähnlichen viele Personen treffenden, auch ihn gefährdenden Ereignissen nicht mehr zum Vorschein kommt, ohne daß es möglich ist, sein Leben oder seinen Tod zu beweisen, gilt nach dem in II. Lesung aufgenommenen § 17 BGB. als verschollen, während man nicht sagen kann, daß er sich von seinem Wohn- oder Aufenthaltsort entfernt hat. Auch sonst bietet das moderne Leben die Möglichkeit, daß Jemand „spurlos verschwindet“ (Planck), ohne sich von seinem Wohn- oder Aufenthaltsorte entfernt zu haben (Lehmann S. 50). Der E. I § 6 setzte Abwesenheit voraus („ein Abwesender gilt als verschollen, wenn u. s. w.“). In II. Lesung wurde die Fassung des § 6 (= § 2 II. Lesung; = § 14 BGB.) angenommen: „Ein Verschollener kann für todt erklärt werden, wenn seit 10 Jahren keine Nachricht von seinem Leben eingegangen ist.“ In den Verhandlungen der II. Komm. (P. I, 5) wurde dies als eine sachliche Aenderung nicht erachtet, was aber im Hinblick auf § 17 unrichtig ist. Aus E. I § 1740 Abs. 1 ist aber im wesentlichen unverändert § 1911 Abs. 1 des BGB. entstanden, der für die Bestellung eines Pflegers für den Verschollenen dessen „Abwesenheit“ verlangt Wörtliche Auslegung würde die Bestellung eines Pflegers in vielen Fällen des § 17 ausschließen. Geholfen kann nur durch die nicht zweifelsfreie Annahme werden, daß die „Abwesenheit“ des § 1911 im Sinne des bisherigen bayrischen Verschollenheitsrechts auszulegen sei, wonach „Abwesenheit“ Entfernung vom Wohnsitz nicht voraussetzt. Vgl. Bd. IV Bem. zu § 1911, Böhm, Erl. zum bisherigen bayr. AG. zur CPO. Art. 103 Nr. 2. Erforderlich ist, daß keine Nachrichten von dem Abwesenden oder Vermißten vorliegen unter Umständen, welche Zweifel an dem Leben des Verschollenen erwecken. Näheres in den §§ 14—17.

II. „Wer“ verschollen ist, kann für todt erklärt werden. Der E. I § 5 sagte: „Ein Deutscher, welcher verschollen ist, kann durch Urtheil für todt erklärt werden.“ Im E. II ist das Erforderniß der Reichsangehörigkeit fallen gelassen worden, jedoch nicht unbedingt. Art. 9 des EG. bestimmt, daß

1. es zur Todeserklärung eines Verschollenen genügt, wenn er bei Beginn der Verschollenheit ein Deutscher war,

2. ein Ausländer im Inlande als verschollen erklärt werden kann, wenn er seinen letzten Wohnsitz im Inlande hatte, seine im Inland zurückgebliebene oder dahin zurückgekehrte Ehefrau Deutsche ist oder bei ihrer Verheirathung Deutsche war und nun die Todeserklärung beantragt,

3. ein Verschollener, der bei Beginn der Verschollenheit Ausländer war, im Inlande für todt erklärt werden kann mit Wirkung für die nach deutschem Rechte sich bestimmenden Rechtsverhältnisse und für das im Inlande befindliche Vermögen.

Ueber die Grundsätze des internationalen Privatrechts überhaupt in Sachen des Verschollenheitsrechts vgl. v. Bar, Internationales Privatrecht I, S. 375, 376; Zitelmann, Internationales Privatrecht II, S. 103—110: P. I, 11. Vgl. ferner Bd. VI Bem. zu EG. Art. 9; Lehmann a. a. O. S. 43—50.

III. Das BGB. regelt nur das Verschollenheitsrecht für das Inland, wie es überhaupt nur für das Inland und den Bereich der deutschen Behörden gilt. Die Frage, ob ein Deutscher im Auslande durch ausländische Behörden als verschollen oder als todt erklärt werden kann und unter welchen Umständen, ist im BGB. nicht geregelt, weil es Vorschriften für ausländische Rechtsgebiete nicht enthält und nicht enthalten kann.

IV. Die Todeserklärung eines Verschollenen kann nur im Wege des Aufgebotsverfahrens erfolgen. Dies entspricht auch dem bisherigen bayrischen und preußischen Rechte.

1. Die Todeserklärung erfolgt nur auf Antrag der Interessenten. Wann dieser Antrag gestellt wird, ist, wenn einmal die gesetzlichen Voraussetzungen der Todeserklärung gegeben sind, Sache des Ermessens der Interessenten.

2. Neben den allgemeinen Bestimmungen der CPO. über das Aufgebotsverfahren (§§ 946—960) gelten für das Aufgebotsverfahren zum Zwecke einer Todeserklärung verschiedene spezielle Bestimmungen, welche ursprünglich im E. I aufgenommen, in Folge der hiegegen gerichteten Kritik ausgeschieden und der CPO. überwiesen worden sind (Fischer, Rechtsschutz S. 13 ff.; Lehmann S. 54—68). Von denselben sind für das materielle Recht besonders folgende von Belang.

a) Antragsberechtigt ist der gesetzliche Vertreter des Verschollenen, sowie Jeder, der an der Todeserklärung ein rechtliches Interesse hat. Der gesetzliche Vertreter bedarf zu dem Antrage der Genehmigung des Vormundschaftsgerichts (CPO. § 962, im wesentlichen übereinstimmend mit Art. 107 Bayr. AG. z. CPO.).

b) Der Antragsteller hat die zur Begründung des Antrags erforderlichen Thatsachen vor der Einleitung des Verfahrens glaubhaft zu machen (CPO. § 963).

c) Das zu erlassende Aufgebot enthält:
   α) die Aufforderung an den Verschollenen, sich spätestens im Aufgebotstermine bei Gericht zu melden, widrigenfalls die Todeserklärung erfolgen werde;
   β) die Aufforderung an Alle, welche Auskunft über Leben oder Tod des Verschollenen zu ertheilen vermögen, spätestens im Aufgebotstermine dem Gericht Anzeige zu machen (CPO. § 964). Eine Aufforderung an die Erbbetheiligten, ihre Interessen im Aufgebotstermine wahrzunehmen, findet nicht statt.

d) Die Aufgebotsfrist hat mindestens sechs Monate zu betragen nach CPO. § 965.

e) In den Fällen der See-, Kriegs- oder Landgefahr (§§ 15—17 BGB.) oder wenn seit der Geburt des Verschollenen 100 Jahre verflossen sind, kann die Bekanntmachung des Aufgebots in öffentlichen Blättern unterbleiben und auf die Anheftung an der Gerichtstafel beschränkt werden; die Aufgebotsfrist beträgt in diesem Falle mindestens sechs Wochen. CPO. § 966 (nach E. I § 20 sollte in diesen Fällen überhaupt das Aufgebot unterbleiben).

f) Das Gericht hat unter Benutzung der in dem Antrag angegebenen Thatsachen und Beweismittel von Amtswegen die zur Feststellung des Sachverhaltes erforderlichen Ermittelungen zu veranstalten und die geeignet erscheinenden Beweise aufzunehmen (CPO. § 968).

g) Die Todeserklärung erfolgt durch Ausschlußurtheil (CPO. § 952). Das Urtheil wird nur dann erlassen, wenn das Gericht die zur Begründung der Todeserklärung erforderlichen Thatsachen für bewiesen erachtet. Das Urtheil hat den Zeitpunkt des Todes gemäß § 18 Abs. 2 BGB. festzustellen (CPO. § 970).

h) Das Verfahren wird ausgesetzt, wenn derjenige, welcher sich als der angeblich Verschollene meldet, als solcher von dem Antragsteller nicht anerkannt wird (CPO. §§ 953, 969). Die Entscheidung des Streites zwischen dem Antragsteller und dem als Verschollener Auftretenden steht dem ordentlichen Prozeßgerichte zu. Dieser Streit kann nur darüber geführt werden, ob der Erschienene wirklich mit dem Verschollenen identisch ist oder nicht. Formell handelt es sich in dem ordentlichen Verfahren nur um die Zulässigkeit der Fortsetzung des Aufgebotsverfahrens und der Erlassung des Ausschlußurtheils. Die Erlassung der Ausschlußurtheils ist unzulässig, wenn der Erschienene identisch ist mit dem Verschollenen. Diese Identität hat auf Bestreiten derjenige zu beweisen, welcher behauptet, der Verschollene zu sein, gleichviel ob er Kläger oder Beklagter ist. Die materiellrechtliche Konstruktion des Klageanspruchs ist nicht zweifellos.

   Ergeht Urtheil dahin, daß die Erlassung eines Ausschlußurtheils unzulässig sei, so ist der Antrag auf Ausschlußurtheil, falls er nicht zurückgezogen wird, durch Beschluß zurückzuweisen (CPO. § 952 Abs. 4). Andernfalls wird das Ausschlußurtheil erlassen, sofern die Voraussetzungen desselben im übrigen gegeben sind.

i) Wenn das Ausschlußurtheil erfolgt, so sind die Kosten des Verfahrens dem Nachlasse des für todt Erklärten aufzuerlegen (CPO. § 971, wie in Art. 117 Bayr. AG. z. CPO. und PLR. Thl. II Tit. 18 § 846).

k) Gegen das Ausschlußurtheil findet kein Rechtsmittel, auch nicht Nichtigkeits- oder Restitutionsklage statt; wohl aber kann dasselbe mittels einer Klage angefochten werden. Die CPO. hat die Anfechtungsgründe gegenüber dem früheren Gesetze vermehrt, auch das Verfahren mehrfach abgeändert Vgl. §§ 957, 973, 969—972, 974—976 CPO.

§ 14.

Die Todeserklärung ist zulässig, wenn seit zehn Jahren keine Nachricht von dem Leben des Verschollenen eingegangen ist. Sie darf nicht vor dem Schlusse des Jahres erfolgen, in welchem der Verschollene das einunddreißigste Lebensjahr vollendet haben würde.

Ein Verschollener, der das siebzigste Lebensjahr vollendet haben würde, kann für todt erklärt werden, wenn seit fünf Jahren keine Nachricht von seinem Leben eingegangen ist.

Der Zeitraum von zehn oder fünf Jahren beginnt mit dem Schlusse des letzten Jahres, in welchem der Verschollene den vorhandenen Nachrichten zufolge noch gelebt hat.

E. I, 6; II, 2; III, 14.

I. 1. Die regelmäßige Verschollenheitsfrist bestimmt § 14 im Anschluß an das PLR. Thl. II Tit. 18 § 823 und Bayr. AG. z. CPO. Art. 103, sowie zahlreiche andere Partikularrechte (M. I, 37) auf zehn Jahre.

Der für todt zu Erklärende muß seit zehn Jahren verschollen sein. Die Todeserklärung ist zulässig, „wenn seit 10 Jahren keine Nachricht von dem Leben des Verschollenen eingegangen ist" (§ 14 Abs. 1 Satz 1). Dieser Satz, scheinbar klar, drückt den Willen des Gesetzes nicht richtig aus. Nach dem Wortlaute der Bestimmung könnte man glauben, daß jede Nachricht von dem Leben des Verschollenen die Zulässigkeit der Todeserklärung auf 10 Jahre von ihrem Eingange an gerechnet verschiebt. Was in Wirklichkeit gemeint ist, ergiebt sich aus § 14 Abs. 3, welcher sagt: „Der Zeitraum von zehn Jahren beginnt mit dem Schlusse des letzten Jahres, in welchem der Verschollene den vorhandenen Nachrichten zufolge noch gelebt hat." Im E. I § 6 hieß es „der letzten Nachricht zufolge". Die jetzige Fassung „den vorhandenen Nachrichten zufolge" wurde in II. Lesung vorgeschlagen und scheint nicht als inhaltliche Aenderung angesehen worden zu sein (P. I, 5, 6). Hienach ist „Nachricht" gleichbedeutend mit Lebenszeichen. Es soll gerechnet werden von der Zeit, „auf welche die letzte Kunde von dem Leben des Verschollenen sich bezieht" (M. I, 38). Vgl. Bayr. AG. z. CPO. Art. 103: „Die Frist ist von der Zeit an, auf welche sich die letzte Lebenskunde bezieht . . . zu rechnen." Diese Bestimmung hat als Vorlage gedient, wie sich aus den Gebhardt'schen Motiven zum Vorentwurfe des Allgemeinen Theiles ergiebt. Nicht die Zeit des Eingangs der Nachricht ist entscheidend für den Beginn der Verschollenheitsfrist, sondern der Inhalt der Nachricht bezüglich des Lebens des Verschollenen. Diejenigen Nachrichten setzen die Verschollenheitsfrist in Lauf, welche den „spätesten Zeitpunkt bezeichnen, an welchem der Verschollene noch gelebt hat" (Planck Bem. 1 zu § 14, Hölder Bem. 2 zu § 14). Wenn also spätere Nachrichten das Leben des Verschollenen nicht für einen späteren Zeitpunkt bekunden, sondern für einen früheren Zeitpunkt oder für denselben Zeitpunkt, bezüglich dessen bereits andere frühere Nachrichten vorliegen, so sind dieselben für den Lauf der Verschollenheitsfrist unerheblich. Das Gesetz läßt die zehnjährige Frist nicht mit der letzten Nachricht bezüglich des Lebens des Verschollenen beginnen, sondern mit dem Schlusse des letzten Jahres, in welchem der Verschollene den vorhandenen Nachrichten zufolge gelebt hat. Wie diese „vorhandenen" Nachrichten unter einander zeitlich sich ordnen, ist gleichgültig. Ebenso ist gleichgültig, wenn während des zehnjährigen Zeitraums Nachrichten eingehen, welche Wiederholungen oder Bestätigungen früherer Nachrichten sind, aber in Bezug auf den Verschollenen keine Bekundung späteren Lebens gegenüber den früheren Nachrichten darstellen. Abs. 1 Satz 1 des § 14 würde daher richtiger lauten: „Die Todeserklärung ist zulässig, wenn keine das Leben des Verschollenen während der letzten zehn Jahre bekundende Nachricht eingegangen ist." Woher die Nachrichten stammen und wohin sie zunächst gelangt sind, ist gleichgültig. Jede sichere Nachricht, die zur Kenntniß der antragsberechtigten Interessenten oder des entscheidenden Gerichts kommt, hindert die Todeserklärung. Andererseits hindern Nachrichten, welche in anderen Kreisen bekannt, aber den Interessenten und dem Gericht unbekannt bleiben, die Todeserklärung nicht. Die Verschollenheit ist hienach ein „relativer Begriff" (Gareis Bem. 2 zu § 13; Dernburg I § 52, Lehmann S. 72).

2. In den zehnjährigen Zeitraum wird das letzte Jahr, während dessen der Verschollene den letzten Nachrichten zufolge gelebt hat, nicht eingerechnet. Die Frist beginnt mit dem Schlusse dieses Jahres (§ 14 Abs. 3). Nach E. I § 6 begann der zehnjährige Zeitraum „mit dem Ablauf des letzten Tages", an welchem der Verschollene der letzten Nachricht zufolge gelebt hat, d. h. mit dem Ablaufe des letzten Tages, bis zu welchem die Nachrichten über den Verschollenen reichten. Die jetzige Fassung des Gesetzes wurde in der Kommission angenommen mit Rücksicht auf die dadurch erleichterte Berechnung der Abwesenheitsfrist (P. I, 6).

3. „Die Todeserklärung ist zulässig", wenn der zu Abs. 1 und 3 des § 14 bezeichnete Zeitraum abgelaufen ist. In Wirklichkeit wird auch nach Ablauf dieses Zeitraums regelmäßig noch eine erhebliche Zeit vergehen, bis es zur Todeserklärung kommt.

Sie erfolgt durch Ausschlußurtheil im Aufgebotsverfahren. Der Antragsteller hat die zur Begründung des Antrags erforderlichen Thatsachen vor der Einleitung des Verfahrens glaubhaft zu machen. Zur Begründung des Antrags gehört auch der Ablauf der Verschollenheitsfrist. Im Aufgebotsverfahren ist auch die Aufgebotsfrist von „mindestens sechs Monaten" zu wahren (CPO. § 965), welche zwischen der Veröffentlichung des Aufgebots und dem Aufgebotstermine liegen muß. Erst in diesem Termine kann die Todeserklärung ausgesprochen werden. Für diesen Ausspruch ist es aber allerdings genügend, wenn zwischen dem Tage desselben und dem Schlusse desjenigen Jahres, in welchem der Verschollene nach den die späteste Zeit betreffenden Nachrichten noch gelebt hat, 10 Jahre inmitte liegen. Das Gericht hat die Todeserklärung nur auszusprechen, wenn die zur Begründung derselben erforderlichen Thatsachen für erwiesen erachtet werden. Hiezu gehört nach § 14 Abs. 1 der Ablauf der zehnjährigen Verschollenheitsfrist im Augenblicke der Todeserklärung. Daß bei Stellung des Antrags auf Todeserklärung diese Frist noch nicht abgelaufen und daher die Aufgebotsfrist, die an sich gewahrt ist, noch in die Verschollenheitsfrist fällt, begründet gemäß CPO. §§ 834, 973 keine Klage auf Anfechtung der Todeserklärung. Diese Auffassung wird durch die Gesetzgebungsverhandlungen bestätigt. Nach E. I §§ 12 und 13 hatte das Gericht die Todeserklärung nur dann auszusprechen, wenn es von der Richtigkeit der zur Begründung des Antrags auf Einleitung des Aufgebotsverfahrens erforderlichen Thatsachen sich überzeugte. Von der II. Komm. wurde die jetzt in CPO. § 970 enthaltene Fassung vorgeschlagen und genehmigt:

„Das Gericht hat die Todeserklärung nur auszusprechen, wenn die zur Begründung derselben erforderlichen Thatsachen für erwiesen erachtet werden."

In den Verhandlungen der II. Komm. (P. I, 23) wurde hiebei betont:

„Die Abweichung von der Fassung des Entwurfs bezweckt, zum Ausdruck zu bringen, daß das Gericht die Todeserklärung immer dann auszusprechen habe, wenn zur Zeit der Urtheilsfällung die zur Begründung der Todeserklärung erforderlichen Thatsachen vorhanden sind, selbst wenn vielleicht die zur Begründung des Antrags vorgebrachten Thatsachen sich inzwischen als unrichtig oder als nicht ausreichend herausgestellt haben sollten."

4. Der „Zeitraum von zehn Jahren" ist nothwendig ein zusammenhängender Zeitraum. Denn jede das Leben des Verschollenen während des zehnjährigen Zeitraumes bekundende Nachricht hat zur Folge, daß nach dem durch die Nachricht festgestellten Zeitpunkte des Lebens des Verschollenen ein neuer zehnjähriger Zeitraum abgelaufen sein muß, wenn es zur Todeserklärung kommen soll. Hienach hat gemäß § 188 BGB. die Berechnung von Datum zu Datum stattzufinden und nicht die in § 191 vorgesehene Berechnungsart.

5. Was von Nachrichten gilt, die das Leben des Verschollenen bekunden, gilt auch von Nachrichten, welche den Tod desselben feststellen. Auch sie schließen die Verschollenheitserklärung aus und zwar, zum Unterschiede von den ersteren Nachrichten, definitiv.

II. Eine besondere Vorschrift ist im Anschluß an PLR. Thl. II Tit. 18 § 829 und das Bayr. AG. z. CPO. Art. 103 Abs. 2 in Bezug auf minderjährige Verschollene gegeben. Die Todeserklärung „darf nicht vor dem Schlusse des Jahres erfolgen, in welchem der Verschollene das 31. Lebensjahr vollendet haben würde". Die zehnjährige Verschollenheitsfrist beginnt also hier nicht vor dem Schlusse desjenigen Jahres zu laufen, in welchem der Verschollene das 21. Lebensjahr vollendet und hiemit volljährig wird. Sie endigt in Folge dessen mit dem Schlusse desjenigen Jahres, in welchem der Verschollene das 31. Lebensjahr vollendet haben würde, wenn er noch lebte. Da die Verschollenheitsfrist erst mit dem Schlusse dieses Jahres endigt und die Todeserklärung nicht vor Ablauf der Verschollenheitsfrist zulässig ist, so kann die Todeserklärung in diesem Falle frühestens erst bei Beginn des nächsten Jahres erfolgen. Das PLR. Thl. II Tit. 18 § 831 und nach dessen Vorgang das Bayr. AG. z. CPO. Art. 103 Abs. 2 berücksichtigt den Fall, daß der Eintritt des Volljährigkeitsalters des Verschollenen nicht ermittelt werden kann, daß vielmehr nur wahrscheinlich der Verschollene bei Beginn der Verschollenheit noch minderjährig gewesen ist. Beide Gesetze schreiben für diesen Fall eine Verlängerung der Verschollenheitsfrist auf 15 Jahre vor. Mot. I, 38 erklären, daß dieser Fall keiner besonderen Vorsorge bedürfe, denn „jede in dieser Hinsicht obwaltende Ungewißheit muß bei Berechnung des Fristenlaufes dem Abwesenden zu Gute kommen". Es ist gemäß CPO. § 968 Sache des Gerichts, unter Benützung der im Antrage auf Einleitung des Aufgebotsverfahrens angegebenen Thatsachen und Beweismittel von Amtswegen Ermittelungen darüber anzustellen, in welchem Alter etwa der Verschollene bei Beginn der Verschollenheit stand, und hienach zu ermessen, ob die Verschollenheitsfrist gemäß § 14 BGB. gewahrt ist. Diese Verschollenheitsfrist kann je nach dem Sachverhalte bis zu 31 Jahren verlängert werden. Denn ein Verschollener kann Jemand am Tage seiner Geburt werden.

III. Eine besondere Vorschrift ist ferner in Absatz 2 des § 14 nach dem Vorgange des PLR. Thl. II Tit. 18 § 830, des Bayr. AG. z. CPO. Art. 104, des sächs. GB. § 39 für den Fall getroffen, daß Jemand bei Beginn der Verschollenheit bereits in hohem Alter stand. „Ein Verschollener, der das 70. Lebensjahr vollendet haben würde, kann für todt erklärt werden, wenn seit fünf Jahren keine Nachricht von seinem Leben eingegangen ist.“ Nach P. VI, 110 ist es „gleichgültig, ob die Vollendung des 70. Lebensjahres eingetreten ist, bevor der Verschollene in Verschollenheit gerieth, oder ob sie eingetreten ist während des Laufes des fünfjährigen Zeitraums oder ob sie erst eingetreten ist nach Ablauf des fünfjährigen Zeitraums“. Es müssen nur beide Erfordernisse, Ablauf der fünfjährigen Frist und Ablauf des 70. Lebensjahres des Verschollenen, erfüllt sein, wenn die Todeserklärung erfolgen soll. Wenn die Vollendung des 70. Lebensjahres vor den Beginn der Verschollenheit oder in die Verschollenheitsfrist fällt, so soll nach P. VI, 110 als Todestag das Ende der fünfjährigen Frist gelten, wenn die Vollendung des 70. Lebensjahrs erst nach dem Ende der fünfjährigen Frist erfolgt, der Zeitpunkt, in welchem die Vollendung des 70. Lebensjahres eintritt. Im Anschluß an diese Erklärung der P. hat die herrschende Meinung eine fünfjährige Verschollenheitsfrist auch für den Fall als genügend erklärt, daß das 70. Lebensjahr des Verschollenen sich erst nach dem Ende dieser Frist vollendet. Vgl. Planck Bem. 3 zu § 14; Hölder Bem. 4 zu § 14; Gareis Bem. 3 zu § 14; Endemann I § 38 Anm. 11. Diese Auffassung läßt sich mit dem nicht ganz klaren Wortlaute des Gesetzes vereinigen. Dagegen muß mit Rücksicht auf Abs. 3 angenommen werden, daß die Todeserklärung erst nach Ablauf jenes Kalenderjahrs erfolgen kann, in welchem der Verschollene das 70. Lebensjahr vollendet haben würde (vgl. Hölder Bem. 5 zu § 14).

§ 15.

Wer als Angehöriger einer bewaffneten Macht an einem Kriege Theil genommen hat, während des Krieges vermißt worden und seitdem verschollen ist, kann für todt erklärt werden, wenn seit dem Friedensschlusse drei Jahre verstrichen sind. Hat ein Friedensschluß nicht stattgefunden, so beginnt der dreijährige Zeitraum mit dem Schlusse des Jahres, in welchem der Krieg beendigt worden ist.

Als Angehöriger einer bewaffneten Macht gilt auch derjenige, welcher sich in einem Amts- oder Dienstverhältniß oder zum Zwecke freiwilliger Hülfeleistung bei der bewaffneten Macht befindet.

E. I, 7; II, 3; III, 15.

1. Das frühere bayr. Recht ordnete den Fall der Kriegsverschollenheit nur in Bezug auf bestimmte Kriege der Vergangenheit, nämlich in Bezug auf die Kriege von 1866 und 1870/71, nicht dagegen durch eine allgemeine für die Zukunft gültige Bestimmung. Vgl. das bayr. Gesetz vom 29. Dezember 1873, die Todeserklärung der in Folge des Krieges von 1870/71 vermißten Personen betr., und vom 27. Juli 1874, die Todeserklärung der in Folge des Krieges von 1866 vermißten Personen betr., ferner Art. 71—74 des Bayr. AG. z. CPO.

Das preußische Recht enthält ebenfalls auf einzelne Kriege bezügliche besondere Verschollenheitsgesetze, so in Bezug auf die Kriege von 1864 und 1866 das Gesetz vom 24. Februar 1868, in Bezug auf den Krieg 1870/71 das Gesetz vom 2. April 1872. Vgl. hierüber Förster-Eccius, Preuß. Priv.Recht, 6. Aufl., Bd. I § 19 S. 96, 97. Im Uebrigen kommt auch in Betracht die allgemeine Bestimmung des PLR. in Thl. I Tit. 1 § 35 nebst Anhang hiezu § 4. Dagegen enthalten mehrere andere deutsche Partikularrechte allgemeine Bestimmungen für den Fall der Kriegsverschollenheit, so vor Allem das sächs. Gesetzbuch § 40. Vgl. M. I, 39.

2. Im Anschluß an die deutschen, insbesondere die preußischen Spezialgesetze über Kriegsverschollenheit beschränkte der E. I § 7 seine Vorschrift auf den Fall, daß Jemand mit der bewaffneten Macht des Deutschen Reichs in den Krieg gezogen ist und vermißt wird. Von der II. Komm. wurde die dermalige Fassung beschlossen. Vgl. P. I, 6, 7.

3. Der Ausdruck „bewaffnete Macht“ wird technisch in dem Bundesgesetze vom 9. November 1867, die Verpflichtung zum Kriegsdienste betr., gebraucht. Die „bewaffnete

Macht" besteht nach § 2 dieses Gesetzes aus dem Heere, der Marine und dem Landsturm. Die Vorschriften dieses Gesetzes zusammen mit § 38 des Reichsmilitärgesetzes (s. oben zu § 9 Bem. 1), ferner § 4 des Mil.StGB. und dem Reichsgesetze vom 11. Febr. 1888, Aenderungen der Wehrpflicht betr.: IV. Abschnitt („Landsturm") enthalten die Normen für die Zugehörigkeit zur „bewaffneten Macht" des Deutschen Reiches. Der Gebrauch des militärgesetzlichen Ausdruckes „bewaffnete Macht" in § 15 geht aber in doppelter Richtung über den Rahmen des durch das deutsche Gesetz festgelegten Bedeutungsumfangs hinaus. Er bedeutet:

a) jede bewaffnete Macht, nicht bloß die des Deutschen Reiches. Sofern aber die Militärverfassung anderer Staaten von derjenigen des Deutschen Reiches abweicht, bedeutet der Ausdruck die rechtmäßige Organisation der Wehrkraft des Staates.

b) Im Anschluß an § 9 des preuß. Kriegsverschollenheitsgesetzes vom 2. April 1872, sowie Art. 1 des bayr. Gesetzes vom 29. Dezember 1873 über die Todeserklärung der in Folge des Krieges 1870/71 vermißten Personen läßt § 15 Abs. 2 BGB. auch diejenigen Personen als „Angehörige einer bewaffneten Macht" gelten, welche sich in einem Amts- oder Dienstverhältnisse oder zum Zwecke der freiwilligen Hülfeleistung bei der bewaffneten Macht befinden. In einem „Amtsverhältnisse" befinden sich bei der bewaffneten Macht z. B. Feldgendarmen, Post- und Telegraphenbeamte; in einem „Dienstverhältnisse" befinden sich unter Umständen die Kriegsberichterstatter von Zeitungen, welche die Heere begleiten; zum Zwecke freiwilliger Hülfeleistung: nicht wehrpflichtige Freiwillige, welche mit der Waffe dienen; dann freiwillige Aerzte, Johanniter- und Georgiritter, Krankenpflegeleute u. s. w.

4. Nicht der Angehörige der bewaffneten Macht als solcher steht unter der Norm des § 15, sondern nur derjenige, welcher „an einem Kriege theilgenommen hat, während des Krieges vermißt worden und seitdem verschollen ist". Ob ein Kampf Bewaffneter einen Kampf „bewaffneter Mächte" darstellt, ist zunächst nach Maßgabe der Gesetze und Akte der betheiligten Staaten je nach Lage der Sache, unter Umständen aber lediglich nach völkerrechtlichen Grundsätzen und auf Grund völkerrechtlicher Akte unbetheiligter Staaten zu entscheiden, ebenso wie die Frage, ob ein Kampf als ein „Krieg" zu erachten ist (Heffter, Europäisches Völkerrecht, 8. Aufl. §§ 113, 114; Gareis Bem. 5 zu § 15). In Bezug auf die Vermißten des deutschen ostasiatischen Expeditionskorps vgl. D. Jur.Z. 1901 S. 280.

5. Der für todt zu Erklärende muß während des Krieges vermißt worden sein. „Vermißt" ist im Sinne dieser Vorschrift derjenige Angehörige einer bewaffneten Macht, der sich zu einer bestimmten Zeit nicht mehr bei ihr befindet, während weder über seinen Tod noch über seine Gefangenschaft noch über sein sonstiges Verbleiben irgend welche Nachrichten vorliegen. Dauert diese Nachrichtlosigkeit fort, während ein Beweis des Lebens oder Todes nicht geliefert werden kann, so gestaltet sich die Vermißtheit zur Verschollenheit. Die Todeserklärung kann erfolgen, wenn seit dem den Krieg beendigenden Friedensschlusse oder, falls ein Friedensschluß nicht stattgefunden, seit dem Schlusse des Jahres, in welchem der Krieg sonst beendigt wurde, drei Jahre vergangen sind, ohne daß Nachrichten eingegangen sind, welche den Tod des Verschollenen bekunden oder aber das Leben des Verschollenen nach dem Zeitpunkte, in welchem er vermißt wurde, vor der Beendigung des Krieges oder während der auf die Kriegsbeendigung folgenden dreijährigen Verschollenheitsfrist.

Von Vermißtheit kann nicht mehr gesprochen werden, wenn ein Angehöriger der bewaffneten Macht zwar in einem bestimmten Augenblicke vermißt wurde, aber später während des Krieges festgestellt wird, daß er sich in Gefangenschaft beim Feinde befindet. Vermißtheit und Verschollenheit dürfen nicht durch Nachrichten unterbrochen sein, welche das Leben des Vermißten beweisen, wenn es zur Todeserklärung auf Grund von § 15 kommen soll. Wenn ein als Gefangener beim Feinde befindlicher Angehöriger der bewaffneten Macht verschwindet und in Verschollenheit geräth, so ist § 15 ebenfalls anzuwenden. An und für sich trägt mit Rücksicht auf die Gepflogenheiten moderner kriegführender Mächte der Zustand der Gefangenschaft nicht mehr die Gefahren an sich, welche zu der privilegirten Kriegsverschollenheit geführt haben. Diese Gefahren bestehen in der Hauptsache nur für die Angehörigen der bewaffneten Macht im engeren Sinne des Wortes (§ 15 Abs. 1), nicht in demselben Maße dagegen für diejenigen, welche „bei" der bewaffneten Macht auf Grund bloßen Amtes, Dienstes oder zum Zwecke friedlicher Hülfeleistung sich befinden. Wenn trotzdem die Grundsätze der Kriegsverschollenheit auch auf diese Personen Anwendung finden, so muß dies auch bezüglich derjenigen gelten, welche sich als Gefangene beim Feinde auf dem Kriegsschauplatze befinden, als solche spurlos verschwinden und in Folge dessen „vermißt" werden. Anders liegt die Sache, wenn der Gefangene sich in einem vom Kriege unberührten Feindeslande befindet. „Während des Krieges“ wird derjenige vermißt, der auf dem Kriegsschauplatze vermißt wird. Man müßte sonst auch annehmen, daß beispielsweise ein deutscher Soldat, der an einem französischen Kriege theilgenommen, während des Krieges einen Gefangenentransport nach Deutschland begleitet und „während des Krieges“ sodann in Deutschland spurlos verschwindet, nach § 15 für verschollen erklärt werden könnte. In Wirklichkeit ist die Thatsache, daß ein Angehöriger der bewaffneten Macht an einem Kriege theilgenommen, vollkommen bedeutungslos, wenn er nicht während seiner Theilnahme am Kriege und daher auf dem Kriegsschauplatze vermißt wird. Dies gilt auch für den Gefangenen. Wenn ein Deutscher in einem Kriege gegen die Engländer in Indien gefangen und in England internirt, während der Fortdauer des indischen Krieges, in England verschwinden würde, so könnten nicht die Grundsätze der Kriegsverschollenheit zur Anwendung gelangen. Das Vorbild für § 15 ist die Bestimmung des preuß. Gesetzes vom 2. April 1872, betr. die Todeserklärung von Personen, welche an dem in den Jahren 1870 und 1871 geführten Kriege theilgenommen, §§ 1, 9. Die Voraussetzung, daß die Verschollenen „während des Krieges“ vermißt werden, ist hier dahin gefaßt, daß „sie in dem Kriege vermißt worden sind“, wozu Vermißtwerden auf dem Kriegsschauplatze gehört. Das Kausalverhältniß zwischen Krieg und Vermißtwerden tritt ferner klar hervor in der Bestimmung des bayr. Gesetzes vom 29. Dezember 1873 Art. 1, welcher verlangt, daß die Verschollenen „in Folge des Krieges vermißt werden“.

§ 16.

Wer sich bei einer Seefahrt auf einem während der Fahrt untergegangenen Fahrzeuge befunden hat und seit dem Untergange des Fahrzeugs verschollen ist, kann für todt erklärt werden, wenn seit dem Untergang ein Jahr verstrichen ist.

Der Untergang des Fahrzeugs wird vermuthet, wenn es an dem Orte seiner Bestimmung nicht eingetroffen oder in Ermangelung eines festen Reiseziels nicht zurückgekehrt ist und wenn

bei Fahrten innerhalb der Ostsee ein Jahr,

bei Fahrten innerhalb anderer europäischer Meere, mit Einschluß sämmtlicher Theile des Mittelländischen, Schwarzen und Azowschen Meeres, zwei Jahre,

bei Fahrten, die über außereuropäische Meere führen, drei Jahre

seit dem Antritte der Reise verstrichen sind. Sind Nachrichten über das Fahrzeug eingegangen, so ist der Ablauf des Zeitraums erforderlich, der verstrichen sein müßte, wenn das Fahrzeug von dem Orte abgegangen wäre, an dem es sich den Nachrichten zufolge zuletzt befunden hat.

E. I, 8; II, 4; III, 16.

1. Das frühere Bayr. AG. z. CPO. und KO. Art. 105 schrieb vor:

„Befand sich Jemand auf einem Schiffe, während dasselbe in Seegefahr verunglückte, so kann auf Todeserklärung angetragen werden, wenn über sein Leben seit drei Jahren von dem Unglücke an keine Nachricht vorhanden ist.“

Für den Fall, daß von einem Schiffe keine Nachricht eingegangen ist, ohne daß ein Seeunglück nachgewiesen werden kann, enthält das bayr. Gesetz keine besondere Bestimmung. Es kommt in solchem Falle der Verschollenheit eines Menschen in Verbindung mit der Schiffsverschollenheit die gewöhnliche Verschollenheitsfrist zur Anwendung (Art. 103 und 104) d. h. je nach Verschiedenheit der Fälle 15, 10 oder 5jährige Verschollenheitsfrist.

2. Dagegen hat das preuß. Gesetz, betr. die Todeserklärung in See gegangener verschollener Personen vom 24. Februar 1851 beide Fälle besonders geregelt, also

a) den Fall, daß sich Jemand auf einem erwiesenermaßen untergegangenen Schiffe befunden hat und seit dem Untergange des Schiffes verschollen ist und

b) den Fall, daß sich Jemand auf einem in Verschollenheit gerathenen Schiffe befunden hat.

Dieses Gesetz hat die Grundlage für den Entwurf des BGB. und die Bestimmungen des nunmehrigen § 16 gebildet. Vgl. M. I, 40. Die Bestimmungen des bezeichneten preuß. Gesetzes wie des BGB. über die Fristen der Schiffsverschollenheit weichen wesentlich ab von den Bestimmungen über die Schiffsverschollenheit, welche das HGB. in § 862 aufstellt. Der Ablauf dieser Verschollenheitsfristen ist nur die Bedingung für den Verfall der Schiffsversicherungssumme. Diese Fristen sind beträchtlich kürzer bemessen als diejenigen, deren Ablauf nach dem BGB. eine Voraussetzung für die Todeserklärung eines verschollenen Menschen bilden soll. Vgl. M. I, 40, 41.

3. Abs. 1 des § 16 regelt den Fall, daß der Untergang des Schiffes, auf welchem sich der Verschollene befunden, nachweisbar oder nachgewiesen ist. In dieser Beziehung ist zu bemerken:

a) Der Verschollene muß sich bei einer Seefahrt auf einem während der Fahrt untergegangenen Schiffe befunden haben. Es ist also Voraussetzung der Todeserklärung:

α) Das Schiff muß sich auf der Fahrt befunden haben. Untergang im Seehafen genügt nicht zur Anwendung des § 16. Seefahrt ist ferner nur Meerfahrt, nicht Binnensee- und nicht Flußfahrt. Wenn Jemand auf einem im Hafen, auf einem Binnensee oder Fluß verunglückten Schiffe sich befand und nach dem Untergange des Schiffes, ohne daß sein Tod nachgewiesen werden kann, nicht mehr erscheint, so ist § 17 BGB. anzuwenden und hienach nicht die einjährige Verschollenheitsfrist des § 16, sondern eine dreijährige Verschollenheitsfrist zu verlangen. Wenn das Fahrzeug sich nicht auf dem Meere befindet, sondern nur auf einem Flusse, der zum Meere führt, so befindet es sich möglicherweise auf dem Wege zur Seefahrt, aber noch nicht auf der letzteren selbst. Die Bestimmungen über Seeverschollenheit sind daher noch nicht anwendbar. A.A. mit M. I, 41 Planck zu § 16 und Lehmann S. 126, welche eine Seefahrt im weiteren Sinne und eine Seefahrt im engeren Sinne unterscheiden, aber in beiden Fällen die Grundsätze der Seeverschollenheit zur Anwendung bringen wollen. Vgl. dagegen Hölder Bem. 1, b zu § 16.

β) Der Verschollene muß sich beim Untergange des Fahrzeugs auf demselben befunden haben. Die „Seefahrt" des Verschollenen und die „Fahrt" des untergegangenen Schiffes, während welcher letzteres unterging, müssen völlig identisch sein; hat also der Verschollene etwa vor dem Untergange des Schiffes dasselbe noch verlassen und die Seefahrt z. B. in einem Rettungsboote fortgesetzt oder ist ihm dies nach dem Untergange des Schiffes gelungen, so findet § 16 Abs. 1 keine Anwendung, wenn nicht auch der Untergang dieses Bootes bewiesen wird.

γ) Der Untergang des Fahrzeugs muß feststehen, wenn § 16 Abs. 1 angewendet werden soll. Der Beweis des Untergangs kann durch alle Beweismittel geführt werden, welche dem Richter eine Ueberzeugung verschaffen können.

δ) „Untergegangen" ist das Fahrzeug, wenn es irgendwie auf dem Meere verloren geht. Auch das Schiff, das auf der Fahrt in Flammen geräth oder durch eine Kessel- oder Pulverexplosion vernichtet wird, ist „untergegangen". Wenn das Fahrzeug überhaupt nicht untergegangen ist, sondern Jemand bei einer Seefahrt durch Ueberbordstürzen oder durch Umschlagen des Fahrzeuges, ohne daß dessen Untergang erfolgt, in Gefahr gerathen und seither verschollen ist, unter Umständen, welche nicht den Beweis des Todes ermöglichen, so ist nicht § 16, sondern § 17 anwendbar (M. I, 41 zu §§ 7, 8).

b) Der Verschollene muß „seit dem Untergange des Fahrzeugs" verschollen sein. Er darf also nach dem Untergange des Schiffes nicht nachweisbar gelebt haben oder eine Kunde davon, daß er nach diesem Zeitpunkte gelebt hat, existiren. Ist er nach dem Untergange des Schiffes nicht auf einem zweiten Schiff, etwa einem Boot, sondern im Meere schwimmend gesehen worden, wenn auch unterstützt durch Reste des untergegangenen Schiffes, so findet nicht § 16 Anwendung, sondern § 17 und damit wieder die dreijährige Verschollenheitsfrist.

c) Seit dem Untergange des Schiffes muß ein Jahr verstrichen sein. In Bezug auf die Berechnung dieser Frist vgl. §§ 187 Abs. 1, 188 BGB.

4. § 16 Abs. 2 behandelt den Fall, daß

a) der Untergang des Fahrzeugs selbst nicht bewiesen werden kann. Für diesen Fall, den Fall der Schiffsverschollenheit, kann die Todeserklärung erst ausgesprochen werden, wenn

α) die Verschollenheitsfrist bezüglich des Schiffes (Abs. 2) und
β) die Verschollenheitsfrist bezüglich der Person (Abs. 1)
vollständig abgelaufen ist. Die Fristen der Schiffsverschollenheit sind im Anschluß an das oben erwähnte preußische Gesetz vom 24. Februar 1851 geordnet. Dabei werden unterschieden: Fahrten mit festem Reiseziel und Fahrten ohne festes Reiseziel. Handels- und Transportschiffe haben regelmäßig ein festes Reiseziel, bei bloßen Vergnügungsfahrten ist dies nicht nothwendig. Der Untergang wird vermuthet bei Schiffsfahrten mit festem Reiseziel, wenn das Schiff innerhalb der Verschollenheitsfrist am „Orte der Bestimmung" nicht eingetroffen, bei Schiffsfahrten ohne festes Reiseziel, wenn das Schiff innerhalb der Verschollenheitsfrist nicht „zurückgekehrt" ist, d. h. an dem Orte, an welchem die Reise begann, sich nicht wieder eingefunden hat.

b) Die Schiffsverschollenheitsfristen sind je nach dem Kurse der Seefahrt verschieden geordnet. Diese Fristen sind maßgebend auch bei Fahrten ohne festes Reiseziel. Auch bei diesen Fahrten muß wenigstens über den Umfang der Reise soviel feststehen, ob sie sich auf die Ostsee beschränken oder über andere Meere erstrecken.

c) Bei Ordnung der verschiedenen Schiffsverschollenheitsfristen war namentlich die Rücksicht auf die „Dauer der Reise" und auf die „Zeit, innerhalb deren Nachrichten erwartet werden können", maßgebend (M. I, 40). Dabei ist vom Gesetzgeber wohl vorausgesetzt, daß die Fahrt von einem deutschen Hafen ausgeht. Denn nur so ist es verständlich, daß bei Fahrten, die „über außereuropäische Meere führen", eine dreijährige Verschollenheitsfrist normirt ist, im Gegensatze zur zweijährigen Verschollenheitsfrist bezüglich der über europäische Meere fahrenden Schiffe. Indessen ist diese Voraussetzung des Gesetzgebers mit Rücksicht auf den vorliegenden Wortlaut des Gesetzes für die Rechtsanwendung bedeutungslos. Eine Fahrt, die über außereuropäische Meere führt, ist auch dann gegeben, wenn der Verschollene z. B. eine Vergnügungsfahrt außerhalb des Hafens von Kiautschau auf einem Boote unternahm und nicht mehr nach diesem Hafen zurückgekehrt ist. Es kommt also im einzelnen Falle nicht auf die Dauer der Reise, sondern nur darauf an, innerhalb welcher Meere sie sich bewegte.

d) Die Verschollenheitsfrist muß abgelaufen sein „seit dem Antritte der Reise" des Schiffes. Als Antrittszeit der Reise gilt entweder der Zeitpunkt, in welchem das Schiff die betreffende Fahrt überhaupt begann, dann nämlich, wenn von diesem Zeitpunkte an innerhalb der Verschollenheitsfrist keine Nachrichten vorliegen, wonach das Schiff entweder am Orte der Bestimmung eingetroffen oder an den Ausgangspunkt der Fahrt zurückgekehrt oder sonst an einem bestimmten Orte gesehen worden ist, oder, wenn letzteres der Fall, derjenige Zeitpunkt, in welchem das Schiff auf der Fahrt oder im Hafen — jedoch nicht am Bestimmungs- oder Ausgangsorte — gesehen wurde.

e) In dem zuletzt erwähnten Falle wird die Schiffsverschollenheit nicht nur mit Rücksicht auf den Zeitpunkt berechnet, in welchem das Schiff gesehen wurde, sondern auch mit Rücksicht auf den Ort, woselbst es angetroffen wurde, also je nachdem dieser Ort der Ostsee, anderen europäischen Meeren oder außereuropäischen Meeren angehört (§ 16 Abs. 2, letzter Satz). Dieser Ort gilt dann als Abgangsort des Schiffes, ohne daß es auf den wirklichen Ausgangspunkt der Fahrt noch ankommt.

§ 17.

Wer unter anderen als den in den §§ 15, 16 bezeichneten Umständen in eine Lebensgefahr gerathen und seitdem verschollen ist, kann für todt erklärt werden, wenn seit dem Ereignisse, durch welches die Lebensgefahr entstanden ist drei Jahre verstrichen sind.

E. II, 5; III, 17.

1. Das bisherige bayrische Recht und das preußische LR. enthalten keine Bestimmung, welche den Fall auszeichnet, daß Jemand in eine Lebensgefahr geräth und seither verschollen ist. Eine derartige in anderen deutschen Rechten enthaltene Bestimmung ist bei der Berathung des Bayr. AG. zur CPO. abgelehnt worden (Böhm, Komm. z. AG. S. 173) und wurde auch vom E. I als unnöthig erachtet. In Oesterreich

ist anläßlich des Ringtheaterbrandes vom 8. Dezember 1881, obwohl schon das österreichische BGB. in § 24 den Fall der „nahen Todesgefahr" berücksichtigte, ein eigenes Verschollenheitsgesetz am 16. Februar 1883 erlassen worden. Die II. Komm. hat beschlossen, „neben der Kriegs- und Seeverschollenheit eine erleichterte Todeserklärung für die Fälle zuzulassen, in welchen Jemand von einem, eine dringende Lebensgefahr begründenden Ereignisse betroffen und seitdem vermißt worden ist" (P. I, 9).

2. In der Literatur wird der Fall des § 17 BGB. als der Fall der „Landgefahr" (Henle-Fischer) oder als derjenige der „Unfallverschollenheit" bezeichnet (Hölder, Endemann, Kuhlenbeck). Beide Bezeichnungen können zu Mißverständnissen Anlaß geben. Die Bestimmungen des § 17 können auch zur Anwendung kommen, wenn Jemand auf einer Seefahrt in Gefahr gerieth, es ist auch nicht erforderlich, daß der Vorschollene nachweisbar von einem Unfalle betroffen wurde. Zutreffender ist die Bezeichnung als „Gefahrverschollenheit" (Eck, Vorträge S. 45, vgl. Planck Bem. 2 zu § 17).

3. Der Verschollene muß in eine Lebensgefahr gerathen sein.

a) „Lebensgefahr" ist der Zustand eines Menschen, dessen Leben durch Angriffe oder Nachstellungen von Menschen, Thieren oder durch Naturkräfte bedroht ist. Die Lebensgefahr des § 17 darf nicht unter die Kriegs- oder Seegefahr der §§ 15, 16 BGB. fallen.

b) Die „Lebensgefahr" muß derart sein, daß sie die Verunglückung des Verschollenen und seinen Tod in hohem Grade wahrscheinlich macht. Ob eine solche Gefahr vorhanden war, kann mit Rücksicht auf die Verschiedenheit der Person des Vermißten im gleichen Falle verschieden beurtheilt werden. Für ein Kind oder einen gebrechlichen Menschen kann dasselbe Ereigniß hohe Lebensgefahr bringen, welches für einen kräftigen, gewandten Mann vollkommen ungefährlich ist. Gewisse Ereignisse sind aber derart, daß sie für Jedermann Lebensgefahr mit sich bringen. In den Verhandlungen wurde hingewiesen auf die „Unfälle in Bergwerken, bei Bränden, Ueberschwemmungen, bei Bergbesteigungen". Hierher gehören nach den Ausführungen zu § 16 auch Schiffsunglücke auf Binnengewässern, ferner gemäß § 15 der Fall, daß Jemand während eines Kampfes, der nicht als „Krieg" erachtet wird, in Verschollenheit geräth. Ueber den Fall eines Duells vgl. Höniger im „Recht" 1901 S. 225.

Es genügt also vor Allem nicht die bloße Möglichkeit einer Gefahr, sondern nur der wirkliche Eintritt einer das Leben bedrohenden Gefahr. Der Verschollene muß in Gefahr nachweisbar gerathen sein. Es ist ferner nicht dem § 17 entsprechend eine Gefahr, welche den Tod als unvermeidlich erscheinen läßt und damit über die bloße Vermuthung erhebt. Denn in diesem Falle kann der Tod wenigstens mittelbar bewiesen werden und zu einer Todeserklärung ist keine Veranlassung. Es ist Sache des richterlichen Ermessens, festzustellen, wo die bloße Wahrscheinlichkeit des Todes aufhört und die Gewißheit des Todes, auch ohne direkten Beweis, beginnt. Bei Unfällen in Bergwerken z. B. wird, wenn feststeht, daß der Vermißte in das Bergwerk eingefahren ist, welches einige Stunden darnach auf der betreffenden Strecke in Brand gerathen ist, keine Nothwendigkeit für ein Aufgebotsverfahren bestehen.

c) Nur eine Gefahr muß feststehen, kein Unfall und zwar weder ein Unfall überhaupt, noch daß ein solcher den Vermißten betroffen hat. Bei feststehender Gefahr wird der Unfall und dessen tödtliche Wirkung nach Ablauf der Verschollenheitsfrist vermuthet.

d) Daß der Vermißte in Lebensgefahr „gerathen" sein muß, bedeutet nicht, daß der Fall des § 17 nur dann gegeben ist, wenn die Gefahr für ihn zufällig eingetreten ist. Auch derjenige, welcher sich absichtlich in Gefahr begiebt, ist im Sinne von § 17 in Gefahr „gerathen". Vgl. Bem. 3, b Abs. 1 a. E. Nothwendig ist nur, daß der Vermißte sich nachweisbar in einer gefahrvollen Lage befunden habe. Daher wird § 17 auch auf denjenigen angewendet, welcher eine zweifellos mit hoher Lebensgefahr verbundene Bergbesteigung oder eine Binnenseefahrt während eines Sturmes unternimmt und nachher vermißt wird.

e) Die Lebensgefahr ist ein Zustand, der nach § 17 durch ein „Ereigniß" entstanden ist. Das „Ereigniß" ist eine Veränderung der Umgebung des Menschen, welche eine ihn von außen treffende Gefahr hervorbringt. Das Ereigniß kann nach der Bemerkung zu d von dem Vermißten selbst herbeigeführt oder ohne sein Zuthun eingetreten sein. Welche Dauer das Ereigniß hat, ist an sich gleichgültig. Mit der Dauer des die Gefahr hervorbringenden

Ereignisses wird regelmäßig auch die Dauer der Gefahr Hand in Hand gehen und hienach sich verschieden gestalten. Man vergleiche die Gefahr bei einem schlagenden Wetter in einem Bergwerk und die Gefahr, die durch ein Verirren in unwirthlichen Gebirgen oder in der Wüste oder durch die Nothwendigkeit des Ueberwinterns in der arktischen Zone hervorgerufen wird. In Folge dieser Unterschiede kann die Berechnung der Verschollenheitsfrist verschieden ausfallen oder ungewiß werden.

f) Der Vermißte muß, seitdem er in Lebensgefahr gerathen, verschollen sein. Eine Nachricht, wonach derselbe nach der Gefahr noch gelebt hat, würde daher die Anwendung des § 17 ausschließen.

g) Die Nachrichtslosigkeit muß „seit" dem lebensgefährdenden Ereignisse drei Jahre gedauert haben. Ueber die Berechnung dieser Frist können Zweifel entstehen, indem die Gefahr an sich feststehen kann, aber der Zeitpunkt, in welchem sie entstanden und abgeschlossen war, ungewiß ist. Solchenfalls muß nach richterlichem Ermessen ein den Verhältnissen entsprechender Zeitraum für die Gefahr festgesetzt werden, nach dessen Umfluß die Verschollenheitsfrist beginnt. Jedenfalls aber beginnt der dreijährige Zeitraum erst mit dem Ende des gefahrbringenden Ereignisses. Die drei Jahre müssen abgelaufen sein „seit dem Ereignisse". Uebereinstimmend Planck Bem. 2 zu § 17, Hölder Bem. 4 zu § 17, gegen Hellmann, Vortr. S. 8, der die Frist mit dem ersten Momente des gefährlichen Ereignisses beginnen läßt.

§ 18.

Die Todeserklärung begründet die Vermuthung, daß der Verschollene in dem Zeitpunkte gestorben sei, welcher in dem die Todeserklärung aussprechenden Urtheile festgestellt ist.

Als Zeitpunkt des Todes ist, sofern nicht die Ermittelungen ein Anderes ergeben, anzunehmen:

in den Fällen des § 14 der Zeitpunkt, in welchem die Todeserklärung zulässig geworden ist;

in den Fällen des § 15 der Zeitpunkt des Friedensschlusses oder der Schluß des Jahres, in welchem der Krieg beendet worden ist;

in den Fällen des § 16 der Zeitpunkt, in welchem das Fahrzeug untergegangen ist oder von welchem an der Untergang vermuthet wird;

in den Fällen des § 17 der Zeitpunkt, in welchem das Ereigniß stattgefunden hat.

Ist die Todeszeit nur dem Tage nach festgestellt, so gilt das Ende des Tages als Zeitpunkt des Todes.

E. I, 21; II, 7; III, 18.

I. E. I. enthielt im Anschluß an das Bayr. und Preuß. Recht drei Todesvermuthungen. Die erste, die sich auf die Möglichkeit der Erwerbung von Erbschaften und anderen Zuwendungen durch den Verschollenen bezog, wurde schon durch den Ablauf des 70. Lebensjahrs des Verschollenen ohne Todeserklärung begründet und ging dahin, daß der Verschollene nach Ablauf jenes Lebensjahrs nicht mehr gelebt hat (E. I § 4 Abs. 2 und 3). Eine zweite Todesvermuthung bezog sich umgekehrt auf die Beerbung des Verschollenen durch seine Rechtsnachfolger. Sie ging mit Rücksicht auf die Bedürfnisse der Sicherheit des Erbrechts auf einen bestimmten Todestag und war darauf gerichtet, daß der Verschollene am Tage der Todeserklärung gestorben sei (E. I § 21 Abs 2). Eine dritte Todesvermuthung endlich trat ein für die übrigen Rechtsverhältnisse des Verschollenen; sie ging dahin, daß der Verschollene den Tag der Todeserklärung nicht überlebt habe, ohne eine bestimmte Todeszeit festzustellen (E. I § 21 Abs. 1).

II. Der E. II und III, sowie das BGB. kennt nur eine einzige Todesvermuthung, begründet durch die Todeserklärung, aber mit bloß „deklarativer" Wirkung der letzteren. Demgemäß (§ 18) wird der Tod vermuthet als erfolgt nicht mit der Todeserklärung, deren Ausspruch, wenn die gesetzlichen Voraussetzungen gegeben sind, von den Interessenten nach Belieben spät beantragt werden kann, sondern an einem früheren den amtlichen Ermittelungen und den gesetzlichen Regeln entsprechenden, von der Willkür der Interessenten unabhängigen Zeitpunkte.

III. Dieser Zeitpunkt ist in dem die Todeserklärung aussprechenden Urtheile festzustellen.

1. Diese „Feststellung“ kann, da die Todeserklärung überhaupt nur eine Vermuthung des Todes begründet, auch nur eine vermuthete Todeszeit feststellen. Denn wenn die Feststellung möglich ist, daß der Verschollene wirklich in dem auf Grund der „amtlichen Ermittelungen“ in das Urtheil aufgenommenen Zeitpunkte des Todes gestorben sei, so könnte überhaupt nicht mehr von Erlassung einer Todeserklärung die Rede sein. Der beweisbare Tod ist nicht Gegenstand einer bloßen Vermuthung. Es kann sich daher bei der fraglichen Feststellung immer nur um mehr oder minder große Wahrscheinlichkeit handeln.

Festzustellen ist der Zeitpunkt des Todes zunächst auf Grund der amtlichen Ermittelungen. Soferne diese nicht zureichen oder überhaupt nichts ergeben, ist derjenige Zeitpunkt anzunehmen, welcher für diesen Fall in § 18 Abs. 2 BGB. festgesetzt ist. Dies ist

a) bei der regelmäßigen Verschollenheit des § 14 der Zeitpunkt, zu welchem auf Grund dieser Gesetzesstelle die Todeserklärung zulässig ist;

b) bei den privilegirten Verschollenheitsarten der §§ 15—17, der Kriegsverschollenheit, Seeverschollenheit und Gefahrverschollenheit dagegen ein früherer Zeitpunkt: bei der Kriegsverschollenheit der Zeitpunkt des Friedensschlusses oder des Endes des letzten Kriegsjahrs, bei der Seeverschollenheit der Zeitpunkt des Untergangs des Fahrzeugs oder, falls ein Beweis desselben ausgeschlossen, das Ende der Verschollenheitsfrist bezüglich des Fahrzeugs, endlich bei der Gefahrverschollenheit der Zeitpunkt des „Ereignisses“, durch welches der Verschollene in „Lebensgefahr gerathen“ ist.

Während sonach im regelmäßigen Verschollenheitsfalle des § 14 das Ende der Verschollenheitsfrist den Zeitpunkt des vermutheten Todes bezeichnet, ist dieser Zeitpunkt bei der Gefahr-, der See- und Kriegsverschollenheit mit dem Anfangspunkte der eigentlichen Verschollenheitsfrist identisch, welche indessen bei Seeverschollenheit und Kriegsverschollenheit nicht nothwendig zusammenfällt mit dem gesammten Zeitraume der thatsächlichen Verschollenheit des für todt zu Erklärenden. Bei der Kriegsverschollenheit beginnt die „Verschollenheitsfrist“ erst mit dem Friedensschluß oder dem Ende des letzten Kriegsjahrs, bei Seeverschollenheit möglicherweise erst mit dem Ende der Frist der Schiffsverschollenheit.

Die Feststellung des Zeitpunkts des Todes im Aufgebotsurtheile kann im Wege der Anfechtungsklage beseitigt und berichtigt werden. Das Anfechtungsurtheil wirkt ebenso wie das Aufgebotsurtheil für und gegen Alle (CPO. § 976 Abs. 3). Auch das Anfechtungsurtheil, sofern es eine bestimmte Todeszeit feststellt, begründet in dieser Beziehung nur eine Vermuthung.

2. Die Todeserklärung begründet die Todesvermuthung. Eine Todesvermuthung kann sonach ohne Todeserklärung nicht eintreten. Ein Thatbestand, durch welchen eine Wahrscheinlichkeit oder menschliche Vermuthung des Todes nahegelegt wird, kann zum Zwecke des Nachweises des Todes verwendet werden, eine Rechtsvermuthung kann sich daran keinesfalls anknüpfen.

Andererseits begründet die Todeserklärung nicht bloß eine Todesvermuthung, sondern auch eine Lebensvermuthung. Indem nämlich das Ausschlußurtheil den Zeitpunkt feststellt, welcher als Zeitpunkt des Todes des Verschollenen zu gelten hat, stellt es fest, daß der Verschollene bis zu diesem Zeitpunkte nicht gestorben ist, also gelebt hat. Diese Lebensvermuthung wird aber in § 19 auch ohne Todeserklärung bis zu jenem Zeitpunkte statuirt, in welchem nach § 18 Abs. 2 für den Fall der Todeserklärung die Todesvermuthung bezüglich des Verschollenen eintreten soll. Ist dieser Zeitpunkt erreicht, so wird, wenn nicht Todeserklärung erfolgt, nun nicht die Lebensvermuthung durch die Todesvermuthung ersetzt. Es bleibt vielmehr dabei, daß die Todesvermuthung immer nur durch eine Todeserklärung begründet werden kann. Daher hört, wenn keine Todeserklärung erfolgt, in jenem Zeitpunkte lediglich die Lebensvermuthung auf, so daß nunmehr weder für den Tod noch für das Leben des Verschollenen eine Vermuthung streitet und daher, wer sich zur Geltendmachung von Rechten oder Entlastung von Verpflichtungen auf das Leben oder den Tod des Verschollenen zu berufen hat, das Leben oder den Tod mit den gewöhnlichen Beweismitteln beweisen muß. Erst die Todeserklärung enthebt ihn dieses Beweises.

3. Die Todeserklärung begründet nur die Vermuthung des Todes. Dies gilt vom Ausschlußurtheile wie von demjenigen Urtheile, das im Anfechtungsprozeß ergeht und unter Bestätigung der Todesvermuthung die festgestellte Todeszeit berichtigt. Der E. I sagt in § 198: „Wenn das Gesetz vorschreibt, daß eine Thatsache vermuthet werde, so gilt dieselbe für erwiesen; es ist jedoch der Beweis des Gegentheils zulässig, wenn nicht ein Anderes vorgeschrieben ist“. Diese Bestimmung ist in das BGB. nicht übergegangen. Dagegen enthält nunmehr die CPO. in § 292 folgende Vorschrift: „Stellt das Gesetz für das Vorhandensein einer Thatsache eine Vermuthung auf, so ist der Beweis des Gegentheils zulässig, sofern nicht das Gesetz ein Anderes vorschreibt. Dieser Beweis kann auch durch Eideszuschiebung nach Maßgabe der §§ 445 ff. geführt werden.“ Nach

den Verhandlungen ist die Annahme begründet, daß mit der Ausscheidung der Bestimmung des E. I § 198 aus dem BGB. und ihrer Verweisung in der vorliegenden Form in die CPO. keine sachliche Aenderung beabsichtigt war.

Die Vermuthung des § 18 ist eine Rechtsvermuthung im Sinne der sogenannten „qualifizirten Rechtsvermuthung" des Gem. R. und der bayr. GO. Vgl. hiezu J. A. Seuffert, Komm. zur bayr. GO., 2. Aufl., Bd. 3 S. 290. Sie befreit in Bezug auf an sich zu beweisende Thatsachen von der Beweislast; die sonst zu beweisende Thatsache gilt, vorbehaltlich des Gegenbeweises, als bewiesen. Indem die Todeserklärung des § 18 eine Vermuthung begründet, daß der Verschollene gestorben sei, stellt dieselbe nicht fest, daß der Verschollene todt sei. Denn eine Feststellung dieser Thatsache in einem nicht mehr anfechtbaren Urtheile würde auch den Gegenbeweis gegen die Feststellung ausschließen. Es wird hiemit vielmehr nur festgestellt, daß der Tod vorbehaltlich des Gegenbeweises als bewiesen zu gelten hat. Indem der Gegenbeweis vorbehalten ist, ist nicht bloß vorbehalten der Beweis des Lebens, sondern auch der Beweis des Todes zu einer von der Todeserklärung abweichenden Zeit. Indem ferner der Tod mit diesem Vorbehalt als bewiesen angenommen wird, wird zwar der für todt Erklärte nicht mit seinen Rechten überhaupt präkludirt. Vielmehr hat, wenn die Fortdauer des Lebens später bewiesen oder anerkannt wird, grundsätzlich die der wirklichen Sachlage entsprechende Beurtheilung und Behandlung einzutreten. Aber es kann dann durchaus nicht immer, wie M. I. 50 meinen, eine Behandlung der Sache eintreten, „wie wenn das die Todeserklärung aussprechende Urtheil nicht erlassen worden wäre". Denn zunächst ist auf Grund der Todeserklärung grundsätzlich diejenige Behandlung der Rechtsverhältnisse des Verschollenen eingetreten, die eintreten würde, wenn er gestorben wäre. Wenn er wieder erscheint, können zwar die Rechtsveränderungen im Allgemeinen wieder rückgängig gemacht werden. Aber es sind dann die Ansprüche des für todt Erklärten denjenigen Beschränkungen unterworfen, welche die Rücksicht auf die bisherigen gutgläubigen Besitzer und die Rücksicht auf Rechte dritter Personen verlangen. In bestimmten Richtungen treten theils unmittelbar durch die Todeserklärung, theils auf Grund derselben definitive Aenderungen ein. Aber auch soweit die Ansprüche des für todt Erklärten unverändert wieder aufleben, ergiebt sich in Folge der Todeserklärung die Nothwendigkeit des Gegenbeweises gegen die durch dieselbe begründete Vermuthung und damit prozessuale Pflichten und thatsächliche Schwierigkeiten. Mit Rücksicht auf diese Sachlage ist es gerechtfertigt, wenn das öffentliche Aufgebot dem Verschollenen gemäß CPO. § 946 (vgl. § 964) einen „Rechtsnachtheil" in Aussicht stellt, falls er im Aufgebotstermine nicht erscheint.

4. Im Einzelnen ist Folgendes zu bemerken: Die Hauptbedeutung der Todeserklärung liegt auf dem Gebiete des Familienrechts und des Erbrechts. Die Todesvermuthung wirkt aber auch auf andere Rechtsverhältnisse ein. Auf Grund der Todeserklärung kann die Bezahlung der Lebensversicherungssumme von denjenigen verlangt werden, zu deren Gunsten der für todt Erklärte sein Leben versichert hat. Die Ehefrau und die Kinder können die ihnen nach dem Gesetz oder Vertrag zukommenden Wittwen- und Waisenpensionen in Anspruch nehmen. Ueber andere obligatorische Rechtsverhältnisse vgl. z. B. §§ 569, 673, 727, 759; über Einwirkung auf Sachenrechtsverhältnisse: §§ 927, 1061, 1090. In einem einzelnen Falle hat schon die Verschollenheit eine Rechtsänderung auf sachenrechtlichem Gebiet zur Folge (§ 927 Abs. 1 Satz 3).

Auf dem Gebiete des Familienrechts ergeben sich folgende Wirkungen der Todeserklärung bezw. Todesvermuthung:

a) in Bezug auf die Ehe (§§ 1348—1352): Die Ausfertigung des Ausschlußurtheils, welches die Todeserklärung ausspricht, beweist dem Standesbeamten gegenüber den Tod des verschollenen Ehegatten. Die Ehe des für todt Erklärten gilt als aufgelöst. Der Ehegatte des für todt Erklärten kann daher eine neue Ehe eingehen (Bem. 2, b zu § 1309 und Bem. 2 zu § 1348). Kehrt der für todt Erklärte zurück oder wird sonst sein Fortleben bewiesen, so fällt die Todesvermuthung weg, die Ehe besteht fort. Wenn der Ehegatte des für todt Erklärten jedoch sich nach der Todeserklärung wieder verheirathet hat, so wird hiedurch und zwar mit der Schließung der neuen Ehe die alte definitiv aufgelöst, wenn nicht die beiden die neue Ehe schließenden Theile bei der Eheschließung wissen, daß der für todt Erklärte die Todeserklärung überlebt hat. § 1348. Die alte Ehe bleibt sonach aufgelöst, auch wenn die Todeserklärung in Folge einer Anfechtungsklage aufgehoben wird. § 1348 Abs. 2. Es kann daher auch der für todt Erklärte wieder heirathen. Andererseits kann jeder der beiden Ehegatten der neuen Ehe diese anfechten, wenn er selbst bei der Eheschließung von dem Leben des für todt Erklärten keine Kenntniß hatte (§ 1350). Bei erfolgreicher Anfechtung lebt die alte Ehe wieder auf, die von dem für todt Erklärten eingegangene neue Ehe ist nichtig (§ 1343; Bem. 3 zu § 1350). Von einer Anwendbarkeit der Bestimmungen des BGB. über die „Wiederverheirathung im Falle der Todeserklärung" kann keine Rede sein, wenn der für todt Erklärte nach der Todeserklärung zwar gelebt, aber vor dem Abschlusse der neuen Ehe seines Ehegatten gestorben ist, auch wenn der Tod bei Abschluß der neuen Ehe dem sich wieder verheirathenden Ehegatten nicht bekannt war. Die Ehehindernisse des § 1309 und der Nichtigkeitsgrund des § 1326 bestehen in diesem Falle nicht. Vgl. Bem. 1 und 3 zu § 1348.

b) In Bezug auf das eheliche Güterrecht:

α) Wenn der Ehemann für todt erklärt wird, endigt mit dem Zeitpunkte, der als Zeitpunkt des Todes gilt, die eheherrliche Verwaltung und Nutznießung am eingebrachten Gute der Ehefrau (§ 1420). Der für todt erklärte Ehemann kann auf „Wiederherstellung seiner Rechte" klagen (§ 1425).

β) Die allgemeine Gütergemeinschaft endigt nicht nothwendig mit dem Tode des einen Ehegatten und daher auch nicht nothwendig mit der Todeserklärung bezüglich desselben, da die Möglichkeit der „Fortsetzung der Gütergemeinschaft" besteht (§ 1483). Soweit die Fortsetzung der Gütergemeinschaft nicht eintritt, endigt die allgemeine Gütergemeinschaft nicht mit der Todeserklärung des verschollenen Ehegatten, sondern „gilt" nur als beendigt (vgl. Bd. IV Vorbem. 3, b vor § 1468). Die fortgesetzte Gütergemeinschaft endigt bei Todeserklärung des überlebenden Ehegatten mit dem präsumtiven Todeszeitpunkte (§ 1494 Abs. 2).

γ) Die Errungenschaftsgemeinschaft endigt mit dem in der Todeserklärung bezeichneten vermutheten Todeszeitpunkte (§ 1544). Der für todt erklärte Ehegatte kann auf Wiederherstellung der Gemeinschaft klagen (§ 1547).

δ) Für den Fall der Fahrnißgemeinschaft gilt Gleiches wie bei allgemeiner Gütergemeinschaft §§ 1549, 1557.

Die Wiederherstellung der Gütergemeinschaft wirkt einem Dritten gegenüber, wenn die Aufhebung in das Güterregister eingetragen wurde, nur, wenn sie ebenfalls in das Güterregister eingetragen oder dem Dritten bekannt ist (§§ 1548, 1435).

c) In Folge der Todeserklärung fällt die an den Bestand der Ehe geknüpfte Vermuthung der ehelichen Geburt (§ 1591) von dem Augenblick an weg, welcher gemäß § 18 als Zeit des Todes des verschollenen Ehegatten gilt (Engelmann in Bl. f. RA. Bd. 63 S. 47; dagegen Boschan in D. Jur.Z. 1903 S. 77, Kammerger. Berlin Beschl. vom 2. August 1902 in Rspr. d. OLG. Bd. 6 S. 153 mit sehr anfechtbaren Gründen. Dafür wieder Neubecker in D. Jur.Z. 1903 S. 101, Olshausen in D. Jur.Z. 1903 S. 149).

d) Die elterliche Gewalt des Vaters wie die der Mutter endigt durch Todeserklärung mit dem Zeitpunkte, der in der Todeserklärung als Todeszeit bezeichnet ist. Jene können die elterliche Gewalt wiedererlangen durch Abgabe einer hierauf gerichteten Erklärung gegenüber dem Vormundschaftsgerichte (§§ 1679, 1684, 1686).

Die elterliche Gewalt steht der Mutter zu, wenn der Vater für todt erklärt ist (§ 1684). Werden Vater und Mutter oder die Mutter nach dem Tode des Vaters für todt erklärt, so tritt Vormundschaft über die Kinder ein (§ 1773).

e) Das Amt des Vormundes, Gegenvormundes, Mitglieds eines Familienraths, Pflegers endigt mit dessen oder des Mündels oder des Abwesenden Todeserklärung (§§ 1884, 1885, 1878, 1911, 1915, 1921).

Erbrecht. In Folge der Todeserklärung verwandelt sich das Vermögen des Verschollenen in Nachlaß (Bem. II zu § 1922). Das Nachlaßgericht kann in Thätigkeit treten, den Nachlaß übernehmen die Erben und zwar ohne Kaution.

Lebt die für todt erklärte Person nach der Todeserklärung, so kann sie die Herausgabe ihres Vermögens nach den für den Erbschaftsanspruch geltenden Grundsätzen verlangen (§ 2031 Abs. 1 Satz 1). Dieser Anspruch verjährt erst mit dem Ablauf eines Jahres nach dem Zeitpunkt, in welchem der für todt Erklärte von der Todeserklärung Kenntniß erhalten hat (§ 2031 Abs. 1 Satz 2). Die Haftung des Erbschaftsbesitzers ist eine verschärfte, wenn er bei Beginn des Erbschaftsbesitzes oder später nicht in gutem Glauben war (§ 2024). Die Rechte Dritter, welche mit dem Erbschaftsbesitzer kontrahirt haben, sind nach Maßgabe der §§ 2370. 2366. 2367 geschützt.

5. Das die Todeserklärung aussprechende Urtheil wirkt für und gegen Alle. Es wirkt auch gegen denjenigen, welchem eine von dem Tode des Verschollenen abhängige Verbindlichkeit durch sie erwächst, selbst wenn der Antrag auf Erlassung von dem Gläubiger ausgegangen ist, z. B. gegen die Lebensversicherungsgesellschaft, wenn der Antrag auf Todeserklärung gestellt wurde von demjenigen, zu dessen Gunsten der Verschollene sein Leben versichert hat (M. I, 42, 50; P. I, 24, 26). Das die Todeserklärung aussprechende Urtheil hat die ihm nach den Vorschriften des BGB. zukommende Wirkung, auch wenn es mit Unrecht erlassen oder der Zeitpunkt des Todes des Verschollenen unrichtig festgestellt ist. Die Unrichtigkeit kann nur im Wege der Anfechtungsklage geltend gemacht werden (s. Urth. d. Bayr. Oberst. LG. vom 25. Januar 1901 im „Recht" Bd. 5 S. 261 Nr. 917). Rechtsmittel finden nicht statt. Dagegen wirkt das gegen die Todeserklärung gerichtete und sie aufhebende Urtheil im Anfechtungsprozesse für und gegen Alle (CPO. § 976 Abs. 3).

§ 19.

Solange nicht die Todeserklärung erfolgt ist, wird das Fortleben des Verschollenen bis zu dem Zeitpunkte vermuthet, der nach § 18 Abs. 2 in Ermangelung eines anderen Ergebnisses der Ermittelungen als Zeitpunkt des Todes anzunehmen ist; die Vorschrift des § 18 Abs. 3 findet entsprechende Anwendung.

E. II, 9; III, 19.

1. Die Todeserklärung begründet nach § 18 die Vermuthung, daß der Verschollene in einem bestimmten Zeitpunkte gestorben sei. Daraus ergiebt sich eine Vermuthung des Lebens bis zu dem in der Todeserklärung festgestellten Zeitpunkte des Todes des Verschollenen. Dieser Zeitpunkt wird festgestellt nach Maßgabe der in den §§ 14—18 enthaltenen Normen, sofern die amtlichen Ermittelungen nicht einen anderen Zeitpunkt ergeben. Dieser Zeitpunkt des vermutheten Todes ist aber auch ohne Todeserklärung und vollständig unabhängig von solcher gemäß der Vorschrift des § 19 der Endtermin einer selbständigen Vermuthung des Lebens des Verschollenen. Damit ist gesagt: bis zu demjenigen Zeitpunkte, welcher in einer Todeserklärung als Zeitpunkt des Todes des Verschollenen festzustellen sein würde, wird das Leben des Verschollenen vermuthet, auch wenn und solange eine Todeserklärung nicht erfolgt ist (D. 6).

2. Diese Lebensvermuthung gilt nach § 19 allgemein. Sie unterscheidet sich hiedurch wesentlich von der Lebensvermuthung, welche das preußische Recht und das neuere bayrische Recht (AG. z. CPO. Art. 100) aufgestellt hatten. Dagegen stimmt sie in Bezug auf die Allgemeinheit der Geltung überein mit dem Gem. R.

3. Die Lebensvermuthung, welche sich nicht auf eine Todeserklärung stützt, bedarf keines anderen Beweises, als daß der Verschollene überhaupt gelebt hat und daß er verschollen ist. Denn die Lebensvermuthung des § 19 setzt einen „Verschollenen" voraus („das Fortleben des Verschollenen"). Die Behauptung, daß aus § 19 eine allgemeine Lebensvermuthung auch in Bezug auf einen nicht verschollenen Abwesenden zu folgern sei, welche Hermann Bechh, Die Beweislast nach dem BGB. (München 1899) S. 101, aufstellt, ist unrichtig. Die Lebensvermuthung ist, wie die Todesvermuthung, positiven Rechtes. An sich besteht keine Vermuthung für die Dauer des menschlichen Lebens, so wenig wie für die Fortdauer vergänglicher Wesen überhaupt. Vgl. Cosack I § 18 IV S. 65; Dernburg I § 54. — Die Verschollenheit bedeutet, wie oben zu § 13 unter I erwähnt, längere Nachrichtslosigkeit bezüglich eines Vermißten. Es wird sich daher ferner nicht umgehen lassen, daß derjenige, welcher sich auf die Lebensvermuthung des § 19 beruft, behauptet und beweist, daß der Verschollene seit einer längeren Zeit vermißt wird und keine Nachrichten über ihn vorliegen. Auch die Art und die Zeit des Beginnes der Verschollenheit (allgemeine, Kriegs-, See-, Gefahrverschollenheit), wird behauptet und bewiesen werden müssen, weil eine Verschollenheitsbehauptung ohne solche genauere Angabe überhaupt nicht denkbar ist. Dann wird sich regelmäßig aus der Thatsache des Zeitablaufs von selbst ergeben, ob derjenige Zeitpunkt gekommen ist, welcher nach § 18 Abs. 2 in Ermangelung eines anderen Ergebnisses der Ermittelungen als das Ende der Lebensvermuthung sich darstellt.

4. Kann ein bestimmte privilegirte Verschollenheitsart (§§ 15—17) nicht behauptet werden, so kann es sich nur um eine Verschollenheit nach § 14 gemäß den Aufstellungen der behauptenden Partei handeln. Auch in diesem Falle setzt der Verschollenheitsbegriff irgend welche Zeitangaben über Abwesenheit und Vermißtheit des Verschollenen voraus. Da es sich auch im Falle des § 19 nur um eine Rechtsvermuthung handelt, so steht

der Gegenbeweis offen. Dieser Gegenbeweis kann sich darauf richten, daß es überhaupt an Verschollenheit fehlt und daher die Lebensvermuthung wegfällt. Er kann sich darauf richten, daß die Verschollenheit in anderer Weise begann, als behauptet wurde, und daher die Verschollenheitsfrist eine kürzere, sowie der nach § 18 Abs. 2 anzunehmende Zeitpunkt des Todes ein früherer ist. Er kann sich endlich darauf richten, daß der Verschollene zu bestimmter Zeit gestorben sei. Der Beweis wie der Gegenbeweis steht, da es sich hier um kein Aufgebotsverfahren handelt, sondern um Erledigung eines Streites im ordentlichen Verfahren, unter den Grundsätzen der Verhandlungsmaxime. Mit dem Vorstehenden erledigt sich die Frage, wem im Falle des § 19 die Beweislast bezüglich des Zeitpunkts des zu vermuthenden Todes obliegt, ob, wer sich auf die Lebensvermuthung beruft, zu beweisen hat, daß dieser Zeitpunkt noch nicht gekommen, oder der Gegner, daß er bereits eingetreten ist. Sofern Jemand, der sich auf die Lebensvermuthung beruft, die Verschollenheit zu behaupten und zu beweisen hat, erledigt sich regelmäßig nach obiger Darstellung hiemit auch die Beweisfrage bezüglich des Endtermins der Lebensvermuthung. An und für sich aber erscheint, wer sich auf die Lebensvermuthung beruft, verpflichtet, deren gesammte Voraussetzungen zu behaupten und zu beweisen. Die Lebensvermuthung wird jedoch nicht unbeschränkt, sondern zeitlich beschränkt in § 19 aufgestellt. Die Behauptung des Lebens bedarf, wenn einmal das Dasein des Verschollenen bewiesen, nach § 19 keines Beweises mehr, aber nicht in infinitum, sondern nur während bestimmter Zeit. Wie zu beweisen ist, daß der Verschollene überhaupt existirt hat und daß er verschollen ist, so daß die Lebensvermuthung überhaupt in Kraft getreten ist, so ist auch zu beweisen, daß die Verschollenheit in bestimmter Art und zu irgend einer Zeit begann, wenn nichts anders möglich, gemäß § 14 BGB. Die Lebensvermuthung des § 19 ist, wie die P. I, 22 es bezeichnen, eine „beschränkte". Im Effekte fällt hiemit die Beweislast für die Voraussetzungen der Lebensvermuthung auch in zeitlicher Beziehung demjenigen zu, welcher sich auf die Lebensvermuthung beruft (a. M., wie es scheint, Planck Bem. 2 zu § 19; übereinstimmend dagegen Goldmann und Lilienthal, Das BGB. I S. 42 Nr. 2; anders auf Grund der zu 3 bezeichneten Ansicht Beckh a. a. O. S. 107—110).

5. Steht fest, daß der nach § 18 Absatz 2 als Zeitpunkt des Todes geltende Zeitpunkt bereits gekommen ist, so wird, wenn kein Ausschlußurtheil erging, also im Falle des § 19, keine Todesvermuthung an die Stelle der Lebensvermuthung gesetzt. Denn die Todesvermuthung wird unter allen Umständen nur durch die Todeserklärung begründet. Es hat vielmehr nur die Lebensvermuthung als Rechtsvermuthung ein Ende. Wer daher sich auf das Leben eines Verschollenen zu berufen hat, der muß nunmehr das Leben beweisen; denn an und für sich streitet, wie bemerkt, für die Fortdauer des Lebens eines Menschen, der einmal gelebt hat, keine Vermuthung. Die Behauptung der Fortdauer des Lebens ist identisch mit der Behauptung des fortwährenden Daseins, und diese ist, wie das Dasein überhaupt, von demjenigen zu beweisen, der dieser Behauptung zur Begründung von Ansprüchen bedarf. Ebenso aber muß, da auch für den Tod ohne Todeserklärung keine Vermuthung streitet, der Tod eines Menschen bewiesen werden, wenn sich Jemand im Falle des § 19 zur Begründung von Ansprüchen auf den Tod zu berufen hat. In diesem Falle tritt also jener Rechtszustand in Kraft, welcher nach Röm. R. überhaupt und in allen Fällen, wo es sich um Leben oder Tod als Voraussetzung von Rechtsansprüchen handelt, gegeben war (vgl. Vorbem. zu §§ 13—20, V, 2).

6. Die Lebensvermuthung des § 19 gilt ab 1. Januar 1900, auch wenn für die Entscheidung des Rechtsstreits sonst altes Recht maßgebend ist. Die Frage, ob Jemand als todt oder als lebend zu gelten hat, ist Beweisfrage; für diese ist nach allgemeinen Grundsätzen das Recht entscheidend, das zur Zeit der Beweisführung gilt. E. des OLG. Celle vom 31. Januar 1900 im „Recht" 1900 S. 126.

§ 20.*)

Sind Mehrere in einer gemeinsamen Gefahr umgekommen, so wird vermuthet, daß sie gleichzeitig gestorben seien.

E. II, 10; III, 20.

I. Das zeitliche Verhältniß mehrerer Todesfälle unter einander kann auf dem Gebiete des Erbrechts und auch außerhalb dieses Rechtstheils von Bedeutung sein.

Das Röm.R. stellt nur in Bezug auf einen einzelnen Fall eine Vermuthung auf: wenn Eltern und Kinder in einer gemeinsamen Gefahr umgekommen sind, wird, wenn das wirkliche Zeitverhältniß nicht beweisbar ist, vermuthet, daß geschlechtsreife Kinder nach

*) Fritz Böckel, Kommorienten, Archiv f. d. civilist. Praxis Bd. 93 (1902) S. 478 ff.

den Eltern gestorben, geschlechtsunreife Kinder vor den Eltern (vgl. Windscheid-Kipp, Pand. I § 53 zu Anm. 5). Diese Vermuthung wird von den Einen erstreckt auf das Verhältniß von Ascendenten zu Descendenten (Vangerow, Pand. I § 33 Anm. 2; Arndts, Pand. I § 27 Anm. 1) oder auf das Verhältniß von Unmündigen zu Mündigen überhaupt (Mühlenbruch, Archiv f. d. civilist. Praxis Bd. 4 S. 391 ff.) oder es wird die Nothwendigkeit des Untergangs in einer gemeinsamen Lebensgefahr bestritten (Arndts a. a. O. I § 27 Anm. 1; vgl. Gierke, DPR. I § 42; Regelsberger, Pand. I § 60 Anm. 4—6).

Abgesehen von diesem Falle hat nach Röm. R., wer einen Anspruch auf die Priorität eines Todesfalls oder das Ueberleben einer von mehreren zusammen umgekommenen Personen gründet, das Vorabsterben oder Ueberleben der betreffenden Person zu beweisen (Vangerow, Pand. I § 33 Abs. 2 Ziff. 2; Arndts, Pand. I § 27; Puchta, Pand. § 115 zu Note 8; Regelsberger, Pand. I § 60). Von Anderen wird behauptet, daß nach Röm. R. für den Fall, „daß zwei Menschen gestorben, während die Todeszeit beider unbekannt ist", die allgemeine Präsumtion eintrete, daß beide zugleich verstorben. (Bekker, Pand. I § 46; ähnlich Savigny, System II, 20; Windscheid-Kipp, Pand. I § 53; Dernburg, Pand. I § 50; Wächter, Pand. I § 50.) Es dürfte sich indessen für den Fall, daß mehrere Menschen zusammen gestorben, weder dafür, daß sie gleichzeitig gestorben, noch dafür, daß dies nicht der Fall, eine Vermuthung nachweisen lassen.

Die Vermuthung des Röm. R. in Bezug auf die Reihenfolge des Todes von Eltern und Kindern, welche einer gemeinsamen Gefahr erlegen sind, ist im BLR. anerkannt. Vgl. das Urtheil des bayr. Oberappellger. in Bl. f. RA. Bd. 37 S. 302 ff. Das PLR. Thl. I Tit. 1 § 39 lehnt jede Rechtsvermuthung ab.

II. Der E. I des BGB. verwarf übereinstimmend mit dem PLR. jede Vermuthung und überließ die Entscheidung der Beweislage (M. I, 32). Dagegen hielt es die II. Komm. für angemessen, eine Vermuthung des gleichzeitigen Todes anzunehmen für den Fall, daß mehrere Personen in einer gemeinsamen Gefahr umgekommen sind und die Reihenfolge der Todesfälle nicht feststellbar ist (P. I, 30, 31).

III. 1. Nach dem Wortlaute des § 20 bezieht sich derselbe auf den Fall, daß Mehrere nachweisbar in einer gemeinsamen Gefahr umgekommen sind, nicht auf den Fall, daß dies bloß vermuthet wird, also nicht auf den Fall des § 17. Nach den P. I, 31 war die Komm. darüber „einverstanden, es sei durch die Fassung klarzustellen, daß, wenn mehrere von dem nämlichen Ereignisse betroffene Personen auf Grund des § 8a (= § 17) für todt erklärt werden, dann gleichzeitiges Umgekommensein vermuthet werde". Es ist indessen dieser Beschluß unausgeführt geblieben. Die vorliegende Fassung des Gesetzes spricht dagegen, daß die Vermuthung des § 20 sich auch auf den Fall der Todesvermuthung gemäß § 17 beziehen soll. „Sind Mehrere in einer gemeinsamen Gefahr umgekommen", kann man nicht sagen, wenn bloß eine Vermuthung des Todes besteht. Planck hat auch mit Recht darauf hingewiesen, daß die Vermuthung des § 20 auf den Thatbestand des § 17 nicht paßt. Nach §§ 17, 18 Abs. 2 ist entweder der Zeitpunkt des Todes auf Grund von amtlichen Ermittelungen in der Todeserklärung festzustellen oder, wenn dies nicht möglich, als Zeitpunkt des Todes aller Personen der Zeitpunkt der Lebensgefahr oder, bei längerer Dauer, der Zeitpunkt des Endes des fraglichen gefährlichen Ereignisses anzusehen, so daß es der Vermuthung des § 20 nicht bedarf. Dagegen soll nach Dernburg I § 45 die Vorschrift des § 20 nur für den Fall der Todeserklärung Bedeutung haben, nach Böckel § 20 im Verhältniß einer Spezialvorschrift zu § 18 als der generellen Norm stehen (S. 487), nach Hölder Bem. 3 zu § 20 die Möglichkeit gegeben sein, daß die Todeserklärung gemäß § 18 verschiedene Menschen als zu verschiedener Zeit gestorben erklärt, während sie nach § 20 „in ihrem gegenseitigen Verhältnisse" als gleichzeitig verstorben gelten sollten.

2. § 20 beschränkt sich auf den Fall, daß Mehrere „in einer gemeinsamen Gefahr" umgekommen sind. Es genügt also nicht, daß die Mehreren zusammen d. h. an einem Orte oder durch eine gleichheitliche Gefahr umgekommen sind z. B. in einer Wohnung durch ein und dieselbe Krankheit; das Ereigniß, welches die Gefahr herbeiführt, muß vielmehr ein und dasselbe sein. Dies ist nur dann der Fall, wenn es sich um eine äußere Gefahr, einen das Leben gefährdenden Unglücksfall handelt, z. B. eine Wassergefahr, Brand, Erdbeben, schlagende Wetter in einem Bergwerk u. s. w. Werden nach dem Untergang eines Schiffes die Passagiere ertrunken im Meer aufgefunden, so sind sie einer „gemeinsamen Gefahr" im Sinne des § 20 erlegen, auch wenn festgestellt wird, daß ein Theil vom Schiffe ins Wasser sprang, ein anderer Theil in ein Boot, da ein und dieselbe Gefahr, ein und dieselbe „Bedrohung des Lebens" sich für sie verwirklicht hat. Unrichtig Hölder Bem. 1 zu § 20, der hier die Anwendung der gesetzlichen Vermuthung ausschließen will. Vgl. Böckel S. 485 ff.

3. Es wird „vermuthet", daß die betreffenden Personen gleichzeitig umgekommen sind.

a) Gegen diese Vermuthung ist Gegenbeweis zulässig (CPO. § 292).

b) Diese Vermuthung ist eine allgemeine. Wenn auch in P. I, 30 zunächst an erbrechtliche Fälle gedacht ist, so hat doch das Gesetz die Bestimmung des § 20 nicht auf solche Fälle beschränkt. Die Vermuthung gilt ferner nicht bloß für den Fall, daß das Vorabsterben oder Ueberleben einer Person die Voraussetzung eines Anspruchs einer anderen Person ist, so daß, wenn die Reihenfolge der Todesfälle nicht bewiesen werden kann, der Anspruch entfällt. § 20 ist vielmehr auch auf den Fall anwendbar, daß ein Anspruch nicht von dem Vorabsterben oder Ueberleben einer von mehreren Personen, sondern umgekehrt von der Gleichzeitigkeit des Todes mehrerer Personen abhängt. Diese Gleichzeitigkeit wird vermuthet und bedarf daher keines Beweises.

Zweiter Titel.

Juristische Personen.*)

Vorbemerkungen.

I. Sprachgebrauch. In bisherigen Reichsgesetzen findet sich der Ausdruck „Juristische Person" nur vereinzelt, z. B. in Gew.O. §§ 12, 140, Bankgesetz vom 14. März 1875 § 12. Eine Umschreibung der Vermögensfähigkeit der juristischen Person beabsichtigt die in Reichsgesetzen sich findende Formel, daß eine Vereinigung „unter ihrem Namen Rechte erwerben und Verbindlichkeiten eingehen, Eigenthum und andere dingliche Rechte an Grundstücken erwerben, vor Gericht klagen und verklagt werden könne" (vgl. Beispiele in M. I, 79). Indessen ist diese Umschreibung auch auf die offene Handelsgesellschaft (HGB. § 124 = Art. 111 des alten HGB.) angewendet worden, bezüglich deren „zweifelhaft ist, ob die Rechte und Verbindlichkeiten mit einem von den einzelnen Mitgliedern verschiedenen Subjekte oder ob sie mit den Einzelnen verknüpft sind" (M. I S. 79). Die Verschiedenheit des Subjektes der Rechte und Verbindlichkeiten von den einzelnen Mitgliedern hebt klarer hervor § 210 HGB. (= Art. 213 Abs. 1 des alten HGB.): „Die Aktiengesellschaft als solche hat selbständig ihre Rechte und Pflichten". Zureichender wird die Umschreibung durch den in einigen Reichsgesetzen sich findenden Zusatz, daß für die Verbindlichkeiten des Verbands nur das Verbandsvermögen haftet (vgl. Gew.O. §§ 98, 104h; Hülfskassengesetz § 5; Krankenkassengesetz § 25; Unfallversicherungsgesetz vom 30. Juni 1900 § 28). Auch dieser Erfolg läßt sich indessen bei nicht rechtsfähigen Verbänden erreichen. In der Landesgesetzgebung kommen sowohl die Bezeichnung Juristische Person (sächs. GB. §§ 52 ff.), auch moralische Person (PLR. Thl. II Tit. 6 § 81) vor, als auch die erwähnten Umschreibungen, z. B. bayr.

---

*) Literatur: Hauptwerke: Gierke, Das deutsche Genossenschaftsrecht, 3 Bde. 1868—1881; Gierke, DPR. I §§ 58—78 S. 456 ff.; Stobbe-Lehmann, DPR. I (1893) §§ 49—62 S. 421 ff.; Windscheid-Kipp, Pand. I §§ 57—62; Dernburg, Pand. I §§ 59—66; Regelsberger, Pand. I §§ 75 ff.; Bekker, Pand. I §§ 59 ff. S. 196 ff.; Brinz, Pand. (2. Aufl.) I §§ 60 ff., III §§ 432—454; Roth, Bayr. Civilr. I (2. Aufl.) §§ 34—48; Förster-Eccius, PPrR. (6. Aufl.) Bd. 4 §§ 280—285; Mandry-Geib, Der civilrechtliche Inhalt der Reichsgesetze 4. Aufl (1898) §§ 12—15; Cosack I §§ 28—38; Endemann I §§ 39 ff.; Kuhlenbeck, Von den Pandekten zum BGB. I S. 169—264; Planck Komm. zu § 21; Enneccerus, Das bürgerliche Recht I S. 71 ff.; Hölder, Komm. z. Allg. Theil des BGB. S. 121 ff.; v. Staudinger, Vorträge aus dem Gebiete des BGB. S. 98 ff.; Zitelmann, Das Recht des BGB. Allg. Theil S. 95 ff; Schepp, Das öffentliche Recht des BGB. S. 7 ff. Weitere Literaturangaben bei Georg Maas, Bibliographie des bürgerlichen Rechtes (1888 bis 1898) im Arch. f. bürgerl. R. Bd. 16 S. 81—89; ferner R. Leonhard, Der Allgemeine Theil des BGB. (1900) S. 99 ff.; Crome, System des Deutschen Bürgerl. Rechtes, Bd. I §§ 48 ff. (1900); Dernburg I § 65 ff. (1901); Chr. Meurer, Die Juristischen Personen nach Deutschem Reichsrecht (1901); Gierke, Das Wesen der menschlichen Verbände (1902).

Gesetz vom 29. April 1869, die privatrechtliche Stellung der Vereine betreffend, Art. 10 u. 11; bayr. Berggesetz in der Fassung vom 20. Juli 1900 Art. 119—121; preußisches Gesetz betr. die Bildung von Wassergenossenschaften vom 1. April 1879 § 10. Vgl. jetzt auch die AG. z. BGB., wie Preußisches AG. Art. 6, 7; Bayrisches AG. Art. 10 u. 49 ff.; Württembergisches AG. Art. 139; Hessisches AG. Art. 16; Sachsen-Altenburgisches AG. §§ 3, 11; Mecklenburg-Schwerinsche Ausführungsverordnung §§ 26—29; Mecklenburg-Strelitzsche Ausführungsverordnung §§ 25—28.

II. Die Existenz einer Juristischen Person ist insofern streitig, als sie den Einen als eine — entbehrliche oder unentbehrliche — Fiktion, den Anderen als „eine wirkliche, nicht bloß erdichtete Person" gilt.*) Die Mot. zu E. I S. 79 überweisen zwar die Frage der „Konstruktion" der Wissenschaft, bezeichnen aber selbst die Juristische Person als bloße „Rechtsfigur". Auch die P. der II. Komm. lehnen eine „bestimmte Theorie" ab (I, 497, 509), setzen aber gelegentlich die Existenz der Juristischen Person als selbstverständlich voraus (vgl. P. VI, 115, 116; Planck Bem. 6 zu § 12).

III. Begriff der Juristischen Person: Ein rechtlich organisirter und als Einheit rechtsfähiger menschlicher Verband.

1. Ein menschlicher Verband, kein Vermögensinbegriff. Den Vertretern der Fiktionstheorie ist die Juristische Person der Stiftung ein bloßer Vermögensinbegriff. Selbst die hereditas jacens ist in der gemeinrechtlichen Theorie als Juristische Person erklärt worden. Dem BGB. ist die hereditas jacens überhaupt unbekannt. Auch das Vermögen der Aktiengesellschaft ist in der Literatur schon als Juristische Person bezeichnet worden. Vgl. Krückmann in Gruchot, Beitr. Bd. 37 S. 247, nach welchem bei der Aktiengesellschaft zwei Juristische Personen vorhanden sind, nämlich außer der Juristischen Person des Vermögens die vermögenslose Korporation der Aktionäre.

2. Ein rechtlich organisirter Verband. Durch die Organisation werden die Einzelnen zur Einheit eines selbständigen gegliederten Ganzen zusammengefaßt („zusammengesetzte Einheit"). Für diesen Erfolg ist eine rechtliche Organisation erforderlich. Organisation und Einheit auf Grund derselben ist nicht bloß dem Rechte bekannt, sondern auch z. B. der wirthschaftlichen, technischen und militärischen Praxis. Ueberall handelt es sich um eine besondere Gestaltung menschlicher Thätigkeit, welche andersartige Wirkungen erzielt und daher auch anderen Zwecken dienen kann, als die Thätigkeit einer beliebigen bloßen Summe von Einzelnen. Eine solche, nicht rechtliche, Einheit bewirkt z. B. die Betriebsorganisation einer Fabrik, die wirthschaftliche Organisation einer Unternehmung, während die in diesen Organisationen zusammengefaßten Einzelnen privatrechtlich keine Verbandseinheit darstellen, sondern lediglich als „natürliche Personen" unter einander in obligatorischer (z. B. Dienstvertrags-) oder überhaupt in keiner Privatrechtsbeziehung stehen können. Soll die Organisation eines Verbandes denselben rechtlich, nicht bloß in irgend einer thatsächlichen Beziehung, zur Einheit erheben, so muß sie selbst auf Rechtsnormen beruhen, also eine rechtliche Organisation sein, eine rechtliche Organisation, aber kein „Organismus".

3. Ein als Einheit rechtsfähiger Verband. Nicht jedem Verbande, welcher als rechtlich organisirt eine Einheit vorstellt, kommt Rechtsfähigkeit als Einheit wirklich zu. Von Rechtsfähigkeit der Einheit als solcher kann nur gesprochen werden, wenn dieselbe unterschieden von den in ihr verbundenen einzelnen Personen Rechtssubjekt ist. Dies ist der Fall bei der „Juristischen Person". Es ist dagegen nicht der Fall bei den Personenverbänden „zur gesammten Hand", der „Gemeinderschaft" (vgl. hiezu Heusler, Institutionen des DPR. I, 223; Gierke, DPR. I S. 660 ff.; Genossenschaftstheorie S. 338 ff.; Meurer

*) Die „Verbandsperson" kennt schon Kreittmayr (Ann. Thl. V cap. 30 § 1): „... weil sie mehr durch die innerlich als äußerliche Sinn begriffen würden und eine Abstraktion in dem Gehirn erfordern, nach welcher man sich die vereinigten Individua nicht einzelner Weis und jedes in particulari, sondern alle mit einander in ihrem Zusammenhange als ein ganzes corpus vorstellt."

S. 54 Note 3). Auch bei diesen Personenverbänden ist, wie bei der Juristischen Person, Organisation und Einheit des Verbandes durch Organisation vorhanden. Subjekt der Rechte und Verbindlichkeiten ist aber nicht diese Einheit als eine von den Einzelnen verschiedene Gesammtperson, sondern die verbundenen Einzelnen selbst in der Art, „daß Rechte und Pflichten sich nur in gemeinsamem Handeln realisiren und ein Vorgehen des Einzelnen ohne Mitwirkung der Anderen ausgeschlossen ist". Rechtssubjekte sind bei diesen Verbänden zur gesammten Hand die Einzelnen, aber als „genossenschaftlich verbundene Personenmehrheit". Die Einzelnen sind nicht bloß jeder für sich, sondern auch jeder für den Anderen „kollektiv" berechtigt wie verpflichtet. Der Personenverband stellt kein neues Rechtssubjekt, sondern ein nach außen und nach innen wirksames Rechtsverhältniß unter den Verbundenen dar.

Als Beispiele solcher Personenverbände zur gesammten Hand sind die offene Handelsgesellschaft, die Kommanditgesellschaft, auch die Gesellschaft des BGB. (s. Vorbem. II vor § 705), die Erbengemeinschaft (Bem. 1 zu § 2032), die Konkursgläubigerschaft (Lothar v. Seuffert, Deutsches Konkursprozeßrecht, Leipzig 1899, S. 155) zu bezeichnen. Auch der nicht anerkannte Verein des bisherigen gemeinen Rechtes gehört hieher, ebenso der nicht rechtsfähige Verein des BGB., soweit derselbe nicht durch Bestimmungen des BGB. selbst, der CPO. (§§ 50, 735, dagegen § 736) und der KO. (§ 213) als rechtsfähig anerkannt ist.

Die Folge des „Kollektivprinzips" bei den Personenverbänden zur gesammten Hand ist die Trennung des der Gemeinschaft unterworfenen Vermögens von dem sonstigen Vermögen der verbundenen Personen, wie solche in den Bestimmungen des HGB. über das Vermögen der offenen Handelsgesellschaft und der Kommanditgesellschaft, sowie in den Bestimmungen des BGB. über das selbständige Gesellschaftsvermögen normirt ist; ferner die Gebundenheit dieses Gemeinschaftsvermögens an die Gemeinschaftszwecke und der Ausschluß einer Vollstreckung in dasselbe außer auf Grund eines gegen den Verband oder gegen alle Genossen vollstreckbaren Titels. Vgl. HGB. § 124, BGB. §§ 717, 718—721; CPO. §§ 735, 736. Dadurch ist bei aller begrifflichen Trennung der organisirte Personenverband zur gesammten Hand der Juristischen Person im praktischen Ergebnisse so nahe gerückt, daß die bloße „Gemeinderschaft" nicht selten direkt als Juristische Person oder als ein von den verbundenen Personen zu unterscheidendes selbständiges Rechtssubjekt bezeichnet worden ist.

IV. Rechtsfähigkeit. Juristische Person ist derjenige organisirte Verband, welcher als selbständiges, von den einzelnen verbundenen Personen verschiedenes Subjekt rechtsfähig ist.

Die Rechtsfähigkeit der Juristischen Person besteht auf dem Gebiete des öffentlichen Rechtes oder auf dem Gebiete des Privatrechts oder auf beiden Gebieten.

A. 1. Die Rechtsfähigkeit auf dem Gebiete des öffentlichen Rechtes ist eine sozialrechtliche oder eine individualrechtliche. Die erstere ist die Rechtsfähigkeit der zweifellosen „Juristischen Personen des öffentlichen Rechtes", des Reichs, Staats, der politischen Gemeinde. Diesen Juristischen Personen des öffentlichen Rechtes stehen „Attribute einer hoheitlichen Macht" zu, ihren Organen eine obrigkeitliche Stellung, die „inneren Streitigkeiten werden unter Ausschluß des Civilprozesses auf den Verwaltungsrechtsweg verwiesen" (Gierke, DPR. I, 620; Genossenschaftstheorie 166 ff.). Sie sind Subjekte einer öffentlichen Gewalt als Verbandspersonen gegenüber ihren Gliedern.

Von dieser sozialrechtlichen Rechtsfähigkeit auf dem Gebiete des öffentlichen Rechtes unterscheidet sich die individualrechtliche als diejenige Rechtsfähigkeit auf dem Gebiete des öffentlichen Rechtes, welche den Einzelnen als Gliedern eines öffentlich-rechtlichen Verbands und in Bezug auf diesen Verband zustehen kann, z. B. die Fähigkeit zum Erwerbe des Bürgerrechtes im Staate, in der politischen Gemeinde und anderen öffentlich-rechtlichen Körperschaften, die Fähigkeit zur Antheilnahme an der dem öffentlichen Verbande zustehenden Gewalt als Glied desselben, überhaupt die Rechtsfähigkeit, welche den Individuen als solchen auf dem Gebiete des öffentlichen Rechtes zukommt. Auch diese individualrechtliche

Rechtsfähigkeit des öffentlichen Rechtes kann Juristischen Personen zustehen, wie natürlichen Personen.

2. Die juristischen Personen, welche als solche Subjekte einer öffentlichen Gewalt sind, besitzen auch Rechtsfähigkeit auf dem Gebiete des Privatrechts. Letztere Rechtsfähigkeit ist für sie aber nur ein Mittel für ihren Hauptzweck, der auf dem Gebiete des öffentlichen Rechtes gelegen ist. Sie heißen daher — a potiori — „Juristische Personen des öffentlichen Rechtes". Zu den „Juristischen Personen des öffentlichen Rechtes" werden indessen noch andere als die genannten Personenverbände gerechnet. Die Entscheidung darüber, welche Personenverbände als Juristische Personen des öffentlichen Rechtes zu gelten haben, ist Sache des öffentlichen Rechtes. In der Wissenschaft des öffentlichen Rechtes ist ein einheitliches entscheidendes Merkmal für die Wesensverschiedenheit der öffentlich-rechtlichen und der privatrechtlichen Juristischen Person bisher nicht zur allgemeinen Anerkennung gelangt. Bei der Verschiedenheit des in den einzelnen Bundesstaaten des Deutschen Reiches geltenden öffentlichen Rechtes ist die Möglichkeit gegeben, daß eine und dieselbe Kategorie Juristischer Personen in dem einen Rechtsgebiet als Juristische Person des öffentlichen Rechtes, in einem anderen als Juristische Person des Privatrechts gilt.

3. Das BGB. nennt als Juristische Personen des öffentlichen Rechtes in § 89: „den Fiskus, die Körperschaften, Stiftungen und Anstalten des öffentlichen Rechtes". In der II. Komm. wurde hierüber gesagt: „Das bürgerliche Recht habe jedes von dem öffentlichen Rechte geschaffene Rechtssubjekt anzuerkennen und die von dem öffentlichen Rechte für diese Rechtssubjekte geschaffene Daseinsordnung sowie die in ihrer Verfassung geregelte Vertretung sei auch auf dem Gebiete des bürgerlichen Rechtes maßgebend. Dem öffentlichen Rechte müsse überlassen bleiben, die Verfassung der seinem Bereich angehörenden Juristischen Personen, soferne sie darauf angewiesen seien, als rechtsfähige Subjekte am Privatrechtsverkehr Antheil zu nehmen, so auszugestalten, daß sie im Stande seien, diese Theilnahme zu bethätigen" (P. I, 608, vgl. auch D. 17).

4. a) Die Juristischen Personen, welche nicht Juristische Personen des öffentlichen Rechtes im vorerwähnten Sinne sind, werden als Juristische Personen des bürgerlichen Rechtes, privatrechtliche Juristische Personen bezeichnet. Auf dem Gebiete des öffentlichen Rechtes kann ihnen individualrechtliche Rechtsfähigkeit zukommen und kommt ihnen vielfach zu. So können sie nach bayrischem wie nach preußischem Rechte Mitgliedrechte in Kommunal- und höheren politischen Verbänden erwerben.*)

b) Dem öffentlichen Rechte gehört ferner an die Unterscheidung der Juristischen Personen des Privatrechts in inländische und ausländische, welche nicht bloß für das öffentliche Recht, sondern auch für das Privatrecht von Bedeutung ist: EG. z. BGB. Art. 10; Preuß. AG. z. BGB. Art 7 § 2 Abs. 2; Bayr. AG. z. BGB. Art. 10; Hessisch. AG. z. BGB. Art. 12; § 2 Abs. 2, §§ 31, 32 des RG. über die Konsulargerichtsbarkeit vom 7. April 1900.

5. So zweifellos die Zugehörigkeit der meisten Arten von Juristischen Personen zur einen oder anderen Kategorie war, so zweifelhaft ist die Grenze zwischen beiden. Gierke, DPR. I 620, Genossenschaftstheorie S. 158 f. Die Feststellung dieser Grenze erachtet Hölder Bem. 1 zu § 89 S. 201 mit Rücksicht auf § 89 BGB. überhaupt als überflüssig, da hier die Juristischen Personen des Privatrechts und die des öffentlichen Rechtes gleichgestellt seien. Aber aus § 89 ergiebt sich andererseits die Unanwendbarkeit eines Theiles des Privatrechts des BGB., soweit nicht § 89 eine Ausnahme macht, auf die Juristischen Personen des öffentlichen Rechtes und darum ist wohl die Feststellung ein Bedürfniß, auf welche Juristischen

---

*) Vgl. bayrische Gemeindeordnung von 1869 Art. 15, III; bayrisches Gesetz vom 28. Mai 1852, die Distriktsräthe betreffend, Art. 4, II; preußische Landgemeindeordnung für die sieben östlichen Provinzen vom 3. Juni 1891 §§ 45, II, 46, I Ziff. 4; Landgemeindeordnung für Westfalen vom 19. März 1856 § 16, II; preußische Städteordnung für die östlichen Provinzen vom 30. Mai 1853 § 8, 2; Städteordnung für Westfalen vom 19. März 1856 § 8, II.

Personen die in § 89 nicht enthaltenen oder bezeichneten Normen um deßwillen nicht anwendbar sind, weil sie Juristische Personen des öffentlichen Rechtes sind.

B. 1. Die privatrechtliche Rechtsfähigkeit der Juristischen Personen beschränkten E. I § 41 und M. I, 78 entsprechend der Fiktionstheorie auf die Vermögensfähigkeit. Dies war ein Rückschritt gegenüber dem geltenden Rechte. Das BGB. anerkennt in §§ 21, 80, daß die Juristischen Personen auf dem Gebiete des Privatrechts nicht bloß vermögensfähig, sondern überhaupt rechtsfähig sind.

2. Diese im BGB. anerkannte Rechtsfähigkeit begreift in sich: Erstens die Rechtsfähigkeit zu den privatrechtlichen Rechtsbeziehungen des Sozialrechts, als den Rechten gegenüber den eigenen Gliedern der Verbandsperson (z. B. das Recht auf Mitgliederbeiträge). Es sind dies Rechte, welche nur einer Verbandsperson zustehen können. Zweitens: Die Rechtsfähigkeit zu „Individualrechten", zu Rechten, welche auch natürlichen Personen zustehen können. Den Juristischen Personen können im Grundsatz alle Rechte zustehen, welche auch natürlichen Personen zugänglich sind. Dahin gehören Vermögensrechte, Persönlichkeitsrechte, wie das Recht auf den Namen oder die Firma, Zeichenrechte, Urheber- und Erfinderrechte, Gewerberechte. Die Individualrechtsfähigkeit der Juristischen Person ist dagegen insofern eingeschränkt, als gewisse Rechte ihrer Natur nach — wie Familienrechte — eine natürliche Person als Träger verlangen.

Nach CPO. § 50 ist parteifähig, wer rechtsfähig ist. Die juristische Person ist daher aktiv und passiv im Civilprozesse parteifähig. Die Parteifähigkeit ist ausnahmsweise auch gewissen Personenverbänden zur gesammten Hand zuerkannt: der offenen Handelsgesellschaft (§ 124 HGB.), der Konkursgläubigerschaft (Seuffert, Konkursprozeß S. 155), nicht der Gesellschaft des BGB.; die passive Parteifähigkeit steht auch dem nicht rechtsfähigen Vereine zu (vgl. hierüber zu § 54).

C. Beschränkungen. 1. Rechtsfähigkeit steht den Juristischen Personen im Gebiete des Privatrechts nicht bloß insofern beschränkt zu, als sie gewisse Rechte überhaupt wegen der Natur derselben nicht erwerben und nicht haben können. Auch in Bezug auf den der Juristischen Person in abstracto offenen Kreis der Rechte findet im einzelnen Falle eine Beschränkung dadurch statt, daß die Juristische Person nur innerhalb eines bestimmten Lebensbereichs existirt. Dieser Lebensbereich wird den Juristischen Personen theils durch das Gesetz, theils durch ihre spezielle Ordnung zugewiesen.

2. Beschränkungen der vermögensrechtlichen Kapazität der Juristischen Person behält dem Landesrecht Art. 86 EG. z. BGB. vor. Vgl. hiezu: Preußen AG. z. BGB. Art. 6, 7; Bayern AG. z. BGB. Art. 7—10; Württemberg AG. z. BGB. Art. 140; Baden AG. z. BGB. Art. 8, AB. z. BGB. § 13; Elsaß-Lothringen AG. § 6; Hessen AG. Art. 12; Mecklenburg-Schwerin AB. § 27; Mecklenburg-Strelitz AB. § 26; Lübeck AG. § 13; Reuß j. L. AG. § 12; Sachsen-Altenburg AG. §§ 9—12; Sachsen-Weimar AG. §§ 18, 19; Schwarzburg-Rudolstadt AG. Art. 30, 31; Schwarzburg-Sondershausen AG. Art. 15; Waldeck-Pyrmont AG. Art. 5, 6.

D. Privatrechtliche Privilegien der Juristischen Personen anerkennt das BGB. grundsätzlich nicht mehr. Vgl. jedoch BGB. §§ 45 Abs. 2 u. 3, 46, 1936; EG. z. BGB. Art. 138, 139; Bayr. AG. Art. 101, 102; BGB. §§ 976, 981; § 928.

V. Handlungsfähigkeit der Juristischen Person.

1. Im E. I ist die Juristische Person eine künstlich geschaffene, willenlose Trägerin von Rechten, die nur durch Vertreter am Verkehre theilnehmen kann (M. I, 94). In den Verh. der II. Komm. ist gesagt: „Die Entscheidung der Konstruktionsfrage, ob die Juristische Person ein handlungsfähiges Wesen sei und durch ihre Organe sich am Verkehre betheilige oder ob sie handlungsunfähig und deshalb einer Vertretung bedürfe, solle der Wissenschaft überlassen bleiben" (P. I, 509).

Nach den Bestimmungen des BGB. ist die Juristische Person handlungsfähig. Sie handelt durch ihre Organe, ohne welche sie überhaupt nicht zur Entstehung gelangen kann. „Der Vorstand einer Privatkörperschaft ist nicht ein ihr vom Gesetze gegebener Vertreter, wie der Vormund eines Kindes, sondern ein Stück ihres eigenen Organismus. Sie kommt mit den erforderlichen Vertretungsorganen zur Welt und ihr Organismus hat in sich die Reproduktionskraft, sich mit diesen Organen, wenn sie ihr verloren gehen, wieder auszustatten" (Jacubezky, Bem. zu dem Entw. eines BGB. S. 12). Dies gilt für alle Juristischen Personen. Die Folgen, welche das BGB. an die Handlungen der Organe der Juristischen Personen anknüpft, sind auch mit der Annahme einer bloßen Stellvertretung unvereinbar. Vgl. hiezu die Bem. zu §§ 31, 43 BGB. Auf die Handlungsfähigkeit der Juristischen Person läßt sich insbesondere auch schließen aus den Bestimmungen des BGB., welche deren civilrechtliche Deliktsfähigkeit (vgl. auch unten VI) ergeben. Die Bestimmungen der §§ 31 und 53 BGB. sind aus dem Gesichtspunkt einer Haftung für fremde Schuld nicht erklärlich, da eine Haftung, wie sie hier statuirt ist, nach dem BGB. für Handlungen von Vertretern nicht besteht. § 278 bezieht sich nur auf den Fall eines Verschuldens bei Erfüllung obligatorischer Leistungen durch den gesetzlichen Vertreter des Schuldners oder dritte Hülfspersonen, die für den Schuldner als Werkzeug für seine Schulderfüllung in Betracht kommen, während § 31 jede Schaden verursachende Handlung, auch die außerkontraktliche und nicht kulpose, trifft. § 43 legt dem gesetzwidrigen Verhalten des Vorstandes der Juristischen Person die Bedeutung bei, daß dasselbe zur Vernichtung der Juristischen Person führen kann. Eine derartige Bedeutung kann die Handlung eines gesetzlichen Vertreters für die Existenz des Vertretenen nach den Grundsätzen des Individualrechts niemals haben, auch nicht gemäß den Normen des BGB. § 43 bezeichnet auch direkt die Juristische Person als Thäter: „Dem Vereine kann die Rechtfähigkeit entzogen werden, wenn er .... durch gesetzwidriges Verhalten des Vorstandes das Gemeinwohl gefährdet." Uebereinstimmend Cosack, Eck, Enneccerus, Gierke, Regelsberger, Dernburg. Vgl. RGE. Bd. 43 S. 405 und Neumann in der D Jur.Z. 1902 S. 97, 98.

2. Die Handlungsfähigkeit der Juristischen Person reicht nicht weiter als ihre Rechtsfähigkeit oder ihre „Existenz".

VI. Deliktsfähigkeit der Juristischen Person.*)

Wie die rechtmäßige Handlung der Organe der Juristischen Person innerhalb ihres verfassungsmäßigen Wirkungskreises eine Handlung der Juristischen Person darstellt, so auch das rechtswidrige Handeln derselben. Der Juristischen Person wird als „eigene rechtswidrige Handlung oder Unterlassung zugerechnet, was ein Organ als solches innerhalb seiner Zuständigkeit rechtswidrig thut oder zu thun versäumt" (Gierke a. a. O. S. 530). § 31 BGB. statuirt eine Haftung für die eigene Schuld der Juristischen Personen und darüber hinaus für jede zu Schadensersatz verpflichtende schuldhafte oder nicht schuldhafte rechtswidrige oder dem Rechte gemäße Handlung. Daneben besteht die Möglichkeit einer Haftung der Juristischen Person für fremde Schuld auf Grund der §§ 278 und 831 BGB.

VII. Entstehung der Juristischen Person.

A. Voraussetzungen:

1. Ein persönliches „Substrat". Jede Juristische Person stellt mittelbar oder unmittelbar eine Organisation von Menschen dar, unmittelbar, sofern bei einer Juristischen Person natürliche Personen die Verbandsorganisation bilden, mittelbar, wenn Juristische Personen, also wieder Verbände unter einander oder mit natürlichen Personen in der Organisation zusammengefaßt sind, wie dies bei Körperschaften vorkommt.

2. Ein sachliches „Substrat". Ein solches ist nur bei gewissen Juristischen Personen Voraussetzung der Entstehung z. B. bei der Aktiengesellschaft, bei Agrargenossenschaften oder Bergwerksgenossenschaften (Gierke, DPR. I S. 484). Dagegen ist z. B. bei Vereinen das Vorhandensein von Vermögen nicht Voraussetzung der Entstehung der Juristischen Person.

---

*) Vgl. hiezu: Gierke, DPR. I S. 528; E. Rhomberg, Körperschaftliches Verschulden (1899); F. Hartwig, Die Haftung Juristischer Personen für Delikte (1899); Klingmüller, Die Haftung für die Vereinsorgane (1900); G. Krüger, Die Haftung der Juristischen Personen aus unerlaubten Handlungen (1901); Alfr. Korn, Die Deliktsfähigkeit der Juristischen Personen nach dem BGB. (S. 177 ff. der Festgabe der Rechtsanwaltschaft beim Kammergerichte für Wilke, 1900); Lenel, Zur Deliktshaftung der Juristischen Personen D.Jur.Z. 1902 S. 9; Meurer § 14 und die daselbst Note 1 citirte Literatur.

B. Der Entstehungsvorgang.

Die Juristische Person entsteht dadurch, daß einem organisirten menschlichen Verband als Einheit Rechtsfähigkeit zu Theil wird. Gegenüber einem menschlichen Verbande kann sich die Rechtsordnung in Bezug auf die Anerkennung der Rechtsfähigkeit verschieden verhalten:

1. Rechtsfähigkeit kraft Daseins der Verbandsperson (System der freien Körperschaftsbildung). Die Rechtsordnung kann den Verband ohne Weiteres mit dessen Entstehung als rechtsfähig anerkennen, so wie die Geburt eines Menschen sofort eine natürliche „Person" zur Existenz bringt. Dies gilt vom Reiche, Staat und grundsätzlich von den Verbandspersonen des öffentlichen Rechtes. Die Rechtsfähigkeit kraft Daseins wird in Bezug auf korporativ organisirte Vereine als Grundsatz des gemeinen Rechtes von hervorragenden Germanisten und Romanisten behauptet (vgl. die Literatur bei Gierke, Genossenschaftstheorie S. 19, Note 3, DPR. I S. 488, sowie bei Regelsberger, Pand. I § 78 Note 10). Indessen ist die Theorie hierüber so wenig einig als die Praxis. Die Frage ist auch jetzt noch von praktischer Bedeutung, da in Bezug auf die zur Zeit des Inkrafttretens des BGB. bestehenden Juristischen Personen das bisherige Recht zur Anwendung kommt, abgesehen von den Normen der §§ 25—53, 85—89, welche gemäß Art. 163 EG. z. BGB. auf dieselben angewendet werden sollen. Vgl. Affolter S. 275, 344; Habicht S. 104. Das für diese Frage entscheidende bisherige Landesrecht kann nach Art. 218 EG. z. BGB. durch Landesgesetz geändert werden. Von dieser Befugniß hat die bayrische Gesetzgebung in Art. 2 des Gesetzes, Uebergangsbestimmungen zum BGB. betreffend, vom 9. Juni 1889 Gebrauch gemacht, welcher in Abs. 1 bestimmt: „Auf die zur Zeit des Inkrafttretens des BGB. bestehenden nicht rechtsfähigen Vereine finden von diesem Zeitpunkt an die Vorschriften des BGB. über die Gesellschaft Anwendung" (vgl. hiezu die Bem. X zu § 54).

Zu den Juristischen Personen „kraft Daseins" gehören zweifellos auch die Gewerkschaften des bayrischen Bergrechts, Art. 117—123 des Bayr. Berggesetzes in der Fassung vom 20. Juli 1900.

2. Rechtsfähigkeit durch Eintragung (System der Normativbestimmungen). Die Rechtsfähigkeit einer Personenorganisation wird anerkannt auf Grund der Erfüllung bestimmter vom Gesetz aufgestellter Anforderungen und der Eintragung in ein öffentliches Register. „Dieses System gilt in Deutschland nach Reichsrecht für die Aktiengesellschaften, Gesellschaften mit beschränkter Haftung und solche Erwerbs- und Wirthschaftsgenossenschaften, welche die Rechtsstellung einer „eingetragenen Genossenschaft" erlangen wollen. Es gilt überdies nach Landesrecht für einzelne andere Klassen von wirthschaftlichen Genossenschaften, nach sächsischem Rechte für alle nicht dem öffentlichen Rechte angehörigen oder durch besondere Gesetze ausgeschlossenen Personenvereine; nach bayrischem Rechte für alle nicht auf Erwerb oder Geschäftsbetrieb gerichteten Vereine" (Gierke, DPR. I § 489). EG. z. BGB. Art. 164, 165.

Diesem Systeme folgt das BGB. in Bezug auf die Vereine, deren „Zweck nicht auf einen wirthschaftlichen Geschäftsbetrieb gerichtet ist" (§ 21) mit Modifikationen in Bezug auf die politischen, sozialpolitischen, religiösen Vereine.

3. Rechtsfähigkeit durch Verleihung (Konzession). Auch dieses System galt schon bisher reichsrechtlich wie partikularrechtlich. „Verleihung" der Rechtsfähigkeit ist auch dann gegeben, wenn die Genehmigung oder Bestätigung eines Statuts einem Verbande die Juristische Persönlichkeit verschafft, wie dies z. B. bei „freien", gewerblichen Vereinen durch Bestätigung des Statuts durch eine Kreisregierung auf Grund des bayrischen Gesetzes vom 30. Januar 1868 § 25 Abs. 2 geschah. Die Vorschriften der Landesgesetze über die Verfassung solcher Vereine, deren Rechtsfähigkeit auf staatlicher Verleihung beruht, bleiben nach Art. 82 EG. z. BGB. „unberührt". Im Uebrigen finden auf diese Vereine die Vorschriften des II. Titels des 1. Abschnitts (§§ 25—53) Anwendung, soweit sie nicht die Verfassung betreffen, z. B. die Vorschriften der §§ 31, 42—53 BGB.

VIII. Arten der Juristischen Personen. Zu unterscheiden sind:

A. Nach der Lebenssphäre: Juristische Personen des öffentlichen Rechtes und Juristische Personen des Privatrechts.

Soweit das bürgerliche Recht auf Juristische Personen überhaupt anwendbar ist — d. i. in Bezug auf das Individualrecht des BGB. — ist dieser Unterschied nicht vorhanden.

B. Nach der die Existenz, Verfassung, Veränderung, Beendigung der Juristischen Personen normirenden Rechtsquelle: Juristische Personen des Reichsrechts und Juristische Personen des Landesrechts.

1. Schon im früheren Reichsrechte sind

a) einzelne Juristische Personen des öffentlichen Rechtes behandelt und anerkannt, so das Reich im Reichsgesetz über die Rechtsverhältnisse der zum dienstlichen Gebrauch einer Reichsverwaltung bestimmten Gegenstände vom 25. Mai 1873; die Reichsbank nach Bankgesetz vom 14. März 1875 und vom 7. Juni 1899 (vgl. RGE. Bd. 15 S. 230 ff., Bd. 36 S. 147 ff.); öffentlich-rechtliche Kolonialgesellschaften in den Gesetzen vom 17. April 1886, betreffend die Rechtsverhältnisse der deutschen Schutzgebiete, und vom 15. März 1888, betreffend die Abänderung dieses Gesetzes; s. nunmehr Schutzgebietsgesetz vom 25. Juli 1900 § 11; ferner Innungen, Innungsverbände nach Gew.O. §§ 81—104; Orts-, Fabrik-, Baukrankenkassen im Krankenversicherungsgesetze vom 15. Juni 1883 und 10. April 1892; die Berufsgenossenschaften der Unfallversicherung auf Grund des Unfallversicherungsgesetzes vom 6. Juli 1884 und der zu demselben ergangenen Ausdehnungsgesetze vom 5. Mai 1886 und 11. Juli 1887, s. nunmehr RG. vom 30. Juni 1900 § 28; die Versicherungsanstalten des Invalidenversicherungsgesetzes vom 13. Juli 1899 in der Fassung vom 19. Juli 1899 § 68; die kommunalen „Wohnplatz-Verbände" in den Schutzgebieten auf Grund kaiserlicher Verordnung vom 3. Juli 1899, die Vereinigung von Wohnplätzen in den Schutzgebieten zu kommunalen Verbänden betreffend, § 2.

b) Ferner privatrechtliche Juristische Personen nach Reichsrecht: die Aktiengesellschaften nach HGB. §§ 178 ff., Gesellschaften mit beschränkter Haftung nach Reichsgesetz vom 20. April 1892, Erwerbs- und Wirthschaftsgenossenschaften nach dem Gesetze vom 1. Mai 1889 und 12. August 1896.

Das BGB. beschränkt sich in dem Titel über die Juristischen Personen auf die Regelung der Juristischen Personen des Privatrechts und beschäftigt sich mit den Juristischen Personen des öffentlichen Rechtes nur in § 89, indem es einzelne bezüglich der privatrechtlichen Juristischen Personen geltende Vorschriften auf diese erstreckt.

2. Juristische Personen des Landesrechts sind zunächst:

a) Die meisten Juristischen Personen des öffentlichen Rechtes, soferne dieses landesrechtlich normirt ist (Dernburg I § 72). Dabei wird es auch in Zukunft sein Bewenden haben, nicht bloß in Bezug auf die bestehenden Juristischen Personen, sondern auch in Bezug auf neugegründete.

b) Juristische Personen des Privatrechts: Die Bestimmungen des Landesrechts über Juristische Personen und das Vereinigungswesen überhaupt bleiben unberührt auf allen nach Art. 55 ff. EG. z. BGB. dem Landesrechte vorbehaltenen Gebieten: so die Genossenschaften des Wasserrechts (Art. 65), die Deichgenossenschaften (Art. 66), die Gewerkschaften des Bergrechts (Art. 67), die Waldgenossenschaften nach Art. 83 u. s. w.

Die in den Art. 164—166 des EG. z. BGB. bezeichneten Juristischen Personen und Vereine blieben, soweit sie bei Inkrafttreten des BGB. bestanden, unter der Herrschaft des Landesrechts, das nach Art. 218 EG. z. BGB. durch die Landesgesetzgebung geändert werden kann. Für Bayern hat Art. 1 des Gesetzes, Uebergangsbestimmungen zum BGB. betreffend, vorgeschrieben, daß die auf Grund des Gesetzes vom 29. April 1869 rechtsfähig gewordenen („anerkannten") Vereine vom Geltungsbeginne des BGB. an als eingetragene Vereine zu gelten haben.

Dem Landesrechte überlassen bleiben ferner, wie zu VII, B, 3 erwähnt, die Bestimmungen über die Verfassung derjenigen Vereine, deren Rechtsfähigkeit auf staatlicher Verleihung beruht, gemäß Art. 82 EG. z. BGB. Das preußische und bayerische Recht hat bezüglich dieser Vereine neue Bestimmungen nicht getroffen.

C. Körperschaften, Stiftungen, Anstalten:

1. Die Unterscheidung der beiden ersten Arten von Juristischen Personen gehört erst diesem Jahrhundert an. Früher wurden die Stiftungen als Körperschaften aufgefaßt, so z. B. im V. Theil der Anm. Kreittmayrs zum BLR. cap. 30, §§ 1, 2. Savigny, der Hauptvertreter der Fiktionstheorie, unterscheidet zwei Arten von Juristischen Personen: Juristische Personen, welche eine „sichtbare Erscheinung“ in einer Anzahl von einzelnen Mitgliedern haben, die als ein Ganzes zusammengefaßt die Juristische Person bilden (Syst. III, 243): die Korporationen; und „Stiftungen oder unsichtbare Personen“ (a. a. O. S. 263). Bei den letzteren ist „das wahre Subjekt ein als Person anerkannter Begriff“ (S. 244). In der That sind aber Körperschaften wie Stiftungen Verbandspersonen (Gierke, DPR. I § 78 Note 13; Regelsberger, Pand. I § 75). Der begriffliche Unterschied besteht darin, daß die Körperschaften herrschende, die Stiftungen nur dienende Organe haben (Cosack I § 28 III S. 88), mit anderen Worten, daß die Körperschaften ihr Rechtsleben beherrschen und Anfang wie Ende, Zweck und Aenderung des Zweckes bestimmen können, während die Stiftungsorgane grundsätzlich nur einen ein- für allemal maßgebenden fremden Willen, den Willen des Stifters, fortgesetzt vollziehen. In der Wirklichkeit sind indessen die begrifflichen Grenzen flüssig.

2. E. I kannte als Juristische Personen nur Körperschaften und Stiftungen; er nennt in § 63 ausdrücklich den Fiskus nur deswegen, weil, wie die M. I, 124 ausführen, nicht nur die Frage, ob der Fiskus zu der einen oder anderen Art von Juristischen Personen gehöre, verschieden beantwortet werde, sondern auch die Meinung vertreten sei, daß der Fiskus weder Körperschaft noch Stiftung, sondern eine eigene Art von Juristischer Person darstelle.

3. Dagegen war von der Aufnahme der Kategorie der Anstalt abgesehen (M. I, 80). Die hiewegen gegen den Entwurf gerichtete Kritik (vgl. ZG. I, 68; VI, 60) hatte zur Folge, daß unter den Juristischen Personen des öffentlichen Rechtes neben dem Fiskus, den Körperschaften und Stiftungen die „Anstalten“ als eigene Art erwähnt wurden (§ 89), wogegen bei den Juristischen Personen des Privatrechts die Zweitheilung des E. I beibehalten wurde. Näheres s. in P. I, 611.

In der Literatur wird zumeist nur die öffentlich-rechtliche „Anstalt“ als eine gegenüber sowohl der Körperschaft als auch der Stiftung selbständige Kategorie behandelt: Gierke, DPR. I § 77; Gierke, Der Entwurf eines BGB. und das deutsche Recht, Leipzig 1889, S. 159, 160. Von Anderen wird die Anstalt nur als eine „Gestalt“ einer Körperschaft oder einer Stiftung gedacht oder aber als der gemeinsame Oberbegriff derselben: Windscheid-Kipp, Pand. I § 57; Cosack, Lehrb. I S. 89.

4. In Bezug auf die Stiftungen wurde in der II. Komm. die Eintheilung in privatrechtliche und öffentlich-rechtliche Stiftungen bekämpft, weil sie historisch verfehlt und dogmatisch schwerlich haltbar sei. Alle Stiftungen seien Institute, die in den wesentlichen Beziehungen dem öffentlichen Rechte angehören. Die Mehrheit der II. Komm. hielt an der Unterscheidung fest: „Als eine privatrechtliche Stiftung stelle sich in der Regel jede Stiftung dar, welche auf einem Privatrechtsgeschäfte beruhe, es sei denn, daß sie nach ihrer besonderen Beschaffenheit dem Organismus des Staates oder der Kirche derart eingefügt sei, daß sie aus diesem Grunde unter die Kategorie der öffentlich-rechtlichen Stiftungen falle“ (P. I, 586, 587). Als verschieden von diesem Begriffe der „Stiftung des öffentlichen Rechtes“ nach dem BGB. wurde in den Verhandlungen des bayrischen Landtags bezeichnet der im bisherigen bayrischen Rechte ausgebildete und nach den Verhandlungen zum bayrischen AG. z. BGB. aufrecht erhaltene besondere Begriff der „öffentlichen Stiftung“. „Oeffentliche“ Stiftungen im Sinne des bayrischen Rechtes können sowohl Stiftungen des öffentlichen Rechtes als auch Stiftungen des Privatrechts im Sinne des BGB. sein.“ *)

*) Vgl. die Ausführungen des Regierungskommissärs Dr. v. Jacubezky in den Verhandlungen des besonderen Ausschusses der bayrischen Kammer der Reichsräthe zur Berathung

„Oeffentliche Stiftungen“ in diesem bayrischen Sinne sind „diejenigen, deren Zweck ein öffentliches Interesse hat und die wegen des öffentlichen Interesses der Zweckbestimmung Gegenstand einer besonderen staatlichen Fürsorge sind.“ Auch anderen Landesrechten z. B. dem badischen, württembergischen ist die „öffentliche Stiftung“ in diesem Sinne bekannt. Vgl. die Vorbem. VII, 1 zu §§ 80—88 (die „öffentliche Stiftung“ in § 45 Abs. 2 bedeutet „Stiftung des öffentlichen Rechtes“).

D. Inländische und ausländische Juristische Personen. Während das deutsche Recht die Rechtsfähigkeit aller Menschen und damit diese als natürliche „Personen“ anerkennt, anerkennt es nicht ebenso grundsätzlich alle Juristischen Personen. Vgl. die Bem. zu § 23 und EG. z. BGB. Art. 10.

IX. Die Juristischen Personen des Privatrechts insbesondere. Der E. I. verhielt sich verschieden in Bezug auf Körperschaften und in Bezug auf Stiftungen.

Er überwies nämlich die Ordnung der Körperschaften und zwar der privatrechtlichen sowohl als auch der öffentlich-rechtlichen (M. I S. 82) in der Hauptsache den Landesrechten und stellte nur für den Fall des Mangels landesrechtlicher Vorschriften bezüglich beider Arten von Juristischen Personen einige Normen betreffend die Verfassung, sowie eine Bestimmung über die Folgen von unerlaubten Handlungen des Vorstandes auf (E. I § 46); insbesondere die Entstehung der Körperschaften wurde den Landesgesetzen unterstellt. Dagegen wurden bezüglich der Entstehung der Stiftungen durch Privatrechtsgeschäfte die Minimalerfordernisse unter Vorbehalt der etwa weitergehenden landesrechtlichen Normen geordnet (E. I §§ 58, 62). E. II und das BGB. behandeln grundsätzlich nur die Ordnung, Entstehung, Beendigung und Verfassung privatrechtlicher Juristischer Personen, indessen auch dieser nicht aller.

Hienach bleiben im wesentlichen unberührt:

1. Die Ordnung der durch spezielle Reichsgesetze normirten Juristischen Personen gemäß Art. 32 EG. z. BGB.;

2. die Ordnung der Juristischen Personen aller durch Art. 55 ff. EG. z. BGB. den Landesrechten vorbehaltenen Sachgebiete;

3. theilweise die Verhältnisse der beim Geltungsbeginne des BGB. bestehenden Juristischen Personen, insbesondere der kraft Daseins nach dem bisherigen Rechte rechtsfähigen Korporationen des Privatrechts, EG. Art. 163;

4. überhaupt die in den Art. 164—166 EG. z. BGB. bezeichneten Personenverbände;

5. die landesrechtlichen Normen über die Verfassung der Vereine, deren Rechtsfähigkeit auf staatlicher Verleihung beruht, gemäß Art. 82 EG. z. BGB.

I. Vereine.**)

Vorbemerkungen.

I. Sprachgebrauch und Bedeutung.

1. Im öffentlichen Rechte. Das Wort Verein wird in der Praxis des öffentlichen Rechtes im weiteren Sinne genommen als in derjenigen des Privatrechts. „Verein“ ist erst

---

der durch die Einführung des BGB. veranlaßten Gesetzentwürfe zu Art. 4,a des Entw. z. AG. z. BGB. (= Art. 6 AG.) bei Becher, Mat. IV S. 893 ff.; ferner Mot. des Entw. eines Gesetzes, die durch die Einführung des BGB. veranlaßten Aenderungen der seit 1818 erlassenen Gesetze betreffend, Art. 25, 26 bei Becher, Mat. V S. 77; vgl. auch Mat. IV S. 212—218.

**) Vgl. Meurer § 6; Dernburg I §§ 73—80; Endemann I §§ 42 ff.; Staudinger, Das Vereinsrecht nach dem BGB. u. in Bl. f. RA. Bd. 62 S. 305 ff.; v. Bose, Das Vereinsrecht des neuen BGB. (1901); J. v. Bülow, Das Vereinsrecht des BGB. (1902); Samter, Das Wesen der eintragungsfähigen Vereine in D. Jur.Z. 1900 S. 311; Francke, Zum Vereinsrecht des BGB. in Bl. f. RA. Bd. 64 (1899) S. 385; Alex. Leist, Vereinsherrschaft und Vereinsfreiheit im künftigen Reichsrecht 1899.

im neunzehnten Jahrhunderte schriftdeutsch geworden. Es wird noch von Adelung 1801 als „ein nur im Oberdeutschen übliches Hauptwort für Vereinigung, Verbindung, Bund" bezeichnet.

Mit dieser ganz allgemeinen Bedeutung des Wortes operirt vielfach die heutige öffentlich-rechtliche und insbesondere die Strafrechtspraxis, welche die Landesvereinsgesetze zur Grundlage hat. Dieselbe verlangt für den Begriff des Vereins keine rechtliche, sondern nur eine thatsächliche Verbindung zu einem bestimmten Zwecke. Daher konnte durch die bayrische Praxis eine politische Partei als Verein im Sinne des bayrischen Vereinsgesetzes vom 26. Februar 1850 erklärt werden — Urtheil des OGH. vom 13. Oktober 1874 (in Samml. der Entsch. für Strafs. Bd. 4 S. 429) und vom 29. Mai 1876 (Samml. Bd. 6 S. 250); Urtheil des OLG. München vom 29. Dezember 1894 (Samml. der Entsch. für Strafs. Bd. 8 S. 172). — Ebenso hat das Reichsgericht eine „Parteileitung", einen von einer Versammlung eingesetzten Ausschuß als Verein auf Grund des preußischen Vereinsgesetzes vom 11. März 1850 erklärt s. RGE. in StS. Bd. 18 S. 169, Bd. 29 S. 162; zu ersterem Urtheile vgl. Krückmann in Gruchot, Beitr. 37. Jahrg. S. 217 ff.; ferner Urtheil des OLG. München in Samml. von Entsch. für Strafs. Bd. 2 S. 155). Die Praxis des öffentlichen Vereinsrechts erklärt ferner für den Begriff des Vereins den Bestand einer Organisation als entbehrlich, ebenso wie das Vorhandensein von Satzungen. Vgl. hiezu Art. 12 u. 14 des bayrischen Vereinsgesetzes vom 26. Februar 1850, Beschl. des OLG. München vom 20. Februar 1882 in Samml. von Entsch. für Strafs. Bd. 2, S. 116 und die bei v. Sartor, Bayrisches Vereinsgesetz III. Auflage (1903) S. 67 ff. angeführten Entscheidungen des Kammergerichts, des preußischen Oberverwaltungsgerichts, des OLG. Dresden und des Reichsgerichts. Als bloß thatsächliche Verbindung wird der „Verein" von der „Versammlung" im wesentlichen lediglich durch das Erforderniß einer gewissen Dauer unterschieden.*) Vgl. hierüber unten in Bem. II, 2, A, b.

2. Dagegen versteht der civilrechtliche Sprachgebrauch unter Verein nur eine rechtliche Verbindung. Er anerkennt ferner nur eine rechtlich organisirte Personenverbindung als Verein. Auch damit ist der Begriff des Vereins nach geltendem Rechte noch nicht erschöpft. Es wird verlangt, daß die Verbindung nicht auf eine geschlossene Zahl individuell bestimmter Mitglieder sich beschränke. Andernfalls liegt nach dem Sprachgebrauche wenigstens der gemeinrechtlichen Literatur kein Verein, sondern eine „Gesellschaft" vor, entsprechend dem Unterschiede der universitas personarum und der societas (vgl. Staudinger in Bl. f. RA. Bd. 62 S. 313; in „Vortr." S. 106; in D. Jur.Z. 1900 S. 377). Im vulgären Sprachgebrauche wird allerdings „Gesellschaft" von jeher auch für „Verein" gebraucht. Diesem vulgären Sprachgebrauche folgt mehrfach derjenige der Gesetze. So die „erlaubte Privatgesellschaft" des PLR. Thl. II Tit. 6 §§ 1, 11 ff.; RG. betreffend die Erwerbs- und Wirthschaftsgenossenschaften vom 1. Mai 1889 in der Fassung der Bekanntmachung vom 20. Mai 1898 § 1, woselbst „Gesellschaft", „Verein" und „Genossenschaft" unterschiedslos gebraucht werden; HGB. Art. 207, nunmehr §§ 178 ff. („Aktiengesellschaft", vgl. Staub, Komm. zu § 178). Dagegen kommt es nicht vor, daß umgekehrt „Verein" auch für „Gesellschaft" im engeren Sinne des Wortes, die societas gebraucht wird.

3. Das BGB. schließt sich dem Sprachgebrauche der gemeinrechtlichen Literatur an, indem es den „Verein" einerseits, die „Gesellschaft" andererseits unterscheidet (§§ 21 ff., §§ 705 ff.; vgl. CPO. §§ 50, 735, 736).

II. Der Begriff des Vereins wird im BGB. nicht definirt. Dieses setzt einen bestimmten Vereinsbegriff voraus, und zwar auf Grundlage des geltenden Rechtes. Jener Begriff ist aber

*) Vgl. dagegen Seydel, Bayrisches Staatsrecht Bd. V S. 90. Dessen vom Standpunkte des bayrischen öffentlichen Rechtes gegebener Definition entspricht selbstverständlich die Erklärung einer Partei oder eines Parteiausschusses als Verein nicht. Denn bei beiden fehlt es an dem die Einzelnen verbindenden Privatrechts-, insbesondere Vertragsverhältnisse. Die Mitglieder eines Parteiausschusses stehen ebensowenig mit einander in einem Vertragsverhältnisse, wie etwa die Mitglieder eines Richterkollegiums.

1. nicht identisch mit dem Begriffe des rechtsfähigen Vereins. Das BGB. unterscheidet den rechtsfähigen und den nicht rechtsfähigen Verein (§ 54) als Arten einer Gattung „Verein" (zustimmend Meurer § 7 Note 2). Nicht rechtsfähig ist insbesondere der „Verein" vor Erlangung der Rechtsfähigkeit (§§ 21—23, 59—63), nach Entziehung der Rechtsfähigkeit (§§ 42, 43, 45, 73, 74), ferner bei Ungültigkeit der Eintragung oder Verleihung der Rechtsfähigkeit. Nicht rechtsfähiger Verein ist die „errichtete", aber noch nicht eingetragene Aktiengesellschaft, HGB. §§ 188, 200. Nur ein „Verein" kann Rechtsfähigkeit erlangen, sei es durch Eintragung, sei es durch Verleihung, nicht eine „Gesellschaft" (§ 705). Es ist daher unrichtig, wenn behauptet wird, daß nach dem BGB. die nicht rechtsfähigen Vereine, weil auf sie gemäß § 54 die Vorschriften über die Gesellschaft Anwendung zu finden haben, Gesellschaften seien.*)

2. Der Vereinsbegriff des BGB. ist vielmehr unabhängig von dem Merkmale der Rechtsfähigkeit und muß unabhängig von diesem Merkmale festgestellt werden. Zu diesem Zwecke sind zunächst die gemeinsamen, sodann die Unterscheidungsmerkmale des Vereins und der Gesellschaft des BGB. festzustellen.

A. Gemeinsame Merkmale:

a) Verein wie Gesellschaft stellen eine rechtliche Verbindung von Personen dar;

b) eine Verbindung zu gemeinsamem Zwecke (§ 705). Der Zweck braucht weder bei der Gesellschaft noch beim Verein ein dauernder zu sein und es ist in Folge dessen nicht nöthig, daß der Verein oder die Gesellschaft auf dauernde Existenz berechnet ist. Auch der Zweck einer Vereinsgründung kann ein vorübergehender sein und es kann der Verein mit Rücksicht oder ohne Rücksicht hierauf von vorneherein sich auf eine zeitlich begrenzte Existenz satzungsgemäß beschränken (vgl. § 74 Abs. 2). In zeitlicher Beziehung unterscheidet sich allerdings der „Verein" von einer „Versammlung". Die Versammlung entsteht durch einen einmaligen Zusammentritt einer Personenmehrheit zu einem bestimmten Zwecke und hört mit dem Auseinandergehen derselben wieder auf. Zum Begriffe des Vereins gehört weder das Erforderniß eines räumlichen Beisammenseins der Mitglieder, wie dies für die Versammlung wesentlich ist, noch auch kann ein Verein angenommen werden, wenn die Verbindung der Mehreren sich von vorneherein auf ein einmaliges Zusammenkommen beschränkt hat. In diesem Sinne ist das Erforderniß der „Dauer" allerdings als Begriffsmerkmal des Vereins aufzufassen. Abgesehen davon aber kann der Verein ebenso wie die Gesellschaft auf einen seiner Natur nach vorübergehenden Zweck und daher auf die zur Erreichung eines solchen Zwecks erforderliche kurze Zeit sich beschränken;

c) der Zweck kann idealer oder materieller Art sein;

d) die Verbindung ist bei beiden in der Form einer rechtlichen Organisation vorhanden;

e) das Vereinsvermögen wie das Gesellschaftsvermögen ist „selbständig" d. h. durch Rechtsvorschriften vom Privatvermögen der Vereinsmitglieder oder Gesellschafter geschieden.

Durch die beiden letzteren Merkmale, sowie durch die Art der „rechtlichen Verbindung", als Verbindung zur gesammten Hand, unterscheidet sich die Ge-

*) So Staub, Komm. z. HGB. (1. Bd. S. 1036); ferner Cosack, Lehrb. II S. 390, 391. Nach BLR. Thl. I cap. 6 § 32 Nr. 4 bestimmt sich das Güterrechtsverhältniß der Ehegatten unter einander nach Gesellschaftsregeln (Thl. IV cap. 7 § 1 Nr. 3); dadurch ist die Ehe nicht zur „societas", einem Vertragsverhältnisse des Obligationenrechts erklärt. Ebensowenig werden die Vereine des § 54 zu Gesellschaften, weil das Gesellschaftsrecht auf sie „Anwendung" zu finden hat.

Nach Staub wäre jeder Verein, der die Rechtsfähigkeit erlangen will, vor der Erlangung eine „Gelegenheitsgesellschaft" (Komm. S. 579, 580 zu § 188 HGB.). Allein das BGB. setzt einen existenten „Verein" voraus, wenn die Rechtsfähigkeit demselben zu Theil werden soll.

sellschaft des BGB. von der Gesellschaft des römischen Rechtes, die lediglich ein obligatorisches Verhältniß unter den Gesellschaftern darstellt.

B. Die Unterscheidungsmerkmale:

1. Die Gesellschaft ist ein Vertragsverhältniß unter bestimmten — natürlichen oder juristischen — Personen. Hierauf sind die Vorschriften des BGB. über die Gesellschaft berechnet. Daher wird die Gesellschaft grundsätzlich aufgelöst durch den Tod, die Kündigung, den Konkurs über das Vermögen eines Gesellschafters. Der Eintritt eines neuen Gesellschafters bedeutet die Eingehung eines neuen Gesellschaftsverhältnisses unter den bisherigen Gesellschaftern wie zwischen diesen und dem neuen Gesellschafter (vgl. hiezu Bem. II zu § 736). Die Möglichkeit der Aenderung der Subjekte des Rechtsverhältnisses muß durch bestimmte Abmachungen unter den Betheiligten geschaffen werden, welche am eingreifendsten sind beim Eintritte neuer Gesellschafter (vgl. Cosack, Lehrb. II S. 389).

Dem Verein ist die Veränderlichkeit des Personenstandes der Verbindung wesentlich. Es kann zwar die Zahl der Mitglieder fest bestimmt oder durch Minimal- oder Maximalzahlen begrenzt sein. Es muß aber wenigstens der Wechsel der Individuen nach dem Wesen der Verbindung offen stehen.

2. Daraus ergiebt sich die Verschiedenheit der „Organisation“ bei dem Verein einerseits, bei der Gesellschaft andererseits. Die Organe des Vereins sind abstrakt bestimmt, diejenigen der Gesellschaft konkret durch den Gesellschaftsvertrag bezeichnet. Die Organisation der Gesellschaft besteht in einer vertragsmäßigen Funktionenvertheilung unter den einzelnen bestimmten Gesellschaftern; der Verein setzt abstrakte Organe seiner Lebensbethätigung — Vereinsämter — ein, die während des Vereinsdaseins durch bestimmte Personen repräsentirt werden. Daß bestimmte Personen ein- für allemal zu den Verrichtungen der Organe bestimmt sind, ist eine Ausnahme von der Regel, wenn auch möglich durch Setzung von „Sonderrechten“.

3. Die Gesellschaft gehört dem Obligationenrechte, der Verein dem Personenrecht an. Daß die Regeln des Obligationsrechts auf den Verein inhaltlich als anwendbar erklärt sind, ändert dessen rechtliche Natur nicht. Der nicht rechtsfähige Verein ist keine Gesellschaft, der Vorstand des rechtsfähigen Vereins kein bloßer Mandatar, wenn auch Gesellschaftsregeln auf den ersteren, Mandatsregeln auf den letzteren angewendet werden.

4. Der nicht rechtsfähige Verein wird als rechtsfähig behandelt:

a) im gerichtlichen und verwaltungsrechtlichen Verfahren zur Erlangung der Rechtsfähigkeit;
b) überhaupt im Civilprozeß als Beklagter und in den mit der Beklagtenrolle zusammenhängenden, civilprozessualen Vollstreckungs- und Angriffsaktionen (vgl. Gaupp-Stein, Komm. z. CPO. 4. Aufl. 1899 § 50; Gierke, Vereine ohne Rechtsfähigkeit nach dem neuen Rechte 2. Aufl. 1902 S. 41 ff.);
c) im Konkursverfahren (KO. § 213).

5. Die Veränderlichkeit des Mitgliederstandes und die abstrakte hiedurch veranlaßte Organisation des Vereins gehören zu den wesentlichen Unterscheidungsmerkmalen des Vereins gegenüber der Gesellschaft. Mit Rücksicht hierauf ist ein nicht als rechtsfähiger Verein anerkannter Personenverband nur dann ein „Verein“, wenn diese Merkmale vorhanden sind.

6. Bestritten ist, ob die „Freiheit“ zu den Begriffsmerkmalen des privatrechtlichen Vereins gehöre und nicht vielmehr ein Verein dadurch zur Körperschaft des öffentlichen Rechtes wird, daß ein Zwang zum Beitritt und zum Verbleiben im Vereine stattfindet (Rosin, Das Recht der öffentlichen Genossenschaft 1886 S. 3, 4 Anm. 3 u. 4). Für das BGB. scheint die Frage durch die zwingenden Vorschriften der §§ 39 u. 41 für die erste Alternative entschieden zu sein. Zwangsvereine sind z. B. in Bayern: der Allgemeine Unterstützungsverein für die Hinterbliebenen der kgl. bayrischen Staatsdiener und die mit demselben verbundene Töchterkasse, der Unterstützungsverein und der Verein der Töchterkassen für das kgl. bayrische Forstpersonal, der Unterstützungsverein für die Hinterbliebenen von Offizieren, Sanitäts-

offizieren und oberen Beamten des kgl. bayrischen Heeres. Die Mitglieder dieser Vereine sind dies von Rechtswegen mit dem Augenblick ihrer Ernennung. Diese Vereine und ebenso die durch Verordnung vom 27. Juni 1808 gestiftete Pensionsanstalt für Wittwen und Waisen der Advokaten und Rechtsanwälte werden in den Mot. zu Art. 1 u. 2 des bayrischen Gesetzes, Uebergangsvorschriften zum BGB. betreffend, vom 9. Juni 1899, sowie in den Verhandlungen des bayrischen Landtags hiezu mit guten Gründen als Juristische Personen des öffentlichen Rechtes bezeichnet (vgl. Becher, Mat. VII S. 22, 80—83). Dagegen ist der Verein der bayrischen Rentamtsgehülfen, dessen Vermögen die Centralstaatskasse verwaltet und dessen Generalversammlung der Finanzminister einberufen kann, ein anerkannter Verein nach dem Gesetze vom 29. April 1869.

III. Arten der Vereine des Privatrechts.

A. Das private Vereinsrecht unterscheidet

a) nach dem Zwecke: wirthschaftliche Vereine und Vereine, deren Zweck nicht auf einen wirtschaftlichen Geschäftsbetrieb gerichtet ist (§§ 21, 22 BGB.; vgl. das bayrische Gesetz vom 29. April 1869 über die privatrechtliche Stellung von Vereinen Art. 1: „Vereinigungen . . ., welche . . . nicht auf Erwerb, Gewinn oder eigentliche Geschäfte abzielen"); Näheres hierüber in Bem. IV zu § 21 sowie auch unten IV, 5;

b) rechtsfähige und nicht rechtsfähige Vereine, BGB. §§ 21—25; § 54.

1. Die rechtsfähigen Vereine.

Im bisherigen Rechte wurde Rechtsfähigkeit Vereinen zugeschrieben auf Grund der drei Entstehungsgründe der Rechtsfähigkeit, welche bei den Juristischen Personen im allgemeinen vorkommen: Rechtsfähigkeit kraft Daseins, kraft Verleihung und kraft Erfüllung staatlich festgestellter Normativbestimmungen.

Das BGB. hat die Begründung der Rechtsfähigkeit der Vereine durch das bloße Dasein einer korporativen Verfassung nicht aufgenommen. Auf Grund des BGB. und der CPO. kann ferner die bisherige Praxis, wonach nicht rechtsfähige Vereine als solche klagen können, also denselben die civilprozessuale aktive Parteifähigkeit zugestanden war, grundsätzlich nicht weiter als zu Recht bestehend angenommen werden. Dagegen haben nicht rechtsfähige Vereine die passive Parteifähigkeit behalten (§ 50 Abs. 2 CPO.; vgl. Staudinger in D. Jur.Z. 1900 S. 378). Das gilt auch für die am 1. Januar 1900 bestehenden Vereine vgl. Gierke, D. Jur.Z. 1899 S. 840, L. Jacobi, ebenda 1900 S. 180. Der Mangel der aktiven Parteifähigkeit stellt sie schlechter als die offene Handelsgesellschaft, welche, ohne als solche rechtsfähig zu sein, doch aktive Parteifähigkeit besitzt.

Nach dem BGB. erwerben die Vereine die Rechtsfähigkeit entweder durch Eintragung ins Vereinsregister oder durch Verleihung seitens des Staates oder des Bundesraths oder durch Anerkennung seitens des Bundesraths.

a) Ein inländischer Verein, dessen Zweck nicht auf wirthschaftlichen Geschäftsbetrieb gerichtet ist, erlangt Rechtsfähigkeit durch Eintragung ins Vereinsregister des Amtsgerichts (§ 21).

b) Ein inländischer Verein, dessen Zweck auf einen wirthschaftlichen Geschäftsbetrieb gerichtet ist, erlangt in Ermangelung besonderer reichsgesetzlicher Vorschriften Rechtsfähigkeit durch staatliche Verleihung (§ 22).

c) Ein Verein, welcher seinen Sitz nicht in einem Bundesstaate hat, erlangt, gleichviel ob sein Zweck auf einen wirthschaftlichen Geschäftsbetrieb gerichtet ist oder nicht, Rechtsfähigkeit in Ermangelung besonderer reichsgesetzlicher Vorschriften durch Verleihung seitens des Bundesraths.

d) Ein einem fremden Staate angehöriger und nach dessen Gesetzen rechtsfähiger Verein, der die Rechtsfähigkeit im Inlande nur nach den Vorschriften der §§ 21, 22 BGB. erlangen könnte, gilt als rechtsfähig, wenn seine Rechtsfähigkeit durch Beschluß des Bundesraths anerkannt ist (Art. 10 EG. z. BGB.).

e) Indem Art. 32 des EG. z. BGB. die Vorschriften der bisherigen Reichsgesetze aufrecht erhält, ist die Möglichkeit gegeben, daß Vereine, deren Zweck nicht auf einen wirthschaftlichen Geschäftsbetrieb gerichtet ist, Rechtsfähigkeit auf einem anderen als auf dem durch BGB. §§ 55 ff. vorgeschriebenen Wege erlangen. Dies kann geschehen durch Begründung einer Aktiengesellschaft, einer Kommanditgesellschaft auf Aktien, einer Gesellschaft mit beschränkter Haftung, einer Genossenschaft (a. M., wenigstens bezüglich der Aktiengesellschaft, H. V. Simon in der Zeitschr. für Handelsrecht Bd. 49 S. 55 ff., ferner Keyssner, ebenda Bd. 49 S. 309 A. 2, Ring, Komm. z. BGB. (1900) S. 374; wie hier aber Gierke, Vereine ohne Rechtsfähigkeit (II. Aufl.) S. 4 Note 2, a; Dernburg I § 82 Note 7; Riesser in der D. Jur.Z. S. 132 ff.; W. Kahl, Die Errichtung von Handelsgesellschaften durch Religiose (Sonderabdruck aus der Festgabe für Dernburg) 1900. Vgl. § 6 Abs. 2, §§ 210, 320 HGB. und hiezu Staub, Komm.). — Hölder, Komm z. BGB. Allg. Thl. S. 127 kennzeichnet diese Formen rechtsfähiger Vereine unrichtig als solche, deren Angehörige für die Verbindlichkeiten der Juristischen Person haften. Dies wäre nur dann der Fall, wenn nicht Juristische Personen in Frage wären. Vgl. übrigens HGB. § 178; Rehbein S. 37 Nr. 2, a.

f) Ebenso bleiben in Bezug auf die wirthschaftlichen Vereine, deren Rechtsfähigkeit durch spezielle Bestimmungen des Reichsrechts geregelt ist, diese Bestimmungen in Kraft, auf Grund des Vorbehalts in § 22 BGB. So können Vereine mit wirthschaftlichem Geschäftsbetriebe die Rechtsfähigkeit erlangen als Aktiengesellschaft, Gesellschaft mit beschränkter Haftung, als Genossenschaften u. s. w.

g) Auf Grund des Art. 55 des EG. z. BGB. kommen noch dazu die besonderen Vereine aus den dem Landesrechte speziell vorbehaltenen Rechtsgebieten z. B. die Gewerkschaften des Bergrechtes (Art. 68).

2. Die nicht rechtsfähigen Vereine. Hieher gehören:

a) die nicht rechtsfähigen Vereine des § 54 BGB., welche als Juristische Personen passiv gelten, aktiv aber als Personenverbände zur gesammten Hand den Schutz des Gesellschaftsrechts des BGB. (§§ 705 ff.) genießen und zwar nach außen, wie nach innen;

b) die nicht rechtsfähigen Vereine des § 152 Gew.O. Ihre Rechtsverhältnisse sind ebenfalls gemäß § 54 BGB. nach Gesellschaftsrecht zu beurtheilen, aber sie haben nach innen weder Klage- noch Einredeschutz (§ 152 Abs. 2 Gew.O.).

B. Mit den privatrechtlichen Vereinen befaßt sich nicht bloß das Privatrecht, sondern auch das öffentliche Recht, insbesondere das öffentliche Vereinsrecht. Dieses letztere theilt bisher die privatrechtlichen Vereine nach dem Zwecke derselben ein in politische Vereine d. h. Vereine, die auf den Staat, seine Gesetzgebung, seine Einrichtung oder internationale Beziehungen einzuwirken suchen (vgl. Bem. zu § 61), einerseits und in nichtpolitische Vereine andererseits. Vgl. bayrisches Vereinsgesetz vom 26. Februar 1850 in der Fassung des Gesetzes vom 15. Juni 1898 Art. 12, 14; preußisches Vereinsgesetz §§ 2, 8. Nach den Ausführungen über den Sprachgebrauch des öffentlichen Vereinsrechts gilt hier indessen manche Personenverbindung als Verein, welche nach privatrechtlichen Normen nicht als solcher gilt. Andererseits scheiden aber Personenverbindungen, welche privatrechtlich als Vereine anerkannt sind, von den Normen des öffentlichen Vereinsrechts aus. Vgl. hiezu Art. 26 Abs. 2 des bayrischen Vereinsgesetzes in Bezug auf die wirthschaftlichen Vereine; ferner in Bezug auf die rein kirchlichen oder Religionsvereinigungen, die dem bayrischen Religionsedikt und nicht dem Vereinsgesetz unterliegen, die Entscheidungen bei v. Sartor, Vereinsgesetz 3. Aufl. S. 88 Note 2 zu Art. 14.

C. Die Praxis des bisherigen bayrischen Rechtes hat mehrfach auf die weder durch Eintragung noch durch Konzession rechtsfähig gewordenen Vereine die Bestimmungen über die Juristischen Personen zur Anwendung gebracht (Jacubezky, Bem. S. 11). Diese Praxis ist bezüglich solcher Vereine für die Zukunft ausgeschlossen durch Art. 2 des Bayr.

Ueberg.G. v. 9. Juni 1899, wonach auf diese Vereine die Vorschriften des BGB. über die Gesellschaft Anwendung zu finden haben. Ebenso Hessen AG. z. BGB. Art. 134; für Hamburg vgl. AG. z. BGB. § 5 und Hipp, Jur. Wschr. 1901 S. 534.

Bezüglich der früheren „anerkannten Vereine" des bayrischen Rechtes vgl. Art. 165 EG. z. BGB. mit Art. 1 des Bayr. Ueberg.G. v. 9. Juni 1899.

IV. Die Regelung der rechtsfähigen Vereine im BGB.

1. Die Erlangung der Rechtsfähigkeit hat für den Verein nach dem Begriffe der Juristischen Person zur Folge, daß Rechte wie Verbindlichkeiten mit dem Verein als einem von den einzelnen Mitgliedern verschiedenen Rechtssubjekte verknüpft sind. Daraus ergiebt sich von selbst, daß die Einzelnen, welche den Verein bilden, weder Inhaber der Rechte noch Schuldner der Verbindlichkeiten des Vereins sind (Roth, Bayr. Civilr., 2. Aufl., I § 43 Note 32; Roth, DPR. I § 43 Note 32; Stobbe, DPR. I, 2. Aufl., § 53 VI S. 534 ff.). Im bayrischen Gesetz über die anerkannten Vereine Art. 11 war dies ausdrücklich ausgesprochen. Hiemit ist vereinbar, daß bei rechtsfähigen Vereinen die einzelnen Mitglieder in Folge von vertragsmäßiger oder statutarischer Bestimmung neben dem Verein oder hinter dem Vereine beschränkt oder unbeschränkt haften.

Dagegen kann die Haftung des Vereins für die Vereinsschulden ebensowenig ausgeschlossen werden, wie der Erwerb des Vereinsvermögens durch den Verein. Wo satzungsgemäß lediglich die Mitglieder haften und lediglich die Mitglieder das Vereinsvermögen erwerben würden, würde kein Verein, sondern eine Gesellschaft im Sinne der §§ 705 ff. BGB. vorliegen und die Erlangung der Rechtsfähigkeit, welche einen „Verein" voraussetzt, wäre nach den Bestimmungen des BGB. unmöglich (vgl. hiezu Rehbein a. a. O. S. 51, 5, d).

2. Die „allgemeinen Vorschriften" über „Vereine", welche das BGB. aufstellt, gelten nicht bloß für die Vereine, welche Rechtsfähigkeit nach den Bestimmungen des BGB. erlangen. Auch diejenigen wirthschaftlichen Vereine, welche Rechtsfähigkeit anders als auf dem Wege der staatlichen Verleihung erlangen, gelten nach dem BGB. § 22 als „rechtsfähige Vereine". Es sind daher die Vorschriften des BGB. subsidiär z. B. auf die Aktiengesellschaft, auf die Gesellschaft mit beschränkter Haftung anzuwenden (vgl. Staub, HGB. S. 542 Anm. 9 zu § 178; ebenso mit ausführlicher Begründung Kammerger. Beschluß vom 2. November 1901, in Rspr. d. OLG. Bd. 4 S. 256—261 speziell in Bezug auf die juristischen Personen des Handelsrechts; Riesser in D. Jur.Z. 1900 S. 132 Note 1; Endemann I § 43 Note 7; Simon, Zeitschr. für Handelsrecht Bd. 49 S. 55; Gierke im Archiv f. bürgerl. R. Bd. 19 (1901) S. 133 ff.; dagegen Pinner in der Zeitschr. f. Handelsrecht Bd. 50 S. 100; Dernburg I § 82 Note 7.

3. Das BGB. ordnet die Erlangung der Rechtsfähigkeit der Vereine nicht ausschließlich. Für die wirthschaftlichen Vereine verweist es selbst in § 22 auf die „besonderen" reichsrechtlichen Bestimmungen. Neben diesen erlangen wirthschaftliche Vereine die Rechtsfähigkeit durch staatliche Verleihung, soweit nicht durch die in Art. 55 EG. z. BGB. vorbehaltenen landesrechtlichen Normen andere Entstehungsnormen festgestellt sind. In Bezug auf die nicht wirthschaftlichen Vereine giebt Art. 32 EG. z. BGB. die Möglichkeit der Erlangung der Rechtsfähigkeit auf einem anderen Wege als dem des BGB. an die Hand. Hier handelt es sich aber nur um reichsrechtliche Normen (vgl. Bem. III, A, 1, e S. 127). Eine Möglichkeit der Erlangung der Rechtsfähigkeit für nicht wirthschaftliche Vereine auf dem Wege der staatlichen Verleihung besteht daher nicht, da solche auch durch vorbehaltene Landesrechte nicht geschaffen ist. Insoweit ist daher das landesherrliche Recht der Errichtung von Juristischen Personen des Privatrechts beseitigt.

4. E. I sprach nicht von „Vereinen", sondern von „Personenvereinen", für welche die Bezeichnung „Körperschaft" in § 43 technisch gebraucht wird; dabei wurde nicht zwischen Körperschaften des Privatrechts und des öffentlichen Rechtes unterschieden. Die Normen der Entstehung und Beendigung der Körperschaften wurden, soweit sie nicht in bisherigen Reichsgesetzen enthalten, grundsätzlich dem Landesrecht überwiesen und nur bezüglich der Verfassung der Körperschaften gewisse Minimalerfordernisse aufgestellt.

Ueber die Gründe dieses Verhaltens des I. Entw. vgl. M. I S. 82—93. Die II. Komm. beschloß, der Forderung der Kritik folgend, die Regelung des Privatrechts der privatrechtlichen Vereine im BGB. (vgl. P. I S. 18, V; S. 278, 416, 476—585). Durch diese Begrenzung des Stoffes scheiden aus:

a) die Normen bezüglich der Entstehung, Beendigung und Verfassung der Körperschaften des öffentlichen Rechtes. Diese gehören dem öffentlichen Rechte an.

b) die Normen des öffentlichen Rechtes über die Beaufsichtigung der privatrechtlichen Vereine. Die letzteren hatte der E. I Art. 49, I des EG. z. BGB. ausdrücklich der Landesgesetzgebung vorbehalten, zugleich mit einem Vorbehalte der Landesgesetze über die Verwaltung der Juristischen Personen. Letzterer wurde in der II. Komm. gestrichen, ersterer wurde aufrechterhalten (P. VI, 401, 402), ging als Art. 55 in die Bundesrathsvorlage, als Art. 80 in die Reichstagsvorlage des EG. über und wurde von der Reichstagskomm. gestrichen, „unter der ausdrücklichen Anerkennung, daß der Inhalt desselben, weil er sich nur auf das öffentliche Aufsichtsrecht beziehe, von selbst gelte" (RTK. 26—28; vgl. Bem. zu Art. 82 EG. und die bayrischen Kammerverhandlungen zum AG. z. BGB. bei Becher, Mat. IV S. 894*). In der II. Komm. war zur Begründung eines ausdrücklichen Vorbehalts bemerkt worden, daß sich oft schwer entscheiden lasse, inwieweit ein Aufsichtsrecht des Staates, das einer Juristischen Person gegenüber bestehe, öffentlich-rechtlichen oder privatrechtlichen Charakters sei. „Namentlich gelte dies für das Recht zur Entsendung von Kommissären und zur Einforderung von Sitzungsprotokollen, von der Kontrolle des Geldverbrauchs und ähnlichen Aufsichtsbefugnissen, die dem Staate Vereinen und Stiftungen gegenüber zustünden." Die Befugniß der Landesgesetzgebung, in Bezug auf die Beaufsichtigung der Vereine Normen zu erlassen, wurde in den Verhandlungen der bayrischen Kammern seitens der Staatsregierung durch folgende Erklärung begrenzt: „Die Landesgesetzgebung ist nicht gehindert, Vereine, deren Zweck ein öffentliches Interesse hat, unter besondere staatliche Aufsicht zu stellen und Streitigkeiten über den Vollzug der Vereinssatzungen vor die Verwaltungsbehörden zu verweisen" (vgl. Wach, Handbuch des Civilprozeßrechtes I S. 79 ff. und GVG. § 13). Sofern das öffentliche Recht in Bezug auf Beaufsichtigung der Vereine zwischen rechtsfähigen und nicht rechtsfähigen Vereinen nicht unterscheidet, ist solche Beaufsichtigung auch in Zukunft in Bezug auf beide Arten von Vereinen auf Grund bestehender oder neuer Landesrechte zulässig. Vgl. indessen Riedel, Das BGB. in Vergleichung mit dem preußischen Rechte S. 157 bis 172, insbesondere S. 167: „Soweit demnach das Aufsichtsrecht reicht, hat es nur auf Gewährung und Entziehung der Rechtsfähigkeit Einfluß, jedoch nicht auf die Geschäftsführung und Verwaltung; insbesondere ist die Aufsichtsbehörde nicht befugt, Geschäftsführung und Verwaltung zu kontrolliren, den Vereinssitzungen beizuwohnen, Bücher und Protokolle einzusehen, die Kasse zu revidiren u. s. w." Dieser nach preußischem Rechte begründeten Auffassung ist auch vom Standpunkte des geltenden bayrischen Rechtes beizutreten.

5. Das BGB. unterscheidet, wie erwähnt, in Bezug auf die Erlangung der Rechtsfähigkeit Vereine, deren Zweck auf den wirthschaftlichen Geschäftsbetrieb gerichtet, und solche Vereine, bei welchen dies nicht der Fall ist. In Bezug auf den Begriff der wirthschaftlichen Vereine vgl. die Bem. zu § 22.

---

*) Ueber die „Aufsichtsbehörde" von Vereinen und Juristischen Personen überhaupt als Zustellungsadressatin vgl. § 6 des ZwVG.

Die wirthschaftlichen Vereine erlangen die Rechtsfähigkeit durch Verleihung seitens des Staates. Diese kann, wie bisher, auf Grund genereller Normen durch einen Akt der nach Landesrecht zuständigen Behörden oder auf Grund spezieller Verleihung seitens des Staatsoberhauptes erfolgen. Ueber die Bedingungen der Verleihung enthält das Reichsrecht keine Vorschriften; über die Zuständigkeitsnormen vgl. die Bem. zu § 22.

Die übrigen Vereine erlangen die Rechtsfähigkeit durch Erfüllung der gesetzlichen Normativbedingungen und Eintragung ins Vereinsregister. Letztere hat die Natur eines staatlichen Feststellungsaktes, sie hat deklaratorische Bedeutung. Vgl. jedoch auch Bem. VII, 2, d zu § 21.

6. Für die rechtsfähigen Vereine überhaupt stellt das BGB. gewisse Minimalerfordernisse auf, welche daher auch für die Vereine gelten, deren Rechtsfähigkeit auf staatlicher Verleihung beruht. Solche Erfordernisse setzt das BGB. für beide Gattungen von Vereinen voraus. Das Nähere ergiebt sich im Einzelnen aus BGB. §§ 21 ff.

V. Subjektives Vereinsrecht:

1. Des öffentlichen Rechtes. Die Vereinsgesetze der einzelnen Bundesstaaten anerkennen wie ein „Recht der Versammlung", so auch ein „Recht, Vereine zu bilden". Vgl. preußische Verfassungsurkunde vom 31. Januar 1850 Art. 29, 30; Art. 1 u. 11 des bayrischen Vereinsgesetzes; §§ 3, 22 des kgl. sächsischen Vereinsgesetzes vom 22. November 1850; württembergisches Vereinsgesetz vom 2. April 1848 einziger Artikel; badisches Gesetz vom 21. November 1867 § 1 u. A. Vgl. Sydow, Deutsche Vereinsgesetze S. 87, 88, 97. Die Rechtsnatur wird diesem sog. öffentlich-rechtlichen Vereinsrechte bestritten von Seydel, Bayrisches Staatsrecht Bd. I S. 571 und Bd. V S. 91, nach welchem der Ausdruck „Vereinsrecht" zwar historisch zu erklären, aber unrichtig ist, da das sog. Vereinsrecht nur ein Ausfluß der allgemeinen menschlichen Handlungsfreiheit sei, das öffentliche Vereinsrecht nur die Normen und Schranken für die Handlungen der staatlichen Behörden darstelle. Für ein wirkliches Individualrecht des öffentlichen Rechtes dagegen Georg Meyer, Lehrb. des deutschen Staatsrechtes § 217 (und die dortselbst Anm. 1 citirten Schriftsteller), der insbesondere auf die Entwicklung der Verwaltungsgerichtsbarkeit verweist. Nach bayrischem Rechte dürfte die Auffassung des Vereinsrechts als eines öffentlich-rechtlichen Individualrechts mit Rücksicht darauf nicht abzuweisen sein, daß es durch das Gesetz vom 8. August 1878, betreffend die Errichtung des Verwaltungsgerichtshofes, Art. 8 Ziff. 6 als Verwaltungsrechtssache gegen behördliche Angriffe unter gerichtlichen Schutz gestellt ist. Vgl. hiezu Oertmann, Bayrisches Landesprivatrecht I § 21 Note 16, der annimmt, daß „die allgemeine, jedermann zustehende Befugniß zur Vereinsbildung res merae facultatis" sei, aber „durch den konkret vollzogenen Zusammenschluß für die Betheiligten zu einem gegen die Staatsgewalt gerichteten subjektiven Rechte auf Anerkennung des Vereins und der Zugehörigkeit dazu" werde.

2. Des Privatrechts. Vom Standpunkte des Privatrechts aus ist das „Recht Vereine zu bilden" gegen Störungen und Verletzungen durch BGB. § 823 geschützt, sofern dieses „Recht" privatrechtlich unter den Begriff der in § 823 geschützten „Freiheit" fällt. Dieser privatrechtliche Schutz steht dem Rechte auf Vereinsbildung zur Seite ohne Rücksicht darauf, ob der Verein rechtsfähig oder nicht rechtsfähig und ob er letzterenfalls lediglich unter die Vorschriften der Gesellschaft des BGB. § 705 oder unter die gegenüber ihren eigenen Mitgliedern klage- und einredelose Koalition des § 152 Gew.O. fällt. Denn mit dem Rechte auf Vereinsbildung ist das Recht aus einer Vereinsbildung gegenüber den Vereinsmitgliedern nicht zu verwechseln. Der Angriff oder die Verletzung muß aber, um unter § 823 zu fallen, „widerrechtlich" sein. Vgl. hiezu Liszt, Die Deliktsobligationen im Systeme des BGB. Berlin 1898 S. 24.

Daß Verträge, wodurch jemand auf sein subjektives Vereinsrecht verzichtet oder dasselbe beschränken läßt, ebenso wie Verträge, wodurch die Wahlfreiheit, Gewissensfreiheit beschränkt oder ausgeschlossen werden, gegen die guten Sitten verstoßen und aus diesem Grunde nichtig sind, wurde in den Verhandlungen der RTK. durch übereinstimmende Erklärungen der Vertreter der verbündeten Regierungen und der Kommission festgestellt (RTK. Drucksachen Nr. 440 9. Legislaturperiode 4. Session 1895/1896 S. 45).

Das Recht aus einer Vereinsbildung ist regelmäßig, ohne Unterschied zwischen rechtsfähigen und nicht rechtsfähigen Vereinen, durch Klage und Einrede geschützt. Ausnahmsweise ist dies nicht der Fall,

a) sofern die Vereinsbildung unerlaubt und ungültig ist,

b) bei den unter § 152 Gew.O. fallenden Vereinsbildungen. Die Verbindlichkeiten aus denselben sind aber erfüllbar gemäß § 814 BGB.

1. Allgemeine Vorschriften.

§ 21.

Ein Verein, dessen Zweck nicht auf einen wirthschaftlichen Geschäftsbetrieb gerichtet ist, erlangt Rechtsfähigkeit durch Eintragung in das Vereinsregister des zuständigen Amtsgerichts.

E. I, 41, 42; II, 23; III, 21 Abs. 1.

A. § 21 spricht für die sogen. „Vereine mit idealen Tendenzen" den Grundsatz aus, daß sie Rechtsfähigkeit durch Eintragung in das Vereinsregister des zuständigen Amtsgerichts erlangen und nur auf diesem Wege erlangen. Die nähere Ausführung und insbesondere die Normen des Verfahrens enthalten die §§ 55—79.

B. Voraussetzungen sind:

I. ein Verein. Es wird also verlangt: eine Mehrheit von Personen, nach § 56 mindestens 7; eine zu einer Einheit rechtlich verbundene Personenmehrheit und korporative Verfassung;

II. ein bereits bestehender Verein. Die Existenz eines Vereins setzt nicht bloß der § 21 für die Erlangung der Rechtsfähigkeit voraus, sondern auch der § 59: „Der Vorstand hat den Verein zur Eintragung anzumelden." Weiter § 65: Mit der Eintragung erhält der Name des Vereins den Zusatz „eingetragener Verein". Uebereinstimmend: Endemann I § 42 Note 4, Goldmann und Lilienthal (II. Aufl.) I S. 52; Gierke, Vereine ohne Rechtsfähigkeit S. 7 Note 2; F. Makower, Handelsrecht 12. Aufl. S. 389. Theilweise anders Dernburg I § 74 zu Note 1.

Der Bestand des Vereins ist in doppelter Weise denkbar: Erstens ein Verein wird gegründet ohne die Absicht der Erlangung der Rechtsfähigkeit. Später wird für denselben die Eintragung erwirkt. Zweitens ein Verein wird begründet nur für den Fall der Erlangung der Rechtsfähigkeit und soll nur als rechtsfähiger Verein bestehen. Ersterenfalls ist zur Erlangung der Rechtsfähigkeit eine Statutenänderung erforderlich (§ 57). Im zweiten Falle wurde ein Verein begründet unter der auflösenden Bedingung der Nichterlangung der Rechtsfähigkeit. An sich können die Erklärungen der Personen, welche sich über die Gründung eines rechtsfähigen Vereins einigen und eine Satzung für einen solchen Verein vereinbaren, in doppeltem Sinne aufgefaßt werden:

1. dahin, daß die Betheiligten gemeinsam und auf gemeinsame Kosten diejenigen Schritte unternehmen wollen, welche zur Erlangung der Rechtsfähigkeit für einen zu gründenden Verein erforderlich sind. So gefaßt würden die Vereinbarungen den Abschluß eines Gesellschaftsvertrags im Sinne des § 705 BGB. darstellen. An diesen Gesellschaftsvertrag würden sich außerdem Erklärungen dahin anschließen, der zu errichtenden Körperschaft als Mitglieder beitreten zu wollen. Dies letztere wäre ein Vertrag in Bezug auf die Gründung eines rechtsfähigen Vereins, aber weder eine Vereinsgründung selbst, noch auch ein Gesellschaftsvertrag;

2. dahin, daß die Betheiligten sofort einen Verein gründen mit der Maßgabe, daß er nicht fortbestehen soll, wenn die Rechtsfähigkeit nicht erlangt wird.

In diesem letzteren Sinne sind die der Begründung eines rechtsfähigen Vereins vorausgehenden Handlungen der Betheiligten aufzufassen. Denn das BGB. verlangt zur Eintragung einen fertigen, organisirten Verein, welchem auch für die auf Erwirkung der Rechtsfähigkeit gerichteten Rechtshandlungen, als Anmeldung, Empfangnahme von Zustellungen, Erhebung von Beschwerden gegen Beschlüsse des Vereinsgerichts (§§ 60, 62), Einlegung und Durchführung des Rekurses gegen den Einspruch der Verwaltungsbehörde (§§ 61—63) schon vor der Eintragung Rechtsfähigkeit für das Verfahren (Parteifähigkeit) zuerkannt wird. Dazu ist ein existenter Verein, nicht etwa bloß eine unter aufschiebender Bedingung erfolgte Vereinsgründung (falls solche möglich sein sollte) erforderlich. Auf den Verein in diesem Vorstadium der Rechtsfähigkeit sind § 54 BGB., ferner die Bestimmungen des öffentlichen Vereinsrechts anwendbar;

III. ein bestimmter Vereinszweck.

1. Begriff. Die absichtliche Vereinigung von Menschen, welche die Vereinsbildung darstellt, erfolgt nicht ohne bestimmtes Ziel, zu dessen Erreichung die Vereinsgründung, das Dasein und die Lebensbethätigung des Vereins nur die Mittel bilden. Dieses Ziel, der „Zweck" des Vereins, begrenzt zugleich den Bereich, innerhalb dessen der Verein sich zu bethätigen hat.

2. Erkannt wird der Zweck des Vereins theils durch ausdrückliche Erklärungen der Betheiligten über die dem Vereine gestellte Aufgabe, theils durch schlüssige Handlungen derselben. Eine Art der ersteren Erkenntnißquelle ist die Satzung (Statut, Gesellschaftsvertrag). Zur zweiten Art gehören Handlungen des Vereins, welche nicht den Zweck einer Feststellung der Vereinsaufgabe haben, aus welchen sich aber ergiebt, daß bestimmte Ziele thatsächlich angestrebt werden.*) Diese Handlungen können insbesondere ergeben, daß der satzungsgemäße Vereinszweck aufgegeben oder modifizirt worden ist, oder zu demselben andere Vereinszwecke hinzugetreten sind.

3. Rechtliche Bedeutung des Vereinszwecks. Ein bestimmter Vereinszweck ist zunächst Bedingung für die Erlangung der Rechtsfähigkeit überhaupt und auf einem bestimmten Wege insbesondere. Es können aber auch mehrere Vereinszwecke neben einander bestehen.

Rechtsfähigkeit können nur Vereine zu erlaubten Zwecken erlangen. Vereine mit einer Mehrheit gewisser erlaubter Zwecke können nach dem BGB. Rechtsfähigkeit nicht mehr erlangen, während dies nach dem bisherigen Rechte der Fall war. Die Feststellung des Vereinszwecks hat daher jetzt gegenüber dem bisherigen Rechte erhöhte Bedeutung.

Je nach dem Zwecke erlangen erlaubte inländische Vereine entweder die Rechtsfähigkeit nach dem BGB. durch Eintragung in das amtliche Vereinsregister oder durch staatliche Verleihung oder überhaupt nicht. Die Rechtswirksamkeit der Verleihung der Rechtsfähigkeit wie der Eintragung hängt davon ab, ob der erforderliche Vereinszweck wirklich gegeben ist. (P. I, 502.) Wird festgestellt, daß ein inländischer Verein, welcher Rechtsfähigkeit durch staatliche Verleihung erlangte, keinen wirthschaftlichen Zweck verfolgt, so ist diese staatliche Verleihung ungültig. Gleiches gilt von der Eintragung in das Vereinsregister, wenn es an dem hiezu gemäß § 21 BGB. erforderlichen Vereinszwecke fehlt. Vgl. Gierke, Vereine ohne Rechtsfähigkeit S. 7, 8 und Note 5, Planck, Bem. 5 zu § 21. Solchenfalls kann auch die Eintragung gemäß §§ 159, 142, 143 FG. von Amtswegen gelöscht werden (P. I, 501, 502).

Der Zweck des Vereins hat endlich Bedeutung auch für die Fortexistenz des Vereins überhaupt oder als eines rechtsfähigen Vereins insbesondere.

Verfolgt der Verein nach dem öffentlichen Vereinsrecht unerlaubte Zwecke, so kann der Verein aufgelöst oder geschlossen werden, vgl. z. B. §§ 5, 8 des preußischen Vereinsgesetzes vom 11. März 1850; Art. 19, 14 des bayrischen Vereinsgesetzes vom 11. März 1850.

Die Veränderung des Vereinszwecks kann nach § 43 BGB. zur Entziehung der Rechtsfähigkeit führen.

IV. Ein nicht auf einen wirthschaftlichen Geschäftsbetrieb gerichteter Zweck:

Bei inländischen Vereinen unterscheidet das BGB. solche, „deren Zweck nicht auf einen wirthschaftlichen Geschäftsbetrieb gerichtet ist" (§ 21) und Vereine, „deren Zweck auf einen wirthschaftlichen Geschäftsbetrieb gerichtet ist" (§ 22). Die ersteren sollen Rechtsfähigkeit nur durch Eintrag in das Vereinsregister bekommen, die letzteren — soferne sie nicht unter besondere Reichsgesetze fallen — sollen Rechtsfähigkeit nur auf dem Wege der staatlichen Verleihung erlangen. Beide Arten der Erlangung der Rechtsfähigkeit sind ausschließlicher Natur. Es ist zwar nicht richtig, daß das BGB. nur „Vereine mit einem Zwecke" kenne, wie Hölder S. 135 Bem. 3 zu § 21 behauptet. Aber richtig ist, daß das BGB. bei Kombination von wirthschaftlichen und idealen Vereinszwecken inländischen Vereinen die Erlangung der Rechtsfähigkeit weder durch Verleihung noch durch Eintragung gestattet, während bei Vereinen, die ihren Sitz in einem Schutzgebiet oder Konsulargerichtsgebiete haben, die Verbindung wirthschaftlicher und nicht wirthschaftlicher Zwecke der Erlangung der Rechtsfähigkeit nicht im Wege steht (§ 23).

Das dem BGB. zu Grunde liegende System, wonach die Entstehungsgründe der Juristischen Persönlichkeit für inländische Vereine mit wirthschaftlichen und mit nicht wirthschaftlichen Zwecken ausschließlicher Natur sind, war in der II. Komm. in der

*) Vgl. hiezu Art. 13 des bayrischen Vereinsgesetzes vom 26. Februar 1850 in der Fassung des Gesetzes vom 15. Juni 1898; ferner Entsch. des vorm. bayrischen OGH. vom 24 Mai 1878 in Bl. f. RA. Bd. 43 S. 380; Urtheile des preußischen Kammerger. vom 11. März 1897 in Goldtammers Archiv Bd. 45 S. 72 u. vom 4. November 1897 daselbst Bd. 45 S. 309; ferner § 43 Abs. 2—4 BGB., sowie OLG. Dresden 21. 12. 1899 in Annalen des sächs. OLG. Bd. 21 S. 104.

Minderheit geblieben. Nach den Beschlüssen der II. Komm., nach der Bundesraths- und der Reichstagsvorlage konnten Vereine mit „idealer Tendenz" die Rechtsfähigkeit nicht bloß durch Eintragung in das Vereinsregister, sondern auch durch staatliche Verleihung erlangen (Reatz I, § 23; Bundesrathsvorlage § 21; Reichstagsvorlage § 21; D. 9; P. I, 501/502). Hiefür war in der II. Komm. die Befürchtung „erheblicher praktischer Uebelstände" maßgebend gewesen, zu welchen das von der Minderheit der Komm. beantragte Exklusivitätssystem führen würde. Es war darauf hingewiesen worden, daß die Unterscheidungsmerkmale der wirthschaftlichen und der nicht wirthschaftlichen Vereine nicht derart seien, „daß sie jeden Zweifel darüber ausschließen, ob im einzelnen Falle ein konkreter Verein der einen oder der anderen Kategorie zuzuzählen sei". Dies sei insbesondere zu gewärtigen, „wenn ein Verein eine Mehrheit von Zwecken verfolge und die Frage zur Beurtheilung stehe, welcher dieser Zwecke der für die Charakterisirung ausschlaggebende sei". Es könne vorkommen, daß das Gericht einem Vereine die nachgesuchte Eintragung verweigere, weil es der Ansicht sei, daß der Verein der staatlichen Verleihung bedürfe, während die Staatsregierung die Verleihung verweigere, weil sie die Association für einen ideale Zwecke erstrebenden Verein erachte. „Bei Vereinen mit gemischten Tendenzen könne sogar fraglich erscheinen, ob sie nicht, um Rechtsfähigkeit zu erlangen, sowohl der Eintragung als auch der Konzession bedürfen." Besonders bedenklich sei aber die Möglichkeit, daß ein Verein, welcher als wirthschaftlicher Verein durch Verleihung rechtsfähig geworden, durch richterliches Urtheil als idealer Verein erklärt und dadurch, nachdem er Jahre lang als Juristische Person im Verkehre gegolten, der Rechtsfähigkeit verlustig gehe (P. I, 501). In der Reichstagskomm. erlangten die Vertreter des Exklusivitätssystems, obwohl die in der II. Komm. dagegen vorgebrachten Bedenken auch hier wiederholt wurden (RTK. 13 ff.), die Mehrheit. Die im Berichte festgestellten Beschlüsse 1. u. 2. Lesung der RTK. „lassen die Konzessionirung nur zu für wirthschaftliche Vereine, für welche besondere reichsgesetzliche Vorschriften fehlen und für Vereine, welche ihren Sitz nicht in einem Bundesstaate haben". Die Gründe, welche schon in der II. Komm. für dieses in das Gesetz übergegangene System angeführt worden waren, sind rein theoretisch (s. P. I, 502).

Gleichwohl wurde diesen Gründen entsprechend von der Reichstagskomm. die Reichstagsvorlage durch Annahme der in das Gesetz aufgenommenen Fassung der §§ 21, 22 geändert. Hienach kann auf Grund des BGB. ein und derselbe Verein nur auf dem einen oder anderen Wege die Rechtsfähigkeit erlangen. Es ist ausgeschlossen, daß die Rechtsfähigkeit von einem und demselben Verein erlangt wird einerseits durch Eintragung, andererseits durch Verleihung.

Für die oben erwähnten Vereine „mit gemischten Tendenzen", d. h. für solche Vereine, welche sowohl ideale als gleichmäßig auch wirthschaftliche Zwecke verfolgen, sind auf Grund des BGB. beide Wege der Erlangung der Rechtsfähigkeit verschlossen. Anderer Meinung ist Planck Bem. 4 zu § 21, welcher annimmt, daß ein solcher Verein zwar nicht durch Eintragung in das Vereinsregister, wohl aber durch staatliche Verleihung rechtsfähig werden könne, unter Berufung auf die Fassung des § 22. Denn es sei nur bestimmt, daß der Zweck des Vereins auf einen wirthschaftlichen Geschäftsbetrieb gerichtet, nicht aber, daß dies der ausschließliche Vereinszweck sein müsse, wenn der Verein durch Konzession rechtsfähig werden solle. (Wie Planck auch Goldmann und Lilienthal § 17 Anm. 16; Gierke, Vereine ohne Rechtsfähigkeit S. 6 Note 2, d.) Dieser Ansicht kann jedoch nicht beigetreten werden. Denn ein Verein, welcher wirthschaftliche und ideale Zwecke verfolgt, ist nicht bloß ein wirthschaftlicher, sondern auch ein idealer Verein. Als letzterer kann er nicht durch Verleihung rechtsfähig werden. Als ersterer kann er nicht eingetragen werden. Die Rechtsfähigkeit wird dem Verein als einem durch seine Zwecke bestimmten einheitlichen Ganzen zu Theil; sie kann dem Vereine daher überhaupt nicht zu Theil werden, wenn er nicht einer bestimmten Art von Vereinen, entweder der idealen oder der wirthschaftlichen, angehört.

Die Eintragung gemäß § 21 BGB. ist übrigens nicht der einzige Weg, auf welchem nach Reichsrecht ideale Vereine zur Rechtsfähigkeit gelangen können. Sowohl für ideale Vereine als auch für Vereine mit „gemischten Tendenzen" steht nach wie vor sowohl die Form der Aktiengesellschaft (HGB. §§ 178 ff.), als auch die Form der Gesellschaft mit beschränkter Haftung zur Verfügung. EG. z. BGB. Art. 32, EG. z. HGB. Art. 2 u. 11. Auf beide Gesellschaftsformen kommen die Bestimmungen des BGB. nur subsidiär zur Anwendung. Mit Unrecht wird behauptet, daß auf Grund des § 21 BGB. in Zukunft eine Aktiengesellschaft zu idealen Zwecken nicht mehr gegründet werden könne (so Simon in der Zeitschrift für Handelsrecht Bd. 49, Neue Folge Bd. 34 S. 5 f.; Keyssner ebenda S. 309 Anm. 2. Gegen letztere mit zutreffenden Gründen Riesser, D. Jur.Z. 1900 S. 142; Gierke a. a. O. S. 4 Note 2, a; Dernburg I § 82 Note 7; vgl. Vorbem. III A 1, e).

V. Der Zweck des Vereins, welcher durch Eintragung rechtsfähig werden soll, ist in § 21 nur negativ bestimmt: „Ein Verein, dessen Zweck nicht auf einen wirthschaftlichen Geschäftsbetrieb gerichtet ist."

Der eintragsfähige Verein kann hienach alle möglichen sonstigen Zwecke haben und kombiniren, nur auf einen „wirthschaftlichen Geschäftsbetrieb" darf sein Zweck nicht gerichtet sein. Daß der Zweck nicht auf einen wirthschaftlichen Geschäftsbetrieb „gerichtet" sein darf, bedeutet, daß der Zweck des Vereins nicht ein wirthschaftlicher Geschäftsbetrieb sein darf.

Die Bedeutung dieser negativen Zweckbestimmung ist bestritten.

1. Nach einer in verschiedenen Wendungen vorgetragenen zuerst von Planck vertretenen Meinung liegt ein wirthschaftlicher Geschäftsbetrieb und damit ein wirthschaftlicher Zweck im Sinne der §§ 21, 22 vor, wenn „die Produktion oder der Umsatz wirthschaftlicher Güter geschäftsmäßig betrieben wird". „Die Absicht, dadurch einen Gewinn für den Verein zu erzielen, ist nicht erforderlich" (so Planck Bem. 2 zu § 21; derselben Auffassung mit anderem Ausdrucke Rehbein I S. 42; Eck, Vorlesungen § 14; ferner Leske, Vergleichende Darstellung des BGB. mit dem preußischen Rechte S. 41 Nr. 1; Neumann Bem. 3 zu § 21; Crome I § 50 Anm. 5; Gareis Bem. 1 zu § 22; Levis, D. Jur.Z. 1901 S. 479). Nach dieser Ansicht können auch Wohlthätigkeitsvereine unter die Kategorie der wirthschaftlichen Vereine fallen. — Nach einer anderen Ansicht ist entscheidend, ob der Zweck des Vereins in Erlangung wirthschaftlicher Vortheile für seine Mitglieder besteht oder nicht; ersterenfalls ist der Vereinszweck im Sinne des Gesetzes auf einen wirthschaftlichen Geschäftsbetrieb gerichtet, letzterenfalls nicht (v. Staudinger, Vereinsrecht S. 32; Hölder S. 134d und D. Jur.Z. 1900 S. 413; Meisner S. 36; R. Leonhard, Der Allgemeine Theil des BGB. S. 113 Note 1; Enneccerus S. 88; Endemann I § 43 Anm. 2; Dernburg I § 74 zu Note 7 und 8; Cosack I § 28, a zu Note 5; Gierke a. a. O. S. 5 Note 2, c).

2. Das Unterscheidungsmerkmal beider Vereinsarten ist nach der Planckschen Ansicht überhaupt kein wirthschaftliches, sondern ein technisches; es komme auf die Art des Betriebs, nicht auf den Betriebszweck an. Aehnlich wie die Aktiengesellschaft mit Rücksicht auf ihre kapitalistische Organisation immer als Handelsgesellschaft gilt, auch wenn sie gemeinnützige Zwecke verfolgt (HGB. §§ 180, 2; 210, 2), soll ein wirthschaftlicher Verein im Sinne des BGB. dann angenommen werden, wenn ein wirthschaftlicher Geschäftsbetrieb d. h z. B. ein kaufmännischer oder landwirthschaftlicher Betrieb vorhanden ist, gleichviel welchen Zwecken der Betrieb dient. Wenn ein Verein nicht im Interesse seiner Mitglieder, sondern im Interesse einer Gemeinde ein Krankenhaus errichtet, in welchem Jedermann gegen Entgelt, Arme aber unentgeltlich Aufnahme finden, so ist dies nach Planck ein wirthschaftlicher Verein, der nicht nach § 21, sondern nach § 22 Rechtsfähigkeit erlangt. Nach der Reichstagsvorlage und den Beschlüssen der Reichstagskomm. wäre dies aber ein gemeinnütziger oder wohlthätiger Verein und würde daher nicht unter die Kategorie der wirthschaftlichen Vereine fallen.

Die Plancksche Auffassung verengert und erweitert zugleich zu Unrecht den Kreis der eintragsfähigen Vereine. In Wirklichkeit ideale Vereine werden zu wirthschaftlichen, dagegen werden gewerbliche Zwecke verfolgende Vereine zu eintragungsfähigen Vereinen gestempelt. Vgl. Bem. 7. Planck beruft sich auf den „Sprachgebrauch des Lebens", wonach ein wirthschaftlicher Geschäftsbetrieb dann vorliege, „wenn die Produktion oder der Umsatz wirthschaftlicher Güter geschäftsmäßig betrieben wird". Einen wirthschaftlichen Geschäftsbetrieb hat aber jeder Verein und wenn die Führung eines solchen Betriebs das Merkmal eines wirthschaftlichen Vereins wäre, so gäbe es nur wirthschaftliche Vereine. Wirthschaft bedeutet Haushaltung, die planmäßige Thätigkeit des Menschen zur Befriedigung seines Bedarfs an äußeren Gütern nach dem Grundsatze möglichster Kraftersparniß (vgl. Hermann Paul, Deutsches Wörterbuch S. 551; Roscher, Grundlagen der Nationalökonomie §§ 2, 11; E. Hermann, Technische Fragen und Probleme S. 47). In diesem Sinne ist von Wirthschaft des Hauses, der Gemeinde, des Staates die Rede. Eine Wirthschaft, einen wirthschaftlichen Betrieb und wirthschaftlichen Geschäftsbetrieb hat nicht bloß der Kaufmann und Fabrikant, sondern auch die Wohlthätigkeitsstiftung. Indem Vereine die Rechtsfähigkeit anstreben, wollen sie vor Allem Vermögensfähigkeit erlangen, um sich vermögensrechtliche Vortheile zu sichern. Die Erlangung der Rechtsfähigkeit dient in erster Linie der Sicherheit eines wirthschaftlichen Geschäftsbetriebes, ohne Rücksicht auf den Zweck desselben.

3. Wirthschaftliche Vereine sind nach dem BGB. nicht diejenigen, welche einen wirthschaftlichen Geschäftsbetrieb haben, sondern deren Zweck auf einen wirthschaftlichen Geschäftsbetrieb gerichtet ist, d. h. deren Zweck ein wirthschaftlicher ist. Dies ist nur da der Fall, wo der wirthschaftliche Geschäftsbetrieb der Erlangung wirthschaftlicher Vortheile für die Mitglieder als Mittel dient, wenn also der Verein die Erlangung eines Vermögensvortheils der Mitglieder oder die Verhütung von Vermögensschädigungen und Gefährdungen oder sonstige Förderung von wirthschaftlichen Interessen der Mitglieder zur Aufgabe hat. Ob der Verein billig kauft oder billig

producirt und theuer verkauft und den Ueberschuß an seine Mitglieder vertheilt oder, nachdem er eingekauft, billig an seine Mitglieder verkauft, ist gleichgültig. Jede Wirthschaft und jeder wirthschaftlicher Betrieb besteht begrifflich in Herbeiführung wirthschaftlicher Erfolge und zwar vortheilhafter Erfolge. Wo die Wirthschaft des Vereins, gleichviel worin sie besteht, Selbstzweck oder, was das Gleiche sagt, selbst Vereinszweck ist, erscheint der Vereinszweck als ein wirthschaftlicher, auf die Erlangung wirthschaftlicher Vortheile gerichteter und der Verein damit als ein wirthschaftlicher. Wo dagegen die Wirthschaft des Vereins und der wirthschaftliche Geschäftsbetrieb desselben nicht Vereinszweck, sondern nur Mittel zu einem anderen Vereinszwecke, da ist dieser letztere kein wirthschaftlicher Zweck, sondern ein „nicht wirthschaftlicher" oder „idealer" Zweck und der Verein selbst ein idealer Verein.

4. Ein wirthschaftlicher Verein ist weiter nur derjenige, welcher wirthschaftliche Erfolge zum Zwecke hat und durch wirthschaftlichen Geschäftsbetrieb als Mittel erstrebt. Nur dann, wenn der wirthschaftliche Geschäftsbetrieb unmittelbar den Erfolg herbeiführt, welcher die Aufgabe oder den Zweck des Vereins darstellt, kann man im Sinne des BGB. sagen, daß der Zweck des Vereins auf einen wirthschaftlichen Geschäftsbetrieb gerichtet ist. Dies ist z. B. der Fall, wenn der Verein die Produktion oder den Umsatz wirthschaftlicher Güter betreibt, um die wirthschaftlichen Erfolge des Betriebes direkt seinen Mitgliedern zuzuführen. Ein wirthschaftlicher Verein ist dagegen nicht anzunehmen, wenn wirthschaftliche Förderung der Mitglieder nur mittelbar z. B. durch technischen, künstlerischen oder kaufmännischen Unterricht erstrebt wird und der wirthschaftliche Geschäftsbetrieb d. h. die planmäßig auf Erlangung und Verausgabung wirthschaftlicher Mittel gerichtete Thätigkeit des Vereins diesem Unterrichtszwecke dient. Dann ist ein idealer Verein gegeben. Denn die wirthschaftliche Förderung wird hier nicht durch den wirthschaftlichen Geschäftsbetrieb, sondern durch das geistige Mittel des Unterrichts herbeigeführt, welches der wirthschaftliche Geschäftsbetrieb nur ermöglicht.

Das Gesagte wird durch die Entstehungsgeschichte der §§ 21, 22 bestätigt. Die Bundesraths- und die Reichstagsvorlage bestimmten den Begriff der eintragungsfähigen Vereine theils positiv durch Hervorhebung einiger besonders wichtiger Arten dieser Vereine, theils negativ durch das allgemeine Merkmal, daß ihr Zweck nicht auf einen wirthschaftlichen Geschäftsbetrieb gerichtet ist. Als Vereine, welche dies Merkmal an sich tragen, wurden genannt: „Vereine zu gemeinnützigen, wohlthätigen, geselligen, wissenschaftlichen, künstlerischen oder anderen nicht auf einen wirthschaftlichen Geschäftsbetrieb gerichteten Zwecken." Diese Exemplifizirung wurde in der RTK. gestrichen (RTK. 13). Die Absicht einer sachlichen Aenderung bestand nicht, wie sich schon aus der Beibehaltung des negativen Theiles der Begriffsbestimmung ergiebt. Mit anderen Worten: daß Vereine zu gemeinnützigen, wohlthätigen, geselligen, wissenschaftlichen, künstlerischen Zwecken Vereine sind, deren Zweck nicht auf einen wirthschaftlichen Geschäftsbetrieb gerichtet ist, erschien der RTK. so selbstverständlich, daß man die Aufzählung dieser Vereine als solcher, deren Zweck nicht auf einen wirthschaftlichen Geschäftsbetrieb gerichtet ist, als entbehrlich erachtete (vgl. RTK. 8: „Vereine mit idealen Tendenzen"). Alle diese Vereine können im Sinne Plancks einen „wirthschaftlichen Geschäftsbetrieb" haben. Ein Verein zur Besserung verwahrloster junger Leute, welcher dieselben zur Herstellung von Handwerkerarbeiten anleitet und durch den Verkauf der Arbeiten die Mittel für den Vereinszweck gewinnt, hat einen wirthschaftlichen Betrieb, indem er „Produktion und Umsatz wirthschaftlicher Güter" betreibt. Er ist aber kein wirthschaftlicher, sondern ein idealer Verein, ein wohlthätiger Verein. Denn die Produktion ist nicht Zweck, sondern nur Mittel für eine nicht auf dem Gebiete der Wirthschaft gelegene Vereinsaufgabe.

5. Im einzelnen Falle können allerdings Zweifel bestehen, ob ein Verein einen wirthschaftlichen oder einen nicht wirthschaftlichen Zweck verfolgt. In der Reichstagskomm. wurde gesagt: „Wenn beispielsweise ein Verein die Herstellung, die Vermiethung und den Verkauf billiger Arbeiterwohnungen bezwecke, dergestalt, daß den Vereinsmitgliedern eine Verzinsung ihrer Einlagen zu höchstens 5% gewährt wird, so könne es zweifelhaft sein, ob dieser Verein in erster Linie zur Förderung der öffentlichen Wohlfahrt oder als wirthschaftlicher Verein aufgefaßt werden müsse" (RTK. 13). Dieses Beispiel beweist, auf welchen Thatbestand es für den Begriff des wirthschaftlichen Vereins ankommt. Wäre für den Begriff des wirthschaftlichen Vereins entscheidend, ob Produktion und Umsatz wirthschaftlicher Güter vom Vereine betrieben wird oder nicht, wie dies nach Planck der Fall sein soll, so könnte von einem Zweifel in diesem Falle nicht die Rede sein, es müßte ohne Rücksicht auf die Höhe der Verzinsung und auf die Verzinsung der Einlagen überhaupt ein wirthschaftlicher Verein angenommen werden. Wenn es aber darauf ankommt, ob der Zweck des Vereins darin besteht oder nicht besteht, den Mitgliedern einen wirthschaftlichen Vortheil zu verschaffen, dann kann einerseits der Ausschluß eines bestimmten höheren Zinssatzes, der die Verbilligung der Arbeiterwohnungen herbeiführen soll, für die Existenz eines

gemeinnützigen Vereins sprechen, während die Thatsache, daß den Vereinsmitgliedern ein höherer als der gesetzliche Zins für ihre Einlagen zugehen darf, dagegen sprechen kann, daß nur die Förderung der öffentlichen Wohlfahrt beabsichtigt ist. Es frägt sich in solchem Falle, ob wirklich ein nicht wirthschaftlicher, idealer Zweck gegeben, ob der wirklich gegebene Erwerbszweck nicht bloß zum Zwecke der Reklame als gemeinnütziger oder sonst idealer Zweck verkleidet ist.

6. Es kann ferner, wie eine Kombination verschiedener idealer Zwecke, so auch eine Verbindung von wirthschaftlichen und nicht wirthschaftlichen Zwecken vorkommen. Ein Gewerbeverein bezweckt die Förderung der Gewerbsgenossen durch Vorführung gewerblicher Muster, durch Unterricht, durch Preisausschreibungen und Ausstellungen. Er hat aber ferner satzungsgemäß zum Zwecke die Einrichtung gemeinschaftlicher Verkaufshallen; die Ausstellung gewerblicher Mustererzeugnisse kann zugleich als gemeinschaftliche Absatzgelegenheit dienen. Für die Frage, ob ein solcher Verein auf dem Wege der Eintragung oder auf dem Wege der Verleihung oder auf keinem dieser Wege zur Rechtsfähigkeit gelangen kann, ist entscheidend das Verhältniß der verschiedenen Zwecke zu einander. Hier kommt der von Hölder verworfene, aber in den Verhandlungen der II. Komm. wie in der Denkschrift verwerthete Begriff des Hauptzwecks in Betracht (P. I, 501, 502; D. 9; Planck I S. 80; Gierke, Vereine ohne Rechtsfähigkeit S. 6 Anm. 2, d; Endemann I § 42 Anm. 6; Gareis Bem. 4 zu § 21). Dient die Verkaufsgelegenheit nur dazu, den Belehrungszweck zu fördern, indem dadurch zur zahlreichen Ausstellung gewerblicher Muster Veranlassung gegeben wird, so ist sie diesem Zweck als dem Hauptzweck untergeordnet und der Verein kein wirthschaftlicher. Ist dagegen der Verkaufszweck ein selbständiger Vereinszweck neben dem Zwecke der technischen Förderung der Mitglieder, indem z. B. der Verein den Absatz der Produkte seiner Mitglieder in gesonderten Räumen betreibt, so sind wirthschaftlicher und nicht wirthschaftlicher Zweck gleichgeordnet und der Verein kann weder durch Eintragung noch durch Verleihung rechtsfähig werden. Ist endlich der Verkauf der Produkte Hauptsache und die Vorführung von Mustern als Nebenerfolg gedacht, so ist der Verein als wirthschaftlicher zu betrachten. „Berufsvereine zur Wahrung der gemeinsamen Interessen von Berufsgenossen" sind eintragungsfähig, soferne sie nicht etwa den Charakter von Produktivgenossenschaften oder Versicherungsgesellschaften auf Gegenseitigkeit an sich tragen (P. I, 497; D. 9). Die Schwierigkeiten, welche sich durch Erwägungen solcher Art auf Grund des BGB. ergeben, können wiederum durch Konstituirung derartiger Vereine mit kombinirten Zwecken als Aktiengesellschaften oder Gesellschaften mit beschränkter Haftung beseitigt werden, welche Formen für jeden erlaubten Zweck zur Verfügung stehen.

7. Die Rechtsprechung hat bisher geschwankt. Von der Planckschen Auffassung ging ein Beschluß des OLG. Stuttgart am 23. März 1900 aus (Rspr. d. OLG. Bd. 1 S. 15), welcher die Eintragung eines Vereins „Kreditreform" zuließ. Der Vereinszweck bestand nach der Satzung in Anbahnung einer Reform des Kreditwesens, Förderung von Handels- und Rechtsschutzinteressen, insbesondere aber Schutz der Mitglieder vor geschäftlichen Verlusten durch vertrauliche Mittheilungen über Geschäfts- und Kreditverhältnisse und Beitreibung der Ausstände der Mitglieder im Wege des Mahnverfahrens. Der Verein betrieb hienach ein Auskunfts- und Inkassogeschäft im Interesse der Mitglieder. Das OLG. Stuttgart erachtet dies nicht als wirthschaftlichen Geschäftsbetrieb, weil es hiezu einer auf Produktion oder Umsatz von Gütern mit eigenen wirthschaftlichen Mitteln gerichteten gewerblichen Thätigkeit bedürfe und es gleichgültig sei, ob der Zweck des Vereins hierin aufgehe oder nicht; deßwegen soll auch der Betrieb der Geschäftsstelle des Vereins nicht den Betrieb wirthschaftlicher Hilfsgeschäfte darstellen. Hier wird sonach ein Verein, welcher wirthschaftliche Interessen seiner Mitglieder fördern will und diesen Zweck durch ein gewerbliches Mittel, die Einrichtung eines Auskunfts- und Inkassogeschäfts, anstrebt, zum idealen Verein erklärt. Aehnlich, wie es scheint, entschied das LG. Hanau 9. Februar 1900 D. Jur.Z. 1900 S. 188 (ohne nähere Angabe des Thatbestands). Auch das LG. Cassel erklärte mit Beschluß vom 29. Juni 1900 (Central-Bl. für freiw. Gerichtsb. Jahrg. 1 S. 858) einen Verein für eintragungsfähig, welcher außer Förderung der Stellung der Detailhändler, Bekämpfung der Consumvereine und des unlauteren Wettbewerbes auch die Errichtung einer Abtheilung für Mahnverfahren und Herstellung einer Liste säumiger Schuldner bezweckt; indessen nur deßwegen, weil letzteres nicht der Hauptzweck des Vereines sei. Dagegen hat das LG. Köln einem Verein „Kreditreform" die Eintragung versagt, weil der Verein unter Anderem die Eintreibung von Ausständen und listenmäßige Mittheilung schlechter Zahler im Interesse seiner Mitglieder durch eine Geschäftsstelle bezweckt und hiemit wirthschaftliche Hilfsgeschäfte durch einen wirthschaftlichen Geschäftsbetrieb (Beschl. vom 5. Februar 1900 in D. Jur.Z. 1900 S. 120). Ebenso das LG. Hamburg Beschl. vom 15. Februar 1900, Hanseatische Gerichtszeitung Beibl. 1900 S. 87. Das LG. Darmstadt

(Beschl. vom 24. Januar 1900 Hess. Rspr. 1900 S. 4) lehnte die Eintragung des Vereins „Selbsthilfe" ab, dessen Zweck auf Gegenseitigkeit beruhende, schnelle und kräftige Unterstützung der Hinterbliebenen verstorbener Mitglieder durch Ansammlung eines Kapitals aus Eintrittsgeldern und Jahresbeiträgen, und damit Zuwendung eines nach der Dauer der Mitgliedschaft des Verstorbenen sich bestimmenden Versicherungsgeldes sein soll. Ebenso hat das LG. München mit Beschl. vom 19. Juni 1900 (Central-Bl. f. freiw. Gerichtsb. Jahrg. 1 S. 704) die Eintragung eines Beamtenversicherungsvereines abgelehnt, weil neben idealen Zwecken (Fortbildung der Mitglieder z. B.) die Errichtung einer Kranken-, Pensions- und Invalidenkasse für die Mitglieder und deren Angehörige beabsichtigt war und hierin ein wirthschaftlicher Hauptzweck erblickt wurde. Hiegegen hält das LG. Stuttgart mit Unrecht für eintragungsfähig einen Verein, welcher als Zweck „Förderung und Pflege der geistigen und materiellen Interessen seiner Mitglieder angiebt und u. A. durch Gewährung von Darlehen, Kautionsstellung für Mitglieder, Unterstützung der Wittwen und Waisen von Mitgliedern durch Sterbegeld- und Renten-Versicherung" verfolgt (Zeitschrift für freiw. Gerichtsb. in Württemberg 1900 S. 166). Einem Haus- und Grundbesitzer-Verein versagt das LG. Essen (25. Mai 1900 Central-Bl. f. freiw. Gerichtsb. Jahrg. 1 S. 440) die Eintragung trotz Mangels eines eigenen wirthschaftlichen Geschäftsbetriebs, weil er „wirthschaftliche Interessen vertritt". Richtig erklärt das LG. Graudenz (15. September 1900 Jur. Monatschr. f. Posen 1900 S. 161) einen Verband landwirthschaftlicher Genossenschaften beim Mangel eines eigenen wirthschaftlichen Geschäftsbetriebs als eintragungsfähig. Richtig auch ein Beschluß des LG. Stuttgart (Zeitschrift f. freiw. Gerichtsb. in Württemberg 1901 S. 219), der die Eintragung eines Vereines ablehnte, weil Vereinszweck war, die Mitglieder gegen die wirthschaftlichen Gefahren eines Streiks der Arbeitnehmer durch Arbeitskräfte und Geldunterstützung zu schützen.

VI. Unter den Vereinen, deren Zweck nicht auf einen wirthschaftlichen Geschäftsbetrieb gerichtet ist, zeichnet das BGB. diejenigen aus, welche einen politischen, sozialpolitischen oder religiösen Zweck verfolgen. Die Eintragung dieser Vereine kann ohne Zustimmung der Verwaltungsbehörde nicht erfolgen, so daß das Eintragungssystem bezüglich dieser Vereine dem Konzessionssysteme materiell sich nähert. Formell werden auch diese Vereine nach dem Systeme der Normativbestimmungen rechtsfähig. In Bezug auf religiöse Vereine vgl. die Bem. zu § 61 Abs. 2.

VII. Der nicht wirthschaftliche Verein erlangt Rechtsfähigkeit durch Eintragung in das Vereinsregister des zuständigen Amtsgerichts.

1. Aus § 21 erhellt, daß, abgesehen von den im Vorstehenden zu I—VI erörterten Voraussetzungen, weiter die Zuständigkeit des eintragenden Gerichts für die Erlangung der Rechtsfähigkeit erforderlich ist. Eintragung durch ein unzuständiges Gericht ist unzulässig. Sie kann nach §§ 159, 142, 143 FG. von Amtswegen gelöscht werden. Sie ist aber auch nichtig und begründet daher nicht die Rechtsfähigkeit des eingetragenen Vereins. Zuständig ist das Amtsgericht, in dessen Bezirke der Verein seinen Sitz hat (§§ 55, 24).

2. Die Eintragung begründet nur dann die Rechtsfähigkeit, wenn die wesentlichen formellen Voraussetzungen des Eintragungsverfahrens gewahrt sind. Dazu gehört:

a) die Anmeldung des Vereins zur Eintragung (§ 59),

b) die Vorlage einer dem § 57, I entsprechenden Satzung, welche wenigstens den Zweck, Namen und Sitz des Vereins enthält und ergeben muß, daß der Verein eingetragen werden soll.

c) Dagegen gehört dazu nicht die Erledigung des Verfahrens gegenüber der Verwaltungsbehörde gemäß §§ 61—63.

d) Die Eintragung begründet die Rechtsfähigkeit d. h. ohne Eintragung ist die Rechtsfähigkeit der nicht wirthschaftlichen Vereine nicht begründbar, und durch die Eintragung wird sie, wenn die gesetzlichen Vorbedingungen gegeben sind, begründet. Die Eintragung wirkt insoferne konstitutiv (der Verein „erlangt die Rechtsfähigkeit durch Eintragung u. s. w.").

3. Bezüglich der gesetzlichen Vorbedingungen der Eintragung, insbesondere der Existenz eines Vereins überhaupt und eines nicht wirthschaftlichen Vereins insbesondere entscheidet das Vereinsgericht, soweit für die Eintragung erforderlich. Es entscheidet darüber entweder

a) durch Zurückweisung der Anmeldung (§ 60). Die Anmeldung ist nicht bloß dann zurückzuweisen, wenn die in §§ 56—59 bezeichneten, theilweise nicht wesentlichen Formalien nicht gewahrt sind, sondern auch dann, wenn materielle Voraussetzungen der Eintragung fehlen;

oder

b) durch „Zulassung" der Anmeldung (§ 61), an welche sich die Mittheilung derselben an die Verwaltungsbehörde reiht.

Das Vereinsgericht entscheidet
a) nur für die Eintragung d. h. soweit nöthig, um zu einer Entscheidung über Eintragung oder Nichteintragung zu gelangen;
b) für die Eintragung nicht definitiv, weil nachträglich die Eintragung von Amtswegen wegen Mangels einer wesentlichen Voraussetzung gelöscht werden kann nach §§ 159, 142, 143 FG., und zwar jederzeit;
c) nicht definitiv, sofern der Mangel der Voraussetzungen der Eintragung auch im Prozesse vor dem ordentlichen Gerichte festgestellt werden kann:
d) auch für die Eintragung nicht allein, insofern die Verwaltungsbehörde Einspruch zu erheben berechtigt ist und über diesen Einspruch bei Anfechtung desselben durch den Verein im Verwaltungsstreitverfahren entschieden wird.

Zu d ist indessen zu bemerken, daß wenn der Verein nach dem öffentlichen Vereinsrecht unerlaubt ist, nicht bloß die Verwaltungsbehörde gegen die Eintragung Einspruch erheben, sondern auch das Amtsgericht die Eintragung zurückweisen kann. Würde z. B. ein politischer Frauenverein zur Eintragung in das Vereinsregister angemeldet, während nach dem im Bezirke des Vereinsgerichts geltenden öffentlichen Rechte die Betheiligung von Frauen an politischen Vereinen untersagt ist, so ist das Amtsgericht nicht genöthigt, die Anmeldung der Verwaltungsbehörde mitzutheilen, sondern kann dieselbe wegen Mangels einer wesentlichen Voraussetzung der Eintragung, nämlich eines erlaubten Vereins, sofort zurückweisen. In zweifelhaften Fällen wird der Amtsrichter, falls ihm der zur Eintragung angemeldete Verein aus Gründen des öffentlichen Vereinsrechtes unerlaubt erscheint, die Entscheidung hierüber der zur Erhebung des Einspruchs nach dem öffentlichen Vereinsrechte zuständigen Behörde und dem Strafrichter überlassen, indem er gemäß § 127 FG. die Beschlußfassung über die „Zulassung" der Anmeldung aussetzt.*) Vgl. § 159 FG.

Wird dieses Verfahren gewählt und in demselben die Unerlaubtheit des angemeldeten Vereins aus Gründen des öffentlichen Vereinsrechts bestätigt, so kommt es überhaupt nicht mehr zur Mittheilung der Anmeldung an die Verwaltungsbehörde gemäß § 61 BGB. Die Anmeldung ist vielmehr zurückzuweisen. Wird in diesem Verfahren dagegen die Unerlaubtheit des Vereins nicht bestätigt, so ist die Anmeldung zuzulassen und der Verwaltungsbehörde gemäß § 61 mitzutheilen. In der Reichstagskomm. wurde in erster Lesung beschlossen, daß die Anmeldung auch wegen Verstoßes des Vereins „gegen die guten Sitten" zurückzuweisen sei (RTK. 8, 17). In 2. Lesung wurde dies gestrichen (RTK. 18, 23). Dadurch ist die Befugniß des Vereinsgerichts nicht beseitigt, die Zulassung eines Vereins, dessen Satzung gegen die guten Sitten verstößt und daher ungültig ist, zurückzuweisen. Vgl. Planck Bem. 1 zu § 60.

VIII. „Der Verein" erlangt Rechtsfähigkeit durch Eintragung in das Vereinsregister: Der nicht eingetragene und der eingetragene Verein sind identisch, obwohl durch die Eintragung die bis dahin vorhandene Gemeinderschaft sich in eine Juristische Person verwandelt. Gleichzeitig verwandelt sich das Vermögen des nicht rechtsfähigen Vereins in Vermögen der Juristischen Person. OLG. Hamburg E. vom 7. Mai 1901 Rspr. d. OLG. Bd. 2 S. 462 = Seuff. Arch. Bd. 56 S. 434; Gierke, Vereine S. 9 Note 15. Das den Vereinsgläubigern haftende Vereinsvermögen haftet denselben Gläubigern weiter als Vermögen der Juristischen Person. Hahn in D. Jur.Z. 1902 S. 504, vgl. ebenda Neumann S. 292. Die gemäß § 54 begründeten gesammtschuldnerischen persönlichen Haftungen erlöschen nicht. Vgl. HGB. § 200. A. M. Hölder S. 130. Dingliche Rechte an Grundstücken sind jedoch nach Art. 2 des Bayr. Ueberg.G. bis zur Anlegung des Grundbuches durch notariell beurkundeten Beschluß der Mitgliederversammlung auf den rechtsfähigen Verein zu übertragen; die Uebertragung ist gebührenfrei nach Art. 312 des Gebührengesetzes.

§ 22.

Ein Verein, dessen Zweck auf einen wirthschaftlichen Geschäftsbetrieb gerichtet ist, erlangt in Ermangelung besonderer reichsgesetzlicher Vorschriften Rechtsfähigkeit durch staatliche Verleihung. Die Verleihung steht dem Bundesstaate zu, in dessen Gebiet der Verein seinen Sitz hat.

E. II, 23; III, 21.

*) In Bayern entscheidet über die Frage der Unerlaubtheit von Vereinen auf Grund des öffentlichen Vereinsrechts in den Fällen des Art. 19 Nr. 1—5 des bayrischen Vereinsgesetzes in letzter Instanz der Verwaltungsgerichtshof gemäß Art. 8 Nr. 6 des Gesetzes vom 8. August 1878, in den Fällen des Art. 19 Nr. 6 die Strafgerichte.

1. Ueber den Begriff des Vereins, „dessen Zweck auf einen wirthschaftlichen Geschäftsbetrieb gerichtet ist", vgl. Bem. V zu § 21.

2. Wirthschaftliche Vereine erlangen Rechtsfähigkeit durch staatliche Verleihung „in Ermangelung besonderer reichsgesetzlicher Vorschriften". Für die im Verkehre wichtigsten wirthschaftlichen Vereinigungen sind durch die bisherige Reichsgesetzgebung besondere Rechtsformen ausgebildet. Hieher gehören die Aktiengesellschaft, Genossenschaft, Gesellschaft mit beschränkter Haftung. Andererseits ist eine Anzahl wirthschaftlicher Vereinigungen durch den Vorbehalt des Art. 55 EG. der landesrechtlichen Regelung überlassen.

Die „Verleihung" der Rechtsfähigkeit setzt nach § 22 voraus, daß die Rechtsfähigkeit auf anderem Wege nicht erlangt werden kann. Sie soll nicht zur Umgehung reichsgesetzlicher Bestimmungen führen. Vgl. sächs. Min. des Innern 17. Sept. 1900 bei Reger Bd. 21 S. 172.

In Folge dessen wird mit Recht angenommen, daß die Zahl der wirthschaftlichen Vereine, welche durch staatliche Verleihung gemäß § 22 BGB. die Rechtsfähigkeit zu erwirken haben, eine verhältnißmäßig geringe sein wird (P. I, 497; D. 8). Als Grund, warum für diese wirthschaftlichen Vereine nicht ebenfalls das Registrirungssystem zugelassen wurde, wird angegeben, „daß der Versuch, allgemeine Normativbestimmungen aufzustellen, bei diesen Vereinen auf Schwierigkeiten stoßen würde" (P. I, 497).

3. Hieher gehören u. A.: Garantievereine, Sparkassenvereine, Sterbekassenvereine, Vereine zur gegenseitigen Unterstützung in Krankheits- und anderen Notfällen. In Bezug auf Versicherungsgesellschaften vgl. Reichsgesetz über die privaten Versicherungsunternehmungen vom 12. Mai 1901.

Dagegen gehören nicht hieher, weil nicht zu den Vereinen des Privatrechts gehörig, Innungen, Krankenkassen, die Berufsgenossemschaften der Unfallversicherung, Kolonialgesellschaften u. s. w.

4. Während „ideale" Vereine gemäß § 21 durch Erfüllung der gesetzlichen Vorbedingungen — abgesehen von den politischen, sozialpolitischen und religiösen Vereinen — auf die Eintragung und damit auf Erlangung der Rechtsfähigkeit einen Anspruch haben, kommt den wirthschaftlichen Vereinen, welche unter § 22 fallen, kein Anspruch auf staatliche Verleihung der Rechtsfähigkeit zu. Das BGB. stellt nur negativ fest, daß andere als wirthschaftliche inländische Vereine durch staatliche Verleihung die Rechtsfähigkeit nicht erlangen können. Die Bedingungen, unter welchen im übrigen wirthschaftliche Vereine durch staatliche Verleihung die Rechtsfähigkeit erlangen, festzusetzen, ist Sache des Landesrechts. Das Landesrecht hat insbesondere die Zuständigkeit, das Verfahren und die weiteren materiellen Voraussetzungen der staatlichen Verleihung festzustellen. Sofern aber die staatliche Verleihung nach wie vor dem Belieben des einzelnen Staates überlassen bleibt, besteht eine Veranlassung zur Normirung materieller Voraussetzungen der Verleihung durch Gesetz nicht.

5. Da die Verleihung der Rechtsfähigkeit überhaupt Ermessenssache ist, so kann sie auch an sich unter beliebigen Bedingungen erfolgen z. B. unter der Bedingung, daß sich der Verein in Bezug auf seine Geschäftsführung einer staatlichen Aufsicht unterwerfe oder Vermögen nachweise (Eck a. a. O. S. 51). Verleihung der Rechtsfähigkeit auf Zeit ist möglich, da die Existemz des Vereins satzungsgemäß mit dem Ablauf einer bestimmten Zeit aufhören kann (arg. § 74 Abs. 2). Aber auch die Schaffung einer auf das Belieben der Verwaltungsbehörde gestellten Juristischen Person ist zulässig (P. I, 576). Gegen die Zulässigkeit spricht nicht § 43 Abs. 4 BGB., wonach einem Vereine, dessen Rechtsfähigkeit auf staatlicher Verleihung beruht, die Rechtsfähigkeit entzogen werden kann, wenn er einen anderen als den in der Satzung bestimmten Zweck verfolgt. Denn diese Vorschrift setzt voraus, daß die Verleihung der Rechtsfähigkeit ohne Vorbehalt erfolgt ist (P. I, 576), so daß eine willkürliche Entziehung der Rechtsfähigkeit nicht zulässig ist.

6. Bei staatlicher Verleihung können über die Verfassung der betreffenden rechtsfähigen Vereine

a) die Landesgesetze Bestimmungen treffen (EG. Art. 82); soweit dies aber nicht der Fall ist, kommen

b) die reichsrechtlichen Normen zur Anwendung (Bd. VI Bem. zu Art. 82 EG.; Endemann I § 43 Note 7; Riedel S. 101, 106—108; Hölder zu § 25; a. M. Eck 51, 52). Dies ergiebt sich aus § 25 BGB., der sich nicht bloß auf eingetragene, sondern auch auf konzessionirte Vereine bezieht. Die §§ 26—54 kommen zur Anwendung, soweit nicht durch die Landesgesetzgebung einzelne dieser allgemeinen Bestimmungem ausgeschlossen sind.

c) Dagegen kann das Landesrecht für die konzessionirten Vereine nicht etwa jede Verfassung ausschließen, da eine bestimmte Organisation civilrechtlich überhaupt zur Annahme eines „Vereins" gehört und nur ein wirklicher Verein durch staatliche Verleihung gemäß § 22 rechtsfähig werden kann.

7. Zuständig zur Verleihung der Rechtsfähigkeit ist:

a) Der Landesherr: in Bayern AV. zum AG. vom 24. Dezember 1899 (Zuständigkeitsverordnung) § 4; in Mecklenburg-Schwerin AV. z. BGB. §§ 13 bis 15; in Mecklenburg-Strelitz AV. z. BGB. § 13; in Reuß ä. L. AG. z. BGB. § 6; Reuß j. L. AG. z. BGB. § 6; Sachsen-Altenburg AV. z. BGB. § 4; in Württemberg (vgl. Rieder, Das württembergische AG. z. BGB. S. 301); in Elsaß-Lothringen (vgl. Molitor AG. für Elsaß-Lothringen S. 10);

b) eine oberste Zentralstelle: in Anhalt die Regierung Abth. des Innern, AG. z. BGB. Art. 2; in Baden das Staatsministerium, AG. Art. 4; in Braunschweig die Landesregierung, AG. z. BBG. § 5; in Bremen der Senat, AG. z. BGB. § 2; in Hamburg der Senat, AG. z. BGB. § 1; in Hessen das Ministerium des Innern, AG. z. BGB. Art. 4; in Lippe das Staatsministerium, AG. z. BGB. § 3; in Lübeck der Senat, AG. z. BGB. § 3; in Preußen der zuständige Minister, AV. z. BGB. 16. November 1899 § 1; in Oldenburg das Staatsministerium, AV. § 1; in Sachsen das Ministerium des Innern, AV. z. BGB. § 2; in Sachsen-Meiningen das Staatsministerium, AG. z. BGB. Art. 1 § 1; in Sachsen-Weimar das Staatsministerium, AG. z. BGB. § 10; in Schaumburg-Lippe das Ministerium, AG. z. BGB. § 6; in Schwarzburg-Rudolstadt das Ministerium, AG. z. BGB. Art. 9; in Schwarzburg-Sondershausen das Ministerium, AG. z. BGB. Art. 2 § 1; in Waldeck-Pyrmont der zuständige preußische Minister, AV. z. BGB. Art. 1.

§ 23.

Einem Vereine, der seinen Sitz nicht in einem Bundesstaate hat, kann in Ermangelung besonderer reichsgesetzlicher Vorschriften Rechtsfähigkeit durch Beschluß des Bundesraths verliehen werden.

E. III 21.

1. Die Anwendung der §§ 21, 22 setzt voraus, daß der Verein seinen „Sitz" in einem „Bundesstaate" hat. Als Bundesstaat im Sinne des BGB. gilt nach Art. 5 des EG. z. BGB. auch das Reichsland Elsaß-Lothringen. Ueber den „Sitz" eines Vereins vgl. § 24.

2. Hat ein Verein seinen Sitz nicht in einem Bundesstaate, so kann ihm in Ermangelung besonderer reichsgesetzlicher Vorschriften Rechtsfähigkeit durch Beschluß des Bundesraths verliehen werden.

3. Vorausgesetzt wird in § 23 ein privatrechtlicher Verein, welcher nach §§ 21, 22 Rechtsfähigkeit erlangen könnte, wenn er seinen Sitz im Inlande hätte. Die Juristischen Personen des öffentlichen Rechtes, welche dem Ausland angehören, gelten nach völkerrechtlichen Grundsätzen im Inland ohne Weiteres als rechtsfähig. P. VI, 24.

4. Ebensowenig ist eine Verleihung erforderlich für die handelsrechtlichen Erwerbsgesellschaften des Auslandes, welche nach ausländischem Rechte Juristische Personen sind. Auch ihnen wird im Inland ohne Verleihung der Rechtsfähigkeit letztere zugestanden, vorausgesetzt, daß Reciprocität vorhanden ist (P. VI, 24 und Bem. zu Art. 10 und 31 EG.; Gebhard, Mot. zum Vorentwurfe des internationalen Privatrechtes § 6 S. 44).

5. Verleihung ist ferner nicht erforderlich gemäß Art. 10 des EG. für einen „einem fremden Staat angehörigen und nach dessen Gesetzen rechtsfähigen Verein, der die Rechtsfähigkeit im Inlande nur nach den Vorschriften des BGB. §§ 21, 22 erlangen könnte". Ein solcher Verein „gilt als rechtsfähig, wenn seine Rechtsfähigkeit durch Beschluß des Bundesraths anerkannt ist".

Diese Bestimmung setzt den Grundsatz voraus, daß die Juristische Person nach den Gesetzen des Ortes zu beurtheilen ist, an welchem sie ihren Sitz hat (PM. 8175 der I. Komm.; P. der II. Komm. VI, 24). Die Vorschrift, daß die Anerkennung durch den Bundesrath erforderlich ist, bezweckt, ausländische Vereine, deren Wirksamkeit im Inlande deutschen Interessen widersprechen würde, oder Vereine, die ihren Sitz in das Ausland verlegt haben, weil sie im Inlande die Rechtsfähigkeit nicht erlangen könnten, von der Rechtsfähigkeit im Inland auszuschließen (P. VI, 25, 27).

6. § 23 setzt sonach voraus, daß der Verein Rechtsfähigkeit vor der inländischen Verleihung außerhalb eines deutschen Bundesstaates nicht besitzt. Dies kann:

a) nur sein ein Verein, welcher sich gebildet hat in einem deutschen Schutzgebiet oder Konsulargerichtsbezirke, dessen Mitglieder daher nach dem Prinzipe der Personalität dem deutschen Rechte unterstehen.
b) Dagegen kann dies nicht sein ein Verein, welcher einem ausländischen Staate angehört, auf welchen sonach, solange er Rechtsfähigkeit nach ausländischem Rechte nicht erworben hat, gemäß Art. 10 EG. § 54 BGB. anzuwenden ist (Staub, HGB. 6. u. 7. Aufl. I S. 168). Die „Verleihung der Rechtsfähigkeit" durch den Bundesrath kann einem ausländischen Vereine nicht Rechtsfähigkeit für das Auslandsgebiet verleihen. Denn die Rechtsfähigkeit jeder Juristischen Person wird nach dem Gesetz ihres Sitzes als ihrem Personalstatute beurtheilt. Für die Beurtheilung der Rechtsfähigkeit eines ausländischen Vereins wäre die Verleihung der Rechtsfähigkeit durch den Bundesrath bedeutungslos. Der ausländische Verein bliebe immer ein nach dem zuständigen ausländischen Rechte nicht rechtsfähiger Verein. Auf einen solchen Verein muß aber nach der Vorschrift des Art. 10 EG. das Recht der Gesellschaft gemäß §§ 54, 705 BGB. zur Anwendung kommen.

7. „In Ermangelung besonderer reichsgesetzlicher Vorschriften" kann dem Vereine die Rechtsfähigkeit verliehen werden. Privatrechtliche Kolonialgesellschaften d. h. solche, welchen die Ausübung von Hoheitsrechten nicht übertragen ist, erwerben, wenn sie ihren Sitz in den deutschen Schutzgebieten haben, gemäß § 11 Abs. 2 des Schutzgebietsgesetzes vom 25. Juli 1900 in der Fassung vom 10. September 1900 die Rechtsfähigkeit auf Grund eines vom Reichskanzler genehmigten Statuts durch Beschluß des Bundesraths unter der Voraussetzung, daß die im bezeichneten Gesetze § 12 vorgeschriebenen Bedingungen erfüllt sind. Ferner kann wirthschaftlichen Vereinen, welche sich als Aktiengesellschaften, Genossenschaften, Gesellschaften mit beschränkter Haftung darstellen, für deren Ordnung „besondere Reichsgesetze" bestehen, nicht durch Verleihung seitens des Bundesraths gemäß § 23 Rechtsfähigkeit zu Theil werden, so wenig wie sie Rechtsfähigkeit auf Grund des § 22 erlangen können. Sie sind vielmehr darauf verwiesen, entweder die Rechtsfähigkeit nach den einschlägigen Gesetzen des Auslands zu erwerben, welchenfalls sie auch im Inland als rechtsfähig behandelt werden, oder die Bedingungen des inländischen Rechtes zu erfüllen, insbesondere ihren Sitz im Inland oder einem Schutz- oder Konsulargerichtsgebiete zu nehmen; vgl. RGE. Bd. 7 S. 68 ff.; Maurer, Das Reichsgesetz betreffend die Erwerbs- und Wirthschaftsgenossenschaften 2. Aufl. (1898) S. 58.

8. Durch die Verleihung wie durch die Anerkennung der Rechtsfähigkeit seitens des Bundesraths wird die Ausländerqualität ausländischer Vereine nicht aufgehoben. Es werden daher nicht berührt:
a) die Vorschriften des öffentlichen Vereinsrechts, insbesondere, soweit solche das Verbindungsverbot im Verhältnisse von inländischen und ausländischen Vereinen aufrecht erhalten (Art. 17 des bayrischen Vereinsgesetzes vom 26. Februar 1850 und 15. Juni 1898, Reichsgesetz vom 11. Dezember 1899, betreffend das Vereinswesen);
b) die für die ausländischen Juristischen Personen bestehenden Erwerbsbeschränkungen; vgl. Art. 88 EG. und für Preußen AG. z. BGB. Art. 7 § 2 Abs. 2; ferner Bayr. AG. z. BGB. Art. 10; Bd. VI Bem. zu Art. 86 und 88;
c) die für die ausländischen Vereine bestehenden Gewerbebeschränkungen (vgl. hiezu § 12 Gew.O.; die Zusammenstellung der landesrechtlichen Bestimmungen bei Landmann, Gew.O. zu § 12; HGB. § 201 Abs. 5; ferner Reichsgesetz über das Auswanderungswesen vom 9. Juni 1897 § 3; Staudinger, Staatsverträge des Deutschen Reichs 2. Aufl. Bd. 1 S. 289).

9. Die Fassung des § 23, welcher erst durch den Bundesrath (als § 21 Abs. 3 Satz 2 der Reichstagsvorlage) eingesetzt worden, beruht auf einem Beschlusse der RTK., Drucksache 440 S. 13.

§ 24.

Als Sitz eines Vereins gilt, wenn nicht ein Anderes bestimmt ist, der Ort, an welchem die Verwaltung geführt wird.

E. II, 23; III, 21.

1. E. I enthielt keine Bestimmung über den Sitz des Vereins. M. I, 77 erklären den an die menschlichen Lebensverhältnisse anknüpfenden Begriff des Wohnsitzes als auf die Juristischen Personen nicht anwendbar, in Uebereinstimmung mit der Auffassung des E. I, wonach die Juristische Person nur eine künstliche Rechtsfigur für den Vermögensverkehr sein sollte (M. I, 78). § 24 wurde in seiner jetzigen Fassung durch die II. Komm. aufgenommen (P. I, 478, 504). Indessen hatten schon die M. I, 77 eingeräumt, „daß der

Juristischen Person allgemein ein Sitz zugeschrieben wird. Nach dem Vorbilde des Wohnsitzes hat die Juristische Person ihren Sitz an dem Ort, an welchem der Mittelpunkt ihrer Verhältnisse und ihrer Thätigkeit sich befindet". Die frühere CPO. § 19 Abs. 1 Satz 2 (= der nunmehrigen CPO. § 17 Abs. 1 Satz 2) schrieb in Bezug auf den Sitz der Juristischen Personen vor: „Als Sitz gilt, wenn nicht ein Anderes erhellt, der Ort, wo die Verwaltung geführt wird." Diese Bestimmung ist in § 24 BGB. nachgebildet worden.

2. Nach dem „Sitze" der Juristischen Person bestimmt sich deren Personalstatut und ist die Frage zu entscheiden, ob der Verein ein inländischer oder ein ausländischer ist (vgl. § 2 des Gesetzes über die Konsulargerichtsbarkeit vom 7. April 1900). Vereine, welche durch Eintragung in das Vereinsregister oder durch staatliche Verleihung die Rechtsfähigkeit erwerben wollen, müssen gemäß §§ 21, 22 ihren Sitz in einem deutschen Bundesstaate haben. Nach § 57 gehört bei eingetragenen Vereinen die Bestimmung über den Sitz zu den wesentlichen Satzungserfordernissen. Die Verlegung des Vereinssitzes ins Ausland bildet eine Satzungsänderung, welche gemäß § 71 der Eintragung in das Vereinsregister bedarf. Für ausländische Vereine giebt es aber nach dem Systeme des BGB. kein Vereinsregister. Ebenso muß aber auch die staatliche Verleihung der Rechtsfähigkeit, welche einen inländischen Verein voraussetzt, ihre Gültigkeit verlieren, wenn der Verein seinen Sitz ins Ausland verlegt.

3. Innerhalb des Deutschen Reiches ist der Sitz des Vereins entscheidend für die Zuständigkeit der Behörden bezüglich der Eintragung der idealen Vereine, wie bezüglich der Verleihung der Rechtsfähigkeit an wirthschaftliche Vereine. Die Veränderung des Sitzes eingetragener Vereine, soferne derselbe in einem deutschen Bundesstaate bleibt, hat auf die Rechtsfähigkeit keinen Einfluß. Dagegen kann der Staat, welcher die Rechtsfähigkeit einem wirthschaftlichen Vereine verleiht, auf Grund der Verleihungsbedingungen die Rechtsfähigkeit widerrufen, wenn der Verein seinen Sitz in einem anderen Bundesstaate nimmt. Der Bundesstaat, welcher die Rechtsfähigkeit verleiht, kann überhaupt über den Sitz des Vereins Vorschriften aufstellen, insbesondere bestimmen, daß der Verein seinen Sitz am Amtssitze der beaufsichtigenden Behörde zu nehmen und zu behalten hat.

4. Als Sitz des Vereins gilt, wenn nicht ein Anderes bestimmt ist, der Ort, wo die Verwaltung geführt wird.

a) Ein Anderes kann zunächst durch die Satzung des Vereins bestimmt sein. Diese Bestimmung soll aber nicht mit der wirklichen Sachlage im Widerspruche stehen (M. I, 77). So wenig wie der Wohnsitz des Menschen, ist der Sitz des Vereins lediglich durch Willenserklärung zu begründen.

b) Der Sitz des Vereins kann indirekt dadurch bezeichnet sein, daß der Ort bezeichnet ist, an welchem der Verein seine Aufgabe zu erfüllen hat. Dieser Ort kann verschieden sein von dem Sitze der Verwaltung.

c) In letzter Linie entscheidet der Ort der Verwaltung. Dieser Ort kann ständig sein oder wechseln. Letzteres ist hie und da der Fall, wenn die Mitgliedschaft über ein größeres geographisches Gebiet zerstreut oder international ist. In solchen Fällen wechselt der Ort der Verwaltung hie und da periodisch auf Grund der Satzung oder auf Grund satzungsgemäßen Mitgliederbeschlusses. Damit wechselt auch der „Sitz" des Vereins, soferne der Ort der Verwaltung diesen bestimmt.

§ 25.

Die Verfassung eines rechtsfähigen Vereins wird, soweit sie nicht auf den nachfolgenden Vorschriften beruht, durch die Vereinssatzung bestimmt.

E. I, 43; II, 42; III, 22.

1. „Verfassung" ist der Inbegriff derjenigen Normen, durch welche Zweck und Mittel, die Mitgliedschaft, die Bildung, die Bestellung und der Wirkungskreis der Organe, Sitz und Name des Vereins bestimmt werden. Sofern man auch von einer Verfassung derjenigen Vereine reden darf, bei welchen bestimmte Normen in Bezug auf Bildung, Bestellung und Wirkungskreis der Vereinsorgane, sowie Willensbildung und Willensvollzug des Vereins nicht vorhanden sind, ist unter Verfassung der Inbegriff derjenigen Normen zu verstehen, durch welche die Verhältnisse des Vereins und seiner Mitglieder nach innen und nach außen geordnet werden.

2. § 25 spricht von der Verfassung „eines rechtsfähigen Vereins". Bezüglich der nicht rechtsfähigen Vereine als solcher werden keine Bestimmungen aufgestellt.

Die Bestimmungen des BGB. über die Verfassung der rechtsfähigen Vereine haben bezüglich derjenigen Vereine, deren Rechtsfähigkeit auf bundesstaatlicher Verleihung beruht, nur subsidiäre Bedeutung: Art. 82 EG.

3. Die Verfassung eines rechtsfähigen Vereins wird, soweit sie nicht auf den Vorschriften des BGB. beruht, durch die Vereinssatzung bestimmt. Die Vorschriften des BGB. bezüglich der nach den §§ 21—23 zur Rechtsfähigkeit gelangenden Vereine sind doppelter Art: ein Theil derselben ist als zwingende Norm zu erachten, derart, daß eine entgegenstehende Satzungsbestimmung nichtig ist wie z. B. die Bestimmung, daß der Verein einen Vorstand haben muß, oder daß die Bestellung des Vorstandes jederzeit widerruflich ist. Ein anderer Theil der Vorschriften des BGB. ist dispositiver Natur und gilt nur insoweit, als die Satzung nichts anderes bestimmt: § 40 BGB.

Hienach „beruht" die Verfassung eines rechtsfähigen Vereins in doppeltem Sinne auf den Vorschriften des BGB. Ein Theil der Normen des BGB. bildet ein- für allemal einen Bestandtheil der Verfassung eines rechtsfähigen Vereins. Ein anderer Theil gilt nur auf Grund präsumtiven Willens der Vereinsmitglieder, sofern die Satzung schweigt. Auch die zwingenden Vorschriften des BGB. gelten unbedingt nur für eingetragene Vereine, nicht für konzessionirte (s. oben Nr. 2).

4. Die Satzung kann schriftlich formulirt sein oder nicht. Schriftliche Formulierung der Satzung wird für die Eintragung bei den idealen Vereinen gemäß § 59 Abs. 2 u. 3 BGB. vorausgesetzt, aber nicht im Sinne einer gesetzlich vorgeschriebenen Form eines Rechtsgeschäfts (vgl. unten zu § 59).

5. Die rechtliche Natur der Satzung ist bestritten, indem ihr von den Einen die Bedeutung eines rechtsgeschäftlichen Aktes, von den Anderen die Bedeutung einer objektiven Rechtsnorm für den Bereich der Körperschaft zugeschrieben wird, als Ausfluß einer Körperschafts-Autonomie (vgl. M. I, 93 f.). Für letztere Auffassung vgl. Gierke, DPR. I § 19 Anm. 39, 40 sowie die dort angeführten Schriftsteller, ferner RGE. Bd. 4 Nr. 32, Bd. 7 Nr. 53, Bd. 8 Nr. 31; vom Standpunkte des bayrischen Rechtes aus s. Roth, Bayr. Civilr. 2. Aufl. I § 8 S. 113, § 43 S. 295.

6. Von dem Standpunkt ausgehend, daß dem rechtsfähigen Vereine wie jeder Körperschaft Autonomie oder Satzungsgewalt in dem zu Nr. 5 bezeichneten Sinne zustehe, betrachtet man schon den Gründungsvertrag, wodurch die Satzung geschaffen wird, als Ausfluß einer „korporationsgründenden Autonomie" und daher nicht als „Vertrag" oder überhaupt nicht als „Rechtsgeschäft" (vgl. Gierke DPR. I § 63 Anm. 14, 15; Genossenschaftstheorie S. 132 ff.). Da indessen im Augenblicke dieses Gründungsaktes die Körperschaft noch nicht existirt und der Gründungsakt zunächst nur einen nicht rechtsfähigen Verein begründet, der erst durch Eintragung oder Verleihung nach dem BGB. rechtsfähig werden kann, so ist diese Auffassung nach dem BGB. nicht mehr haltbar. Wäre sie richtig, so würde zweifelhaft sein, ob die Bestimmungen des BGB. über Rechtsgeschäfte und insbesondere über Verträge auf die Vereinsgründung zur Anwendung kommen könnten (vgl. Planck zu § 25 Nr. 1). Dagegen ist daran festzuhalten, daß Vereinsgründung kein Rechtsgeschäft des Obligationenrechts, sondern des Personenrechts ist. Regelsberger, Pand. I § 77 S. 305.

7. Vielfach enthalten Vereinssatzungen Bestimmungen, welche sich auf die „Verfassung" des Vereins nicht beziehen oder überhaupt unwesentliche Punkte betreffen. Man kann mit Rücksicht hierauf bei konkreten Satzungen einen wesentlichen und einen unwesentlichen Inhalt unterscheiden. Der Unterschied fällt nicht zusammen mit dem des nach § 57 nothwendigen Satzungsinhalts und des nach § 58 nur instruktionell geforderten Satzungsinhalts. Denn auch letztere Bestimmungen betreffen die Vereinsorganisation. Sind in die Satzung solche unwesentliche Bestimmungen aufgenommen, so unterliegt deren Aenderung der Vorschrift des § 71, welche von Aenderungen der Satzung überhaupt ohne Unterscheidung des Satzungsinhalts spricht. Satzungsänderung ist Veränderung oder Beseitigung alter, wie Hinzufügung neuer Bestimmungen.

8. Zur Verfassung des Vereins gehört nicht bloß die Organisation des Vereins, sondern auch, da diese nicht Selbstzweck, sondern nur Mittel zum Vereinszweck ist, dieser letztere selbst. Das BGB. erklärt den Zweck des Vereins als nothwendigen Satzungsinhalt. Eine thatsächliche Aenderung der Verfassung durch thatsächliche Aenderung des Vereinszwecks ohne Abänderung der Satzung und Befolgung der hiefür bestehenden Vorschriften kann nach § 43 Entziehung der Rechtsfähigkeit zur Folge haben.

§ 26.

Der Verein muß einen Vorstand haben. Der Vorstand kann aus mehreren Personen bestehen.

Der Vorstand vertritt den Verein gerichtlich und außergerichtlich; er hat die Stellung eines gesetzlichen Vertreters. Der Umfang seiner Vertretungsmacht kann durch die Satzung mit Wirkung gegen Dritte beschränkt werden.

E. I, 44; II, 25; III, 23.

§ 26 handelt:

I. von dem Vorstand als ausnahmslos nothwendigem Vereinsorgane,

II. von der Bildung des Vorstandes,

III. von der Vertretungsmacht des Vorstandes.

1. Der Vorstand ist als verfassungsmäßiges Vereinsorgan nach dem BGB. für den Begriff des rechtsfähigen Vereins wesentlich. Da das Gesetz dies zwingend vorschreibt, so ist eine Satzungsbestimmung, welche den Vorstand als Vereinsorgan schafft, entbehrlich. Der Vorstand ist kraft Gesetzes ein Organ des Vereins.

2. Das Gesetz schreibt nur vor, daß der Verein einen Vorstand haben muß. Ueber die Bildung des Vorstandes sagt das Gesetz lediglich, daß derselbe aus einer oder mehreren Personen bestehen kann. Die näheren Bestimmungen über die Bildung des Vorstandes überläßt das Gesetz der Vereinssatzung. Die Satzung braucht aber hierüber keine Bestimmung zu enthalten, auch beim eingetragenen Vereine nicht, da § 58 Nr. 3 dies nicht (wie § 182 Nr. 4 HGB. für die Aktiengesellschaft) zwingend vorschreibt. Der Vorstand „kann" nach § 26 Abs. 1 aus mehreren Personen bestehen, er muß aber aus wenigstens einer Person bestehen. Daß der Vorstand aus mehreren Personen besteht, versteht sich nicht von selbst, muß vielmehr in der Satzung bestimmt werden. Fehlt eine Satzungsbestimmung hierüber, so bleibt es bei der gesetzlichen Minimalzahl: der Vorstand besteht aus einer Person. Unrichtig nimmt Hölder (zu § 26 S. 140 u. in Erl. c zu § 58 S. 173) an, daß mangels einer Satzungsbestimmung die Gesammtheit der Vereinsmitglieder den Vorstand bildet. Daß sämmtliche Vereinsmitglieder den Vorstand bilden, will das Gesetz nicht „ausschließen" (P. I, 508). Es ist dies aber nur eine Anwendung des Rechtssatzes, daß der Vorstand aus mehreren Personen bestehen „kann". Hiezu ist eine Satzungsbestimmung erforderlich. Nach Hölder dagegen ist der Vorstand identisch „mit dem Kollegium der Vereinsmitglieder, sobald die Satzung nicht seine Verschiedenheit von diesem bestimmt hat" und es bedarf auch solchenfalls keiner „Bestellung" des Vorstandes. Hienach wäre eine gesetzliche Regel des Inhalts vorhanden, daß der Vorstand identisch mit dem „Kollegium der Vereinsmitglieder" ist. Für eine solche Regel könnte man nur die Analogie des § 709 anführen, welcher aber auf rechtsfähige Vereine nicht anwendbar ist.

Die Satzung kann die Zahl der Mitglieder des Vorstandes fest bestimmen oder nur eine Minimal- oder Maximalzahl festsetzen und die Entscheidung über die Zahl der Vorstandsmitglieder dem Bestellungsbeschluß überlassen.

3. Die Bezeichnung „Vorstand" ist bei Vereinen nach BGB. im Allgemeinen nicht wesentlich. Dagegen hat bei eingetragenen Vereinen der Registerrichter das Recht, Anmeldungen zurückzuweisen, wenn dieselben den „Vorstand" nicht als solchen ausdrücklich bezeichnen (§ 58 Ziff. 3), und darauf zu bestehen, daß der „Vorstand" unter dieser Bezeichnung zur Eintragung angemeldet wird, so daß das Vereinsregister seine gesetzliche Bestimmung zu erfüllen vermag. Der Registerrichter ist nicht verpflichtet, den Vorstand unter einem anderen Namen (Direktor, Ausschuß u. s. w.) einzutragen.

4. Wenn auch der Vorstand als verfassungsmäßiges Organ zum Begriffe des rechtsfähigen Vereins nach dem BGB. gehört, so ist doch nicht nothwendig, daß das Amt oder die „Organstellung" des Vorstandes in jedem Augenblicke besetzt sei. Letzteres geschieht durch die „Bestellung" des Vorstandes, worüber § 27 handelt (P. I, 506: „Das Gesetz verlangt nicht, es müsse in jedem Augenblick ein Vorstand vorhanden sein, sondern nur, daß in geeigneter Weise Vorsorge getroffen sei für die Beschaffung eines Vorstandes").

Den Fall, daß ein Vorstand vorübergehend nicht oder nur unvollständig bestellt ist, setzt § 29 voraus und giebt ein Mittel zur Beseitigung des Mangels an. Wenn ein Vorstand nicht oder unvollständig bestellt ist, so hört der Verein nicht auf, zu existiren. Dagegen ist der Verein dann nach außen, innerhalb des Bereichs der Vertretungsmacht des Vorstandes, nicht handlungsfähig. Handlungsfähigkeit kann aber dem Vereine dadurch gewahrt sein, daß satzungsgemäß neben dem Vorstande für gewisse Geschäfte „besondere Vertreter" bestellt sind (§ 30).

5. Andererseits muß ein Vorstand schon vor Existenz des rechtsfähigen Vereins, im Gründungsstadium, vorhanden sein, wenigstens beim eingetragenen Vereine. Der Vorstand hat den Verein zur Eintragung unter Vorlage der Vereinssatzung anzumelden (§ 59). Ebenso bleibt grundsätzlich der Vorstand auch nach Auflösung des Vereins und nach Entziehung der Rechtsfähigkeit in Thätigkeit, wenn auch unter anderem Namen (§§ 48, 78), zum Zwecke der Liquidation des Vereinsvermögens und der erforderlichen Anmeldungen und Bekanntmachungen. Jedoch sind in Bezug auf die Bestellung, Vertretungsmacht und Geschäftsführung des Vorstandes im Gründungsstadium nicht die §§ 26, 27 ff., sondern mit gewissen Ausnahmen die Gesellschaftsregeln anzuwenden. Vgl. hierüber aber auch die Bem. I, a zu § 59.

6. Der Vorstand vertritt den Verein gerichtlich und außergerichtlich. Damit ist gesagt: die Willenserklärungen des Vorstandes sind Willenserklärungen des Vereins, sie berechtigen und verpflichten den Verein unmittelbar. Der Vorstand ist das ordentliche Vertretungsorgan des Vereins.

7. Die gesetzliche Vertretungsmacht des Vorstandes reicht so weit wie die Rechtsfähigkeit des Vereins. Die Vertretungsmacht wird nicht durch Vollmacht der Mitglieder, sondern durch das Gesetz begründet. Durch die Satzung kann sie dem Vorstande nicht entzogen, sondern nur beschränkt werden.

8. Trotzdem ist der Vorstand nicht gesetzlicher Vertreter des Vereins, sondern „hat die Stellung eines gesetzlichen Vertreters". Der Vorstand bildet einen Theil der Vereinsorganisation selbst und steht daher dem Vereine nicht wie einer dritten fremden Person gegenüber, etwa wie der Bevollmächtigte gegenüber dem Vollmachtgeber oder der Vormund gegenüber dem Mündel. Indem § 26 sagt, der Vorstand „hat die Stellung eines gesetzlichen Vertreters", wollte man, wie in der II. Komm. hervorgehoben wurde, die „Konstruktionsfrage" unentschieden lassen, ob die Juristische Person handlungsunfähig und von dem Vorstande vertreten oder handlungsfähig und der Vorstand ein Bestandtheil derselben ist. Man wollte aber zugleich aussprechen, daß alle Befugnisse eines gesetzlichen Vertreters dem Vorstande zustehen; man wollte hiemit „die Vortheile wahren, welche sich aus dem Hinweis auf die Stellung eines gesetzlichen Vertreters für die Bemessung des Umfangs der Vertretungsmacht des Vorstandes ergeben" (P. I, 509). In der That erschöpft aber der Satz, daß der Vorstand „die Stellung eines gesetzlichen Vertreters" habe, nicht die rechtliche Bedeutung der dem Vorstande vom Gesetze zugewiesenen Stellung. Daß der Vorstand nicht bloß als gesetzlicher Vertreter, sondern im Sinne des Gesetzes durch ihn unmittelbar der Verein handelt, daß er also Organ des Vereins ist, ergeben die §§ 31 u. 43 BGB. (Gegen den Organbegriff Meurer S. 156 ff. und die daselbst Note 2 Genannten; Schloßmann in Iherings Jahrb. Bd. 41 S. 289; gegen Schloßmann wieder Preuß, Iherings Jahrb. Bd. 44 S. 429 ff.).

9. Die Satzung kann die Vertretungsmacht des Vorstandes mit Wirkung gegen Dritte beschränken. Sie kann vorschreiben, daß ihm gewisse Geschäfte verboten, nur unter Bedingungen gestattet, daß z. B. bei Kreditgeschäften über einen bestimmten Betrag die Mitwirkung der Mitgliederversammlung, bezw. Genehmigung der Mitgliederversammlung oder eines Aufsichtsraths nothwendig ist.

10. Die Satzung, nicht ein Beschluß der Mitgliederversammlung, kann die Vertretungsmacht des Vorstandes mit Wirkung gegen Dritte beschränken. Dagegen kann — je nach der Stellung des Vorstandes im Verein — ein Beschluß der Mitgliederversammlung den Vorstand nach innen, der Gesellschaft gegenüber, verpflichten (§ 27 Abs. 3).

11. Der Vorstand vertritt den Verein. Damit ist gesagt, daß für die Vertretung des Vereins durch den Vorstand, wenn derselbe aus mehreren Personen besteht, der Grundsatz der Gesammtvertretung gilt (M. I, 99). Zu Willenserklärungen für den Verein bedarf es der Mitwirkung sämmtlicher Mitglieder des Vorstandes. Eine Abänderung dieser Regel der Gesammtvertretung durch die Satzung ist nach §§ 26, 40 unzulässig. Es ist sonach ausgeschlossen, daß bei mehrgliedrigem Vorstand ein einzelnes Mitglied zur alleinigen Vertretung des Vereins durch die Satzung berechtigt wird oder daß verschiedene Mitglieder für verschiedene Angelegenheiten vertretungsberechtigt sind (so auch richtig Rospatt in der D. Jur.Z. 1902 S. 457 gegen Levis ebenda S. 249; vgl. ferner Beschluß des LG. Elberfeld 18. Oktober 1901 im Centralbl. f. freiw. Gerichtsb. Jahrg. 2 S. 727). Wenn der Vorstand aus mehreren Personen besteht und der Vorstand den Verein vertritt, so kann solche Vertretung nur dem gesammten Vorstande zustehen, soferne das Gesetz nicht ausdrücklich das Gegentheil bestimmt. Es ist immer der Vorstand als Gesammtheit, welcher den Verein vertritt, nicht ein oder mehrere einzelne Vorstandsmitglieder als solche.

Dagegen kann der Vorstand selbst bei Abgabe von Erklärungen wieder vertreten werden. Ueber die Form der Erklärungen des Vorstandes enthält das Gesetz keine Bestimmung, die Satzung braucht keine Bestimmung zu enthalten (§§ 57, 58). Enthält die Satzung eine Bestimmung dahin, daß der Vorstand Willenserklärungen nur persönlich abgeben kann, so würde diese Bestimmung eine Beschränkung der Vertretungsmacht darstellen, welche gemäß § 26 Abs. 2 auch gegen Dritte wirkt. Fehlt eine solche Satzungsbestimmung, so steht der Vertretung des Vorstandes durch einzelne Vorstandsmitglieder oder durch Dritte bei Abgabe von Willenserklärungen kein Hinderniß im Wege. Der Grundsatz der Gesammtvertretung bedeutet nur, daß dem Gesammtvorstand als solchem die Vertretung zusteht, nicht einzelne Mitglieder als solche für sich allein vertretungsberechtigt sind. Es ist mit Rücksicht auf den Grundsatz der Gesammtvertretung unzulässig, daß die Vertretungsmacht auf einen Theil der Mitglieder des Vorstandes beschränkt und eine solche Beschränkung etwa im Vereinsregister eingetragen wird.

12. Während für den mehrgliedrigen Vorstand als Vertretungsorgan das Prinzip der Gesammtvertretung gilt, der Vorstand sonach „kollektiv" auftritt, gilt für die den Vertretungsakten des Vorstandes vorausgehenden und zu ihrer Gültigkeit erforderlichen Beschlußfassungen des Vorstandes nicht das Kollektivprinzip. Hier ist der Vorstand vielmehr gemäß den Bestimmungen der §§ 28, 32 als Kollegium organisirt und es gilt das Majoritätsprinzip. Der I. Entw. hatte das Kollektivprinzip sowohl für die Beschlüsse des Vorstandes als auch für die Vertretungshandlungen desselben aufgestellt. Der E. II und das Gesetz haben dasselbe nur für die Vertretung nach außen festgehalten, ferner für die außerhalb einer Versammlung des Vorstandes ergehenden Beschlüsse desselben, dagegen nicht für die Versammlungsbeschlüsse des Vorstandes. Aus den Mehrheitsbeschlüssen der Vorstandsversammlung erwächst den dissentirenden Mitgliedern die Pflicht, beim Vollzuge derselben in Gestalt der Gesammtvertretung mitzuwirken, soweit solche Mitwirkung nicht dadurch entbehrlich wird, daß für den Vorstand ein Bevollmächtigter auftritt, der als solcher nicht die Mehrheit des Vorstandes, sondern den Gesammtvorstand vertritt (vgl. Bem. 13).

13. Ist satzungsgemäß Einstimmigkeit der Beschlußfassung des Vorstandes zu Vertretungshandlungen erforderlich, so können einzelne Vorstandsmitglieder als Vertreter des Vereins nur mit Vollmacht der übrigen Vorstandsmitglieder solche ausüben. Diese Vollmacht kann in dem einstimmigen Beschlusse selbst ausgesprochen sein. Ist Mehrheitsbeschluß genügend, weil eine entgegenstehende Satzungsbestimmung nicht existirt, so können einzelne Vorstandsmitglieder den Gesammtvorstand auf Grund eines sie hiezu ermächtigenden Mehrheitsbeschlusses des Vorstandes vertreten. Sie vertreten dann auch die nicht zustimmenden Vorstandsmitglieder, weil den Vorstand als solchen. Dies ist ausgeschlossen, wenn die Satzung für die Vertretung die Form der persönlichen Erklärung vorschreibt. Dann sind auf Grund des Mehrheitsbeschlusses die dissentirenden Vorstandsmitglieder verpflichtet, die beschlußgemäße Willenserklärung für den Verein abzugeben.

14. Nach dem Prinzipe der Gesammtvertretung ist das einzelne Vorstandsmitglied als solches nicht vertretungsberechtigt. Die Vertretungsmacht steht allen Vorstandsmitgliedern zusammen zu. Tritt ein Vorstandsmitglied allein auf, ohne Vollmacht der übrigen, so finden die Vorschriften über Handeln ohne Vertretungsmacht (BGB. §§ 177—180) Anwendung.

15. Gleiches gilt von dem Falle, wenn der Gesammtvorstand den Verein nur unter satzungsmäßigen Beschränkungen zu vertreten berechtigt ist, wenn derselbe z. B. satzungsgemäß in einem bestimmten Falle an die Zustimmung eines Aufsichtsraths oder einer Mitgliederversammlung gebunden ist und die satzungsgemäße Schranke der Vertretung nicht eingehalten wurde.

16. Der Vorstand braucht den Verein nicht ausschließlich zu vertreten. Nach § 30 können dem Vorstande für gewisse Geschäfte durch die Satzung besondere Vertreter zur Seite gestellt werden, welche den Verein innerhalb des ihnen zugewiesenen Bereichs selbständig vertreten.

17. Der Vorstand vertritt den Verein gerichtlich und außergerichtlich:

a) Gerichtlich. Der Vorstand ist nicht gesetzlicher Vertreter im Sinne des § 51 CPO., aber es steht ihm die Rechtsstellung eines solchen gesetzlichen Vertreters zu. Er vertritt den Verein nicht wie eine prozeßunfähige dritte Person, sondern als einen prozeßfähigen Personenverband, dessen Bestandtheil er selbst ist (A. M. Meurer S. 160, Hölder S. 139). Da ihm aber die Rechtsstellung des gesetzlichen Vertreters zugewiesen ist, so kann er nicht als Zeuge im Prozesse des Vereins vernommen werden, die Parteieide sind von ihm zu leisten; er bestellt den Prozeßbevollmächtigten (vgl. Rehbein, S. 45 Bem. 4); er verfügt über den Prozeßstoff und über den Prozeßanspruch. Es sind auf den Vorstand anzuwenden die Bestimmungen der CPO. §§ 41 Abs. 4, 51, 56, 86, 102, 130 Abs. 1, 171 Abs. 2 u. 3, 184, 185, 241, 246, 274 Abs. 2 Nr. 7, 426 Abs. 3, 471.

Die gesetzliche Vertretung übt der Vorstand im gerichtlichen Verfahren über die Vereinsbegründung schon vor der Erlangung der Rechtsfähigkeit seitens des Vereins.

b) Außergerichtlich. Der Vorstand vertritt den Verein

α) vor den Verwaltungsbehörden im Verfahren betreffend den Einspruch (§ 61), sowie die Entziehung der Rechtsfähigkeit (§ 43),

β) vor den Verwaltungsbehörden in Bezug auf die nach den Normen des öffentlichen Rechtes dem Verein obliegenden Handlungen (preußisches Vereinsgesetz §§ 2 und 13; bayrisches Vereinsgesetz Art. 14, 16), γ) in privatrechtlichen Willenserklärungen gemäß §§ 164 ff. BGB. Er übt die Rechte des Vereins aus und hat für den Verein Gewahrsam und Besitz (Rehbein, S. 45 Abs. 4). Vgl. in letzterer Hinsicht auch Bem. IV, 3 zu § 854.

Eine Ausnahme von dem Prinzipe der Kollektivvertretung bei mehrgliedrigem Vorstande schreibt § 28 Abs. 2 für die Empfangnahme von Willenserklärungen vor, welche gegenüber dem Verein abgegeben werden. Es genügt die Abgabe gegenüber einem Mitgliede des Vorstandes (vgl. CPO. § 171 Abs. 3).

18. Der Vorstand vertritt den Verein ferner nach innen, gegenüber den Mitgliedern. Er beruft die Mitgliederversammlung, sofern nicht die Satzung hiefür ein anderes Organ bestimmt.

§ 27.

Die Bestellung des Vorstandes erfolgt durch Beschluß der Mitgliederversammlung.

Die Bestellung ist jederzeit widerruflich, unbeschadet des Anspruchs auf die vertragsmäßige Vergütung. Die Widerruflichkeit kann durch die Satzung auf den Fall beschränkt werden, daß ein wichtiger Grund für den Widerruf vorliegt; ein solcher Grund ist insbesondere grobe Pflichtverletzung oder Unfähigkeit zur ordnungsmäßigen Geschäftsführung.

Auf die Geschäftsführung des Vorstandes finden die für den Auftrag geltenden Vorschriften der §§ 664 bis 670 entsprechende Anwendung.

E. I, 44; II, 26; III, 24.

§ 27 handelt:

I. von der Bestellung des Vorstandes,

II. von der Geschäftsführungsaufgabe des Vorstandes.

Zu I. 1. „Bestellung" des Vorstandes ist die verfassungsmäßige Berufung einer oder mehrerer Personen zur Organstellung des Vorstandes (Gierke, Genossenschaftstheorie S. 674).

Dagegen ist unter Bestellung des Vorstandes nicht zu verstehen die „Bildung" des Organs des Vorstandes mit den nach der Verfassung des Vereins dazu gehörigen Besonderheiten. Die Bestimmung darüber, ob der Vorstand „ein Einzelner ist oder eine Mehrheit Einzelner oder ein Kollegium und welche Merkmale entscheidend sind für die Bestimmung der Vorsteher oder Vorstandsmitglieder", das Alles gehört zur „Bildung" des Organs des Vorstandes und ist ein Bestandtheil der Verfassung des Vereins und der über letztere verfügenden Satzung (§ 58 Nr. 3); nicht aber gehört es, wie Hölder behauptet, zur Bestellung des Vorstandes. Diese stellt die Verwirklichung der Verfassung dar und setzt die erforderlichen gesetz- und satzungsmäßigen Bestimmungen über die Bildung des Vorstandes voraus. Jedenfalls spricht § 27 von „Bestellung" des Vorstandes nur in diesem Sinne der Berufung bestimmter Personen in das Vereinsamt des Vorstandes und eine andere Bedeutung der „Bestellung" ist dem BGB. unbekannt.

2. Bestellt wird der Vorstand durch die in der Satzung bezeichneten Organe. Enthält die Satzung keine Vorschriften, so entscheidet § 27 Abs. 1: Die Mitgliederversammlung bestellt den Vorstand. In den in § 29 bezeichneten „dringenden Fällen" werden der Vorstand oder die „erforderlichen Mitglieder des Vorstandes" durch das Amtsgericht bestellt, in dessen Bezirke der Verein seinen Sitz hat.

3. Die Satzung kann die Bestellung des Vorstandes statt der Mitgliederversammlung einem anderen Vereinsorgane z. B. einem Aufsichtsrath übertragen, oder die Wahl unnöthig machen, indem ein Wechsel der Vorstandschaft unter den Mitgliedern überhaupt oder unter den Mitgliedern von einer bestimmten Qualität vorgeschrieben wird, oder die Bestellung einer außerhalb des Vereins stehenden Person, einer Behörde, übertragen. Dem bestellenden Organe steht auch, falls die Satzung nicht anderes bestimmt, der Widerruf der Bestellung zu. Ist zur Bestellung und zum Widerrufe der Bestellung eine nicht dem Verein angehörige dritte Person z. B. eine Behörde zuständig, so entsteht die Frage, ob der Vorstand noch als Willensorgan des Vereins zu erachten ist. Das RG. hat in einer derartigen Bestimmung des Statuts einer Aktiengesellschaft einen Mangel der gesetzlichen Organisation gefunden, da bei solcher Sachlage die Mitgliederversammlung kein von ihr abhängiges Organ zur Ausführung ihrer Beschlüsse mehr hat (RGE. Bd. 3 S. 123 ff.). Ob indessen diese Entscheidung auch für den

Verein nach dem BGB. zutrifft, ist deßwegen fraglich, weil der Mitgliederversammlung des Vereins durch das BGB. nicht ein- für allemal jene Stellung zugewiesen ist, welche der Generalversammlung der Aktiengesellschaft zukommt.

4. Zum Vorstande bestellt werden können nur natürliche Personen:

a) Ausgeschlossen von der Bestellung sind geschäftsunfähige Personen, da sie weder zur Vertretung des Vereins (§ 26 Abs. 2), noch zur Geschäftsführung (§ 27 Abs. 3) die rechtliche Fähigkeit besitzen. Die Vertretung ist durch den entsprechend anwendbaren § 165 ausgeschlossen (vgl. § 1676 Abs. 1, § 1780), die Geschäftsführung durch die in § 27 Abs. 3 angeführten Haftungen aus Auftragsnormen, welche einen Geschäftsunfähigen aus seinen Handlungen nicht treffen können.

b) Die Bestellung eines minderjährigen oder anderen in der Geschäftsfähigkeit beschränkten Vorstandes oder Vorstandsmitgliedes ist mit Genehmigung des gesetzlichen Vertreters gültig. Auch ohne Genehmigung des gesetzlichen Vertreters ist die Bestellung wirksam, soweit es sich um Willenserklärungen des Vorstandes gegenüber Dritten oder Dritter gegenüber dem Vorstande handelt. § 165 ist zwar für diese Anschauung nicht direkt verwendbar, weil der Vorstand eines rechtsfähigen Vereins nicht Vertreter, sondern Organ des Vereins ist. Aber die Beschränkung der Geschäftsfähigkeit bezieht sich nach §§ 106 ff., 114 nur auf die eigenen Angelegenheiten des Minderjährigen, sowie der dem Minderjährigen gleichgestellten Personen. In der II. Komm. ist beantragt worden, den § 165 auf Bevollmächtigte zu beschränken, da es bedenklich sei, den Willenserklärungen minderjähriger gesetzlicher Vertreter Wirkungen für oder gegen den Vertretenen beizulegen. Die Mehrheit der Komm. erachtete es umgekehrt als „eine bedenkliche Gefährdung der Verkehrssicherheit", die Unwirksamkeit der in Vertretung abgegebenen Willenserklärungen eines minderjährigen Vormundes oder des minderjährigen Vorstandes einer Juristischen Person auszusprechen (P. I, 138, 139; übrigens auch M. IV, 1006). Anders liegt die Sache im Gründungsstadium des Vereins vor Erlangung der Rechtsfähigkeit oder nach Entziehung der Rechtsfähigkeit und überhaupt während der Zeit mangelnder Rechtsfähigkeit des Vereins. Da hier die Gesellschaftsregeln auf den Verein anzuwenden sind (§ 54), so sind die Vertretungshandlungen eines in der Geschäftsfähigkeit beschränkten Vorstandes als geschäftsführenden Gesellschafters trotz § 165 ungültig. Nach den Grundsätzen der gesammten Hand sind die Rechtswirkungen der Willenserklärungen des geschäftsführenden Gesellschafters für seine eigenen Angelegenheiten von den Wirkungen für seine Mitgesellschafter untrennbar und die Ungültigkeit der Verfügung in eigenen Angelegenheiten, welche mangels der Genehmigung des gesetzlichen Vertreters des in der Geschäftsfähigkeit beschränkten Vorstandes gemäß §§ 107 ff. eintritt, muß die Ungültigkeit der Vertretungshandlung auch in Bezug auf die übrigen Gesellschafter nach sich ziehen. Denn die Vertretungshandlung kann sich nicht auf einen Theil der Gesellschafter beschränken. Abgesehen von der Wirksamkeit der Vertretungshandlungen des Vorstandes kann in der Bestellung eines minderjährigen oder sonst in der Geschäftsfähigkeit beschränkten Vorstandes ohne Genehmigung des gesetzlichen Vertreters ein rechtswirksamer Akt nicht erblickt werden. Der Vorstand ist nach dem BGB. nicht bloß Vertretungsorgan, sondern auch, sofern die Satzung nicht anders bestimmt, das ordentliche geschäftsführende Organ des Vereins. Aus seiner Geschäftsführung erwachsen dem Bestellten Pflichten und Haftungen gegenüber dem Verein und gegenüber Dritten (§§ 27 Abs. 3, 42 Abs. 3). Die Bestellung des minderjährigen oder sonst in der Geschäftsfähigkeit beschränkten Vorstandes kann diese gesetzlichen Folgen der Geschäftsführung nicht bewirken, wenn die Bestellung nicht vom gesetzlichen Vertreter genehmigt war. Mit Rücksicht hierauf entspricht die Bestellung eines Vorstandes, der in der Geschäftsfähigkeit beschränkt ist, ohne Genehmigung des gesetzlichen Vertreters keinesfalls dem Gesetz und muß als ungültig erachtet werden, auch wenn der Verein bei Bestellung des Vorstandes denselben von jeder Schadenshaftung entbunden hätte. Denn der Verein kann nicht auf die Pflichten des Vorstandes gegenüber den Gläubigern des Vereins verzichten (§ 42 Abs. 2). Auf Ersatz des aus der ungültigen Bestellung dem Verein erwachsenden Schadens haften die bestellenden Organe, wenn die Bestellung schuldhaft erfolgte.

c) Soweit Vorschriften des öffentlichen Vereinsrechts Minderjährige oder überhaupt Dispositionsunfähige und Frauen von der Theilnahme an Vereinen ausschließen, was zumeist der Fall ist in Bezug auf politische Vereine und Vereine, welche sich mit öffentlichen Angelegenheiten beschäftigen, ist die Betheiligung solcher Personen auch als Vorsteher oder Vorstandsmitglieder ausgeschlossen (§ 134). Auch die Genehmigung eines gesetzlichen Vertreters würde solchenfalls an der Unerlaubtheit der Bestellung des Vorstandes nichts ändern.

d) Durch die Vereinssatzung können weitere subjektive Bestellungserfordernisse vorgeschrieben werden. Es kann insbesondere vorgeschrieben werden, daß zum Vorstande nur Vereinsmitglieder oder nur Personen einer bestimmten Berufsstellung zu bestellen sind.

5. Rechtliche Natur der Bestellung:

a) Die Bestellung ist ein Rechtsgeschäft des Personenrechts. Sie begründet ein Personenrechtsverhältniß zwischen der als Vorstand bestellten Person und der Juristischen Person des Vereins, welchem der zum Vorstande Bestellte als Träger der Organstellung des Vorstandes angegliedert wird.

b) Sie ist ein einseitiges Rechtsgeschäft des bestellenden Organs gegenüber dem Bestellten. Ob die Bestellung erfolgt „durch Beschluß der Mitgliederversammlung" (§ 27 Abs. 1) oder auf Grund der Satzung oder landesrechtlicher Bestimmung durch Beschluß eines anderen Vereinsorgans oder einer Behörde, immer ist die Bestellung eine einseitige Berufung des Bestellten zum Vorstand und bedarf zu ihrer Rechtswirksamkeit ebensowenig wie die Vollmacht einer Zustimmung des Bestellten, wenn sie auch ohne solche Zustimmung nicht praktisch zu werden vermag.

c) Die Bestellung ist ferner ein abstraktes Rechtsgeschäft, sofern sie, wenigstens in gewissem Umfange, von der Gültigkeit des Rechtsverhältnisses, auf Grund dessen sie erfolgt und auf Grund dessen der Bestellte der Bestellung Folge leistet, nicht abhängig ist.

d) In Bezug auf dieses der Bestellung zu Grunde liegende Rechtsverhältniß zwischen dem Vorstand und der Juristischen Person ist zu bemerken:

Die Mot. (I, 97) erklärten, der Vorstand nehme nicht die Stellung eines bloßen Bevollmächtigten oder Beauftragten ein. „Seine Stellung entspricht derjenigen des Vormundes." P. I, 510 dagegen sagen, die analoge Anwendung der in § 44 E. I bezeichneten Auftragsnormen auf die Rechte und Pflichten des Vorstandes gegenüber der Körperschaft führe zu einem angemessenen, das Verhältniß erschöpfend regelnden Ergebnisse. Nachdem indessen die Berathungen der II. Komm. zur Feststellung der Unentgeltlichkeit der Geschäftsführung als Begriffsmerkmals des Auftrags geführt hatten (P. II, 377 ff.), konnte diese Auffassung nicht mehr festgehalten werden. „Es könne nicht als der Normalfall hingestellt werden, daß der Vorstand einer Körperschaft seine Funktion ohne jede Vergütung besorge, möge auch bei den Vereinen mit idealer Tendenz die Unentgeltlichkeit die Regel bilden. Durch die Hinweisung auf §§ 664—670 (§ 27 Abs. 3) sei keineswegs beabsichtigt, das Rechtsverhältniß zwischen der Juristischen Person und dem Vorstand ausschließlich und erschöpfend nach den Grundsätzen des Auftrags zu regeln. Der Entscheidung über die Natur des zu Grunde liegenden Rechtsverhältnisses solle durch diese Verweisung nicht vorgegriffen werden. Die Auslegung würde zur entsprechenden Anwendung der §§ 588—595 (= 664—670 BGB.) wahrscheinlich auch ohne ausdrücklichen Hinweis gelangen, wenn sie, worauf mit Recht hingewiesen worden sei, in dem Verhältnisse zwischen Vorstand und Juristischer Person ein Rechtsverhältniß eigener Art erblicke" (P. II, 378).

In der That ist das der Bestellung zu Grunde liegende Rechtsverhältniß ein Rechtsverhältniß „eigener Art", nämlich überhaupt kein obligationenrechtliches, sondern ein personen- und sozialrechtliches Verhältniß, auf welches je nach der Sachlage analog Auftragsnormen oder Normen des Dienstvertrags oder des Gesellschaftsvertrags zur Anwendung zu kommen haben: Auftragsnormen, wenn die Geschäftsführung des Vorstandes unentgeltlich erfolgt, Dienstvertragsnormen, wenn eine Vergütung dafür vereinbart ist, Gesellschaftsvertragsregeln, wenn die Bestellung auf Grund der satzungsmäßigen Verpflichtung eines Vereinsmitglieds zur Uebernahme der Funktion als Vorstand erfolgt. Auf Grund der Satzung kann ein Vereinsmitglied auch ein Recht auf Bestellung als Vorstand und auf Führung der Geschäfte des Vorstandes haben. Eine Pflicht kann durch vorgängigen Vertrag zwischen dem Verein und dem zu Bestellenden begründet sein; ein solcher Vertrag ist insbesondere bei wirthschaftlichen Vereinen, bei welchen die Geschäfte des Vorstandes umfangreich und verantwortlich zu sein pflegen oder die ganze Thätigkeit des Bestellten in Anspruch nehmen, regelmäßig die Grundlage für die Bestellung.

6. Die Bestellung kann ihrer Dauer nach auf Zeit oder auf Lebenszeit erfolgen. Kraft Gesetzes ist die Bestellung zeitlich beschränkt in dem Falle des § 29. Die Zeitdauer der Bestellung kann sich ferner aus der Satzung ergeben oder durch den Beschluß des bestellenden Organs bestimmt werden. Letzterenfalls ist die Zeitdauer im Vereinsregister zu bemerken. Die Dauer der Bestellung kann auch durch das der Bestellung zu Grunde liegende Rechtsverhältniß (z. B. Dienstvertrag) bestimmt sein, ohne in der Bestellung formell zum Ausdrucke zu kommen. In diesem Falle ist bei Ablauf der vertragsmäßigen Zeit die Bestellung zu widerrufen, während sie von selbst erlischt, wenn aus der Satzung oder dem Bestellungsbeschlusse sich die zeitliche Beschränktheit der Bestellung ergiebt.

7. Die Bestellung ist jederzeit widerruflich und zwar ohne Rücksicht auf das der Bestellung zu Grunde liegende Rechtsverhältniß, sofern nicht ein Sonderrecht auf Führung der Vorstandsgeschäfte besteht. Der Verein kann auf die Thätigkeit des Bestellten verzichten „unbeschadet des Anspruchs auf die vertragsmäßige Vergütung". Auch durch die Satzung kann die Widerruflichkeit der Bestellung nicht ausgeschlossen werden. Dagegen ist es zulässig, sie in der Satzung auf den Fall zu beschränken, „daß ein wichtiger Grund für den Widerruf vorliegt; ein solcher Grund ist insbesondere grobe Pflichtverletzung oder Unfähigkeit zur ordnungsmäßigen Geschäftsführung." § 27 Abs. 2 Schlußsatz.

Ist die Widerruflichkeit der Bestellung in der Satzung nicht beschränkt, so kann die Bestellung gemäß § 27 Abs. 2 jederzeit widerrufen werden, also insbesondere auch dann, wenn die Bestellung satzungsgemäß auf bestimmte Zeit erfolgte, während dieser Zeit. Ist Vergütung für die Geschäftsführung des Vorstandes vereinbart, so entscheidet sich nach dem zu Grunde liegenden Verhältniß und allgemeinen Grundsätzen, ob der Widerruf den Anspruch auf Vergütung beseitigt oder nicht berührt. Erfolgt der Widerruf aus einem „wichtigen Grunde", als insbesondere wegen Pflichtverletzung oder Unfähigkeit zur Geschäftsführung, so fällt auf Grund analoger Anwendung des § 626 auch der Anspruch auf Vergütung für die Zukunft weg. Erfolgt dagegen der Widerruf ohne solchen sachlich rechtfertigenden Grund aus der Person des Bestellten, so bleiben die vertragsmäßigen Rechte des Bestellten gewahrt.

8. Der Widerruf steht dem bestellenden Organe zu. Er steht aber neben diesem Organe, wenn dasselbe nicht die Mitgliederversammlung ist, auch dem Verein d. h. der Mitgliederversammlung oder den Mitgliedern auf Grund einstimmigen nicht in der Versammlung gefaßten Beschlusses zu (§ 32), jedenfalls dann, wenn die Mitgliederversammlung berechtigt ist, dem bestellenden Organ Anweisungen zu ertheilen (vgl. Bem. zu § 32). Würde dem Vereine neben dem bestellenden Organe das Recht des Widerrufs nicht zustehen, so entsteht die Frage, ob der Bestellte überhaupt noch materiell Willensorgan des Vereins ist (RGE. Bd. 3 S. 129). Steht dem Vereine das Recht des Widerrufs zu, so muß ihm auch das Recht zustehen, den Widerruf eines anderen Organs aufzuheben.

9. Die Bestellung endigt von selbst durch Erlöschen derjenigen rechtlichen Qualität, welche satzungsgemäß Vorbedingung für die Bestellung war, z. B. Beendigung der Mitgliedschaft oder Aufhören der Zugehörigkeit zu einem bestimmten Berufe.

10. Die Bestellung kann ferner aufhören durch Amtsniederlegung seitens des Vorstandes. Für die Frage, ob dies zulässig, ist das der Bestellung zu Grunde liegende Rechtsverhältniß zwischen Vorstand und Juristischer Person entscheidend. Sind auf dieses Verhältniß Auftragsregeln analog anzuwenden, so ist die Kündigung des Vorstandes jederzeit zulässig (§ 671 Abs. 1); wenn die Geschäftsführung auf Grund dauernder Anstellung gegen Vergütung erfolgt, regelmäßig nur aus „wichtigem Grunde" (§ 626). Die unberechtigte Niederlegung des Amtes ist wirkungslos, bei Verweigerung der Geschäftsführung kann auf Erfüllung und Schadensersatz geklagt werden.

11. „Die gesetzlichen und statutarischen Rechtssätze über die formelle Legitimation als Körperschaftsorgan können im Bereich ihrer Tragweite auch ein materiell illegitimes Organ befähigen, in rechtswirksamer Weise zu funktioniren." Gierke, Genossenschaftstheorie S. 675. So hat zwar die gesetzlich angeordnete Kundmachung der Bestellung und Abberufung von Vorstandsmitgliedern (§ 67) keine konstitutive Kraft, weßhalb der satzungsgemäß bestellte Vorstand schon vor der Eintragung in das Vereinsregister rechtswirksam für den Verein handeln kann. Allein ein gehörig angemeldeter und eingetragener Vereinsvorstand ist als solcher auch für den Fall der Ungültigkeit seiner Wahl oder sonstigen Bestellung bis zur Wiederbeseitigung des äußeren Scheines seiner Rechtmäßigkeit legitimirt. ROHG. Bd. 20 Nr. 60 S. 207.

Zu II. Der Vorstand ist das ordentliche geschäftsführende Organ des Vereins, sofern die Satzung nicht anders bestimmt. „Auf die Geschäftsführung des Vorstandes finden die für den Auftrag geltenden Vorschriften der §§ 661—670 entsprechende Anwendung“ (§ 27 Abs. 3).

1. Die Anwendung dieser Normen kann durch die Satzung jedenfalls theilweise ausgeschlossen werden (§ 40).

2. Die analoge Anwendung der bezeichneten Auftragsregeln ist unabhängig davon, ob ein dem Auftrag oder dem Dienstvertrag entsprechendes Grundverhältniß oder ein Gesellschaftsverhältniß als Grundlage für die Bestellung angenommen wird, abgesehen davon, daß auch auf den Dienstvertrag wie auf den Gesellschaftsvertrag die bezeichneten Auftragsnormen als anwendbar erklärt sind (§§ 675, 713). Hier kommt es überhaupt auf das zu Grunde liegende Rechtsverhältniß nicht an, sondern nur darauf, ob die Satzung die Anwendung der bezeichneten Auftragsnormen ausgeschlossen oder abgeändert hat. Es wird dies in den Verhandlungen der II. Komm. damit begründet, daß die fraglichen Auftragsregeln überhaupt keine besonderen Grundsätze für den Auftrag enthalten, sondern in allen Fällen zutreffen, in welchen eine fremde Geschäftsbesorgung in Frage kommt (P. II, 378). Sachlich ist diese Auffassung dadurch gerechtfertigt, daß im BGB. die bezeichneten Grundsätze sowohl beim Dienstvertrag als auch beim Auftrag und beim Gesellschaftsvertrag als maßgebend erklärt sind, so daß in der That für die Anwendung dieser Grundsätze das materielle Grundverhältniß gleichgültig ist.

3. Einzelne von den in § 27 Abs. 3 erwähnten Auftragsnormen wird auch die Satzung — trotz § 40 — überhaupt nicht oder nicht völlig ausschließen können. Z. B. nicht die Norm der §§ 666, 667, wonach der Vorstand verpflichtet ist, dem Verein Auskunft zu ertheilen über seine Geschäftsführung und ferner Einnahmen, welche er für den Verein gemacht hat, dem Vereine herauszugeben, d. h. nicht berechtigt ist, dieselben für sich zu behalten. Die Anwendbarkeit des § 665 dagegen z. B. hängt von der satzungsmäßigen Stellung des Vorstandes zur Mitgliederversammlung und zum Verein überhaupt ab. Existirt eine Mitgliederversammlung mit der verfassungsmäßigen Kompetenz als oberstes Vereinsorgan, wie dies mangels entgegenstehender Satzungsbestimmungen nach dem BGB. der Fall ist, so ist der Vorstand an dessen Weisungen gebunden, und die §§ 664, 665 sind anwendbar. Anders dann, wenn die Zuständigkeit der Mitgliederversammlung durch verfassungsmäßige Normen zu Gunsten des Vorstandes beschränkt und verkümmert ist. Innerhalb der solchenfalls dem Vorstande zugewiesenen verfassungsmäßigen Kompetenz ist derselbe von Weisungen der Mitgliederversammlung unabhängig und Gleiches gilt von Weisungen anderer Vereinsorgane, soweit der Vorstand mit selbständiger Verfügungsgewalt ausgestattet ist. Die Unanwendbarkeit der Auftragsnormen braucht in der Satzung nicht direkt ausgesprochen zu sein, ihr Ausschluß kann sich aus der Vereinsorganisation von selbst ergeben.

§ 28.

Besteht der Vorstand aus mehreren Personen, so erfolgt die Beschlußfassung nach den für die Beschlüsse der Mitglieder des Vereins geltenden Vorschriften der §§ 32, 34.

Ist eine Willenserklärung dem Vereine gegenüber abzugeben, so genügt die Abgabe gegenüber einem Mitgliede des Vorstandes.

E. I, 44; II, 27; III, 25.

1. Die Vorschriften des § 28 Abs. 1 sind dispositiv, dagegen die des § 28 Abs. 2 zwingend (§ 40).

Ueber die Voraussetzungen und Formen der Beschlußfassung des aus mehreren Personen bestehenden Vorstandes entscheidet daher in erster Linie die Satzung. Diese Satzungsbestimmungen sind bei idealen Vereinen in das Vereinsregister einzutragen (§ 64 Satz 2). Sie wirken auch gegen Dritte (§§ 68, 70).

2. Sind Satzungsbestimmungen nicht vorhanden, so entscheidet § 28 Abs. 1. Das Vorbild dieser Bestimmung ist die Vorschrift des PLR. Thl. II Tit. 6 § 26. Vgl. P. I, 513.

3. Nach § 28 Abs. 1 wird

a) ein gültiger Beschluß des Vorstandes grundsätzlich nur in einer Versammlung des Vorstandes, also auf Grund einer mündlichen Verhandlung desselben, gefaßt. Die Versammlung des Vorstandes kann einen gültigen Beschluß nur dann fassen, wenn sie gehörig berufen und bei der Berufung der Gegenstand der Beschlußfassung bezeichnet worden ist. (§ 32 Abs. 1). Gehörig berufen ist die Versammlung, wenn die Ladung zu derselben an jedes einzelne Mitglied des Vorstandes ergangen ist. Bei der Beschlußfassung entscheidet die Mehrheit der erschienenen Mitglieder.

b) Ohne Versammlung ist ein Beschluß des Vorstandes nur dann gültig, wenn alle Mitglieder ihre Zustimmung zu dem Beschluß erklären und diese Zustimmung schriftlich erklärt wird.

c) Ferner ist ein Vorstandsmitglied nicht stimmberechtigt, wenn die Beschlußfassung die Vornahme eines Rechtsgeschäfts mit ihm oder die Einleitung oder Erledigung eines Rechtsstreites zwischen ihm und dem Vereine betrifft (§ 34). Die Anwendung des § 34 kann, wenn die Satzung nicht überhaupt die Beschlußfassung des Vorstandes nach den Normen der Beschlußfassung der Mitgliederversammlung ausschließt, durch die Satzung nicht beseitigt werden (§ 40). Der Grund, aus welchem ein Vereinsmitglied in der Mitgliederversammlung nicht stimmberechtigt ist in Angelegenheiten seines Privatinteresses, trifft auf die Mitglieder des Vorstandes bei der geringeren Zahl dieser Mitglieder und der in Folge dessen erhöhten Bedeutung einer einzelnen Stimme um so mehr zu.

4. § 28 Abs. 1 regelt die Beschlußfassung des Vorstandes, gleichviel, ob sich dieselbe auf ein mit Dritten abzuschließendes oder Dritten gegenüber vorzunehmendes Rechtsgeschäft bezieht oder lediglich auf die innere Ordnung des Vereins, wie z. B. Buchführung, Geschäftsordnung für Vereinsbeamte u. s. w. Die Wirksamkeit der Vertretungshandlungen des Vorstandes Dritten gegenüber setzt einen in verfassungsmäßiger Form zu Stande gekommenen Vorstandsbeschluß voraus (Planck, S. 86). Hienach kann auch eine von dem Gesammtvorstande schriftlich gegenüber dem Dritten abgegebene rechtsgeschäftliche Erklärung ungültig sein, wenn nämlich das Statut nur einen in der Form des § 32 Abs. 1 gefaßten Vorstandsbeschluß als zulässig erklärt. Es ist nicht richtig, wenn Hölder meint, daß eine von allen Vorstandsmitgliedern unterzeichnete Erklärung dem Dritten eine Sicherheit für einen gültigen Vorstandsbeschluß biete. Wenn das Statut des Vereins nur Versammlungsbeschlüsse anerkennt, so hat der Dritte sich darum zu kümmern, nicht nur daß ein Vorstandsbeschluß in der Versammlung gefaßt, sondern auch daß die Versammlung satzungsgemäß gültig, insbesondere unter Mittheilung der Tagesordnung berufen wurde.

5. Hat der Vorstand ohne einen der Satzung oder dem Gesetz entsprechenden gültigen Beschluß eine rechtsgeschäftliche Erklärung abgegeben, so ist die Erklärung außerhalb der Vertretungsmacht des Vorstandes abgegeben. Denn der Vorstand vertritt den Verein nur bei Wahrung der verfassungsmäßigen Formen (übereinstimmend Planck Bem. 1 a. E. zu § 28; Hölder a. a. O.). Es sind in diesem Falle §§ 177—180 BGB. anwendbar. Die Erklärung kann dadurch gültig werden, daß sie, wenn es sich um einen Vertrag handelt, durch einen satzungsgemäßen Beschluß desselben Vorstandes wiederholt und damit „genehmigt" wird. Bis zur Genehmigung ist der Gegenkontrahent zum Widerrufe berechtigt. Ein einseitiges Rechtsgeschäft z. B. eine Kündigung ohne gültigen darauf bezüglichen Beschluß ist „unzulässig" (§ 180).

6. Im Einklange mit § 171 Abs. 3 CPO. und in Fortbildung dieser Bestimmung schreibt § 28 Abs. 2 zwingend vor, daß zur Abgabe von Willenserklärungen gegenüber dem Vereine die Abgabe der Willenserklärung gegenüber einem Mitgliede des Vorstandes genügt. Als Grund für diese Bestimmung wird in P. I, 515 angegeben, daß nicht selten die Person des mit der Geschäftsführung beauftragten Vorstandsmitglieds dem Erklärenden unbekannt sein wird und ihm nicht zugemuthet werden könne, sich in dieser Hinsicht vor der Abgabe der Erklärung zu vergewissern.

Was § 157 CPO. für den Fall der civilprozessualen Zustellung vorschreibt, wird in § 28 auch auf solche Erklärungen angewendet, welche nicht im Zustellungsweg erfolgen. Eine weitere Verkehrserleichterung für Erklärungen gegenüber Juristischen Personen schafft § 132 BGB.

Auch Willenserklärungen gegenüber dem Vereine können nicht demjenigen Vorstandsmitgliede gültig zugestellt werden, dessen Willenserklärung selbst in Frage steht; so insbesondere nicht Klagen (RGE. Bd. 7 S. 404; § 181 BGB.).

Die Vorschrift des § 28 Abs. 2 darf auf alle Wissenszustände des Vereins überhaupt angewendet werden, so daß das Wissen eines Vorstandsmitgliedes für die Annahme der Redlichkeit oder Unredlichkeit des Sachbesitzes, für dolus in Rechtsgeschäften, für die Kenntniß im Sinne der §§ 30, 31, 34 der KO. und des § 3 des Anfechtungsgesetzes als genügend zu erachten ist. Entsch. d. RG. in Seuff. Arch. Bd. 40 Nr. 275; Jur. Wschr. 1885 S. 127; 1886 S. 148; 1887 S. 191; 1889 S. 154. Gierke, Genossenschaftstheorie S. 627 bis 629, vgl. S. 595 Note 2; Kuhlenbeck, Von den Pand. z. BGB. S. 205.

§ 29.

Soweit die erforderlichen Mitglieder des Vorstandes fehlen, sind sie in dringenden Fällen für die Zeit bis zur Hebung des Mangels auf Antrag eines

Betheiligten von dem Amtsgerichte zu bestellen, in dessen Bezirke der Verein seinen Sitz hat.

E. I, 44; II, 28; III, 26.

I. Entstehung dieser Vorschrift. E. I § 44 Abs. 6 hatte eine dem § 29 entsprechende Vorschrift nur für den Fall einer seitens eines Dritten gegenüber dem Verein abzugebenden Willenserklärung aufgenommen; die II. Komm. erachtete „die Rechte der Mitglieder des Vereins als des gleichen Schutzes würdig, wie die Interessen Dritter“ (P. I, 517).

II. 1. § 29 ist anwendbar nur auf Vereine, die ihren Sitz in einem Bundesstaate haben (§§ 21, 22), nicht auf die Vereine, welche in einem Konsulargerichtsgebiet oder Schutzgebiet ihren Sitz haben, deren Rechtsfähigkeit daher auf Verleihung durch den Bundesrath beruht (§ 23); denn diese Vereine haben nicht ihren Sitz in dem Bezirk eines „Amtsgerichts“ und es giebt daher keim zur Bestellung des Vorstandes zuständiges Gericht.

2. § 29 ist, mit Rücksicht auf die Geltung der vereinsrechtlichen Normen des BGB. für rechtsfähige Vereine überhaupt, auch auf die durch besondere Reichsgesetze normirten Vereine anzuwenden, daher auch auf die Juristischen Personen des Handelsrechts. Rspr. d. OLG. Bd. 4 S. 256 (Kammerger. 2. Dezember 1901).

III. Voraussetzungen der Bestellung durch das Amtsgericht:

1. Materielle: Die erforderlichen Mitglieder des Vorstandes müssen fehlen.

Die Vorstandsmitglieder „fehlen“, wenn sie gestorben, geschäftsunfähig oder wenn sie durch Krankheit, Abwesenheit an der Geschäftsführung verhindert oder durch eigene Betheiligung an der Sache von der Beschlußfassung und Vertretung des Vereins ausgeschlossen sind (§§ 28, 34).

Die Vorstandsmitglieder „fehlen“ ferner, wenn die satzungsmäßige Zahl der Mitglieder eines mehrgliedrigen Vorstandes nicht vorhanden ist, ebenso wie wenn dieser überhaupt hinweggefallen ist. Ob bei Mittheilungen an den Verein § 29 dann anwendbar ist, wenn die Mittheilung seitens des einzigen vorhandenen Vorstandsmitglieds dem Verein in eigener Sache zu machen ist, hängt davon ab, ob in diesem Falle § 181 BGB. als anwendbar erachtet wird oder nicht (vgl. oben Bem. 6 Abs. 3 zu § 28).

Weiter muß ein dringender Fall gegeben sein. Ein solcher liegt vor, wenn ein sofortiges Handeln erforderlich ist, um Schaden zu vermeiden, oder eine erforderliche Handlung überhaupt nur sofort vorgenommen werden kann. Der Schaden muß nicht Vermögensschaden sein.

2. Formelle:

a) Ein Antrag an das zuständige Amtsgericht. Das Amtsgericht, in dessen Bezirke der Verein seinen Sitz hat, ist hier das Vereinsgericht auch für konzessionirte Vereine.

b) Ein Antrag eines Betheiligten. Dieser kann sein ein Mitglied des Vorstandes oder ein oder mehrere Vereinsmitglieder oder ein Dritter, welcher gegenüber dem Verein eine Willenserklärung abgeben oder demselben zustellen lassen will, z. B. ein Gläubiger des Vereins (Rspr. d. OLG. Bd. 4 S. 256 ff.).

Nach M. I, 100 wäre der Fall des § 29 nicht gegeben, wenn der Verein verklagt werden soll. Denn in diesem Falle soll nach den Mot. § 57 CPO. zutreffen. Diese Ansicht ist bei der dem E. I und den Mot. zu Grunde liegenden Auffassung der Juristischen Person zutreffend; sie ist dagegen unzutreffend, wenn man die Juristische Person als handlungsfähig und daher auch als prozeßfähig erachtet. Von diesem Standpunkt aus ist § 29 insbesondere auch anwendbar, wenn der Verein klagen oder verklagt werden soll.

IV. Der Bestellungsbeschluß:

1. Derselbe erfolgt nach den Bestimmungen des Gesetzes über die freiwillige Gerichtsbarkeit. Er ist sofort wirksam mit der Bekanntmachung an den Antragsteller (FG. § 16). Gegen den Beschluß, welcher die Bestellung abweist, hat der Antragsteller das Rechtsmittel der Beschwerde zum Landgerichte (FG. §§ 19, 20), sowie der weiteren Beschwerde gemäß §§ 27—29 FG.

2. Zu bestellen sind Vorstandsmitglieder oder ein Vorstand, nicht, wie im E. I § 44 Abs. 6 angeordnet war, „ein besonderer Vertreter“. Die bestellten Vorstandsmitglieder haben die Rechte und Pflichten des Vorstandes, wie die von Vereinsorganen bestellten. Nur in zeitlicher Beziehung unterscheiden sie sich von den letzteren. Sie werden vom Amtsgerichte bestellt „bis zur Hebung des Mangels“. Hienach können Vorstandsmitglieder oder ein Vorstandsmitglied auch nur für einem einzigen Akt bestellt werden z. B. nur zum Zwecke der Einberufung der Mitgliederversammlung, in welcher die satzungsgemäße Vor-

standswahl stattzufinden hat, wenn diese Einberufung satzungsgemäß nur durch den Vorstand stattfinden darf. Sie können bestellt werden für einen einzigen Akt, weil für diesen der noch in Thätigkeit befindliche Vorstand wegen Betheiligung ausgeschlossen ist. Bei der Bestellung kann diese Beschränkung auf einen bestimmten Akt oder auf eine bestimmte Zeit von vornherein angegeben oder nachträglicher Feststellung überlassen werden, wenn der Mangel behoben ist. Auch letzterenfalls erlischt die amtsgerichtliche Bestellung mit der Behebung des Mangels, nicht erst mit der Feststellung, daß der Mangel behoben sei.

3. Damit, daß dem Amtsgerichte für dringende Fälle das Recht der Bestellung auf Antrag von Betheiligten eingeräumt ist, ist ihm auch das Recht eingeräumt, mit den zu bestellenden Vorstandsmitgliedern diejenigen Vereinbarungen zu treffen, auf Grund deren die zu bestellenden Personen die Bestellung annehmen. Denn das Amtsgericht kann zum Vollzuge seiner Bestellung gegen die bestellten Personen keinen Zwang üben.

4. Oeffentlich-rechtlichen Zwang zur Bestellung fehlender Vorstandsmitglieder oder Vorstände verhängen Landesvereinsgesetze über politische Vereine z. B. bayrisches Vereinsgesetz Art. 14.

§ 30.

Durch die Satzung kann bestimmt werden, daß neben dem Vorstande für gewisse Geschäfte besondere Vertreter zu bestellen sind. Die Vertretungsmacht eines solchen Vertreters erstreckt sich im Zweifel auf alle Rechtsgeschäfte, die der ihm zugewiesene Geschäftskreis gewöhnlich mit sich bringt.

E. II, 29; III, 27.

1. Entstehung der Vorschrift. Die Vorschrift des § 30 wurde in der II. Komm. eingefügt (P. I, 520 ff.). Es wurde hiebei erklärt, der bezügliche Vorschlag folge dem Vorgange des HGB. Art. 235 in der Fassung des Gesetzes vom 18. Juli 1884, des Genossenschaftsgesetzes § 40 und des bayrischen Gesetzes vom 29. April 1869 Art. 22. Diese Erklärung ist unrichtig. Die genannten Gesetzesstellen machen der Juristischen Person der Aktiengesellschaft, der Genossenschaft und des anerkannten Vereins die Formen der außerhalb des Körperschaftsrechtes liegenden gewöhnlichen Stellvertretung zugänglich. Von der Zulässigkeit gewöhnlicher Stellvertretung durch Bevollmächtigte handelt § 30 aber nicht. Die „besonderen Vertreter" sind nicht Stellvertreter, sondern Organe des Vereins, nicht anders als der Vorstand selbst. So auch P. I, 521. Ueber die Stellvertretung für Vereine enthält das BGB. keine besonderen Bestimmungen, es sind die allgemeinen Rechtsnormen maßgebend. Nur insofern kann die Analogie der Stellvertretungsnormen in Betracht kommen, als der Vorstand einem Generalbevollmächtigten gleich grundsätzlich für alle Geschäfte des Vereins zuständig ist, soweit ihm nicht eine Befugniß ausdrücklich entzogen sein soll, während die „besonderen Vertreter" gleich einem Spezialbevollmächtigten von vorneherein eine begrenzte Zuständigkeit besitzen (P. I, 512).

2. Daß die „besonderen Vertreter" gemäß § 30 Organe des Vereins und nicht bloß Stellvertreter sind, hat zur Folge, daß der Verein für Handlungen solcher besonderen Vertreter, wie für Handlungen des Vorstandes, auf Schadensersatz haftet (§ 31). Aus Handlungen gewöhnlicher Stellvertreter des Vereins, wodurch Dritten Schaden zugefügt wird, haftet der Verein nach den allgemeinen Grundsätzen (§ 831). Vgl. Planck Bem. 2 zu § 31.

3. Während das Gesetz vorschreibt, daß der Verein einen Vorstand haben muß (§ 26), sind „besondere Vertreter" nur auf Grund einer Bestimmung der Satzung des Vereins zu bestellen. Damit ist gesagt:

a) Wenn die Satzung die Bestellung besonderer Vertreter nicht vorschreibt, können sie nicht bestellt werden. Denn die Bestimmung der besonderen Vertreter als Organe des Vereins gehört zur Verfassung des Vereins und über diese kann nur das Gesetz oder die Satzung bestimmen, nicht aber können darüber der Vorstand oder andere Organe des Vereins ohne satzungsmäßige Bestimmung verfügen.

b) Die Satzung kann die Bestellung besonderer Vertreter nur vorschreiben, nicht aber bloß gestatten. Es giebt keine bloß fakultativen Organe der Juristischen Person. Auch die Satzung kann die Schaffung von Vereinsorganen — im Gegensatze zu der Berufung bestimmter Personen in die geschaffene Organsstellung — nicht dem Belieben von Vereinsorganen überlassen (nach der ursprünglichen Fassung des § 30 [§ 45 a] war dies anders).

Nach der Fassung des Gesetzes muß das Amt der besonderen Vertreter verfassungsmäßig festgestellt sein, wenn sie berufen werden sollen, und dann ist die Berufung obligatorisch.

c) Die Satzung kann über das bestellende Organ Verfügung treffen. Ist dies nicht geschehen, so hat die Mitgliederversammlung die besonderen Vertreter zu bestellen; denn mangels besonderer Satzungsbestimmungen finden die Normen über die Bestellung des Vorstandes entsprechende Anwendung (§ 27).

d) Bezüglich der rechtlichen Qualität der Bestellung und des der Bestellung zu Grunde liegenden Rechtsverhältnisses gilt das Gleiche, was beim Vorstande bemerkt wurde (Bem. I, 5—11 zu § 27).

4. Die „besonderen Vertreter" haben als Organe des Vereins die Stellung eines gesetzlichen Vertreters des Vereins nach außen und zwar im Zweifel für alle Rechtsgeschäfte, welche der ihnen zugewiesene Geschäftskreis gewöhnlich mit sich bringt. Es kommt ihnen aber auch für den ihnen zugewiesenen Geschäftskreis die Geschäftsführung zu.

5. Die besonderen Vertreter sind nicht Vorstände und nicht Vorstandsmitglieder. Daher ist die Anwendung des § 29 auf ihre Bestellung ausgeschlossen. Es besteht auch keine sachliche Veranlassung, den § 29 auf die besonderen Vertreter auszudehnen. A. M. Hölder Bem. 1 zu § 30. Der Ersatz eines besonderen Vertreters kann jederzeit, solange ein Vorstand besteht, auf dem ordentlichen satzungsmäßigen Wege erfolgen.

6. Die Kompetenz der besonderen Vertreter kann satzungsmäßig eine ausschließliche sein. Es ist jedoch auch möglich, daß der Vorstand von den Geschäften der besonderen Vertreter nicht ausgeschlossen ist. Daß die besonderen Vertreter „neben dem Vorstande" bestellt werden, bedeutet aber nicht, daß sie bestellt werden können für den Zuständigkeitsbereich des Vorstandes. Es ist immer ein bestimmter spezieller Geschäftsbereich, nicht das gesammte Vorstandsgeschäft, für welches die besonderen Vertreter zu bestellen sind. Genannt wurden in den Verhandlungen: Kassageschäfte oder Geschäfte eines örtlichen Delegirten.

§ 31.*)

Der Verein ist für den Schaden verantwortlich, den der Vorstand, ein Mitglied des Vorstandes oder ein anderer verfassungsmäßig berufener Vertreter durch eine in Ausführung der ihm zustehenden Verrichtungen begangene, zum Schadensersatze verpflichtende Handlung einem Dritten zufügt.

E. I, 46; II, 30; III, 28.

1. Die Vorschrift des § 31 bezieht sich nicht bloß auf rechtsfähige Vereine, sondern nach § 89 auch auf die Juristischen Personen des öffentlichen Rechtes. Auch bezüglich der handelsrechtlichen und sonstigen Juristischen Personen des Privatrechtes ist dies anzunehmen (RGE. vom 23. Januar 1903 in Jur. Wschr. 1903 Beil. S. 39).

2. § 31 behandelt nicht alle Fälle der Haftung des Vereins. Er behandelt nur die Haftung für außerkontraktlich verursachten Schaden. § 31 hat daher nichts zu thun

a) mit der Haftung aus Rechtsgeschäften überhaupt. Nach § 164 haftet der Verein aus den vom Vorstand oder einem besonderen Vertreter des Vereins innerhalb seiner Vertretungsmacht persönlich oder durch rechtmäßig bestellte Bevollmächtigte Namens des Vereins abgegebenen Willenserklärungen.

b) Von § 31 ist ferner unberührt die Haftung des Vereins aus dem Verschulden des Vorstandes oder sonstiger verfassungsmäßiger Vertreter des Vereins bei Erfüllung von Verbindlichkeiten des Vereins gemäß § 278. Hiebei haftet der Verein überhaupt für das Verschulden derjenigen Personen, deren er sich zur Erfüllung seiner Verbindlichkeiten bedient.

---

*) Vgl. Gierke, DPR. I S. 528; Meurer § 14; Oertmann, Arch. f. bürgerl. R. Bd. 10 S. 193; Dernburg I § 67 in Note 11—16; Rhomberg, Körperschaftliches Verschulden 1899; Hartwig, Die Haftung juristischer Personen für Delikte 1899; Klingmüller, Die Haftung für die Vereinsorgane (in Leonhards „Studien zur Erläuterung des bürgerlichen Rechts", 3. Heft 1900); derselbe in D. Jur.Z. 1902 S. 172, 269; Krüger, Die Haftung der juristischen Personen aus unerlaubten Handlungen 1901; A. Korn, Die Deliktsfähigkeit der juristischen Personen nach dem BGB. (Festgabe der Rechtsanwaltschaft des Kammerger. für Wilke) 1900; v. Stengel in „Annalen des Deutschen Reichs" 1901 S. 481 ff.; Lenel, D. Jur.Z. 1902 S. 9 ff.; Kißkalt, D. Jur.Z. 1902 S. 552.

c) Außerhalb obligatorischer Verhältnisse haftet der Verein nach allgemeinen Grundsätzen gemäß § 831 für das Verschulden derjenigen Personen, die er zu einer Verrichtung bestellt, sofern nicht nachweisbar bei der Auswahl dieser Personen „die im Verkehr erforderliche Sorgfalt" vom Vereine beobachtet worden ist.

Diese Haftungen (a—c) sind rein individualrechtlich und entsprechen der Haftung natürlicher Personen. § 31 dagegen behandelt die außerkontraktliche Haftung der Juristischen Person ohne Rücksicht auf culpa.

3. Vereine (und was ihnen gleichsteht) haften gemäß § 31 nur für die Schaden stiftenden Handlungen des Vorstandes oder anderer verfassungsmäßig berufener Vertreter, nicht dagegen für Handlungen oder Unterlassungen von Angestellten oder Bevollmächtigten überhaupt. In der II. Komm. ist beantragt worden, auszusprechen, daß die Körperschaft für den Ersatz des Schadens haftet, „welchen der Vorstand, ein Mitglied desselben oder ein sonst Angestellter in Ausübung der ihm zugewiesenen Verrichtungen einem Dritten zufügt" (P. I, 522 ff.). Der Antrag wurde abgelehnt mit der Begründung, „es handle sich an dieser Stelle (§ 31) nur darum, diejenige Haftung der Körperschaft zu regeln, welche auf dem besonderen Verhältnisse derselben zu ihren Organen beruhe; dagegen könne die Frage, inwieweit eine vom Verschulden unabhängige Haftung für schädigende Handlungen Dritter anzuerkennen sei, für Juristische Personen nicht anders entschieden werden, als für natürliche" (P. I, 523).

4. § 31 behandelt nur die Folgen des Verhaltens der verfassungsmäßigen Willensorgane des Vereins als Juristischer Person. Dieses Verhalten — bestehe es nun in Handlungen oder Unterlassungen — gilt als das eigene Verhalten der Juristischen Person; die Juristische Person haftet daraus wie aus eigenem Verhalten. Dagegen ist das Verhalten anderer im Interesse der Juristischen Person oder für dieselbe handelnder Personen der Juristischen Person gegenüber fremde Handlung, fremde Unterlassung, woraus die Juristische Person nur auf Grund derjenigen Regeln haftet, welche auch für natürliche Personen eine Haftung für fremde Handlungen oder Unterlassungen vorschreiben. Ueber diese Unterscheidung zwischen den Organen der Juristischen Person und bloßen Vertretern und Gehilfen vgl. Oertmann, Arch. f. bürgerl. R. Bd. 10 S. 193 ff., Regelsberger, Pand. § 83 Nr. 12; RGE. Bd. 19 S. 350; Bd. 22 S. 259; Bd. 31 S. 249; Bd. 39 S. 185; in Jur. Wschr. 1886 S. 21 Nr. 47, 1888 S. 212 Nr. 11, 1889 S. 329 Nr. 15, 1900 S. 79 Nr. 21; Bayr. Oberst. LG. Bd. 11 S. 639; Seuff. Arch. Bd. 57 Nr. 234; Lenel D. Jur.Z. 1902 S. 9; Klingmüller daselbst S. 172, 269; Kißkalt das. S. 552.

5. Der Schaden muß zugefügt sein durch ein Willensorgan des Vereins, welches berufen ist, den Verein nach außen zu repräsentiren, nicht durch ein anderes Willensorgan z. B. einen Aufsichtsrath oder die Mitgliederversammlung. Sofern der Aufsichtsrath oder die Mitgliederversammlung bei einer schädigenden Handlung betheiligt war, z. B. durch einen die Handlung veranlassenden Beschluß, ist dies rechtlich bedeutungslos, wenn nicht der Vorstand oder ein anderes Vertretungsorgan wirklich die schädigende Handlung vornahm. Veranlaßte ein Aufsichtsrath oder eine Mitgliederversammlung zuwider der Verfassung des Vereins eine Person, welche nicht verfassungsmäßiger Vertreter des Vereins ist, zur Vornahme der schädigenden Handlung, so haftet der Verein nicht aus § 31.

6. Der Schaden muß zugefügt worden sein durch eine von dem verfassungsmäßigen Organe des Vereins in Ausführung der ihm zustehenden Verrichtungen begangene Handlung. Im E. I § 46 hieß es „in Ausübung seiner Vertretungsmacht". Zu dieser Abänderung des E. I wurde in der II. Komm. bemerkt, daß Vertretungsmacht nur die Macht zur Vertretung im rechtsgeschäftlichen Handeln bezeichne, während hier auch die Befugniß und Verpflichtung zur Ausführung thatsächlicher Verrichtungen getroffen werden müsse. Vgl. Dernburg I § 69 S. 173; RGE. Bd. 19 S. 348; Bd. 22 S. 259; RGE. vom 1. März 1902 in Jur. Wschr. 1902 S. 226 Nr. 78. Im einzelnen Falle kann es hier zweifelhaft sein, ob die Verrichtung eines Willensorgans oder eines anderen Angestellten gegeben ist. Die in der Rechtsprechung als Merkmal eines Willensorgans mehrfach bezeichnete Eigenschaft: Selbständigkeit der Willensentschließung innerhalb eines bestimmten Wirkungskreises, ist in anderen Entscheidungen als gleichgültig erklärt worden. Vgl. RGE. Bd. 39 S. 185, Bd. 45 S. 168, Bd. 47 S. 241, 328; RGE. vom 27. Februar 1900 in Gruchot, Beitr. Bd. 44 S. 715 = Jur. Wschr. 1900 S. 319 Nr. 23 (Wagenaufseher und Straßenaufseher, Willensorgan des Bezirksverbandes Kassel); RGE. vom 26. September 1899 in Gruchot, Beitr. Bd. 44 S. 1025 (Bahnwärter nicht Willensorgan des Eisenbahnfiskus); Bayr. Oberst. LG. in Seuff. Arch. Bd. 57 Nr. 234 S. 435, Urth. v. 16. Januar 1902 (Eisenbahnrangirleiter nicht Willensorgan des Eisenbahnfiskus) u. in Samml. n. F. Bd. 3 S. 25 ff., sowie ferner Urth. des gleichen Gerichts v. 24. Januar 1902 in Samml. n. F. Bd. 3 S. 50 ff. Dagegen wieder RGE. vom 1. März 1902 in Jur.

Wschr. 1902 S. 226 Nr. 48 und Rspr. d. OLG. Bd. 5 S. 376 (Straßenkontrolleur Willensorgan der Gemeinde).

7. Die Schaden bringende Handlung kann positive Handlung oder Unterlassung sein. Auch in Folge von Unterlassung derjenigen Handlungen, welche den Organen einer Juristischen Person durch Gesetz oder Satzung auferlegt sind, kann die Juristische Person auf Schadensersatz haftbar werden.

8. Die Schaden bringende Handlung oder Unterlassung muß dem Bereiche des verfassungsmäßigen Wirkungskreises des betreffenden Organs der Juristischen Person angehören und als Handlung und Unterlassung zur Ausführung derjenigen Verrichtungen gehören, welche dem Organ überwiesen sind — als Unterlassung, indem eine dem Organe zukommende verfassungsmäßige Aufgabe nicht oder nicht gehörig erfüllt wird.

9. Dagegen macht die Juristische Person nicht haftbar eine schädigende Handlung, welche sich das Organ der Juristischen Person nicht in Ausführung seiner Verrichtungen, sondern nur bei Gelegenheit der Ausführung von Verrichtungen zu Schulden kommen ließ durch eine Handlung oder Unterlassung, welche überhaupt dem Bereiche der Aufgabe dieses Organs nicht angehört: Dies wurde in der II. Komm. (P. VI, 144) ausdrücklich festgestellt.

10. Die Haftung der Juristischen Person aus § 31 kann durch eine schuldhafte Handlung des Organs begründet sein, jedoch ist eine solche nicht erforderlich. Es wird nur verlangt, daß die Handlung des Organs zu Schadensersatz verpflichtet. Es haftet daher die Juristische Person für objektiv unberechtigte Selbsthülfe des verfassungsmäßigen Vertreters der Juristischen Person gemäß § 231, sowie für einen nicht rechtswidrig zugefügten Schaden, für welchen gemäß § 904 Abs. 2 Ersatz zu leisten ist. Ebenso dürfte von dem Verein in den Fällen des § 122, sofern eine von seinem verfassungsmäßigen Vertreter abgegebene Erklärung nichtig oder angefochten ist, das sog. negative Interesse des Dritten zu ersetzen sein. Denn auch dies ist Schadensersatz auf Grund einer hiezu verpflichtenden nicht nothwendig schuldhaften Handlung (vgl. P. I, 523). Vgl. ferner §§ 829, 833, 835.

11. § 31 gilt zwar für Juristische Personen des Privatrechts wie des öffentlichen Rechtes. Die Vorschrift gilt aber nur, soweit Organe von Juristischen Personen des öffentlichen Rechtes in Ausübung privatrechtlicher Vertretungsmacht handeln. Die Frage der Ersatzpflicht des Staates und anderer Juristischen Personen des öffentlichen Rechtes für einen Schaden, welchen ein Beamter in Ausübung einer ihm anvertrauten öffentlichen Gewalt, z. B. des Richteramtes, zugefügt hat, ist nach EG. zum BGB. Art. 77 der Entscheidung durch die Landesgesetzgebung anheimgegeben (vgl. hiezu im Allgemeinen Gierke, DPR. I S. 532 Note 83—87; Mot. zu Art. 56 des Entw. des EG. S. 185; ferner Bd. II Bem. 12 zu § 839 und GBO. § 12). In Preußen wird im Gebiete des PLR. ein Ersatzanspruch versagt. Vgl. Crusen u. Müller, Komm. zum preuß. AG. z. BGB. S. 770; Gierke, DPR. I § 68, Note 86 und die daselbst angeführten RGE. In Bayern ist der Ersatzanspruch anerkannt AG. z. BGB. Art. 60, 61 und hiezu Becher, Mat. IV S. 18 (E. Art. 53), 78 ff., 403—425, 910 ff.

12. § 31 bezieht sich nicht auf nicht rechtsfähige Vereine, gleichviel, ob dieselben die Rechtsfähigkeit erlangen könnten oder nicht. A. M. Dernburg I § 67 S. 173 und Scherer Nr. 2 zu § 31. Indem § 54 ausdrücklich vorschreibt, daß nicht rechtsfähige Vereine nach dem Gesellschaftsrechte zu behandeln sind, hat das BGB. die Anwendung des § 31 von selbst ausgeschlossen. Vgl. hiefür auch Fuld in Bl. f. RA. Bd. 67 S. 159; OLG. Stettin 17. Dezember 1901 in Rspr. d. OLG. Bd. 4 S. 201; RGE. vom 6. März 1902 im „Recht" 1902 S. 556 Nr. 2559.

13. Die Frage der Mithaftung der handelnden oder eine pflichtmäßige Handlung unterlassenden Beamten entscheidet sich nach allgemeinen Grundsätzen.

14. § 31 kann durch die Satzung nicht abgeändert werden.

15. Nach Art. 163 EG. ist § 31 auch auf die zur Zeit des Inkrafttretens des BGB. bestehenden Juristischen Personen anwendbar. Dies gilt insbesondere auch für die bisherigen „anerkannten Vereine" des bayrischen Rechtes (EG. Art. 165 und Art. 2 des bayrischen Gesetzes, Uebergangsvorschriften zum BGB. betreffend, vom 9. Juni 1899).

§ 32.

Die Angelegenheiten des Vereins werden, soweit sie nicht von dem Vorstand oder einem anderen Vereinsorgane zu besorgen sind, durch Beschlußfassung in einer Versammlung der Mitglieder geordnet. Zur Gültigkeit des Beschlusses ist erforderlich, daß der Gegenstand bei der Berufung bezeichnet wird. Bei der Beschlußfassung entscheidet die Mehrheit der erschienenen Mitglieder.

Auch ohne Versammlung der Mitglieder ist ein Beschluß gültig, wenn alle Mitglieder ihre Zustimmung zu dem Beschlusse schriftlich erklären.

E. I, 48; II, 31; III, 29.

I. Die Mitgliederversammlung ist nach dem BGB. im Zweifel das oberste Vereinsorgan. Dies ergiebt sich daraus, daß die Mitgliederversammlung, falls die Satzung nicht anders bestimmt, den Vorstand bestellt und entläßt, daß sie allein über Vereinssatzung und Vereinszweck bestimmt (§ 33), ebenso wie über die Existenz des Vereins (§ 41). Daß die letztere auch durch ein Verhalten des Vorstandes in Frage gestellt und hiewegen dem Vereine die Rechtsfähigkeit entzogen werden kann, ist im BGB. nur als Folge eines gesetzwidrigen Verhaltens des Vorstandes gedacht, hat daher auf die Rangordnung der Vereinsorgane keinen Bezug.

II. Nach § 32 werden „die Angelegenheiten des Vereins, soweit sie nicht vom Vorstand oder einem anderen Vereinsorgane zu besorgen sind, durch Beschlußfassung in einer Versammlung der Mitglieder geordnet". Hiemit ist eine gesetzliche Vermuthung zu Gunsten der Zuständigkeit der Mitgliederversammlung geschaffen. Soweit nicht durch Satzung oder Gesetz die Geschäftsführung dem Vorstande derart selbständig zugewiesen ist, daß er Weisungen der Mitgliederversammlung nicht zu empfangen und zu beachten hat, kann die Mitgliederversammlung die gesammte Geschäftsführung an sich nehmen und den Vorstand lediglich mit der Ausführung ihrer Beschlüsse beauftragen. Im Zweifel ist die Mitgliederversammlung in allen Angelegenheiten berechtigt, dem Vorstand Anweisungen zu ertheilen (§ 27 Abs. 3). Durch die Satzung kann dieses Verhältniß der Zuständigkeit und des Ranges zwischen Mitgliederversammlung und Vorstand geändert, der Wirkungskreis der Mitgliederversammlung auf bestimmte Aufgaben beschränkt und der Vorstand in dem ihm zugewiesenen Bereiche von der Mitgliederversammlung unabhängig gestellt werden.

1. Gewisse Aufgaben können dem Vorstande durch die Satzung und auf Grund der Satzung durch die Mitgliederversammlung nicht entzogen werden.

a) Unentziehbar, wenn auch beschränkbar, ist die Vertretungsmacht (§ 26) des Vorstandes.

b) Auch die Geschäftsführung kann dem Vorstande nicht vollständig entzogen werden. Er muß die Geschäftsführung unter allen Umständen soweit behalten, als es erforderlich ist, um die dem Vorstande gesetzlich auferlegten Pflichten zu erfüllen (§ 42 Abs. 2). Im Liquidationsstadium des Vereins kann die Geschäftsführung, soweit sie dem Vorstande gemäß §§ 48, 49 bis 53 obliegt, überhaupt nicht entzogen werden.

Soweit dem Vorstande Geschäftsführungspflichten gesetzlich in unentziehbarer Weise zugewiesen sind, ist derselbe auch von den Anweisungen der Mitgliederversammlung unabhängig. Er kann z. B. bei Liquidation des Vereins nicht angewiesen werden, Geschäfte einzugehen, welche nicht mit der Liquidationsaufgabe zusammenhängen. Dagegen ist der Vorstand bei Ausübung der Vertretungsmacht — welche nur einen der inneren Geschäftsführung entsprechenden äußeren Vorgang darstellt — an die Weisungen der Mitgliederversammlung gebunden. Gegen Dritte sind diese allerdings wirkungslos. Denn nur satzungsmäßige Beschränkungen der Vertretungsmacht des Vorstandes wirken gegen Dritte (§ 26 Abs. 2).

2. Andererseits kann der Mitgliederversammlung auch durch die Satzung nicht Vertretungsmacht an Stelle des Vorstandes übertragen und damit diesem entzogen werden. Anders dann, wenn die sämmtlichen Vereinsmitglieder als Kollegium satzungsgemäß den Vorstand bilden. Planck Bem. 1 zu § 32. A. M. Cosack I S. 96.

III. Die Mitgliederversammlung kann nicht überhaupt fehlen, außer in dem Falle, daß der Vorstand aus sämmtlichen Vereinsmitgliedern besteht. Cosack I S. 99 zu Note 27, a; Rehbein S. 47. Dagegen Goldmann-Lilienthal I S. 82; Dernburg I § 77; Endemann I § 44 Note 7. Für die regelmäßige Geschäftsführung ist allerdings die Mitgliederversammlung nicht nothwendig (§§ 32, 40). Was sonst gewöhnlich für die Nothwendigkeit einer Mitgliederversammlung neben dem Vorstande nach dem BGB. angeführt wird, ist nicht stichhaltig. Insbesondere ist nicht richtig, daß sie nicht abgeschafft werden könne wegen der Nothwendigkeit, aus wichtigem Grunde Vorstandsmitglieder abzusetzen. Denn dieses Recht steht nicht nothwendig der Mitgliederversammlung zu, kann vielmehr satzungsgemäß an andere Vereinsorgane oder an außerhalb des Vereins stehende Personen, Behörden übertragen sein. Ebensowenig bedarf es einer Mitgliederversammlung wegen der in § 41 derselben überwiesenen Vereinsauflösung. Denn die Auflösung des Vereins kann durch die Satzung mit Rücksicht auf Rechte Dritter ausgeschlossen und der Mitgliederversammlung entzogen sein. Auch wird der Zweck der Vereinsauflösung ohne Versammlung durch Austritt aller Mitglieder erreicht (vgl. Bem. zu § 39).

Dagegen kann die Mitgliederversammlung nicht ganz abgeschafft werden mit Rücksicht auf die Bestimmungen in §§ 36 u. 37, welche durch die Satzung nicht geändert werden können (§ 40). Durch diese Bestimmungen ist der Mitgliederversammlung unter allen Umständen ein Recht zur Beeinflußung der Geschäftsleitung des Vereins gewahrt.

IV. Die Mitgliederversammlung ist nicht identisch mit dem Verein, auch nicht mit der Summe der einzelnen Mitglieder. Sie ist, wie der Vorstand, ein Organ des Vereins und zwar grundsätzlich, wie bemerkt, das oberste Willensorgan des Vereins. Als solches wird die Mitgliederversammlung nur in verfassungsmäßiger Form thätig.

1. Im Zweifel tritt die Mitgliederversammlung nur auf spezielle Berufung zusammen. Berufung ist nach dem BGB. eine Aufforderung an die Vereinsmitglieder zur Vereinsversammlung unter Angabe des Versammlungszwecks. Selbstverständlich ist die Angabe der Zeit und des Ortes der Versammlung erforderlich; die Angabe des Ortes dann, wenn er nicht ohnehin feststeht. Der Ort der Mitgliederversammlung kann satzungsmäßig vorgeschrieben sein. Dann ist die Berufung an einen anderen Ort ohne vorgängige Satzungsänderung nicht zulässig. Die Aufforderung hat durch das gesetzlich oder verfassungsmäßig zuständige Organ zu erfolgen. Dieses kann der Vorstand oder ein anderes Vereinsorgan, auch eine außerhalb des Vereins stehende Persönlichkeit, endlich eine bestimmte Anzahl hiezu vom Vereinsgericht ermächtigter Mitglieder des Vereins sein (§ 37). Enthält die Satzung keine Vorschriften, so ist der Vorstand als ordentliches geschäftsführendes Organ des Vereins zur Berufung der Mitgliederversammlung zuständig.

2. Bezüglich der Formen der Berufung enthält das BGB. keine Vorschriften, abgesehen von dem speziellen Falle des § 37 Abs. 2. Doch soll beim eingetragenen Vereine gemäß § 58 die Satzung über die Form der Berufung Bestimmungen enthalten. Die Satzung kann die Berufung überhaupt als besonderen Akt ausschließen, indem sie Zeit und Ort der (ordentlichen) Mitgliederversammlung ein- für allemal bestimmt. Sie kann auch die Berufung erleichtern, insbesondere indem sie die Angabe des Zweckes eines Verhandlungsgegenstands als entbehrlich erklärt. Begrifflich ist die Angabe des Verhandlungszwecks für die Berufung einer Mitgliederversammlung nicht erforderlich (RGE. Bd. 12 Nr. 58 S. 232 ff.). Nach § 32 Abs. 1 Satz 1 ist indessen die Angabe des Gegenstands der Beschlußfassung bei der Berufung der Versammlung für die Gültigkeit der Beschlüsse nöthig. Es kann dieses Erforderniß jedoch durch die Satzung ausgeschlossen werden. Ist dies nicht geschehen, so kann in der Mitgliederversammlung über einen vor derselben nicht gehörig bekanntgegebenen Gegenstand ein gültiger Beschluß nicht gefaßt werden. Rspr. d. OLG. Bd. 3 S. 430 (Urth. des OLG. Celle vom 4. November 1901).

V. Ist die Mitgliederversammlung gültig berufen, so entscheidet über die Form ihrer Abhaltung in erster Linie die Satzung. Enthält dieselbe keine Bestimmung, so steht die Leitung der Mitgliederversammlung dem ordentlichen geschäftsführenden Organe des Vereins, dem Vorstande, kraft Gesetzes zu.

VI. Für einen gültigen Beschluß wird sog. absolute Mehrheit verlangt. Die Satzung kann indessen mit Rücksicht auf § 40 auch relative Mehrheit als genügend erklären oder aber eine bestimmte Mitgliederzahl als Erforderniß einer gültigen Beschlußfassung vorschreiben.

VII. Ueber die Erfordernisse der Beschlußfassung über Satzungsänderung, insbesondere Aenderung des Vereinszwecks vgl. Bem. zu § 34.

VIII. In Folge der Bestimmung des Abs. 2 kann auch eine ungültig berufene Mitgliederversammlung gültige Beschlüsse fassen, wenn zu derselben alle Vereinsmitglieder erscheinen, ihre Beschlüsse einstimmig fassen und schriftlich feststellen.

IX. Weder in der Mitgliederversammlung noch für sonstige Bekundung des Mitgliederwillens ist persönliche Erklärung der Mitglieder erforderlich, vielmehr Erklärung durch gehörig bevollmächtigte Stellvertreter zulässig, soferne die Satzung dies gestattet (§§ 38, 40). Die Ausübung des Stimmrechts für mehrere Mitglieder durch einen Bevollmächtigten kann ebenfalls durch die Satzung erlaubt werden, welche auch darüber bestimmen kann, ob der Bevollmächtigte selbst Mitglied des Vereins sein muß.

X. Ueber die Bedingungen des Stimmrechts enthält das BGB. keine Bestimmungen, abgesehen von der Spezialvorschrift des § 34. Auch braucht die Satzung keine Bestimmungen hierüber beim eingetragenen Vereine zu enthalten (§ 58).

XI. Hat die Mitgliederversammlung mangels der richtigen Form oder der Zuständigkeit oder aus anderen Gründen ungültige Beschlüsse gefaßt, so hat der Vorstand diese Beschlüsse nicht auszuführen. Es kann aber auch von dem geschäftsführenden Vereinsorgane mit Rücksicht auf seine eigene Haftung die Ungültigkeit des Mitgliederbeschlusses durch Feststellungsklage geltend gemacht werden (CPO. § 256). Auch die einzelnen Mitglieder können Mitgliederbeschlüsse anfechten oder deren Ungültigkeit im Klagewege feststellen lassen, nicht bloß, sofern dadurch ihr Sonderrecht berührt oder das Maß ihrer Sonderpflichten gesteigert wird. Vgl. M. I, 109; P. I, 537; ferner Goldmann-Lilienthal I S. 84; Crome I S. 247; Gareis Bem. 11 zu § 32. Das Urtheil hat nur Wirkung unter den Parteien (P. I, 537). Dritten kann die Ungültigkeit von Vereinsbeschlüssen nur entgegengesetzt werden, sofern dieselbe eine Verletzung satzungsmäßiger Schranken der Vertretungsmacht des Vorstandes (§ 26 Abs. 2) oder des Vereinszwecks darstellt.

XII. 1. „Mitglieder“ sind nur Stimmberechtigte. Die Bezeichnung derselben als „Mitglieder“ oder in anderer Weise ist gleichgültig. Hienach kann ein „Ausschuß“ die Mitgliederversammlung darstellen, die „Generalversammlung“ aber überhaupt nicht stimmberechtigt und daher nicht Mitgliederversammlung sein. Ueber die Mitgliedereigenschaft, Mitgliederrechte, Erwerb und Verlust der Mitgliedschaft bestimmt die Satzung. Sie „soll“ nach § 58 Bestimmungen enthalten über Ein- und Austritt von Mitgliedern.

Mitglieder von Vereinen können physische und Juristische Personen sein (vgl. Francke in Bl. f. RA. Bd. 64 S. 385; Staudinger in Bl. f. RA. Bd. 62 S. 315, Bd. 64 S. 387). Für beide kann die Satzung bestimmte Eigenschaften als Bedingung setzen: so für natürliche Personen einen bestimmten Beruf, Staatsangehörigkeit, männliches Geschlecht. In politischen Vereinen dürfen meistens Frauen, Minderjährige, Schüler, nach einigen Vereinsgesetzen Arbeitnehmer nicht Mitglieder sein. Diese Vorschriften wirken auch privatrechtlich, da die Uebertretung derselben den Verein zu einem unerlaubten Vereine macht.

2. Die Satzung kann die Mitglieder in verschieden berechtigte Klassen abstufen (ordentliche, außerordentliche Mitglieder u. s. w.). Besteht keine Satzungsbestimmung, so gilt der Grundsatz der Gleichberechtigung.

XIII. Beurkundung der Beschlüsse der Mitgliederversammlung. Die Satzung der einzutragenden Vereine „soll“ hierüber eine Bestimmung enthalten (§ 58 Abs. 4), eine instruktionelle Vorschrift, deren Nichtbeachtung zwar das Amtsgericht zur Zurückweisung der Anmeldung berechtigt, aber die erfolgte Eintragung nicht ungültig macht. Beschlüsse, welche die Satzung ändern, bedürfen bei eingetragenen Vereinen zur Wirkung gegen Dritte der Eintragung in das Vereinsregister (§ 71); in Bezug auf die Beschlüsse betreffend Bestellung des Vorstandes vgl. §§ 67, 68.

§ 33.

Zu einem Beschlusse, der eine Aenderung der Satzung enthält, ist eine Mehrheit von drei Viertheilen der erschienenen Mitglieder erforderlich. Zur Aenderung des Zweckes des Vereins ist die Zustimmung aller Mitglieder erforderlich; die Zustimmung der nicht erschienenen Mitglieder muß schriftlich erfolgen.

Beruht die Rechtsfähigkeit des Vereins auf Verleihung, so ist zu jeder Aenderung der Satzung staatliche Genehmigung oder, falls die Verleihung durch den Bundesrath erfolgt ist, die Genehmigung des Bundesraths erforderlich.

E. I, 48; II, 32; III, 30.

1. Entstehungsgeschichte. E. I verlangte für jede Satzungsänderung die Zustimmung aller Mitglieder ohne Unterscheidung zwischen wesentlichen und unwesentlichen Bestimmungen (M. I, 108). Die II. Komm. und das Gesetz unterscheiden Satzungsänderungen, welche den Zweck des Vereins betreffen und daher für die Individualität des Vereins von grundlegender Bedeutung sind, und andere Satzungsänderungen (P. I, 528). Für die Aenderung des Vereinszwecks wird Zustimmung aller Mitglieder verlangt und diese Bestimmung dadurch verschärft, daß die Zustimmung der in der Mitgliederversammlung nicht erschienenen Mitglieder schriftlich zu erfolgen hat. Zu anderen Verfassungsänderungen genügt dagegen eine Mehrheit von drei Viertheilen der in der Mitgliederversammlung erschienenen Mitglieder. Diese Bestimmungen können durch die Satzung beseitigt werden (§ 40). Durch die Satzung kann auch für die Aenderung des Vereinszwecks eine einfache Mehrheit der Mitgliederversammlung als genügend erklärt oder auch solche Aenderung der Beschlußfassung der Mitgliederversammlung entzogen und einem anderen Organe — dem Vorstand oder einem Aufsichtsrath — anheimgestellt werden. Die Meinung Kuhlenbecks (Von den Pandekten I S. 508), daß § 40 ein Redaktionsversehen enthalte, sofern daselbst auch § 33 als dispositiv erklärt ist — weil sich Niemand durch Beitritt zu einem Vereine von vorneherein auf die Mitgliedschaft zu allen möglichen Vereinen, in die sich eventuell dieser erste Verein umwandeln könne, zu verpflichten vermöge — ist unzutreffend. Wem solche Pflicht nicht paßt, der hat eben einem Verein mit solcher Satzung nicht beizutreten; er kann auch, wenn ihm die Satzungsänderung nicht entspricht, wieder austreten (§ 39).

2. Nach Hölder S. 150 soll die Satzung eine Aenderung des Vereinszwecks auf anderem Wege als durch Beschluß der Mitgliederversammlung nicht zulassen können; denn Aenderung des Vereinszwecks sei „Auflösung des Vereins als eines seinem bisherigen Zwecke dienenden und Gründung eines neuen einem anderen Zwecke dienenden Vereins mit der Bestimmung, daß im übrigen für den neugegründeten Verein Alles gilt, was bisher gegolten hat für den durch denselben abgelösten Verein"; für die Vereinsauflösung lasse aber § 41 nur Beschluß der Mitgliederversammlung zu. Wäre Veränderung des Vereinszwecks nach dem BGB. Vereinsauflösung im Sinne von § 41, so müßte als Folge derselben der Anfall des Vermögens an den Fiskus oder Liquidation des Vereinsvermögens eintreten (§§ 45—47). Im Falle der Liquidation dürfte der neue Verein vor Ablauf eines Jahres nach Publikation der Vereinsauflösung das Vermögen des „aufgelösten Vereins" nicht verwenden. All dies ist nicht der Fall. Daraus ergiebt sich, daß die fragliche „Konstruktion" der Aenderung des Vereinszwecks vom BGB. praktisch nicht acceptirt ist, daß jedenfalls aus ihr keinerlei Konsequenzen gezogen werden können, auch wenn sie theoretisch an sich richtig wäre.

3. Aenderung der Satzung ist jede Aenderung an dem Wortlaute derselben, wenn und wie sie in urkundlicher Gestalt vorliegt, ohne Unterschied in Bezug auf die materielle Bedeutung der Aenderung, also insbesondere auch dann, wenn die geänderte Bestimmung keine wesentliche Verfassungsbestimmung ist. Bei nicht beurkundeter Satzung ist bei jedem Beschlusse zu erwägen, ob er die Verfassung des Vereins betrifft.

4. Abs. 2 des § 33 beruht auf einem Beschlusse der II. Komm. (P. I, 526, 529). Nach § 40 ist auch diese Bestimmung dispositiv und kann durch die Satzung beseitigt werden. In der Reichstagskomm. war beantragt worden, die Bestimmung des § 40 auf § 33 Abs. 1 zu beschränken; denn die gesetzliche Bestimmung, daß zu einer Aenderung des Vereinszwecks staatliche Genehmigung oder Genehmigung des Bundesraths erforderlich sei, dürfe durch die Satzung nicht beseitigt werden. Dieser Antrag wurde abgelehnt, weil bei der Verleihung der Rechtsfähigkeit an Vereine auch einer solchen Satzungsbestimmung die Genehmigung ertheilt werden könne, um nicht später wegen jeder geringfügigen Aenderung der Satzung wieder eine neue Prüfung eintreten lassen zu müssen, und wenn dem Verein auf Grund einer solchen Satzung die Rechtsfähigkeit einmal verliehen sei, dann sei gemäß § 40 auch die Anwendung des § 33 Abs. 2 ausgeschlossen (RTK. 23).

5. Beschlüsse, welche gegen § 33 verstoßen, sind ungültig. In Bezug auf die Rechtsmittel gegen solche Beschlüsse vgl. Bem. XI zu § 32. Der Vorstand ist nicht verpflichtet, ungültige Satzungsänderungen zum Eintrag in das Vereinsregister anzumelden. Ebenso ist das Amtsgericht berechtigt, die Eintragung des ungültigen Beschlusses abzulehnen. Wird aber der Beschluß — auf Anfechtung — durch Urtheil aufgehoben, so hat die Aufhebung keine objektive Wirkung. Sie ist in Folge dessen auch nicht ins Vereinsregister einzutragen. Ein in der II. Komm. gestellter Antrag, das Anfechtungsurtheil mit objektiver Wirkung auszustatten, wurde abgelehnt (P. I, 537).

§ 34.

Ein Mitglied ist nicht stimmberechtigt, wenn die Beschlußfassung die Vornahme eines Rechtsgeschäfts mit ihm oder die Einleitung oder Erledigung eines Rechtsstreits zwischen ihm und dem Vereine betrifft.

E. I, 48; II, 31; III, 31.

1. Charakter der Vorschrift. E. I § 48 Abs. 6 erklärte die Bestimmung des § 34 als dispositiv. Nach dem E. II und dem Gesetz ist sie zwingend.

2. Die Vorschrift des § 34 war erforderlich, weil ein Kontrahiren mit sich selbst nicht vorliegt, wenn ein Mitglied an einer seine eigenen Angelegenheiten mitbetreffenden Beschlußfassung der Mitgliederversammlung sich betheiligt, also § 181 nicht anwendbar ist.

3. § 34 beseitigt nicht das Stimmrecht eines Mitglieds bei jeder „Interessenkollision" (Rehbein, Komm. S. 48), sondern nur in den ausdrücklich genannten Fällen. Im Falle sonstiger Interessenkollision hat das Mitglied das Recht, mitzustimmen.

4. Abstimmung eines nicht stimmberechtigten Mitglieds macht den gefaßten Beschluß nur dann ungültig, wenn derselbe zu Gunsten des rechtswidrig mitstimmenden Mitglieds ausfiel, also z. B. auf Vornahme eines Rechtsgeschäfts oder Beendigung eines Rechtsstreits; aber auch dann nicht, wenn überhaupt die Stimme des betreffenden Mitglieds für das Ergebniß nicht in Betracht kam.

5. Nicht stimmberechtigt als Mitglieder sind gemäß § 34 auch die Mitglieder des Vorstandes oder anderer Vereinsorgane, wenn es sich um Beschlüsse auf ihre eigene Entlastung handelt. Auch diese ist Rechtsgeschäft. Der unter Mitwirkung von nicht stimmberechtigten Vorstandsmitgliedern gefaßte Beschluß ist daher nur gültig, wenn entweder die Entlastung verweigert oder die Entlastung mit einer Stimmenmehrheit beschlossen wurde, auf Grund deren das rechtswidrige Mitstimmen des Mitgliedes praktisch bedeutungslos war.

6. Auf Gewerkschaften des preußischen Bergrechts ist § 34 nicht anwendbar mit Rücksicht auf Art. 67 EG. z. BGB. (Rspr. d. OLG. Bd. 3 S. 69). Dieser Satz läßt sich auch auf die Gewerkschaften des bayr. Berggesetzes (Art. 132—137) anwenden.

§ 35.*)

Sonderrechte eines Mitglieds können nicht ohne dessen Zustimmung durch Beschluß der Mitgliederversammlung beeinträchtigt werden.

E. II, 33; III, 32.

I. Entstehung der Vorschrift. Der in § 35 aufgestellte Grundsatz war in E. I abgelehnt worden „Der Doktrin ist der Grundsatz geläufig, daß Sonderrechte der Mitglieder (jura singulorum) durch Mehrheitsbeschlüsse nicht beeinträchtigt werden können. Der Grundsatz ist in dieser Allgemeinheit nicht verwerthbar“ (M. I, 109). In der II. Komm. hielt man die ausdrückliche Aufstellung dieses Grundsatzes für um so nothwendiger, als man von dem Erfordernisse der Einstimmigkeit bei Beschlußfassung über Satzungsänderungen Abstand genommen hatte. Betont wurde, das Gesetz müsse sich bei der Mannigfaltigkeit der in Betracht kommenden Verhältnisse und der Vieldeutigkeit des Wortes „Sonderrecht“ mit dem Hinweise darauf begnügen, daß es Sonderrechte gebe, welche dem Einflusse des Körperschaftswillens entzogen seien, und die nähere Feststellung der Merkmale solcher Sonderrechte der Wissenschaft und Praxis überlassen. „Uebrigens sei Sonderrecht im Sinne von Sonderrechtsstellung zu verstehen und solle ebenso die Sonderberechtigung wie die Sonderverpflichtung umfassen“ (P. I, 530).

II. „Sonderrechte“ sind zunächst Mitgliederrechte, aber nicht alle Mitgliederrechte sind Sonderrechte.

Das Personenrechtsverhältniß der Mitgliedschaft (vgl. Dernburg I § 69 S. 184) gewährt nach dem BGB. selbst ein einziges Recht: Sitz und Stimme in der Mitgliederversammlung (§ 32), ein Recht, das durch die Satzung modifizirt werden kann. Im übrigen ist es Sache der Satzung, die Mitgliederrechte und die Mitgliederpflichten zu bestimmen. Welchen Rechtsinhalt die Mitgliedschaft hat, welche Rechte und Pflichten ihr entsprechen, kann daher nur auf Grund der Vereinssatzung entschieden werden. Nur so viel läßt sich allgemein sagen, daß die Mitgliedschaft die Grundlage von Rechten und Pflichten der einzelnen Mitglieder sein kann, welche entweder

a) gleichmäßig allen Mitgliedern zukommen oder
b) einzelne Mitglieder vor anderen berechtigen oder belasten.

Diese besondere Rechtsstellung wird als „Sonderrecht“ bezeichnet. Hieher können gehören: satzungsmäßige Vorzugsrechte in Bezug auf die Stimmberechtigung, Befreiung von Beitragspflichten, dauernde Zugehörigkeit zum Vorstand u. s. w. Ob derartige besondere Rechtsstellungen wirklich in dem Sinne Sonderrechte sind, daß sie dem Berechtigten ohne seine Zustimmung nicht durch Beschluß der Mitgliederversammlung entzogen oder auferlegt werden können, hängt davon ab, ob dieselben auf Grund „besonderen Titels und lediglich im individuellen Interesse des berechtigten Mitglieds“ (Eck, S. 62; so auch Planck Bem. zu § 35) demselben zustehen oder auf Grund solchen Titels auferlegt sind, wenn auch dem Mitglied als solchem. § 35 findet daher Anwendung, wenn Sonderbeschränkungen der allgemeinen Mitgliederrechte in Bezug auf einzelne Mitglieder oder Mitgliedergruppen eingeführt werden sollen. OLG. Dresden 10. November 1899 in den Annalen des OLG. Dresden Bd. 21 S. 141. Es dürfen daher z. B. die Mitgliederbeiträge zu Unterstützungskassen nur in der Weise erhöht werden, daß die Erhöhung die Mitglieder in gleichem Verhältnisse trifft. OLG. Dresden 22. April 1902 in den Annalen des OLG. Dresden Bd. 23 S. 455.

---

*) Literatur: Gierke, DPR. I S. 492 ff., 504 ff., 534 ff.; Lehmann im Arch. f. Bürgerl. R. Bd. 9 S. 296 ff.; v. Staudinger, Vereinsrecht S. 46—48; Regelsberger, Pand. I § 84 und die nähere Ausführung hiezu in Bl. f. RA. Bd. 60 S. 1; Staub, HGB. zu § 250 S. 756 Note 1 und die daselbst angeführten Schriftsteller; Dernburg I § 69; Endemann I § 45; Cosack I § 34; Max Schwabe, Die juristische Person und das Mitgliedschaftsrecht (Basel 1900).

III. „Sonderrechte" sind ferner solche Mitgliederrechte, welche zwar allen Mitgliedern gleichmäßig zustehen, die sich aber als definitiv erworbene Ansprüche gegen den Verein darstellen, z. B. der Anspruch auf einen bestimmten, dem bereits festgestellten Jahresabschluß entsprechenden Gewinnantheil bei einem wirthschaftlichen Vereine, der satzungsmäßige Anspruch auf das Vereinsvermögen. Cosack I S. 106 bezeichnet diese Rechte als „Gläubigerrechte". Richtig ist, daß dieselben den Mitgliedern zustehen, wie wenn sie dem Vereine nicht angehörten, wie Ansprüche aus Rechtsgeschäften mit dem Vereine. Richtig ist aber auch, daß die Grundlage dieser Gläubigerrechte die Mitgliedschaft ist. Man könnte sie als „erworbene Mitgliederrechte" bezeichnen, sofern sie ebenfalls der nachträglichen Antastung durch die Mitgliederversammlung entzogen sind (U. th. des Bayr. Oberst. LG. in Bl. f. RA. Bd. 61 S. 292 ff.; Regelsberger, Bl. f. RA. Bd. 60 S. 9; vgl. auch Eck S. 62; Kuhlenbeck, Von den Pand. I S. 213). So ist das Recht aus dem Versicherungsvertrage bei einer Versicherungsgesellschaft auf Gegenseitigkeit Individualrecht und kann ohne Zustimmung des einzelnen Mitglieds nicht geändert werden. Rspr. d. OLG. Bd. 3 S. 267. Dagegen kann ein Pensionsverein die zu gewährende Wittwen- oder Waisenpension auf Grund eines satzungsmäßigen Verfahrens herabsetzen, ohne daß die Angehörigen eines vor dem Beschlusse pensionirten aber nachher erst gestorbenen Mitgliedes die höhere Pension als Sonderrecht beanspruchen könnten. OLG. Dresden 3. Januar 1901 im „Recht" 1901 S. 464.

IV. Auch die Mitgliedschaft selbst, als das Recht der Mitgliedschaft im Ganzen, wird zu den Sonderrechten gezählt, was zu der praktischen Folgerung führt, daß die Ausschließung eines Mitglieds in Ermangelung einer Satzungsbestimmung unzulässig wäre und die Aufnahme einer solchen Bestimmung in die bestehende Satzung die Zustimmung aller Mitglieder voraussetzen würde (Planck Bem. zu § 35).

Die Eigenschaft der Mitgliedschaft als Sonderrecht oder als ein Recht überhaupt ist aber mehrfach bestritten worden. In der That ist die Mitgliedschaft allgemein nur ein Personenrechtsverhältniß, auf Grund dessen dem Mitgliede Rechte und Pflichten zukommen können. Bei den reinen Vermögensgesellschaften und Vermögensvereinen insbesondere des Handelsrechts ist allerdings die Mitgliedschaft zum Sonderrechte gesteigert, das der Einwirkung durch den Gesammtwillen grundsätzlich entzogen ist. Bei anderen Vereinen ist dies nicht der Fall. Die Gerichtspraxis hat denn auch die Mitgliedschaft als unentziehbares Sonderrecht nur in den Fällen anerkannt, in welchen auf Grund derselben ein vermögensrechtlicher Anspruch gegen den Verein erworben und dieser durch grund- oder formlose Ausschließung verkümmert wurde. Dagegen hat auf Grund von § 35 das Reichsgericht mit Urtheil vom 30. Oktober 1901 ein Urtheil des OLG. Darmstadt vom 17. April 1901 bestätigt, das bezüglich eines Geselligkeitsvereins die Sonderrechtseigenschaft der Mitgliedschaft verneinte, allerdings ohne daß der ideale Vereinszweck zur Begründung der Entscheidung herangezogen wurde: Rspr. d. OLG. Bd. 2 S. 459 und Jur. Wschr. 1901 S. 829, 830 = RGE. Bd. 49 S. 150; vgl. ferner RGE. Bd. 11 S. 269, Bd. 17 S. 19.

Wo die Mitgliedschaft überhaupt keinen selbstnützigen Interessen zu dienen hat, vielmehr nur im Interesse des Vereinszwecks besteht, ist die Auffassung derselben als eines unentziehbaren Sonderrechts grundsätzlich zurückzuweisen. Nur dann ist auch hier die Mitgliedschaft als unentziehbares Sonderrecht anzuerkennen, wenn die Satzung des Vereins ein Recht auf Beibehaltung der einmal erworbenen Mitgliedschaft anerkennt (Gierke, Genossenschaftstheorie S. 186).

Allerdings steht aber das Personenrechtsverhältniß der Mitgliedschaft, auch soweit es nicht zum Sonderrechte gesteigert ist, unter dem Schutze des Rechtes auf Grund der Vereinssatzung. Es kann daher der Rechtsweg betreten werden auf Anerkennung der Vereinsmitgliedschaft, auf Zurücknahme eines Ausschließungsbeschlusses, auf Gewährung der mit der Mitgliedschaft verbundenen allgemeinen Mitgliederrechte, z. B. Stimmrechte (Gierke, DPR. I S. 535). Die Landesgesetzgebung kann Streitigkeiten über den Vollzug einer Vereinssatzung vor die Verwaltungsbehörden verweisen; vgl. die Landtagsverhandlungen zum bayrischen AG. z. BGB. bei Becher, Mat. IV, 894; Wach, Handb. des Civilprozesses I S. 79 ff. Eine sachliche richterliche Nachprüfung der Ausschließung eines Mitglieds ist jedoch, wenn die Ausschließung in satzungsgemäßer Form stattgefunden hat, unzulässig, als Eingriff in die Vereinsautonomie. Gierke, DPR. I S. 535 Anm. 6; RGE. vom 27. März 1900 in Jur. Wschr. 1900 S. 417 Nr. 19; RGE. vom 30. Oktober 1901 Bd. 49 S. 150; ferner im gleichen Sinne RGE. vom 12. April 1900 in Bl. f. R.A. Bd. 65 S. 472; RGE. vom 17. November 1902 in Jur. Wschr. 1903 Beilage S. 3; RGE. vom 19. Januar 1903 in Jur. Wschr. 1903 Beilage 5 S. 10; Rspr. d. OLG. Bd. 2 S. 459, Bd. 5 S. 14.

V. Das „Sonderrecht" im Sinne des § 35 ist das Recht eines Mitglieds als solchen, nicht gewöhnliches Individualrecht, sondern körperschaftliches Recht (vgl. jedoch hiezu die grundsätzliche Erörterung in P. I, 535 f.). Dies hat praktische Bedeutung, soferne der Fortbestand des Sonderrechts an den Fortbestand der Mitgliedschaft gebunden ist. Gemäß § 38 ist die Mitgliedschaft weder übertragbar noch vererblich und die Ausübung der Mitgliederrechte kann einem anderen nicht überlassen werden. Soweit dies der Fall, kann das Sonderrecht auch nicht im Konkurs über das Vermögen des Mitglieds zu Gunsten seiner Gläubiger gegen den Verein geltend gemacht werden.

VI. Sonderrecht im Sinne von § 35 ist ein Recht, welches einem Mitglied als solchem, unabhängig von anderen Mitgliedern, zusteht. Ein Sonderrecht im Sinne des § 35 ist daher nicht das Recht auf Berufung der Mitgliederversammlung, welches gemäß § 37 einem satzungsmäßig bestimmten fungiblen Theile der Mitglieder oder in Ermangelung einer satzungsmäßigen Bestimmung dem zehnten Theile der Mitglieder zusteht. Auch dieses Recht kann weder durch die Satzung noch durch Mitgliederbeschluß aufgehoben werden, weil es durch eine zwingende Rechtsvorschrift ertheilt ist. Aber Sonderrecht und unentziehbares Recht sind nicht identisch. Auch das Recht zum Austritt aus dem Verein ist unentziehbar, es ist aber kein Sonderrecht. „Ein Sonderrecht" erfordert nach RGE. vom 30. Oktober 1901 (Bd. 49 S. 150) „ein aus der Mitgliedschaft hervorgegangenes von den Rechten der übrigen Mitglieder unterschiedenes Individualrecht gegen die Gesellschaft" (im gegebenen Falle ein rechtsfähiger Verein). Vgl. übrigens RGE. vom 15. März 1902 (Bd. 51 S. 89), woselbst das Recht der Zugehörigkeit zu einer Molkereigenossenschaft als „eine Art von Sonderrecht" bezeichnet wird.

VII. Nach § 35 kann das „Sonderrecht" nicht ohne Zustimmung des berechtigten Mitgliedes durch Beschluß der Mitgliederversammlung beeinträchtigt werden. Gleiches gilt von den Beschlüssen der Mitglieder, welche ohne Versammlung ergehen. Dies brauchte nicht besonders ausgesprochen werden, da außerhalb einer Mitgliederversammlung ergehende Mitgliederbeschlüsse überhaupt nur bei schriftlicher Zustimmung aller Mitglieder gültig sind (§ 32).

VIII. § 35 kann durch die Satzung nicht ausgeschlossen werden. Vgl. § 40.

§ 36.

Die Mitgliederversammlung ist in den durch die Satzung bestimmten Fällen sowie dann zu berufen, wenn das Interesse des Vereins es erfordert.

E. II, 34; III, 33.

1. Bedeutung. Indem die Satzung vorschreibt, daß die Mitgliederversammlung in bestimmten Fällen zu berufen ist, ist zunächst eine Verpflichtung derjenigen Vereinsorgane festgestellt, deren verfassungsmäßige Aufgabe die Berufung der Mitgliederversammlung ist. Diese Verpflichtung besteht nur gegenüber dem Vereine, nicht gegenüber dem einzelnen Vereinsmitgliede. Nur dem Vereine gegenüber ist das zur Einberufung der Versammlung verpflichtete Organ, insbesondere der Vorstand, regreßpflichtig, falls die satzungsgemäße Pflicht zur Einberufung der Versammlung vernachlässigt wird (übereinstimmend Planck zu § 36; a. M. Hölder S. 154, welcher jedem Vereinsmitglied ein Klagerecht einräumt).

2. Gleiches gilt für den Fall, daß das „Interesse des Vereins" die Berufung der Mitgliederversammlung erfordert. Ob dies der Fall, ist zunächst Sache pflichtgemäßer Erwägung des Berufungsorgans. Die Vereinsmitglieder haben die Möglichkeit, auf Grund von § 37 ihre Ansicht über das die Berufung fordernde Interesse durchzusetzen. Ein Recht des einzelnen Vereinsmitglieds, die Berufung zu verlangen, besteht auch in diesem Falle nicht. Andererseits droht dem Vorstand oder sonstigen Berufungsorganen auch hier die Regreßklage für den Fall der Pflichtvernachlässigung. „Dagegen kann nicht etwa jedem einzelnen Mitgliede das Recht zuerkannt werden, die Berufung einer Generalversammlung um deßwillen herbeizuführen, weil sie seinem persönlichen Ermessen nach durch das Interesse der Körperschaft geboten sei" (P. I, 533). Dies gilt auch dann, wenn nach der Meinung des einzelnen Mitglieds die Berufung der Mitgliederversammlung „durch den Vereinszweck unbedingt geboten ist". Auch für diesen Fall will Hölder dem einzelnen Mitglied ein Klagerecht einräumen.

§ 37.

Die Mitgliederversammlung ist zu berufen, wenn der durch die Satzung bestimmte Theil oder in Ermangelung einer Bestimmung der zehnte Theil der Mitglieder die Berufung schriftlich unter Angabe des Zweckes und der Gründe verlangt.

Wird dem Verlangen nicht entsprochen, so kann das Amtsgericht, in dessen Bezirke der Verein seinen Sitz hat, die Mitglieder, welche das Verlangen gestellt haben, zur Berufung der Versammlung ermächtigen und über die Führung des Vorsitzes in der Versammlung Bestimmung treffen. Auf die Ermächtigung muß bei der Berufung der Versammlung Bezug genommen werden.

E. II, 35; III, 34.

I. § 37 gibt einer Minderheit der Vereinsmitglieder die rechtliche Möglichkeit, die Berufung der Mitgliederversammlung zu erzwingen und damit ein Recht der Initiative, welche im übrigen den Vereinsmitgliedern versagt ist. Die Nothwendigkeit eines Zwanges ist nach den Verhandlungen der II. Komm. für den Fall ins Auge gefaßt worden, daß der Vorstand sich weigert, eine im Interesse des Vereins erforderliche außerordentliche Mitgliederversammlung einzuberufen. Indessen bietet § 37 die Möglichkeit, die Berufung der Mitgliederversammlung auch für die Fälle zu erzwingen, in welchen schon die Satzung die Einberufung derselben vorschreibt.

II. Der im Eingange des § 37 enthaltene Gesetzesbefehl richtet sich an die für die Berufung der Mitgliederversammlung zuständigen Vereinsorgane, also in erster Linie an den Vorstand. Die Verpflichtung des Berufungsorgans hat aber:

1. Formelle Voraussetzungen:

a) Der satzungsmäßig bestimmte Theil der Mitglieder oder in Ermangelung solcher Bestimmung der zehnte Theil der Mitglieder muß die Forderung nach Einberufung einer Mitgliederversammlung erhoben haben. Der „durch die Satzung bestimmte Theil" kann kleiner oder größer als der zehnte Theil der Mitglieder sein.

b) Das Verlangen muß schriftlich unter Angabe des Zweckes der Versammlung und der Gründe gestellt werden. „Zweck" der Versammlung ist der Gegenstand der verlangten Beschlußfassung, die sogen. „Tagesordnung". Die „Gründe" sind die thatsächlichen und rechtlichen Erwägungen, welche die Mitgliederversammlung als geboten erscheinen lassen. Ist die Versammlung durch die Satzung vorgeschrieben, so ist eine weitere Begründung überflüssig. Handelt es sich dagegen um eine außerordentliche Mitgliederversammlung, so sind die Gründe anzugeben, aus welchen die Versammlung im Interesse des Vereins als erforderlich erscheint.

2. Materielle Voraussetzungen:

Nach dem Wortlaute des § 37 Abs. 1 könnte man meinen, daß es überhaupt nur auf die Erfüllung der zu 1 bezeichneten Formalitäten ankommt. Dies ist jedoch nicht der Fall. Denn wenn die „Gründe", welche das schriftliche Gesuch um Einberufung der Mitgliederversammlung nach § 37 zu enthalten hat, zwar formell in dem Gesuche enthalten sind, aber sachlich nicht zutreffen, ist der Vorstand oder das sonstige Einberufungsorgan nicht verpflichtet, die Versammlung einzuberufen. Dies ergiebt sich aus § 37 Abs. 2 sowie § 160 FG., welche den weiteren Verlauf der auf die Einberufung der Mitgliederversammlung gerichteten Zwangsprozedur feststellen. Andererseits kann der Vorstand dem Verlangen Folge leisten, auch wenn nur die formellen Voraussetzungen gewahrt sind, wie er ja auch ohnedies auf Verlangen von Vereinsmitgliedern und aus freier Initiative jederzeit die Mitgliederversammlung berufen kann.

III. Entspricht der Vorstand oder das sonst zuständige Organ nicht dem Verlangen auf Berufung der Mitgliederversammlung, obwohl die formellen Voraussetzungen des § 37 gewahrt sind, so können die Betheiligten sich an das zuständige Amtsgericht wenden mit dem Antrag auf Ermächtigung zur Berufung der Versammlung statt des zuständigen Berufungsorgans.

1. Der Antrag kann schriftlich oder zu Protokoll des Gerichtsschreibers des Amtsgerichts gestellt werden (FG. § 11).

2. Vor Entscheidung über den Antrag „soll" das Gericht, „soweit thunlich, den Vorstand des Vereins hören". FG. § 160 Satz 1.

3. Gegen die Verfügung findet sofortige Beschwerde statt (§§ 160 Satz 2, 22 FG.).

4. Das Verlangen ist zurückzuweisen, wenn die formellen Voraussetzungen nicht erfüllt sind, also nicht vor dem Antrag an das Gericht die Forderung an das Vereinsorgan gestellt worden ist oder nicht ein genügender Theil der Vereinsmitglieder das Verlangen unterstützt oder es an der Angabe der Gründe fehlt u. s. w.

5. Dem Verlangen ist stattzugeben, wenn nicht nur die formellen, sondern auch die materiellen Voraussetzungen des Verlangens vorliegen, also wenn wirklich die Satzung

die Berufung der Mitgliederversammlung zu einer bestimmten Zeit verlangt oder wenn wirklich ein Interesse des Vereins dargelegt werden kann, welches die Berufung einer außerordentlichen Mitgliederversammlung fordert.

6. Das Amtsgericht hat nicht nur die formellen, sondern auch die materiellen Voraussetzungen des Verlangens zu prüfen und nach seinem Ermessen auch in thatsächlicher Beziehung Ermittelungen anzustellen. In P. I, 533 ist allerdings die Meinung vertreten, das Gericht habe lediglich die formale Voraussetzung festzustellen, daß der zehnte Theil der Mitglieder den Antrag auf Einberufung der Mitgliederversammlung unterstützt hat. Diese Auffassung stimmt aber mit dem Wortlaut und Sinne des Gesetzes nicht überein. Auch die Denkschrift zum HGB. n. F. § 254 (S. 143), welche auf das BGB. § 37 Abs. 2 verweist, erachtet das Gericht als verpflichtet, über die sachliche Berechtigung des Verlangens nach Berufung der Mitgliederversammlung unter Würdigung der Verhältnisse zu entscheiden. Die Auffassung der P. I, 533 wird verworfen von Planck Bem. 2 zu § 37; Riedel S. 129; Hölder zu § 37 S. 155; Kuhlenbeck, Von den Pand. I, 209; Fischer-Henle Note 4 zu § 37 unter Hinweis auf das Ermessen des Amtsgerichts. Dagegen anders und wie die P. I, 533: Kuhlenbeck, Komm. Note 2 zu § 37; Gareis Bem. 2 zu § 37; Neumann Bem. 1 zu § 37; Goldmann-Lilienthal I, 83. Vgl. HGB. § 254.

7. Wenn das Amtsgericht dem Berufungsverlangen stattgiebt, so ermächtigt es die Mitglieder, welche das Verlangen gestellt haben, zur Einberufung der Versammlung und trifft zugleich über die Führung des Vorsitzes in der Versammlung Bestimmung.

8. Die Berufung der Versammlung findet durch die ermächtigten Mitglieder statt, die sohin in diesem Falle als Vereinsorgan fungiren. Auf die gerichtliche Ermächtigung muß bei der Berufung Bezug genommen werden. Die Berufung ist daher trotz der gerichtlichen Ermächtigung ungültig, wenn sie ohne diese Bezugnahme erfolgt.

IV. Ueber die Kosten des gerichtlichen Verfahrens vgl. z. B. Art. 141 des bayr. Gebührengesetzes in der Fassung vom 11. November 1899. Eine ausdrückliche Bestimmung, von wem diese gerichtlichen Kosten, wie die Kosten der Berufung der Mitgliederversammlung und der Abhaltung derselben auf Veranlassung einer Minorität, zu tragen sind, enthält das BGB. nicht. Durch die Ermächtigung zur Berufung seitens des Amtsgerichts wird die Frage noch nicht entschieden. Denn diese schafft nur die rechtliche Möglichkeit dieser Art von Geschäftsführung, wodurch eine Minderheit zum Vereinsorgane wird (Gierke, Genossenschaftstheorie S. 267). Ob die für diese Verwaltungsthätigkeit entstehenden Kosten den Verein treffen, ist nach allgemeinen Grundsätzen zu entscheiden.

V. Ein Klagerecht auf Berufung der Mitgliederversammlung steht den einzelnen Mitgliedern des Vereins oder dem gemäß § 37 zur Forderung der Berufung berechtigten Theile nicht zu. Das BGB. verweist zur Durchsetzung des Rechtes auf Versammlungsberufung die Mitglieder auf den Weg der freiwilligen Gerichtsbarkeit und schließt damit den ordentlichen Rechtsweg aus.

VI. § 37 ist auch anzuwenden auf den Fall, daß der Vorstand oder das sonstige Berufungsorgan sich weigert, einen bestimmten Gegenstand auf die Tagesordnung einer einberufenen Mitgliederversammlung zu setzen (vgl. § 45 des Reichsgesetzes über die Erwerbs- und Wirthschaftsgenossenschaften vom 1. Mai 1889 und 20. Mai 1898).

VII. § 37 ist dispositiv, sofern die Satzung denjenigen Theil der Mitgliedschaft, welcher die Berufung der Versammlung zu verlangen berechtigt ist, anders bestimmen kann, als § 37 selbst. Dagegen kann die Satzung nicht vorschreiben, daß die Berufung nur sämmtliche Mitglieder des Vereins zu verlangen berechtigt sein sollen. Auch im übrigen ist § 37 zwingend. Insbesondere kann die Satzung nicht vorschreiben, daß überhaupt keine Mitgliederversammlung zu berufen ist.

§ 38.

Die Mitgliedschaft ist nicht übertragbar und nicht vererblich. Die Ausübung der Mitgliedschaftsrechte kann nicht einem Anderen überlassen werden.

E. II, 36; III, 35;

1. Die Bestimmung des § 38 wurde in der II. Komm. (P. I, 534, 535) mit der Begründung aufgenommen, daß die Unveräußerlichkeit und Unvererblichkeit der Mitgliedschaft aus der Auffassung, wonach die Mitgliedschaft nicht ein „subjektives Privatrecht, sondern eine Rechtsposition sei", sich nicht nothwendig ergebe, andererseits aber der Gesetzgeber von der Unübertragbarkeit und Unvererblichkeit der Mitgliedschaft ausgehen müsse, weil dies der Natur der hier vorzugsweise in Betracht kommenden Vereine mit idealer Tendenz am besten entspreche.

2. Nach § 38 endigt die Mitgliedschaft grundsätzlich mit dem Tode des Mitglieds.

3. Die Bestimmung, daß die Ausübung der Mitgliederrechte nicht einem Anderen überlassen werden könne, hat keinen Bezug auf Juristische Personen, welche als Vereinsmitglieder ihre Mitgliederrechte durch ihre Organe ausüben. Denn diese Rechtsausübung erscheint nach dem BGB. als Ausübung durch das Mitglied selbst.

4. Ebensowenig kann die Bestimmung des § 38 Satz 2 an sich auf die gesetzliche Vertretung eines geschäftsunfähigen oder in der Geschäftsfähigkeit beschränkten Mitglieds angewendet werden, soweit solche Mitglieder von Vereinen sein können. Auf die Ausübung der Mitgliedschaftsrechte, insbesondere die Ausübung des Stimmrechts, welche eine in der Geschäftsfähigkeit beschränkte Person selbst bethätigt, wäre § 111 BGB. anzuwenden.

Die Bestimmung des § 38 ist dispositiv (§ 40).

§ 39.

Die Mitglieder sind zum Austritt aus dem Vereine berechtigt.

Durch die Satzung kann bestimmt werden, daß der Austritt nur am Schlusse eines Geschäftsjahrs oder erst nach dem Ablauf einer Kündigungsfrist zulässig ist; die Kündigungsfrist kann höchstens zwei Jahre betragen.

E. II, 36; III, 36.

1. Die in der II. Komm. beschlossene Bestimmung des § 39 ist zwingend. Sie entspricht nach P. I, 535 der „Tendenz, eine unbedingte Bindung der Person für unbegrenzte Zeit auszuschließen". Der Austritt aus dem Vereine kann in der Satzung nur nach Maßgabe des § 39 Abs. 2 beschränkt werden. Nach § 58 soll die Satzung eines eingetragenen Vereins eine Bestimmung über den Austritt von Mitgliedern enthalten. Die Eintragung kann abgelehnt werden, wenn die Satzung dieser Bestimmung nicht entspricht.

2. „Austritt" ist die Beendigung der Mitgliedschaft auf Grund einseitiger empfangsbedürftiger Willenserklärung des Mitglieds. Mangels entgegenstehender Satzungsbestimmung bewirkt die Austrittserklärung sofort die Beendigung der Mitgliedschaft. Die Satzung kann bestimmen, daß die Wirkung der Austrittserklärung erst zum Schlusse eines Geschäftsjahrs und nach dem Ablauf einer höchstens zweijährigen Kündigungsfrist eintritt. Einen „Vollzug" der Austrittserklärung giebt es nicht. Sie wirkt nicht auf Grund einer eigenen weiteren Willensaktion, sondern kraft Gesetzes von selbst. Die Satzung kann nicht die Austrittserklärung beschränken, sondern nur die Zeit der Rechtswirkung derselben hinausschieben (a. M., wie es scheint, Hölder in Bem. 1, a zu § 39).

3. Nach Abs. 1 kann auch die Mitgliedschaft aller Mitglieder durch Austritt beendigt werden. Rechtliche Hindernisse stehen dem Gesammtaustritt und der damit herbeigeführten Beendigung nicht bloß der Mitgliedschaft, sondern auch des Vereins nicht entgegen. Für den Fall, daß durch Austrittserklärung alle Mitglieder bis auf eines weggefallen sind, kann gemäß § 29 zum Zwecke der Entgegennahme der Austrittserklärung dem Vereine für den Fall, daß er bei dieser Sachlage noch als bestehend zu erachten ist, der erforderliche Vorstand seitens des Amtsgerichts bestellt werden.

4. Vermögensrechtliche Wirkungen des Austritts:

a) Die Mitgliederrechte einschließlich der Sonderrechte, insbesondere die Rechte am Vermögen des Vereins, erlöschen.

b) Es erlöschen nicht diejenigen Rechte, welche auf Grund der Mitgliedschaft bereits Bestandtheil des Vermögens des Mitglieds geworden, wie das Recht auf den definitiv festgestellten Gewinn einer vor dem Austritt abgeschlossenen Geschäftsperiode bei wirthschaftlichen Vereinen.

c) Ebenso bleiben bestehen die bereits begründeten Ansprüche des Vereins gegen das Mitglied, insbesondere der bereits fällig gewordene Beitragsanspruch des Vereins gegen das Mitglied.

5. Die gleichen Wirkungen kommen auch dem Ausschluß eines Mitglieds zu. Vgl. hiezu Bem. IV zu § 35. Ein aus dem Verein ausgetretenes und damit dem Satzungskreise des Vereins entzogenes Mitglied kann nicht mehr ausgeschlossen werden. RGE. Bd. 51 S. 66 (6. März 1902). Ueber Unzulässigkeit des Ausschlusses nach erfolgter Ablehnung des Ausschlusses durch die Mitgliederversammlung auf Grund bestimmten unveränderten Thatbestandes s. RGE. Bd. 51 S. 89 (15. März 1902).

§ 40.

Die Vorschriften des § 27 Abs. 1, 3, des § 28 Abs. 1 und der §§ 32, 33, 38 finden insoweit keine Anwendung, als die Satzung ein Anderes bestimmt.

E. I, 44; II, 37; III, 37.

1. Außer den hier genannten Paragraphen ist der Inhalt einer Reihe anderer theilweise oder ganz dispositiv. Vgl. §§ 26 Abs. 2, 30, 37 Abs. 1, 39 Abs. 2, 41.

2. In Bezug auf die zwingenden verfassungsrechtlichen Vorschriften ist bereits angeführt worden, daß dieselben für Vereine, deren Rechtsfähigkeit auf staatlicher Verleihung beruht, nur soweit Geltung haben, als nicht entgegenstehende landesrechtliche Normen vorhanden sind, welche nach Art. 82 EG. unberührt bleiben.

3. In Bezug auf die subsidiäre Bedeutung der vereinsrechtlichen Vorschriften des BGB. für die auf besonderen reichsrechtlichen Vorschriften beruhenden rechtsfähigen Vereine vgl. S. 128 Ziff. IV, 2.

4. Die Vorschriften des BGB. finden in den Fällen des § 40 Anwendung, soweit nicht die Satzung anders bestimmt. Die Satzung kann nur durch Beschluß in der Mitgliederversammlung oder durch schriftliche Zustimmung aller Vereinsmitglieder geschaffen werden. Damit sollte nach P. I, 531 eine andere Quelle der Abänderung des Reichsrechts, nämlich Herkommen und Observanz, für die Zukunft ausgeschlossen werden; ob mit Erfolg, hängt von der Entscheidung der oben S. 12, 13 erörterten Fragen der Möglichkeit einer Beschränkung des Gewohnheitsrechts durch Gesetzesrecht und des Verhältnisses der Reichsgesetze zum partikularen Gewohnheitsrecht ab. Vgl. hiezu Gareis Bem. 12 zu § 32.

§ 41.

Der Verein kann durch Beschluß der Mitgliederversammlung aufgelöst werden. Zu dem Beschluß ist eine Mehrheit von drei Viertheilen der erschienenen Mitglieder erforderlich, wenn nicht die Satzung ein Anderes bestimmt.

E. II, 38; III, 38.

I. E. I unterstellte den Verlust der Juristischen Persönlichkeit, wie den Erwerb derselben, den Landesrechten (M. I, 91—93), soweit nicht reichsrechtlich geordnete Körperschaften in Frage standen. Die II. Komm. wollte die Frage des Erlöschens der Körperschaft des Privatrechts reichsrechtlicher Regelung unterzogen wissen und zwar nicht beschränkt auf die eingetragenen Vereine (P. I, 538).

II. Die terminologische Unterscheidung zwischen Auflösung des Vereins und Entziehung der Rechtsfähigkeit ist erst durch die Reichstagskomm. eingeführt worden (RTK. 14). Die E. II u. III kennen überhaupt nur eine „Auflösung" des Vereins. Die „Auflösung" des Vereins bedeutete aber in den Fällen der §§ 42, 43 nur den Verlust der Rechtsfähigkeit, nicht das Ende der Personenverbindung. Vgl. P. I, 539, 576. Die Reichstagskomm. hat in den Fällen der §§ 42, 43 die „Auflösung" durch die „Entziehung" bezw. den Verlust der Rechtsfähigkeit ersetzt und diese Aenderung als nur „redaktionell" bezeichnet (RTK. a. a. O.).

III. Im BGB. bedeutet sonach „Auflösung" des Vereins ein Ende der Rechtsfähigkeit, welches zugleich das Ende der Personenverbindung als solcher ist. In diesem Sinne ist von „Auflösung des Vereins" die Rede in §§ 41, 45, 50, 74 Absatz 3.

1. Der Verein wird „aufgelöst":
   a) durch Beschluß der Mitgliederversammlung (§ 41);
   b) auf Grund der Satzung durch Ablauf der Zeit und durch Erreichung des Zwecks des Vereins oder durch Unmöglichwerden des Vereinszwecks;
   c) auf Grund des öffentlichen Vereinsrechts durch Beschluß der zuständigen Verwaltungsbehörde oder des zuständigen Gerichts.

2. Dieselbe Rechtswirkung wie die „Auflösung" des Vereins hat die Beendigung der Personenverbindung durch „Austritt" aller Mitglieder, welcher im BGB. allerdings als Beendigungsgrund nicht ausdrücklich genannt ist, aber „aus dem Begriffe des Vereins folgt" (Gierke, DPR. I § 70 Note 6). Dem Austritte steht der sonstige Wegfall aller Mitglieder gleich, welcher etwa durch Tod, Verlust der zur Mitgliedschaft nach Gesetz oder Satzung erforderlichen rechtlichen Eigenschaften u. s. w. sich ereignet.

IV. Der Unterschied von Entziehung der Rechtsfähigkeit und Auflösung hat zunächst Bedeutung für das öffentliche Vereinsrecht. Der Verein, welchem nur die Rechtsfähigkeit entzogen ist, besteht für das öffentliche Vereinsrecht fort, hat daher keine derjenigen Formen zu wahren, welche die Landesvereinsgesetze für den Fall der Vereinsgründung vorschreiben (vgl. Art. 12, 14, 19 Ziff. 1 des bayrischen Vereinsgesetzes vom 26. Februar 1850 und 15. Juni 1898). Gerade mit Rücksicht auf das öffentliche Vereinsrecht hat die Reichstagskomm. an die Stelle der „Auflösung" in den §§ 42, 43, 73 die Entziehung der Rechtsfähigkeit gesetzt, allerdings mit der unrichtigen Begründung, es sei dem öffentlichen Vereinsrechte „an sich" vorbehalten, die Entstehung bezw. die Auflösung der Vereine zu bestimmen (RTK. 14), während das BGB. nur den Erwerb und den Verlust der Rechtsfähigkeit ordne.

V. Ob privatrechtlich ein praktischer Unterschied besteht zwischen der Entziehung der Rechtsfähigkeit und der Auflösung des Vereins, ist bestritten. Gegen einen Unterschied: Eck, Vortr. S. 67, 68; dafür Cosack S. 115; Staudinger, Vereinsrecht S. 50; Hachenburg, Vortr. S. 208; Gierke, Vereine ohne Rechtsfähigkeit S. 5, 6. Planck zu § 41 nimmt Verschiedenheit der Begriffe „Auflösung" und „Entziehung der Rechtsfähigkeit" an, behauptet aber für beide Fälle das Ende des Vereins als einer Personenverbindung. Die II. Komm. ging von der Ansicht aus, daß die bloße Entziehung der Juristischen Persönlichkeit den Verein als Personenverbindung unberührt lasse. Sie betrachtete sonach die Rechtsfähigkeit als eine Eigenschaft der Personenverbindung und nahm an, daß der Wegfall dieser Eigenschaft an sich den Bestand der Personenverbindung nicht aufhebe. Hiebei wird vorausgesetzt, daß der Verein als Personenverbindung ohne Rechtsfähigkeit satzungsmäßig forbestehen will. Nach dieser Auffassung besteht sonach auch privatrechtlich der Verein nach Entziehung der Rechtsfähigkeit fort und bedarf keines neuen Gründungsaktes: Der Verein verwandelt sich lediglich aus einer Juristischen Person in eine Gemeinderschaft, einen Personenverband zur gesammten Hand. Der Verein macht sonach in diesem Falle die gleiche Umwandlung, nur umgekehrt, durch, welche er bei Erlangung der Rechtsfähigkeit erfuhr. Durch diese verwandelte er sich aus einem Personenverbande zur gesammten Hand in eine Juristische Person. In beiden Fällen erhebt sich die Frage, ob der nicht rechtsfähige Personenverband und die Juristische Person, welche einander zeitlich ablösen, rechtlich als identisch oder aber als zwei verschiedene Vereine zu betrachten sind.

Der nicht rechtsfähige Verein, welcher nach Entziehung der Rechtsfähigkeit als Personenverband zur gesammten Hand besteht, dürfte privatrechtlich weder als identisch mit dem rechtsfähigen Vereine noch auch als dessen Gesammtnachfolger erachtet werden. Beides verbieten die Vorschriften des BGB. in §§ 45—53. Fällt das Vereinsvermögen an den Fiskus, so ist dieser Gesammtnachfolger des rechtsfähigen Vereins (§ 46); fällt das Vermögen dagegen an andere Anfallberechtigte, nämlich an die in der Satzung bestimmten Personen, so findet eine Liquidation statt, für deren Zweck der rechtsfähige Verein selbst trotz Auflösung oder Entziehung der Rechtsfähigkeit als fortbestehend gilt (§ 49). Juristisch bestehen also, wenn der früher rechtsfähige Verein auf Grund der Satzung als nicht rechtsfähiger Verein fortbestehen will, nunmehr zwei Vereine neben einander: Der rechtsfähige Verein, welcher für den Liquidationszweck als fortbestehend gilt, und der nicht rechtsfähige Verein. Letzterer kann kraft der Satzung des rechtsfähigen Vereins anfallberechtigt sein und hat dann gegen den Liquidationsverein einen Anspruch auf Ausantwortung des Vereinsvermögens nach Befriedigung der Gläubiger. Damit ist die Annahme, daß der nach Entziehung der Rechtsfähigkeit fortbestehende nicht rechtsfähige Verein identisch sei mit dem früheren rechtsfähigen Verein, unvereinbar (a. M. Gierke, Vereine ohne Rechtsfähigkeit S. 9 Note 13). Der Hinweis Gierkes auf die Rechtsfähigkeit des nicht rechtsfähigen Vereins als Beklagten im Civilprozesse beseitigt nicht die Unmöglichkeit, daß ein Verein, welcher gegen einen Verein einen Anspruch hat, identisch mit diesem anderen Verein sein soll. Uebereinstimmend mit Gierke Hachenburg, Vorträge 208; dagegen Hölder S. 119, Eck S. 67, 68; Riedel, das BGB. S. 102, Meurer S. 292—295. Es ist daher privatrechtlich nur insofern ein Unterschied zwischen Vereinsauflösung und Entziehung der Rechtsfähigkeit, als im letzteren Falle der nach Entziehung der Rechtsfähigkeit auf Grund der Satzung fortbestehende nicht rechtsfähige Verein keines besonderen Gründungsaktes bedarf. Im übrigen ist er gegenüber dem rechtsfähigen Verein als ebenso verschieden zu erachten, wie ein nach Auflösung des rechtsfähigen Vereins von den Mitgliedern gegründeter neuer nicht rechtsfähiger Verein. Der nicht rechtsfähige Verein kann insbesondere alle Vereinszwecke wie vorher weiter verfolgen; der Liquidationsverein dagegen kann nur noch den Liquidationszweck verfolgen und außerhalb dieses Zwecks liegende Unternehmungen nicht gültig auf rechtsgeschäftlichem Wege anstreben.

VI. Aus Satz 1 des § 41 darf geschlossen werden, daß ein Mitgliederbeschluß außerhalb der Mitgliederversammlung in der Form des § 32 Abs. 2 unzulässig ist. Da indessen der gleichzeitige Austritt aller Mitglieder möglich ist und zwar ohne weitere Form, so bedarf es jedenfalls zur Selbstauflösung des Vereins nicht schlechthin einer Mitgliederversammlung. Die rechtlichen Folgen in Bezug auf das Vermögen des Vereins sind allerdings verschieden in dem Falle der Auflösung durch Versammlungsbeschluß und der Beendigung der Körperschaft durch Austritt aller Mitglieder (§ 45 Abs. 2).

VII. Zum Auflösungsbeschluß ist eine Mehrheit von drei Viertheilen der erschienenen Mitglieder erforderlich. Eine bestimmte Mitgliederzahl ist für die Versammlung selbst nicht vorgeschrieben. Die Vorschrift des § 41 hat daher nicht zur Folge, daß mindestens vier Mitglieder anwesend sein müssen. Die Satzung kann aber auch vorschreiben, daß einfache Stimmenmehrheit genügt.

VIII. § 41 setzt voraus, daß der Verein über seinen eigenen Bestand frei zu disponiren in der Lage ist. Dies ist nicht nothwendig der Fall (vgl. Gierke, DPR. I § 70 S. 561 Note 24).

IX. In allen Fällen der Beendigung der Rechtsfähigkeit gilt der Verein für den Zweck einer erforderlichen Liquidation als fortbestehend. Die Organe des Vereins bleiben in Thätigkeit und werden, falls der Vorstand fehlt, durch Neubestellung ersetzt (§ 48).

§ 42.

Der Verein verliert die Rechtsfähigkeit durch die Eröffnung des Konkurses.

Der Vorstand hat im Falle der Ueberschuldung die Eröffnung des Konkurses zu beantragen. Wird die Stellung des Antrags verzögert, so sind die Vorstandsmitglieder, denen ein Verschulden zur Last fällt, den Gläubigern für den daraus entstehenden Schaden verantwortlich; sie haften als Gesammtschuldner.

E. I, 47; II, 39; III, 39.

1. Ueber das Vermögen eines rechtsfähigen Vereins findet ein Konkursverfahren nach Maßgabe der Bestimmungen der KO. §§ 207, 213 statt, also außer dem Falle der Zahlungsunfähigkeit im Falle der Ueberschuldung.

2. Die Eröffnung des Konkursverfahrens ist zulässig sowohl während des Bestehens eines rechtsfähigen Vereins als auch nach Auflösung desselben und nach erfolgter Entziehung der Rechtsfähigkeit. § 53 BGB. legt den Liquidatoren die Verpflichtung auf, bei Vermeidung eigener Haftung den Konkurs über das Vermögen des Vereins zu beantragen, wenn dieser überschuldet ist, ebenso wie § 42 Abs. 2 dem Vorstande des noch bestehenden Vereins.

3. Die Eröffnung des Konkurses hat sonach nur dann eine Wirkung auf den Bestand des Vereins als Juristischer Person, wenn er nicht bereits im Liquidationsstadium sich befindet.

4. Die Eröffnung des Konkurses über das Vermögen des Vereins zu beantragen, ist nach § 208 KO. jeder Konkursgläubiger, jedes Vorstandsmitglied und jeder Liquidator berechtigt. Wird jedoch der Antrag nicht von allen Mitgliedern des Vorstandes oder von allen Liquidatoren gestellt, so ist derselbe nur dann zuzulassen, wenn die Zahlungsunfähigkeit oder die Ueberschuldung glaubhaft gemacht werden können, ebenso wie in dem Falle, wenn ein Gläubiger den Eröffnungsantrag stellt (KO. §§ 105, 208, Abs. 2, 213). Das Gericht hat die übrigen Vorstandsmitglieder oder Liquidatoren zu hören und, falls sie die Zahlungsunfähigkeit oder Ueberschuldung nicht einräumen, die erforderlichen Ermittelungen anzuordnen (§§ 105 Abs. 2 u. 3, 208 Abs. 2, 213 KO.).

5. Die Eröffnung des Verfahrens ist solange zulässig, als nicht die Vertheilung des Vermögens des Vereins auf Grund des Liquidationsverfahrens erfolgt ist (§§ 207 Abs. 2, 213 KO.).

6. Wird die Eröffnung des Konkurses gegen den rechtsfähigen Verein während seines Bestehens als solchen beantragt, so bewirkt die „Eröffnung des Konkurses“ sofort den Verlust der Rechtsfähigkeit. Der Verlust der Rechtsfähigkeit wird durch den Eröffnungsbeschluß bewirkt, der gemäß § 108 KO. die Stunde der Konkurseröffnung anzugeben hat. Ist dies versäumt worden, so gilt als Zeitpunkt der Eröffnung die Mittagsstunde des Tages der Konkurseröffnung. Bei eingetragenen Vereinen ist die Eröffnung des Konkurses von Amtswegen in das Vereinsregister einzutragen (BGB. § 75).

7. Gegen den Eröffnungsbeschluß steht dem Vereine die sofortige Beschwerde zu (KO. § 109); die Entscheidung des Beschwerdegerichts wird jedoch erst mit der Rechtskraft wirksam, sofern nicht das Beschwerdegericht die sofortige Wirksamkeit der Entscheidung anordnet (KO. § 74). Hebt das Beschwerdegericht die Konkurseröffnung auf, so fällt die Wirkung des Eröffnungsbeschlusses weg und der Verlust der Rechtsfähigkeit

gilt als nicht erfolgt. Bei eingetragenen Vereinen ist die Aufhebung des Eröffnungsbeschlusses in das Vereinsregister einzutragen (BGB. § 75). Da aber sofort mit der Eröffnung des Konkursverfahrens die Thätigkeit des Konkursverwalters beginnt (KO. § 117), so kann die Aufhebung des Eröffnungsbeschlusses nicht mehr den alten Stand wiederherstellen. Die etwa bereits erfolgte Verwerthung des Vereinsvermögens ist nicht mehr rückgängig zu machen. Die entstandenen Masseansprüche müssen, obwohl eine Konkursmasse rechtlich nicht existirt, doch, wie wenn eine solche vorhanden wäre, aus dem Vermögen des Vereins befriedigt werden (§§ 116, 191 KO.). Im übrigen ist die Aufhebung des Konkursverfahrens ebenso öffentlich bekannt zu machen den Betheiligten zuzustellen und in das Grundbuch einzutragen, wie die Eröffnung des Verfahrens, alles auf Kosten des Vereins (KO. § 116).

8. Wird das Konkursverfahren eingestellt (KO. § 202) oder nach Durchführung des Verfahrens durch Schlußvertheilung (KO. § 163) oder durch Zwangsvergleich aufgehoben (KO. § 190), so lebt die durch die Konkurseröffnung dem Vereine verlorene Rechtsfähigkeit nicht wieder auf. Der Verein muß daher, wenn nach Einstellung oder Aufhebung des Konkursverfahrens noch Vermögen vorhanden ist, in Liquidation treten oder die begonnene Liquidation zu Ende führen (§§ 45 ff. BGB.).

9. Nach § 42 Abs. 2 hat der Vorstand im Falle der Ueberschuldung die Konkurseröffnung zu beantragen. Eine Verpflichtung des Vorstandes, die Eröffnung des Konkurses in dem Falle zu beantragen, wenn nicht Ueberschuldung, aber Zahlungsunfähigkeit gegeben ist (KO. § 102), hat das BGB. — im Gegensatze zum HGB. § 240 Abs. 2, § 64 des Gesetzes betreffend die Gesellschaften mit beschränkter Haftung und § 92 des Gesetzes betreffend die Erwerbs- und Wirthschaftsgenossenschaften — nicht bestimmt. Eine Verpflichtung hiezu kann sich indessen aus der Geschäftsaufgabe des Vorstandes auf Grund des § 27 Abs. 3 ergeben. Den Gläubigern haftet der Vorstand nach § 53 des BGB. unmittelbar nur für den Fall der schuldhaften Verzögerung der Stellung des Konkursantrages im Falle der Ueberschuldung.

10. Die Haftung des Vorstandes gegenüber den Gläubigern findet nur dann statt, wenn dem Vorstand ein Verschulden zur Last fällt. Es haften nur diejenigen Mitglieder des Vorstandes, welchen ein Verschulden zur Last fällt. Sie haften nach § 53 BGB. als Gesammtschuldner.

11. „Verliert der Verein durch die Konkurseröffnung die Rechtsfähigkeit, so gilt diese doch für das Konkursverfahren als fortdauernd. Nicht diejenigen, an welche das Vermögen des Vereins nach der Auflösung fällt, sind Gemeinschuldner, sondern der Verein ist der Gemeinschuldner. Insoweit dauert auch die Organisation fort, so daß die Organe des Vereins im Konkursverfahren als Organe des Gemeinschuldners in Betracht kommen" (L. v. Seuffert, Konkursrecht S. 231).

12. Uebergangsrecht. In Bezug auf die zur Zeit des Inkrafttretens des BGB. bestehenden Juristischen Personen vgl. Art. 163 EG. Auf die bisherigen „anerkannten Vereine" des bayrischen Rechtes (EG. Art. 165) findet § 42 Anwendung. Vgl. Art. 1 des Bayr. Ueberg.G.

Ueber die Frage, ob privatrechtliche Vereine, welche nicht den Bestimmungen des BGB., sondern lediglich den Landesgesetzen unterworfen sind (EG. Art. 65, 66, 67, 69), ob ferner Körperschaften, Stiftungen und Anstalten des öffentlichen Rechtes durch Konkurseröffnung die Rechtsfähigkeit verlieren, sowie ob und inwieweit über Juristische Personen des öffentlichen Rechtes eine Konkurseröffnung stattfindet, entscheidet das Landesrecht. Nach Art. 166 Ziff. II des Bayr. AG. z. BGB. (vgl. Art. 9, a des Bayr. AG. z. CPO. und KO.) findet ein Konkurs nicht statt über das Vermögen der Gemeinden und der „unter Leitung des Staates oder einer Gemeinde stehenden Körperschaften und Stiftungen". Vgl. ferner Elsaß-Lothringen AG. z. CPO. § 11; dagegen Sachsen AG. z. CPO. § 4 und AV. z. CPO. und KO. § 4; Sachsen-Altenburg AG. z. KO. § 3. Für den Fall, daß ein Konkurs zulässig ist, vgl. § 89 Abs. 2 BGB.

§ 43.

Dem Vereine kann die Rechtsfähigkeit entzogen werden, wenn er durch einen gesetzwidrigen Beschluß der Mitgliederversammlung oder durch gesetzwidriges Verhalten des Vorstandes das Gemeinwohl gefährdet.

Einem Vereine, dessen Zweck nach der Satzung nicht auf einen wirthschaftlichen Geschäftsbetrieb gerichtet ist, kann die Rechtsfähigkeit entzogen werden, wenn er einen solchen Zweck verfolgt.

Einem Vereine, der nach der Satzung einen politischen, sozialpolitischen oder religiösen Zweck nicht hat, kann die Rechtsfähigkeit entzogen werden, wenn er einen solchen Zweck verfolgt.

Einem Vereine, dessen Rechtsfähigkeit auf Verleihung beruht, kann die Rechtsfähigkeit entzogen werden, wenn er einen anderen als den in der Satzung bestimmten Zweck verfolgt.

E. II, 40; III, 40.

I. 1. Entstehungsgeschichte des Abs. 1. Die Vorschrift des Abs. 1 wurde in der II. Komm. aufgenommen und mit dem Vorgange des § 79 des Genossenschaftsgesetzes begründet (P. I, 576), wonach eine Genossenschaft aufgelöst werden kann, wenn sie sich gesetzwidriger Handlungen oder Unterlassungen schuldig macht, durch welche das Gemeinwohl gefährdet wird. Die Grundlage dieser Bestimmung und damit auch derjenigen des § 43 Abs. 1 BGB. war eine Bestimmung des früheren preußischen Aktienrechts. Nach §§ 6 und 7 des preußischen Aktiengesetzes vom 9. November 1843 konnte eine Aktiengesellschaft durch gerichtliches Erkenntniß aufgelöst werden, wenn die Aktiengesellschaft sich rechtswidriger Handlungen oder Unterlassungen schuldig macht, durch welche das Gemeinwohl gefährdet wird. Diese Bestimmung ist übergegangen in Art. 12 § 5 des preußischen EG. z. HGB. vom 24. Juni 1861 und nunmehr in Art. 4 des preußischen AG. z. HGB. vom 10. Mai 1897, mit der Abänderung jedoch, daß an die Stelle der gerichtlichen Entscheidung die Entscheidung des Bezirksausschusses im Verwaltungsstreitverfahren getreten ist. Aus dem preußischen Landesrecht ist ferner die Bestimmung übergegangen in das Gesetz des Norddeutschen Bundes vom 4. Juli 1868, betreffend die privatrechtliche Stellung der Erwerbs- und Wirthschaftsgenossenschaften § 35, in § 79 des Genossenschaftsgesetzes vom 1. Mai 1889 (= § 81 der Fassung vom 20. Mai 1898), in § 62 des Gesetzes betreffend die Gesellschaften mit beschränkter Haftung, §§ 97 Abs. 1 Ziff. 3, 104 ff. der Gew.O. (Innungen): überall seit dem Genossenschaftsgesetze vom Jahre 1889 unter Ersetzung der gerichtlichen Entscheidung durch die Entscheidung der Verwaltungsbehörden.

2. Dem Vereine kann die Rechtsfähigkeit entzogen werden, wenn er durch einen gesetzwidrigen Beschluß der Mitgliederversammlung oder durch gesetzwidriges Verhalten des Vorstandes das Gemeinwohl gefährdet.

Hienach ist zur Anwendung des § 43 Abs. 1 erforderlich:

a) Ein gesetzwidriger Beschluß der Mitgliederversammlung. Gegen welches Gesetz der Beschluß verstößt, ist an sich gleichgültig. Die Voraussetzung der Entziehung der Rechtsfähigkeit ist, daß der Verein durch gesetzwidrigen Beschluß der Mitgliederversammlung die von ihm einzuhaltenden Grenzen überschritten hat.

b) Gesetzwidriges Verhalten des Vorstandes kann in positiven Handlungen oder in Unterlassungen bestehen. Daß die Mitglieder des Vereins von dem gesetzwidrigen Verhalten des Vorstandes etwas wissen oder dasselbe billigen, ist nicht nothwendig.

Das „Verhalten" des Vorstandes muß ferner ein Verhalten in Bezug auf Vereinsangelegenheiten und in Ausführung oder Vernachlässigung der dem Vorstand als Organ des Vereins obliegenden Verrichtungen bethätigt sein.

c) Der rechtswidrige Versammlungsbeschluß oder das rechtswidrige Verhalten des Vorstandes muß das „Gemeinwohl" gefährden. Der Bericht der RTK. sagt hierüber (S. 14): „Die Frage, ob ein Verein durch den gesetzwidrigen Beschluß einer Mitgliederversammlung oder durch gesetzwidriges Verhalten des Vorstandes das Gemeinwohl gefährde, sei offenbar nicht privatrechtlicher Natur, sondern gehöre dem öffentlichen Rechte an." Es ist anzunehmen, daß Verstöße gegen das Privatrecht kaum jemals den Begriff einer Gefährdung des Gemeinwohls erfüllen und auch verschiedene Verstöße gegen Vorschriften des öffentlichen Rechtes nicht darunter fallen, wie z. B. Uebertretungen der Gew.O., der Sonntagsruhe, der Polizeistunde (so mit Recht Riedel S. 92 Anm.). Im übrigen ist es unmöglich, einen Begriff von solcher Elastizität wie „Gefährdung des Gemeinwohls" juristisch mit genügender Sicherheit für die Rechtsanwendung zu präzisiren (vgl. hiezu PLR. Thl. II Tit. 6 §§ 190, 191).

II. Nach Abs. 2 kann dem Vereine, dessen Zweck nach der Satzung „ideal" ist, die Rechtsfähigkeit entzogen werden, wenn er einen wirthschaftlichen Zweck verfolgt.

Ueber den Begriff des wirthschaftlichen Zweckes vgl. oben zu § 21 S. 132 ff. Nach § 43 Abs. 2 können Vereine, welche die Rechtsfähigkeit nur durch Eintragung erlangen können, nicht Zwecke verfolgen, für die sie auf diesem Wege die Rechtsfähigkeit nicht hätten erlangen können. Indessen ist § 43 Abs. 2 auch auf Vereine anwendbar, die nach § 23 durch Verleihung seitens des Bundesraths die Rechtsfähigkeit erlangt haben.

Umgekehrt kann aber auch einem wirthschaftlichen Vereine, der durch staatliche Verleihung rechtsfähig geworden ist, die Rechtsfähigkeit entzogen werden, wenn er statt des wirthschaftlichen Zweckes oder neben demselben einen idealen Zweck verfolgt (Abs. 4).

III. 1. Einem Vereine, welcher nach den Satzungen einen idealen Zweck verfolgt, kann die Rechtsfähigkeit nicht deßwegen entzogen werden, weil er statt des satzungsmäßigen idealen Zwecks einen anderen idealen Zweck verfolgt, z. B. statt eines Erziehungszwecks einen wohlthätigen Zweck (P. I, 575). Von diesem Grundsatze macht § 43 Abs. 3 eine Ausnahme dahin, daß dem Vereine, welcher nach der Satzung einen politischen, sozialpolitischen oder religiösen Zweck nicht hat, die Rechtsfähigkeit entzogen werden kann, wenn er einen solchen Zweck verfolgt. Diese Ausnahme steht im Zusammenhange mit den Vorschriften des § 61 und wurde bei den Berathungen der II. Komm. ausdrücklich als eine Konsequenz dieser letzteren Vorschriften bezeichnet (P. I, 575). Bei Vereinen, welche einen politischen, sozialpolitischen und religiösen Zweck satzungsmäßig haben, kann die Verwaltungsbehörde gegen die Eintragung Einspruch erheben und dadurch die Erlangung der Rechtsfähigkeit seitens solcher Vereine verhindern, so daß kein satzungsmäßig politischer u. s. w. Verein gegen den Willen der Verwaltungsbehörde rechtsfähig werden kann. § 43 will die thatsächliche Verfolgung politischer, sozialpolitischer oder religiöser Zwecke durch Vereine, welche für solche Zwecke nicht die Rechtsfähigkeit erlangt haben, verhindern.

2. Einem Vereine, der satzungsgemäß einen politischen, sozialpolitischen oder religiösen Zweck verfolgt, kann die Rechtsfähigkeit entzogen werden, wenn er einen von diesen drei Zwecken, welcher in der Satzung nicht als Vereinszweck bezeichnet ist, verfolgt. Es kann sonach einem politischen Vereine die Rechtsfähigkeit entzogen werden, wenn er einen religiösen Zweck, einem religiösen Vereine, wenn er einen politischen Zweck verfolgt. Die Satzungen der Vereine pflegen die Vereinszwecke gewöhnlich nicht in der Weise zu bestimmen, daß sie dieselben als politische, sozialpolitische u. s. w. eigens kennzeichnen. Die Frage, ob ein politischer oder sozialpolitischer 2c. Vereinszweck gegeben ist, kann nur an der Hand des am Sitze des Vereins geltenden öffentlichen Rechtes entschieden werden. Eine einheitliche Entscheidungsnorm ist im Reichsrechte nicht enthalten. Es sind daher die Landesvereinsgesetze maßgebend, solange ein Reichsvereinsgesetz nicht besteht. Als ein Verein, welcher einen „politischen" Zweck verfolgt, wird daher derjenige Verein betrachtet werden müssen, welcher nach dem am Orte seines Sitzes geltenden öffentlichen Vereinsrechte ein „politischer Verein" ist. Dieser Begriff ist in den verschiedenen Vereinsgesetzen verschieden und insbesondere verschieden weit gefaßt. Es ist daher auch unvermeidlich, daß die Entscheidung über die Frage, ob ein Verein politische Zwecke verfolgt, je nach dem Sitze der Vereins verschieden ausfällt. Dies gilt auch von dem Begriffe des „Sozialpolitischen". Dieser Begriff steht weder in der Wissenschaft fest (W. Sombartin Arch. für soziale Gesetzgebung und Statistik Bd. X S. 3 ff.), noch wird er in den einzelnen deutschen Vereinsgesetzgebungen gleichheitlich aufgefaßt. Die Versuche, welche zu § 43 (und zu § 61 Abs. 2) gemacht wurden, einheitliche Begriffe des politischen oder sozialpolitischen Vereinszwecks aufzustellen, müssen angesichts der fehlenden einheitlichen Rechtsgrundlage als bodenlos betrachtet werden (Einheitliche Begriffe suchen u. A. aufzustellen: Eck, Vortr. S. 19 ff.; Hölder S. 176; Planck S. 109 Bem. 2 zu § 61; Dernburg I § 75 S. 207; Kuhlenbeck, Komm. Bem. 3 und 4 zu § 43. Dagegen Endemann I S. 188 Anm. 15, a; Riedel S. 93, 94; Staudinger, Vereinsrecht S. 64). Im übrigen vgl. die Bem. zu § 61.

3. Die Rechtsfähigkeit kann einem Verein entzogen werden, wenn er nach der Satzung überhaupt einen politischen oder sozialpolitischen oder religiösen Zweck nicht hat, aber thatsächlich einen solchen Zweck verfolgt. Hienach kann die Rechtsfähigkeit einem Vereine nicht entzogen werden, wenn er einen anderen politischen oder sozialpolitischen oder religiösen Zweck verfolgt als den in der Satzung angegebenen. Dann bleibt es bei der Regel, daß die Aenderung des satzungsmäßigen idealen Zwecks nicht zur Entziehung der Rechtsfähigkeit führen kann. Nur dann kann die Rechtsfähigkeit entzogen werden, wenn satzungsmäßig der Verein überhaupt keinen politischen, sozialpolitischen oder religiösen Zweck zu verfolgen hat, aber im Widerspruche mit der Satzung thatsächlich einen solchen Zweck sich setzt. Nach Hölder S. 161 soll die Rechtsfähigkeit dem Verein auch dann entzogen werden können, wenn er den konkreten satzungsmäßigen politischen Zweck in einen anderen politischen Zweck verwandelt. Diese Auffassung kann jedoch nicht gebilligt werden; sie steht, wie Hölder zugiebt, in „entschiedenem Widerspruche mit

dem Wortlaute" des Gesetzes, soll aber nach seiner Behauptung durch den Zweck des Gesetzes gefordert werden. Diese letztere Erwägung kann eine Auslegung, die im Gesetze selbst nicht nur keine Grundlage, sondern das Gesetz direkt gegen sich hat, nicht rechtfertigen. Direkt gegen diese Auslegung spricht auch das argumentum e contrario, das § 43 Abs. 4 an die Hand giebt, sofern hier die Verfolgung jedes anderen als des satzungsmäßigen Zweckes der Behörde die Befugniß zur Entziehung der Rechtsfähigkeit giebt. In II. Komm. wurde der von Hölder aufgestellte Satz als „zu weitführend" bezeichnet und seine Aufnahme — die beantragt war (P. I, 574 zu Ziffer 3) — abgelehnt (P. I, 576).

4. Die bisherige Rechtsprechung der Gerichte und Verwaltungsbehörden nimmt theilweise im Anschluß an ausdrückliche Bestimmungen der Landesvereinsgesetze ein „Verfolgen politischer oder sozialpolitischer Zwecke" und damit das Vorhandensein eines politischen oder sozialpolitischen Vereins an, wenn ein satzungsmäßig nicht politischer Verein „politische Zwecke in den Bereich seiner Verhandlungen zieht" (Art. 13 des bayrischen Vereinsgesetzes). Dies kann nach der Rechtsprechung durch eine einzelne Verhandlung, einen einzelnen Vortrag, nach einem Urtheile des preußischen Kammergerichts vom 4. Oktober 1897 auch durch Darstellung eines lebenden Bildes mit Musikbegleitung geschehen (Goltdammers Archiv für Strafrecht 45. Jahrg. S. 309 — das betreffende Bild stellte den „unterdrückten polnischen Bauern" dar). Dies genügt auch zur Entziehung der Rechtsfähigkeit nach § 43, da für die Frage, ob ein politischer u. s. w. Verein vorhanden, überhaupt das öffentliche Recht und die in demselben entwickelten Grundsätze entscheidend sind. Auf diese bisherige Praxis — und damit auf Landesvereinsrecht — ist denn auch in den Verhandlungen der II. Komm. ausdrücklich verwiesen worden (P. I, 562, 575). Daß aber einem Vereine gemäß § 43 die Rechtsfähigkeit entzogen werden könnte, der nach der Eintragung keine anderen, als die satzungsmäßigen — wenn auch von der Verwaltungsbehörde verkannten oder nicht beachteten — Zwecke verfolgt, ist unrichtig. A. M. Th. Cohn im „Recht" 1901 S. 257.

5. Das „Verfolgen" eines politischen u. s. w. Zweckes hat mit Rücksicht auf Vorstehendes in § 43 einen anderen Sinn als in § 61. Zur Entziehung der Rechtsfähigkeit ist erforderlich und genügend, daß der Verein thatsächlich einen nicht der Satzung entsprechenden Zweck verfolgt. Dagegen ist für den Einspruch aus § 61 erforderlich, daß die Satzung des Vereins einen politischen u. s. w. Zweck feststellt, während es in der II. Komm. als gleichgültig bezeichnet wurde, wenn die Förderung politischer Zwecke eine mit dem satzungsmäßigen Zwecke etwa in losem Zusammenhange stehende Nebenwirkung sei (P. I, 563). Es wurde insbesondere bezüglich des § 61 Gewicht darauf gelegt, daß es nicht darauf ankomme, ob der Verein politischen Zwecken „diene", sondern darauf, ob er solche Zwecke statutenmäßig „verfolge".

IV. Einem Vereine, dessen Rechtsfähigkeit auf Verleihung beruht, kann die Rechtsfähigkeit entzogen werden, wenn er irgend einen anderen, als den in der Satzung bestimmten Zweck verfolgt.

1. Auf „Verleihung" beruht die Rechtsfähigkeit
   a) der inländischen Vereine, deren Zweck auf einen wirthschaftlichen Geschäftsbetrieb gerichtet ist (§ 22);
   b) der Vereine, die ihren Sitz nicht in einem Bundesstaate haben (§ 23), gleichviel, ob sie einen idealen oder wirthschaftlichen Zweck satzungsmäßig verfolgen.

2. Bei diesen Vereinen genügt — im Gegensatze zu § 43 Abs. 2 u. 4 — jede Aenderung des satzungsmäßigen Zweckes zur Entziehung der Rechtsfähigkeit.
   a) Es genügt sonach bei wirthschaftlichen Vereinen, wenn an Stelle des satzungsmäßigen wirthschaftlichen Zweckes ein anderer wirthschaftlicher Zweck tritt.
   b) Es genügt bei den Vereinen, welche ihren Sitz nicht in einem Bundesstaate haben, wenn an die Stelle des satzungsmäßigen idealen Zweckes ein anderer idealer Zweck tritt.

3. Den Vereinen, deren Rechtsfähigkeit auf Verleihung beruht, kann aber auch die Rechtsfähigkeit entzogen werden, wenn sie den satzungsmäßigen Zweck nicht geändert haben. Die Rechtsfähigkeit kann denselben entzogen werden auf Grund eines bei der Verleihung selbst gemachten Vorbehalts. Ist ein Vorbehalt nicht gemacht worden, so müssen die Voraussetzungen des § 43 Abs. 4 gegeben sein, wenn ihnen die Rechtsfähigkeit entzogen werden soll.

V. 1. Der Verein verliert in den Fällen des § 43 die Rechtsfähigkeit nicht von selbst, wie bei Eröffnung des Konkurses; es bedarf eines eigenen Staatsaktes.

2. Dem Vereine „kann" in den Fällen des § 43 die Rechtsfähigkeit entzogen werden; das BGB. spricht keine Verpflichtung der zuständigen Behörden aus. Eine solche Verpflichtung würde insbesondere in den Fällen der Verfolgung eines nicht satzungsmäßigen Zweckes bei der Flüssigkeit der hier in Betracht kommenden Begriffe zu erheblichen Uebel-

ständen führen. Die Frage, ob die Rechtsfähigkeit nur entzogen werden **kann** oder entzogen werden **muß**, ist eine Frage des materiellen Rechtes. Dies hat das BGB. erschöpfend geordnet. Eine Aenderung durch das Landesrecht ist ausgeschlossen. Jedoch kann die nach Landesrecht für das Verfahren maßgebende Zuständigkeitsordnung dahin führen, daß die zur Entziehung der Rechtsfähigkeit zuständige Behörde die Rechtsfähigkeit entziehen muß; dann nämlich, wenn verschiedene Behörden zuständig sind für die Einleitung und den Betrieb des Verfahrens oder den Antrag einerseits und für die Entscheidung andererseits. Ueber diese Zuständigkeitstrennung vgl. Bem. 3,a zu § 44.

VI. § 43 ist auf alle rechtsfähigen Vereine anwendbar. Sofern auch Aktiengesellschaften zu den rechtsfähigen Vereinen gehören, kann daher auch diesen gemäß § 43 die Rechtsfähigkeit entzogen werden.

VII. Nach Hatschek (D. Jur.Z. 1900 S. 492) soll eine Auflösung eingetragener oder konzessionirter Vereine durch die Verwaltungsbehörden nur mehr aus den Gründen des § 43 zulässig sein, weil jede Auflösung auch eine Entziehung der Rechtsfähigkeit in sich schließe. Es sollen hienach die in allen Bundesstaaten, mit Ausnahme von Preußen und Anhalt, geltenden Bestimmungen des öffentlichen Vereinsrechts, welche eine Vereinsauflösung aus anderen als den Gründen des § 43 zulassen, aufgehoben sein. Diese Auffassung dürfte nicht zutreffen. Das BGB. hat das öffentliche Vereinsrecht unberührt gelassen, in § 61 Abs. 2 und § 74 Abs. 3 sogar ausdrücklich vorbehalten. In der II. Komm. wurde die Aufnahme des § 43 Abs. 1 damit begründet, daß die Beschlüsse über die Erlangung der Rechtsfähigkeit durch Vereine es nothwendig machen, „der Staatsbehörde neben den ihr nach dem partikularen öffentlichen Vereinsrechte zustehenden Auflösungsbefugnissen eine weitere Handhabe zu geben, um die Auflösung eines Vereines herbeiführen zu können“ (P. I, 575, vgl. ferner hiezu die Erklärung der II. Komm. P. VI, 144 unter XV, 3 über § 74 Abs. 3). Daß man gleichzeitig in der Aufnahme des § 44 eine „Garantie“ für die Vereine fand, „daß ihre Existenz auf einem sicheren Rechtsfundamente ruhe und daß ihr Fortbestand nicht von der Willkür der Behörden abhänge“ (P. I, 576) — worauf Hatschek S. 493 besonderes Gewicht legt —, erscheint schon mit Rücksicht auf die Elastizität der Bestimmung des § 43 Abs. 1 (vgl. oben Bem. I, 2, c) als ein Irrthum der Kommission; keinesfalls aber genügt diese Ansichtsäußerung der II. Komm. dazu, die Aufhebung des öffentlichen Vereinsrechts als von ihr gewollt zu bezeichnen, im Gegensatze zu ihrer ausdrücklichen Erklärung. Ueber die Bedeutungslosigkeit ähnlicher Aeußerungen im Reichstage vgl. Meurer S. 292 zu Note 5. S. ferner Cosack I § 35 S. 110, Endemann I § 41 S. 110 und § 44 zu Note 27; Oertmann bayr. Landesprivatrecht I S. 77 zu V.

§ 44.

Die Zuständigkeit und das Verfahren bestimmen sich in den Fällen des § 43 nach den für streitige Verwaltungssachen geltenden Vorschriften der Landesgesetze. Wo ein Verwaltungsstreitverfahren nicht besteht, finden die Vorschriften der §§ 20, 21 der Gewerbeordnung Anwendung; die Entscheidung erfolgt in erster Instanz durch die höhere Verwaltungsbehörde, in deren Bezirke der Verein seinen Sitz hat.

Beruht die Rechtsfähigkeit auf Verleihung durch den Bundesrath, so erfolgt die Entziehung durch Beschluß des Bundesraths.

E. II, 40; III, 41.

1. Entstehung der Vorschrift. § 44 Abs. 1 entspricht dem § 40 Abs. 4 des E. II, dem § 41 der Bundesrathsvorlage. Der Bundesrath hatte die Bestimmung dahin abgeändert: „Die Zuständigkeit und das Verfahren richtet sich nach den Gesetzen des Staates, in dessen Gebiete der Verein seinen Sitz hat.“ Damit sollte die Nothwendigkeit des Verwaltungsstreitverfahrens ausgeschlossen und das gewöhnliche Verfahren der aktiven Verwaltung zugelassen werden. Die Reichstagskomm. hat in 1. Lesung für die Entziehung der Rechtsfähigkeit auf Grund des § 43 die Gerichte als zuständig erklärt. In 2. Lesung wurde die jetzige Fassung des Gesetzes und damit der E. II wiederhergestellt.

2. Hienach sind die Landesgesetze in denjenigen Gebieten für die Zuständigkeit und das Verfahren maßgebend, wo ein Verwaltungsstreitverfahren gesetzlich geordnet ist. Wo dies nicht der Fall ist, kommt ein reichsrechtlich geordnetes Verfahren zur Anwendung nach Maßgabe der §§ 20, 21 R.Gew.O. Hienach ist gegen die Entziehung der Rechtsfähigkeit ein „Rekurs“ an die der entscheidenden Stelle nächstvorgesetzte Behörde zulässig; der Rekursbescheid ist nach § 20 der R.Gew.O. den Parteien schriftlich zu eröffnen und muß mit Gründen versehen sein; in erster oder in zweiter

Instanz muß die Entscheidung durch eine kollegiale Behörde erfolgen, in öffentlicher Sitzung, nach Ladung und Anhörung der Parteien. Vgl. über den Rekurs nach der R.Gew.O. v. Landmann, Komm. z. R.Gew.O., IV. Aufl. I. Bd. S. 163 ff. In den Verhandlungen der II. Komm., der Reichstagskomm. und des Reichstags wurde betont, daß das landesrechtliche Verwaltungsstreitverfahren nicht nur dem öffentlichen Interesse entspreche, sondern auch für die Vereine Rechtsgarantien schaffe, indem die Entscheidung Richtern übertragen sei (P. I, 562; RTK. 10, 22; StB. 23).

3. a) Die Zuständigkeit zum Antrag auf Entziehung der Rechtsfähigkeit und die Zuständigkeit zur Entscheidung in erster Instanz sind getrennt in Hessen, beiden Mecklenburg, Preußen, beiden Reuß, Sachsen, Sachsen-Coburg, Sachsen-Meiningen, Sachsen-Weimar, Schwarzburg-Sondershausen, Waldeck-Pyrmont.

b) Ein Verwaltungsgerichtshof entscheidet in letzter Instanz in Preußen, Bayern, Baden, Württemberg, Hessen, Sachsen, Anhalt, Braunschweig, Lippe, Sachsen-Meiningen.

c) Zuständig ist in Preußen AV. z. BGB. Art. 2: der Bezirksausschuß im Verwaltungsstreitverfahren als erste, das Oberverwaltungsgericht als Berufungsinstanz.

In Bayern AG. z. BGB. Art. 4: die Distriktspolizeibehörde (in München die Polizeidirektion) als erste, die Regierung, Kammer des Innern, als zweite Instanz entscheiden als Verwaltungsbehörden, der Verwaltungsgerichtshof im Verwaltungsstreitverfahren als dritte Instanz.

In Württemberg AG. z. BGB. Art. 135: die Kreisregierung entscheidet als erste, das Ministerium des Innern als zweite, der Verwaltungsgerichtshof als letzte Instanz.

Sachsen Gesetz über die Verwaltungsrechtspflege vom 19. Juli 1900, § 74: gegen die Entscheidung der Kreishauptmannschaft findet Anfechtungsklage zum Oberverwaltungsgerichte statt.

Hessen AG. z. BGB. Art. 5, 6: Provinzialausschuß erste, Verwaltungsgerichtshof zweite Instanz.

In Baden AV. z. BGB. § 12 entscheidet der Bezirksrath als Verwaltungsbehörde; seine Entscheidung ist mit Klage zum Verwaltungsgerichtshof als erster und letzter Instanz anfechtbar.

In Braunschweig AG. z. BGB. § 7: gegen die Entscheidung der Kreisdirektion (in Braunschweig der Polizeidirektion) findet Klage zum Verwaltungsgerichtshof statt.

In Elsaß-Lothringen Verordnung betr. die Vereine und Stiftungen vom 6. Dezember 1899: der Bezirkspräsident ist erste, der kaiserliche Rath Rekursinstanz.

Lippe AG. z. BGB. §§ 4, 5: gegen die Entscheidung der fürstlichen Regierung findet Klage zum fürstlichen Oberverwaltungsgericht statt oder Beschwerde zum Staatsministerium.

Lübeck AG. z. BGB. §§ 4, 5: Polizeiamt erste, Senatsausschuß Rekursinstanz.

Mecklenburg-Schwerin Verordn. das Verfahren in Vereinssachen betr. vom 9. April 1899 §§ 2, 5, 12, 29, 33: die Kommission für das Vereinswesen erste, das Staatsministerium zweite Instanz.

In Mecklenburg-Strelitz Verordn. das Verfahren in Vereinssachen betr. vom 9. April 1899 §§ 2, 5, 12, 29, 33: die Kommission für das Vereinswesen erste, die Landesregierung zweite Instanz.

In Oldenburg AV. z. BGB. § 3: das Staatsministerium, Abtheilung für Vereinssachen, im Herzogthum Oldenburg; die Regierung in den Fürstenthümern Lübeck und Birkenfeld.

Anhalt AG. z. BGB. Art. 3: Gegen die Entscheidung der Regierung, Abth. des Innern, findet Klage zum Landesverwaltungsgerichte statt.

In Hamburg AG. z. BGB. § 2 ist die Polizeibehörde oder die Landherrenschaft erste, eine Senatssektion Rekursinstanz.

In Reuß ä. L. AG. z. BGB. §§ 8—10: die fürstliche Kommission für das Vereinswesen erste, die Landesregierung zweite Instanz.

Reuß j. L. AG. z. BGB. §§ 7—8 und Gesetz vom 27. Oktober 1870, die Ausführung der Gewerbeordnung für den norddeutschen Bund betr. Art. 1: der Bezirksausschuß als erste, das Ministerium Abth. für das Innere als zweite (Rekurs-)Instanz.

Sachsen-Altenburg AV. z. BGB. § 6: Ministerium, Abtheilung des Innern, erste, das Gesammtministerium zweite Instanz.

Sachsen-Coburg AV. z. BGB. § 2: die Bezirksverwaltungsbehörde als erste, das Staatsministerium als zweite Instanz.

Sachsen-Meiningen AG. z. BGB. Art. 1 § 2: das Landesverwaltungsgericht.

Sachsen-Weimar AG. z. BGB. § 12: der Bezirksausschuß.

Schaumburg-Lippe AG. z. BGB. § 8: Ministerium, Abtheilung für Gewerbe- und Gemeindeangelegenheiten, erste, das Ministerium zweite Instanz.

Schwarzburg-Rudolstadt AG. z. BGB. Art. 10: Landrathamt erste, das Rekurskollegium für Gewerbesachen zweite Instanz.

Schwarzburg-Sondershausen AG. z. BGB. Art. 2 §§ 2, 3: der Bezirksausschuß erste, das Ministerium, Abtheilung des Innern, zweite Instanz.

Waldeck-Pyrmont AG. z. BGB. Art. 2: das Landesdirektorium in Arolsen.

4. Für die Entziehung der Rechtsfähigkeit derjenigen Vereine, denen Rechtsfähigkeit gemäß § 23 durch den Bundesrath verliehen worden ist, ist der Bundesrath zuständig: § 44 Abs. 2. Beschwerdeinstanz und Verfahren sind nicht vorgeschrieben. Die Entscheidung ist hienach sofort wirksam.

5. Neben der Entziehung der Rechtsfähigkeit auf Grund von § 43 bleiben die Auflösungsgründe in Kraft, welche das öffentliche Vereinsrecht der einzelnen Bundesstaaten enthält. Vgl. Bem. VII zu § 43.

§ 45.

Mit der Auflösung des Vereins oder der Entziehung der Rechtsfähigkeit fällt das Vermögen an die in der Satzung bestimmten Personen.

Durch die Satzung kann vorgeschrieben werden, daß die Anfallberechtigten durch Beschluß der Mitgliederversammlung oder eines anderen Vereinsorgans bestimmt werden. Ist der Zweck des Vereins nicht auf einen wirthschaftlichen Geschäftsbetrieb gerichtet, so kann die Mitgliederversammlung auch ohne eine solche Vorschrift das Vermögen einer öffentlichen Stiftung oder Anstalt zuweisen.

Fehlt es an einer Bestimmung der Anfallberechtigten, so fällt das Vermögen, wenn der Verein nach der Satzung ausschließlich den Interessen seiner Mitglieder diente, an die zur Zeit der Auflösung oder der Entziehung der Rechtsfähigkeit vorhandenen Mitglieder zu gleichen Theilen, anderenfalls an den Fiskus des Bundesstaats, in dessen Gebiete der Verein seinen Sitz hatte.

E. I, 49; II, 41; III, 42.

I. § 45 trifft Bestimmungen nur über das „Vermögen" des Vereins, nicht über die demselben zustehenden Persönlichkeitsrechte. Der Verein ist aber nicht bloß vermögensfähig, sondern rechtsfähig. Er hat einen Namen, kann, sofern er ein Gewerbe betreibt, eine Firma haben, Zeichen-, Urheber- und Erfinderrechte besitzen. Diese Persönlichkeitsrechte gehen mit der Entziehung der Rechtsfähigkeit oder der Auflösung des Vereins nicht nothwendig unter; sie können, sofern sie mit dem Vermögen in Zusammenhang stehen, mit dem Vermögen auf den Anfallberechtigten übergehen (vgl. Gierke, Genossenschaftstheorie S. 856). Andererseits können Vermögensrechte mit dem Ende der Juristischen Person erlöschen. Vgl. § 1061 Satz 2 BGB.

II. Mit der Auflösung des Vereins oder der Entziehung der Rechtsfähigkeit fällt das Vermögen an die nach § 45 sich bestimmenden Personen.

1. Der Anfall des Vermögens an die Berechtigten findet mit der Auflösung des Vereins oder der Entziehung der Rechtsfähigkeit statt, also mit dem Ende der Juristischen Person als solcher.

2. Der „Anfall des Vermögens" hat verschiedene Bedeutung, je nachdem das Vermögen des Vereins

a) an die in der Satzung bestimmten Personen oder mangels einer satzungsmäßigen Bestimmung dieser Personen im Falle des § 45 Abs. 3 an die Mitglieder des Vereins fällt, oder aber

b) mangels einer satzungsmäßigen Bestimmung des Anfallberechtigten nach Abs. 3 an den Fiskus oder an Stelle des Fiskus an eine Körperschaft, Stiftung oder Anstalt des öffentlichen Rechtes fällt (EG. z. BGB. Art. 85).

Zu a. In diesem Falle bedeutet der „Anfall des Vermögens" an die berechtigten Personen, welcher mit dem Augenblicke der Auflösung des Vereins oder der Entziehung seiner Rechtsfähigkeit stattfindet, nur den Erwerb einer unentziehbaren Forderung der Anfallberechtigten auf das nach Befriedigung der Vereinsgläubiger verbleibende Vermögen des Vereins. Eine Gesammtnachfolge zu Gunsten der Anfallberechtigten findet nicht statt. An die Stelle des als Juristische Person mit seinem bisherigen Zwecke beendigten Vereins tritt kraft Gesetzes ein neuer rechtsfähiger Verein mit neuen Zwecken: der Liquidationsverein. Derselbe „gilt" als Fortsetzung der beendigten Juristischen Person. Der Liquidationsverein hat nur die Aufgabe, die Vereinsgläubiger zu befriedigen und den sich ergebenden Ueberschuß des Vereinsvermögens den Anfallberechtigten auszuantworten, sei es in Gestalt eines Erlöses der Versilberung des Vereinsvermögens oder der Gegenstände dieses Vermögens in Natur (§§ 47—53).

Die Liquidation erfolgt namens des Liquidationsvereins und durch dessen Organe. Der Liquidationsverein ist Eigenthümer und Besitzer des zu liquidirenden Vermögens und Schuldner der Gläubiger. Die Behauptung, daß das Vermögen nicht Vermögen des Liquidationsvereins und daß insbesondere die Schulden des Vereins auf die Anfallberechtigten übergehen*), ist unrichtig.

Zu b. In diesem Falle findet eine Gesammtnachfolge statt. Das „Vermögen des Vereins" fällt als Ganzes an den Fiskus, welcher, wenn auch beschränkt auf das Vereinsvermögen, für die Verbindlichkeiten des Vereins haftet. Der Grund für diese verschiedene Behandlung des Vermögensanfalls an den Fiskus, und des Vermögensanfalls an die in der Satzung genannten Anfallberechtigten, insbesondere die Vereinsmitglieder, war zunächst die Rücksicht auf die Vereinsgläubiger (M. I, 113), sodann die Erwägung, daß nur auf diesem Wege den Anfallberechtigten die Befugniß gewahrt werden könne, „den ihnen angefallenen Theil des Vereinsvermögens auszuschlagen" (P. I, 547), eine Befugniß, die dem Fiskus als gesetzlichem Anfallberechtigten nicht zusteht.

3. Nach dem Wortlaute des § 46 und nach den Verhandlungen der II. Komm. findet indessen auch dann Gesammtnachfolge statt, wenn das Vereinsvermögen kraft einer Bestimmung der Satzung an den Fiskus fällt. Auch in diesem Falle ist der Fiskus nicht berechtigt, den Anfall auszuschlagen.

4. Das Vermögen „fällt" an die Anfallberechtigten d. h. der Anspruch auf das nach Befriedigung der Gläubiger verbleibende Vereinsvermögen wird den Anfallberechtigten sofort mit der Auflösung des Vereins oder der Entziehung der Rechtsfähigkeit erworben und kann denselben nicht entzogen werden. Dagegen sind dieselben berechtigt, den Vermögensanfall auszuschlagen.

5. Die Anfallberechtigten bestimmt nach dem BGB., wie nach der herrschenden Meinung des gemeinen Rechtes, zunächst die Satzung des Vereins.

a) Satzung ist nicht bloß der ursprüngliche Gründungsvertrag, sondern der Gesammtinhalt der jeweils in Geltung stehenden autonomischen Bestimmungen des Vereins. Der Verein kann jederzeit durch Satzungsänderung die Anfallberechtigten anderweitig bestimmen (P. I, 543).

b) Die Satzung kann die Anfallberechtigten unmittelbar oder mittelbar bestimmen, indem sie vorschreibt, daß die Anfallsberechtigten durch einen Beschluß der Mitgliederversammlung oder eines anderen Vereinsorgans bestimmt werden (§ 45 Abs. 2), also z. B. durch einen Beschluß des Vorstandes oder eines Aufsichtsraths. Dagegen kann die Satzung nicht eine außerhalb des Vereins stehende Person zur Bestimmung der Anfallberechtigten beauftragen oder ermächtigen.

*) So Hölder Erl. 2 zu § 45 unter Bezugnahme auf § 52. Wie Hölder auch Leonhard, Allgemeiner Theil des BGB. S. 141; Neumann Bem. 2 zu § 45; Hellwig, Anspruch und Klagerecht S. 228; Goldmann und Lilienthal I S. 91 Abs. 28. Hölder behauptet, die in § 52 bestimmte Hinterlegung und Sicherheitsleistung erfolge namens der Anfallberechtigten. Auch dies ist unrichtig. Denn auch diese Hinterlegung und Sicherstellung ist ein zur Liquidation gehöriges Geschäft, erfolgt mit dem Vermögen des Liquidationsvereins namens desselben und durch dessen Organe. — Die von Gierke vertretene Auffassung, daß man von einem wirklichen oder fingirten Fortbestande der „Verbandspersönlichkeit" nicht reden dürfe und die „soziale Nachlaßregulierung von dem Rechtsnachfolger der Körperschaft besorgt werde" (DPR. I S. 572 zu A. 82) ist mit Rücksicht auf § 49 Abs. 2 BGB. für das Gebiet des BGB. nicht aufrecht zu halten. Für die hier vertretene Auffassung: Eck, Vortr. S. 67; Planck Bem. 2 zu § 53; Cosack I § 35 zu Note 19; Rehbein I S. 56; Kuhlenbeck, Komm. Nr. 3 zu § 53; derselbe, Von den Pandekten I S. 233—236; Meurer S. 301; Zitelmann, Das Recht des BGB. I S. 68; Crome I § 54 zu Note 14; Kammergericht Berlin, Beschluß vom 23. Juni 1902 in Rspr. d. OLG. Bd. 5 S. 378.

c) Die Satzung kann verschiedene Anfallberechtigte hintereinander berufen für den Fall, daß eine vorher berufene Person den Anfall des Vereinsvermögens ausschlägt.

d) Auch ohne satzungsmäßige Ermächtigung kann ein Vereinsorgan die Anfallberechtigten benennen: die Mitgliederversammlung; nicht dagegen der Vorstand oder ein anderes Vereinsorgan. Die Mitgliederversammlung kann dieses Benennungsrecht ausüben unter einer bestimmten Voraussetzung und mit einer Beschränkung:

α) unter einer Voraussetzung: daß der Zweck des Vereins nicht auf einen wirthschaftlichen Geschäftsbetrieb gerichtet ist;

β) unter einer Beschränkung: daß das Vermögen des Vereins in diesem Falle „einer öffentlichen Stiftung oder Anstalt" zugewiesen wird.

6. Sowohl eine Satzungsbestimmung als auch eine Verfügung eines Vereinsorgans, wodurch die Anfallberechtigten bezeichnet werden, kann nur vor der Auflösung des Vereins und vor der Entziehung der Rechtsfähigkeit ergehen. Denn nach der Auflösung oder der Entziehung der Rechtsfähigkeit besteht der Verein nur fort als Liquidationsverein. Zu den Ligidationszwecken gehört aber die Bezeichnung der Anfallberechtigten nicht.

7. Hat die Satzung weder unmittelbar noch mittelbar eine Bestimmung über die Anfallberechtigten getroffen und hat auch die Mitgliederversammlung die oben zu 5, d bezeichnete, ihr ohne Satzungsermächtigung zustehende Bestimmung der Anfallberechtigten nicht rechtzeitig vorgenommen, so „fehlt es an einer Bestimmung der Anfallberechtigten" (§ 45 Abs. 3). In diesem Falle beruft das Gesetz unmittelbar die Anfallberechtigten und zwar

a) die zur Zeit der Vereinsauflösung oder zur Zeit der Entziehung der Rechtsfähigkeit des Vereins vorhandenen Mitglieder des Vereins zu gleichen Theilen dann, wenn der Verein nach der Satzung ausschließlich den Interessen seiner Mitglieder dient.

Vereine, welche ausschließlich den Interessen ihrer Mitglieder dienen, sind zunächst die wirthschaftlichen Vereine. Es können aber Vereine, deren Zweck nicht auf einen wirthschaftlichen Geschäftsbetrieb gerichtet ist, ebenfalls ausschließlich den Interessen ihrer Mitglieder dienen, als „selbstnützige" Vereine, im Gegensatze zu den „gemeinnützigen" Vereinen z. B. gesellige Vereine (Cosack I § 35 S. 111; Riedel, S. 114, 145). Diese Bestimmung des Gesetzes wurde in der II. Komm. als dem „muthmaßlichen Willen der Mitglieder" entsprechend bezeichnet. Bei Vereinen, deren Vermögen nicht ausschließlich dazu bestimmt ist, den Interessen der Mitglieder zu dienen, denke ein Mitglied weder daran, daß es bei künftigem Erlöschen des Vereins berechtigt sein werde, die von ihm geleisteten Beiträge zurückzufordern, noch daran, daß das Vermögen den bei Auflösung des Vereins vorhandenen Mitgliedern zugutekommen solle (P. I, 545).

b) Dient der Verein nicht „ausschließlich den Interessen seiner Mitglieder", so fällt das Vereinsvermögen „an den Fiskus des Bundesstaates, in dessen Gebiete der Verein seinen Sitz hatte". In Bezug auf das Vermögen der Vereine, welche ihren Sitz in keinem Bundesstaate haben (§ 23), ist der Reichsfiskus anfallberechtigt (Planck Bem. 2, c zu § 45; Hölder zu § 45 S. 164; Staudinger, Vereinsrecht S. 55; Fischer-Henle Bem. 7 zu § 45; daselbst ist auch mit Recht angenommen, daß, falls der Vereinssitz in mehreren Bundesstaaten ist, eine Theilung des Vermögens in entsprechender Anwendung des § 1936 Abs. 1 einzutreten hat).

8. An die Stelle des Fiskus als gesetzlichen Anfallberechtigten kann nach landesrechtlichen Bestimmungen eine Körperschaft, Stiftung oder Anstalt des öffentlichen Rechtes treten. Vgl. Bd. VI Bem. zu EG. Art. 85.

§ 46.

Fällt das Vereinsmögen an den Fiskus, so finden die Vorschriften über eine dem Fiskus als gesetzlichem Erben anfallende Erbschaft entsprechende Anwendung. Der Fiskus hat das Vermögen thunlichst in einer den Zwecken des Vereins entsprechenden Weise zu verwenden.

E. I, 49; II, 42; III, 43.

1. Entstehung der Vorschrift. Nach E. I § 49 Abs. 2 sollten die Bestimmungen über die in Ermangelung anderer Erben dem Fiskus anfallenden Erbschaften auf alle Anfallberechtigten Anwendung finden. Ein Ausschlagungsrecht war hienach den Anfallberechtigten

nicht eingeräumt. In der II. Lesung wurde diese Vorschrift als weder dem Interesse der Gläubiger noch der Anfallberechtigten entsprechend bezeichnet und insbesondere betont, daß es ungerechtfertigt sei, den Anfallberechtigten die Befugniß zu entziehen, den ihnen angefallenen Theil des Vereinsvermögens auszuschlagen. Die Anwendung der Bestimmungen über den Fiskus als gesetzlichen Erben wurde beschränkt auf den Fall, daß der Fiskus selbst anfallberechtigt ist. Anfallberechtigt kann der Fiskus sein auf Grund Bestimmung der Vereinssatzung oder eines Beschlusses der Mitgliederversammlung oder auf Grund des Gesetzes (§ 43 Abs. 3). In allen diesen Fällen soll nach § 46 der Fiskus als Gesammtnachfolger „in die Schulden des Vereins eintreten und soll den Erwerb des angefallenen Vermögens auszuschlagen nicht befugt sein" (P. I, 547). Daher findet auch in allen Fällen, in welchen der Fiskus anfallberechtigt ist, kein Liquidationsverfahren statt.

2. Gleiches gilt von den Körperschaften, Stiftungen und Anstalten des öffentlichen Rechtes, wenn dieselben gemäß der in Art. 85 EG. aufrecht erhaltenen landesrechtlichen Bestimmungen an die Stelle des Fiskus als gesetzliche Anfallberechtigte treten, also der Anfall des Vereinsvermögens gemäß § 45 Abs. 3 erfolgt. Vgl. Württemb. AG. z. BGB. Art. 136; für Preußen Crusen und Müller, Kommentar zum preuß. AG. z. BGB. I S. 92 zu Art. 5; für Bayern Bd. VI Bem. 3 zu Art. 85 EG.

3. Für den Fall, daß an Körperschaften, Stiftungen oder Anstalten des öffentlichen Rechtes nicht auf Grund landesrechtlicher Bestimmungen kraft Gesetzes, sondern auf Grund der Vereinssatzung oder auf Grund eines Beschlusses der Mitgliederversammlung das Vermögen des Vereins fällt, findet § 46 keine Anwendung und hat daher gemäß § 47 ein Liquidationsverfahren stattzufinden. Ebenso sind in diesem Falle die anfallberechtigten Körperschaften, Stiftungen und Anstalten berechtigt, den Anfall des Vereinsvermögens abzulehnen.

4. Die Anwendung der für den Fiskus als gesetzlichen Erben geltenden Vorschriften auf den Fall des Anfallrechts des Fiskus führt dahin, daß die Feststellung des gesetzlichen Anfallrechts des Fiskus – oder der landesrechtlich an Stelle desselben tretenden juristischen Personen des öffentlichen Rechtes — durch das Nachlaßgericht erfolgt (§ 1964). Zuständig hiezu ist nach FG. §§ 71, 73 das Amtsgericht des Ortes, an welchem der rechtsfähige Verein seinen Sitz hatte. In Bezug auf Vereine, deren Rechtsfähigkeit auf Verleihung durch den Bundesrath beruht (§ 23), hat der Reichskanzler das zuständige Amtsgericht zu bestimmen (§ 73 FG.). Wenn das Nachlaßgericht gemäß § 1964 BGB. das Anfallrecht des Fiskus festgestellt hat, so steht die Einsicht der dieser Feststellung vorausgegangenen Ermittelungen jedem zu, der ein berechtigtes Interesse glaubhaft macht (§ 78 FG.). Von den betreffenden Schriftstücken kann beglaubigte Abschrift gefordert werden (§ 78 Abs. 2 FG.). Solange unsicher ist, ob der Fiskus anfallberechtigt sei, kann das Nachlaßgericht gemäß § 1960 BGB. für das Vereinsvermögen Sorge tragen, auch einen Pfleger bestellen. Für diese Sicherung des Vereinsvermögens ist das Gericht zuständig, in dessen Bezirke das Bedürfniß der Fürsorge hervortritt (FG. § 74). Es soll jedoch von den getroffenen Maßnahmen dem zuständigen Nachlaßgerichte Nachricht gegeben werden. Ueber die Nachlaßpflegschaft s. FG. § 75.

5. Nach § 46 Abs. 2 hat der Fiskus das Vereinsvermögen thunlichst in einer den Zwecken des Vereins entsprechenden Weise zu verwenden. Gleiches gilt von den gemäß Art. 85 EG. an Stelle des Fiskus anfallberechtigten Juristischen Personen des öffentlichen Rechtes. In Bezug auf diese Verpflichtung des Fiskus sagen P. I, 546: „In vielen Fällen werde er (der Fiskus) dieser Verpflichtung durch die Zuweisung des Vermögens an gewisse Lokalverbände genügen können. Auch bezwecke die Einschaltung des Wortes „thunlichst", dem Fiskus einen gewissen Spielraum bei der Verwendung zu gewähren, da allerdings Fälle denkbar seien, in denen dem Fiskus die Verwendung des Vermögens zu den von dem Vereine bisher angestrebten Zwecken nicht wohl zugemuthet werden könne". Ob die Verpflichtung des Fiskus eine privatrechtliche oder eine öffentlich-rechtliche, ist bestritten: für eine öffentlich-rechtliche Verpflichtung Planck Nr. 2 zu § 46; Riedel S. 145, 146; Kuhlenbeck, Komm. zu § 46; für eine privatrechtlich durch Klagerecht der Interessenten geschützte Verpflichtung: Staudinger, Vereinsrecht S. 57. Die II. Komm., welche die fragliche Bestimmung aufgenommen hat, hat gegenüber einem Antrage, dieselbe als werthlos und — weil öffentlich-rechtlich — als nicht zur Zuständigkeit der Komm. gehörig zu streichen, ausgesprochen: „Es handle sich allerdings nicht um eine privatrechtlich erzwingbare Rechtspflicht, wohl aber um eine öffentlich-rechtliche Verpflichtung des Fiskus, deren Wirksamkeit nicht zu bezweifeln sei, zumal die Nichterfüllung namentlich bei der Etatsberathung gerügt werden könne. Das Bürgerliche Recht hat darüber zu entscheiden, an wen das Vermögen eines aufgelösten Vereins fallen solle; statuire es die Anfallberechtigung des Fiskus, so könne es den Erwerb des letzteren durch die öffentlich-rechtliche Auflage beschränken, das Vermögen thunlichst in einer den Zwecken des aufgelösten Vereins entsprechenden Weise zu verwenden"

(P. VI, 116). Nimmt man an, daß es sich um eine privatrechtliche Auflage handelt, so würde bei entsprechender Anwendung des § 1940 denjenigen Personen, welche ein Interesse am Vollzuge der Auflage haben, grundsätzlich ein Anspruch auf den Vollzug nicht zustehen. Wenn dagegen die Vollziehung der Auflage im öffentlichen Interesse liegen würde, so könnte die zur Wahrung des öffentlichen Interesses zuständige Behörde die Vollziehung verlangen (§ 2194). Dieser Fall wird bei Vereinen, welche satzungsmäßig nicht ausschließlich den Interessen ihrer Mitglieder dienen (§ 45 Abs. 2 u. 3), häufig vorliegen. Für die Verpflichtung der zuständigen Behörden, den Vollzug zu verlangen, dürfte es aber keinen Unterschied machen, ob man die Auflage als eine privatrechtliche oder als eine öffentlich-rechtliche betrachtet.

6. Die Verpflichtung des Fiskus, das Vereinsvermögen thunlichst in einer den Zwecken des Vereins entsprechenden Weise zu verwenden, besteht nicht nur für den Fall, daß der Fiskus kraft Gesetzes anfallberechtigt ist. Fällt dem Fiskus das Vereinsvermögen in Folge einer Bestimmung der Satzung an, so ist für den Fiskus zunächst allerdings die Zweckbestimmung maßgebend, welche etwa bei der Zuwendung des Vermögens durch die Satzung dem Fiskus auferlegt wurde. Fehlt eine solche Auflage, so hat auch in diesem Falle der Fiskus kraft Gesetzes die Aufgabe, das Vermögen des Vereins in einer den Zwecken desselben entsprechenden Weise thunlichst zu verwenden.

§ 47.

Fällt das Vereinsvermögen nicht an den Fiskus, so muß eine Liquidation stattfinden.

E. I, 49; II, 42; III, 44.

1. Wenn das Vereinsvermögen nicht an den Fiskus fällt (§§ 45 Abs. 3, 46), findet Liquidation statt (vgl. hiezu Meurer § 33).

2. Die Bestimmung des § 47 ist zwingenden Rechtes: die Liquidation kann daher weder durch die Satzung noch durch Beschluß der Mitgliederversammlung ausgeschlossen werden. Nicht unbedingt ausgeschlossen, sondern möglicherweise nur aufgeschoben wird sie durch Konkurseröffnung über das Vermögen des Vereins. Vgl. hiezu Bem. 8 zu § 42.

3. Die Liquidation hat den Zweck, die Rechte der Vereinsgläubiger zu sichern und eine „Gewähr für eine angemessene Ueberleitung des Vermögens" auf die Anfallberechtigten zu beschaffen (M. I, 112, 113).

4. Die Liquidation erfolgt gemäß § 48 Namens des rechtsfähigen Vereins und durch dessen geschäftsführende Organe. Der Verein als Liquidationsverein verfügt in der Liquidation im Interesse der Gläubiger und Anfallberechtigten über sein Vermögen nach Maßgabe des Gesetzes.

5. Die Vorschriften des BGB. über die Liquidation sind den Vorschriften des HGB. (Art. 133, 172, 205 [alt] = §§ 149, 298 ff. [neu]) in Bezug auf die Liquidation der offenen Handelsgesellschaft, der Aktiengesellschaft und Kommanditaktiengesellschaft und anderen reichs- und landesrechtlichen Liquidationsnormen nachgebildet (vgl. M. I, 113; Gierke, DPR. I S. 574 Anm. 89 ff.). Es sind daher auch die Ergebnisse der an diese Gesetze sich anschließenden Theorie und Praxis für das BGB. verwerthbar.

§ 48.

Die Liquidation erfolgt durch den Vorstand. Zu Liquidatoren können auch andere Personen bestellt werden; für die Bestellung sind die für die Bestellung des Vorstandes geltenden Vorschriften maßgebend.

Die Liquidatoren haben die rechtliche Stellung des Vorstandes, soweit sich nicht aus dem Zwecke der Liquidation ein Anderes ergiebt.

Sind mehrere Liquidatoren vorhanden, so ist für ihre Beschlüsse Uebereinstimmung aller erforderlich, sofern nicht ein Anderes bestimmt ist.

E. I, 50; II, 43; III, 45.

1. Die Liquidation gehört zur Geschäftsaufgabe des Vorstandes, der sich derselben nur dadurch entziehen kann, daß er sein Amt niederlegt, sofern er hiezu nach Maßgabe des der Bestellung zu Grunde liegenden Rechtsverhältnisses (§ 27 Abs. 3) berechtigt ist. Trotz Auflösung des Vereins oder Entziehung der Rechtsfähigkeit

besteht noch ein Vorstand und ebenso besteht die sonstige Organisation des Vereins fort. Daß indessen der Fortbestand dieser Organisation wie des Vereins selbst nur dem Liquidationszwecke dient, tritt in der Veränderung der Namen der geschäftsführenden Organe hervor: der Vorstand wird Liquidator. In den §§ 49—53 ist nicht mehr vom Vorstande, sondern nur noch von Liquidatoren des Vereins die Rede.

2. Nach § 48 Abs. 1 Satz 2 können andere Personen als Liquidatoren bestellt werden:

a) auf Grund der Satzung, wenn sie für den Fall der Liquidation für deren Geschäfte nicht den Vorstand, sondern andere Personen beruft;

b) auf Grund Beschlusses der Mitgliederversammlung oder des sonst zur Bestellung des Vorstandes berufenen Organs, indem auf Grund von § 27 Abs. 2 der Vorstand abberufen und an seiner Stelle andere Personen als Liquidatoren bestellt werden;

c) auf Grund von § 29 durch das Amtsgericht. Vgl. hiezu Beschluß des Kammerger. Berlin vom 2. Dezember 1901 in Rspr. d. OLG. Bd. 4 S. 256. Ueber Bestellung von Behörden als Liquidatoren s. D. Jur.-Z. 1903 S. 318.

3. Die Liquidatoren haben nach Abs. 2, gleichviel ob als solche bisherige Vorstandsmitglieder oder andere Personen berufen sind, die rechtliche Stellung des Vorstandes, soweit sich nicht aus dem Zwecke der Liquidation ein Anderes ergiebt. Vgl. HGB. § 298.

a) Die Liquidatoren vertreten daher den Liquidationsverein gerichtlich und außergerichtlich. Sie haben die Stellung eines gesetzlichen Vertreters des Liquidationsvereins, dagegen vertreten sie nicht die Anfallberechtigten und ebensowenig die Gläubiger des Vereins (§ 26 Abs. 2).

b) Die Liquidatoren führen die Geschäfte des Liquidationsvereins nach Maßgabe des Gesetzes (§§ 49—53); diese Geschäftsführung kann ihnen durch die Satzung oder durch Beschluß der Mitgliederversammlung nicht entzogen werden. Im übrigen kann die Mitgliederversammlung in Bezug auf die Art der Geschäftsführung Weisungen ertheilen, sofern nicht das satzungsmäßige Verhältniß des Vorstandes zur Mitgliederversammlung dies ausschließt (§ 27 Abs. 3). Die Liquidatoren haben der Mitgliederversammlung Rechenschaft abzulegen und von dieser ihre Entlastung zu empfangen (§ 27 Abs. 3). Dagegen haben die Liquidatoren weder von Anfallberechtigten noch von den Gläubigern des Vereins Weisungen entgegen zu nehmen. Die Liquidatoren können, gleich dem Vorstande, den Verein durch schuldhafte oder nicht schuldhafte schadenstiftende Handlungen und Unterlassungen schadensersatzpflichtig machen (§ 31). Soferne sie selbst aus schadenstiftenden Handlungen und aus Pflichtverletzungen dem Liquidationsvereine haften, bilden ihre Schadensersatzverpflichtungen einen Bestandtheil des Vermögens des Liquidationsvereins. Den Gläubigern haften die Liquidatoren auch dann, wenn sie Weisungen der Mitgliederversammlung befolgt haben und von derselben entlastet worden sind, unmittelbar wegen der in § 53 bezeichneten Pflichtverletzungen nach dem Vorbilde der Liquidatoren der Aktiengesellschaft (HGB. Art. 226 Abs. 2, 244 [alt] = §§ 241 Abs. 3, 298 [neu]).

4. Die Rechtsstellung des Liquidators weicht jedoch von derjenigen des Vorstandes mit Rücksicht auf den Liquidationszweck und dessen gesetzliche Normirung ab:

a) Die Möglichkeit der Beschränkung der Geschäftsaufgabe des Liquidators durch die Satzung oder durch Beschluß der Mitgliederversammlung hat in der gesetzlichen Aufgabe der Liquidation und in der Zuweisung dieser Aufgabe an die Liquidatoren ihre Grenze.

b) Andererseits fallen für die Liquidatoren alle diejenigen Aufgaben weg, welche sich auf den Zweck des früheren rechtsfähigen Vereins, gleichviel ob derselbe ein wirthschaftlicher oder idealer Verein war, beziehen. Dieser Vereinszweck besteht nicht mehr. Der Unterschied von wirthschaftlichen und idealen Vereinen ist für den Liquidationszweck bedeutungslos: der Liquidationsverein hat nur einen vermögensrechtlichen Zweck. Die Aufgabe des Liquidators ist aber durch den Zweck des Liquidationsvereins beschränkt.

5. Während bei einem mehrgliedrigen Vorstande die §§ 28 Abs. 1, 32 Abs. 1 grundsätzlich Mehrheitsbeschlüsse entscheiden lassen, sofern nicht die Satzung ein Anderes vorschreibt (§ 40), schreibt § 48 Abs. 3 für den Fall, daß mehrere Liquidatoren vorhanden sind, umgekehrt einstimmige Beschlußfassung vor, sofern nicht die Satzung ein Anderes ergiebt. Im übrigen gilt in Bezug auf die Beschlußfassung der mehreren Liquidatoren die Vorschrift des § 34; in Bezug auf die Zustellungen an die Liquidatoren oder Erklärungen gegenüber denselben ist § 28 Abs. 2 anzuwenden.

6. Die Beschränkung der Vertretungsmacht der Liquidatoren, welche sich aus der Beschränkung des Daseinszweckes des Liquidationsvereins ergiebt, wirkt auch gegen Dritte: § 26 Abs. 2.

§ 49.

Die Liquidatoren haben die laufenden Geschäfte zu beendigen, die Forderungen einzuziehen, das übrige Vermögen in Geld umzusetzen, die Gläubiger zu befriedigen und den Ueberschuß den Anfallberechtigten auszuantworten. Zur Beendigung schwebender Geschäfte können die Liquidatoren auch neue Geschäfte eingehen. Die Einziehung der Forderungen sowie die Umsetzung des übrigen Vermögens in Geld darf unterbleiben, soweit diese Maßregeln nicht zur Befriedigung der Gläubiger oder zur Vertheilung des Ueberschusses unter die Anfallberechtigten erforderlich sind.

Der Verein gilt bis zur Beendigung der Liquidation als fortbestehend, soweit der Zweck der Liquidation es erfordert.

E. I, 51; II, 44; III, 46.

I. § 49 bezeichnet im Einzelnen die Aufgabe der Geschäftsführung und damit den Geschäftskreis der Liquidatoren in theilweise wörtlicher Wiedergabe der Bestimmungen des HGB. ä. F. Art. 137 Abs. 1 = HGB. n. F. § 149. Vgl. HGB. n. F. § 298. Diese Bezeichnung des Geschäftskreises begrenzt zugleich die Vertretungsmacht der Liquidatoren näher.

II. Der Geschäftskreis ist den Liquidatoren in § 49 in doppeltem Sinne vorgeschrieben.

1. § 49 beschränkt die Aufgabe der Liquidation auf die Abwickelung der Geschäfte und Flüssigmachung des Vermögens, Befriedigung der Gläubiger sowie Ausantwortung des Ueberschusses an die Anfallberechtigten.

2. Das Gesetz schreibt den Liquidatoren die Führung dieser Geschäfte zwingend vor, so daß sie dieser Aufgabe weder durch die Satzung noch durch Mitgliederbeschluß noch durch ein anderes Organ des Vereins enthoben werden können.

III. Die Aufgabe der Geschäftsführung der Liquidatoren ist nach § 49 eine dreifache:

1. Sie haben das Vermögen des Vereins in flüssige Geldform zu bringen. Davon hat das ganze ihnen obliegende Verfahren — die „Liquidation" — und haben sie selbst ihren Namen. Zur Erfüllung dieser Aufgabe haben sie

a) „die laufenden Geschäfte zu beendigen". „Laufende Geschäfte" sind alle Geschäfte, die während des Bestehens des Vereins abgeschlossen worden und noch nicht vollständig erledigt sind. Die Liquidation verändert die Rechtslage der an den laufenden Rechtsgeschäften betheiligten Parteien nicht; insbesondere sind die Bestimmungen der KO. §§ 17 ff. hier nicht entsprechend anwendbar. Die Liquidatoren haben daher nur die Rechte auszuüben, welche dem Verein auf Grund des bürgerlichen Rechtes in Bezug auf die Beendigung laufender Rechtsgeschäfte zustehen, z. B. durch ordentliche Kündigung bestehender Mieth- oder Dienstverträge. Auch diese Beendigung hat die sachgemäße Abwickelung der Geschäfte zum Zweck und hat daher so zu erfolgen, daß die Vermögensinteressen der Liquidation nicht Schaden leiden. Zu den „laufenden Geschäften" gehören insbesondere die Prozeßgeschäfte des Vereins und damit die Durchführung anhängiger Prozesse.

b) „Zur Beendigung laufender Geschäfte können die Liquidatoren auch neue Geschäfte eingehen." Die Worte „neue Geschäfte" bedeuten nicht den Abschluß von nur formell neuen Rechtsgeschäften. Denn ohne den Abschluß solcher Geschäfte ist auch die Umsetzung des Vereinsvermögens in Geld nicht möglich. Es handelt sich vielmehr um auch materiell neue Geschäfte, die ohne Zusammenhang mit laufenden Geschäften sind und neue Unternehmungen des Vereins darstellen. Solche Geschäfte einzugehen sind die Liquidatoren nicht berechtigt. „Nur soweit formell neue Geschäfte materiell der Beendigung schwebender Geschäfte dienen, ist deren Eingehung zulässig" (Hahn, Komm. z. HGB. Art. 137). „Objektive Voraussetzung der Zulässigkeit neuer Geschäfte ist die Möglichkeit des Zusammenhangs der alten und der neuen Geschäfte; subjektive Voraussetzung der Zulässigkeit die vom Ermessen der Liquidatoren abhängige Annahme derselben, daß das neue Geschäft zur Beendigung alter Geschäfte nützlich und auch sonst zweckmäßig ist" (Heidenfeld in Gruchot, Beitr. 1877 S. 307). Dagegen ist gleichgültig, ob diese Annahme in der That den Verhältnissen entspricht. Ebenso ist gleichgültig, ob die neuen Geschäfte unmittelbar oder nur durch Zwischenglieder dem Erfolge der Abwickelung dienen.

c) Die „Einziehung der Forderungen" des Vereins ist möglicher Weise undurchführbar wegen Mangels eines zahlungsfähigen Schuldners oder weil die Forderung in absehbarer Zeit nicht zahlungsfällig wird. Solchenfalls besteht kein Hinderniß, die Forderung in anderer Weise, z. B. durch Verkauf, zu verwerthen oder auch den aussichtslosen Versuch der Einziehung oder Verwerthung zu unterlassen. Es wird jedoch die Mitgliederversammlung über die Verwerthung oder deren Unterlassung zu hören sein. Vgl. KO. § 162.

d) Die gesammte Thätigkeit der Liquidirung des Vereinsvermögens haben die Liquidatoren grundsätzlich selbst zu leisten. Sie können sich der Haftung für die Erfüllung der ihnen gesetzlich zugewiesenen Aufgabe durch Uebertragung auf einen Anderen nicht entschlagen. Es entsteht die Frage, ob die Liquidatoren berechtigt sind, ohne die gesetzlich vorgeschriebene Beendigung der schwebenden Geschäfte, Einziehung der Forderungen u. s. w. die gesammte Aktiv- und Passivmasse des Vereins zu veräußern, derart, daß ein Dritter als Erwerber des Vereinsvermögens in dessen naturalen Bestandtheilen die Verpflichtungen des Liquidationsvereins gegen Gläubiger und gegen Anfallberechtigte zu erfüllen hätte. Eine Abwälzung der Aufgabe der Liquidatoren auf ein anderes Rechtssubjekt ist allerdings unzulässig. Dagegen dürfte kein Hinderniß bestehen, daß unter Fortdauer der Haftung des Liquidationsvereins und der Liquidatoren der erwähnte Weg eingeschlagen wird, sofern derselbe zweckentsprechender ist als die persönliche Abwickelung durch die Liquidatoren. Die Vorschrift des § 49 Abs. 1 ist nicht dahin zu verstehen, daß durch dieselben die Liquidatoren gehalten wären, Unmögliches zu leisten oder zweckwidrige Handlungen auszuführen. Bei Verkauf der Aktiv- und Passivmasse ist jedoch, sofern die Gläubiger des Vereins nicht alsbald durch den Erwerber befriedigt werden können, weil die Schulden befristet oder bestritten sind, gemäß § 52 Abs. 2 Namens des Liquidationsvereins Sicherheit zu leisten. Ferner haben die Liquidatoren zu einer Verwerthung des Vereinsvermögens als Ganzen die Genehmigung der Mitgliederversammlung einzuholen. Der Umstand, daß die Zulässigkeit dieser Verwerthung des Vermögens der Juristischen Person nunmehr im Handelsgesetzbuche für den Fall der Auflösung der Aktiengesellschaft speziell geregelt ist (HGB. § 303), berechtigt nicht zu der Folgerung, daß ohne diese gesetzliche Regelung eine Verwerthung des Vereinsvermögens in dieser Form nicht zulässig wäre. Vgl. Dernburg I § 77 S. 216.

2. Die zweite Aufgabe der Liquidatoren besteht in Befriedigung der Gläubiger aus dem flüssig gemachten Vereinsvermögen. Das Gesetz legt den Liquidatoren im Anschluß an die handelsrechtlichen Bestimmungen über die Liquidatoren der Aktiengesellschaft besondere Pflichten auf in Bezug auf die Feststellung der Passivmasse und Sicherung der Ansprüche der bekannten wie der unbekannten Gläubiger (§§ 50—52). Die Befriedigung der Gläubiger kann erfolgen, bevor das Vermögen vollständig in Geld umgesetzt ist.

3. Den nach Befriedigung der Gläubiger verbleibenden Ueberschuß des Vereinsvermögens haben die Liquidatoren den Anfallberechtigten „auszuantworten". Die Ausantwortung besteht, wenn mehrere Anfallberechtigte vorhanden sind, im Grundsatz in einer Vertheilung des Vereinsvermögens.

IV. In Folge der Bestimmung des § 49 Abs. 1 Satz 1 kann die Beendigung der schwebenden Geschäfte keinesfalls unterbleiben, sei es, daß daraus Ansprüche oder Verbindlichkeiten des Vereins sich ergeben. Wenn zur Befriedigung der Gläubiger flüssige Mittel vorhanden oder die Befriedigung derselben im Wege der Aufrechnung erfolgen kann, so besteht die Möglichkeit, das übrige Vereinsvermögen ohne Versilberung unter die Anfallberechtigten zu vertheilen. Die Liquidatoren sind indessen in diesem Falle berechtigt, nach eigenem pflichtmäßigen Ermessen die Versilberung zwecks Vertheilung unter die Anfallberechtigten vorzunehmen oder davon abzusehen und das Vermögen den Anfallberechtigten in Natur zukommen zu lassen. „Vorschriften, welche die Liquidatoren in letzterer Hinsicht verpflichten, Anträgen und Weisungen der Anfallberechtigten Folge zu leisten, erachtete man nicht als räthlich" (P. I, 549).

V. Der Geschäftskreis der Liquidatoren bezeichnet zugleich den Bereich der Vertretungsmacht derselben. Die Liquidatoren haben keine Vertretungsmacht für Geschäfte, welche nicht dem Liquidationszwecke, sondern z. B. dem durch die Auflösung des Vereins oder Entziehung der Rechtsfähigkeit beseitigten idealen oder wirthschaftlichen Vereinszwecke dienen. Im einzelnen Falle kann indessen auch ein Geschäft, welches dem beseitigten Vereinszwecke dient, zugleich ein Abwickelungsgeschäft sein und als solches gültig abgeschlossen werden. Des weiteren ist nicht erforderlich, daß ein Geschäft objektiv den Abwickelungszweck fördert, wenn es nur an sich seinem Inhalte nach geeignet ist, diesem Zwecke zu dienen, und dazu bestimmt ist.

VI. Da der Geschäftskreis der Liquidatoren zugleich den Umfang der Vertretungsmacht derselben bezeichnet, so erwächst dem Dritten, welcher mit den Liquidatoren Rechtsgeschäfte abschließt, eine Prüfungspflicht. Die Frage, ob ein Liquidationsgeschäft vorliegt, kann besonders bei neuen Geschäften, welche der Beendigung laufender Geschäfte dienen, den sogen. Abwickelungsgeschäften, schwierig zu entscheiden sein. Die Gerichtspraxis in Bezug auf die handelsrechtlichen Abwickelungsgeschäfte (Art. 137 = § 149 HGB.) hat im Einklange mit der handelsrechtlichen Theorie angenommen, daß aus der Neuheit des Geschäfts kein Einwand hergeleitet werden kann, wenn der Dritte bei Anwendung gehöriger Sorgfalt zu der Annahme berechtigt ist, daß es sich um ein Abwickelungsgeschäft handle (vgl. Staub, HGB. zu § 149 S. 482 Anm. 15; Behrend, Lehrb. des Handelsrechts I S. 573 Note 9, S. 925 Note 6; Hahn, Komm. z. HGB. I S. 586 ff.). Die auf ein solches Geschäft gerichtete Absicht der Liquidatoren darf von dem Dritten ohne Weiteres auf Grund der Thatsache angenommen werden, daß das Geschäft von den Liquidatoren als solchen abgeschlossen wird. Es kann sich sonach nur um Erkundigung und Prüfung bezüglich der objektiven Voraussetzungen der Abwickelungsgeschäfte handeln und diese Prüfungspflicht ist erfüllt, wenn feststeht, daß das Geschäft seinem Inhalte nach zum Abwickelungsgeschäft an sich geeignet ist. Die Vertretungsmacht der Liquidatoren reicht so weit wie die des Vorstandes, „soweit sich nicht aus dem Zwecke der Liquidation ein Anderes ergiebt" (§ 48 Abs. 2). Die Vertretungsmacht der Liquidatoren erstreckt sich sonach auf alle Geschäfte des Vorstandes, die an sich Liquidationsgeschäfte sein können. Liegt ein solches Geschäft vor und ist es von Liquidatoren als solchen abgeschlossen, so ist von denselben gültig in Ausübung der Vertretungsmacht gehandelt. Die oben erwähnte Auslegung des Art. 137 (= § 149) HGB. wollte ein in der II. Komm. gestellter Antrag auch für § 49 BGB. festlegen (P. VI, 136). Der Antrag wurde aber zurückgezogen, da die Mehrheit der Komm. befürchtete, daß die Aufnahme einer solchen Bestimmung ein argumentum e contrario in Bezug auf andere ähnlich gelagerte Fälle bilden könne. „Es müsse der Wissenschaft und der Praxis überlassen bleiben, im Wege der Auslegung je nach Lage der Verhältnisse eventuell zu einem Ergebnisse zu gelangen, welches der Antrag anstrebe." Für die Auslegung des § 49 darf das erwähnte Ergebniß der Wissenschaft und Rechtsprechung zu § 149 HGB. verwerthet werden. Das Ergebniß derselben wird gestützt durch § 48 Abs. 2 (s. auch Planck zu § 49 Bem. 1).

VII. Da der Liquidator, mit den durch den Liquidationszweck gebotenen Ausnahmen, die rechtliche Stellung des Vorstandes hat (§ 48 Abs. 2), so muß, wer im einzelnen Falle sich darauf beruft, daß ein vom Liquidator abgeschlossenes an sich in den Geschäftsbereich des Vorstandes fallendes Geschäft außerhalb seiner Vertretungsmacht gelegen sei, die thatsächlichen Voraussetzungen hiezu beweisen. Vgl. Neumann Bem. 2 zu § 48.

VIII. Der Verein gilt bis zur Beendigung der Liquidation als fortbestehend, soweit der Zweck der Liquidation es erfordert. Das Dasein des Liquidationsvereins als eines rechtsfähigen Verbands während der Liquidation ist aber keine Fiktion, sondern Wirklichkeit, wie das thatsächliche Fungiren der gesammten Organisation des rechtsfähigen Vereins für die Liquidationszwecke beweist. Nur die rechtliche Identität des Liquidationsvereins und der aufgehobenen Juristischen Person will das Gesetz feststellen, indem es sagt: „Der Verein gilt bis zur Beendigung der Liquidation als fortbestehend." Auch dies ist keine Fiktion, sondern ein Gesetzesbefehl des Inhalts, daß der Liquidationsverein trotz der Verschiedenheit seines Zweckes gegenüber dem Zwecke des aufgehobenen rechtsfähigen Vereins keiner Neugründung bedarf, sondern die Grundlage seines Daseins und seine Organisation ohne Weiteres dem aufgehobenen rechtsfähigen Verbande zu entnehmen hat.

IX. Der Verein gilt als fortbestehend, soweit der Zweck der Liquidation es erfordert, bedeutet ferner: Wie für die Liquidatoren, so bildet auch für den Verein der Liquidationszweck eine rechtliche Schranke. Die den Liquidatoren durch § 48 Abs. 2 und § 49 gezogenen Grenzen der Vertretungsmacht können daher durch kein Organ des Liquidationsvereins, auch nicht durch die Mitgliederversammlung, erweitert werden.

X. Die Mitgliederversammlung selbst ist aber nicht auf die Mitwirkung bei der durch das Gesetz den Liquidatoren zugewiesenen Geschäftsführung durch Anordnung und Genehmigung beschränkt. Sie hat zur Durchführung des Liquidationszwecks alle gesetzlich oder satzungsgemäß der Mitgliederversammlung zustehenden Rechte, insbesondere kann auch mit Rücksicht auf den Liquidationszweck eine Satzungsänderung beschlossen werden z. B. in Bezug auf Besoldung der Liquidatoren, wenn solche in der Satzung nicht vorgesehen ist.

XI. Daß der Liquidationsverein als Fortsetzung des beendigten rechtsfähigen Vereins gilt, hat im Prozesse zur Folge, daß eine Unterbrechung des Verfahrens durch die Liquidation — soferne ein Wechsel der gesetzlichen Vertretung nicht eintritt — nicht zu erfolgen hat und daß der Gerichtsstand des Vereins unverändert bleibt. Zu einer Verlegung des Sitzes des Vereins sind die Liquidatoren und die Mitgliederversammlung nicht befugt.

§ 50.

Die Auflösung des Vereins oder die Entziehung der Rechtsfähigkeit ist durch die Liquidatoren öffentlich bekannt zu machen. In der Bekanntmachung sind die Gläubiger zur Anmeldung ihrer Ansprüche aufzufordern. Die Bekanntmachung erfolgt durch das in der Satzung für Veröffentlichungen bestimmte Blatt, in Ermangelung eines solchen durch dasjenige Blatt, welches für Bekanntmachungen des Amtsgerichts bestimmt ist, in dessen Bezirke der Verein seinen Sitz hatte. Die Bekanntmachung gilt mit dem Ablaufe des zweiten Tages nach der Einrückung oder der ersten Einrückung als bewirkt.

Bekannte Gläubiger sind durch besondere Mittheilung zur Anmeldung aufzufordern.

E. I, 52; II, 45; III, 47.

1. § 50 überläßt es dem Ermessen der Liquidatoren, ob die öffentliche Bekanntmachung der Auflösung des Vereins oder der Entziehung der Rechtsfähigkeit nur einmal oder öfter zu geschehen hat. Das in § 51 BGB. wie in anderen Reichsgesetzen vorgeschriebene Sperrjahr datirt nach § 50 vom Ablaufe des zweiten Tages nach der ersten Einrückung der Bekanntmachung in den öffentlichen Blättern.

2. Nach Abs. 2 sind „bekannte Gläubiger" durch besondere Mittheilung zur Anmeldung aufzufordern. Bekannte Gläubiger sind solche, deren Forderungen feststehen und die den Liquidatoren aus den Büchern des Vereins oder sonst bekannt sind, nicht solche, bezüglich deren die Liquidatoren nur wissen, daß sie Ansprüche erheben.

3. Da die Liquidation keine Aenderung in den Rechtsverhältnissen Dritter zum Vereine hervorbringt, so ist die Anmeldung eines Gläubigers keine Voraussetzung für die Verpflichtung des Vereins zur Zahlung, wenn die Schuld des Vereins eine Bringschuld und keine Holschuld ist.

Zu den Gläubigerrechten gehören auch die definitiv erwachsenen Ansprüche von Mitgliedern gegen den Verein, wenn sie auch aus dem Mitgliedsverhältniß erwachsen sind. Dagegen gehören zu den Gläubigern im Sinne der §§ 50—53 nicht die Anfallberechtigten.

§ 51.

Das Vermögen darf den Anfallberechtigten nicht vor dem Ablauf eines Jahres nach der Bekanntmachung der Auflösung des Vereins oder der Entziehung der Rechtsfähigkeit ausgeantwortet werden.

E. I, 53; II, 46; III, 48.

1. Das „Sperrjahr" des § 51 entspricht dem Sperrjahr der Art. 202 Abs. 1, 245 Abs. 2 HGB. a. F. (= § 301 Abs. 1, vgl. § 320 Abs. 3 HGB. n. F.), des § 73 des Gesetzes betreffend die Gesellschaften mit beschränkter Haftung vom 20. April 1892 in der Fassung vom 20. Mai 1898, sowie des § 90 des Genossenschaftsgesetzes (Fassung vom 20. Mai 1898). Das Sperrjahr ist nach §§ 187, 188 BGB. zu berechnen.

2. Die Vorschrift des Sperrjahrs ist zunächst eine Schutzvorschrift zu Gunsten der Gläubiger des Vereins. Deren Ansprüche werden an sich durch die Liquidation nicht berührt. Vgl. aber Bem. 4. Die Sperrfrist soll verhüten, daß den Gläubigern das Vermögen des Vereins, das zunächst zu ihrer Befriedigung bestimmt ist, entzogen wird.

Während dieser Frist schließt das Gesetz die Ausantwortung des Vermögens an die Anfallberechtigten aus, gleichviel, ob Gläubiger bekannt sind oder nicht, ob sich Gläubiger gemeldet haben oder nicht. Aber auch nach dem Ablaufe der Sperrfrist dient das Vermögen des Vereins in erster Linie zur Befriedigung der Gläubiger. Eine Ausantwortung des Vereinsvermögens an die Anfallberechtigten darf auch dann nicht stattfinden, soweit das Vermögen zur Befriedigung oder Sicherstellung von Gläubigern erforderlich ist. Auch diejenigen Gläubiger, welche sich erst nach dem Ablaufe der Sperrfrist melden oder bekannt werden, sind zu befriedigen oder sicherzustellen. Eine Ausantwortung an die Anfallberechtigten ist daher überhaupt gesetzwidrig, wenn sie erfolgt während des Sperrjahrs, nach Ablauf des Sperrjahrs aber, wenn sie erfolgt unter Nichtbeachtung nachträglicher Anmeldungen von Gläubigern oder bekannt gewordener Forderungen. In diesen Fällen haften die Liquidatoren den Gläubigern gemäß § 53. Aber auch die Anfallberechtigten haften — zwar nicht den Gläubigern — aber dem Verein auf Rückgabe der gesetzwidrig empfangenen Leistungen. Sie haben keinen unbedingten und unbeschränkten Anspruch gegen den Liquidationsverein. Ihr Anspruch ist bedingt durch das Vorhandensein eines Ueberschusses. Ob ein solcher vorhanden, kann kraft Gesetzes erst nach dem Ablaufe des Sperrjahrs festgestellt werden. Entgegen den gesetzlichen Bestimmungen geleistete Zahlungen an Anfallberechtigte sind, wenn sie irrthümlich erfolgten, als Zahlungen einer Nichtschuld gemäß § 813 von dem Liquidationsvereine zurückzufordern. Wenn die Liquidatoren wissentlich entgegen dem Gesetz an die Anfallberechtigten bezahlt haben, so haben die Liquidatoren außerhalb ihrer Vertretungsmacht gehandelt und eine Genehmigung seitens des Liquidationsvereins ist als dem Liquidationszwecke zuwiderlaufend ausgeschlossen. Die Rückforderung ist in diesem Falle gemäß §§ 812, 819 begründet. Dagegen haften die Anfallberechtigten nicht für die Vereinsschulden, wie Hellwig und Andere (Bem. II, 2, a zu § 45 Note *) behaupten.

3. Während des Sperrjahrs können die bekannten Gläubiger befriedigt werden; dieselben haben einen gleichen Anspruch auf Befriedigung, soweit nicht gesetzliche Vorzugsrechte begründet sind. Ergiebt sich die Unmöglichkeit, diese Gläubiger aus dem Vereinsvermögen zu befriedigen, so ist von den Liquidatoren gemäß §§ 42 Abs. 2, 53 die Eröffnung des Konkurses über das Vermögen des Vereins zu beantragen. Diese Verpflichtung besteht auch nach Ablauf des Sperrjahrs fort, wenn sich dann die Unmöglichkeit ergiebt, nachträglich angemeldete oder bekannt gewordene Forderungen gleichmäßig und vollständig zu befriedigen. Die Verpflichtung der Liquidatoren zur gleichmäßigen Befriedigung der bekannten Gläubiger ergiebt sich daraus, daß sie — ebenso wie der Vorstand (§ 42 Abs. 2) — in dem Augenblicke die Konkurseröffnung zu beantragen haben, in welchem Ueberschuldung feststeht.

4. Nach Ablauf des Sperrjahrs darf den Anfallberechtigten das Vermögen des Vereins ausgeantwortet werden, soweit es nicht zur Befriedigung oder Sicherstellung angemeldeter oder bekannt gewordener Gläubiger in Anspruch genommen wird. Insoweit letzteres nicht der Fall ist, haben die Anfallberechtigten nunmehr einen fälligen Anspruch auf Ausantwortung des Vereinsvermögens. Dieser Anspruch gilt als nicht erwachsen, wenn, bevor die Vertheilung erfolgt oder vollendet ist, ein Gläubiger sich meldet oder bekannt wird und soweit hiedurch das Vermögen des Vereins absorbirt wird. Ist dagegen die Ausantwortung an die Anfallberechtigten nach Ablauf der Sperrfrist unter gehöriger Berücksichtigung angemeldeter oder bekannt gewordener Gläubiger vollendet, so ist die Liquidation erledigt. Der Verein hat auch als Liquidationsverein aufgehört zu bestehen. Nachträglich sich meldende Gläubiger haben daher gegen Niemanden einen Anspruch zu erheben. Es ist daher zwar richtig, daß das Sperrjahr keine Ausschlußfrist ist (Planck zu § 51), aber die nach Ablauf des Sperrjahrs zulässige Ausantwortung des Vereinsvermögens an die Anfallberechtigten und die hiedurch herbeigeführte definitive Beendigung der Liquidation schließt später sich meldende oder bekannt werdende Gläubiger thatsächlich und rechtlich von der Befriedigung aus dem Vereinsvermögen aus. Hiedurch wird der Satz, daß die Anfallberechtigten nur einen Anspruch auf den Ueberschuß des Vereinsvermögens nach Befriedigung der Gläubiger haben, modifizirt.

5. Die Liquidatoren haben, sofern die Satzung des Vereins nicht anders bestimmt, der Mitgliederversammlung Schlußrechnung zu erstatten (§§ 48 Abs. 2, 27 Abs. 3). Die Mitgliederversammlung kann über Aufbewahrung der Bücher und Schriften des Vereins Bestimmungen treffen. Das BGB. selbst bestimmt hierüber nichts (vgl. aber § 302 HGB. und § 74 des Gesetzes betreffend die Gesellschaften mit beschr. Haftung). Eine Eintragung der Beendigung der Liquidation und des Liquidationsvereins in das Vereinsregister oder eine Veröffentlichung dieser Thatsachen findet nicht statt.

6. Ergiebt sich nach dem formellen Ende der Liquidation neues Vermögen des Liquidationsvereins z. B. in Gestalt eines Schadensersatzanspruchs des Vereins an die

Liquidatoren, so ist auf Verlangen eines Gläubigers oder Anfallberechtigten die Liquidation wieder aufzunehmen. Wenn nöthig, sind dann gemäß § 29 die Liquidatoren vom Amtsgerichte zu bestellen.

§ 52.

Meldet sich ein bekannter Gläubiger nicht, so ist der geschuldete Betrag, wenn die Berechtigung zur Hinterlegung vorhanden ist, für den Gläubiger zu hinterlegen.

Ist die Berichtigung einer Verbindlichkeit zur Zeit nicht ausführbar oder ist eine Verbindlichkeit streitig, so darf das Vermögen den Anfallberechtigten nur ausgeantwortet werden, wenn dem Gläubiger Sicherheit geleistet ist.

E. I, 54; II, 47; III, 49.

1. Bei der Liquidation können nur die bekannten Gläubiger berücksichtigt werden. Auf die Möglichkeit, daß weitere Gläubiger vorhanden, kann, wenn die gemäß § 50 zu erlassende Aufforderung zur Anmeldung der Forderungen ohne Erfolg geblieben ist, keine Rücksicht genommen werden.

2. Bekannte Gläubiger sind zu befriedigen, wenn die Schuld des Vereins eine Bringschuld ist. Ist der Gläubiger in Annahmeverzug (§§ 293, 294), so ist der geschuldete Betrag für den Gläubiger zu hinterlegen und zwar auf dessen Kosten (§§ 372, 381). In Annahmeverzug ist der Gläubiger bei einer Holschuld schon dann, wenn er sich nicht gemeldet hat (§ 295). Auch hier hat Hinterlegung auf Kosten des säumigen Gläubigers stattzufinden. Die Liquidatoren dürften indessen auch berechtigt sein, bekannte Gläubiger einer Holschuld zu befriedigen, statt den Betrag zu hinterlegen; ein Verzicht auf das Rücknahmerecht ist nicht erforderlich (P. IV, 571).

3. Hinterlegung hat ferner zu erfolgen, wenn die Befriedigung des Gläubigers, abgesehen von dem Falle des Annahmeverzugs, wegen eines anderen in der Person des Gläubigers liegenden Grundes nicht erfolgen kann, z. B. wegen Abwesenheit, Verschollenheit, Mangels der Geschäftsfähigkeit ohne Vorhandensein eines Vertreters.

4. Nach § 372 ist auch dann ein Recht zur Hinterlegung vorhanden, wenn der Schuldner „in Folge einer nicht auf Fahrlässigkeit beruhenden Ungewißheit über die Person des Gläubigers seine Verbindlichkeit nicht oder nicht mit Sicherheit erfüllen kann". Die Ungewißheit kann in Folge von Erbfall, Cession, Forderungspfändung gegeben sein. Dieser Hinterlegungsgrund kann bei einem „bekannten Gläubiger" nicht vorkommen, ob er sich gemeldet hat oder nicht. In diesem Falle ist § 52 Abs. 2 anzuwenden und dem „Gläubiger" Sicherheit zu leisten. Solches kann auch durch Hinterlegung des geschuldeten Betrags geschehen (§ 232).

5. Daß die Berichtigung einer Verbindlichkeit „zur Zeit nicht ausführbar" ist, kann, abgesehen von den in Bem. 4 bezeichneten Fällen, z. B. wegen Bedingtheit der Forderung oder weil es sich um Forderungen aus im Laufe befindlichen Inhaber- oder Ordrepapieren handelt, der Fall sein. Die Sicherheit, welche „dem Gläubiger" zu leisten ist, kann hier vielfach nicht einem bestimmten Gläubiger geleistet werden. Ist die Verbindlichkeit selbst streitig oder sonst ungewiß, so ist die Höhe der zu leistenden Sicherheit, falls die Parteien sich nicht einigen, durch den Prozeßrichter festzustellen. Die Gläubiger haben ein Recht, Sicherheitsleistung oder Unterlassung der Ausantwortung des Vereinsvermögens an die Anfallberechtigten im Prozeßwege zu verlangen.

§ 53.

Liquidatoren, welche die ihnen nach dem § 42 Abs. 2 und den §§ 50 bis 52 obliegenden Verpflichtungen verletzen oder vor der Befriedigung der Gläubiger Vermögen den Anfallberechtigten ausantworten, sind, wenn ihnen ein Verschulden zur Last fällt, den Gläubigern für den daraus entstehenden Schaden verantwortlich; sie haften als Gesammtschuldner.

E. I, 56; II, 48; III, 49.

1. Die Liquidatoren haften als Organe des Liquidationsvereins grundsätzlich nur dem Liquidationsverein und nicht irgend welchen dritten Personen, Anfallberechtigten oder Gläubigern des Vereins. Die gegenüber dem Liquidationsvereine begründete Haftung kann während der Liquidation jederzeit geltend gemacht werden und

der Verein die hiezu erforderlichen Organe durch Abberufung der haftbaren Liquidatoren und auch ohne solche unter Anwendung des § 29 erhalten. Den Gläubigern haftet grundsätzlich nur der Verein; indirekt haften allerdings auch die Liquidatoren Gläubigern wie Anfallberechtigten, sofern die dem Vereine gegenüber bestehenden Verbindlichkeiten der Liquidatoren einen Bestandtheil des Vermögens des Liquidationsvereins bilden, das den Gläubigern haftet und dessen Ueberschuß den Anfallberechtigten herauszugeben ist.

2. Nach dem Vorgange des Aktienrechts hat das BGB. in § 53 ausnahmsweise eine direkte Haftung der Liquidatoren gegenüber den Gläubigern begründet,

a) wenn entgegen dem § 42 im Falle der Ueberschuldung des Vereins die Stellung des Antrags auf Konkurseröffnung verzögert wurde;
b) wenn die zu Gunsten der Gläubiger bestehenden Schutzvorschriften der §§ 50—52 verletzt wurden oder
c) vor Befriedigung der Gläubiger das Vermögen den Anfallberechtigten ausgeantwortet wurde.

3. In den zu 2 bezeichneten Fällen haften die Liquidatoren nur, wenn ihnen ein Verschulden zur Last fällt. Dieses kann in absichtlicher oder fahrlässiger Verletzung der Pflicht gefunden werden (§ 276).

4. Sie haften den Gläubigern für den daraus entstehenden Schaden. Schaden und Verschulden müssen sonach in ursächlichem Zusammenhange stehen.

5. Sie haften nur auf Schadensersatz, nicht auf Ersatz schlechthin, auf welchen nach §§ 241, 301 Abs. 4 HGB. der Vorstand und die Liquidatoren einer Aktiengesellschaft zu haften haben. Ein Schaden ist insolange nicht erwachsen, als ein Anspruch gegen den Anfallberechtigten besteht, dem das Vereinsvermögen vorzeitig ausgeantwortet worden ist (vgl. die Bem. 2 zu § 51 und Planck Bem. 2 und 3 zu § 53).

Ein Schaden kann Gläubigern auch dadurch erwachsen, daß der Konkurseröffnungsantrag nicht rechtzeitig gemäß § 42 Abs. 2 gestellt und dadurch das allen Gläubigern zustehende Recht auf gleichmäßige Befriedigung verkürzt wird. Auch hier können aber Rückforderungsrechte des Liquidationsvereines bestehen, deren Verwirklichung einen Schaden und Schadensersatzansprüche ausschließt.

6. Für einen Schaden haften nach § 53 die Liquidatoren, welche denselben verschuldet, als Gesammtschuldner. Vgl. hiezu §§ 421 ff.

§ 54.*)

Auf Vereine, die nicht rechtsfähig sind, finden die Vorschriften über die Gesellschaft Anwendung. Aus einem Rechtsgeschäfte, das im Namen eines solchen Vereins einem Dritten gegenüber vorgenommen wird, haftet der Handelnde persönlich; handeln Mehrere, so haften sie als Gesammtschuldner.

E. II, 276; III, 51.

A. 1. Die nicht rechtsfähigen Vereine sind Personenverbände zur gesammten Hand mit korporativer Verfassung (vgl. die Erörterungen oben S. 123 ff.). Mitglieder können Einzelpersonen oder Juristische Personen, auch nicht rechtsfähige Vereine sein. Der letztere Fall ist ganz besonders häufig. Nicht selten sind bei einem nicht rechtsfähigen Verein Einzelne, Juristische Personen und nicht rechtsfähige Vereine zugleich Mitglieder.

2. Der nicht rechtsfähige Verein hat, wenn nicht die Satzung anders bestimmt, seinen Sitz an dem Orte, wo die Verwaltung geführt wird (CPO. § 17; BGB. § 24).

3. Der nicht rechtsfähige Verein kann als solcher verklagt werden (s. § 50 Abs. 2 CPO). Im Prozesse hat der Verein als Beklagter die Stellung eines rechtsfähigen Vereins.

*) Vgl. hiezu Otto Gierke, Vereine ohne Rechtsfähigkeit nach dem neuen Rechte, 2. Auflage 1902; Meurer, § 7; Staudinger, D. Jur.Z. 1900 Nr. 17, 18; Hachenburg, Vorträge S. 475 ff.; Knocke, Das Recht der Gesellschaft (1901) § 7; Swart, Der nicht rechtsfähige Verein (1899); Nußbaum, Beiträge zur Auslegung des § 54 Satz 2 BGB. Bd. 10 S. 337 ff. des Sächsischen Archivs für bürg. Recht und Prozeß (1900); Goesch, Das Ausscheiden eines Gesellschafters aus der Gesellschaft nach dem BGB. (1900); Bitta in D. Jur.Z. 1902 S. 253; Kolligs, Die Centralvereine nach dem BGB. D. Jur.Z. 1897 S. 319; Francke, Zum Vereinsrecht des BGB. in Bl. f. RA. Bd. 64 S. 385; Staudinger, ebenda S. 387; Cohn, D. Jur.Z. 1903 S. 13; Abrahamsohn, Die Schuldenhaftung des nicht rechtsfähigen Vereins (1901); Fritz Cohn, Die Schuldenhaftung des nicht rechtsfähigen Vereins (1900).

Er ist in diesem Falle wie ein rechtsfähiger Verein prozeßfähig. Der Vorstand hat die Stellung eines gesetzlichen Vertreters. Fehlt der Vorstand eines zu verklagenden nicht rechtsfähigen Vereins, so ist er gemäß § 29 BGB. auf Antrag eines Betheiligten durch das Amtsgericht zu bestellen, nicht aber ist gemäß § 57 CPO. dem Vereine vom Vorsitzenden des Prozeßgerichts „ein besonderer Vertreter" zu bestellen. So auch Urth. d. OLG. Naumburg vom 11. April 1902 in Seuff. Arch. Bd. 57 S. 265. Fehlt nach der Verfassung des „Vereins" überhaupt das Organ des Vorstandes, so ist überhaupt kein Verein vorhanden: RGE. vom 14. März 1901 in Jur. Wschr. 1901 S. 301. Da der Verein als Beklagter rechtsfähig ist, so können seine Mitglieder in diesem Passivprozesse als Zeugen vernommen werden (Meurer S. 193, Gierke S. 42 Note 74, a).

Dagegen kann der nicht rechtsfähige Verein nicht als Verein unter seinem Vereinsnamen klagen. Es kann vielmehr nur von den sämmtlichen einzelnen Mitgliedern geklagt werden. Der Vorstand hat hier die Rechtsstellung eines gewöhnlichen Bevollmächtigten. Die nach § 714 im Zweifel anzunehmende Vertretungsmacht des Vorstandes entbindet mit Rücksicht auf die Formvorschrift des § 60 CPO. nicht von der Nothwendigkeit schriftlicher Bevollmächtigung des Vorstandes für den Aktivprozeß.

4. Zur Zwangsvollstreckung in das Vermögen eines nicht rechtsfähigen Vereins genügt ein gegen den Verein ergangenes Urtheil (CPO. § 735). Der nicht rechtsfähige Verein ist mit Rücksicht hierauf auch partei- und prozeßfähig für Anträge, Einwendungen und Erinnerungen aus § 766, für Klagen nach §§ 767, 768, 771 CPO.

5. Ueber das Vermögen eines nicht rechtsfähigen Vereins findet, wie über das Vermögen einer Juristischen Person, ein Konkursverfahren statt nach §§ 213, 207, 208 KO.

6. Der nicht rechtsfähige Verein kann — im Gegensatze zur Gesellschaft des BGB. — die Rechtsfähigkeit erlangen und die Erlangung derselben im Verfahren vor dem Vereinsgerichte, sowie vor den Verwaltungsbehörden und Verwaltungsgerichten durch den Vorstand betreiben (§§ 55 ff.). Die Bestimmungen über Zustellungen an den Vorstand (§ 28 Abs. 2) finden entsprechende Anwendung (vgl. § 62 Abs. 1). Eine Pflicht der nicht rechtsfähigen Vereine, die Rechtsfähigkeit zu erwirken, kann nicht angenommen werden (a. M. Rehbein a. a. O.).

7. Schon mit Rücksicht auf diese aktive und passive Rechtsfähigkeit des nicht rechtsfähigen Vereins für das civilprozessuale, Konkurs- und Vollstreckungsverfahren, sowie für das Verfahren vor dem Vereinsgericht und den Verwaltungsbehörden und Verwaltungsgerichten bedarf der nicht rechtsfähige Verein eines Namens, der ihn aber auch sonst im Verkehr, insbesondere auch gegenüber den Behörden des öffentlichen Vereinsrechts bezeichnet. Es besteht kein Hinderniß, dem Personenverbande, welchen der nicht rechtsfähige Verein darstellt, ein Namensrecht zuzuschreiben, wie er auch andere Persönlichkeitsrechte besitzen kann, insbesondere solche, die zugleich Vermögensrechte sind, wie Patentrechte u. s. w. (Gierke, DPR. S. 682 Note 92). Damit ist vereinbar, daß in bestimmten Fällen das Auftreten des Vereins unter seinem Namen nicht genügt, vielmehr die einzelnen durch denselben kollektiv bezeichneten Vereinsmitglieder einzeln sich bezeichnen und bezeichnet werden müssen, z. B. im Grundbuchverkehr und im aktiven Civilprozesse (vgl. Planck zu § 54; Rehbein S. 44; Staudinger in der D. Jur.Z. 1900 S. 377). Dadurch unterscheidet sich der nichtrechtsfähige Verein nicht nur von dem rechtsfähigen Vereine, sondern auch von der offenen Handelsgesellschaft (HGB. § 124).

8. Der nicht rechtsfähige Verein ist keine Gesellschaft (Gierke S. 12; Meurer § 7; Hachenburg S. 480; Garcis Bem. 2 zu § 54; Staudinger D. Jur. Z. 1900 S. 376; Endemann I § 46 zu Note 4; Dernburg I § 79; Goldmann-Lilienthal I S. 53 Anm. 1; Nußbaum S. 5. A. M. Staub, Komm. zum HGB. § 342 Anm. 84, Bd. 1 S. 1036; Crome I S. 259; Cosack II S. 390; Matthias I S. 129). Es finden jedoch nach § 54 die Vorschriften über die Gesellschaft auf ihn Anwendung mit den oben unter 3—7 bemerkten Ausnahmen. Ueber die Unterschiede des nicht rechtsfähigen Vereins einerseits und der Gesellschaft andererseits insbesondere in Bezug auf die Organisation vgl. oben S. 125 und auch die Bem. zu § 705.

9. In den Verhandlungen der II. Komm. wurde anerkannt, daß die Vorschriften des Gesellschaftsrechts auf nicht rechtsfähige Vereine theilweise wenig passen. Wenn der Gesetzgeber den nicht rechtsfähigen Vereinen „die für sie nicht passende Rechtsform der Gesellschaft aufzwinge, so bewirke er, daß die Einsicht in die Nothwendigkeit der Registrirung der Vereine sich immer mehr einbürgere" (P. II, 458). Andererseits wurde darauf hingewiesen, daß alle diejenigen Rechtssätze des Gesellschaftsrechts, „die dispositiver Natur seien, durch das als Gesellschaftsvertrag zu betrachtende Statut ausgeschlossen werden können" (P. VI, 207).

B. Die Anwendung des Gesellschaftsrechts auf die nicht rechtsfähigen Vereine ergiebt im Einzelnen Folgendes:

I. Der Vereinszweck kann ein idealer oder ein wirthschaftlicher Zweck sein (vgl. Bem. IV, 2, a zu § 705 und ferner Oertmann Vorbem. vor § 705); er kann sich erstrecken auf die Förderung der Interessen der Mitglieder oder auch von Nichtmitgliedern.

II. Die Verfassung des nicht rechtsfähigen Vereins wird durch die Vereinssatzung bestimmt. Die Satzung bedarf keiner Form, sie kann daher auch „stillschweigend" vereinbart werden. Dies gilt auch in Bezug auf Abänderung von dispositiven Normen des Gesellschaftsrechts (Planck zu § 54 Bem. 2, b u. P. II, 460).

III. Der Vorstand des nicht rechtsfähigen Vereins. Bei rechtsfähigen Vereinen kann der Vorstand aus sämmtlichen Mitgliedern des Vereins, aus einem Theile der Vereinsmitglieder oder aus Nichtmitgliedern bestehen. Diese drei Möglichkeiten bestehen auch bei dem nicht rechtsfähigen Vereine bei Anwendung der Gesellschaftsregeln:

1. Nach § 709 BGB. steht die Geschäftsführung den Gesellschaftern gemeinschaftlich zu, nach § 710 kann die Führung der Geschäfte aber auch einem oder mehreren Gesellschaftern übertragen und können hiedurch die übrigen Gesellschafter von der Geschäftsführung ausgeschlossen werden. Es können ferner auch, wie bei der offenen Handelsgesellschaft, sämmtliche Gesellschafter von der Geschäftsführung ausgeschlossen und dieselbe einem Fremden übertragen werden. Die Uebertragung der Geschäftsführung muß nicht mit vollständigem Ausschlusse der anderen Gesellschafter oder der Gesellschafter überhaupt von der Geschäftsführung Hand in Hand gehen. Dies ergiebt sich schon aus § 713, wonach innerhalb des Bereichs der Geschäftsführung die von derselben ausgeschlossenen Gesellschafter dem geschäftsführenden Gesellschafter Weisungen ertheilen können. Die Satzung kann die übertragene Geschäftsführung näher begrenzen.

2. Soweit einem Gesellschafter die Befugniß zur Geschäftsführung zusteht, ist er im Zweifel auch ermächtigt, die anderen Gesellschafter Dritten gegenüber zu vertreten (§ 714). Einem fremden „Geschäftsführer" kann die Vertretungsmacht ebenfalls zustehen.

3. Sieht man ab von dem verhältnißmäßig seltenen Falle, daß der Vorstand aus sämmtlichen Vereinsmitgliedern besteht, und berücksichtigt man die dispositive Natur der bezeichneten Regeln des Gesellschaftsrechts, so ergeben sich folgende Möglichkeiten:

a) Der Vorstand wird auf Grund der Satzung (des Gesellschaftsvertrags) bestellt. Die Satzung bestimmt den Umfang der Geschäftsführungsaufgabe und Vertretungsmacht des Vorstandes. Diese Geschäftsführungsaufgabe und Vertretungsmacht steht bei dem nicht rechtsfähigen Verein also nicht grundsätzlich schon kraft Gesetzes fest, so daß die Satzung sie nur zu beschränken vermöchte, aber nicht mehr zu bestimmen hätte, wie dies beim rechtsfähigen Vereine (§ 26 Abs. 2) der Fall ist.

b) Der Vorstand vertritt gerichtlich und außergerichtlich die Vereinsmitglieder als deren Bevollmächtigter; nur in den oben zu A Nr. 3—6 bezeichneten Fällen erscheint er als gesetzlicher Vertreter des Vereins.

c) Die Rechte und Pflichten des Vorstandes in Bezug auf die Geschäftsführung bestimmen sich, wie beim rechtsfähigen Vereine, nach den für den Auftrag geltenden Vorschriften der §§ 664—670. Die Mitgliedergesammtheit ist daher auch beim nicht rechtsfähigen Vereine grundsätzlich berechtigt, dem Vorstande Weisungen zu ertheilen.

d) Die Abberufung des Vorstandes und die Kündigung seitens des Vorstandes erfolgt gemäß § 712 aus einem „wichtigen Grunde". Die Bestellung des Vorstandes kann aber auch durch die Satzung als jederzeit widerruflich erklärt werden (§ 27 Abs. 2).

e) Für die Geschäftsführung und für die Vertretungsmacht des Vorstandes gilt nach Gesellschaftsrecht das Kollektivprinzip (§ 709). Es kann aber durch die Satzung bestimmt werden, daß jedes Vorstandsmitglied für sich allein zur Geschäftsführung und Vertretung berechtigt ist (§ 711), ferner, daß der Vorstand über die Führung der Geschäfte nicht einstimmig, sondern nach Stimmenmehrheit entscheidet (§ 709 Abs. 2).

IV. Die Mitgliedergesammtheit. Während beim rechtsfähigen Vereine kraft Gesetzes die Mitgliederversammlung nur diejenigen Angelegenheiten des Vereins zu ordnen hat, welche nicht dem Vorstand oder einem anderen Vereinsorgan überwiesen sind, der Vorstand kraft Gesetzes das ordentliche Geschäftsführungs- und Vertretungsorgan des Vereins ist, kommt beim nicht rechtsfähigen Vereine von Gesetzeswegen (§ 709) diese Rechtsstellung der Gesammtheit der Mitglieder zu. Die Geschäftsführung durch sämmtliche Mitglieder muß daher durch die Satzung ausgeschlossen oder beschränkt werden, wenn und soweit sie nicht ihnen, sondern einem besonderen Vorstande zustehen soll. Gleiches gilt von der Vertretung des Vereins nach außen. Für die Geschäftsführung der Mitgliedergesammtheit wie für die Vertretung gilt das Kollektivprinzip

(§ 709 Abs. 1); die Entscheidung nach Stimmenmehrheit kann aber durch die Satzung zugelassen werden (§ 709 Abs. 2). Diese Regeln finden auch auf die Aenderung der Satzung und insbesondere des Vereinszwecks Anwendung. Eine Form ist für die Beschlußfassung der Vereinsmitglieder nicht vorgeschrieben, es bedarf daher insbesondere keiner Mitgliederversammlung, keiner persönlichen Ausübung der Mitgliederrechte.

V. 1. Die Mitgliedschaft des nicht rechtsfähigen Vereins ist ein Personenrechtsverhältniß, auf welches nach § 54 die Vorschriften über die Gesellschaft „Anwendung" finden. Es ist kein Gesellschaftsverhältniß, sondern wird nur nach Gesellschaftsregeln behandelt, soweit letztere nicht durch die Satzung rechtsgültig ausgeschlossen worden sind. Aus dem Mitgliedverhältnisse erwachsen personenrechtliche Ansprüche und Verbindlichkeiten. In Bezug auf letztere kommen vor allem die §§ 705—708 zur Anwendung. Ein Mitgliedrecht ist der „Antheil am Vereinsvermögen" (§ 719), der während des Bestehens des Vereins indessen in der Hauptsache nur eine Anwartschaft auf das reine aus der Auseinandersetzung nach Beendigung des Vereins sich ergebende Vereinsvermögen darstellt und durch die Satzung als solche Anwartschaft ausgeschlossen werden kann. Dies wird bei idealen Vereinen die Regel bilden.

2. Diese Mitgliederrechte und Mitgliederpflichten bestehen nicht gegenüber einem von den Vereinsmitgliedern verschiedenen Rechtssubjekte, sondern gegenüber der Mitgliedergesammtheit (§§ 705, 717).

3. Nicht rechtsfähige Vereine sind auch die Vereinigungen des § 152 Gew.O. Die Bestimmung des § 152 Abs. 2 der Gew.O., daß der Rücktritt von diesen nicht rechtsfähigen Vereinigungen jederzeit freisteht, stimmt überein mit der Vorschrift des § 39 Abs. 1 des BGB. in Bezug auf die rechtsfähigen Vereine, wonach die Mitglieder zum Austritt aus dem Vereine berechtigt sind. § 39 Abs. 2 BGB. dagegen, wonach durch die Satzung das Recht des Rücktritts beschränkt werden kann, ist hier nicht analog anwendbar. § 152 Abs. 2 Gew.O. schließt nicht die Entstehung von Verpflichtungen der Vereinsmitglieder gegenüber dem Verein aus, wohl aber die Haftung der Vereinsmitglieder für diese Schulden mit Klage und Einrede. Die Verpflichtungen der Vereinsmitglieder, z. B. in Bezug auf Beiträge sind — in Folge des Mangels eines Klage- und Einrederechts — zwar zahlbar, aber nicht erzwingbar.

Die Behauptung, daß § 152 Abs. 2 Gew.O. durch das BGB. beseitigt sei, ist nicht richtig. Das BGB. findet auf diese Vereinigungen Anwendung, soweit solches nicht durch § 152 Abs. 2 ausgeschlossen ist. Auch diese Vereinigungen sind

a) Personenverbände zur gesammten Hand, so daß über das Vereinsvermögen nur durch sämmtliche Vereinsmitglieder oder die von diesen bestellten Geschäftsführer verfügt werden kann; dies gilt insbesondere

b) von den Verbindlichkeiten, die gegenüber dem Vereine von Dritten und von dem Vereine Dritten gegenüber eingegangen werden. Auf diese Verpflichtungen hat § 152 Abs. 2 keinen Bezug, da hier von den Mitgliedern persönlich oder durch gewählte Vertreter eine Verpflichtung eingegangen wird, deren Rechtsgrund nicht unmittelbar auf dem Mitgliederverhältnisse zum Vereine, sondern auf dem Rechtsgeschäfte mit dem Dritten beruht. So in ausführlicher Darstellung Lotmar im Archiv für soziale Gesetzgebung und Statistik Bd. 15 S. 88 ff. und Derselbe, Der Arbeitsvertrag nach dem Privatrecht des Deutschen Reichs, Bd. 1 S. 766, 767.

c) Die Personen, welche für den unter § 152 Gew.O. fallenden Verein Dritten gegenüber handeln, haften gemäß § 54 BGB. als Gesammtschuldner.

d) Ein unter § 152 Gew.O. fallender Berufsverein kann die Rechtsfähigkeit erlangen und zwar durch Eintragung gemäß § 21 (vgl. D. 9). Durch die Erlangung der Rechtsfähigkeit wird indessen die Anwendung des § 152 Gew.O. nicht ausgeschlossen, so daß auch gegenüber dem rechtsfähigen Vereine seinen Mitgliedern in diesem Falle keine durch Klage oder Einrede geschützten Mitgliederverbindlichkeiten erwachsen können.

VI. 1. Die Vereinsmitglieder können den Vereinsgläubigern nur auf Grund der von ihnen selbst oder durch den Vorstand als ihren bevollmächtigten Geschäftsführer für sie satzungsgemäß eingegangenen Verbindlichkeiten haften. Da die Vertretungsmacht dem Vorstande, soferne derselbe nicht aus sämmtlichen Mitgliedern besteht, überhaupt nur soweit zusteht, als sie demselben in der Satzung übertragen wird, kann der Vorstand die Vereinsmitglieder dritten Gläubigern gegenüber nicht weiter verpflichten, als die satzungsmäßige Vertretungsmacht reicht. Bestimmt die Satzung, daß die Mitglieder nur auf den Bereich des Vereinsvermögens haften, so ist diese Bestimmung für die Vertretungsmacht maßgebend und es kann der Vorstand die Mitglieder nicht weiter verpflichten als auf den Betrag des Vereinsvermögens.*) Eine Bestimmung wie die des § 128 Satz 2 HGB. ist dem BGB. fremd. Enthält die Vollmacht des Vorstandes keine Beschränkung, so kommt es darauf an, ob er dem Gegenkontrahenten gegenüber eine Verpflichtung der Vereinsmitglieder nur auf den Betrag des Vereinsvermögens übernommen hat oder nicht. Denn der Vorstand ist dem Dritten gegenüber nicht verpflichtet, von der ihm an sich zustehenden Vertretungsmacht einen anderen als den ihm selbst beliebenden Gebrauch zu machen. Der Vorstand ist daher in der Lage, auch wenn er unbeschränkte Vertretungsmacht hat, die Vereinsmitglieder nur auf den Betrag des Vereinsvermögens haftbar zu machen.

2. Sofern die Satzung so wenig wie die Vollmacht grundsätzlich einer bestimmten Form bedarf und dies auch von dem mit einem Dritten eingegangenen Rechtsgeschäfte gilt, kann die Beschränkung der Vertretungsmacht des Vorstandes, wie der Wille desselben, nur eine auf das Vermögen des Vereins limitirte Haftung einzugehen, auch stillschweigend erklärt werden.

3. Haften die Vereinsmitglieder nicht limitirt auf das Vereinsvermögen, weil nicht eigens mit Beschränkung auf solche Haftung kontrahirt wurde, so ist ihre Haftung, soweit sie nicht das Vereinsvermögen betrifft, grundsätzlich eine gesammtschuldnerische gemäß § 427. Denn der durch den Vorstand für den Verein abgeschlossene Vertrag erscheint als „gemeinschaftliches" obligatorisches Rechtsgeschäft.

4. Auf Grund eines Rechtsgeschäfts, das von dem nicht rechtsfähigen Vereine mit einem Dritten eingegangen wurde, kann hienach eine reine Vereinsschuld entstehen oder eine Vereinsschuld, die zugleich eine Privatschuld der Vereinsmitglieder ist. Für Vereinsschulden als solche haftet nur das Vereinsvermögen. Für die Vereinsschulden haften die Vereinsmitglieder als Schuldner zur gesammten Hand. Es müßten daher, wenn ein besonderer Vorstand nicht bestellt ist, die sämmtlichen Vereinsmitglieder gemahnt, es müßte den sämmtlichen Vereinsmitgliedern gegenüber gekündigt werden (Cosack I § 419 S. 404; Gierke S. 36 in Note 58).

Für den Prozeß, für die Zwangsvollstreckung und das Konkursverfahren ist im Interesse der Gläubiger diese Haftung der Vereinsmitglieder zu einer Haftung des Vereins nach Art derjenigen des rechtsfähigen Vereins gestaltet. Es kann direkt gegen den Verein geklagt, gegen das Vereinsvermögen vollstreckt, über das Vereinsvermögen der Konkurs eröffnet werden (Bem. A, 3—5).

5. Nach § 54 Satz 2 haftet aus einem Rechtsgeschäfte, das Namens eines nicht rechtsfähigen Vereins einem Dritten gegenüber vorgenommen wird, „der Handelnde persönlich; handeln Mehrere, so haften sie als Gesammtschuldner".

Hiezu ist zu bemerken:

a) Es haften die für den Verein handelnden Personen, ob sie zum Vorstande des Vereins (zu den „geschäftsführenden Gesellschaftern") gehören oder nicht. Ein Antrag, die persönliche Haftung des Vertreters eines nicht rechtsfähigen Vereins auf die Vorstandsmitglieder zu beschränken, wurde in der II. Komm. abgelehnt mit der Erklärung, die Haftung müsse auch dann eintreten, „wenn andere Personen, ohne zum Vorstande zu gehören, als Vertreter des Vereins in dessen Namen mit Dritten kontrahiren" (P. II, 459). Hienach kommt es auch nicht darauf an, ob die Vertreter überhaupt dem nicht rechtsfähigen Verein auch nur als Mitglieder angehören.

---

*) Ebenso Planck Bem. 2, h zu § 54; Enneccerus I S. 108; Gierke S. 39 Note 65; Meurer S. 138; Endemann I § 46 Note 16; Crome I § 55 zu Note 19 ff.; Knoke § 28 S. 80; Oertmann Bem. 4 zu § 714; Goldmann-Lilienthal I S. 100; im Ergebniß ebenso Dernburg I § 79 zu Note 8 u. 9; Meisner I S. 54 Anm. 2. A. M. Rehbein I S. 43; Hachenburg, Vortr. S. 477; Eck S. 84; Staudinger D.Jur.Z. 1900 S. 377; Abrahamsohn S. 84, ebenso Fritz Cohn a. a. O. Hachenburg begründet die Behauptung der Unzulässigkeit einer Vollmachtsbeschränkung damit, daß auf diesem Wege sich eine Gesellschaft oder ein nicht rechtsfähiger Verein die Stellung einer Gesellschaft mit beschränkter Haftung verschaffen würde. Diese Erwägung kann nicht dazu berechtigen, eine nicht vorhandene Vertretungsmacht zu fingiren. Die Beschränkung der Vertretungsmacht hält Cosack (II S. 371) nur dann für genügend zum Ausschlusse der unbeschränkten Haftung, wenn der Vertreter den Gegenkontrahenten darauf hinweist; anderenfalls brauchte die Gegenpartei sich die Beschränkung als unüblich nicht gefallen zu lassen. Bei Vertretung nicht rechtsfähiger Vereine wird man aber diese beschränkte Haftung gewiß nicht als „unüblich" bezeichnen dürfen. Im Gegentheil: „Eine derartige Einschränkung der Vollmacht wird sogar regelmäßig als gewollt erhellen" (Gierke S. 39 Note 65, a; Goldmann-Lilienthal I S. 101 Anm. 30; Enneccerus I S. 108).

b) Die Bestimmung des § 54 Satz 2 ist nicht zwingendes Recht und kann daher ausgeschlossen werden durch Vereinbarung des Vertreters des Vereines mit dem Gegenkontrahenten. Diese Vereinbarung bedarf keiner Form und kann daher als stillschweigende Vereinbarung aus den Umständen des Falles abgeleitet werden. So auch OLG. Celle 7. Oktober 1901 in Rspr. d. OLG. Bd. 4 S. 199.

c) Die Bestimmung des § 54 Satz 2 gilt auch nach HGB. § 200 Abs. 1 Satz 2 für diejenigen, welche Namens einer Aktiengesellschaft vor deren Eintragung handeln.

6. § 31 BGB. ist auf die nicht rechtsfähigen Vereine nicht anwendbar. Aus Handlungen oder Unterlassungen, welche zu Schadensersatz verpflichten, haftet daher der nicht rechtsfähige Verein nur dann, wenn an einem solchen Verhalten alle Vereinsmitglieder betheiligt sind oder ihnen allen ein Verschulden gemäß § 831 BGB. zur Last fällt. Sonst haften nur die an der schadenstiftenden Handlung oder Unterlassung betheiligten Vereinsmitglieder persönlich, während das Vereinsvermögen nicht in Anspruch genommen werden kann. Vgl. Eck S. 84, Gierke S. 19 Anm. 29, Cosack II S. 397 u. 416, Matthias I S. 131, Meurer S. 184, Crome I S. 263 Anm. 24, Henle-Fischer Bem. 3 zu § 54, Neumann Bem. 5 zu § 31, Goldmann-Lilienthal I § 22 Anm. 16, Fuld in Bl. f. RA. Bd. 67 S. 159; OLG. Stettin 17. Dezember 1901 in Rspr. d. OLG. Bd. 4 S. 201. — A. M. Hachenburg S. 488, Dernburg I § 67 S. 173.

VII. 1. Das Vermögen des nicht rechtsfähigen Vereins ist nach den Gesellschaftsregeln des BGB. ein selbständiges, den Grundsätzen der Rechtsverhältnisse zur gesammten Hand unterliegendes Vermögen. Subjekt der zu diesem Vermögen gehörigen Rechte und Verbindlichkeiten ist nicht, wie beim rechtsfähigen Verein, eine von den einzelnen Vereinsmitgliedern verschiedene Verbandsperson, sondern sind die einzelnen Vereinsmitglieder selbst, aber als genossenschaftlich verbundene Personenmehrheit. Das Gesammthandverhältniß der Vereinsmitglieder hat nach Gesellschaftsrecht zur Folge, daß keinem einzelnen Vereinsmitglied an den körperlichen zum Vereinsvermögen gehörigen Sachen ein nach Quoten getheiltes Miteigenthum, an den zum Vereinsvermögen gehörigen Forderungen ein nach Quoten getheiltes Gläubigerrecht zusteht. Ebenso haben die einzelnen Vereinsmitglieder kein nach Quoten getheiltes Antheilrecht am Inbegriffe des Vereinsvermögens. Die einzelnen Vereinsmitglieder, wie die einzelnen Gesellschafter, sind an dem selbständigen Vereins- oder Gesellschaftsvermögen nicht als Einzelne für sich, sondern jeder nur zusammen mit den Anderen, kollektiv, berechtigt wie verpflichtet. Diese Sachlage wird richtig dadurch gekennzeichnet, daß die kraft der gesammten Hand verbundene Personenmehrheit als rechtsfähiger Personenverband bezeichnet wird (Gierke, DPR. I S. 682; L. v. Seuffert, Deutsches Konkursprozeßrecht S. 155). Nur muß mit Rücksicht auf den Sprachgebrauch des BGB., das den nicht eingetragenen und nicht konzessionirten Verein als „nicht rechtsfähig" bezeichnet, darauf hingewiesen werden, daß die „Rechtsfähigkeit" der Gemeinschaft zur gesammten Hand eine Rechtsfähigkeit des Verbands als solchen, einer rechtlich verbundenen Personenmehrheit, und nicht die Rechtsfähigkeit einer von den verbundenen Personen verschiedenen Juristischen Person bedeutet.

Folgesätze aus dem Rechtsverhältnisse der gesammten Hand sind, daß der vom BGB. dem Gesellschafter zugeschriebene „Antheil" am Gesellschaftsvermögen nur ein Anspruch gegen die Gesellschaft ist, daß der Gesellschafter über diesen Antheil am Gesellschaftsvermögen oder über die zum Gesellschaftsvermögen gehörigen Gegenstände nicht verfügen kann (§ 719 Abs. 1), daß er Theilung zu verlangen nicht berechtigt ist (§ 719 Abs. 1), daß der Schuldner einer zum Gesellschaftsvermögen gehörigen Forderung nicht aufrechnen kann mit einer ihm gegen einen einzelnen Gesellschafter zustehenden Forderung (§ 719 Abs. 2), daß das Gesellschaftsvermögen nur den Gesellschaftsgläubigern haftet, ein Recht des einzelnen Gesellschafters auf das Gesellschaftsvermögen erst nach Auflösung der Gesellschaft begründet ist und daher Zugriffe eines Privatgläubigers eines Gesellschafters auf das Gesellschaftsvermögen während des Bestehens der Gesellschaft ausgeschlossen und nach deren Auflösung nur nach Deckung der Gesellschaftsgläubiger möglich sind (§§ 725, 730, 733). Auch dann können diese Zugriffe dadurch ausgeschlossen werden, daß der Gesellschaftsvertrag dem Gesellschafter für den Fall seines Ausscheidens keinen Anspruch an das Gesellschaftsvermögen gewährt.*)

*) Anders gestaltet sich die Rechtslage nur dann, wenn sämmtliche Gesellschafter dem Privatgläubiger als Gesammtschuldner haften z. B. aus unerlaubter Handlung (§§ 823, 830, 840) oder privatim übernommener Bürgschaft (§ 769), da in solchen Fällen die Zwangsvollstreckung in das Gesellschaftsvermögen jederzeit auf Grund eines gegen alle Gesellschafter ergangenen Urtheils zulässig ist (CPO. § 736; P. II, 735, Knoke S. 82, Gierke S. 36), obwohl keine Schuld der Gesellschaft gegeben ist. Bei einem Vereine wird diese Sachlage nicht leicht vorkommen und daher die Möglichkeit derselben sehr geringe praktische Bedeutung haben. Gierke S. 37.

2. Durch Anwendung dieser Gesellschaftsregeln und deren Adaptirung an die Bedürfnisse des Vereinslebens wird das Vermögen des nicht rechtsfähigen Vereins der Verfügung der einzelnen Mitglieder entzogen und dem Vereinszweck unmittelbar dienstbar gemacht.

3. Das Vereinsvermögen besteht zunächst aus den Beiträgen der Mitglieder, aus den dem Verein erworbenen Ansprüchen auf Leistung von Mitgliederbeiträgen (RGE. vom 17. April 1903 Bd. 54 S. 297), aus den Vermögensrechten, welche durch die Geschäftsführung für den Verein erworben werden oder in Folge von Schadensersatzansprüchen an Stelle der ursprünglichen Vermögensgegenstände treten. Durch die Geschäftsführung kann dem Verein auch Vermögen erworben werden auf Grund von Schenkung und letztwilliger Verfügung. Mehrfach wird allerdings gelehrt, daß ein nicht rechtsfähiger Verein als solcher, weil nicht „rechtsfähig" im Sinne des BGB., durch unentgeltliche Verfügung unter Lebenden oder von Todeswegen nichts erwerben könne. Wäre dies richtig, dann könnte der nicht rechtsfähige Verein, weil nicht rechtsfähig, überhaupt kein Vermögen erwerben und besitzen und eine Zwangsvollstreckung gegen einen nicht rechtsfähigen Verein, ein Konkurs über das Vermögen eines nicht rechtsfähigen Vereins wäre gegenstandslos und rechtlich unmöglich. In der That besteht aber, und zwar schon nach Gesellschaftsrecht, ein Vereinsvermögen des nicht rechtsfähigen Vereins in dem Sinne, daß seinen Mitgliedern ein dem Vereinszwecke gewidmetes, den Vereinsgläubigern haftbares Vermögen zur gesammten Hand gehört. Es läßt sich nicht einsehen, warum der nicht rechtsfähige Verein nicht auch in der gleichen Weise, wie er aus Beiträgen u. s. w. Vermögen erwerben kann, durch unentgeltliche Zuwendungen Dritter unter Lebenden und von Todeswegen Vermögen sollte erwerben können. Die Schenkung an einen nicht rechtsfähigen Verein bedeutet eine Zuwendung an sämmtliche Mitglieder desselben als gemeinsames Vermögen zur gesammten Hand behufs Verwendung zu Vereinszwecken. Ebenso kann doch wohl die Einsetzung eines nicht rechtsfähigen Vereins als Erben durch Berufung sämmtlicher Vereinsmitglieder zu Erben mit der Wirkung erfolgen, daß das Erbvermögen Vermögen der Mitglieder als solcher zur gesammten Hand und zu Vereinszwecken bestimmt, also Vereinsvermögen wird. Die Annahme der Schenkung wie die Annahme der Erbschaft (§ 1946) ist Geschäftsführung im Sinne von § 718. Daß der Erblasser die eingesetzten einzelnen Vereinsmitglieder gekannt habe, ist nicht erforderlich (§ 2071), ebensowenig wie die Auffassung der Zuwendung an einen nicht rechtsfähigen Verein als Zuwendung an ein nicht existirendes Rechtssubjekt (§ 2084). Vgl. Bd. V Bem. 7 zu § 2065; übereinstimmend Endemann III S. 30 Note 32; Gierke, Vereine ohne Rechtsfähigkeit S. 21; Eck S. 80; Meurer S. 56, 57; — für das frühere Recht Rosin in Gruchot, Beitr. Bd. 27 S. 128, Bd. 31 S. 765. A. M. Rehbein I S. 44; Matthias I S. 130; Staudinger D. Jur.Z. 1900 S. 377; Goldmann-Lilienthal I S. 97 Anm. 9; Dernburg I § 79 Anm. 11 (weil der nicht rechtsfähige Verein „aktiv nicht als Vermögenssubjekt anerkannt wird"); Josef im Arch. f. bürgerl. R. Bd. 20 S. 229.

Die von dem Vorstande des nicht rechtsfähigen Vereins (nach Gesellschaftsrecht von den geschäftsführenden Gesellschaftern) für den Verein erworbenen Rechte werden zur gesammten Hand zunächst denjenigen Mitgliedern erworben, welche zur Zeit des Rechtserwerbes dem Verein angehören. Diese Rechte werden aber mit Rücksicht auf die durch die Satzung des nicht rechtsfähigen Vereins ermöglichte Identität des Vereins bei Veränderung des Mitgliederbestandes und dadurch, daß der Antheil ausscheidender Mitglieder den Verbleibenden zuwächst, während eintretende Mitglieder ohne Weiteres in die Rechte und Verbindlichkeiten des Vereins eintreten (vgl. unten Bem. 4), überhaupt den jeweiligen Mitgliedern des Vereins und damit dem Verein als dauerndem Personenverband erworben. Nur in Bezug auf diejenigen Rechte, welche in das Grundbuch einzutragen sind, bestehen Schwierigkeiten, die indessen mehr die mit dem Grundbuchwesen beschäftigten Behörden als die nicht rechtsfähigen Vereine zu belasten und keinesfalls den Erwerb von dinglichen Rechten an Grundstücken durch nicht rechtsfähige Vereine schlechthin zu verhindern geeignet sind.

Während der rechtsfähige Verein und die offene Handelsgesellschaft — obwohl auch sie keine Juristische Person ist — unter ihrem Namen dingliche Rechte an Grundstücken erwerben und es nur des Eintrags des Namens der Juristischen Person oder der Firma der offenen Handelsgesellschaft in das Grundbuch bedarf (HGB. § 124), muß der Erwerb des nicht rechtsfähigen Vereins wie einer gewöhnlichen Gesellschaft des BGB. auf den Namen der einzelnen Vereinsmitglieder in das Grundbuch eingetragen werden und zwar mit dem Zusatze, daß das einzutragende Recht den Vereinsmitgliedern zur gesammten Hand (nach Vereinsrecht) zustehe. GBO. § 48. Vgl. hiezu Bd. III Bem. I, A, 1 zu § 1115 und die dortigen Citate, ferner Gierke S. 22 Note 34; Meurer S. 140 Note 1; Neumann Note 2, d zu § 54; Endemann I § 46 S. 204 Note 14; Crome I S. 259; Goldmann-Lilienthal S. 96 Anm. 7; Dernburg II § 358 II; Achilles-Strecker, Grundbuchordnung S. 189, 286. A.M. Planck Bem. 2 zu § 54, nach welchem der Zusatz „nach den Vorschriften über die Gesellschaft" zu lauten hätte; ferner Staudinger D. Jur.Z. 1900 S. 377, der den Vereinsvermerk nur als zulässig erklärt. Hienach müssen auch die auf die ausscheidenden Mitglieder lautenden Einträge gelöscht, die Einträge auf die Namen neueintretender Mitglieder erstreckt werden, wenn der Inhalt des Grundbuchs der Wirklichkeit vollständig entsprechen soll.

4. Für den Vereinsbegriff ist die Veränderlichkeit des Personenbestandes der Mitgliedschaft und damit die Kontinuation und Identität des Vereins beim Wechsel der Mitglieder ein wesentliches Merkmal. Wenn die Verfassung des nicht rechtsfähigen Vereins dem Vereinsbegriff entsprechen soll, so darf nach der Satzung der Austritt oder sonstiges Ausscheiden*) eines Mitgliedes den Bestand des Vereins nicht berühren. Eine ausdrückliche Satzungsvorschrift dieses Inhalts ist indessen nicht erforderlich; die Vorschrift wird sich regelmäßig von selbst aus der Thatsache ergeben, daß es sich um einen Verein handelt; denn es ist anzunehmen, daß die Auflösung des Vereins als Erfolg des Austritts oder sonstigen Ausscheidens eines Mitglieds durchaus dem Willen der Betheiligten widerspricht. In den Verhandlungen der II. Komm. (P. II, 460) wurde denn auch hervorgehoben, daß die Vereinbarung, wonach beim Ausscheiden einzelner Mitglieder die Gesellschaft unter den übrigen fortgesetzt werden solle, nicht nur stillschweigend erfolgen könne, sondern auch in der Regel bei nicht rechtsfähigen Vereinen mit korporativer Verfassung ohne Weiteres anzunehmen sein werde. Gemäß § 736 wächst der Antheil des Ausscheidenden den übrigen Vereinsmitgliedern zu. Die Satzung kann vorschreiben, daß ihm Ansprüche gegen den Verein nicht zustehen. Das Gesellschaftsrecht des BGB. gestattet daher ohne Fiktion die Aufrechterhaltung des Bestandes des Vermögens des nicht rechtsfähigen Vereins bei Veränderung des Mitgliederbestandes in Folge des Ausscheidens von Mitgliedern. Gierke S. 16, 24.

Auch die Veränderung des Personenverbandes des nicht rechtsfähigen Vereins durch Eintritt von Mitgliedern läßt die Identität des Vereins unberührt. Die „gesammte Hand", welche der Personenverband des nicht rechtsfähigen Vereins nach dem Gesellschaftsrechte des BGB. darstellt, kann sich nach allgemeinen Rechtsgrundsätzen wie durch Ausscheidung verengern, so auch erweitern durch Einfügung neuer Mitglieder, ohne daß hiedurch die Personeneinheit als solche verändert wird. Das Gesellschaftsrecht des BGB. enthält zwar eine ausdrückliche Vorschrift nur für den Fall des Eintritts der Erben eines verstorbenen Gesellschafters (§ 727). Die Möglichkeit des Eintritts eines neuen Gesellschafters ohne Aenderung des Gesellschaftsvertrags unterliegt aber nach dem Grundsatze der gesammten Hand keinem begründeten Zweifel. Vgl. Bd. II Bem. II zu § 736; Gierke S. 26 zu Note 38, a; Hölder S. 169; Meurer S. 144; Dernburg II § 362 S. 553; Crome I § 55 S. 261; Endemann I § 46 Anm. 14; Cosack II S. 414; Hellwig, Verträge auf Leistung an Dritte S. 397 Anm. 828; Hellwig, Anspruch und Klagrecht S. 282; Joerges, Zur Lehre vom Miteigenthum und der gesammten Hand, in der Zeitschrift für das gesammte Handelsrecht Bd. 49 S. 212; Nagler, Die gesammte Hand im Gesellschaftsrecht, sächsisches Arch. f. bürgerl R. Bd. 10 S. 742; Gierke, Handelsgesellschaftsrecht und bürgerliches Recht, Arch. f. bürgerl. R. Bd. 19 S. 129; Knoke, Der Eintritt eines neuen Gesellschafters in die Gesellschaft nach dem BGB., Arch. f. bürgerl. R. Bd. 20 S. 170. A. M. Planck Bem. 2, l zu § 54; Oertmann, Recht der Schuldverhältnisse S. 467 Bem. 3 zu § 736. Das neue Mitglied wird mit dem Eintritt in das Gesammthandverhältniß ohne Weiteres Mitträger der Rechte und Verbindlichkeiten, die sämmtliche nicht den Einzelnen als solchen, sondern der Gesammtheit als einer kollektiven Einheit zustehen und obliegen. Daher ist auch von einer stückweisen Uebertragung von Rechten an den einzelnen Vermögensobjekten der Gemeinschaft auf den Neueingetretenen nicht zu sprechen, wie sie bei Einzelberechtigung erforderlich wäre (a. M. Planck zu § 54 Note 2, l. Vgl. aber Gierke S. 27, 28; Hölder S. 169, 170; Meurer S. 144; Endemann I § 46 Note 14; Dernburg II § 362 unter III; Cosack II S. 414; Crome I § 55 S. 261 Anm. 17). Auflösung des Vereins durch Ein- und Austritt von Mitgliedern nimmt ohne weitere Begründung an OLG. Hamburg, 29. Mai 1902 Rspr. d. OLG. Bd. 5 S. 380.

VIII. Der nicht rechtsfähige Verein wird aufgelöst oder beendigt, wie der rechtsfähige Verein

a) durch Ablauf der Zeit, für welche er gegründet wurde (§ 723);

b) durch Erreichung des Vereinszwecks oder Unmöglichwerden des Vereinszwecks (§ 726);

c) durch Auflösungsbeschluß der Mitgliederversammlung oder Austritt aller Mitglieder;

---

*) Auch in Bezug auf nicht rechtsfähige Vereine ist der Ausschluß von Mitgliedern, wenn er in satzungsgemäßer Form beschlossen wird, richterlich nicht nachzuprüfen. OLG. Braunschweig 6. März 1902 in Rspr. d. OLG. Bd. 4 S. 419.

d) durch Auflösungsbeschluß der zuständigen Behörde auf Grund der Bestimmungen des öffentlichen Vereinsrechts.

Die nach Gesellschaftsrecht noch möglichen Auflösungsgründe können durch die Satzung ausgeschlossen werden (Kündigung seitens eines Gesellschafters oder Gläubigers eines Gesellschafters; Konkurs über das Vermögen eines Gesellschafters; Tod eines Gesellschafters. §§ 725, 727, 728).

IX. Bei Auflösung oder Beendigung des nicht rechtsfähigen Vereins findet kraft Gesellschaftsrechts in Bezug auf das Gesellschaftsvermögen die Auseinandersetzung unter den Vereinsmitgliedern statt (§§ 730 ff.). Dieselbe kann durch die Satzung ausgeschlossen werden, indem für den Fall der Auflösung oder Beendigung des Vereins bestimmt wird, daß die Mitglieder des Vereins keinen Anspruch auf das Vermögen haben, dasselbe vielmehr auf eine andere Person überzugehen hat, nachdem die Verbindlichkeiten des Vereins bezahlt sind. Ein Anfall des Vermögens an den Fiskus ist, solange Mitglieder und Rechtsnachfolger derselben vorhanden, ausgeschlossen.

X. Aenderungen des Vereinszwecks, sei es im Wege der Satzungsänderung oder thatsächlicher Verfolgung, sind, soferne die neuen Vereinszwecke erlaubte Zwecke sind, civilrechtlich vollkommen frei und ohne Folgen für den Bestand des Vereins. Es sind aber die Vorschriften des öffentlichen Vereinsrechts bei Veränderung des Vereinszwecks zu beachten.

XI. Auf bestehende Vereine*), welche weder durch Eintragung noch durch Verleihung die Rechtsfähigkeit erlangt haben, kommt das bisherige Recht zur Anwendung. Dies kann dahin führen, daß solche Vereine als Juristische Personen behandelt werden oder daß denselben wenigstens die aktive Parteifähigkeit im Prozesse zuerkannt wird (für die Revisionsinstanz bejaht vom RG. mit Urth. vom 7. März 1900 D. Jur.Z. 1900 S. 207 Nr. 27; vgl. ferner RGE. vom 23. November 1900 in Bl. f. RA. Bd. 66 S. 182 (Parteifähigkeit im Allgemeinen bejaht, für Klagen gegen Mitglieder verneint); OLG. Bamberg vom 12. Juli 1901 Rspr. d. OLG. Bd. 1 S. 237; OLG. Kiel vom 10. Februar 1902 Rspr. d. OLG. Bd. 4 S. 200; OLG. Dresden vom 12. November 1901 Rspr. d. OLG. Bd. 4 S. 202: OLG. Naumburg vom 11. April 1902 Seuff. Arch. Bd. 57 S. 265). Für Bayern ist durch Art. 2 des Ueberg.G. auf diese Vereine das Gesellschaftsrecht und § 54 Satz 2 des BGB. als anwendbar erklärt worden.

XII. In Bezug auf ausländische Vereine vgl. EG. z. BGB. Art. 10.

2. Eingetragene Vereine.

Vorbemerkungen.

Die §§ 55—79 handeln von der Eintragung der „idealen" Vereine und von dem besonderen Rechte der eingetragenen Vereine (§§ 67—79). Eine reichsrechtliche Ergänzung dieser Bestimmungen bildet das FG. §§ 127—130, 132—139, 142, 143, 159, 189. Vgl. hiezu die Vorbem. S. 126.

§ 55.

Die Eintragung eines Vereins der im § 21 bezeichneten Art in das Vereinsregister hat bei dem Amtsgerichte zu geschehen, in dessen Bezirke der Verein seinen Sitz hat.

E. II, 49; III, 52.

1. Daß die Eintragung des Vereins bei dem zuständigen Amtsgerichte zu erfolgen hat und dadurch der Verein die Rechtsfähigkeit erlangt, bestimmt § 21. § 55 bezeichnet nur das zuständige Amtsgericht und zwar das Amtsgericht des Vereinssitzes. Ueber den „Sitz" des Vereins vgl. § 24 mit Bem.

2. Ueber den Inhalt der Eintragung vgl. § 64. Nach §§ 130, 159 des FG. ist die Eintragung zu datiren und mit der Unterschrift des zuständigen Beamten zu versehen. Sie soll ferner demjenigen, der sie beantragt hat, bekannt gemacht werden. Auf die Bekanntmachung kann jedoch verzichtet werden.

---

*) Vgl. Kockerols in der D. Jur.Z. 1899 S. 459 („zur Ueberleitung ins neue Vereinsrecht"); gegen dessen Ausführungen Gierke ebenda S. 480; Jacobi daselbst 1900 S. 180; Scherer, Die sogen. freien Vereine des früheren Rechts und das BGB., Jur. Wschr. 1900 S. 798; Bozi, „Aktive Parteifähigkeit eines am 1. Januar 1900 bestehenden Preußischen Vereins" im „Recht" 1900 S. 227; Gierke, Vereine S. 49; Habicht S. 124 ff.; Affolter, Uebergangsrecht S. 282; Gunkel, „Recht" 1901 S. 87.

3. Ueber die Einrichtung und Führung des Vereinsregisters hat das Landesrecht zu bestimmen. Der Bundesrath hat durch Beschluß vom 3. November 1898 die von den einzelnen Bundesstaaten vereinbarten „Bestimmungen über das Vereinsregister" veröffentlicht (Central=Bl. für das Deutsche Reich Nr. 47), welche ein Formular für das Vereinsregister enthalten. Vgl. Bekanntm. des bayrischen Staatsministeriums der Justiz vom 20. März 1899. Im Uebrigen vgl. über die landesrechtlichen Ergänzungsvorschriften Schulze=Görlitz, Komm. z. FG. S. 314, 315. Nach jenen „Bestimmungen" erfolgt die Eintragung in das Vereinsregister auf Grund einer Verfügung des Amtsgerichts. Die Verfügung hat, wenn die Geschäfte des Registerführers nicht von einem Richter wahrgenommen werden, den Wortlaut der Eintragung festzustellen.

4. Betreffs gerichtlicher Kosten der Eintragung vgl. Art. 69 des bayrischen Gesetzes über das Gebührenwesen in der Fassung vom 11. November 1899.

§ 56.

Die Eintragung soll nur erfolgen, wenn die Zahl der Mitglieder mindestens sieben beträgt.

E. II, 50; III, 53.

1. § 56 schreibt für die Eintragung des Vereins eine Mindestzahl von sieben Mitgliedern, aber nicht zwingend, sondern nur instruktionell vor. Das Amtsgericht ist zwar durch § 60 verpflichtet, die Anmeldung zurückzuweisen, welche dem Erfordernisse des § 56 nicht genügt. Wenn aber die Eintragung trotz ungenügender Mitgliederzahl des zur Eintragung angemeldeten Vereins erfolgt, ist sie gültig, der Verein wird rechtsfähig und die Eintragung kann nicht hinterher gemäß §§ 142, 143 FG. wegen Mangels einer „wesentlichen Voraussetzung" von Amtswegen gelöscht werden. Die Vorschrift des § 56 ist zwar in den Verhandlungen der II. Komm. (P. I, 554) mit dem Vorgange der Genossenschaftsgesetzgebung, die eine Minimalzahl von sieben zwingend vorschreibt, begründet, dabei aber doch ausdrücklich hervorgehoben worden, daß es sich nur um eine „reglementäre Vorschrift" handle. Dies hat im Gesetz entsprechenden Ausdruck gefunden.

2. Andererseits muß, wenn ein rechtsfähiger Verein entstehen soll, ein Verein vorhanden sein. Wenn auch der Fortbestand eines Vereins keine Mehrheit von Mitgliedern voraussetzt, so kann er doch ohne eine Mehrheit von Mitgliedern nicht zur Entstehung gelangen. Es kann daher die Eintragung nicht gültig erfolgen, wenn etwa nur ein Mitglied vorhanden wäre.

3. Daß die Verminderung der Mitgliederzahl unter die in § 56 vorgeschriebene Zahl der Fortdauer des eingetragenen Vereins nicht hinderlich ist, ergiebt § 73.

4. Das Vorhandensein der nach § 56 erforderlichen Mitgliederzahl ist gemäß § 59 Abs. 2 durch Unterzeichnung der Satzung festzustellen.

§ 57.

Die Satzung muß den Zweck, den Namen und den Sitz des Vereins enthalten und ergeben, daß der Verein eingetragen werden soll.

Der Name soll sich von den Namen der an demselben Orte oder in derselben Gemeinde bestehenden eingetragenen Vereine deutlich unterscheiden.

E. II, 51; III, 54.

1. Abs. 1 bezeichnet die für die Eintragung eines Vereins wesentliche Voraussetzung, bei deren Mangel die Eintragung unzulässig ist, gemäß § 142 FG. von Amtswegen gelöscht werden kann und welchenfalls auch ohne Löschung ein rechtsfähiger Verein nicht besteht.

2. Diese Voraussetzung besteht in der Errichtung einer Satzung mit einem bestimmten Inhalt. Ueber den Begriff der Satzung vgl. die Bem. 5 zu § 25. Die Satzung muß „enthalten": den Zweck, den Namen und den Sitz des Vereins; sie muß „ergeben", daß der Verein eingetragen werden soll. Einen formellen Unterschied begründet diese Verschiedenheit des Ausdrucks des Gesetzes nicht. Denn die Satzung bedarf überhaupt keiner Form, insbesondere nicht der Schriftform (§§ 125, 126). Ein in der II. Komm. gestellter Antrag, die schriftliche Errichtung der Vereinssatzung vorzuschreiben, wurde abgelehnt wegen praktischer Bedenken gegen eine solche Bestimmung, die insbesondere zur Folge haben könne, daß der rechtliche Bestand eines schon seit Jahren eingetragenen Vereins in Frage gestellt werden müßte, wenn sich nachträglich herausstellen sollte, daß

einem Erfordernisse der Schriftform nicht genügt, „daß insbesondere bei der Errichtung des Statuts die Unterzeichnung der Urkunde durch einen der Mitbegründer des Vereins nicht erfolgt sei. Daß ein Verein, um in vorschriftsmäßiger Weise zur Eintragung zu gelangen, einer Niederschrift des Statuts nicht entrathen könne, ergebe sich aus den einzelnen Bestimmungen" (P. I, 555, 556). Die Beobachtung der Schriftform ist hienach trotz der Bestimmungen des § 59 Abs. 2 und 3 für die Errichtung der Satzung nicht wesentlich und daher auch keine Voraussetzung für die Gültigkeit der Eintragung (vgl. die Bem. zu § 59). Dieses Ergebniß wird auch durch die Bestimmungen der Vereinsgesetze, die für gewisse Vereine (politische Vereine) schriftliche der Behörde einzureichende Satzungen vorschreiben, nicht geändert (vgl. hiezu preußisches Vereinsgesetz § 2; bayrisches Vereinsgesetz Art. 14; sächsisches Vereinsgesetz § 19).

3. Es ist daher keine wesentliche Voraussetzung für die Gültigkeit der Satzung und der Eintragung des Vereins, daß die Bestimmungen über Zweck, Name und Sitz des Vereins im „Texte" der schriftlich fixirten Satzung enthalten sind, so daß die Satzung und Eintragung etwa nichtig wären (§ 125), wenn diese Bestimmungen nur in der „Ueberschrift" der Satzungsurkunde sich finden würden. Es genügt, wenn der Wille der Vereinsgründer irgendwie festgestellt werden kann, sowohl in Bezug auf Zweck, Sitz und Namen des Vereins als auch in Bezug auf den Willen der Vereinsmitglieder, einen einzutragenden Verein zu gründen. Die Behauptung Hölders, daß die Bestimmungen über Zweck, Namen und Sitz des Vereins sich im Texte der Satzungsurkunde finden müssen und daß es nicht genügt, wenn sie sich aus der Ueberschrift der Satzung ergeben, ist gleichbedeutend mit der Forderung der Schriftform und zwar einer bestimmt gearteten Schriftform. Die Satzung bedarf aber überhaupt keines schriftlichen „Textes", wie solchen eine „Ueberschrift" voraussetzen würde.

4. Die gesetzlichen Anforderungen an den „Zweck" des einzutragenden Vereins, sowie an den Sitz desselben, ergeben sich aus §§ 21 und 23. Diese Anforderungen sind zwingend. In Bezug auf den „Namen" des Vereins stellt dagegen das BGB. keine zwingenden Vorschriften auf. Es schreibt in § 57 Abs. 2 nur vor, daß der Name des Vereins „sich von den Namen der an demselben Ort oder in derselben Gemeinde bestehenden eingetragenen Vereine deutlich unterscheiden" soll. Eine Vorschrift des Inhalts, daß der Name den eingetragenen Verein auch von den am gleichen Orte oder in der gleichen Gemeinde bestehenden durch Verleihung rechtsfähigen Vereinen oder von den nicht rechtsfähigen Vereinen zu unterscheiden hat, besteht nicht. Auch bei sonstiger Gleichheit des Namens der Vereine sind die Namen der eingetragenen Vereine von den Namen nicht eingetragener Vereine durch den gesetzlichen Zusatz „eingetragener Verein" (§ 65) deutlich unterschieden.

5. Die Bestimmung des Abs. 2 ist nur instruktionell. Hat die Eintragung gegen § 57 Abs. 2 stattgefunden, so hat das Vereinsgericht kein Mittel, dieselbe rückgängig zu machen oder den Verein am Gebrauche des Namens zu hindern. Ebensowenig steht einem anderen Verein ein Recht zu, zu verlangen, daß der Verein den eingetragenen Namen nicht gebrauche.

§ 58.

Die Satzung soll Bestimmungen enthalten:

1. über den Eintritt und Austritt der Mitglieder;
2. darüber, ob und welche Beiträge von den Mitgliedern zu leisten sind;
3. über die Bildung des Vorstandes;
4. über die Voraussetzungen, unter denen die Mitgliederversammlung zu berufen ist, über die Form der Berufung und über die Beurkundung der Beschlüsse.

E. II, 52; III, 55.

I. Enthält die Satzung eine der in § 58 vorgeschriebenen Bestimmungen nicht, so ist die Anmeldung von dem Amtsgerichte zurückzuweisen (§ 60 Abs. 1). Erfolgt trotz des Mangels die Eintragung, so ist dieselbe gültig.

II. Fehlen die in § 58 vorgeschriebenen Satzungsbestimmungen, so ergiebt sich Folgendes:

1. Bezüglich des Eintritts von Mitgliedern. Diesem stehen nur die aus dem Gesetze selbst oder aus dem Zwecke des Vereins und dem Gesammtinhalte der Satzung sich ergebenden Hindernisse entgegen, also z. B. bei politischen Vereinen dem Eintritte

von Frauen oder Minderjährigen, bei Frauenvereinen möglicher Weise der Aufnahme von Männern, bei Berufsvereinen der Aufnahme von Personen, welche nicht Berufsgenossen sind. Andererseits besteht keine Aufnahmepflicht und kein Eintrittszwang. Der „Eintritt" erfolgt auf Grund Erklärung des Eintretenden durch Beschluß des zur Aufnahme zuständigen Vereinsorgans, das je nach dem Verhältnisse des Vorstandes zur Mitgliederversammlung der erstere oder die letztere sein kann, im Zweifel aber der Vorstand ist. So mit Recht unter Berufung auf § 26 Zitelmann, Das Recht des BGB. I S. 64. A. M. Hölder S. 173.

Der „Eintritt" ist ein einseitiges Personenrechtsgeschäft des Vereins — nicht des eintretenden Mitglieds — und würde der wirklichen Rechtslage entsprechend richtiger als „Aufnahme" bezeichnet. Ueber die Mitglieder ist bei eingetragenen Vereinen ein Mitgliederverzeichniß zu führen (§ 72).

Der Austritt steht mangels einer gesetzlichen Bestimmung den Mitgliedern jederzeit frei. Vgl. hiezu die Bem. zu § 39 Abs. 1.

2. Mangels einer Satzungsbestimmung haben die Mitglieder keine Beiträge zu leisten.

3. Mangels einer Bestimmung über die Bildung des Vorstandes gilt die gesetzliche Minimalforderung: der Vorstand besteht aus einer Person (a. M. Hölder, der annimmt, daß für diesen Fall der Vorstand aus sämmtlichen Vereinsmitgliedern besteht: hierüber s. oben Bem. 2 zu § 26).

4. Mangels satzungsmäßiger Bestimmungen über die Berufung der Mitgliederversammlung verbleibt es

a) in Bezug auf die Voraussetzung der Berufung bei den Bestimmungen der §§ 36, 37: Die Mitgliederversammlung ist zu berufen, wenn es das Interesse des Vereins erfordert oder wenn der zehnte Theil der Vereinsmitglieder die Berufung schriftlich unter Angabe des Zweckes und der Gründe verlangt;

b) in Bezug auf die Form der Berufung verlangt das BGB. nur, daß der Gegenstand der Beschlußfassung bei der Berufung bezeichnet werde. Darüber, wie die Berufung der Versammlung den Mitgliedern zur Kenntniß gebracht wird (öffentliche Bekanntmachung, Cirkular, eingeschriebener Brief rc.), bestehen keinerlei Bestimmungen.

c) Ebensowenig enthält das Gesetz Bestimmungen über die Beurkundung der Versammlungsbeschlüsse.

§ 59.

Der Vorstand hat den Verein zur Eintragung anzumelden.

Der Anmeldung sind beizufügen:

1. Die Satzung in Urschrift und Abschrift;
2. eine Abschrift der Urkunden über die Bestellung des Vorstandes.

Die Satzung soll von mindestens sieben Mitgliedern unterzeichnet sein und die Angabe des Tages der Errichtung enthalten.

E. II, 53; III, 56.

I. Anmeldung zur Eintragung:

a) Obwohl der Verein vor der Eintragung noch nicht rechtsfähig ist und auf ihn gemäß § 54 die Gesellschaftsregeln anzuwenden sind, die nur „geschäftsführende Gesellschafter" (§ 713) kennen, hat der Verein doch im Eintragungsverfahren bereits einen „Vorstand" d. h. ein Organ, dem hier die Stellung eines gesetzlichen Vertreters zukommt (§§ 26, 27). Die Anmeldung hat unter Vorlage der Urkunden über die „Bestellung" des Vorstandes (§ 27 Abs. 1) zu erfolgen.

b) Der Vorstand „hat" den Verein zur Eintragung anzumelden. Eine Verpflichtung des Vorstandes zur Anmeldung gegenüber dem Gerichte, nach Art der in § 67 Abs. 1, § 71 Abs. 1, §§ 72, 76 bezeichneten, besteht nicht; vgl. § 78. Der Vorstand hat nur gegenüber dem Vereine, dessen Satzung ergiebt, daß derselbe eingetragen werden soll, die gesetzliche Pflicht zur Anmeldung. Der Verein selbst wird dadurch, daß seine Satzung die Bestimmung enthält, daß er eingetragen werden soll, zur Herbeiführung der Eintragung nicht verpflichtet. Wenn der Vorstand die Erfüllung der ihm obliegenden Anmeldungspflicht verweigert, kann gemäß § 29 ein Ersatz für ihn geschaffen werden; § 29 ist anwendbar, da der Vorstand im Anmeldestadium die Stellung eines gesetzlichen Vertreters des Vereins hat (s. Bem. I, a); eine Klage auf Vollziehung der Satzung durch Anmeldung zur Eintragung (Hachenburg, Vorträge S. 483) ist unzulässig, weil das Verfahren der freiwilligen Gerichtsbarkeit genügt und vorgeschrieben ist.

c) Daß der Vorstand den Verein zur Eintragung anzumelden hat, bedeutet ferner, daß die Eintragung ohne Anmeldung nicht erfolgt (§ 60). Die Eintragung erfolgt nicht von Amtswegen. Eine andere Frage ist, ob die Eintragung, wenn sie ohne Anmeldung im Sinne des § 59 erfolgt ist, die Entstehung eines rechtsfähigen Vereins zur Folge hat. Die Frage ist dahin zu beantworten, daß ohne und gegen seinen Willen der Verein nicht zur Rechtsfähigkeit gelangt, da diese für den Verein nicht bloß Vortheile, sondern auch Gefahren und Unbequemlichkeiten nach sich ziehen kann. Dagegen werden bloße Formmängel des Anmeldungsverfahrens durch die erfolgte Eintragung geheilt.

d) Die „Anmeldung" ist im vorliegenden Falle nicht bloß eine Anzeige von Thatsachen, sondern zugleich eine Willenserklärung, deren Gültigkeit nach allgemeinen Regeln sich bestimmt. Die Anmeldung „zur Eintragung" bedeutet einen Antrag an das Gericht auf Eintragung des Vereins. Als Antrag kann die Anmeldung, falls die gesetzlichen Voraussetzungen fehlen, vom Amtsgericht unter Angabe der Gründe zurückgewiesen werden und gegen die Zurückweisung findet sofortige Beschwerde statt (§ 60), was bei einer bloßen Anzeige im Sinne einer Wissenserklärung nicht denkbar wäre. Daß die Anmeldung ein Antrag auf Eintragung, ergiebt sich insbesondere aus den Bestimmungen des FG. §§ 159, 127—130. Als Antrag kann die Anmeldung zurückgenommen werden (a. M. ohne Grundangabe Hölder S. 174) und es bedarf hiezu weder einer Auflösung des Vereins noch einer Satzungsänderung.

e) Angemeldet zur Eintragung wird „der Verein", nicht die Satzung des Vereins. Denn auch nur der Verein, nicht die Satzung wird eingetragen (so auch HGB. § 195 im Gegensatze zu Art. 210 HGB.).

II. 1. Der Anmeldung sind beizufügen: die Satzung in Urschrift und Abschrift und eine Abschrift der Urkunden über die Bestellung des Vorstandes (vgl. oben zu § 57 Bem. 2).

2. Die Eintragung ist nicht unwirksam, wenn der Anmeldung die vorgeschriebenen Beilagen fehlten (vgl. die Bem. zu § 64, sowie Planck Bem. zu § 59).

3. Die Satzung „soll" von mindestens sieben Mitgliedern unterzeichnet sein und den Tag der Errichtung enthalten. Auch die Nichtbeachtung dieser Vorschrift berechtigt nur das Amtsgericht zur Zurückweisung der Anmeldung, macht aber nicht die erfolgte Eintragung ungültig.

III. Die Anmeldung kann nach FG. §§ 159, 128 zu Protokoll des Gerichtsschreibers des Vereinsgerichts erfolgen, nach §§ 159, 129 auch durch Erklärung vor einem Notar, der kraft Gesetzes als ermächtigt gilt, die von ihm beurkundete oder beglaubigte Erklärung dem Vereinsgerichte vorzulegen und Namens des Vorstandes die Eintragung zu beantragen.

IV. Die Anmeldung ist von allen Vorstandsmitgliedern ohne Rücksicht auf abweichende Bestimmungen der Satzung zu bewirken. Denn „der" Vorstand, welcher anzumelden hat, ist der satzungsmäßig zu bestellende Vorstand; ohne seine Anmeldung erfolgt keine Eintragung. Vgl. oben Bem. I, c; Kammerger. Berlin 14. August 1900 und 4. März 1901 Rspr. d. OLG. Bd. 1 S. 388, Bd. 3 S. 38.

§ 60.

Die Anmeldung ist, wenn den Erfordernissen der §§ 56 bis 59 nicht genügt ist, von dem Amtsgericht unter Angabe der Gründe zurückzuweisen.

Gegen einen zurückweisenden Beschluß findet die sofortige Beschwerde nach den Vorschriften der Civilprozeßordnung statt.

E. II, 54; III, 57.

1. Wenn den Vorschriften der §§ 56—59 nicht genügt ist, hat das Amtsgericht die Anmeldung unter Angabe von Gründen zurückzuweisen. Die Zurückweisung erfolgt durch Beschluß, der die Gründe der Zurückweisung zu enthalten hat und dem

Antragsteller zuzustellen ist. Gegen den Beschluß findet binnen einer Nothfrist von zwei Wochen, die mit der Zustellung beginnt, die sofortige Beschwerde zum Landgerichte statt nach Maßgabe der Bestimmungen des § 577 CPO., nicht des § 22 FG.

2. Die Anmeldung ist beim Mangel der bezeichneten Erfordernisse sofort zurückzuweisen, nicht erst nach Einleitung oder Abschluß des Verfahrens über die Anmeldung gemäß §§ 61 ff. Die Anmeldung kann aber auch später noch zurückgewiesen werden. Auch in diesem Falle findet die sofortige Beschwerde gemäß § 60 statt.

3. Die Anmeldung kann auch aus anderen Gründen als aus den in § 60 genannten zurückgewiesen werden. So, weil ein „Verein" nicht existirt, sondern nur eine Gesellschaft, oder weil der Zweck des Vereins auf einen wirthschaftlichen Geschäftsbetrieb gerichtet ist. In der RTK. wurde in 1. Lesung beschlossen, daß die Eintragung vom Amtsgericht abzulehnen sei, wenn der Zweck des Vereins „gegen ein gesetzliches Verbot oder gegen die guten Sitten verstößt" oder wenn den Erfordernissen der §§ 53—56 (= §§ 56 bis 59 BGB.) nicht genügt ist. Gegen den ablehnenden Beschluß des Amtsgerichts sollte Klage zum Landgericht erhoben werden können. In 2. Lesung wurde § 60 in der Fassung der Reichstagsvorlage angenommen und diese Fassung ist in das Gesetz übergegangen. Dem Amtsgerichte steht trotzdem das Recht zu, die Anmeldung des Vereins, dessen Zweck gegen ein gesetzliches Verbot oder gegen die guten Sitten (§ 138) verstößt, zurückzuweisen. Die Anmeldung kann auch zurückgewiesen werden, wenn der Verein nach öffentlichem Vereinsrecht unerlaubt ist. Wenn der Zweck des Vereins gegen die guten Sitten oder gegen ein gesetzliches Verbot verstößt oder der Verein nach öffentlichem Vereinsrechte unerlaubt ist, ist die Satzung nichtig und es muß daher die Anmeldung auch nach § 57 Abs. 1 zurückgewiesen werden, da hier eine gültige Satzung vorausgesetzt ist. Andererseits präjudizirt die Zulassung eines nach öffentlichem Vereinsrechte unerlaubten Vereins durch das Amtsgericht der Entscheidung der Verwaltungsbehörde über den Einspruch gemäß §§ 61, 62 nicht.*) Vgl. Planck Bem. 1 und 3 zu § 60, Gareis Bem. 2 zu § 60, Bendix D. Jur.Z. 1901 S. 328; RGE. Bd. 47 S. 386 (1. November 1900); OLG. München 30. Juli 1900 in Bl. f. RA. Bd. 65 S. 526; Kammerger. Berlin 23. April 1901 in Seuff. Arch. Bd. 56 S. 1.

4. Gegen die Zurückweisung der Anmeldung aus anderen als den im § 60 genannten Gründen findet ebenfalls nur die in Absatz 2 genannte sofortige Beschwerde nach den Vorschriften der CPO. und nicht die einfache unbefristete Beschwerde nach § 19 FG. statt. Vgl. die zu Bem. 3 a. E. angeführten Entscheidungen; ferner Planck Bem. 1 und 3 zu § 60; Goldmann-Lilienthal I S. 65 Note 31; Bendix D. Jur.Z. 1901 S. 329; Neumann Bem. 3 zu § 60; Kuhlenbeck Komm. Bem. 2 zu § 60; Nöldecke, Central-Bl. Bd. 1 S. 647; Gareis Bem. 2 zu § 60. Dagegen OLG. Stuttgart 23. März 1900 Rspr. d. OLG. Bd. 1 S. 15. Heine im „Recht" 1901 S. 118, 140; Mayerhoff ebenda S. 170; Frantz, Central-Bl. Bd. 1 S. 483.

5. Ist die Anmeldung trotz solcher Mängel zugelassen und der Verein später eingetragen worden, so ist die Eintragung ungültig und kann von Amtswegen gemäß §§ 142, 143 FG. gelöscht werden, auch wenn die Verwaltungsbehörde keinen Einspruch erhoben hat.

6. Außer Zurückweisung der Anmeldung kann das Amtsgericht auch die Aussetzung des Verfahrens gemäß §§ 127, 159 FG. beschließen.

7. Gegen die Zulassung der Anmeldung findet kein Rechtsmittel statt. Insbesondere hat die Verwaltungsbehörde kein Beschwerderecht. Wohl aber kann dieselbe, wenn die Zulassung unter Nichtbeachtung solcher wesentlicher Mängel der Anmeldung erfolgte, die einen Einspruch gemäß § 61 nicht begründen, sofern nachträglich die Eintragung erfolgt, die Offiziallöschung der Eintragung beim Amtsgericht oder unmittelbar bei dem vorgesetzten Landgerichte gemäß §§ 142, 143 FG. anregen.

8. Im Gegensatze zur Zurückweisung der Anmeldung ist für die Zulassung derselben eine Form (vgl. oben Nr. 1) nicht vorgeschrieben. Insbesondere ist nicht vorgeschrieben, daß die Zulassung in der Form eines zuzustellenden Beschlusses zu verfügen sei. Ausnahmsweise muß die Zulassung in Beschlußform erfolgen und zugestellt werden, nämlich dann, wenn sie auf Grund einer gemäß § 60 Abs. 2 eingelegten sofortigen Beschwerde unter Aufhebung des die Zulassung zurückweisenden Beschlusses des Vereins-

---

*) Nach Hölder zu § 60 muß das Amtsgericht die Anmeldung des nach öffentlichem Vereinsrecht unerlaubten Vereins zulassen, da diese Unerlaubtheit vom Richter nicht zu prüfen sei. Warum der Richter bei Prüfung der Anmeldung die Frage der Erlaubtheit des Vereins nicht überhaupt und allgemein zu prüfen berechtigt sein soll, ist nicht einzusehen. Uebereinstimmend Planck zu § 60. Die in den Vereinsgesetzen enthaltenen Gründe der Unerlaubtheit von Vereinen gehören theilweise nicht bloß dem öffentlichen Rechte, sondern auch dem Civilrecht an. Vgl. RTK. 17 und beispielsweise § 20 des sächsischen Vereinsgesetzes.

gerichts durch die höhere Instanz erfolgt. Abgesehen von diesem Falle wird die Zulassung dem anmeldenden Vorstand überhaupt nicht, der Verwaltungsbehörde nur stillschweigend, durch Mittheilung der Anmeldung gemäß § 61 bekannt gegeben. Soweit ihr Rechtswirkung zukommt, hat sie solche erst durch diese Mittheilung, sofern dieselbe das Einspruchsverfahren eröffnet.

§ 61.

Wird die Anmeldung zugelassen, so hat das Amtsgericht sie der zuständigen Verwaltungsbehörde mitzutheilen.

Die Verwaltungsbehörde kann gegen die Eintragung Einspruch erheben, wenn der Verein nach dem öffentlichen Vereinsrecht unerlaubt ist oder verboten werden kann oder wenn er einen politischen, sozialpolitischen oder religiösen Zweck verfolgt.

E. II, 54; III, 58.

I. Wird die Anmeldung zugelassen, sei es vom Amtsgericht oder auf erhobene sofortige Beschwerde vom Landgerichte, so ist sie in allen Fällen vom Amtsgerichte der zuständigen Verwaltungsbehörde mitzutheilen. Die rechtskräftig zurückgewiesene Anmeldung wird der Verwaltungsbehörde nicht mitgetheilt. Eine Form der „Mittheilung" ist nicht vorgeschrieben. Jedenfalls ist aber nicht bloß die Anmeldung, sondern auch die Satzung, welche derselben gemäß § 59 beizufügen war, der Verwaltungsbehörde mitzutheilen. Denn auf Grund der Satzung hat die Verwaltungsbehörde die Frage zu entscheiden, ob der Verein etwa politische, sozialpolitische oder religiöse Zwecke verfolgt, ebenso wie nur auf Grund der Satzung die Frage entschieden werden kann, ob der Verein nach öffentlichem Vereinsrecht unerlaubt ist oder verboten werden kann.

II. Die für die Erhebung des Einspruchs zuständige Verwaltungsbehörde bestimmt das Landesrecht. Zuständig ist: in Preußen AV. z. BGB. Art. 3 der Landrath, in Stadtkreisen die Ortspolizeibehörde; in Bayern AG. z. BGB. Art. 4 die Distriktspolizeibehörde, in München die Polizeidirektion; in Baden AV. z. BGB. § 11 das Bezirksamt; in Württemberg AG. z. BGB. § 135 die Kreisregierung; in Elsaß-Lothringen Verordnung betr. die Vereine und Stiftungen vom 6. Dezbr. 1899 §§ 1, 2 der Bezirkspräsident; in Hessen AG. z. BGB. Art. 5 das Kreisamt; in Sachsen AV. z. BGB. §§ 3, 4 der Stadtrath in Städten mit revidierter Städteordnung, sonst die Amtshauptmannschaft, in Dresden die Polizeidirektion. Ferner: in Anhalt AG. z. BGB. Art. 3 die Regierung, Abth. des Innern; in Braunschweig AG. z. BGB. § 7 die Kreisdirektion, in der Stadt Braunschweig die Polizeidirektion; in Bremen AG. z. BGB. § 3 die Polizeidirektion, im Landgebiete der Landherr, in den Hafenstädten die Aemter; in Hamburg AG. z. BGB. § 2 im Stadtgebiete die Polizeidirektion, im Landgebiete die Landherrschaft; in Lippe AG. z. BGB. § 5 die Regierung; in Lübeck AG. z. BGB. § 4 das Polizeiamt; in Mecklenburg-Schwerin Verordnung vom 9. April 1899 betr. das Verfahren in Vereinssachen § 9 der Staatskommissar; in Mecklenburg-Strelitz Verordnung betr. das Verfahren in Vereinssachen vom 9. April 1899 § 9 der Staatskommissar; in Oldenburg AV. z. BGB. § 1 im Herzogthum Oldenburg das Amt (Stadtmagistrat); in Birkenfeld und dem Fürstenthum Lübeck die Regierung; in Reuß ä. L. AG. z. BGB. § 9 der Staatskommissar; in Reuß j. L. AG. z. BGB. § 7 das Landrathsamt, in Gera der Stadtrath; in Sachsen-Altenburg AV. z. BGB. das Landrathsamt oder der Stadtrath; in Sachsen-Coburg AG. z. BGB. Art. 6 der erste Staatsanwalt in Gotha oder der Staatsanwalt in Coburg; in Sachsen-Meiningen AG. z. BGB. Art. 1 § 2 der Landrath; in Sachsen-Weimar AG. z. BGB. § 12 der Bezirksdirektor; in Schaumburg-Lippe AG. z. BGB. § 8 die Ortspolizeibehörde (Polizeidirektor, Magistrat, Landräthe); in Schwarzburg-Rudolstadt AG. z. BGB. Art. 10 das Landrathsamt; in Schwarzburg-Sondershausen AG. z. BGB. Art. 2 § 2 die Landräthe; in Waldeck-Pyrmont AV. z. BGB. Art. 3 das Landesdirektorium.

III. Die Verwaltungsbehörde kann gegen die Eintragung „Einspruch" erheben. Der Einspruch ist kein Rechtsmittel gegen eine Verfügung des Amtsgerichts, sondern eine Willenserklärung der Verwaltungsbehörde, wodurch eine solche Verfügung ausgeschlossen wird, sofern die gesetzlichen Voraussetzungen gegeben sind. Die Eintragung kann nicht erfolgen, solange der Einspruch nicht zurückgenommen oder durch Entscheidung der höheren Instanz aufgehoben worden ist. Darüber, ob die Eintragung auf Grund der zugelassenen Anmeldung erfolgen kann, entscheidet sonach nicht das Gericht, sondern zunächst die Verwaltungsbehörde durch Einspruch und auf die Anfechtung des Einspruchs durch den Verein die höhere Verwaltungsbehörde oder das Verwaltungsgericht. Um die der Verwaltungsbehörde zustehende Entscheidung zu ermöglichen, hat das Gesetz das Amtsgericht verpflichtet, in allen Fällen die zugelassene Anmeldung der Verwaltungsbehörde mitzutheilen.

IV. 1. Formell kann der Einspruch in allen Fällen erhoben werden und dadurch bis zur Entscheidung des Verwaltungsstreitverfahrens oder Rekursverfahrens die Eintragung auch dann verhindert werden, wenn die materiellen Voraussetzungen des Einspruchs nicht vorliegen.

2. Materiell ist aber der Einspruch nur dann begründet, wenn

A. der Verein entweder nach öffentlichem Vereinsrechte unerlaubt ist oder verboten werden kann, oder

B. wenn der Verein einen politischen, sozialpolitischen oder religiösen Zweck verfolgt.

Zu A.

a) Das „öffentliche Vereinsrecht" besteht in der Hauptsache aus den Vereinsgesetzen der einzelnen Bundesstaaten und den weiter einschlägigen verfassungsrechtlichen Normen. Vereinsrechtliche Normen enthalten indessen auch z. B. die Bestimmungen des § 49 des Reichsmilitärgesetzes vom 2. Mai 1874 und die §§ 128, 129 StGB. Nach der ersten reichsrechtlichen Norm ist den zum aktiven Heere gehörigen Militärpersonen die Theilnahme an politischen Vereinen untersagt, es sind sonach politische Vereine bestehend aus solchen Militärpersonen unerlaubt. Die Landesvereinsgesetze enthalten wenige allgemein gegen alle Vereine sich richtende Verbote, wie z. B. § 20 des sächsischen Vereinsgesetzes: „Vereine, in deren Zweck es liegt, Gesetzesübertretungen und unsittliche Handlungen zu begehen, dazu aufzufordern und dazu geneigt zu machen, sind verboten." Zumeist richten sich Verbotsbestimmungen nur gegen politische Vereine. Es werden verboten z. B. die Theilnahme von Frauen an politischen Vereinen und damit die Gründung politischer Frauenvereine (nicht allgemein Art. 15 des bayrischen Vereinsgesetzes, allgemein § 8 des preußischen Vereinsgesetzes, § 4 des braunschweigischen Vereinsgesetzes u. A.) oder politische Arbeitervereine (in den Bundesstaaten, in welchen der Bundesbeschluß vom 13. Juli 1854 gilt) oder politische Vereine überhaupt (Reuß ä. L.) oder politische Vereine ohne Genehmigung der Staatsregierung (Mecklenburg). Vereine ländlicher Arbeiter („Gesinde, Dienstleute oder sonstige landwirthschaftliche Handarbeiter"), die den Zweck verfolgen, die Erlangung günstigerer Lohn- oder Arbeitsbedingungen mittelst Einstellung der Arbeit herbeizuführen, sind in Preußen nach § 3 des Gesetzes vom 24. April 1854 (GS. S. 214) verboten bei Vermeidung von Gefängniß bis zu einem Jahre (vgl. Riedel, Die Gestaltung der Juristischen Personen des BGB., Berlin 1897 S 17, 18; Delius, Die Rechtsverhältnisse der geschlossenen Gesellschaften und Vereine nach preußischem Recht, Berlin 1902 S. 9); dagegen sind solche Vereinigungen, wenn sie den gleichen Zweck durch andere Mittel anstreben, erlaubt und klageberechtigt. Vereine überhaupt mit einer bestimmten Mitgliederzahl bedürfen der Genehmigung der Behörde und sind daher ohne solche Genehmigung unerlaubt: in Elsaß-Lothringen Vereine mit einer 20 Personen übersteigenden Mitgliederzahl nach dem Gesetze vom 10. April 1834 und Code Penal Art. 291; in Reuß ä. L. Vereine mit mehr als 15 Mitgliedern. Soweit derartige landesrechtliche Bestimmungen mit § 17 des Wahlgesetzes für den Deutschen Reichstag in Widerspruch stehen, sind dieselben aufgehoben (vgl. hiezu Verh. des Reichstags in den StB. der 10. Legislaturperiode I. Session 1898/1900 S. 5954; Löning in Schriften des Vereins für Sozialpolitik Bd. 76 S. 284 ff.).

b) Die Zulassung des Einspruchs gegen Vereine, welche nach dem öffentlichen Vereinsgesetze verboten werden können, neben dem Einspruche gegen Vereine, welche nach dem öffentlichen Vereinsrechte verboten sind, begründen die P. I, 562 mit der Erwägung, daß die „das öffentliche Vereinsrecht normirenden Gesetze keineswegs immer besagen, daß ein Verein unter gewissen Voraussetzungen unerlaubt oder verboten sei, sondern auch, daß er verboten werden könne. Betrachte man einen Verein, der verboten werden kann, als einen solchen, der erst durch die Erlassung des Verbots unerlaubt wird, so würde die Staatsregierung genöthigt sein, mit dem Verbote vorzugehen, um sich die Grundlage für den Einspruch zu verschaffen, während es nach Lage der Sache angemessen erscheinen könne, von einem Verbot Umgang zu nehmen und sich auf Hinderung der Erlangung der Rechtsfähigkeit zu beschränken". In den Fällen, in welchen nach öffentlichem Vereinsrecht ein Verein „verboten werden kann", handelt es sich vielfach um Verstöße gegen bloße polizeirechtliche Vorschriften, durch welche der Verein an sich noch nicht unerlaubt wird, so z. B. in den Fällen des Art. 19, I, 1—4 des bayrischen Vereinsgesetzes; in anderen Fällen dagegen erscheinen schon vor Erlaß des Verbotes (der „Schließung" des Vereins) die Vereine als unerlaubt, so z. B. in dem Falle des Art. 19, I Ziff. 6 des bayrischen Vereinsgesetzes („wenn ihre Zwecke oder Beschlüsse den Strafgesetzen zuwiderlaufen").

Zu B. Politische, sozialpolitische, religiöse Zwecke:

Nach der Reichstagsvorlage § 58 konnte Einspruch gegen die Eintragung des Vereins erhoben werden, wenn der Verein einen „dem Gebiete der Politik, der Sozialpolitik, der Religion, der Erziehung oder des Unterrichts angehörigen Zweck verfolgt". Die Reichstagskomm. beseitigte den Einspruch in Bezug auf Vereine, welche Erziehungs- oder Unterrichtszwecke verfolgen, und gab im Uebrigen dem Gesetze die jetzige präzisere Fassung. Es genügt hienach nicht, daß der Verein politische Nebenziele verfolgt, sondern der Hauptzweck des Vereins muß, wenn der Einspruch begründet sein soll, ein politischer, sozialpolitischer oder religiöser Zweck sein (RTK. 8—10, 19, 21, 23). Dieser Zweck muß ferner sich aus der Satzung des Vereins ergeben: Es darf „nur darauf ankommen, daß der statutenmäßige Zweck ein politischer oder religiöser sei". Dagegen ist es gleichgültig, wenn etwa „die Förderung politischer oder religiöser Zwecke als eine mit dem Vereinszweck in losem Zusammenhange stehende Nebenwirkung sich ergiebt" (P. I, 563). Uebereinstimmend Hölder Bem. 2, d zu § 61; a. M. Goldmann-Lilienthal I S. 67 Note 41; Braunschweiger Verwaltungsgerichtshof 25. September 1901 in Braunschw. Ztschr. 1902 S. 64.

Wenn der Verein einen politischen, sozialpolitischen oder religiösen Zweck verfolgt, bedarf der Einspruch keiner weiteren Begründung. Für Vereine dieser Art verbleibt es „sachlich bei einer dem Konzessionssysteme gleichartigen Gestaltung". In der II. Komm. wurde hervorgehoben, daß es, sofern ein Verein mit der bezeichneten Zweckbestimmung in Frage stehe, lediglich in das Ermessen der Verwaltungsbehörde gestellt sei, ob derselbe Rechtsfähigkeit erlangen könne oder nicht (P. I, 562).

Auf die Beschlüsse der II. Komm., die in das Gesetz übergegangen sind, waren die Vorschläge Gierkes nicht ohne Einfluß, welche die Bedenken gegen die Anwendung des Eintragungssystems auf die politischen und religiösen Vereine beseitigen wollten. Diese Vorschläge gingen dahin, den Landesgesetzen nachzulassen, die Eintragung politischer oder religiöser Vereine in das Register von einer vorherigen staatlichen Genehmigung nach sächsischem Vorbild abhängig zu machen (§ 72 Abs. 2 des sächsischen Gesetzes vom 15. Juni 1868, die Juristischen Personen betr.). Hienach sollte die staatliche Genehmigung nur in den Bundesstaaten erforderlich sein, deren Gesetzgebung dies vorzuschreiben für erforderlich halten würde (Verh. des 19. deutschen Juristentages Bd. 2 S. 292, 299, Bd. 3 S. 232, 237; vgl. P. I, 563). Diese Vorschläge sind von der II. Komm. sachlich, wie sich aus den vorerwähnten Aeußerungen der P. I, 562 ergiebt, mit der Modifikation angenommen worden, daß die staatliche Genehmigung der politischen u. s. w. Vereine zur reichsrechtlichen Voraussetzung der Eintragung erhoben wurde, jedoch mit der Modifikation, daß die Genehmigung nicht ausdrücklich erfolgen muß, sondern stillschweigend — durch Unterlassung des Einspruchs gegen die Eintragung — erfolgen kann. Nicht die Genehmigung der Eintragung, sondern die Nichtgenehmigung der Eintragung ist durch „Einspruch" gegen dieselbe ausdrücklich zu erklären. Die Verwaltungsbehörde kann indessen gemäß § 63 auch ausdrücklich erklären, daß Einspruch nicht erhoben werde.

In Bezug auf die Begriffe des „politischen, sozialpolitischen, religiösen" Vereinszweckes sagen P. I, 563 ff.: „Zuzugeben sei, daß die Begriffe „politische, sozialpolitische, religiöse Vereine" an einer gewissen Unbestimmtheit leiden und daß diese Unbestimmtheit bei der Anwendung des Gesetzes hin und wieder zu Schwierigkeiten führen möge. Sehe man hierin einen Uebelstand, so müsse er in Kauf genommen werden. Unüberwindlich sei die aus der Flüssigkeit dieser Begriffe sich ergebende Schwierigkeit der Abgrenzung keineswegs; das geltende Vereinsrecht habe sich genöthigt gesehen, auch bisher vielfach mit diesen Unterscheidungen zu operiren. Das Verwaltungsstreitverfahren werde auch in dieser Hinsicht gute Dienste leisten."

a) Zur Unterscheidung „politischer und nicht politischer Verein" war bisher nur auf Grund des öffentlichen Rechtes der einzelnen Bundesstaaten eine Veranlassung gegeben (die Vereinsgesetze unterscheiden z. Z. allerdings nicht allenthalben politische und nicht politische Vereine, z. B. nicht das badische Vereinsgesetz vom 21. November 1867). Indem das BGB. die Feststellung, ob ein Verein politische Zwecke verfolgt, in das Verwaltungsstreitverfahren verweist, ist als Rechtsgrundlage dieser Feststellung das öffentliche Recht der einzelnen Bundesstaaten bezeichnet, solange die Reichsgesetzgebung von ihrer gesetzlichen Kompetenz zur Erlassung eines Reichsvereinsgesetzes keinen Gebrauch macht. Darüber, ob ein politischer Verein zur Eintragung angemeldet ist, dürfte daher das Landesvereinsrecht und sonstige öffentliche Recht der einzelnen Bundesstaaten zu entscheiden haben.

Meistens wird stillschweigend vorausgesetzt, daß der Begriff des politischen Vereins ohne Rücksicht auf das öffentliche Recht der einzelnen Bundesstaaten als einheitlicher reichsrechtlicher Begriff festzustellen sei (vgl. Bem. III, 2 zu § 43. Ausdrücklich behauptet dies Kuhlenbeck, Komm. zu § 43 Note 3, nunmehr auch Planck 3. Aufl., Bem. 2, b zu § 61). Wie sich zu derartigen Begriffsbestimmungen die Auffassung des öffentlichen Rechtes in den einzelnen Bundesstaaten verhalten würde, kann hier nur an ein paar Beispielen gezeigt werden. Planck definirt den politischen Vereinszweck folgendermaßen: „Einen politischen Zweck verfolgt ein Verein, wenn er in irgend einer Art auf öffentliche Angelegenheiten einzuwirken bezweckt" (Bem. zu § 61). Dagegen ist nach preußischem Vereinsrechte ein Verein, welcher „eine Einwirkung auf öffentliche Angelegenheiten bezweckt", noch kein politischer Verein; ein politischer Verein ist nur derjenige, welcher bezweckt, „politische Gegenstände in Versammlungen zu erörtern". Oeffentliche Angelegenheiten und politische Gegenstände sind aber nicht identisch; der Begriff der politischen Gegenstände ist enger als derjenige der öffentlichen Angelegenheiten. Auch nach dem neuesten sächsischen Rechte macht den Begriff des politischen Vereins nicht schon die „Einwirkung auf öffentliche Angelegenheiten" aus, während dies bis zum sächsischen Vereinsgesetze von 1898 allerdings der Fall war.

Im bayrischen Rechte werden zwar (Art. 14 des Vereinsgesetzes) als politische Vereine diejenigen bezeichnet, „deren Zweck sich auf öffentliche Angelegenheiten bezieht". Aber der Begriff der „öffentlichen Angelegenheiten" wird im bayrischen Vereinsrechte im Wesentlichen identisch mit dem der „politischen Gegenstände" des § 8 des preußischen Vereinsgesetzes aufgefaßt. „Oeffentliche Angelegenheiten" im Sinne des preußischen Vereinsrechtes sind nach Entscheidung des Reichsgerichts (in StS. Bd. 22 S. 338 ff.) „alle Angelegenheiten, welche nicht ausschließlich einzelne physische oder Juristische Personen und deren Privatinteressen, sondern im Gegensatze hiezu die Gesammtheit des Gemeinwesens und das gesammte öffentliche Interesse berühren", z. B. nach jener Entscheidung „die soziale Lage des Bergarbeiterstandes"; dagegen ist ein „politischer Gegenstand" im Sinne des preußischen Vereinsrechtes derjenige, welcher „als solcher unmittelbar den Staat, seine Gesetzgebung und Verwaltung berührt, seine Organe und Funktionen in Bewegung setzt"; z. B. eine Petition an den Reichstag, betr. Beseitigung der industriellen Gefängnißarbeit oder Beschränkung der Kinderarbeit oder betr. den Befähigungsnachweis zum Gewerbebetrieb (RGE. Bd. 16 S. 384). Eine „öffentliche Angelegenheit" wird daher nicht schon dadurch zum „politischen Gegenstande", daß sie in den Bereich staatlicher Thätigkeit gehört, sondern erst dadurch, daß der Verein sich mit dieser staatlichen Thätigkeit befaßt, auf sie in irgend einer Richtung unmittelbar einzuwirken sucht. In diesem Sinne hat auch das preußische Oberverwaltungsgericht einen Verein, der nach seinen Satzungen die Zulassung der fakultativen Feuerbestattung, einen Akt der Gesetzgebung oder der Verwaltung, bezweckt, als einen Verein erklärt, der einen „politischen Zweck" verfolgt, im Einklang mit den erwähnten Urtheilen des Reichsger. und mit der Praxis des Kammerger. Vgl. Urth. des Kammerger. vom 27. Oktober 1902 in den Entsch. des Kammerger. n. F. Bd. 6 S. 21, C. In dieser Beschränkung sind auch die „öffentlichen Angelegenheiten" des Art. 14 des bayrischen Vereinsgesetzes, deren Behandlung den Verein zum politischen Vereine macht, im Wesentlichen von der Theorie und Rechtsprechung aufgefaßt worden (vgl. Pözl, Komm. z. Vereinsgesetz S. 472, 473; Samml. von Entsch. des bayr. Verwaltungsgerichtshofs Bd. 8 Nr. 56 S. 230; Samml. von Entsch. des OLG. München in Sachen des Strafrechts und Strafprozesses Bd. 8 Nr. 48 S. 175 ff.). Die Armenpflege ist z. B. eine Staatssache und daher an sich gewiß eine „öffentliche Angelegenheit". Ein Verein für freiwillige Armenpflege ist deßwegen noch kein politischer Verein. Er würde dies dagegen im Sinne des § 61 des BGB. werden, wenn die Satzungszwecke, und im Sinne des § 43, wenn die thatsächlichen Vereinsbestrebungen auf Abänderung der Gesetzgebung über die öffentliche Armenpflege sich richten würden. Ein Verein, der sich satzungsmäßig oder thatsächlich mit der Pflege von pädagogischen Angelegenheiten befaßt, ist kein politischer Verein. Soferne er aber eine Abänderung der gesetzlichen Organisation der Volksschulen erstrebt, wird er im Sinne des bayrischen öffentlichen Vereinsrechtes ein „politischer" Verein (Samml. von Entsch. des bayrischen OGH. in Sachen des Strafrechts und Strafprozesses Bd. 8 Nr. 76 S. 277) und damit auch für das BGB. Ohne diese Beschränkung würde bei dem weiten Umfange der heutigen Aufgaben des Staates und der unmittelbaren und mittelbaren Organe desselben der Begriff des idealen Vereins in denjenigen des politischen Vereins nahezu aufgehen. Insbesondere würden, da die Pflege der Wissenschaft, der Kunst, des Unterrichts, der Erziehung u. s. w. in den Bereich der Staatsthätigkeit fällt und die Gegenstände dieser Pflege zweifellos zu den Gegenständen des öffentlichen Interesses und damit zu den „öffentlichen Angelegenheiten" gehören, Vereine, die sich mit Wissenschaft, Literatur, Kunst, mit dem Armenwesen u. s. w. befassen, zu politischen Vereinen werden. Wenn man also mit Planck das Wesen des politischen Vereins darein setzt, daß derselbe in irgend einer Weise auf öffentliche Angelegenheiten einzuwirken bezweckt, so muß man entweder Wissenschaft, Kunst und andere Gegenstände des allgemeinen öffentlichen Interesses aus der Reihe der „öffentlichen Angelegenheiten" streichen oder aber alle wissenschaftlichen u. s. w. Vereine als politische Vereine erklären. In diesem Sinne werden aber die „öffentlichen Angelegenheiten" auch nach dem sächsischen Gesetze, das dem Begriffe der öffentlichen Angelegenheiten wohl den weitesten Umfang giebt, nicht aufgefaßt. Vgl. Rienholdt, sächsisches Vereins- und Versammlungsrecht 1898 (4. Aufl.) S. 53; ferner v. Sartor, Das bayrische Vereinsgesetz 3. Aufl. S. 88 ff. und die daselbst angeführten Entscheidungen zum preußischen, sächsischen und bayrischen Vereinsgesetze. Daß die Frage, ob der Vereinszweck ein politischer ist, nach Landesrecht zu entscheiden ist, nimmt auch an Endemann I § 42 Anm. 15, a S. 188, ferner Riedel, Gestaltung der juristischen Personen S. 17, 18, Staudinger, Vereinsrecht S. 64. Vgl. im Uebrigen Goldmann-Lilienthal I S. 66, Gareis Bem. 6 zu § 43, Enneccerus-Lehmann I S. 90; Zeller im Verwaltungsarchiv Bd. 6 S. 42. (Auch Planck 3. Aufl. Bem. 2, b, « zu § 61 findet nunmehr den politischen Zweck, übereinstimmend mit dem preußischen und bayrischen Recht, darin, daß der Verein auf die Gesetzgebung oder Verwaltung einzuwirken bezweckt.)

b) Die Erwähnung der „sozialpolitischen" Zwecke neben den „politischen" wurde in der II. Komm. beschlossen in der Erwägung, daß dieselbe „eine vielleicht nicht nothwendige, aber nach den Verhältnissen der Gegenwart zweckmäßige Erläuterung der Bestimmung" sei. „Erläutern" kann die Hinzufügung dieses Ausdruckes nur den Begriffsumfang des „politischen" Vereinszweckes. Die Gesammtpolitik des Staates zerfällt in das Gebiet der „äußeren" („nationalen") und in das Gebiet der „inneren" Politik. Ein Theil der letzteren ist die Sozialpolitik (vgl. hiezu Werner Sombart in Bd. 10 S. 2 ff. des Archivs für soziale Gesetzgebung und Statistik 1897). Im Uebrigen ist die angeblich zweckmäßige „Erläuterung" gesetzestechnisch eher eine Verdunkelung der Bestimmung des BGB. Denn mit Recht kann von diesem Standpunkt aus gesagt werden, daß, nachdem neben „politisch" auch noch „sozialpolitisch" steht, letzteres noch eine „besondere und zwar erweiternde Bedeutung haben müsse" (v. Staudinger, Vereinsrecht S. 67; ähnlich Hölder, S. 177). Die „Erläuterung" ist um so unglücklicher, als darüber zwar nicht der geringste Zweifel besteht, daß die Sozialpolitik einen Theil der Politik und zwar der inneren Politik bildet, darüber aber, was unter Sozialpolitik des Genaueren zu verstehen und wie dieser Begriff abzugrenzen ist, bisher noch keine Einigung der Ansichten in Aussicht steht. Vollständig neu ist die Begriffsbestimmung des Sozialpolitischen bei Hölder. Nach Hölder ist bei „sozialpolitischen Zwecken" im Sinne des Gesetzes die Bedeutung des „Politischen" eine andere als bei schlechthin „politischen Zwecken". Ein sozialpolitischer Zweck sei die Förderung der Interessen einer bestimmten Gesellschaftsgruppe als solcher, die den gleichartigen Interessen der übrigen Gesellschaftsgruppen oder bestimmter anderer Gesellschaftsgruppen entgegengesetzt sind, was nicht ausschließlich, aber namentlich von wirthschaftlichen Interessen gelte. „Bezweckt ein Verein die Förderung der Landwirthschaft, des Handwerks oder irgend eines Berufsstandes, so ist er nicht ein sozialpolitischer im Falle der von ihm bezweckten intellektuellen oder technischen Förderung der jenem Berufe ergebenen Menschen; denn der Zweck ihrer Förderung in dieser Richtung kollidirt nicht mit dem Zwecke der gleichen Förderung jedes anderen Berufes und seiner Angehörigen. Er ist aber ein sozialpolitischer, wenn er das Einkommen, die Macht und das Ansehen der bestimmten Gesellschaftsgruppe auf Kosten anderer zu heben bezweckt." Bei dieser recht merkwürdigen Begriffsbestimmung hat Hölder wohl dessen nicht gedacht, daß der moderne Staat allenthalben die Sozialpolitik zu seinen hervorragendsten Aufgaben zählt, während es wohl nicht die Aufgabe des Staates sein könnte, bestimmte Gesellschaftsgruppen auf „Kosten" anderer zu heben. In der That ist Sozialpolitik nichts anderes als ein bestimmter Zweig der Staatsthätigkeit, ein Theil nämlich der inneren Wirthschaftspolitik, allgemein derjenige, welche „die Erhaltung, Förderung oder Unterdrückung bestimmter Wirthschaftssysteme oder ihrer Bestandtheile zum Zweck oder zur Folge hat" (s. hierüber W. Sombart a. a. O. S. 8). Wie politische Vereine überhaupt solche sind, die irgendwie die Thätigkeit des Staates oder organischer Bestandtheile desselben positiv oder negativ in Anspruch nehmen, anregen oder beeinflussen wollen, so sozialpolitische Vereine solche, die derartige Zwecke im Gebiete der Sozialpolitik verfolgen (die Nothwendigkeit der Beziehung des Sozialpolitischen zum Staate, seiner Gesetzgebung und Verwaltung halten mit Recht fest Eck, Vortr. S. 17; Planck, zu § 61; v. Staudinger, Vortr. S. 134; Goldmann-Lilienthal I S. 66; Crome I § 50 S. 239 zu Note 28).

c) Zu den Vereinen, die einen religiösen Zweck verfolgen, gehören Vereine, die dem Dienste irgend eines Glaubensbekenntnisses sich widmen oder dasselbe gegen Anfechtungen zu vertheidigen oder zu stärken oder seinen Bereich auszudehnen bezwecken. Dahin gehören an sich Vereinigungen, die aus Mitgliedern der in den einzelnen Bundesstaaten anerkannten öffentlichen oder privaten Kirchengesellschaften zu den erwähnten Zwecken sich bilden, ebenso wie Vereinigungen, die einer neuen oder in dem einzelnen Bundesstaate noch nicht vertretenen Glaubenslehre zu dienen oder dieselbe zu fördern bezwecken. Einen religiösen Zweck stellt auch der polemische Zweck dar, der im Dienste eines bestimmten Religionsbekenntnisses steht. Auch Wohlthätigkeit, Erziehung und Unterricht können „religiöse Zwecke" sein, sofern diese Zwecke als „nothwendige religiöse Aufgaben der Kirche" oder in Erfüllung religiöser Gebote und im Dienste solcher verfolgt werden, insbesondere von Mitgliedern kirchlicher Verbände als solcher. Solchenfalls ist die religiöse Zweckbestimmung der Wohlthätigkeit u. s. w. im Einspruchsverfahren festzustellen. Andererseits ist es aber nicht richtig, wenn Hölder behauptet, ein religiöser Zweck sei jeder „das Gebiet der Religion berührende Zweck", ebensowenig wie es richtig wäre, zu sagen, ein politischer Zweck sei jeder das Gebiet der Politik berührende Zweck. Gerade diese weite Ausdehnung des Begriffs wollte der Gesetzgeber durch die Fassung des Gesetzes ablehnen. In der Reichstagsvorlage § 58 war die Bundesrathsvorlage dahin abgeändert: „wenn der Verein einen . . . dem Gebiete . . . der Religion . . . . angehörenden Zweck verfolgt". Die Reichstagskomm. hat die engere Fassung der II. Komm. wiederhergestellt, die in das Gesetz übergegangen ist. Die Formulirung Hölders ist noch weiter als diejenige des Bundesraths („im Gebiete der Religion"), welche vom Reichstage zu Gunsten der engeren Fassung verworfen wurde. Irgend eine nähere oder fernere „Beziehung" auf das Gebiet der Religion hat eine große Anzahl von idealen Vereinszwecken, so z. B. der Zweck der Förderung der Kirchenmusik oder kirchlicher Architektur. Derartige Zwecke können um deßwillen noch nicht als religiöse Zwecke behandelt werden, ebensowenig wie etwa religionsphilosophische oder religionsgeschichtliche Zwecke (wie Hölder auch Goldmann-Lilienthal I S. 67 Note 39).

In Folge des Vorbehalts des öffentlichen Rechtes der Bundesstaaten und damit des gesammten Staatskirchenrechts scheiden indessen eine Anzahl von Vereinigungen aus der Reihe der eintragungsfähigen Vereine aus und ist daher der Einspruch gemäß § 61 gegenstandslos.

α) Nach Art. 84 EG. bleiben unberührt „die landesgesetzlichen Vorschriften, nach welchen eine Religionsgesellschaft oder geistliche Gesellschaft Rechtsfähigkeit nur im Wege der Gesetzgebung erlangen kann".

Zu α) Durch diese Bestimmung ist insbesondere Art. 13 der preußischen Verfassungsurkunde vom 31. Januar 1850 und das preußische Staatskirchenrecht aufrecht erhalten. Vgl. hiezu B. I, 564, woselbst ausdrücklich auf Art. 13 der preußischen Verfassungsurkunde Bezug genommen ist; ferner Bd. VI Bem. zu

Art. 84 und Meurer § 38 S. 339—343. Die Unterscheidung der Religionsgesellschaften und der geistlichen Gesellschaften ist jenem Art. 13 und dem ALR. entnommen. Art. 13 sagt: „Die Religionsgesellschaften, sowie die geistlichen Gesellschaften, welche keine Korporationsrechte haben, können diese Rechte nur durch besondere Gesetze erlangen." Religionsgesellschaften im Sinne des preußischen Rechts sind zunächst diejenigen, die sich zur Feier des öffentlichen Gottesdienstes verbunden haben, geistliche Gesellschaften solche, welche nicht zu allgemein gottesdienstlichen, sondern zu gewissen besonderen Religionsübungen vereinigt sind (z. B. Stifter, Klöster und Ritter-Orden). Vgl. hiezu Meurer S. 340, Gierke, Vereine S. 7 Note 3, Riedel, Gestaltung der Jur. Personen S. 13. Es versteht sich hienach von selbst, daß der Begriff des religiösen Vereins einerseits und derjenige der Religionsgesellschaft oder geistlichen Gesellschaft andererseits in Preußen nicht identisch sind (so richtig Goldmann-Lilienthal I S. 67 Note 40 gegen Riedel. — Nach Planck 3. Aufl. Bem. 2, a, γ zu § 61 sollen die in Art. 84 des EG. erwähnten „Religionsgesellschaften" unter § 61 fallen. Das ist mit Art. 84 unvereinbar).

In Bayern sind die Bestimmmungen in Bezug auf die Erlangung der Rechtsfähigkeit durch Religionsgesellschaften einestheils strenger, anderentheils weniger streng als diejenigen des preußischen Rechtes. Während nach preußischem Rechte die Bildung von Religionsgesellschaften im Allgemeinen freigegeben ist und nur die Erlangung der Rechtsfähigkeit eines Gesetzesaktes bedarf, können sich nach bayrischem Rechte Religionsgesellschaften nur mit königlicher Genehmigung bilden. Es ist ferner jede über die einfache Hausandacht hinausgehende Religionsübung nur mit königlicher Genehmigung gestattet und eine Ueberschreitung der Hausandacht wird angenommen, sobald sich „mehrere Familien zur Ausübung ihrer Religion verbinden wollen". Andererseits wird aber auch die Rechtsfähigkeit von Religionsgesellschaften durch königliche Verleihung — in der Genehmigungs- oder Aufnahmsurkunde — erlangt, es bedarf keiner Verleihung durch Gesetz (vgl. hiezu das bayrische Religionsedikt vom 26. Mai 1818 §§ 3, 4, 26, 45; E. Meyer, Die Kirchenhoheitsrechte des Königs von Bayern, München 1884 S. 138; Aug. Reinhardt, Die Kirchenhoheitsrechte des Königs von Bayern, München 1884 S. 130). Wenn auch Art. 84 EG. nur diejenigen Landesrechte als „unberührt" bezeichnet, „nach welchen eine Religionsgesellschaft oder eine geistliche Gesellschaft Rechtsfähigkeit nur im Wege der Gesetzgebung erlangen kann", so besteht doch kein Zweifel, daß auch das bayrische Kirchenstaatsrecht unberührt geblieben ist, obwohl es nach diesem zur Erlangung der Rechtsfähigkeit für eine (neue) Religionsgesellschaft oder geistliche Gesellschaft keines Gesetzes bedarf, sondern die königliche Verleihung genügt. Es unterliegt dies schon aus dem Grunde keinem Zweifel, weil das BGB. in das öffentliche Recht der einzelnen Bundesstaaten und daher auch in das Staatskirchenrecht nicht eingegriffen hat. A. M. Th. von der Pfordten, der behauptet, es müsse die Landesgesetzgebung in den AG. z. BGB. vorschreiben, daß die Verleihung der Rechtsfähigkeit an Kirchengesellschaften und geistliche Gesellschaften nur im Wege der Gesetzgebung erfolge und daß, wenn solche Vorschriften nicht bestehen oder erlassen werden — wie in Bayern — die Kirchen- und Ordensgesellschaften privatrechtlich lediglich als religiöse Vereine zu betrachten wären und durch Eintragung rechtsfähig würden (Bl. f. adm. Pr. Bd. 48 S. 394; dagegen zustimmend Meurer § 38, insbesondere S. 344).

Hienach ergiebt sich: religiöse Vereine, die den Zweck der Ausübung eines Gottesdienstes verfolgen, sind in Bayern, sofern es sich nicht um den öffentlichen Gottesdienst aufgenommener kirchlicher Vereinigungen handelt, ohne königliche Genehmigung unerlaubt und können daher nicht durch Eintragung in das Vereinsregister Rechtsfähigkeit erlangen. Es ist gleichgültig, ob die Vereinigung einer in Bayern aufgenommenen Glaubensgesellschaft angehört oder nicht, da auch die Mitglieder der aufgenommenen Glaubensbekenntnisse nur das Recht der Vereinigung zum öffentlichen Gottesdienste in den hiezu bestimmten Gebäuden und durch die ordentlichen Organe der aufgenommenen Glaubensgesellschaften haben.

β) Außerdem scheiden vom Vereinsgebiet aus kirchliche Vereinigungen, die, wie Klöster und Bruderschaften, kraft kirchenstaatsrechtlicher Normen als zur Kirche gehörige Institute zur Entstehung gelangen und nach dem öffentlichen Rechte der einzelnen Bundesstaaten als Juristische Personen anerkannt sind (vgl. Staudinger in Bl. f. RA. Bd. 62 S. 363 ff. — gegen Planck zu § 61). Neubildung derartiger kirchlicher Organisationen setzt in Bayern ebenfalls landesherrliche Genehmigung voraus (§§ 76, 77 des Religionsedikts vom 26. Mai 1818; Roth, Bayrisches Civilrecht 2. Aufl. 1. Bd. § 38 Note 17 u. 19; v. Seydel, Bayrisches Staatsrecht Bd. III S. 522, 2. Aufl.).

γ) Religionsvereinigungen, die lediglich den Zweck der Uebung des Gottesdienstes und damit in Zusammenhang stehender religiöser Handlungen verfolgen oder die, wie die zu β genannten Vereinigungen, als kirchliche Institute erscheinen, unterstehen nach bayrischem Rechte auch nicht den Normen des öffentlichen Vereinsrechts, sondern lediglich denjenigen des Religionsedikts (§ 76 c). Dies ist z. B. in Bezug auf konfessionelle Jünglings- und Jungfrauenbündnisse und kirchliche Bruderschaften ausgesprochen worden (vgl. die bayrischen Ministerialentschließungen vom 11. September 1854 und 23. August 1855 bei Weber, Neue Ges.- und Verordnungssamml. Bd. 4 S. 86, 87).

δ) Als „religiöse" Vereine, die nach dem BGB. eintragungsfähig sind und durch Eintragung Rechtsfähigkeit erlangen, bleiben daher in Bayern nur diejenigen Vereinigungen übrig, welche nicht denjenigen Zweck verfolgen, der in erster Linie als „religiös" erscheint, den Zweck der Ausübung des Gottesdienstes oder gottesdienstlicher Handlungen, sondern z. B. den Zweck der Propaganda, der kirchlichen Krankenpflege, der kirchlichen Wohlthätigkeit, des kirchlichen Unterrichts und andere mittelbar religiöse Zwecke. Andererseits aber hören konfessionelle Vereine auf, religiöse Vereine zu sein, und fallen unter die Kategorie der politischen Vereine, wenn sie satzungsmäßig den Zweck der Förderung allgemeiner kirchlicher Interessen verfolgen, wie dies in Bezug auf das öffentliche Vereinsrecht anerkannt ist (Entsch. des bayrischen OGH. in Sachen des Strafrechts VII S. 269; Ministerialentschließung vom 24. September 1869 bei v. Sartor, Bayrisches Vereinsgesetz zu Art. 14 Anm. 2 ff.). — In vorstehender, wörtlich der I. Aufl. entnommener, Bemerkung findet Planck (3. Aufl.) Bem. 2, b, γ zu § 61 die „Ansicht" ausgesprochen, daß „wenigstens in Bayern ein religiöser Zweck nur bei solchen Vereinen anzunehmen sei, welche den Gottesdienst oder gottesdienstliche Handlungen bezwecken", und erklärt diese angebliche Ansicht als nicht vereinbar mit § 61.

ε) Dieses Ergebniß (δ) trifft auch für Preußen zu, sowie für diejenigen Bundesstaaten, welche, wie Preußen, den Religionsgesellschaften und geistlichen Gesellschaften nur kraft Gesetzes (z. B. Oldenburg, Lübeck, Waldeck) oder, wie Bayern, durch landesherrliche Genehmigung Rechtsfähigkeit verleihen vgl. z. B. Anhalt AG. z. BGB. Art. 4, Reuß ä. L. AG. § 7, Sachsen-Weimar AG. § 11, Schwarzburg-Lippe AG. § 7, Schwarzburg-Rudolstadt AG. Art. 8, Schwarzburg-Sondershausen AG. Art. 4.

V. Der Einspruch gegen die Eintragung eines Vereins hat nach § 61 bestimmte rechtliche Voraussetzungen und die Frage, ob er erhoben werden kann, ob seine Erhebung begründet ist, erscheint daher als eine Rechtsfrage. Ob der Verein nach öffentlichem Vereinsrechte unerlaubt ist oder verboten werden kann, ob der Verein einen politischen, sozialpolitischen oder religiösen Zweck verfolgt, das sind Rechtsfragen und zwar Fragen des öffentlichen Rechtes. Sind dieselben zu bejahen, so kann, vom Standpunkte des materiellen Rechtes aus, der Einspruch erhoben werden; der Einspruch muß aber nicht erhoben werden, jedenfalls nicht, wenn der Verein nur „verboten werden kann" oder wenn der Verein politische u. s. w. Zwecke verfolgt. Ob Einspruch einzulegen ist, hängt, die Bejahung der Rechtsfragen vorausgesetzt, von dem Ermessen der Verwaltungsbehörde ab. Das BGB. schränkt dieses Ermessen nicht ein, wohl aber erscheint es als zulässig, daß durch landesrechtliche Normen — im Wege der Gesetzgebung oder im Verordnungswege — eine Einschränkung erfolgt entweder in dem Sinne, daß Einspruch in gewissen Fällen erhoben werden muß oder in gewissen Fällen nicht erhoben werden darf, daß also z. B. der Einspruch gegen die Eintragung politischer u. s. w. Vereine zu unterlassen sei. Vgl. hiezu Th. von der Pfordten, Eintragung idealer Vereine, in den Bl. f. adm. Praxis Bd. 48 S. 398. Eine Pflicht der Verwaltungsbehörde zur Erhebung des Einspruchs kann keinesfalls vom Standpunkte des BGB. aus, sondern lediglich kraft ihrer öffentlich=rechtlichen durch landesrechtliche Normen bestimmten Stellung und Aufgabe gegeben sein.

§ 62.

Erhebt die Verwaltungsbehörde Einspruch, so hat das Amtsgericht den Einspruch dem Vorstande mitzutheilen.

Der Einspruch kann im Wege des Verwaltungsstreitverfahrens oder, wo ein solches nicht besteht, im Wege des Rekurses nach Maßgabe der §§ 20, 21 der Gewerbeordnung angefochten werden.

E. II, 45; III, 59.

1. Ueber die Form des Einspruchs ist nichts bestimmt. Das Gesetz bestimmt insbesondere nicht, daß die Verwaltung bei Erhebung des Einspruchs Gründe anzugeben hat (vgl. preußisches Oberverwaltungsgericht E. vom 3. Juni 1902 D. Jur.-Z. 1903 S. 83. In Elsaß=Lothringen und den beiden Mecklenburg ist die Angabe von Gründen durch Verordnung vorgeschrieben s. kaiserl. Verordnung betr. Vereine und Stiftungen § 2 für Elsaß=Lothringen und Verordnung betr. das Verfahren in Vereinssachen § 25 für die beiden Mecklenburg). Die Gültigkeit des Einspruchs ist keinesfalls durch diese Angabe bedingt. Auch für die Nachprüfung des Einspruchs ist sie nur insofern erforderlich, als ohne solche Grundangabe das Verfahren der nachprüfenden Behörde erschwert wird. Andererseits wird aber die Anfechtung des Einspruchs durch Nichtbegründung des letzteren erleichtert. Daß ohne Begründung des Einspruchs der Anfechtung der Boden entzogen würde, wie behauptet wurde, ist nicht richtig. Das Einspruchsrecht richtet sich materiell nicht gegen alle Vereine, ist vielmehr eine Ausnahme von der Regel. Die Anfechtung des Einspruchs muß erfolgreich sein, wenn sich weder ergiebt, daß der Verein nach öffentlichem Vereinsrechte unerlaubt oder ein Verein ist, der verboten werden könnte, noch auch, daß er einen politischen, sozialpolitischen oder religiösen Zweck verfolgt. Zur Begründung der Anfechtung nach all diesen Richtungen genügt der Hinweis auf die Satzung, falls dem Einspruche die Begründung fehlen würde. Da die Begründung kein wesentliches Erforderniß des Einspruchs ist, so ist ferner der Einspruch auch dann rechtmäßig, wenn zwar nicht die hinzugefügte Begründung, aber andere satzungsmäßige Thatsachen den Einspruch rechtfertigen. Unrichtig ist die Behauptung Hölders, daß die Anfechtung des Einspruchs auch dann begründet und derselben stattzugeben sei, wenn derjenige Grund, auf welchen die Verwaltungsbehörde ihren Einspruch gestützt hat, nicht zutrifft, wohl aber ein anderer gesetzlicher Einspruchsgrund vorhanden ist. Der Einspruch, nicht die Einspruchsbegründung, kann nach § 62 angefochten werden. Der Einspruch muß rechtmäßig d. h. durch das Gesetz begründet sein, aber er bedarf, wenigstens vom Standpunkte des BGB., nicht der Hinzufügung einer Rechtfertigung.

Ueber die Frage der Form des Einspruchs entscheidet die Landesgesetzgebung. Daß ein Einspruch aufgehoben werden müßte, obwohl er durch die Satzung des Vereins nach Maßgabe der gesetzlichen Bestimmungen gerechtfertigt ist, weil nicht auf bestimmte gesetzliche Gründe verwiesen wurde, ist durch die Bestimmungen des BGB. nicht begründet. Für Bayern wäre dies auch vom Standpunkte des Landesrechtes aus jedenfalls nicht richtig. Der bayrische Verwaltungsgerichtshof ist weder ein Kassations= noch ein Revisionsgericht, sondern eine dritte Instanz, welche zwar nicht über Fragen des Verwaltungsermessens, sondern nur über Rechtsfragen zu entscheiden, aber den gesammten Thatbestand unabhängig von dem Vorbringen der Betheiligten zu ermitteln hat und ebenso frei ist in der rechtlichen Beurtheilung dieses Thatbestandes.

2. Der Einspruch ist dem Amtsgerichte gegenüber zu erklären. Das Amtsgericht hat den Einspruch dem Vorstande des Vereins mitzutheilen. Auch für diese Mittheilung besteht keine Formvorschrift. Die Fristen der Anfechtung des Einspruchs im Verwaltungsstreitverfahren wie im Rekursverfahren nach der Reichsgewerbeordnung können nur von der Mittheilung des Einspruchs an den Verein an, nicht von der Erklärung des Einspruchs an das Amtsgericht an laufen. Zu einer besonderen direkten Eröffnung des Einspruchs durch die Verwaltungsbehörde an den Verein besteht, neben der vorgeschriebenen Mittheilung durch das Amtsgericht, keine Veranlassung. Wie die Mittheilung zu erfolgen hat, ergiebt FG. § 16. Sie kann durch Zustellung oder durch Eröffnung zu Protokoll geschehen (vgl. Elsaß=Lothringen Verordnung betr. Vereine und Stiftungen vom 6. Dezember 1899 § 2).

3. Der Einspruch kann vom Verein angefochten werden. Die Anfechtung erfolgt im Wege des Verwaltungsstreitverfahrens oder, nämlich in den Rechtsgebieten, wo ein solches nicht besteht, im Wege des Rekurses nach Maßgabe der Gew.O. §§ 20, 21. Das Rekursverfahren nach der Gew.O. §§ 20, 21 ist ein reichsrechtlich geordnetes Verfahren, das wesentliche Merkmale des Verwaltungsstreitverfahrens enthält. Nur die Forderung des Verwaltungsstreitverfahrens, daß die Entscheidung in die Hände einer richterlichen Behörde gelegt sei, wird durch die Bestimmung der Gew.O. nicht berührt. Die Bestimmung hierüber ist in der Gew.O. § 21 den Landesgesetzen überlassen. In den einzelnen Landesgesetzen sind als für dieses Rekursverfahren zuständige Behörden verwaltungsgerichtliche Instanzen bestimmt, so in Bayern gemäß Art. 8 Ziff. 8 des Gesetzes über den Verwaltungsgerichtshof vom 8. August 1878. Verwaltungsstreitverfahren im Sinne des § 62 BGB. ist ein Verfahren vor verwaltungsgerichtlichen Behörden. Wo ein solches besteht oder eingeführt wird, ist über die Anfechtung in diesem Verfahren zu entscheiden. Wo kein verwaltungsgerichtliches Verfahren besteht, sind wenigstens die Rechtsgarantieen, welche §§ 20, 21 der Gew.O. anordnen, für das die Anfechtung betreffende Verfahren durch § 62 gesichert. Diese sind: Untersuchung des Thatbestands in erster oder zweiter Instanz durch eine kollegiale Behörde; Entscheidung in öffentlicher Sitzung, Unmittelbarkeit und Mündlichkeit der Verhandlung, Parteigehör, schriftliche Ausfertigung und Begründung der Entscheidung. Die Behauptung, daß die Landesgesetzgebung für die Anfechtung im Wege des Verwaltungsstreitverfahrens keine Fristen bestimmen dürfe (Goldmann-Lilienthal I S. 68 Note 45), ist unrichtig, da das BGB. für die Organisation des landesrechtlichen Verwaltungsstreitverfahrens überhaupt keine Normen aufgestellt hat. Im Anfechtungsverfahren vertritt der Vorstand den Verein; er hat die Stellung des gesetzlichen Vertreters. Anders, aber unrichtig preußisches OVG. Bd. 39 S. 441.

4. Ueber die Anfechtung entscheidet: in Preußen AV. z. BGB. Art. 2 der Bezirksausschuß als Verwaltungsgericht, auf Berufung das Oberverwaltungsgericht (ob eine Frist für die in Klageform anzubringende Anfechtung läuft, ist bestritten s. Goldmann-Lilienthal I S. 68 Note 45). Für Bayern hat Art. 4 AG. z. BGB. das Verfahren und die Zuständigkeit der Behörden geordnet: für die Erhebung des Einspruchs gegen die Eintragung des Vereins ist die Distriktspolizeibehörde, in München die Polizeidirektion zuständig. Gegen den Einspruch findet binnen einer Frist von zwei Wochen Beschwerde an die Regierung, Kammer des Innern, statt. Gegen die Entscheidung der Regierung ist weitere Beschwerde an den Verwaltungsgerichtshof zulässig. Für die Beschwerde an den Verwaltungsgerichtshof gelten die Vorschriften des Art. 45 Abs. 2, 3 des Gesetzes vom 8. August 1878, betreffend die Errichtung eines Verwaltungsgerichtshofs und das Verfahren in Verwaltungsrechtssachen. Das Verfahren ist ein Verwaltungsstreitverfahren, aber erst in letzter Instanz. Für die Beschwerde an die Mittelinstanz, die Kreisregierung, sind, da Art. 45 des Gesetzes über den Verwaltungsgerichtshof als anwendbar erklärt ist, die Vorschriften des gewöhnlichen Verwaltungsverfahrens, nicht des Verwaltungsstreitverfahrens anwendbar. Die Entscheidung der Regierung erfolgt nicht in öffentlicher Sitzung, sondern im Bureauwege; für die Entscheidung besteht nicht die Vorschrift, daß sie mit Gründen versehen zuzustellen ist; endlich kann die Entscheidung der Regierung, solange nicht Beschwerde an den Verwaltungsgerichtshof eingelegt ist, von Aufsichtswegen seitens der vorgesetzten Verwaltungsbehörde, des Staatsministeriums des Innern, aufgehoben oder abgeändert werden. Dagegen ist das Verfahren auf die „weitere Beschwerde“ an den Verwaltungsgerichtshof ein Verwaltungsrechtsverfahren, mit öffentlich-mündlicher Verhandlung, Parteigehör, Rechtskraft der Entscheidung, die nicht mehr von Aufsichtswegen abgeändert werden kann. Weder die Behörde, welche den Einspruch erhoben hat, noch die Verwaltungsbehörde, welche zunächst über die Anfechtung des Einspruchs entscheidet, hat im Verfahren vor dem bayrischen Verwaltungsgerichtshofe die Stellung einer Partei; sie sind überhaupt nicht vertreten. Der Staatsanwalt vertritt beim Verwaltungsgerichte keine Partei, sondern das öffentliche Interesse (vgl. Art. 4 des Gesetzes, betreffend die Errichtung eines Verwaltungsgerichtshofs).

Im Uebrigen entscheidet über die Anfechtung: in Württemberg (AG. z. BGB. Art. 135) in erster Instanz das Ministerium des Innern auf Beschwerde, die binnen einer Monatsfrist einzulegen ist; in zweiter Instanz auf „Rechtsbeschwerde“ der Verwaltungsgerichtshof; in Baden (AV. z. BGB. § 12) findet gegen den Einspruch Klage zum Verwaltungsgerichtshof als erster und letzter Instanz statt; ebenso in Sachsen Anfechtungsklage zum Oberverwaltungsgericht als erste und letzte Instanz (Gesetz über die Verwaltungsrechtspflege vom 19. Juli 1900 § 23 Nr. 2, § 73 Nr. 4); in Hessen (AG. z. BGB. Art. 5, 6) entscheidet über die Anfechtung in erster Instanz der Provinzialausschuß, gegen dessen Entscheidung Berufung zum Verwaltungsgerichtshof stattfindet. Weiter entscheiden Verwaltungsgerichte über die Anfechtung des Einspruchs in Braunschweig AG. z. BGB. § 7; in Lippe AG. z. BGB. §§ 4, 5; Sachsen-Meiningen AG. z. BGB.

Art. 1 § 2. — Vgl. ferner Bremen AG. z. BGB. § 7, Hamburg AG. z. BGB. § 2, Lübeck AG. z. BGB. §§ 4, 5, Mecklenburg-Schwerin und Mecklenburg-Strelitz, Verordn. das Verfahren in Vereinssachen betr. §§ 12, 25, 37; Oldenburg AV. z. BGB. § 3; Reuß ä. L. AG. z. BGB. §§ 8—10; Reuß j. L. AG. z. BGB. §§ 7, 8; Sachsen-Altenburg AV. z. BGB. § 6; Sachsen-Coburg AG. z. BGB. Art. 6 und AV. z. BGB. § 2; Sachsen-Weimar AG. z. BGB. § 12; Schaumburg-Lippe AG. z. BGB. § 8; Schwarzburg-Rudolstadt AG. z. BGB. Art. 10; Schwarzburg-Sondershausen AG. z. BGB. Art. 2 § 3.

5. Wenn Hölder behauptet, daß der Rekurs gemäß §§ 20, 21 Gew.-O. von dem Verwaltungsstreitverfahren sich dadurch wesentlich unterscheidet, daß nur beim ersteren die Behörde, deren Entscheidung angegriffen wird, nicht die Stellung einer Partei hat, so trifft diese Behauptung nicht allgemein zu. Sie ist z. B. richtig für das preußische oder für das badische Verwaltungsstreitverfahren, dagegen nicht für das bayrische (vgl. hiezu Bem. 4 und v. Stengel, Das Staatsrecht des Königreichs Preußen, in Marquardsen und v. Seydel, Handbuch des öffentlichen Rechtes Bd. 2 Abs. 3 S. 211; Wieland, Das Staatsrecht des Großherzogthums Baden ebenda Bd. 3 Abs. 1 S. 109).

6. Der Einspruch muß „erhoben“, nicht bloß in Aussicht gestellt werden, wenn er die Eintragung hindern soll. Die Erklärung der Verwaltungsbehörde, daß sie keinen Einspruch erhebe, wenn bestimmte Bedingungen erfüllt werden, ist nicht Erklärung eines Einspruchs (a. M. von der Pfordten in Bl. f. adm. Praxis Bd. 48 S. 402). Darüber, unter welchen Bedingungen die Verwaltungsbehörde von ihrem Einspruchsrechte Gebrauch machen will oder nicht, kann sie direkt mit dem Vereine verhandeln; das Amtsgericht ist keinesfalls ein Organ, dessen sich die Verwaltungsbehörde für derartige interne Verhandlungen zu bedienen hat.

§ 63.

Die Eintragung darf, sofern nicht die Verwaltungsbehörde dem Amtsgerichte mittheilt, daß Einspruch nicht erhoben werde, erst erfolgen, wenn seit der Mittheilung der Anmeldung an die Verwaltungsbehörde sechs Wochen verstrichen sind und Einspruch nicht erhoben oder wenn der erhobene Einspruch endgültig aufgehoben ist.

E. II, 56; III, 60.

1. Die Eintragung „darf“ erst erfolgen, wenn
   a) die Verwaltungsbehörde dem Amtsgerichte mittheilt, daß Einspruch nicht erhoben wird, oder
   b) seit der Mittheilung der Anmeldung durch das Amtsgericht an die Verwaltungsbehörde sechs Wochen abgelaufen sind und Einspruch nicht erhoben wurde, oder
   c) der erhobene Einspruch endgültig beseitigt worden ist.

Die Verwaltungsbehörde hat unter allen Umständen sechs Wochen Zeit zur Erwägung, ob Einspruch erhoben werden soll. Den Ablauf dieser Frist hat das Amtsgericht abzuwarten, bevor es die Eintragung verfügt und vollzieht. Die Verwaltungsbehörde kann aber das Eintragungsverfahren dadurch beschleunigen, daß sie während der bezeichneten Frist die Erklärung abgiebt, daß Einspruch nicht erhoben werde. Dann steht, sofern nicht die eigene Prüfung des Amtsgerichts die Unerlaubtheit des Vereins ergiebt, der Eintragung kein Hinderniß mehr im Wege und dieselbe hat sofort zu erfolgen. Die Eintragung darf ferner erfolgen, wenn die sechswöchige Frist abgelaufen ist, ohne daß die Verwaltungsbehörde einen Einspruch erklärt hat. Die Frist ist aber keine Präklusivfrist.

In der II. Komm. wurde festgestellt, daß der Einspruch auch dann noch zu berücksichtigen sei, wenn er nach dem Fristablauf, aber vor der Eintragung erfolge. In der Präklusion eines nach dem Ablaufe der Frist, aber vor der Eintragung erhobenen Einspruchs erblickte man einen „unbegründeten Formalismus“ (P. I, 565). Dies hat auch im Gesetze den erforderlichen Ausdruck gefunden. Die Eintragung darf erst erfolgen, wenn die sechswöchige Frist abgelaufen ist und Einspruch nicht erhoben wurde. Ebenso Hölder Bem. 1 zu § 63; Kuhlenbeck Bem. 1 zu § 63; Goldmann-Lilienthal I S. 67 Anm. 43; Rehbein S. 62 Bem. 3 zu §§ 55—79; Neumann zu § 63. A. M. Fischer-Henle Bem. 2 zu § 63. Die Frist ist nach Maßgabe der Bestimmungen der §§ 187 ff. zu berechnen. Die Eintragung darf ferner erfolgen, wenn der erhobene Einspruch endgültig beseitigt worden ist. Dies kann geschehen durch Zurücknahme des Einspruchs oder durch Aufhebung desselben im Verwaltungsstreitverfahren, Rekursverfahren oder im Wege der staatsaufsichtlichen Verfügung.

2. Die Erhebung des Einspruchs ist Ermessenssache für die Verwaltungsbehörde (Bem. V zu § 61). Ist aber die Eintragung erfolgt nach Ablauf der Frist des § 63 und ohne daß vor der Eintragung ein Einspruch erhoben wurde, so kann nicht mehr nachträglich der Rechtsbestand der Eintragung um deßwillen angefochten werden, weil der Verein einen politischen rc. Zweck satzungsmäßig verfolgt und daher Einspruch hätte erhoben werden können. Diese Möglichkeit besteht nicht jederzeit, sondern nur innerhalb der durch § 63 gesetzten Grenzen. Ebensowenig aber kann dem eingetragenen Vereine die Rechtsfähigkeit entzogen werden, wenn er nachher keinen anderen Zweck verfolgt, als vor der Eintragung (§ 43 Abs. 3) und sogar dann nicht, wenn er den früher verfolgten politischen rc. Zweck in einen anderen politischen Zweck umwandelt (Bem. III, 3 zu § 43). Daß die Entziehung der Rechtsfähigkeit nach § 43 als Ersatz für einen aus irgend welchen Gründen nicht rechtzeitig erhobenen und daher nicht mehr zulässigen Einspruch dienen könnte (Cohn im „Recht" 1901 S. 257), ist eine völlig haltlose Behauptung.

3. Ist die Eintragung erfolgt vor Ablauf der sechswöchigen Frist oder trotz rechtzeitig erhobenen Einspruchs, so kann die Eintragung auf Anregung der Verwaltungsbehörde seitens des Amtsgerichts oder auf Beschluß des vorgesetzten Landgerichts von Amtswegen wieder gelöscht werden. Die Löschung hat unter allen Umständen von Amtswegen zu erfolgen, wenn Einspruch erhoben und die Anfechtung erfolglos geblieben ist.

4. Ob die gegen die Vorschrift des § 63 Abs. 3 erfolgte Eintragung rechtswirksam ist und in Folge derselben ein rechtsfähiger Verein entsteht, ist bestritten. Für die Bejahung der Frage beruft man sich auf den Wortlaut des Gesetzes (so Planck § 63 Bem. 2; ferner von der Pfordten a. a. O. S. 404 u. 405; a. M. Hölder zu § 63 S. 181) und kann man sich auch auf die D. 13 berufen, woselbst die Erfordernisse der Eintragung in solche eingetheilt werden, von welchen die Zulässigkeit, und in solche, von welchen die Wirksamkeit der Eintragung abhängig ist; unter den letzteren werden nur die Vorschriften über den Vereinszweck sowie diejenige des § 57 Abs. 1 angeführt. Diese Angabe ist aber nicht erschöpfend. Die Eintragung ist unwirksam, wenn der Verein nach den Vorschriften des öffentlichen Vereinsrechts unerlaubt ist. In diesem Falle würde auch die Unterlassung des Einspruchs oder die Erklärung, daß ein Einspruch nicht erhoben wird, der Eintragung keine Wirksamkeit verschaffen. Dagegen muß man die Eintragung als wirksam in den übrigen Fällen bezeichnen, in welchen nach § 62 Einspruch erhoben werden kann. Dies ist vor Allem dann anzunehmen, wenn die Eintragung erfolgte ohne Beachtung der Frist des § 63, soferne die Verwaltungsbehörde Einspruch überhaupt nicht erhebt oder den erhobenen Einspruch zurücknimmt oder der Einspruch durch die vorgesetzte Behörde oder durch das Verwaltungsgericht beseitigt wird. Zwischen diesen Fällen und dem Falle, daß der rechtzeitig erhobene Einspruch nicht wieder beseitigt wird, unterscheidet das Gesetz nicht, ebensowenig wie unterschieden wird zwischen den Fällen, in welchen materiell ein Einspruchsrecht besteht, und denjenigen, in welchen ein solches nicht vorhanden ist. Der Annahme der Unwirksamkeit der Eintragung steht der Wortlaut des Gesetzes nicht zur Seite, sondern entgegen. Auf den Zweck des Gesetzes kann man sich ebenfalls nicht für die Unwirksamkeit berufen. Denn diesem kann durch Handhabung der Bestimmung des FG. §§ 142, 143, 159 Genüge geleistet werden, indem die Löschung des unzulässigerweise eingetragenen Vereins von Amtswegen angeregt wird (vgl. Planck Bem. 2 zu § 63).

§ 64.

Bei der Eintragung sind der Name und der Sitz des Vereins, der Tag der Errichtung der Satzung sowie die Mitglieder des Vorstandes im Vereinsregister anzugeben. Bestimmungen, die den Umfang der Vertretungsmacht des Vorstandes beschränken oder die Beschlußfassung des Vorstandes abweichend von der Vorschrift des § 28 Abs. 1 regeln, sind gleichfalls einzutragen.

E. II, 56; III, 65.

1. § 64 ordnet das Verfahren beim Eintragungsakte. Weitere Bestimmungen enthalten §§ 159, 130 FG. Ueber die Einrichtung und Führung der Vereinsregister vgl. oben § 55.

2. Nach § 64 sind einzutragen d. h. in das Vereinsregister einzuschreiben: der Name und Sitz des Vereins, der Tag der Errichtung der Satzung, die Mitglieder des Vorstandes, eine Satzungsbestimmung, welche den Umfang der Vertretungsmacht des Vorstandes beschränkt (§ 26 Abs. 2) oder die Beschlußfassung des Vorstandes nicht übereinstimmend mit der gesetzlichen Beschlußfassungsform der Mitgliederversammlung ordnet

(§§ 28 Abs. 1, 32, 34). Außerdem ist nach § 130 FG. einzutragen: der Tag des Eintragungsaktes. Die Eintragung ist mit der Unterschrift des zuständigen Beamten (Registerführers) abzuschließen. Diesen Anforderungen entspricht das Formular, welches den Vereinsgerichten auf Grund Bundesrathsbeschlusses vom 3. November 1898 (Bem. 3 zu § 55) als Muster empfohlen worden ist. Hienach sind für jeden einzutragenden Verein zwei eigene einander gegenüberstehende Folien des Vereinsregisters zu verwenden.

3. Nicht eingetragen wird die Satzung des Vereins. Sie bildet nur eine Beilage des Registers (vgl. § 10 der Bekanntmachung des bayrischen Staatsmin. der Justiz vom 20. März 1899, betreffend Bestimmungen über das Vereinsregister). Dagegen bedarf jede Aenderung der Satzung zu ihrer Wirksamkeit der Eintragung in das Vereinsregister.

4. Die Bestimmungen über die Eintragung haben zum Theile den Zweck, derselben als dem Akte, wodurch der Verein die Rechtsfähigkeit erlangt, die erforderliche Genauigkeit zu sichern. Einzutragen ist nach § 21 der Verein als Juristische Person. Die Eintragung muß die einzutragende Juristische Person als solche unterscheidbar von anderen Juristischen Personen feststellen, wie das Geburtsregister die in dasselbe einzutragende natürliche Person. Hiefür ist erforderlich die Bezeichnung derjenigen Punkte, durch welche die Juristische Person von anderen unterschieden wird: der Name und der Sitz der Person. Diese beiden Eintragungen genügen mit Rücksicht auf den Zweck des Vereinsregisters für die Feststellung der Individualität des Vereins. Nicht eingetragen wird der Zweck des Vereins, weil für die durch das Vereinsregister zu bewirkende äußerliche Erkennbarkeit des Vereins genügend ist die Bezeichnung des Vereins mit seinem Namen und seinem Sitze, wodurch der Verein gemäß der Vorschrift des Gesetzes von allen am gleichen Ort oder in der gleichen Gemeinde bestehenden eingetragenen Vereinen sich unterscheiden muß. Dagegen ist die Befolgung der Vorschriften bezüglich der weiteren Eintragungen in das Vereinsregister nicht erforderlich für die Rechtswirksamkeit der Eintragung des Vereins. Dahin gehören die Vorschriften über die Eintragung des Tages der Errichtung der Vereinsatzung, der Mitglieder des Vorstandes, der Beschränkung der Vertretungsmacht des Vorstandes. Diese Eintragungen dienen nur theils der Bequemlichkeit, theils der Rechtssicherheit dritter mit dem eingetragenen Verein in Verkehr tretender Personen. Diese Dinge sind nicht bloß aus dem Vereinsregister zu ersehen, sondern auch aus den Vereinsakten, welche bezüglich jedes eingetragenen Vereins vom Registerrichter zu führen sind. Zu diesen Vereinsakten gehört nach § 52 Abs. 2 und § 66 die Abschrift der Satzung sowie Abschrift der Urkunde über die Bestellung des Vorstandes. Die Satzung selbst muß ferner nach § 59 Abs. 3 den Tag ihrer Errichtung ergeben. Die Vereinsakten können aber nach § 79 von Jedermann eingesehen und es können davon Abschriften genommen und gefordert werden. Die Vorschrift bezüglich dieser weiteren Eintragungen hat nur den Zweck, die Einsicht in die Vereinsakten den in Verkehr mit dem Vereine tretenden Personen zu ersparen. Für die Gültigkeit der Eintragung des Vereins sind diese Eintragungen nicht erforderlich.

5. Nur instruktionell ist die Vorschrift des § 130 FG. in Bezug auf die Angabe des Tages der Eintragung und die Unterschrift des zuständigen Beamten. Die Angabe des Tages der Eintragung ist für den Rechtsverkehr von Wichtigkeit, da erst mit der Eintragung die Rechtsfähigkeit des Vereins beginnt. Für die Frage des Beginnes und der Daseinsdauer des rechtsfähigen Vereins, welche z. B. für die Auflösung des Vereins durch Zeitablauf (§ 74 Abs. 2 BGB.) von rechtlicher Bedeutung ist, kommt § 187 BGB. zur Anwendung, wonach der Eintragungstag in die Zeitstrecke nicht einzurechnen ist.

§ 65.

Mit der Eintragung erhält der Name des Vereins den Zusatz „eingetragener Verein".

E. II, 58; III, 62.

1. Mit der Eintragung verändert sich der Name des Vereins durch den Zusatz „eingetragener Verein". Mit diesem Augenblicke hat der Verein die Eigenschaft einer Juristischen Person. Die Eintragung ist gemäß § 130 Abs. 2 FG. demjenigen, welcher sie beantragt hat, bekannt zu geben; außerdem ist gemäß § 66 Abs. 2 die Urschrift der Satzung mit der Bescheinigung der Eintragung zu versehen und zurückzugeben. Während aber nach dem bayrischen Gesetze vom 29. April 1869, die privatrechtliche Stellung von Vereinen betreffend, Art. 6, vor Rückgabe der mit der gerichtlichen Vermerkung versehenen Statuten der Verein die Eigenschaft eines „anerkannten" Vereins nicht hatte, diese Eigenschaft also erst entstand, wenn die Satzung in die Hände des Vorstandes zurückgelangt war, wird durch das BGB. die entscheidende Wirkung schon an den früheren

Zeitpunkt der Eintragung in das Vereinsregister angeknüpft, so daß der Verein von seiner Umwandlung in eine Juristische Person nicht, wie nach früherem bayrischen Rechte in dem Momente Kenntniß erhält, in welchem sie erfolgt.

2. Bezüglich der Kosten der Eintragung vgl. Art. 69 des bayrischen Gesetzes über das Gebührenwesen in der Fassung vom 11. November 1899.

§ 66.

Das Amtsgericht hat die Eintragung durch das für seine Bekanntmachungen bestimmte Blatt zu veröffentlichen.

Die Urschrift der Satzung ist mit der Bescheinigung der Eintragung zu versehen und zurückzugeben. Die Abschrift wird von dem Amtsgerichte beglaubigt und mit den übrigen Schriftstücken aufbewahrt.

E. II, 57; III, 63.

1. Das Amtsgericht hat die Eintragung zu veröffentlichen. Das kann in doppeltem Sinne verstanden werden, nämlich erstens, daß die Thatsache der Eintragung zu veröffentlichen ist oder zweitens, daß die Thatsache und der Inhalt der Eintragung zu veröffentlichen ist. Die Frage, ob das Eine oder Andere zu geschehen hat, ist dahin zu beantworten, daß unter allen Umständen der bei § 64 bezeichnete nothwendige Inhalt der Eintragung zu veröffentlichen ist, also Name und Sitz des Vereins, da außerdem es auch an der erforderlichen Mittheilung der Thatsache der Eintragung fehlen würde. Mit dieser Veröffentlichung ist aber dem Gesetze genügt. Vgl. Verf. d. OLG.-Präs. zu Köln, betr. Bekanntmachung über die Eintragung in das Vereinsregister vom 20. Febr. 1901, Central-Bl. Bd. 1 S. 864.

2. Die Veröffentlichung hat in Bezug auf die Rechtsfähigkeit des Vereins keine Bedeutung. Im bayrischen Rechte war sie nicht vorgeschrieben.

3. Durch § 66 Abs. 2 ist die Führung von Vereinsakten vorgeschrieben. Die auf Grund Bundesrathsbeschlusses vom 3. November 1898 hiezu erlassenen Ausführungsnormen schreiben die Führung besonderer Akten für jeden eingetragenen Verein vor und geben darüber weitere Anweisungen. Hienach sind in die Registerakten aufzunehmen: „die zur Eintragung bestimmten Anmeldungen nebst den ihnen beigefügten Schriftstücken, die gerichtlichen Verfügungen, die Mittheilungen an die Behörden und die Nachweise über die Bekanntmachungen". Nach § 66 Abs. 2 ist indessen die Urschrift der Satzung, welche mit der Anmeldung einzureichen ist, mit der Bescheinigung der Eintragung dem Vereine zurückzugeben, die beigefügte Abschrift beglaubigt bei den Akten zu behalten.

§ 67.

Jede Aenderung des Vorstandes sowie die erneute Bestellung eines Vorstandsmitglieds ist von dem Vorstande zur Eintragung anzumelden. Der Anmeldung ist eine Abschrift der Urkunde über die Aenderung oder die erneute Bestellung beizufügen.

Die Eintragung gerichtlich bestellter Vorstandsmitglieder erfolgt von Amtswegen.

E. II, 59; III, 64.

1. Anzumelden ist die Aenderung des Vorstandes oder erneute Bestellung eines Vorstandsmitglieds. Die „besonderen Vertreter" des § 30 sind nicht Vorstandsmitglieder und daher nicht zum Vereinsregister anzumelden.

2. Die Aenderung des Vorstandes ist durch sämmtliche Vorstandsmitglieder anzumelden. Die Satzung kann an dieser dem Vorstand als solchen obliegenden gesetzlichen Pflicht nichts ändern. Vgl. Kammergericht Berlin, Beschluß vom 24. Juni 1901 Entsch. FG. Bd. 2 S. 183; ebenso Beschluß des Kammergerichts vom 4. März 1901 Rspr. d. OLG. Bd. 3 S. 38.

3. Die Anmeldung kann nach § 78 Abs. 1 durch Ordnungsstrafen erzwungen werden. Das Verfahren hierüber ist durch FG. §§ 132—139 geordnet.

§ 68.

Wird zwischen den bisherigen Mitgliedern des Vorstandes und einem Dritten ein Rechtsgeschäft vorgenommen, so kann die Aenderung des Vorstandes dem Dritten nur entgegengesetzt werden, wenn sie zur Zeit der Vornahme des Rechtsgeschäfts im Vereinsregister eingetragen oder dem Dritten bekannt ist. Ist die Aenderung eingetragen, so braucht der Dritte sie nicht gegen sich gelten zu lassen, wenn er sie nicht kennt, seine Unkenntniß auch nicht auf Fahrlässigkeit beruht.

E. II, 60; III, 65.

1. Die Bestellung des Vorstandes ist wirksam ohne Eintragung in das Vereinsregister. Nach §§ 64, 67 hat aber das Vereinsregister die Aufgabe, im Interesse des Verkehrs den jeweiligen Vorstand und die etwaigen Beschränkungen seiner Vertretungsmacht festzustellen. Die Mitglieder des Vorstandes sind daher verpflichtet, die bezüglichen Beschlüsse des Vereins zur Eintragung anzumelden und dieser Verpflichtung kann durch Ordnungsstrafen Nachdruck verliehen werden. § 68 bestimmt, welche rechtliche Bedeutung für den Verkehr des Vereins mit Dritten es hat, wenn die Aenderung des Vorstandes im Register eingetragen oder nicht eingetragen ist. Wenn feststeht, daß bestimmte Personen als Vorstände vom Vereine bestellt worden sind, so soll nach § 68 einem Dritten, der mit oder gegenüber diesen Personen als Organen des Vereins ein Rechtsgeschäft abgeschlossen oder vorgenommen hat, die Aenderung des Vorstandes vom Vereine nur dann entgegengesetzt werden, wenn die Aenderung zur Zeit der Vornahme des Rechtsgeschäfts in das Vereinsregister eingetragen oder dem Dritten bekannt ist. Vgl. Ramdohr in Gruchot, Beitr. Bd. 44 S. 810. Auch die in das Vereinsregister eingetragene Aenderung des Vorstandes kann dem Dritten dann nicht entgegengehalten werden, wenn er sie zur Zeit der Vornahme des Rechtsgeschäfts nicht gekannt hat und seine Unkenntniß nicht auf Fahrlässigkeit beruhte:

a) Die Aenderung des Vorstandes ist nicht eingetragen. Dann kann sie vom Vereine dem Dritten nur entgegengesetzt werden, wenn der Verein beweist, daß die Aenderung dem Dritten zur Zeit der Vornahme des Rechtsgeschäftes bekannt war. Das Gesetz sagt: „wenn sie zur Zeit der Vornahme des Geschäftes in das Vereinsregister eingetragen oder dem Dritten bekannt ist". Daß die Aenderung des Vorstandes dem Dritten, der mit dem früheren Vorstande oder gegenüber demselben ein Rechtsgeschäft abschließt, zur Zeit des Geschäftsabschlusses bekannt war, hat der Verein zu beweisen. Es genügt nicht, wenn der Verein beweist, daß die Aenderung des Vorstandes dem Dritten bekannt sein mußte, d. h. daß er die Aenderung in Folge Fahrlässigkeit nicht kannte. So auch Goldmann-Lilienthal S. 78 Note 31.

   Gleichgültig ist, ob der „bisherige" Vorstand im Vereinsregister eingetragen ist oder nicht. Wer mit Personen, die als Vorstand bestellt worden sind, rechtsgeschäftlich verkehrt, ist, solange die Aenderung des Vorstandes d. h. die Bestellung anderer Personen nicht in das Vereinsregister eingetragen ist, nicht verpflichtet, sich zu erkundigen, ob die Bestellung noch zu Recht besteht. Als „Aenderung" des Vorstandes ist die Bestellung anderer Personen nur dann einzutragen, wenn zuerst — sei es auch nachträglich — die Bestellung des früheren Vorstandes und dann die Bestellung des neuen Vorstandes eingetragen wird.

b) Ist die Aenderung des Vorstandes im Vereinsregister eingetragen, so kehrt sich die Beweislast um. Der Dritte muß die Aenderung gegen sich nicht gelten lassen, wenn er sie nicht kennt, seine Unkenntniß auch nicht auf Fahrlässigkeit beruht. Beides aber hat in diesen Fällen der Dritte zu beweisen. Der Begriff der Fahrlässigkeit ist gemäß § 276 Abs. 1 Satz 2 zu bestimmen.

c) Die Aenderung des Vorstandes muß, um dem Dritten entgegengehalten werden zu können, zur Zeit der Vornahme des Rechtsgeschäfts im Vereinsregister eingetragen oder dem Dritten bekannt sein. Die Eintragungen in das Vereinsregister haben gemäß § 130 FG. nur den Tag, an welchem sie erfolgt sind, anzugeben. Ist ein Rechtsgeschäft an diesem Tage mit dem bisherigen Vorstand abgeschlossen, so hat der Verein zu beweisen, daß das Rechtsgeschäft nach dem Abschlusse der Eintragung an diesem Tage vorgenommen wurde. Dann hat der Dritte zu beweisen, daß er die erfolgte Eintragung nicht kannte und seine Unkenntniß nicht auf Fahrlässigkeit beruht. Der Beweis beider Thatsachen dürfte in diesem Falle dem Dritten regelmäßig nicht schwer fallen.

2. Der frühere Vorstand, welcher mit einem Dritten ein Rechtsgeschäft vornimmt oder sich gegenüber vornehmen läßt, handelt ohne Vertretungsmacht. § 68 berechtigt den Dritten, unter bestimmten Voraussetzungen die Wirksamkeit des Rechtsgeschäfts gegenüber dem Verein in Anspruch zu nehmen. Der Verein kann, wenn er seinerseits die Wirksamkeit des Rechtsgeschäftes gegenüber dem Dritten geltend machen will, dies in Gemäßheit der Vorschriften der §§ 177 Abs. 1, 180 BGB. durch Erklärung der Genehmigung des Rechtsgeschäftes oder des Einverständnisses mit der Vornahme des Rechtsgeschäfts bewirken.

3. § 70 überträgt die Vorschrift des § 68 auch auf die Satzungsbestimmungen, welche die Vertretungsmacht des Vorstandes beschränken oder die Beschlußfassung desselben abweichend von der Norm des Gesetzes (§ 28 Abs. 1) regeln.

§ 69.

Der Nachweis, daß der Vorstand aus den im Register eingetragenen Personen besteht, wird Behörden gegenüber durch ein Zeugniß des Amtsgerichts über die Eintragung geführt.

E. II, 60; III, 66.

1. Der „Nachweis" des § 69 ist zunächst gleichbedeutend mit der „Legitimation" in Art. 15 Abs. 4 des bayrischen Gesetzes, betreffend die privatrechtliche Stellung von Vereinen. Er bedeutet eine Legitimation des Vorstandes des Vereins für das Verfahren der Behörden und gegenüber den Behörden, hat aber keinen Bezug auf das materielle Recht. Er ersetzt nicht die etwa in Wirklichkeit fehlende gültige Bestellung des Vorstandes, da er sonst die Bedeutung einer Fiktion hätte, welche das Gesetz nicht aufstellt. Ohne die positive Vorschrift des § 69 wären die Behörden nicht verpflichtet, die als Vorstand des Vereins auftretenden Personen zu Handlungen für den Verein, z. B. Anmeldungen zum Grundbuch, zuzulassen, da weder die Eintragung in das Vereinsregister, noch die Bescheinigung des Amtsgerichts hierüber, einen Beweis für die gültige Bestellung des Vorstandes an und für sich darstellen. Ein solcher Beweis könnte nur durch die Vorlage der Urkunde über die Bestellung des Vorstandes in Urschrift geliefert werden, welche aber dem Amtsgerichte bei der Anmeldung der Bestellung des Vorstandes oder der Aenderung der Vorstandsbestellung nicht vorzulegen ist (§§ 59 Abs. 2, 67).

2. Abgesehen von den Vereinsorganen selbst kann jeder Dritte durch ein Zeugniß gemäß § 69 gegenüber den Behörden den Nachweis über den Bestand des Vorstandes führen, also insbesondere gegenüber Gerichten im Civilprozesse zum Zwecke des Nachweises der Vertretung des verklagten rechtsfähigen Vereins (vgl. Schulze-Görlitz, Komm. z. FG. S. 319).

3. Mit einer Legitimation, welche den Behörden gegenüber genügt, kann sich auch eine Privatperson, welche mit den Organen des Vereins rechtsgeschäftlich zu verkehren hat, begnügen, ohne Gefahr zu laufen, daß ihr fahrlässige Unkenntniß des Eintrags einer Aenderung des Vorstandes zum Vorwurfe gemacht wird (§ 68 Satz 2). Andererseits braucht sich aber der Dritte, welchem gegenüber sich die Organe des Vereins zu legitimiren haben, hiemit nicht zu begnügen, da § 69 sich nur auf das Verfahren vor Behörden bezieht. Er kann die Vorlage der Bestellungsurkunden verlangen. Daß dagegen auch für das Verfahren vor Behörden der „Nachweis" gemäß § 69 nicht genüge und Behörden noch einen weiteren Nachweis verlangen könnten, wie Rausnitz, Komm. z. FG. Bem. 10 zu § 162 und Goldmann-Lilienthal I S. 70 Note 57 behaupten, kann nicht zugegeben werden.

§ 70.

Die Vorschriften des § 68 gelten auch für Bestimmungen, die den Umfang der Vertretungsmacht des Vorstandes beschränken oder die Beschlußfassung des Vorstandes abweichend von der Vorschrift des § 28 Abs. 1 regeln.

E. II, 60; III, 67.

1. Satzungsbestimmungen, die den Umfang der Vertretungsmacht des Vorstandes beschränken oder die Beschlußfassung eines mehrgliedrigen Vorstandes abweichend von der Vorschrift des § 28 Abs. 1 regeln, können sowohl in der ursprünglichen Vereinssatzung enthalten sein als auch nachträglich im Wege der Satzungsänderung eingeführt werden. Im letzteren Falle bedürfen sie zu ihrer Wirksamkeit

gemäß § 71 der Eintragung in das Vereinsregister und sind daher ohne solche Eintragung überhaupt rechtlich nicht vorhanden. Ohne Eintragung können sie daher auch dem Dritten, der mit dem Verein oder gegenüber dem Verein ein Rechtsgeschäft vornimmt, nicht „bekannt" sein, weil hiezu das rechtliche Dasein der Satzungsbestimmungen gehört. Auf diesen Fall ist daher die in § 68 Satz 1 enthaltene Alternative nicht anwendbar (so nunmehr auch Planck (3. Aufl.) Bem. zu § 70 am Schlusse). Die Bestimmung des § 68 Satz 1 kann sich nur beziehen auf den Fall einer in der ursprünglichen Satzung enthaltenen Beschränkung der Vertretungsmacht des Vorstandes oder von den gesetzlichen Regeln abweichenden Regelung der Beschlußfassungsform eines mehrgliedrigen Vorstandes. Eine Eintragung der ursprünglichen Satzung in das Vereinsregister als Ganzes findet überhaupt nicht statt, die Eintragung der Satzungsbestimmungen, welche die Beschränkung der Vertretungsmacht und die Beschlußfassungsformen betreffen, ist zwar vorgeschrieben (§ 64), aber die Eintragung ist keine Bedingung der Gültigkeit der ursprünglichen Satzungsbestimmungen, wie dies bei nachträglichen Satzungsänderungen der Fall ist. Nur bei der ursprünglichen Satzung kann also der Fall vorkommen, daß in gültiger Weise die Vertretungsmacht des Vorstandes beschränkt (§ 26 Abs. 2) oder die Form der Beschlußfassung abweichend von der Norm des Gesetzes (§ 28 Abs. 1) festgesetzt ist, ohne daß diese Satzungsbestimmungen in das Vereinsregister eingetragen wurden. Dann ist § 68 Satz 1 anwendbar. Einem Dritten, der die Satzungsbestimmungen nicht kennt, können sie nicht entgegengehalten werden, sofern er vertrauend auf die gesetzliche Regel mit dem Vorstande rechtsgeschäftlich verkehrt hat.

2. § 68 Satz 2 ist sowohl auf den Fall einer ursprünglichen Satzungsbestimmung als auch auf den Fall der nachträglichen Satzungsänderung anzuwenden.

§ 71.

Aenderungen der Satzung bedürfen zu ihrer Wirksamkeit der Eintragung in das Vereinsregister. Die Aenderung ist von dem Vorstande zur Eintragung anzumelden. Der Anmeldung ist der die Aenderung enthaltende Beschluß in Urschrift und Abschrift beizufügen.

Die Vorschriften der §§ 60 bis 64 und des § 66 Abs. 2 finden entsprechende Anwendung.

E. II, 61; III, 68.

In Bezug auf Aenderungen der Satzung vgl. die Bem. zu § 33 und zu § 35. Der auf dem Wege eines rechtsgültigen Verfahrens zu Stande gekommene Beschluß betreffs Satzungsänderung bedarf nach § 71 zu seiner „Wirksamkeit" der Eintragung in das Vereinsregister. Diese Eintragung hat auf Grund desselben Verfahrens zu erfolgen, das für die Eintragung des Vereins vorgeschrieben ist.

1. Die Satzungsänderung ist von dem Vorstande zur Eintragung beim Vereinsgericht anzumelden. Der Anmeldung ist der die Aenderung enthaltende Beschluß in Urschrift und Abschrift beizufügen. Urschrift ist die Urkunde, welche in Gemäßheit der Satzung über den Satzungsänderungsbeschluß zu errichten ist (vgl. § 58 Ziff. 4). § 71 setzt hienach voraus, daß solche Beurkundung stattfindet. In Bezug auf diese Vorschrift des § 71 gilt, was über die Beilagen der Anmeldung des Vereins in Bem. II zu § 59 gesagt wurde.

2. Wird die Satzungsänderung nicht vorschriftsmäßig unter Vorlage der Urschrift und Abschrift des Beschlusses angemeldet, so ist die Anmeldung gemäß § 71 Abs. 2, § 60 von dem Amtsgericht unter Angabe der Gründe zurückzuweisen. Bezüglich der Rechtsmittel gegen diesen Beschluß vgl. die Bem. zu § 60.

3. Wird die Anmeldung zugelassen, so ist dies gemäß § 61 der Verwaltungsbehörde mitzutheilen. Die Verwaltungsbehörde kann gegen die Eintragung Einspruch erheben. Der Einspruch ist formell immer zulässig, materiell dagegen nur dann begründet, wenn die Satzungsänderung nach öffentlichem Vereinsrechte den Verein zum unerlaubten Vereine macht oder zu einem Vereine, welcher verboten werden kann, oder zu einem politischen, sozialpolitischen oder religiösen Vereine im Sinne des § 61 Abs. 2. Ist der Verein bereits auf Grund seiner bisherigen Satzung ein politischer, sozialpolitischer oder religiöser Verein und dessenungeachtet eingetragen worden, weil die Verwaltungsbehörde einen Einspruch erhoben oder den erhobenen Einspruch zurückgezogen oder erklärt hat, daß sie keinen Einspruch erhebe, so kann nicht aus dem Grunde gegen die Satzungsänderung ein Einspruch erhoben werden, weil auch nach dieser Satzungsänderung der Verein politische, sozialpolitische oder religiöse Zwecke verfolgt. Soferne die Satzungsänderung den Zweck des Vereins nicht dahin ändert, daß er aus einem religiösen ein

politischer oder sozialpolitischer oder aus einem politischen ein religiöser Verein wird, ist ein Einspruch unbegründet, ebenso wie der Einspruch unbegründet ist, wenn die Satzungsänderung sich überhaupt nicht auf dem Gebiete des Vereinszwecks bewegt, sondern z. B. nur die Vertretungsmacht des Vorstandes beschränkt, oder aber den Vereinszweck aus einem politischen, sozialpolitischen oder religiösen Zweck in einen anderen idealen Zweck, also z. B. den politischen Verein in einen unpolitischen verwandelt, gegen dessen Eintragung kein Einspruch begründet ist. Der Einspruch gegen die Satzungsänderung hat lediglich den Zweck, zu verhindern, daß ein Verein, welcher ursprünglich kein politischer ꝛc. Verein, hinterher gegen den Willen der Verwaltungsbehörde im Wege der Satzungsänderung ein politischer ꝛc. Verein werden und als solcher die Rechte eines eingetragenen Vereins erlangen könne. Die Behauptung Hölders Bem. 2, b zu § 71 S. 183, daß die Verwaltungsbehörde bei eingetragenen politischen, sozialpolitischen oder religiösen Vereinen jede Satzungsänderung durch Einspruch verhindern könne, ist unrichtig. Unrichtig ist insbesondere die Begründung Hölders, daß diese Auffassung genau der Bestimmung des § 33 Abs. 2 entspreche, „daß ein Verein, dessen Rechtsfähigkeit auf staatlicher Verleihung beruht, zu jeder Aenderung der Satzung der staatlichen Genehmigung bedarf". § 33 Abs. 5 enthält nur eine dispositive Bestimmung (vgl. § 40 und die Bem. 4 zu § 33). Außerdem aber ist in § 71 nicht § 33, sondern § 61 als entsprechend anwendbar erklärt. Nach § 61 ist aber der Einspruch nur dann, wenn der Verein einen politischen u. s. w. Zweck verfolgt, zu erheben. Die entsprechende Anwendung auf den Fall des § 71 ist nur dann gegeben, wenn die Satzungsänderung den Verein, der bis dahin kein politischer u. s. w. Verein war, in einen solchen Verein verwandelt. Die Analogie des § 33 Abs. 2 würde nur dann zutreffen, wenn die Verwaltungsbehörde gegen die Eintragung jedes Vereins einen materiell begründeten Einspruch erheben könnte. Dies ist nicht der Fall. Der formell zulässige Einspruch ist daher auf Anfechtung aufzuheben, wenn die Satzungsänderung an dem durch die bisherige Satzung festgestellten Vereinszwecke nichts ändert oder den politischen Verein in einen nichtpolitischen verwandelt. Uebereinstimmend Planck (3. Aufl.) Bem. zu § 71.

4. Die Satzungsänderung darf erst eingetragen werden, wenn den Anforderungen des § 63 Genüge geleistet ist.

5. Die Satzungsänderung ist im Gegensatze zur ursprünglichen Satzung ihrem vollen Inhalte nach in das Vereinsregister einzutragen. Dies ergiebt unmittelbar § 71 Abs. 1 Satz 1. A. M. Planck Bem. zu § 71 (3. Aufl.). Weiter ist einzutragen der Tag des Satzungsänderungsbeschlusses.

6. Die Satzungsänderung wird nicht veröffentlicht (§ 66 Abs. 1).

7. § 60, auf den in § 71 Abs. 2 verwiesen ist, enthält selbst wieder eine weitere Verweisung auf die §§ 56—59. Von diesen sind aber §§ 56—58 auf den Fall des § 71 nicht anwendbar, ebenso nicht die Vorschrift des § 59 Abs. 3 und die Vorschrift des § 59 Abs. 2 Ziff. 2; die Vorschrift des § 59 Abs. 1 und Abs. 2 Ziff. 1 ist aber in § 71 selbst aufgenommen und daher ebenfalls nicht „entsprechend" anzuwenden (vgl. Planck Bem. zu § 71).

§ 72.

Der Vorstand hat dem Amtsgericht auf dessen Verlangen jederzeit ein Verzeichniß der Vereinsmitglieder einzureichen.

E. II, 61; III, 68.

1. Ein Bedürfniß dafür, daß bei den Vereinsakten des Amtsgerichts jederzeit ein vollständiges Verzeichniß der Vereinsmitglieder vorhanden sei, ist nicht anerkannt. Auch bei der Vereinsgründung ist die Vorlage eines Mitgliederverzeichnisses nicht erforderlich und sie kann auch gemäß § 59 Abs. 3 nicht verlangt werden. Die Vorschrift des § 72 bezieht sich lediglich auf bereits eingetragene Vereine. Das Amtsgericht kann diese Einreichung des Mitgliederverzeichnisses nach § 78 durch Ordnungsstrafen erzwingen.

2. Nach den Vorschriften des öffentlichen Vereinsrechts haben in einer Reihe von Bundesstaaten politische Vereine oder überhaupt Vereine, welche eine Einwirkung auf öffentliche Angelegenheiten bezwecken, der Polizeibehörde bei der Vereinsgründung, sowie nach derselben zu bestimmten Zeiten, oder jederzeit auf Verlangen Mitgliederverzeichnisse einzureichen; die Verletzung der bezüglichen Vorschriften ist unter Strafdrohungen gestellt. In Bayern besteht eine solche Verpflichtung für politische Vereine nicht (vgl. die Literaturangaben bei v. Sartor, Das bayrische Vereinsgesetz 3. Aufl. zu Art. 14 Note 6). In Bezug auf Preußen vgl. §§ 2 u. 13 des Vereinsgesetzes vom 11. März 1850. In Bezug auf andere Bundesstaaten vgl. die vereinsgesetzlichen Bestimmungen von Mecklenburg-Schwerin, Mecklenburg-Strelitz, Oldenburg, Braunschweig, Sachsen-Altenburg,

Anhalt, Schwarzburg-Rudolstadt, Schwarzburg-Sondershausen, Reuß j. L., Lippe und Bremen bei E. Ball, das Vereins- und Versammlungsrecht in Deutschland (J. Guttentag) S. 116, 124, 131, 134, 149, 156, 169, 173, 196, 203, 216.

§ 73.

Sinkt die Zahl der Vereinsmitglieder unter drei herab, so hat das Amtsgericht auf Antrag des Vorstandes und, wenn der Antrag nicht binnen drei Monaten gestellt wird, von Amtswegen nach Anhörung des Vorstandes dem Vereine die Rechtsfähigkeit zu entziehen. Der Beschluß ist dem Vereine zuzustellen. Gegen den Beschluß findet die sofortige Beschwerde nach den Vorschriften der Civilprozeßordnung statt.

Der Verein verliert die Rechtsfähigkeit mit der Rechtskraft des Beschlusses.

E. II, 63; III, 70.

1. Während ein Verein nur, wenn mindestens sieben Mitglieder die Satzung unterzeichnen, eingetragen werden soll, hat ein Sinken der Mitglieder unter diese Mindestzahl zunächst keine rechtliche Bedeutung. Erst wenn die Zahl der Mitglieder unter drei gesunken ist, hat das Amtsgericht dem Vereine die Rechtsfähigkeit zu entziehen. Der Verein verliert die Rechtsfähigkeit sonach nicht von selbst durch diese Verminderung der Mitgliederzahl. Die Entziehung der Rechtsfähigkeit soll stattfinden auf Antrag des Vorstandes. Das Amtsgericht hat kein Mittel, diesen Antrag zu erzwingen. Insbesondere ist nicht die Verhängung von Ordnungsstrafen gestattet. Wird jedoch der Antrag nicht binnen drei Monaten gestellt, so „hat" das Amtsgericht dem Vereine von Amtswegen die Rechtsfähigkeit zu entziehen, jedoch erst „nach Anhörung" des Vorstandes. Die dreimonatliche Frist läuft von dem Tage, an welchem die Verminderung der Mitgliederzahl bis unter drei durch irgend ein Ereigniß stattgefunden hat. Die Zulässigkeit der Entziehung der Rechtsfähigkeit hört auf, wenn innerhalb der dreimonatlichen Frist die Mitgliederzahl sich wieder auf drei oder über drei erhoben hat. Aber auch wenn dies nicht der Fall ist, kann das Amtsgericht von der Entziehung der Rechtsfähigkeit absehen, sofern demnächst nach der Erklärung des Vorstandes eine Vermehrung der Mitgliederzahl in Aussicht steht. A. M. Planck Bem. 1 zu § 73.

2. Existirt kein Vorstand, weil z. B. die als Vorstand bestellten Personen gestorben sind, so ist das Verfahren nach § 73 möglicher Weise nicht durchführbar. Denn eine Bestellung des Vorstandes von Amtswegen kann nicht stattfinden, da § 29 für die gerichtliche Bestellung des Vorstandes einen „Antrag eines Betheiligten" voraussetzt. Es geht auch nicht an, zu sagen, daß in diesem Falle die Entziehung der Rechtsfähigkeit ohne Antrag des Vorstandes und ohne Anhörung des Vorstandes stattzufinden hat. Denn der Beschluß auf Entziehung der Rechtsfähigkeit ist nach § 73 dem Vereine zuzustellen. Gegen den Beschluß findet sofortige Beschwerde nach den Vorschriften der CPO. statt; der Verein verliert die Rechtsfähigkeit erst mit der Rechtskraft des Beschlusses. Die Zustellung aber kann gemäß § 28 Abs. 2 nur an den Vorstand oder ein Mitglied des Vorstandes erfolgen. Fehlt der Vorstand, so kann, solange dies der Fall ist, die Zustellung des Beschlusses nicht erfolgen. Der Beschluß kann sohin nicht rechtskräftig werden und ein Verlust der Rechtsfähigkeit findet gemäß § 73 Abs. 2 nicht statt. Die Möglichkeit der Entziehung der Rechtsfähigkeit würde, wenn ein Vorstand nicht vorhanden ist, nur dadurch geschaffen werden, daß die noch vorhandenen Mitglieder des Vereins einen Vorstand bestellen. Dazu können sie nach dem BGB. nicht gezwungen werden. Die Sachlage ist nur dann anders, wenn in Folge der Entziehung der Rechtsfähigkeit das Vermögen des Vereins gemäß § 45 an den Fiskus oder eine andere von den Vereinsmitgliedern verschiedene Person fällt oder wenn etwa Gläubiger des Vereins ein Interesse an der Durchführung der Liquidation des Vereins haben. Solchenfalls kann der Anfallberechtigte oder der Gläubiger als „Betheiligter" im Sinne des § 29 und als zur Beantragung einer gerichtlichen Vorstandsbestellung legitimirt erachtet werden. Planck Bem. 2 zu § 73 (3. Aufl.) erachtet das Vereinsgericht als „Betheiligten" und zum Verfahren nach § 29 ohne Antrag als berechtigt. Dies ist mit § 29 nicht vereinbar.

§ 74.

Die Auflösung des Vereins sowie die Entziehung der Rechtsfähigkeit ist in das Vereinsregister einzutragen. Im Falle der Eröffnung des Konkurses unterbleibt die Eintragung.

Wird der Verein durch Beschluß der Mitgliederversammlung oder durch den Ablauf der für die Dauer des Vereins bestimmten Zeit aufgelöst, so hat der Vorstand die Auflösung zur Eintragung anzumelden. Der Anmeldung ist im ersteren Falle eine Abschrift des Auflösungsbeschlusses beizufügen.

Wird dem Verein auf Grund des § 43 die Rechtsfähigkeit entzogen oder wird der Verein auf Grund des öffentlichen Vereinsrechtes aufgelöst, so erfolgt die Eintragung auf Anzeige der zuständigen Behörde.

E. II, 64; III, 71.

1. Ueber den Unterschied zwischen der Auflösung des Vereins und der Entziehung der Rechtsfähigkeit vgl. die Bem. zu § 41.

2. Die Auflösung des Vereins sowie die Entziehung der Rechtsfähigkeit ist im Vereinsregister einzutragen d. h. es sind nicht einzutragen die Thatsachen, deren Rechtsfolge die Auflösung des Vereins und die Entziehung der Rechtsfähigkeit sind, sondern lediglich diese Rechtsfolge. Nur der Verlust der Rechtsfähigkeit durch Eröffnung des Konkurses wird nicht eingetragen, sondern die den Rechtsgrund dieses Verlustes bildende Thatsache der Konkurseröffnung. Dies ist in § 74 Abs. 1 und § 75 vorgeschrieben.

3. Die Entziehung der Rechtsfähigkeit durch das Vereinsgericht gemäß § 73 wird von Amtswegen eingetragen, wenn der amtsgerichtliche Beschluß rechtskräftig geworden ist. Wird die Rechtsfähigkeit dem Vereine durch die Verwaltungsbehörde entzogen oder der Verein durch die Verwaltungsbehörde auf Grund des öffentlichen Vereinsrechts aufgelöst, so erfolgt die Eintragung ebenfalls von Amtswegen auf Grund einer Anzeige der zuständigen Behörde. Die Auflösung des Vereins durch Beschluß der Mitgliederversammlung oder durch Ablauf der für die Dauer des Vereins bestimmten Zeit oder durch Erfüllung oder Unmöglichwerden des Vereinszwecks ist dagegen durch den Vorstand zur Eintragung anzumelden. Die Anmeldung kann nach § 78 durch Ordnungsstrafen erzwungen werden. Die Beendigung des Vereins durch Wegfall aller Mitglieder ist ebenfalls einzutragen, sofern dieselbe unter den Begriff der Auflösung fällt. Die Eintragung ist von Amtswegen vorzunehmen, da ein anderes Verfahren nicht durchführbar, auch eine Anmeldung für diesen Fall nicht vorgeschrieben ist.

4. Gemäß § 50 ist die Auflösung des Vereins und die Entziehung der Rechtsfähigkeit durch die Liquidatoren öffentlich bekannt zu machen. Diese Vorschriften gelten nicht bloß für eingetragene Vereine, wohl aber die Vorschriften des § 74. Für den Fall, daß das Vermögen an den Fiskus fällt, fehlt eine entsprechende Vorschrift.

§ 75.

Die Eröffnung des Konkurses ist von Amtswegen einzutragen. Das Gleiche gilt von der Aufhebung des Eröffnungsbeschlusses.

E. II, 65; III, 72.

Vgl. hiezu die Bem. 6 u. 7 zu § 42 und Bem. 1 zu § 74.

§ 76.

Die Liquidatoren sind in das Vereinsregister einzutragen. Das Gleiche gilt von Bestimmungen, welche die Beschlußfassung der Liquidatoren abweichend von der Vorschrift des § 48 Abs. 3 regeln.

Die Anmeldung hat durch den Vorstand, bei späteren Aenderungen durch die Liquidatoren zu erfolgen. Der Anmeldung der durch Beschluß der Mitgliederversammlung bestellten Liquidatoren ist eine Abschrift des Beschlusses, der Anmeldung einer Bestimmung über die Beschlußfassung der Liquidatoren eine Abschrift der die Bestimmung enthaltenden Urkunde beizufügen.

Die Eintragung gerichtlich bestellter Liquidatoren geschieht von Amtswegen.

E. II, 66; III, 72.

1. Die Bestimmung des Abs. 1 Satz 1 gilt allgemein von Liquidatoren jeder Art, ob nun als solche die Mitglieder des bisherigen Vorstandes oder andere Personen fungiren. Der Vorstand des Vereins ist im Liquidationsstadium Liquidator. Es sind

daher als Liquidatoren die bisherigen Vorstände einzutragen, falls nicht an ihrer Stelle andere Personen als Liquidatoren bestellt wurden. Die Ansicht Hölders, daß die Eintragung der Liquidatoren, wenn als solche die Mitglieder des bisherigen Vorstandes fungiren, nicht nothwendig sei, weil diesen nach § 48 die Liquidation zustehe, ist angesichts der ganz allgemeinen Fassung des § 76 unrichtig, entspricht auch nicht dem Zwecke des Gesetzes. Die Thatsache der Liquidation ergiebt sich nicht aus den durch § 74 vorgeschriebenen Eintragungen, sondern nur daraus, daß der bisherige Vorstand oder andere Personen als Liquidatoren in das Vereinsregister eingetragen werden. Die Liquidation ist nach §§ 45, 46 nicht die nothwendige Folge der Auflösung des Vereins oder der Entziehung der Rechtsfähigkeit; daß sie im einzelnen Falle wirklich die Folge dieser eingetragenen Thatsachen ist, macht das Vereinsregister nur dadurch ersichtlich, daß die Liquidatoren als solche in jedem Falle der Liquidation eingetragen werden. Uebereinstimmend Planck (3. Aufl.) Bem. zu § 76; Goldmann-Lilienthal I S. 92 Note 34.

2. Die Anmeldung der Liquidatoren erfolgt durch den Vorstand und zwar auch dann, wenn er selbst oder seine Mitglieder als Liquidatoren zu fungiren haben. Die Liquidation giebt dem Vorstand einen anderen Namen und mit Rücksicht auf den Liquidationszweck eine andere Aufgabe als die bisherige des Vorstandes (vgl. die Bem. zu §§ 48, 49).

3. Im Uebrigen entsprechen die Vorschriften des § 76 den Vorschriften der §§ 64, 67 bezüglich des Vorstandes, wie auch die Bestimmungen der §§ 68—70 entsprechende Anwendung auf die Liquidatoren zu finden haben. Vgl. § 48 Abs. 2.

§ 77.

Die Anmeldungen zum Vereinsregister sind von den Mitgliedern des Vorstandes sowie von den Liquidatoren mittelst öffentlich beglaubigter Erklärung zu bewirken.

E. II, 67; III, 74.

Gemäß § 159 und § 128 des FG. können die Anmeldungen zur Eintragung in das Vereinsregister zum Protokolle des Gerichtsschreibers des Registerrichters erfolgen. Sie erlangen hiedurch die Eigenschaft öffentlich beglaubigter Erklärungen gemäß § 129 Abs. 2 BGB. Andererseits genügt auch die Einreichung einer schriftlich abgefaßten Erklärung, sofern die Unterschrift gemäß § 129 BGB. beglaubigt ist. Vgl. hiezu Art. 1 des Bayr. Not.G. vom 9. Juni 1899. Der Notar, der die zur Eintragung erforderliche Erklärung beurkundet oder beglaubigt, gilt nach § 129 FG. auch als ermächtigt, im Namen des zur Anmeldung Verpflichteten die Eintragung zu beantragen.

§ 78.

Das Amtsgericht kann die Mitglieder des Vorstandes zur Befolgung der Vorschriften des § 67 Abs. 1, des § 71 Abs. 1, des § 72, des § 74 Abs. 2 und des § 76 durch Ordnungsstrafen anhalten. Die einzelne Strafe darf den Betrag von dreihundert Mark nicht übersteigen.

In gleicher Weise können die Liquidatoren zur Befolgung der Vorschriften des § 76 angehalten werden.

E. II, 68; III, 75.

1. Die Anmeldungen zum Vereinsregister, zu welchen die Mitglieder des Vorstandes oder die Liquidatoren verpflichtet sind, können vom Amtsgerichte durch Ordnungsstrafen erzwungen werden.

2. Die Ordnungsstrafe ist keine Strafe im Sinne des gemeinen Strafrechts, sondern eine vom Gerichte zu verhängende Administrativstrafe. Für das Verfahren sind ausschließlich die Bestimmungen des FG. §§ 132—139 anwendbar. Vgl. FG. § 159. Hienach gilt Folgendes: Das Registergericht schreitet von Amtswegen ein. Nachdem das Gericht von dem Sachverhalte glaubhafte Kenntniß erhalten, hat es den Betheiligten unter Androhung einer Ordnungsstrafe aufzugeben, innerhalb einer bestimmten Frist der gesetzlichen Verpflichtung nachzukommen oder die Unterlassung mittelst Einspruchs gegen die Verfügung zu rechtfertigen (§ 132 FG.). Wird während der festgesetzten Frist weder Einspruch erhoben noch die Anmeldung vorgenommen, so ist die angedrohte Ordnungsstrafe festzusetzen und zugleich die frühere Verfügung unter Androhung einer neuen Ordnungsstrafe zu wiederholen (§ 133 FG.). Wird dagegen rechtzeitig Einspruch erhoben, so kann das Gericht

a) die Verfügung ohne Weiteres aufheben, wenn sie auf Grund des Einspruchs als ungerechtfertigt erscheint oder
b) die Betheiligten zur mündlichen Erörterung der Sache zu einem Termine laden. Erscheinen die Betheiligten nicht, so kann „nach Lage der Sache" entschieden werden (§ 134 FG.). Die Entscheidung kann ergehen auf Aufhebung der Verfügung oder auf Verwerfung des Einspruchs und Festsetzung der Strafe oder auf Festsetzung einer geringeren Strafe, endlich dahin, daß von einer Straffestsetzung Umgang zu nehmen sei (§ 135).
c) Gegen die Festsetzung der Ordnungsstrafe sowie gegen die Verwerfung des Einspruchs findet sofortige Beschwerde statt (§ 139 FG.).

3. Da die Ordnungsstrafe nur Administrativstrafe ist, so findet keine Umwandlung der uneinbringlichen Geldstrafe statt. Andererseits wird sie nur verhängt gegen die anmeldepflichtigen Personen. Sie kann daher auch nicht aus dem Vermögen des Vereins beigetrieben werden.

§ 79.

Die Einsicht des Vereinsregisters sowie der von dem Vereine bei dem Amtsgericht eingereichten Schriftstücke ist Jedem gestattet. Von den Eintragungen kann eine Abschrift gefordert werden; die Abschrift ist auf Verlangen zu beglaubigen.

E. II, 69; III, 76.

1. Mit § 79 stimmt überein § 9 HGB. Nur kann nach der Vorschrift des HGB. auch von zum Handelsregister eingereichten Schriftstücken beglaubigte Abschrift gefordert werden, soferne ein berechtigtes Interesse glaubhaft gemacht wird.

2. Nach § 79 ist das Vereinsregister öffentlich. Dieser Satz stand in dem Vorbilde des § 79, dem Art. 12 des HGB., und wurde, wie nunmehr auch in § 9 des HGB., als überflüssig gestrichen. Ohne den Nachweis eines rechtlichen Interesses steht Jedermann das Recht zu, das Vereinsregister und dessen Beilagen einzusehen und — was selbstverständlich — Abschrift zu nehmen. Das Gericht ist aber auch verpflichtet, auf Verlangen von den Einträgen in das Vereinsregister beglaubigte Abschriften zu geben. Bezüglich der Kosten vgl. Art. 54 des bayrischen Gesetzes über das Gebührenwesen in der Fassung vom 11. November 1899.

3. Der Nachweis, daß der Vorstand aus den im Register eingetragenen Personen besteht, wird gemäß § 69 durch ein Zeugniß des Amtsgerichts über die Eintragung geführt. Daraus dürfte zu entnehmen sein, daß das Amtsgericht verpflichtet ist, in denjenigen Fällen, in welchen der fragliche Nachweis zu führen ist, das erforderliche Zeugniß auf Grund des Vereinsregisters zu ertheilen. Dies gilt auch von der Eintragung der Liquidatoren.

4. Nach § 162 FG. hat das Amtsgericht auf Verlangen auch eine negative Bescheinigung dahin zu ertheilen, daß eine weitere Eintragung oder eine bestimmte Eintragung in das Register nicht erfolgt ist.

II. Stiftungen.*)

Vorbemerkungen zu §§ 80—88.

I. Das BGB. handelt in den §§ 80—88 von der rechtsfähigen Stiftung, von der Stiftung als Juristischer Person. Von dieser zu unterscheiden ist die unselbständige oder „fiduciarische" Stiftung, „bei welcher nicht eine besondere Juristische Person kreirt, sondern eine bereits bestehende Persönlichkeit in rechtsgültiger Weise mit einer Stiftung belastet wird" (Kohler, Arch. f. bürgerl. R. Bd. 3 S. 268). Auch die unselbständige Stiftung ist Stiftung und

---

*) Literatur: Brinz, Pand. III (2. Aufl.) § 446; Bekker, Pand. I § 69. Gierke DPR. I § 78; Cosack I § 36; Schloßmann in Jherings Jahrb. Bd. 27 S. 1. Kohler, Ueber das Recht der Stiftungen im Arch. f. bürgerl. R. Bd. 3 S. 228 ff. Vgl. außerdem die zu den Vorbemerkungen S. 113 in der Note *) angeführte Literatur; ferner Max von Seydel, Der Begriff der öffentlichen Stiftungen und das BGB., in den staatsrechtlichen und politischen Abhandlungen, N. F. (1902) S. 267; Josef Perl, „Zum Begriff der Familienstiftung in Preußen" in der Festgabe der Rechtsanwaltschaft beim Kammergericht für Wilke (1900) S. 227 ff.; W. Stintzing Archiv f. d. civilist. Praxis Bd. 88 S. 392.

stellt als solche eine Unterart eines Gattungsbegriffs dar. Sie untersteht nicht einfach den Regeln irgendwelcher anderer Rechtsgeschäfte (vgl. Regelsberger, Pand. I § 87 S. 342 und Kohler a. a. O. S. 268—288).

II. Begriff der Stiftung im engeren Sinne: eine rechtsfähige Verbandsperson, deren Daseinszweck die Durchführung des Willens ihres Gründers durch Verwendung eines hiezu gewidmeten Vermögens ist.

1. Eine Verbandsperson. Die Stiftung im engeren Sinne ist „eine gesellschaftliche Organisation", nicht lediglich die Personifikation eines Vermögens (Gierke, DPR. I § 78 Nr. 13; vgl. auch Meurer § 24).

2. Eine rechtsfähige Organisation, eine Juristische Person.

3. Eine Juristische Person, welche lediglich geschaffen wurde, um einen bestimmten Stifterwillen durchzuführen. Der Stiftung ist durch ihre Gründung der Wille des Stifters als Daseinsnorm gegeben, deren Abänderung der Stiftung grundsätzlich nicht freisteht (vgl. hiezu aber auch unten Ziff. X). Dadurch unterscheidet sich die Stiftung insbesondere von der Körperschaft, welche über ihre eigenen Zwecke frei verfügen kann.

4. Der Wille des Stifters ist durchzuführen durch Verwendung eines hiezu gewidmeten Vermögens. Damit ist gesagt:

> ohne Vermögen ist die Durchführung des Stifterwillens unmöglich. Die Körperschaft dagegen bedarf grundsätzlich keines Vermögens, um ihre Zwecke zu erreichen. Vermögen ist aber nur erforderlich zur Durchführung der begründeten Stiftung, nicht zur Begründung der Stiftung. Die Widmung eines Vermögens kann im Stiftungsgeschäfte erfolgen oder neben oder nach demselben. Sie kann vom Stifter selbst oder von anderen Personen ausgehen.

Unter Stiftung versteht man aber auch den Gründungsakt, d. h. denjenigen Theil des Thatbestandes, welcher in der Handlung des Stifters besteht.

III. Früheres Recht.

Nach gemeinem Rechte und den meisten Partikularrechten ist die Gründung einer Stiftung nicht bloß zu sog. frommen Zwecken (piae causae), sondern darüber hinaus zu erlaubten Zwecken überhaupt zulässig, deren Förderung die Kreirung einer Juristischen Person veranlassen konnte. Die pia causa war ursprünglich ein kirchlicher Begriff und die fromme Stiftung eine der Kirche angehörige Juristische Person, wie sich denn auch der Begriff der selbständigen Stiftung erst im Kirchenrecht entwickelt hat. Mit der Verweltlichung der pia causa ging Hand in Hand eine Ausdehnung des Bereichs der Stiftungszwecke, deren Zusammenhang mit dem Ausgangspunkt indessen noch in neuester Zeit dadurch gewahrt blieb, daß die weltlichen, den ursprünglichen piae causae gleichartigen Zwecke theils im Gründungsverfahren, theils durch Privilegien der begründeten Stiftung ausgezeichnet oder daß partikularrechtlich Gemeinnützigkeit des Zweckes oder ein „öffentlicher" Zweck für die Stiftung verlangt wird (vgl. M. I, 122, D. 18). Bestritten war, ob der Wille des Stifters allein genügt, die Juristische Person der Stiftung zu kreiren oder hiezu die staatliche Mitwirkung in Gestalt einer Genehmigung oder Bestätigung der Stiftung oder der Verleihung der Juristischen Persönlichkeit an die Stiftung erforderlich sei. Die Nothwendigkeit der staatlichen Genehmigung der Stiftung ist in einer Anzahl von Partikularrechten, insbesondere im preußischen, sächsischen und bayrischen Rechte anerkannt (Roth, DPR. I § 73 Note 16). Im Uebrigen kann die Stiftung durch Rechtsgeschäft unter Lebenden oder von Todeswegen begründet werden. Die Eigenschaft des Begründungsgeschäfts als eines dem Privatrechte angehörigen war aber bestritten (vgl. Karlowa, Zur Lehre von den Juristischen Personen in Grünhuts Zeitschrift für das Privat- und öffentliche Recht der Gegenwart Bd. 15 S. 371 ff., 412 ff.).

IV. Zur Entstehung der Stiftung nach dem BGB. sind erforderlich:

1. Das Stiftungsgeschäft, eine einseitige nicht empfangsbedürftige Willenserklärung des Stifters. Dieselbe zerfällt regelmäßig in zwei Bestandtheile: einen personenrechtlichen, gerichtet auf Schaffung einer Juristischen Person; einen vermögensrechtlichen: die Zuwendung an die Stiftung. Nothwendig ist dieser vermögensrechtliche Akt zur Begründung der Stiftung,

wenn diese durch Rechtsgeschäft unter Lebenden erfolgt, nicht. Die Vermögenszuwendung kann der Entstehung der Juristischen Person nachfolgen und kann von Anderen als dem Stifter ausgehen (vgl. Bekker, Pand. I § 69 Note 9; Gierke, DPR. I § 78 Anm. 41; Hölder, Bem. 4 zu § 80; Dernburg I § 92 zu Note 6. A. M. Meurer § 25 S. 248; Rehbein I S. 65; Planck Bem. 2 zu § 81). Als einseitige Willenserklärung ist das Stiftungsgeschäft widerruflich und zwar durch den Stifter wie durch dessen Erben. Ueber die Schranken des Widerrufsrechts vgl. die Bem. zu § 80. Das Stiftungsgeschäft kann ferner durch Erklärung unter Lebenden oder von Todeswegen errichtet werden. Als Rechtsgeschäft unter Lebenden bedarf es der schriftlichen Form (§ 81), als Verfügung von Todeswegen der Form des Testaments oder des Erbvertrags. Sie kann als Erbeinsetzung, als Vermächtnißverfügung, als Auflage auftreten.

2. Die Genehmigung des Bundesstaats, in dessen Gebiete die Stiftung ihren Sitz haben soll; falls die Stiftung nicht ihren Sitz in einem Bundesstaate haben soll, sondern z. B. in einem deutschen Schutzgebiete, ist die Genehmigung des Bundesraths erforderlich. Ueber die Zuständigkeit innerhalb des einzelnen Bundesstaates zur Genehmigung der Stiftung vgl. die Bem. V zu § 80.

3. Beim Stiftungsgeschäft unter Lebenden ein Antrag auf Ertheilung der Genehmigung vgl. hiezu die Bem. VII zu § 80.

V. Für die Verfassung der Stiftung sind erstens die reichsrechtlichen Vorschriften maßgebend, vor Allem die Vorschriften des BGB. selbst, welche die Verfassung der Stiftung betreffen, z. B. §§ 26, 86, wonach die Stiftung einen Vorstand haben muß. Zweitens ist das Landesrecht als Verfassungsnorm erklärt und in den §§ 85, 86 vorbehalten. Mit Rücksicht auf diese Bestimmungen hat eine Reihe von Bundesstaaten verfassungsrechtliche Normen über die Stiftung des bürgerlichen Rechtes aufgestellt. Drittens bestimmt sich die Verfassung der Stiftung nach den Anordnungen des Stifters im Stiftungsgeschäft. Diese Reihenfolge gilt jedoch nur insoweit, als das Reichs- und Landesrecht zwingende Rechtsnormen enthält. Vgl. hiezu die Bem. 3 zu § 25. Soweit dies nicht der Fall, dient Reichs- und Landesrecht nur zur Ergänzung der Bestimmungen des Stiftungsgeschäftes.

VI. Unter Verfassung der Stiftung ist die Gesammtheit der Normen zu verstehen, wodurch bestimmt werden:

1. der Zweck der Stiftung,
2. die Mittel zur Erfüllung des Stiftungszwecks,
3. Art, Bildung und Bestellung, Vertretungsmacht, Geschäftsbereich, Amtsdauer und Abberufung der Stiftungsorgane,
4. die Verwendung des Stiftungsnutzens und die Rechtsstellung der Stiftungsdestinatare,
5. der Sitz,
6. der Name,
7. Dauer, Veränderung und Erlöschen der Stiftung, sowie Verfügung über den Stiftungsnachlaß.

VII. Arten der Stiftungen.

1. Die Stiftungen werden zunächst nach dem Zwecke unterschieden. Ursprünglich konnten nur „fromme Stiftungen“, Stiftungen zu frommen, kirchlichen, religiösen oder wohlthätigen Zwecken überhaupt die Rechte der Juristischen Personen erwerben. Auch nachdem andere erlaubte Zwecke als genügend erachtet wurden, hatte die pia causa eine bevorzugte Stellung und zahlreiche auch partikularrechtlich anerkannte Privilegien (Stobbe, DPR. 3. Aufl. I § 62 Note 15).

Das preußische Recht zeichnet mit Rücksicht auf den Zweck die Familienstiftung aus, deren Recht in einer Reihe wesentlicher Punkte von dem Rechte der anderen Stiftungen verschieden gestaltet ist. Familienstiftung ist diejenige, „die nach der Stiftungsurkunde ausschließlich dem Interesse der Mitglieder einer bestimmten Familie oder mehrerer bestimmter Famillien dient" (preußisches AG. z. BGB. Art. 1 § 1). Die Familienstiftung des preußischen Rechtes verfolgt den gleichen Zweck, wie das Familienfideikommiß; im PLR. Thl. II Tit. 4, 2. Abschnitt wird unter der Ueberschrift „Von Familienstiftungen" auch von Familienfideikommissen (§§ 23—26) gehandelt. Diese Gleichheit des Zweckes hat die Gestalltung des Rechtes der Familienstiftung beeinflußt. Die Errichtung von Fideikommissen ist in Preußen kein Standesprivileg. Anders nach bayrischem Recht, welches die Errichtung von Familienfideikommissen als Sonderrecht des Adels erklärt. Familienstiftungen, welche sachlich den Zweck von Familienfideikommissen verfolgen, können daher nach bayrischem Rechte nur für adelige Familien errichtet oder genehmigt werden. Vgl. Bem. IX zu § 80; Dernburg I § 93; Förster-Eccius, preuß. Privatrecht IV § 241.

Nach bayrischem Rechte werden mit Rücksicht auf den Zweck öffentliche Stiftungen und reine Privatstiftungen unterschieden. Vgl. die Vorbem. VII, c, 4 S. 121 zum II. Titel. Hiezu ist noch zu bemerken: Oeffentliche Stiftungen sind im Sinne des bayrischen Rechtes diejenigen, deren Zweck irgend ein öffentliches Interesse hat, also z. B. der Zweck der Wohlthätigkeit, des Unterrichts, der Erziehung und andere gemeinnützige Zwecke. Reine Privatstiftungen sind solche, bei welchen ein solches öffentliches Interesse nicht waltet. Nur öffentlichen Stiftungen spricht die bayrische Verfassungsurkunde Tit. IV § 9 Abs. 4 den besonderen Schutz des Verfassungsrechts zu. Nur auf öffentliche Stiftungen bezieht sich Art. 6 des Bayr. AG. z. BGB., wenn diese Gesetzesstelle für den Vollzug von Stiftungsbestimmungen und für die Aufsicht über die Stiftungen die Verwaltungsbehörden als zuständig erklärt und die bisherige Zuständigkeit des Verwaltungsgerichtshofs aufrecht erhält. Vom Standpunkte des bayrischen öffentlichen Rechtes ist auch nicht ohne Grund behauptet worden, „daß die Genehmigung einer Stiftung nur ertheilt werden sollte, wenn ein öffentliches Interesse hiefür gegeben ist" (vgl. Seydel, Bayr. Staatsrecht 2. Aufl. II S. 719 Anm. 19, ferner unten Bem. IX zu § 80). Der Begriff der öffentlichen Stiftung ist auch da erfüllt, wo nicht ausschließlich öffentliches Interesse für den Stiftungszweck vorhanden ist. So können auch Familienstiftungen öffentliche Stiftungen sein. Vgl. Böhm-Klein, Komm. zum Bayr. AG. z. BGB. Art. 6 Bem. 2. Reine Privatstiftungen dürften schon mit Rücksicht auf die Nothwendigkeit der staatlichen Genehmigung in Bayern sehr selten sein, viel seltener als Vereine, deren Zweck kein öffentliches Interesse hat. Auch fiduciarische Stiftungen zu reinen Privatzwecken können hier leichter entstehen als selbständige rechtsfähige Stiftungen zu bloßen Privatzwecken.

In Bezug auf eine ähnliche Unterscheidung des württembergischen Rechtes vgl. Lang, Handbuch des im Königreich Württemberg geltenden Personen-, Familien- und Vormundschaftsrechts S. 211 § 35.

Das badische Recht kennt nur öffentliche Stiftungen, da die Genehmigung von Stiftungen zu nicht öffentlichen Zwecken durch das Gesetz, die Rechtsverhältnisse und die Verwaltung der Stiftungen betreffend, vom 5. Mai 1870 § 1 ausgeschlossen ist.

2. Stiftungen des öffentlichen Rechtes und Stiftungen des bürgerlichen Rechtes (vgl. hiezu die Vorbem. VII, c, 4 S. 121 und v. Staudinger, Vortr. S. 140). Im Anschlusse hieran ist zu sagen: Stiftungen des öffentlichen Rechtes sind zweifellos solche, die dem Organismus des Reiches, eines Bundesstaats, einer als Juristische Person im öffentlichen Rechte anerkannten Kirche, einer politischen Gemeinde derart einverleibt sind, daß sie als Glied und Einrichtung dieses öffentlich-rechtlichen Organismus erscheinen. Darüber, wann eine solche Einverleibung anzunehmen, entscheidet das öffentliche Recht. Eine Stiftung des öffentlichen Rechtes ist zunächst anzunehmen, wenn dieselbe ausschließlich durch einen Akt des öffentlichen Rechtes, z. B. einen Gesetzgebungsakt, ins Leben gerufen wird. Aber auch Stiftungen, die durch Privatrechtsgeschäfte begründet wurden, können als Stiftungen des öffentlichen Rechtes ins Leben treten, wenn sie nämlich „vermöge ihrer eigenen Beschaffenheit dem Organismus des Staates, einer Kirche oder anderer öffentlich-rechtlicher Juristischen Personen derart eingefügt werden, daß sie aus diesem Grunde unter die Kategorie der Stiftungen des öffentlichen Rechtes fallen". So richtig unter Bezugnahme auf die Protokolle

der II. Komm. (I, 568) Planck Bem. 1 zu § 89; and. Ans. Hölder Bem. 1 zu § 89. Ueber das Verhältniß der Unterscheidung von Stiftungen des öffentlichen und Stiftungen des bürgerlichen Rechtes zu der Unterscheidung des bayrischen Rechtes zwischen öffentlichen Stiftungen und reinen Privatstiftungen vgl. die Vorbem. VII, c, 4 S. 121.

Die Stiftungen des öffentlichen Rechtes sind nach bayrischem Rechte ausnahmslos öffentliche Stiftungen, aber auch der weitaus größte Theil der Stiftungen des bürgerlichen Rechtes fällt unter den Begriff der öffentlichen Stiftungen.

3. Stiftungen mit selbständigem Verwaltungsapparat und Stiftungen mit unselbständigem Verwaltungsapparat, insbesondere Stiftungen unter Verwaltung einer öffentlichen Behörde oder einer Gemeinde. Vgl. BGB. § 86; Bayr. AG. z. BGB. Art. 6. Nach bayrischem Rechte stehen die öffentlichen Stiftungen nicht nur unter staatlicher Aufsicht, sondern auch zumeist unter der Verwaltung des Staates, einer politischen Gemeinde, einer Kirche oder anderer öffentlich-rechtlicher Juristischer Personen. Die Thatsache, daß eine Stiftung unter der Verwaltung des Staates oder einer anderen Juristischen Person des öffentlichen Rechtes steht, hat nach den Landes-AG. z. BGB. rechtliche Bedeutung zunächst für das Heimfallrecht bei Beendigung der Stiftung (vgl. preußisches AG. z. BGB. Art. 5); ferner in Bezug auf die Möglichkeit der Zwangsvollstreckung gegen das Vermögen der Stiftung und der Konkurseröffnung in dasselbe. Vgl. hiezu die Bem. 12 zu § 42 und die Bem. 5 zu § 89.

Die Unselbständigkeit des Verwaltungsapparats bildet kein Unterscheidungsmerkmal zwischen der rechtsfähigen Stiftung und der sog. fiduciarischen Stiftung (s. oben zu I). Die letztere steht in öffentlicher Verwaltung, soferne ihr Vermögen einer Korporation des öffentlichen Rechtes gehört. Aber auch die rechtsfähige Stiftung des bürgerlichen Rechtes kann in öffentlicher Verwaltung stehen, obwohl ihr Vermögen der verwaltenden öffentlich-rechtlichen Juristischen Person nicht gehört.

4. Stiftungen mit mehr oder weniger bestimmt bezeichneten bezugs- und genußberechtigten Destinataren und ohne solche Bezeichnung („unpersönliche Stiftungen", Kohler, Arch. f. bürgerl. R. Bd. 3 S. 262). Die bestimmteste Bezeichnung der Stiftungsdestinatare pflegt bei den Familienstiftungen vorzukommen. Damit vergleiche man als das andere Extrem eine Stiftung zur Unterhaltung eines Denkmals oder einer öffentlichen Straße. Den Stiftungsnutzen hat hier das Publikum im Allgemeinen.

5. Inländische — ausländische Stiftungen. Der E. I und die Bundesrathsvorlage (§ 2364 Abs. 1) anerkennt die Rechtsfähigkeit der ausländischen Stiftungen wie der ausländischen Juristischen Personen überhaupt. Der Bundesrath strich Abs. 1 des § 2364, während Abs. 2 ins Gesetz als Art. 10 des EG. z. BGB. übergegangen ist. In Bezug auf die Stiftungen des Auslands enthält hienach das EG. keine Bestimmung über deren Anerkennung durch den Bundesrath im Gegensatze zu den ausländischen rechtsfähigen Vereinen. Dadurch ist die Anerkennung ausländischer Stiftungen als Juristischer Personen im Inlande nicht ausgeschlossen. Die Anerkennung kann insbesondere den Gegenstand von Staatsverträgen bilden und von völkerrechtlicher Gegenseitigkeit abhängig gemacht werden. Die Landes-AG. z. BGB. setzen theilweise die Anerkennung ausländischer Juristischer Personen, insbesondere der Stiftungen des bürgerlichen Rechtes voraus, indem sie z. B. dieselben gewissen inländischen Juristischen Personen überhaupt nicht oder nicht in solchem Maße auferlegten Erwerbsbeschränkungen unterwerfen. Vgl. z. B. preußisches AG. z. BGB. Art. 7 § 2 Abs. 2; bayr. AG. z. BGB. Art. 10.

VIII. Innere Rechtsverhältnisse.

1. Die Stiftung hat zum Unterschiede vom Vereine keine Mitglieder, sondern nur Organe, welche den Stiftungswillen auszuführen haben, verwaltende, den Stiftungsnutzen verwendende, aufsichtsführende Organe. Ueber die rechtlichen Beziehungen der Organe zur Juristischen Person der Stiftung vgl. Bem. 2 zu § 86.

2. Die Destinatare des Stiftungsnutzens. Diese sind entweder das gesammte Publikum, wie bei Stiftung eines Denkmals, eines öffentlichen Parkes (sogen. „unpersönliche

Stiftung", Kohler, Arch. f. bürgerl. R. Bd. 3 S. 262) oder andererseits mehr oder weniger bestimmt bezeichnete Personenkreise oder Personenkategorieen oder einzelne bestimmte Personen. Wenn nicht die Stiftung einzelnen Personen ein Recht auf den Stiftungsnutzen verleiht, sondern die Verwendung des Stiftungsnutzens innerhalb eines bestimmt bezeichneten Personenkreises dem Ermessen der Stiftungsorgane anheimgegeben ist, so findet ein Klagerecht der Stiftungsinteressenten nicht statt. Vgl. Brinz, Pand. III (2. Aufl.) S. 552 Note 27; Zitelmann, Das Recht des BGB. I S. 74; Kohler a. a. O. S. 260; Gierke, DPR. I § 78 A. 57; RGE. Bd. 9 S. 206 Nr. 55; RGE. vom 20. Juni 1901 in Seuff. Arch. Bd. 56 Nr. 216 S. 385.

Soweit aber ein klagbares Recht auf Grund der Stiftungsnormen anzunehmen ist, findet dasselbe seinen Austrag zumeist nicht vor den ordentlichen Civilgerichten, sondern vor den Verwaltungsbehörden und Verwaltungsgerichten. In Bayern sind durch das Gesetz über Errichtung eines Verwaltungsgerichtshofs vom 8. August 1878, Art. 8 Ziff. 35 die Streitigkeiten über den stiftungsmäßigen Rechtsanspruch auf den Genuß oder Mitgenuß einer Stiftung und Streitigkeiten über Verleihung des Stiftungsnutzens als Verwaltungsrechtssachen erklärt. Im Uebrigen vgl. über die Zuständigkeit der Gerichts- und Verwaltungsbehörden in bayrischen Stiftungssachen die eingehende Darstellung bei v. Kahr, Bayrische Gemeindeordnung I S. 688—694; für Baden § 11 des badischen Stiftungsgesetzes vom 5. Mai 1870.

IX. Erwerbsbeschränkungen. Siehe die Bestimmungen von Preußen, AG. Art. 6, 7; Bayern AG. Art. 10; Baden, AV. § 13, AG. Art. 8; Elsaß-Lothringen, AG. § 6; Hessen, AG. Art. 12; Lübeck, AG. §§ 13—15; Mecklenburg-Schwerin, AV. §§ 26—30; Mecklenburg-Strelitz, AV. §§ 25—29; Reuß j. L., AG. § 12.

X. Veränderung der Stiftung. Eine Veränderung der Stiftung kann erfolgen:

1. Auf Grund der Bestimmungen der Stiftungsverfassung durch die Stiftungsorgane selbst. So kann nach dem preußischen AG. Art. 2 die Verfassung einer Familienstiftung, insbesondere deren Zweck auch dann durch „Familienschluß" geändert werden, wenn die Aenderung durch Familienschluß in der Stiftungsurkunde oder durch früheren Familienschluß verboten ist. Der Familienschluß bedarf der „Aufnahme und Genehmigung" durch das Gericht, dem die Verwaltung oder Beaufsichtigung der Stiftung zusteht. Die Aenderung der Verfassung einer anderen rechtsfähigen Stiftung kann durch Beschluß des Vorstandes mit königlicher Genehmigung erfolgen (preußisches AG. Art. 4, AV. Art. 5). Ferner kann auf Grund verfassungsmäßiger landesrechtlicher Bestimmungen die Aenderung erfolgen durch Verfügung der Aufsichtsorgane der Stiftung. Vgl.: Anhalt, AG. Art. 6; Braunschweig, AG. § 11; Hamburg, AG. §§ 8—11; Hessen, AG. § 8 Abs. 2; Lübeck, AG. § 7; Mecklenburg-Schwerin, AV. § 20; Mecklenburg-Strelitz, AV. § 20; Reuß ä. L., AG. § 14 Abs. 4; Reuß j. L., AG. § 10 Ziff. 2; Königreich Sachsen, AG. § 1; Sachsen-Altenburg, AG. § 2; Sachsen-Coburg, AG. Art. 7 Abs. 2; Sachsen-Meiningen, AG. § 5 Abs. 3; Sachsen-Weimar, AG. § 15; Schaumburg-Lippe, AG. § 10; Schwarzburg-Rudolstadt, AG. Art. 13; Waldeck-Pyrmont, AG. Art. 2, 3, AV. Art. 5. In Bezug auf Bayern vgl. Bem. II zu § 87.

2. Auf Grund reichsrechtlicher Bestimmung (§ 87) kann durch staatlichen Eingriff die Stiftung geändert werden, wenn die Erfüllung des Stiftungszwecks unmöglich geworden ist oder dieselbe das Gemeinwohl gefährdet. Vgl. hiezu die Bem. zu § 87.

XI. Ende der Stiftung. Vgl. die Bem. zu § 87.

Die Beendigung der Stiftung erfolgt wie die Veränderung derselben:

1. auf Grund der Stiftungsverfassung und damit auf Grund der in § 86 vorbehaltenen landesrechtlichen Normen,

2. auf Grund reichsrechtlicher Normen durch Aufhebung in den Fällen des § 87.

XII. Ueber den Stiftungsnachlaß verfügt im Falle der Beendigung der Stiftung zunächst die Verfassung der Stiftung: das Stiftungsgeschäft und die Bestimmungen des Landesrechts bezüglich der Stiftungsverfassung. Vgl. die Bem. zu § 88.

XIII. Stiftungsaufsicht. Die Stiftung untersteht einer „ständigen Staatsaufsicht, zu deren Aufgabe neben der Fürsorge für die Erhaltung des Stiftungsvermögens namentlich auch die Wahrung und Durchsetzung des stifterischen Willens gegen die Stiftungsorgane gehört“ (vgl. v. Seydel a. a. O.). In Preußen ist zwischen Familienstiftungen und Nichtfamilienstiftungen zu unterscheiden. Für Familienstiftungen nehmen die Einen ein Aufsichtsrecht der Gerichte und zwar der Amtsgerichte an (vgl. Crusen-Müller, Komm. z. preuß. AG. S. 42); von Anderen wird ein allgemeines Aufsichtsrecht des Staates über Familienstiftungen überhaupt bestritten und ein Aufsichtsrecht nur dann angenommen, wenn die Stiftungsurkunde es bestimmt. Vgl. Perl, „Zum Recht der Familienstiftungen in Preußen“ in der Festgabe für Wilke S. 242 ff. Für Nichtfamilienstiftungen sind in Preußen Aufsichtsbehörden oberster Instanz der Minister des Innern, bei kirchlichen und Schulstiftungen der Kultusminister; unterer Instanz je nach dem örtlichen Bereiche des Stiftungszwecks der Regierungspräsident oder der Oberpräsident; bei Schul- und Unterrichtsstiftungen das Provinzialschulkollegium (Crusen-Müller S. 41 ff.). Die Stiftungsurkunde kann die Aufsicht einer anderen Behörde übertragen. In Bayern ist auch in dieser Richtung der Unterschied der öffentlichen Stiftungen und der reinen Privatstiftungen von entscheidender Bedeutung: Nach Art. 6 des Bayr. AG. z. BGB. unterstehen — wie dies schon bisher der Verfassungsurkunde und den Gemeindeordnungen entsprach — der Staatsaufsicht nur die öffentlichen Stiftungen. Der besondere Schutz, unter welchen die bayrische Verfassungsurkunde das öffentliche Stiftungsvermögen gestellt hat, äußert sich vornehmlich in der Regelung der Stiftungsverwaltung und in der Aufsicht, welche der Staat darüber führt, daß das Stiftungsvermögen in seinem Bestande erhalten und für seine Zwecke richtig verwendet wird (v. Seydel, Bayr. Staatsrecht II, 724). Eine Ausnahme von dieser Staatsaufsicht kann „durch Stiftungsbriefe und sonstige Bestimmungen von Privaten nicht begründet werden“. Die Entscheidung, ob eine Stiftung eine öffentliche sei und daher der staatlichen Kuratel unterliege, kommt lediglich den Verwaltungsbehörden zu. Der Civil- wie der Verwaltungsrechtsweg sind ausgeschlossen. Ueber die Organe der Staatsaufsicht vgl. v. Seydel II, 724 ff. — „Bezüglich der reinen Privatstiftungen besteht weder ein Recht noch eine Pflicht, staatliche Kuratel über dieselben auszuüben“ (v. Seydel II, 725 Anm. 12). Diesen Rechtszustand hat nunmehr Art. 6 des Bayr. AG. z. BGB. durch eine ausdrückliche Rechtsnorm festgelegt. Das Recht der Aufsicht besteht in gleicher Weise, ob die Verwaltung der Stiftung einem eigenen selbständigen Beamtenapparat anvertraut ist oder sich in den Händen der Behörden des Staates oder einer anderen Juristischen Person des öffentlichen Rechtes befindet.

Bezüglich anderer Bundesstaaten vgl. Braunschweig, AG. § 12; Hamburg, AG. § 12; Lippe, AG. § 8; Mecklenburg-Schwerin, AV. § 17; Mecklenburg-Strelitz, AV. § 17; Reuß j. L., AG. § 10 Ziff. 4; Sachsen, AV. § 7; Sachsen-Meiningen, AG. § 5 Abs. 3; Sachsen-Weimar, AG. § 16; Schwarzburg-Rudolstadt, AG. § 12; Schwarzburg-Sondershausen, AG. Art. 5 § 2.

XIV. In Bezug auf Stiftungen, die bereits vor dem 1. Januar 1900 bestanden, s. Bem. zu EG. Art. 163. Vgl. hiezu für Hamburg AG. § 13; Reuß ä. L. AG. § 15.

§ 80.*)

Zur Entstehung einer rechtsfähigen Stiftung ist außer dem Stiftungsgeschäfte die Genehmigung des Bundesstaats erforderlich, in dessen Gebiete die Stiftung ihren Sitz haben soll. Soll die Stiftung ihren Sitz nicht in einem Bundesstaate haben, so ist die Genehmigung des Bundesraths erforderlich. Als Sitz der Stiftung gilt, wenn nicht ein Anderes bestimmt ist, der Ort, an welchem die Verwaltung geführt wird.

E. I, 58 Satz 1, 59, 62 Abs. 1; II, 70; III, 77.

*) Stintzing: „Ueber das Stiftungsgeschäft nach dem BGB.“ im Archiv f. d. civilist. Praxis Bd. 88 (1898) S. 392 ff.

I. § 80 handelt von den materiellrechtlichen Erfordernissen der Entstehung der rechtsfähigen Stiftung, ferner von dem Sitze der Stiftung. Letztere Bestimmung fehlte im E. I. Die jetzige Fassung erhielt das Gesetz durch den Bundesrath.

II. Zur Entstehung der Stiftung ist in erster Linie das Stiftungsgeschäft erforderlich. Dasselbe kann von einem oder mehreren Stiftern errichtet werden. Der Stifter darf nicht geschäftsunfähig sein; ist er minderjährig oder einem Minderjährigen gemäß § 114 BGB. gleichgestellt, so bedarf das Stiftungsgeschäft gemäß §§ 107, 111 BGB. der Einwilligung des gesetzlichen Vertreters. In Bezug auf das Stiftungsgeschäft von Todeswegen sind die §§ 2229, 2265, 2275 anwendbar. Diese gesetzlichen Bestimmungen wären auch dann entsprechend anwendbar, wenn das Stiftungsgeschäft unter Lebenden oder von Todeswegen nicht unter den Begriff einer privatrechtlichen Willenserklärung fiele, sondern als Geschäft des öffentlichen Rechtes zu erachten wäre.

III. 1. Das Stiftungsgeschäft gehört, wie die Vereinsgründung, in erster Linie dem Privatrechte an (vgl. Meurer S. 254). Es hat privatrechtliche Voraussetzungen, einen privatrechtlichen Inhalt und privatrechtliche Wirkungen, auch soweit es auf Schaffung einer Juristischen Person gerichtet ist. Daran wird dadurch nichts geändert, daß diese letztere Rechtswirkung auch öffentlich-rechtliche Voraussetzungen hat und daß sich das öffentliche Recht mit der entstandenen Juristischen Person der Stiftung zumeist in hervorragendem Maße beschäftigt. Das Stiftungsgeschäft ist im BGB. grundsätzlich eine einseitige, nicht empfangsbedürftige Willenserklärung des oder der Stifter und damit ein einseitiges Rechtsgeschäft. Ein einseitiges Rechtsgeschäft kann es auch dann sein, wenn es in einem Erbvertrag oder in einem Vertrage unter Lebenden enthalten ist (vgl. hiezu Bem. IV, 1 zu § 88).

2. Das Stiftungsgeschäft zerfällt regelmäßig in zwei Bestandtheile:

a) einen personenrechtlichen: gerichtet auf die Schöpfung einer neuen Juristischen Person, einer rechtsfähigen Stiftung,

b) einen vermögensrechtlichen: die Vermögenszuwendung an die Stiftung.

Beim Stiftungsgeschäfte unter Lebenden ist dieser zweite Bestandtheil zur Entstehung der Juristischen Person nicht erforderlich. Besteht dagegen das Stiftungsgeschäft in einer Verfügung von Todeswegen, so muß das personenrechtliche und das vermögensrechtliche Rechtsgeschäft Hand in Hand gehen. Der erstere Satz ist bestritten. Von einer Reihe namhafter Schriftsteller wird die ausnahmslose Nothwendigkeit der Verbindung des personenrechtlichen und des vermögensrechtlichen Theils des Stiftungsgeschäfts behauptet. Vgl. Zitelmann I, 71; Gareis Bem. 7 zu § 83; Planck Bem. 2 zu § 81; v. Staudinger Vortr. S. 148; Meurer § 25 S. 248. Für die hier vertretene Auffassung z. B. Hölder Bem. 4 zu § 80; Stintzing S. 414 ff.; Gierke, DPR. I § 78 Anm. 41; Bekker, Pand. I § 69 Note 9; Dernburg I § 92 zu Note 6.

Die Mot. des BGB. gehen davon aus, daß das Stiftungsgeschäft eine Vermögenszuwendung enthält. Aber im Gesetze hat diese Auffassung keinen genügenden Ausdruck gefunden. Für die Durchführung des Stiftungszwecks kann der Stifter auch ohne unmittelbare Zuwendung eigenen Vermögens die erforderliche finanzielle Sicherheit beschaffen. Die Vermögenszuwendung braucht auch nicht, um die Stiftung zu fundiren, vom Stifter auszugehen. So bei Stiftungen unter Lebenden. Bei der Stiftung von Todeswegen führt die Thatsache, daß sie in einer Verfügung von Todeswegen „besteht" und diese Verfügung eine Verfügung über Vermögen sein muß, zu einem anderen Ergebnisse.

IV. Inhalt des Stiftungsgeschäfts. Das Stiftungsgeschäft hat

1. die Verfassung der Stiftung zu bestimmen, soweit diese nicht auf Reichs- oder Landesrecht beruht. Vgl. hiezu Vorbem. V und Bem. zu § 85. Vier zur Verfassung der Stiftung gehörige Gegenstände muß das Stiftungsgeschäft jedenfalls ordnen, da dieselben nicht durch Bestimmungen des objektiven Rechtes ergänzt werden können. Das Stiftungsgeschäft muß nämlich

a) den Zweck oder die Zwecke der Stiftung feststellen. Ohne genügend bestimmte Bezeichnung des Zweckes ist ein Stiftungsgeschäft nicht vorhanden. Die Stiftung kann einen oder mehrere Zwecke haben; mehrere Zwecke neben einander oder als sich ablösende, befristete oder bedingte Zwecke nach einander. Es kann eine Stiftung z. B. theils einer bestimmten Familie, theils allgemeinen Wohlthätigkeitszwecken dienen oder nach Aussterben einer Familie einen bestimmten allgemeinen Wohlthätigkeitszweck erhalten. Bei mehreren sich ablösenden Stiftungszwecken spricht man von „Successivstiftung". Bei neben einander bestehenden Zwecken können für die Stiftung verschiedene Verwaltungen erforderlich werden. Vgl. Mot. zu E. I des EG. z. BGB. Art. 49.

Der Stiftungszweck muß erlaubt sein. Nach D. 18 soll der Stiftungszweck dem „Gemeinwohle" dienen. Nicht zu Gunsten jeden beliebigen Zweckes könne eine Stiftung begründet werden. Da indessen eine gesetzliche Feststellung der zulässigen Stiftungszwecke nicht angängig sei, so müsse die Wirksamkeit des einzelnen Stiftungsgeschäftes von der Billigung des zuständigen Staatsorgans abhängig gemacht werden. Der Grundsatz, daß die Stiftung dem Gemeinwohl dienen müsse, ist im BGB. verlassen, sofern hier die reine Privatstiftung zugelassen ist. Die letztere kann aber auf landesrechtlichem Wege ausgeschlossen werden, indem durch Landesgesetz die staatliche Genehmigung auf diejenigen Stiftungen beschränkt wird, deren Zweck gemeinnützig ist oder sonst ein öffentliches Interesse hat.

Dauer des Stiftungszwecks ist nicht erforderlich. Stiftungen für vorübergehende Zwecke sind zulässig („z. B. Stiftungen für die Verwundeten eines bestimmten Krieges", Kohler, S. 248). Unrichtig ist die Behauptung Rehbeins, daß nach dem BGB. für einen vorübergehenden Zweck keine Stiftung, sondern nur gemäß § 1914 ein Sammelvermögen und eine Pflegschaft bezüglich desselben begründet werden könne. Daß im BGB. für die Stiftung eine Organisation, insbesondere die Bestellung eines Vorstandes vorgeschrieben, beweist nichts, da auch ein rechtsfähiger Verein, welcher ebenfalls einer solchen Organisation bedarf, für einen vorübergehenden Zweck begründet werden kann. Die Praxis des bayrischen öffentlichen Rechtes schließt indessen die Genehmigung einer Stiftung mit einem nicht dauernden Zweck aus und erachtet daher auch eine auflösend bedingte Stiftung als unzulässig. Vgl. v. Kahr, Bayr. Gem.O. I, 673 Note 32.

b) Die Angaben des Stiftungsgeschäfts über die Verfassung der Stiftung müssen ferner eine Bestimmung über den Sitz der Stiftung enthalten oder eine Bestimmung darüber, wo die Verwaltung der Stiftung zu führen ist. Nach dem Sitze der Stiftung bestimmt sich gemäß § 80 die Zuständigkeit eines Bundesstaates oder des Bundesraths zur Ertheilung der Genehmigung der Stiftung. Diese Genehmigung kann daher nicht nachgesucht und nicht eingeholt werden (§ 82), wenn der Sitz der Stiftung nicht feststeht. Die Feststellung des Sitzes kann auch nicht durch ergänzende Bestimmungen des Landesrechts oder durch Verfügung der genehmigenden Behörde ersetzt werden, da die Beantwortung der Frage, welches Landesrecht maßgebend und welche Behörde zur Genehmigung zuständig ist, zur Voraussetzung hat, daß der Sitz der Stiftung als einer zukünftigen Juristischen Person bereits bestimmt ist. Diese Bestimmung kann, als zur Verfassung der Stiftung gehörig, nur durch das Stiftungsgeschäft getroffen werden. Wenn daher auch das BGB. nicht — wie für den eingetragenen Verein in § 57 Abs. 1 — ausdrücklich vorgeschrieben hat, daß der Sitz der Stiftung im Stiftungsgeschäfte direkt oder indirekt bezeichnet werden muß, so ist dies doch unumgänglich erforderlich für die Entstehung einer rechtsfähigen Stiftung. Auch die Gültigkeit der Stiftung hängt davon ab, daß der Sitz der Stiftung in der That und nicht bloß auf dem Papiere der Stiftungsurkunde im Zuständigkeitsbereiche der genehmigenden Behörde sich befindet. Der Bundesrath kann nicht die Genehmigung ertheilen für eine Stiftung, die ihren Sitz innerhalb eines Bundesstaats hat, ein Bundesstaat nicht die Genehmigung einer Stiftung, die einem anderen Bundesstaate oder keinem Bundesstaate angehört.

c) Das Stiftungsgeschäft muß ferner die geschäftsführenden und vertretenden Organe der Stiftung bezeichnen, soweit diese Bezeichnung nicht durch das Gesetz entweder in Ergänzung mangelnder Stiftungsbestimmungen oder auf Grund zwingender Normen erfolgt. Wo, wie in Bayern, bei öffentlichen Stiftungen die Verwaltung mangels einer entgegenstehenden Bestimmung des Stifters durch öffentliche Behörden geführt wird, bedarf es einer Bestimmung über die Stiftungsorgane im Stiftungsgeschäfte nicht. Bei reinen Privatstiftungen ist dagegen eine Angabe des Stiftungsgeschäfts über die Organe der Stiftung unentbehrlich. Die Vorschrift des § 86, wonach die Stiftung einen Vorstand haben muß, macht eine Angabe über die Bildung und Bestellung des Vorstandes bei diesen Stiftungen nicht unnöthig. Dagegen bedarf es nicht der wirklichen Berufung des Vorstandes oder anderer Stiftungsorgane, wenn nur der Weg bezeichnet ist, auf welchem dieselben zu berufen sind.

d) Zur Verfassung gehört auch die Angabe der sachlichen Mittel, durch welche der Stiftungszweck erreicht werden soll. Bei der Stiftung von Todeswegen muß im Stiftungsgeschäfte selbst nicht bloß die Bezeichnung, sondern auch die Zuwendung der sachlichen Mittel für die Erreichung des Stiftungszwecks erfolgen und sie muß in Zuwendung eines Vermögens oder von einzelnen Vermögensgegenständen bestehen. Bei dem Stiftungsgeschäfte unter Lebenden ist diese Zuwendung im Stiftungsgeschäfte zwar nicht nothwendig, aber auch hier muß der Stifter wenigstens den Weg bezeichnen, auf welchem die Stiftung die zur Durchführung ihrer Zwecke erforderlichen Mittel erlangt. Wenn auch die Stiftung ohne Vermögenszuwendung zur Entstehung gelangen kann, so kann sie doch ohne Vermögen auf die Dauer nicht bestehen. Ihre Aufgabe ist Erfüllung eines bestimmten Zweckes durch Verwendung von Vermögen. Dadurch unterscheidet sich die Stiftung vom Vereine, welcher seine Zwecke auch ohne Vermögen zu erfüllen vermag durch Aufwendung rein persönlicher freiwillig sich anbietender Kräfte. Die Stiftung dagegen fungirt begriffsmäßig in der Verwendung von Vermögen zu einem bestimmten Zwecke. Dies ist der richtige Kern der Theorie, die in der Stiftung die Erhebung eines Vermögens zur Juristischen Person erblickt. Das Stiftungsgeschäft muß ergeben, daß die Stiftung, wenn auch ohne unmittelbare Zuwendung von Vermögen, doch die finanziellen Mittel für ihre Zwecke nicht entbehren wird. Dies kann z. B. geschehen, indem auf eine von dritter Seite zugesicherte oder bereitgehaltene Vermögenszuwendung verwiesen wird. Hat der Stifter im Stiftungsgeschäfte der Stiftung kein Vermögen zugewendet, so haftet er auch nicht; denn nach § 82 haftet der Stifter nur für Uebertragung des im Stiftungsgeschäfte zugesicherten Vermögens. Die Behauptung Stintzings (S. 419), daß der Stifter in diesem Falle trotzdem hafte und zwar unbestimmt auf den Betrag des der Stiftung für ihre Zwecke erforderlichen Vermögens, findet im Gesetze keine Stütze.

Die rechtliche Bedeutung der Vermögenszuwendung des Stifters im Stiftungsgeschäfte ist bestritten. Vielfach, insbesondere auch vom Reichsgerichte (RGE. Bd. 5 Nr. 37) wird dieselbe als Schenkung aufgefaßt, sofern nicht eine Verpflichtung zur Stiftung besteht; von Anderen wird die Vermögenszuwendung im Stiftungsgeschäft als civilrechtliches negotium sui generis, von einer dritten Meinung überhaupt als dem Privatrechte nicht angehöriger, als öffentlich-rechtlicher Akt erklärt. Diese letztere Auffassung dürfte für die Stiftung des BGB. nicht zu billigen sein. Auch die Annahme einer Schenkung ist vom Standpunkte des BGB. nur unter Zuhülfenahme einer Fiktion durchführbar. Wenn der Stifter ohne Verpflichtung hiezu aus eigenem Vermögen die Zuwendung an die zu errichtende Stiftung macht, so ist dies ein einseitiger Akt, während die Schenkung im BGB. ein Vertrag ist. Zu einem Schenkungsvertrage könnte man nur durch die Annahme gelangen, daß die Zuwendung des Stifters lediglich eine Vertragsofferte sei, die auch abgelehnt werden könnte und andererseits der Annahme bedarf. Das ist eine Konstruktion, welche den Thatsachen nicht entspricht. In Wirklichkeit ist das Stiftungsgeschäft, als in erster Linie auf Schaffung einer Juristischen Person gerichtet, unter keine der Vertragskategorieen des Vermögensrechts unterzubringen und stellt daher eine besondere Art eines Rechtsgeschäfts dar, wenn auch Analogieen vermögensrechtlicher Geschäfte, und zwar je nach Umständen liberaler oder oneroser Rechtsgeschäfte darauf angewendet werden können, daher auch die Möglichkeit der Anfechtung nach Maßgabe der Bestimmungen des Gesetzes über die Anfechtung von Rechtshandlungen außerhalb des Konkurses und nach den Bestimmungen der KO. besteht. Vgl. Bem. 4 zu § 82.

2. Außer diesem nothwendigen Inhalte kann das Stiftungsgeschäft noch fakultative Punkte ordnen. Es kann insbesondere innerhalb des Rahmens der Gesetze, soweit diese zwingen, und unter Ausschluß der gesetzlichen Ordnung, soweit sie dispositiv ist, die Verfassung der Stiftung im Einzelnen ordnen. Zum fakultativen Inhalte des Stiftungsgeschäfts gehört insbesondere die Feststellung von etwaigen Sonderrechten auf Verwaltung oder auf den Stiftungsnutzen. Solche Sonderrechte, wenn auch im BGB. nicht besonders erwähnt, sind hier wie beim rechtsfähigen Vereine nach wie vor zulässig.

V. Zur Entstehung der Stiftung ist außer dem Stiftungsgeschäfte „die Genehmigung des Bundesstaats" erforderlich, in dessen Gebiete die Stiftung ihren Sitz haben soll. Soll die Stiftung ihren Sitz nicht in einem Bundesstaate haben, so ist die Genehmigung des Bundesraths erforderlich. Als Sitz der Stiftung gilt, wenn nicht ein Anderes bestimmt ist, der Ort, an welchem die Verwaltung geführt wird (§ 80 Satz 1 u. 2).

1. Die Genehmigung des Bundesstaats. Die Protokolle der II. Komm. (I, 589) heben hervor, daß es sich hiebei nicht um eine privatrechtliche Willenserklärung des Staates, nicht um eine Genehmigung im Sinne des § 127 des E. I (= §§ 182—184 BGB.) handle, sondern um Ausübung eines Staatshoheitsrechts.

2. Die Genehmigung hat als zweites Erforderniß der Entstehung der rechtsfähigen Stiftung genau denselben Gegenstand, wie das Stiftungsgeschäft: die Schaffung der Stiftung. „Genehmigt" wird daher nicht das Stiftungsgeschäft, sondern die Stiftung, welcher durch die Genehmigung die Rechtsfähigkeit zu Theil wird. Das Stiftungsgeschäft entbehrt dieser Wirkung und eine Stiftung kommt überhaupt nicht zu Stande, wenn die Genehmigung nicht ertheilt wird. Trotzdem ist das Stiftungsgeschäft auch vor der staatlichen Genehmigung nicht aller und jeder Rechtswirkung baar. Zunächst

a) bildet es ebenfalls eine unentbehrliche Grundlage für die Entstehung der Juristischen Person der Stiftung.

b) Der Stifter kann zwar bis zur Ertheilung der Genehmigung das Stiftungsgeschäft widerrufen (§ 81), aber der Widerruf ist auch erforderlich, wenn die Juristische Person nicht in Folge der Staatsgenehmigung zur Entstehung gelangen soll. Der Erbe des Stifters ist in beschränkterem Maße ebenfalls zum Widerrufe der Stiftung unter Lebenden berechtigt (§ 81 Abs. 2 Satz 3), aber dazu auch genöthigt, wenn er nicht will, daß die Stiftung unter Lebenden durch Genehmigung zur Entstehung gelangt.

3. Das Verhältniß der Staatsgenehmigung zum Stiftungsgeschäft ist streitig. Nach einer neuerlich, insbesondere von Gierke, DPR. I, 650, vertretenen Auffassung hat die Staatsgenehmigung deklaratorische Bedeutung. Die einzige Entstehungsquelle der Stiftung wäre hienach das Stiftungsgeschäft, „die private Willensthat". Der Staat erklärt nur „den Stiftungsakt für gültig oder ungültig", indem er die Genehmigung ertheilt oder verweigert. Nach einer anderen Auffassung ist die Staatsgenehmigung ein zweites selbständiges Erforderniß der Entstehung der rechtsfähigen Stiftung. Stifter und Staat müssen zur Entstehung der rechtsfähigen Stiftung zusammenwirken, die Staatsgenehmigung hat konstitutive Bedeutung. Im BGB. dürfte, sowohl nach den Materialien des Gesetzes als auch nach dem Wortlaut und dem Sinne des § 80 die letztere Auffassung gelten, die sich auch aus allgemeinen Gründen empfiehlt. Die Staatsgenehmigung erklärt nicht das Stiftungsgeschäft als gültig, sie setzt vielmehr einen gültigen Stiftungsakt voraus und kann, wenn es hieran fehlt, den Mangel nicht heilen. Durch ein ungültiges Stiftungsgeschäft entsteht trotz staatlicher Genehmigung der Stiftung keine rechtsfähige Stiftung, ebenso wie die Stiftung anfechtbar ist und trotz staatlicher Genehmigung anfechtbar bleibt, wenn sie etwa in fraudem creditorum errichtet wurde (RGE. Bd. 5 Nr. 37). Es ist auch gar nicht abzusehen, wie ein Akt des öffentlichen Rechtes, ein Hoheitsakt des Staates, einen im Privatrechte begründeten Rechtsmangel eines privatrechtlichen Geschäfts sollte beseitigen können. Die staatliche Genehmigung ist im BGB. materiell Verleihung der Rechtsfähigkeit seitens des Staates oder des Bundesraths. Vgl. hiezu die Verh. der II. Komm. I, 589; ferner Zitelmann I S. 70; Riedel I S. 196; Stobbe-Lehmann I § 62 Note 5; v. Seydel, Bayrisches Staatsrecht II § 284 S. 716. Die Verleihung erfolgt, indem der Staat die Genehmigung ertheilt, wenn er den Stiftungszweck billigt, während er die Genehmigung versagt, wenn er den Stiftungszweck nicht billigt oder nicht als dem öffentlichen Interesse dienlich erachtet. Die Genehmigung erfolgt sonach grundsätzlich aus reinen Zweckmäßigkeitsgründen und nach freiem Ermessen des Staates oder Bundesraths. Diese Auffassung wird auch in den Verh. der II. Komm. (I, 590), in der D. 19, wie in den Verh. der RTK. (S. 24) vertreten. Ausnahmsweise muß die Genehmigung ertheilt werden, wenn das Stiftungsgeschäft den gesetzlichen Voraussetzungen entspricht: bei Familienstiftungen nach preußischem Rechte (Preuß. AG. z. BGB. Art. 1 § 2; vgl. Crusen-Müller S. 54). Hier ist die Genehmigung ein Akt der freiwilligen Gerichtsbarkeit, bei anderen Stiftungen ein Regierungsakt, immer aber ein Akt des öffentlichen Rechtes.

4. Erforderlich ist weiter die Genehmigung des Bundesstaats, in dessen Gebiet die Stiftung ihren Sitz haben soll. Ueber die Zuständigkeit zur Genehmigung innerhalb des einzelnen Bundesstaats entscheidet das öffentliche Recht des Staates und damit Landesrecht. In den zum BGB. ergangenen AG. und AV. ist die Zuständigkeit zur Genehmigung der Stiftung verschieden geordnet. Es ist vorgeschrieben:

a) landesherrliche Genehmigung: in Preußen (mit Ausnahme der Familienstiftungen), AG. Art. 1 § 1, AV. Art. 4; Bayern, Zuständigkeitsverordnung vom 24. Dezember 1899 § 5; Hessen, AG. Art. 7; in beiden Mecklenburg, AV. § 10; Anhalt, AG. Art 5; Reuß ä. L., AG. § 14; Reuß j. L., AG. § 10; Sachsen-Altenburg, AV. § 4; Sachsen-Meiningen,

AG. Art. 1 § 5; Waldeck-Pyrmont, AG. Art. 1 § 1. In Bezug auf Württemberg vgl. Lang, Handbuch des im Königreich Württemberg geltenden Personenrechts § 35;

b) Genehmigung durch den Senat in den freien und Hansastädten Hamburg (AG. § 6), Bremen (AG. § 4) und Lübeck (AG. § 6);

c) Genehmigung durch eine oberste Centralverwaltungsbehörde (Staatsministerium, Landesregierung u. s. f.) in Braunschweig, AG. § 10; Lippe, AG. § 6; Königreich Sachsen, AV. § 7; Sachsen-Coburg-Gotha, AG. Art. 7; Sachsen-Weimar-Eisenach, AG. § 19; Schaumburg-Lippe, AG. § 9; Schwarzburg-Rudolstadt AG. Art. V § 1. In Bezug auf Baden vgl. die landesherrliche Verordnung, den Vollzug des Gesetzes über die Rechtsverhältnisse und die Verwaltung der Stiftungen betreffend, vom 18. Mai 1870 §§ 2, 3.

VI. Die Bestimmung über den Sitz der Stiftung ist ein nothwendiger Bestandtheil der Stiftungsverfassung und muß im Stiftungsgeschäfte enthalten sein. Der Schlußsatz des § 80 bestimmt den Sitz der Stiftung wörtlich so, wie § 24 den Sitz des rechtsfähigen Vereins. Vgl. die Bem. 1, 2, 4 zu § 24. Soll die Stiftung ihren Sitz nicht in einem Bundesstaate haben, so ist der Bundesrath zur Genehmigung zuständig. Vgl. die Bem. zu § 23. Als Bundesstaat gilt auch hier das Reichsland Elsaß-Lothringen gemäß Art. 5 des EG. z. BGB. Eine Stiftung, die ihren Sitz nicht in einem Bundesstaate hat, ist diejenige Stiftung, welche ihren Sitz in einem Konsulargerichtsgebiet oder Schutzgebiet hat, nicht aber eine ausländische Stiftung, für deren Genehmigung einem deutschen Bundesstaate oder dem deutschen Bundesrathe die Zuständigkeit fehlen würde. In Bezug auf die rechtliche Bedeutung des „Sitzes" vgl. die Bem. 2 zu § 24.

VII. Die Ertheilung der staatlichen Genehmigung hat weiter zur rechtlichen Voraussetzung außer einem den gesetzlichen Anforderungen entsprechenden Stiftungsgeschäfte bei der Stiftung unter Lebenden ein Gesuch um Genehmigung der Stiftung. Erst durch dieses Genehmigungsgesuch entsteht für den Staat oder den Bundesrath die rechtliche Möglichkeit der Mitwirkung bei der Schaffung der Stiftung durch den Hoheitsakt der Genehmigung. Ohne Gesuch oder ohne zum Zwecke der Erlangung der Genehmigung erfolgende Mittheilung des Stiftungsgeschäfts an den Bundesstaat oder Bundesrath darf und kann die Genehmigung nicht erfolgen. So mit zutreffenden Gründen Planck Bem. 7 zu § 81. Dagegen ist beim Stiftungsgeschäft von Todeswegen die Mittheilung des Stiftungsgeschäfts an den Staat keine rechtliche Voraussetzung der Genehmigung. Vgl. hiezu die Bem. zu §§ 82, 83. Das Genehmigungsgesuch kann gestellt werden: vom Stifter; von anderen Personen, welche der Stifter hiemit betraut hat (§ 81); vom Erben und vom Testamentsvollstrecker; vom Nachlaßgericht (§ 83). Der Antrag ist als empfangsbedürftige einseitige Willenserklärung gemäß § 130 BGB. zu behandeln. Der Antrag ist gestellt, wenn er der Behörde, welche die Genehmigung zu ertheilen hat oder welche die — landesherrliche — Genehmigung durch Prüfung der Sache zu vermitteln hat, zugegangen ist. Ist die Stiftung von mehreren Stiftern errichtet, dann muß auch der Antrag auf Genehmigung von den mehreren Stiftern zusammen eingereicht werden. Dabei ist Vertretung zulässig. Gleiches gilt, wenn mehrere Erben des Stifters vorhanden sind. Der Antrag auf Genehmigung der Stiftung kann nur zur gesammten Hand gestellt werden.

VIII. Eine rechtliche Voraussetzung der staatlichen Genehmigung ist endlich, daß das Stiftungsgeschäft nicht vor Ertheilung derselben vom Stifter oder vom Erben des Stifters in rechtsgültiger Weise widerrufen wurde. Ueber diesen Widerruf vgl. die Bem. zu § 81.

IX. Sind diese reichsrechtlichen Voraussetzungen: ein nicht gültig widerrufenes, den gesetzlichen Voraussetzungen entsprechendes Stiftungsgeschäft, und bei der Stiftung unter Lebenden weiter ein Antrag auf Genehmigung seitens einer hiezu legitimirten Person erfüllt, so sind für die staatliche Genehmigung nur mehr landesrechtliche Normen maßgebend. Nach dem z. Zt. in den deutschen Bundesstaaten bestehenden öffentlichen Rechte ist die staatliche Genehmigung grundsätzlich Ermessenssache (vgl. Bem. V, 3 a. E.). In der Reichstagskomm. wurde in zweiter Lesung beantragt, eine Bestimmung dahin aufzunehmen: die Genehmigung der Stiftung dürfe nicht versagt werden, wenn die Stiftung einen gemeinnützigen oder wohlthätigen Zweck verfolgt, die Verfassung der Stiftung den gesetzlichen Erfordernissen genügt und ein zur Erfüllung des Stiftungszwecks ausreichendes Vermögen sichergestellt ist. Als gemeinnützig sei eine Stiftung insbesondere dann anzusehen, wenn sie Aufgaben des Staates oder einer staatlich anerkannten Religionsgesellschaft fördert (Komm.-Ber. 25). Der Antrag wurde abgelehnt, weil er, wie hervorgehoben wurde, in das den Landesgesetzen im Uebrigen vorbehaltene Recht der staatlichen Genehmigung in unzulässiger und praktisch kaum lösbarer Weise eingreife. In der II. Komm. wurde betont, daß bei der Prüfung der Genehmigungsfrage das „Gemeinwohl" maßgebend sein müsse, in der Reichstagskomm., daß es besonders in der Gegenwart bedenklich sei, wenn erhebliche Vermögensobjekte dauernd für bestimmte vielleicht ganz unnütze oder minderwerthige Zwecke festgelegt werden könnten. Nach badischem Gesetz ist die Genehmigung von Stiftungen zu nicht öffentlichen Zwecken, wie oben Vorbem. VII, 1 a. E. erwähnt, ausgeschlossen. Vom Standpunkte des bayrischen Rechtes*) sagt v. Seydel (II, 719 Anm. 19): „Im Geiste unserer verfassungsmäßigen Bestimmungen liegt es wohl, daß die Genehmigung einer Stiftung nur ertheilt werden sollte, wo ein öffentliches Interesse hiefür gegeben ist. Am allerwenigsten dürfte es zu billigen sein, wenn die Staatsgewalt die Hand dazu bieten würde, im Wege der Stiftungsgenehmigung Vermögen für Familienzwecke sozusagen in fraudem der VII. Verf.=Beil. festzulegen." In fraudem der VII. Verfassungsbeilage, die das Recht des Familienfideikommisses als ein Standesrecht des bayrischen Adels regelt, wäre es, wenn Zwecke, die durch Fideikommißgründung verfolgt werden können, für nicht zum bevorrechtigten Stande gehörige Familien im Wege der Familienstiftung erreicht werden könnten. Uebereinstimmend mit dieser Auffassung des bayrischen Rechtes: v. Kahr, Bayrische Gemeindeordnung I S. 684 und die daselbst angeführte Praxis der kgl. bayrischen Staatsregierung**). Es stünde nichts im Wege, der staatlichen Genehmigung im Wege der Landesgesetzgebung Direktiven zu ertheilen und Schranken aufzuerlegen, wie dies in Baden der Fall.

X. Die Errichtung des Stiftungsgeschäfts und das Gesuch um Genehmigung einerseits und die Ertheilung der staatlichen Genehmigung andererseits fallen zeitlich regelmäßig auseinander und sind oft durch einen längeren Zeitraum getrennt. Während dieser Zeit ist ein Schwebezustand vorhanden, welchen man mit dem Rechtszustande des nasciturus verglichen hat (Riedel I S. 197; Stintzing S. 405). Dieser Vergleich ist nur theilweise richtig. Er trifft zu, sofern die Stiftung, wenn sie nach dem Tode des Stifters genehmigt wird und dadurch zur Existenz als Juristische Person gelangt, für die Zuwendungen des Stifters selbst als schon vor dem Tode des Stifters entstanden gilt. Vgl. § 84. Dagegen gilt die Stiftung nicht als vor der Genehmigung vorhanden für die Zuwendungen anderer Personen an die Stiftung.

§ 81.

Das Stiftungsgeschäft unter Lebenden bedarf der schriftlichen Form.

Bis zur Ertheilung der Genehmigung ist der Stifter zum Widerrufe berechtigt. Ist die Genehmigung bei der zuständigen Behörde nachgesucht, so kann der Widerruf nur dieser gegenüber erklärt werden. Der Erbe des Stifters ist zum Widerrufe nicht berechtigt, wenn der Stifter das Gesuch bei der zuständigen Behörde eingereicht oder im Falle der gerichtlichen oder notariellen Beurkundung des Stiftungsgeschäfts das Gericht oder den Notar bei oder nach der Beurkundung mit der Einreichung betraut hat.

E. I, 59; II, 80; III, 80.

I. 1. § 81 handelt erstens von der Form des Stiftungsgeschäfts unter Lebenden; zweitens vom Widerrufe dieses Stiftungsgeschäftes.

2. Der E. I, E. II u. III verlangten für das Stiftungsgeschäft unter Lebenden gerichtliche oder notarielle Errichtung. In der Reichstagskomm. erachtete man die Schriftform als genügend, weil das Erforderniß der Staatsgenehmigung eine Garantie für die Unzweifelhaftigkeit und Sicherheit der im Stiftungsgeschäfte enthaltenen Willenserklärungen biete (RTK. 25). Ueber die Form des Stiftungsgeschäfts von Todeswegen vgl. die Bem. zu § 83.

3. In Bezug auf die Schriftform vgl. § 126.

II. Widerruf des Stiftungsgeschäfts unter Lebenden.

1. Das Stiftungsgeschäft unter Lebenden besteht schon vor Ertheilung der Genehmigung und schon vor Einreichung des Gesuchs um Genehmigung. Um nicht mehr zu bestehen, muß es widerrufen werden. Dies kann vor Einreichung des Gesuchs formlos durch jede Bekundung des Willens, die Stiftung nicht mehr aufrecht zu erhalten, geschehen z. B. dadurch, daß der Stifter über das Stiftungsvermögen anderweitig verfügt.

---

*) Hiezu der Aufsatz: „Das neue bürgerliche Recht und das bayrische Stiftungswesen" in den „Blättern für administrative Praxis" Bd. 50 S. 273 ff., 341 ff.

**) Ungültigkeit der entgegen der VII. Verfassungsbeilage genehmigten Stiftung nimmt Becher, Bayrisches Landescivilrecht I S. 309 Anm. 6 an. Dagegen Seydel a. a. O.

Nach Einreichung des Gesuchs um Genehmigung kann der Widerruf nur durch Erklärung gegenüber der zur Genehmigung zuständigen Behörde erfolgen (vgl. Meurer S. 275). Da die Genehmigung der Stiftung unter Lebenden ohne Einreichung des Gesuchs um Genehmigung nicht erfolgen kann, so fragt sich, welche rechtliche Bedeutung der Widerruf hat, der vor Einreichung des Gesuchs um Genehmigung irgendwie erklärt wird. Die Bedeutung des Widerrufs besteht unter diesen Umständen nur darin, das Stiftungsgeschäft überhaupt aus der Welt zu schaffen. Wird nicht widerrufen, so besteht das Stiftungsgeschäft fort und es kann der Erbe das Gesuch um Genehmigung der Stiftung, als einer Stiftung des Erblassers unter Lebenden einreichen und dadurch die Entstehung der Stiftung als einer Stiftung des Erblassers und die Festlegung des im Stiftungsgeschäfte der Stiftung zugewendeten Vermögens für die Stiftung herbeiführen. Ist die Stiftung widerrufen, so muß der Erbe, wenn er dennoch an der Stiftung festhalten will, dieselbe als eine von ihm errichtete Stiftung zur Genehmigung anmelden. Andererseits muß auch der Erbe das Stiftungsgeschäft widerrufen, wenn er verhindern will, daß die Stiftung durch Genehmigung entsteht, indem durch eine hiezu legitimirte Person die Genehmigung beantragt wird. Zu diesem Widerrufe ist der Erbe nur dann nicht berechtigt, wenn der Erblasser selbst noch das Gesuch eingereicht oder bei gerichtlicher oder notarieller Beurkundung des Stiftungsgeschäfts das beurkundende Gericht oder den beurkundenden Notar mit der Einreichung des Gesuchs betraute. Hat der Erblasser aber eine andere Person, z. B. einen anderen als den beurkundenden Notar mit der Einreichung des Gesuchs betraut, so steht dem Erben, wenn das Gesuch nicht noch bei Lebzeiten des Stifters eingereicht wurde, der Widerruf auch nach Einreichung des Gesuchs bei der zuständigen Behörde zu. Vgl. Bem. 6.

Daß der Erbe berechtigt ist, das vom Erblasser errichtete Stiftungsgeschäft unter Lebenden zur Genehmigung einzureichen und damit die Stiftung als Stiftung des Erblassers zur Existenz zu bringen, ist in den Protokollen der II. Komm. anerkannt worden (P. I, 592).

Die Auffassung, daß der Antrag auf Genehmigung zur Perfektion des Stiftungsgeschäfts selbst gehört (Hölder Bem. 1 zu § 81), ist nach Vorstehendem nicht richtig.

2. Der Widerruf des Stiftungsgeschäfts ist nach den Ausführungen zu 1, solange das Genehmigungsgesuch nicht bei der zuständigen Behörde eingereicht ist, eine einseitige, formlose, nicht empfangsbedürftige Willensbekundung, nach Einreichung des Gesuchs bei der zuständigen Behörde dagegen eine einseitige empfangsbedürftige und gemäß § 130 BGB. zu behandelnde Erklärung.

3. „Zuständige Behörde" im Sinne des § 81 ist die für Genehmigung der Stiftung zuständige Behörde. In einer Reihe von Bundesstaaten ist aber der Landesherr zur Genehmigung einer Stiftung nach den Landesgesetzen zuständig (vgl. die Zusammenstellung in der Bem. V, 4 zu § 80). Es entspricht nicht dem Sprachgebrauche der Gesetze, den Landesherrn als „Behörde" zu bezeichnen. In den Bundesstaaten, welche die Genehmigung der Stiftung dem Landesherrn überweisen, bestehen indessen Behörden, denen die vorbereitende Sachbehandlung und Prüfung des Stiftungsgeschäfts überwiesen ist und bei welchen daher — als Vertretern des Landesherrn — das Gesuch um Genehmigung eingereicht werden kann und einzureichen ist. So steht in Bayern die vorbereitende Sachbehandlung demjenigen Staatsministerium zu, in dessen Geschäftskreis der Stiftungszweck liegt, also unter Umständen mehreren Staatsministerien gemeinsam (v. Seydel II, 716). Das Gesuch ist als empfangsbedürftige einseitige Willenserklärung der „zuständigen Behörde" auch in den Fällen zugegangen, in denen der Landesherr zu genehmigen hat, wenn es bei der zur Prüfung des Gesuchs berufenen Behörde eingereicht ist. Ebenso muß auch der Widerruf gegenüber dem Landesherrn als erklärt gelten, wenn er jener Behörde zugegangen ist, bei welcher das an den Landesherrn gerichtete Gesuch um Genehmigung einzureichen ist.

4. Der Stifter kann bei gerichtlicher oder notarieller Beurkundung des Stiftungsgeschäfts, die gemäß § 126 und § 81 die Schriftform ersetzt, das beurkundende Gericht oder den beurkundenden Notar bei oder nach der Beurkundung des Stiftungsgeschäfts mit der Einreichung des Gesuchs um Genehmigung betrauen. Auch in diesem Falle ist der Stifter selbst so lange zu formlosem Widerrufe des Stiftungsgeschäfts berechtigt, als der Auftrag nicht ausgeführt ist. Gleiches gilt, wenn der Stifter irgend eine andere Person mit seiner Vertretung bei Einreichung des Gesuches betraut hat.

5. Ist das Stiftungsgeschäft von mehreren Stiftern errichtet, so muß auch das Gesuch um Genehmigung von ihnen gemeinsam gestellt werden. Die Wirkung des gemeinsamen Gesuches erlischt aber, wenn einer der mehreren Stifter gegenüber der zuständigen Behörde den Widerruf für seine Person erklärt. Die Wirkung dieses Widerrufs wird dadurch nicht ausgeschlossen, daß der Widerruf etwa einer unter den mehreren Stiftern getroffenen Vereinbarung widerspricht (vgl. hiezu Stintzing S. 436; Planck Bem. 5 zu § 81).

6. Der Erbe des Stifters kann die Stiftung unter Lebenden nicht mehr widerrufen, wenn der Stifter selbst das Gesuch um Genehmigung eingereicht oder auch nur die in § 81 bezeichneten Personen mit der Einreichung betraut hat, auch wenn diese Personen den Auftrag bei Lebzeiten des Stifters nicht mehr ausgeführt haben. Derselbe kann das Stiftungsgeschäft ferner dann nicht mehr widerrufen, wenn der Stifter andere Personen als das beurkundende Gericht oder den beurkundenden Notar mit der Einreichung des Gesuchs beauftragt hat und dieselben den Auftrag noch bei Lebzeiten des Stifters ausgeführt haben. Denn dann gilt die Einreichung als noch vom Stifter selbst ausgeführt (vgl. Meurer S. 275). Ist dagegen der Auftrag von diesen Personen erst nach dem Tode des Stifters ausgeführt worden (was möglich, da der Auftrag im Zweifel durch den Tod des Auftraggebers nicht erlischt; § 672), so kann der Erbe noch durch Erklärung gegenüber der zuständigen Behörde widerrufen. Mehrere Erben können nur zur gesammten Hand, also gemeinsam, den Widerruf erklären. Vgl. Stintzing S. 407. Uebereinstimmend Dernburg I § 92 Anm. 18. And. Ans. Hölder Bem. 3 zu § 81; Planck Bem. 5 zu § 81.

III. Wird die Genehmigung der Stiftung von dem zuständigen Bundesstaate oder vom Bundesrathe abgelehnt, so ist das Stiftungsgeschäft erloschen. Es bedarf dann keines Widerrufs desselben mehr, um die nachträgliche Genehmigung der Stiftung ohne weiteren Antrag auszuschließen. Diese Genehmigung kann vielmehr nur durch Neueinreichung eines Gesuchs um Genehmigung einer wenn auch materiell identischen, aber formell neuen Stiftung ermöglicht werden. Uebereinstimmend Meurer S. 270 Anm. 2, Rehbein Anm. 3, b zu § 80 ff.; and. Ans. Hölder Bem. 4 zu § 81, nach welchem nach Ablehnung der Genehmigung das Stiftungsgeschäft widerrufen oder der Antrag dem Stifter zurückgegeben, vernichtet oder sonst aus den Akten entfernt werden müßte, um nicht mehr zu wirken. Nach Planck Bem. 7 zu § 81 ist der Antrag definitiv durch Ablehnung erledigt, das Stiftungsgeschäft unter Lebenden bleibt bestehen, so daß der Antrag erneuert werden kann; das Stiftungsgeschäft von Todeswegen erlischt (Bem. 3 zu § 84). Wie Planck auch Goldmann-Lilienthal I S. 111, Kuhlenbeck I Bem. 3 zu § 84.

§ 82.

Wird die Stiftung genehmigt, so ist der Stifter verpflichtet, das in dem Stiftungsgeschäfte zugesicherte Vermögen auf die Stiftung zu übertragen. Rechte, zu deren Uebertragung der Abtretungsvertrag genügt, gehen mit der Genehmigung auf die Stiftung über, sofern nicht aus dem Stiftungsgeschäfte sich ein anderer Wille des Stifters ergiebt.

E. I, 58 Satz 3 u. 4; II, 79; III, 79.

1. Mit der Genehmigung der Stiftung entsteht dieselbe als Juristische Person. Soferne der Stifter im Stiftungsgeschäfte der Stiftung ein Vermögen zugesichert hat, hat die Stiftung dieses Vermögen nicht alsbald von selbst. Es findet kein Rechtsübergang kraft Gesetzes wie bei Erbfolge oder bei Errichtung einer allgemeinen Gütergemeinschaft (§ 1438) statt. Vielmehr entsteht die Stiftung nur alsbald ausgestattet mit dem Anspruch auf Uebertragung des zugesicherten Vermögens. Sind der Stiftung im Stiftungsgeschäfte Rechte zugesichert, zu deren Uebertragung der Abtretungsvertrag genügt, so gehen ausnahmsweise mit der Genehmigung diese Rechte auf die Stiftung über, soferne sich nicht aus dem Stiftungsgeschäft ein anderer Wille des Stifters ergiebt. Rechte, zu deren Uebertragung der Abtretungsvertrag genügt, sind z. B. Forderungsrechte, dingliche Ansprüche, Urheberrechte (§§ 398, 413; vgl. Enneccerus I, 494; Riedel I, 208). Im E. I § 58 war die umgekehrte Regel aufgestellt. Der unmittelbare Uebergang von Rechten sollte überhaupt nur dann stattfinden, wenn dies als dem Willen des Stifters entsprechend sich ergebe. Die Vorschrift des Gesetzes wurde aufgenommen als zumeist dem Stifterwillen entsprechend.

Rechte, zu deren Uebertragung der Abtretungsvertrag nicht genügt, hat der Stifter auf die Stiftung einzeln zu übertragen. Hieher gehören insbesondere: Rechte an Grundstücken, Uebertragung des Eigenthums oder eines anderen Rechtes an einem Grundstücke, Belastung eines Grundstücks zu Gunsten der Stiftung. Hier ist außer dem dinglichen Vertrage noch die Eintragung der Rechtsveränderung im Grundbuch erforderlich (§ 873). Vgl. hiezu Dernburg I § 92 Nr. VI S. 284; Goldmann-Lilienthal I S. 109 Anm. 28. A. M. Förster, Handb. des formellen Grundbuchrechts S. 139.

2. § 82 ist auch anwendbar, wenn die Stiftung unter Lebenden erst nach dem Tode des Stifters genehmigt wird. Gemäß § 84 gilt sie dann für Zuwendungen des Stifters als schon vor dem Tode desselben entstanden. Es bedarf aber auch hier der Rechtsübertragung im Einzelnen. Uebereinstimmend Planck Bem. 2 zu § 84; and. Ans. Riedel I, 202,

der in diesem Falle wie bei Erbeinsetzung einer Stiftung eine Universalsuccession annimmt.

3. Die Verpflichtung des Stifters beginnt mit dem Augenblicke der Genehmigung. Eine Rückwirkung auf die Zeit des Stiftungsgeschäfts findet nicht statt, sofern nicht etwa aus dem Stiftungsgeschäfte sich ergiebt, daß eine solche Rückwirkung dem Willen des Stifters entspricht (M. I, 123). Vor Genehmigung der Stiftung ist der Stifter überhaupt nicht gebunden, da er das Stiftungsgeschäft jederzeit widerrufen kann. Daß der Widerruf nach Einreichung des Gesuchs um Genehmigung nur gegenüber der hiefür zuständigen Behörde erfolgen kann, begründet keine Gebundenheit des Stifters nach Art der Gebundenheit des Kontrahenten in einem bedingten Rechtsgeschäfte, wie Hölder, Bem. 2 zu § 82 und Meurer S. 276 annehmen. Uebereinstimmend mit der hier vertretenen Auffassung Planck, Bem. 2 zu § 82. Der E. I schrieb für den Fall, daß die staatliche Genehmigung der Stiftung durch Landesrechte erforderlich erklärt werden sollte, vor, daß der Stifter von dem Augenblicke an gebunden sein sollte, in welchem er um die staatliche Genehmigung nachsucht. Ein Widerrufsrecht stand nach dem E. I dem Stifter von jenem Augenblicke an nicht mehr zu. Vermöge dieser seiner Verpflichtung sollte sich der Stifter in der gleichen Lage befinden, wie derjenige, welchem eine bedingte Verpflichtung obliegt. Diese Gebundenheit sollte nur aufhören bei Versagung der Genehmigung (M. I, 123). Die II. Komm. beseitigte diese Gebundenheit des Stifters und nahm im Gegensatze hiezu die freie Widerruflichkeit des Stiftungsgeschäfts auf, und zwar mit Rücksicht auf die Auffassung der Stiftung als einseitiges Rechtsgeschäft (P. I, 592). Eine Gebundenheit des Stifters sollte erst mit dem Augenblicke der staatlichen Genehmigung eintreten. Es wurde insbesondere gesagt: die Analogie der Vertragsofferte ließe sich für eine frühere Bindung des Stifters nicht geltend machen (P. I, 592). Diese Auffassung ist im Gesetze mit genügender Deutlichkeit zum Ausdrucke gelangt. Vor staatlicher Genehmigung der Stiftung besteht keine Verpflichtung des Stifters, auch keine bedingte. Es wird daher auch von Planck Bem. 2 zu § 82 mit Recht angenommen, daß der Stifter, solange er nicht gemäß § 82 gebunden, also bis zum Augenblicke der Genehmigung der Stiftung in der Verfügung über die der Stiftung zugesicherten Vermögensgegenstände nicht beschränkt ist, daß er wegen Veränderung, insbesondere Verschlechterung derselben nicht haftet, daß die Vorschriften über bedingte Rechtsgeschäfte §§ 160, 161 hier keine Anwendung finden können.

4. Ueber Art und Umfang der Haftung des Stifters besteht Streit. Nach E. I § 58 Satz 3 waren die Normen betreffend die Haftung des Schenkers auf den Stifter analog anzuwenden. Diese Bestimmung wurde in der II. Komm. gestrichen in der Absicht, die Entscheidung der Frage der Wissenschaft und der Rechtsprechung zu überlassen (P. I, 593, III). Nach Planck Bem. 3 zu § 82 entsteht durch Genehmigung seitens des Staates ein dem Schenkungsversprechen, und im Falle des § 82 Satz 2 der durch Veräußerung vollzogenen Schenkung durchaus entsprechendes Rechtsverhältniß, sofern sich nicht aus den Umständen des Falles ein Anderes ergiebt, und soll daher der Stifter analog dem Schenker haften (§§ 521—524). Nach Stintzing S. 401 sind die Schenkungsregeln nie anzuwenden, weil eine Schenkung nicht vorliegt. Der Stifter soll nach gewöhnlichen Grundsätzen haften auf das Erfüllungsinteresse, wenn er Rechte, zu deren Uebertragung der Abtretungsvertrag genügt, vor der Genehmigung auf Andere übertragen hat. Nach den Ausführungen zu 3 dürfte dies unrichtig sein und die Planck'sche Auffassung den Vorzug verdienen. So auch Meurer S. 276; Endemann I S. 216.

5. Der Stifter haftet der Stiftung, ohne daß es seitens derselben einer Annahmeerklärung bedarf. Die Haftung ist geltend zu machen durch das zur Vertretung der Stiftung nach Außen hin berufene Organ der Stiftung, den Vorstand. Ist der Stifter selbst der Vorstand, so ist gemäß §§ 86, 29 BGB. für die Geltendmachung des Anspruchs gegen den Stifter ein anderer Vorstand durch das Amtsgericht des Stiftungssitzes zu bestellen, soferne nicht nach der Verfassung der Stiftung und nach Landesrecht ein Anderes sich ergiebt, insbesondere eine öffentliche Behörde zur Vertretung der Stiftung überhaupt oder doch für den betreffenden Fall berufen ist.

§ 83.

Besteht das Stiftungsgeschäft in einer Verfügung von Todeswegen, so hat das Nachlaßgericht die Genehmigung einzuholen, sofern sie nicht von dem Erben oder dem Testamentsvollstrecker nachgesucht wird.

E. I, 58; II, 80; III, 80.

I. Letztwillige Errichtung einer Stiftung. § 83 entscheidet die im gemeinen Rechte bestehende von der herrschenden Meinung bejahte Streitfrage, ob die Errichtung einer rechtsfähigen Stiftung auch dadurch erfolgen könne, daß ein Erblasser den auf Errichtung der Stiftung gerichteten Willen im Wege der Einsetzung der Stiftung zum Erben oder durch Zuwendung eines Vermächtnisses erklärt (M. I, 120; Meurer § 29). Die Vorschrift, daß die Genehmigung der Stiftung von Todeswegen, wenn sie nicht vom Erben oder Testamentsvollstrecker nachgesucht wird, vom Nachlaßgericht einzuholen sei, ist durch die II. Komm. beschlossen worden.

II. Eine Verfügung von Todeswegen im Sinne des § 83 kann getroffen werden in einem Testament oder Erbvertrag. Im Gegensatz zum Stiftungsgeschäft unter Lebenden muß bei Errichtung einer Stiftung von Todeswegen der Stiftung im Stiftungsgeschäfte ein Vermögen zugewendet werden (Hölder, Bem. 2 zu § 83).

III. Die Verfügung von Todeswegen kann bestehen: in der Einsetzung der Stiftung als Erbin, als Miterbin, als Vorerbin, als Nacherbin, als Ersatzerbin. Sie kann ferner bestehen in einem Vermächtniß und einer Auflage. Sie kann dagegen nicht bestehen in einer Schenkung von Todeswegen, weil dieses Rechtsgeschäft seinem Begriffe nach (§ 2301) bei einer Juristischen Person, die erst nach dem Tode des Erblassers ins Dasein tritt, unanwendbar ist. Ob eine derartige Verfügung in Anwendung von §§ 140, 2084 als Vermächtnißverfügung aufrecht erhalten werden kann, ist eine Frage der Auslegung des einzelnen Falles.

Im Einzelnen ist noch Folgendes zu bemerken:

1. Wird die Stiftung durch Erbeinsetzung in einem Testament oder in einem Erbvertrag errichtet, so ist für den Fall der Genehmigung § 84 anwendbar: die Stiftung gilt als bereits vor dem Tode des Stifters entstanden und erwirbt daher mit dem Tode das Erbvermögen. Das Stiftungsgeschäft selbst besteht in der Verfügung von Todeswegen. Ist daher die Stiftung auf Grund derselben und der staatlichen Genehmigung entstanden, so kann die Erbschaft nicht ausgeschlagen werden (Zitelmann I, 72; and. Ans. Stintzing S. 440). Sache der staatlichen Prüfung ist es, festzustellen, ob die Erbeinsetzung der Stiftung eine genügende Garantie für die Durchführung ihrer Zwecke verschafft, so daß es einer Ausschlagungsberechtigung nicht bedarf.

2. Ist die Stiftung als Miterbin eingesetzt, so ist § 2043 BGB. anzuwenden. Die Auseinandersetzung unter den Erben ist ausgeschlossen, bis die Entscheidung über Ertheilung oder Versagung der Genehmigung eingetroffen ist.

3. Ist die Stiftung als Nacherbin (§ 2100) eingesetzt, so ist § 83 anwendbar. Es kann der Vorerbe oder der Testamentsvollstrecker die Genehmigung der Stiftung nachsuchen und, wenn es von diesen unterlassen wurde, ist die Einholung der Genehmigung Sache des Nachlaßgerichtes. Die Stiftung entsteht hier mit der Genehmigung und schon vor dem Nacherbfall. Es ist daher dem Vorstande der Stiftung möglich, deren Interessen gegen den Vorerben zu wahren.

4. Die Stiftung kann auch als Vorerbin eingesetzt sein. Da hiemit die Vermögensausstattung der Stiftung zeitlich beschränkt ist, so kann eine derartige letztwillige Verfügung als Stiftungsgeschäft nur dann zugelassen werden, wenn auch der Zweck der Stiftung ein zeitlich begrenzter oder wenn die Vorerbschaft so geordnet ist, daß die der Stiftung während der Zeit der Vorerbschaft anfallenden Mittel eine dauernde Ausstattung für den Stiftungszweck darstellen (vgl. hiezu Endemann III § 40). Es ist dies indessen eine lediglich für die Prüfung des Stiftungsgeschäfts in Bezug auf die thatsächliche Ausstattung der Stiftung in Betracht kommende Erwägung. Denn rechtlich genügt die Einsetzung der Stiftung als Vorerbin jedenfalls. Die Behauptung Stintzings S. 442, daß beim Eintritte des Nacherbfalles immer eine Liquidation der Stiftung einzutreten habe, ist nicht richtig. Dies wäre nur dann richtig, wenn durch den Eintritt des Nacherbfalls das für die Stiftung erforderliche Vermögen derselben entzogen und die Erfüllung des Stiftungszwecks unmöglich würde oder wenn der Stiftungszweck von vorneherein auf die Zeit der Vorerbschaft beschränkt ist.

5. Ist die Stiftung als Ersatzerbin (§ 2096) eingesetzt, so kann die Genehmigung des Stiftungsgeschäfts sofort nach dem Tode des Erblassers erfolgen. Wird die Stiftung genehmigt, so entsteht die Juristische Person alsbald und schon vor dem Eintritte der Berufung der Stiftung zur Ersatzerbfolge. Fällt die Ersatzerbenberufung hinweg, indem der Vorberufene die Erbschaft annimmt, so entfällt die für den Stiftungszweck erforderliche Ausstattung. Die Einsetzung einer zu gründenden Stiftung als Ersatzerbin dürfte daher nur ausnahmsweise genügen, um die staatliche Genehmigung zu rechtfertigen.

6. Besteht das Stiftungsgeschäft in einer Vermächtnißverfügung, so wird die Wirksamkeit der Verfügung nach BGB. dadurch nicht beeinträchtigt, daß der mit dem Vermächtnisse belastete Erbe oder Vermächtnißnehmer die belastete Zuwendung ausschlägt. Das Vermächtniß begründet eine auf dem Nachlaß selbst lastende Schuld und fällt daher nicht aus, wenn der mit demselben Belastete persönlich ausschlägt (§ 2161). Auch die

Vermächtnißverfügung kann die Zuwendung an die Stiftung zeitlich in der Weise begrenzen wie die Erbeinsetzung. Sie kann durch Bestimmung eines Nachvermächtnisses zeitlich begrenzt sein. Hiefür gilt mit Rücksicht auf § 2191 Abs. 2 das oben Bem. 4 bezüglich der Erbeinsetzung Gesagte.

7. Das Stiftungsgeschäft von Todeswegen kann auch in einer Auflage bestehen. Der Stifter ordnet in der Auflageverfügung an, daß einer rechtsfähigen Stiftung, die er zu bestimmtem Zwecke begründen will, der durch die Auflage Beschwerte eine bestimmte Summe oder Sache zu leisten habe. Richtig ist, daß in diesem Falle die Stiftung kein klagbares Recht auf die Erfüllung der Auflage hat (§ 1940). Andererseits können aber der Erbe oder derjenige, welchem der Wegfall des mit der Auflage Belasteten unmittelbar zu Statten kommt, und, wenn die Stiftung im öffentlichen Interesse gelegen ist, auch die zur Wahrung dieses Interesses zuständige Behörde die Vollziehung der Auflage verlangen (§ 2194), und an einem Belasteten fehlt es auch dann nicht, wenn der unmittelbar mit der Auflage Beschwerte wegfällt (§§ 2192, 2161). Es dürfte nicht richtig sein, daß durch Auflage eine Stiftung nicht begründet werden kann, wie Endemann (Einf. III S. 314) behauptet. Ebenso ist nicht richtig, daß im Falle der Auflageverfügung der „unmittelbare" Stifter nicht der Erblasser, sondern der Beschwerte sei (Stintzing S. 454), oder daß der Beschwerte immer als der Stifter zu erachten sei (Planck Bem. 2 zu § 83, Meurer S. 285 zu Note 4 und die dort Citirten). Richtig ist nur, daß die Auflage auch den Inhalt haben kann, daß der Beschwerte eine Stiftung zu errichten habe. Das Stiftungsgeschäft kann aber auch in der letztwilligen Auflageverfügung vollständig als Geschäft des Erblassers enthalten sein. Die Auflage bietet trotz des Mangels eines klagbaren Anspruchs auf Erfüllung seitens des durch die Auflage Bedachten eine juristisch genügende Form für das Stiftungsgeschäft. Hiebei ist darauf hinzuweisen, daß die Bestimmung des § 82, welche eine auf den Erben übergehende Verpflichtung des Stifters zum Vollzuge seiner Zuwendung an die Stiftung festsetzt, auf das Stiftungsgeschäft von Todeswegen überhaupt nicht anwendbar ist und daß es daher nicht zum Wesen des Stiftungsgeschäfts von Todeswegen gehört, daß neben der Pflicht des Beschwerten zur Leistung an die Stiftung auch ein dieser Pflicht entsprechendes Recht des Bedachten auf diese Leistung bestehe. Es genügt, daß der Vollzug der Auflage in anderer Weise als durch einen Anspruch des Bedachten sichergestellt ist (§ 2194).

Die Landesgesetze haben in einer Reihe von Bundesstaaten die Zuständigkeit der Behörden zum Einschreiten in Betreff des Vollzugs von Auflagen im öffentlichen Interesse geordnet: vgl. Baden AV. § 37; Bayern AG. Art. 107, AV. (Zuständigkeitsverordnung) § 24; Braunschweig AG. § 23; Bremen AG. § 12; Hessen AG. Art. 36; Lippe AG. § 20: Lübeck AG. § 25; Mecklenburg-Schwerin AV. § 39; Mecklenburg-Strelitz AV. § 38; Königreich Sachsen AV. § 10.

IV. 1. Das Stiftungsgeschäft von Todeswegen ist von Seite des Stifters frei widerruflich, wenn es durch Testament errichtet ist. Ist es durch Erbvertrag errichtet, so kann auch der Widerruf nur durch Vertrag erfolgen (§ 2290) oder, wenn das Stiftungsgeschäft in einer Vermächtnißverfügung oder Auflage bestand, durch Testament mit Zustimmung des Vertragsgegners (§ 2291).

Das vertragsmäßige Stiftungsgeschäft kann auch durch Ausübung des Rücktrittsrechts erlöschen (§§ 2293 ff.). Es kann aber auch ein Erbvertrag ein Stiftungsgeschäft ohne Bindung gegenüber dem Vertragsgegner enthalten und zwar ein Stiftungsgeschäft von Todeswegen oder unter Lebenden. Zum Widerruf eines solchen Stiftungsgeschäftes bedarf es weder eines Vertrags noch der Zustimmung des Erbvertragsgegners. Wird die Stiftung durch einen Erbvertrag unter Ehegatten oder Verlobten errichtet, in welchem an die zu errichtende Stiftung vertragsmäßig eine Zuwendung gemacht wird, so wird das Stiftungsgeschäft gemäß §§ 2279 u. 2077 hinfällig, wenn die Ehe nichtig ist oder vor dem Tode des Stifters aufgelöst wird oder zwischen den Verlobten überhaupt nicht zu Stande kam (vgl. hiezu Stintzing S. 461, 462).

2. Das in einer letztwilligen Verfügung bestehende Stiftungsgeschäft von Todeswegen kann vom Erben des Stifters nicht mehr widerrufen werden. § 81 ist auf das Stiftungsgeschäft von Todeswegen nicht anwendbar. Eben deßwegen kann hier die staatliche Genehmigung auch ohne Antrag eines Betheiligten ertheilt werden (Planck Bem. 3 zu § 83). § 83 schreibt vor, daß durch das Nachlaßgericht die staatliche Genehmigung einzuholen sei, sofern sie nicht vom Erben oder vom Testamentsvollstrecker nachgesucht werde. Es handelt sich hiebei nicht um eine formelle Voraussetzung der Genehmigung, wie der Antrag beim Stiftungsgeschäfte unter Lebenden ist, sondern vielmehr nur um eine Anzeige, durch welche das Verfahren betreffend die Genehmigung in die Wege geleitet wird (Hölder Bem. 1 zu § 83; Planck Bem. 3 zu § 83). Die Thätigkeit des Nachlaßgerichts ist zu diesem Zwecke insbesondere dann erforderlich, wenn die Stiftung zum alleinigen Erben eingesetzt ist und kein Testamentsvollstrecker ernannt wurde. Die Ein-

holung der Genehmigung ist dem Nachlaßgerichte, wenn der Erbe oder Testamentsvollstrecker sich passiv verhält, zur Pflicht gemacht, und es hängt daher nicht vom Ermessen des Nachlaßgerichts oder von seinem Urtheil über den Werth oder Unwerth der Stiftung ab, ob die Genehmigung eingeholt werden soll oder nicht. Die Prüfung des Werthes und die Billigung der Stiftung ist lediglich Aufgabe der für die Genehmigung selbst zuständigen Stellen. In Bezug auf die Gültigkeit der Stiftung ist die Vorschrift des § 83 nur instruktionell. Die Genehmigung ist auch dann gültig, wenn sie ohne Thätigkeit des Nachlaßgerichtes auf die Anzeige einer dritten Person erfolgt.

§ 84.

Wird die Stiftung erst nach dem Tode des Stifters genehmigt, so gilt sie für die Zuwendungen des Stifters als schon vor dessen Tode entstanden.

E. I, 61 Abs. 3; II, 81; III, 81.

1. Die Norm des § 84 trifft sowohl die Stiftung unter Lebenden als auch die Stiftung von Todeswegen. Die Stiftung unter Lebenden wird möglicher Weise erst nach dem Tode des Stifters genehmigt, auch wenn der Stifter selbst noch den Antrag auf Genehmigung gestellt hat. Insbesondere können auch die vom Stifter mit der Einreichung des Gesuchs um Genehmigung beauftragten Personen (§ 81 Abs. 2 Satz 2) das Gesuch erst nach dem Tode des Stifters einreichen. Es kann auch, wenn der Stifter selbst weder einen Antrag gestellt noch mit Einreichung eines Gesuchs Andere beauftragt hat, der Erbe des Stifters die Genehmigung beantragen. Alle diese Fälle trifft § 84. Vgl. hiezu Planck Bem. 2 zu § 84.

2. Die Stiftung gilt als vor dem Tode des Stifters entstanden für Zuwendungen des Stifters: nicht bloß für die Zuwendungen im Stiftungsgeschäfte von Todeswegen, sondern auch für die Zuwendungen im Stiftungsgeschäfte unter Lebenden; ferner aber auch für Zuwendungen, welche der Stifter außerhalb des Stiftungsgeschäfts vor der Genehmigung zu Gunsten der Stiftung verfügt hat. Die Stiftung, obwohl erst nach dem Tode des Stifters entstanden, kann diese Zuwendungen geltend machen, wie wenn sie schon vor dem Tode des Stifters entstanden wäre. Es ist zwar richtig, daß die im Stiftungsgeschäft unter Lebenden selbst vom Stifter der noch nicht genehmigten Stiftung gemachten Zuwendungen schon gemäß § 82 im Falle der Genehmigung zur Geltung gelangen, denn § 82 unterscheidet nicht den Fall der Genehmigung vor dem Tode und den Fall der Genehmigung nach dem Tode des Stifters. Trotzdem hat aber auch für diesen Fall § 84 Bedeutung. Denn er bestimmt für diese Zuwendungen im Stiftungsgeschäfte unter Lebenden die Rückziehung auf den Augenblick des Todes des Stifters. Es gelten die Ansprüche der Stiftung als mit dem Tode des Stifters bereits entstanden und Rechte, zu deren Uebertragung der Abtretungsvertrag genügt, gelten als bereits mit dem Tode des Stifters auf die später genehmigte Stiftung übergegangen. So mit zutreffenden Gründen Planck Bem. 2 zu § 84. And. Ans. Hölder Bem. 2 zu § 84.

3. Die gesetzliche Fiktion des § 84 trifft nur die Zuwendungen des Stifters selbst. Für die Zuwendungen Dritter an die noch nicht genehmigte und daher noch nicht entstandene Stiftung gelten die allgemeinen Grundsätze. Die Erbeinsetzung einer noch nicht genehmigten Stiftung durch einen Dritten kann gemäß § 2101 durch die Annahme einer Einsetzung der zukünftigen Stiftung als Nacherbin aufrecht erhalten werden. Entspricht dies nicht dem Willen des Erblassers, so ist die Erbeinsetzung unwirksam. Dagegen kann ein Vermächtniß zu Gunsten einer noch nicht genehmigten Stiftung eines Anderen immer wirksam verfügt werden. Vgl. hiezu Endemann III § 6 Nr. 1, b und § 38 Ziff. 2, b; Planck Bem. 2 zu § 84.

§ 85.

Die Verfassung einer Stiftung wird, soweit sie nicht auf Reichs- oder Landesgesetz beruht, durch das Stiftungsgeschäft bestimmt.

E. I, 60; II, 82; III, 82.

1. Ueber den Begriff der Verfassung vgl. die Vorbem. VI vor §§ 80 ff. und die Bem. 1 zu § 86. Unrichtig ist die Behauptung Hölders (Bem. 1 zu § 85), daß die Verfassung der Stiftung nichts Anderes sei als die Ordnung ihrer Verwaltung. Zur Verfassung der Stiftung gehört, wie beim rechtsfähigen Vereine, vor Allem die Bestimmung des Zweckes der Juristischen Person, daher auch mit Recht die AG. z. BGB. in der Aenderung des Zweckes der Stiftung eine wesentliche Verfassungsänderung erblicken. Vgl. z. B. preußisches AG. z. BGB. Art. 5.

Zur Verfassung der Stiftung gehören ferner die Normen bezüglich der Mittel, durch welche die rechtsfähige Stiftung ihren Zweck erfüllt, die Bestimmungen über Bildung, Bestellung, Vertretungsmacht und Geschäftskreis der Organe, über den Sitz, die Umwandlung und Beendigung der Juristischen Person, sowie die hiefür zuständigen Organe, endlich die Normen bezüglich des Schicksals des Stiftungsvermögens nach Umwandlung und Beendigung der Stiftung. Nur als zur Verfassung der Stiftung gehörig können die Landesgesetze Bestimmungen über die Aufhebung der Juristischen Person, außerhalb des Falles des § 87, treffen. Vgl. hiezu Bem. 1 zu § 87.

2. Für die Verfassung der Stiftung giebt § 85 drei Quellen an: Reichsrecht, Landesrecht, das Stiftungsgeschäft. Die Verfassung der Stiftung kann, wie die eines rechtsfähigen Vereins (§ 25), in doppeltem Sinne auf dem objektiven Rechte „beruhen". Ein Theil der Rechtsvorschriften stellt zwingende Normen dar und kann weder durch das Stiftungsgeschäft noch durch die staatliche Genehmigung beseitigt werden. Die reichsrechtliche Norm der §§ 86, 26, wonach die Stiftung einen Vorstand haben muß, ist z. B. zwingende Norm und kann auch durch das Landesrecht nicht beseitigt werden. Die Vorschrift des bayrischen Rechtes, wonach die Verwaltung allgemeiner öffentlicher Stiftungen unter staatlicher Kuratel geführt werden muß, ist zwingende Norm und der Stifter kann davon keine Befreiung gewähren (v. Seydel II, 724 Note 6). Vgl. hiezu M. I, 121. Andererseits ist es Aufgabe des Stiftungsgeschäfts, über die Bildung und Bestellung des Vorstandes der Stiftung Bestimmungen zu treffen. Die Landesrechte greifen hier regelmäßig nur ergänzend ein und sind dispositiver Natur. Vgl. z. B. Sachsen, AG. § 1 und AV. § 7; Hessen, AG. Art. 8; Mecklenburg-Schwerin, AG. § 20. Hieher gehört auch die Bestimmung des bayrischen Rechtes, wonach allgemeine öffentliche Stiftungen in staatlicher Verwaltung stehen, soferne nicht der Stifter anders verfügt hat (v. Seydel II, 724 zu Note 6).

3. In verschiedenen AG. z. BGB. ist dem Staate, der die Genehmigung zu ertheilen hat, die Befugniß eingeräumt, die Verfassung der Stiftung zu regeln, soweit sie nicht im Stiftungsgeschäfte geregelt ist. Wird von dieser Befugniß von der Behörde Gebrauch gemacht, so beruht, soweit dies der Fall, die Verfassung nicht auf dem Stiftungsgeschäft. Sie beruht auf dem Landesrecht, das in diesen Fällen die Rechtsnatur eines Blanquetgesetzes hat. Vgl. die zu 2 angeführten AG. und AV.

§ 86.

Die Vorschriften des § 26, des § 27 Abs. 3 und der §§ 28 bis 31, 42 finden auf Stiftungen entsprechende Anwendung, die Vorschriften des § 27 Abs. 3 und des § 28 Abs. 1 jedoch nur insoweit, als sich nicht aus der Verfassung, insbesondere daraus, daß die Verwaltung der Stiftung von einer öffentlichen Behörde geführt wird, ein Anderes ergiebt. Die Vorschriften des § 28 Abs. 2 und des § 29 finden auf Stiftungen, deren Verwaltung von einer öffentlichen Behörde geführt wird, keine Anwendung.

E. I, 61; II, 83; III, 83.

I. Die vereinsrechtlichen Vorschriften, welche durch § 86 auf die rechtsfähige Stiftung zur entsprechenden Anwendung übertragen werden, betreffen die Verfassung der Juristischen Person, deren Haftung auf Schadensersatz, die Wirkung einer Konkurseröffnung über das Vermögen der Stiftung.

II. 1. Unbedingt anwendbar sind auf die Stiftung die Vorschriften des § 26. Die Stiftung muß daher, gleichviel in welcher Verwaltung sie steht, wie schon wiederholt betont, einen Vorstand haben. Ueber die Bildung des Vorstandes und seine Vertretungsmacht entscheidet zunächst das Stiftungsgeschäft, dann Landesrecht. Durch das Stiftungsgeschäft kann die Vertretungsmacht des Vorstandes mit Wirkung gegen Dritte beschränkt werden. Die Normen des BGB. § 27 Abs. 1 u. 2 bezüglich der Bestellung des Vorstandes sind auf die Stiftung in § 86 nicht als entsprechend anwendbar erklärt. Doch sind diese Normen in den Landesgesetzen, welche die Verfassung der Stiftung und insbesondere die Bestellung des Stiftungsvorstandes regeln, dem Inhalte nach mehrfach als anwendbar erklärt. Vgl. hiezu: Braunschweig, AG. § 12; Hamburg, AG. § 12; Lippe, AG. §§ 9, 10; Lübeck, AG. §§ 8, 9; Mecklenburg-Schwerin, AV. §§ 18, 19; Mecklenburg-Strelitz, AV. §§ 18, 19; Reuß j. L., AG. § 10 Ziff. 3; Schwarzburg-Sondershausen, AG. Art. 5 § 2. Nach Preußischem Recht ist einer Familienstiftung die Genehmigung zu versagen, wenn die Stiftungsurkunde nicht „ausreichende Bestimmungen über die Bestellung eines Vorstandes enthält": AG. z. BGB. Art. 1 § 2; Kammergerichtsbeschluß vom 26. Juli 1902 in Rspr. d. OLG. Bd. 5 S. 381—383.

2. Für die Geschäftsführung des Vorstandes und dessen Rechtsverhältniß zur Stiftung ist § 27 Abs. 3 als anwendbar erklärt. Aus der Verfassung der Stiftung, insbesondere daraus, daß etwa eine öffentliche Behörde zur Verwaltung der Stiftung berufen ist, kann sich aber im einzelnen Falle die Unanwendbarkeit der nach § 27 Abs. 3 auf das Verhältniß der Stiftung zum Vorstande und umgekehrt entsprechend anzuwendenden Auftragsnormen ergeben. Vgl. hiezu badisches AG. Art. 6; Bayr. AG. Art. 89, bayrisches Gesetz über Errichtung eines Verwaltungsgerichtshofes Art. 8 Ziff. 35, wodurch für die Stiftungsverwaltung der Verwaltungsrechtsweg eröffnet wird.

3. § 28 Abs. 1 betrifft die Beschlußfassung des Vereinsvorstandes und verweist wieder auf §§ 32, 34, woselbst die Beschlußfassung der Vereinsmitglieder geregelt ist. Bei entsprechender Anwendung dieser Bestimmungen auf Stiftungen bedarf es, falls der Stiftungsvorstand aus mehreren Personen besteht, zur Beschlußfassung einer Versammlung des Vorstandes und entscheidet in dieser Versammlung die Mehrheit der erschienenen Mitglieder. Ohne Versammlung würde ein Vorstandsbeschluß gültig sein, wenn alle Vorstandsmitglieder ihre Zustimmung schriftlich erklären. Ein Vorstandsmitglied ist nicht stimmberechtigt, wenn die Beschlußfassung die Vornahme eines Rechtsgeschäfts mit ihm oder die Einleitung oder Erledigung eines Rechtsstreits zwischen ihm und der Stiftung betrifft. Die Anwendung des § 28 Abs. 1 kann durch die Verfassung der Stiftung ausgeschlossen sein, insbesondere dadurch, daß die Verwaltung einer öffentlichen Behörde überwiesen ist. Letzteres ist z. B. bei sogen. öffentlichen Stiftungen, der weitaus größten Zahl aller Stiftungen, in Bayern regelmäßig der Fall. Vgl. Mecklenburg-Schwerin, AB. § 22; Schwarzburg-Sondershausen, AG. Art. V § 2. In Bezug auf das preußische, württembergische, badische Recht vgl. Gierke, DPR. I § 78 Note 55.

4. § 28 Abs. 2 ist nach § 86 Abs. 2 auf Stiftungen, deren Verwaltung von einer öffentlichen Behörde geführt wird, nicht anwendbar. Es gilt in dieser Richtung lediglich Landesrecht, das mehrfach den Inhalt des § 28 Abs. 2 reproduzirt.

5. § 29, wonach fehlende Vorstandsmitglieder auf Antrag eines Betheiligten durch das Amtsgericht des Sitzes der Juristischen Person ergänzt werden können, ist auf Stiftungen, die der Verwaltung öffentlicher Behörden unterstehen, ebenfalls nicht anwendbar. Auch hier kommt lediglich Landesrecht zur Geltung.

6. § 30 ist auf Stiftungen überhaupt anwendbar. Hienach kann die Verfassung der Stiftung neben dem Vorstande für bestimmte Geschäfte besondere Vertreter aufstellen. Vgl. hiezu die Bem. II—VI zu § 30. Das Vorkommen anderer Organe der Juristischen Person neben dem Vorstande ist bei Stiftungen häufig. „Häufig ist namentlich die Verleihung des Stiftungsgenusses von der Stiftungsverwaltung abgetrennt und besonderen „Kollatoren" überwiesen", Gierke, DPR. I S. 655; so vor Allem bei Stipendienstiftungen. Bei Familienstiftungen ist für wichtigere Beschlußfassungen mehrfach die Versammlung der Familienmitglieder als Stiftungsorgan bezeichnet. Vgl. Preußen AG. Art. 2; Anhalt AG. Art. 6.

7. § 31 ist auf Stiftungen jeder Art als anwendbar erklärt. Diese Vorschrift kann, wie bei Vereinen, auch bei Stiftungen durch die Verfassung und daher auch durch Landesrecht nicht beseitigt werden.

8. Die Anwendung des § 42, welche anscheinend in § 86 allgemein zwingend vorgeschrieben wird, ist mit Rücksicht darauf bei bestimmten Stiftungen ausgeschlossen, daß eine Konkurseröffnung bei denselben ausgeschlossen ist. Vgl. hiezu die Bem. 12 zu § 42.

§ 87.

Ist die Erfüllung des Stiftungszwecks unmöglich geworden oder gefährdet sie das Gemeinwohl, so kann die zuständige Behörde der Stiftung eine andere Zweckbestimmung geben oder sie aufheben.

Bei der Umwandlung des Zweckes ist die Absicht des Stifters thunlichst zu berücksichtigen, insbesondere dafür Sorge zu tragen, daß die Erträge des Stiftungsvermögens dem Personenkreise, dem sie zu Statten kommen sollten, im Sinne des Stifters thunlichst erhalten bleiben. Die Behörde kann die Verfassung der Stiftung ändern, soweit die Umwandlung des Zweckes es erfordert.

Vor der Umwandlung des Zweckes und der Aenderung der Verfassung soll der Vorstand der Stiftung gehört werden.

EG. z. BGB. E. II Art. 85.

I. Entstehung der Vorschrift. § 87 wurde durch die Reichstagskomm. aufgenommen. E. I, II, III überwiesen die Bestimmung über die Umwandlung und das Erlöschen der Stiftung den Landesgesetzen. Der Bundesrathsentwurf des EG. z. BGB. Art. 60 und die Reichstagsvorlage des EG. Art. 85 sagen: „Unberührt bleiben die landesgesetzlichen Vorschriften über das Erlöschen und die Umwandlung der Stiftung" (vgl. M. I, 124; P. I. 489, 606, 607; VI, 119). In der Reichstagskomm. erachtete man diesen Vorbehalt der Landesrechte als unnöthig. Es wurde beschlossen den Art. 85 des E. II z. EG. z. BGB. zu streichen und dafür den nunmehrigen § 87 ins BGB. aufzunehmen. Die Reichstagskomm. war der Meinung, daß durch die Streichung des Art. 85 E. II z. EG. z. BGB. und durch die Aufnahme des § 87 in das Gesetz das Erlöschen und die Umwandlung der Stiftung ausschließlich reichsrechtlich geregelt sei. Dies war ein Irrthum und stand im Widerspruche mit der Aufnahme des § 85. Vgl. Bem. 1 zu § 85.

II. Nach § 87 kann die Stiftung erlöschen durch Aufhebung seitens der zuständigen Behörde, nach § 86 durch Konkurseröffnung über das Stiftungsvermögen. Außerdem kann die Stiftung auf Grund ihrer Verfassung erlöschen:

1. durch Ablauf der Zeit, für welche sie begründet wurde;

2. durch vollständige Erfüllung des Zweckes, für welchen sie begründet wurde, z. B. bei Errichtung eines Denkmals;

3. durch Verlust des Stiftungsvermögens und sonstiges Unmöglichwerden der Erfüllung des Stiftungszweckes;

4. durch Eintritt einer auflösenden Bedingung des Stiftungsgeschäfts;

5. durch Zurücknahme der Genehmigung, wenn dieselbe von der zuständigen Behörde auf Ruf und Widerruf ertheilt wurde. Die Schaffung einer in das Belieben der Verwaltungsbehörde gestellten Juristischen Person ist zulässig (P. I, 576).

6. Auf Grund landesrechtlicher Verfassungsbestimmungen kann eine Stiftung, auch wenn bei der Genehmigung derselben nicht ein Vorbehalt nach Maßgabe von Ziff. 5 gemacht wurde und auch wenn der Thatbestand des § 87 nicht vorliegt, aufgehoben und abgeändert werden. Vgl. z. B. das preußische AG. Art. 4 u. 5.

Wo solche verfassungsmäßige Bestimmungen bestehen, bedarf es bei der Genehmigung der einzelnen Stiftung keines ausdrücklichen Vorbehalts. Der Vorbehalt beliebiger Aufhebung oder Umwandlung der Stiftung ist dann durch das Gesetz allgemein gegeben. Bei Familienstiftungen kann nach landesrechtlicher Bestimmung die Aufhebung der Stiftung durch „Familienschluß" erfolgen und zwar auch dann, wenn die Aufhebung der Stiftung durch die Stiftungsurkunde verboten ist. Preußisches AG. z. BGB. Art. 2 § 1. Nach preußischem Recht kann ferner die Aenderung der Verfassung einer Stiftung, die nicht eine Familienstiftung ist, durch Beschluß des Vorstandes mit staatlicher Genehmigung erfolgen: AG. z. BGB. Art. 4. Die Genehmigung zur Aufhebung der Stiftung und zur Verfassungsänderung bezüglich des Zweckes der Stiftung ist dem Könige vorbehalten, die Genehmigung anderer Verfassungsänderungen ist Sache der Aufsichtsbehörden (AG. z. BGB. Art. 5).

Nach bayrischem Rechte kommt hier zunächst die Unterscheidung von öffentlichen Stiftungen und rein privaten Stiftungen in Betracht. Vgl. Vorbem. VII vor §§ 80 ff. Unter den öffentlichen Stiftungen werden wieder besonders geregelt die allgemeinen und die örtlichen Stiftungen. Allgemeine Stiftungen sind nur diejenigen, deren Zweck über den örtlichen Umkreis einer Gemeinde hinausreicht. Oertliche Stiftungen sind die von einer politischen Gemeinde verwalteten öffentlichen Stiftungen. Weder zu den allgemeinen noch zu den örtlichen Stiftungen gehört daher z. B. eine örtliche Kirchenstiftung, die sich nicht in gemeindlicher Verwaltung, sondern in derjenigen einer besonderen Kirchenverwaltung befindet. Allgemeine Stiftungen können nach bayrischem Rechte durch einen Akt der Staatsgewalt d. h. des Landesherrn mit Zustimmung des Landtags und der „Betheiligten" einem anderen Zwecke zugeführt werden. Betheiligte sind: diejenigen, welche ein Recht auf die Verwaltung oder an der Verwaltung der Stiftung haben; diejenigen, welche aus irgend einem Titel ein Recht auf den Bestand der Stiftung haben; diejenigen, welche ein erworbenes Recht aus der Stiftung haben (v. Seydel II, 720). Abgesehen von diesen formellen Schranken der Stiftungsumwandlung besteht eine sachliche Beschränkung bei allgemeinen Stiftungen nicht. Für die örtlichen Stiftungen dagegen bestimmte der Art. 67 der Gemeindeordnung für das rechtsrheinische Bayern und Art. 51 der pfälzischen Gemeindeordnung, daß dieselben bei Unausführbarkeit des speziellen Stiftungszwecks unter Wahrung des „Hauptzwecks" umgewandelt werden dürfen, so daß also

z. B. eine Schulstiftung bei Unausführbarkeit des speziellen Schulzwecks einem anderen Unterrichtszwecke zugeführt werden konnte. Zur Umwandlung war Beschluß der Gemeindeorgane, Zustimmung der Betheiligten und Genehmigung der vorgesetzten Verwaltungsbehörde erforderlich. — An die Stelle der Art. 67 u. 51 der angeführten bayrischen Gemeindeordnungen ist nunmehr durch Art. 158 Ziff. 4 des bayrischen AG. z. BGB. folgende Bestimmung getreten:

> „Ist die Erfüllung des Stiftungszweckes unmöglich geworden oder gefährdet sie das Gemeinwohl, so finden auch bei Stiftungen des öffentlichen Rechtes die Vorschriften des § 87 des BGB. Anwendung.
>
> Zu der zu treffenden Verfügung ist in Gemeinden mit städtischer Verfassung die Zustimmung der Gemeindebevollmächtigten, in den übrigen Gemeinden die Zustimmung der Gemeinde- bezw. Ortsversammlung erforderlich. Der Beschluß bedarf der Genehmigung der vorgesetzten Verwaltungsbehörde."

Vgl. Art. 159 Ziff. 4 des bayrischen AG. in Bezug auf die bayrische Pfalz.

Nach dem Zusammenhange bezieht sich diese Bestimmung (Art. 158 Ziff. 4 und 159 Ziff. 4 des bayrischen AG. z. BGB.) zunächst nur auf die örtlichen Stiftungen des öffentlichen Rechtes im oben erwähnten Sinne, nicht aber auf alle öffentlichen und anderen Stiftungen, sei es des öffentlichen Rechtes oder des bürgerlichen Rechtes. Bezüglich der allgemeinen Stiftungen ist es daher bei den oben erwähnten Bestimmungen der bayrischen Verfassung geblieben: Diese Stiftungen können ohne sachliche Beschränkung auf bestimmte Gründe umgewandelt werden, wenn die erwähnten formellen Voraussetzungen gewahrt sind: Entscheidung des Landesherrn, Zustimmung des Landtags und der „Betheiligten". Diese Bestimmungen stellen nicht nur verfassungsrechtliche Normen dar, sie bilden speziell für allgemeine Stiftungen einen Bestandtheil der Stiftungsverfassung. In Bezug auf die örtlichen öffentlichen Stiftungen des bürgerlichen Rechtes vgl. Bem. III, 2. Bei öffentlichen Stiftungen, die weder zu den allgemeinen noch den örtlichen gehören, ist die Zustimmung des Landtags nicht erforderlich, wohl aber die der Betheiligten.

Für reine Privatstiftungen enthält das bayrische Recht keine Bestimmung, wonach ihre Umwandlung durch Verwaltungsakt zulässig wäre. Sie unterstehen lediglich privatrechtlichen Bestimmungen. Ihre Verfassung giebt die Möglichkeit einer Umwandlung durch Eingriff der Staatsgewalt auf Grund Landesrechts nicht an die Hand, für sie kann daher in Bezug auf einen solchen Eingriff nur § 87 BGB. die Grundlage bilden d. h. könnte dies, wenn es nicht noch immer an der Bezeichnung der „zuständigen Behörde" fehlen würde, ohne die das BGB. in Bezug auf § 87 unausführbar ist. Vgl. Bem. III, 2.

III. Die Anwendung des § 87 hat materielle und formelle Voraussetzungen.

1. Materielle:

a) Die Erfüllung des Stiftungszwecks muß unmöglich sein. Die Unmöglichkeit kann eine thatsächliche oder rechtliche sein. Der Stiftungszweck ist rechtlich unmöglich, wenn er unerlaubt ist (Gierke, DPR. I, 658). Nun setzt aber § 87 eine rechtsfähige existirende Stiftung voraus, und eine Stiftung, deren Zweck von vorneherein unerlaubt ist, wäre von Anfang an nichtig, abgesehen davon, daß sie wohl die staatliche Genehmigung nie erlangen würde. Soll von rechtlicher Unmöglichkeit bei Anwendung des § 87 die Rede sein, so muß daher diese rechtliche Unmöglichkeit nachträglich eingetreten sein in Folge einer Veränderung der Verhältnisse oder der Auffassungen. In dieser Beziehung ist zu bemerken, daß § 87 sich auf vor dem Geltungsbeginne des BGB. bestehende Stiftungen erstreckt (EG. z. BGB. Art. 163). Eine Stiftung wurde z. B. begründet für politische Zwecke, welche ursprünglich erlaubt, später, da die Stiftung in Folge politischer Aenderungen einem anderen Staate angehört, nicht mehr erlaubt sind. Vgl. hiezu Kohler, Arch. f. bürgerl. R. Bd. 3 S. 250 ff.

b) Die Erfüllung des Stiftungszwecks gefährdet das Gemeinwohl. Auch dies ist in der Hauptsache nur in Folge von Veränderung der Verhältnisse oder der Auffassung anzunehmen. Denn nach § 87 muß die satzungsgemäße Erfüllung des Stiftungszwecks gefährlich sein. Es genügt nicht, daß der Vorstand der Stiftung sich gesetzeswidrig verhält und dadurch das Gemeinwohl gefährdet, oder daß andere Stiftungsorgane dies thun. Vgl. § 43 Abs. 1. Gegenüber einem etwaigen gesetzwidrigen Verhalten der Stiftungsorgane hat die Staatskuratel einzuschreiten und nöthigenfalls die gesetzwidrig handelnden Organträger abzuberufen. In dieser Beziehung hat eine Reihe von AG. und AV. Bestimmungen getroffen.

2. Formelle Voraussetzung ist das Bestehen einer für die in § 87 Abs. 1 bezeichneten Verfügungen zuständigen Behörde.

a) Zuständige Behörde in den Fällen, in denen der Bundesrath die Genehmigung für die Stiftung zu ertheilen hat, ist der Bundesrath.

b) Für die Stiftungen, die ihren Sitz in einem deutschen Bundesstaate haben, ist die zuständige Behörde durch das Landesrecht, das öffentliche Recht des einzelnen Bundesstaates, zu bezeichnen.

In der Bezeichnung der zur Aufhebung oder Umwandlung der Stiftung zuständigen Stelle hat das öffentliche Recht des einzelnen Bundesstaats vollkommen freie Hand. Die zuständige „Behörde" kann der Landesherr, kann eine Verwaltungsstelle, können auch mehrere zusammenwirkende Organe der Staatsgewalt sein. Es ist insbesondere zulässig, daß Landesrechte ein Zusammenwirken von Landesherrn und Volksvertretung zur Aufhebung einer Stiftung vorschreiben oder daß eine bestehende Vorschrift solchen Inhaltes in Kraft bleibt.

In Preußen ist in den Fällen des § 87 zur Umwandlung des Zweckes der Stiftung, sowie zur Aufhebung der Stiftung der König zuständig, bei Familienstiftungen der Justizminister. AV. z. BGB. Art. 5 Abs. 2.

In Bezug auf bayrisches Recht ist zu bemerken: Zuständig zur Aufhebung oder Umwandlung einer allgemeinen öffentlichen Stiftung ist der Landesherr mit Zustimmung der Kammern. Einer Zustimmung von „Betheiligten" (vgl. Bem. II, 6) bedarf es in den Fällen des § 87 nicht. Zuständig zur Aufhebung und Umwandlung von örtlichen öffentlichen Stiftungen ist gemäß Art. 158 Ziff. 4, 159 Ziff. 4 des AG. z. BGB. in den Gemeinden mit städtischer Verfassung der Magistrat mit Zustimmung der Gemeindebevollmächtigten, in anderen Gemeinden ist die Zustimmung der Gemeinde- bezw. Ortsversammlung erforderlich; in der Pfalz ist der Gemeinderath zuständig. In allen Fällen bedarf der Beschluß der Genehmigung der vorgesetzten Behörde. Diese letztere bayrische Zuständigkeitsbestimmung könnte als eine für Stiftungen des bürgerlichen Rechtes geltende bezweifelt werden, weil Art. 158 Ziff. 4, Art. 159 Ziff. 4 des bayrischen AG. zunächst sich nicht auf alle öffentlichen örtlichen Stiftungen, sondern nur auf Stiftungen des öffentlichen Rechtes beziehen. Letzteres ist richtig in Bezug auf Abs. 1, die materiellrechtliche Bestimmung, welche § 87 des BGB. auf Stiftungen des öffentlichen Rechtes ausdehnt, indem gesagt wird, daß „auch" auf diese Stiftungen § 87 des BGB. Anwendung finde. Dagegen muß bezüglich der Zuständigkeitsbestimmung des Abs. 2 angenommen werden, daß sie eine Zuständigkeit zur Anwendung des § 87 überhaupt und nicht bloß für Stiftungen des öffentlichen Rechtes begründen wollte. Nimmt man nämlich dies nicht an, so würde es in Bayern an einer zuständigen Behörde für Umwandlung und Aufhebung der örtlichen öffentlichen Stiftungen des bürgerlichen Rechtes überhaupt fehlen.

Bezüglich derjenigen öffentlichen Stiftungen, welche weder allgemeine noch örtliche im technischen Sinne des bayrischen Rechtes d. h. von einer Gemeinde verwaltete sind, z. B. örtliche Kultusstiftungen in eigener Verwaltung der Kirchengemeinde, gilt noch die Bestimmung des bayrischen Verfassungsrechts, daß für Umwandlung der Stiftung der Landesherr zuständig ist, welcher hier nicht der Zustimmung der Kammern, wohl aber an sich der Betheiligten bedarf. Bei Anwendung des § 87 kann indessen von einer Nothwendigkeit der Zustimmung der Betheiligten keine Rede sein. § 87 spricht nur von einer zuständigen Behörde. Die „Betheiligten" bilden keinen Bestandtheil des öffentlichen Organismus, welcher über die Umwandlung entscheidet. Die Zuständigkeit für die Umwandlung der Stiftung begründet auch die Zuständigkeit für die Aufhebung der Stiftung gemäß § 87.

In Bezug auf reine Privatstiftungen kannte das bisherige bayrische Recht weder eine Umwandlung noch eine Aufhebung durch einen Verwaltungsakt des Staates, da diese Stiftungen lediglich dem Privatrecht unterstehen. Eine neue Zuständigkeitsnorm zur Anwendung des § 87 auf diese Stiftungen ist nicht geschaffen worden und besteht daher auch nicht, so daß § 87 in Bezug auf diese Stiftungen zur Zeit aus formellen Gründen nicht ausführbar ist. Sachlich ist dies ziemlich bedeutungslos. Die reinen Privatstiftungen sind, jedenfalls aus der Zeit nach der bayrischen Verfassungsurkunde (oben Bem. IX zu § 80), an sich höchst selten. Noch ungleich seltener wird der Fall sein, daß der satzungsgemäß erfüllte Zweck einer reinen Privatstiftung das Gemeinwohl gefährdet. Es ist dies eigentlich praktisch kaum denkbar. Denkbar ist dagegen wohl, daß die Erfüllung des Stiftungszwecks bei solchen Stiftungen unmöglich wird z. B. in Folge Wegfalls des Vermögens der Stiftung. Dann besteht regelmäßig keine Veranlassung zur Aufhebung der Stiftung oder zu ihrer Umwandlung. Die Staatsgewalt aber könnte nur dann eingreifen, wenn eine bestimmte Zuständigkeitsnorm bestünde, was nicht der Fall ist, wohl mit Rücksicht auf den Grundsatz minima non curat praetor.

In Württemberg ist zur Umwandlung des Stiftungszwecks der Landesherr zuständig; zur Aufhebung der Stiftung ist ein Gesetzgebungsakt erforderlich. Vgl. Ministerialerlaß vom 21. Februar 1848 betreffend die Abänderung oder Ergänzung von Stiftungsbestimmungen bei Fleischauer, Die Württembergische Gesetzgebung über die Verwaltung der Gemeinden, Amtskörperschaften und Stiftungen (Stuttgart 1803) S. 1139; Lang, Handbuch des im Königreich Württemberg geltenden Personen-, Familien- und Vormundschaftsrechts (II. Aufl.) § 35 Note 25; Rieder, Das württembergische AG. z. BGB. S. 308. Eine Ausnahme von dem Erforderniß eines Gesetzes gilt für die Aufhebung von Stiftungen bei den Kirchen- und Schulstellen, die durch die höchste kirchliche Behörde, durch Anordnung der Oberschulbehörde, oder mit Genehmigung der letzteren bei Antrag der Betheiligten, erfolgen kann (Lang § 35 Note 25).

Im Uebrigen bezeichnen als die zur Umwandlung des Stiftungszwecks und zur Aufhebung der Stiftung in den Fällen des § 87 zuständige Stelle:

den Landesherrn die AG. von Anhalt Art. 17; Reuß j. L. AG. § 10 Ziff. 1; Sachsen-Altenburg AG. § 2, AV. § 4; Waldeck-Pyrmont AG. Art. 3, AV. Art. 5 (abgesehen von Familienstiftungen);

eine Centralverwaltungsbehörde des Bundesstaats: Braunschweig AG. § 14 (herzogliche Landesregierung); Bremen AG. Art. 4 (Senat); Elsaß-Lothringen, V. betreffend Vereine und Stiftungen vom 6. Dezember 1899 § 7 (das Ministerium); Hamburg AG. § 17 (Senat); Hessen AG. Art. 8 (Staatsministerium); Lippe AG. § 7 (Staatsministerium); Lübeck AG. § 10 (Senat); Mecklenburg-Schwerin AV. §§ 17, 20 (das zuständige Ministerium oder den Oberkirchenrath); Mecklenburg-Strelitz AV. § 17 (die Landesregierung oder das Konsistorium); Oldenburg AV. § 6 (Staatsministerium); Königreich Sachsen AV. § 7 (Ministerium); Sachsen-Meiningen AG. § 5 Abs. II (das Staatsministerium); Sachsen-Coburg-Gotha AV. Art. 7 Abs. III (Staatsministerium); Sachsen-Weimar AG. § 14 (Staatsministerium); Schaumburg-Lippe AG. § 9 Abs. 2 (Ministerium); Schwarzburg-Rudolstadt AG. Art. 11 Abs. II (Ministerium); Schwarzburg-Sondershausen AG. Art. 5 § 3 (Ministerium); eine fremde Staatsverwaltungsbehörde: Waldeck-Pyrmont AG. Art. 3, AV. Art. 5 bei Familienstiftungen: den preußischen Justizminister.

IV. 1. Bei Umwandlung des Stiftungszwecks ist nach § 87 Abs. 2 die Absicht des Stifters thunlichst zu berücksichtigen, insbesondere dafür Sorge zu tragen, daß die Erträgnisse des Stiftungsvermögens dem Personenkreise, dem sie zu Statten kommen sollten, im Sinne des Stifters thunlichst erhalten bleiben. Die Absicht des Stifters wird z. B. dadurch berücksichtigt, daß — wie früher Art. 67 der Gem.O. für Bayern rechts des Rheins vorschrieb — bei Veränderungen des speziellen Stiftungszwecks der „Hauptzweck“ gewahrt bleibt, d. h. daß die Stiftung innerhalb desjenigen allgemeinen Verwaltungs- und Kulturbereiches erhalten bleibt, welchem der spezielle Stiftungszweck angehörte, so daß z. B. eine religiöse Stiftung für Kultuszwecke, eine Schulstiftung für Unterrichtszwecke erhalten wird. Hier kommt auch die Bestimmung des Art. 5 des Bayr. AG. z. BGB. in Betracht, welcher die Vorschrift des Tit. IV § 9 Abs. 4 der bayrischen Verfassungsurkunde als unberührt bezeichnet. Hienach kann eine Stiftung für Zwecke des Kultus, der Wohlthätigkeit und des Unterrichts innerhalb des Bereichs einer bestimmten Religion diesem Bereiche nicht entfremdet werden. Nach v. Seydel wäre die Beschränkung der Verfassung auf die drei genannten Zwecke nicht von Bedeutung. Gemeint soll sein, daß kein Stiftungsvermögen seinem besonderen Stiftungszwecke solle entzogen werden. Ob so weit bei Auslegung des Art. 5 des Bayr. AG. z. BGB. gegangen werden kann, ist zweifelhaft. Jedenfalls ist aber die Auslegung, daß das Stiftungsvermögen dem allgemeinen Bereich, welchem der besondere Stiftungszweck angehört, nicht entfremdet werden soll, nicht zu weitgehend. Bei solcher Auffassung schützt die Bestimmung der bayrischen Verfassungsurkunde noch nicht die speziellen Stiftungsdestinatare, von welchen § 87 Abs. 2 des BGB. spricht. Nach § 87 Abs. 2 ist der Stiftungsnutzen thunlichst auch den speziellen Stiftungsdestinataren zu erhalten. Das BGB. geht gegenüber der bayrischen Verfassungsurkunde einerseits weiter als diese in der Berücksichtigung der Stiftungsinteressenten, andererseits läßt aber das BGB. dem Ermessen Raum („thunlichst“), was bei der Bestimmung der bayrischen Verfassung nicht der Fall ist.

2. Die Umwandlung des Zweckes der Stiftung ist Aenderung der Verfassung der Stiftung. § 87 Abs. 2 Schlußsatz sagt aber: „Die Behörde kann die Verfassung der Stiftung ändern, soweit die Umwandlung des Zweckes dies erfordert.“ Damit soll gesagt werden, daß die weiter erforderlichen Verfassungsänderungen, welche die Umwandlung des Zweckes der Stiftung mit sich bringt, ebenfalls der für die Umwandlung des Zweckes zuständigen Behörde gestattet sind. Die Umwandlung des Zweckes kann z. B. eine andere Organisation der Stiftungsverwaltung oder der über die Verwendung des Stiftungsnutzens entscheidenden Organe oder die Verlegung des Sitzes der Stiftung erforderlich machen.

3. Vor der Entscheidung über die Umwandlung des Zweckes und die Aenderung der Verfassung „soll“ der Vorstand der Stiftung gehört werden. Er braucht also nicht

gehört zu werden vor der Entscheidung über die Aufhebung der Stiftung. Die Nichtbeachtung dieser Vorschrift des § 87 hat auf die Rechtswirkung der Entscheidung keinen Einfluß.

V. Die Umwandlung des Zweckes einer Stiftung wie die Aufhebung einer Stiftung durch die „zuständige Behörde" ist ein Akt des öffentlichen Rechtes, ein Verwaltungsakt, keine richterliche Entscheidung. Dieser Verwaltungsakt hat, wie sich aus § 87 ergiebt (vgl. die Bem. zu III), materiellrechtliche Voraussetzungen. Die Entscheidung darüber, ob diese Voraussetzungen gegeben sind, ist Aufgabe des zuständigen Landesherrn oder der zuständigen Behörde. Wird die Umwandlung der Stiftung oder ihre Aufhebung auf Grund von § 87 beschlossen, ohne daß die erforderlichen materiellrechtlichen Voraussetzungen gegeben oder genügend festgestellt sind, so sind regelmäßig Rechtsmittel gegen den Umwandlungs- oder Aufhebungsbeschluß schon mit Rücksicht auf die Zuständigkeitsordnung ausgeschlossen. Vgl. Bem. III, 2. In den Fällen des § 87, in denen die Zuständigkeit zur Entscheidung sich nach Maßgabe des Art. 67 der bayrischen GO. für das rechtsrheinische Bayern in der Fassung des Art. 158 Ziff. IV des Bayr. AG. z. BGB., sowie des Art. 51 der pfälzischen GO. in der Fassung des Art. 159 Ziff. 4 des AG. regelt (oben Bem. II, 6), ist durch Art. 165 Ziff. II des Bayr. AG. z. BGB. der Verwaltungsgerichtshof als zuständig erklärt worden zur letztinstanziellen Entscheidung von Beschwerden gegen die Umwandlungs- oder Aufhebungsbeschlüsse der Kreisregierungen, wenn von dem Vorstande der Stiftung oder von einem zum Genusse oder Mitgenusse der Stiftung Berechtigten bestritten wird, daß die Erfüllung des Stiftungszwecks unmöglich geworden sei oder das Gemeinwohl gefährde. Die Beschränkung der Bestimmung des Art. 165 Ziff. II auf die Fälle des Art. 67 der GO. für das rechtsrheinische Bayern in der Fassung des Art. 158 Ziff. IV des Bayr. AG. z. BGB., sowie des Art. 51 der GO. für die Pfalz in der Fassung des Art. 159 Ziff. 4 des AG. z. BGB. ergiebt sich zwar nicht aus dem Wortlaute des Gesetzes, wohl aber daraus, daß nur eine Beschwerde gegen Aufhebungs- oder Umwandlungsbeschlüsse der Kreisregierungen eröffnet ist. Solche können mit Rücksicht auf die Zuständigkeitsordnung des bayrischen Rechtes nur bei örtlichen Stiftungen im Sinne der Bestimmungen der Gemeindeordnungen überhaupt vorkommen.

§ 88.

Mit dem Erlöschen der Stiftung fällt das Vermögen an die in der Verfassung bestimmten Personen. Die Vorschriften der §§ 46 bis 53 finden entsprechende Anwendung.

E. I, 61, 62 Abs. 1; II, 84; III, 84.

I. § 88 ordnet das Schicksal des Vermögens der Stiftung nicht bloß für den in § 87 bezeichneten Fall der Aufhebung der Stiftung, sondern für alle Fälle der Beendigung der Stiftung. Vgl. hiezu die Bem. I u. II zu § 87.

II. Das Vermögen der Stiftung fällt an die in der Verfassung bestimmten Personen. Vermögen kann die Stiftung noch besitzen, auch wenn die Stiftung erloschen ist durch Wegfall ihres Vermögens. Der Wegfall des Vermögens wird insbesondere angenommen, wenn eine Unterbilanz vorhanden ist. Auch dann muß das Aktivvermögen an irgendwelchen Berechtigten fallen.

III. Die Verfassung im Sinne des § 88 wird durch das Stiftungsgeschäft und durch das dieses ergänzende oder abändernde Landesrecht bestimmt. Das BGB. selbst trifft keine Verfügung in Bezug auf die Bezeichnung der Anfallberechtigten, da nur §§ 46—53, nicht aber § 45 als entsprechend auf die Stiftungen anwendbar erklärt sind.

IV. Die Landesrechte haben zu § 88 mehrfach Bestimmungen getroffen.

a) Es bezeichnen den Fiskus als anfallberechtigt für den Fall, daß nicht das Stiftungsgeschäft andere Anfallberechtigte nennt: Preußen AG. Art. 5 § 2 (mit Ausnahme der von einer Gemeinde oder sonstigen Körperschaft des öffentlichen Rechts errichteten oder verwalteten Stiftungen); Anhalt AG. Art. 7; Bayern AG. Art. 5; Braunschweig AG. § 14; Bremen AG. § 14; Hamburg AG. § 19; Hessen AG. Art. 9; Lippe AG. § 11; Mecklenburg-Schwerin AV. § 21 (mit Ausnahme der im Gebiete der Städte Wismar und Rostock unter der Aufsicht des Magistrats stehenden oder von städtischen Behörden verwalteten Stiftungen, deren Vermögen an die betreffenden Städte fällt); Mecklenburg-Strelitz AV. § 21; Reuß ä. L. AG. § 14 Abs. 5; Reuß j. L. AG. § 10 Ziff. 5; Sachsen-Coburg-Gotha AG. Art. 7 (mit Ausnahme der von einer Gemeinde oder anderen Körperschaft des öffentlichen Rechtes errichteten oder verwalteten Stiftungen); Sachsen-

Meiningen AG. § 5 Abs. 5; Sachsen-Weimar AG. § 17; Schaumburg-Lippe AG. § 11; Schwarzburg-Rudolstadt AG. Art. 5; Waldeck-Pyrmont wie Preußen; Württemberg AG. Art. 138;

b) Elsaß-Lothringen AG. § 7: die gesetzlichen Erben des Stifters;

c) Lübeck AG. § 10: die Gemeinde, in welcher die Stiftung ihren Sitz hatte;

d) Mecklenburg-Schwerin AV. § 21: die Städte Wismar und Rostock für diejenigen Stiftungen, die in einer dieser beiden Städte unter der Aufsicht des Magistrats oder unter der Verwaltung einer städtischen Behörde stehen;

e) Preußen AG. Art. 5, und Waldeck-Pyrmont AG. Art. 4 § 2 für Stiftungen, die von einer Gemeinde oder anderen Körperschaft des öffentlichen Rechtes errichtet oder verwaltet waren: die betreffende Gemeinde oder Körperschaft des öffentlichen Rechtes.

f) In Bezug auf Sachsen vgl. AV. z. BGB. § 7 Abs. 2.

V. Die Verwendung des heimgefallenen Vermögens ist, wenn der Fiskus anfallberechtigt ist, reichsgesetzlich vorgeschrieben, da § 46 als entsprechend anwendbar erklärt ist: der Fiskus hat das Stiftungsvermögen thunlichst in einer den Zwecken der Stiftung entsprechenden Weise zu verwenden. Die AG. einzelner Bundesstaaten haben die Vorschrift des § 46 bezüglich der Verwendung des Stiftungsvermögens auf andere Anfallberechtigte ausgedehnt. So Preußen AG. Art. 5 § 2; Württemberg Art. 138. In Bezug auf Bayern s. die Bem. IV zu § 87. Ausschlagungsrecht und Liquidation des Stiftungsnachlasses findet in den Fällen des § 46 nicht statt.

VI. Wenn anderen Anfallberechtigten als dem Fiskus oder diesem gleichgestellten Anfallberechtigten das Vermögen der erloschenen Stiftung zufällt, hat Liquidation gemäß §§ 47—53 BGB. stattzufinden. Da in § 53 auf § 42 Abs. 2 verwiesen ist, so ist auch diese Bestimmung anzuwenden und obliegt daher den Liquidatoren der erloschenen Stiftung die Verpflichtung zum Antrag auf Konkurseröffnung für den Fall der Ueberschuldung.

III. Juristische Personen des öffentlichen Rechtes.

§ 89.

Die Vorschrift des § 31 findet auf den Fiskus sowie auf die Körperschaften, Stiftungen und Anstalten des öffentlichen Rechtes entsprechende Anwendung.

Das Gleiche gilt, soweit bei Körperschaften, Stiftungen und Anstalten des öffentlichen Rechtes der Konkurs zulässig ist, von der Vorschrift des § 42 Abs 2.

E. I, 63; II, 85; III, 85.

1. Entstehung. E. I hatte in §§ 42—57 eine Reihe von Bestimmungen gemeinsam für Juristische Personen des bürgerlichen Rechtes und des öffentlichen Rechtes aufgestellt, so insbesondere über die Nothwendigkeit eines Vorstandes und dessen Vertretungsmacht. Die II. Komm. beschloß, mehrfachen Anregungen der Kritik entsprechend, in Bezug auf die Juristischen Personen des öffentlichen Rechtes sich auf die zwei Vorschriften zu beschränken, welche § 89 aufstellt, im Uebrigen aber die Ordnung der Juristischen Person des öffentlichen Rechtes dem öffentlichen Rechte und damit dem Landesrechte zu überlassen (M. I, 82; P. I, 607, 608 ff.). In Bezug auf den Fiskus hatte der E. I in § 63 nur die Bestimmung getroffen, daß die landesgesetzlichen Vorschriften, nach welchen dem Fiskus Juristische Persönlichkeit zusteht, unberührt bleiben. Die Nothwendigkeit dieser Vorschrift wurde damit begründet, daß der E. I nur Körperschaften und Stiftungen kenne, während sich die Meinung vertreten fand, daß der Fiskus eine Juristische Person eigener Art und weder Körperschaft noch Stiftung sei, so daß zweifelhaft werden konnte, ob in Ermangelung eines Vorbehalts dem Fiskus Juristische Persönlichkeit zukomme. Diese Erwägung führte wohl auch in der II. Komm. dazu, den Fiskus neben den öffentlichrechtlichen Korporationen und Stiftungen zu erwähnen (P. I, 611). In Betreff der Anstalten war man der Ansicht, daß dieselben, soweit sie auf dem Gebiete des bürgerlichen Rechtes vorkämen, unter die privatrechtlichen Stiftungen fielen und daß sich deshalb die Anwendbarkeit der für die privatrechtlichen Stiftungen aufgenommenen Vorschriften auf die privatrechtlichen Anstalten von selbst ergebe. Auf dem Gebiete des öffentlichen Rechtes dagegen erhebe sich nicht selten Zweifel darüber, ob eine Anstalt den Körperschaften oder den Stiftungen zuzuzählen sei (P. I, 611). Vgl. hiezu die Vorbem. VII, c, 3 vor § 21 S. 121.

2. Ueber den Begriff der Juristischen Personen des öffentlichen Rechtes vgl. oben die Vorbem. IV, A vor § 21 S. 115, 116*). Im Anschlusse hieran ist noch zu bemerken: Eine Juristische Person des öffentlichen Rechtes ist vor Allem der einzelne Bundesstaat als Landesfiskus. Auch das Reichsland Elsaß-Lothringen ist Fiskus, verschieden vom Reichsfiskus, und gilt daher hier als besonderer Bundesstaat. Das Deutsche Reich ist reichsgesetzlich als Juristische Person des öffentlichen Rechtes und als Fiskus anerkannt. Vgl. die Vorbem. VIII, B, 1, a, vor § 21 S. 120 und bezüglich des Reichsmilitärfiskus die RGE. Bd. 20 S. 148, Bd. 53 S. 240 ff. Ueber die hie und da zweifelhafte Frage, wie weit sich der Reichsfiskus im Verhältnisse zum Landesfiskus erstreckt, vgl. Gierke, DPR. I § 61 S. 477 Note 9. Jeder Staat, wie auch das Reich, ist nur ein einziger Fiskus. Die Unterscheidung z. B. eines Eisenbahn- oder Militär-Fiskus bezeichnet nicht eigene Juristische Personen, sondern nur „Verwaltungsabtheilungen" (v. Staudinger, Vortr. S. 159). Juristische Personen des öffentlichen Rechtes sind ferner diejenigen Einrichtungen des Staates oder Reiches, denen eine in privatrechtlicher Beziehung selbständige Vertretung, insbesondere in Bezug auf das Vermögen zukommt. Wie weit dies der Fall, entscheidet für die dem Reiche angehörigen Einrichtungen Reichsrecht, für die einem Bundesstaate angehörigen Landesrecht. Höhere Lehranstalten, wie Gymnasien, sind in dem einen Bundesstaat Juristische Personen des öffentlichen Rechtes, in dem anderen einfache Anstalten der Unterrichtsverwaltung des Staates oder einer Gemeinde. Wie weit Glaubensgesellschaften als Juristische Personen überhaupt und insbesondere als Juristische Personen des öffentlichen Rechtes zu gelten haben, wird ebenfalls durch das öffentliche Recht der einzelnen Bundesstaaten entschieden. So sind in Bayern Juristische Personen die Bisthümer, die Domkapitel, Klöster, geistliche Bruderschaften, welche als kirchliche Einrichtungen mit königlicher Genehmigung zur Entstehung gelangen (v. Seydel, Bayr. Staatsrecht III S. 552, 557, 567).

Die in Bayern bestehenden öffentlichen Glaubensgesellschaften sind in der bayrischen Verfassungsurkunde ausdrücklich als vermögensfähig erklärt (II. Verf.-Beil. §§ 24, 28, 44 „genießen die Rechte öffentlicher Korporationen"). Die katholische Landeskirche entbehrt jedoch bisher der erforderlichen gesetzlichen Gesammtorgane, ist daher als solche praktisch keine Juristische Person und ohne Vermögen (v. Seydel III S. 529 Note 5). Partikularrechtlich und gemeinrechtlich wird auch die einzelne Pfründe als Juristische Person behandelt. Vgl. Gierke, DPR. I S. 639 Note 27. Nach Meurer § 37 sind die juristischen Personen der Kirche nicht juristische Personen des öffentlichen Rechtes im Sinne des § 89, sondern unterstehen mit Ausnahme der im EG. Art. 80 Abs. 2 besonders gestellten Pfründestiftungen grundsätzlich und nicht nur in Bezug auf die in § 89 genannten Bestimmungen dem BGB. Diese Auffassung wird damit begründet, daß die Frage, welche juristische Personen als öffentlichrechtliche zu gelten haben, nach Reichsrecht zu beantworten sei und zwar, da ein „förmliches Reichsgesetz" hierüber nicht vorhanden, nach „der Rechtsübung im Reiche". Hienach aber sei eine juristische Person des öffentlichen Rechtes nur bei „organischer Einfügung in den Staatsorganismus" gegeben. Diese fehle bei juristischen Personen der Kirche (Meurer S. 335). Die Auffassung Meurers entspricht nicht dem Stande des Reichsrechts. Es existiren innerhalb des Deutschen Reiches wohl Staats- und Landeskirchenrechte, aber kein Reichskirchenrecht. Die „Rechtsübung" im Deutschen Reich, soweit sie die juristischen Personen der Kirche und die Rechtsfähigkeit derselben auf dem Gebiete des öffentlichen Rechtes betrifft, hat nicht Reichsrecht zur Grundlage. § 89 ist durch die II. Kommission beschlossen worden. In den Verhandlungen wurde die Kirche als Verband des öffentlichen Rechtes — wie der Staatsverband — bezeichnet (vgl. oben S. 121 Vorbem. C, 4 vor § 20); insbesondere wurde festgestellt, daß das bürgerliche Recht jedes vom öffentlichen Rechte geschaffenen Rechtssubjekt anzuerkennen habe und daß die vom öffentlichen Rechte für diese Rechtssubjekte geschaffene Daseinsordnung auch auf dem Gebiete des bürgerlichen Rechtes maßgebend sei (oben S. 116 Bem. 3). Darüber, daß nach Landesrecht die juristischen Personen der Kirche als öffentlichrechtlich gelten, besteht kein Zweifel (so auch Meurer S. 332). Daß sie nach Reichsrecht dies nicht sein sollen, ist, beim Mangel jeder Disposition des Reichsrechts hierüber, zu bestreiten.

Innerhalb des Bereichs jeder Juristischen Person des öffentlichen Rechtes können sich wieder für besondere Zwecke und Gegenstände Einrichtungen mit selbständiger Rechtsfähigkeit und daher als Juristische Person bilden, so auf dem Gebiete des Reiches z. B. die Reichsbank. Vgl. hiezu die Vorbem. VIII, B, 1, a und 2, a vor § 21 S. 120.

3. Ueber die Grenze zwischen Juristischen Personen des öffentlichen Rechtes und Juristischen Personen des Privatrechtes, die durch das öffentliche Recht bestimmt wird,

*) Vgl. A. Nußbaum, Rechtsgeschäfte öffentlichrechtlicher Korporationen im Arch. f. bürgerl. R. Bd. 21 S. 1 ff.; J. Hatschek, Die rechtliche Stellung des Fiskus im BGB. (Verwaltungsarchiv Bd. 7 S. 424 ff.); Giese, Begriff und Recht des Reichsfiskus (Greifswald 1900); Weber, Staat und Fiskus in D. Jur.Z. 1902 S. 481; Meurer § 37.

vgl. S. 116 Bem. 2. Die Behauptung Hölders, daß Juristische Personen des öffentlichen Rechtes alle nicht durch Privatrechtsgeschäfte entstandenen Juristischen Personen seien, ist ungenügend; denn auch durch Privatrechtsgeschäfte können Juristische Personen des öffentlichen Rechtes zur Entstehung gelangen, soferne die Juristische Person als ein Glied im öffentlichrechtlichen Organismus, z. B. dem Staate, dem Reiche oder einer als Juristische Person anerkannten Kirche eingefügt worden ist, wozu ein öffentlichrechtlicher Akt erforderlich ist. Vgl. hiezu Planck Bem. 1 zu § 89.

4. Auf den Fiskus wie auf alle anderen Juristischen Personen des öffentlichen Rechtes ist die Vorschrift des § 31 erstreckt worden. Dies entspricht dem früheren Rechte, das neuerlich wenigstens die Deliktsfähigkeit der Juristischen Person anerkannt hat und auch schon eine Schadensersatzpflicht ohne Delikt kannte. Vgl. hiezu im Allgemeinen Gierke DPR. I § 61 S. 476 Note 5 u. 6, § 67 S. 528 ff.

5. Für die Auslegung des § 31 vgl. die Bem. 4—11 zu § 31 S. 155. Die Vorschrift des § 31 trifft die Juristischen Personen des öffentlichen Rechtes nur, soweit ihre Organe in Ausübung einer privatrechtlichen Vertretungsmacht handeln. Bezüglich der Haftung für Organe einer öffentlichen Gewalt vgl. EG. z. BGB. Art. 77, ferner die Bestimmungen des AG. z. BGB. von Anhalt Art. 32; Baden Art. 5; Bayern Art. 60, 61; Hessen Art. 78, 79; Mecklenburg-Schwerin AV. § 49; Mecklenburg-Strelitz AV. § 48; Reuß j. L. AG. § 67; Württemberg AG. Art. 202—204. Vgl. Bem. 11 zu § 31.

6. In Bezug auf die Eröffnung des Konkurses über Juristische Personen des öffentlichen Rechtes vgl. Bem. 12 zu § 42; bayrisches AG. Art. 166 Ziff. II; ferner sächsische Verordnung zur Ausführung der CPO. und KO. §§ 4, 5; Sachsen-Altenburg AG. z. KO. vom 4. Mai 1899 § 3; Elsaß-Lothringen AG. z. CPO. § 11; Hessen, Gesetz betreffend Aenderung des Gesetzes, die Ausführung der deutschen CPO. u. KO. betreffend, vom 21. Juni 1899 Art. 1, Art. 4, a und 4, e; Mecklenburg-Schwerin, V. zur Ausführung der KO. vom 9. April 1899 § 2; Mecklenburg-Strelitz, V. zur Ausführung der KO. vom 9. April 1899 § 2.

Allgemeiner Theil.

(§§ 90—240.)

Erläutert

von

Dr. Erwin Riezler.

Zweiter Abschnitt.

Sachen.

Vorbemerkungen.

I. Unter den möglichen Objekten der Rechtsverhältnisse und subjektiven Rechte bilden die Sachen einen für sich abgeschlossenen Kreis. Für sie trifft der zweite Abschnitt gemeinsame Bestimmungen, welche von allgemeiner Bedeutung sind. Diese Bestimmungen befassen sich mit dem Begriffe der Sachen (§ 90), gewissen möglichen Qualitäten der Sachen, nämlich Vertretbarkeit (§ 91) und Verbrauchbarkeit (§ 92), den Bestandtheilen der Sachen und den Folgerungen aus dem Bestandtheilsbegriffe (§§ 93—96), dem Begriffe des Zubehörs (§§ 97, 98), endlich den Früchten, Nutzungen und Lasten einer Sache (§§ 99—103). Der E. I hatte diese Bestimmungen in seinem dritten Buche an die Spitze des Sachenrechts gestellt (§§ 778—796). Mit gutem Grunde stehen sie jetzt im Allgemeinen Theile. Denn das Sachenrecht als selbständiges systematisches Ganzes beruht wesentlich in dem Gegensatze zwischen dinglichen und persönlichen Rechten. Die hier zu besprechenden allgemeinen Vorschriften über Sachen sehen aber von diesem Gegensatze völlig ab; sie können ebensogut für das Obligationenrecht (Sache als Objekt einer Leistungspflicht), für das Familienrecht und für das Erbrecht von Bedeutung werden. Vgl. auch Bem. I u. II der Einl. des dritten Buches (Bd. III S. 1).

II. Nach der Terminologie des BGB. zählen die Sachen zwar, wie sich aus der gesetzlichen Begriffsbestimmung des § 90 ergiebt, zu den Gegenständen, aber nicht alle Gegenstände sind Sachen. Zur Herstellung des Sachbegriffs muß noch die Körperlichkeit dazukommen. Die Rechte, und zwar auch die Rechte an Sachen, gehören daher nicht zu den Sachen, wohl aber zu den „Gegenständen". Wenn trotzdem Rechtsverhältnisse, welche nicht Sachen zum Objekte haben, z. B. der Nießbrauch an Rechten und das Pfandrecht an Rechten, im Sachenrechte behandelt werden, so zeigt dies eben nur, daß das sog. „Sachenrecht" nicht so sehr durch die Sacheigenschaft der Objekte der in ihm behandelten Rechtsverhältnisse, als vielmehr durch die absolute Wirkung dieser Rechtsverhältnisse charakterisirt wird.

Hölder (Komm. Bem. 2 zu § 90) lehrt, die Sachen könnten im Gegensatze zur Person nicht ein Subjekt, sondern ausschließlich ein Gegenstand von Rechtsverhältnissen sein. Dem wird auch zustimmen können, wer unter Verwerfung der Fiktionstheorie an die Rechtssubjektivität des Zweckvermögens und des Nachlasses glaubt. Denn diese Erscheinungen fallen als Komplexe von Rechten (oder von Sachen und Rechten) nicht unter den Sachbegriff. Auch die Grunddienstbarkeiten bilden keine Ausnahme; ihr Subjekt ist nicht das „herrschende Grundstück", sondern dessen Eigenthümer.

III. Sacheinheit und Sachenmehrheit.

Die natürliche Einheit einer Sache wird bestimmt durch den körperlichen Zusammenhang ihrer Theile und durch ihre räumliche Abgrenzung gegenüber anderen Sachen, die rechtliche Einheit durch die Nothwendigkeit der gleichen Rechtslage für sämmtliche Theile. Natürliche und rechtliche Einheit der Sache können, müssen aber nicht zusammenfallen.*)

---

*) Die Individualisirung der Grundstücke (über diesen Begriff vgl. Vorbem. I, 1 vor §§ 873 ff.) steht nunmehr im engsten Zusammenhange mit dem Grundbuchrechte. Mehrere Grundstücke können dadurch zu einem Grundstücke vereinigt werden, daß der Eigenthümer sie als ein Grundstück in das Grundbuch eintragen läßt; ferner kann ein Grundstück dadurch zum Bestandtheil eines anderen Grundstücks gemacht werden, daß der Eigenthümer es diesem im Grundbuche zuschreiben läßt (§ 890 BGB.). Im Interesse der Rechtssicherheit soll eine Zuschreibung oder Vereinigung jedoch nur dann vorgenommen werden, wenn hievon eine Verwirrung nicht zu besorgen ist (GBO. § 5; vgl. auch EG. Art. 119 Nr. 3). Nur unter letzterer Voraussetzung darf auch über mehrere selbständige Grundstücke

1. Die natürliche Sacheinheit kann thatsächlich und rechtlich zur Sachenmehrheit werden, sofern nur die Sache ohne Werthzerstörung theilbar ist (vgl. l. 26 § 2 D. de leg. I). Das kann sich vollziehen:

a) ohne Willen des Verfügungsberechtigten (durch natürliche Ereignisse oder Theilung durch Dritte; Beispiele: ein Thier wirft Junge; ein vor der Säge lagernder Baumstamm wird von einem Unbefugten zersägt; von einer Flüssigkeit wird ein Theilquantum in ein anderes Gefäß geschüttet);

b) durch Willkür des Verfügungsberechtigten. Dieser kann aus der Sacheinheit eine Mehrheit gestalten, indem er entweder den körperlichen Zusammenhang ihrer Theile aufhebt (wohl nur bei beweglichen Sachen möglich), also z. B. ein Quantum Flüssigkeit oder gasförmigen Stoffes in verschiedene Behältnisse faßt, oder indem er eine den körperlichen Zusammenhang nicht aufhebende räumliche Abgrenzung vornimmt, wodurch jedoch nur bei Grundstücken, nicht bei beweglichen Sachen eine Sachenmehrheit geschaffen werden kann.

In den beiden Fällen a und b wird durch die Theilung (bezw. Abgrenzung) als solche zwar nicht die Einheitlichkeit der Rechtslage, aber die Nothwendigkeit dieser Einheitlichkeit aufgehoben;

c) nicht durch Ausübung der staatlichen Zwangsgewalt. Es kann daher ein Grundstück, solange es Einzelsache ist, nicht theilweise subhastirt werden.

2. Eine natürliche Mehrheit von Sachen kann zur Sacheinheit werden oder doch wenigstens rechtlich als eine solche behandelt werden. Folgende Möglichkeiten kommen vor allem in Betracht:

a) Eine Sacheinheit ist trotz der körperlichen Vielheit abgegrenzter Einzelobjekte dann anzunehmen, wenn diese Objekte als einzelne ohne Werth sind und daher für den Verkehr nicht als einzelne, sondern nur als Vielheit in Betracht kommen. Dahin gehören ein Getreidehaufen, ein Sand- oder Kohlenhaufen u. s. w. Durch Wegnahme oder Abtheilung entsteht rechtlich nur dann eine neue Sache, wenn die weggenommene oder abgetheilte Quantität für den Verkehr einen, wenn auch geringen, Werth hat.

Auch der Bienenschwarm wird theoretisch hieher zu stellen sein, nicht in dieselbe Kategorie wie die Herde, bei welcher von vornherein die Stücke als einzelne Werth haben. Er hat im BGB. in §§ 961 ff. eine besondere rechtliche Behandlung erfahren.

b) Eine Mehrheit von beweglichen Sachen kann mit oder ohne Willen des Verfügungsberechtigten dergestalt untrennbar mit einander vermischt, vermengt oder verbunden werden, daß die bisherigen Einzelsachen nunmehr als Bestandtheile einer neuen einheitlichen Sache erscheinen. Ueber die rechtlichen Folgen dieser natürlichen Vereinheitlichung s. BGB. §§ 948, 947. Ebenso kann eine bewegliche

---

desselben Eigenthümers, die im Bezirke desselben Grundbuchamts gelegen sind, ein gemeinschaftliches Grundbuchblatt geführt werden (GBO. § 4), während regelmäßig jedes Grundstück im Grundbuch ein besonderes Grundbuchblatt erhält (§ 3). Der Landesgesetzgebung ist die Behandlung einer Mehrheit von Grundstücken als einer „Bahneinheit" vorbehalten (s. EG. Art. 112 mit Bem.).

Die Grundstückseinheiten werden in amtlichen Verzeichnissen (den Katastern, Lagerbüchern, Plänen zu Steuerzwecken) nach Nummern und Buchstaben (z. B. Pl.Nr. 743 b) aufgeführt. Die Einrichtung dieser Verzeichnisse wird durch landesherrliche Verordnung bestimmt (GBO. §§ 2, 96). Die Bezeichnung der Grundstücke in den Grundbüchern muß sich nach der Bezeichnung in diesen amtlichen Verzeichnissen richten. Vgl. hiezu auch Vorbem. III, 1, a vor §§ 873 ff.

Nicht zutreffend ist die Behauptung der M. III, 55, daß bisher in Bayern die Hypothekenbücher unabhängig von den Katastereinrichtungen geführt würden; s. dagegen Jacubezky, Bem. S. 189 ff.

Ueber die Bedeutung des Katasters bei dem Erwerbe von Rechten an Grundstücken s. Bem. II, 2 zu § 892 und die dort angeführte Literatur.

Sache mit einer unbeweglichen dergestalt verbunden werden, daß sie als deren Bestandtheil erscheint (s. §§ 94, 95, 946).

c) Eine Mehrheit von Sachen kann als eine Einheit erscheinen unter dem Gesichtspunkte der Gemeinsamkeit des wirthschaftlichen Zweckes, welchem sie dienen. Das Verhältniß kann entweder derart sein, daß eine Sache dauernd dem wirthschaftlichen Zwecke der anderen zu dienen bestimmt ist, daher in Beziehung auf diese (die „Hauptsache") als Zubehör gilt (s. §§ 97, 98), oder es können die mehreren selbständigen Einzelobjekte durch die Gemeinsamkeit ihres wirthschaftlichen Zweckes verbunden sein, ohne darum unter sich in einem nothwendig von Rechtsfolgen begleiteten Verhältnisse der Ueber- und Unterordnung zu stehen. In diesem Falle spricht man von einem Sachinbegriff, einer Sachgesammtheit (universitas facti, auch corpus ex distantibus; vgl. l. 30 D. 41, 3).

Die von einzelnen Partikularrechten (BLR. Thl. II cap. 5 § 6 Ziff. 4; PLR. Thl. I Tit. 2 §§ 32, 36—39) und von manchen auch für das gemeine Recht vertretene Auffassung, daß in der Sachgesammtheit eine ideelle Sache, eine res incorporalis, zu erblicken sei, daß mithin die Sachgesammtheit als solche Gegenstand von Rechten sein könne, ist für das BGB. abzulehnen. Nach dem BGB. fallen nur körperliche Objekte unter den Sachbegriff. Das BGB. enthält folgerichtig über die Sachgesammtheit als Gegenstand von Rechten keine Vorschriften. „Wenn daher Jemand als Eigenthümer eines Inbegriffes von Sachen bezeichnet wird, so kann dies juristisch nichts anders heißen, als daß er der Eigenthümer aller einzelnen Sachen ist, welche den Inbegriff bilden. Er muß, wenn er das Eigenthum geltend macht, die Erwerbung desselben an jeder einzelnen Sache, welche zu dem Inbegriff gehören soll, nachweisen, weil nur auf diesem Wege der Gegenstand seines Rechtes sich feststellen läßt." (M. III, 28. S. auch Eck, Vortr. S 94.) An einem fremden Stücke, das in eine mir gehörige Sachgesammtheit geräth, wird also hiedurch das Rechtsverhältniß nicht geändert (natürlich unbeschadet des fundamentalen Grundsatzes des § 932). Der gemeinrechtliche Streit über die sog. vindicatio gregis ist demnach begraben: nicht die Sachgesammtheit, sondern nur die einzelnen Stücke können vindizirt werden (vgl. auch § 985 mit Bem. 4, a). Prozessual bedarf es nur einer Klage (CPO. § 260; vgl. auch § 254). In RGE. Bd. 52 S. 389 ist ausgeführt: Solange eine oder mehrere Sachen einen Bestandtheil einer Sachgesammtheit bilden, erstreckt sich die thatsächliche Gewalt über die Sachgesammtheit, welche Gewalt ja rechtlich nur an den dazu gehörigen körperlichen Gegenständen besteht, ohne Weiteres auf die letzteren; wenn aber bezüglich einer oder mehrerer zu einer Sachgesammtheit gehörigen einzelnen Sachen ein besonderes, von dem Besitze der Gesammtheit verschiedenes Besitzverhältniß begründet werden soll, müssen diese Sachen nicht bloß der Menge oder Anzahl nach, sondern auch individuell wenigstens insoweit bestimmt werden, daß der neue Besitzer derselben unmittelbar d. h. ohne daß es hierzu noch einer weiteren Bezeichnung oder Aussonderung derselben bedurfte, seine thatsächliche Gewalt gerade über sie — (im Gegensatze zu den anderen zur nämlichen Sachgesammtheit gehörenden Sachen) — ausüben kann; denn solange er hierzu nicht in den Stand gesetzt ist, hat er in Wirklichkeit die unmittelbare thatsächliche Gewalt über die betreffenden Sachen und überhaupt über irgend einen Bestandtheil der Sachgesammtheit noch nicht.

Nach der Gewohnheit des Verkehrs gilt die Sachgesammtheit als eine ideale Einheit, als ein Ganzes; die in ihr enthaltene Mehrheit selbständiger Sachen wird daher sprachlich mit einem einzigen Kollektivnamen bezeichnet. Es gehört hieher nicht nur die wegen Gemeinsamkeit des Zweckes als ein Ganzes gedachte Mehrheit von gleichartigen Objekten (z. B. ein Paar

Manschettenknöpfe, Ohrringe, ein Paar Schuhe, ein Viererzug, eine Schafherde, drei Bände eines Pandektenlehrbuchs, Meyers Konversationslexikon), sondern auch eine Mehrzahl verschieden gearteter Objekte, welche, einem einheitlichen Zwecke dienend, mit einem gemeinsamen Namen bezeichnet werden (z. B. ein Gutsinventar, eine Zimmereinrichtung, eine Gemäldegallerie, ein Waarenlager u. s. w.).

Daran ist festzuhalten: besondere rechtliche Bedeutung kommt der Sachgesammtheit nur in den Einzelfällen und nur in den Beziehungen zu, in welchen das Gesetz ihr solche ausdrücklich beilegt. Auch das BGB. operirt nämlich in gewissen Fällen mit dem durch die natürliche Auffassung des Verkehrs nahegelegten Begriffe des Sachinbegriffs und knüpft an die Zugehörigkeit zu einem Sachinbegriffe bestimmte Folgen; so in § 92 (Verbrauchbarkeit der zu einem Sachinbegriff, insonderheit zu einem Waarenlager, gehörigen Sachen), § 1035 (Nießbrauch an einem Inbegriffe von Sachen), §§ 1372, 1528 (das eingebrachte Gut, soweit es sich aus Sachen zusammensetzt), §§ 587, 1048 (Inventar eines Grundstücks). Ob ein Einzelstück in concreto zum Sachinbegriffe, z. B. zum Inventar oder zum Waarenlager gehört, ist Auslegungsfrage (s. Entsch. d. ROHG. Bd. 9 S. 109).

d) Das bloße Beisammensein verschiedener Sachen vermag wohl die Verschiedenheit der an ihnen bestehenden Rechtsverhältnisse nicht auszuschließen. Hölder (Komm. Bem. 4, b zu § 90), das Gegentheil vertheidigend, behauptet, die in einem verschlossenen Behältnisse liegenden Sachen könnten nicht im unmittelbaren Besitze verschiedener Personen stehen. Gegen diese Ansicht scheint aber nicht nur der Grundsatz des § 865 zu sprechen, welcher einen Sonderbesitz selbst an Bestandtheilen einer Sache zuläßt, sondern auch der Umstand, daß der Besitz, mag man sonst über das Willensmoment beim Besitze denken wie immer, jedenfalls Niemandem aufgezwungen wird, der ihn nicht haben will. Wenn ich unter Ablehnung jeder Verantwortung dem A erlaube, seine Werthpapiere für einige Zeit in meinen Kassenschrank zu legen, bin ich nicht Verwahrer dieser Papiere und erwerbe an ihnen auch nicht Besitz. A behält vielmehr den Besitz an seinen Papieren, wie ich an den meinigen. (Vgl. auch Bem. I, 2, b zu § 854.)

IV. In eine ganz andere Kategorie als die im Vorstehenden behandelten Erscheinungen gehört die im gemeinen Recht sog. universitas iuris. Darunter versteht man einen Inbegriff von Sachen und Rechten. Hieher zählen die Erbschaft, das Vermögen und gewisse Sondervermögen. Daß sie nicht „Sachen" sind, ist ohne Weiteres klar. Sie werden in gewisser Beziehung als rechtliche Einheiten behandelt. Vergebens würde man aber im BGB. nach Sätzen suchen, welche die universitas iuris als solche charakterisiren. Insbesondere kennt das BGB. keine Vindikation der universitas. Es kennt auch nicht die Surrogation als allgemein gültigen Grundsatz; der Satz: res succedit in locum pretii, pretium in locum rei, ist daher nur in den Einzelfällen gültig, für welche er ausdrücklich aufgestellt wird (z. B. in den §§ 718 Abs. 2, 2019, 2041, 2111, 2374; vgl. auch §§ 1048, 1079; über den Surrogationsgrundsatz im ehelichen Güterrechte s. §§ 1370, 1381, 1382, 1440 Abs. 2, 1473 Abs. 1, 1486 Abs. 1, 1524 Abs. 1 Satz 1, 1526 Abs. 1, 1554 Satz 1).

Das Vermögen*) wird im BGB. nicht definirt. „Vermögen" ist, auch von nichtjuristischen Betrachtungsweisen abgesehen, mehrdeutig. Bald bedeutet es die Summe der geldwerthen Rechte einer Person, also das Bruttovermögen (wohl die regelmäßige Bedeutung), bald das nach Abzug der Passiva verbleibende Vermögen, das Nettovermögen, bald, wie bei der Universalsuccession, die Summe der Aktiva und Passiva. S. Regelsberger, Pand. Bd. 1 S. 363. (Birkmeyer, Ueber das Vermögen im juristischen Sinne, 1879, unternimmt den

---

*) Vgl. J. Kohler, Das Vermögen als sachenrechtliche Einheit, im Arch. f. bürgerl. R. Bd. 22 S. 1 ff.

historischen Nachweis, daß die Passiva überhaupt nie zum Vermögen gerechnet wurden; dagegen Pernice in der Krit. VJSchr. Bd. 12 S. 251 ff.) Ueber das Vermögen als Gegenstand von Rechtsgeschäften hat das BGB. besondere Bestimmungen: Nichtigkeit des Vertrags auf Uebertragung des künftigen Vermögens (§ 310), Formbedürftigkeit der Uebertragung des gegenwärtigen Vermögens (§ 311), Haftung gegenüber den Gläubigern bei vertragsmäßiger Uebernahme des Vermögens eines Anderen (§ 419), Nießbrauch an einem Vermögen (§§ 1085 ff.).

Gewisse Vermögensgruppen erscheinen theils wegen ihrer Herkunft, theils wegen ihrer wirthschaftlichen Bestimmung als eine besondere Einheit, als Sondervermögen, und unterliegen als solche in gewisser Hinsicht besonderen Bestimmungen. So das Gesellschaftsvermögen (§§ 718 ff.), das der elterlichen Verwaltung und Nutznießung unterliegende Kindesvermögen (§§ 1638 ff., 1649 ff.), das „eingebrachte Gut" (§§ 1363, 1373 ff., 1520 ff., 1550 ff.), das Gesammtgut (§§ 1438, 1485, 1519, 1549), das Vorbehaltsgut (§§ 1365 ff., 1440, 1486, 1526, 1555). Von rechtlicher Bedeutung wird die thatsächliche Einheit des ganzen Vermögens einer Person bei der Erbschaft (der Nachlaß als Gegenstand der Universalsuccession s. § 1922).

V. Die dem römischen Rechte bekannte, im deutschen und französischen Rechte zu weittragender Bedeutung erhobene Unterscheidung von beweglichen und unbeweglichen Gegenständen, Mobilien und Immobilien, findet sich natürlich auch im BGB., hat aber keinen Anlaß zu allgemeinen Vorschriften gegeben; ihre praktische Bedeutung kommt vor allem im dritten Buche (Sachenrecht) zum Ausdruck. Die Unterscheidung ist nach dem Systeme des BGB. nur noch auf Sachen anwendbar, nicht, wie im bisherigen Rechte, auch auf Rechte, und nicht auf Vermögen. Unbeweglich sind nach Reichsrecht allein die Grundstücke (vgl. hierüber Vorbem. I, 1 vor §§ 873 ff.). Wer Fiktionen nicht scheut, mag auch das gleichsam als Immobile materialisirt zu denkende Erbbaurecht hieher stellen (gemäß § 1017), ferner die in den Art. 63, 67, 68 EG. bezeichneten Rechte, wenn die Landesrechte ihnen Immobiliarqualität beilegen (vgl. die Erläuterung zu diesen Art. in Bd. VI). Die an die Unbeweglichkeit einer Sache geknüpften Folgen treten auch für diejenigen beweglichen Sachen ein, welche Zubehör sind (die Formulirung von Crome, System Bd. 1 § 58 Anm. 17 S. 275: „Unbeweglich ist auch das Grundstückszubehör, solange seine Zubehörschaft dauert", geht, weil ohne Noth eine Fiktion enthaltend, zu weit). Schiffe gehören zu den beweglichen Sachen; s. jedoch bezüglich ihrer Zwangsversteigerung § 162 ZwVG.

Die CPO. spricht im zweiten Abschnitte des achten Buches in Ansehung der Zwangsvollstreckung noch von beweglichem Vermögen (1. Titel) und unbeweglichem Vermögen (2. Titel), ebenso die KO. im § 47 von Zwangsvollstreckung in das unbewegliche Vermögen. Eine Erklärung dieser für das BGB. entbehrlichen Terminologie ergiebt sich aus M. III, 31.

Nur für ein einziges Rechtsverhältniß, die Fahrnißgemeinschaft, findet sich auch im BGB. eine Unterscheidung von beweglichem und unbeweglichem Vermögen (§§ 1549 ff.). Die Bedeutung dieser Bezeichnungen, in welchen eine durch ein praktisches Bedürfniß zu rechtfertigende Breviloquenz zu erblicken ist, ist hier aber dadurch außer allen Zweifel gestellt, daß § 1551 Abs. 2 einen erschöpfenden Katalog der zum unbeweglichen Vermögen gehörenden Gegenstände giebt (vgl. Bd. IV Bem. 2 zu § 1551).

VI. Ueber die Entbehrlichkeit allgemeiner Vorschriften über Werth und Schätzbarkeit einer Sache s. M. III, 30. Ueber Theilbarkeit s. Bem. 2 zu § 93.

VII. Verkehrsfähigkeit und -Unfähigkeit der Sachen*).

Die im römischen Rechte wurzelnde Unterscheidung von verkehrsfähigen und dem Verkehr entzogenen Sachen (res in commercio und res extra commercium) hatte entsprechend den veränderten Rechts- und Verkehrsanschauungen schon im bisherigen gemeinen Rechte eine weitgehende Grenzverschiebung im Sinne einer Einschränkung der Extrakommerzialität erfahren.

*) Neuere Literatur: Pernice, Die sogen. res extra commercium, in den Berl. Festgaben für Dernburg 1900 (behandelt nur römisches Recht); Crome, System Bd. 1 S. 298 ff.; Staudinger, Vorträge S. 313 ff.; Oertmann, Bayr. Landesprivatrecht S. 119 ff.

Vgl. auch PLR. Thl. I Tit. 8 §§ 3—5; BLR. Thl. II cap. 1 §§ 1—5; code civil art. 538. Das BGB. hat darauf verzichtet, allgemeine Vorschriften über die dem Verkehr entzogenen Sachen zu geben. Motivirung dieses Standpunktes s. M. III, 25 ff. Wie die Gründe, auf welchen die Extrakommerzialität für die einzelnen Sachen ehedem beruhte, verschiedenartige waren, so sind auch die Gründe, warum das BGB. ihrer keine besondere Erwähnung mehr thut, verschiedenartige. In Betracht kommen:

1. Die in der Natur der Dinge begründete Unfähigkeit gewisser Dinge, in Verkehr gebracht zu werden. Dahin gehören

a) der menschliche Körper (s. Bem. zu § 90);

b) die sogen. res omnium communes. Zu ihnen rechnet § 1 J. de rer. div. 2, 1 aër, aqua profluens, mare, litora maris. Die Römische Auffassung hat aber heutzutage nur mehr eine sehr bedingte Berechtigung. Der Grund, warum die genannten Sachen der rechtlichen Beherrschung entzogen sind, ist lediglich darin zu finden, weil sie der thatsächlichen Beherrschung entzogen sind (vgl. hiezu auch Bem. I zu § 958). Soweit sie aber thatsächlich in die Gewaltsphäre des Einzelnen gebracht werden können (durch Ausscheidung oder durch eine bestimmte Benutzungsweise), können sie auch Gegenstand von Rechten sein. Die Luft kann, wie sonstige gasförmige Körper, Gegenstand des Verkehrs werden, wenn sie in Behältnissen eingeschlossen wird. Dasselbe gilt im allgemeinen vom Wasser. Das Meeresufer ist der privatrechtlichen Beherrschung zweifellos fähig, das offene Meer allerdings nicht. Die Binnengewässer, Flüsse, Bäche, Teiche, Seen sind an sich der Beherrschung durch Private nicht unzugänglich. Inwieweit an ihnen thatsächlich Privatrechte zugelassen werden, entscheidet aber nicht das Reichsrecht, sondern das Landesrecht. Art. 65 EG.: „Unberührt bleiben die landesgesetzlichen Vorschriften, welche dem Wasserrecht angehören, mit Einschluß des Mühlenrechts, des Flußrechts und des Flößereirechts sowie der Vorschriften zur Beförderung der Bewässerung und Entwässerung der Grundstücke und der Vorschriften über Anlandungen, entstehende Inseln und verlassene Flußbetten." Für Bayern sind maßgebend die drei Wassergesetze vom 28. Mai 1852 mit AG. z. BGB. Art. 147—149. Vgl. auch Meisner, Nachbarrecht, S. 182 ff. und Oertmann, Bayr. Landesprivatrecht S. 398 ff. Für Preußen, Hessen und Elsaß-Lothringen s. die zu Art. 65 EG. angeführten Gesetze (für Baden jetzt das Wassergesetz v. 26. Juni 1899). Auch die Entscheidung der Frage, welche Gewässer zu den öffentlichen, welche zu den privaten zu zählen seien, obliegt der Landesgesetzgebung. Wenn Crome (System Bd. 1 S. 301 Ziff. 5) lehrt, daß Seen als geschlossene Gewässer „durchaus im Privateigenthum" stehen, so ist das unrichtig. Abgesehen davon, daß durchaus nicht alle Seen geschlossene Gewässer im natürlichen Sinne sind, muß man sich fragen, nach welchem Rechte? Denn ein für Deutschland gemeines Wasserrecht giebt es nicht. Das frühere römisch-gemeine Wasserrecht gilt als Partikularrecht in einzelnen Landstrichen noch fort (vgl. Ossig, Römisches Wasserrecht, 1898).

Ueber Eintragung der öffentlichen Gewässer in das Grundbuch s. GBO. § 90.

2. Eine Reihe von Sachen sind aus Gründen des öffentlichen Rechtes dem Verkehr entzogen. Die Ordnung der auf solche Sachen bezüglichen Verhältnisse mußte, eben weil sie im öffentlichen Rechte wurzeln, fast völlig den Bundesstaaten verbleiben. (Vgl. jedoch das RG. vom 25. Mai 1873 über die Rechtsverhältnisse der zum dienstlichen Gebrauch einer Reichsverwaltung bestimmten Gegenstände.) Im Einzelnen ist zu bemerken:

a) Die von den Römern, weil divini iuris, als extrakommerzial betrachteten res sanctae, sacrae, religiosae*) können heute sämmtlich Gegenstand von Privatrechten sein, soweit nicht die in der partikularen Rechtsordnung begründete jeweilige Be-

---

*) Hauptwerk: Meurer, Begriff und Eigenthümer der heiligen Sachen, 2 Bde.

stimmung der Sache hindernd entgegentritt. Selbst Privateigenthum an Kirchen, z. B. an einer Kapelle, die dem öffentlichen Gottesdienste nicht dient, ist möglich (RGE. Bd. 27 S. 255; Bd. 31 S. 217). Auch Begräbnißplätze und Kirchenstühle können in commercio sein; das Benutzungsrecht daran im öffentlichen Interesse zu regeln, ist der Landesgesetzgebung überlassen; s. EG. Art. 133 mit Bem.

b) Auch die dem Gemeingebrauche gewidmeten Sachen (res publicae), die öffentlichen Straßen, Plätze, Brücken, Häfen, sind einer Privatberechtigung nicht schlechthin entzogen, sondern nur soweit, als die öffentliche Bestimmung der Sache entgegen steht. Es kann über sie verfügt werden, sie dürfen aber in der Regel ihrem Zwecke nicht entfremdet werden (vgl. RGE. Bd. 6 S. 162). Die Art und Dauer des Gemeingebrauchs an solchen Sachen bemißt sich nach den Anordnungen der zuständigen Verwaltungsbehörden; Privatpersonen haben grundsätzlich weder einen civilrechtlichen Anspruch auf fortdauernde Benutzung dieser Sachen noch einen Anspruch auf Schadensersatz im Falle ihrer Veränderung oder Beseitigung (s. Endemann, Bd. I S. 255); solange jedoch mit Willen der Verwaltungsbehörden die Sache dem Gemeingebrauche gewidmet bleibt, steht Privaten ein im Klagewege verfolgbarer Anspruch auf Benützung in denjenigen Fällen zu, in welchen ein Kontrahirungszwang besteht, was nach den konkreten Verhältnissen möglich ist. — Die Regelung des Wegerechts ist der Landesgesetzgebung überlassen durch EG. Art. 113.

c) Diejenigen Sachen, welche zwar nicht dem Gemeingebrauch aller, aber dem öffentlichen Dienste bestimmt sind, nennt man „Verwaltungsvermögen" des Staates. Dahin gehören Gerichtsgebäude, Gefängnisse, Kasernen u. s. w. Verkehrsunfähig sind diese Sachen grundsätzlich nur insoweit, als dies durch die öffentlichen Zwecke, denen sie dienen, erfordert wird. Sie können nicht durch privatrechtliche, wohl aber durch publizistische Akte ihrer Zweckbestimmung entfremdet werden und dadurch in die Reihe der unbeschränkt verkehrsfähigen Sachen treten. EG. Art. 111 bestimmt: Unberührt bleiben die landesgesetzlichen Vorschriften, welche im öffentlichen Interesse das Eigenthum in Ansehung thatsächlicher Verfügungen beschränken. Vgl. Bem. zu EG. Art. 111.

d) Das sogen. „Finanzvermögen" (oder auch „Kämmereivermögen") des Staates (und der Gemeinden) d. h. dasjenige Vermögen, welches in erster Linie dem Geldertrage bestimmt ist (Salinen, Staatsforsten, Staatsbrauereien, Domänen u. s. w.) untersteht, soweit nicht gesetzliche (oder gar in der Verfassung begründete) Veräußerungsverbote bestehen (s. speziell für Bayern Seydel, Bayr. Staatsrecht 2. Aufl. Bd. 2 § 213; über die Domänen des preußischen Staates Dernburg, Bürgerl. R. Bd. 3 § 7 Ziff. 4), hinsichtlich der Veräußerung und Belastung den Bestimmungen des allgemeinen bürgerlichen Rechtes und hinsichtlich der Zwangsvollstreckung den Bestimmungen der CPO.

e) Ueber Alterthumsfunde und den Eigenthumserwerb daran s. Pappenheim in Iherings Jahrb. Bd. 45 S. 141 ff.; vgl. auch die Bem. zu § 984, insbes. Bem. 4.

3. Eine Verkehrentziehung durch Privatverfügung ist dem BGB. unbekannt. Ueber die lediglich obligatorische Wirkung eines privaten Verfügungsverbotes s. Bem. zu § 137.

4. Aber auch gesetzliche Veräußerungsverbote haben nicht schlechthin die Verkehrsunfähigkeit einer Sache zur Folge. (Darüber, daß Veräußerungsverbot und Verkehrsentziehung systematisch nicht zusammengehören, s. Crome, System Bd. 1 § 85 Anm. 20.) Bezweckt das gesetzliche Veräußerungsverbot nur den Schutz bestimmter Personen, so ist eine gegen das Verbot verstoßende Verfügung über den Gegenstand nur diesen Personen gegenüber unwirksam (§ 135). Gesetzlichen Veräußerungsverboten dieser Art stehen nach

§ 136 die von einem Gericht oder von einer anderen Behörde innerhalb ihrer Zuständigkeit erlassenen gleich.

Für gesetzliche Verbote, welche im öffentlichen Interesse erlassen sind, gilt die Regel des § 134, daß Rechtsgeschäfte, welche gegen sie verstoßen, nichtig sind, wenn sich nicht aus dem Gesetz ein Anderes ergiebt. In manchen Fällen läßt aber das Gesetz selbst ersehen, daß die Wirkung seines Verbots nicht ein völliges Entziehen der Sachen aus dem Verkehre sein soll, sondern das Besitzen und Inverkehrbringen der Sachen aus Gründen des öffentlichen oder fiskalischen Interesses nur unter bestimmten Voraussetzungen erlaubt sein soll. Dahin gehören die Strafdrohungen des StGB. § 367 Nr. 3 u. 4; Gift, Arzneien, Schießpulver u. s. w. sind also nicht verkehrsunfähig. Vgl. auch Gew.O. §§ 35 Abs. 3, 56, 147 Nr. 2. Verborgene Stoß-, Hieb- und Schußwaffen (StGB. § 367 Nr. 9) und gefährliche wilde Thiere (StGB. § 367 Nr. 11) sind gleichfalls nicht absolut, sondern nur relativ verkehrsunfähig. Dasselbe gilt für Spielkarten; Voraussetzung für ihre Verkehrsfähigkeit ist der Aufdruck des fiskalischen Stempels (RG. vom 8. Juli 1878 §§ 10—12). Nicht einmal verfälschte oder verdorbene Getränke oder Eßwaaren, insbesondere trichinenhaltiges Fleisch, sind unter allen Umständen extra commercium (StGB. §§ 367 Nr. 7, Gesetz vom 14. Mai 1879, betreffend den Verkehr mit Nahrungsmitteln, §§ 10—12). Abgesehen davon, daß an solchen Gegenständen Privateigenthum möglich und zulässig ist, können sie auch zu wissenschaftlichen Zwecken veräußert werden z. B. an eine Untersuchungsanstalt oder an einen Bakteriologen. Fleisch, dessen Genußunmöglichkeit sich bei der amtlichen Untersuchung ergeben hat, darf als Nahrungs- oder Genußmittel für Menschen nicht in Verkehr gebracht werden; die Verwendung des Fleisches zu anderen Zwecken kann jedoch von der Polizeibehörde zugelassen werden, soweit gesundheitliche Bedenken nicht entgegenstehen (s. RG. v. 3. Juni 1900, betr. die Schlachtvieh- und Fleischbeschau, § 9). Bezüglich des von der Rinderpest ergriffenen Viehes s. Bundesgesetz vom 7. April 1869 §§ 2, 3.

Keine Verkehrsunfähigkeit, sondern nur eine Beschränkung der Verkehrsfähigkeit besteht endlich auf Grund landesgesetzlicher Vorschriften für Sachen, welche zu Familienfideikommissen, Lehen und Stammgütern gehören; s. die Bem. zu Art. 59 EG.

§ 90.

Sachen im Sinne des Gesetzes sind nur körperliche Gegenstände.

E. I, 778; II, 77 a; III, 86.

1. Das BGB. hat die Körperlichkeit zu einem wesentlichen Bestandtheile des Sachbegriffs erhoben. Sache im Sinne des Privatrechts ist also jedes Stück der im Raume in die Erscheinung tretenden Materie, soweit es nicht aus besonderen Gründen unfähig ist, Gegenstand von Rechten oder Rechtsverhältnissen zu sein. Sachen sind nicht nur feste und flüssige, sondern auch gasförmige Körper. Eine Streitfrage besteht über die Sacheigenschaft des elektrischen Stromes.*) Die Anschauung des Verkehrs rechnet ihn als einen möglichen Gegenstand der Veräußerung und Lieferung zweifellos zu den Sachen. Sie kann aber angesichts des bestimmten Wortlauts des § 90, der Körperlichkeit erfordert, nicht als entscheidend erachtet werden (so mit Recht der 4. Straffenat d. RG. in einem Urtheile vom 20. Oktober 1895, Regers Entsch. Bd. 17 S. 68; vgl. ferner RGE. in StS. Bd. 32 S. 165). Es kann vielmehr einzig und allein darauf ankommen, ob der elektrische Strom wirklich ein Stück raumerfüllender Materie, also körperlicher Gegenstand ist, oder ob etwa die Meinung richtig ist, welche in der Elektrizität keinen Stoff irgend welcher Art, sondern eine Kraft, einen Zustand, sieht, in den gewisse Gegenstände durch technische Manipulationen versetzt werden. Behält letztere Ansicht vor dem Forum der Naturwissenschaft — denn nur diese, nicht die Jurisprudenz kann hierüber entscheiden — Recht, so muß der Jurist die Sacheigenschaft des elektrischen Stromes verneinen. Für die Verneinung hat sich auch das RG. ausgesprochen in der oben angeführten Entscheidung; ferner Regelsberger, Pand. Bd. 1 S. 365; Gareis, Komm. Bem. 4 zu § 90;

---

*) Literatur: Wengler, Elektrizität und Recht, 1900; Pfleghart, Die Elektrizität als Rechtsobjekt (2 Bde., 1900, 1902); Budde, Recht und Energie, 1902; Kohlrausch in Zeitschr. f. d. ges. Strafrechtsw. Bd. 20 S. 488 ff.; Schlecht, Vorträge über Lieferung elektrischer Ströme in Bl. f. RA. Bd. 66 S. 8 ff., 31 ff.

Hölder, Komm. Bem. 3, c zu § 90; Endemann Bd. 1 § 50 Anm. 10; Crome, System Bd. 1 § 58 Ziff. 2. Für die Bejahung dagegen OLG. München am 15. Januar 1895 (Bl. f. RA. Bd. 60 S. 263; Regers Entsch. Bd. 16 S. 190) und Dernburg, Bürg. R. Bd. 3 § 1 Ziff. 3. Auf dem Gebiete des Strafrechts wurde, da es in Folge dieser Meinungsverschiedenheit zweifelhaft war, ob Elektrizität Gegenstand eines Vergehens der §§ 242, 246 StGB. sein kann, ein Spezialgesetz geschaffen, das Gesetz betreffend die Entziehung elektrischer Arbeit vom 9. April 1900 (RGBl. S. 288).

Körperliche Gegenstände und darum Sachen sind auch die Urkunden. Jedoch ist zu beachten, daß eine Reihe von Urkunden nicht als selbständige Sachen für den Rechtsverkehr in Betracht kommen, sondern nur in Verbindung mit einem Rechte, als dessen Annexe sie erscheinen. (Eine Klassifikation dieser Urkunden giebt Rehbein, Das BGB. mit Erläuterungen Bd. 1 S. 77 ff.) Dies ist aber kein Grund, diese letzteren Urkunden nicht als „Sachen" zu bezeichnen. An ihnen ist selbständig Besitz möglich, auch können an ihnen Zurückbehaltungsrechte ausgeübt werden (vgl. hiezu Bem. I, 1, c zu § 1204 und auch § 952 mit Bem.).

2. Nicht unter den Sachbegriff fallen:

a) der Körper des lebenden Menschen.*) Nach römischer und gemeinrechtlicher Auffassung (l. 13 D. 9, 2) hat der Mensch an seinem Körper nicht Eigenthum im Rechtssinne. Auch nach heutigem Rechte sind Körpertheile nicht „Sachen", solange sie organisch mit dem übrigen Körper verbunden sind. Der Mensch kann sie daher nicht zum unmittelbaren Gegenstande von Rechtsgeschäften machen; abgesehen von § 138 schon deßhalb nicht, weil er damit nicht über eine Sache, sondern über ein Stück seiner Person verfügen würde. Etwas Anderes ist es, daß er sich innerhalb der durch § 138 gezogenen Grenzen zu körperlichen Leistungen z. B. zum Modellstehen oder dazu verpflichten kann, die Abtrennung von Körpertheilen (z. B. von Haaren) einem anderen zu gestatten. Auch eine obligatorische Verfügung für den Fall der späteren Trennung ist möglich; allerdings besteht eine momentane Unmöglichkeit der Leistung; dies steht aber nach Maßgabe des § 308 der Gültigkeit des Vertrages nicht entgegen. Künstliche Ersatzmittel von Körpertheilen, wie Perücken, Stelzfüße, Zahnplomben u. s. w. sind Sachen, und als solche möglicher Gegenstand auch von dinglich wirkenden Rechtsgeschäften; nur sind sie, so lange sie als Glieder des Rechtssubjektes dienen, nicht pfändbar und gehören nicht zur Konkursmasse (s. Dernburg, Bürgerl. R. Bd. 3 § 1 Ziff. 4). Durch die Abtrennung werden auch bisher organisch mit dem übrigen Körper zusammenhängende Körpertheile zu „Sachen" im Sinne des § 90. Sie werden mit der Abtrennung zunächst herrenlos; a. M. Hellmann (Vorträge S. 34), der hier BGB. § 953 analog anwenden will, und Hölder, der eine Abschwächung oder Umwandlung des am Leibe bestehenden Herrschaftsrechts in ein Eigenthumsrecht mit der Abtrennung annimmt. Die Aneignung des zunächst herrenlosen abgetrennten Körpertheiles steht aber nicht Jedem frei, weil dadurch „das Aneignungsrecht eines Andern verletzt" würde (§ 958 Abs. 2), nämlich dasjenige des bisherigen Trägers; dessen Aneignungsrecht ergiebt sich aus dem der natürlichen Auffassung entsprechenden, der ausdrücklichen Sanktion durch Gesetz nicht bedürftigen Herrschaftsrecht über die eigene Person, welches keineswegs mit juristischem Eigenthum zu identifiziren ist, und für welches man mit Gareis a. a. O. in der „Selbmuntschaft" germanischer Rechte einen historischen Beleg erblicken mag. Solange demnach der bisherige Träger auf sein Aneignungsrecht nicht verzichtet hat, was auch stillschweigend geschehen kann, darf der Friseur sich die abgeschnittenen Haare nicht aneignen, der Chirurg die amputirten Glieder nicht für seine Zwecke verwenden.

Die Rechtslage der menschlichen Leiche bietet der Konstruktion Schwierigkeiten. Reichsgesetzliche Bestimmungen fehlen, abgesehen vom StGB. §§ 168, 367 Nr. 1 und der privatrechtlich nichtssagenden Vorschrift des § 486 Abs. 6 StPO. über den Leichnam des Hingerichteten. Wenn Fischer-Henle (5. und 6. Aufl. Bem. 3 zu § 90) die Leiche als res extra commercium bezeichnet, so führt das leicht zu der unrichtigen Anschauung, als ob Jemand nicht für den Fall des Todes über seinen Körper verfügen könne; in einer solchen Verfügung kann zwar ein Verstoß gegen § 138 liegen, was namentlich dann anzunehmen sein wird, wenn die Verfügung eine entgeltliche sein

---

*) Literatur: Goldschmidt, Handbuch des Handelsrechts Bd. 2 § 60; F. Endemann, Rechtswirkungen der Ablehnung einer Operation (1893); K. Gareis, Das Recht am menschlichen Körper (Sonderabdruck aus der Festg. f. Schirmer, Königsberg 1900).

soll; aber abgesehen davon steht der Verfügung über die eigene künftige Leiche nichts im Wege, da der menschliche Körper mit dem Augenblicke des Todes zweifellos zur „Sache" im Sinne des § 90 wird. Es kann also z. B. ein Kranker rechtsgültig seine Leiche dem anatomischen Institut vermachen (so auch Gareis a. a. O. S. 36, der jedoch die davon verschiedene Frage, ob die Angehörigen auch zur Auslieferung verpflichtet sind, wenn diese ihrem Empfinden widerstrebt, verneint). Zweifellos ist, daß der Leichnam nicht zum Nachlasse, nicht zur „Erbschaft" (§ 1922) gehört, zweifellos ferner, daß die Rechtsordnung (StGB. §§ 168, 367 Nr. 1) ein Recht auf Gewahrsam an einer Leiche anerkennt. Wem aber dieses Recht zusteht, ist zweifelhaft. Man wird aus § 138 den Satz ableiten dürfen, daß Niemand berechtigt ist, über die menschliche Leiche anders als zum Zwecke ihrer Sektion, Beerdigung oder anderweitiger Bestattung oder zum Zwecke der Abwehr unstatthafter Eingriffe Unbefugter zu verfügen. Innerhalb dieser Grenzen wird man das Bewahrungsrecht, wenn man es so nennen will, den Erben zusprechen müssen, obwohl diese nicht Eigenthümer des Leichnams werden; das Bewahrungsrecht erscheint als ein nothwendiges Korrelat zu der Pflicht, den Aufwand für die Beerdigung zu tragen (§ 1968). Vgl. auch Bem. IV zu § 1922 und die Bem. zu § 1968. Modifizirt wird das Bewahrungsrecht der Erben durch die partikularrechtlich verschiedenen Vorschriften, welche im öffentlichen Interesse aus sanitätspolizeilichen Gründen bestehen.

b) alle unkörperlichen Gegenstände. Die Rechte gehören demnach überhaupt nicht mehr zu den Sachen, gleichviel, ob sie als Rechte an beweglichen oder unbeweglichen Sachen bestehen und ob sie nur obligatorischen oder dinglichen Charakter haben. Auch das Eigenthum ist daher keine Sache. Geistesprodukte gehören nur insoweit zu den Sachen, als sie in einem materiellen Substrate verkörpert sind. Vgl. hiezu auch Bem. III zu § 903.

3. Ueber Einzelsache, Sachgesammtheit u. s. w. s. Vorbem. III zu diesem Titel.*)

4. In einem ganz eigenthümlichen Sinne wird der Ausdruck „die Sache" in den Vorschriften über den Fund (§§ 965 ff.) gebraucht. Hier ist die Sache gleichbedeutend mit „der Fund" (als Objekt), ohne Rücksicht darauf, ob dieser aus einer oder aus mehreren Sachen besteht. Wollte man dies nicht annehmen, so käme man zu der sonderbaren, sicher nicht gewollten Konsequenz, daß der Finder mehrerer beisammenliegender Sachen, deren jede für sich allein nicht ganz 3 Mk. werth ist, keine Anzeigepflicht hätte (§ 965 Abs. 2).

5. § 90 definirt den Sachbegriff zunächst nur für das BGB. Die Definition ist auch für das HGB. maßgebend, nicht aber für die fortgeltenden Landesgesetze. Es läßt sich nicht ohne weiteres annehmen, daß Landesgesetze, die aus der Zeit der Entstehung des BGB. stammen, ihre begrifflichen Ausdrücke mit diesem hätten in Einklang bringen wollen; vgl. RGE. Bd. 51 S. 105. Wohl aber ist diese Annahme dann gerechtfertigt, wenn die Neuredaktion eines Landesgesetzes anerkannter Maßen mit zu dem Zwecke erfolgte, das Gesetz auch hinsichtlich der Ausdrucksweise dem neuen Rechte anzupassen; so mit spezieller Bezugnahme auf das bayr. Geb.G. die Entsch. d. bayr. Oberst.LG. n. F. Bd. 3 S. 994 f.

§ 91.

Vertretbare Sachen im Sinne des Gesetzes sind bewegliche Sachen, die im Verkehre nach Zahl, Maß oder Gewicht bestimmt zu werden pflegen.

E. I, 779; II, 776; III, 87.

1. Um den Begriff der vertretbaren Sachen (Fungibilien) zu bestimmen, übernimmt das BGB. die Definition der römischen Quellen: res, quae pondere, numero, mensura consistunt (l. 2 § 1 D. 12, 1), fügt aber bei, daß dabei die Schätzung des Verkehrs als entscheidend anzusehen sei. Vertretbar sind demnach solche bewegliche Sachen, welche, weil sie gegenüber anderen Sachen der gleichen Gattung ausgeprägter Individualisirungsmerkmale entbehren, nach der regelmäßigen Anschauung des Verkehrs diese ersetzen und von ihnen ersetzt werden können. Ihre Qualifikationsmerkmale liegen anderen Sachen gleicher Gattung gegenüber nur in der Zahl, im Maße oder im Gewichte. Sie werden darum auch „Quantitätssachen" genannt.

*) Vgl. auch Fuchs, Probleme des Sachenrechts, in Gruchot, Beitr. Bd. 46 S. 549 ff.

Niemals vertretbar sind demnach Grundstücke. Regelmäßig vertretbar sind z. B. die verschiedenen ungebundenen oder gleichartig gebundenen Exemplare eines Buches, verschiedene Mengen derselben Sorte Wein, Oel, Getreide, Mehl, Tuch, Papier, Briefmarken u. s. w., und vor Allem das Geld. Regelmäßig unvertretbar, weil durch individuelle Merkmale charakterisirt, sind Kunstwerke, Pferde, Hunde, Weine verschiedener Sorten u. s. w. Maßgebend ist die regelmäßige Anschauung des Verkehrs ohne Rücksicht auf den konkreten Fall (s. jedoch unter 2). Der Maßstab ist also ein objektiver. Er ist aber, wie Emerich (Kauf und Werklieferungsvertrag, Jena 1899, S. 20 ff.) richtig hervorhebt, kein absoluter, da eine Sache, die im Kleinverkehr eine nicht vertretbare ist, im Großverkehr eine vertretbare sein kann.

2. Es ist den Parteien unbenommen, eine Sache, die nach § 91 im gewöhnlichen Verkehr als eine vertretbare zu gelten hat, rechtsgeschäftlich wie eine nicht vertretbare zu behandeln. Daß eine solche Absicht der Parteien stets dann anzunehmen sei, wenn die an sich vertretbaren Sachen zu einem bestimmten individuellen Zwecke hergestellt werden müssen — ein Standpunkt, auf dem P. II, 339 ff. zu stehen scheinen —, dürfte jedoch nicht richtig sein. Angenommen, eine Maschine soll für einen ganz bestimmten Raum oder Betrieb passen; entweder muß sie zu diesem Zwecke in einer von anderen Maschinen ähnlicher Gattung abweichenden Art hergestellt werden, dann fällt sie ohnehin nicht unter § 91, oder das Modell erfüllt zufällig die gewünschten konkreten Erfordernisse, ohne daß an ihm besondere individualisirende Aenderungen vorgenommen werden, dann ist nicht einzusehen, warum nicht trotz ihrer Zweckbestimmung der Begriff der Vertretbarkeit auf die Maschine Anwendung finden soll.

Die Parteien können auch eine an sich nicht vertretbare Sache behandeln, als ob sie nur eine der Gattung nach bestimmte wäre, d. h. sie können vereinbaren, daß es im gegebenen Falle nicht darauf ankommen soll, welche Spezies der betreffenden Gattung geleistet wird. Die Schuld wird durch eine solche Vereinbarung zur Gattungsschuld (§§ 243, 279).

Unzutreffend wäre es aber, zu sagen, daß durch solche Parteivereinbarungen die vertretbare Sache zur unvertretbaren werde oder umgekehrt. Denn die Eigenschaft der Vertretbarkeit ist als auf der objektiven Grundlage der Verkehrssitte beruhend von der Parteiwillkür unabhängig.

3. Seine praktische Bedeutung hat der Begriff der Vertretbarkeit namentlich im Rechte der Schuldverhältnisse. Eine „nur der Gattung nach bestimmte Sache" ist regelmäßig (wenn auch nicht immer, s. unter 2) auch vertretbar. Die für jene Kategorie von Sachen bestehenden besonderen Vorschriften (§§ 243, 279, 300 Abs. 2, 480, 524 Abs. 2, 2182 Abs. 1, 2183) sind daher für vertretbare Sachen von Bedeutung. Ferner können gewisse Rechtsgeschäfte nur vertretbare Sachen zum Gegenstande haben: so das Darlehen (§ 607), der irreguläre Verwahrungsvertrag des § 700, die Anweisung (§ 783), die indossiblen kaufmännischen Anweisungen des § 363 HGB. Auf den Unterschied von vertretbaren und unvertretbaren Sachen ist ferner die wichtige Unterscheidung des § 651 gegründet (sog. „Werklieferungsvertrag" über nicht vertretbare Sachen). Vertretbare Sachen, welche von einem Gesellschafter beigetragen werden, werden im Zweifel gemeinschaftliches Eigenthum der Gesellschafter (§ 706 mit Bem. II, 3, a hiezu). Auch die CPO. verwendet den Begriff der Vertretbarkeit in den §§ 592, 688, 794 Nr. 5, 884.

4. Nicht das Gesetz, wohl aber die Doktrin spricht auch von vertretbaren Handlungen. Das sind solche Handlungen, die auch durch einen Dritten vorgenommen werden können (CPO. § 887).

5. Unter den vertretbaren Sachen besonders hervorzuheben ist das Geld d. i. das staatlich anerkannte allgemeine Tauschmittel und als solches der allgemeine Werthmesser für andere Güter. Daß alle Geldstücke derselben Münzsorte, also alle Markstücke, alle Zwanzigmarkstücke u. s. w. vertretbar sind, ist selbstverständlich. Die Eigenschaft der gegenseitigen Vertretbarkeit kommt aber, und zwar nicht nur nach der Anschauung des Verkehrs, sondern kraft Gesetzes, auch den Stücken verschiedener Geldsorten und verschiedener Metalle zu, jedoch nicht unbeschränkt, sondern nur nach Maßgabe der jeweils bestehenden Währungsordnung. Für das Deutsche Reich, welches z. Zt. das System der sog. hinkenden Goldwährung hat, sind maßgebend das RG. vom 4. Dezember 1871, betreffend die Ausprägung von Reichsgoldmünzen, und das Münzgesetz vom 9. Juli 1873, zu welchem Novellen theils ergangen, theils im Gange sind. Alle Reichsgoldmünzen sind gegenseitig vertretbar. Goldmünzen und Thaler nur, soweit letztere nicht außer Kurs gesetzt sind. Die übrigen Silbermünzen, die Nickel- und Kupfermünzen (also alle sog. Scheidemünzen) vertreten, wenigstens bei Zahlungen gegenüber Privaten, das Gold nur in beschränktem Umfang. Silbermünzen brauchen nämlich nur bis zu einem Betrage von 20 Mk., andere Münzen nur bis zum Betrage von 1 Mk. als Zahlung angenommen zu werden.

Reichskassenscheine und Banknoten werden stets durch staatliches Goldgeld vertreten, dieses aber nicht durch jene; vgl. RG. vom 30. April 1874 und vom 14. März 1875. Reichskassenscheine und die Noten verschiedener Banken sind unter sich nach der Auffassung des Verkehrs gegenseitig vertretbar.

§ 92.

Verbrauchbare Sachen im Sinne des Gesetzes sind bewegliche Sachen, deren bestimmungsmäßiger Gebrauch in dem Verbrauch oder in der Veräußerung besteht.

Als verbrauchbar gelten auch bewegliche Sachen, die zu einem Waarenlager oder zu einem sonstigen Sachinbegriffe gehören, dessen bestimmungsmäßiger Gebrauch in der Veräußerung der einzelnen Sachen besteht.

E. I, 780; II, 77 e; III, 88.

1. Begriff der Verbrauchbarkeit. Es ist eine selbstverständliche natürliche Eigenschaft aller Sachen, daß sie bei häufigem Gebrauche sich abnutzen und schließlich, je nach der Widerstandsfähigkeit ihrer Substanz, rascher oder langsamer verbraucht werden. Damit sind sie aber noch nicht „verbrauchbar" im juristisch-technischen Sinne, in welchem § 92 das Wort erläutern will. Die Verbrauchbarkeit im juristischen Sinne wird vielmehr durch ein Doppeltes charakterisirt: einmal dadurch, daß durch einen Gebrauchsakt der Verbrauch d. h. die Zerstörung oder doch erhebliche Entwerthung der Sache eintritt, und zweitens dadurch, daß dieser Zerstörungs- bezw. Entwerthungsprozeß sich nicht nur in außerordentlichen Gebrauchsfällen vollzieht, sondern durch solchen Gebrauch, bei welchem die Sache ihre bestimmungsmäßige d. h. nach der Regel des Lebens und Verkehrs ihr zukommende Funktion erfüllt.

Verbrauchbar sind also vor Allem alle Nahrungs- und Feuerungsmittel, Brot, Fleisch, Wein, Bier, Kohlen, Brennholz u. s. w. Im gemeinen Rechte bestand Streit darüber, ob zu den verbrauchbaren Sachen (res, quae usu consumuntur, Konsumtibilien) auch diejenigen zu zählen seien, welche zwar nicht durch eine Gebrauchshandlung, wohl aber durch verhältnißmäßig wenige Gebrauchshandlungen sich abnutzen, z. B. leicht abtragbare Kleidungsstücke, woran unmittelbar sich die berüchtigte Kontroverse anknüpfte, ob an Kleidern ein eigentlicher oder nur ein uneigentlicher Nießbrauch möglich sei (vgl. einerseits § 2 J. 2, 4, andererseits l. 15 § 4 D. 7, 1 und l. 9 § 2 D. 7, 1). Crome (System Bd. 1 S. 297) scheint die Streitfrage durch das BGB für erledigt zu halten, indem er die Kleider schlechthin zu den nicht verbrauchbaren Sachen rechnet. Auch die M. III, 34 f. scheinen dieser Ansicht zu sein. Dagegen rechnet Cosack (Lehrb. Bd. 1 § 44, II, 1) Arbeitskleider zu den verbrauchbaren Sachen. Auf die mehr oder minder hohe Abnutzbarkeit, wenn überhaupt einmal eine Mehrheit von Gebrauchsakten zum Verbrauche nöthig ist, kann es nicht ankommen, da sonst die Grenzlinie unkenntlich würde. Aber man wird andererseits doch zu beachten haben, daß es thatsächlich Kleider giebt, welche unter Umständen nach einmaligem Gebrauche derart entwerthet sind, daß der Begriff der Verbrauchbarkeit auf sie zutrifft, z. B. weiße Handschuhe, ein zum Gebrauch bei einem bestimmten Festzug für eine bestimmte Person hergestellter Maskenanzug. In ähnlichem Sinne für das ältere Recht Regelsberger, Pand. S. 381.

Zu dem bisher besprochenen engeren Begriffe der Verbrauchbarkeit kommt noch ein weiterer. Schon das Röm. R. hatte auch das Geld zu den verbrauchbaren Sachen gerechnet. Bei Geld tritt durch einen einmaligen Gebrauchsakt zwar keine Zerstörung oder Entwerthung der Substanz ein, wohl aber ein im praktischen Erfolge gleichstehender Verlust für den Verbrauchenden. Denn der regelmäßige Gebrauch des Geldes besteht eben darin, daß es ausgegeben wird. Im wohlbegründeten Anschluß an die überlieferte Anschauung rechnet auch § 92 BGB. das Geld zu den verbrauchbaren Sachen, nennt aber das Geld nicht namentlich, sondern dehnt den Begriff der Verbrauchbarkeit auf alle Sachen aus, deren bestimmungsgemäßer Gebrauch in der Veräußerung besteht, also auch auf Geldsurrogate, Reichskassenscheine, Banknoten und auf andere Klassen von Inhaberpapieren; auch Orderpapiere, wie kaufmännische Anweisungen oder Wechsel, wird man unter Umständen hieher zu rechnen haben. (So auch Rehbein, Komm. Bd. 1 S. 96.)

Auch im Falle des Gebrauchs durch Veräußerung wird der Begriff der Verbrauchbarkeit nach objektiven Merkmalen bestimmt. Nicht ob die Sache im gegebenen Falle veräußert wird, ist entscheidend, sondern ob ihr bestimmungsmäßiger Gebrauch in der Veräußerung besteht. Ob dies zutrifft, entscheidet wiederum die Verkehrssitte. In einem Falle soll jedoch ohne weiteres angenommen werden, daß der bestimmungsmäßige

Gebrauch einer Sache in ihrer Veräußerung besteht, nämlich dann, wenn die Sache zu einem Sachinbegriffe gehört, dessen bestimmungsmäßiger Gebrauch in der Veräußerung der einzelnen Sachen besteht. Als typisches Beispiel eines solchen Sachinbegriffes wird das Waarenlager hervorgehoben. Man könnte hier von einer fiktiven Verbrauchbarkeit sprechen.

Man wird z. B. alle Werthpapiere, die ein Bankier in seinem auf Veräußerung von Werthpapieren gerichteten Geschäftsbetriebe besitzt, als „verbrauchbar" ansehen müssen, auch wenn einzelne thatsächlich unverkäuflich sind; denn sie gehören zu einem Sachinbegriffe, dessen Zweck in der Veräußerung besteht. Dagegen gilt nicht das Gleiche für die Pfandbriefe, die derselbe Bankier als Vormund und Verwalter eines Mündelvermögens für den Mündel besitzt; denn der bestimmungsgemäße Gebrauch des Mündelvermögens besteht keineswegs in seiner Veräußerung.

Wohl zu beachten ist, daß nur die Verbrauchbarkeit der zu einem verbrauchbaren Sachinbegriffe gehörigen Einzelsachen ohne Weiteres anzunehmen ist, nicht die Verbrauchbarkeit des Sachinbegriffs selbst. Ob letztere besteht, muß erst nach der Verkehrssitte entschieden werden. Sachen, die z. B. zu einem Gutsinventare gehören, fallen darum allein noch nicht unter Abs. 2 des § 92.

2. Verbrauchbar sind nur bewegliche Sachen, daher niemals Grundstücke.

3. Verbrauchbarkeit und Vertretbarkeit (s. § 91) können, müssen aber nicht zusammenfallen.

4. Von praktischer Bedeutung wird die Verbrauchbarkeit vor Allem da, wo Jemandem ein Nutzungsrecht an Sachen einzuräumen ist. Gegenüber verbrauchbaren Sachen ist ein Nutzungsrecht naturgemäß nur dann von Werth, wenn es zum vollen Verfügungsrechte gesteigert, wenn also das Gebrauchsrecht zum Verbrauchsrechte wird. Der hiedurch eintretende Vermögensverlust des Sacheigenthümers wird durch einen diesem gewährten Anspruch auf Werthersatz ausgeglichen. So wird beim Nießbrauch an verbrauchbaren Sachen der Nießbraucher Eigenthümer, hat aber nach Beendigung des Nießbrauches den Werth der Sachen zu ersetzen. §§ 1067, 1075 Abs. 2, 1084, 1086. Der Ehemann bezw. Vater kann verbrauchbare Sachen seiner Ehefrau bezw. Kinder nach Maßgabe der §§ 1376, 1377, 1540, 1653, 1659 Abs. 2 gegen späteren Werthersatz für sich verbrauchen und veräußern. Ferner werden nach § 706 verbrauchbare Sachen, welche von einem Gesellschafter beizutragen sind, im Zweifel gemeinschaftliches Eigenthum der Gesellschafter. Endlich s. § 2325 Abs. 2.

§ 93.*)

Bestandtheile einer Sache, die von einander nicht getrennt werden können, ohne daß der eine oder der andere zerstört oder in seinem Wesen verändert wird (wesentliche Bestandtheile), können nicht Gegenstand besonderer Rechte sein.

E. I, 782; II, 77d; III, 89.

1. Begriff der wesentlichen und unwesentlichen Bestandtheile. Jeder körperliche Gegenstand, der überhaupt für den Rechtsverkehr in Betracht kommt, besteht aus einer Menge von stofflichen Theilen, mit anderen Worten: ist aus Bestandtheilen zusammengesetzt. Dies gilt für die sog. einfache Sache ebensogut wie für die zusammengesetzte, für das Blatt Papier ebenso wie für das unter Glas eingerahmte Bild. So gewiß nun jede Sache, rein physikalisch genommen, als in beliebig viele Bestandtheile zerlegt gedacht werden kann, so einleuchtend ist es, daß die wirthschaftliche Bedeutung der Theilstücke in ihrem Verhältnisse zu einander, je nachdem sie getrennt werden oder vereinigt bleiben, eine grundverschiedene sein kann. Gründe der wirthschaftlichen Zweckmäßigkeit, nicht der juristischen Logik, fordern, daß die Rechtsordnung den verschiedenen Bestandtheilen je nach ihrer Bedeutung eine verschiedene Behandlung zu Theil werden lasse. Das BGB. scheidet demnach wesentliche und nichtwesentliche Bestandtheile. Es nimmt diese Scheidung vor nach einem wirthschaftlichen Gesichtspunkte. Man muß sich fragen, welchen Einfluß eine Trennung verschiedener Bestandtheile einer Sache von einander auf deren Bestand oder Wesen und damit auf ihre selbständige ökonomische Verwerthbarkeit ausüben würde. Hätte eine Trennung zur nothwendigen Folge, daß das eine oder das andere dieser Theilstücke zerstört oder in seinem Wesen verändert würde, so ist damit die „Wesentlichkeit" eben dieses Theilstücks dargethan. Wenn ein Bestandtheil wesentlich oder unwesentlich genannt wird, so wird damit immer an ein Verhältniß zu anderen oder den anderen Bestandtheilen gedacht.

---

*) Literatur: Paech, Bestandtheil und Zubehör, Berl. Diss. 1900; F. Bonschab, Bestandtheil und Zubehör nach BGB. in Bl. f. RA. Bd. 66 S. 185 ff.; Tobias, Eigenthumserwerb durch Verbindung, im Archiv f. d. civilist. Praxis Bd. 94 S. 371 ff.

Für die Wesentlichkeit eines Bestandtheils kommt es aber nicht darauf an, ob durch seine Wegtrennung die Sache zerstört oder verändert würde, sondern ob er selbst, der Bestandtheil, jene Einbuße erleiden würde, falls er von den anderen Bestandtheilen der Sache abgetrennt würde.

Die Zerstörung ist, wie Hölder (Komm. Bem. 3, a zu § 93) zutreffend ausführt, nicht als eine reale, sondern als eine wirthschaftliche zu verstehen, die zutrifft, wenn der Bestandtheil durch die Trennung seine wirthschaftliche Bedeutung verliert. Erforderlich, aber auch genügend ist nach Hölder „eine so weitgehende Verminderung der wirthschaftlichen Bedeutung des Bestandtheils, daß sie zum größeren Theile zerstört ist". Dem wird man im Allgemeinen zustimmen können. Nur darf dieses richtige Prinzip nicht dazu verleiten, sich streng an das rechnerische Ergebniß zu halten, welches man damit gewinnt, daß zuerst der Werth des Bestandtheils vor der Trennung, dann sein Werth nach der Trennung veranschlagt wird und nun darauf gesehen wird, ob der letztere Werth mehr oder weniger als die Hälfte des ersteren beträgt. Ein Korrektiv gegen eine derartige rein mechanische Auffassung ergiebt sich in der Regel schon aus der immer mit vorzunehmenden Würdigung der zweiten Alternative des Gesetzes: „oder in seinem Wesen verändert wird". Bei dieser zweiten Alternative handelt es sich nicht um Mehrwerth oder Minderwerth, sondern um den Gegensatz von Gleichheit und Ungleichheit, wiederum mit Rücksicht auf die wirthschaftliche Bedeutung. Daß dieser Gegensatz einer rechnerischen Abschätzung unzugänglich ist, ist klar. Es läßt sich daher nur sagen, eine Wesensänderung und damit die Wesentlichkeit des Bestandtheils werde dann anzunehmen sein, wenn zwischen dem Bestandtheile als getrenntem und als ungetrenntem eine erhebliche Ungleichheit besteht. Ob die Merkmale der Wesentlichkeit vorliegen, wird der Richter im Einzelfalle unter Beobachtung der genannten Gesichtspunkte nach freiem Ermessen zu beurtheilen haben. Nur in den Fällen des § 94 (s. Bem. hiezu) bestimmt das Gesetz selbst gewisse Gegenstände als wesentliche.

Aus dem Gesagten erhellt, daß es Sachen giebt, welche nur wesentliche Bestandtheile haben, so viele Kunstwerke, Pflanzen, auch Thiere (abgesehen von den Haaren). Die Behauptung von Cosack (Lehrb. § 41, I, 1), daß ein Zwanzigmarkstück nur wesentliche Bestandtheile habe, dürfte mit Rücksicht auf die Vorschriften über das Passirgewicht (s. RG. vom 4. Dezember 1871 §§ 4, 9) doch nicht unanfechtbar sein.

Bei zusammengesetzten Sachen ist die Bestimmung der Bestandtheile als wesentliche oder unwesentliche in der Regel schwieriger als bei „einfachen" Sachen. Zweifelhaft wird sie z. B. bei Tisch und Platte, Goldreif und Edelstein, Bild und Rahmen u. s. w. Hier wird es auf das gegenseitige Werthverhältniß und etwaige besondere Umstände des Einzelfalls ankommen. So möchte man z. B. Fahrrad und Lenkstange als wesentliche Bestandtheile erachten, dagegen Fahrrad und Pneumatik als unwesentliche. Eine scharf abgrenzende und zugleich erschöpfende Begriffsbestimmung ist bisher nicht gefunden und wohl auch nicht möglich. Sie kann auch nicht in der Definition von Tobias (im Archiv f. d. civilist. Praxis Bd. 94 S. 378) erblickt werden, welche lautet: „Wesentlicher Bestandtheil einer Sache ist jeder Theil, welchen der Benutzer oder Verbraucher nicht anders als zusammen mit der Hauptsache zu bekommen pflegt". Fast sämmtliche einzelne Maschinentheile eines Fahrrads sind einzeln erhältlich, nicht nur mit dem Fahrrad zusammen, und doch sind, wenn sie überhaupt einmal Bestandtheile des Rades geworden sind, fast sämmtliche als wesentliche Bestandtheile anzusehen.

2. Wie sich aus den Ausführungen unter 1 ergiebt, geht § 93 aus von den Folgen einer etwaigen Trennung verschiedener Bestandtheile einer Sache. Aber verfehlt wäre es, aus § 93 etwas über Theilbarkeit und Untheilbarkeit von Sachen entnehmen zu wollen. Theilbare Sachen sind nach der Auffassung des BGB., wie aus § 752 zu ersehen ist, solche, welche sich ohne Verminderung des Werthes in gleichartige Theile zerlegen lassen. Ob dies zutrifft, kann nur nach der Verkehrsanschauung entschieden werden. Allgemeine Bestimmungen über theilbare und untheilbare Sachen oder über Unzulässigkeit einer bestimmten Art der Theilung hat das BGB. nicht. Unberührt bleiben die landesgesetzlichen Vorschriften, welche die Theilung eines Grundstücks untersagen oder beschränken (EG. Art. 119). Eine horizontale Theilung von Gebäuden widerspricht zwar den Grundsätzen des BGB. (§ 94), das nach Landesgesetzen zur Zeit des Inkrafttretens des BGB. bestehende Stockwerkseigenthum ist aber auf Grund des EG. Art. 182 bestehen geblieben (vgl. hiezu Bem. 3 zu § 1010). Die Aktien sind untheilbar gemäß HGB. § 179 Abs. 1. — Ueber die verschiedenartige Behandlung von theilbaren und untheilbaren Sachen in Einzelfällen vgl. BGB. §§ 752, 753, 2042 und Endemann Bd. 1 § 53.

3. Der Gegensatz der wesentlichen und unwesentlichen Bestandtheile ist wohl zu unterscheiden von dem der Hauptsache und Nebensache. Wo von Haupt- und Nebensache die Rede ist, handelt es sich immer um eine Mehrheit von Sachen, während mit wesentlichen und unwesentlichen Bestandtheilen stets die Bestandtheile einer und der-

selben Sache gemeint sind. Der Begriff Hauptsache wird übrigens selbst in einem doppelten Sinne gebraucht:

a) als Gegensatz zum Zubehör (§§ 97, 98), einer bestimmten Art von Hülfssachen (der Ausdruck Nebensache wird hier aus terminologischen Gründen besser vermieden). Dieser Gegensatz beruht auf objektiver Grundlage;

b) als Gegensatz zu „Nebensachen" in dem engeren Sinne der §§ 470, 651, 947 Abs. 2. Ob in diesen letzteren Fällen wirklich, wie Oertmann (Komm. zum Recht der Schuldverhältnisse § 470 S. 196) annimmt, aus dem subjektiven Parteizwecke zu beurtheilen ist, was Haupt-, was Nebensache sei, kann hier unerörtert bleiben; vgl. Tobias im Archiv f. d. civilist. Praxis Bd. 94 S. 426 ff.

4. Die Bestandtheile sind nicht identisch mit den Substanztheilen im Sinne des PLR. Thl. I Tit. 2 §§ 4, 5, welche sich durch den Einfluß ihrer Trennung auf das Ganze bestimmen. M. III, 41 Note 2.

5. Ueber die Rechtslage der wesentlichen Bestandtheile bestimmt § 93, daß sie nicht Gegenstand besonderer Rechte sein können. Die Rechtfertigung dieses Satzes, welcher zwingender Natur ist (s. Tobias a. a. O. S. 460), liegt darin, daß die wesentlichen Bestandtheile, wie M. III, 41 ausführen, „ihren wirthschaftlichen Zweck und damit ihren Werth regelmäßig nur in der von ihnen gebildeten Sache haben. Ihre Trennung von einander führt nicht bloß zu einer Auflösung des Ganzen, sondern auch zur Beschädigung und wesentlichen Verminderung der zu gewinnenden Stücke, mithin zur Entwerthung oder wenigstens zur Herabminderung des Werthes von Vermögensgegenständen, einem Ergebnisse, welches den volkswirthschaftlichen Interessen zuwiderläuft. Die Zulassung von Sonderrechten an den einzelnen Bestandtheilen aber würde die Trennung derselben von einander nothwendig begünstigen".

Aus der rechtlichen Unfähigkeit der wesentlichen Bestandtheile, Gegenstand besonderer Rechte zu sein, ergiebt sich:

a) Wesentliche Bestandtheile können nicht im Sondereigenthume stehen, auch nicht nach ihrer Trennung von anderen Bestandtheilen der Sache. Solange sie nach ihrer Trennung isolirt bleiben, folgen sie dem Eigenthum an der Sache, welcher sie zugehört haben (§ 953); sie sind der Aneignung (§ 958) unzugänglich, ebenso der Ersitzung. Tritt ein wesentlicher Bestandtheil einer Sache zu einer anderen Sache (oder dem Bestandtheil einer anderen Sache) in irgend ein Accessionsverhältniß (durch Verbindung, Vermischung, Verarbeitung), so wird die Eigenthumsfrage nach Maßgabe der Vorschriften der §§ 946 ff. je nach den Umständen in verschiedener Weise beantwortet, keinesfalls aber wird er Gegenstand eines Sondereigenthums. Wer zufolge der Vorschriften über Accession einen Rechtsverlust erleidet, kann zwar die Wiederherstellnng des früheren Zustandes nicht verlangen, wohl aber kann er nach § 951 von demjenigen, zu dessen Gunsten die Rechtsänderung eintritt, Vergütung in Geld nach den Vorschriften über Herausgabe einer ungerechtfertigten Bereicherung fordern (vgl. jedoch über das Recht zur Wegnahme einer Einrichtung die §§ 547 Abs. 2, 997, 1049 Abs. 2, 258). Liegt eine unerlaubte Handlung vor, so sind auch die §§ 823 ff., 249 ff. zu beachten. Vgl. hieher auch Bem. 3 zu § 946.

b) Auch andere dingliche Rechte können an wesentlichen Bestandtheilen nicht begründet werden, wenn sie sich nicht auf die ganze Sache erstrecken. Wesentliche Bestandtheile können nicht verpfändet und nicht belastet werden, nicht Gegenstand eines Nießbrauchs sein u. s. w. Eine Ausnahme ergiebt sich aus § 810 CPO.: Früchte, die vom Boden noch nicht getrennt sind, können unter bestimmten Voraussetzungen gepfändet werden. Ueber die Erstreckung der Hypothek auf die Bestandtheile s. §§ 1120, 1121, 1122 mit Bem. und dazu auch Bonschab in Bl. f. RA. Bd. 66 S. 191 ff.

c) Nur dingliche Rechte können an wesentlichen Bestandtheilen für sich allein nicht begründet werden. Dagegen steht der Begründung von obligatorischen Rechten, welche sich lediglich auf wesentliche Bestandtheile, nicht auf das Ganze beziehen, nichts im Wege. Dabei kann es sich um solche obligatorische Rechte handeln, deren Realisirung eine Trennung gar nicht voraussetzt, so das Vermiethen eines Stockwerks, eines Zimmers u. s. w.; oder auch um solche, bei welchen der Fall einer künftigen Trennung ins Auge gefaßt wird; dahin gehört der Verkauf eines Hauses oder Haustheils zum Abbruch. Der Eigenthümer kann sich verpflichten, die Trennung herbeizuführen und dann das Eigenthum an dem getrennten Bestandtheile einem Anderen zu übertragen. Die Lieferung kann freilich nicht erzwungen werden, weil die Trennung nicht erzwungen werden kann. Wird diese dem Vertrage zuwider nicht vorgenommen, so bleibt dem Berechtigten nur ein Recht auf Schadensersatz. Vgl. hieher auch § 956 mit Bem.

Ueber Abbauberechtigungen s. insbesondere M. III, 42.

d) An wesentlichen Bestandtheilen ist ein Sonderbesitz möglich; vgl. § 865.

6. Die Rechtslage der nichtwesentlichen Bestandtheile ist regelmäßig gleichfalls dieselbe, wie die der Sache, welcher sie zugehören. Auch auf sie findet der Satz des § 953 Anwendung, daß Bestandtheile einer Sache auch nach der Trennung dem Eigenthümer der Sache gehören, soweit sich nicht aus den §§ 954—957 ein Anderes ergiebt. Aber es können an ihnen schon vor der Trennung besondere Rechte nicht nur obligatorischer, sondern auch dinglicher Natur begründet werden. Sie können Gegenstand eines Sondereigenthums, eines Sonderpfandrechts sein. (Abweichend Endemann, Lehrb. 8. Aufl. I § 52, 2 namentlich Anm. 15). Wird ein unwesentlicher Bestandtheil, der in fremdem Eigenthume steht, vom Eigenthümer der Sache veräußert, so erlangt der Erwerber an dem Bestandtheil Eigenthum nur nach Maßgabe der Vorschriften über den Schutz des guten Glaubens (§§ 932 ff.). Wird eine Sache zum unwesentlichen Bestandtheil einer anderen Sache, so kann die Trennung begehrt werden.

Nach GBO. § 5 soll ein Grundstück nur dann einem andern Grundstück als Bestandtheil zugeschrieben werden, wenn hievon Verwirrung nicht zu besorgen ist. Vgl. hiezu auch § 890 mit Bem.

7. Die Vorschrift des § 93 bezieht sich zwar auf bewegliche und unbewegliche Sachen, in Bezug auf letztere ist aber wegen der Bestimmungen des § 94 praktisch kaum noch Raum für ihre Anwendung. S. Bem. 2 zu § 94.

§ 94.

Zu den wesentlichen Bestandtheilen eines Grundstücks gehören die mit dem Grund und Boden fest verbundenen Sachen, insbesondere Gebäude, sowie die Erzeugnisse des Grundstücks, solange sie mit dem Boden zusammenhängen. Samen wird mit dem Aussäen, eine Pflanze wird mit dem Einpflanzen wesentlicher Bestandtheil des Grundstücks.

Zu den wesentlichen Bestandtheilen eines Gebäudes gehören die zur Herstellung des Gebäudes eingefügten Sachen.

E. I, 783, 784; II, 77 e; III, 90.

1. Bisheriges Recht. Im römischen Rechte wurde das, was durch inaedificatio und implantatio mit einem Grundstücke vereinigt war, in seinen rechtlichen Beziehungen als Bestandtheil des Grundstücks nothwendig dessen rechtlichem Schicksal unterworfen. Dem wurde Ausdruck gegeben durch die bekannte Parömie: Superficies solo cedit (l. 7 § 10 D. 41, 1; l. 2 D. 43, 18; l. 44 § 1 D. 44, 7; l. 98 § 8 D. 46, 3). Dieser Grundsatz war jedoch schon für das Röm. R., wie Biermann (Superficies solo cedit, in Jherings Jahrb. f. Dogm. Bd. 44 S. 169 ff.) gezeigt hat, kein ausnahmsloser. Anders M. III, 42 unter Bezugnahme auf Windscheid § 188. Die Sätze, in welchen das Prinzip der Accession Anwendung findet, erscheinen schon für das Gem. R. nicht als eine aus der Rechtslogik sich ergebende Nothwendigkeit, sondern sind nach Biermann aus praktischen Gründen aufgestellt, „zur Erhaltung von Bauwerken und Pflanzenanlagen und damit zur Erhaltung des Volksvermögens und der Kultur". Das einem fremden Bauwerk einverleibte Material wurde zum Bestandtheile desselben und damit zum Eigenthume des Eigenthümers des Bauwerks. Das Eigenthum des früheren Herrn der Materialien war aber nicht definitiv erloschen, sondern ruhte nur für die Dauer der Verbindung. Nachher lebte es wieder auf (actio de tigno iuncto).

Das sächsische GB. (§§ 218, 284—286, 410, 422) stand in der Hauptsache auf dem römischen Standpunkte, der code civil (art. 552 ff.) nur mit erheblichen Modifikationen. Für das PLR. ist soviel sicher, daß es ein vom Eigenthum am Grundstücke getrenntes Eigenthum an dem mit dem Grundstück organisch oder mechanisch Verbundenen anerkennt. Im Uebrigen besteht Streit darüber, inwieweit für das PLR. der Satz: superficies solo cedit im Einzelnen anzuerkennen sei. (Dernburg, PPR. I § 236, Förster-Eccius § 176, Biermann a. a. O. S. 219 ff.)

2. Grundsätzliches und Stellung zu § 93. Das BGB. hat am Accessionsprinzipe festgehalten. Es hat dieses aber nicht durch Aufstellung einer allgemeinen Formel, sondern dadurch zum Ausdrucke gebracht, daß es in § 94 eine Reihe von Bestandtheilen,

bei welchen gewisse Voraussetzungen zutreffen, für wesentliche Bestandtheile erklärt. Damit tritt dann von selbst die im § 93 bestimmte Rechtsfolge, daß diese Bestandtheile nicht Gegenstand besonderer Rechte sein können, sammt ihren Konsequenzen ein (s. Bem. 5 zu § 93).

§ 94 macht für die Bestandtheile, welche er als wesentlich erklärt, eine Prüfung der Frage, ob bei ihnen die Voraussetzungen des § 93 vorliegen, überflüssig. Er hat gegenüber § 93 eine selbständige Stellung. Andererseits gehören, theoretisch genommen, zu den wesentlichen Bestandtheilen der Grundstücke und Gebäude nicht nur die in § 94 aufgezählten, sondern auch diejenigen, für welche unabhängig hievon die Voraussetzungen des § 93 zutreffen. Das hat aber kaum praktische Bedeutung, da es, wie schon Hölder (Bem. 1 zu § 94) bemerkt hat, thatsächlich nicht leicht Dinge geben dürfte, die neben den wesentlichen Grundstücksbestandtheilen des § 94 solche nach § 93 wären.

3. Voraussetzungen im Einzelnen:

a) Die mit dem Grund und Boden fest verbundenen Sachen, insbesondere Gebäude, sind wesentliche Bestandtheile eines Grundstücks. Auch für Gebäude gilt das Erforderniß der festen Verbindung mit dem Boden; doch werden Gebäude, denen eine feste Verbindung mit dem Boden fehlt, in der Regel nur zu vorübergehenden Zwecken errichtet und schon deßhalb überhaupt nicht zu den Bestandtheilen des Grundstücks, also auch nicht zu den wesentlichen gehören (s. § 95). Immerhin ist es nicht undenkbar, daß Gebäude zwar zu einem dauernden Zwecke, aber doch nicht „fest" mit dem Boden verbunden sind (vgl. Tobias im Archiv f. d. civilist. Praxis Bd. 94 S. 390). Wann die Verbindung eine feste ist, ist eine technische Frage, welche natürlich nur mit Rücksicht auf die Umstände des Einzelfalls gelöst werden kann. Im allgemeinen wird man bei Gebäuden wie bei anderen Sachen eine feste Verbindung dann als gegeben annehmen dürfen, wenn eine Trennung nicht ohne erhebliche Veränderung oder Beschädigung des Grundstücks oder der zu lösenden Sache möglich ist. Als fest mit dem Boden verbunden wird man daher regelmäßig ansehen können: Mauerwerk, in den Boden eingegrabenes Holzwerk, wie Zaunpfosten, Fahnenstangen (fraglich bei den leicht herausnehmbaren Bohnenstangen, Hopfenstangen, Weinbergpfählen), ferner Wasser- und Gas-Röhrenleitungen (über diese sowie über Schienenanlagen s. jedoch auch Bem. 3 zu § 95).

Der Gesichtspunkt der festen Verbindung ist im allgemeinen auch für die Entscheidung der Frage maßgebend, ob Erdkörper, welche durch Naturereignisse von einem Grundstück auf ein anderes übertragen werden (z. B. bei einem Bergrutsch), oder Meteore, welche auf ein Grundstück fallen, als dessen wesentliche Bestandtheile zu betrachten sind. Die Frage wird, da eine Sondervorschrift, wie sie der von der II. Komm. gestrichene § 786 des E. I hatte, nicht besteht, zu bejahen sein, sobald eine Verwachsung des betreffenden Erdkörpers mit dem Grundstücke stattgefunden hat, (so auch Planck Bem. 3 zu § 94). Gareis (Komm. Bem. 6 zu § 95) dagegen behauptet: „Bestandtheile zufolge einer Erdmassenbewegung, z. B. Bergrutsch-, Wasser-, Erd- und Steinlawine, wird nur nach Landesrecht beurtheilt." Aus dem von Gareis angeführten Art. 65 EG. kann dies schwerlich entnommen werden. Gemäß Art. 65 EG. sind unberührt geblieben die landesgesetzlichen Vorschriften über Anlandungen, entstehende Inseln und verlassene Flußbetten, ferner nach Art. 66 die landesgesetzlichen Vorschriften, welche dem Deich- und Sielrecht angehören. Ueber Alluvion, den alveus derelictus und die insula in flumine nata s. für das partikularrechtlich in Geltung gebliebene Gem. R. Windscheid-Kipp Bd. 1 S. 844 ff., und Schlesier, Der Eigenthumserwerb an herrenlosem Lande, 1895; ferner die Uebersicht über den gegenwärtigen Rechtszustand in Deutschland, welche Brückner in den Annalen des Deutschen Reichs Jahrg. 1877 S. 1 ff. giebt und für Bayern Vorbem. V vor § 946.

b) Wesentliche Bestandtheile des Grundstücks sind ferner seine Erzeugnisse, solange sie mit dem Boden zusammenhängen. Erzeugnisse — ein engerer Begriff als die Früchte, vgl. § 99 — sind alle mit oder ohne menschliche Arbeit aus dem Grundstück entstehenden organischen Produkte, also alle aus dem Boden wachsenden Pflanzen. Sie können, solange sie mit dem Boden zusammenhängen, nicht Gegenstand besonderer Rechte sein (im Gegensatze zum PLR. Thl. I Tit. 9 § 222, aber in Uebereinstimmung mit dem cod. civ. art. 520). Vgl. Rspr. d. OLG. Bd. 2 S. 341. Der Eigenthumserwerb an Erzeugnissen ist durch die §§ 953 ff. geregelt. An den vom Boden ungetrennten Erzeugnissen für sich sind weder Eigenthum noch Pfandrecht möglich. Dieses Prinzip wird jedoch durchbrochen durch die im Interesse der Gläubiger gegebene Bestimmung des § 810 CPO.: Früchte, die von dem Boden noch nicht getrennt sind, können gepfändet werden, solange nicht ihre Beschlagnahme im Wege der Zwangsvollstreckung in das unbewegliche Vermögen erfolgt ist. Die Pfändung darf nicht früher als einen Monat vor der gewöhnlichen Zeit der Reife erfolgen.

c) Der Samen als Keim künftiger Bodenerzeugnisse wird vom Momente des Aussäens an, die Pflanze mit dem Einpflanzen den organischen Erzeugnissen des Bodens gleich behandelt, also wesentlicher Bestandtheil und damit einer Sonderrechtslage unfähig. Das römisch-gemeine Recht nahm für Pflanzen zweifellos, für den Samen nach der auf Windscheid gestützten Anschauung der M. III, 47 (dagegen Biermann a. a. O. S. 169 und 170) einen anderen Standpunkt ein, indem es die Folgen der Accession erst an das nachfolgende coalescere, das Wurzelfassen, anknüpfte. Das BGB. hat aus Zweckmäßigkeitserwägungen trotz der „unter Umständen unbilligen Ergebnisse, zu denen die Vorschrift führen kann" (P.), das Aussäen bezw. das Einpflanzen als die entscheidenden Momente erklärt, mit Rücksicht darauf, daß die Aussonderung der ausgesäten Körper aus dem Boden meist undurchführbar oder doch mit unverhältnißmäßigen Kosten verknüpft sein würde (M. III, 47) und es außerordentlich schwierig ist, die Frage, ob eine Pflanze Wurzel gefaßt hat, im Einzelfalle mit Sicherheit zu entscheiden (dies gegen E. I § 784 Abs. 2). Wenn Pflanzen nur zu einem vorübergehenden Zwecke in den Boden eingepflanzt werden (Baumschulen), so gehören sie gemäß § 95 überhaupt nicht zu den Bestandtheilen.

d) Die unmittelbaren Bodenbestandtheile, wie Humus, Lehm, Thon, Torf, Kies können jedenfalls nicht als „Erzeugnisse" des Bodens angesehen werden. Sie lassen sich auch nicht unter § 93 bringen. Gleichwohl wird man sie mit Hölder (Bem. 6 zu § 94) — anders Rehbein S. 85 — zu den wesentlichen Bestandtheilen zählen müssen. Denn „das Erzeugniß des Bodens kann von einem unmittelbaren Bestandtheile desselben sich nicht dadurch unterscheiden, daß es in höherem Grade als dieser ein wesentlicher Bestandtheil des Grundstücks wäre". Dieses Argument Hölders findet m. E. auch eine Stütze in den M. III, 46, wo die Zurechnung der Erzeugnisse zu den wesentlichen Bestandtheilen damit motivirt wird, daß sie, solange sie mit dem Boden zusammenhängen, Theile desselben sind und keine besondere d. h. von dem Boden unabhängige Existenz haben. Dieselbe ratio trifft auch auf jene unmittelbaren Bodenbestandtheile zu. Auch besteht kein Bedürfniß, sie als mögliche Gegenstände dinglicher Verfügungen anzuerkennen. Natürlich können sie Gegenstand obligatorischer Verträge für den Fall der Trennung sein. Ueber bergrechtliche Mineralien s. EG. Art. 67, 68.

e) Wenn im Abs. 2 die zur Herstellung eines Gebäudes eingefügten Sachen als zu seinen wesentlichen Bestandtheilen gehörig bezeichnet werden, so erscheint das nur als eine natürliche Folge des im Abs. 1 ausgesprochenen Grundsatzes. Vorausgesetzt wird wiederum, daß die Einfügung nicht nur zu einem vorübergehenden Zwecke geschehen ist (§ 95 Abs. 2). Im Uebrigen ist Festigkeit der Einfügung nicht erforderlich. Auch Dachziegel gehören also hieher, ebenso Thüren und Fensterflügel, nicht aber Hausschlüssel (anders Jacubezky, Bem. S. 188). Das Eigenthum an den eingebauten Baumaterialien geht mit der Einfügung in das Gebäude unter und lebt bei einer etwaigen späteren Lostrennung nicht wieder auf. Vgl. § 946. Die Ausgleichung eines etwaigen Rechtsverlustes erfolgt gemäß § 951. „Zur Herstellung des Gebäudes eingefügt" ist Alles, was, gleichviel in welchem Zeitpunkt (vgl. Tobias im Archiv f. d. civilist. Praxis Bd. 94 S. 392), eingefügt wurde, um den Zwecken gerade dieses Gebäudes zu dienen; daß das Eingefügte für das Gebäude nothwendig sei, ist nicht erforderlich, sondern nur, daß es nach der Absicht der Betheiligten dem Gebäudezwecke dienen soll, nicht nur dem persönlichen Gebrauche des Erbauers oder zeitweiligen Benützers. Da der Gebäudezweck im Einzelfall ein verschiedener sein kann, kann dieselbe Sache in dem einen Falle als wesentlicher Bestandtheil erscheinen, in dem anderen nicht; so wird z. B. eine in den Fußboden eingelassene Marmorbadewanne in einer Badeanstalt stets wesentlicher Bestandtheil sein, in einem Miethhause nur unter Umständen. Vgl. RGE. in Jur. Wschr. 1900 S. 889. Auch Maschinen, die zur Ausstattung eines zu einem bestimmten Fabrikbetrieb errichteten Gebäudes dienen und bei dessen Herstellung ihm eingefügt sind, können wesentliche Bestandtheile dieses Gebäudes sein, nämlich dann, wenn das Gebäude zu dem, was es sein und werden sollte, z. B. zu einer Holzbearbeitungsfabrik, erst durch die Einfügung der Maschinen geworden ist; RGE. Bd. 50 S. 241 ff.; vgl. Bem. 2 zu § 98, auch Tobias a. a. O. S. 395 ff. Ueber Dampfkessel als wesentliche Bestandtheile einer Dampfziegelei s. Rspr. d. OLG. Bd. 4 S. 204; über das Leitungswerk eines Elektrizitätswerks als Bestandtheil des Grundstücks, auf dem sich die elektrische Beleuchtungsanlage befindet, RGE. Bd. 48 S. 267; (beachtenswerthe Bedenken gegen diese Entsch. erhebt Tobias a. a. O. S. 407 ff.). Nicht zu den wesentlichen Bestandtheilen gehörig, weil nicht zur Herstellung des Gebäudes eingefügt, sind z. B. die an Häusern häufig angebrachten Gewerbeabzeichen, Barbierschüsseln, Postbriefkästen, Wirthshausschilder, Firmentafeln, Wappen der Hoflieferanten, aufgeklebte Plakate u. s. w. Ob sie dem Eigenthümer des Hauses gehören oder nicht, ist dabei gleichgültig. Häufig werden diese letzteren Sachen aus den bei § 95 zu erörternden Gründen überhaupt nicht zu den Bestandtheilen gehören.

Abs. 2 gilt nicht nur für unbewegliche, sondern auch für bewegliche Gebäude; ob auch für Schiffe, ist fraglich. Hölder Bem. 8 zu § 94 will die im Schiffsregister eingetragenen Schiffe zu den beweglichen Gebäuden rechnen, weil für sie auch sonst (§§ 1259 ff.) eine theilweise Gleichstellung mit Grundstücken bestehe, andere Schiffe nicht. Es erscheint aber doch bedenklich, den Begriff der wesentlichen Bestandtheile, dessen Entwickelung in den §§ 93, 94 ganz auf natürlichen und wirthschaftlichen Gründen beruht, hier auf einmal an einen äußerlichen Formalakt, wie Eintragung im Schiffsregister, anzuknüpfen. Der gewöhnliche Sprachgebrauch, von dem hier abzuweichen kein zwingender Grund vorliegt, versteht unter Gebäuden nicht auch Schiffe.

4. In allen Fällen des § 94 kommt es nicht darauf an, durch wen die Verbindung geschehen ist und ob sie berechtigter oder unberechtigter Weise geschehen ist. Vgl. den in RGE. Bd. 51 S. 80 ff. mitgetheilten Fall, daß ein Geisteskranker eine Aussaat bestellt.

5. Der Begründung rein obligatorischer Rechtsverhältnisse an den nach § 94 als wesentliche Bestandtheile zu erachtenden Dingen steht nichts im Wege. Vgl. Bem. 5, c zu § 93.

6. Als Ausnahmen vom Grundsatze des § 94 stellen sich, abgesehen von § 95, folgende Fälle dar:

a) Ist zur Zeit des Inkrafttretens des BGB. ein Sondereigenthum an stehenden Erzeugnissen eines Grundstücks, insbesondere an Bäumen, begründet, so bleibt dieses Recht bestehen gemäß EG. Art. 181 Abs. 2. Ueber das Bestehen solcher Partikularrechte s. Bem. zu Art. 181 EG.

b) Mit § 94 ist die Annahme eines besonderen Eigenthums an Stockwerken eines Hauses unvereinbar. Ein Stockwerkseigenthum kann daher seit 1. Januar 1900 nicht mehr begründet werden. Aber das zur Zeit des Inkrafttretens des BGB. bestehende Stockwerkseigenthum (Herbergsrecht) bleibt gemäß EG. Art. 182 bestehen. Das Rechtsverhältniß der Betheiligten untereinander bestimmt sich nach den bisherigen Gesetzen. Eine eingehende Begründung des gesetzlichen Standpunkts geben die M. III, 44 ff. Vgl. auch Bem. 3 zu § 1010, ferner EG. Art. 131 und Bem.

7. Erleidet das Prinzip des § 94 (mit 93) eine Ausnahme für den Fall des Grenzüberbaus? Diese Frage hat M. Wolff (Das Bauen auf fremdem Grund und Boden, insbesondere der Grenzüberbau, Jena 1900, in Fischers Abhandl. Bd. 6 Nr. 2) eingehend untersucht und dabei folgendes Resultat gewonnen (s. namentlich S. 133 ff.): Man müsse unterscheiden, ob der Ueberbau nach § 912 geduldet werden müsse oder nicht. Letzteres trifft zu, wenn dem Ueberbauenden Vorsatz oder grobe Fahrlässigkeit zur Last fällt. Im ersteren Falle bestehe, wenn kein rechtzeitiger Widerspruch erfolgt, schon zur Zeit der Grenzüberschreitung eine gesetzliche Grunddienstbarkeit, freilich als eine noch bedingte. Bedingung sei das Schweigen des Widerspruchsberechtigten. Wenn die Bedingung eintreffe, werde der Ueberbau nicht Bestandtheil des Grundstücks, auf welchem er steht, da er „in Ausübung eines Rechtes an einem fremden Grundstücke von dem Berechtigten" (§ 95 Abs. 1) aufgeführt worden sei. Daß dieses Recht ein bedingtes sei, stehe nicht entgegen. Es werde also das Accessionsprinzip des § 946 durchbrochen und so die Einheit des über die Grenze hinaus errichteten Gebäudes gewahrt.

Diese Argumentation findet zwar eine Stütze in M. III, 287. Trotzdem ist sie höchst bedenklich, so gewiß das endliche Resultat, daß dem gutgläubig Ueberbauenden das Eigenthum am Ueberbau zusteht, zu billigen ist. Denn:

erstens ist angesichts der Bestimmungen des 4. Titels des ersten Buches und der überlieferten Theorie von den Bedingungen nicht einzusehen, inwiefern hier eine echte „Bedingung" vorliegen soll;

zweitens ist der wahre Grund, warum hier „das Accessionsprinzip des § 946 durchbrochen" wird, nicht aus § 912 zu entnehmen, sondern darin zu suchen, daß auch der übergebaute Theil des Gebäudes wesentlicher Bestandtheil ist und als solcher nicht Gegenstand besonderer Rechte sein kann. Auch wer die Annahme, daß dies schon aus den Worten des § 94 Abs. 2 („die zur Herstellung des Gebäudes eingefügten Sachen") gefolgert werden könne, für zu kühn hält, wird doch zugeben müssen, daß die allgemeinen Begriffsmerkmale des wesentlichen Bestandtheils nach § 93 vorliegen. Die aus praktischen Gründen unabweisbare Forderung, daß das ganze Gebäude als rechtliche Einheit behandelt werde, läßt sich also auch aus dem Gesetze begründen. Freilich besteht neben dem Satze, daß wesentliche Bestandtheile nicht Gegenstand besonderer Rechte sein können, auch die gesetzliche Regel des § 94 Abs. 1, daß superficies solo cedit. Aber letztere Norm muß der ersteren weichen, weil die Zusammengehörigkeit der Gebäudebestandtheile untereinander enger und wirthschaftlich nothwendiger ist als die einzelner Gebäudebestandtheile mit dem Grundstücke.

Die Folge unserer Auffassung ist, daß es für die Eigenthumsfrage auf den guten oder bösen Glauben des Ueberbauenden nicht ankommen kann. Auch wer vorsätzlich oder grob fahrlässig über die Grenze baut, wird Eigenthümer des Ueberbaues.*) Die gegentheilige von Wolff a. a. O. vertheidigte Annahme, nach welcher in diesem Falle das Gebäude in zwei körperliche Eigenthumstheile zerfällt, welche durch eine lothrecht auf der Grenzlinie zu denkende Wand gebildet werden, führt zu unerträglichen Konsequenzen: das thatsächliche Nichtvorhandensein jener „zu denkenden" Wand würde die Quelle endloser Streitigkeiten werden.

Ist also der Eigenthümer des Grundstücks, auf welches übergebaut wird, schutzlos? Keineswegs. Er kann von dem Störer seines Eigenthums, welcher vorsätzlich oder fahrlässig übergebaut hat, die Beseitigung des Ueberbaues verlangen (s. § 1004); er hat außerdem gegen ihn einen Deliktsanspruch auf Schadensersatz gemäß § 823.

§ 95.

Zu den Bestandtheilen eines Grundstücks gehören solche Sachen nicht, die nur zu einem vorübergehenden Zwecke mit dem Grund und Boden verbunden sind. Das Gleiche gilt von einem Gebäude oder anderen Werke, das in Ausübung eines Rechtes an einem fremden Grundstücke von dem Berechtigten mit dem Grundstücke verbunden worden ist.

Sachen, die nur zu einem vorübergehenden Zwecke in ein Gebäude eingefügt sind, gehören nicht zu den Bestandtheilen des Gebäudes.

E. I, 783 Abs. 2, 785; II, 77 f.; III, 91.

1. Bisheriges Recht. Die Verneinung der Bestandtheilsqualität für die nur zu einem vorübergehenden Zwecke mit dem Boden verbundenen oder in ein Gebäude eingefügten Sachen entspricht im Wesentlichen dem bisherigen Rechte. Wer auf den Boden eines Anderen mit dessen Zustimmung gebaut hatte, erwarb im römischen Rechte an dem Gebauten nicht Eigenthum, sondern eine superficies; das Eigenthum verblieb dem Grundeigenthümer. Im PLR. dagegen galt für Gebäude, die auf fremdem Boden mit Wissen und ohne Widerspruch des Grundherrn errichtet wurden, sowie für Fälle der Grenzüberschreitungen durch Gebäude der Satz solum cedit aedificio (PLR. Thl. I Tit. 9 §§ 332, 340, 341; Biermann in dem zu § 94 citirten Aufsatze S. 227 ff.).

2. Rechtliche Bedeutung und Konsequenzen der Vorschrift. Sachen, deren Verbindung mit einer anderen Sache nicht auf die Dauer berechnet ist, werden schon nach der Verkehrsauffassung nicht als deren Bestandtheile betrachtet; insbesondere würde es zu unleidlichen Konsequenzen führen, wenn man hier die durch § 93 an den Begriff der wesentlichen Bestandtheile geknüpften Folgen wollte eintreten lassen. Das Gesetz verneint daher die Bestandtheilsqualität für solche Sachen, die nur zu einem vorübergehenden Zwecke mit dem Boden verbunden oder in ein Gebäude eingefügt sind. Auch bei solchen Werken, die in Ausübung eines Rechtes an einem fremden Grundstück mit diesem vom

*) Daß der gutgläubig Ueberbauende Eigenthümer des ganzen Gebäudes wird, ergiebt sich auch aus § 912; es ist daher in Bem. II, 2 zu § 912 hervorgehoben, daß der zu duldende Ueberbau die Regel: Superficies solo cedit durchbricht.

Berechtigten verbunden worden sind, wird die Zweckbestimmung sehr häufig nur eine vorübergehende sein; aber doch nicht immer; es war daher ein Ausspruch des Gesetzes erforderlich (Satz 2 des Abs. 1). Eine Kritik der Fassung des Gesetzestextes giebt Biermann a. a. O. S. 274 ff.

An den in § 95 genannten Sachen können Sonderrechte bestehen. Diese Sachen sind überhaupt nicht Bestandtheile des Grundstücks (bezw. Gebäudes), weder wesentliche noch unwesentliche. § 95 stellt sich daher nicht einfach als Ausnahme von den Sätzen der §§ 93, 94 dar. Das kann auch praktisch von Belang werden. Hölder (Bem. 1 zu § 95) sagt zwar, ob durch die Verbindung die eine Sache überhaupt kein Bestandtheil oder nur ein unwesentlicher Bestandtheil der anderen werde, habe keine juristische Bedeutung, weil eine Sache durch ihre Verwandlung in einen unwesentlichen Bestandtheil einer anderen nach § 93 nicht aufhöre, Gegenstand besonderer Rechte, also eine eigene Sache zu sein. Aber man beachte: wer eine Sache erwirbt, erwirbt damit ohne weiteres auch ihre unwesentlichen Bestandtheile, sofern sie dem Veräußerer der Sache gehört haben; er erwirbt dagegen nicht, was überhaupt nicht Bestandtheil der Sache ist.

3. Voraussetzungen. Nur zu einem vorübergehenden Zwecke ist eine Sache dann mit dem Boden verbunden bezw. in ein Gebäude eingefügt, wenn im Hinblick auf den mit der Verbindung beabsichtigten Erfolg schon bei der Vornahme der Verbindung oder Einfügung die spätere Aufhebung der Verbindung gewollt ist. Ob dies zutrifft, ist natürlich Thatfrage. Auf die Person dessen, der die Verbindung vornimmt, kommt es nicht an (anders E. I, 785), ebensowenig auf seine Berechtigung zur Vornahme der Verbindung. In der Regel sind nur zu einem vorübergehenden Zwecke mit dem Boden verbunden und daher nicht Bestandtheile desselben: Pflanzen in Baumschulen, Gerüste, Bauhütten (vgl. Recht 1901 S. 408), Nothbrücken, Tribünen, Jahrmarktbuden, Karussells, ein Saisoncirkus, Baracken für Zwecke der Krankenpflege im Kriege oder bei Epidemieen, oft auch Menagerieen, Ausstellungsgebäude u. s. w. Bei Gebäuden sind als zu vorübergehenden Zwecken eingefügt zu erachten solche Sachen, welche ein Miether, Pächter (vgl. Rspr. d. OLG. Bd. 5 S. 76 ff.) oder sonst nur zu vorübergehender Nutzung Berechtigter gerade für seine persönlichen Bedürfnisse einfügt, wie Jalousieen, Lustres, Rollläden, Gewerbeabzeichen.

Die Verbindung, welche in Ausübung eines Rechtes an einem fremden Grundstück erfolgt, fällt nur dann unter § 95, wenn sie von einem in Wahrheit Berechtigten ausgeht, nicht dagegen, wenn sie von einem ausgeht, der sich das Recht nur zuschreibt (das Gegentheil behauptet Hölder, Bem. 2 zu § 95). Der Berechtigte muß ferner die Verbindung mit einem fremden Grundstücke vorgenommen haben. Nicht unter Abs. 1 Satz 2 des § 95 fällt daher eine vom Grundeigenthümer selbst vorgenommene Verbindung (dagegen de lege ferenda Biermann a. a. O. S. 277); ebenso fällt nicht unter diese Bestimmung trotz der gegentheiligen Annahme der M. III, 287 der Fall des Grenzüberbaus (s. Bem. 7 zu § 94). In Betracht kommen die auf Grund eines dinglichen Rechtes, einer Grunddienstbarkeit, eines Nießbrauchs oder eines Erbbaurechtes Berechtigten. Ob auch die Nutzungsrechte des Miethers und Pächters hieher gehören, ist streitig. Gegenüber der ratio des Gesetzes, welche für die Bejahung spricht, darf nicht betont werden, daß die Terminologie des BGB. unter Rechten „an einem Grundstücke" nur dingliche Rechte verstehe, umsoweniger, als es Schriftsteller giebt, welche die Dinglichkeit des Mieth- und Pachtrechtes vertheidigen (insbesondere Cosack, Lehrb. Bd. 2 § 243 S. 280 ff.). Vgl. auch Rspr. d. OLG. Bd. 5 S. 76. Für Bejahung auch Endemann, Cosack, Crome, Dernburg, Rehbein; für Verneinung Planck Anm. 4 zu § 95; Strohal in Iherings Jahrb. Bd. 38 S. 36; Tobias im Archiv f. d. civilist. Praxis Bd. 94 S. 403 f.; Wolff, Der Bau auf fremdem Boden u. s. w. S. 73 f. Letzterer wendet sich aber zugleich gegen die Behauptung von Planck, daß dem praktischen Bedürfnisse durch die Vorschrift des Satz 1 Abs. 1 schon Genüge geschehe.

Nicht nur Gebäude, sondern auch andere Werke können unter § 95 Abs. 1 Satz 2 fallen: Wasserleitungen, Gasleitungen, Schienenanlagen, Tunnels, Denkmäler, Springbrunnen u. s. w. Auf die Festigkeit der Verbindung kommt es hier nicht an. Ein praktisch wichtiger Folgesatz ist, daß die genannten Gegenstände von den auf dem Grundstücke ruhenden Hypotheken nicht ergriffen werden.

Was mit einem Gebäude in Ausübung eines Rechtes an diesem Gebäude vom Berechtigten verbunden ist (z. B. Telegraphenleitungen), fällt nur dann unter Satz 2 des § 95 Abs. 1, wenn das Gebäude selbst wesentlicher Bestandtheil des Grundstücks ist, auf welchem es ruht; das ist ja die Regel, aber nach Satz 1 des § 95 nicht nothwendig. Zu den wesentlichen Bestandtheilen des Gebäudes werden die in Ausübung eines Rechtes an einem fremden Gebäude mit diesem verbundenen Sachen nie gehören. Sie sind nicht „zur Herstellung des Gebäudes" eingefügt (§ 94 Abs. 2).

§ 96.

Rechte, die mit dem Eigenthum an einem Grundstücke verbunden sind, gelten als Bestandtheile des Grundstücks.

E. I, 788; II, 779; III, 92.

1. § 96 wendet die Kategorie des Bestandtheils, welche von Haus aus nur auf Sachen zutrifft, auch auf solche Rechte an, die mit dem Eigenthum an einem Grundstücke verbunden sind. Man könnte hier von einer „Materialisation von Rechten" sprechen. Die Bedeutung der Vorschrift ist die, daß das rechtliche Geschick dieser Rechte an das Eigenthum am Grundstücke geknüpft ist, solange für sie nicht eine besondere Rechtslage begründet wird. Letzteres wird durch § 96 nicht unmöglich gemacht; denn die genannten Rechte werden nicht zu wesentlichen Bestandtheilen erklärt (wenigstens nicht durch § 96: vgl. aber § 1110).

2. Im Uebrigen können die Rechte, die mit dem Eigenthum an einem Grundstücke verbunden sind, die verschiedenste Natur haben. Sie haben nur theilweise im BGB. selbst ihre Regelung gefunden (vgl. §§ 1018 ff.; 1094 Abs. 2; 1105 Abs. 2); theilweise ist ihre Regelung der Landesgesetzgebung überlassen (z. B. Zwangsrechte, s. EG. Art. 133). Zum Theile endlich sind sie iuris publici, wie das Recht auf gutsherrliche Polizei (wo es noch besteht), und das Patronatsrecht.

Das Recht an einem Schatze (§ 984) fällt nicht unter § 96 und ist nicht Grundstücksbestandtheil. Vgl. Entsch. FG. Bd. 3 S. 136.

§ 97.*)

Zubehör sind bewegliche Sachen, die, ohne Bestandtheile der Hauptsache zu sein, dem wirthschaftlichen Zwecke der Hauptsache zu dienen bestimmt sind und zu ihr in einem dieser Bestimmung entsprechenden räumlichen Verhältnisse stehen. Eine Sache ist nicht Zubehör, wenn sie im Verkehre nicht als Zubehör angesehen wird.

Die vorübergehende Benutzung einer Sache für den wirthschaftlichen Zweck einer anderen begründet nicht die Zubehöreigenschaft. Die vorübergehende Trennung eines Zubehörstücks von der Hauptsache hebt die Zubehöreigenschaft nicht auf.

E. I, 789; II, 77 h; III, 93.

1. Schon das frühere Recht hatte gewisse Hülfssachen, welche zusammen mit einer anderen Sache, der Hauptsache, demselben wirthschaftlichen Zwecke dienen und darum im Verkehre zusammen mit dieser Hauptsache als eine Einheit behandelt werden (Pertinentien), in ihrem rechtlichen Schicksal in manchen Beziehungen in eine Abhängigkeit von der Hauptsache gebracht. Bezüglich der Wirkung der Zubehöreigenschaft und noch mehr bezüglich des Umfangs des Zubehörs bestand jedoch ein Gegensatz zwischen römischer und germanischer Rechtsanschauung. Nach Röm. R. waren Zubehör nur der stetigen Benutzung der Hauptsache dienende, meist geringwerthige Hülfssachen, sofern sie, obgleich von selbständiger rechtlicher Existenz, nach der Verkehrsauffassung als in der Hauptsache inbegriffen angesehen werden (anders Göppert, Ueber die organischen Erzeugnisse, S. 65 ff.; er sieht die Frage, ob etwas Pertinenz sei, lediglich als eine Frage der Willensinterpretation an und erachtet folgerichtig die ganze Lehre von der Pertinenz als entbehrlich). Nicht als Zubehör angesehen wurden insonderheit das Gutsinventar und die zu einem Gewerbebetriebe gehörigen Maschinen. Die Entsch. d. Reichsgerichts Bd. 20 S. 203 ff. stellte sich für das Gem. R. auf den römischen Standpunkt.

Der deutschrechtliche Begriff des Zubehörs ist weiter. Alles, was mit der Hauptsache wirthschaftlich eine Einheit bildet, ist Zubehör, namentlich auch das landwirthschaftliche Inventar eines Grundstücks. Zu eng ist die Definition des vielgenannten Sprichwortes, daß alles Pertinenz sei, was erd-, wand-, band-, mauer-, niet- und nagelfest ist.

Als Wirkung der Pertinenzeigenschaft läßt sich für das Röm. R. nichts weiter feststellen, als daß rechtsgeschäftliche Verfügungen über die Hauptsache im Zweifel sich auch auf die Pertinenz erstreckten. Nach der deutschen Auffassung, welcher auch neuere

*) Literatur: J. Kohler, Zur Lehre von den Pertinenzen, in Iherings Jahrb. f. Dogm. Bd. 26 S. 1—148; Crome, System Bd. 1 § 64; Dernburg, Sachenrecht § 6; ferner die bei § 93 angeführten Abhandlungen.

Partikularrechte folgen, ist eine weitere Wirkung der Zubehöreigenschaft die Immobilisirung der Zubehörstücke eines Grundstücks. Folge ist, daß sie von der auf den Immobilien lastenden Hypothek mitergriffen werden.

Das PLR. (Thl. I Tit. 2 §§ 42 ff., 108) erforderte zum Zubehör eine fortdauernde Verbindung mit der Hauptsache und verneinte die Zubehöreigenschaft für die nicht dem Eigenthümer der Hauptsache gehörigen Gegenstände.

In letzteren Punkten ist die Auffassung des BGB. freier. Im Uebrigen zeichnet sich das BGB. in seiner Gestaltung des Zubehörbegriffs namentlich durch entschiedene Stellungnahme in zwei bisher nicht recht klaren Punkten aus:

a) Das BGB. trennt den Begriff des Zubehörs scharf von dem des Bestandtheils (eine unerfreuliche Vermengung dieser Begriffe hat der cod. civ. art. 522 ff.).

b) Das BGB. stellt den Zubehörbegriff völlig auf objektive Grundlage und hat damit die Anerkennung der sog. „gewillkürten Pertinenz" abgelehnt. Wichtig ist dies für das Hypothekenrecht. Das Bayr. Hyp. R., hier auf einer nunmehr überwundenen Theorie fußend, hat als Pertinenzen auch diejenigen Sachen betrachtet, welche dafür durch Parteiwillen ausdrücklich erklärt und als Zubehörungen ins Hypothekenbuch eingetragen werden; allerdings war eine willkürliche Erhebung einer beweglichen Sache zur Pertinenz nur gestattet, wenn die Sache mit dem Hauptgegenstand in einer wesentlichen Verbindung stand. (Näheres Regelsberger, Bayr. Hyp. R. § 47.) Auch das württemb. Recht ließ die gewillkürte Pertinenz zu, nicht aber das französische Recht und nicht die gemeinrechtliche Praxis (vgl. RGE. Bd. 15 S. 216). S. auch die folgende Bem. 4, b, ε.

2. Begriff und Voraussetzungen des Zubehörs. Wo von Hauptsache und Zubehör gesprochen wird, handelt es sich immer um ein gegenseitiges Verhältniß mehrerer selbständiger Sachen. Das Zubehör erscheint zwar mit Rücksicht auf seine wirthschaftliche Bedeutung als Hülfssache; es ist aber eine Sache (oder auch eine Mehrheit von Sachen, denn Zubehör ist ein Kollektivbegriff) von selbständiger Existenz. Es ist daher wohl zu unterscheiden von den Bestandtheilen der Sache. Der Begriff Zubehör setzt voraus, daß die Sache nicht Bestandtheil der Hauptsache ist.

Das Institut des Zubehörs beruht auf dem Zweckgedanken. Aus wirthschaftlichen Gründen soll nach Möglichkeit vermieden werden, daß Sachen, welche ihrer Natur nach dazu bestimmt sind, einem einheitlichen Kulturzweck in ihrem Zusammenhange zu dienen, von einander getrennt werden. Der Zweck, nicht die Willkür des Einzelnen, soll darum auch bestimmen, welchen Sachen die Eigenschaft als Zubehör zukomme. Demgemäß beruht auch der Zubehörbegriff des BGB. auf objektiven Kriterien, unter welchen die Bestimmung zum Zwecke der Hauptsache im Vordergrunde steht. Allerdings kann durch den Parteiwillen bestimmt werden, ob eine Sache zu einer anderen in ein solches Verhältniß gebracht werden soll, daß sie deren wirthschaftlichem Zwecke zu dienen bestimmt ist. Aber der Parteiwille kann, wenn ein solches Verhältniß vorliegt, nicht darüber befinden, ob die Sache Zubehör sein soll oder nicht. Es wäre daher irreführend, noch von einer „gewillkürten Pertinenz" im Sinne mancher bisheriger Partikularrechte zu sprechen.

Nur bewegliche Sachen können Zubehör sein, Grundstücke niemals (Begründung M. III, 63 ff.). Die „Hauptsache" kann beweglich oder unbeweglich sein. Im Uebrigen müssen, damit die Zubehöreigenschaft zutreffe, drei Kriterien zusammentreffen, zwei positive und ein negatives:

a) die Bestimmung der Sache, dem wirthschaftlichen Zwecke der Hauptsache zu dienen;

b) ein dieser Bestimmung entsprechendes räumliches Verhältniß;

c) die Nichtexistenz einer der Qualifikation als Zubehör widersprechenden Verkehrsauffassung.

Zu a. Bei gewissen Sachen bestimmt das Gesetz, daß sie bestimmt seien, den wirthschaftlichen Zwecken der Hauptsache zu dienen; darüber s. § 98. Die Zweckverbindung muß immer eine dauernde sein. Eine bloß vorübergehende Benutzung einer Sache für den wirthschaftlichen Zweck einer anderen begründet, wie Abs. 2 ausdrücklich hervorhebt, nicht die Zubehöreigenschaft. Nicht Zubehör sind daher z. B. solche Sachen, welche nur zur Probe da sind oder interimistisch dazu bestimmt sind, eine andere, vielleicht zur Reparatur gegebene, Sache zu ersetzen, ferner nicht solche, die nur den Bedürfnissen des zeitweiligen Besitzers der Hauptsache zu dienen bestimmt sind. Vgl. die immer noch lehrreiche RGE. Bd. 36 S. 261. Von Zubehör kann auch nicht gesprochen werden, wenn das, was als Hauptsache angesehen werden müßte, in seiner Individualität fortwährend wechselt und nur der Gattung nach bleibt. Aus letzterem Grunde ist z. B. das Portemonnaie nicht Zubehör zum Geld, der Kleiderschrank nicht Zubehör zu den Kleidern, die Zigarrenspitze nicht Zubehör zur Zigarre (dagegen ist natürlich das Etui zur Zigarrenspitze Zubehör zu dieser).

Der Zubehörbegriff erfordert nicht, daß die Bestimmung einer Sache für den Zweck der Hauptsache durch deren Eigenthümer erfolge. Auch der Hausschlüssel, den der Miether anfertigen läßt, ist Zubehör. Selbst eine Sache, die einem Dritten gehört, kann Zubehör sein, „umsomehr, als das Eigenthum an Mobilien nach dem Hand-wahre-Hand-Prinzip (§§ 932 ff. BGB.) nicht absolut geschützt ist" (Crome, System Bd. 1 S. 284). Aber in concreto wird in der Mehrzahl solcher Fälle die Bestimmung für den Zweck der Hauptsache nur eine vorübergehende sein und darum die Zubehöreigenschaft verneint werden müssen.

Zu b. Die bloße Zweckbestimmung genügt nicht, sondern diese muß auch verwirklicht werden d. h. die Sache muß, um Zubehör zu sein, thatsächlich in den Dienst der Hauptsache gestellt sein. Nur das ist gemeint, wenn gesagt ist, daß das Zubehör zur Hauptsache in einem seiner Zweckbestimmung entsprechenden räumlichen Verhältnisse stehen muß. Eine körperliche Verbindung ist nicht erforderlich, noch weniger eine feste Verbindung. Im Gegentheil würde das Gegebensein einer solchen Verbindung regelmäßig die Annahme der Zubehöreigenschaft verbieten. Ist das Zubehör einmal in den Dienst der Hauptsache gestellt, so dauert die Zubehöreigenschaft fort, auch wenn eine wirkliche Verwendung im Dienste der Hauptsache nicht stattfindet, solange nur die Möglichkeit einer solchen Verwendung und der hiezu etwa erforderlichen Wiederherstellung des räumlichen Verhältnisses besteht. Eine Maschine z. B., die in einer Fabrik vorräthig gehalten wird, um die im Betriebe befindlichen Maschinen für gewisse Fälle (Reparaturbedürftigkeit) zu ersetzen, wird zum Zubehör der Fabrik gerechnet werden müssen auch während der Zeit, wo sie nicht in Thätigkeit ist und sich daher nicht am Standorte der thätigen Maschinen, sondern in einem Vorrathsraume befindet; RGE. Bd. 51 S. 272 ff. Vgl. auch Rspr. d. OLG. Bd. 5 S. 78 ff. u. Jur. Wschr. 1902 Beil. S. 238. Ueber „Dekorationspflanzen als Zubehör eines Gärtnereianwesens" Rspr. d. OLG. Bd. 3 S. 234 ff. Selbst durch eine vorübergehende Unterbrechung der Möglichkeit einer Verwendung im Dienste der Hauptsache (z. B. die Sache ist verloren und wird nachher wieder gefunden) wird die Zubehöreigenschaft nicht aufgehoben. (So auch Hölder, Bem. 1, c, β zu § 97.) Erst die Trennung, die als eine dauernde gewollt ist oder aus thatsächlichen Gründen eine dauernde sein muß, läßt die Zubehöreigenschaft verloren gehen. Dagegen genügt der bloße Wille, selbst die Verpflichtung, zur Trennung nicht, die Zubehöreigenschaft aufzuheben, wenn die Trennung nicht verwirklicht wird; demgemäß besagt auch § 1121: Zubehörstücke werden von der Hypothekhaftung frei, wenn sie veräußert und von dem Grundstück entfernt werden, bevor sie zu Gunsten des Gläubigers in Beschlag genommen werden. — Vgl. auch die Entsch. d. ROHG. Bd. 10 S. 157 und RGE. Bd. 24 S. 138.

Zu c. Die Verkehrsauffassung ist für den Begriff des Zubehörs in doppelter Hinsicht von Bedeutung. Sie entscheidet erstens im Zweifel darüber, ob die unter a und b genannten Erfordernisse thatsächlich vorliegen. Nach ihr wird insbesondere zu bemessen sein, ob, wenn zwei Sachen einem gemeinschaftlichen Zwecke dienen, zwischen ihnen überhaupt ein Verhältniß der Ueberordnung und Unterordnung besteht, so daß man von Hauptsache und Hülfssache sprechen kann, oder ob sie beide für den Zweck von gleicher Wichtigkeit sind. Wo letzteres zutrifft z. B. bei Schachbrett und Figuren, ist nicht etwa jede Sache Zubehör der anderen, sondern keine ist Zubehör der anderen; s. Regelsberger, Pand. S. 388. Die Verkehrsauffassung ist aber zweitens auch dann zu achten, wenn sie trotz Vorliegens der Erfordernisse a und b einer Sache die Zubehörqualität abspricht; s. V. III, 19. In dieser Beziehung können lokale Verschiedenheiten bestehen. Man wolle aber hieraus nicht die Zulässigkeit partikularen Gewohnheitsrechts ableiten.*) Alle möglichen Verschiedenheiten beruhen hier auf demselben reichsrechtlichen Satze, daß eine Sache nicht Zubehör ist, wenn sie im Verkehre nicht als Zubehör angesehen wird.

3. Einer Prüfung, ob die Voraussetzungen des Zubehörbegriffs vorliegen, bedarf es nicht, wo das Gesetz positiv vorschreibt, daß etwas als Zubehör anzusehen sei. Dies geschieht vereinzelt durch § 478 HGB. (im Seerecht), dagegen nicht durch § 98 BGB. (s. Bem. hiezu).

4. Die rechtliche Bedeutung der Zubehöreigenschaft läßt sich nicht in eine allgemeine Formel fassen. Es ginge zu weit, wollte schlechthin der Satz aufgestellt werden, daß das Zubehör nothwendig das rechtliche Schicksal der Hauptsache theile. Das ist für das Zubehör ebensowenig richtig, wie für die nichtwesentlichen Bestandtheile, mit

---

*) A. M. Schloßmann, Ein Fall von latenter Verweisung auf partikulares Gewohnheitsrecht im BGB., in Iherings Jahrb. Bd. 41 S. 289 ff. Vgl. aber auch Dochnahl in D. Jur.Z. Bd. 1902 S. 292.

welchen das Zubehör überhaupt bezüglich der Rechtslage bei aller Wesensverschiedenheit die größte Aehnlichkeit hat.

Das BGB. verzichtet auch auf die Aufstellung einer generalisirenden Rechtsregel. Es giebt nur eine Reihe von allerdings weitgehenden Einzelsätzen, deren wichtigster der ist, daß die Verpflichtung zur Veräußerung oder Belastung einer Sache sich im Zweifel auch auf das Zubehör der Sache erstreckt (§ 314). Doch beschränkt sich diese rechtliche Gefolgschaft nicht auf die obligatorische Verpflichtung, sondern das Gesetz zeigt, entsprechend seinem Zwecke, das wirthschaftlich Zusammengehörige auch rechtlich zusammenzuhalten, die Tendenz, auch die Wirkung dinglicher Verfügungen über die Sache auf das Zubehör zu erstrecken, ohne darum die Möglichkeit eines Sondereigenthums und Sonderbesitzes am Zubehör zu verneinen. Im Einzelnen sind hier folgende Rechtssätze anzuführen:

a) Zubehörstücke können eine von der Hauptsache verschiedene Rechtslage haben, namentlich im Sondereigenthum und Sonderbesitz stehen. Sie können für sich ohne die Hauptsache veräußert werden, derelinquirt und okkupirt werden, sie können für sich Gegenstand obligatorischer Verträge, z. B. einer Leihe oder Miethe, sein. Nach § 926 ist bei Veräußerung eines Grundstücks zwar im Zweifel anzunehmen, daß sich die Veräußerung auf das Zubehör erstrecken soll (Auslegungsregel), aber der Erwerber erlangt mit dem Eigenthum an dem Grundstücke das Eigenthum an den zur Zeit des Erwerbes vorhandenen Zubehörstücken nur, soweit sie dem Veräußerer gehören. Gehören sie ihm nicht, so ist die Frage des Eigenthumsübergangs nach den §§ 932 ff. zu lösen. Dasselbe gilt mit den nöthigen Abänderungen für die Erstreckung des Nießbrauchs und der beschränkten persönlichen Dienstbarkeiten auf das Zubehör (s. §§ 1031, 1093). Wer die Hauptsache besitzt, besitzt damit nicht ohne Weiteres das Zubehör, wenn nicht das thatsächliche Gewaltverhältniß hergestellt ist. Allerdings wird es, wo letzteres fehlt, häufig schon an einer Voraussetzung des Zubehörbegriffs fehlen, nämlich an dem dem wirthschaftlichen Zwecke entsprechenden räumlichen Verhältnisse; aber nothwendig ist das nicht.

b) Dem Postulate, die wirthschaftliche Zusammengehörigkeit von Hauptsache und Zubehör auch durch rechtliche Gleichbehandlung zu dokumentiren, kommt das BGB. in verschiedener Weise nach:

α) Die rechtsgeschäftliche Verpflichtung zur Veräußerung oder Belastung einer Sache erstreckt sich im Zweifel auch auf das Zubehör der Sache (§ 314). Nach demselben Grundsatz ist gemäß § 498 Abs. 1 der Wiederverkäufer verpflichtet, dem Wiederkäufer den gekauften Gegenstand nebst Zubehör herauszugeben.

β) An Zubehörstücken eines Grundstücks wird unter den im § 926 genannten Voraussetzungen vom Erwerber des Grundstücks mit der Auflassung der unbeweglichen Hauptsache Eigenthum erworben, ohne daß es einer Uebergabe des (nothwendig beweglichen) Zubehörs bedarf. Analoge Bestimmungen für den Nießbrauch und beschränkte persönliche Dienstbarkeiten s. in den §§ 1031, 1062, 1093.

γ) Im Zweifel ist anzunehmen, daß sich das Vorkaufsrecht an einem Grundstück auch auf das Zubehör erstreckt, das mit dem Grundstücke verkauft wird (§ 1096). Die gleiche Auslegungsregel giebt § 2164 für das Vermächtniß einer Sache; auch dieses erstreckt sich im Zweifel auf das zur Zeit des Erbfalls vorhandene Zubehör.

δ) Bei der Fahrnißgemeinschaft gehört das Zubehör an Grundstücken, obwohl nothwendig nur aus beweglichen Gegenständen bestehend, zum eingebrachten Gute im Sinne des § 1551 (s. Bd. IV Bem. 2, d zu § 1551).

ε) Die Hypothek erstreckt sich kraft Rechtssatzes auf das Zubehör des Grundstücks mit Ausnahme der Zubehörstücke, welche nicht in das Eigenthum des Eigenthümers des Grundstücks gelangt sind (§ 1120). Zubehörstücke werden jedoch im Falle ihrer Veräußerung von der Haftung frei, wenn sie von dem Grundstück entfernt werden, bevor sie zu Gunsten des Gläubigers in Beschlag genommen worden sind, ohne Veräußerung nur dann, wenn die Zubehöreigenschaft innerhalb der Grenzen einer ordnungsmäßigen Wirthschaft vor der Beschlagnahme aufgehoben wird (s. §§ 1121, 1122 Abs. 2 mit Bem.). Verschlechterung oder unwirthschaftliche Entfernung der von der Hypothek erfaßten Zubehörstücke wird als eine die Sicherheit der Hypothek gefährdende Verschlechterung des Grundstücks erachtet (§ 1135). Einer Eintragung des Zubehörs in das Grundbuch bedarf es nicht. Ausgeschlossen ist, daß eine Sache, welche an sich nicht Zubehör ist, durch Eintrag ins

Grundbuch zum Zubehör werde; denn nach dem BGB. giebt es kein gewillkürtes Zubehör.*) Vgl. dagegen HGB. § 478 Abs. 2.

ζ) Das Pfandrecht an beweglichen Sachen erstreckt sich nicht ohne weiteres auf das Zubehör, sondern nur nach Maßgabe der §§ 1205, 1207. Eine Ausnahme besteht für das Pfandrecht an Schiffen, das sich auf das Zubehör des Schiffes erstreckt ausschließlich der Zubehörstücke, die nicht in das Eigenthum des Eigenthümers des Schiffes gelangt sind; s. § 1265 mit Bem. und dazu CPO. § 865. Vgl. auch § 103 des Binnenschiffahrtsgesetzes vom 15. Juni 1895.

η) Besondere Vorschriften über die Erstreckung der Zwangsvollstreckung, Beschlagnahme, Zwangsversteigerung und Zwangsverwaltung auf Zubehörstücke geben die §§ 865 CPO. und 20, 21, 55 Abs. 2, sowie 146, 148 ZwVG. Vgl. Bonschab in Bl. f. RA. Bd. 66 S. 194 ff. und auch Seuff. Arch. Bd. 58 Nr. 224.

5. Das Zubehör ist nicht identisch mit „Nebensachen". Letzterer Begriff ist weiter und unbestimmter als der des Zubehörs; er wird im BGB. in verschiedenem Sinne gebraucht (s. Crome, System Bd. 1 § 61 S. 285). Im § 947 ist als Gegensatz zur „Hauptsache" nicht das Zubehör, sondern die Nebensache zu denken.

Das Zubehör ist auch nicht identisch mit „Zuthat". Zuthaten gehören arg. § 651 Abs. 2 zu den Nebensachen. Sie können mit der Hauptsache in einem körperlichen Zusammenhange sein. Sie sind regelmäßig sogar dazu bestimmt, mit einer anderen Sache körperlich verbunden zu werden. Ist dies geschehen, so sind sie Bestandtheil der Hauptsache geworden, also nicht Zubehör. Ist es noch nicht geschehen, so können sie Zubehör sein. Als Zubehör wird man z. B. das Futter betrachten müssen, welches der Schneider bereits für ein bestimmtes Kleid gekauft und zurechtgeschnitten, aber noch nicht angenäht hat. (Anders Hölder, Bem. 4 zu § 93 und Bem. 2 zu § 97.)

§ 98.

Dem wirthschaftlichen Zwecke der Hauptsache sind zu dienen bestimmt:

1. bei einem Gebäude, das für einen gewerblichen Betrieb dauernd eingerichtet ist, insbesondere bei einer Mühle, einer Schmiede, einem Brauhaus, einer Fabrik, die zu dem Betriebe bestimmten Maschinen und sonstigen Geräthschaften;
2. bei einem Landgute das zum Wirthschaftsbetriebe bestimmte Geräth und Vieh, die landwirthschaftlichen Erzeugnisse, soweit sie zur Fortführung der Wirthschaft bis zu der Zeit erforderlich sind, zu welcher gleiche oder ähnliche Erzeugnisse voraussichtlich gewonnen werden, sowie der vorhandene auf dem Gute gewonnene Dünger.

E. I, 791; II, 77 i; III, 94.

1. Rechtliche Bedeutung und Stellung zu § 97. Die Gegenstände, von welchen § 98 spricht, werden herkömmlich mit dem Kollektivnamen „Inventar" bezeichnet. Wenn § 98 von diesen Gegenständen sagt, daß sie dem wirthschaftlichen Zwecke der Hauptsache zu dienen bestimmt sind, so stellt er dies zwingend fest (Crome, System Bd. 1 S. 282 Anm. 7 scheint dies zu leugnen). Aber er stellt nicht fest, daß diese Gegenstände Zubehör seien (was Cosack § 41, II, 2, b noch in der 2. Aufl. angenommen hatte). Damit sie Zubehör seien, müssen alle Voraussetzungen des § 97 zutreffen. Nur eine von ihnen, allerdings die wichtigste, nämlich die Bestimmung für den wirthschaftlichen Dienst der Hauptsache, ist in den Fällen des § 98 stets als gegeben anzusehen, braucht also nicht mehr besonders geprüft zu werden. Damit die Sache Zubehör sei, muß sie aber immer auch zur Hauptsache in einem entsprechenden räumlichen Verhältnisse stehen; davon macht auch § 98 keine Ausnahme; vgl. speziell bezüglich der Maschinen im Verhältnisse zur Fabrik RGE. Bd. 51 S. 273; auch die auf Gemeinem R. beruhende Entsch. d. bayr. Oberst.LG. n. F. Bd. 3 (1903) S. 153 ff. § 98 bezweckt also in erster Linie

*) Ueber die streitige Frage der Eintragungsfähigkeit von gewillkürten Pertinenzen im Hypothekenbuche für die Uebergangszeit in Bayern s. Merz in Bl. f. RA. Bd. 65 S. 357 ff.; Bonschab ebenda S. 449 ff.; v. Staudinger ebenda S. 451 ff. u. Bem. II, B, 2, a, α zu § 1120 (woselbst auch die Frage der Gültigkeit solcher Pertinenzirung für die Zeit nach Anlegung des Grundbuchs behandelt ist).

eine Verdeutlichung des § 97. Er kann aber auch zu einer Erweiterung des in § 97 gegebenen Zubehörbegriffs führen (anders Gareis, Komm. zu § 98 S. 102, den M. III, 67 folgend), insofern unter Umständen die Frage, ob eine Sache dem wirthschaftlichen Zwecke der Hauptsache zu dienen bestimmt ist, nach Lage des einzelnen Falles im Wege der natürlichen Auslegung verneint werden müßte, während sie in Folge der positiven Vorschrift des § 98 bejaht werden muß. Vgl. RGE. in Jur. Wschr. 1901 S. 184. Der vorhandene auf dem Gute gewonnene Dünger würde, soweit er etwa für den Verkauf bestimmt ist, nicht unter § 97 fallen (im E. I, 791 hieß es noch: „der erforderliche Dünger").

Im § 98 findet die weitere deutschrechtliche Auffassung des Zubehörs Ausdruck, welche schon ins preußische und französische Recht übergegangen war. Das römische Recht war davon ausgegangen, daß das Inventar regelmäßig nicht den Zwecken des Grundstücks, sondern nur den persönlichen Zwecken des Besitzers diene, und war demgemäß zur Verneinung der Pertinenzqualität gekommen. Das BGB. aber nimmt den deutschrechtlichen Gedanken auf, „weil in dem heutigen Rechtsleben der Werth und die Nutzbarkeit der Grundstücke wesentlich davon abhängt, daß die Verbindung des Inventars mit dem Grundstück aufrecht erhalten bleibt". M. III, 66.

2. Die dem Gewerbezwecke dienenden Geräthschaften, worunter ihrer Wichtigkeit wegen die Maschinen besonders hervorgehoben sind, können nur dann Zubehör des Gebäudes sein, wenn sie nicht zu seinen Bestandtheilen geworden sind. Es dürfen also nicht die Voraussetzungen der §§ 93, 94 zutreffen. Vgl. RGE. Bd. 50 S. 241 ff. und Bem. 3, e zu § 94.

Als Gebäude, welche für einen gewerblichen Betrieb dauernd eingerichtet sind, kommen außer den unter Ziff. 1 genannten namentlich noch Brennereien, Gasanstalten, Theater, Gasthöfe in Betracht. Ueber die Zubehörqualität des Inventars eines Gasthofs s. Rspr. d. OLG. Bd. 5 S. 78, RGE. Bd. 48 S. 207 und Jur. Wschr. 1901 S. 492; des Restaurationsinventars RGE. in Gruchot, Beitr. Bd. 45 S. 1003 ff. Auch Apotheken und selbst Bahnhöfe wird man hieher rechnen dürfen (trotz § 6 Gew.O.). Denn es handelt sich hier nicht darum, ob und inwieweit die Betriebe den Vorschriften der Gew.O. unterstehen, sondern es ist nach rein thatsächlichen Merkmalen zu bemessen, ob sie für einen gewerblichen Betrieb eingerichtet sind. Ob die Geräthschaften vom Eigenthümer oder einem bloßen Nutzungsberechtigten oder gar von einem Nichtberechtigten eingebracht sind, ist hier gleichgültig, sofern nur:

a) sie zum Betriebe bestimmt sind, und
b) das Gebäude selbst für den gewerblichen Betrieb dauernd eingerichtet ist.

Ob beides zutrifft, kann nur nach Lage des konkreten Falles entschieden werden. Es kann auch, und dies muß gegenüber der gemeinrechtlichen Entsch. d. RG. Bd. 15 S. 215 betont werden, zutreffen, falls der gegenwärtige Besitzer die Einrichtung in Verfolgung seines persönlichen Interesses vorgenommen hat, wenn er nur nicht von vorneherein den Gewerbebetrieb als einen bloß vorübergehenden, in absehbarer Zeit wieder aufzugebenden gewollt hat. Ob der Gewerbebetrieb wirklich ein dauernder bleiben wird, kann natürlich im Momente der Einrichtung regelmäßig gar nicht gesagt werden. Das Kriterium wäre daher vielleicht besser, ähnlich wie im § 97, negativ dahin gefaßt worden, daß die gewerbliche Zweckbestimmung nicht eine bloß vorübergehende sein darf. Wenn ein Schloß in ein Kurhotel verwandelt wird, weil der gegenwärtige Besitzer es nutzbringend verwenden will, so liegen für die zum Hotelbetrieb eingebrachten Geräthschaften die Erfordernisse des § 98 vor, wenn nicht die Wiederaufhebung des Hotelbetriebs schon bei seiner Einrichtung in Aussicht genommen ist. Den für das gemeine Recht abweichenden Standpunkt des Reichsgerichts (Bd. 15 S. 215) hat schon eines seiner Mitglieder (Rehbein, Komm. Bd. 1 S. 89) mit Recht als „bedenklich" bezeichnet. Zu verneinen ist die Zubehöreigenschaft jedenfalls dann, wenn die Bestimmung der Sache für den Gewerbebetrieb vertragsmäßig nur eine vorübergehende sein kann, wie bei geliehenen Sachen.

3. Das landwirthschaftliche Inventar ist in der durch Nr. 2 des § 98 gegebenen Begrenzung ohne Weiteres als dem wirthschaftlichen Zwecke der Hauptsache zu dienen bestimmt zu erachten; darüber hinaus muß auch diese Voraussetzung des Zubehörbegriffs, wie die übrigen des § 97, besonders geprüft werden. Es ist denkbar, daß im Einzelfall ein landwirthschaftliches Inventarstück als Zubehör anzusehen ist, obwohl es nicht zu den im § 98 Ziff. 2 aufgezählten Sachen gehört, z. B. künstlicher Dünger. Doch wird in solchen Fällen immer besonders darauf zu achten sein, ob nicht eine lokale Verkehrssitte dieser Auffassung entgegensteht. Gerade bezüglich des künstlichen Düngers wurde bei den Berathungen der II. Komm. geltend gemacht, daß ihn die Verkehrssitte „regelmäßig" nicht als Zubehör eines Landguts auffasse (P. III, 23).

Ein „Landgut" im Sinne des BGB. ist nicht jedes landwirthschaftlichen Zwecken dienende Grundstück (vgl. §§ 591, 592), sondern nur die zum selbständigen landwirthschaftlichen Betrieb eingerichtete Grundstückseinheit oder Grundstücksmehrheit. Vgl. sächsisches GB. § 70. Nicht auf die Größe kommt es an, sondern auf die Möglichkeit eines selbständigen Betriebs, welche meist da fehlen dürfte, wo nicht wenigstens ein Gebäude auf dem Gute ist. Daß auf demselben Grundstückskomplexe zugleich ein Betrieb nichtlandwirthschaftlicher Natur, z. B. eine Mühle oder Säge, eingerichtet ist, hindert nicht, das Gut als ein „Landgut" zu betrachten. Nach seiner ganzen ratio bezieht sich § 98 Ziff. 2 wohl auch auf forstwirthschaftliche Betriebe.

In Ziff. 2 sind drei Kategorieen von Inventarstücken genannt:

a) Das zum Wirthschaftsbetriebe bestimmte Geräth und Vieh. Hiezu kann unter Umständen auch das vom Pächter eingebrachte Geräth und Vieh gehören; vergleiche, was oben unter 2 über die vom Nichteigenthümer in einen gewerblichen Betrieb eingebrachten Geräthschaften gesagt wurde u. s. auch Planck Bem. 2 u. 3, a zu § 98. Das nur zum Verkaufe bestimmte Vieh gehört nicht hieher, ebensowenig die ausschließlich zum Ausfahren oder Spazierenreiten für die Herrschaft bestimmten Pferde. Wohl aber sind z. B. Pferde, die zum Vertriebe des in einer Brauerei erzeugten Bieres gehalten werden, Zubehör des zum Brauereibetriebe eingerichteten Grundstücks; RGE. Bd. 47 S. 262. Unter dem zum Wirthschaftsbetriebe bestimmten Vieh ist auch das den Zwecken der Viehzucht dienende zu verstehen (Rspr. d. OLG. Bd. 2 S. 342), ferner auch die Viehstücke, welche in den Grenzen eines angemessenen Bedarfs zur jeweiligen Ergänzung abgehender Viehstücke dienen (Recht 1901 S. 72). S. über Vieh als Zubehör eines Landguts auch Rspr. d. OLG. Bd. 3 S. 235 ff.

Aus der bisherigen Judikatur wird für die Frage, ob der eingetragene Eigenthümer eines Landguts das Eigenthum an Zubehörstücken erwirbt, welche der Käufer desselben vor der Auflassung dem Gutsinventar einfügt, auch fernerhin die preußischrechtliche Entsch. d. RG. Bd. 33 S. 273 von Bedeutung sein.

b) Die landwirthschaftlichen Erzeugnisse, soweit sie zur Fortführung der Wirthschaft bis zu der Zeit erforderlich sind, zu welcher gleiche oder ähnliche Erzeugnisse voraussichtlich gewonnen werden. Das Gesetz meint offenbar nur die landwirthschaftlichen Erzeugnisse eben dieses Landguts (nach der Trennung), nicht landwirthschaftliche Erzeugnisse überhaupt, welche sich auf dem Gute befinden. Hölder (Bem. 3, b zu § 98) und Planck, 3. Aufl. (Bem. 3, b zu § 98) dagegen behaupten, es sei gleichgültig, ob die Erzeugnisse auf dem Gute gewonnen oder zum Zwecke der Verwendung zu seiner Bewirthschaftung angeschafft sind. Praktische Bedeutung wird die Frage kaum erlangen, da nicht auf dem Grundstücke gewonnene landwirthschaftliche Erzeugnisse, z. B. für die Viehfütterung gekauftes Heu oder gekaufte Schlempe, wenn sie überhaupt zur Fortführung der Wirthschaft innerhalb der nächsten Wirthschaftsperiode erforderlich sind, schon nach § 97 Zubehör sein werden.

c) Der vorhandene, auf dem Gute gewonnene, also natürliche, Dünger ohne Rücksicht darauf, ob er zur Bewirthschaftung erforderlich oder etwa für den Verkauf bestimmt ist. S. auch unter 1.

§ 99.*)

Früchte einer Sache sind die Erzeugnisse der Sache und die sonstige Ausbeute, welche aus der Sache ihrer Bestimmung gemäß gewonnen wird.

Früchte eines Rechtes sind die Erträge, welche das Recht seiner Bestimmung gemäß gewährt, insbesondere bei einem Rechte auf Gewinnung von Bodenbestandtheilen die gewonnenen Bestandtheile.

Früchte sind auch die Erträge, welche eine Sache oder ein Recht vermöge eines Rechtsverhältnisses gewährt.

E. I, 792; II, 77 k; III, 95.

---

*) Literatur: Göppert, Ueber die organischen Erzeugnisse (1889). L. von Petrażycki, Die Lehre vom Einkommen, 2 Bde., 1893 u 1895 (unter Berücksichtigung des E I, im Bd. 2 auch des E. II, und scharfer Polemik dagegen); H. Reichel, Der Begriff der Frucht im Röm. R. und im deutschen BGB., in Iherings Jahrb. f. Dogm. Bd. 42 S. 205 ff.

1. Das Gesetz operirt an zahlreichen Stellen (mit jetziger Paragraphirung aufgezählt bei Haidlen S. 105) mit dem Fruchtbegriff. Zu einer Abgrenzung dieses Begriffs durch das Gesetz lag um so mehr Veranlassung vor, als weder in den bisherigen verschiedenen Kodifikationen eine übereinstimmende Festlegung gegeben, noch die gemeinrechtliche Wissenschaft sich über die Grenzziehung völlig einig geworden war. Diese Grenzziehung nimmt jetzt § 99 vor. Unberührt bleibt dabei die Frage nach dem jeweiligen Rechte zum Fruchtbezug und dem Inhalte dieses Rechtes, unberührt auch die Frage nach dem Eigenthumserwerb an Früchten (vgl. §§ 953 ff.).

2. Schon das Gemeine Recht hatte die Früchte im Rechtssinne geschieden in fructus naturales und fructus civiles, natürliche und uneigentliche sog. „bürgerliche" Früchte, und zu den letzteren diejenigen Erträge gezählt, welche von einer Sache durch Vermittelung eines Rechtes gewonnen werden. Um die natürlichen Früchte zu bestimmen, nimmt eine namentlich von Göppert vertretene Theorie einen rein naturwissenschaftlichen Ausgangspunkt und betrachtet demnach als Früchte im eigentlichen Sinne die organischen Erzeugnisse. Mit Unrecht. Weder sind nach den römischen Quellen alle organischen Erzeugnisse Früchte (nicht Windbruch, nicht der partus ancillae), noch sind alle Früchte organische Produkte (auch Fossilien gehören zu den Früchten). So schon Eck in Holtzendorffs Rechtslexikon (unter „Frucht"), später Petrażycki a. a. O. Bd. 16 ff. Eine andere Lehre sieht das Wesen der Frucht nicht in ihrem organischen Ursprunge, sondern in wirthschaftlichen Kriterien, und definirt Frucht als den regelmäßigen wirthschaftlichen Ertrag, welcher aus einer Sache gewinnbar ist. S. Dernburg (Pand. I § 78) und Czylarz (bei Glück, Bd. 42 S. 389).

Diese beiden Fruchttheorieen kann man absolute nennen insofern, als sie die Fruchtqualität nach objektiven naturwissenschaftlichen oder wirthschaftlichen Merkmalen bestimmen. Ihnen stellt nun Petrażycki seine relative (subjektive) Fruchttheorie entgegen: Das Wesen des Fruchtbegriffs sei nicht in der objektiven Natur der Sachen oder in objektiven Verhältnissen zu den Sachen zu suchen, sondern „in den Verhältnissen der Personen zu den wirthschaftlichen Gütern und unter einander" (Bd. 1 S. 12); dasselbe organische oder unorganische Erzeugniß könne als Frucht oder als Nicht-Frucht behandelt werden je nach dem Verhältniß, in welchem sich eine Person zu ihm befindet. Der Fruchtbegriff des Civilrechts entspreche den Merkmalen des Einkommens; darunter seien die Einnahmen zu verstehen, soweit sie ohne Minderung des Stammvermögens erzielt werden. Die Früchte lassen sich nach P. zusammenfassen als eine ideelle Einheit, eine universitas iuris. In der Hauptsache gegen Petrażycki Windscheid-Kipp § 144 Anm. 12.

Ueber den Fruchtbegriff der partikularrechtlichen Kodifikationen s. M. III, 68.

3. Die für das römisch-gemeine und französische Recht beliebte Eintheilung in fructus mere naturales und fructus industriales, ohne und mit Arbeit gewonnene Früchte, fruits naturels et industriels (code civil art. 547), ist nach dem Rechte des BGB. praktisch bedeutungslos.

4. Der Fruchtbegriff des BGB. läßt ein festes Prinzip vermissen. Das BGB. anerkennt in § 99 den wirthschaftlichen Gesichtspunkt und begreift daher als Frucht den bestimmungsgemäßen Ertrag, welchen eine Sache (Abs. 1) oder ein Recht (Abs. 2) unmittelbar oder mittelbar vermöge eines Rechtsverhältnisses (Abs. 3) gewährt. Es giebt aber darum den naturwissenschaftlichen Gesichtspunkt nicht auf und rechnet daher zu den Früchten auch alle organischen Erzeugnisse ohne Rücksicht darauf, ob sie sich als Einkommen d. h. bestimmungsmäßiger Ertrag aus der Substanz darstellen oder ob ihre Gewinnung die Substanz selbst angreift und schädigt, wie z. B. übermäßige Rodung. Durch diese nicht eben glückliche Kombination zweier heterogener Betrachtungsweisen hat der Fruchtbegriff des BGB. ungemein weite Grenzen erlangt.

Allerdings hat das Gesetz, um gegen die Folgen dieser Ausdehnung ein Korrektiv zu schaffen, in gewissen Fällen das Recht zum Bezuge bezw. die Pflicht zum Ersatze von Früchten auf ein den Grundsätzen der Wirthschaftlichkeit entsprechendes Maß reduzirt (vgl. §§ 581, 993). Aber, wie schon Crome, System Bd. 1 S. 306, gegen Cosack, Lehrb. 2. Aufl. § 42, richtig hervorhebt, nicht der Fruchtbegriff selbst wird damit beschränkt, sondern nur das Bezugsrecht. Crome a. a. O. wendet sich auch gegen Cosacks Terminologie.

5. Eine Klassifikation der Früchte auf Grund des § 99 ergiebt folgende Gruppen:

a) Sachfrüchte, und zwar
 α) alle organischen Erzeugnisse und
 β) die sonstige bestimmungsgemäße Ausbeute.
b) Rechtsfrüchte, d. h. das Einkommen des Rechtes

Beide Kategorieen von Früchten können unmittelbar gewonnen werden, in welchem Falle man von natürlichen Früchten spricht (ein Ausdruck, der allerdings in Bezug auf die Rechtsfrüchte als nicht natürlich erscheint), oder sie können vermöge eines Rechtsverhältnisses gewährt werden. In letzterem Falle werden sie Civilfrüchte, auch juristische oder bürgerliche Früchte genannt. Es wäre Zeit, diese Terminologie, zu welcher das Gesetz keineswegs nöthigt, aufzugeben. Dem an die juristische Kunstsprache nicht Gewöhnten wird die Verdeutschung „bürgerliche Frucht" mehr komisch als verständlich vorkommen. Spricht man ihm aber von „juristischen Früchten", so wird er erstaunt sein, zu erfahren, daß sie zu Rechtsfrüchten im Gegensatze stehen können. Am besten dürfte es vielleicht sein, nach dem Vorgange Hölders die bisherigen „natürlichen" Früchte (die auch Rechtsfrüchte sein können) unmittelbare Früchte und die bisherigen juristischen oder Civilfrüchte mittelbare Früchte zu nennen.

6. Im Einzelnen fallen unter den Fruchtbegriff, wie er im § 99 aufgestellt ist:

a) „die Erzeugnisse der Sache" d. h. alle organischen Erzeugnisse ohne Rücksicht darauf, ob sie nur durch Aufwendung von Arbeit gewonnen werden oder nicht, und ohne Rücksicht darauf, ob ihre Gewinnung einer geregelten Wirthschaftsführung entspricht oder nicht, und ob sie aus der Sache ihrer Bestimmung gemäß gewonnen werden oder nicht. Dahin gehören also alle Thierprodukte (Junge, Eier, Milch, Haare, natürlicher Dünger), ferner alle Bodenprodukte, auch solche, die durch Raubbau oder infolge außerordentlicher schädigender Naturereignisse (Windbruch, nothwendige Abholzung in Folge Nonnenfraßes) gewonnen werden. Dabei ist gleichgültig, ob das Bodenprodukt ohne menschliches Zuthun gewachsen ist oder ob Samen in den Boden gesät wurde oder ob etwa eine Pflanze schon in entwickelterem Stadium in den Boden eingesetzt wurde, um fortan aus ihm ihre Ernährung zu ziehen. Auch die unbefugter Weise umgehauenen Bäume sind Früchte (Reichel a. a. O. S. 274). Zutreffend verneint jedoch Rehbein (Komm. S. 92) die Fruchteigenschaft für Pflanzen und Bäume, die dem Boden „nicht zur Erzeugung und Ernährung, sondern zur Aufbewahrung, Konservirung, zum Schutze gegen Untergang anvertraut werden". Ist demnach die Topfpflanze Erzeugniß der Erde, in der sie wurzelt? Die strikte Verneinung Hölders (Komm. Bem. 2 zu § 99) läßt eine zureichende Begründung vermissen, so sehr sie auch der Verkehrsanschauung entsprechen mag.

b) Zu den Sachfrüchten gehört auch die sonstige Ausbeute, welche aus einer Sache ihrer Bestimmung gemäß gewonnen wird, einschließlich der anorganischen Bodenbestandtheile, wie Kohle, Torf, Marmor, Lehm, Erz, Mineralwasser u. s. w., auch Eis. Sofern die Ausbeute der natürlichen oder auf dem Willen des Verfügungsberechtigten beruhenden Bestimmung der Sache entspricht, kommt es zwar auf das Maß und die Wirthschaftlichkeit der Ausbeute nicht an, wohl aber findet der Fruchtbegriff darin seine Grenze, daß die Sache selbst, aus welcher die Ausbeute erfolgt, als solche erhalten bleiben muß und durch die Ausbeute nicht völlig zerstört werden darf. Darum ist, wie Crome (System Bd. 1 S. 307) und Planck (Bem. 2 zu § 99) mit Recht bemerken, das Fleisch eines Mastochsen keine Frucht desselben (so nunmehr auch Fischer-Henle Note 2). Vgl. auch Cosack in JG. III 24 ff.; P. III, 23 ff. Insofern ist also an dem Erfordernisse der Substanzschonung festzuhalten. Es kann demnach auch die Spezifikation (§ 950) nicht Früchte erzeugen, sondern nur „neue Sachen". Vgl. Reichel a. a. O. S. 277 ff.

Der Schatz ist nicht Frucht des Grundstücks, weil er nicht seiner Bestimmung gemäß aus ihm gewonnen wird.

Früchte, die von einem Baume oder Strauche auf ein privatem Gebrauche dienendes Nachbargrundstück hinüberfallen, gelten als Früchte dieses Grundstücks gemäß § 911.

c) Zu den Rechtsfrüchten gehört das, was ein Recht gewährt, nicht unbeschränkt, sondern nur, soweit es sich als bestimmungsmäßiger Ertrag eines Rechtes darstellt, also z. B. nicht das Holz, das der Nießbraucher durch übermäßige Rodung, oder die Mineralien, die der Bergwerksberechtigte durch Raubbau gewinnt, ebensowenig Annuitäten, soweit mit ihnen der Schuldner nicht nur Zinsen, sondern auch Kapitalsraten zahlt. Nur das Einkommen, welches aus einem Rechte (vgl. auch die Bem. unter d) innerhalb der Grenzen einer geordneten Wirthschaft erlangt wird, ist demnach Rechtsfrucht. Aber keineswegs ist erforderlich, daß durch Gewinnung der Erträge die Substanz völlig unversehrt bleibe. Auch durch die Erträge, welche ein Bergwerk bei normalem

Wirthschaftsbetriebe gewährt, wird das Bergwerk allmählich erschöpft. Gleichwohl sind diese Erträge, wenn sie auf Grund einer Bergwerksberechtigung bezogen werden, Rechtsfrüchte. (So auch Planck, 3. Aufl., Bem. 3 zu § 99.) Das Maß des bestimmungsmäßigen Ertrags richtet sich nach dem Inhalte des Rechtes, ist also regelmäßig durch Parteiwillen bestimmbar. Daraus ergiebt sich, daß im Einzelfalle auch die Ausbeute, die sich als unwirthschaftliche Nutzung einer Sache darstellt, bestimmungsgemäßer Ertrag des Rechtes sein kann.

Beispiele von Rechtsfrüchten sind vor allem die Nutzungen, die der Pächter, der Nießbrauchberechtigte, der Reallastberechtigte zieht; ferner ist z. B. das auf dem Coupon verbriefte Recht Frucht des Aktienrechts (s. Reichel a. a. O. S. 295). Auch Zinsen wird man dann, wenn, wie beim Darlehen, die ursprüngliche Forderung auf Kapital und Zinsen zugleich gerichtet ist, wohl zu den Rechtsfrüchten im Sinne des Abs. 2 rechnen müssen; nach der römischen Auffassung waren sie freilich fructus civiles; aber das Darlehensforderungsrecht erzeugt hier unmittelbar auch den Zinsanspruch; anders liegt die Sache bei Verzugszinsen, da diese außer der Forderung noch ein anderweitiges Rechtsverhältniß (den Verzug) voraussetzen Reichel a. a. O. S. 299 ff. hält es für möglich, die Darlehenszinsen sowohl unter Abs. 2 als unter Abs. 3 des § 99 zu subsumiren; von praktischer Bedeutung ist die Frage nicht, weßhalb schon Eck (Vorträge S. 112) bemerkt, es lohne sich nicht, darüber zu streiten. Im Gesetze besonders genannt sind bei einem Rechte auf Gewinnung von Bodenbestandtheilen die gewonnenen Bestandtheile. Letztere können also sowohl Rechtsfrüchte nach Abs. 2 als auch Sachfrüchte nach Abs. 1 sein. Aber während sie als Ausbeute einer Sache ohne Rücksicht auf wirthschaftliche Gewinnung Früchte sind, wenn nur ihre Entnahme der Bestimmung der Sache nicht widerspricht, fallen sie als Erträge eines Rechtes, soweit ihre Gewinnung eine unwirthschaftliche ist, regelmäßig deßhalb nicht unter den Fruchtbegriff, weil regelmäßig das Recht seinem Inhalte nach nur auf wirthschaftliche Gewinnung gerichtet ist. Auf die Dauer des Rechtes kommt für die Anwendung des Fruchtbegriffs nichts an. M. III, 69.

d) Nach Abs. 3 sind Früchte auch die „Erträge, welche eine Sache oder ein Recht vermöge eines Rechtsverhältnisses gewährt". Diese Ausdrucksweise des Gesetzes ist für das, was damit gesagt sein will, nicht glücklich gewählt (s. Hölder Bem. 7 zu § 99). Strenge genommen handelt es sich auch im Abs. 2 um Erträge, welche von einer Sache vermöge eines Rechtsverhältnisses gewährt werden. Was der Pächter vermöge der Pacht aus der Sache gewinnt, ist Frucht nach Abs. 2. Was der Verpächter vermöge der Verpachtung dafür erhält, daß er die Nutzung aus der Sache nicht selbst zieht, sondern dem Pächter überläßt, ist Frucht nach Abs. 3. Es handelt sich also im Abs. 3 eigentlich gar nicht um Erträge, sondern um Ersatz für die Ueberlassung von Erträgen an Andere, um ein Aequivalent. Die Ueberlassung wird regelmäßig auf Rechtsgeschäft beruhen, so bei den Miethzinsen und Pachtzinsen, den wichtigsten der hieher gehörigen Fälle. Sie kann aber auch in gesetzlicher Anordnung ihren Grund haben (Enteignung). Darum wurde nach dem Vorbilde des bayrischen Entwurfs Art. 169 der allgemeine Ausdruck „Rechtsverhältniß" gewählt. M. III, 70 heben hervor, daß nicht nur eine Sache, sondern auch ein Recht vermöge eines Rechtsverhältnisses fruchtbringend sein und namentlich der Fall der Verpachtung auch bei Rechten vorkommen könne. Auch die Ueberbaurente (§§ 912 ff.) gehört zu den Früchten im Sinne des § 99 Abs. 3; vgl. Reichel a. a. O. S. 300; ebenso Verzugszinsen und die auf Grund einer gegen Zinszahlung eingeräumten Prolongation zu entrichtenden Zinsen; vgl. auch oben unter c und Dernburg, Bürgerl. R. Bd. 3 § 8 Anm. 7.

7. Der Jagdgewinn gehört zu den Früchten, er kann aber in verschiedene Kategorieen von Früchten fallen. Unmittelbare Früchte und zwar Rechtsfrüchte sind die in Ausübung des Jagdrechts vom Grundeigenthümer oder Jagdpächter erlegten Thiere. Ob die Ausübung des Jagdrechts durch den Grundeigenthümer selbst zulässig ist, entscheidet die Landesgesetzgebung (EG. Art. 69). In den Fällen, in welchen die Ausübung der Jagd durch Verpachtung ausgeübt wird, ist der Erlös aus der Jagdpacht gleichfalls Frucht, aber mittelbare im Sinne des Abs. 3 des § 99. Darüber, wann die Jagd nur durch Verpachtung ausgeübt werden kann, vgl. für Bayern Art. 2—4 des hierin noch gültigen Gesetzes vom 30. März 1850, die Ausübung der Jagd betreffend, und Oertmann, Bayr. Landesprivatrecht § 91.

8. Die relative Bedeutung des Fruchtbegriffs (vgl. Petrażycki a. a. O. Bd. 1 S. 12 ff.; Crome, System Bd. 1 S. 304) macht sich insofern geltend, als auch nach dem BGB.

dieselbe Sache unter der rechtlichen Beherrschung durch den Einen Frucht, unter der durch den Anderen Nicht-Frucht sein kann. Wenn die Kuh des A kalbt, ist das Kalb für den A Frucht; dieses selbe Kalb ist, an den B verkauft, für diesen nicht Frucht.

9. Nach der gegebenen Gesetzeslage unrichtig, zum mindesten mißverständlich, ist die Lehre von Crome (a. a. O. S. 308), daß man unter Frucht nur den Reinertrag des Kapitals bezw. das Rein-Einkommen zu verstehen habe, welches sich durch Abzug der Frucht-Gewinnungskosten vom Werthe des Rohertrags ergebe, einen Abzug, der bei allen Industrialfrüchten möglich sei. Allerdings darf, wer zur Herausgabe von Früchten verpflichtet ist, nach Maßgabe des § 102 Ersatz der Gewinnungskosten verlangen. Aber der Begriff der Frucht selbst wird doch durch diesen Anspruch nicht geändert. Für das römisch-gemeine Recht mochte der Satz Cromes berechtigt sein; hier hieß es (speziell für den Fruchtbegriff bei der Erbschaftsklage): fructus intelliguntur deductis impensis &c. l. 36 § 5 D. 5, 3).

10. Die Frage, ob der Fruchtbegriff des BGB. auch für Landesgesetze maßgebend ist, welche mit dem Begriffe der Frucht operiren, ist ebenso zu entscheiden, wie die analoge Frage für den Sachbegriff. S. darüber Bem. 5 zu § 90.

§ 100.

Nutzungen sind die Früchte einer Sache oder eines Rechtes sowie die Vortheile, welche der Gebrauch der Sache oder des Rechtes gewährt.

E. I, 793; II, 771; III, 76.

1. Das BGB. operirt mit dem Begriff der „Nutzungen" an zahlreichen Stellen (Aufzählung bei Planck Bem. 2 zu § 100, bei Haidlen S. 107 Note 2 und bei Gradenwitz, Wortverzeichnis zum BGB.). Zur Ausschließung von Zweifeln giebt daher § 100 eine Erläuterung des Wortes. Demnach ist der Begriff der Nutzungen (Gegensatz: Lasten) weiter als der der Früchte. Alle Früchte sind Nutzungen, aber nicht alle Nutzungen sind Früchte (Reichel a. a. O. S. 303). Der Begriff der Nutzungen umfaßt:

a) die Früchte einer Sache oder eines Rechtes (s. § 99);

b) alle anderen Vortheile, welche der Gebrauch einer Sache oder eines Rechtes gewährt.

Der Nutzungsbegriff ist daher hauptsächlich für solche Sachen von Bedeutung, welche wegen ihrer natürlichen Beschaffenheit keine unmittelbaren Sachfrüchte geben, wie Wohnhäuser, Wohnungen, Möbel, oder deren regelmäßige Verwerthung doch neben einer möglichen Fruchtziehung durch Nutzbarmachung ihres Gebrauchswerths geschieht, wie Ziergärten, Reitpferde, Rennpferde, Zugthiere.

2. Dunkel bleibt, inwiefern der „Gebrauch" eines Rechtes Vortheile gewähren kann, wenn das Recht nicht eben den Gebrauch an einer Sache zum Inhalte hat. Darin, daß gesagt wird, in diesen Fällen werde der Gebrauch an der Sache eben durch Vermittelung eines Rechtes gewährt, liegt keine befriedigende Erklärung: denn auch unter den Vortheilen, welche der Gebrauch der Sache selbst gewährt, versteht § 100 offenbar nur solche, die der auf Grund irgend welchen Rechtes ausgeübte Gebrauch der Sache gewährt. Ein praktisches Bedürfniß nach Erforschung der Vorstellung, von welcher „der Gesetzgeber" hier geleitet war, dürfte sich übrigens kaum ergeben.

3. Mit Recht rechnet Planck, da der Gebrauch der Sache die Vortheile gewähren muß, die Hälfte des Schatzes, welche dem Eigenthümer des Grundstücks zufällt, in dem der Schatz gefunden wird, nicht zu den Nutzungen des Grundstücks. Aber Bedenken erregt es, wenn er (Bem. 1 zu § 100) vom Nachbargrundstück eindringende Wurzeln und Zweige, welche der Eigenthümer eines Grundstücks nach § 910 abschneiden und behalten darf, „zu den Früchten oder Nutzungen" eines Grundstücks zählt (— auch nach Gareis Bem. zu § 100 fallen sie unter den Nutzungsbegriff —) und wenn Gareis a. a. O. selbst die Befugniß des Grundeigenthümers, auf seinem Grundstücke Handlungen vorzunehmen, durch welche solche Einwirkungen auf das Nachbargrundstück ausgeübt werden, die der Eigenthümer des letzteren nach § 906 sich gefallen lassen muß, als „Nutzung im Sinne eines Vortheils vom § 100" ansieht. Das scheint nicht nur eine unnatürliche Ausdehnung des Begriffs „Gebrauch", sondern auch eine Verkennung des rein defensorischen Charakters jener durch § 910 gewährten Befugniß zu sein. Was aber den § 906 betrifft, so statuirt dieser im nachbarlichen Interesse gewisse Ausnahmen von dem allgemeinen Grundsatze: qui suo iure utitur, neminem laedit. Das Nichtzutreffen dieser Ausnahmen, also die Befugniß zum regulären Gebrauch des Eigenthums, darf doch gewiß nicht als „Vortheil" im Sinne des § 100 bezeichnet werden.

§ 101.*)

Ist Jemand berechtigt, die Früchte einer Sache oder eines Rechtes bis zu einer bestimmten Zeit oder von einer bestimmten Zeit an zu beziehen, so gebühren ihm, sofern nicht ein Anderes bestimmt ist:

1. die im § 99 Abs. 1 bezeichneten Erzeugnisse und Bestandtheile, auch wenn er sie als Früchte eines Rechtes zu beziehen hat, insoweit, als sie während der Dauer der Berechtigung von der Sache getrennt werden;
2. andere Früchte insoweit, als sie während der Dauer der Berechtigung fällig werden; bestehen jedoch die Früchte in der Vergütung für die Ueberlassung des Gebrauchs oder des Fruchtgenusses, in Zinsen, Gewinnantheilen oder anderen regelmäßig wiederkehrenden Erträgen, so gebührt dem Berechtigten ein der Dauer seiner Berechtigung entsprechender Theil.

E. I, 794 Abs. 1; II, 77 m; III, 97.

1. Geht das Recht einer Person, Sach- oder Rechtsfrüchte zu beziehen, auf einen Nachmann über, so erhebt sich die Frage, welchem der beiden successiv Berechtigten die Früchte der laufenden Wirthschaftsperiode gebühren bezw. in welchem Umfange sie ihm gebühren. Man nennt diese Frage kurz die der Früchtevertheilung, wobei aber gleich bemerkt werden muß, daß nach der Regel des Gesetzes eine „Vertheilung" überhaupt nicht stattfindet. Eine Lösung der Frage ist der Zweck des § 101.

Zwei Prinzipien standen sich gegenüber, zwischen welchen zu wählen war, das römische und das germanische. Das BGB. hat in der Hauptsache das römische Prinzip adoptirt, aber zu Gunsten des germanischen in § 101 Nr. 2 eine Ausnahme gemacht für diejenigen Rechts- und Civilfrüchte, die einen regelmäßig wiederkehrenden Ertrag darstellen.

2. Das römisch-gemeine Recht beließ die natürlichen Früchte dem bisherigen Bezugsberechtigten nur insoweit, als er sie zur Zeit des Wechsels in der Bezugsberechtigung bereits erworben hatte. Der Erwerb fand regelmäßig mit der Separation, für den Nießbraucher und Pächter mit der Perzeption der Früchte statt. Fand die Trennung erst während der Dauer des Nutzungsrechts des Nachmanns statt, so gebührten diesem die Früchte ohne Rücksicht darauf, ob die Arbeit des Säens und der sonstigen Bestellung der Früchte schon vom Vormanne geleistet worden war; letzterer hat also seine Arbeit umsonst aufgewendet. Nur wenn es sich um Restitution des Dotalguts nach Auflösung der Ehe handelte, sollte bezüglich der Früchte des letzten Dotaljahrs zwischen dem Restitutionspflichtigen und dem Rückempfänger der dos eine Vertheilung pro rata temporis stattfinden: l. 6 D. 24, 3; l 7 § 1 ibid.

Ueber den Standpunkt des gemeinen Rechtes bezüglich der Vertheilung der juristischen Früchte, namentlich der Mieth- und Pachtgelder s. Windscheid-Kipp § 203 Anm. 9; Petrażycki a. a. O. S. 222 ff. und M. III, 73.

Römischen Grundsätzen folgt auch der code civil (insbesondere art. 585 Abs. 2).

Das ältere deutsche Recht hat das Produktionsprinzip: Wer sät, der mäht. Hatte der Vormann die Bestellungsarbeit gethan, wurde aber erst während des Nutzungsrechts des Nachmanns geerntet, so sollte die Ernte gleichwohl dem Vormanne noch zu Gute kommen. S. Sachsenspiegel III, 76 § 4. Auch das sächsische GB. von 1863 hat dieses deutsche Produktionsprinzip und muß demgemäß zwischen fructus mere naturales und Industrialfrüchten unterscheiden (§ 76).

Das PLR. nimmt, wenigstens für die Auseinandersetzung zwischen dem Nießbraucher als Vormann und dem Eigenthümer, einen vermittelnden Standpunkt ein, indem es ein einheitliches Wirthschaftsjahr aufstellt (bei Grundstücken mit Landwirthschaft vom 1. Juni, bei anderen vom 1. Juli an) und den Reinertrag dieses Jahres nach Verhältniß der Zeit zwischen dem abtretenden und antretenden Berechtigten vertheilt. S. insbesondere Thl. I Tit. 7 §§ 197 ff.; M. III, 71.

3. Das BGB. hat das preußische System trotz des Wunsches des preußischen Landes-Oekonomie-Kollegiums und, wie es scheint, der Regierung von Elsaß-Lothringen (P. III, 24) deßhalb nicht aufgenommen, weil bei den zu verschiedenartigen Verhältnissen

---

*) Literatur: Cosack in den Beiträgen von Bekker und Fischer Bd. 13 S. 4. v. Petrażycki in dem zu § 99 genannten Werke. Derselbe, Fruchtvertheilung, 1892. Reichel, in Iherings Jahrb. Bd. 42 S. 101 ff.

die Aufstellung eines Normalwirthschaftsjahrs für ganz Deutschland nicht thunlich schien. M. III, 73. Vgl. Jacubezky, Bem. S. 192 u. 238.

4. Die Regel des § 101 ist, daß die Früchte dem zur Zeit ihrer Trennung (bezw. Fälligwerdung) Bezugsberechtigten gebühren. Diese Regel gilt für die im § 99 Abs. 1 bezeichneten Früchte auch dann, wenn der Bezugsberechtigte sie „als Früchte eines Rechtes" zu beziehen hat. Dieser angesichts der Klassifikation des § 99 nicht eben klare Zusatz wird mit Crome (System Bd. 1 S. 310) dahin zu deuten sein, daß auch solche Sachfrüchte gemeint sind, welche in Ausübung eines anderen Rechtes als des Eigenthums aus der Sache gewonnen werden.

Auf demselben Prinzipe beruht es, daß bei den anderen Früchten nach Nr. 2 der Zeitpunkt der Fälligkeit entscheidet.

Eine Ausnahme wird aber gemacht für solche Früchte, welche aus Nutzungsäquivalenten, Zinsen, Gewinnantheilen (Dividenden) oder anderen regelmäßig wiederkehrenden Erträgen (anders E. I § 794 Abs. 1) bestehen; bei ihnen findet eine Vertheilung pro rata nach der Dauer der Berechtigung statt. Das ist praktisch vor allem wichtig für Miethzinse, Pachtgelder und Leistungen aus Reallasten. Ist z. B. der Miethzins aus dem Wohnhause des A, an welchem B den Nießbrauch hat, am 1. jedes Kalendervierteljahrs zu entrichten und endigt der Nießbrauch am 1. Mai, so fällt der Miethzins für das 2. Quartal zu ²/₃ dem A, zu ¹/₃ dem B zu.

5. Der nach § 101 Berechtigte hat einen obligatorischen Anspruch auf Herausgabe der Früchte, welche sein Vormann oder Nachmann erwirbt, gegen diesen, weil sie diesem nach § 101 nicht gebühren. Dadurch bleibt der Satz unberührt, daß der Anspruch auf den Mieth- und Pachtzins an sich (vorbehaltlich des § 571) nur dem Vermiether bezw Verpächter zusteht. M. III, 74. Auch die Frage des Eigenthumserwerbs wird durch § 101 nicht entschieden; s. hierüber §§ 953 ff.

6. Die durch § 101 vorgeschriebene Art der Fruchtvertheilung findet nur statt, „sofern nicht ein Anderes bestimmt ist". Ein Anderes kann bestimmt sein durch Rechtsgeschäft oder durch Gesetz.

a) Es steht natürlich den Parteien frei, den Umfang des Fruchtbezugsrechts rechtsgeschäftlich festzusetzen und dadurch gewisse Härten, welche sich unleugbar aus dem Grundsatze des § 101 ergeben können, zu vermeiden.
b) Für das Verhältniß zwischen dem Fideikommißbesitzer und seinem Nachfolger verbleibt es auch bezüglich der Fruchtvertheilung beim Landesrecht. EG. Art. 59.

7. Neben dem Grundsatze des § 101 können die Spezialbestimmungen der §§ 592, 998, 1055, 1421, 1546 Abs. 3 zur Anwendung kommen, welche den Nachmann nöthigen, seinem Vormanne die auf die Früchte verwendeten Kosten zu ersetzen.

8. Durch § 993 Abs. 2 ist ausdrücklich bestimmt, daß die Vorschriften des § 101 auch auf das Verhältniß zwischen Eigenthümer und gutgläubigem Besitzer Anwendung finden. Ueber die Nothwendigkeit dieser Vorschrift s. Planck Bem. 1 zu § 101; M. III, 75 ff.

§ 102.

Wer zur Herausgabe von Früchten verpflichtet ist, kann Ersatz der auf die Gewinnung der Früchte verwendeten Kosten insoweit verlangen, als sie einer ordnungsmäßigen Wirthschaft entsprechen und den Werth der Früchte nicht übersteigen.

E. I, —; II, 901 Abs. 1 Satz 2, 2054 Abs. 2; III, 98.

1. Schon im römischen Rechte durften vom Betrage der herauszugebenden Früchte die auf die Gewinnung gemachten Verwendungen abgezogen werden. Als wirkliche Frucht (fructus im engeren Sinne) wurde nur der nach Abzug der Gewinnungskosten übrige Rest angesehen, also das Rein-Einkommen. L. 3 § 1, l. 16 D. 25, 1. Das Recht auf Abzug der Verwendungen erschien als ein universaler Grundsatz des römischen Rechtes, der selbst gegenüber dem Diebe keine Ausnahme erlitt (hierüber eingehend v. Petrażycki, Die Lehre vom Einkommen Bd. 1 S. 143 ff.).

2. Das BGB. giebt in § 102 dem zur Herausgabe von Früchten Verpflichteten einen Ersatzanspruch wegen der Gewinnungskosten. Der Fruchtbegriff selbst erleidet dadurch keine Aenderung (s. Bem. 9 zu § 99). Ob Jemand herausgabepflichtig ist, wird hier nicht entschieden (s. §§ 818, 987, 1656, 2020, 2184). Aber nicht für Jeden, der Früchte herauszugeben hat, gilt § 102, sondern nur für denjenigen, der sie in ihrer Eigenschaft als Früchte d. h. deßhalb herausgeben muß, weil sie Früchte sind. Darauf ist besonders bei Verpflichtung in Folge Rechtsgeschäfts zu achten. Allerdings umfaßt § 102 nicht nur

die gesetzliche, sondern auch die rechtsgeschäftliche Verpflichtung. Aber sehr häufig wird durch Vertrag eine Herausgabepflicht bezüglich einer Frucht vereinbart und dabei von der Fruchtqualität völlig abstrahirt z. B. Jemand verpflichtet sich durch Verkauf, einen Centner selbstgewonnenen Obstes abzutreten; dabei kann natürlich von einem Abzugsrechte keine Rede sein. In ähnlichem Sinne Hölder (Bem. zu § 102).

3. Ueber den Umfang des Ersatzanspruchs ist zu sagen:

a) Nur Ersatz von Kosten kann verlangt werden. Dahin gehören nicht nur Geldkosten, sondern überhaupt Aufwendungen, die einen unmittelbaren Vermögenswerth repräsentiren, auch Vermögenswerthe, die zur Bezahlung fremder Arbeit aufgewendet wurden. Bedenken erregt es aber, wenn Hölder a. a. O. und Planck Bem. 1 zu § 102 auch die eigene Arbeit des Herausgabepflichtigen zu den Kosten rechnen, wenn wegen derselben andere Arbeit, die Vermögenswerth gehabt hätte, nicht verrichtet wurde. Damit entfernen sie sich doch zu sehr von dem üblichen Sprachgebrauche, der die Arbeit selbst gewiß nicht zu den Kosten rechnet. Diesem Sprachgebrauche trägt auch die wohldurchdachte Terminologie des BGB. Rechnung, welche einen Unterschied kennt zwischen „Kosten" und „Aufwendungen" (vgl. z. B. einerseits §§ 919 Abs. 3, 922, 923 Abs. 2, 948 Abs. 2, andererseits §§ 669, 670, 970, 995).

b) Zu den auf die Gewinnung der Früchte verwendeten Kosten werden auch die auf ihre Erhaltung verwendeten zu rechnen sein, umsomehr, da sich diese beiden Begriffe nicht scharf trennen lassen.

Die Frage, ob auch unnöthige Kosten angerechnet werden können, findet ihre Antwort in der Klausel: „insoweit, als sie einer ordnungsmäßigen Wirthschaft entsprechen". Es können also sehr wohl auch solche Kosten unter § 102 fallen, deren Aufwendung nicht gerade nothwendig war, sofern nur ihre Aufwendung nicht als wirthschaftlich verwerflich erscheint. Vgl. auch über die Nichtaufnahme einer allgemeinen Legaldefinition der „nothwendigen" und „nützlichen" Verwendungen M. III, 31.

c) Die Ersatzpflicht findet ihre Grenze in dem Werthe der Früchte. Die Beweislast bezüglich dieses Werthes hat im Streitfalle der zur Herausgabe der Früchte Verpflichtete, welcher den Kostenersatz beansprucht.

4. Was die juristische Konstruktion und die Durchführung des Rechtes auf Kostenersatz anlangt, so ist vor allem der enge Zusammenhang dieses Rechtes mit der Herausgabepflicht zu betonen. Freilich wird durch das Ersatzrecht nicht die Herausgabepflicht selbst unmittelbar vermindert. Es ist wohl nicht zutreffend, wenn Crome (System § 89 Anm. 18) sagt, daß „nach § 102 nur der Nettoertrag geschuldet wird"; vielmehr ist der Bruttoertrag in obligatione, aber dieser Verbindlichkeit steht ein obligatorischer Gegenanspruch des Herausgabepflichtigen gegenüber. Diese Verschiedenheit der konstruktiven Auffassung macht sich praktisch kaum bemerklich, wenn zufällig das Objekt der Herausgabepflicht und das der Kostenersatzpflicht ein gleichartiges ist, weil hier die Möglichkeit besteht, den Ersatzanspruch durch einfachen Abzug an den Früchten selbst zu realisiren. Sie springt aber sofort in die Augen, wenn jene Gleichartigkeit des Objektes fehlt, wenn also z. B. Gegenstand der Herausgabepflicht ein 300 Mk. werthes Thier ist. Wie kann hier der Herausgabepflichtige nur den „Nettoertrag" herausgeben? Wie kann er 50 Mk. Gewinnungskosten „abziehen"? Der von Kipp (bei Windscheid, 8. Aufl. S. 629) gebrauchte Ausdruck „Abzugsrecht" wird daher als mißverständlich wohl besser vermieden.

Von einer Unselbständigkeit des Ersatzanspruchs kann man insofern sprechen, als seine Durchführung unmöglich ist, solange nicht der Herausgabepflicht bezüglich der Früchte genügt wird. Andererseits braucht die Herausgabe nicht zu erfolgen, solange der Berechtigte nicht zum Ersatze der Gewinnungskosten bereit ist. Der Herausgabepflichtige hat also ein obligatorisches Zurückbehaltungsrecht, auf welches die §§ 273, 274 zutreffen. Für den Fall, daß die von ihm herauszugebenden Früchte und die vom Anderen zu ersetzenden Kosten gleichartig sind, besteht ein Aufrechnungsrecht (§§ 387 ff.). Der Herausgabepflichtige kann erklären, daß er hievon Gebrauch mache, und einfach den um seine Gegenforderung verminderten Betrag der Früchte an den Anderen abführen. Wer das Bestehen eines selbständigen Ersatzanspruchs schlechtweg verneint (so anscheinend Hölder Bem. zu § 102, namentlich die nicht leicht verständliche Bem. 3, b; vgl. auch Planck Bem. 2 zu § 102), kann natürlich folgerichtig auch nicht von Aufrechnung sprechen. Hat der Herausgabepflichtige in der irrigen Erwartung, er werde Kostenersatz erhalten, die Früchte abgetreten oder irrthümlich Kostenersatz nicht verlangt, so ist der Ersatzpflichtige grundlos bereichert und unterliegt daher der Kondiktion des Ersatzberechtigten (§ 812).

5. Beispiele von Anwendungsfällen des § 102 ergeben sich aus den §§ 808, 987, 1656, 2020, 2184.

Auch dann ist, wie Planck Bem. 1 zu § 102 zutreffend bemerkt, § 102 anzuwenden, wenn die Herausgabepflicht darin ihren Grund hat, daß von mehreren aufeinanderfolgenden Bezugsberechtigten derjenige die Früchte gezogen hat, welchem sie nicht gebühren (vgl. § 101).

6. Der billigen Anforderung, daß derjenige, welchem Früchte schließlich zu Gute kommen, nicht um die Kosten bereichert werden soll, die ein Anderer darauf verwendet hat, trägt das Gesetz auch in solchen Fällen Rechnung, in welchem ein Wechsel in der Nutzungsberechtigung eintritt, ohne daß bezüglich der Früchte als solcher von einer Herausgabepflicht gesprochen werden kann. Dies geschieht durch Einzelvorschriften in den §§ 592, 998, 1055 Abs. 2, 1421, 1546 Abs. 3, 1663 Abs. 2, 2130 Abs. 1.

§ 103.

Wer verpflichtet ist, die Lasten einer Sache oder eines Rechtes bis zu einer bestimmten Zeit oder von einer bestimmten Zeit an zu tragen, hat, sofern nicht ein Anderes bestimmt ist, die regelmäßig wiederkehrenden Lasten nach dem Verhältnisse der Dauer seiner Verpflichtung, andere Lasten insoweit zu tragen, als sie während der Dauer seiner Verpflichtung zu entrichten sind.

E. I, 795; II, 77 n; III, 99.

1. Wie § 101 für den Fall eines Wechsels in der Person eines Berechtigten einen Maßstab für das Bezugsrecht an den Früchten giebt, so giebt der analoge § 103 einen Vertheilungsmaßstab für die Lastentragung, wenn es sich um das Verhältniß von Vorgänger und Nachfolger in der Verpflichtung handelt.

Für das bisherige Recht läßt sich ein bestimmter, auf allen Gebieten konsequent durchgeführter Grundsatz über die Lastenvertheilung nicht nachweisen. Bekannt sind die deutschrechtliche Parömie: „Wer den bösen Tropfen genießt, genießt auch den guten Tropfen", und der unter die regulae iuris eingestellte Satz des Paulus: Secundum naturam est commoda cuiusque rei eum sequi, quem sequentur incommoda (l. 10 D. 50, 17; vgl. auch § 3 J., 3, 23). Es läge nun nahe, in Verfolgung desselben Grundgedankens die umgekehrte Forderung aufzustellen, daß die Pflicht zur Lastentragung sich nach dem Rechte zur Nutzenziehung richten und daher die Lastenvertheilung ein genaues Analogon zum geltenden Rechte der Früchtevertheilung sein müsse. Aber weder ist in den bisherigen Rechten dies konsequent durchgeführt, noch ist im BGB. die Analogie des § 103 zum § 101 eine vollständige; sie besteht nur zwischen § 101 Nr. 2 und § 103, nicht aber zwischen letzterem und § 101 Nr. 1.

Die Frage ist: sollen die Lasten zwischen dem bisherigen und dem neuen Verpflichteten einfach schlechthin nach dem Zeitpunkt ihrer Fälligkeit oder aber nach dem Verhältniß der Zeitdauer jeder der beiden Verpflichtungen vertheilt werden? Das erstere, ebenso ungerechte wie bequem zu handhabende Prinzip hatte sich E. I § 795 zu eigen gemacht; eine schwache Begründung desselben geben M. III, 76; s. dort auch über das preußische, französische und sächsische Recht.

2. Der II. Komm. erschienen die willkürlichen und unbefriedigenden Ergebnisse, zu welchen die Vertheilung nach der Fälligkeit führen kann (vgl. ZG. III, 27), unannehmbar.

Der jetzige § 103 unterscheidet daher zwischen regelmäßig wiederkehrenden und einmaligen oder in unbestimmten Zeiträumen wiederkehrenden Lasten. Für letztere läßt er die Fälligkeit entscheiden, für regelmäßig wiederkehrende Lasten dagegen bestimmt er, daß eine Vertheilung pro rata temporis d. h. nach dem Verhältnisse der Dauer der beiderseitigen Verpflichtung stattfinden solle (Begründung P. III, 24 ff.).

3. Die Lasten im Sinne des § 103 können ihren Grund sowohl im privaten als auch im öffentlichen Rechte haben.

4. Zum Begriffe der regelmäßig wiederkehrenden Lasten gehört nicht, daß die Höhe der periodisch zu entrichtenden Leistungen immer die gleiche bleibe. Es gehören zu ihnen nicht nur Renten, Reallasten, Hypothekzinsen, Grundschuldzinsen, Bodenzinse, in Bayern auch Kaminkehrerlöhne (s. Bayr. AGO. vom 9. Juni 1899 Art. 23), sondern auch Steuern und Versicherungsprämien; auch die Patentsteuer (vgl. Kohler, Handb. des Patentrechts S. 502). Bei Beiträgen zu einer Versicherung wird aber in concreto immer zu prüfen sein, ob überhaupt eine Verpflichtung zur Tragung einer Versicherungslast besteht; eine solche kann nicht nur in einem staatlichen Versicherungszwange, sondern auch in Rechtsgeschäften ihren Grund haben; über die Versicherungspflicht des Nießbrauchers s. § 1045.

Beispiele anderer Lasten (bei welchen die Fälligkeit entscheidet) sind Schullasten, Kirchenbaulasten, Beiträge der Adjazenten zur Straßenpflasterung und Kanalisirung, Einquartirungslasten.

Besitzveränderungsgebühren gehören überhaupt nicht zu den Lasten im Sinne des § 103. Vgl. auch bayr. Geb.Ges. Art. 288 u. 289.

5. Die Regel des § 103 ist nur eine dispositive.

6. Das Gesetz bietet Anwendungsfälle des § 103 in den §§ 446, 546, 581, Abs. 2, 1047, 1385, 1654, 2379.

7. Besonders geregelt ist die Art der Lastenvertheilung für das Verhältniß zwischen Besitzer und Eigenthümer (§ 995), das Verhältniß des Vorerben zum Nacherben (§ 2126), des Beschwerten zum Vermächtnißnehmer (§ 2185). Vgl. auch für Gemeinschaftsverhältnisse die §§ 748, 1529.

Dritter Abschnitt.

Rechtsgeschäfte.

Einleitung.*)

I. Inhalt des dritten Abschnitts. Der Abschnitt giebt in sechs Titeln Vorschriften über die Erfordernisse und die Wirksamkeit der Rechtsgeschäfte im Allgemeinen. Eine Begriffsbestimmung des Rechtsgeschäfts wird nicht aufgestellt. Ebensowenig wird eine Aufzählung der Rechtsgeschäfte gegeben. Der Kreis der Rechtsgeschäfte muß also von der Theorie bestimmt werden, so daß bei der Verschiedenheit des grundsätzlichen Standpunkts Zweifel über die rechtsgeschäftliche Natur einzelner Rechtsakte nicht ausgeschlossen sind. Das Gesetz behandelt zunächst im ersten Titel die Geschäftsfähigkeit (§§ 104—115), im zweiten die Willenserklärung (§§ 116—144), sodann im dritten Titel das zweiseitige Rechtsgeschäft, den Vertrag (§§ 145—157), im vierten, sehr knapp gefaßten Titel die Bedingung und die Zeitbestimmung (§§ 158—163), im fünften die Vertretung und die Vollmacht (§§ 164—181), endlich im sechsten Titel (§§ 182—185) die Einwilligung und Genehmigung. Mit Recht ist die Vertragslehre hier im allgemeinen Theile behandelt, weil der Vertrag seine Herrschaft nicht nur auf das Obligationenrecht, sondern auf alle Theile des Rechtsgebiets erstreckt. M. I, 127.

II. Rechtsgeschäft und Willenserklärung; Begriff des Rechtsgeschäfts.

1. Unter den Vorgängen, an welche die Entstehung, die Veränderung und der Untergang von Rechten gemäß der Rechtsordnung anknüpfen, nehmen die menschlichen Handlungen die wichtigste Stelle ein. Innerhalb der Handlungen, soweit sie überhaupt rechtlich von Belang sind, lassen sich nach Zweck und Wirkung verschiedene Gruppen unterscheiden. Zwei dieser Gruppen bieten als allgemeine Typen der Theorie besonderen Anlaß zu näherer Betrachtung:

a) die Handlungen, welche das Recht verletzen, unerlaubte Handlungen, Delikte;

b) die Handlungen, welche bewußt auf eine erlaubte Veränderung in der Privatrechtssphäre hinzielen, die Willenserklärungen.

Die unerlaubten Handlungen sind hier nicht zu erörtern; s. Vorbem. vor § 823.

---

*) Die reiche Literatur über Rechtsgeschäfte ist angegeben bei Windscheid-Kipp Bd. 1 § 69 Note 1. Dazu kommen neuerlich: Zitelmann, Das Rechtsgeschäft im Entwurf eines BGB. 1889; Hellmann, Vortr. über das BGB. S. 51 ff.; derselbe in Iherings Jahrb. Bd. 42 S. 413 ff.; Isay, Die Willenserklärung im Thatbestande des Rechtsgeschäfts nach dem BGB. (Jena 1899); derselbe in Iherings Jahrb. Bd. 44 S. 43 ff.; Monich, Willenserklärung und Rechtsgeschäft nach dem BGB. (1900); Neumann, Rechtshandlung und Rechtsgeschäft, in der Berl. Festgabe für Wilke (1900) S. 207 ff.; Manigk, Anwendungsgebiet der Vorschriften für die Rechtsgeschäfte (1901); derselbe, Zum Begriff der Rechtsgeschäfte, in D. Jur.Z. 1902 S. 279 ff.; Crome, System Bd. 1 S. 320 ff.

Nicht alle erlaubten Handlungen von rechtlicher Bedeutung sind Willenserklärungen. Es giebt Handlungen, an welche die Rechtsordnung rechtliche Wirkungen anschließt ohne Rücksicht darauf, ob diese Wirkungen gewollt sind oder nicht; man nennt sie „Rechtshandlungen" schlechthin, ohne daß damit ein gemeinsames Charakteristikum gegeben wäre. Zu ihnen gehören z. B. die Begründung oder Aufhebung eines Wohnsitzes, die Spezifikation. Bei ihnen kommt es auf die Vorstellung eines rechtlichen Erfolgs im Bewußtsein des Handelnden überhaupt nicht an. Daher kann z. B. auch ein Geisteskranker spezifiziren.

Willenserklärungen sind solche Handlungen d. h. irgendwie wahrnehmbare Bethätigungen des menschlichen Willens, welche nach der Lebenserfahrung einen Schluß darauf zulassen, daß durch sie der Handelnde eine Gestaltung oder Veränderung privater Rechtsverhältnisse vornehmen will.

Mit dieser Begriffsbestimmung ist bereits zu einigen Kontroversen Stellung genommen, deren Bedeutung jedoch, wie nicht verkannt werden sollte, in der Hauptsache nur terminologischer Natur ist. Man hat zunächst gesagt, es sei unzutreffend, zum mindesten nicht erschöpfend, wenn die Willenserklärung als „Handlung" bezeichnet werde (so Isay, Die Willenserklärung im T. d. R., nach dem Vorgange von Hartmann und Pininski). Es könne doch auch das reine Nichtsthun, die Unterlassung, eine Willenserklärung sein (sog. stillschweigende Willenserklärung); ferner sei es zu eng und führe zu unleidlichen Resultaten, wenn man in der Handlung allein, also in der Regel im Gebrauche der Worte oder in der Niederschrift, die Willenserklärung erblicke. Willenserklärung sei nicht eine einzige Handlung des Wollenden, sondern sein gesammtes für den Schluß auf den Willen in Betracht kommendes Verhalten (Isay a. a. O. S. 13). Aber auch wenn dies zugegeben wird, erscheint es darum nicht nothwendig, die einmal eingebürgerte Breviloquenz „Handlung" ausführlich zu umschreiben oder durch den allen Gesetzen fremden Ausdruck „Gesammtverhalten" zu ersetzen. Allerdings wird man Handlungen nicht einfach als bewußt gewollte Körperbewegungen definiren dürfen. Es sei hier darauf hingewiesen, daß auch das StGB. in § 1 schlechthin von Handlungen spricht, obwohl doch zweifellos auch durch Unterlassungen Verbrechen, Vergehen und Uebertretungen begangen werden können.

Uneinigkeit besteht ferner darüber, inwieweit der Begriffsausdruck „Willenserklärung" gebraucht werden dürfe. Hellmann (Vortr. S. 59 f.) nennt nur diejenigen rechtswirksamen Handlungen, welchen ein Adressat unentbehrlich ist, Willenserklärungen, diejenigen dagegen, welche keinen Adressaten zu haben brauchen, Willensverwirklichungen; beide faßt er zusammen als Willensäußerungen. Dies führt ihn nothwendig dazu, die durch Zitelmann eingebürgerte Unterscheidung der Willenserklärungen in empfangsbedürftige und nicht empfangsbedürftige (s. hierüber Vorbem. vor § 116) als irrig abzulehnen, da er unter Willenserklärungen eben nur die empfangsbedürftigen Willenserklärungen versteht.

Gegen eine Aenderung der technischen Ausdrücke im Sinne Hellmanns dürften theoretische Bedenken kaum bestehen; praktisch ist sie aber wohl nicht empfehlenswerth; nicht nur, weil andere Autoren, bei dem seit langem eingebürgerten Sprachgebrauche der Juristen verharrend, ihr die Anerkennung verweigern (s. Isay, a. a O. S. 48 ff; Hölder, Vorbem. IV vor § 104; Crome, System Bd. 1 S. 321; Planck Vorbem. I, 3 vor § 116 und namentlich Dernburg, Bürg. R. Bd. 1 S. 326 ff.), in terminologischen Fragen aber möglichste Einheitlichkeit wünschenswerth ist, sondern auch, weil das Gesetz selbst, indem es bei letztwilligen Verfügungen von „Erklärung" spricht, erkennen läßt, daß es unter Erklärungen nicht nur die eines Adressaten bedürftigen Aeußerungen versteht, sondern auch solche, welche Hellmann Willensverwirklichungen nennt. Es werden daher im Folgenden auch solche die Bestimmung von Privatrechtsverhältnissen bezweckende Willensäußerungen, welche nicht einer bestimmten anderen Person gegenüber abzugeben sind, Willenserklärungen genannt. Vgl. hieher auch Bem. 1 zu § 151. Freilich: solche Willensäußerungen, die überhaupt nicht dazu bestimmt sind, von anderen Personen wahrgenommen zu werden (z. B. Jemand vernichtet eine ihm gehörige Sache), sind keine Willenserklärungen, obwohl sie Veränderungen in der Rechtswelt zur Folge haben können. — Gegen die Manigk'sche Unterscheidung von „Erklärungsgeschäften" und „Willensgeschäften" vom Standpunkte des positiven Rechtes aus Dernburg a. a. O. S. 327 ff. Anm. 8. Näheres über die Willenserklärungen s. Vorbem. vor § 116.

2. Wie verhalten sich Willenserklärung und Rechtsgeschäft? Während das BGB. selbst mit Recht auf eine Definition des Begriffs „Rechtsgeschäft" verzichtet, sagen M. I, 126: „Rechtsgeschäft im Sinne des Entwurfs ist eine Privatwillenserklärung, gerichtet auf die Hervorbringung eines rechtlichen Erfolges, welcher nach der Rechtsordnung deßhalb eintritt, weil er gewollt ist."

An dieser Begriffsbestimmung ist soviel richtig, daß thatsächlich zu jedem Rechtsgeschäft eine Willenserklärung nothwendig ist, die Willenserklärung also ein Essentiale des Rechtsgeschäfts ist. Aber irrig ist es, darum Rechtsgeschäft und Willenserklärung zu identifiziren. Rechtsgeschäft ist nicht die Willenserklärung als solche, sondern der die Rechtswirkung begründende, eine Willenserklärung als wesentliches Element enthaltende Thatbestand in seiner Gesammtheit. Eine Willenserklärung ist zwar ein unentbehrliches, aber sehr häufig nicht das einzige Element dieses Thatbestandes. Im Uebrigen kann der Thatbestand bei den einzelnen Rechtsgeschäften natürlich außerordentlich verschieden gestaltet sein, und zwar auch nach seinen Essentialien.

Abgesehen von der Willenserklärung als einem unumgänglichen Erfordernisse jedes Rechtsgeschäfts müssen unter Umständen auch noch andere Erfordernisse erfüllt sein, damit ein Rechtsgeschäft vorliege. Einerseits kann eine bestimmte Form vorgeschrieben sein (§ 125), andererseits muß der Inhalt sich innerhalb der Grenzen halten, die ihm durch gewisse prohibitive Normen gesteckt sind (vgl. §§ 134, 138). Allgemeines Erforderniß jedes Rechtsgeschäfts, weil Erforderniß der dazu nothwendigen Willenserklärung, ist die Fähigkeit auf Seite des Erklärenden, solche Erklärungen rechtswirksam abzugeben, die sog. Geschäftsfähigkeit (darüber unten Vorbem. vor § 104).

Eine rein theoretisch kaum zu rechtfertigende Eigenthümlichkeit des BGB. liegt darin, daß es die Ausdrücke Willenserklärung und Rechtsgeschäft in der Regel als gleichbedeutend gebraucht. Dazu konnte allerdings die bisherige gemeinrechtliche Doktrin verlocken, welche nicht nur den die Willenserklärung als nothwendiges Element enthaltenden Gesammtthatbestand, sondern auch dieses Element selbst als „Rechtsgeschäft" bezeichnet hat, also zu einer mißlichen Doppelbedeutung des Wortes Rechtsgeschäft gekommen war. Im BGB. ist der Ausdruck „Willenserklärung" „namentlich da gewählt, wo die Willensäußerung als solche im Vordergrunde steht oder wo zugleich der Fall getroffen werden soll, daß eine Willenserklärung nur als ein Bestandtheil eines rechtsgeschäftlichen Thatbestandes in Frage kommt". M. I, 126. Dagegen Isay a. a. O. S. 2.

Zum rechtsgeschäftlichen Thatbestande gehört in vielen Fällen nicht nur eine einzige Willenserklärung, sondern eine Mehrheit übereinstimmender Willenserklärungen; das ist das Charakteristikum des Vertrags, auch zweiseitiges Rechtsgeschäft genannt — eine Bezeichnung, mit welcher man offenbar nicht an das Rechtsgeschäft als den Gesammtthatbestand, sondern an das nach seinem wichtigsten Elemente, der Willenserklärung, charakterisirte Rechtsgeschäft denkt.

3. Die oben angeführte Definition der Mot. legt die Frage nahe, ob denn beim Rechtsgeschäfte der Erfolg nach der Rechtsordnung wirklich deßhalb eintrete, „weil er gewollt ist"? Ist der Rechtserfolg wirklich Produkt des Parteiwillens oder ist vielmehr die wahre erzeugende Kraft in der objektiven Rechtsordnung selbst zu sehen, nach welcher doch der von der Partei gewollte Erfolg vielleicht gar nicht, vielleicht anders eintritt, als er gewollt ist? Eine neuerlich viel verhandelte Frage (s. Windscheid-Kipp, § 69 Anm. 1 a S. 267 ff. und die dort Citirten, ferner Crome, System Bd. 1 § 79)! Hier können nur die wichtigsten Gesichtspunkte hervorgehoben werden.

a) Wie alles Recht, so haben auch die Privatrechte, wenigstens in unserer jetzigen Kulturwelt, in letzter Linie ihren Grund in der Sanktion durch die positive Rechtsordnung. Eben diese Rechtsordnung steht grundsätzlich auf dem

Standpunkte, auf dem Gebiete des Privatrechts dem ihre Sanktion zu ertheilen, was die Parteien selbstthätig bestimmen. Sie erkennt also grundsätzlich die rechtserzeugende Kraft des Parteiwillens an. Aber dieser Grundsatz ist kein unbedingter, die Fähigkeit des Parteiwillens, rechtliche Erfolge zu produziren, keine schrankenlose.

b) Der Parteiwille vermag nach der Rechtsordnung oft deßhalb einen rechtlichen Erfolg nicht zu erzeugen, weil dieser Erfolg gegen Interessen der Allgemeinheit verstoßen würde. Beispiele im BGB. §§ 134, 138. Oft setzt die Rechtsordnung der Parteiwillkür aus sozialen oder sonstigen rechtspolitischen Rücksichten Schranken bezüglich des Inhalts eines gewollten Geschäftes (Beispiele §§ 617, 618, 619). Soweit der Privatwille über diese Schranken hinausgeht, wird er als rechtserzeugend nicht anerkannt. Je mehr eine Civilgesetzgebung sozialpolitische und ethische Tendenzen verfolgt, desto mehr wird sie Anlaß haben, vorhandene Thatbestände durch ihre Rechtssätze in zwingender Weise zu regeln, desto mehr wird also die Möglichkeit freier Selbstschaffung des Rechtes durch den Parteiwillen eingedämmt werden müssen.

Der Parteiwille kann nicht auf allen Gebieten beliebige Arten von Rechtsgeschäften schaffen. Am weitesten ist der Spielraum im Obligationenrecht, bedeutend enger im Sachen- und namentlich im Familienrecht. Auf letzteren Gebieten stellt die Rechtsordnung ganz bestimmte Typen als möglich auf, und zwar häufig so, daß andere ausgeschlossen sind. Ich kann z. B. Niemanden als meinen Bruder adoptiren. Auch der ganze Kreis der einseitigen Rechtsgeschäfte ist ein geschlossener.

Alle die bisher betrachteten Schranken des Willens als des Produzenten der Rechtswirkung hindern jedoch nicht, anzuerkennen, daß die Rechtswirkung, wenn sie eintritt, deßhalb eintritt, weil sie gewollt ist.

c) Nicht selten aber tritt als Folgeerscheinung einer Willensäußerung eine Wirkung ein, die von dem Handelnden nicht gewollt ist. Der Gastwirth, der den Fremden aufnimmt, begibt sich damit in Haftung für dessen eingebrachte Sachen, auch wenn er dies nicht gewollt hat, ja selbst, wenn er an der Thüre einen Anschlag gemacht hat, durch den er die Haftung ablehnt (§ 701 Abs. 3). Der Erbe, der eine solvente Erbschaft annimmt, hat die Verbindlichkeiten des Erblassers zu berichtigen, auch wenn er lediglich die Aktiva erben wollte (§ 1967). Hiebei handelt es sich nicht einfach, wie Crome (System Bd. 1 S. 341 f.) annimmt, um Schranken, welche der freien Bethätigung des Parteiwillens gesetzt sind, sondern vor allem um die Thatsache, daß der Wollende über die Tragweite seiner Willensäußerungen häufig im Unklaren ist. Der Nichtjurist, der ein Rechtsgeschäft vornimmt, nimmt in seine Vorstellung in der Regel nur einen seinem Bedürfniß und seiner Erfahrungswelt entsprechenden Erfolg auf, nicht aber die rechtliche Gestaltung, die dieser Erfolg kraft der Rechtsordnung annehmen muß. Soweit nun ein Erfolg eintrifft, der ganz außerhalb der Vorstellung liegt, von welcher der Wollende bei seiner Willensäußerung geleitet war, kann man allerdings nicht davon sprechen, daß der Parteiwille der Schöpfer der Rechtswirkung sei; das wäre die reine Fiction. Der Parteiwille ist in solchen Fällen nur der Grund dafür, daß überhaupt ein Rechtsverhältniß der konkreten Art entsteht. Die rechtliche Gestaltung dieses Verhältnisses aber hat ihren Grund unmittelbar in der Rechtsordnung selbst. Die „empirische Absicht" (vgl. Bechmann, Der Kauf nach gemeinem Rechte Bd. 2 S. 6 ff.) des Wollenden kann also aus höheren Interessen eine Korrektur, ja selbst eine theilweise Vergewaltigung durch die Rechtsordnung erfahren.

4. Nicht erforderlich ist zum Begriffe des Rechtsgeschäfts, daß die gewollte Rechtswirkung durch das Geschäft wirklich hervorgebracht werde. Die letztwillige Verfügung ist schon

Rechtsgeschäft, auch wenn der Verfügende noch lebt, also die Wirkung noch nicht eintreten kann. Selbst wenn der gewollte rechtliche Erfolg überhaupt nicht eintreten kann, das Geschäft also unwirksam ist, spricht man von „Rechtsgeschäft“. So auch die Terminologie des BGB., welche nichtige und anfechtbare Geschäfte kennt (z. B. §§ 125, 134, 138, 144). S. auch unten unter V.

III. Bestandtheile des Rechtsgeschäfts. Der Inhalt des Rechtsgeschäfts kann aus einer Reihe von Bestandtheilen bestehen, welche für das Wesen des Geschäfts von ungleicher Bedeutung sein können. Man pflegt die Bestandtheile daher nach ihrer Bedeutung einzutheilen in wesentliche und in unwesentliche. Wesentliche Bestandtheile, essentialia negotii, sind solche, welche dem Geschäfte seinen rechtlichen Charakter geben und ohne deren Vorhandensein das Geschäft als eben dieses Rechtsgeschäft nicht bestehen kann (vgl. auch § 140). Die unwesentlichen Bestandtheile lassen sich scheiden in solche, welche zwar durch entgegengesetzte Parteidisposition aufgehoben werden können, die aber bei Geschäften der betreffenden Art doch regelmäßig vorliegen und daher auch da, wo das Geschäft durch Gesetz typisch geregelt ist, in dem typischen Rechtssatze zumeist in dispositiver Weise enthalten sind (naturalia negotii), und in solche, welche bei dem Geschäfte regelmäßig nicht vorliegen, aber durch besondere Parteivereinbarung zum Geschäftsinhalte gemacht werden können (accidentalia negotii).

Diese Eintheilung der Geschäftsbestandtheile beruht auf objektiver Grundlage. Man spricht aber von Geschäftsbestandtheilen als wesentlichen oder unwesentlichen auch in subjektivem Sinne und versteht dabei unter wesentlichen Bestandtheilen solche, bei deren Nichtvorhandensein die Parteien das Geschäft nicht geschlossen haben würden. Das können auch, wie Crome (System Bd. 1 S. 338) treffend hervorhebt, solche Punkte sein, welche nach der vorher gegebenen objektiven Klassifikation zu den unwesentlichen Bestandtheilen gehören würden, z. B. die sog. fiduciarische Klausel, vorbehaltene Rücktrittsrechte u. s. w.

Das bloße Motiv, aus welchem ein Rechtsgeschäft geschlossen wird, gehört überhaupt nicht zu den Geschäftsbestandtheilen, auch nicht zu den unwesentlichen, es sei denn, daß es durch besondere Parteivereinbarung zum Geschäftselemente gemacht wurde. Vgl. auch unten unter VI, F. a. E., ferner Bem. zu § 119.

IV. Bezüglich mancher juristischer Thatsachen ist bezweifelt worden, ob sie zu den Rechtsgeschäften gehören oder nicht. Nach der oben unter II gegebenen Begriffsentwickelung wird man nicht zu den Rechtsgeschäften zählen dürfen:

1. Alle, wenn auch auf Ordnung privater Rechtsverhältnisse gerichteten Akte, welche nicht durch die Parteien selbst, sondern durch die staatlichen (oder gemeindlichen) Gerichte und Behörden in Ausübung amtlicher Funktionen geschehen. Nicht Rechtsgeschäft ist also vor allem das Urtheil. Auch Zwangsvollstreckung und Arrestvollziehung sind keine Rechtsgeschäfte; sie sind aber durch das Gesetz den Rechtsgeschäften vielfach gleichgestellt (s. z. B. §§ 135, 161, 883 Abs. 2). Vgl. Endemann I § 61 Anm. 4.

2. Alle — möglicherweise von rechtlichen Folgen begleiteten — Akte, welchen eine bewußte Willensäußerung nicht wesentlich ist. Nicht zu den Rechtsgeschäften gehören daher: das Finden (§ 965), das Entdecken eines Schatzes (§ 984), die Verarbeitung, Verbindung und Vermischung von Sachen mit ihren Folgen (§§ 946 ff.), das Einbauen und Einpflanzen; ferner die bloße Besitzerwerbshandlung (s. M. I, 127). Diese Akte sind Rechtshandlungen, aber nicht Rechtsgeschäfte. Auch die auftragslose Geschäftsführung ist im oben erörterten Sinne nicht Rechtsgeschäft, da zu ihrem Thatbestand eine Willenserklärung nicht nothwendig gehört (s. Bd. II Vorbem. 2 vor § 677); so auch Isay (Die Geschäftsführung, Jena 1900, S. 104 ff.) gegen Endemann I § 178 Anm. 3. Auch die „Verzeihung“ ist kein Rechtsgeschäft (s. Bem. 4 zu § 1570).

Zu den Rechtsgeschäften gehören dagegen nach unserer Auffassung die Mahnung (§ 284; a. M. Manigk a. a. O. S. 95 u. Eltzbacher, Die Handlungsfähigkeit S. 192 ff.), die Aneignung herrenloser Sachen (§ 958), die Aufgabe des Eigenthums nach §§ 959, 928. (Bezüglich dieser drei Rechtsakte zweifelnd Planck, Vorbem. X vor § 104, bezüglich der Aneignung verneinend Jacubezky Bem. S. 241); ferner die Ausstellung von Inhaberpapieren; die Auflassung (§ 925) und die Uebergabe (§ 929); ferner die Vollmachtsertheilung (dazu Windscheid-Kipp Bd. 1 § 69 Anm. 1, c); die Kündigung; endlich auch die Ehe und das Verlöbniß, obwohl aus ihm nicht auf Eingehung der Ehe geklagt werden kann (vgl. Vorbem. 2 zum 1. Abschnitt des IV. Buches und ferner Vorbem. II vor § 1297).

Auch Willensäußerungen, welche nicht auf Verwirklichung eigener, sondern lediglich fremder Zwecke gerichtet sind, können rechtsgeschäftliche Natur haben. So wird im BGB. die Zustimmung (Einwilligung oder Genehmigung) als ein besonderes Rechtsgeschäft behandelt. S. Dernburg, Bürg. R. Bd. 1 § 114 unter II. Vgl. unsere Bem. 1 zu § 182.

V. Fehlerhafte Rechtsgeschäfte.*)

A. Es ist möglich, daß durch ein menschliches Handeln dem äußeren Anscheine nach ein Rechtserfolg als angestrebt sich darstellt, daß aber dieser Erfolg trotzdem entweder überhaupt nicht eintritt oder doch, wenn er eintritt, von vornherein der Möglichkeit der Zerstörung ausgesetzt ist. Die Gründe können verschiedenster Natur sein; es kann der auf den Erfolg gerichtete Wille nicht wirklich oder nicht ernstlich sein oder unzulässig beeinflußt erscheinen; es kann dem wollenden Subjekte die Fähigkeit fehlen, mit Rechtswirksamkeit zu wollen; es kann endlich die vorgeschriebene Form für die Willenserklärung nicht gewahrt sein. In allen diesen Fällen, auf deren Erörterung im Einzelnen hier nicht einzugehen ist, kann man das Rechtsgeschäft ein fehlerhaftes nennen.

B. Dieser allgemeine Begriff der Fehlerhaftigkeit zerfällt nun aber in eine Reihe von Unterbegriffen, deren Bedeutung Nachstehendes behandelt, jedoch nicht vom Standpunkt einer de lege ferenda aufzustellenden Theorie, sondern nur vom Standpunkte des BGB. aus.

Die bisherige Terminologie gebrauchte zur Bezeichnung der verschiedenen Arten der Fehlerhaftigkeit die Ausdrücke: Ungültigkeit, Nichtigkeit, Anfechtbarkeit, Unwirksamkeit. Innerhalb der Nichtigkeit und Anfechtbarkeit wurden wiederum absolute und relative Nichtigkeit und Anfechtbarkeit unterschieden. Auf welche Arten der Fehlerhaftigkeit die einen, auf welche die anderen dieser Bezeichnungen anzuwenden seien, darüber herrschte und herrscht nichts weniger als Einigkeit. So zählten, um nur ein Beispiel anzuführen, Savigny und Windscheid die anfechtbaren Rechtsgeschäfte zu den ungültigen, wogegen andere, wie Wächter und Brinz, mit Recht hervorhoben, daß das anfechtbare Geschäft nicht ungültig, sondern vollkommen gültig ist und nur ungültig werden kann. Neuerdings hat es Jacobi (a. a. O., insbesondere S. 86 ff.) unternommen, die Ursachen der auf diesem Gebiete herrschenden „beinahe als chaotisch zu bezeichnenden Sprachverwirrung" darzulegen und unter eingehender Kritik der Terminologie des II. Entw. eines BGB. eine eigene Nomenklatur der fehlerhaften Rechtsgeschäfte aufzustellen und theoretisch zu begründen. Die Kritik Jacobis richtete sich vor allem gegen die im BGB. herrschende Auffassung der Anfechtung als Nichtigkeitserklärung durch Privatverfügung, also als einer bedingten Nichtigkeit; ferner gegen die Streichung des Ungültigkeitsbegriffs und die Unterstellung der Ungültigkeitsfälle unter den Begriff der Unwirksamkeit; endlich dagegen, daß in den jetzigen §§ 117, 118 Erklärungen, die gar keinen geschäftlichen Willen ausdrücken, also gar nicht gelten wollen, für nichtig anstatt für unwirksam erklärt sind; a. a. O. S. 137 ff.

Man mag über die Berechtigung dieser Ausstellungen denken wie immer — nachstehende Erörterungen folgen ohne Rücksicht auf sie lediglich der nun einmal gegebenen Terminologie

---

*) Neuere Literatur: Gradenwitz, Die Ungültigkeit obligatorischer Rechtsgeschäfte (1887); Mitteis in Jherings Jahrb. f. Dogm. Bd. 28 S. 85 ff.; F. Endemann, Die civilrechtliche Wirkung der Verbotsgesetze S. 69 ff. (1887); Jacobi, Die fehlerhaften Rechtsgeschäfte im Archiv f. d. civilist. Praxis Bd. 86 S. 51 ff.; Hellmann, Vortr. S. 112 ff.; L. Ferrarini, L'invalidità degli atti giuridici (1. Bd. 1892); Pize, Essai d'une théorie générale sur la distinction de l'inexistence et de l'annulabilité des contrats (1897); Bruck, Die Bedeutung der Anfechtbarkeit für Dritte (1900); K. Alexander, Der Begriff der Unwirksamkeit im BGB. (Heft 18 der rechts- u. staatswissenschaftl. Studien, herausgeg. von Ehering).

des BGB., weil uns auf diesem Gebiete das Gebot der konsequenten Einheitlichkeit der Begriffsbezeichnungen höher steht als das ihrer doktrinellen Richtigkeit, und weil jeder Zwiespalt mit der gesetzlichen Nomenklatur vermieden bleiben muß.

C. Ueber die auf ganz eigenen Gesichtspunkten beruhende, für die moderne Systematik wenig brauchbare Klassifikation der fehlerhaften Rechtsgeschäfte im römischen Rechte s. Windscheid-Kipp § 82. Ueber den der Windscheidschen Theorie nahestehenden E. I s. Jacobi a. a. O. S. 106 ff. und M. I, 216—222.

D. Nicht bei jeder Vereitelung oder Aufhebung eines Rechtserfolgs kann man von Fehlerhaftigkeit des Geschäfts sprechen. Als außerhalb des Gebiets der sog. Fehlerhaftigkeit der Rechtsgeschäfte stehend bleiben daher von dieser Betrachtung ganz ausgeschlossen: die Erledigung von Rechtsbeziehungen durch Erfüllung, Erlaß und Aufhebungsvertrag (noch Savigny sieht in der Erfüllung eine nachträgliche Nichtigkeit (!), System des römischen Rechtes Bd. 4 S. 542); die Deficienz der aufschiebenden Bedingung; die Rückforderungsrechte wegen ungerechtfertigter Bereicherung; die Rücktrittsrechte; die Widerrufsrechte; die Kündigung. Auch die Systematik des BGB. bietet gar keinen Grund, diese Erscheinungen hier heranzuziehen; bei keiner von ihnen wird von Nichtigkeit oder Anfechtbarkeit des Geschäfts gesprochen. Der Ausdruck „Unwirksamkeit" freilich wird in der weiteren Bedeutung des Wortes auch für solche Handlungen gebraucht, bei welchen der Mangel der Rechtswirksamkeit nicht auf eine Fehlerhaftigkeit des Thatbestandes zurückzuführen ist (Beispiele bei Hellmann, Vortr. S. 119).

E. Arten der Fehlerhaftigkeit nach dem BGB. unter spezieller Beachtung der Terminologie:

1. Der Ausdruck „Ungültigkeit" ist dem BGB. unbekannt (vgl. dagegen § 74 Abs. 2 des Börsengesetzes). Wohl aber operirt das BGB. an vielen Stellen mit dem Begriffe der „Gültigkeit". Beispiele §§ 32, 122, 307, 308, 518, 1325, 1699, 2360. „Gültigkeit" bezeichnet m. E. nicht nur, wie Hellmann (Vortr. S. 113) annimmt, den Gegensatz zur Nichtigkeit, sondern, wie sich aus dem Sprachgebrauche des Gesetzes selbst in § 2360 Abs. 2 ergiebt, unter Umständen auch den Gegensatz zu dem allgemeinen Begriffe der „Unwirksamkeit".

2. Nichtig ist dasjenige Rechtsgeschäft, welches die gewollte oder dem Anscheine nach gewollte Wirkung überhaupt nicht herbeiführt. Es wird in Ansehung der gewollten Wirkung ebenso angesehen, wie wenn es gar nicht vorgenommen wäre (vgl. E. I § 108). Das nichtige Rechtsgeschäft wird nicht dadurch gültig, daß die Gründe der Nichtigkeit später wegfallen. Das war im E. I § 109 ausdrücklich gesagt, ist aber für das BGB., welches die Bestimmung nicht enthält, ebenso richtig. Soll ein nichtiges Rechtsgeschäft, nachdem die Gründe seiner Nichtigkeit weggefallen sind, zur Wirksamkeit gebracht werden, so bedarf es einer Neuerrichtung. Die sog. „Bestätigung" eines nichtigen Rechtsgeschäfts, wo sie überhaupt statthaft ist, stellt sich daher für die strenge juristische Betrachtung als eine erneute Vornahme dar und ist nach der Vorschrift des Gesetzes (§ 141) auch als solche zu beurtheilen. Ist nur ein Theil des Rechtsgeschäfts nichtig, so ist das ganze Rechtsgeschäft nichtig, wenn nicht anzunehmen ist, daß es auch ohne den nichtigen Theil vorgenommen sein würde (§ 139). Damit ist der alte Satz: Utile per inutile non vitiatur, erheblich eingeschränkt.

Die Regel ist, daß es keines besonderen Rechtsaktes bedarf, um die Nichtigkeit geltend zu machen. Sowohl die am Geschäfte Betheiligten selbst als auch Dritte können sich ohne Weiteres auf die Nichtigkeit des Rechtsgeschäfts berufen und ihr Handeln so einrichten, als wäre das Geschäft nicht vorhanden. Eine besondere Nullitätsklage kennt das BGB. nicht. Natürlich kann, wenn ein besonderes Interesse besteht, die Nichtigkeit im Wege der Feststellungsklage (CPO. § 256) klargestellt werden. Vgl M. I, 217.

Für das Eherecht gilt jedoch etwas Besonderes. Für die Nichtigkeit einer Ehe gilt nämlich die genannte Regel nur dann, wenn die Nichtigkeit auf einem Mangel der Eheschließungsform beruht und außerdem die Ehe nicht in das Heirathsregister eingetragen ist. In allen anderen Fällen der Nichtigkeit einer Ehe kann diese Nichtigkeit, solange die Ehe nicht für nichtig erklärt oder aufgelöst ist, nur im Wege der Nichtigkeitsklage geltend gemacht werden. („Absolute — relative Nichtigkeit"; vgl. Bd. IV Vorbem. III vor § 1323.)

Relative Nichtigkeit liegt nach Windscheid-Kipp (Bd. 1 S. 368) auch dann vor, wenn ein Rechtsgeschäft nur bestimmten Personen gegenüber unwirksam ist (§§ 135, 136) Auch Cosack spricht in diesem Sinne von relativ nichtigen Geschäften und zählt zu ihnen z. B. die Rechtsgeschäfte, die ein Gemeinschuldner nach der Konkurseröffnung vornimmt. Aehnlich Matthiaß Bd. 1 § 55. Man thut jedoch besser, in allen derartigen Fällen den Ausdruck Nichtigkeit ganz zu vermeiden und durch den allgemeinen Ausdruck Unwirksamkeit zu ersetzen. Zutreffend spricht daher Crome (System Bd. 1 S. 350) von relativer Unwirksamkeit. Für die Richtigkeit dieser Auffassung spricht auch die Neuredaktion der KO., deren früherer § 6 die vom Gemeinschuldner nach der Eröffnung des Verfahrens vorgenommenen Rechtshandlungen als den Konkursgläubigern gegenüber „nichtig" bezeichnete, während diese Rechtshandlungen im analogen jetzigen § 7 den Konkursgläubigern gegenüber „unwirksam" genannt werden.

Damit, daß das nichtige Rechtsgeschäft nicht den gewollten Rechtserfolg hervorbringen kann, ist nicht gesagt, daß es überhaupt keinen Rechtserfolg hervorrufen könne. Hier ist besonders Folgendes zu beachten:

a) Möglich ist, daß aus einem nichtigen Rechtsgeschäfte für einen Theil eine Pflicht zum Schadensersatze erwächst — z. B. wegen sog. culpa in contrahendo nach § 307 (vgl. auch §§ 309, 121) —, in welchen Fällen aber die Wirkung, wie die M. I, 217 mit Recht sagen, nicht durch das Rechtsgeschäft, sondern durch einen in dem äußeren Akte sich findenden besonderen Thatbestand erzeugt wird.

b) Die Rechtslogik erfordert, daß Jemand Rechte, die er aus einem nichtigen Rechtsgeschäfte nur anscheinend erworben hat, nicht mit Rechtswirksamkeit übertragen kann, weil er sie eben in Wahrheit nicht erworben hat. Dieses Gebot der Logik muß jedoch vielfach dem höheren Prinzipe des Schutzes des guten Glaubens im Verkehre weichen. Es können also unter Umständen Rechte von dem erworben werden, dessen eigener Erwerb ein nichtiger ist; diese Nichtigkeit kann in solchen Fällen dem gutgläubigen Erwerber nicht entgegengehalten werden. Hauptbeispiele: §§ 932 ff. u. § 892.

Oft ist ein Rechtsgeschäft dem Erfolge nach nichtig in dem oben erörterten Sinne, ohne daß das BGB. den Ausdruck Nichtigkeit gebraucht. Dahin gehören die Geschäfte, von welchen das Gesetz den Ausdruck gebraucht, daß sie nicht vorgenommen werden können (Beispiele in den §§ 35, 38, 470). Ueber die Terminologie: „nicht darf" zum Gegensatze „nicht kann" eingehend Planck in der Einl. unter IV, 4, b.

Nichtigkeit liegt in Wahrheit auch da vor, wo das BGB. ein Geschäft als unwirksam bezeichnet, die Unwirksamkeit aber eine so starke ist, daß ein Wirksamwerden überhaupt nicht möglich ist, z. B. bei der auf einen Theil der Erbschaft beschränkten Annahme oder Ausschlagung (§ 1950), der unter einer Bedingung oder Zeitbestimmung abgegebenen Aufrechnungserklärung (§ 388), dem vom Minderjährigen ohne die erforderliche Einwilligung des gesetzlichen Vertreters vorgenommenen einseitigen Rechtsgeschäfte (§ 111). In diesem Sinne auch Hellmann, Vortr. S. 119, und Windscheid-Kipp Bd. 1 S. 368.

Von solchen Fällen abgesehen sind nach dem BGB. nichtig: die Willenserklärungen der Geschäftsunfähigen und diesen nach § 105 Gleichgestellten; die Willenserklärungen, denen ein ernstlicher Geschäftswille nicht zu Grunde liegt, nach Maßgabe der §§ 116—118; Rechtsgeschäfte, welche gegen ein gesetzliches Verbot oder gegen die guten Sitten verstoßen (§§ 134, 138); auf unmögliche Leistungen gerichtete Verträge (§ 306); Rechtsgeschäfte, welche der durch Gesetz vorgeschriebenen Form ermangeln, im Zweifel auch Rechtsgeschäfte, welche der durch Rechtsgeschäft bestimmten Form ermangeln (§ 125). Dazu kommen endlich noch eine Reihe von ganz disparaten Einzelgeschäften, denen allen nur das gemeinsam ist, daß ihre Verwirklichung gegen einen legislativ-politischen Zweckgedanken verstoßen würde, und welche darum für nichtig erklärt werden; vgl. die §§ 248, 310, 312, 443, 476, 540, 637, 723, 749, 795, 1136, 1229, 1297, 1714, 2235, 2263, 2305.

3. Anfechtbar sind nach der Terminologie des BGB. solche mit einem Mangel behaftete Rechtsgeschäfte, bei welchen zwar die gewollte rechtliche Wirkung trotz des Mangels

zunächst eintritt, denen aber die rechtliche Wirkung mit rückwirkender Kraft entzogen wird, wenn bestimmte dazu berechtigte Personen sich auf den Mangel berufen. Thut dies der Berechtigte, erfolgt also eine Anfechtung, so ist das Rechtsgeschäft nach § 142 Abs. 1 als von Anfang an nichtig anzusehen. Sachlich ist die Anfechtbarkeit daher, wie Jacobi (a. a. O. S. 138) sich ausdrückt, „die Befugniß zu einer privaten Nichtigkeitserklärung". Demgemäß wird auch, wer die Anfechtbarkeit kannte oder kennen mußte, wenn die Anfechtung erfolgt, ebenso behandelt, wie wenn er die Nichtigkeit des Rechtsgeschäfts gekannt hätte oder hätte kennen müssen (§ 142 Abs. 2). Die Anfechtung des Geschäfts erfolgt regelmäßig (Ausnahme § 1341) nicht durch Erhebung einer Klage, sondern durch empfangsbedürftige Willenserklärung gegenüber dem sog. Anfechtungsgegner. Wer Anfechtungsgegner ist, ist in § 143 für verschiedene Fälle verschieden bestimmt; s. Bem. zu § 143. Ausnahmsweise ist die Anfechtungserklärung einer Behörde, dem Nachlaßgerichte, gegenüber abzugeben; s. §§ 1342, 1597, 1955, 2081. Das Anfechtungsrecht ist zwar ein persönliches, trotzdem aber ein vererbliches Recht (Ausnahme § 1338). Nicht anfechtungsberechtigten Interessenten wird unter Umständen, solange das Anfechtungsrecht besteht, die Möglichkeit gewährt, den Mangel des Rechtsgeschäfts im Wege einer dilatorischen Einrede geltend zu machen; so dem Bürgen nach § 770, dem Eigenthümer nach § 1137.

Die in Folge der Anfechtung ex tunc eintretende Nichtigkeit wirkt gegenüber allen Betheiligten, nicht etwa bloß gegenüber dem Anfechtenden. Cosack (Bd. 1 § 53 unter II, 1, c) lehrt zwar unter Berufung auf Zitelmann, bei nicht empfangsbedürftigen Geschäften wirke die Anfechtung nur gegen den, dem gegenüber sie erklärt sei, habe also nur relative Wirkung. Das scheint mir aber dem Wesen der heutigen Anfechtung als einer privaten Nichtigkeitserklärung doch zu widersprechen. Zudem erfolgt gerade die Anfechtung der wichtigsten der nicht empfangsbedürftigen Rechtsgeschäfte, des Testaments und der Erbschaftsannahme, durch Erklärung gegenüber einer Behörde. Näheres s. bei § 143.

Die Anfechtbarkeit ist regelmäßig eine ursprüngliche; sie kommt aber auch als nachträgliche d. h. erst nach der Vornahme des Rechtsgeschäfts eintretende Anfechtbarkeit vor, so im Falle des § 2079, wenn nach der Errichtung einer letztwilligen Verfügung ein Pflichttheilsberechtigter geboren wird.

Aus § 142 Abs. 1 im Zusammenhalte mit § 139 folgt, daß, wenn ein nur in einzelnen Theilen anfechtbares Rechtsgeschäft angefochten wird, im Zweifel Nichtigkeit des ganzen Geschäfts eintritt.

Wenn der Anfechtungsberechtigte das anfechtbare Rechtsgeschäft bestätigt, was nach § 144 nicht in der für das Rechtsgeschäft bestimmten Form zu geschehen braucht, so ist die Anfechtung ausgeschlossen. Die Bestätigung hat hier nicht, wie beim nichtigen Rechtsgeschäfte, die Bedeutung einer erneuten Vornahme des Geschäfts, sondern lediglich die eines Verzichts auf das Anfechtungsrecht. Mit ihr wird die Wirksamkeit des Rechtsgeschäfts, wenigstens gegenüber diesem Anfechtungsgegner, zwar nicht erst begründet, wohl aber definitiv befestigt, während bis dahin ein gewisser Schwebezustand bestand.

Definitive Wirksamkeit des Rechtsgeschäfts tritt stets ein, wenn das Anfechtungsrecht verloren gegangen ist (z. B. durch Fristablauf; s. jedoch § 2083).

Anfechtungsgründe sind nach dem BGB. Irrthum (§§ 119, 120, 2078, 2079, 2281 ff. und speziell für das Eherecht §§ 1332 ff., 1350), ferner Bestimmung zur Abgabe der Willenserklärung durch widerrechtliche Drohung oder durch arglistige Täuschung (§§ 123, 2078 Abs. 2 und speziell für das Eherecht §§ 1334, 1335). In eine nähere Erörterung dieser Gründe kann erst bei den einzelnen Paragraphen eingegangen werden.

Im Uebrigen vgl. über die Besonderheiten der Anfechtung im Eherecht Bd. IV Vorbem. vor § 1323 und die Bem. zu den §§ 1330—1343.

Bei der vorstehenden allgemeinen Betrachtung der Anfechtbarkeit sind völlig außer Acht geblieben:

a) diejenigen Fälle, in welchen es sich nicht um Anfechtung eines Rechtsgeschäfts, sondern um Anfechtung eines Rechtsverhältnisses handelt, so die nur im Wege der Klageerhebung zulässige Anfechtung der Ehelichkeit (s. §§ 1594 ff.); ferner die Anfechtung der Erbenstellung im Falle der Erbunwürdigkeit (§§ 2340 ff.). Allerdings wird die Erbunwürdigkeit „durch Anfechtung des Erbschaftserwerbes" geltend gemacht; aber der Erbschaftserwerb ist als solcher kein Rechtsgeschäft, sondern erfolgt prinzipiell von Rechtswegen, vorbehaltlich der Möglichkeit der Ausschlagung (§§ 1922 Abs. 1, 1942 Abs. 1);

b) die von Dritten d. h. am Rechtsgeschäfte bezw. der Rechtshandlung selbst nicht Betheiligten ausgehende Anfechtung nach Maßgabe der §§ 29 ff. KO. sowie des Gesetzes, betreffend die Anfechtung von Rechtshandlungen des Schuldners außerhalb des Konkursverfahrens in der Fassung vom 20. Mai 1898. Auf dieses durchaus auf eigenen Grundlagen beruhende Anfechtungsrecht kann hier nicht eingegangen werden. S. darüber neuerdings insbesondere Lothar v. Seuffert, Konkursprozeß §§ 34 ff.; Lippmann, Die rechtliche Natur des Anfechtungsrechts in Iherings Jahrb. f. Dogm. Bd. 36 S. 145 ff., Jäger, Komm. z. KO. § 29 und Hellwig, Anfechtungsrecht und Anfechtungsanspruch in der Zeitschr. f. Zivilprozeß Bd. 26 S. 474 ff.; RGE. Bd. 52 S. 334 ff. Hier sei nur hervorgehoben, daß diese Anfechtungsrechte im Gegensatze zu den oben besprochenen sich nicht als eine Befugniß zu privater Nichtigkeitserklärung charakterisiren lassen. Es tritt überhaupt keine Nichtigkeit ein, sondern nur relative Unwirksamkeit gegenüber dem anfechtungsberechtigten Gläubiger.

4. Unwirksamkeit. In den Fällen der Nichtigkeit und Anfechtbarkeit bleibt dem Rechtsgeschäfte wegen eines ihm anhaftenden Fehlers von vornherein oder auf erfolgte Anfechtung hin die gewollte Wirkung versagt. Das Rechtsgeschäft ist also „unwirksam". Man kann daher (dies thut z. B. Planck) Nichtigkeit und Anfechtbarkeit als Arten der Unwirksamkeit bezeichnen. Sie sind aber keineswegs die einzigen Arten der Unwirksamkeit. Der Begriff der Unwirksamkeit ist ein viel weiterer. Er trifft zu, sobald bei einem Rechtsgeschäfte die gewollte Wirkung ausbleibt, ohne Rücksicht darauf, ob das Ausbleiben der Wirkung in einer Fehlerhaftigkeit des Thatbestandes seinen Grund hat oder in anderen Umständen (Beispiel § 174). Es giebt Fälle von Unwirksamkeit, welche sich weder schlechthin als Nichtigkeit noch als Anfechtbarkeit charakterisiren lassen und in welchen man daher von Unwirksamkeit im engeren Sinne spricht, die aber im Uebrigen sich keineswegs gleichstehen und je nach ihrer Eigenart zu beurtheilen sind; vgl. Strohal, Erbrecht § 41 unter IV.

Es ist möglich, daß das „unwirksame" Rechtsgeschäft Niemandem gegenüber wirksam ist. Hier kann man von absoluter Unwirksamkeit sprechen. Möglich ist aber auch, daß das Geschäft nur gewissen Personen gegenüber wirksam ist, anderen gegenüber nicht; dann liegt sog. relative Unwirksamkeit vor. Letztere tritt ein namentlich in den Fällen des § 315 (s. die Bem. dazu); ferner nach den §§ 506, 1124 Abs. 2, 1126, 1399 (in § 1400 relative Unwirksamkeit eines Urtheils); auch die Fälle der §§ 883 Abs. 2 mit 888 kann man hieher rechnen. S. auch KO. § 7.

Die gegenüber Jedermann eintretende Unwirksamkeit kann man eintheilen in eine ursprüngliche (Beispiele §§ 111, 1831) und in eine nachträgliche Unwirksamkeit (Beispiele §§ 108 Abs. 2, 354).

Besondere Beachtung verdient die sogen. „schwebende Unwirksamkeit". Man versteht darunter denjenigen Zustand, in welchem einem Rechtsgeschäfte ein zur Wirksamkeit wesentlicher Thatumstand noch mangelt und es noch ungewiß ist, ob der Mangel behoben werden wird oder nicht, ferner die Fälle, in welchen die Wirksamkeit des Geschäfts erst dann eintreten kann, wenn sicher ist, daß ein gewisser die Wirksamkeit vereitelnder Thatumstand nicht eintritt. Während dieser Schwebezeit (Pendenz) ist das Rechtsgeschäft vorläufig unwirksam. Aber die Betheiligten sind an das Geschäft bereits gebunden (Ausnahmen §§ 81, 109, 178) und bleiben es, bis die Pendenz durch Eintritt definitiver Unwirksamkeit endet; sie können also ein an sich widerrufliches Geschäft während der Schwebe nicht widerrufen. Tritt das fehlende Erforderniß der Wirksamkeit ein oder wird gewiß, daß der die Wirksamkeit vereitelnde Thatumstand nicht eintritt, so wird das Geschäft mit Wirkung ex tunc wirksam, im umgekehrten Falle bleibt es unwirksam.

Der wichtigste Grund schwebender Unwirksamkeit ist der, daß zur Wirksamkeit die Willensäußerung eines Dritten (s. §§ 182 ff.) oder einer Behörde erforderlich ist und noch aussteht. Von besonderer Bedeutung wird dies im ehelichen Güterrechte; vgl. z. B. §§ 1396 ff., 1444 ff.

F. Ueber die Heilung fehlerhafter Rechtsgeschäfte durch Bestätigung s. die Bem. zu den §§ 141, 144; über Genehmigung die Bem. zu den §§ 184 und 185.

Durch eidliche Bestärkung können an sich unwirksame Rechtsgeschäfte nicht wirksam werden; im römischen Rechte konnten ausnahmsweise Willenserklärungen der puberes und die Zustimmung einer Ehefrau zur Veräußerung ihres unbeweglichen Totalvermögens durch eidliche Bestärkung konvalesciren; diese Ausnahmen sind jedoch dem BGB. unbekannt.

Ueber Konversion nichtiger Rechtsgeschäfte s. Bem. zu § 140.

VI. Besondere Arten der Rechtsgeschäfte. Man unterscheidet:

A. Einseitige und zweiseitige Rechtsgeschäfte, je nachdem zur Erfüllung des Thatbestandes des Rechtsgeschäfts die Willenserklärung eines Rechtssubjektes genügt oder die zusammenstimmenden Willenserklärungen mehrerer Rechtssubjekte erforderlich sind. Ueber das zweiseitige Rechtsgeschäft (Vertrag) s. Vorbem. vor § 145.

Die Willenserklärung, welche zum Thatbestande des einseitigen Rechtsgeschäfts nothwendig gehört, muß unter Umständen eine adressirte sein d. h. sie muß an eine bestimmte Person oder Behörde gerichtet sein. Das Gesetz spricht in diesen Fällen von einer „Willenserklärung, die einem Anderen gegenüber abzugeben ist“ (vgl. §§ 117, 130), die Theorie neuerdings von einer empfangsbedürftigen Willenserklärung. Eine Willensäußerung des Empfängers ist nicht erforderlich. Unter Umständen genügt aber zur Erfüllung des Thatbestandes eines einseitigen Rechtsgeschäfts auch eine nicht adressirte Willenserklärung, also eine solche Willensäußerung, welche Niemand zu „empfangen“ braucht. Zu den Fällen letzterer Art gehören z. B. die Dereliktion, die Ausstellung eines Inhaberpapiers, das Stiftungsgeschäft unter Lebenden. Vgl. auch Vorbem. vor § 116.

B. Formlose und formbedürftige Rechtsgeschäfte. S. hierüber die Bem. zu § 125.

C. Stricti iuris negotia und bonae fidei negotia. Diese im römischen Rechte wurzelnde Unterscheidung ist natürlich, soweit sie mit dem römischen Formularverfahren im Zusammenhange stand, verschwunden. Aber der ihr zu Grunde liegende Gedanke lebt noch im modernen Rechte weiter und kommt auch im BGB. zum Ausdrucke. Freilich giebt es heutzutage keine Geschäfte mehr, bei welchen der Richter zu einem besonders starren Festhalten am Buchstaben der Erklärung begriffsgemäß genöthigt wäre. Selbst das von der Strenge der Form am meisten beherrschte Wechselrecht läßt, wie ein Blick auf die reiche an Art. 82 der Wechselordnung anknüpfende Judikatur beweist, der Auslegung ex bona fide immerhin einen gewissen Spielraum. Das BGB. hat die Herrschaft der bona fides anerkannt in den allgemeinen Sätzen, daß Verträge so auszulegen sind und der Schuldner die Leistung so zu bewirken habe, wie Treu und Glauben mit Rücksicht auf die Verkehrssitte es erfordern (§§ 157, 242). Aber unbeschadet dieses allgemeinen Prinzips finden wir doch auch im BGB. einerseits solche Rechtsverhältnisse, bei deren Beurtheilung der Richter sich innerhalb gewisser genau vorgezeichneter Schranken zu halten hat, andererseits hingegen solche, bei welchen der Wortlaut des Gesetzes selbst darauf hinweist, daß das richterliche iudicium die größte Freiheit in der Beurtheilung der konkreten Verhältnisse haben soll. Eine Sammlung von Beispielen für Fälle beider Art giebt Hellmann in seinen Vortr. S. 66 ff.

D. Rechtsgeschäfte unter Lebenden und von Todeswegen (inter vivos und mortis causa). Das Kriterium liegt im Zwecke des Geschäfts. Rechtsgeschäfte von Todeswegen haben den Zweck, die Rechtsverhältnisse eines Menschen nach seinem Tode zu ordnen. Der Tod der das Rechtsgeschäft errichtenden Person ist daher Voraussetzung für seine Wirksamkeit. Das Geschäft von Todeswegen kann ein einseitiges Rechtsgeschäft sein (Testament); dann ist es widerruflich. Oder es kann ein zweiseitiges Rechtsgeschäft sein

(Erbvertrag, Erbverzichtsvertrag); dann ist es regelmäßig unwiderruflich. Auch das Geschäft von Todeswegen kann also durch Vertrag unter Lebenden begründet werden.

Die Schenkung auf den Todesfall (donatio mortis causa), die nach römischem Rechte (D. 39, 6; Cod. 8, 56) eine Sonderstellung zwischen der gewöhnlichen Schenkung und dem Vermächtnisse einnahm, hat ihre dogmatische Selbständigkeit im BGB. eingebüßt. Auf sie finden entweder (§ 2301 Abs. 1) die Vorschriften über Verfügungen von Todeswegen oder (§ 2301 Abs. 2) die über Schenkungen unter Lebenden Anwendung.

E. Entgeltliche und unentgeltliche Rechtsgeschäfte. Die Geschäfte, welche vermögensrechtliche Zwecke verfolgen, bezwecken entweder einen Austausch von Werthen gegen irgend ein Aequivalent; dann nennt man sie entgeltliche oder onerose Rechtsgeschäfte (z. B. Kauf, Tausch, Miethe, Pacht); oder sie bezwecken die Zuwendung von Vermögenswerthen ohne Leistung irgend eines Gegenwerths seitens des Empfängers. In letzterem Falle wird das Geschäft (vom Standpunkte des Empfängers aus gesehen) ein unentgeltliches oder lukratives genannt. Unentgeltliche Geschäfte sind namentlich die Schenkung und das Vermächtniß. Darüber, daß nicht jede liberale Vermögenszuwendung eine Schenkung ist, s. Bd. II Bem. zu § 516 und Oertmann, Komm. S. 231 ff. S. auch §§ 2050 ff. („Zuwendung"), 330 („unentgeltliche Zuwendung"). Mit dem Begriffe der unentgeltlichen Verfügung operiren das BGB. z. B. in den §§ 822, 816, 2375, die KO. in den §§ 32, 222, das Anf.G. in § 3 Nr. 3, 4, § 3 a.

F. Abstrakte und kausale Rechtsgeschäfte.*) Solche Rechtsgeschäfte, durch welche nach dem Willen der Parteien das Vermögen des Einen durch Minderung des Vermögens des Anderen eine Mehrung erfahren soll, nennt man Zuwendungen. Wer also z. B. Eigenthum überträgt, eine Dienstbarkeit aufgiebt, ein Darlehen giebt, eine Forderung abtritt, eine Schuld erläßt, nimmt eine Vermögenszuwendung vor. Alle Zuwendungen sind vernünftiger Weise nur Mittel zur Erreichung bestimmter Zwecke. Der unmittelbare Zweck wird, da seine Vorstellung zugleich dasjenige psychologische Moment ist, das den Zuwendungswillen bestimmt, auch Bestimmungsgrund, causa, Rechtsgrund, genannt. Der unmittelbaren Rechtsgründe, causae, giebt es mehrere. Die romanistische Doktrin sprach von solvendi causa, credendi c., donandi c., conditionis implendae c., dotis constituendae c.

In der Regel fällt der Rechtsgrund mit dem Valutenverhältniß zwischen Schuldner und Gläubiger zusammen; aber auch die Befriedigung oder Sicherstellung eines fremden Gläubigers gilt als Rechtsgrund (vgl. Jacubezky, Bem. S. 15).

Wie verhält sich nun die Zuwendung zur causa?

Das Natürliche ist, daß die causa ein wesentliches Element des Geschäftsthatbestandes bildet, daß also der Rechtsbestand des Geschäfts selbst davon abhängig ist, daß die causa sich verwirklicht, daß der Rechtszweck der Zuwendung erreicht wird. Steht der Erfolg in einem derartigen Verhältnisse der Abhängigkeit zur causa, so nennt man das Rechtsgeschäft selbst kausal (oder auch individuell charakterisirt). Kausal sind die meisten Geschäfte des Obligationenrechts. Ueber Ausnahmen s. Vorbem. IV vor § 241.

Möglich ist aber auch, daß die Zuwendung vom objektiven Bestande der causa, welche ja immer vorhanden ist, völlig unabhängig gemacht ist. Das Rechtsgeschäft bleibt dann bestehen, auch wenn sich der Zweck der Zuwendung nicht verwirklicht. Hier spricht man

*) Im Rahmen dieser einleitenden Bem. kann natürlich nur das Wichtigste aus dieser schwierigen Materie kurz hervorgehoben und auf die Kontroversen nicht eingegangen werden. Aus der reichen Literatur seien erwähnt: Liebe, Die Stipulation und das einfache Versprechen (1840); Gneist, Die formellen Verträge (1845); Bähr, Die Anerkennung als Verpflichtungsgrund (1. Aufl. 1855, 3. Aufl. 1894); Schloßmann, Zur Lehre von der causa obligatorischer Verträge (1868); Lotmar, Ueber causa im römischen Recht (1875); Windscheid, Pand. §§ 318 ff.; Jacubezky, Bem. S. 14 ff.; Hellmann, Vortr. S. 172 ff.; Oertmann, Das abstrakte Geschäft im deutschen BGB., in der Allgemeinen österreichischen Gerichtszeitung Jahrg. 1897 S. 249 ff.; Klingmüller, Der Begriff des Rechtsgrundes (1901); Neumann, Zur Lehre von dem Verpflichtungsgrunde, in Gruchot, Beitr. Bd. 45 S. 503 ff.; Neubecker, Der abstrakte Vertrag, im Arch. f. bürgerl. R. Bd. 22 S. 34 ff.; Crome, System Bd. 1 S. 327 ff.

von einem abstrakten Rechtsgeschäfte, eben weil, soweit es sich um die Rechtswirksamkeit des Geschäfts handelt, von der Verwirklichung der causa abstrahirt wird. Dadurch, daß die Zuwendung trotz des Mangels in der causa sich vollzieht, wird regelmäßig der eine Theil in einer materiell nicht gerechtfertigten Weise bereichert. Die Ausgleichung erfolgt dadurch, daß dem anderen Theile ein rein obligatorischer Anspruch auf Rückforderung gegeben wird; davon handeln im BGB. die §§ 812 ff.

Im Gegensatze zu den meisten obligatorischen Verträgen sind die dinglichen Verträge regelmäßig abstrakt. Begründung bei Jacubezky, Bem. S. 16 ff.

Nothwendig abstrakt ist das Wechselversprechen. Ebenso die Auflassung; bei anderen dinglichen Verträgen kann die Wirksamkeit dadurch von der Verwirklichung der causa abhängig gemacht werden, daß diese in Gestalt einer Bedingung zum Vertragselement erhoben wird.

Regelmäßig abstrakt sind die Rechtsgeschäfte der §§ 397, 398, 414. Auch Schuldverschreibungen auf den Inhaber können abstrakt ausgestellt werden (§ 793). Endlich gestattet das BGB. auch ein abstraktes Schuldversprechen (§ 780) und ein abstraktes Schuldanerkenntniß (§ 781); sie sind beide formbedürftig.

Rechtlich von dem Rechtsgrunde der Vermögenszuwendung, der causa, scharf zu trennen ist der oft noch hinter dem Rechtsgrunde stehende anderweitige Beweggrund, das „Motiv". So können z. B. beim Darlehen hinter der causa credendi eine Reihe von Beweggründen stehen, Mitleid, Freundschaft, Wunsch nach einer sicheren verzinslichen Vermögensanlage u. s. w. Aber diese Beweggründe sind rechtlich ohne Bedeutung, solange sie nicht zum Geschäftsinhalte gemacht werden. Stellen sie sich hinterher als ungerechtfertigt heraus, so ist das nicht nur für den Rechtsbestand des Geschäfts gleichgültig, sondern es begründet auch keine obligatorische Rückforderung des Geleisteten.

G. Dingliche und obligatorische Rechtsgeschäfte. Obligatorische Geschäfte sind solche, welche eine vermögenswerthe Leistung zum Gegenstande haben, dingliche solche, welche unmittelbar die Begründung, Uebertragung oder Aufhebung eines Rechtes an einer Sache oder an einem Rechte zum Gegenstande haben. Von besonderer Wichtigkeit ist der Gegensatz auf dem Gebiete der vermögensrechtlichen Verträge. Der dingliche Vertrag ist nach dem BGB. (vgl. die ausdrücklichen Bestimmungen im E. I §§ 829, 874) immer abstrakt, d. h. ein von seinem Verpflichtungsgrunde losgelöstes selbständiges Geschäft. „Die Parteien mögen bei einem dinglichen Vertrage verschiedene Rechtsgründe vorausgesetzt haben oder der von ihnen vorausgesetzte Rechtsgrund mag nicht vorhanden oder ungültig sein, die Wirkung des dinglichen Vertrags wird dadurch nicht ausgeschlossen" (M. I, 127). S. auch M. II, 3, ferner Bem. B zu § 873 u. Bem. B, II zu § 925. Aber der Begriff des dinglichen Vertrags ist mit dem des abstrakten Vertrags (vgl. oben unter F) keineswegs identisch. Auch obligatorische Verträge können abstrakter Natur sein (s. §§ 789, 781).

H. Fiduciarische Rechtsgeschäfte*) sind dem BGB. zwar dem Namen nach unbekannt, der Sache nach aber in verschiedener Gestalt möglich. Ein einheitlicher Geschäftstypus ist für sie nicht normirt. Das Wesen des fiduciarischen Geschäfts liegt darin, daß einem Anderen (dem Fiduciar), insbesondere dem Empfänger eines Vermögenswerths, vom Urheber des Geschäfts (dem Fiducianten) nach außen eine Rechtsstellung eingeräumt ist, welche ihn Dritten gegenüber voll legitimirt, welche aber über das für das Verhältniß des Fiducianten zum Fiduciar von Beiden Gewollte, insbesondere über den wahren Zweck der Vermögenszuwendung, hinausgeht. Außer dem römischen Urfall der Uebertragung des

*) Literatur: Oertmann, Die Fiducia (1890); Dungs, Die Rechtsstellung des Gläubigers für fremde Rechnung, in Gruchot, Beitr. Bd. 32 S. 8 ff.; Dreyer, Das fiduciarische Rechtsgeschäft, in Gruchot, Beitr. Bd. 40 S. 240 ff.; Alfred Schultze, Treuhänder im geltenden bürgerl. R. (1901); Wilutzky in D. Jur.Z. Bd. 6 S. 20 ff und in Jur. Wschr. 1901 S. 710 ff.; Schroeder, in D. Jur.Z. 1901 S. 330; Goltz, Das fiduciarische Rechtsgeschäft (Rost. Diss. 1901; Wienstein, Bemerkungen zum Begriff des fiduciarischen „Rechtsgeschäfts" in Gruchot, Beitr. Bd. 46 S. 241 ff.; Lilienthal in D. Jur.Z. Bd. 7 S. 542 ff.; Kahn, ebenda Bd. 8 S. 125; Gunz, Das Vollgiro zu Incassozwecken (1903).

Eigenthums zu Pfandzwecken sind namentlich die heutzutage häufigen Fälle zu nennen, in welchen Jemand lediglich „zum Inkasso" berechtigt werden soll, äußerlich aber die Stellung eines Cessionars oder Indossatars erhält, oder in welchen an Jemanden ein Recht nur zur Sicherung eines Anspruchs übertragen wird (vgl. BGB. § 223 Abs. 2), so z. B. beim versteckten Incassiogiro, beim Incassomandat-Indossament. Man muß also bei der Rechtsstellung des Fiduciars das Verhältniß nach innen (zum Geschäftsherrn) und das Verhältniß nach außen (zu Dritten) auseinanderhalten. Nach innen ist er (obligatorisch) verpflichtet, von seiner Rechtsstellung nur soweit Gebrauch zu machen, als dies dem wahren Zwecke des Geschäfts entspricht. Ueberschreitet er diese Grenzen, so wird er schadensersatzpflichtig. Dritten gegenüber bleibt dagegen die ihm auferlegte Beschränkung außer Betracht. Als nichtig (§ 138) zu erachten sind solche Geschäfte, durch welche ein Schuldner Vermögensobjekte einem Andern übereignet und übergiebt nur zu dem Zwecke, sie dem Zugriffe der Gläubiger zu entziehen; regelmäßig wird es sich aber hiebei nicht um ein fiduciarisches, sondern um ein Scheingeschäft (über den Unterschied Bem. IV zu § 117) handeln, welches schon nach § 117 nichtig ist. — Vgl. dazu RGE. Bd. 13 S. 200 ff., Bd. 24 S. 161, Bd. 26 S. 181 ff., Bd. 27 S. 129 ff.; ferner vgl. hieher auch Bem. VII zu § 929 und die dort angeführte Literatur, sowie Bem. 3 zu § 1205.

Ueber die sehr bestrittene Frage, ob der Veräußerer im Konkurse des Fiduciars an dem sub pacto fiduciae übertragenen Gegenstande ein Aussonderungsrecht hat, s. namentlich Jaeger, Komm. z. KO. § 43 Anm. 17 ff., wo die Bejahung eingehend begründet wird; vgl. auch Dernburg, Bürgerl. R. Bd. 1 § 172 unter III.

J. Durch Crome (Die partiarischen Rechtsgeschäfte, 1897) ist neuestens die Aufmerksamkeit auf diejenigen Arten entgeltlicher Geschäfte gelenkt worden, bei welchen das Aequivalent für eine Leistung je nach dem wirthschaftlichen Erfolge verschieden abgestuft wird, was dadurch erreicht wird, daß das Entgelt auf einen bestimmten Antheil am wirthschaftlichen Ertrage der Leistung festgesetzt wird. Diese sog. partiarischen Rechtsgeschäfte können in mannigfacher juristischer Gestaltung auftreten. Es kann ein Antheil am Rohertrag oder Reinertrage gewährt werden (Quotal-Werkvertrag, Quotal-Dienstvertrag, Theilpacht; Gewährung von Tantièmen oder Provision an Agenten, Mäkler, Kommissionäre). Auch eine Gesellschaft kann vorliegen. Endlich ist auch möglich, daß das Geschäft nur theilweise partiarischer Natur ist, indem z. B. Tantièmen nicht an Stelle, sondern außer dem fest vereinbarten Lohne gewährt werden.

VII. Freie, gebundene, typisch normirte Rechtsgeschäfte. Das Rechtsgeschäft ist das Mittel, durch welches private Rechtsverhältnisse von den Betheiligten selbstthätig geordnet werden. Der Verwirklichung privaten Wollens durch Rechtsgeschäft sind jedoch durch die Gesetzgebung bestimmte Schranken gezogen; nicht nur insofern, als das Rechtsgeschäft nicht direkt gegen ein gesetzliches Verbot oder gegen die guten Sitten verstoßen darf (§§ 134, 135, 138, 309), und nicht nur insofern, als die Wirksamkeit einer Reihe von Rechtsgeschäften von der Einhaltung bestimmter Formen abhängig gemacht ist, sondern auch dadurch, daß der Inhalt des Geschäfts abgesehen von Verbotsgesetzen oder Verstoß gegen die guten Sitten nicht jede beliebige Gestaltung annehmen kann, sondern unter Umständen zwingend vom Gesetze bestimmt wird. Wo dies der Fall ist, spricht man von gebundenen Rechtsgeschäften. Gebunden sind vor Allem die Rechtsgeschäfte des Sachenrechts. „Das Sachenrecht muß, um seine Selbständigkeit zu wahren, die Erwerbung der dinglichen Rechte nach Gesichtspunkten ordnen, die auf seinem Gebiete liegen. Es hat die Thatsachen, an welche die Erwerbung zu knüpfen ist, nicht minder als den Inhalt der einzelnen Rechte nach deren Wesen und Zweck zu bestimmen. Den Betheiligten kann es daher nicht freistehen, jedem beliebigen Rechte, welches sich auf eine Sache bezieht, den Charakter des dinglichen zu verleihen." (M. III, 3.) Daher ein numerus clausus dinglicher Rechte. Vgl. auch Einleitung Bem. III zum III. Buch.

Auch im Familienrecht ist die Gebundenheit die Regel. Es gibt nur eine Art der rechtlich anerkannten Geschlechtsgemeinschaft. Ich kann Jemanden nur an Kindesstatt annehmen, nicht ihn als meinen Bruder adoptiren u. s. w.

Im Rechte der Schuldverhältnisse dagegen herrscht der Grundsatz der Freiheit. Die Parteien können dem obligatorischen Verhältnisse den Inhalt geben, der ihnen beliebt. Gewisse durch sozialpolitische oder ethische Erwägungen begründete Schranken bestehen auch hier; aber sie erscheinen doch als die Ausnahmen.

Die wichtigsten, im Verkehr am häufigsten vorkommenden obligatorischen Beziehungen hat das Gesetz selbst (in den §§ 433—808) typisch ausgebildet und in ihren Einzelheiten einer Regelung unterzogen, welche den normalen Verkehrsbedürfnissen entspricht. Damit ist Recht geschaffen in den Punkten, über welche der Parteiwille selbst keine abweichenden oder überhaupt keine Bestimmungen trifft. Mit dieser typischen Normirung ist aber weder ausgeschlossen, daß die Parteien obligatorische Rechtsgeschäfte abschließen, welche sich nicht in einen der festgelegten Geschäftstypen zwängen lassen, noch besteht — innerhalb gewisser Grenzen — für die Parteien ein Hinderniß, einem im Gesetze typisch normirten Geschäfte einen anderen als den gesetzlichen Inhalt zu geben.

VIII. Ueberaus häufig operirt das BGB. mit den Ausdrücken „Verfügung" und „Veräußerung", ohne diese Begriffe jedoch zu definiren. Es besteht aber ein dringendes Bedürfniß nach ihrer Klarstellung.

A. Unter Verfügungen versteht man, wenn von den nicht rechtsgeschäftlichen, von Behörden ausgehenden Verfügungen [„einstweilige Verfügung" (z. B. in den §§ 489, 885, 899 Abs. 2, 1716, 1990 Abs. 2, 2016 BGB.), „gerichtliche Verfügung" (§§ 186, 1875 Abs. 3), „Verfügung der Staatsgewalt" (§ 1723)] abgesehen wird, solche Rechtsgeschäfte, deren Rechtswirkung auf eine Sache oder ein Recht unmittelbar gerichtet ist. Daß das Rechtsgeschäft dem Sachenrecht angehöre, ist durchaus nicht erforderlich, sondern nur, daß durch dasselbe nicht lediglich eine Verpflichtung zur Vornahme einer Rechtsänderung begründet werde, sondern unmittelbar eine Rechtsänderung stattfinde. Daher gehören z. B. auch die Forderungsabtretung, die Annahme als Erfüllung und der Schulderlaß zu den Verfügungen, wohl auch das sog. negative Schuldanerkenntniß, auch die Kündigung durch den Berechtigten; ferner die Auflassung, nicht aber der in § 313 bezeichnete Vertrag. „Die Verfügung führt die gewollte Rechtsänderung unmittelbar herbei, indem sie den Gegenstand selbst ergreift, an dem die Rechtsänderung eintreten soll; das die Verpflichtung zu einer Verfügung begründende Rechtsgeschäft erreicht diesen Zweck nur mittelbar, es ergreift nicht den Gegenstand selbst, sondern verpflichtet den Schuldner, das die gewollte Rechtsänderung herbeiführende Rechtsgeschäft vorzunehmen"; so Bayr. Oberst. LG. n. F. Bd. 3 (1903) S. 143.

Wer über eine Sache oder ein Recht nicht verfügen darf, verliert damit bezüglich dieses Gegenstandes noch nicht die Legitimation zur Prozeßführung. Denn es muß, wie die M. I, 129 ausführen, redliche Prozeßführung vorausgesetzt werden, und diese ist sichtbar ein auf die Erhaltung des Rechtes, nicht auf seine Aenderung gerichteter Akt. Vgl. Dernburg, Bürg. R. Bd. I § 112 Anm. 3. Die Prozeßführung selbst ist also keine Verfügung, kann aber Anlaß zu Verfügungen (wie z. B. Vergleich, Verzicht, Anerkenntniß) geben (vgl. auch Bem. 3 zu § 1375, Bem. 5 zu § 1380, Bem. 4 zu § 1400 u. Bem. 3 zu § 1407).

In manchen Fällen (s. §§ 161, 184, 353, 499, 833, 2115) werden ebenso wie die rechtsgeschäftlichen Verfügungen diejenigen Verfügungen behandelt, die im Wege der Zwangsvollstreckung oder Arrestvollziehung oder durch den Konkursverwalter erfolgen. Mit Recht betont aber Planck (Vorbem. IX, 4 zum Titel: „Rechtsgeschäfte") in Uebereinstimmung mit M. I, 128, daß diese Gleichstellung keine durchgehende ist und namentlich nicht stattfindet im Falle des rechtsgeschäftlichen Erwerbs auf Grund des Vertrauens auf das Grundbuch gemäß § 892.

Crome (System Bd. 1 S. 326 Anm. 16) zählt 73 Stellen auf, an welchen das BGB. von „Verfügung" spricht.

B. „Veräußerung" ist nach dem BGB. ein engerer Begriff als „Verfügung". Veräußern ist nämlich das Aufgeben eines Rechtes zum Zwecke der Uebertragung auf einen Anderen. Die „Veräußerung" des BGB. deckt sich also nicht mit der römischen alienatio, welche, wie l. 5 § 8 D. 27, 9 gegen die Definition von Dernburg, Pand. I § 83 beweist, auch da gegeben war, wo ein Recht aufgegeben wurde, ohne daß es auf einen Anderen übertragen wurde. Die „Veräußerung" des BGB. deckt sich auch nicht mit der des bayrischen Entw., welche auch diejenigen Rechtsgeschäfte begreift, durch welche eine dingliche Belastung auf eine Sache gelegt wird (ähnlich das sächsische GB. § 219). Im BGB. steht die „Belastung" selbständig neben der Veräußerung (Belege durch zahlreiche Gesetzesstellen bei Crome a. a. O. S. 327 Anm. 20).

C. Unter „Verfügung" kann auch der Verzicht fallen. Ueber die mehrfache Bedeutung des Ausdruckes Verzicht s. Hellmann, Vortr. S. 55 ff. und Windscheid-Kipp Bd. 1 S. 274.

Erster Titel.

Geschäftsfähigkeit.

Vorbemerkungen.

1. Geschäftsfähigkeit ist die Fähigkeit zu selbständigen rechtsgeschäftlichen Willenserklärungen. Sie ist wesentliches Erforderniß zur wirksamen Vornahme von Rechtsgeschäften. Sie ist aber auch Erforderniß für den wirksamen Empfang empfangsbedürftiger Willenserklärungen.

Der Begriff der Geschäftsfähigkeit ist enger als der der Handlungsfähigkeit.*) Die Handlungsfähigkeit, ein dem BGB. im Gegensatze zur gemeinrechtlichen Theorie unbekannter Ausdruck, umfaßt außer der Geschäftsfähigkeit auch die Verantwortlichkeit aus unerlaubten Handlungen (§§ 823 ff., 827 ff.), sog. „Deliktsfähigkeit", und aus pflichtwidrigem Verhalten in obligatorischen Verhältnissen (§ 276). Vgl. P. I, 55. Die Handlungsfähigkeit ist natürlich grundverschieden von der Rechtsfähigkeit (s. Vorbem. I, B vor § 1).

2. Die Vorschriften über Geschäftsfähigkeit (wie über Handlungsfähigkeit überhaupt) sind zwingenden Rechtes.

3. Ist das Erforderniß der Geschäftsfähigkeit auch für solche Rechtshandlungen aufzustellen, welche keine Rechtsgeschäfte sind? Die Frage darf nicht allgemein bejaht werden. Es kann z. B. auch ein Geschäftsunfähiger eine reine Besitzerwerbshandlung vornehmen. Kraft positiver Gesetzesvorschrift ist aber Geschäftsfähigkeit erforderlich zur Begründung oder Aufhebung eines Wohnsitzes (§ 8).

4. Für die Vornahme einzelner Rechtsgeschäfte gilt bezüglich des Erfordernisses der Geschäftsfähigkeit etwas Besonderes: so für die Eheschließung (§§ 1303 ff.) und für die Testamentserrichtung (§ 2229). Dagegen ist ein Sonderrecht besonderer Personenkategorieen bezüglich der Geschäftsfähigkeit dem BGB. unbekannt. Insbesondere bemißt sich auch die Geschäftsfähigkeit der Ehefrauen nach den allgemeinen Regeln. (Konsequent CPO. § 52 Abs. 2.) Nur für die Uebergangszeit bestimmt Art. 200 Abs. 3 EG.: „Soweit die Ehefrau nach den für den bisherigen Güterstand maßgebenden Gesetzen in Folge des Güterstandes oder der Ehe in der Geschäftsfähigkeit beschränkt ist, bleibt diese Beschränkung in Kraft, solange der bisherige Güterstand besteht." Vgl. Vorbem. II vor § 1353. Die einschlägigen einzelstaatlichen Bestimmungen der AG. s. Bd. 6 Bem. zu Art. 200. — Vgl. auch Bem. 8 zu § 106.

5. Im internationalen Privatrechte wird die Geschäftsfähigkeit nach den Gesetzen des Staates beurtheilt, dem die Person angehört. Näheres s. in den Bem. zu EG. Art. 7, 27, 29.

6. Das BGB. sagt nicht, wer Geschäftsfähigkeit besitzt, sondern wem sie fehlt und wer in ihr beschränkt ist. Man unterscheidet demnach Geschäftsunfähigkeit und beschränkte Geschäftsfähigkeit. Beide stellen sich als Ausnahmen dar zu der stillschweigend anerkannten Regel, daß natürliche Personen geschäftsfähig sind. Wegen dieses Ausnahme-

*) Manigk, Das Anwendungsgebiet der Vorschriften für die Rechtsgeschäfte S. 206 ff.; Eltzbacher, Die Handlungsfähigkeit nach deutschem bürgerlichem Recht (1903).

charakters der Geschäftsunfähigkeit bezw. -Beschränktheit scheint auf den ersten Blick bezüglich der Beweislast der Schluß gerechtfertigt, daß die Geschäftsunfähigkeit bezw. die Beschränkung der Geschäftsfähigkeit das erst zu Beweisende sei. Dieser Schluß trifft jedoch nur zu, wenn die Behauptung dieser Mängel auf den Geisteszustand einer Person (oder auf Entmündigung) gestützt, nicht dagegen, wenn sie auf ihr Lebensalter gegründet wird. Daß Jemand ein bestimmtes Alter erreicht habe, also nicht geschäftsunfähig bezw. in der Geschäftsfähigkeit beschränkt sei, muß vielmehr derjenige beweisen, der daraus Rechte ableitet. Bei der Geistesbeschaffenheit muß die Gesundheit als der Normalzustand erscheinen, der des Beweises nicht bedarf. Die Beweislast trifft hier denjenigen, welcher die Behauptung der Geschäftsunfähigkeit bezw. -Beschränktheit auf eine abnorme Geistesbeschaffenheit gründet. Eingehende Begründung dieses Standpunktes bei H. Beckh, Die Beweislast nach dem BGB. S. 135 ff. Rehbein, Komm. S. 103, dagegen scheint anzunehmen, auch wenn es sich um das Alter handelt, habe die Thatsachen, aus denen die Geschäftsunfähigkeit oder die beschränkte Fähigkeit nach dem Gesetze folgt, der zu beweisen, der sich darauf beruft. Dem kann jedoch nicht beigetreten werden. Ueber den Beweis der Deliktsfähigkeit s. Bem. 3 zu § 827, Bem. 4 zu § 828.

7. In der II. Komm. wurde verlangt: „Ein und dasselbe Recht für alle Unmündigen und zugleich scharfe Scheidung der Unmündigen von denen, welche nur thatsächlich an dem Abschlusse von Rechtsgeschäften gehindert sind.“ Diese Forderung drang aber nicht durch. P. I, 47 ff.

8. Uebersicht. Der erste Titel befaßt sich in den §§ 104 und 105 mit der Geschäftsunfähigkeit, in den §§ 105—115 mit der beschränkten Geschäftsfähigkeit.

In der Geschäftsfähigkeit beschränkt sind vor Allem Minderjährige, die mehr als 7 Jahre alt sind (§ 106). Für Willenserklärungen der Minderjährigen, durch die sie nicht lediglich einen rechtlichen Vortheil erlangen, ist die Einwilligung des gesetzlichen Vertreters Erforderniß (§ 107). Fehlt es an diesem Erfordernisse, so ist die Rechtslage verschieden, je nachdem es sich um Verträge (§§ 108—110) oder um einseitige Rechtsgeschäfte (§ 111) handelt. Für besondere Arten von Rechtsgeschäften wird von dem genannten Erforderniß unter bestimmten Voraussetzungen überhaupt abgesehen (§§ 112, 113).

Die §§ 114, 115 handeln von der beschränkten Geschäftsfähigkeit der wegen Geistesschwäche, Verschwendung oder Trunksucht entmündigten oder nach § 1906 unter vorläufige Vormundschaft gestellten Personen.

§ 104.

Geschäftsunfähig ist:

1. wer nicht das siebente Lebensjahr vollendet hat;
2. wer sich in einem die freie Willensbestimmung ausschließenden Zustande krankhafter Störung der Geistesthätigkeit befindet, sofern nicht der Zustand seiner Natur nach ein vorübergehender ist;
3. wer wegen Geisteskrankheit entmündigt ist.

E. I, 64 Abs. 1 u. 2; II, 78; III, 100.

1. Bisheriges Recht. Im römischen Rechte wurden vier Altersstufen unterschieden: infantes (unter sieben Jahren), impuberes infantia maiores (bis zum Eintritte der Pubertät), puberes minores (vom Eintritte der Pubertät bis zur Großjährigkeit), und maiores (Großjährige).

Infantes waren handlungsunfähig, also auch geschäftsunfähig, quia huius aetatis pupilli nullum intellectum habent (§ 10 J. 3, 19). Eine Ausnahme bestand jedoch — seit Kaiser Decius unstreitig (c. 3 C. 7, 32) — für die Annahme von Schenkungen. Im gemeinen Rechte entstand, nachdem das StGB. § 55 die strafrechtliche Zurechnungsfähigkeit erst mit vollendetem zwölften Lebensjahre eintreten ließ, die Streitfrage, ob nun die civilrechtliche Deliktsfähigkeit auch erst mit dieser Altersstufe eintrete. Diese Frage, die mit Regelsberger (Pand. S. 478) zu verneinen sein dürfte, ist jetzt durch das BGB. § 828 erledigt.

Völlig handlungsunfähig machte nach römischem Rechte die Geisteskrankheit (§ 8 J. 3, 19; l. 1 § 12 D. 44, 7). Dasselbe galt für die auf anderen Gründen beruhenden Zustände der Bewußtlosigkeit, solange sie dauerten. Bloße geistige Schwäche dagegen (z. B. wegen hohen Alters) hatte diese Wirkung nicht allgemein, sondern machte eine besondere Prüfung der Erkenntnißfähigkeit mit Rücksicht auf die besonderen Umstände erforderlich. Die Handlungsunfähigkeit trat ein ohne Rücksicht auf Entmündigung. Ob die Entmündigung als solche Handlungsunfähigkeit bewirkte, blieb zweifelhaft; nach Windscheid-Kipp Bd. 1 S. 278 (wo auch die weitere Literatur angegeben ist) überhebt die erfolgte Entmündigung den Prozeßrichter nicht der selbständigen Prüfung der Frage, ob der Entmündigte zur Zeit der Handlung zu dieser Handlung rechtlich fähig war; nur werde die Entmündigung in sehr vielen Fällen ausreichenden Anhalt zur Verneinung dieser Frage geben. Dem wird beizutreten sein.

Die Partikularrechte standen im Wesentlichen auf dem Standpunkte des gemeinen Rechtes, mit Ausnahme des code civil (art. 503 f., 901, 1108, 1304 ff.). Vgl. M. I, 130.

2. Die Neuerungen, welche das BGB. gegenüber dem gemeinen Rechte gebracht hat, liegen vor Allem darin, daß nunmehr der wegen Geisteskrankheit Entmündigte zweifellos geschäftsunfähig ist ohne Rücksicht auf seinen wirklichen Geisteszustand, und darin, daß die sog. dilucida intervalla eines entmündigten Geisteskranken nicht berücksichtigt werden. Nach römischem Rechte trat nämlich in etwaigen lichten Zwischenräumen, die ein Geisteskranker hatte, völlige Handlungsfähigkeit ein (c. 6 C. 5, 70; c. 9 C. 6, 22). Für das BGB. hielt man jedoch, wie die M. I, 130 sagen, den Ausschluß der Berücksichtigung der sog. dilucida intervalla im Falle der Entmündigung in Ansehung der Rechtsgeschäfte unter Lebenden wie der Verfügungen von Todeswegen durch das Interesse der Rechtssicherheit für geboten.

3. Bei Kindern dauert nach dem BGB. die Geschäftsunfähigkeit bis zur Vollendung des siebenten Lebensjahrs, wobei für die Berechnung § 187 Abs. 2 Satz 2 maßgebend ist. In der II. Komm. wurde der Vorschlag, das Kindesalter rechtlich bis zur Vollendung des zwölften Lebensjahrs zu erstrecken, abgelehnt mit der Motivirung, daß jede Altersstufe doch willkürlich sei und es daher zweckmäßig erscheine, beim bestehenden Rechte zu verbleiben, und daß im StGB., das die Strafmündigkeit erst mit 12 Jahren beginnen lasse, andere Gesichtspunkte maßgebend seien. Ebensowenig fand der Antrag Billigung, die Zwischenstufe des Kindesalters ganz fallen zu lassen und dem Kinde beschränkte Handlungsfähigkeit zuzusprechen. S. P. I, 46 ff.

4. Geisteskrankheit.*) Das StGB. § 51 verneint das Vorhandensein einer strafbaren Handlung, „wenn der Thäter zur Zeit der Begehung der Handlung sich in einem Zustande von Bewußtlosigkeit oder krankhafter Störung der Geistesthätigkeit befand, durch welchen die freie Willensbestimmung ausgeschlossen ist". Während nun der E. I § 64 diejenigen Personen, welche des Vernunftgebrauches, wenn auch nur vorübergehend, beraubt sind, für die Dauer dieses Zustandes als geschäftsunfähig erklärte, schließt sich das BGB. auf Grund der Beschlüsse der II. Komm. in seiner Formulirung jener strafrechtlichen Vorschrift an. Dies wurde für vortheilhaft erachtet, da man hiemit den Einfluß der anomalen geistigen Zustände auf die Geschäftsfähigkeit und auf die strafrechtliche Deliktsfähigkeit in sachlich zutreffender Weise in Uebereinstimmung bringe und für die Auslegung der privatrechtlichen Vorschriften die Anknüpfung an die reiche strafrechtliche Literatur gewinne (vgl. v. Liszt, Lehrb. des deutschen Strafrechts § 37). Ein solches Vorgehen sei umsomehr gerechtfertigt, als eine sonstige einwandfreie Kennzeichnung jener psychopathischen Zustände weder den Aerzten noch den Juristen gelungen sei. P. I, 56.

Indessen weicht die Begriffsbestimmung der geschäftsunfähig machenden Geisteskrankheit im BGB. doch in zwei wichtigen Punkten von dem Vorbilde des § 51 StGB. ab:

a) Geschäftsunfähigkeit wegen Geisteskrankheit setzt voraus, daß der die freie Willensbestimmung ausschließende Zustand krankhafter Störung der Geistesthätigkeit nicht seiner Natur nach ein vorübergehender ist.

b) Der nicht auf krankhafter Störung der Geistesthätigkeit beruhende Zustand der Bewußtlosigkeit macht nicht allgemein geschäftsunfähig.

Die in den beiden Fällen a und b abgegebenen Willenserklärungen sind zwar wie die eines dauernd Geisteskranken gleichfalls nichtig auf Grund des § 105 Nr. 2. Aber in anderer Beziehung (vgl. z. B. § 1780) gelten die Personen, welche sich in diesen Zuständen (a und b) befinden, nicht als geschäftsunfähig. Insbesondere gelten die ihnen gegenüber abgegebenen Willenserklärungen nicht als Willenserklärungen, welche Geschäftsunfähigen gegenüber abgegeben sind, weßhalb § 131 Abs. 1 auf sie nicht zutrifft.

Der nicht entmündigte Geisteskranke ist während lichter Augenblicke geschäftsfähig.

*) Brunswig, Handlungsfähigkeit der Geisteskranken nach BGB. (Leipzig 1902).

Wenn Nr. 2 voraussetzt, daß die „freie Willensbestimmung" ausgeschlossen sei, so darf darin nicht etwa eine Ablehnung des philosophischen Determinismus erblickt werden. Damit würde der Gesetzgeber seine Kompetenzen weit überschreiten. Psychologische Fragen sollen und können nicht durch Gesetze der Juristen entschieden werden. Leider kann der vom Gesetze gebrauchte Ausdruck zu dem Mißverständniß Anlaß geben, als ob dies hier doch geschehen sei. Aber die sog. „freie Willensbestimmung" kann hier nur im Sinne der normalen Willensbestimmung aufgefaßt werden, welche erfolgt auf Grund richtiger Erfassung der Erscheinungen der Außenwelt und vernünftiger Ueberlegung. Ueber die Frage, ob der Mangel der „Willensfreiheit" in diesem Sinne identisch ist mit dem in § 6 Nr. 1 genannten, auf Geisteskrankheit beruhenden Unvermögen, seine Angelegenheiten zu besorgen, vgl. Bem. B, I, 4, c zu § 6.

Die im § 6 auch genannte bloße „Geistesschwäche" (s. Bem. 4 zu § 6, namentlich unter 4, e) macht ohne Entmündigung nicht geschäftsunfähig. Die gegentheilige Ansicht vertritt Rehbein, Komm. Bd. 1 S. 115 u. 117.

Im Uebrigen besteht, wenn die Voraussetzungen der Nr. 2 gegeben sind, Geschäftsunfähigkeit ohne jede Rücksicht auf Entmündigung. Nicht entmündigte Geisteskranke sind ja überaus häufig, da die Entmündigung nicht von Amtswegen, sondern nur auf Antrag erfolgt. Die Stellung eines Geisteskranken, dessen Entmündigung beantragt ist, unter vorläufige Vormundschaft (§ 1906) hat nicht Geschäftsunfähigkeit, sondern nur Beschränkung der Geschäftsfähigkeit zur Folge.

Bezüglich der verschiedenen Arten geistiger Defekte, namentlich der Unterscheidung von Geisteskrankheit und bloßer Geistesschwäche, sowie bezüglich des Verhältnisses des § 104 zum § 6 und der Entstehungsgeschichte beider Bestimmungen wird auf die Bem. zu § 6 verwiesen; vgl. auch Dernburg, Bürg.R. Bd. 1 S. 159.

5. Die Thatsache der Entmündigung wegen Geisteskrankheit macht geschäftsunfähig ohne Rücksicht darauf, ob die Geisteskrankheit wirklich besteht bezw. noch besteht. Die Geschäftsunfähigkeit dauert, solange der Zustand der Entmündigung dauert, auch während etwaiger lichter Zwischenräume. Für das Entmündigungsverfahren sind die §§ 645 ff. CPO. maßgebend. Ueber den Fall, daß der die Entmündigung aussprechende Beschluß in Folge einer Anfechtungsklage wieder aufgehoben wird, s. die Bem. zu § 115.

Ueber die Testamentserrichtung durch Entmündigte s. die Sonderbestimmungen des § 2230 BGB.

6. Zu beweisen ist im Falle der Nr. 3 nur die Thatsache der Entmündigung, während im Falle der Nr. 2 nachgewiesen werden muß, daß der Handelnde gerade zur Zeit der Vornahme des Rechtsgeschäfts geisteskrank in dem dort näher bezeichneten Sinne war — ein unter Umständen sehr schwieriger Beweis! Eine Vermuthung dafür, daß die einmal eingetretene Geisteskrankheit fortdauere, besteht nicht. Gegenüber dem Beweise der Thatsache der Entmündigung ist der Gegenbeweis, daß die Entmündigung auf unrichtiger Annahme beruhe oder jetzt des Grundes entbehre, unzulässig.

7. Entmundigung aus anderen Gründen als wegen Geisteskrankheit macht nicht geschäftsunfähig, sondern nur geschäftsbeschränkt nach § 114. S. auch Bem. zu § 6.

8. Für die Uebergangszeit ist Art. 155 EG. zu beachten, wonach ein zur Zeit des Inkrafttretens des BGB. wegen Geisteskrankheit Entmündigter von dieser Zeit an einem nach den Vorschriften des BGB. wegen Geisteskrankheit Entmündigten gleichsteht.

§ 105.

Die Willenserklärung eines Geschäftsunfähigen ist nichtig.

Nichtig ist auch eine Willenserklärung, die im Zustande der Bewußtlosigkeit oder vorübergehender Störung der Geistesthätigkeit abgegeben wird.

E. I, 64 Abs. 2 u. 3; II, 79; III, 101.

1. Die Willenserklärung eines Geschäftsunfähigen (s. § 104) vermag eine rechtliche Wirkung überhaupt nicht herbeizuführen, sie ist nichtig. Ueber die Bedeutung der Nichtigkeit im Gegensatze zu anderen Arten der Fehlerhaftigkeit s. oben (Einl. zum Abschnitt „Rechtsgeschäfte" unter V, 2). Die Nichtigkeit besteht Jedermann gegenüber, auch solchen Betheiligten gegenüber, welche von der Geschäftsunfähigkeit des Handelnden keine Kenntniß hatten. Eine solche Unkenntniß wird dem Kinde gegenüber selten, leichter dagegen dem Geisteskranken oder Entmündigten gegenüber vorkommen. Auch notarielle Beurkundung kann natürlich, wie Cosack (Bd. 1 § 55 I, 6) besonders hervorhebt, die Verträge der Geschäftsunfähigen nicht gültig machen.

Nichtig sind nach § 105 die Willenserklärungen eines Geschäftsunfähigen und damit, da die Willenserklärung wesentliches Thatbestandselement jedes Rechtsgeschäfts ist, alle Rechtsgeschäfte des Geschäftsunfähigen.

Ausnahmsweise kann das Testament eines Entmündigten gültig werden, wenn die Voraussetzungen des § 2230 vorliegen. Vgl. auch für die Ehe § 1325 Abs. 2. Andere Ausnahmen hat das Gesetz aber nicht zugelassen.

Die Anträge, welche darauf ausgingen, wenigstens für die Annahme von Schenkungen eine Ausnahme zuzulassen, drangen nicht durch. Es bleibt also dabei, daß z. B. die Annahme der üblichen kleinen Geschenke durch Kinder nichtig ist, selbst wenn das Kind im konkreten Falle nach seiner geistigen Entwickelung die Bedeutung dieses Willensaktes wohl zu erfassen vermöchte. Die M. I, 130 sagen, es bestehe kein Bedürfniß, die Regel zu Gunsten von Schenkungen zu durchbrechen, weil die Annahme der einem Geschäftsunfähigen zugedachten Schenkung nicht bloß durch den gesetzlichen Vertreter, sondern auch durch einen Dritten „im Wege der Geschäftsführung ohne Auftrag“ (s. E. I §§ 123, 124, jetzt BGB. §§ 177, 178) erfolgen könne. Letzteres Ersatzmittel ist aber bei seiner Schwerfälligkeit doch von fraglichem Werthe.

Es ist in doppelter Hinsicht wohl darauf zu achten, daß § 105 sich nur mit den von einem Geschäftsunfähigen abgegebenen Willenserklärungen befaßt. Die Nichtigkeit bezieht sich grundsätzlich nicht:

a) auf den Empfang empfangsbedürftiger Willenserklärungen; die dem Geschäftsunfähigen gegenüber abgegebene Willenserklärung kann wirksam werden, wenn sie dem gesetzlichen Vertreter zugeht (§ 131);

b) auf solche Rechtshandlungen, bei welchen eine Willenserklärung überhaupt nicht wesentliches Element des Thatbestandes ist. Der Geschäftsunfähige kann daher eine auftragslose Geschäftsführung vornehmen, nur haftet er daraus lediglich nach Maßgabe des § 682. Rehbein (Komm. Bd. 1 S. 104) sagt zwar, die negotiorum gestio sei „sicher ein Rechtsgeschäft“. Das ist aber wohl nicht zutreffend (s. oben Einl. zum Abschnitt „Rechtsgeschäfte“ unter IV, 2). Der Geschäftsunfähige kann ferner finden (§ 965; vgl. Bem. 2 zu § 965), einen Schatz entdecken (§ 984), durch Spezifikation Eigenthum erwerben (§ 950; vgl. Bem. 5 zu § 950). Er kann unter Umständen auch eine bloße Besitzerwerbshandlung vornehmen, insofern er dazu lediglich der Erlangung der thatsächlichen Gewalt über die Sache bedarf (§ 854) und die Erlangung der thatsächlichen Gewalt sehr wohl auch z. B. bei einem sechsjährigen Kinde oder bei einem Entmündigten — selbst gegen den Willen des gesetzlichen Vertreters — denkbar ist. (Vgl. hiezu Bem. 2, c zu § 854.) Der geschäftsunfähige Besitzer ist auch gegen verbotene Eigenmacht geschützt.

Aber der Geschäftsunfähige kann nicht derelinquiren (§ 959) und m. E. auch nicht occupiren, was freilich sehr bestritten ist. Cosack z. B. (Lehrbuch § 203) lehrt, die Aneignung könne auch von einem Geschäftsunfähigen gültig vorgenommen werden. Dem ist aber entgegenzuhalten, daß das BGB. zur Aneignung eben nicht nur die Herstellung des natürlichen Gewaltverhältnisses erfordert, welches allerdings „facti, non iuris est“, sondern das „Nehmen in Eigenbesitz“ (§ 958). Dieses Nehmen in Eigenbesitz ist doch wohl eine auf eine Veränderung in der Rechtswelt gerichtete Willensbethätigung, also eine Willenserklärung im technischen Sinne.

Die Begründung bezw. Aufhebung des Wohnsitzes durch einen Geschäftsunfähigen ohne Willen des gesetzlichen Vertreters ist nach § 8 unmöglich, obwohl es sich dabei nicht um die Vornahme von Rechtsgeschäften handelt; vgl. Bem. zu § 8.

2. Der Geschäftsunfähige ist rechtsfähig. Seine Rechte werden regelmäßig wahrgenommen durch einen gesetzlichen Vertreter (Inhaber der elterlichen Gewalt, Vormund oder Pfleger). Dieser muß die Rechtsgeschäfte für den Geschäftsunfähigen vornehmen, die Willenserklärungen für ihn abgeben. Seine Willenserklärungen und die ihm gegenüber abgegebenen Willenserklärungen wirken unmittelbar für und gegen den Geschäftsunfähigen (§ 164). Durch bloße Zustimmung (Konsens) des gesetzlichen Vertreters werden die Geschäfte des Geschäftsunfähigen nicht wirksam; der Vertreter muß dessen Geschäfte vielmehr selbst abschließen. Zu beachten ist die Vorschrift des § 181, wonach ein Vertreter, soweit ihm nicht ein Anderes gestattet ist, im Namen des Geschäftsunfähigen mit sich im eigenen Namen oder als Vertreter eines Dritten ein Rechtsgeschäft nicht vornehmen kann, es sei denn, daß das Rechtsgeschäft ausschließlich in der Erfüllung einer Verbindlichkeit besteht. In Fällen dieser Art kann jedoch dem Geschäftsunfähigen gemäß § 1909 ein Pfleger aufgestellt werden, welcher dann die Befugnisse eines gesetzlichen Vertreters ausübt (s. § 1915) und mit dem wahren gesetzlichen Vertreter kontrahiren kann. Auch in anderen Fällen kann das Bedürfniß nach einer Pflegschaft hervortreten; z. B. kann einem geisteskranken, aber noch nicht entmündigten Ehegatten zur Vertretung im Scheidungsprozesse ein Pfleger bestellt werden (vgl. Bem. 3, e zu § 1569). Ein volljähriger Geistes-

kranker, dessen Entmündigung bereits beantragt ist, kann auch, wenn die Voraussetzungen des § 1906 vorliegen, unter vorläufige Vormundschaft gestellt werden; s. auch FG. §§ 52, 57 Nr. 2, 60 Nr. 5, 61.

Möglich ist auch, daß Dritte ohne Vertretungsmacht für den Geschäftsunfähigen Rechtsgeschäfte abschließen. Die Wirksamkeit bestimmt sich dann nach Maßgabe der §§ 177, 178.

3. Unter Umständen können die thatsächlichen Folgen, welche das nichtige Rechtsgeschäft eines Geschäftsunfähigen gehabt hat, die Grundlage für eine Rückforderungsklage wegen ungerechtfertigter Bereicherung werden. Es ist aber immer genau darauf zu achten, ob deren Voraussetzungen (s. §§ 812 ff., 818) wirklich vorliegen. Sie liegen z. B. dann nicht vor, wenn der Geschäftsunfähige sich des Erwerbes, den er mittels nichtigen Rechtsgeschäfts thatsächlich gemacht hat, auf irgend eine Weise wieder entledigt hat; der Geschäftsunfähige wird durch den Erwerb aus nichtigem Rechtsgeschäfte zu nichts verpflichtet. So auch Rehbein (Komm. Bd. 1 S. 104). Vgl. RGE. Bd. 32 S. 319 ff. (preußisches Recht).

4. Durch Abs. 2 wird auch die Willenserklärung, die im Zustande der Bewußtlosigkeit oder vorübergehender Störung der Geistesthätigkeit abgegeben wird, als nichtig erklärt. Zu den Zuständen, von welchen hier gesprochen wird, gehören nicht nur pathologische Erscheinungen, wie transitorisches und circuläres Irrsein, hochgradige Hysterie oder Neurasthenie, epileptische Anfälle, Somnambulismus, Delirium, Fieber, sondern auch der natürliche Schlaf und die Hypnose (auch das sog. „Trance" der Medien?). Auch der Zustand hochgradiger Trunkenheit ist hieher zu rechnen. Schon oben (Bem. zu § 6 unter B, I, 4, g) wurde übrigens darauf hingewiesen, daß man es beim circulären Wahnsinn thatsächlich sehr oft nicht mit einer vorübergehenden krankhaften Störung, sondern mit chronischer und unheilbarer Erkrankung zu thun hat.

Das Gesetz sagt nicht, daß die durch Abs. 2 getroffenen Zustände geschäftsunfähig machen. Aber die wichtigste Wirkung der Geschäftsunfähigkeit tritt auch bei ihnen ein. Die in diesem Zustande abgegebene Willenserklärung ist nichtig. Denn auch diese Zustände schließen, solange sie dauern, die sog. „freie" d. h. normale Willensbestimmung aus. Vgl. auch oben Bem. zu § 6 und Bem. 4 zu § 104.

In anderer Beziehung sind die Bewußtlosen oder in der Geistesthätigkeit vorübergehend Gestörten den Geschäftsunfähigen nicht gleichgestellt; in anderer Beziehung handelt es sich ja regelmäßig nicht um ein Handeln, welches eine normale Willensbethätigung für den Moment erfordert. Es ist daher ganz natürlich, daß z. B. ein Nachtwandler zum Vormund ernannt werden kann (§ 1780), daß ein Auftrag dadurch nicht erlischt, daß der Auftraggeber in Delirium geräth (§ 672) u. s. w.

Auch bezüglich der Entgegennahme von Willenserklärungen sind die Bewußtlosen und die vorübergehend in der Geistesthätigkeit Gestörten den Geschäftsunfähigen nicht gleichgestellt. Ihnen gegenüber können Willenserklärungen wirksam abgegeben werden. S. Bem. zu § 131.

5. Für die Uebergangszeit ist Art. 155 EG. zu beachten. S. Bem. hiezu in Bd. 6.

§ 106.

Ein Minderjähriger, der das siebente Lebensjahr vollendet hat, ist nach Maßgabe der §§ 107 bis 113 in der Geschäftsfähigkeit beschränkt.

E. I, 65 Abs. 1; II, 80; III, 102.

1. Bisheriges Recht. Im älteren römischen Rechte begann die Mündigkeit mit der Pubertät, welche beim männlichen Geschlechte mit der Vollendung des vierzehnten, beim weiblichen mit der Vollendung des zwölften Lebensjahrs als eingetreten galt. Ulp. fragm. XI § 28; pr. J. 1, 22. Die impuberes infantia maiores konnten sine auctoritate (Mitwirkung, nicht bloßer Konsens!) tutoris ihre rechtliche Lage nicht verschlechtern, wohl aber sich durch eigene Handlungen berechtigen. Der Ehe und der Testamentserrichtung waren sie unfähig. Auf die Autorität von Julian hin (l. 4 § 26 D. 44, 4) wurden sie als deliktsfähig erachtet, wenn sie pubertati proximi waren.

Andere Minderjährige — puberes minores XXV annis — wurden nach der römischrechtlichen geschichtlichen Entwickelung erst im Laufe der Zeit von den Vollmündigen unterschieden. Sie waren ehe-, testaments- und deliktsfähig.

Die deutsche Reichspolizeiordnung von 1548 ordnete an, daß allen Pupillen und Minderjährigen bis zur Vogtbarkeit Vormünder aufgestellt werden sollten. Ein Unterschied zwischen impuberes infantia maiores und den puberes minores XXV annis bestand nun in der Verkehrsfähigkeit nicht mehr. Beide Klassen konnten selbständig erwerben, im Uebrigen aber ohne Konsens des Vormundes keine Geschäfte vornehmen. Der Mangel des

Konsenses konnte durch nachträgliche Genehmigung mit Wirkung ex tunc geheilt werden.

Nähere Bestimmungen über Minderjährigkeit und Vormundschaft trafen dann die Partikularrechte.

Nach bayrischen und oberpfälzischen Rechten dauerte im Gegensatze zum gemeinen Rechte die Minderjährigkeit nur „bis zur Erfüllung des einundzwanzigsten Jahres". BLR. Thl. I cap. 7 §§ 1—36. Vgl. auch Thl. I cap. 3 § 2 Nr. 11.

PLR. Thl. I Tit. 4 §§ 21, 22; Tit. 5 §§ 9 ff., 37, 38, 192; Thl. II Tit. 2 §§ 136, 137; Tit. 18 § 247. — Sächsisches GB. §§ 81, 787, 1822, 1911.

Ueber das eigenartige System des cod. civ. (art. 457, 484, 1124, 1304, 1305), sowie über den bayrischen, hessischen und Dresdener Entw. s. M. I, 132 f. Nach französischem und badischem Rechte wurden Minderjährige durch die Verehelichung kraft des Gesetzes emanzipirt. Dem BGB. ist dieses, wie die französische Emanzipation überhaupt, unbekannt.

Das RG. vom 17. Februar 1875 setzte schon das Alter der Großjährigkeit allgemein auf das vollendete einundzwanzigste Lebensjahr fest.

In Preußen erging am 12. Juli 1875 ein eigenes Gesetz, betreffend die Geschäftsfähigkeit der Minderjährigen. Hierüber M. I, 132.

2. Bei der Neuordnung durch das BGB.*) wurden folgende prinzipiell einschneidende Anträge abgelehnt:

a) alle Minderjährigen ohne Unterschied des Alters (also auch Kinder) unter der Bezeichnung „Unmündige" den gleichen Rechtsregeln zu unterstellen (P. I, 46 ff.; ZG. I, 52, 111; vgl. auch Strohal in Iherings Jahrb. f. Dogm. Bd. 28 S. 344 ff.);

b) einen Satz aufzunehmen des Inhaltes: „Heirath macht mündig". Der nunmehrige Standpunkt des Gesetzes, wonach Heirath nicht mündig macht (aber Ehemündigkeit als Folge der Volljährigkeitserklärung eintritt), ist ausführlich begründet in M. I, 57 ff. Dazu P. I, 52; ZG. I, 54. Vgl. Bd. 4 Bem. 1 zu § 1631, Einl. z. 6. Titel Ziff. 9, a.

Ganz beseitigt ist das Institut der Wiedereinsetzung in den vorigen Stand. Begründung M. I, 292 ff.

3. Das BGB. handelt in den §§ 106—115 im Gegensatze zu den §§ 104, 105, in welchen von der völligen Geschäftsunfähigkeit die Rede ist, von der beschränkten Geschäftsfähigkeit. Es giebt Kategorien von Personen, bei welchen die Fähigkeit eines vernünftigen rechtlichen Wollens in dem Maße vorhanden ist, daß die Rechtsordnung unmöglich diesem Wollen ihre Anerkennung schlechthin versagen kann, bei welchen aber wegen ihres jugendlichen Alters oder besonderer Veranlagung jene Fähigkeit regelmäßig doch nicht der des erfahrenen und normal veranlagten, zielbewußt Handelnden gleichkommt, so daß es in ihrem eigenen Interesse gelegen ist, wenn die Rechtsordnung auf ihre Willensäußerungen den gewollten Erfolg nur innerhalb bestimmter Schranken eintreten läßt.

Zu diesen Personen gehören vor Allem diejenigen Minderjährigen d. h. noch nicht Volljährigen, welche das siebente Lebensjahr bereits vollendet haben (Berechnung nach § 187 Abs. 2). Sie werden in den §§ 107—113 „Minderjährige" schlechthin genannt im Gegensatze zu den geschäftsunfähigen Kindern unter sieben Jahren. Sie sind, wie die M. I, 131 sagen, zwar willenskräftig, besitzen aber noch nicht denjenigen Grad geistiger Reife und geschäftlicher Erfahrung, welcher erforderlich ist, um ungefährdet im Rechtsverkehr selbständig auftreten zu können.

Für die Minderjährigkeit, welche gleichsam den Musterfall beschränkter Geschäftsfähigkeit bildet, entwickelt das Gesetz die Rechtssätze, welche der Geschäftsfähigkeit zum Schutze des Handelnden Schranken ziehen. Durch § 114 werden dann den Minderjährigen in Ansehung der Geschäftsfähigkeit eine Reihe von Volljährigen gleichgestellt, nämlich die wegen Geistesschwäche, Verschwendung oder wegen Trunksucht Entmündigten oder nach § 1906 unter vorläufige Vormundschaft Gestellten.

4. Dem rechtlichen Wollen der Personen Schranken zu ziehen, ist nur insoweit nothwendig und zweckentsprechend, als durch diese Schranken verhindert wird, daß jene Personen durch ihre Rechtsgeschäfte sich selbst benachtheiligen. Darum unterscheidet auch das Gesetz zwischen solchen Rechtsgeschäften, welche dem Minderjährigen oder wegen anomaler Veranlagung Entmündigten lediglich vortheilhaft sind, und Rechtsgeschäften anderer Art. Nur hinsichtlich der letzteren bestehen die Schranken, hinsichtlich ersterer besteht volle Geschäftsfähigkeit. Wo ein Schutz erforderlich ist, wird er nach dem BGB. dadurch erreicht, daß der Geschäftsbeschränkte zur Willenserklärung der Einwilligung des gesetzlichen Vertreters bedarf. Mangelt diese, so gestaltet sich die Rechtslage wiederum

*) Vgl. Süßheim, Die Altersstufen des BGB. in Gruchot, Beitr. Bd. 45 S. 53 ff.; Goering, Das Recht der Minderjährigen und Entmündigten nach dem 1. Jan. 1900.

verschieden, je nachdem es sich um ein einseitiges (§ 111) oder um ein zweiseitiges (§§ 108—110) Rechtsgeschäft handelt. Ohne Rücksicht auf Einseitigkeit oder Zweiseitigkeit des Geschäfts wird mit Rücksicht darauf, daß unter den heutigen sozialen Verhältnissen auch der Minderjährige häufig genöthigt ist, selbständig ein Erwerbsgeschäft zu betreiben oder in ein Dienst- oder Arbeitsverhältniß zu treten, dem Geschäftsbeschränkten ausnahmsweise für Geschäfte dieser Art unter bestimmten Voraussetzungen volle Geschäftsfähigkeit zugestanden (§§ 112, 113).

5. Ueber die gesetzliche Vertretung des Minderjährigen gilt bezüglich der Person des gesetzlichen Vertreters und ihrer Pflichten dasselbe wie über die des noch nicht siebenjährigen Kindes. S. §§ 1626, 1630, 1684, 1707, 1773 ff., 1793 ff.

6. Außer den §§ 107—113 geben noch eine Reihe von anderen Vorschriften Spezialnormen über die Rechtsstellung der in der Geschäftsfähigkeit Beschränkten. Vgl. BGB. §§ 8, 131 Abs. 2, 206, 682, 828 Abs. 2 (Deliktsfähigkeit); 1304, 1331, 1336; 1437 Abs. 2, 1508; 2229, 2230, 2247, 2275, 2347, 2351. — CPO. §§ 52, 232, 473, 612, 641 Abs. 2. — Für Bayern s. auch AG. Art. 109.

Im Uebrigen siehe über die Altersstufen in Bezug auf einzelne Rechtsgeschäfte oben Bem. zu § 2 unter III.

7. Studirende Minderjährige nehmen hinsichtlich ihrer Geschäftsfähigkeit keine Sonderstellung mehr ein, sondern werden wie andere Minderjährige behandelt. M. I, 145. In Bayern hatten überhaupt keine besonderen Vorschriften für die Studirenden bestanden, in anderen Staaten, wie in Preußen (Gesetz vom 29. Mai 1879), sind sie wieder beseitigt.

8. Für Angehörige landesherrlicher und diesen gleichgestellter Familien bleiben gemäß Art. 57 EG. die besonderen Vorschriften ihrer Hausverfassungen oder der Landesgesetze in Kraft. Danach endigt bei ihnen die Minderjährigkeit häufig schon mit Vollendung des achtzehnten Lebensjahrs. Vgl. bayrische Verfassungsurkunde Tit. II § 7 und Familienstatut Tit. IX § 1; preußische Verfassungsurkunde Art. 54 Abs. 1; sächsisches Hausgesetz § 61. Für die vormals reichsständischen und diesen gleichgestellten Familien bleiben die Landesgesetze und Hausverfassungen nur „in Ansehung der Familienverhältnisse und der Güter" bestehen. EG. Art 58, bezüglich der Geschäftsfähigkeit unterstehen sie also dem Reichsrecht.

9. Für die Uebergangszeit s. über die Rechtsstellung derer, die zur Zeit des Inkrafttretens des BGB. nicht das einundzwanzigste Lebensjahr vollendet haben, aber für volljährig erklärt sind oder sonst die rechtliche Stellung eines Volljährigen erlangt haben, sowie der nach französischem oder badischem Rechte Emanzipirten oder aus der Gewalt Entlassenen, ferner der wegen Verschwendung Entmündigten die Art. 153, 154, 156 EG. und die Bem. hiezu in Bd. 6.

10. Ueber die Behandlung Minderjähriger im internationalen Privatrechte s. EG. Art. 7, 27, 29 und die Bem. hiezu in Bd. 6.

§ 107.

Der Minderjährige bedarf zu einer Willenserklärung, durch die er nicht lediglich einen rechtlichen Vortheil erlangt, der Einwilligung seines gesetzlichen Vertreters.

E. I, 65 Abs. 2 u. Abs. 3 Satz 1; II, 81; III, 103.

1. Die Frage, wer gesetzlicher Vertreter des Minderjährigen sei, wird im Familienrechte behandelt. S. die §§ 1627, 1630, 1680, 1684, 1686, 1707, 1773 ff., 1793 ff., 1915.

Der gesetzliche Vertreter kann kraft der ihm zustehenden Vertretungsmacht auch selbst für den Minderjährigen handeln. Seine Willenserklärung wirkt dann unmittelbar für und gegen den vertretenen Minderjährigen (§ 164). Jedoch bedarf der gesetzliche Vertreter zu einer Reihe von Rechtsgeschäften für den Minderjährigen der Einwilligung des Vormundschaftsgerichts (s. § 1643 für den Vater, §§ 1821, 1822 für den Vormund), und, wenn er Vormund ist, unter Umständen auch des Gegenvormundes (§§ 1812, 1813). In solchen Fällen muß, auch wenn der Minderjährige selbst mit Einwilligung des gesetzlichen Vertreters handelt, damit das Rechtsgeschäft wirksam sei, zur Einwilligung des gesetzlichen Vertreters noch die Genehmigung des Vormundschaftsgerichts (bezw. des Gegenvormundes) hinzutreten. S. M. IV, 1136. Es kann also die Einwilligung des gesetzlichen Vertreters selbst wiederum zustimmungsbedürftig sein. Vgl. §§ 1828—1832.

2. Unter Einwilligung versteht das Gesetz die vorherige Zustimmung. Auch gleichzeitige Zustimmung muß indessen genügen. Die Einwilligung ist eine einseitige,

empfangsbedürftige, formlose und bis zur Vornahme des Rechtsgeschäfts, zu welchem sie erfolgt, regelmäßig frei widerrufliche Willensäußerung. Sie kann sowohl dem Minderjährigen als auch dem anderen Theile gegenüber erklärt werden. Sie kann beiden Theilen gegenüber auch stillschweigend erfolgen. Näheres über sie s. in den Bem. zu den §§ 182, 183.

Hat der gesetzliche Vertreter seine vorherige oder gleichzeitige Zustimmung ertheilt, so ist das Rechtsgeschäft voll wirksam, wie wenn es ein voll Geschäftsfähiger vorgenommen hätte. Hat er sie nicht ertheilt, so sind die Folgen verschieden, je nachdem es sich um einen Vertrag (§§ 108—110) oder um ein einseitiges Rechtsgeschäft (§ 111) handelt.

3. Nur zu Willenserklärungen, durch welche der Minderjährige nicht lediglich einen rechtlichen Vortheil erlangt, ist die Einwilligung des gesetzlichen Vertreters nothwendig. Er bedarf aber der Einwilligung nicht nur zu solchen Geschäften, die ihn unmittelbar belasten, sondern auch zu solchen, die für ihn belastend werden können, wobei wiederum nicht der schließliche wirthschaftliche Erfolg, sondern die juristische Natur des Geschäfts entscheidend ist. Der Kreis der nicht einwilligungsbedürftigen Rechtsgeschäfte ist damit sehr enge gezogen. Zu ihm gehören zunächst nur die Annahme von Schenkungen, Schulderlassen und unbelasteten Vermächtnissen, ferner auch die Okkupation. Alle gegenseitigen Verträge sind nach § 107 einwilligungsbedürftig, selbst die Auftragsertheilung, durch welche nur eventuelle Verpflichtungen begründet werden. Auch belastende einseitige Rechtsgeschäfte kann der Minderjährige nicht selbständig vornehmen; durch Erbschaftsannahme begiebt er sich in eine Haftung, die Ausschlagung der Erbschaft kann ihm nachtheilig werden; er kann nicht ohne Einwilligung des gesetzlichen Vertreters von einem Vertrage zurücktreten, verzichten, kündigen, bevollmächtigen, widerrufen; ferner nicht dereliquiren; auch nicht eine Ehe eingehen (ausdrücklich gesagt in § 1304; vgl. aber auch § 1336 Abs. 1 Satz 2); endlich auch nicht die Vaterschaft zu einem unehelichen Kinde anerkennen, s. Bayr. Oberst. LG. n. F. Bd. 2 (1902) S. 549 ff.

4. Die Fassung des jetzigen § 107 war im E. I (§ 65) eine andere. Dort wurden als nicht einwilligungsbedürftig solche Geschäfte bezeichnet, durch welche der Minderjährige „lediglich Rechte erwirbt oder lediglich von Verbindlichkeiten befreit wird". In der II. Komm. wurde diese Kennzeichnung der einwilligungsbedürftigen Geschäfte zu eng befunden. Abgelehnt wurde der Vorschlag, als die einwilligungsbedürftigen diejenigen Rechtsgeschäfte zu erklären, „welche zur Minderung oder Belastung des Vermögens des Minderjährigen führen können", womit familienrechtliche Geschäfte von vornherein ausgenommen werden sollten. Die II. Komm. nahm jedoch, wie aus den P. I, 59 hervorgeht, ausdrücklich an, daß keineswegs alle familienrechtlichen Geschäfte von der Regel des (jetzigen) § 107 auszunehmen seien. Gerade die oben erwähnte Eingehung der Ehe z. B. hat auch vermögensrechtliche Folgen, wenn auch ihre Hauptbedeutung nicht auf vermögensrechtlichem Gebiete liegt.

Immerhin paßt der § 107 nicht recht auf solche Rechtsgeschäfte, welche gar keinen vermögensrechtlichen Charakter haben oder bei welchen das vermögensrechtliche Interesse nur ein ganz entferntes ist, auf welche also die Begriffe vortheilhaft und nachtheilig nicht anzuwenden sind, so z. B. auf Anerkennung der Ehelichkeit. Für diese Geschäfte bestimmen eine Reihe von Sondervorschriften, daß der in der Geschäftsfähigkeit Beschränkte sie ohne Einwilligung des gesetzlichen Vertreters vornehmen kann. Beispiele: §§ 1595, 1598, 1748 Abs. 2, 1755, 2229, 2230, 2347 Abs. 2.

Ueber die Anwendbarkeit des § 107 auf das Verlöbniß s. Vorbem. III, a vor § 1297.

Von Vortheil oder Nachtheil kann auch dann nicht die Rede sein, wenn das Rechtsgeschäft materiell gar nicht den in der Geschäftsfähigkeit Beschränkten angeht, wenn dieser als Vertreter auftritt. Diesen Fall regelt § 165.

5. Was nicht rechtsgeschäftliche Rechtshandlungen betrifft, so ist hervorzuheben, daß nach § 8 der in der Geschäftsfähigkeit Beschränkte ohne den Willen seines gesetzlichen Vertreters einen Wohnsitz weder begründen noch aufheben kann. Hellmann (Vortr. S. 72) behauptet, daß der in seiner Geschäftsfähigkeit Beschränkte zur negotiorum gestio (die er eine „Willensverwirklichung" nennt) der Einwilligung des gesetzlichen Vertreters bedürfe. Nach unserer Auffassung bedarf er zur auftragslosen Geschäftsführung, welche ja kein Rechtsgeschäft ist, an sich jener Einwilligung nicht; auch wo Einwilligung fehlt, liegt eine Geschäftsführung im Sinne des § 677 vor und entstehen Verpflichtungen für den Geschäftsherrn (§§ 683, 684). Nur ist in diesem Falle die Haftung des Geschäftsführers beschränkt nach Maßgabe des § 682.

6. Für Bayern ist von dem Grundsatze des § 107 eine Ausnahme geschaffen durch bayrisches AG. Art. 109. Darnach können Minderjährige und andere in der Geschäftsfähigkeit beschränkte Personen ohne Einwilligung des gesetzlichen Vertreters bei einer öffentlichen Sparkasse Spareinlagen machen.

§ 108.

Schließt der Minderjährige einen Vertrag ohne die erforderliche Einwilligung des gesetzlichen Vertreters, so hängt die Wirksamkeit des Vertrags von der Genehmigung des Vertreters ab.

Fordert der andere Theil den Vertreter zur Erklärung über die Genehmigung auf, so kann die Erklärung nur ihm gegenüber erfolgen; eine vor der Aufforderung dem Minderjährigen gegenüber erklärte Genehmigung oder Verweigerung der Genehmigung wird unwirksam. Die Genehmigung kann nur bis zum Ablaufe von zwei Wochen nach dem Empfange der Aufforderung erklärt werden; wird sie nicht erklärt, so gilt sie als verweigert.

Ist der Minderjährige unbeschränkt geschäftsfähig geworden, so tritt seine Genehmigung an die Stelle der Genehmigung des Vertreters.

E. I, 65 Abs. 3 Satz 2 und Abs. 5, 6; II, 82; III, 104.

§ 109.

Bis zur Genehmigung des Vertrags ist der andere Theil zum Widerrufe berechtigt. Der Widerruf kann auch dem Minderjährigen gegenüber erklärt werden.

Hat der andere Theil die Minderjährigkeit gekannt, so kann er nur widerrufen, wenn der Minderjährige der Wahrheit zuwider die Einwilligung des Vertreters behauptet hat; er kann auch in diesem Falle nicht widerrufen, wenn ihm das Fehlen der Einwilligung bei dem Abschlusse des Vertrags bekannt war.

E I, 65 Abs. 4; II, 83; III, 105.

Gemeinsame Bemerkungen zu den §§ 108 u. 109.

1. Grundgedanke. Die §§ 108 u. 109 bestimmen die Rechtslage, welche eintritt, wenn der Minderjährige dem Gebote des § 107 zuwider ohne Einwilligung d. h. ohne vorherige oder gleichzeitige Zustimmung seines gesetzlichen Vertreters eine Willenserklärung abgiebt, für den Fall des Vertrags und zwar nur für solche Verträge, durch welche der Minderjährige nicht lediglich einen rechtlichen Vortheil erlangt (§ 107).

Die gesetzgeberische Aufgabe war, einerseits den Minderjährigen vor dem Abschluß ihm nachtheiliger Verträge zu bewahren, andererseits ihm aber doch nicht durch einfache Nichtigkeitserklärung seiner Verträge die Vortheile aus solchen Geschäften zu versagen, die für ihn wirthschaftlich günstig sind oder sonst sein Bestes befördern. Das Gesetz erreicht dies dadurch, daß es einen Zustand sog. schwebender Unwirksamkeit eintreten läßt (s. hierüber oben in der Einl. vor diesem Titel unter V, E, 4). Der Vertrag ist nicht nichtig, sondern besteht. Er ist vorläufig unwirksam, kann aber durch Genehmigung (= nachträgliche Zustimmung, § 184) des gesetzlichen Vertreters mit rückwirkender Kraft zu voller Wirksamkeit gelangen. Während jedoch grundsätzlich in Fällen schwebender Unwirksamkeit beide Betheiligte während der Schwebezeit an das Geschäft bereits gebunden sind (vgl. Crome, System Bd. 1 S. 351), trifft dies hier nicht zu. Der Gegenkontrahent des Minderjährigen soll bis zur Genehmigung nicht einseitig an den Vertrag gebunden sein. Er hat vielmehr ein Widerrufsrecht nach Maßgabe des § 109. Dieses Widerrufsrecht steht ihm aber nur zu, wenn er beim Vertragsschlusse gutgläubig war d. h. entweder an die Volljährigkeit des Minderjährigen oder auf dessen Versicherung an die geschehene Einwilligung seines gesetzlichen Vertreters geglaubt hat.

Das modifizirte Widerrufsrecht des Gegenkontrahenten erklärt sich lediglich aus billiger Rücksichtnahme auf seine Interessen, nicht etwa aus einer konstruktiven Nothwendigkeit.

Das römische Recht war auf einem anderen Standpunkt und hatte eine einseitige Verpflichtung und damit auch eine Gebundenheit des Gegenkontrahenten an den Vertrag angenommen (l. 13 § 29 D. 19, 1; vgl. auch pr. J. 1, 21; l. 7 § 1 D. 18, 5). Das Geschäft des Minderjährigen war also ein „hinkendes", ein negotium claudicans (nicht quellenmäßiger Ausdruck). Darüber namentlich Brandis in der Zeitschr. f. Civilrecht und Prozeß Bd. 7 S. 133 ff. und Bechmann, Der Kauf Bd. 2 S. 183 ff.

Nach dem BGB. ist das Geschäft nur „hinkend“ für den Fall, daß der Gegenkontrahent des Minderjährigen dessen Minderjährigkeit oder die Unwahrheit der behaupteten Einwilligung des gesetzlichen Vertreters gekannt hat, und auch hier „hinkend“ nur in dem Sinne, daß die rechtliche Wirksamkeit des Geschäfts lediglich mehr von Belieben des gesetzlichen Vertreters abhängt, nicht in dem Sinne, daß, wenn das Geschäft definitiv wirksam ist, dann nur eine einseitige Verpflichtung bestände.

Der gesetzliche Vertreter ist während der Schwebezeit natürlich nicht an das Geschäft gebunden, weil er nach Belieben die Genehmigung verweigern kann. Es ist aber nicht ganz zutreffend, wenn Crome (System Bd. 1 S. 366) schlechthin auch die Gebundenheit des in der Geschäftsfähigkeit Beschränkten verneint, weil dieser sich überhaupt nicht binden könne. Denn der Minderjährige hat durch sein eigenes Handeln bereits ein Recht erworben, welches schon existirt und nur in seiner Wirksamkeit davon abhängig ist, daß der gesetzliche Vertreter genehmigt und der andere Theil nicht vorher widerruft. Der Minderjährige kann daher selbst nicht zurücktreten, da er dadurch ein Recht aufgeben würde; er vermag an der einmal geschaffenen Rechtslage nichts mehr zu ändern. In diesem Sinne auch M. I, 134.

Die Vorschriften des BGB. schließen sich in der Hauptsache an das Vorbild des preußischen Gesetzes vom 12. Juli 1875, betreffend die Geschäftsfähigkeit der Minderjährigen an.

2. Das Wirksamwerden des Vertrags hängt, vom eventuellen Widerrufsrechte des Gegenkontrahenten abgesehen, vom Willen des gesetzlichen Vertreters ab. Es ist aber zu beachten, daß der gesetzliche Vertreter seine Genehmigung zwar in allen Fällen nach Belieben verweigern, aber nicht in allen Fällen nach freiem Belieben ertheilen kann. Zur Ertheilung bedarf er nämlich in gewissen Fällen der Genehmigung des Vormundschaftsgerichts, eventuell auch des Gegenvormundes. Steht diese Genehmigung noch aus, ertheilt aber der gesetzliche Vertreter trotzdem seine Genehmigung zu dem Geschäfte, so hängt die Wirksamkeit des Vertrags von der nachträglichen Zustimmung des Vormundschaftsgerichts (bezw. des Gegenvormundes) ab. Vgl. die §§ 1643 Abs. 3 und 1828–1832, sowie Bem. 1 zu § 107.

Im Falle der Genehmigung wird der Vertrag so angesehen, als ob er von Anfang an voll wirksam gewesen wäre; denn die Genehmigung wirkt nach § 184 auf den Zeitpunkt der Vornahme des Rechtsgeschäfts zurück, „soweit nicht ein Anderes bestimmt ist“. Ist aber durch die Genehmigungserklärung selbst „etwas Anderes bestimmt“, so liegt, wie auch Windscheid-Kipp, Bd. 1 S. 282 annimmt, nur eine beschränkte Genehmigung vor, welche der Verweigerung der Genehmigung gleich zu achten sein dürfte. Durch die Rückwirkung werden diejenigen Verfügungen nicht unwirksam, die vor der Genehmigung über den Gegenstand des Rechtsgeschäfts von dem gesetzlichen Vertreter getroffen worden oder im Wege der Zwangsvollstreckung oder der Arrestvollziehung oder durch den Konkursverwalter erfolgt sind.

Der Vertrag kommt nicht erst durch die Genehmigung zu Stande. Schon mit der Schließung des Vertrags durch den Minderjährigen, sofern sie nur im Uebrigen den gesetzlichen Erfordernissen entspricht, sind die zur Existenz des rechtsgeschäftlichen Thatbestandes nothwendigen Voraussetzungen gegeben. Der Vertrag besteht. Die Genehmigung bildet nur, wie die M. I, 135 sagen, die mit rückwirkender Kraft ausgestattete Gesetzesbedingung für die Wirksamkeit des Vertrags. Vgl. auch Bem. zu § 184.

Regelmäßig kann die Willensäußerung des gesetzlichen Vertreters über die Genehmigung, sei sie Ertheilung oder Verweigerung, sowohl dem Minderjährigen als auch dem anderen Theile gegenüber erklärt werden. E. I § 65 Abs. 3 hatte nur letzteres zugelassen, also die allgemeine Regel des (jetzigen) § 182 Abs. 1 hier durchbrochen. Die jetzige Entscheidung hat gewiß den Vorzug größerer Billigkeit, die des E. I aber doch wohl den größerer Klarheit; denn jetzt werden, da die Genehmigung des gesetzlichen Vertreters gegenüber dem Minderjährigen ja auch stillschweigend, durch konkludentes Handeln erfolgen kann, sich leicht schwierige Thatfragen ergeben. Zudem wird dem Gegenkontrahenten die definitive Entscheidung der Rechtslage häufig gar nicht zum Bewußtsein gebracht werden, da er ja, wenn er keine Aufforderung ergehen läßt, weder durch den Minderjährigen selbst noch durch dessen gesetzlichen Vertreter Kenntniß davon zu erhalten braucht, daß letzterer dem Minderjährigen gegenüber den Vertrag genehmigt hat.

3. Wird die Genehmigung verweigert oder steht fest, daß sie nicht mehr ertheilt werden kann, so steht damit fest, daß der Vertrag niemals wirksam werden kann, daß es bei der Unwirksamkeit verbleibt.

4. Aufforderung zur Erklärung. Der „andere Theil“ hat häufig ein Interesse daran, daß die Schwebezeit nicht ins Ungemessene verlängert werde. Darum giebt ihm das Gesetz die Möglichkeit, durch eigene Initiative eine baldige Entscheidung herbeizuführen. Er kann nämlich den Vertreter zur Erklärung über die Genehmigung auf-

fordern. Diese Aufforderung, welche selbst eine einseitige, formlose, aber empfangsbedürftige und darum den Vorschriften der §§ 130, 131 unterliegende Willenserklärung ist, hat mehrfache rechtliche Folgen:

a) Von jetzt ab kann die Erklärung des gesetzlichen Vertreters über die Genehmigung, sei sie bejahend oder verneinend, nur mehr dem anderen Theile, nicht mehr dem Minderjährigen selbst gegenüber erfolgen.

b) Eine etwa schon vor der Aufforderung dem Minderjährigen gegenüber erfolgte nachträgliche Erklärung — und zwar Genehmigung oder Verweigerung — wird durch die Aufforderung unwirksam. Hier haben wir es mit einer richtigen restitutio in integrum zu thun, wenn ihr auch dieser Name fehlt. Es wird also einfach der Schwebezustand wiederhergestellt, sei es, daß der Vertrag durch Genehmigung gegenüber dem Minderjährigen bereits voll wirksam geworden war oder durch Verweigerung der Genehmigung dem Minderjährigen gegenüber bereits als unwirksam entschieden schien. Der „andere Theil" erscheint durch die neuerliche Infragestellung eines dem Anscheine nach bereits sicheren Rechtserfolgs deßhalb nicht als beschwert, weil er sie selbst durch seine Aufforderung herbeigeführt hat und volenti non fit iniuria. Aber auch der gesetzliche Vertreter, der sich einem bereits sicheren Rechtsgeschäfte (bezw. einer sicheren Unwirksamkeit) gegenüber sah, kann sein Interesse, das er — vielleicht mit Rücksicht auf inzwischen bereits anderweitig getroffene Dispositionen — an der Aufrechterhaltung des von ihm schon als sicher betrachteten Zustandes hat, dadurch wahren, daß er nun einfach dem anderen Theile gegenüber dieselbe Erklärung abgiebt, welche er bereits dem Minderjährigen gegenüber abgegeben hatte. Er hat also freie Hand.

Immerhin hat die Erneuerung des bereits beendeten Schwebezustandes einen so entschiedenen Ausnahmecharakter, daß es geboten ist, bei ihrer Zulassung nicht über den Wortlaut des Gesetzes hinauszugehen. Dieser Wortlaut spricht aber nur davon, daß eine vor der Aufforderung dem Minderjährigen gegenüber erklärte Genehmigung oder Verweigerung der Genehmigung unwirksam wird. Unter „Genehmigung" versteht aber das Gesetz nur die nachträgliche Zustimmung, während die vorherige Zustimmung in der Sprache des BGB. „Einwilligung" heißt. Auf den Fall einer vor der Aufforderung dem Minderjährigen gegenüber erklärten „Einwilligung" ist also die ganze Bestimmung nicht zu beziehen. In diesem Falle findet überhaupt der ganze § 108 keine Anwendung. Im Resultate übereinstimmend Planck zu § 108 unter 5 a unter Bezugnahme auf die Berathungen der II. Komm.; a. M. Endemann, Bd. 1 § 29 Anm. 32.

c) Nach der Aufforderung kann die Genehmigung nur bis zum Ablaufe von zwei Wochen nach dem Empfange der Aufforderung (s. § 130) erklärt werden. Diese Frist ist eine Ausschluß-(Präklusiv)frist. Nichterklärung gilt als Verweigerung d. h. es tritt dann definitive Unwirksamkeit ein.

5. Hat der andere Theil an den gesetzlichen Vertreter keine Aufforderung nach Abs. 2 ergehen lassen, so kann fraglich erscheinen, wie lange das Genehmigungsrecht des gesetzlichen Vertreters und damit der mögliche Schwebezustand dauert. Cosack (Lehrb. Bd. 1 § 55 II, 4, a) sagt, das Genehmigungsrecht des Gewalthabers gelte auch in diesem Falle „keineswegs in alle Ewigkeit; denn nach einiger Zeit werden sich die Umstände meist so geändert haben, daß dem Gegner der Vertrag nicht mehr gültig aufgedrängt werden darf; die Frist, mit deren Ablauf das Genehmigungsrecht des Gewalthabers in jedem Falle erlischt, ist nach den Umständen verschieden zu bestimmen". Demgegenüber dürfte doch der Endigungsgrund für das Genehmigungsrecht überhaupt nicht in einem Zeitablaufe zu erblicken sein — denn dafür bietet das Gesetz nicht den geringsten Anhalt —, sondern lediglich in der stillschweigenden Genehmigung, welche stets darin zu finden sein wird, daß der gesetzliche Vertreter der Vertragserfüllung ruhig zusieht und schweigt, obwohl er „loqui debuit ac potuit". Allerdings kommen Fälle vor, in denen der gesetzliche Vertreter vom Vertragsschlusse durch den Minderjährigen erst nach sehr langer Zeit erfährt. Aber in solchen Fällen wird man auch nicht sagen dürfen, daß nun sein Genehmigungsrecht durch Zeitablauf erloschen sei. Thatsächlich geschehene Leistungen können freilich nicht immer rückgängig gemacht werden (erzeugen jedoch unter bestimmten Voraussetzungen einen Bereicherungsanspruch), wohl aber hat unter Umständen der gesetzliche Vertreter immer noch ein dringendes Interesse daran, durch Verweigerung seiner Genehmigung ein Vertragsverhältniß sofort auflösen zu können; so z. B. wenn die minderjährige Person ohne Wissen des gesetzlichen Vertreters seit Jahren den ihrer Gesundheit schädlichen Dienst als Piccolo oder Kellnerin in einem Nachtcafé versieht.

6. Nach § 108 Abs. 3 geht mit dem Eintritte der unbeschränkten Geschäftsfähigkeit des Minderjährigen das Genehmigungsrecht auf ihn selbst über und zwar ausschließlich auf ihn. Der bisherige gesetzliche Vertreter verliert damit sein Genehmigungsrecht. Die vom anderen Theile ausgehende Aufforderung zur Erklärungsabgabe ist nunmehr an den bisher in der Geschäftsfähigkeit Beschränkten selbst zu richten.

Die Genehmigung eines von ihm selbst abgeschlossenen Geschäfts durch den unbeschränkt geschäftsfähig gewordenen Minderjährigen ist ein keiner Form bedürftiges Anerkenntniß. Vgl. § 8 des preußischen Gesetzes vom 12. Juli 1875. Man mag dieses Anerkenntniß auch Bestätigung nennen. Dabei ist aber zu beachten, daß nicht der Fall einer Bestätigung nach § 141 vorliegt, weil das Rechtsgeschäft nicht „nichtig" war.

Die gesetzliche Vertretung kann nicht nur durch Eintritt der unbeschränkten Geschäftsfähigkeit, sondern auch durch Tod des Minderjährigen ihr Ende finden. Geht nun das Genehmigungsrecht auf die Erben über (bezw., wenn auch diese nicht voll geschäftsfähig sind, auf deren gesetzliche Vertreter)? Das Gesetz schweigt. Rehbein (Das BGB. mit Erl. Bd. 1 S. 109) verneint die Frage, indem er sagt, der Vertrag falle überhaupt fort, wenn der Minderjährige vor ertheilter Genehmigung sterbe; es könne nicht davon die Rede sein, daß der Vertrag durch den Tod ohne Weiteres für und gegen die Erben wirksam würde; das könne gegen die Erben sehr bedenkliche Folgen haben (?). Dafür, daß das Recht der Genehmigung oder Versagung der Genehmigung auf die Erben übergehe und die Aufforderung (§ 108 Abs. 2) nunmehr an sie zu richten sei, eröffne das Gesetz keinen Anhalt. Nur wenn der Minderjährige durch Leistungen auf Grund des Vertragsschlusses an ihn bereits erworben habe, bleibe der Erwerb auch nach dem Tode bestehen, doch müsse von den Erben dann auch die Gegenleistung gewährt werden, wenn sie nicht zurückgeben wollen, was der Minderjährige erhalten hat.

Diese Auffassung dürfte wohl nicht haltbar sein. Sie verkennt, daß der Vertrag, den der Minderjährige ohne die nach § 107 erforderliche Einwilligung abschließt, seiner rechtlichen Existenz nach bereits perfekt ist und daß nur ein Erforderniß seiner Wirksamkeit aussteht. Er erzeugt für den Minderjährigen bereits Rechte, wenn auch wegen des Ausstehens einer conditio legis noch nicht wirksame Rechte (s. auch oben Bem. 1 gegen Ende). Es liegt kein Grund vor, anzunehmen, daß diese Rechte unvererblich seien, nachdem doch auch bedingte Rechte vererblich sind und nachdem gemäß § 153 sogar das Zustandekommen eines noch nicht perfekt gewordenen Vertrags dadurch nicht gehindert wird, daß der Antragende vor der Annahme stirbt. Nimmt man aber einmal an, daß die Erben des Minderjährigen bezüglich des Vertrags in die Rechtslage eintreten, in welcher er selbst sich befunden hatte, so erfordert die Konsequenz, auch einen Uebergang des Genehmigungsrechts anzunehmen. Sind die Erben voll geschäftsfähig, so steht es eben ihnen selbst zu, sind sie es nicht, so steht es nur ihrem gesetzlichen Vertreter zu. (Zustimmend Oertmann im Arch. f. bürgerl. R. Bd. 21 S. 101).

7. Das Widerrufsrecht nach § 109. Schon oben (Bem. 1) wurde darauf hingewiesen, daß der Gegenkontrahent des Minderjährigen bis zur Erklärung des gesetzlichen Vertreters über die Genehmigung nicht einseitig an den Vertrag gebunden sein soll. Diese billigenswerthe Anschauung drang jedoch erst in der II. Komm. durch. E. I hatte in seinem § 65 Abs. 4 die Bestimmung: „Solange die Genehmigung nicht verweigert ist, kann der andere Vertragschließende auch mit Zustimmung des Minderjährigen von dem Vertrage nicht zurücktreten." Dabei war einseitig der Schutz des Minderjährigen als leitender Gesichtspunkt angesehen, obwohl doch der durch eine gesetzliche Vertretung geschützte Minderjährige grundsätzlich als der Privilegien nicht bedürftig erachtet wurde. Mit Recht wurde in der II. Komm. hervorgehoben, der Rücksicht auf den Schutz des Minderjährigen werde in genügender Weise Rechnung getragen, wenn das Gesetz dafür sorge, daß ein für den Minderjährigen unvortheilhafter Vertrag ohne die Genehmigung des gesetzlichen Vertreters nicht wirksam werden könne. Bei der Frage, wie weit man in der Bindung des anderen Theiles gehen solle, komme, sofern derselbe sich nicht wissentlich mit einem ohne Einwilligung handelnden Minderjährigen eingelassen habe, in Betracht, daß für jenen aus der Gebundenheit ein positiver Vermögensschaden entstehen könne, während für den Minderjährigen nur das Entgehen eines möglichen Gewinnes in Frage sei, und daß auf Seite des Minderjährigen auch ein illoyales Verhalten vorliegen könne. P. I, 60 f.

Es kommt also hier der Gedanke zum Sieg, bei widerstreitenden Interessen lieber den zu begünstigen, der Schaden vermeidet, als denjenigen, welcher Gewinn anstrebt (vgl. l. 41 D. 50, 17).

Im Einzelnen ist zu bemerken:

a) Der Widerruf (— nicht „Rücktrittsrecht", wie es ungenau noch in der II. Komm. hieß —) ist eine einseitige, empfangsbedürftige, aber keiner Form bedürftige Willenserklärung. Sie kann hier, abweichend von der allgemeinen Regel des § 131 Abs. 2, auch dem Minderjährigen selbst gegenüber erklärt werden. (Schwache Begründung in P. I, 61: „mit Rücksicht auf die Besonderheit des Falles".)

b) Das Widerrufsrecht besteht nur, wenn der andere Theil beim Vertragsschlusse die Minderjährigkeit nicht gekannt hat, oder, falls er sie gekannt hat, in Folge der Behauptung des Minderjährigen an die Einwilligung des gesetzlichen Vertreters geglaubt hat, also vom Minderjährigen getäuscht wurde.

c) Durch fahrlässige Nichtkenntniß wird das Widerrufsrecht des anderen Theiles nicht ausgeschlossen. Das Kennenmüssen steht hier dem Kennen nicht gleich. Der „andere Theil" hat demnach auch keine Erkundigungspflicht. S. P. I, 61.

d) Das Widerrufsrecht des anderen Theiles endigt mit der Genehmigung des Vertrags durch den gesetzlichen Vertreter.

e) Die rechtliche Wirkung des Widerrufs ist die, daß nunmehr die Unwirksamkeit des Vertrags definitiv entschieden ist. Eine Genehmigung kann jetzt nicht mehr erfolgen. Etwa thatsächlich schon gemachte Leistungen sind nach den Grundsätzen der §§ 812 ff. zurückzuerstatten. Hat der Minderjährige der Wahrheit zuwider seine Volljährigkeit oder die Einwilligung seines Vertreters behauptet, so kann für ihn daraus unter Umständen eine Verpflichtung zum Schadensersatze erwachsen (§§ 823, 826); dabei sind die §§ 828, Abs. 2, 829 maßgebend.

8. Die Beweislast vertheilt sich in den Fällen der §§ 108 u. 109 folgendermaßen:

a) Die Thatsache der Zustimmung des gesetzlichen Vertreters (Einwilligung oder Genehmigung) zu einem einwilligungsbedürftigen Vertrage steht zur Beweislast dessen, welcher die Wirksamkeit des Vertrags behauptet.

b) Hat „der andere Theil" den gesetzlichen Vertreter zur Genehmigung aufgefordert (§ 108 Abs. 2), so hat derjenige Theil, welcher auf die Wirksamkeit des Vertrags sich beruft, zu beweisen, daß die Genehmigung nach dieser Aufforderung ertheilt wurde. Zu seiner Beweislast fällt auch der Zeitpunkt der Genehmigung.

c) Dagegen hat den Zeitpunkt der Aufforderung selbst derjenige zu beweisen, welcher die Unwirksamkeit des Vertrags behauptet.

d) Wer behauptet, daß ein Widerruf nach § 109 Abs. 2 unzulässig sei, weil der „andere Theil" die Minderjährigkeit seines Vertragsgegners oder den Mangel der Einwilligung des gesetzlichen Vertreters gekannt habe, muß diese Kenntniß des anderen Theiles beweisen.

e) Dagegen muß „der andere Theil" beweisen, daß der Minderjährige die Einwilligung des gesetzlichen Vertreters behauptet habe.

f) Zweifelhaft erscheint die Beweislast, wenn trotz unbestritten erfolgten Widerrufs die Wirksamkeit des Vertrags geltend gemacht wird mit der Behauptung, der Widerruf sei unzulässig gewesen, weil die Genehmigung des Vertrags schon vorher erfolgt sei (§ 109 Satz 1). Planck (Bem. 2 zu § 109) sagt unter Berufung auf die vom BGB. zur Bestimmung der Beweislast gebrauchte Ausdrucksweise, der andere Theil habe, um die Unwirksamkeit des Vertrags darzuthun, zu beweisen, daß er vor Ertheilung der Genehmigung den Vertrag widerrufen habe. H. Beckh (Die Beweislast nach dem BGB. S. 137 ff.) dagegen bürdet demjenigen, der den Vertrag als wirksam aufrecht erhalten will, den Beweis auf, daß die Genehmigung vor dem Widerruf erfolgt sei. Beckh beruft sich dabei auf die Analogie des § 108; hier wie dort stehe der Zeitpunkt der Genehmigung zur Beweislast dessen, der die Wirksamkeit des Vertrags behauptet. Die Ansicht von Planck dürfte aber doch darum vorzuziehen sein, weil das ganze Widerrufsrecht des § 109 den Charakter einer aus Billigkeitsgründen zugelassenen Ausnahme hat; wer die Ausnahme für sich geltend macht, wird wohl alle ihre Voraussetzungen zu erweisen haben.

Mit Recht macht übrigens Beckh hier darauf aufmerksam, daß der Beweisführer in diesem wie in anderen Fällen keineswegs immer einer der Vertragschließenden selbst zu sein braucht, sondern auch ein durch den Vertrag berührter Dritter sein kann.

§ 110.

Ein von dem Minderjährigen ohne Zustimmung des gesetzlichen Vertreters geschlossener Vertrag gilt als von Anfang an wirksam, wenn der Minderjährige die vertragsmäßige Leistung mit Mitteln bewirkt, die ihm zu diesem Zwecke oder zu freier Verfügung von dem Vertreter oder mit dessen Zustimmung von einem Dritten überlassen worden sind.

E. I, 69; II, 84; III, 106.

1. Bedeutung der Vorschrift. Die erforderliche Zustimmung des gesetzlichen Vertreters zu lästigen Verträgen des Minderjährigen kann auch stillschweigend erfolgen. Wenn der gesetzliche Vertreter dem Minderjährigen mit Bezug auf ein bestimmtes Rechtsgeschäft zur Bewirkung der Leistung Mittel überläßt, so muß wohl ohnehin angenommen werden, daß er eben diesem Rechtsgeschäfte zugestimmt hat. Wenn also § 110 davon spricht, daß in diesem Falle der vom Minderjährigen „ohne Zustimmung" des gesetzlichen Vertreters geschlossene Vertrag als von Anfang an wirksam gelte, so ist diese Formulirung eigentlich bedenklich; denn es liegt eben in dem vom Gesetze gemeinten Falle regelmäßig eine stillschweigende Zustimmung vor. Dasselbe wird man sagen dürfen, wenn der gesetzliche Vertreter die Mittel dem Minderjährigen „zur freien Verfügung überlassen" hat. Damit erklärt er doch stillschweigend sein Einverständniß mit allen Leistungen, welche der Minderjährige gerade aus diesen Mitteln bewirkt. Nicht anders liegt endlich der Fall, wenn der gesetzliche Vertreter zugestimmt hat, daß ein Dritter dem Minderjährigen die Mittel zur Erfüllung bestimmter vertragsmäßiger Leistungen oder zur freien Verfügung überläßt.

Crome (System Bd. 1 S. 368) will offenbar die Annahme einer stillschweigenden Zustimmung ohne den § 110, solange keine Erfüllung erfolgt ist, ablehnen, indem er sagt: „Vorher besteht regelmäßig noch keine genügende Beziehung der in der Ueberlassung liegenden Zustimmung zu dem thatsächlich geschlossenen Einzelgeschäfte, so daß man sagen könnte, der Vertreter habe gerade zu diesem eingewilligt." Aber der Begriff der stillschweigenden Zustimmung zu einem Geschäft erfordert wohl nicht, daß sich der Zustimmende bereits die konkrete Gestaltung des Geschäfts vergegenwärtigen kann und daß die Person des Gegenkontrahenten bereits feststeht. Man ist deßhalb noch nicht genöthigt, zu dem (nach dem BGB. allerdings unzulässigen) Auskunftsmittel der Annahme eines Generalkonsenses zu greifen. Wird doch auch die ausdrückliche vorherige Zustimmung häufig erklärt und zweifellos gültig erklärt, ohne daß der gesetzliche Vertreter weiß, mit wem der Minderjährige kontrahiren wird. Oder will man fordern, daß der gesetzliche Vertreter, der dem Mündel erlaubt, mit einer Droschke zum Bahnhof zu fahren, wisse, mit welchem Kutscher er fahren wird, damit der Vertrag von Anfang an wirksam sei?

Aus dem Gesagten ergiebt sich, daß § 110 mehr eine Verdeutlichung als eine Neuerung bezweckt. Es wäre darum nicht zutreffend, den § 110 etwa als eine Ausnahmevorschrift gegenüber §§ 107 ff. aufzufassen. Immerhin ist die Verdeutlichung, welche § 110 giebt, eine wünschenswerthe, da die hier behandelten Fälle praktisch ungemein häufig vorkommen und durch die Bestimmtheit der Vorschrift für sie die sonst oft nicht leichte Untersuchung, ob wirklich nach Lage des Einzelfalls eine stillschweigende Willenserklärung anzunehmen sei, entbehrlich wird. Man könnte hier von präsumtiver Zustimmung reden.

Bei dieser Auffassung erscheint als selbstverständlich, daß der Vertrag nicht erst von der Erfüllung an, sondern mit der Erfüllung als von Anfang an wirksam angesehen wird. Planck (zu § 110 unter Bem. 1) scheint in der Vorschrift des § 110 eine wirkliche Ausnahmebestimmung gegenüber §§ 107, 108 zu erblicken, indem er sagt, der obligatorische Vertrag, welcher der vom Minderjährigen innerhalb der ihm bei der Ueberlassung der Mittel gesetzten Grenzen getroffenen Verfügung zu Grunde liegt, würde in Ermangelung einer besonderen Vorschrift den Bestimmungen des § 108 unterliegen. Aber es wäre doch wohl regelmäßig auch ohne den § 110 in der Ueberlassung zur Erfüllung zugleich eine stillschweigende Zustimmung zum Abschlusse des obligatorischen Vertrags zu erblicken: falls der Vertrag schon vor der Ueberlassung abgeschlossen war, eben eine nachträgliche Zustimmung = Genehmigung.

2. Kreditiren an Minderjährige. § 110 läßt seinem Wortlaute nach die Verträge der Minderjährigen, deren Erfüllung mit den dort bezeichneten Mitteln bewirkt wird, nur durch Erfüllung d. h. durch effektive Bewirkung der Leistung seitens des Minderjährigen wirksam werden (wobei Erfüllungssurrogate und Hinterlegung [§ 372] der Erfüllung gleichstehen dürften). Auf das bloße Leistungsversprechen bezieht er sich nicht. Damit ist aber nicht gesagt, daß jedes Kreditiren an Minderjährige ohne ausdrückliche Zustimmung des gesetzlichen Vertreters als rechtsunwirksam beseitigt wäre. § 110 giebt allerdings dem Dritten nicht die Ermächtigung, zu borgen. Aber es geht trotzdem zu weit, wenn im Anschlusse an diesen richtigen Satz Rehbein (Komm. Bd. 1 S. 112) die weitere Behauptung aufstellt, wer borgen wolle, habe die Genehmigung zu fordern; das Kreditiren könne nur dann als genehmigt gelten, wenn der Minderjährige mittellos gelassen werde. Vielmehr muß unter Umständen auch für „bemittelte"

Minderjährige bezüglich des nicht von sofortiger Erfüllung gefolgten Kontrahirens eine stillschweigende Zustimmung angenommen werden. Der Vater, der seinen Sohn mit Geld versehen in die Universitätsstadt gehen läßt, will in der Regel damit seine Zustimmung auch zu solchen Verträgen ertheilen, welche der Sohn nicht sofort durch Bezahlung erfüllt. Hat der Sohn eine Vorlesung angenommen und vorerst nicht bezahlt, so wird er die Bezahlung nicht mit dem Hinweis auf den Mangel der väterlichen Einwilligung verweigern können; ebensowenig, wenn er seine Zimmermiethe nicht gezahlt hat u. s. w. Zu weit freilich wird man die Annahme einer stillschweigenden Zustimmung nicht ausdehnen dürfen. Sie erstreckt sich regelmäßig nicht auf offenbare Luxusausgaben. Rechtsgeschäfte, durch welche sich der Minderjährige ohne Einwilligung zu solchen verpflichtet, werden nur durch Erfüllung und nur dann wirksam, wenn der Minderjährige die Erfüllung mit Mitteln bewirkt, die ihm eben zu diesem Zwecke zur freien Verfügung überlassen sind; solange kreditirt ist, kann der Gegenkontrahent seine bereits gemachte Leistung kondiciren (§§ 812 ff.).

3. Theilweise Erfüllung muß in Ansehung des § 110 als Nichterfüllung angesehen werden. So auch Planck a. a. O. und Hölder, Komm. Bem. 1 zu § 110.

4. Die Hauptfälle, auf welche sich die Vorschrift des § 110 bezieht, sind die Ueberlassung von Taschengeld an Minderjährige und die Ausstattung solcher Minderjähriger mit Geld, welche außerhalb des Haushalts oder Wohnsitzes ihres gesetzlichen Vertreters als Studenten, Schüler, Lehrlinge, Arbeiter, Dienstboten, Soldaten selbst für ihre Bedürfnisse zu sorgen haben.

Was dem Minderjährigen nicht vom gesetzlichen Vertreter, sondern von Dritten zur freien Verfügung oder zu einem speziellen Zwecke überlassen ist, fällt nur dann unter § 110, wenn der gesetzliche Vertreter zur Ueberlassung seine Zustimmung ertheilt hat. Mit Recht; denn der gesetzliche Vertreter soll nicht genöthigt sein, zuzusehen, wie sein Mündel, dem vielleicht das Nöthigste fehlt, werthvolle Zuwendungen planlos vergeudet. Vgl. Gew.O. § 119 a Abs. 2 Nr. 2: „Durch statutarische Bestimmung einer Gemeinde oder eines weiteren Kommunalverbandes kann für alle Gewerbebetriebe oder gewisse Arten derselben festgesetzt werden, daß der von minderjährigen Arbeitern verdiente Lohn an die Eltern oder Vormünder und nur mit deren schriftlicher Zustimmung oder nach deren Bescheinigung über den Empfang der letzten Lohnzahlung unmittelbar an die Minderjährigen gezahlt wird."

Verdient sich der Minderjährige seinen Lebensunterhalt selbst und überläßt ihm der gesetzliche Vertreter das Erworbene, so liegt darin eine stillschweigende Ueberweisung zu freier Verfügung. Vgl. M. I, 148.

5. Damit die Ueberlassung von Mitteln an den Minderjährigen zur Vertragserfüllung oder freien Verfügung die in § 110 bezeichnete Wirkung habe, muß sie selbst zulässig sein. Die Ueberlassung durch den gesetzlichen Vertreter ist nämlich unter Umständen selbst genehmigungsbedürftig, nämlich dann, wenn der gesetzliche Vertreter Gegenstände des Minderjährigen ohne Genehmigung des Vormundschaftsgerichts (eventuell auch des Gegenvormundes) nicht veräußern darf (s. §§ 1644, 1824 und Bem. hiezu; vgl. auch Bem. 1 zu § 107).

6. Der Minderjährige darf über die Gegenstände, welche er mit den ihm zur freien Verfügung gestellten Mitteln erworben hat, nach Belieben Verträge schließen oder sonst verfügen. Er kann z. B. ein von ihm mit freien Mitteln erworbenes Buch verkaufen. Boethke (in D. Jur.Z. Bd. 8 S. 450 ff.) nimmt das Gegentheil an, da das BGB. ein Surrogationsprinzip nur in einzelnen Fällen, nicht als allgemeinen Grundsatz kenne. Aber wer dem Minderjährigen Mittel zur freien Verfügung überläßt, erklärt sich doch dadurch mit jeder (gesetzlich erlaubten) Art von Verwendung einverstanden, gestattet also auch die Surrogation. Freilich giebt es Fälle, in welchen eine weitere Verfügung des Minderjährigen über das Angeschaffte dem erkennbaren Willen des gesetzlichen Vertreters nicht entspricht; aber dann hat er die Mittel dem Minderjährigen eben nicht „zu freier Verfügung", sondern für bestimmte Zwecke überlassen; ob das eine oder andere zutrifft, ist eine Frage der Willensauslegung.

7. Die Sondergesetze, welche die Rechtsverhältnisse der Studirenden in verschiedenen Staaten regelten, sind beseitigt (s. z. B. preußisches Gesetz vom 29. Mai 1879, sächsisches Gesetz vom 28. Februar 1878, württembergisches Gesetz vom 11. September 1865). Minderjährige Studirende unterstehen also jetzt genau demselben Rechte wie andere Minderjährige. Eine besondere Regelung ihrer Kreditverhältnisse hat in der Gegenwart keine Berechtigung mehr. Eingehende Begründung dieses Standpunkts M. I, 145 ff. S. auch Heinzerling, Handlungsfähigkeit der Minderjährigen (1895) S. 224 ff.

§ 111.

Ein einseitiges Rechtsgeschäft, das der Minderjährige ohne die erforderliche Einwilligung des gesetzlichen Vertreters vornimmt, ist unwirksam. Nimmt der Minderjährige mit dieser Einwilligung ein solches Rechtsgeschäft einem Anderen gegenüber vor, so ist das Rechtsgeschäft unwirksam, wenn der Minderjährige die Einwilligung nicht in schriftlicher Form vorlegt und der Andere das Rechtsgeschäft aus diesem Grunde unverzüglich zurückweist. Die Zurückweisung ist ausgeschlossen, wenn der Vertreter den Anderen von der Einwilligung in Kenntniß gesetzt hatte.

E. I, 65 Abs. 3 Satz 2; II, 85; III, 107.

1. Die Vorschrift bezieht sich nur auf solche einseitige Rechtsgeschäfte, durch welche der Minderjährige nicht lediglich einen Vortheil erlangt (§ 107), also z. B. nicht auf Okkupation. Zu den einseitigen Rechtsgeschäften, welche der Minderjährige nicht rechtswirksam vornehmen kann, gehört auch die Anerkennung der Vaterschaft zu einem unehelichen Kinde; Bayr. Oberst. LG. n. F. Bd. 2 (1902) S. 549 ff.

2. Die Unwirksamkeit, welche beim Mangel der erforderlichen Einwilligung des gesetzlichen Vertreters besteht, ist eine absolute; sie kommt der Nichtigkeit gleich. Sie tritt ipso iure ein, nicht erst auf eine Klage hin. Wer ein Interesse an der Nichtigkeit des Geschäfts hat, kann negative Feststellungsklage erheben.

Ein späteres Wirksamwerden des Geschäfts ist ausgeschlossen. Bestätigt der Minderjährige, nachdem er großjährig geworden, das Geschäft, so ist dies als erneute Vornahme zu beurtheilen (§ 141). Hat, wenn etwa der gesetzliche Vertreter nachträglich seine Genehmigung ertheilt, dies ohne Weiteres die Bedeutung einer Vollziehung des Geschäfts durch den gesetzlichen Vertreter im Namen des Minderjährigen? Hölder (Komm. Bem. 2, a, « zu § 111) bejaht dies unbedingt „nach Analogie des § 141". Das geht wohl zu weit; es wird sich nur sagen lassen, es sei im einzelnen Falle Auslegungsfrage, ob in der Genehmigung des gesetzlichen Vertreters eine Geschäftsvollziehung für den Minderjährigen zu erblicken ist. Diese Frage muß entschieden verneint werden, wenn die Genehmigung, was ja möglich ist (§ 182), nur dem Minderjährigen selbst gegenüber erklärt wird.

3. Der Grund, warum einwilligungsbedürftige einseitige Rechtsgeschäfte ohne Einwilligung des gesetzlichen Vertreters unwirksam sind, liegt darin, daß die Personen, welche hier dem Minderjährigen als am Geschäfte Betheiligte gegenüberstehen, sich der Vornahme des Geschäfts nicht entziehen können. Es hängt hier nicht von ihrem Belieben ab, ob sie mit dem Minderjährigen sich einlassen wollen. „Es wäre deßhalb unbillig, sie unter der Ungewißheit leiden zu lassen, welche in der Zeit von der Vornahme des Geschäfts bis zum Eingreifen des Vertreters darüber, ob ihre Rechtslage eine Aenderung erfahren hat, bestehen würde, und welche unter Umständen erhebliche Nachtheile im Gefolge haben könnte." M. I, 133; s. auch P. I, 62.

Eben weil der Dritte sich dem einseitigen Rechtsgeschäfte des Minderjährigen doch nicht entziehen könnte, ist es für die Anwendung des § 111 auch gleichgültig, ob der Dritte die Minderjährigkeit des Minderjährigen kennt oder ob er sie nicht kennt.

Die genannte ratio der Vorschrift des § 111 rechtfertigt es aber auch, wenn Cosack (I, § 55 II, 5), über ihren Wortlaut hinausgehend, die Lehre aufstellt: Ein einseitiges Rechtsgeschäft des Mündels sei nach Analogie eines Vertrags zu behandeln, wenn der Gegner mit der Vornahme des Geschäfts durch den Mündel in Kenntniß seiner beschränkten Geschäftsfähigkeit positiv einverstanden war, welchem positiven Einverständnisse jedoch hier ein bloßer Nichtwiderspruch des Gegners nicht gleichsteht.

4. Während Satz 1 des § 111 sich auf alle Arten einseitiger Rechtsgeschäfte für den Fall bezieht, daß sie ohne die erforderliche Einwilligung des gesetzlichen Vertreters vorgenommen werden, ist im Folgenden nur von empfangsbedürftigen einseitigen Rechtsgeschäften die Rede, welche der Minderjährige mit Einwilligung des gesetzlichen Vertreters vornimmt.

Der Dritte ist nicht gezwungen, an die Einwilligung des gesetzlichen Vertreters ohne Weiteres oder auf eine Angabe des Minderjährigen hin zu glauben und Gefahr zu laufen, daß er über die Einwilligung und damit über den Rechtsbestand des Geschäfts getäuscht wird. Der Dritte kann daher das ihm gegenüber vorgenommene einseitige Rechtsgeschäft zurückweisen, wenn ihm die geschehene Einwilligung nicht nachgewiesen wird. Ein solcher Nachweis wird nur darin erblickt, daß entweder

a) der Minderjährige selbst die Einwilligung in schriftlicher Form (§ 126) vorlegt; oder

b) der Dritte durch den Vertreter selbst von dessen Einwilligung Kenntniß erhalten hat, wofür eine Form nicht vorgeschrieben ist.

§ 111 Satz 2 setzt nicht voraus, daß der Minderjährige bei der Vornahme des Rechtsgeschäftes ausdrücklich erklärt, er handle mit der erforderlichen Einwilligung. Hat der Dritte Bedenken über das Vorhandensein dieses Erfordernisses, so darf er den Minderjährigen nicht im Zweifel darüber lassen, ob er das Geschäft als wirksam anerkenne, muß vielmehr dem Minderjährigen wegen Fehlens schriftlicher Einwilligung Gelegenheit geben, ein wirksames Geschäft alsbald vornehmen zu können; RGE. Bd. 50 S. 212 ff.

Die Zurückweisung muß, wenn sie statthaft ist, unverzüglich d. h. ohne schuldhaftes Zögern (§ 121) erfolgen. Sie ist ihrer juristischen Natur nach eine Anfechtung durch empfangsbedürftige Willenserklärung. Diese Willenserklärung kann sowohl dem gesetzlichen Vertreter als auch (trotz § 130 Abs. 2) dem Minderjährigen selbst gegenüber erfolgen. (So auch Hölder, Komm. Bem. 2 b, d zu § 111 und Gareis, Komm. Bem. 3 zu § 111). Folge der Zurückweisung ist die absolute Unwirksamkeit (hier = Nichtigkeit) des Geschäftes und zwar Unwirksamkeit von Anfang an, also mit rückwirkender Kraft. Erfolgt keine Zurückweisung, so bleibt das Geschäft eben wirksam, was es von Anfang an ist (nicht nur als was es „gilt"). Planck (Bem. 3 zu § 111) nimmt hier bis zur Entscheidung, ob die Zurückweisung erfolgt, eine „schwebende Unwirksamkeit" an. Das ist nach unserer Auffassung (s. auch oben Einl. zum Titel „Rechtsgeschäfte" unter V, E, 4) nicht zutreffend, da in der Zurückweisung die Anfechtung eines bereits voll wirksamen Geschäfts zu erblicken ist. Es handelt sich ja im Satz 2 des § 111 stets um ein mit Einwilligung des gesetzlichen Vertreters vorgenommenes Geschäft.

§ 112.

Ermächtigt der gesetzliche Vertreter mit Genehmigung des Vormundschaftsgerichts den Minderjährigen zum selbständigen Betrieb eines Erwerbsgeschäfts, so ist der Minderjährige für solche Rechtsgeschäfte unbeschränkt geschäftsfähig, welche der Geschäftsbetrieb mit sich bringt. Ausgenommen sind Rechtsgeschäfte, zu denen der Vertreter der Genehmigung des Vormundschaftsgerichts bedarf.

Die Ermächtigung kann von dem Vertreter nur mit Genehmigung des Vormundschaftsgerichts zurückgenommen werden.

E. I, 67; II, 86; III, 108.

1. Bisheriges Recht. In Bayern hatte schon Art. 7 des EG. z. HGB. vom 10. November 1861 bestimmt: „Ob und unter welchen Verhältnissen Minderjährige zum Betriebe eines Handelsgewerbes befugt sind, bestimmt sich nach bürgerlichem Rechte. Minderjährige, welchen hienach die Befugniß zusteht, werden rücksichtlich aller auf den Betrieb des Handelsgewerbes bezüglichen Geschäfte und Rechtshandlungen für großjährig erachtet." Nach Art. 210 des bayrischen AG. z. CPO. vom 23. Februar 1879 sollte ein Minderjähriger, welcher emanzipirt und 18 Jahre alt ist, ohne Unterschied des Geschlechtes Kaufmann sein können und auf Grund des art. 487 cod. civ. in Ansehung der in seinem Handelsbetrieb eingegangenen Verbindlichkeiten für volljährig erachtet werden, wenn er durch seine Eltern, eventuell durch Beschluß des Familienraths, ausdrücklich ermächtigt war, das Handelsgewerbe zu betreiben. Aehnliche Bestimmungen ergingen auch für andere Gebiete des französischen Rechtes in Deutschland (so z. B. in Baden durch Gesetz vom 6. August 1862; im Uebrigen s. M. I, 141). Auch in Württemberg (Gesetz vom 30. Juni 1865 Art. 3 Ziff. 1) wurden Minderjährige, welche ein Gewerbe selbständig betrieben und die Zustimmung ihres gesetzlichen Vertreters erlangt hatten, durch Verträge, welche diesen Geschäftszweig betreffen, verpflichtet. In Preußen endlich war nach § 5 des Gesetzes vom 12. Juli 1875 jeder Minderjährige, dem der Vater oder unter Genehmigung des Vormundschaftsgerichts der Vormund den selbständigen Betrieb eines Erwerbsgeschäfts gestattet hatte, zur selbständigen Vornahme derjenigen Rechtsgeschäfte fähig, welche der Betrieb des Erwerbsgeschäfts mit sich bringt, vorbehaltlich der Mitwirkung des Vormundschaftsgerichts in gewissen näher bezeichneten Fällen.

2. Das BGB. schließt sich in § 112 an diesen preußischen Rechtssatz an und begründet damit unter bestimmten Voraussetzungen für den in der Geschäftsfähigkeit Beschränkten für einen bestimmten Kreis von Rechtsgeschäften eine erweiterte Geschäftsfähigkeit. (Dasselbe geschieht auf anderem Gebiete durch § 113; s. Bem. hiezu). Diese Erweiterung der Verpflichtungs- und Verfügungsfähigkeit erscheint als ein nothwendiges Korrelat zu der Freiheit, welche die Gewerbeordnung aus wirthschaft-

lichen Gründen ohne Rücksicht auf das Lebensalter gewährt. „Wer Kenntniß von der Minderjährigkeit eines Gewerbetreibenden besitzt, würde sonst Anstand nehmen, mit ihm in Verkehr zu treten; wer ohne diese Kenntniß Verbindungen mit demselben anknüpft, liefe Gefahr unverschuldeter Benachtheiligung." M. I, 142.

3. Die Erweiterung der Geschäftsfähigkeit bezieht sich (ähnlich wie der Umfang der Handlungsvollmacht nach § 54 HGB.) auf alle Rechtsgeschäfte, welche der Geschäftsbetrieb mit sich bringt. Diese Rechtsgeschäfte können natürlich je nach der Art des konkreten Geschäftsbetriebs sehr verschieden sein. Auf Einseitigkeit oder Zweiseitigkeit des Geschäfts kommt hier nichts an. Unhaltbar war die früher von Endemann vertretene, jetzt (Bd. 1 § 29 Anm. 17) von ihm aufgegebene Anschauung, daß die Geschäftsfähigkeit sich nicht auf das erstrecke, was der Minderjährige zu seinem Lebensunterhalte gebraucht. Das wäre namentlich für landwirthschaftliche Betriebe, in welchen der Eigenthümer oder Pächter häufig unmittelbar aus dem Geschäftsbetriebe seinen Unterhalt erwirbt, entschieden zu eng. Vgl. auch Rehbein, Komm. Bd. 1 S. 113.

Für Rechtsgeschäfte, zu denen der Vertreter der Genehmigung des Vormundschaftsgerichts bedarf (sie ergeben sich aus den §§ 1821, 1822, 1643), besteht die erweiterte Geschäftsfähigkeit nicht. Für solche Geschäfte bleibt es also bei den Regeln der §§ 107—111. Einem etwaigen dringenden Interesse an der Beseitigung auch dieser Schranken kann nur durch eine Volljährigkeitserklärung Genüge gethan werden (s. §§ 3 ff.).

4. Der Begriff des Erwerbsgeschäfts ist weiter als der des Gewerbebetriebs im Sinne der Gew.O. Auch in der Ausübung der Landwirthschaft kann ein „Erwerbsgeschäft" liegen. Man versteht darunter jede erlaubte, berufsmäßig ausgeübte, auf selbständigen Erwerb gerichtete Thätigkeit, „mag dieselbe in Handel, in Betreibung einer Fabrik oder eines Handwerkes, in Ausübung eines künstlerischen oder wissenschaftlichen Berufes, der Landwirthschaft u. s. w. bestehen". M. I, 142. Vgl. auch über den Begriff „Erwerbsgeschäft", sowie über den Ausdruck „selbständiger Betrieb" Bd. IV Bem. 3 zu § 1367.

5. Die Ermächtigung zum Geschäftsbetrieb, eine formlose, dem Minderjährigen gegenüber abzugebende Willenserklärung, kann dem Minderjährigen von seinem gesetzlichen Vertreter nur mit Genehmigung des Vormundschaftsgerichts ertheilt werden. Fehlt es an dieser, so hat die Genehmigung durch den gesetzlichen Vertreter nicht die Wirkung, daß der Minderjährige für den bestimmten Geschäftskreis geschäftsfähig ist. Das Erforderniß der Genehmigung des Vormundschaftsgerichts besteht auch dann, wenn der Inhaber der elterlichen Gewalt der gesetzliche Vertreter ist. Vgl. Bl. f. RA. Bd. 65 S. 168.

Die Ermächtigung selbst hat, wie die M. I, 142 f. hervorheben, hier nicht die Bedeutung einer im Voraus ertheilten allgemeinen Einwilligung, welche die Zustimmung zu den einzelnen Rechtsgeschäften in sich schließt und deßhalb die Wiederholung dieser Zustimmung im einzelnen Falle überflüssig macht. Das BGB. kennt keinen Generalkonsens, mittels dessen der Vertreter eine Reihe im Voraus unbestimmter, in ihrer Tragweite nicht oder doch nur schwer übersehbarer Rechtsgeschäfte zu decken im Stande wäre. Vielmehr wird dem Minderjährigen durch die Ermächtigung innerhalb des ihm gestatteten Geschäftskreises die rechtliche Stellung eines Volljährigen eingeräumt. Man kann daher hier mit Crome (System Bd. 1 S. 369) auch von einer „kleinen Emanzipation" reden.

Folge dieser Rechtslage ist, daß der gesetzliche Vertreter, wenn er einmal mit Genehmigung des Vormundschaftsgerichts die genannte Ermächtigung ertheilt hat, für den genannten Geschäftskreis die Befugniß verliert, den Minderjährigen zu vertreten. (Dieser Ansicht sind auch Planck Bem. 1 zu § 112 und Schefold im Archiv f. d. civilist. Praxis Bd. 94 S. 305 ff. Dagegen wollen Crome (a. a. O. S. 370) und Cosack (I, § 55 II, 7, b) trotz der erweiterten Geschäftsfähigkeit des Minderjährigen die Befugniß seines gesetzlichen Vertreters zum Abschlusse von Rechtsgeschäften für ihn auch auf dem Gebiete der Ermächtigung bestehen lassen und geben daher folgerichtig die Möglichkeit von Kollisionen zu. In Kollissionsfällen soll dann nach Crome arg. § 115 BGB. so zu verfahren sein, wie wenn eine und dieselbe Person die kollidirenden Geschäfte abgeschlossen hätte.) Der Minderjährige muß innerhalb seines Geschäftskreises seine Geschäfte selbst vornehmen; sie sind von Anfang an voll wirksam. Vgl. auch Bem. 3 und 6 zu § 113.

6. Die Ermächtigung zum Betrieb eines Erwerbsgeschäfts kann vom Vertreter durch formlose Erklärung gegenüber dem Minderjährigen zurückgenommen (nicht aber eingeschränkt; s. dagegen § 113!) werden, allerdings wiederum nur mit Genehmigung des Vormundschaftsgerichts. Dagegen kann keine Rede davon sein, daß etwa der gesetzliche Vertreter eine Einwilligung hinsichtlich einzelner Geschäfte, welche der Minderjährige innerhalb des seinem selbständigen Wirken unterliegenden Geschäftskreises vornimmt,

widerrufen könnte. Er kann es schon deßhalb nicht, weil er gar nicht „einzuwilligen“ hatte; die Ermächtigung ist kein Generalkonsens (s. Bem. 4).

7. Soweit die erweiterte Geschäftsfähigkeit des Minderjährigen besteht, ist er auch prozeßfähig.*) CPO. § 52 Abs. 1.

8. Was der Minderjährige im selbständigen Betrieb eines Erwerbsgeschäfts nach Maßgabe des § 112 erwirbt, unterliegt insoweit nicht der elterlichen Verwaltung, als es sich um Verfügungen über den Erwerb aus solchen Rechtsgeschäften handelt, bezüglich deren die unbeschränkte Geschäftsfähigkeit des Minderjährigen besteht. Vgl Schefold a. a. O. Ueber den Ausschluß des elterlichen Nutznießungsrechts an dem vom Kinde gemäß § 112 gemachten Erwerbe s. § 1651 Abs. 1 Nr. 1.

§ 113.

Ermächtigt der gesetzliche Vertreter den Minderjährigen, in Dienst oder in Arbeit zu treten, so ist der Minderjährige für solche Rechtsgeschäfte unbeschränkt geschäftsfähig, welche die Eingehung oder Aufhebung eines Dienst- oder Arbeitsverhältnisses der gestatteten Art oder die Erfüllung der sich aus einem solchen Verhältniß ergebenden Verpflichtungen betreffen. Ausgenommen sind Verträge, zu denen der Vertreter der Genehmigung des Vormundschaftsgerichts bedarf.

Die Ermächtigung kann von dem Vertreter zurückgenommen oder eingeschränkt werden.

Ist der gesetzliche Vertreter ein Vormund, so kann die Ermächtigung, wenn sie von ihm verweigert wird, auf Antrag des Minderjährigen durch das Vormundschaftsgericht ersetzt werden. Das Vormundschaftsgericht hat die Ermächtigung zu ersetzen, wenn sie im Interesse des Mündels liegt.

Die für einen einzelnen Fall ertheilte Ermächtigung gilt im Zweifel als allgemeine Ermächtigung zur Eingehung von Verhältnissen derselben Art.

E. I, 68; II, 87, 1704 Abs. 2; III, 109.

1. Sehr häufig sind, namentlich in den unbemittelten Volksklassen, schon Minderjährige genöthigt, in ein Dienst- oder Arbeitsverhältniß gegenüber Anderen zu treten. Die Verhältnisse zwingen sie dabei oft, selbständig, vielleicht fern vom Wohnort ihres gesetzlichen Vertreters, sich Arbeit zu suchen. Schon im bisherigen gemeinen Rechte wurde, wenn nur der gesetzliche Vertreter überhaupt einmal die Zustimmung gegeben hatte, daß der Minderjährige sich als Dienstbote verdinge, auf Grund eines durch die Praxis anerkannten Gewohnheitsrechts (Nachweise s. bei Heinzerling, Handlungsfähigkeit der Minderjährigen S. 219) angenommen, daß der Minderjährige befugt sei, Dienstbotenverträge gleicher Art voll wirksam abzuschließen, ohne dazu jedesmal einer neuen Einwilligung zu bedürfen. Dieses Gewohnheitsrecht bezog sich jedoch nicht auf Dienstverträge überhaupt, sondern nur auf die Verträge der Dienstboten, also z. B. nicht auf die minderjährigen Erzieherinnen.

Für Württemberg vgl. Gesetz vom 30. Juni 1865 Art. 3 Ziff. 2, für Baden LR. S. 1124 b. Für Preußen bestimmte § 6 des Gesetzes vom 12. Juli 1875: Hat der Vater oder Vormund seine Genehmigung ertheilt, daß der Minderjährige in Dienst oder Arbeit trete, so ist letzterer selbständig zur Eingehung und Auflösung von Dienst- oder Arbeitsverhältnissen der genehmigten Art befugt. — Vgl. auch § 8 der Seemannsordnung vom 2. Juni 1902.

2. Diesem bisherigen Rechtszustande hatte auch E. I Rechnung getragen, indem er in seinem § 68 dem Minderjährigen, welchem der gesetzliche Vertreter überhaupt gestattet hat, in Dienste oder Arbeit zu treten, auf dem Gebiete solcher Verträge eine selbständige Stellung einräumte (Näheres M. I, 144 ff.). Diese selbständige Stellung des Minderjährigen beruhte aber nach dem E. I nicht wie im Falle eines selbständigen Gewerbebetriebs eines Minderjährigen auf einer kraft des Gesetzes erweiterten Geschäftsfähigkeit, sondern auf der Annahme eines vom gesetzlichen Vertreter ertheilten Generalkonsenses.

---

*) Vgl. Schefold, Die Geschäfts- und Prozeßfähigkeit des Minderjährigen und das elterliche Verwaltungsrecht, im Archiv f. d. civilist. Praxis Bd. 94 S. 305 ff.

3. § 113 des BGB. jedoch verwirft letztere Anschauung und schließt sich in der Konstruktion an den § 112 an. Auch im Falle des § 113 stellt sich also die dem Minderjährigen für den Kreis der hier genannten Geschäfte eingeräumte Rechtsstellung als eine Erweiterung seiner Geschäftsfähigkeit dar, die ihm für diesen Kreis von Rechtsgeschäften die Befugnisse eines Volljährigen verschafft. Bezüglich der Folgen dieser Auffassung gilt dasselbe, was oben in Bem. 5 zu § 112 gesagt wurde; insbesondere ist eine gesetzliche Vertretung des Minderjährigen, soweit dieser nach Maßgabe des § 113 geschäftsfähig ist, ausgeschlossen; a. M. Mayer in Bl. f. RA. Bd. 65 S. 209.

4. Voraussetzung für die erweiterte Geschäftsfähigkeit nach § 113 ist die Ermächtigung durch den gesetzlichen Vertreter, in Dienst oder Arbeit zu treten. Lehrlingsverträge fallen demnach nicht unter § 113, wohl aber z. B. das Engagement als Künstlerin, wenn es Dienstvertrag ist; es kann dies sein, denn zwischen Diensten höherer und niederer Art wird nicht unterschieden (§ 611). Es ist also Rehbein (Komm. Bd. 1 S. 113) nicht beizustimmen, wenn er, gestützt auf die RGE. Bd. 28 S. 278, im Engagement einer minderjährigen Schauspielerin „kein Dienst- oder Arbeitsverhältniß, sondern Erwerb durch künstlerische Thätigkeit" sieht (was keine juristischen Gegensätze sind) und demnach nicht § 113, sondern § 112 für anwendbar erklärt. Freilich ist, damit § 113 anwendbar sei, nicht nothwendig, daß es sich gerade um einen den Regeln der §§ 611 ff. BGB. unterstehenden Dienstvertrag im technischen Sinne handelt. Der Minderjährige kann sich z. B. auch in Form von Werkverträgen zu Dienst und Arbeit verpflichten oder in Form eines den besonderen Vorschriften der Landesgesetzgebung (EG. Art. 95) unterliegenden Gesindevertrags. Auch die Ermächtigung zum Eintritt als Handlungsgehülfe gehört hieher.

5. Ihrem Inhalte nach erstreckt sich die erweiterte Geschäftsfähigkeit:

a) auf Rechtsgeschäfte, welche die Eingehung oder Aufhebung eines Dienst- oder Arbeitsverhältnisses der gestatteten Art betreffen. Bestritten ist, ob sich die Geschäftsfähigkeit auch auf die Vereinbarung einer Konventionalstrafe bezieht. Die Frage wird mit Crome und Planck gegen M. I, 145 zu bejahen sein; vorbehalten bleibt natürlich das richterliche Ermäßigungsrecht des § 343 (eine Mittelmeinung vertritt Rehbein, Komm. Bd. 1 S. 114: der Minderjährige könne sich nicht solchen Vertragsstrafen unterwerfen, durch die er eine andere Leistung als Dienst oder Arbeit übernimmt);

b) auf solche Rechtsgeschäfte, welche die Erfüllung eines Vertragsverhältnisses der gestatteten Art betreffen. Der Minderjährige kann daher selbständig die zugesagte Gegenleistung entgegennehmen, er kann Erfüllungssurrogate entgegennehmen, er kann hinsichtlich des ihm Geschuldeten einen Schulderlaß vornehmen, er kann verzichten, anerkennen, Vergleiche schließen. Vgl. M. I, 145.

Ausgenommen (von a und b) sind Verträge (richtiger Rechtsgeschäfte, s. Crome a. a. O. S. 370 Anm. 49), zu welchen der gesetzliche Vertreter der Genehmigung des Vormundschaftsgerichts bedarf. S. für den Vater § 1643, für den Vormund §§ 1821, 1822 insbesondere Nr. 7.

6. In der II. Komm. war in Uebereinstimmung mit den Wünschen der württembergischen Staatsregierung der Antrag gestellt worden eine Bestimmung des Inhalts aufzunehmen, daß der Vertreter die sofortige Auflösung eines von dem Minderjährigen eingegangenen Dienst- oder Arbeitsverhältnisses fordern könne, wenn durch dessen Fortsetzung die Gesundheit, Sittlichkeit oder der gute Ruf des Minderjährigen gefährdet wird. Dieser Antrag wurde jedoch nicht Gesetz, da man der Ansicht war, daß in dieser Hinsicht dem Minderjährigen durch den (jetzigen) § 626, welcher ganz allgemein beim Vorliegen eines wichtigen Grundes die sofortige Auflösung des Dienstverhältnisses zuläßt, ein hinreichender Schutz geboten sei, und daß dieser § 626 durch die Annahme jenes Antrags höchstens eine Verdunkelung erleiden könne.

Rehbein (Komm. Bd. 1 S. 114) vertritt nun die Meinung, der Vertreter könne, wenn es das Interesse des Minderjährigen gebiete, gemäß § 626 selbständig, ohne den Minderjährigen, kündigen, auch wenn im Uebrigen die Sachlage des § 113 gegeben sei. Diese Behauptung läßt aber eine Begründung vermissen. Das Gesetz will dem Minderjährigen innerhalb des durch die Ermächtigung geschaffenen Geschäftskreises offenbar die Rechtsstellung eines Volljährigen geben; innerhalb dieses Gebiets ist daher logischer Weise für eine gesetzliche Vertretung kein Raum mehr, es müßte denn sein, daß solcher durch positive Bestimmungen geschaffen wäre. Erst wenn die Ermächtigung zurückgenommen ist, kann der gesetzliche Vertreter und dann nur dieser für den Minderjährigen die betreffenden Rechtsgeschäfte, z. B. die Kündigung vornehmen. Vgl. auch oben Bem. 3 zu § 113 und Bem. 5 zu § 112.

7. Die Ermächtigung selbst ist nach § 113 wie nach § 112 eine formfreie, dem Minderjährigen gegenüber abzugebende Willenserklärung. Für die Ermächtigung des § 113 gelten aber, abweichend von § 112, folgende besondere Regeln:

a) Der gesetzliche Vertreter kann die Ermächtigung ohne Zustimmung des Vormundschaftsgerichts ertheilen.
b) Der gesetzliche Vertreter kann nicht nur die einmal ertheilte Ermächtigung zurücknehmen, sondern er kann die Ermächtigung auch bei oder nach der Ertheilung einschränken. Weder zur Zurücknahme noch zur Einschränkung bedarf er der Genehmigung des Vormundschaftsgerichts. Bereits entstandenen Rechten Dritter kann durch die Zurücknahme oder Einschränkung kein Eintrag geschehen.

Die Einschränkung kann eine zeitliche oder eine inhaltliche sein. Sie wird nicht vermuthet; vielmehr
c) gilt im Gegentheile die für den einzelnen Fall ertheilte Ermächtigung im Zweifel als allgemeine Ermächtigung zur Eingehung von Verhältnissen derselben Art. Das ist Auslegungsregel. Vgl. auch § 8 der preußischen Gesindeordnung vom 8. November 1810.
d) Durch den Reichstag (RTK. 38) wurde die Bestimmung eingefügt, daß die vom Vormund als gesetzlichem Vertreter verweigerte Ermächtigung auf Antrag des Minderjährigen durch das Vormundschaftsgericht ersetzt werden kann. Das Vormundschaftsgericht hat die Ermächtigung zu ersetzen, wenn sie im Interesse des Mündels liegt. Vgl. Rspr. d. OLG. Bd. 3 S. 347. Die Verfügung des Vormundschaftsgerichts, durch welche auf Antrag die Ermächtigung ersetzt wird, tritt erst mit der Rechtskraft in Wirksamkeit (FG. § 53 Abs. 1). Gegen die Verfügung findet sofortige Beschwerde statt (FG. § 60 Nr. 6). Zu ihrer Abänderung ist das Vormundschaftsgericht nicht mehr befugt (FG. § 18 Abs. 2; vgl. dagegen § 55 Abs. 1). Ausnahmsweise kann das Vormundschaftsgericht die sofortige Wirksamkeit der Verfügung anordnen, wenn Gefahr im Verzug ist. Dann tritt die Verfügung mit der Bekanntmachung an den Antragsteller in Wirksamkeit (FG. § 53 Abs. 2) und ist die sofortige Beschwerde ausgeschlossen.

Die vom Inhaber der elterlichen Gewalt als gesetzlichem Vertreter verweigerte Ermächtigung kann nicht durch das Vormundschaftsgericht ersetzt werden; die elterliche Gewalt unterliegt nicht der Beschränkung des § 113 Abs. 3; vgl. Bayr. Oberst. LG. n. F. Bd. 3 (1903) S. 45 ff.

8. Was der Minderjährige durch seine Arbeit erwirbt, wird sein freies Vermögen (§ 1651), auf welches sich das Nutznießungsrecht des Inhabers der elterlichen Gewalt nicht bezieht. Vgl. auch § 1638 Abs. 2 (Grundsatz der Surrogation) und Bem. 8 zu § 112.

9. Die auf Grund der allgemeinen Ermächtigung durch ihren gesetzlichen Vertreter gemäß § 113 dienenden oder arbeitenden Minderjährigen sind, soweit die Erweiterung ihrer Geschäftsfähigkeit reicht, auch prozeßfähig. CPO. § 52. (S. dagegen noch P. I, 65.) Vgl. Bem. 7 zu § 112.

10. Bestehen bleiben die §§ 107, 108 Gew.O., wonach minderjährige Personen, soweit reichsgesetzlich nicht ein Anderes zugelassen ist (s. Gew.O. §§ 107 Abs. 2, 154 Abs. 1, 157 a), als Arbeiter nur beschäftigt werden dürfen, wenn sie mit einem Arbeitsbuche versehen sind, dessen Ausstellung auf Antrag oder mit Zustimmung des Vaters oder Vormundes, eventuell der Gemeindebehörde, erfolgt. S. auch EG. Art. 36 Ziff. II und III.

11. Für Bayern ist noch besonders auf AG. Art. 16 Abs. 1 hinzuweisen: Personen, die nicht im Besitze der bürgerlichen Ehrenrechte sind oder unter Polizeiaufsicht stehen, kann die Polizeibehörde das Halten von Dienstboten unter achtzehn Jahren untersagen.

§ 114.

Wer wegen Geistesschwäche, wegen Verschwendung oder wegen Trunksucht entmündigt oder wer nach § 1906 unter vorläufige Vormundschaft gestellt ist, steht in Ansehung der Geschäftsfähigkeit einem Minderjährigen gleich, der das siebente Lebensjahr vollendet hat.

E. I, 70, 71 Abs. 1; II, 88; III, 110.

1. Bisheriges Recht. Nach Gem. R. stand der interdicirte Verschwender, der im älteren römischen Rechte noch wie ein furiosus behandelt wurde, hinsichtlich seiner Handlungsfähigkeit dem Minderjährigen gleich; namentlich konnte er ohne Zustimmung seines Vormundes seine Rechtslage nicht durch Rechtsgeschäfte verschlechtern (l. 6 D. 45, 1). Der Verschwender konnte nicht letztwillig verfügen. Die Wirkung der Interdiktion begann

nach der einen Ansicht mit der öffentlichen Bekanntmachung des Entmündigungsbeschlusses, nach der anderen schon mit seiner Zustellung an den interdicirten Verschwender: auf letzterem Standpunkte steht § 683 (früher 623) CPO.

Wer wegen Geistesschwäche oder aus anderen Gründen unter einer cura debilium stand, war darum in der Geschäftsfähigkeit nicht beschränkt, nur bedurfte er der Zustimmung seines Kurators zu Rechtsgeschäften, welche eine Veräußerung enthielten. — Vgl. RGE. Bd. 23 S. 140; Seuff. Arch. Bd. 30 Nr. 41.

Nach PLR. (Thl. I cap. 7 § 37 Nr. 1) konnten Verschwender wie andere Minderjährige bevormundet werden, und wurden dann auch bezüglich ihrer Handlungsfähigkeit „durchgehends auf die nämliche Weise traktirt". Dasselbe galt für „alle jene, welche aus Mangel an Vernunft ihren Sachen selbst vorzustehen nicht im Stande sind". Die bloß Geistesschwachen gehörten aber wohl nicht hiezu. Vgl. auch Bl. f. RA. Bd. 50 S. 116 ff.

Ueber das preußische, französische und badische Recht s. M. I, 62 f., 149; IV, 1227 ff.

Die Trunksucht war im früheren Rechte als selbständiger Entmündigungsgrund nicht anerkannt, konnte aber zur Entmündigung führen, wenn das Verhalten des Trunksüchtigen es ermöglichte, ihn als Verschwender zu qualifiziren. Vgl. RGE. Bd. 21 S. 167.

2. Das BGB. stellt die nicht wegen Geisteskrankheit (s. §§ 104, 105), sondern aus einem anderen Grunde Entmündigten in Ansehung der Geschäftsfähigkeit den mehr als siebenjährigen Minderjährigen gleich. Die Gleichstellung erfolgt für folgende vier Klassen von Personen:

a) für die wegen Geistesschwäche Entmündigten. Nach § 6 (s. Bem. 4 u. 5 hiezu) kann nämlich entmündigt werden, wer wegen Geistesschwäche seine Angelegenheiten nicht zu besorgen vermag. Entmündigung wegen Geistesschwäche ist zu unterscheiden einerseits von der Entmündigung wegen Geisteskrankheit (s. Bem. 4 zu § 104), welche völlige Geschäftsunfähigkeit zur Folge hat, andererseits auch von den im § 1910 Abs. 2 genannten geistigen Gebrechen, wegen deren Jemand einzelne seiner Angelegenheiten oder einen bestimmten Kreis seiner Angelegenheiten nicht zu besorgen vermag und daher unter Pflegschaft gestellt werden kann, in welchem Falle die Geschäftsfähigkeit prinzipiell bestehen bleibt (s. Bem. zu § 1910).

Zu beachten ist, daß, wenn ein wegen Geistesschwäche Entmündigter zur Zeit der Vornahme eines bestimmten Rechtsgeschäfts in Wahrheit als geisteskrank angesehen werden muß, was thatsächlich sehr leicht vorkommen wird, er in Ansehung dieses Geschäftes als völlig geschäftsunfähig zu betrachten ist auf Grund des § 104 Nr. 2;

b) für die wegen Verschwendung Entmündigten. Hierüber s. § 6 Nr. 2 und Bem. II zu § 6;

c) für die wegen Trunksucht Entmündigten. Hierüber s. § 6 Nr. 3 und Bem. III zu § 6.

Ueber das Verfahren bei der Entmündigung in den Fällen a—c s. CPO. §§ 645—687 und die Bem. zu § 6.

d) für die nach § 1906 unter vorläufige Vormundschaft Gestellten. Ein Volljähriger, dessen Entmündigung beantragt ist, kann nämlich unter vorläufige Vormundschaft gestellt werden, wenn das Vormundschaftsgericht es zur Abwendung einer erheblichen Gefährdung der Person oder des Vermögens des Volljährigen für erforderlich erachtet. Das trifft also auch auf denjenigen zu, dessen Entmündigung wegen Geisteskrankheit beantragt ist, wobei aber wiederum darauf hingewiesen werden muß, daß, wer thatsächlich geisteskrank ist, nicht in der Geschäftsfähigkeit beschränkt, sondern nach § 104 geschäftsunfähig ist. Näheres in den Bem. zu § 1906 in Bd IV.

3. Wer in Folge körperlicher Gebrechen, insbesondere, weil er taub, blind oder stumm ist, seine Angelegenheiten nicht zu besorgen vermag und daher unter Pflegschaft steht, ist nicht in der Geschäftsfähigkeit beschränkt, ebensowenig wie der nur wegen „geistiger Gebrechen" oder wegen Abwesenheit unter Pflegschaft Stehende. S. §§ 1910, 1911. Der Pflegebefohlene behält die Fähigkeit, sich durch Verträge zu verpflichten und daher, abgesehen von der durch CPO. § 53 gegebenen Modifikation, auch die Prozeßfähigkeit; vgl. RGE. Bd. 52 S. 224 sowie Bem. zu §§ 1910, 1911.

4. § 114 setzt Entmündigung wegen Geistesschwäche voraus oder wenigstens Stellung unter vorläufige Vormundschaft auf einen Entmündigungsantrag hin. Wer geistesschwach ist, ohne entmündigt oder unter vorläufige Vormundschaft gestellt zu sein, steht dem Minderjährigen nicht gleich. Es wird im einzelnen Falle aber immer zu prüfen sein, ob die Geistesschwäche nicht derart ist, daß thatsächlich die Voraussetzungen des § 104 Nr. 2 gegeben sind, so daß Geschäftsunfähigkeit angenommen werden muß. Dasselbe

kann unter Umständen auch bei nicht entmündigten Verschwendern und Trunksüchtigen in Frage kommen.

5. Die Gleichstellung mit dem Minderjährigen bezieht sich nach § 104 nur auf die Geschäftsfähigkeit; anzuwenden sind also die §§ 107—113; jedoch wird der Fall des § 112 aus natürlichen Gründen hier nicht oft praktisch werden. Ueber besondere Rechtsfolgen der Entmündigung s. oben die Bem. zu § 6. Hier ist hervorzuheben, daß nach § 2229 Abs. 3 der wegen Geistesschwäche, Verschwendung oder Trunksucht Entmündigte ein Testament überhaupt nicht errichten kann (während der Minderjährige nach Abs. 2 ein Testament errichten kann, wenn er das sechzehnte Lebensjahr vollendet hat). Die Unfähigkeit tritt schon mit der Stellung des Antrags ein, auf Grund dessen die Entmündigung erfolgt. S. jedoch auch § 2230. Ueber Eideszuschiebung an einen Entmündigten im Civilprozesse s. den dem richterlichen Ermessen sehr weiten Spielraum gewährenden § 473 CPO. Auf die Deliktsfähigkeit übt die Entmündigung als solche keinen Einfluß; s. Bem. zu § 827.

6. Die Dauer der Beschränkung der Geschäftsfähigkeit entspricht der Dauer der Entmündigung. Sie beginnt also mit der Wirksamkeit des Entmündigungsbeschlusses und endigt mit der rechtskräftig erfolgten Wiederaufhebung des Entmündigungsbeschlusses. Nähere Vorschriften giebt die CPO. in §§ 661 ff. — Die Verfügung, durch welche ein Volljähriger unter vorläufige Vormundschaft gestellt wird (§ 1906), tritt, wenn die Entmündigung wegen Geisteskrankheit beantragt ist, mit der Bestellung des Vormundes, wenn die Entmündigung wegen Geistesschwäche, wegen Verschwendung oder wegen Trunksucht beantragt ist, mit der Bekanntmachung an den zu Entmündigenden, die Verfügung, durch die eine vorläufige Vormundschaft aufgehoben wird, mit der Bekanntmachung an den Mündel in Wirksamkeit. (FG. § 52.)

§ 115.

Wird ein die Entmündigung aussprechender Beschluß in Folge einer Anfechtungsklage aufgehoben, so kann die Wirksamkeit der von oder gegenüber dem Entmündigten vorgenommenen Rechtsgeschäfte nicht auf Grund des Beschlusses in Frage gestellt werden. Auf die Wirksamkeit der von oder gegenüber dem gesetzlichen Vertreter vorgenommenen Rechtsgeschäfte hat die Aufhebung keinen Einfluß.

Diese Vorschriften finden entsprechende Anwendung, wenn im Falle einer vorläufigen Vormundschaft der Antrag auf Entmündigung zurückgenommen oder rechtskräftig abgewiesen oder der die Entmündigung aussprechende Beschluß in Folge einer Anfechtungsklage aufgehoben wird.

E. I, 71 Abs. 2; II, 89; III, 111.

1. Eine Entmündigung kann deßhalb aufgehoben werden, weil ihr Grund weggefallen ist (BGB. § 6 Nr. 2; vgl. CPO. §§ 675, 685). In diesem Falle hört die Wirkung der Entmündigung für die Zukunft auf. Bis dahin bestand Geschäftsunfähigkeit bezw.=Beschränktheit. Dasselbe gilt, wenn der Zustand der Entmündigung durch Tod des Entmündigten sein Ende findet.

Der Beschluß des Vormundschaftsgerichts, durch welchen eine Entmündigung ausgesprochen wird, kann aber auch auf Anfechtungsklage hin aufgehoben werden. Die Aufhebung tritt, wenn nicht auf Antrag eine einstweilige Verfügung erlassen wird, erst mit der Rechtskraft des Urtheils in Wirksamkeit (CPO. § 672). In diesem Falle erhebt sich die Frage, welchen Einfluß die Aufhebung des Entmündigungsbeschlusses auf die Wirksamkeit von Rechtshandlungen hat, welche der Entmündigte inzwischen etwa vorgenommen hat. Schon der § 613 Abs. 2 CPO. ä. F. schrieb dem aufhebenden Urtheil insofern rückwirkende Kraft zu, als die Gültigkeit der bisherigen Handlungen des Entmündigten nicht auf Grund des Entmündigungsbeschlusses in Frage gestellt werden konnte. Denn es stand ja nun rechtskräftig fest, daß die Entmündigung eine materiell ungerechtfertigte war. Andererseits aber forderte das Verkehrsinteresse, daß Handlungen, welche der bisherige Vertreter vorgenommen hat, nun nicht auf einmal für ungültig erklärt werden. Der Dritte, welcher mit dem unter staatlicher Autorität eingesetzten Vertreter kontrahirte, sollte dieser Gefahr eines nachträglichen Unwirksamwerdens seiner Geschäfte nicht ausgesetzt sein. Daher war schon in jenem § 613 weiter bestimmt, daß die Aufhebung auf die Gültigkeit der bisherigen Handlungen des bestellten oder gesetzlichen Vormundes keinen Einfluß habe.

Der genannte § 613 Abs. 2 CPO. ä. F. findet sich in der neuen Fassung der CPO. nicht mehr; sein Inhalt wurde, weil er wesentlich materiellrechtlicher Natur ist, ins BGB. aufgenommen, und zwar in Gestalt des § 115.

2. Nach § 115 ist die Folge der Aufhebung eines die Entmündigung aussprechenden Beschlusses, daß sowohl die von und gegenüber dem Entmündigten selbst vorgenommenen Rechtsgeschäfte als auch die von und gegenüber dem gesetzlichen Vertreter vorgenommenen Rechtsgeschäfte als wirksam angesehen werden, sofern nicht aus anderen Gründen die Unwirksamkeit sich ergiebt.

Es besteht demnach die Möglichkeit von Kollisionen, da der Entmündigte selbst und sein gesetzlicher Vertreter in derselben Sache widersprechende Willenserklärungen abgeben können. In solchen Fällen müssen die allgemeinen Grundsätze über Kollisionen aushelfen. Die Sachlage ist ebenso, als wenn dieselbe Person zwei widersprechende Willenserklärungen abgeben würde. Jede der beiden Willenserklärungen ist bindend und bleibt bindend, sofern es keine Widerruflichkeit giebt. Sollten jedoch gleichzeitige widersprechende Willenserklärungen vorkommen, so könnte wohl, da ein klarer Ausdruck des als eines einheitlichen zu fingirenden Willens nicht vorliegt, keine der Erklärungen als wirksam angesehen werden. Der Erklärung des gesetzlichen Vertreters den Vorzug zu geben, liegt kein zwingender Grund vor. (Anders Rehbein, Komm. Bd. 1 S. 116.) Bei der Verwirklichung der aus den beiden Willenserklärungen sich ergebenden obligatorischen Ansprüche entscheidet regelmäßig die Prävention in der Erlangung der Leistung; bei dinglichen Rechtsänderungen ist nach unserer Auffassung eine wahre Kollision gar nicht möglich.

3. Nur auf Grund des Entmündigungsbeschlusses kann die Wirksamkeit der vom Entmündigten vorgenommenen Rechtsgeschäfte nicht in Frage gestellt werden. Andere Unwirksamkeitsgründe werden durch § 115 nicht berührt. Insbesondere bleiben Willenserklärungen, welche eine Person in einem die freie Willensbestimmung ausschließenden Zustande krankhafter Störungen der Geistesthätigkeit (§ 104 Nr. 2) oder im Zustande der Bewußtlosigkeit oder vorübergehenden Störung der Geistesthätigkeit (§ 105 Nr. 2) abgiebt, nichtig trotz § 115.

4. Die „entsprechende" Anwendung der Vorschriften des Abs. 1 auf die Fälle des Abs. 2 bietet keine Schwierigkeiten. Sie findet nicht statt, wenn die vorläufige Vormundschaft aus einem anderen als den im Abs. 2 genannten Gründen ihr Ende findet, nämlich wegen Todes des Mündels oder wegen Aufhebung nach § 1908 Abs. 3.

5. Auf der gleichen Grundlage wie § 115 beruhen die Vorschriften der §§ 32 und 61 FG. Vgl. Aron in Gruchot, Beitr. Bd. 45 S. 607 ff.

Zweiter Titel.

Willenserklärung.

Einleitung.*)

I. Willenserklärungen sind solche irgendwie wahrnehmbare Bethätigungen menschlichen Wollens, welche nach der Lebenserfahrung einen Schluß darauf zulassen, daß durch sie eine Gestaltung, Veränderung oder Aufhebung privater Rechtsverhältnisse herbeigeführt werden will. Von der Terminologie, sowie vom Verhältnisse der Willenserklärung zum Rechtsgeschäfte wurde bereits oben (S. 291 ff.) gesprochen. Im Folgenden beschäftigt uns zunächst die Frage,

*) Neuere Literatur: Ehrlich, Die stillschweigende Willenserklärung; Zitelmann, Die Rechtsgeschäfte im Entw. eines BGB. I S. 22 ff.; Fritze, Die stillschweigende Willenserklärung im BGB., im Arch. f. bürgerl. R. Bd. 14 S. 181; Strohal in Iherings Jahrb. Bd. 28 S. 352; Isay, Die Willenserklärung im Thatbestande des Rechtsgeschäftes; derselbe in Iherings Jahrb. Bd. 44 S. 43 ff.; Monich, Willenserklärung und Rechtsgeschäft; v. Blume in Iherings Jahrb. Bd. 38 S. 224 ff.; E. Grueber, Die Willensmängel der Rechtsgeschäfte nach dem BGB., in den Bl. f. RA. Bd. 63 S. 445 ff., 461 ff.; Hellmann, Vortr. S. 59 ff.; derselbe in Iherings Jahrb. Bd. 42 S. 413 ff.; Crome, System Bd. 1 S. 380 ff.; Binder, die Rechtsstellung des Erben (1901) S. 86 ff.; Wendt, Unterlassungen und Versäumnisse, im Archiv f. d. civilist. Praxis Bd. 92 S. 1 ff., insbes. S. 232 ff.; Manigk, Anwendungsgebiet der Vorschriften für die Rechtsgeschäfte (1901); A. Saleilles, Déclaration de la volonté. Contribution à l'étude de l'acte juridique dans le code civ. allemand art. 116—144 (Paris 1901).

welcher Art das Verhalten des Wollenden sein müsse, damit jener Schluß zulässig und nothwendig sei (II), sodann jenes Thatbestandsmoment der Adressirung der Erklärung, welches, zur Erzeugung einer rechtlichen Wirkung der Erklärung bald nothwendig bald entbehrlich, der Ausgangspunkt für die in der heutigen Theorie übliche Aufstellung des Gegensatzes von „empfangsbedürftigen" und „nicht empfangsbedürftigen" Willenserklärungen geworden ist (III).

II. Dem Willensentschluß als einem inneren psychischen Vorgange kann die Rechtsordnung solange keine Bedeutung beilegen, als er nicht auf eine im Rechtsverkehre verständliche Weise erkennbar geworden ist. Das Erkennbarmachen geschieht durch ein bestimmtes äußeres Verhalten des Wollenden. Dieses Verhalten kann an sich, um Beachtung zu finden, der verschiedensten Art sein; nur muß es, wenn es nach den im Verkehr üblichen Grundsätzen beurtheilt wird, zum Schluß auf den Willen nöthigen. Trifft dies zu und ist der Wollende sich der Schlüssigkeit seines Verhaltens bewußt, so liegt eine Willenserklärung vor. In gewissen Fällen schreibt die Rechtsordnung vor, welches Verhalten vorliegen muß, damit der Schluß auf den Willen allgemein gerechtfertigt, damit die Erklärung wirksam sei. So bei allen formbedürftigen Willenserklärungen.

Bei formfreien Willenserklärungen wird an die natürliche Beobachtung, daß die Erkennbarmachung des Willens regelmäßig durch körperliche Akte, wie Sprechen, Schreiben oder sonstige körperliche Zeichen geschieht, in manchen Fällen jedoch auch bloßes Stillschweigen oder ein anderweitiges Verhalten, in welchem keine „ausdrückliche" Erklärung liegt, zum Schluß auf den Willen nöthigt, in der gemeinrechtlichen Doktrin seit Langem die bekannte Eintheilung der Willenserklärungen in ausdrückliche und in stillschweigende Willenserklärungen geknüpft. Noch E. I (§ 72) hatte eine besondere Bestimmung, nach welcher die Willenserklärung eine ausdrückliche oder eine stillschweigende sein kann. Diese von der Kritik mit Recht angegriffene lehrbuchmäßige Bestimmung ist nicht Gesetz geworden. Jene ganze Eintheilung der Aeußerungsformen des Willens entbehrt aber auch für die Theorie der inneren Begründung; sei es nun, daß man den mit ihr angeblich ausgedrückten Gegensatz auf den mit der Erklärung verfolgten Zweck bezieht, indem mit der stillschweigenden Willenserklärung zunächst ein anderer Zweck verfolgt werde als der der Willenskundgebung in der fraglichen Richtung, oder daß man in ihm einen Gegensatz der gebrauchten Mittel erblickt und ausdrückliche Willenserklärungen diejenigen nennt, welche ihre Bestimmung, den Willen zu erklären, „nach der Verkehrssitte oder kraft besonderer Festsetzung" erfüllen, von stillschweigenden aber dann spricht, wenn ein Benehmen (Thun oder Unterlassen) vorliegt, welches auf das Vorhandensein des Willens einen sicheren Schluß gewährt (so noch jetzt Windscheid-Kipp Bd. 1 S. 289 ff.).

Diese beiden Auffassungen, namentlich die erstere, bergen den richtigen Grundgedanken, daß es einerseits ein Verhalten giebt, welches unmittelbar dem Erklärungszwecke dient und diesen selbständig mit Mitteln verfolgt, die nach der Verkehrsübung gerade diesem Zwecke sich anpassen, andererseits ein solches Verhalten, welches zunächst andere abseits liegende Zwecke verfolgt, aus welchem aber nach der Lebenserfahrung der Schluß auf den Geschäftswillen in der hier fraglichen Richtung gezogen werden muß. Dieser Gegensatz kommt aber, da die Aeußerungsform in beiden Fällen der Gebrauch der Rede oder Stillschweigen sein kann und da die Willenserklärung überhaupt nicht gerade immer in einem einzigen bestimmten Aeußerungsakte zu liegen braucht, sondern oft nur aus dem gesammten Verhalten entnommen werden kann (s. Isay, die Willenserklärung im Thatbestande des Rechtsgeschäftes S. 13 und in Iherings Jahrb. Bd. 44 S. 64 ff.), durch die Antithese „ausdrückliche" und „stillschweigende" Willenserklärung" nicht zu richtigem Ausdrucke. Wir werden im Folgenden bei der ersten der beiden genannten Möglichkeiten von unmittelbarer Willenserklärung, bei der zweiten von mittelbarer Willenserklärung sprechen, ohne aber mit dieser Gegenüberstellung einen durchgreifenden Gegensatz in der rechtlichen Behandlung behaupten zu wollen. Ein solcher Gegensatz läßt sich, wenn von dem Erfordernisse der Adressirung abgesehen wird, bei den formfreien Willenserklärungen wohl überhaupt nicht entdecken.

Man hat darauf hingewiesen*), daß das BGB. selbst an manchen Stellen (§§ 164 Abs. 1, 244 Abs. 2, 700 Abs. 2) von ausdrücklicher Erklärung des Willens spreche, an anderen (§§ 612, 632, 653, 689) von „stillschweigender" Vereinbarung. Damit läßt sich aber die alte Klassifikation der Willenserklärungen in ausdrückliche und stillschweigende im Sinne eines grundsätzlichen Gegensatzes für das BGB. wenigstens nicht vertheidigen. § 164 begründet nicht einen rechtlichen Unterschied, sondern leugnet ihn gerade; in den §§ 244, 700 ist gemeint, daß über die betreffenden Punkte spezielle Festsetzung erfolgt und erforderlich ist (so auch Crome a. a. O. S. 381; Isay, Willenserklärung im Thatbestande d. R. S. 31; and. Ans. Hellmann a. a. O., vgl. auch Planck, Vorbem. I, 1 vor § 116), was freilich ohne wörtlich gefaßten Willensausdruck regelmäßig nicht als möglich erscheint. Wenn aber für die Fälle der §§ 612, 632, 653, 689 gesagt wird, eine Vergütung gelte als „stillschweigend vereinbart", so handelt es sich dabei überhaupt nicht um eine besondere Art der Willenserklärung, sondern um die Begründung einer „verkehrsrechtlichen Pflicht" (Isay a. a. O.; vgl. Endemann, Bd. 1 § 64 Anm. 16); für diese Fälle giebt auch Hellmann (in Iherings Jahrb. Bd. 42 S. 451) zu, daß das Wort „stillschweigend" gar keine Bedeutung hat, daß hier vielmehr eine Pflicht ohne jede Rücksicht auf Willen und Willenserklärung festgestellt wird.

Welcher Art muß nun das Verhalten sein, damit es den Schluß auf den Willen rechtfertigt?

1. In dem Verhalten des Wollenden muß sein Geschäftswille so deutlich zum Ausdrucke kommen, daß er als solcher Jedem, den es angeht, nach der Verkehrsübung verständlich sein muß. Darauf, ob er im Einzelfalle thatsächlich verstanden wird, kann es zunächst nicht ankommen. Verkehrsüblich können aber je nach der Lage des Falles alle möglichen Arten der Aeußerung sein. Der Erklärungswille kann hervorgehen aus mündlichen oder schriftlichen Worten, wie aus anderen Zeichen, Nicken des Kopfes, Abwinken, Zerreißen einer Urkunde u. s. w.; häufig auch aus sog. Realvollzug d. h. thatsächlicher Vornahme einer den Geschäftsinhalt bildenden Handlung, z. B. Zusendung der bestellten Ware. Vgl. auch § 151 und Bem. hiezu.

Die Verkehrsübung fordert häufig eine Rücksichtnahme auf die Individualität dessen, für den die Erklärung bestimmt ist. Wenn ich von Jemandem weiß, daß er taub ist, darf ich ihm meinen Willen nicht mündlich erklären, wenn ich weiß, daß er eine bestimmte Sprache nicht versteht, darf ich ihn nicht in dieser Sprache erklären u. s. w.

2. Für das reine Stillschweigen gilt nichts Besonderes. Es ist eben dann als Willenserklärung aufzufassen, wenn es sich als ein Verhalten darstellt, welches nach der Verkehrsübung zum Schluß auf den Willen nöthigt. Der schon für das gemeine Recht verfehlte Satz: Qui tacet consentire videtur (cap. 43 in 6to de R. J. 5, 12) hat natürlich auch für das BGB. keine Geltung, wird aber durch den bekannten Zusatz: — ubi loqui potuit ac debuit seinem Inhalte nach auch für das Recht des BGB. zu einer brauchbaren Verkehrsregel. Ob eine Möglichkeit und Pflicht zum Reden besteht, hängt meistens ganz von den Umständen des Einzelfalls ab. Im Allgemeinen wird es sich empfehlen, mit der Anerkennung des Stillschweigens als einer verpflichtenden Willenserklärung zurückhaltend zu sein. Auch wird immer noch zutreffen, was schon fürs gemeine Recht Dernburg (Pand. § 98 Anm. 18) gesagt hat: „Leichter ist Schweigen als Zustimmung anzusehen, wenn man bei der Erklärung des Anderen gegenwärtig ist, ohne zu widersprechen, als wenn man in der Ferne von derselben Kunde erhält und schweigt." Vgl. auch Bem. 4 zu § 146, ferner die Vorbem. vor §§ 620—628 und Endemann Bd. 1 § 64 Anm. 21.

Es giebt Fälle, in welchen das Gesetz selbst ausspricht, welches die Folge sein soll, wenn Jemand, der durch eine bestimmte Willenserklärung eine Rechtswirkung herbeiführen kann, diese Erklärung nicht abgiebt (s. z. B. §§ 108 Abs. 2, 1396 Abs. 2, 1405 Abs. 2, 1829 Abs. 2, 1943). Aber nicht immer kann man hier von Willenserklärung reden. Wenn der

*) Vgl. namentlich Hellmann, Vorträge S. 83 ff. und in Iherings Jahrb. Bd. 42 S. 449 S. 44 ff.; dagegen Isay in Iherings Jahrb. Bd. 44 S. 64 ff.

Erbe, auf den die Erbschaft kraft Gesetzes mit dem Ausschlagungsrecht übergegangen ist (§ 1942), die für die Ausschlagung vorgeschriebene Frist verstreichen läßt, ohne eine Erklärung abzugeben, so ist dieses Stillschweigen überhaupt keine Willenserklärung, auch keine stillschweigende, ebensowenig wie es z. B. eine stillschweigende Willenserklärung ist, wenn ein Vater die Ehelichkeit seines Kindes nicht anficht.

3. Der Wille kann auch mittelbar erklärt werden dadurch, daß ein Verhalten vorliegt, welches in erster Linie andere Zwecke verfolgt, aus welchem aber nach der allgemeinen Lebenserfahrung der Schluß auf den hier in Betracht kommenden Willen gezogen werden muß. Man spricht hier auch von „konkludentem Handeln", facta concludentia. Der Gläubiger, der für die Zeit nach der Fälligkeit der Hypothek Zinsen annimmt, giebt damit mittelbar kund, daß er die Hypothek noch stehen lassen will; der Gläubiger, der in Gegenwart des seine Nachsicht anrufenden Schuldners wortlos den Schuldschein ins Feuer wirft, erklärt damit mittelbar den Willen des Schulderlasses u. s. w. Aber für die Praxis ist bei der Annahme einer Willenserklärung durch konkludentes Handeln die größte Vorsicht geboten. Nur da ist der Schluß auf den Geschäftswillen zulässig, wo das Verhalten nach der allgemeinen Verkehrsanschauung gerade zu dieser Deutung nöthigt. Das gilt namentlich für die hier oft als Beispiel angeführte sog. pro herede gestio. Nicht jede Besorgung erbschaftlicher Geschäfte läßt nothwendig auf den Willen zur Erbschaftsannahme schließen (das geht auch hervor aus § 1959 Abs. 1 BGB.; vgl. die Bem. hiezu). Nicht einmal aus dem Schuldenzahlen muß immer nothwendig die Folgerung gezogen werden, daß der Berufene die Erbschaft behalten will; der Schluß wird z. B. dann nicht gerechtfertigt sein, wenn es sich um bedenkliche Schulden handelt, welche dem Erblasser zur Unehre gereichen. Vgl. auch Bd. V Bem. zu § 1943.

4. Der Handelnde hat die Möglichkeit und in zweifelhaften Fällen auch ein Interesse daran, den Schluß, welchen die Verkehrsanschauung aus seinem Verhalten auf einen bestimmten Willen zu ziehen geneigt ist, zu vereiteln. Das Mittel hiezu ist eine (regelmäßig formlose) Kundgebung, welche jenem Schlusse widerspricht. Eine solche Kundgebung nennt man Verwahrung oder Protestation. (Darüber eingehend Isay, Die Willenserklärung im Thatbestande des Rechtsgeschäftes S. 66—84.) Der Mann z. B., der nach der Geburt des Kindes für dieses sorgt, kann ein Interesse daran haben, sich zu verwahren, daß jene Sorge ihm als Wille, das Kind anzuerkennen, ausgelegt werde.

Aber die Wirksamkeit einer Verwahrung hat ihre Schranken: einmal darin, daß eine Verwahrung gegen die unabhängig von dem Parteiwillen eintretenden Rechtsfolgen einer Willenserklärung bedeutungslos ist. Der Erbe kann sich nicht dagegen verwahren, mit der angenommenen solventen Erbschaft auch für die Schulden des Erblassers einzustehen. Der Pfandgläubiger, der dem Eigenthümer das bewegliche Pfand zurückgiebt, verwahrt sich ohne Erfolg dagegen, daß damit das Pfandrecht erlischt. Ferner ist die Verwahrung dann sinnlos und nicht zu beachten, wenn das sonstige thatsächliche Verhalten des Protestirenden nach der Verkehrsanschauung zur Annahme des Geschäftswillens zwingt: protestatio facto contraria non valet. Wer das Buch, das ihm zur Ansicht zugeschickt ist, aufschneidet oder gar mit seinen Bemerkungen versieht, giebt dadurch den Willen kund, es zu behalten, auch wenn er ausdrücklich gegen eine solche Auslegung seines Willens protestirt. S. Isay a. a. O. S. 83.

Die Verwahrung, welche den Zweck hat, dem Schluß auf Aufgabe eines eigenen Rechtes entgegenzutreten, nennt man Reservation („Vorbehalt"; s. §§ 464, 640 Abs. 2).

5. Im Falle einer Verurtheilung eines Schuldners zur Abgabe einer Willenserklärung gilt die Willenserklärung kraft einer Fiktion als abgegeben nach Maßgabe der §§ 894 ff. CPO.

III. Jede Willenserklärung muß, um rechtliche Beachtung zu finden, nach außen deutlich in die Erscheinung treten, muß für diejenigen, welche sie angeht, erkennbar gemacht werden. Aber nicht jede Willenserklärung muß bestimmten anderen Personen gegenüber abgegeben werden; z. B. nicht die Dereliktion, nicht die Annahme der Erbschaft. Andere Willenserklärungen dagegen giebt es — und sie bilden bei Weitem die Mehrzahl —, welche einer

Adressirung bedürfen, welche also gegenüber bestimmten anderen Personen, die daran rechtlich interessirt sind, abgegeben werden müssen. Man unterscheidet daher zwischen Rechtsgeschäften mit nicht empfangsbedürftigen (Dernburg, Bürg. R. Bd. 1 S. 335: „selbstherrlichen") und mit empfangsbedürftigen Willenserklärungen. Dabei muß aber gleich gesagt werden, daß, strenge genommen, auch bei letzteren die Erklärung nicht „empfangen" zu werden, sondern nur zuzugehen braucht. Das Kriterium liegt aber nicht in der Thatsache des Zugehens, sondern in der Nothwendigkeit des Zugehens. Das Zugehen der Erklärung ist bei den empfangsbedürftigen Rechtsgeschäften eine der Voraussetzungen ihrer Wirksamkeit, bei den nicht empfangsbedürftigen ist es gleichfalls möglich, aber nicht erforderlich. Nur auf die erste Gruppe beziehen sich die §§ 130—132 (wo der Hauptsitz der Lehre ist; vgl. Bem. hiezu). Bei beiden Arten kann das Erforderniß der Formbedürftigkeit hinzutreten, bei beiden kann es fehlen.

Adressat*) kann eine Einheit oder Vielheit von Personen, eine Privatperson, eine Behörde sein (s. § 130 Abs. 3). Sogar Erklärungen an einen dem Erklärenden unbekannten Adressaten werden möglich gemacht durch die eine Fiktion enthaltende öffentliche Zustellung gemäß § 132. Die empfangsbedürftige Erklärung kann auch, wie Crome (System Bd. I S. 392) mit Recht hervorhebt, an eine zur Zeit noch unbestimmte Person gerichtet werden, die durch ein nachträgliches Ereigniß bestimmt werden soll; es wird z. B. bei einer Zeitungsexpedition eine Offerte unter der Chiffre E. H. 1890 hinterlegt.

Bezüglich der Erklärungsmittel gilt auch bei der empfangsbedürftigen Willenserklärung einfach die allgemeine Regel, daß das Mittel verkehrsüblich sein muß. Die Verkehrsübung erlaubt einerseits regelmäßig eine Erklärung durch Mittelspersonen, ein Ueberbringen der Erklärung durch Boten, ein Abgeben der Erklärung an Dienstboten; die Verkehrsübung verbietet aber andererseits, worauf schon oben (unter II) hingewiesen ist, daß ich mich eines Erklärungsmittels bediene, von dem ich weiß oder wissen muß, daß es diesem Adressaten unverständlich ist. Eben wegen dieses Wissens um die Unverständlichkeit kann ich einem anwesenden Schlafenden oder sonst Bewußtlosen gegenüber eine Willenserklärung nicht abgeben.

Bezüglich des Zeitpunkts des Wirksamwerdens der Willenserklärung steht das BGB. auf dem Boden der schon vom HGB. ä. F. acceptirten sog. Empfangstheorie. Entscheidend ist der Moment des Zugehens der Erklärung. Abgelehnt ist damit die sogen. Aeußerungstheorie, nach welcher es genügen soll, wenn die Erklärung vom Erklärenden geäußert ist, abgelehnt aber auch die auf dem anderen Extreme stehende Vernehmungstheorie, welche verlangt, daß der Adressat von der Erklärung thatsächlich Kunde erhalten habe. Vielmehr ist lediglich das Zugehen erforderlich. Zugegangen ist die Willenserklärung aber dann, wenn alle Umstände verwirklicht sind, welche die empirisch begründete Möglichkeit einer Wahrnehmung durch den Adressaten herstellen. Empirisch begründet nennen wir diejenige Möglichkeit, bei welcher von zufälligen Besonderheiten des Einzelfalls abgesehen und der der Lebenserfahrung entsprechende Verlauf der Dinge als thatsächlich bestehend angenommen wird. Wenn der Postbote in meiner Wohnung einen Brief abgiebt, ist mir die im Briefe enthaltene Erklärung damit zugegangen, auch wenn ich zufällig an diesem Tage einen Ausflug gemacht habe und thatsächlich nicht in der Lage bin, von der Erklärung Kenntniß zu nehmen. RGE. Bd. 50 S. 194 sagt: „Wählt jemand für die Mittheilung eines Vertragsantrags das Mittel eines verschlossenen Briefes, so ist richtiger Ansicht nach das Angebot dem Adressaten schon „zugegangen" im Sinne des § 130, sobald der Brief in verkehrsüblicher Art in die thatsächliche Verfügungsgewalt des Adressaten oder eines Andern, der ihn in der Empfangnahme von Briefen vertreten konnte, gelangt und ihm in dieser Weise die Möglichkeit der Kenntnißnahme verschafft ist." Kommt der Brief, bis der zur Zeit des Zugangs zufällig abwesende Adressat nach Hause zurückkehrt, abhanden, so kann dadurch die einmal gegebene Thatsache, daß die Erklärung ihm zugegangen ist, nicht

*) Die aufkommende Verdeutschung „Der Anerklärte" klingt vorerst doch noch zu undeutsch!

ungeschehen gemacht werden. Ueber den Zugang abzuholender Postsendungen s. Bem. 3 zu § 130. Ist die Willenserklärung dem Adressaten einmal zugegangen, so vermögen normaler Weise auch der Tod oder die etwa eintretende Geschäftsunfähigkeit des Adressaten an ihrer Wirksamkeit nichts mehr zu ändern (über den Tod und die Geschäftsunfähigkeit des Erklärenden s. § 130 Abs. 2 und Bem. hiezu).

Daß auf Seite des Empfängers zur Wirksamkeit der empfangsbedürftigen Willenserklärung Erkenntnißfähigkeit im Momente des Zugehens erforderlich sei, ist zweifellos. Bestritten ist, ob der Empfänger auch voll geschäftsfähig sein müsse. Der Wortlaut des § 131 nöthigt uns wohl, diese Frage mit der herrschenden Meinung gegen Isay (Willenserklärung im Th. d. R. S. 87 ff.) zu bejahen.

Dagegen wird Isay zuzustimmen sein, wenn er (S. 93) gegen Planck, Endemann, Enneccerus und Rehbein die vom Gesetz absichtlich (s. M. I, 156) unentschieden gelassene Frage, ob für Willenserklärungen unter Anwesenden ebenso wie für solche unter Abwesenden das bloße Zugehen genüge oder hier Kenntnißnahme zu verlangen sei, im ersteren Sinne beantwortet; „sicherlich ist eine einem Anwesenden übergebene schriftliche Erklärung schon mit der Uebergabe wirksam, auch ohne daß der Empfänger sie gelesen hätte". Bei mündlichen Erklärungen unter Anwesenden (über telephonische Erklärungen s. die Bem. zu § 147) ist natürlich zu beachten, was für alle empfangsbedürftigen Willenserklärungen gilt, daß von einem Zugehen keine Rede sein kann, wenn der Erklärende weiß oder wissen muß, daß dem Adressaten — z. B. wegen Taubheit — die Möglichkeit der Wahrnehmung fehlt.

Wie kann dem Erfordernisse des Zugehens Genüge gethan werden bei mittelbaren Willenserklärungen? Ist die mittelbare Willenserklärung überhaupt adressirungsfähig? Wer an dem Gegensatze zwischen ausdrücklichen und stillschweigenden Willenserklärungen festhält und bei letzteren die Erklärung thatsächlich in einer reinen Unterlassung erblickt, wird der schon von Schloßmann (Der Vertrag S. 62 ff.) gezogenen Konsequenz nicht ausweichen können, daß stillschweigende Willenserklärungen eine bestimmte Richtung auf Jemanden nicht haben können. Wenn man aber unter Verwerfung jenes innerlich unhaltbaren Gegensatzes (s. oben unter II) in der Willenserklärung ein, gleichgültig wie zum Ausdrucke kommendes Verhalten sieht, das, nach Verkehrsgrundsätzen beurtheilt, zum Schluß auf den Willen nöthigt, so ist nicht einzusehen, warum dieses Verhalten, auch wenn kein Gebrauch von Worten oder sonstigen unmittelbar sinnfälligen Zeichen stattfindet, nicht gerade bestimmten anderen Personen gegenüber soll zur Wahrnehmung gebracht werden können. Ist das Verhalten derart, daß es zum Schlusse auf den Willen nicht unmittelbar, sondern nur mittelbar nöthigt, so muß eben diese Nöthigung auf den Schluß gerade dem „Adressaten" gegenüber zum Bewußtsein gebracht werden. Praktisch läuft dies regelmäßig darauf hinaus, daß gerade „der Adressat" von dem konkludenten Handeln des mittelbar Erklärenden Kenntniß haben muß.

Zuzugeben ist freilich, daß es empfangsbedürftige Willenserklärungen giebt, z. B. die von Planck (Vorbem. I, 2 vor § 116) hier angeführte Kündigung, welche im Wege einer mittelbaren Erklärung überhaupt nicht „zugehen" können. Der wahre Grund hiefür liegt aber nicht in der Unmöglichkeit einer Konstruktion der Adressirung mittelbarer Willenserklärungen überhaupt, sondern wohl darin, daß gerade bei der Kündigung die Verkehrsübung die Erklärungsmittel beschränkt und nur den Wort- oder Schriftgebrauch zuläßt.

Vgl. im Uebrigen auch die Bem. zu den §§ 130—132.

IV. Abweichung von Willen und Erklärung. Wünschenswerth und normal ist, daß Wille und Erklärung sich decken. Damit eine von der Rechtsordnung anerkannte Wirkung entstehe, muß regelmäßig das Gewollte erklärt und das Erklärte gewollt sein. Wille und Erklärung können aber auseinandergehen. Dann liegt entweder gar keine oder eine mangelhafte Willenserklärung vor.

Lange Zeit hat man sich bemüht, alle Divergenzen von Wille und Erklärung von einem einheitlichen Gesichtspunkt aus zu behandeln, indem man davon ausging, daß der entscheidende Umstand, der die Willenserklärung geeignet mache, rechtliche Wirkung hervorzurufen, in dem durch die Erklärung zum Ausdrucke kommenden Wollen dieser Wirkung liege, und folglich die dem wirklichen Wollen nicht entsprechende Erklärung als nichtig anzusehen sei. Im Gegensatze zu dieser in der gemeinrechtlichen Doktrin herrschenden Willenstheorie hat eine andere — man kann sie „Erklärungstheorie" nennen — das Hauptgewicht auf die Erklärung gelegt, bei welcher stehen zu bleiben sei, auch wenn sie dem wahren Willen nicht entspreche; das erfordere die Rücksicht auf die Interessen derjenigen, welche dem Erklärenden gegenüberstehen; dem Verkehre sei es nachtheilig, wenn die einmal abgegebene Erklärung nicht eine Gewähr für ihren rechtlichen Bestand in sich berge.

Eine dritte Lehre endlich nimmt einen vermittelnden Standpunkt ein. Sie sagt, über den wahren Willen einer Person dürfe nur hinweggeschritten werden, wenn ein Verkehrsbedürfniß dies fordere und die Person für ihr Verhalten eine Verantwortlichkeit treffe. Sie kommt daher zu einer Unterscheidung zwischen Verkehrsgeschäften im engeren Sinne einerseits und familienrechtlichen Geschäften, letztwilligen Verfügungen und Freigebigkeitsakten andererseits (so namentlich Regelsberger, Pand. S. 511 ff.).

E. I folgte grundsätzlich dem Willensdogma, durchbrach dasselbe aber an so wesentlichen Punkten, daß von einer einheitlichen Gestaltung kaum gesprochen werden kann. „Im Allgemeinen ist," sagen die M. I, 191, „festgehalten, daß der Erklärende zu seiner Erklärung stehen muß, soweit das Verkehrsinteresse dafür spricht und das Verhalten des Erklärenden ein solches ist, daß man sagen kann, es geschehe ihm nicht zu viel, wenn er bei dem Worte genommen wird" — also ein der Regelsbergerschen Vermittelungstheorie nahekommender Standpunkt.

Welcher Theorie folgt nun das BGB.? D. 17 sagt, der Entwurf habe den Einfluß der Willensmängel auf die Gültigkeit der Rechtsgeschäfte überhaupt nicht nach einer bestimmten Theorie geregelt, sondern lediglich nach praktischen Gesichtspunkten, welche den verschiedenen in Betracht kommenden Interessen thunlichst gerecht werden. Aber es läßt sich doch erkennen, daß prinzipiell vom Willensdogma ausgegangen ist (so auch Crome, System S. 412; s. jedoch andererseits Isay a. a. O. und Cosack I, § 64; nach P. I, 94 wollte die II. Komm. jede positive Stellungnahme geflissentlich vermeiden; vgl. auch Endemann Bd. 1 § 70 Anm. 4). Denn die Fälle, in welchen das einmal Erklärte unter allen Umständen aufrecht erhalten bleibt und eine Berufung auf den Willensmangel gänzlich ausgeschlossen ist, erscheinen doch als — besonders gerechtfertigte — Ausnahmen; nur das geheime Nichtwollen des Erklärten (§ 116 Satz 1) und die nicht unter § 119 zu subsumirenden Irrthumsfälle gehören hieher.

Im Uebrigen sind innerhalb der Fälle, in welchen Wille und Erklärung auseinandergehen, nach dem BGB. zwei Hauptgruppen zu unterscheiden: die Fälle, in welchen absichtlich etwas nicht Gewolltes erklärt wird, und diejenigen, bei welchen das Auseinandergehen des Willens und der Erklärung auf Irrthum beruht. Prinzipiell tritt in den Fällen der ersten Gruppe Nichtigkeit, in denen der zweiten Anfechtbarkeit ein. Zur ersten Gruppe gehören die im Einverständnisse mit dem Adressaten nur zum Schein abgegebene Willenserklärung (Simulation) nach § 117 und die nicht ernstlich gemeinte Willenserklärung gemäß § 118, zur zweiten die irrthümlich abgegebene (§ 119) und die unrichtig übermittelte Willenserklärung (§ 120). Demjenigen, welcher auf die Wirksamkeit einer nichtigen oder nachher angefochtenen Erklärung gutgläubig vertraut hat, ist aus Billigkeitsrücksichten ein durch § 122 näher begrenzter Ersatzanspruch auf das sog. negative Vertragsinteresse gegen den Urheber der Erklärung gegeben.

Besondere Grundsätze gelten für die auf Eheschließung gerichtete Willenserklärung. S. die §§ 1330—1343 und die Vorbem. vor § 1323 in Bd. IV dieses Werkes. Ueber mangelhafte Willenserklärungen im Erbrechte s. die §§ 2078 ff. und 2081 ff.

V. Neben die beiden genannten Gruppen von Fällen, in welchen Wille und Erklärung auseinandergehen, scheint noch eine dritte zu treten, nämlich diejenigen Fälle, in welchen der Mangel in einer unzulässigen Beeinflussung des Erklärenden durch arglistige Täuschung oder widerrechtliche Drohung seinen Grund hat (§ 123). Aber in Wahrheit fehlt hier das gemeinsame Charakteristikum jener erstgenannten Fälle, nämlich die Divergenz des Willens und der Erklärung. In den Fällen des § 123 erkläre ich nichts anderes als was ich will („... quamvis si liberum esset noluissem, tamen coactus volui"). Aber daß ich es will, beruht nicht auf meiner freien, d. h. normalen Entschließung, sondern auf Drohung oder Täuschung durch einen Dritten. Der Mangel liegt also in der Verursachung des Willensakts selbst, nicht in seinem Widerspruche mit der Erklärung. Die rechtliche Folge des Mangels ist Anfechtbarkeit.

Wird Jemand zur Abgabe einer Willenserklärung durch physische Gewalt gezwungen (vis absoluta), wird ihm z. B. bei einer Unterschrift zwangsweise die Hand geführt, so liegt schon begrifflich überhaupt keine Willenserklärung vor. Vgl. M. I, 204.

VI. Von einer mangelhaften Willenserklärung grundverschieden ist die Nichtübereinstimmung zweier mängelfreier Willenserklärungen. Das klingt für die Theorie selbstverständlich; aber die Praxis geräth doch leicht in Versuchung, beides zu vermengen. Ein Beispiel: A erklärt im Wirthshause dem B, er wolle dessen „Flora" um 300 Mk. kaufen; B erklärt sich darauf bereit, seine Flora um 300 Mk. an A zu verkaufen; hinterher stellt sich heraus, daß A mit der Flora ein Pferd des B, B seinen Jagdhund gleichen Namens gemeint hat. Hier liegt kein „Irrthum" vor, keine Anfechtbarkeit des Vertrags; sondern ein Vertrag ist überhaupt nicht zu Stande gekommen, weil es am Parteikonsens fehlt; also nicht § 119, sondern § 155. (S. auch Bem. 2, b zu § 155, Grueber a. a. O. S. 446; Planck Vorbem. II, 2 vor § 116; Endemann Bd. 1 § 70, 5, insbesondere die Beispiele Anm. 16; Dernburg, Bürg. R. Bd. 1 § 144, II. Vgl. auch l. 18 D. 12, 1 und RGE. Bd. 48 S. 220.)

VII. Die Fragen der Beweislast werden, wo erforderlich, bei den einzelnen Paragraphen erörtert werden. Der leitende Gedanke ist folgender. Wer sich auf die Wirksamkeit einer Willenserklärung beruft, hat zunächst nur darzuthun, daß prima facie die äußeren Merkmale eines Verhaltens vorliegen, welches zum Schlusse auf den Willen nöthigt. Ist das bewiesen, so wird das Vorliegen der sämmtlichen materiellen Voraussetzungen, durch welche die volle Rechtswirksamkeit der abgegebenen Erklärung bedingt ist, vermuthet. Wer dann die Nichtigkeit oder Anfechtbarkeit der Erklärung behauptet, hat die Gründe nachzuweisen, welche Nichtigkeit oder Anfechtbarkeit hervorrufen. Näheres bei Beckh, Die Beweislast nach dem BGB. S. 144 ff.

VIII. Uebersicht über den Inhalt des Titels. Die §§ 116–124 befassen sich mit dem Auseinandergehen von Willen und Erklärung, den Willens- und Erklärungsmängeln; § 125 mit der Bedeutung eines Mangels in der Form des Rechtsgeschäfts, die §§ 126—129 mit der Bedeutung bestimmter Formvorschriften (§ 126 gesetzliche Schriftform, § 127 gewillkürte Schriftform, § 128 gerichtliche oder notarielle Beurkundung, § 129 öffentliche Beglaubigung). Die §§ 130—132 handeln vom Wirksamwerden empfangsbedürftiger Willenserklärungen. § 133 gibt eine allgemeine Auslegungsregel. Die §§ 134—138 behandeln Fälle unzulässigen Inhalts von Rechtsgeschäften (§ 134 Verstoß gegen ein gesetzliches Verbot, §§ 135—137 gegen ein Veräußerungsverbot, § 138 gegen die guten Sitten). In § 139 ist die theilweise Nichtigkeit geregelt, in den §§ 140 und 141 die Konversion und Bestätigung nichtiger Rechtsgeschäfte, in den §§ 142—144 endlich die Anfechtbarkeit nach ihrer Bedeutung, Art und Geltendmachung, Wirkung und möglichen Ausschließung.

§ 116.*)

Eine Willenserklärung ist nicht deshalb nichtig, weil sich der Erklärende insgeheim vorbehält, das Erklärte nicht zu wollen. Die Erklärung ist nichtig, wenn sie einem Anderen gegenüber abzugeben ist und dieser den Vorbehalt kennt.

E. I, 95; II, 92; III, 112.

1. § 116 behandelt die sog. Mentalreservation.

Schon das gemeine Recht hatte das herrschende Willensdogma in dem Falle durchbrochen, in welchem der Urheber der Willenserklärung seinem Gegenkontrahenten

*) Literatur: Kohler in Jherings Jahrb. f. Dogm. Bd. 16 S. 91 ff. und S. 325 ff., Bd. 28 S. 169 ff.; v. Scheurl im Arch. f. civ. Praxis Bd. 78 S. 342 ff.; Manigk, Das Anwendungsgebiet der Vorschriften für die Rechtsgeschäfte, S. 114 ff., 154 ff.

gegenüber arglistig gehandelt hatte. War etwas Nichtgewolltes zum Zwecke der Täuschung des Erklärungsempfängers als gewollt erklärt, so war die Erklärung trotzdem voll wirksam; die Mentalreservation wurde nicht beachtet.

In den früheren Gesetzgebungen war der Fall der Mentalreservation meist übergangen. Seine Behandlung in der Praxis war aber durchweg die gemeinrechtliche. Aus der früheren Praxis vgl. die immer noch lehrreichen RGE. Bd. 11 S. 285, Bd. 37 S. 348; Seuff. Arch. Bd. 35 Nr. 269 (Jena).

Für das BLR. s. Kreittmayr, Ann. IV, 1, 5. Nach PLR. Thl. I Tit. 4 § 56 war, wer einen Anderen durch ungebührlichen Scherz zu Handlungen wissentlich verleitete, nur zum Schadensersatze verpflichtet (RGE. Bd. 8 S. 248 ff.; M. I, 192), während gemeinrechtlich der sog. „böse Scherz" der Mentalreservation gleichstand.

2. Das BGB. behandelt die Willenserklärung, die unter einer Mentalreservation abgegeben wird, mit Recht als gültig. Dieser Forderung des Verkehrsinteresses steht hier ein berechtigtes Interesse des Erklärenden selbst nicht entgegen; denn dieser hat es, da er ja die Divergenz zwischen Willen und Erklärung selbst herbeigeführt hat, sich selbst zuzuschreiben, wenn er beim Worte genommen wird. Aus § 116 läßt sich nicht etwa beweisen, daß das BGB. die Erklärungstheorie adoptiert habe; eher ließe sich für das Gegentheil anführen, daß, wenn das BGB. im Allgemeinen auf dem Boden der Erklärungstheorie stünde, die ausdrückliche Bestimmung, daß der geheime Vorbehalt nicht beachtet wird, überflüssig gewesen wäre.

Das Gesetz spricht vom insgeheimen Vorbehalt, das Erklärte nicht zu wollen. Insgeheim ist der Vorbehalt nicht nur dann, wenn er überhaupt nicht erklärt wird, sondern auch dann, wenn er nur einem am Geschäfte Nichtbetheiligten erklärt wird. Vgl. Hölder, Komm. Bem. 2 zu § 116. Der Vorbehalt, das Erklärte nicht zu wollen, ist der Sache nach verschieden von dem Vorbehalte, für die Folgen der Willenserklärung nicht einstehen zu wollen, also von dem Falle, in welchem Jemand schon bei Abgabe der Erklärung entschlossen ist, die für ihn aus der Willenserklärung entstehenden rechtsgeschäftlichen Verbindlichkeiten nicht erfüllen zu wollen; letzterer Vorbehalt findet natürlich rechtlich gleichfalls keine Beachtung.

Auf das Erklärungsmittel kommt es bei der rechtlichen Behandlung der Mentalreservation nicht an; auch eine mittelbare Willenserklärung (konkludentes Handeln) ist unter einem geheimen Vorbehalt denkbar; auch sie ist trotz des Vorbehalts gültig. Sofern der Gegeninteressent den Vorbehalt nicht kennt, ist es auch gleichgültig, ob die Willenserklärung eine sog. empfangsbedürftige oder nicht empfangsbedürftige ist.

3. Unter § 116 fällt auch der sog. „böse Scherz". Wer eine Willenserklärung nur zum Scherze abgiebt, aber mit der Absicht, den Anderen über den Mangel der Ernstlichkeit zu täuschen, wird gleichfalls beim Wort genommen; seine Erklärung ist gültig. Liegt jedoch keine Täuschungsabsicht vor, sondern wird die scherzhafte Willenserklärung abgegeben in der Erwartung, der Scherz werde als solcher erkannt werden, so ist die Willenserklärung nach § 118 nichtig; der Urheber der Erklärung hat jedoch eine Pflicht zum Schadensersatze nach Maßgabe des § 122. Es ist aber noch ein dritter Fall möglich: daß nämlich der Scherzende zwar nicht erwartet, der Scherz werde als solcher erkannt werden, sondern seine Erklärung in Täuschungsabsicht abgiebt, der Erklärungsempfänger aber trotzdem den Scherz als solchen kennt. Dann ist die Erklärung gleichfalls nichtig (nach § 116 Satz 2), die Pflicht zum Schadensersatze nach § 122 tritt aber nicht ein.

4. Satz 2 gilt nur für sog. empfangsbedürftige Willenserklärungen (s. Vorbem. vor § 116 unter III und Isay in Jherings Jahrb. Bd. 44 S. 54). Kennt bei solchen der Adressat den Vorbehalt, so ist die unter einer Mentalreservation oder in bösem Scherze abgegebene Willenserklärung nichtig. Hier besteht kein Verkehrsinteresse an der Aufrechterhaltung der Erklärung, da der Adressat weder getäuscht noch geschädigt werden kann; es verbleibt also bei dem Grundsatze, daß zur Wirksamkeit der Erklärung Uebereinstimmung von Willen und Erklärung erforderlich ist. § 122 findet naturgemäß keine Anwendung.

Das Kennenmüssen ist dem Kennen nicht gleichgestellt. Für den Adressaten besteht also keine Prüfungspflicht. Es ist an solche Kenntniß gedacht, die auf Zufall, eigener Beobachtung oder Mittheilung durch Dritte beruht; beruht sie dagegen auf Verabredung mit dem Erklärenden selbst, so ist, wie auch Gareis (Komm. Bem. 7 zu § 116) zutreffend bemerkt, nicht ein Fall des § 116, sondern ein solcher des § 117 gegeben.

5. Beweislast. Wer die Nichtigkeit der Willenserklärung (Satz 2) behauptet, hat ein Doppeltes zu beweisen:

a) daß der Erklärende sich insgeheim vorbehalten habe, das Erklärte nicht zu wollen, und

b) daß der Empfänger der Erklärung den geheimen Vorbehalt gekannt habe.

6. Für die unter einer Mentalreservation oder scherzhaft abgegebene Erklärung des Eheschließungswillens gilt etwas Besonderes. Mentalreservation und Scherz machen die Ehe weder nichtig noch anfechtbar, selbst wenn der andere Ehegatte den Vorbehalt kennt. Hier wird also der „Scherz" immer zum Ernst. Denn „das Institut der Ehe verträgt keinen Mißbrauch" (M. IV, 65). Vgl. Bd. IV Bem. 3 zu § 1332.

Dagegen gilt für Erbverträge der ganze Inhalt des § 116. Für Testamente kann nur sein Satz 1 in Betracht kommen. Das Testament, hinter dem eine Mentalreservation steckt, ist also nie aus diesem Grunde nichtig (vgl. Hellmann, Vortr. S. 87).

§ 117.

Wird eine Willenserklärung, die einem Anderen gegenüber abzugeben ist, mit dessen Einverständnisse nur zum Schein abgegeben, so ist sie nichtig.

Wird durch ein Scheingeschäft ein anderes Rechtsgeschäft verdeckt, so finden die für das verdeckte Rechtsgeschäft geltenden Vorschriften Anwendung.

E. I, 96; II, 92; III, 113.

I. § 117 behandelt das Scheingeschäft und zwar im Abs. 1 das simulirte, in Abs. 2 das dissimulirte Geschäft, beide im Anschluß an das bisherige Recht.

Der Standpunkt des römischen Rechtes kommt zum Ausdruck in der bekannten Parömie: Simulatur quod est, dissimulatur quod non est. Das simulirte Geschäft ist nichtig, das dissimulirte Geschäft ist gültig, wenn es nicht aus anderen Gründen ungültig ist. (Vgl. Cod. IV, 22 plus valere quod agitur quam quod simulate concipitur.) Die Nichtigkeit des vorgegebenen Geschäfts konnte auch von Dritten geltend gemacht werden; jedoch nicht unbedingt gegen Dritte. Das Geschäft blieb nämlich zu Gunsten solcher Dritter aufrecht erhalten, welche im Vertrauen auf die Ernstlichkeit des Geschäfts einen entgeltlichen Erwerb gemacht oder eine Zahlung geleistet hatten. So wenigstens nach der von der Theorie größten Theiles gebilligten gemeinrechtlichen Praxis (s. Regelsberger, Pand. S. 517 und die dort angegebene Literatur und Judikatur).

Von den hier behandelten simulirten Geschäften ganz verschieden waren die für die Dogmengeschichte überaus wichtigen sog. „typischen Scheingeschäfte" des älteren römischen Rechtes. Dahin gehören die in iure cessio und das Mancipationstestament. Bei diesen war im Gegensatze zum simulirten Geschäft eine Täuschung gar nicht beabsichtigt.

Das BLR. (Thl. IV cap. 1 § 5 Nr. 4; dazu über den Einfluß auf die Rechte Dritter Bayr. Oberst. LG. Bd. 3 S. 37, Bd. 4 S. 555, 559; Bd. 5 S. 398) theilte den gemeinrechtlichen Standpunkt; ebenso das PLR. (Thl. I Tit. 4 §§ 52 ff.; Tit. 11 §§ 70 ff.) und das sächsische GB. (§§ 828, 829). Ueber Scheinhändel im französischen Rechte s. cod. civ. art. 1108, 1131 und Zachariä-Crome, 8. Aufl. Bd. 1 S. 358 ff.

II. Simulirtes Rechtsgeschäft nach BGB.

1. Das zum Schein einem Anderen gegenüber Erklärte ist nichtig, weil es in Wahrheit nicht gewollt ist und weil nur der wirkliche Wille rechtserzeugende Kraft hat (Willensdogma). Ein wirklicher Wille liegt aber bezüglich des Erklärten gar nicht vor; da der Erklärungsgegner dies weiß, hat er auch kein berechtigtes Interesse an der Wirksamkeit des Geschäftes. Daher Nichtigkeit unter den Parteien und keine Schadensersatzforderung nach § 122.

Grundsätzlich besteht die Nichtigkeit des Geschäfts aber auch gegenüber Dritten, obwohl diese vom Scheincharakter des Geschäfts keine Kenntniß haben. Wenigstens macht § 117 keine Ausnahme zu Gunsten des Dritten, der im Vertrauen auf die Ernstlichkeit des Geschäfts seinerseits Handlungen gegenüber dem Simulanten vornimmt. Aber der Dritte findet hinreichenden Schutz in den allgemeinen Vorschriften, welche den Schutz gutgläubiger Kontrahenten bezwecken, außerdem in einigen besonderen Vorschriften, welche diesen Schutz gerade gegenüber Scheingeschäften bezwecken.

a) Wird eine zum Scheine veräußerte bewegliche Sache vom Scheinerwerber weiter veräußert oder wird an ihr ein Nießbrauch oder ein Pfandrecht bestellt, so erwirbt der gutgläubige dritte Erwerber Eigenthum, Nießbrauch und Pfandrecht nach Maßgabe der §§ 932 ff., 1032, 1207.

b) Die Nichtigkeit eines simulirten Kaufvertrags über ein Grundstück begründet auch die Nichtigkeit der Auflassung (nach §§ 925, 873); aber zu Gunsten des dritten Erwerbers gilt der Inhalt des Grundbuchs als richtig nach Maßgabe der §§ 892 ff.

c) Hat der Schuldner eine Urkunde über die Schuld ausgestellt, so kann er sich, wenn die Forderung unter Vorlegung der Urkunde abgetreten wird, dem neuen Gläubiger gegenüber nicht darauf berufen, daß die Eingehung oder Anerkennung des Schuldverhältnisses nur zum Schein erfolgt sei, es sei denn, daß der neue Gläubiger bei der Abtretung den Sachverhalt kannte oder kennen mußte (§ 405). (Vgl. auch Hachenburg, Vortr. S. 127.) Ist umgekehrt der neue Gläubiger urkundlich legitimirt, so kann dem auf diese Urkunde vertrauenden und deßhalb zahlenden Schuldner nicht entgegengehalten werden, die Abtretung an den neuen Gläubiger sei nur zum Scheine erfolgt (s. unter e). Vgl. auch cod. civ. art. 1321 über die Unwirksamkeit der contre-lettres gegenüber Dritten. — P. I, 340.

d) Wenn Jemand durch besondere Mittheilung an einen Dritten oder durch öffentliche Bekanntmachung bekannt gegeben hat, daß er einen Anderen bevollmächtigt habe, so kann er sich auf die Simulation der Vollmacht nicht berufen; ebensowenig, wenn er statt der besonderen Mittheilung einer Bevollmächtigung dem Vertreter eine Vollmachtsurkunde ausgehändigt hat und der Vertreter sie dem Dritten vorlegt. S. Bem. zu §§ 171, 172. Das Gleiche soll nach Kipp (bei Windscheid, 8. Aufl. S. 327) selbst dann anzunehmen sein, wenn ohne Vollmachtsurkunde der Scheinbevollmächtigte mit Willen seines simulirenden Vollmachtgebers einem Dritten mittheilt, er sei bevollmächtigt; denn diese besondere Mittheilung, von welcher § 171 spricht, könne auch durch den Bevollmächtigten selbst überbracht werden. Wäre das richtig, so wäre aber nicht einzusehen, warum in § 172 jener besonderen Mittheilung die Vorlage der Vollmachtsurkunde durch den Bevollmächtigten gleichgestellt wird; wozu das, wenn schon die einfache Mittheilung der geschehenen Bevollmächtigung durch den Vertreter ohne Urkundenvorlage genügt?

e) Auf demselben Gedanken wie das unter d Gesagte beruht es, daß dem Schuldner, welchem der Gläubiger eine geschehene Forderungsabtretung angezeigt hat oder der Cessionar eine vom Gläubiger ausgestellte Urkunde über die Abtretung vorgelegt hat, vom Gläubiger nicht entgegengehalten werden kann, das Abtretungsgeschäft sei simulirt. § 409. Vgl. auch § 576 (Schutz des Miethers, wenn der Vermiether an dem vermietheten Grundstück eine simulirte Eigenthumsübertragung vornimmt).

2. In der Simulation liegt unter Umständen ein Betrug oder doch ein gegen die guten Sitten verstoßendes Verhalten. Trifft dies zu, so stehen einem geschädigten Dritten Schadensersatzansprüche nach Maßgabe der §§ 823, 826 zu.

3. Zweifellos ist, daß die im Einverständnisse mit dem Adressaten nur zum Schein abgegebene Willenserklärung nicht nur im Verhältnisse der Kontrahenten zu einander, sondern grundsätzlich absolut d. h. jedem Dritten gegenüber nichtig ist (vorbehaltlich des unter 1 erörterten Schutzes gutgläubiger Dritter). § 117 entscheidet aber die Frage nicht, inwieweit ein am Scheingeschäft unbetheiligter Dritter die Nichtigkeit geltend machen kann. Man muß davon ausgehen, daß die Geltendmachung der Nichtigkeit nicht im Wege einer besonderen Nichtigkeitsklage erfolgt, sondern daß ohne Weiteres Jeder sein Verhalten ohne Rechtsnachtheil so einrichten kann, als ob das simulirte Geschäft überhaupt nicht vorgenommen wäre. Zu einem bestimmten Verhalten in Bezug auf das simulirte Geschäft hat aber naturgemäß nur der Anlaß, welcher durch dasselbe in seiner Rechtssphäre irgendwie berührt wird. Die gerichtliche Geltendmachung dieses Interesses kann im Wege der Feststellungsklage erfolgen, welche ein am simulirten Geschäfte nicht unmittelbar betheiligter Dritter nach § 256 CPO. eben dann erheben kann, wenn er ein Interesse daran hat, daß das Bestehen oder Nichtbestehen des durch die simulirte Willenserklärung scheinbar geänderten oder geschaffenen Rechtsverhältnisses alsbald festgestellt werde.

In der Praxis ist der Fall nicht selten, daß ein Schuldner ihm gehörige Gegenstände durch Scheingeschäft einem Dritten (besonders häufig seinem Ehegatten!) abtritt, um sie in der Zwangsvollstreckung dem Zugriffe des Gläubigers zu entziehen und daß dann der das Scheingeschäft als nichtig behandelnde und daher pfändende Gläubiger vom Dritten mit der Widerspruchsklage (CPO. § 771) angegriffen wird. Im Allgemeinen fällt zur Beweislast des Widerspruchsklägers, daß ihm am Gegenstande der Zwangsvollstreckung ein die Veräußerung hinderndes Recht zustehe. Muß er also hier beweisen, daß das Geschäft, durch welches ihm der Gegenstand übertragen wurde, kein Scheingeschäft sei? Nein; vielmehr genügt es, wenn er die übrigen Voraussetzungen jenes Geschäfts als gegeben nachweist, während der Beweis der Scheinnatur des Geschäfts dem beklagten Dritten obliegt. In diesem Falle geschieht also die Geltendmachung der Nichtigkeit durch Vorbringen einer beweisbedürftigen Einrede.

Sie kann ferner auch erfolgen durch Widerspruch eines Gläubigers gegen einen Theilungsplan zum Zwecke der Beseitigung konkurrirender auf Simulation beruhender Ansprüche (CPO. §§ 876 ff., ZwVG. § 115).

Stets ist aber zur Geltendmachung des Scheincharakters des Geschäfts durch einen Dritten der Nachweis eines eigenen Interesses dieses Dritten erforderlich. S. Rspr. d. OLG. Bd. 4 S. 292. Wenn Jemand die Klage auf Anfechtung eines Beschlusses der Generalversammlung einer Aktiengesellschaft erhebt (HGB. § 271) und sich durch den Besitz einer Aktie äußerlich als Aktionär legitimirt, kann ihm nicht entgegengehalten werden, er habe das in der Aktie verbriefte Recht nur durch ein Scheingeschäft erworben. Wenn er auch in Wahrheit nicht Eigenthümer der Aktie ist, so kann er doch das Stimmrecht im eigenen Namen ausüben und darf, wenn er die Aktie präsentirt, nicht zurückgewiesen werden. Vgl. RGE. Bd. 30 S. 51; Staub, Komm. z. HGB. Exkurs zu § 224 Anm. 3.

4. Die Simulation des Eheschließungswillens erzeugt keine Nichtigkeit, auch keine Anfechtbarkeit (§§ 1323 ff.). Die zum Scheine vor dem Standesbeamten eingegangene Ehe ist vielmehr gültig. Kipp (bei Windscheid 8. Aufl. Bd. 1 S. 328) hält die simulirte Eheschließung für nichtig mit der eigenthümlichen Begründung, der Ausspruch des Standesbeamten schaffe nicht die Ehe (§ 1318). Allerdings wird die Ehe jetzt nicht mehr von dem Standesbeamten, sondern vor dem Standesbeamten geschlossen. Aber es ist nicht einzusehen, inwiefern dies zur Anerkennung der Simulation als eines Nichtigkeitsgrundes führen soll, nachdem doch die Nichtigkeitsgründe für die Ehe in den §§ 1324 bis 1328 in erschöpfender Weise aufgezählt sind und die Simulation sich nicht unter ihnen findet. Vgl. auch Bd. IV Bem. 3 zu § 1332. Durch die den sonstigen gesetzlichen Erfordernissen entsprechende Erklärung des Eheschließungswillens wird also stets ein definitiver Rechtszustand geschaffen, welcher durch das Vorbringen der Simulation nachträglich nicht beseitigt werden kann. — Nicht dasselbe gilt — und dies zu betonen giebt wiederum eine Bemerkung von Kipp a. a. O. Anlaß — von der auf simulirter Bewilligung beruhenden Vormerkung im Grundbuch (§ 883). Kipp lehrt, die Vormerkung im Grundbuche habe die ihr eigenthümliche Wirkung auch dann, wenn sie auf simulirter Bewilligung beruht; „denn sie wirkt durch sich selbst und nicht in Verbindung mit der Bewilligung". Aber man wird zu beachten haben, daß die Simulation der Bewilligung doch regelmäßig zugleich eine Simulation des durch die Vormerkung zu sichernden Anspruchs enthält. Derjenige, dessen Grundstück oder dessen Recht von der Vormerkung betroffen wird, kann aber den Scheincharakter des zu Grunde liegenden Anspruchs geltend machen und somit (arg. § 886) vom Gläubiger die Beseitigung der Vormerkung verlangen. Vgl. auch Bd. III Bem. III, 4 zu § 888.

5. Sieht man vom Falle der Eheschließung ab, so läßt sich durchaus nicht sagen, daß die vor staatlichen Organen vorgenommenen bezw. öffentlich beurkundeten Scheingeschäfte als wirksam zu behandeln sind. Auch in M. I, 193 wird dies ausdrücklich abgelehnt. Die Willenserklärung, die einem Anderen gegenüber mit dessen Einverständniß nur zum Schein abgegeben wird, ist nach § 117 nichtig, auch wenn das auf dieser Willenserklärung beruhende Geschäft notariell oder gerichtlich beurkundet wird.

Damit ist die Frage noch nicht entschieden, ob ein auf Grund einer Simulation der Parteien ergehendes richterliches Urtheil nichtig ist.*) Vor Allem muß gegenüber der Titelüberschrift, welche die RGE. vom 30. November 1895 in der Sammlung Bd. 36 S. 249 erhalten hat, bemerkt werden, daß es ein „simulirtes Judikat" nicht giebt. Denn dies würde voraussetzen, daß die urtheilsprechenden Richter an der Simulation sich betheiligten, eine Annahme, die unter unseren heutigen Verhältnissen geradezu undenkbar ist und auch dem citirten Erkenntnisse ganz ferne liegt.**) Gemeint ist vielmehr nur die Simulation eines Prozesses durch die Parteien. Der Fall lag so, daß ein bereits befriedigter Wechselgläubiger nach Verabredung mit dem Schuldner die Wechsel zurückerhielt und zum Scheine klagte; der Schuldner ließ gemäß der Verabredung Versäumnißurtheil gegen sich ergehen, welches rechtskräftig wurde. Der Gläubiger gerieth in Konkurs; der Konkursverwalter cedirte die Rechte aus dem Urtheile weiter. Das Reichsgericht hat hier die Simulation trotz des rechtskräftigen Urtheils für beachtlich erklärt. Das scheint doch sehr bedenklich und dem Wesen des Urtheils als eines staatlichen Aktes, der kein Spiel verträgt, widerstrebend. Freilich kann ich auch auf Rechte aus dem rechtskräftigen Urtheile verzichten;

---

*) Vgl. Sintenis, Der simulirte Prozeß, in Zeitschr. f. d. Civilprozeß Bd. 30 S. 358 ff.

**) Sintenis beschäftigt sich mit dem Falle, daß beide Parteien im Einverständnisse mit dem Gerichte den Prozeß zum Scheine führen, a. a. O. S. 417—422 und kommt zu dem m. E. richtigen Resultat, daß das ergehende Urtheil trotz Mangels einer ausdrücklichen Gesetzesbestimmung nichtig ist und diese Nichtigkeit jederzeit ohne Klage geltend gemacht werden kann. Die Frage dürfte jedoch eine rein akademische sein.

aber ich kann nicht die Rechtskraftwirkung von vornherein ausschließen, indem ich mit dem Gegner vereinbare, unser Prozeß solle nur ein Scheinprozeß sein. Scheinprozesse als solche gelten zu lassen, verträgt sich nicht mit dem öffentlichrechtlichen Charakter des Prozesses und des Urtheils. Eine andere Frage ist es, ob nicht aus der Vereinbarung der Prozeßsimulation eine rechtsgültige Verpflichtung des „Gläubigers" sich ergeben kann, keine Zwangsvollstreckung aus dem Urtheile vorzunehmen; eine derartige Verpflichtung würde weder gegen ein Gesetz noch auch grundsätzlich (von besonderen Umständen abgesehen) gegen die guten Sitten verstoßen; s. darüber Sintenis a. a. O. S. 400 ff.

6. Was auf Grund des unverbindlichen simulirten Geschäfts etwa geleistet wurde, kann nach Maßgabe der Vorschriften über ungerechtfertigte Bereicherung (§§ 812 ff.) zurückverlangt werden.

III. Das dissimulirte Rechtsgeschäft.

Möglich ist, daß der das Scheingeschäft enthaltende Thatbestand ein anderes, von den Parteien ernstlich gewolltes Rechtsgeschäft in sich schließt; die Parteien schließen z. B. zum Schein einen Kauf ab, sind sich aber darüber einig, in Wahrheit eine Schenkung zu wollen (vgl. l. 38 D. 18, 1; l. 7 § 6 D. 24, 1). Dieses verdeckte (dissimulirte) Rechtsgeschäft ist nicht schon darum ungültig, weil es verdeckt ist. Vielmehr ist es dann wirksam, wenn ein Verhalten der Parteien gegeben ist, welches (nach den oben in der Einl. vor § 116 unter II entwickelten Grundsätzen) zum Schluß auf eben diesen Geschäftswillen nöthigt, und wenn die sonstigen materiellen und formellen Voraussetzungen eben dieses Geschäfts vorliegen. Daran wird es allerdings häufig fehlen, weil eben häufig gerade deßhalb das Scheingeschäft vorgenommen wird, weil dem in Wahrheit gewollten Geschäfte rechtliche Hindernisse entgegenstehen, weil es z. B. gegen ein gesetzliches Verbot oder gegen die guten Sitten verstößt oder einer von den Parteien wegen der Kosten gescheuten Form bedarf. Beispiele gültiger verdeckter Rechtsgeschäfte s. RGE. Bd. 15 S. 593; Bd. 22 S. 191 ff.

IV. Vom Scheingeschäfte trotz gewisser äußerer Aehnlichkeit scharf zu unterscheiden sind das sogen. fiduciarische Rechtsgeschäft und der rechtsgeschäftliche Schleichweg.

Beim fiduciarischen Geschäft ist im Gegensatze zum simulirten von den Parteien das Erklärte thatsächlich gewollt, nicht nur zum Schein erklärt. Es soll Niemand getäuscht werden. Nur wird dem Fiduciar äußerlich eine Rechtsstellung eingeräumt, welche über den praktischen Zweck, den die Parteien verfolgen, hinausgeht. Das fiduciarische Geschäft fällt nicht unter § 117. Näheres in der Einl. vor § 104 unter VI, H.

Der rechtsgeschäftliche Schleichweg*) ist gleichfalls kein simulirtes Geschäft, fällt also nicht unter § 117. Der Schleichweg hat den Zweck, einen vom Gesetze mißbilligten Erfolg praktisch zu erreichen, ohne mit dem Buchstaben des Gesetzes in Widerspruch zu kommen. Das zu diesem Zwecke Erklärte wird ernstlich gewollt, die Willenserklärung wird nicht nur zum Schein abgegeben. Das BGB. hat sich über die Behandlung des Schleichwegs, der übrigens, wie Crome (System Bd. 1 S. 419) mit Recht bemerkt, „gar keine besondere Rechtsfigur" bildet, nicht ausdrücklich ausgesprochen. Es wäre zu weit gegangen, wenn man den Satz aufstellen wollte, jedes Rechtsgeschäft, welches eine Umgehung des Gesetzes bezweckt, sei als gegen die guten Sitten verstoßend nichtig. Aber auch § 134 löst die Frage nach der Behandlung des agere in fraudem legis nicht vollkommen, nicht einmal für die Umgehung von Verbotsgesetzen. § 134 erklärt allerdings ein Rechtsgeschäft, das gegen ein gesetzliches Verbot verstößt, für nichtig, wenn sich nicht aus dem Gesetz ein Anderes ergiebt. Aber damit ist noch keineswegs gesagt, daß jedes verbietende Gesetz über den durch seine bloße Auslegung zu gewinnenden Sinn hinaus auf die zu seiner Umgehung bestimmten Geschäfte analog anwendbar sei; eine allgemeine Auslegungsregel, wonach das Gesetz immer so ausgelegt werden soll, daß es diese Geschäfte mitergreife, ist unserer Rechtsordnung nicht bekannt. Daß an sich eine Gesetzesauslegung, welche, lediglich den Zweckgedanken verfolgend, das Verbotsgesetz auch auf andere als eben die unmittelbar verpönten Geschäftsformen analog ausdehnt, nicht Ausfluß eines allgemeinen Rechtssatzes ist, ergiebt sich schon daraus, daß es nöthig war, eine solche Auslegung in einem Spezialfalle durch besonderen Rechtssatz anzuordnen, nämlich in § 6 des RG. über die Abzahlungsgeschäfte vom 16. Mai 1894. Ohne Rücksicht auf die Frage, ob analoge Auslegung berechtigt ist, muß jedenfalls dann Unwirksamkeit des ein Verbotsgesetz umgehenden Geschäfts angenommen werden, wenn dieses Geschäft gegen eine andere Rechtsregel verstößt, deren Nichtbeachtung ihrerseits Unwirk-

*) Literatur: Bähr, Urtheile des Reichsgerichts S. 52 ff. (dagegen wiederum Seuff. Arch. Bd. 46 Nr. 2); G. A. Leist, Die Sicherung von Forderungen durch Uebereignung von Mobilien S. 88 ff.; Hellwig im Archiv f. d. civilist. Praxis Bd. 64 S. 375 ff.; Ivo Pfaff, Zur Lehre vom sog. in fraudem legis agere, Wien 1892; Regelsberger, Pand. S. 519 ff.; Krit. V.J.Schr. Bd. 32 S. 367 f. und Bd. 39 S. 421 ff.

samkeit zur Folge hat. Ist z. B. ein höherer Zinssatz als 6 Prozent für das Jahr vereinbart, so tritt nach spätestens sechs Monaten Kündbarkeit ein; gegentheilige Vereinbarungen sind ausgeschlossen (§ 247); vereinbart nun der Gläubiger mit dem Schuldner den Ausschluß der Kündigung auf drei Jahre, läßt sich aber von ihm außer den 6 Prozent Zinsen, um thatsächlich doch mehr zu erhalten, „für seine Mühe" weitere 100 Mark versprechen, so ist arg. §§ 138 Abs. 2, 139 das ganze Rechtsgeschäft nichtig.

Der in der Praxis nicht seltene Fall, daß an einen Gläubiger zum Zwecke seiner Sicherstellung für seine Forderung eine Uebertragung des Eigenthums an beweglichen Sachen vorgenommen wird, kann, sofern nur die Eigenthumsübertragung ernstlich gewollt ist, nicht als Gesetzesumgehung angesehen werden. Das Geschäft ist nicht ungültig, auch wenn die Uebertragung durch constitutum possessorium erfolgt. Wenn aber ein derartiges Geschäft zwar die Form der Eigenthumsübertragung an sich trägt, in Wahrheit aber nach dem Willen der Parteien eine verschleierte Verpfändung enthält, so ist es als Scheingeschäft nach § 117 nichtig. Aber auch das verdeckte Geschäft, die gewollte Verpfändung, ist nicht wirksam, weil nach unserem Rechte eine Bestellung des Pfandrechtes durch constitutum possessorium unzulässig ist. Vgl. Bem. 3 zu § 930 und Bem. VII zu § 929, sowie Bem. 3 zu § 1205; RGE. Bd. 2 S. 168; Bd. 13 S. 200; Bd. 26 S. 181; Seuff. Arch. Bd. 46 Nr. 1 und Nr. 2 (OLG. Kiel). S. auch D. Jur.-Z. 1902 S. 485, 1903 S. 125; Recht Bd. 5 S. 618. Ueber die zur Sicherheit bewirkte Cession einer Forderung s. RGE. Bd. 24 S. 161; vgl. hiezu auch Bem. 2, b zu § 1279 und Bem. I, 1, c zu § 1204; über die lediglich zum Zwecke des Incasso bewirkte Cession s. RGE. Bd. 53 S. 417.

§ 118.

Eine nicht ernstlich gemeinte Willenserklärung, die in der Erwartung abgegeben wird, der Mangel der Ernstlichkeit werde nicht verkannt werden, ist nichtig.

E. I, 97 Abs. 1, 2, 4; II, 93; III, 114.

1. Wie im vorhergehenden Paragraphen, so wird auch in § 118 eine dem wahren Willen nicht entsprechende Willenserklärung für nichtig erklärt. Vorausgesetzt wird hier, daß sie abgegeben wird in der Erwartung, der Mangel der Ernstlichkeit werde nicht verkannt werden, also ohne Täuschungsabsicht. Dies trifft namentlich zu auf Willenserklärungen, welche zu Lehrzwecken, als Citate, auf der Bühne, als bloße höfliche Redensart, aus Scherz, aus Prahlerei, zu Zwecken der Reklame abgegeben werden. Die Divergenz von Willen und Erklärung ist in diesen Fällen eine vom Erklärenden mit Bewußtsein beabsichtigte und dadurch verschieden von der Nichtübereinstimmung, welche in Irrthum oder unrichtiger Uebermittelung ihren Grund hat.

Von den gleichfalls nicht ernstlichen Willenserklärungen der §§ 116 Satz 2 und 117 unterscheidet sich der hier behandelte Fall folgendermaßen:

a) § 116 Satz 2 (Mentalreservation, bei welcher der Erklärungsempfänger den Vorbehalt kennt,) setzt Täuschungsabsicht voraus, diese Absicht schlägt aber fehl, weil sie vom Gegner durchschaut wird. § 118 dagegen setzt im Gegentheile voraus, daß keine Täuschungsabsicht besteht, sondern daß der Erklärende sich der Erwartung hingiebt, die Nichternstlichkeit werde erkannt werden; ob diese Erwartung thatsächlich zutrifft, ist gleichgültig. Vgl. auch die folgende Bem. 2 sowie Bem. 3 zu § 116.

b) Bei der simulirten Willenserklärung des § 117 herrscht zwischen dem Erklärenden und dem Erklärungsempfänger stets Einverständniß darüber, daß die Willenserklärung keine ernstliche ist; im Falle des § 118 braucht dieses Einverständniß nicht zu bestehen, sondern ist in dieser Richtung nur eine einseitige Erwartung des Erklärenden erforderlich. Ferner wird die Simulation stets vorgenommen zum Zwecke der Täuschung Dritter über den wahren Willen, während diese Täuschungsabsicht im Falle des § 118 nicht besteht oder doch zum Mindesten unwesentlich ist. Die Simulation nach § 117 setzt immer eine bei beiden Kontrahenten gleichartige Willensrichtung voraus. Die sog. „einseitige Simulation", bei welcher der Erklärende ohne Verständigung mit dem anderen Theile annimmt, daß dieser die Nichternstlichkeit seiner Willenserklärung erkennen und zum Scheine darauf eingehen werde, fällt unter § 118, nicht unter § 117; man wird daher, um Mißverständnisse zu vermeiden, besser thun, diesen Fall überhaupt nicht Simulation zu nennen.

2. Zweifellos ist die nicht ernstlich gemeinte Willenserklärung auch dann nichtig, wenn sie in der irrthümlichen Erwartung abgegeben wird, der andere Theil werde die Nichternstlichkeit erkennen; § 118 umfaßt also auch das sog. mißlungene Scheingeschäft.

Schwierig ist unter Umständen die Abgrenzung von der Mentalreservation. Es besteht Streit darüber, ob die Erwartung, der Mangel der Ernstlichkeit werde nicht verkannt werden, in der Abgabe der Willenserklärung zum Ausdrucke kommen muß, damit das Geschäft nach § 118 nichtig sei, oder ob auch die rein innerliche Erwartung diese Wirkung habe. Isay (Die Willenserklärung im Thatbestande des Rechtsgeschäfts S. 17 f.) nimmt ersteres an; aber das Gesetz bietet m. E. keinen Anhaltspunkt dafür, daß die Erwartung sich äußerlich manifestiren müsse; objektive Erkennbarkeit des Scheincharakters wird nicht verlangt. Aber regelmäßig wird, wenn der Mangel der Ernstlichkeit nicht äußerlich erkennbar war, dem Erklärenden der ihm obliegende Nachweis nicht gelingen, daß er wirklich jene Erwartung gehegt habe; wenn der Erklärende weiß, daß der andere Theil seine Willenserklärung für eine ernstliche halten kann, dann hat er eben in Wahrheit seine Erklärung für den Fall als eine ernstliche abgegeben, daß der andere Theil sie als eine ernstliche entgegennimmt; hat er trotzdem die Absicht, sie als eine nichternstliche gelten zu lassen, so behält er sich dies insgeheim vor, m. a. W. giebt die Erklärung ab unter einer Mentalreservation, welche nach § 116 das Geschäft nicht ungültig machen kann. (In gleichem Sinne Hoelder, Komm. Bem. zu § 118.) Insofern läßt sich auch mit Endemann Bd. 1 § 73, 1 und Gareis, Komm. Bem. 6, 5 zu § 118 sagen, die Erwartung müsse objektiv gerechtfertigt sein, als der Erklärende, welcher sich auf die Nichternstlichkeit seiner Erklärung beruft, in der Regel nur aus den begleitenden Umständen wird darthun können, daß er die Erwartung des Nichtverkanntwerdens hegen durfte. Aber es geht doch zu weit, wenn gesagt wird (Isay a. a. O.), daß die Erwartung in der Abgabe der Willenserklärung selbst zum Ausdrucke kommen müsse. In dieser Beziehung ist die bekannte preußisch-rechtliche RGE. Bd. 8 S. 249 auch für das heutige Recht noch lehrreich. Der Beklagte hatte im Scherze dem Kläger das Angebot gemacht, ihm 1 Million Pfund Bleiröhren zu einem ganz ungewöhnlich niederen Preise zu liefern. Dieses Angebot hatte der Kläger als ein ernstlich gemeintes angenommen und auf Erfüllung geklagt. Der Beklagte drang mit der Einrede des Scherzes durch, die Klage wurde daher abgewiesen; aber trotz der Abweisung wurden dem Beklagten die Prozeßkosten auferlegt. In diesem Falle kam die Erwartung des Nichtverkanntwerdens nicht in der Abgabe der Willenserklärung selbst zum Ausdruck. Trotzdem müßte auch nach BGB. ebenso entschieden werden, wie das Reichsgericht entschieden hat; die Kostenfälligkeit des Beklagten ergäbe sich aus § 122. (Vgl. Rehbein, Komm. S. 125; Dernburg, Bürgerl. R. Bd. 1 § 141 unter V dagegen will derartige Geschäfte nicht unter § 118, sondern unter § 138 stellen, ebenso wie etwa den Verkauf eines Kusses.) Hätte dagegen der Beklagte gewußt, daß der Kläger den Scherz nicht als solchen erkennen kann, so wäre der Scheincharakter seiner Willenserklärung als Mentalreservation und das Geschäft als gültig zu behandeln gewesen; denn dann hätte der Beklagte eben in Täuschungsabsicht gehandelt und jene Erwartung unmöglich hegen dürfen. — Vgl. auch RGE. Bd. 11 S. 287; Bd. 37 S. 246.

3. Für die Erklärung des Eheschließungswillens gilt § 118 nicht. Der scherzhafte Charakter dieser Erklärung bewirkt nicht die Ungültigkeit der Ehe. S. auch Bem. 4 zu § 117 und Bd. IV Bem. 3 zu § 1332.

4. Die Anwendung des § 118 ist nicht beschränkt auf sogen. „empfangsbedürftige" Willenserklärungen. Wenn es also vorkommen sollte, daß ein nicht ernstlich gemeintes Testament in der Erwartung, der Mangel der Ernstlichkeit werde nicht verkannt werden, errichtet würde, so wäre das Testament nichtig. S. Isay in Iherings Jahrb. Bd. 44 S. 54.

5. Sind die Voraussetzungen des § 118 gegeben, so tritt für den Erklärenden nach Maßgabe des § 122 die Verpflichtung ein, das sogen. negative Vertragsinteresse, jedoch nicht über das Erfüllungsinteresse hinaus, zu ersetzen. Diese Verpflichtung tritt ein ohne Rücksicht auf schuldloses Verhalten des Erklärenden, wie andererseits die Nichtigkeit der Willenserklärung eintritt ohne Rücksicht darauf, ob dem Erklärenden eine Fahrlässigkeit zur Last fällt oder nicht. Vgl. auch Bem. 2 zu § 122. Anders E. I § 97 Abs. 2, 4, wo die nicht ernstlich gemeinte Willenserklärung im Falle grober Fahrlässigkeit des Erklärenden als grundsätzlich gültig behandelt wurde; dagegen treffend P. I, 99.

§ 119.*)

Wer bei der Abgabe einer Willenserklärung über deren Inhalt im Irrthume war oder eine Erklärung dieses Inhalts überhaupt nicht abgeben wollte, kann

*) Neuere Literatur: Zitelmann, Irrthum und Rechtsgeschäft (1879); Leonhard, Der Irrthum bei nichtigen Verträgen (1882/83); derselbe im Archiv f. d. civilist. Praxis Bd. 72 Nr. 2; derselbe, Der Irrthum als Nichtigkeitsgrund im E. I (1889); Jacubezky, Bemerkungen S. 23 ff.; Bähr, Irrungen im Kontrahiren (1895); Unger,

die Erklärung anfechten, wenn anzunehmen ist, daß er sie bei Kenntniß der Sachlage und bei verständiger Würdigung des Falles nicht abgegeben haben würde.

Als Irrthum über den Inhalt der Erklärung gilt auch der Irrthum über solche Eigenschaften der Person oder der Sache, die im Verkehr als wesentlich angesehen werden.

E. I, 98, 99 Abs. 1, 3; II, 94; III, 115.

I. Allgemeines; früheres Recht; Entstehungsgeschichte.

1. Irrthum ist ein dem Wollenden unbewußter Willens- oder Erklärungsmangel. Der Wollende giebt eine von seinem wahren Willen abweichende Willenserklärung ab, ohne dieser Abweichung gewahr zu werden. Der Grund der Abweichung kann darin liegen, daß der Wollende in Folge Versehens im Mittel der Erklärung mit seiner Erklärungshandlung nicht das ausdrückt, was er ausdrücken will, z. B. er verspricht sich, verschreibt sich, vergreift sich; oder darin, daß er über die Bedeutung des von ihm gewählten Erklärungsmittels eine der Verkehrsanschauung über die Bedeutung dieses Erklärungsmittels widersprechende Vorstellung hegt, sogen. Verlautbarungsirrthum; oder endlich — und das sind die Fälle, welche der rechtlichen Behandlung die größten Schwierigkeiten bieten — darin, daß der Willen selbst von einer falschen Vorstellung, sei es über den sachlichen oder über den rechtlichen Inhalt des Gewollten beherrscht wird. Für alle diese drei Gruppen nennen wir den Irrthum dann, wenn die ihm entspringende Abweichung des wahren Willens und der Erklärung überhaupt rechtliche Beachtung findet, einen erheblichen, wenn nicht, einen unerheblichen Irrthum. Die an die Erheblichkeit des Irrthums geknüpften Rechtsfolgen sind nach heutigem Rechte, wie gleich hervorgehoben werden soll, immer dieselben, gleichgültig, worin der Irrthumsgrund zu suchen ist.

2. Wann ist aber nun der Irrthum erheblich? Und welche Rechtsfolge hat die Erheblichkeit?

Die gemeinrechtliche Doktrin hat auf die erste dieser beiden Fragen keine abschließende, allgemein gebilligte Antwort gefunden. Einig war man darüber, daß der Irrthum im Beweggrund unerheblich sei; schwieriger war schon die Frage, wann bloßer Irrthum im Beweggrunde vorliege. Uneinig war man namentlich darüber, ob auf die Entschuldbarkeit bezw. Vermeidbarkeit des Irrthums etwas anzukommen habe, sowie darüber, wann sich sagen lasse, daß der Irrthum das Wesen des Erklärungsgegenstandes betreffe (error in substantia) und inwieweit Irrthum über die Eigenschaften einer Sache oder Person (error in qualitate) Beachtung finden müsse. Endlich konnte sich fragen, ob es von Einfluß sei, wenn der Erklärungsempfänger den Irrthum als solchen erkannt hatte.

Rechtsfolge des für wesentlich erachteten Irrthums war die Nichtigkeit der mit der Willenswirklichkeit nicht übereinstimmenden Willenserklärung, ein vom Standpunkte des einmal herrschenden Willensdogmas aus begreifliches, aber den Verkehrsinteressen oft wenig förderliches Ergebniß. Beim Vorliegen einer sog. culpa in contrahendo wurde die Verpflichtung des Irrenden zum Ersatze des dem Gegenkontrahenten erwachsenen Schadens bis zum Belaufe des sog. negativen Interesses schon gemeinrechtlich anerkannt. Näheres über die gemeinrechtlichen Kontroversen bei Windscheid-Kipp Bd. 1 S. 343 ff.

Das hier ganz unselbständige BLR. behandelt den Irrthum in Thl. IV cap. 1 § 5 Nr. 4, § 10 Nr. 3, § 25 Nr. 3.

Unter wesentlichem Einflusse der gemeinrechtlichen Lehre stehen auch das österreichische GB. (§§ 871—873) und das sächsische GB. (§§ 95, 96, 837 ff.), ersteres jedoch nicht bezüglich der Rechtsfolgen, da bei Rechtsgeschäften unter Lebenden hier „nur relative Nichtigkeit, oder, wie manche annehmen, Anfechtbarkeit" eintritt (M. I, 199).

Nach PLR. (Thl. I Tit. 4 §§ 75 ff., 145 ff., Tit. 5 §§ 186 ff., 325, 329) und dem cod. civ. (art. 1109, 1110, 1117, 1304) sind die auf wesentlichem Irrthume beruhenden Willenserklärungen nicht schlechthin nichtig, sondern nur anfechtbar (nach französischem

---

Ueber die legislative Behandlung des wesentlichen Irrthums, in Grünhuts Zeitschr. Bd. 15 S. 673; Ofner, ebenda Bd. 17 S. 337; Hölder im Archiv f. d. civilist. Praxis Bd. 80 S. 33 ff.; Eck, Vortr. Heft 1 S. 44 ff.; dagegen kritisch Muskat in Gruchot, Beitr. Bd. 42 S. 769 ff.; v. Hollander, Zur Lehre vom error; Hellmann, Vortr. S 133 ff.; Grueber in den Bl. f. RA. Bd. 63 S. 452 ff., 461 ff.; Laubhart, Irrthum und Reurecht, in D. Jur.Z. 1901 S. 349 ff.; O. Gradenwitz. Anfechtung und Reurecht beim Irrthum (Berlin 1902; Lenel in Jherings Jahrb. Bd. 44 S. 1 ff.; Heilborn in Gruchot, Beitr. Bd. 46 S. 791 ff.; Schloßmann, Der Irrthum über wesentliche Eigenschaften der Person und der Sache nach BGB. (in Fischers Abh. Bd. 9 Heft 3); Endemann Bd. 1 § 71; Crome, System S. 419 ff. S. auch die Verhandlungen des 20. Deutschen Juristentages (Heinsheimer, Leonhard, Zitelmann).

Rechte mit der action en nullité ou en rescision). Diesen Grundsatz hat jetzt gegen E. I (§ 98) auch das BGB. angenommen. Darüber, welche Art von Irrthum nach PLR. und cod. civ. als erheblich galt, sowie über die Entwürfe vor der Reichsgesetzgebung s. M. I, 197 ff.

3. Der E. I erklärte die auf Irrthum beruhende Willenserklärung für nichtig, wenn anzunehmen sei, daß der Urheber sie bei Kenntniß der Sachlage nicht abgegeben haben würde, und fügte zur näheren Umschreibung der Wesentlichkeit des Irrthums noch bei: „Im Zweifel ist anzunehmen, die Willenserklärung würde nicht abgegeben sein, wenn ein Rechtsgeschäft anderer Art, die Beziehung des Rechtsgeschäftes auf einen anderen Gegenstand, oder die Wirksamkeit des Rechtsgeschäftes auf einen anderen Gegenstand oder die Wirksamkeit des Rechtsgeschäftes unter anderen Personen beabsichtigt wurde." Die Nichtigkeit der Willenserklärung als Folge beachtlichen Irrthums war jedoch nur die Regel. Eine Ausnahme von dieser Regel enthielt E. I (§ 99) für diejenigen Fälle, in welchen dem Irrenden grobe Fahrlässigkeit zur Last fiel; dann sollte der Irrende es sich gefallen lassen müssen, daß die Erklärung als der Ausdruck seines wirklichen Willens behandelt wird. Bei einfacher Fahrlässigkeit sollte Nichtigkeit der Erklärung eintreten, aber der Erklärende dem Empfänger der Willenserklärung auf das negative Interesse haftbar sein. Schlechthin bei der Regel der Nichtigkeit ohne Haftung auf das negative Interesse sollte es dann verbleiben, wenn der Empfänger der Willenserklärung den Irrthum kannte oder kennen mußte.

In der II. Komm. wurde, was die Erheblichkeit des Irrthums anlangt, dieser Begriff auf eine neue Grundlage gestellt, indem er an die Voraussetzung geknüpft wurde, daß der Irrende die Erklärung bei Kenntniß der Sachlage und bei verständiger Würdigung des Falles nicht abgegeben haben würde. Der oben citirte Abs. 2 des § 98 E. I wurde gestrichen. Vor allem aber wurde der Kardinalpunkt der Lehre, die Rechtsfolge des beachtlichen Irrthums, geändert: das von der Kritik (s. namentlich Jacubezky, Bem. S. 23 ff.) mißbilligte Nichtigkeitsprinzip wurde aufgegeben und dafür für alle Fälle beachtlichen Irrthums einheitlich die Möglichkeit der Anfechtung gegeben; wenn angefochten ist, aber nur dann, steht dem etwa geschädigten gutgläubigen Erklärungsgegner ohne Rücksicht auf Verschulden oder Nichtverschulden des Irrenden ein Anspruch auf Ersatz des negativen Interesses nach Maßgabe des jetzigen § 122 zu.

Zur Begründung der bloßen Anfechtbarkeit an Stelle der Nichtigkeit vgl. P. I, 102 ff. und D. 19.

II. Nach dem BGB. sind nun folgende Arten von Irrthum erheblich:

1. der Irrthum im Erklärungsakte („wer eine Erklärung dieses Inhalts überhaupt nicht abgeben wollte"), auch „Irrung" genannt;

2. der sog. Verlautbarungsirrthum, das Mißverstehen des Sinnes der abgegebenen Erklärung, eine besondere Art des Irrthums über den Inhalt der Erklärung;

3. der Irrthum über den sachlichen Inhalt, vor Allem über Gegenstand und Natur des gewollten Geschäfts und über die Identität der Person;

4. der Irrthum über solche Eigenschaften der Person oder der Sache, die im Verkehr als wesentlich angesehen werden. Dieser Irrthum ist nun dem Irrthum über den Inhalt der Erklärung ausdrücklich gleichgestellt.

In allen vier Fällen (für Fall 4 allerdings bestritten!) ist aber weitere Voraussetzung der Erheblichkeit des Irrthums, daß anzunehmen ist, der Erklärende würde die Willenserklärung bei Kenntniß der Sachlage und bei verständiger Würdigung des Falles nicht abgegeben haben. Darüber unten unter III.

Betrachten wir nun die genannten Fälle im Einzelnen:

Zu 1. Irrthum im Erkärungsakte. Er umfaßt nach § 119 diejenigen Fälle, in welchen der Erklärende „eine Erklärung dieses Inhalts überhaupt nicht abgeben wollte", d. h. eine solche Erklärung, wie er sie abgegeben hat, nicht abgeben wollte. Vgl. P. I, 102, 108; D. 18. Es handelt sich also um Versehen bei der Ausführung des Willensentschlusses. Namentlich die Fälle des Sichversprechens, Sichverschreibens, Sichvergreifens gehören hieher. Jemand meint 50 und sagt oder schreibt 500; er will ein 10=Mark=Stück herausgeben und giebt ein 20=Mark=Stück heraus, u. s. w. Ueber die verwandten Fälle unrichtiger Uebermittelung s. § 120; über die sog. falsa demonstratio s. Bem. V, 5 unten.

Zu 2. Verlautbarungsirrthum. Der Erklärende verbindet mit dem Erklärten eine falsche Vorstellung, weil er seinen Sinn mißversteht, weil er z. B. einem gewählten Ausdruck eine andere Bedeutung beilegt, als sie ihm nach der allgemeinen Anschauung des Kreises, in welchem er die Erklärung abgiebt, zukommt. Das kann namentlich bei Maß=, Gewichts= und Münzbezeichnungen vorkommen, ferner in Fällen des Kontrahirens von Ausländern, welche die Landessprache nicht vollkommen beherrschen. Aber auch sonst; z. B. Jemand kauft einen sog. Doppel-Ponny in der Meinung, er bekomme zwei Thiere. Crome (System Bd. 1 S. 422) meint, hier müsse man nach § 119 Abs. 1 sagen, daß eine Erklärung dieses Inhalts überhaupt nicht abgegeben werden wollte. Man wird aber diese Fälle wohl richtiger unter die andere Alternative des Abs. 1 subsumiren: „Wer bei der Abgabe einer Willenserklärung über deren Inhalt im Irrthume war“; denn der Irrende wollte hier die Erklärung ebenso abgeben, wie sie abgegeben ist, aber er machte sich eine falsche Vorstellung über ihren Inhalt. Praktisch ist ja gleichgültig, welche der beiden Auffassungen richtig ist, da sich an beide Thatbestände dieselben rechtlichen Folgen knüpfen.

Zu 3. Sonstiger Irrthum über den sachlichen Inhalt der Erklärung. In Betracht kommen der Irrthum über die Identität des Geschäftsgegenstandes, der Irrthum über Personenidentität und der Irrthum über die rechtliche Natur des Geschäfts. Irrthum über die Identität des Geschäftsgegenstandes kann auch dann vorliegen, wenn über die Menge, Summe, Größe des Gegenstandes eine unrichtige Vorstellung besteht (s. 4). Ist der Gegenstand des Geschäfts entsprechend dem Willen des Erklärenden nur generisch bestimmt, so ist natürlich beachtlicher Irrthum nur bezüglich des Genus möglich. Bei der Annahme eines Irrthums über die Natur des Geschäfts ist Vorsicht geboten. Crome (S. 422) führt hier als Beispiel an: Der eine Kontrahent glaubt, er erhalte den Gegenstand geschenkt, der andere will ihn nur verkaufen oder verleihen. Ob dieses Beispiel zutrifft, ist doch recht zweifelhaft; denn wenn der Wille des einen Kontrahenten auf Verkauf, der des anderen auf Schenkungsannahme gerichtet ist, so kommt ein Vertrag wohl überhaupt nicht zu Stande, weil es am Parteikonsens fehlt; es bedarf also keiner Anfechtung wegen Irrthums. Vgl. auch unten Bem. V, 5. Irrthum über die Natur des Geschäfts würde z. B. dann vorliegen, wenn beide Parteien einig sind, eine Schenkung zu wollen, in Wahrheit aber das Geschäft, welches sie durch ihre Willenserklärungen vornehmen, nicht Schenkung, sondern Tilgung einer Verbindlichkeit ist; in diesem Falle wäre der Irrthum ein beiderseitiger.

Zu 4. Irrthum über Eigenschaften der Person oder der Sache. Man kann zweifeln, ob die Eigenschaften einer Person zum Geschäftsinhalte gehören. Nimmt eine Willenserklärung überhaupt auf eine bestimmte Person Bezug, und eine solche Bezugnahme liegt schon in der Adressirung der Erklärung an eine Person, so gehört diese Bezugnahme eben zum Geschäftsinhalte; irre ich mich über die Identität dieser Person, so irre ich mich damit über den Geschäftsinhalt; nun wird aber die Identität einer Person für mich durch nichts anderes hergestellt als durch die Summe der eben diese Person individualisirenden Eigenschaften. Insofern ist jeder Irrthum über eine Person ein Irrthum über eine oder mehrere ihrer Eigenschaften, und insofern wird man Hoelder (Komm. Bem. 6 zu § 119) nicht unrecht geben können, wenn er gegen die gemeine Meinung die Unterscheidung des Irrthums über Eigenschaften einer Person vom Irrthum über ihre Identität als theoretisch unbegründet verwirft. Dieselbe Erwägung gilt bezüglich des Irrthums über die Eigenschaften einer Sache. Ist diese Auffassung richtig, so kann im Abs. 2 des § 119 gegenüber dem Abs. 1, welcher den Irrthum über den Geschäftsinhalt unter bestimmten Voraussetzungen für erheblich erklärt, eigentlich keine Erweiterung, sondern nur eine Erläuterung und nähere Präzisirung, ja mit Rücksicht auf das neu dazukommende Erforderniß der Verkehrswesentlichkeit in gewissem Sinne sogar eine Einschränkung erblickt werden. Gegentheiliger Ansicht ist Planck Bem. 2, a zu § 119. Immerhin muß es, da die herrschende und, wie zuzugeben ist, historisch begründete Auffassung im Irrthum über den Geschäftsinhalt und im Irrthum über Eigenschaften einmal zwei stets verschiedene Dinge erblickt, als zweckentsprechend anerkannt werden, daß das Gesetz in Abs. 2 ausdrücklich den Irrthum über verkehrswesentliche Eigenschaften der Person oder der Sache dem Irrthum über den Inhalt der Erklärung gleichstellt. Aus dieser Gleichstellung folgt wohl auch für den, der die angeführte Meinung Hoelders nicht theilt, daß auch der Irrthum über verkehrswesentliche Eigenschaften nur dann erheblich ist, also zur Anfechtung berechtigt, wenn anzunehmen ist, daß der Erklärende die Willenserklärung bei Kenntniß der Sachlage und bei verständiger Würdigung des Falles nicht abgegeben haben würde. (Ebenso Planck und Eck; gegentheiliger Meinung Endemann § 72, etwas modifizirt in der 8. Aufl. § 71 Anm. 22; eingehende Würdigung der Gründe Endemanns bei Muskat a. a. O. S. 777 ff.) Ueber letztere Voraussetzung s. nachher unter III.

Das Moment der Wesentlichkeit nach der Verkehrsanschauung wird sich normaler Weise decken mit dem Erfordernisse, daß der Irrende, als verständiger Mann gedacht, bei Kenntniß der Sachlage die Erklärung nicht abgegeben haben würde; denn die sog. „Verkehrsanschauung“ ist eben in der Regel die Durchschnittsmeinung verständiger Männer über eine Sache. Darum ist es aber doch nicht ohne Bedeutung zu sagen, daß die beiden genannten Voraussetzungen zusammentreffen müssen, damit der Irrthum ein erheblicher sei. Denn erstens gibt es auch ungesunde und abnorme Verkehrsanschauungen, Verkehrsunsitten, und solche sind, wie Muskat a. a. O. S. 771 zutreffend bemerkt, als Maßstab verständiger Würdigung ungeeignet; es ist also möglich, daß im Verkehr eine Eigenschaft einer Sache als wesentlich gilt, der Richter aber trotzdem zu der Ueberzeugung kommt, daß der Irrende, als verständiger Mann gedacht, sie doch nach Lage des konkreten Falles nicht für wesentlich würde erachtet haben; ist dies so, dann darf der Anfechtung nicht stattgegeben werden. Es ist aber auch möglich, daß die Verkehrsanschauung, welche die betreffende Eigenschaft als wesentlich ansieht, eine vernünftige ist, und trotzdem die Anfechtung versagt bleibt, weil die konkrete Sachlage so ist, daß man annehmen muß, der Irrende würde, als verständiger Mann gedacht, von seinem individuellen Standpunkt aus die Erklärung trotz Kenntniß der Sachlage doch abgegeben haben. Unter Berücksichtigung der individuellen Verhältnisse kann es auch verständig sein, einer Eigenschaft entscheidende Bedeutung beizulegen, die ihr die Verkehrsanschauung nicht beilegt. Es ist z. B. bei der Miethe im Verkehre gewiß gleichgültig, ob das gemiethete Hotelzimmer die Nummer 13 hat oder eine andere; aber die billige Rücksicht auf den Aberglauben und die Nervosität der Ehefrau können es verständig erscheinen lassen, daß der Ehemann bei Kenntniß dieses Umstandes dieses Zimmer nicht gemiethet haben würde; trotz der Verständigkeit dieser individuellen Anschauung kann der Mann aber nicht anfechten, weil die Nummerbezeichnung eines Zimmers eine für die Verkehrsanschauung unwesentliche Eigenschaft ist. Anders, wenn er — dieses Beispiel führt Hoelder Bem. 5 zu § 119 an — sein Auftreten in einem Konzerte zugesagt hat und nachträglich entdeckt, daß dieses nicht, wie er gemeint hat, am 12., sondern am 13. stattfindet; in diesen Fällen kann der Mann anfechten, wenn er bei Kenntniß der Sachlage und verständiger Würdigung des Falles mit Rücksicht auf den Zustand seiner Frau für den 13. nicht kontrahirt hätte; denn diese Fälle sind lediglich nach Abs. 1 zu beurtheilen; auf seinen eigenen Aberglauben könnte sich aber der Mann auch in diesen Fällen nicht berufen; denn das wäre keine verständige, sondern eine unverständige Würdigung.

Die Verkehrsanschauung ist zwar ein objektiver Maßstab, gestattet also auf die gerade in der Person des Irrenden begründeten Verhältnisse keine Rücksicht, sie ist aber doch kein absoluter Maßstab, nach welchem jede Eigenschaft einer Person oder Sache ein- für allemal als wesentlich oder unwesentlich festgelegt wäre. Eine Eigenschaft einer Waare, die im Großverkehr unwesentlich ist, kann im Kleinverkehr wesentlich werden. Und vor Allem: eine Eigenschaft, die für die Erreichung eines bestimmten Zweckes und für bestimmte Arten von Rechtsgeschäften wesentlich ist, kann für die Erreichung anderer Zwecke und für andere Arten von Geschäften unwesentlich sein. Das gilt z. B. von der Rasse, Konfession, Sprachenkenntniß, Unbescholtenheit einer Person. Daher läßt sich z. B. der Irrthum über die arische Abstammung des Gegenkontrahenten weder als schlechthin wesentlich noch als schlechthin unwesentlich bezeichnen; er ist unwesentlich, wenn das Geschäft darin besteht, daß ich dem Manne ein paar Cigarren abkaufe, er kann als wesentlich erscheinen, wenn ich ihn als Hauslehrer für meine Kinder engagire. Was insbesondere den Irrthum über Vermögensverhältnisse einer Person betrifft, so bestimmt das Gesetz in § 1334 Abs. 2 ausdrücklich, daß eine Ehe auf Grund einer Täuschung über Vermögensverhältnisse nicht angefochten werden kann. Aber dieser für die Ehe geltende Satz gilt nicht für alle Geschäfte. Es geht zu weit, wenn gesagt wird, der Besitz oder Nichtbesitz von Mitteln sei keine Eigenschaft. Es gibt Fälle, für welche eine Person doch durch den Besitz von Mitteln als eine Person eben der Art, mit der ich ausschließlich kontrahiren will, qualifizirt wird; so bei reinen Kreditgeschäften. Es liegt wohl nicht im Geiste des Gesetzes, in solchen Fällen um der doktrinären Erwägung willen, daß die Mittellosigkeit sich nicht als Eigenschaft charakterisiren lasse, die Anfechtung zu versagen. Man ändere Mittellosigkeit in „Kreditunwürdigkeit“ und die verlangte Charakterisirung ist gegeben, so gut wie bei den doch gleichfalls als „Eigenschaften“ zu erachtenden moralischen Qualitäten. (Im Resultate übereinstimmend Rehbein, Komm. S. 139; Regelsberger in Jherings Jahrb. Bd. 40 S. 479 ff.; Staub im Exkurs vor § 373 HGB. Anm. 28 ff.; Türk in Gruchot, Beitr. Bd. 43 S. 555; a. M. Planck Bem. 2, a zu § 119; vgl. auch RGE. Bd. 21 S. 308 und Rspr. d. OLG. Bd. 3 S. 39, Bd. 4 S. 9; aber auch Recht Bd. 5 S. 492.) Freilich wird in der Praxis stets streng darauf zu sehen sein, ob die Kreditgewährung wirklich durch den Irrthum über die Vermögenslage hervorgerufen ist.

Bezüglich des Irrthums über das Alter einer Person vgl. auch § 109; bezüglich des Irrthums über die eigene Vaterschaft s. § 1718.

Dieselbe Relativität der Bedeutung wie bei Personeneigenschaften hat das Merkmal der Verkehrswesentlichkeit bei Sacheigenschaften. Irrthum über den Stoff der Sache ist regelmäßig verkehrswesentlich (Nickel statt Silber, versilbert statt silbern u. s. w.).

Aber durchaus nicht immer. Es gibt Fälle genug, in welchen der Stoff der Sache eine ganz unbedeutende Rolle spielt; Beispiel: A kauft einen alten Tisch mit prächtigen Intarsien von hohem Kunstwerthe; er hält das Holz für Eichenholz; er kann nicht anfechten, wenn sich herausstellt, daß es Mahagoni ist. Andererseits kann nicht nur der Stoff eine verkehrswesentliche Eigenschaft einer Sache sein, sondern unter Umständen auch andere Merkmale der Sache, ihre Farbe, ihre „Echtheit", ihre Provenienz u. s. w., ferner, wie Rehbein mit Recht bemerkt, z. B. auch der Umstand, ob ein Werthpapier amortisirt ist oder nicht. Nicht recht verständlich ist es aber, wenn Rehbein (S. 140) unter Bezugnahme auf RGE. Bd. 30 S. 288 als weiteres Beispiel einer Sacheigenschaft den Umstand anführt, „ob eine Hypothek kündbar, unkündbar, in kurzer oder langer Frist kündbar oder unkündbar ist"; welches soll denn hier, nach heutigem Rechte betrachtet, die Sache sein, um deren Eigenschaft es sich handelt? Doch nicht die Hypothek! (S. § 90.)

Lenel (in Iherings Jahrb. Bd. 44 S. 1 ff.) erklärt neuestens als wesentlich diejenigen Eigenschaften, die „zur normalen Individualisirung des Kaufobjekts" gehören. Die entscheidende Frage soll sein: „Gehört die Eigenschaft der Sache oder Person, über die die Person irrte, zur normalen Individualisirung des Vertragsobjektes und des Vertragsgegners? Würde also, wenn die Partei gezweifelt hätte und ihre Vertragsabsicht in normaler Weise zum Ausdruck gebracht hätte, der Vertragsschluß mangels Konsenses gescheitert sein?" Da es sich aber beim Irrthume gerade um solche Fälle handelt, in welchen die Partei vor dem Vertragsschlusse den Zweifel nicht gehabt und daher jene Absicht nicht zum Ausdruck gebracht hat, so wird sich wohl regelmäßig schwer sagen lassen, ob unter jenen Voraussetzungen der Vertragsschluß gescheitert wäre. Der „relativ feste Maßstab", welchen Lenel dem Richter gegeben zu haben glaubt, ist in Wahrheit wohl nichts anderes als die Rücksicht auf den ursächlichen Zusammenhang zwischen Irrthum und Willenserklärung, welcher, wie unten (unter III) ausgeführt werden wird, bestehen muß. Von der Berücksichtigung dieses Kausalzusammenhangs abgesehen, ist nicht einzusehen, inwiefern die Untersuchung der Folgen imaginärer Vorgänge ein brauchbareres Resultat ergeben soll als die Untersuchung der objektiven Anschauung des Verkehrs. Die praktischen Entscheidungen, welche Lenel auf Grund seiner Betrachtungsweise trifft (— es soll z. B. der Kauf von Kunstgegenständen, die der Käufer irrig für antik hielt, nicht anfechtbar sein —), vermögen den Glauben an deren Vorzüge kaum zu festigen.

Von der Möglichkeit der Anfechtung wegen Irrthums, der sich auf eine Sacheigenschaft bezieht, ist natürlich nach Voraussetzungen und Wirkungen grundverschieden die sog. Mängelhaftung, welche einem Kontrahenten wegen des Andersseins einer Sacheigenschaft erwachsen kann.

III. Schon unter II wurde erwähnt, daß in allen Fällen des Irrthums, auch beim Irrthum über Eigenschaften, Voraussetzung für seine Erheblichkeit ist, daß der Irrende bei Kenntniß der Sachlage und bei verständiger Würdigung des Falles die irrig abgegebene Willenserklärung nicht abgegeben haben würde. Nicht jede unrichtige Vorstellung über den Inhalt der Erklärung u. s. w. soll also zur Anfechtung berechtigen, sondern nur eine solche, von der sich sagen läßt, daß sie von entscheidendem Einfluß auf die Abgabe der Willenserklärung überhaupt gewesen ist; in diesem Sinne muß zwischen dem Irrthum und der Willenserklärung ein ursächlicher Zusammenhang bestehen.

Der Standpunkt, von welchem aus die Frage, ob dieser ursächliche Zusammenhang gegeben sei, zu beurtheilen ist, ist zunächst ein subjektiver. Man muß sich fragen: wie würde der Irrende gehandelt haben, oder vielmehr, würde er überhaupt gehandelt haben, wenn er die Sachlage gekannt hätte d. h. nicht unter dem Einflusse der Unrichtigkeit oder des gänzlichen Mangels in seiner Vorstellung gestanden wäre. Hätte er die Willenserklärung trotzdem abgegeben, so kann er nicht anfechten. Aber die Interessen des dem Irrenden gegenüberstehenden Theiles fordern, daß nicht ausschließlich der subjektive vielleicht launenhafte und unsinnige Standpunkt des Irrenden den Maßstab für die Beurtheilung abgebe; vielmehr erscheinen die verletzten Interessen des Irrenden nur dann des Schutzes würdig, wenn damit nicht die Unvernunft geschützt wird. Darum setzt das Gesetz (entgegen E. I § 98, s. oben) voraus, daß bei „verständiger Würdigung des Falles" die Erklärung nicht abgegeben worden wäre. Damit kommt aber nicht zu der ersten subjektiven Voraussetzung eine zweite, objektive, dazu; man hat den Fall nicht etwa von zwei Standpunkten aus zu betrachten, von dem des Irrenden und von dem der objektiven Vernunft; sondern einheitlich lediglich vom Standpunkte des Irrenden aus, der aber seines Unverstandes ledig zu denken ist. Man hat also nicht zu fragen: würde unter Ausschluß des Irrthums irgend ein verständiger Mann das Geschäft vorgenommen haben? sondern: würde der Irrende, als ein verständiger Mann gedacht, so gehandelt haben? Alle individuellen Verhältnisse des Irrenden dürfen und müssen Berücksichtigung finden, nur sein Unverstand nicht.

Diese Betrachtungsweise ist demnach eine andere als die objektive der Verkehrsanschauung. Daß, wenn es sich um Irrthum über Eigenschaften handelt, auch die Verkehrsanschauung zu berücksichtigen ist, wurde bereits in Bem. II, 4 dargelegt.

Durch scharfe Grenzziehung festzustellen, wo die „verständige Würdigung" aufhört und die unverständige anfängt, ist nun freilich oft nicht gerade leicht. Ueberall, wo es gilt, individuelle Verhältnisse nach ihrer Wichtigkeit zu bewerthen, hat das richterliche Ermessen einen gewissen Spielraum; das gilt in ganz besonderem Maße von der Beurtheilung der Erheblichkeit des Irrthums.

IV. Die Vorschriften der §§ 119, 121, 122 gelten für alle Arten von Willenserklärungen, empfangsbedürftige und nichtempfangsbedürftige, einseitige und zweiseitige Geschäfte, auch für reine Freigebigkeitsakte und familienrechtliche Rechtsgeschäfte. (Vgl. M. I, 201.) Durch besondere Bestimmungen ist der Einfluß des Irrthums aber geregelt hinsichtlich der Eheschließung (§§ 1332, 1333, 1334, 1336 ff.) und hinsichtlich letztwilliger Verfügungen (§§ 2078, 2080 ff., 2281 ff.), das Anfechtungsrecht auch für den Sonderfall des § 318. Ueber Irrthum über den Berufungsgrund bei der Erbschaftsannahme s. § 1949. Ueber den Bereicherungsanspruch bei irrthümlichen Leistungen s. die §§ 812 ff. und die Bem. dazu in Bd. II; hier ist nur hervorzuheben, daß der Rechtsgrund des Bereicherungsanspruchs nicht der Irrthum, sondern die ungerechtfertigte Bereicherung ist.

V. Sieht man von den genannten Sonderbestimmungen für besondere Fälle ab, so geht der Zweck der §§ 119, 121, 122 dahin, die Bedeutung des Irrthums für die Wirksamkeit der auf ihm beruhenden Erklärung in erschöpfender Weise zu regeln. Diese gesetzliche Regelung hat die erfreuliche Folge, daß damit eine Reihe in der gemeinrechtlichen Doktrin beliebter Distinktionen unzutreffend oder entbehrlich geworden sind; ferner ist mit ihr ausgesprochen, daß Irrthumsgründe, welche nicht unter § 119 zu subsumiren sind, unerheblich sind d. h. die Willenserklärung in ihrem rechtlichen Bestand unberührt lassen.

Im Einzelnen ist dazu zu bemerken:

1. Die Savignysche Unterscheidung von echtem und unechtem Irrthum ist nunmehr ohne praktische Bedeutung. Der sog. echte Irrthum ist direkter Grund einer Rechtswirkung, insofern bei ihm in Folge unrichtiger Vorstellung gewollt und erklärt wird, was bei normalen Willensbedingungen weder gewollt noch erklärt wäre; der „unechte" Irrthum veranlaßt, daß der Handelnde unbewußt etwas erklärt, was er gar nicht will. In beiden Fällen verhindert ein Vorstellungsmangel, daß der wahre Wille zum richtigen Ausdrucke kommt. Beide Fälle erfahren jetzt dieselbe rechtliche Behandlung.

2. Das Gesetz nimmt keine Scheidung vor zwischen thatsächlichem Irrthum und sogen. Rechtsirrthum*). (Vgl. E. I § 146, welcher in der II. Komm. — nicht als unrichtig, sondern als entbehrlich — gestrichen wurde.) Wir haben es hier nicht mit der Frage zu thun, ob auch der Rechtsirrthum entschuldbar sein und die Annahme der Fahrlässigkeit ausschließen kann — denn auf Entschuldbarkeit kommt es, wie gleich dargethan werden soll, bei § 119 überhaupt nicht an —, sondern lediglich damit, ob auch der Irrthum über konkrete rechtliche Beziehungen von Sachen oder Personen einen Anfechtungsgrund abgeben kann. Diese Frage ist, sofern nur, was wohl möglich ist, die allgemeinen Voraussetzungen des § 119 zutreffen, zu bejahen. Wer sich aber über die rechtlichen Folgen einer Willenserklärung irrt, kann um dessentwillen nicht anfechten. Mit anderen Worten: Irrthum über konkrete Rechtsverhältnisse kann erheblich sein, Irrthum über Sätze der objektiven Rechtsordnung nicht. In letzterem Sinne kann man auch heute noch sagen: error iuris nocet. Beispiel: Wer die Annahme einer solventen Erbschaft erklärt, weil er meint, damit nur die Aktiva und nicht auch die Schulden des Erblassers zu erwerben, kann nicht anfechten; wer ein Grundstück erwirbt, weil er meint, es sei nicht mit Hypotheken belastet, kann anfechten, wenn es doch belastet ist. Weitere Fälle dieser Art s. in Seuff. Arch. Bd. 58 Nr. 216 u. RGE. Bd. 51 S. 283 (= Seuff. Arch. Bd. 58 Nr. 48). (Vgl. auch oben Bem. II, 3, c der Einl. vor § 104, Crome, System Bd. 1 S. 108 ff., Hoelder, Komm. Bem. 9 zu § 119.) Dem bisher von der Theorie und vom Reichsgerichte (E. Bd. 51 S. 281 ff.) festgehaltenen Satze, daß der Irrthum über die Rechtsfolgen einer Willenserklärung nicht zur Anfechtung berechtige, tritt Oertmann (a. a. O. S. 29 ff.) entgegen. Oertmann will unter „Inhalt der Erklärung" die inhaltliche Tragweite der Erklärung verstanden wissen und gestattet daher z. B. die Anfechtung eines Erbvertrags, welcher im irrthümlichen Glauben an seine Widerruflichkeit geschlossen wurde. Unseres Erachtens nöthigt das Gesetz nicht zu dieser Auffassung, das Verkehrsinteresse aber widerspricht ihr, da sie, konsequent durchgeführt, zu einer unleidlichen Ausdehnung der Anfechtbarkeit führen würde.

*) Literatur: Adler in Iherings Jahrb. Bd. 33 S. 149 ff. Oertmann, Der Rechtsirrthum im Bürgerl.R., Bl. f. RA. Bd. 67 S. 1 ff., 25 ff., 45 ff.

Wenn Jemand wegen Irrthums über die Unwiderruflichkeit einen Erbvertrag anfechten kann, warum sollte ihm dann die Anfechtung des Kaufvertrages versagt bleiben, den er irrthümlich für beliebig widerruflich hielt? Dem kann man nicht mit dem Einwande begegnen, der Irrthum über die Unwiderruflichkeit des Erbvertrags sei entschuldbarer als der über die Unwiderruflichkeit des Kaufvertrages; denn auf die Entschuldbarkeit kommt für die Frage der Anfechtbarkeit nach BGB. nichts an (s. unten Bem. V, 4). Es wird viele Fälle geben, in welchen darauf zu sehen ist, ob ein Rechtsirrthum nicht in Wahrheit ein unbeachtlicher Irrthum im Beweggrund ist. Der Erbe, der seinem Vetter aus dem Nachlaß etwas schenkt, weil er ihn an der Erbschaft nicht für betheiligt hält, kann anfechten, wenn er erfährt, daß der Vetter sein Miterbe ist; er hat sich geirrt über eine solche Eigenschaft in der Person seines Mitkontrahenten, die im Verkehre für solche Fälle als wesentlich angesehen wird; es ist nicht einzusehen, warum rechtliche Eigenschaften, wie Erbenqualität, hier nicht auch einbezogen werden sollten. Denken wir uns den Fall aber so, daß der Erbe seinem Vetter etwas schenkt, weil er glaubt, dieser habe seinerseits dem Erblasser einmal eine Schenkung gemacht, während diese „Schenkung" in Wahrheit Zahlung einer Schuld war, so kann der Erbe wohl nicht anfechten, da nur ein Irrthum im Motive vorliegt. Die Grenze wird nicht immer leicht zu ziehen sein.

Zum „Rechtsirrthum" gehört auch der sog. Subsumtionsirrthum, welcher dann vorliegt, wenn Jemand zwar die gesetzliche Bestimmung kennt, aber irrthümlich annimmt, daß sie auf einen gewissen Thatbestand Anwendung oder nicht Anwendung finde; z. B. der Entleiher einer Stute glaubt irrthümlich, Kraft seines Gebrauchsrechts (§ 598) sich das von ihr geworfene Füllen aneignen zu dürfen (so Oertmann a. a. O. S. 2 ff.).

Rehbein (Komm. Bd. 1 S. 137) sagt bei seiner Behandlung des Rechtsirrthums, nach BGB. sei es unbedenklich, daß, wenn Lehen oder Fideikommiß aus Rechtsirrthum für Allod gehalten und ge- oder verkauft wird, der Irrthum das Geschäft anfechtbar mache. Das ist aber doch nicht ganz unbedenklich. Die Vorschriften des BGB. über Anfechtung wegen Irrthums setzen ein abgesehen von der Anfechtbarkeit wegen Irrthums rechtsbeständiges oder aus einem anderen Grunde nur anfechtbares, nicht nichtiges, Rechtsgeschäft voraus. Ist das Geschäft aber schon aus einem anderen Grunde nichtig oder dem Erklärungsempfänger gegenüber unwirksam, so läßt dieser stärkere Grad der Fehlerhaftigkeit die Frage nach der durch den Irrthum verursachten Fehlerhaftigkeit schwächeren Grades gar nicht aufkommen. Kurz gesagt, was ohnehin nichtig ist, braucht nicht wegen Irrthums angefochten zu werden und kann es nicht; ebensowenig, was gegenüber der Person, welche Anfechtungsgegner wäre, ohnehin unwirksam ist. Nun bestehen aber für Lehen in den Bundesstaaten, in welchen sie überhaupt noch vorkommen, durchweg Rechtssätze, welche die Veräußerung verbieten. Nimmt man nun an, daß ein solches Veräußerungsverbot, das ja nach Art. 59 EG. aufrecht erhalten bleibt, unter § 134 BGB. fällt, so ergiebt sich die Nichtigkeit des Lehensverkaufs ohne Weiteres. Diese Annahme ist zwar keineswegs einwandfrei, läßt sich aber immerhin vertheidigen, wenn man erwägt, daß der Zweck der vom Rechtssatze gewollten Lehenserhaltung nicht völlig darin aufgeht, die unmittelbar Betheiligten gegen Schmälerung ihrer Rechte zu schützen, sondern daß diese Erhaltung nach der ganzen historischen Entwickelung des Lehenwesens in ihrem letzten Ende auch öffentlichen Interessen dienen soll; die Frage, ob sie heutzutage thatsächlich noch die Gemeininteressen fördert, ist dabei nicht aufzuwerfen, da es sich hier nicht um Kritik, sondern nur um Erkenntniß des Willens der Rechtsordnung handelt. Stellt man freilich jene Veräußerungsverbote mit der herrschenden Meinung unter § 135, so ist der Rehbein'sche Satz unbestreitbar.

3. Das Gesetz macht keinen Unterschied, ob der Mangel, welcher den Irrthum hervorruft, in einer Verfälschung oder in einem gänzlichen Fehlen der entscheidenden Vorstellung besteht. Die ignorantia steht demnach insofern dem Irrthum im engeren Sinne rechtlich gleich. Aber es ist Hoelder beizustimmen, wenn er (Komm. Bem. 2 zu § 119) darauf aufmerksam macht, daß keineswegs jeder Fall der Unkenntniß ein Fall des Irrthums ist. Irrthum ist ja begrifflich, wie bereits oben (Bem. I, 1) erwähnt wurde, ein dem Wollenden nicht bewußter Mangel. Wer eine Willenserklärung abgiebt in dem Wissen, ihren Inhalt nicht zu kennen, ist nicht im Irrthum und kann nicht anfechten. Sein wahrer Wille weicht nicht von seiner Erklärung ab; denn sein wahrer Wille geht eben dahin, die Erklärung, von der er weiß, daß er ihren Inhalt nicht kennt, abzugeben; warum er ihn nicht kennt, kann verschiedene Gründe haben; aber man kann hier nicht von einer Verursachung durch Fehlen der Vorstellung reden. Beispiel: A schreibt für seinen Freund B, der ihm völlig vertraut, eine Waarenbestellung an C; B unterschreibt den Brief und giebt ihn zur Post, ohne ihn gelesen zu haben, weil es ihm gleichgültig ist, was A für ihn bestellt hat und was es kostet. C schickt dem B, einem Nichtraucher, die bestellten 1000 Stück Cigarren zu 200 Mk. Kann sich B nun darauf berufen, er habe diese Bestellung nicht machen, also eine Erklärung dieses Inhalts überhaupt nicht abgeben wollen? Nein; denn er wollte eine Erklärung dieses Inhalts

abgeben als eben des Inhalts, den A bestimmen würde. Kann er geltend machen, er sei über den Inhalt selbst im Irrthume gewesen? Nein; denn er wußte ja von vornherein, daß der Inhalt seinem Wissen fremd sei, und wollte eben diesen ihm fremden Inhalt. Er kann also nicht aus § 119 anfechten.

4. Auf Entschuldbarkeit oder Nichtentschuldbarkeit des Irrthums kommt nach dem BGB. entgegen einer in der gemeinrechtlichen Literatur mehrfach vertretenen Auffassung nichts an. Selbst grobe Fahrlässigkeit des Irrenden schließt die Anfechtbarkeit nicht aus. Verschulden ist auch nicht der Grund, warum der Irrende seinem Vertragsgegner das negative Interesse ersetzen muß; denn dieselbe Verpflichtung tritt auch bei entschuldbarem Irrthum ein. Etwas anderes ist es, daß die Unkenntniß des Empfängers der Erklärung über den Irrthum des Erklärenden nicht auf Fahrlässigkeit beruhen darf, wenn er den Schadensersatzanspruch gemäß § 122 geltend machen will.

5. Daß der Fall, in welchem bei einem zweiseitigen Geschäfte jede der beiden Parteien eine ihrem wahren Willen entsprechende Willenserklärung abgiebt, die beiden Erklärenden aber wegen eines Mißverständnisses nicht kongruent sind, nicht in die Irrthumslehre gehört, sondern daß hier wegen mangelnder Einigung der Parteien das Geschäft überhaupt nicht zu Stande kommt, also keiner Anfechtung bedarf, wurde bereits oben in der Einl. zu diesem Titel unter VI dargelegt. Vgl. auch RGE. Bd. 48 S. 220.

Anfechtbarkeit wegen Irrthums tritt grundsätzlich auch dann nicht ein, wenn eine sogen. bloße falsa demonstratio vorliegt: der wahre Wille der Parteien ist von keiner unrichtigen Vorstellung gefälscht, die Parteien erklären übereinstimmend dasselbe und meinen damit auch dasselbe, bei der Erklärung selbst aber läuft insofern ein Irrthum unter, als der Vertragsgegenstand oder das fragliche Rechtsverhältniß unzutreffend bezeichnet wird. Die Parteien sind sich z. B. einig, einen Pachtvertrag über das Grundstück Pl.Nr. 713½ abschließen zu wollen und reden von Pl.Nr. 713¼; sie meinen Pacht und reden von Miethe; sie wollen, daß der Vertrag am letzten Juni in Kraft trete und reden vom 31. Juni, u. s. w. Solche Irrthümer sind unerheblich; die Verkehrsauffassung sieht sie nicht als wesentlich an und die Betheiligten selbst würden ohne sie bei verständiger Würdigung des Falles das Geschäft gleichfalls vorgenommen haben. Sie können daher aus dem Irrthum auch keinen Anfechtungsgrund entnehmen, wenn sie hinterher ihre Erklärung reut. Vgl. hiezu aber für den Fall der Auflassung versehentlich falsch bezeichneter Grundstücke auch Bem. A, III, 2 zu § 925.

6. Unerheblich ist der Irrthum im Beweggrunde, der sogen. Motivirrthum. Ein allgemein gelehrter, aber mit größter Vorsicht aufzunehmender Satz. E. I sagte in seinem § 102 ausdrücklich: „Ein Irrthum in den Beweggründen ist, sofern nicht das Gesetz ein Anderes bestimmt, auf die Gültigkeit eines Rechtsgeschäfts ohne Einfluß.“ Diese Bestimmung wurde jedoch wieder gestrichen, weil sie ohne nähere Erläuterung des Begriffs des Motivirrthums für die Praxis von geringem Werthe sei, da die Grenzlinie zwischen Irrthum im Motiv und im Geschäftswillen meist schwer zu ziehen sei, und weil die Bestimmung auch theoretisch bedenklich sei, indem sie eine Gefahr der Verdunkelung des Begriffes des Irrthums nahe lege.

Beim Mangel einer besonderen Bestimmung kann nun für die Frage, ob der Irrthum im Beweggrund erheblich sei, abgesehen von den unten zu erwähnenden Sondervorschriften, lediglich der vorliegende § 119 entscheidend sein, welcher diesen Begriff nicht kennt. Eine nähere Betrachtung führt aber zu der Erkenntniß, daß trotzdem in Wahrheit durchaus nicht jeder Motivirrthum unerheblich ist, sondern daß man, um den beliebten Satz von der Unerheblichkeit des Motivirrthums aufrecht zu erhalten, den Begriff des Motivirrthums in einem ganz bestimmten, eigentlich zu eng begrenzten Sinne nehmen muß; man darf nämlich unter Motivirrthum nur solche Vorstellungen verstehen, welche nicht den Inhalt der Willenserklärung zum Gegenstande haben (vgl. Dernburg, Pand. Bd. 1 § 94; Jacubezky, Bem. S. 28, RGE. in Jur. Wschr. 1900 Beil. S. 40), wobei nun nach Abs. 2 des § 119 auch die im Verkehr als wesentlich geltenden Eigenschaften der Person oder der Sache als zum Inhalte der Erklärung gehörig anzusehen sind. Wer also, um ein bekanntes Beispiel anzuführen, beim Buchhändler Albrechts „Gewere“ bestellt, weil er meint, das Buch handle von Schießwaffen, kann anfechten. Wer es bestellt, weil er es seinem Rechtswissenschaft studirenden Neffen schenken will, kann die Bestellung nicht anfechten, wenn er gleich darauf hört, der Neffe sei zur Medizin übergegangen. Sehr häufig taucht in der Praxis die Frage nach dem Einflusse des Irrthums über die wirthschaftliche Ertragsfähigkeit des Vertragsgegenstandes auf. Man wird hier unterscheiden müssen. Kaufe ich ein Haus, weil ich glaube, es habe sechs vermiethbare Wohnungen, so kann ich anfechten, wenn es deren nur drei hat. Kaufe ich Aktien, weil ich erwarte, daß sie steigen oder 8 % Dividende tragen werden, so kann ich nicht anfechten, wenn sie fallen oder künftig nur 5 % Dividende tragen. Kaufe ich einen Weinberg, weil ich ein vorzügliches Weinjahr erwarte, so kann ich nicht anfechten, wenn das Weinjahr schlecht wird; pachte ich aber eine Bierwirthschaft in der Meinung, sie habe bisher einen durchschnittlichen Jahresverbrauch von 800 hl, so kann ich unter Umständen anfechten, wenn sie nur einen solchen von 500 hl hat. Wer Grundstücke kauft, weil er erwartet, eine projektirte Bahnlinie werde an ihnen vorübergeführt werden, kann nicht anfechten, wenn er sich hierin geirrt hat, selbst wenn die Linie bereits tracirt war. Verfehlte Spekulationen, wie überhaupt Irrthum über Thatsachen, die in der Zukunft eintreten, können überhaupt keinen Grund zur Anfechtung aus § 119 abgeben. Solche sind unbeachtlicher Irrthum im Beweggrunde. Vgl. auch Seuff. Arch. Bd. 44 Nr. 171 und die anderen zahlreichen Beispiele, welche Rehbein (Komm. S. 134 ff.) aus der bisherigen Judikatur anführt. Zu beachten ist aber, daß natürlich auch von in der Zukunft liegenden Ereignissen die Fortexistenz des Geschäftes insofern abhängig gemacht werden kann, als im Rechtsgeschäfte selbst, z. B. in Form einer Bedingung oder eines Rücktrittsvorbehalts, auf diese Ereignisse ausdrücklich Bezug genommen sein kann; ferner, daß eine Haftung des Gegenkontrahenten und event. eine Rücktrittsbefugniß wegen zukünftig eintretender oder nicht eintretender Ereignisse in der Uebernahme einer besonderen Gewähr ihren Grund haben kann; endlich, daß auch in diesen Fällen eine Anfechtung wegen arglistiger Täuschung gegeben sein kann; aber das Alles liegt auf anderem Gebiet als die Frage, ob erheblicher Irrthum vorliegt.

Um einen nicht zur Anfechtung berechtigenden bloßen Irrthum im Beweggrunde handelt es sich auch dann, wenn Jemand eine Preisofferte abgiebt, welcher ein Rechnungsfehler zu Grunde liegt; hier liegt kein Versehen im Gebrauch der Ausdrucksmittel für die Erklärung vor, auch keine unrichtige Uebermittelung, sondern ein Versehen, welches der Erklärung vorangegangen ist, s. Rspr. d. OLG. Bd. 3 S. 40 u. Seuff. Arch. Bd. 56 Nr. 242.

In einzelnen besonderen Fällen kommt dem bloßen Irrthum im Beweggrund in Folge besonderer gesetzlicher Vorschriften eine erhöhte Bedeutung zu. Vgl. die §§ 779 Abs. 1, 2078 Abs. 2, 2079, 2308; über die verschiedenartigen Rechtsfolgen in diesen Fällen s. die Bem. zu den genannten Paragraphen. Darüber, daß die Beweggründe auch bei der sogen. clausula rebus sic stantibus von Bedeutung sein können, s. Endemann I §§ 71 Anm. 6 u. 63 Anm. 19.

Handelt es sich, abgesehen von diesen Sondervorschriften, wirklich nur um Irrthum im Beweggrunde in dem dargelegten Sinne, so ist es, wenn der Beweggrund nicht etwa selbst zum Vertragselement erhoben wurde, gleichgültig, ob der Beweggrund dem anderen Theile bekannt war. Der Irrthum bleibt ohne Rücksicht darauf unerheblich. Die Windscheidsche „Voraussetzung", die in der Praxis nie zu rechtem Leben gediehen war, hat im BGB. keine Stätte gefunden; die Irrthumslehre braucht sich also mit ihr nicht weiter auseinanderzusetzen. S. auch Crome, System Bd. 1 S. 339.

VI. Irrthum des Vertreters ist nach § 166 zu beurtheilen. Darnach kommt, soweit die rechtlichen Folgen der Willenserklärung durch Irrthum beeinflußt werden, nicht die Person des Vertretenen, sondern die des Vertreters in Betracht. Nach diesem bemißt sich also die Erheblichkeit des Irrthums und damit die Möglichkeit der Anfechtung; dabei ist zu prüfen, wie der Vertreter „bei verständiger Würdigung" der Interessen und Verhältnisse des Vertretenen (nicht etwa seiner eigenen) ohne Irrthum gehandelt hätte. Anfechtungsberechtigt ist der Vertretene. Dessen Anfechtungsrecht kann oder muß aber wiederum, je nach Lage des Falles, durch den Vertreter ausgeübt werden. Hat im Falle einer Bevollmächtigung der Vertreter nach bestimmten Weisungen seines Vollmachtgebers gehandelt, so kann der Vertretene sich nicht auf den Irrthum des Vertreters berufen, wenn er selbst Kenntniß der Umstände hatte, welche den Irrthum des Vertreters veranlaßten. Macht der Vertretene von seinem Anfechtungsrechte wegen Irrthums Gebrauch, so muß er dem Anfechtungsgegner nach Maßgabe des § 122 das negative Interesse ersetzen; er muß also dem Anfechtungsgegner gegenüber für den Irrthum seines Vertreters einstehen. Das Alles gilt vom sog. Vertreter im Willen. Vgl. auch Bem. zu § 166. Vom Vertreter im Willen ist zu unterscheiden der bloße Uebermittler; über dessen Irrthum s. § 120.

VII. Das Anfechtungsrecht steht nur dem zu, von dem die Willenserklärung ausgeht, nicht dem Empfänger der Erklärung und nicht außerhalb stehenden Dritten. Diese können sich, wenn der Irrende nicht anficht, auf den Irrthum überhaupt nicht berufen.

Wird die Anfechtung vorgenommen, so ist die Folge zunächst Nichtigkeit der Willenserklärung des Irrenden, unmittelbare Folge dieser Nichtigkeit aber das Nichtbestehen des ganzen Rechtsgeschäfts. Näheres über die Anfechtung im Allgemeinen s. bei §§ 142 ff. und oben in der Einl. zum 3. Abschnitt unter V, E, 3, über die Anfechtung wegen Irrthums im Besonderen § 121, über die Schadensersatzpflicht im Falle der Anfechtung § 122.

VIII. Bezüglich der Beweislast gilt für den Irrthum die allgemeine Regel, daß das Vorhandensein eines Willensmangels zu beweisen hat, wer ihn behauptet, also hier der Irrende. Er muß und kann aber nicht unmittelbar beweisen, daß er bei Kenntniß der Sachlage und verständiger Würdigung des Falles die Erklärung nicht abgegeben haben würde, sondern er braucht nur die Thatsachen darzulegen und zu erweisen, welche diese Annahme als eine Schlußfolgerung rechtfertigen: diese Schlußfolgerung zu ziehen, ist Sache des Richters. Dem Anfechtenden kann also nicht der Eid darüber zugeschoben werden, „daß er bei Kenntniß der Sachlage und verständiger Würdigung des Falles die Erklärung nicht abgegeben haben würde".

§ 120.

Eine Willenserklärung, welche durch die zur Uebermittelung verwendete Person oder Anstalt unrichtig übermittelt worden ist, kann unter der gleichen Voraussetzung angefochten werden, wie nach § 119 eine irrthümlich abgegebene Willenserklärung.

E. I, 101; II, 95; III, 116.

1. Die Vorschrift befaßt sich mit den Rechtsfolgen der unrichtigen Uebermittelung einer Willenserklärung, namentlich durch Boten, durch Telegraphenanstalten oder Fernsprechanstalten (vgl. für letztere auch Bem. zu § 130), ferner auch durch Abschreiber.

2. Für das gemeine Recht ging die herrschende Ansicht dahin, daß, wenn der von dem Urheber der Erklärung gewählte Bote oder das sonstige Mittel der Erklärung den Willen des Erklärenden unrichtig wiedergab, ein Vertrag überhaupt nicht zu Stande kam, weder auf das Erklärte noch auf das wirklich Gewollte. Jedoch wurde der Urheber der Erklärung dem anderen Theile, welcher auf die Gültigkeit der Willenserklärung vertraut hatte, schadensersatzpflichtig, es sei denn, daß die Mittelsperson die Erklärung wissentlich falsch übermittelt hatte oder daß (— so wenigstens nach Windscheid Bd. 2 § 309 —) die unrichtige Mittheilung der Erklärung eine Folge von Umständen war, welche außer aller Betrachtung liegen. Vgl. auch Seuff. Arch. Bd. 30 Nr. 116; RGE. Bd. 28 S. 17.

Der E. I hat, wie nun das BGB., den Fall der unrichtigen Uebermittelung den übrigen Irrthumsfällen gleichgestellt; die Rechtsfolgen waren daher im E. I andere als im BGB., da die Irrthumsbehandlung des E. I überhaupt eine andere war (s. darüber Bem. I, 3 zu § 119). Vgl. M. I, 202.

3. Die im Verkehrsinteresse liegende Gleichstellung der unrichtigen Uebermittelung einer Willenserklärung durch eine Mittelsperson mit dem dem Erklärenden selbst unterlaufenden Irrthum in der Erklärungshandlung kann auch theoretisch gerechtfertigt werden durch die Erwägung, daß es für den Urheber der Erklärung eben seine Erklärung ist, um die es sich handelt, da der Mittler im Verkehre nur als sein Werkzeug erscheint, dessen er sich freiwillig bedient und für dessen unrichtiges Funktioniren er einzustehen hat. Ob er dabei die Wahl der Mittelsperson aus eigenem Antrieb oder auf Anregung des anderen Theiles getroffen hat, begründet keinen Unterschied. Treffend sagt hierüber Jacubezky (Bem. S. 28): „Die telegraphisch abgegebene Erklärung ist Erklärung des Absenders, auch wenn dieser sich des Telegraphen nur deßwegen bedient hat, weil der andere Theil telegraphische Antwort verlangt hatte. Durch ein solches Verlangen wird die Uebermittelungsthätigkeit der Telegraphenanstalt nicht Angelegenheit des anderen Theiles und dieser übernimmt auch nicht die mit der Benützung des Telegraphen verbundene Gefahr unrichtiger Wiedergabe der Erklärung, sondern er giebt nur den Willen kund, sich keinen größeren als den bei Benützung des Telegraphen erforderlichen Zeitaufwand gefallen zu lassen."

In den §§ 120 mit 122 handelt es sich nur um die Frage der Anfechtungsmöglichkeit durch den Urheber der Erklärung und um dessen Verhältniß zum Empfänger der Erklärung, nicht aber um die Frage der Haftung der Mittelspersonen, also des Boten oder der Telegraphenanstalt. Die für diese Haftung geltenden Rechtssätze bleiben selbstverständlich neben §§ 120, 122 bestehen.

4. § 120 ist nur unter der Voraussetzung anwendbar:

a) daß es sich wirklich nur um eine Uebermittelung der Willenserklärung handelt, nicht um eine Vertretung im Willen im Sinne des § 166; vgl. auch Bem. VI zu § 119;

b) daß der Uebermittler die Erklärung, die er übermitteln soll, wenn auch in unrichtiger oder verstümmelter Weise, übermittelt und nicht eigenmächtig und absichtlich ihr einen ganz anderen Inhalt giebt, als der Urheber gewollt hat.

Fälscht daher der Bote den ihm übergebenen Brief oder giebt er überhaupt eine nicht aus Versehen oder Zufall verstümmelte, sondern der bewußt eigenen Erfindung entstammende unrichtige Erklärung ab, so ist die Willenserklärung des Urhebers dem Erklärungsempfänger überhaupt nicht zugegangen und findet § 120 keine Anwendung. Gleicher Ansicht Hoelder, Komm. Bem. zu § 120; Crome, System Bd. 1 S. 422 Anm. 12, Dernburg, Bürg. R. Bd. 1 § 145 unter V; anders Planck zu § 120. — Regelmäßig braucht der Bote die Erklärung nur sinngetreu, nicht wortgetreu zu übermitteln.

5. Warum die Willenserklärung unrichtig übermittelt wurde, ist für die Anwendung des § 120 gleichgültig. Das gilt selbst dann, wenn die Unrichtigkeit der Uebermittelung in höherer Gewalt z. B. in plötzlicher Geistesstörung des Telegraphenbeamten, ihren Grund hat; auch dann tritt (nach dem Beschlusse der RTK.) die Schadensersatzpflicht des Urhebers gemäß § 122 ein. Anders die Entwürfe und noch D. 20.

6. Im Uebrigen wird, namentlich was die Frage der Erheblichkeit des Irrthums anlangt, auf die Bemerkungen zu § 119 verwiesen.

§ 121.

Die Anfechtung muß in den Fällen der §§ 119, 120 ohne schuldhaftes Zögern (unverzüglich) erfolgen, nachdem der Anfechtungsberechtigte von dem Anfechtungsgrunde Kenntniß erlangt hat. Die einem Abwesenden gegenüber erfolgte Anfechtung gilt als rechtzeitig erfolgt, wenn die Anfechtungserklärung unverzüglich abgesendet worden ist.

Die Anfechtung ist ausgeschlossen, wenn seit der Abgabe der Willenserklärung dreißig Jahre verstrichen sind.

E. I, —; II, 96; III, 117.

1. Die Anfechtung braucht nicht gerichtlich geltend gemacht zu werden sondern kann durch einfache Erklärung gegenüber dem Anfechtungsgegner erfolgen. Ihre Wirkung ist die, daß das wegen Irrthums anfechtbare Rechtsgeschäft als von Anfang an nichtig anzusehen ist. Bestätigt der Irrende das Rechtsgeschäft nach Kenntniß der Sachlage, so ist die Anfechtung ausgeschlossen. Näheres hierüber sowie über die Frage nach der Person des Anfechtungsgegners s. in den Bem. zu den §§ 142—144; vgl. auch Bem. V, E, 3 der Einl. zum 3. Abschnitt.

2. Dem Empfänger der irrig abgegebenen Willenserklärung ist ein Einfluß auf die Entscheidung, ob angefochten werden soll, nicht eingeräumt. Seine Interessen fordern aber, daß der Zustand der Ungewißheit über den Fortbestand des Rechtsgeschäfts nach Möglichkeit abgekürzt werde. Darum fordert das Gesetz in § 121 vom Irrenden, daß er, wenn er einmal von seinem Irrthume bezw. der unrichtigen Uebermittelung seiner Erklärung Kenntniß erlangt hat, seine Entscheidung, ob er von dem Anfechtungsrechte Gebrauch machen will, nicht mehr hinauszögere und diese Entscheidung dem Anfechtungsgegner unverzüglich mittheile. Vgl. P. I, 112 f.

Diese Verpflichtung kann für den Irrenden natürlich erst dann eintreten, wenn er Gewißheit darüber erlangt hat, daß seine Willenserklärung auf Irrthum beruhte oder unrichtig übermittelt wurde. Sich diese Gewißheit durch besondere Nachforschungen zu verschaffen, kann ihm sein eigenes Interesse gebieten, das Gesetz gebietet es ihm nicht; durch fahrlässige Unkenntniß über das Vorkommniß des Irrthums geht das Anfechtungsrecht nicht verloren (s. jedoch Bem. 5). Zweifelt der Irrende noch, ob er wirklich geirrt hat, so ist sein Zögern mit der Anfechtung kein schuldhaftes. Der Anfechtungsgrund, dessen Kenntniß vorausgesetzt wird, ist die Thatsache, daß die abgegebene Willenserklärung durch einen erheblichen Irrthum im Sinne des § 119 veranlaßt ist oder eine solchem Irrthume gleichstehende unrichtige Uebermittelung erfahren hat. Von den Umständen, aus welchen sich diese Thatsache ergiebt, muß also der Anfechtungsberechtigte Kenntniß haben. Diese Kenntniß und ihren Zeitpunkt muß der Anfechtungsgegner nachweisen, wenn er behaupten will, die Anfechtung sei nicht unverzüglich erfolgt; vgl. Jur. Wschr. 1901 S. 767; Rspr. d. OLG. Bd. 3 S. 349 ff. Das ist ein wohl in der Mehrzahl der Fälle nicht leicht gelingender Beweis, weßhalb die praktische Tragweite des § 121 nicht zu hoch anzuschlagen ist.

3. Die Anfechtung muß nach erlangter Kenntniß unverzüglich d. h. ohne schuldhaftes Zögern erfolgen. Diesen hier gesetzlich festgelegten Sinn hat der Ausdruck „unverzüglich" an allen Stellen des BGB., an welchen er vorkommt. Die Anfechtung braucht also nicht sofort zu geschehen, dem Anfechtungsberechtigten ist vielmehr ein billig

zu bemessender Zeitraum zuzugestehen für die vernünftige Ueberlegung der für ihn vielleicht wichtigen Frage, ob er wirklich anfechten oder ob er es etwa trotz des erheblichen Irrthums bei der einmal abgegebenen Erklärung bewenden lassen will. Vom Anfechtenden wird auch nicht verlangt, daß er seine Erklärung zur Nachtzeit oder unter Beschaffung außergewöhnlicher Hülfsmittel z. B. eines reitenden Boten abgebe, oder daß er andere vordringlichere Geschäfte zu ihrem Schaden plötzlich abbreche, um die Anfechtung vorzunehmen, u. s. w. Wie lange das Zögern dauern darf, bevor es schuldhaft wird, läßt sich also nicht allgemein, sondern nur nach Würdigung der besonderen Verhältnisse des Einzelfalls entscheiden. Die Entscheidung der Frage, ob „schuldhaftes Zögern" vorliegt, unterliegt der Nachprüfung des Revisionsgerichts; RGE. Bd. 49 S. 392.

Die Anfechtung ist ihrem Wesen nach eine Willenserklärung. Zwar ist für diese Erklärung keine bestimmte Form vorgeschrieben, aber es muß aus ihr unzweideutig erhellen, daß der Erklärende den Willen hat, das fragliche Geschäft als nichtig zu behandeln. In der bloßen Mittheilung des Anfechtungsberechtigten an den Anfechtungsgegner, er habe sich in seiner Erklärung geirrt oder sie sei unrichtig übermittelt worden, kann daher eine Anfechtung regelmäßig noch nicht erblickt werden. Ist eine solche Mittheilung überflüssig, weil der Gegner von dem Irrthum ohnehin schon weiß, so ist darum nicht auch die Anfechtung als eine Willenserklärung überflüssig geworden, und ein schuldhaftes Zögern in der Erklärung der Anfechtung wird darum nicht zum schuldlosen. (Eine etwas laxere Anschauung vertritt Crome, System Bd. 1 S. 426 Anm. 28.) Doch soviel muß zugegeben werden, daß unter Umständen die bloße Mittheilung über das Vorkommniß des Irrthums im Wege der nicht nach dem buchstäblichen Sinne des Ausdruckes, sondern nach dem wirklichen Willen des Mittheilenden (s. § 133) vorzunehmenden Auslegung als Anfechtungserklärung angesehen werden kann; ist diese Auslegung veranlaßt, so muß eben diese Mittheilung ohne schuldhaftes Zögern erfolgt sein.

Steht einmal fest, wann der Anfechtungsberechtigte vom Anfechtungsgrunde Kenntniß gehabt hat, so fällt der Nachweis, daß die Verzögerung eine unverschuldete war, ihm zu.

4. Eine einem Abwesenden gegenüber abzugebende Willenserklärung wird nach § 130 erst wirksam, wenn sie ihm zugeht. Das gilt auch für die Anfechtungserklärung, und das Gesetz macht hievon für den Fall der Anfechtung wegen Irrthums keine Ausnahme. Nur soviel bestimmt § 121 in Satz 2, daß, um die Anfechtung als eine rechtzeitig erfolgte erscheinen zu lassen, die unverzügliche Absendung der Erklärung genügt; eine Verzögerung, die sich zwischen der Absendung und dem Zugehen ereignet, ist also keine schuldhafte. Im Uebrigen aber ist das Absenden kein Ersatz für das Zugehen. Abgesendet ist die Erklärung nicht erst dann, wenn ihr Transport an den Destinatär begonnen hat, sondern schon dann, wenn der Erklärende sie zum Zwecke und mit der Bestimmung des unverzüglichen Transportes weggegeben hat, z. B. den Brief in den Briefkasten geworfen oder auch nur einem Dienstmann übergeben hat, damit dieser ihn zur Post trage.

5. Sind seit der Abgabe der auf Irrthum beruhenden Willenserklärung dreißig Jahre verstrichen (vgl. §§ 187 Abs. 1, 188 Abs. 2), so ist die Anfechtung ausgeschlossen ohne Rücksicht auf die Kenntniß bezw. den Zeitpunkt der Kenntniß vom Anfechtungsgrunde. Diese Frist ist eine wahre Präklusivfrist, die weder unterbrochen noch gehemmt werden kann; sie ist nur dann gewahrt, wenn innerhalb der dreißig Jahre seit Abgabe der Willenserklärung die Anfechtungserklärung dem Anfechtungsgegner zugegangen ist.

§ 122.

Ist eine Willenserklärung nach § 118 nichtig oder auf Grund der §§ 119, 120 angefochten, so hat der Erklärende, wenn die Erklärung einem Anderen gegenüber abzugeben war, diesem, anderenfalls jedem Dritten den Schaden zu ersetzen, den der Andere oder der Dritte dadurch erleidet, daß er auf die Gültigkeit der Erklärung vertraut, jedoch nicht über den Betrag des Interesses hinaus, welches der Andere oder der Dritte an der Gültigkeit der Erklärung hat.

Die Schadensersatzpflicht tritt nicht ein, wenn der Beschädigte den Grund der Nichtigkeit oder der Anfechtbarkeit kannte oder in Folge von Fahrlässigkeit nicht kannte (kennen mußte).

E. I, 97 Abs. 3, 4; 99 Abs. 2, 3; 101, 146; II, 97; III, 118.

1. Folge der Abweichung der Erklärung vom wahren Willen ist in den Fällen des § 118 (Scherz u. s. w.) Nichtigkeit von vornherein, in den Fällen der §§ 119 u. 120 (erheb=

licher Irrthum und unrichtige Uebermittelung der Erklärung) Anfechtungsmöglichkeit d. i. die Befugniß zu privater Nichtigkeitserklärung. In Folge der rechtlichen Nichtigkeit thatsächlich abgeschlossener Geschäfte werden nicht nur die Erwartungen getäuscht, die an das Zustandekommen des Geschäftes geknüpft worden waren, sondern es kann auch insofern eine Vermögensschädigung der Betheiligten eintreten, als sie mit Rücksicht auf das Zustandekommen eben dieses Geschäfts bereits Auslagen gehabt und den Abschluß anderer vielleicht vortheilhafterer Rechtsgeschäfte unterlassen haben können. In der Verschiedenartigkeit der unzuverlässigen Willenserklärungen ist es begründet, daß ein solcher Schaden in den Fällen des § 118 nur auf Seite des Erklärungsempfängers möglich sein wird, während er in den Fällen der §§ 119, 120 nicht nur bei diesem, sondern unter Umständen auch beim Erklärenden selbst eintreten kann. Daß indessen der dem Urheber der Erklärung selbst zugehende Schaden stets von ihm selbst getragen werden muß (wenigstens im Verhältnisse zum Erklärungsempfänger), ist ohne Weiteres klar. Dagegen ist die Frage, ob auch der dem Erklärungsempfänger zugehende Schaden diesem selbst verbleiben soll oder ob und unter welchen Voraussetzungen er von ihm Kraft eines ihm zu gewährenden Anspruchs dem Urheber der Erklärung zugeschoben werden könne, ein schwieriges gesetzgeberisches Problem.

Das BGB. löst in § 122 dieses Problem, indem es sich hier ganz auf den Boden des Veranlassungsprinzips stellt, in einer von den bisherigen Anschauungen und Gesetzen erheblich abweichenden Weise.

Die gemeinrechtliche Lehre vermochte die ganze Frage nur aus dem Gesichtspunkte der sog. culpa in contrahendo zu betrachten, deren Theorie übrigens auf recht zweifelhafter quellenmäßiger Grundlage stand. Aus demselben Gesichtspunkte behandeln den Fall das PLR. (Thl. I Tit. 4 §§ 56, 59; Tit. 5 §§ 53, 284, 285), das österreichische GB. (§ 878) und das sächsische GB. (§ 844). Der Anspruch des durch die Unwirksamkeit der unzuverlässigen Willenserklärung Enttäuschten ging nur auf sein sog. negatives Interesse d. h. nur diejenigen Nachtheile mußten ihm ersetzt werden, welche ohne die Abgabe der Willenserklärung nicht eingetreten sein würden. Das war billig. Aber durch das Hereinziehen des Schuldmoments erhielt sein Anspruch auch nach einer anderen Richtung eine enge Begrenzung; Voraussetzung war eine bei Eingehung des Rechtsgeschäfts unterlaufende Fahrlässigkeit des Erklärenden. So auch noch E. I (namentlich § 97 Abs. 3); s. M. I, 195 f.

2. Im Gegensatze dazu beruht der Anspruch aus § 122 BGB. nicht auf culpa in contrahendo (s. dagegen § 307, vgl. auch § 694). Auf ein Verschulden des Erklärenden bei Abgabe der Willenserklärung kommt nichts an. Es ist daher hier auch kein Anlaß, zu erörtern, ob begrifflich die Haftung für culpa in contrahendo auf eine unerlaubte Handlung oder auf die Verletzung einer rechtsgeschäftlichen Pflicht zurückzuführen sei. Das BGB. hat dem in der neuesten Rechtsentwickelung gegenüber dem Verschuldungsprinzip mehr und mehr an Boden gewinnenden Veranlassungsprinzip hier zu einem Siege verholfen. Es genügt also, wenn zwischen der unwirksamen Willenserklärung und dem beim Erklärungsempfänger eingetretenen Schaden ein Kausalzusammenhang besteht in dem Sinne, daß der Schaden nicht eingetreten wäre, wenn der Geschädigte nicht auf die Gültigkeit der Willenserklärung vertraut hätte. (Vgl. auch Hachenburg, Vortr. S. 42 ff.) In den Fällen der §§ 119, 120 ist Voraussetzung, daß die Anfechtung der mangelhaften Willenserklärung wirklich vollzogen ist. Wird vom Anfechtungsrechte kein Gebrauch gemacht, so tritt ja eine Schädigung im Sinne des § 122 gar nicht ein.

Daß die gemäß § 122 bestehende Schadensersatzpflicht im Falle des § 120 selbst bei unrichtiger Uebermittelung in Folge höherer Gewalt nicht ausgeschlossen ist, wurde bereits in Bem. 5 zu § 120 erwähnt.

3. Schadensersatzpflichtig ist derjenige, welcher die mangelhafte Willenserklärung abgegeben hat; ob dieser seinerseits sich wieder an andere Personen halten kann, welche den Irrthum in ihm veranlaßt oder seine Erklärung unrichtig übermittelt haben, kommt hier nicht in Betracht. Anspruchsberechtigt ist, wenn es sich um eine Willenserklärung handelt, die „einem Anderen gegenüber abzugeben ist", also bei sog. empfangsbedürftigen Willenserklärungen (s. Bem. III in der Einl. vor § 116, ferner die §§ 130 ff.), ausschließlich der Erklärungsempfänger, bei nicht empfangsbedürftigen Willenserklärungen jeder, der durch sein Vertrauen auf die Gültigkeit der Willenserklärung geschädigt ist. Fälle letzterer Art sind z. B. möglich bei einer auf Willensmangel beruhenden dem Grundbuchamte gegenüber erklärten Zustimmung des Eigenthümers zu einer Aenderung im Rangverhältnisse der Hypotheken (§ 880); ferner z. B. bei einer mit einem wesentlichen Druckfehler veröffentlichten Auslobung (§ 657); jedoch wohl nicht im Falle des § 151, wonach der Vertrag durch die Annahme unter gewissen Voraussetzungen zu Stande kommt, ohne daß die Annahmeerklärung dem Antragenden gegenüber erklärt zu werden braucht. (Ist hier die Schädigung eines Anderen

als des Antragenden überhaupt denkbar? Es wird wohl regelmäßig an dem erforderlichen ursächlichen Zusammenhange fehlen. Vgl. auch Planck Bem. 3 zu § 122.)

4. Wenn der Schadensersatzanspruch nach Abs. 1 voraussetzt, daß der Beschädigte auf die Gültigkeit der mangelhaften Willenserklärung vertraut hat, so ist damit eigentlich schon gesagt, daß er nicht gegeben ist, wenn der Beschädigte die Mangelhaftigkeit der Erklärung d. h. den Grund ihrer Nichtigkeit oder Anfechtbarkeit gekannt hat. Zur Abschneidung aller Zweifel wird dies aber in Abs. 2 ausdrücklich bestimmt und die Schadensersatzpflicht weiter auch dann verneint, wenn der Beschädigte die Nichtigkeit bezw. den Anfechtungsgrund kennen mußte. Das Kennenmüssen — ein Begriff, der im Gesetze eine große Rolle spielt und hier ein= für allemal definirt wird — ist die auf Fahrlässigkeit beruhende Unkenntniß. (Kritisch gegen die Terminologie Hoelder, Komm. Bem. 3 zu § 122.) Die Fahrlässigkeit braucht keine grobe zu sein; es genügt vielmehr die einfache Fahrlässigkeit, welche nach § 276 im Außerachtlassen der im Verkehr erforderlichen Sorgfalt besteht.

5. Dem Umfange der Schadensersatzpflicht sind zwei Grenzen gesteckt. Keine von beiden darf überschritten werden. Je nach den Umständen des Einzelfalls kann die eine oder die andere von ihnen die weitere sein.

a) Der Anspruch ist zunächst begrenzt durch das sog. negative Interesse*) des Beschädigten. Es soll ihm nicht mehr ersetzt werden als der Schaden, welchen er dadurch erleidet, daß er auf die Gültigkeit der Erklärung vertraut hat, also diejenigen Nachtheile, welche ohne Abgabe der Willenserklärung nicht eingetreten sein würden. Diese Nachtheile können wiederum in positivem Schaden bestehen (aufgewendete Kosten) oder auch in entgangenem Gewinn (der Empfänger der Willenserklärung hat z. B., weil er in Folge der scheinbar gültigen Erklärung das Geschäft schon als perfekt erachtete, den Abschluß eines anderen für ihn günstigeren Vertrages versäumt). Soweit es sich um entgangenen Gewinn handelt, werden sich oft Beweisschwierigkeiten ergeben; dabei ist bezüglich der Beweislast zu bemerken, daß das Maß des Schadens nachzuweisen hat, wer den Schadensersatzanspruch erhebt.

Das negative Interesse wird meistens geringer sein, als das sog. Erfüllungsinteresse. Es kann aber auch höher sein als dieses. Ist es höher, so kann es nicht ganz zum Ersatze kommen, sondern nur, soweit es das Erfüllungsinteresse nicht übersteigt. Denn

b) der Anspruch ist weiter begrenzt durch das Maß des sog. Erfüllungsinteresses d. h. des Vermögensinteresses, welches der Anspruchsberechtigte an der Gültigkeit der Willenserklärung hat. Es umfaßt also den Gewinn, den der Beschädigte gemacht hätte, wenn die mangelhafte Willenserklärung wirksam gewesen bezw. geblieben wäre. Nur wenn das Erfüllungsinteresse niedriger ist als das negative Interesse, ist es zu ersetzen; dann ist aber auch nur das Erfüllungsinteresse zu ersetzen.

Wie steht es, wenn andere als vermögensrechtliche Interessen in Frage stehen? Auf diese Frage giebt das Gesetz keine Antwort. Es muß angenommen werden, daß solche Interessen überhaupt nicht zum Ersatz kommen sollen. Auf sie paßt die ganze Art der in § 122 vorgeschriebenen Abmessung des negativen Interesses gegenüber dem Erfüllungsinteresse nicht; ein vermögensrechtliches negatives Interesse und ein nichtvermögensrechtliches Erfüllungsinteresse sind inkomparable Größen.

§ 123.**)

Wer zur Abgabe einer Willenserklärung durch arglistige Täuschung oder widerrechtlich durch Drohung bestimmt worden ist, kann die Erklärung anfechten.

Hat ein Dritter die Täuschung verübt, so ist eine Erklärung, die einem Anderen gegenüber abzugeben war, nur dann anfechtbar, wenn dieser die Täuschung kannte oder kennen mußte. Soweit ein Anderer als derjenige, welchem gegen=

---

*) Brock, Das negative Vertragsinteresse (1902).

**) Neuere Literatur: von Blume, Beiträge zur Auslegung des deutschen BGB., in Iherings Jahrb. Bd. 38 S. 224 ff.; Sprenger, Ueber dolus causam dans und incidens, im Archiv f. d. civilist. Praxis Bd. 88 S. 359 ff.; G. Planck in den Göttinger Festgaben für Regelsberger (1901) S. 151 ff.; von Thur in Zeitschr. f. Schweiz. R Bd. 17 S. 1 ff.; Marie Raschke, Betrug im Civilrecht (1900); Süßheim in Bl. f. RA. Bd. 66 S. 205 ff.

über die Erklärung abzugeben war, aus der Erklärung unmittelbar ein Recht erworben hat, ist die Erklärung ihm gegenüber anfechtbar, wenn er die Täuschung kannte oder kennen mußte.

E. I, 103; II, 98; III, 119.

I. § 123 beschäftigt sich mit den Fällen, in welchen zwar ein Widerspruch zwischen dem Gewollten und dem Erklärten nicht besteht, die Entstehung des Willens selbst aber nicht vorwiegend auf „freie" Entschließung des Wollenden, sondern auf ein vom Gesetze mißbilligtes Thätigwerden eines Anderen zurückzuführen ist. (Vgl. auch oben in der Einleitung vor § 116 unter V.) Das sind die beiden Fälle der widerrechtlichen Drohung und der arglistigen Täuschung, gemeinhin „Betrug" genannt. Folge einer solchen Beeinflussung des Willensaktes ist stets Anfechtbarkeit der diesem Willensakt entsprechenden Erklärung, häufig auch die Entstehung eines Schadensersatzanspruchs für den Erklärenden nach Maßgabe der §§ 823 ff. Nicht hieher gehört der Fall des physischen Zwanges, der vis absoluta, wo ein Wille überhaupt nicht vorliegt und daher die Erklärung nichtig ist.

II. Im gemeinen Rechte hatte man für das, was hier Drohung genannt wird, regelmäßig die Bezeichnungen Zwang und Furcht. Der Zwang wurde geschieden in vis absoluta und vis compulsiva. War die Erklärung durch absolute physische Gewalt herbeigeführt, so trat Nichtigkeit des Erklärten ein. Dasselbe nahm eine ältere, schließlich aber mehr und mehr aufgegebene Doktrin auch für den Fall der vis compulsiva an d. h. des Zwanges durch psychische Einwirkung auf die Willensbildung, namentlich Drohung und dadurch beim Erklärenden hervorgerufene Furcht (metus). Die neuere Lehre aber ging davon aus, daß auch bei vis compulsiva immerhin der wirkliche Wille erklärt wird, und betrachtete daher die Willenserklärung des Bedrohten nicht als nichtig. Sie gewährte aber dem Bedrohten einen ausgedehnten Rechtsschutz gegen die Nachtheile, die ihm aus seiner Erklärung erwachsen konnten; gegenüber Ansprüchen, die, gleichviel von wem, auf Grund seiner Willenserklärung gegen ihn erhoben wurden, hatte er eine Einrede (exceptio quod metus causa). Hatte er auf Grund seiner Willenserklärung einen Vermögensverlust erlitten, so konnte er mit der actio quod metus causa vom Drohenden selbst vollen Schadensersatz, von Anderen das verlangen, was in Folge des Geschäfts in ihrem Vermögen war. Gegen einen erzwungenen Erbschaftsantritt konnte er in integrum restituirt werden. In allen Fällen wurde aber nur solcher metus beachtet, „qui merito et in homine constantissimo cadat".

Die arglistige Täuschung (dolus im engeren Sinne) machte das Geschäft nur dann nichtig, wenn der Erklärende durch Vorspiegelung falscher oder Unterdrückung wahrer Thatsachen zur Abgabe einer Erklärung veranlaßt worden war, die er thatsächlich gar nicht abgeben wollte. War aber der Geschäftswille selbst durch dolus hervorgerufen, so war die Erklärung eine gültige. Dem Betrogenen wurde dadurch Schutz zu Theil, daß er gegen eine Inanspruchnahme durch den Betrüger die exceptio doli vorbringen konnte, ferner im Falle einer Schädigung gegen den Betrüger und seine Rechtsnachfolger, nicht aber gegen Dritte, einen in 2 Jahren verjährenden obligatorischen Anspruch (actio doli) hatte. Bezüglich des Umfangs dieses Wiederherstellungsanspruchs war, woran mit Windscheid und Regelsberger gegen Dernburg festzuhalten ist, die alte Unterscheidung von sogen. dolus causam dans und dolus incidens berechtigt. Im ersteren Falle, in welchem angenommen werden muß, der Erklärende hätte ohne den Betrug das Geschäft überhaupt nicht abgeschlossen, hatte er die Wahl, Rescission des Geschäftes und Schadensersatz oder Schadensersatz unter Aufrechthaltung des Geschäftes (mit der sogen. Differenzklage) zu fordern, beim dolus incidens dagegen, ohne den er das Geschäft nicht unterlassen, sondern nur in anderer Weise abgeschlossen hätte, hatte er diese Wahl nicht, sondern war auf einen durch den Differenzbetrag begrenzten Entschädigungsanspruch beschränkt. Vgl. Regelsberger, Pand. S. 535 ff.; Windscheid-Kipp Bd. 1 S. 344 ff.

Im BLR. vgl. Thl. III cap. 2 § 7; Thl. IV cap. 1 § 5 Nr. 4, § 20 Nr. 1, § 25 Nr. 1 u. 2; cap. 6 § 2 Nr. 4; cap. 15 § 13 Nr. 3. Sächs. GB. §§ 93, 831, 833.

Im preußischen, französischen und österreichischen Rechte wurden Drohung und Betrug so behandelt, daß die Erklärung, in welcher der rechtswidrig beeinflußte Wille zum Ausdrucke kam, als unverbindlich angesehen wurde; die Nichtigkeit war aber keine absolute, sondern es war in das Belieben des Geschädigten gestellt, ob er die Nichtigkeit geltend machen wollte oder nicht. M. I, 204. Vgl. PLR. Thl. I Tit. 4 §§ 31—51, 84—93; cod. civ. art. 1109, 1111—1117; österr. GB. §§ 869—871, 875.

III. Die Willensbeeinflussung durch Drohung im BGB.

Die Anfechtung wegen Drohung ist nach § 123 an folgende Voraussetzungen gebunden:

1. Der Wille des Erklärenden muß durch Erregung von Furcht vor einem durch ein bestimmtes Verhalten des Furchterzeugenden sich ergebenden Uebel beeinflußt sein.

2. Die Drohung muß gerade in diesem Einzelfalle die Entschließung des Bedrohten wirklich bestimmt haben.

3. Der Erklärende muß zur Abgabe seiner Willenserklärung widerrechtlich durch Drohung bestimmt worden sein.

Zu 1. Zum Thatbestande der Drohung gehört eine Beeinflussung des Willens durch psychische Einwirkung, nämlich durch Furchterregung. Es ist eine terminologische Frage, ob man diese Einwirkung „Zwang" nennen will. Jedenfalls ist aber daran festzuhalten, daß physischer Zwang, die körperliche Ueberwältigung, nicht hieher gehört. Der in solcher Weise Gezwungene giebt überhaupt keine eigene Willenserklärung ab, sondern erscheint nur als ein Werkzeug, dem die Erklärung, die er abgeben muß, nicht zugerechnet werden kann; diese Erklärung ist daher von vornherein nichtig. Vgl. M. I, 204.

Die psychische Einwirkung auf die Willensbildung besteht bei der Drohung darin, daß Furcht vor einem künftigen Uebel erregt wird. Künftig ist das Uebel auch dann, wenn die Verlängerung eines bereits bestehenden Uebels angedroht wird, welches ohne das Eingreifen des Drohenden enden würde. Der Thatbestand des § 123 ist aber dann nicht gegeben, wenn Jemand die bereits gegenwärtig bestehende üble Lage eines Menschen benutzt, um ihn durch Versprechen der Befreiung aus dieser üblen Lage zu einer Willenserklärung zu veranlassen; in diesem Falle tritt nicht Anfechtbarkeit der Erklärung, wohl aber unter Umständen ein stärkerer Grad der Unwirksamkeit, nämlich Nichtigkeit nach § 138 ein; das gilt namentlich für den Fall der Bewucherung. (Vgl. von Blume a. a. O. S. 225 ff.) Das Uebel, dessen Vorstellung die Willensbildung beeinflußt, muß gerade von dem Menschen zu erwarten sein, der die Furcht vor dem Uebel in dem Urheber der Willenserklärung erregt. Die Erregung von Furcht muß von dem Erreger beabsichtigt gewesen, die Drohung also ihrem Urheber bewußt gewesen sein. Trifft dies nicht zu, so ist die Willensbildung eben in Wahrheit nicht vorwiegend durch das Verhalten des anderen Menschen beeinflußt, sondern durch die eigene Veranlagung, Aufregung, Einbildung u. s. w. Schon darum kommt also der sog. metus reverentialis nicht in Betracht. Darum findet auch, wenn z. B. eine Frau einem gefährlich aussehenden Bettler ein Almosen giebt, wenn ein Beamter einem anderen, den er zu chikaniren in der Lage ist, eine Sache mit Erfolg zum Kaufe anbietet, keine Anfechtung statt, wenn nicht der Nachweis geführt werden kann, daß die Erregung von Furcht beabsichtigt war. In diesem Ergebniß ist Blume (a. a. O. S. 228 ff.) beizustimmen. Seiner Begründung aber vermögen wir nicht zu folgen. Auf diese Begründung ist einzugehen, weil Blume durch sie in einer anderen Frage zu einem unseres Erachtens unzutreffenden Ergebnisse gelangt. Blume sagt, nicht deßhalb werde der Willenserklärung die Wirksamkeit versagt, weil der Wille des Bedrohten beeinflußt war, sondern weil dieser Einfluß durch eine nicht zu billigende Handlungsweise erzeugt war. Ein Wille, der in dem Sinne frei wäre, daß er unbeeinflußt seine Entschlüsse fasse, existiere nicht. Wenn also das BGB. den Umstand berücksichtige, daß der Wille durch Drohung bestimmt war, so könne es dies nur um der besonderen Natur der Beeinflussung willen thun und so habe denn § 123 die Drohung (und die arglistige Täuschung) herausgehoben aus der Menge der auf den Willen einwirkenden Thatsachen, weil sie die gewöhnlichsten und zugleich verwerflichsten Mittel seien, deren sich rücksichtslos-egoistische Menschen zur Beeinflussung anderer bedienen. Da die Drohung „um der verwerflichen Handlungsweise ihres Urhebers willen" verfolgt werde, so sei selbstverständlich, daß sie beabsichtigt gewesen sein müsse; ferner könne — und das ist die bedenkliche Konsequenz der Blume'schen Auffassung —, da es auf die verwerfliche Absicht ankomme, nur die Absicht eines verantwortlichen Menschen in Betracht kommen. Für den Fall, daß ein Geisteskranker durch Drohung mit einem Verbrechen ein Versprechen an eine dritte Person erzwingt, wird also die Anwendung des § 123 abgelehnt. Dieser ganzen Argumentation ist entgegenzuhalten, daß es sich im § 123 nicht darum handelt, die Verwerflichkeit des Verhaltens des Drohenden auszusprechen oder die Rechtsbeziehungen des Drohenden zu regeln, welche sich je nach dessen Verschulden oder Nichtverschulden etwa verschieden gestalten könnten, sondern lediglich darum, den Bedrohten zu schützen. Diese Schutzbedürftigkeit ist aber von der Frage der Verantwortlichkeit des Drohenden ganz unabhängig. Möglich ist ja, daß der Drohende zugleich Empfänger der Willenserklärung ist und insofern selbst auch von der Anfechtbarkeit betroffen wird; das ist aber nicht nothwendig, sondern etwas Zufälliges, da als Drohender ja auch ein unbetheiligter Dritter in Betracht kommen kann. Wenn Planck die Bestimmung des § 123 mit der Unfreiheit des durch die Drohung beeinflußten Willens motivirt, so ist das nicht so verfehlt, wie es nach Blume den Anschein hat. Man muß nur im Auge behalten, daß man unter der „freien" Willensbestimmung nicht eine vom Kausalgesetze losgelöste zu verstehen hat — eine solche giebt es freilich nicht! —, sondern nur die normale Willensbestimmung. Nicht normal ist die Willensbildung, wenn sie geschieht auf Grund pathologischer oder unzulässiger Einflüsse. An der Unzulässigkeit der Beeinflussung wird aber dadurch, daß ihr Urheber unverantwortlich ist, nichts geändert, ebensowenig wie etwa die Wegnahme fremder Sachen dadurch zulässig wird, daß sie von einem für sein Thun Unverantwortlichen geschieht. Durch § 123 soll nicht, wie Blume meint, das subjektive Unrecht verhindert werden, sondern Schutz gegen objektives Unrecht ertheilt werden. Auf die Handlungsfähigkeit des Drohenden kommt also nichts an.

Objektiv braucht keineswegs der Thatbestand der §§ 240, 241 oder 253ff. StGB. vorzuliegen. Das Thun oder Unterlassen, welches angedroht wird, braucht überhaupt kein durch die Rechtsordnung verbotenes zu sein. So kann z. B. unter Umständen die Drohung, einen Selbstmord zu begehen, als unzulässige Beeinflussung des Willens im Sinne des § 123 erscheinen. So auch Rehbein, Komm. Bd. 1 S. 142. Auch das RG. (Entsch. vom 10. April 1900) hat ausgesprochen, daß eine an sich erlaubte Handlung den widerrechtlichen Zwang nicht ausschließt; Jur. Wschr. 1900 S. 418.

Welcher Art das Uebel sein muß, mit welchem gedroht wird, sagt das Gesetz nicht. Das läßt sich auch kaum durch eine Definition festlegen. Das Uebel kann sich auf die Person des Bedrohten selbst, aber auch auf andere Personen, auf Leben, Gesundheit, Freiheit, Ehre, aber auch auf das Vermögen beziehen. Das BGB. kennt den römischen Satz nicht, daß die Bedrohung geeignet sein müsse, auch einen sehr Standhaften und Besonnenen einzuschüchtern. Unter Umständen kann daher auch eine Drohung mit geringfügigen oder nicht leicht zu verwirklichenden Uebeln in Betracht kommen. Allerdings wird sich der Richter, wenn mit geringfügigen oder schwer ausführbaren Uebeln gedroht ist, immer die Frage vorzulegen haben, ob auch der nöthige Kausalzusammenhang zwischen der Drohung und dem Willensentschlusse vorliege.

Zu 2. Der Bedrohte muß durch die Drohung zur Abgabe der Willenserklärung bestimmt worden sein. Es wird damit nicht verlangt, daß die Drohung das einzige Motiv war, welches den Willensentschluß hervorgerufen hat. Sehr häufig bildet sich ja der Willensentschluß auf Grund Abwägens einer Mehrheit von verschiedenartigen Erwägungen. Aber der Drohung muß der entscheidende Einfluß auf die Willensbildung zukommen. Bei Beurtheilung dieses Moments hat man sich auf den rein subjektiven Standpunkt des Bedrohten zu stellen. Es ist nicht zu fragen, ob es objektiv gerechtfertigt und vernünftig ist, sich durch eine Drohung eben dieser Art beeinflussen zu lassen, sondern lediglich, ob im gegenwärtigen Falle thatsächlich die Drohung für die Willensbildung kausal in dem bezeichneten Sinne gewesen ist. Dieser ursächliche Zusammenhang kann auch dann gegeben sein, wenn es sich um die Androhung eines unbedeutenden oder schwer zu verwirklichenden Uebels handelt. (Vgl. aber auch Endemann § 72 Nr. 2, namentlich Anm. 18.) Dabei werden sich freilich, da es sich um einen inneren psychischen Vorgang handelt, leicht Beweisschwierigkeiten ergeben, über welche nur der Grundsatz der freien richterlichen Würdigung hinweghelfen kann. Handelt es sich um unbedeutende oder schwer zu verwirklichende Drohungen, so wird sich der Richter eben von ihrem kausalen Charakter nur dann überzeugen, wenn die Annahme einer Kausalität sich aus den besonderen individuellen Verhältnissen des Bedrohten z. B. aus seiner nachweisbar ungewöhnlichen Aengstlichkeit oder Nervosität rechtfertigt.

Zu 3. Das Gesetz stellt das Erforderniß der Widerrechtlichkeit auf. Bei der zweifelhaften und bestrittenen Bedeutung dieses Erfordernisses empfiehlt es sich, die hier gewiß nicht zufällige Diktion des § 123 genau zu beachten. Das Gesetz sagt nicht: „Wer .... durch widerrechtliche Drohung bestimmt worden ist“, sondern: „Wer widerrechtlich durch Drohung bestimmt worden ist“. (Vgl. dagegen: „durch arglistige Täuschung“.) Nicht ob die Drohung an sich widerrechtlich ist, sondern ob die Bestimmung zur Abgabe der Willenserklärung durch dieses Mittel widerrechtlich ist, ist also entscheidend. Das StGB. spricht in seinem § 240 von widerrechtlicher Nöthigung durch Bedrohung. Es ist zuzugeben, daß der Begriff der Widerrechtlichkeit*) im Civilrechte kein anderer ist als im Strafrecht; aber das Civilrecht kann nicht darauf angewiesen sein, den in der Strafrechtswissenschaft herrschenden Begriff der Widerrechtlichkeit einfach zu übernehmen, sondern hat diesen Begriff selbständig festzustellen. § 240 StGB. giebt darüber, wann die Nöthigung durch Bedrohung eine widerrechtliche ist, keinen Aufschluß, sondern stellt einfach die Widerrechtlichkeit als ein Thatbestandsmerkmal auf, das er nicht weiter erklärt.

Wider das Recht geht nicht nur, was von der Strafrechtsordnung verpönt ist, sondern auch, was von der Civilrechtsordnung verpönt ist. Unsere Civilrechtsordnung mißbilligt aber nicht nur das strafbare Verhalten, sondern auch das gegen die guten Sitten und gegen Treu und Glauben verstoßende Verhalten. Widerrechtlich ist also nach unserer Auffassung jede Willensbeeinflussung, welche nach einer dieser Richtungen

*) Vgl. auch Hold von Ferneck, Die Rechtswidrigkeit Bd. 1, 1903.

gegen das objektive Recht verstößt. Gegen dieses verstößt sie aber nicht nur, wenn ihr Zweck, sondern auch, wenn ihr Mittel strafbar oder unsittlich ist (s. aber auch die folgende Bem. b), selbst dann, wenn der Drohende auf die Leistung, welche er erzwingen will, ein subjektives Recht hat. Widerrechtlichkeit liegt also vor, wenn ich durch Androhung eines erlaubten Verhaltens, z. B. der Zerstörung einer eigenen Sache, die Abgabe einer Willenserklärung erzwinge, durch welche mir ein mir nicht gebührender Vermögensvortheil zukommt; aber auch dann, wenn ich durch Androhung eines Verbrechens die Abgabe einer Willenserklärung erzwinge, auf die ich ein Recht habe, z. B. Zahlung einer fälligen Schuld. In letzterem Falle wird man jedoch trotz der Widerrechtlichkeit die Anfechtbarkeit verneinen müssen. Man muß nämlich annehmen, daß der ganze § 123 sich nur auf solche Willenserklärungen bezieht, deren Abgabe an sich im freien Belieben des Erklärenden steht und ihm nicht kraft Gesetzes oder rechtsgeschäftlicher Verpflichtung ohnehin obliegt. Es wäre widersinnig und mit dem Grundsatze der Herrschaft von Treu und Glauben im Verkehre nicht in Einklang zu bringen, wenn der Schuldner die Erfüllung seiner fälligen Schuld unter Berufung auf die Unfreiheit seines Zahlungswillens anfechten könnte; auch wäre es regelmäßig unpraktisch; denn hat der Schuldner bereits geleistet, so hätte die Anfechtung der Leistung doch nicht den Erfolg, daß der Gläubiger das wieder herausgeben müßte, was er durch die ihm gebührende Leistung erlangt hat.

Wie läßt sich aber mit dieser Auffassung des § 123 unsere oben vertheidigte Annahme vereinen, daß das Moment der Widerrechtlichkeit auch hier gegeben sei? Wir erblicken den Grund für die Verneinung der Anfechtbarkeit geschuldeter Leistung nicht in der Unmöglichkeit widerrechtlicher Willensbeeinflussung, sondern in dem Mangel der Kausalität in dem oben unter 2 erörterten Sinne. Der Grund, warum ich Geschuldetes leiste, ist doch immer in erster Linie der, daß ich es schuldig bin, auch wenn der nächste äußere Anlaß, der mich zur Erfüllung bewegt, die Bedrohung ist. Die Rechtsordnung wenigstens kann meiner Behauptung, daß ich ohne diese äußere Veranlassung das Geschuldete nicht gezahlt, also ein von ihr mißbilligtes Verhalten beobachtet hätte, keine Beachtung schenken.

Anfechtung der Willenserklärung wegen Drohung findet also nicht statt, wenn der Erklärende zur Abgabe seiner Erklärung ohnehin rechtlich verpflichtet war. Man wende nicht ein, daß bei dieser Auslegung § 123 dem Drohenden, der doch ein Unrecht begehe, zu günstig sei; denn es handelt sich, wie schon erwähnt, in § 123 gar nicht darum, die Rechtsverhältnisse des Drohenden zu regeln, die ganz außer Betracht bleiben, sondern nur darum, den Bedrohten gegen die Folgen einer auf abnormer Willensentschließung beruhenden Erklärung zu schützen; hier aber wäre ein solcher Schutz nicht zu rechtfertigen.

Nicht widerrechtlich ist die Drohung zum Zwecke erlaubter Selbsthülfe. (Vgl. den 6. Abschnitt dieses Buches, namentlich § 229.)

Nicht widerrechtlich handle ich auch dann, wenn ich mit einem Verhalten drohe, zu dem ich berechtigt bin, und ich durch diese Drohung eine Willenserklärung veranlasse, zu deren Abgabe der Erklärende verpflichtet ist. Rehbein (Komm. S. 146) scheint noch weiter zu fordern, daß das Verhalten, mit welchem gedroht wird, der Erlangung oder Durchsetzung von Privatrechten, und zwar für den Einzelnen, bestimmt ist. Er kommt daher zu dem Resultate, daß die Drohung mit Strafanzeige, wo sie nicht Mittel berechtigter Selbsthülfe sei, stets als widerrechtlich zu betrachten sei. Dasselbe nimmt er für die Drohung mit Konkursantrag an, da dieser auch kein statthaftes Mittel zur Erlangung oder Durchsetzung von Rechten für den Einzelnen sei. Das geht aber wohl zu weit. Aus dem Gesetze läßt sich das von Rehbein aufgestellte Erforderniß nicht entnehmen. Es läßt sich auch nicht sagen, daß die bloße Thatsache der Willensbeeinflussung durch Drohung mit Strafanzeige (vgl. RGE. im Sächs. Arch. Bd. 11 S. 323) oder Antrag auf Konkurseröffnung an sich etwas Sittenwidriges sei. Auch in dieser Art der Drohung kann ebensowenig eine Widerrechtlichkeit erblickt werden, wie in der alltäglich vorkommenden Drohung mit Klagestellung im Falle der Nichtleistung, vorausgesetzt natürlich, daß nicht die Strafanzeige eine verleumderische oder der Konkursantrag ein unbegründeter wäre. Die Drohung mit der Ausübung eines Rechtes ist jedoch ausnahmsweise dann widerrechtlich, wenn die Ausübung des Rechtes selbst nur den Zweck haben könnte, einem Anderen Schaden zuzufügen, und daher (nach § 226) unzulässig ist. In diesem Falle würde die Willensbeeinflussung gegen die guten Sitten verstoßen. (Vgl. auch von Blume a. a. O. S. 257.) Wenn die Willensbeeinflussung gegen die guten Sitten verstößt, so erhebt sich die Frage, ob überhaupt § 123 und nicht vielmehr § 138 anwendbar ist. Davon im Folgenden.

a) Nach § 138 ist ein Rechtsgeschäft, das gegen die guten Sitten verstößt, nichtig. Was nichtig ist, braucht nicht erst angefochten zu werden. Trifft also § 138 zu, so ist der Anfechtung und damit dem § 123 der Boden entzogen, weil der stärkere Grad der Unwirksamkeit eintritt. Darum findet auf die Fälle der wucherischen Ausbeutung durch Bedrohung § 123 keine Anwendung; ja er findet in allen Fällen keine Anwendung, in welchen die Willenserklärung, zu welcher der Bedrohte veranlaßt wurde, als eine unsittliche erscheint. (Hoelder, Komm. Bem. 6, d zu § 123, dagegen nimmt an, diese Behandlung des Rechtsgeschäfts nach § 138 sei „durch die gesetzliche Bestimmung seiner Anfechtbarkeit ausgeschlossen"; ebenso Dernburg, Bürg. R. Bd. 1 § 147 Anm. 13.) Es finden aber noch weitere Einschränkungen statt. Nämlich

b) nach § 116 ist die einem Anderen gegenüber abzugebende Willenserklärung, bei welcher der Erklärende sich insgeheim vorbehält, das Erklärte nicht zu wollen, nichtig, wenn der andere den Vorbehalt kennt. (S. Bem. 4 zu § 116.) Nun ist es ja nicht gerade undenkbar, daß ich, bedroht, eine Willenserklärung unter einer Mentalreservation dem Drohenden selbst gegenüber abgebe und der Drohende meinen Vorbehalt kennt; von Blume (a. a. O. S. 262) führt als Beispiel an: ich werde von einem Räuber mit vorgehaltener Pistole gezwungen, meine Börse herzugeben oder einen Wechsel zu unterzeichnen; in Wahrheit will ich ihm nicht Eigenthum übertragen, nicht Wechselschuldner werden, sondern nur den Besitz übergeben, die Unterschrift leisten; der Räuber ist sich über diese Sachlage klar.

Kein Zweifel, daß, theoretisch genommen, hier keine Anfechtbarkeit nach § 123, sondern Nichtigkeit besteht. Aber große praktische Bedeutung ist dem nicht zuzuschreiben. Denn regelmäßig wird sich das hier vorausgesetzte Zusammentreffen einer Mentalreservation des Bedrohten mit dem Wissen des Drohenden um diesen insgeheimen Vorbehalt seines Geschäftsgegners im Lichte des Gerichtssaals nicht mit gleicher Sicherheit erkennen lassen wie beim Scheine der Studierlampe. Blume selbst prophezeit, der § 116 werde, soweit er auf erzwungene Willenserklärung Anwendung finden könnte, für die Praxis durch § 123 gänzlich verdunkelt werden, ohne daß für das Rechtsleben irgend welcher Schaden daraus entstünde.

c) Von nicht viel größerer praktischer Bedeutung ist wohl die Verkleinerung, welche das Anwendungsgebiet des § 123 durch § 105 Abs. 2 (s. oben S. 263 Bem. 4) erfahren kann. Denkbar ist ja, daß die Vorstellung des angedrohten Uebels dem Bedrohten geradezu die Besinnung raubt oder ihn in einen Zustand vorübergehender Störung der Geistesthätigkeit versetzt und daß er in diesem Zustand eine scheinbare Willenserklärung abgiebt. Auch hier tritt nicht Anfechtbarkeit der Erklärung ein, sondern eine Willenserklärung ist überhaupt nicht abgegeben (ebensowenig wie bei vis absoluta). Aber der dem Bedrohten obliegende Nachweis solcher Thatbestände wird selten gelingen.

IV. Von welcher Person die Drohung ausgeht, ist gleichgültig. Es ist insbesondere nicht erforderlich, daß sie von demjenigen ausgehe, dem gegenüber die Willenserklärung abzugeben ist. Auch kommt nichts darauf an, ob der Erklärungsempfänger von der Beeinflussung des Erklärenden durch Drohung weiß oder hätte wissen können. Anders ist es ja bei der Täuschung, wo der gute Glaube des Erklärungsempfängers durch Versagung der Anfechtung geschützt wird. Bei der Drohung mußte die Rücksicht auf den Schutz des guten Glaubens des Erklärungsempfängers hinter rechtspolitischen Erwägungen zurücktreten. In der II. Komm. wurde geltend gemacht, „gegen Zwang sei an sich ein allgemeinerer Schutz erforderlich als gegen Betrug. In aufgeregten Zeiten mache sich leicht ein Einzelner zum Wortführer einer ganzen Interessengruppe und erwirke durch Zwang Vortheile zu Gunsten derselben in Gestalt von Manifestationen 2c. Der Gezwungene würde in eine äußerst mißliche Lage gebracht werden, wenn er gegenüber jedem Einzelnen, welchem durch Zwang ein Vortheil zu Theil geworden sei, dessen Kenntniß bezw. Kennenmüssen zu beweisen genöthigt wäre." P. I, 120. Vgl. dagegen Jacubezky, Bem. S. 29.

V. Das Anfechtungsrecht steht lediglich dem Bedrohten zu, der die Willenserklärung abgegeben hat, nicht Dritten, auch nicht dem Empfänger der Willenserklärung. Ueber den Fall, daß die Bestimmung einer Leistung einem Dritten überlassen ist und dessen Bestimmung durch Drohung beeinflußt ist, s. § 318 Abs. 2 und Bem. dazu in Bd. 2. Ueber die Anfechtung s. im Uebrigen die §§ 124, 142—144.

Wird eine Willenserklärung durch einen Vertreter abgegeben und dieser durch Drohung im Sinne des § 123 beeinflußt, so kann der Vertretene die Willenserklärung anfechten. Im Falle einer gesetzlichen Vertretung steht das Anfechtungsrecht, so lange die gesetzliche Vertretung dauert, dem gesetzlichen Vertreter zu. Der Vertretene kann das Geschäft wegen Drohung gegen den Vertreter, wie Hellmann (Vortr. S. 148) zutreffend bemerkt, selbst dann anfechten, wenn es im Augenblicke des Abschlusses den Wünschen des Vertretenen entsprochen hätte.

VI. Die arglistige Täuschung im BGB.

1. Der Begriff der arglistigen Täuschung erfordert, wie der des Betrugs im Sinne des StGB., die wider besseres Wissen geschehende Vorspiegelung falscher oder Unterdrückung wahrer Thatsachen zum Zwecke einer Irrthumserregung; der Irrthum soll den Getäuschten zur Abgabe einer Willenserklärung veranlassen. Aber der Täuschungsbegriff nach § 123 BGB. deckt sich doch nicht mit dem Betrugsbegriffe des § 263 StGB. Der strafrechtliche Betrug erfordert in doppelter Hinsicht eine Beziehung auf das Vermögen; der Betrüger muß die Absicht haben, sich oder einem Dritten einen rechtswidrigen Vermögensvortheil zu verschaffen und er muß, wenn er diese Absicht erreicht, das Vermögen des Betrogenen schädigen. Bei der arglistigen Täuschung im Sinne des Civilrechts dagegen besteht das Erforderniß der Vermögensbeziehung in keiner der beiden Richtungen. Auch die M. I, 208 erklären den strafrechtlichen Betrugsbegriff für nicht ohne Weiteres maßgebend und sagen, im Allgemeinen stelle sich „jeder arglistige Verstoß gegen die Grundsätze von Treu und Glauben zum Nachtheile eines Anderen" als Betrug dar. Das ist nun allerdings etwas vag. Es bleibt die Frage offen, wann ein solcher Verstoß arglistig genannt werden könne. Werden wider besseres Wissen falsche Thatsachen vorgespiegelt, so ist dieses Verhalten stets arglistig, es müßte denn, was in seltenen Fällen denkbar ist, der Nachweis erbracht werden, daß der Irrende zu seinem Besten getäuscht wurde; es wird z. B. einer Ehefrau mitgetheilt, ihr Mann sei erkrankt, man hoffe aber, es werde bald besser gehen, während er, wie der Mittheilende weiß, plötzlich gestorben ist; die Frau wird durch die Mittheilung zu einem Rechtsgeschäfte veranlaßt. Geschieht die Täuschung nicht durch Vorspiegelung falscher, sondern durch Unterdrückung wahrer Thatsachen, so darf eine Arglist nur dann angenommen werden, wenn eine Pflicht zum Nichtverschweigen bestanden hat. Es entspricht dem Geiste des BGB., eine solche Pflicht nicht nur dann als bestehend anzunehmen, wenn sie durch Gesetz oder Vertrag begründet wird, sondern auch, wenn sie in der Verkehrssitte oder in den guten Sitten (zwei verschiedene Dinge!) wurzelt. Doch darf hierin nicht zu weit gegangen werden und namentlich beim Engagement von Personen zu Diensten oder bei der Veräußerung von Sachen nicht in jeder Verschweigung schlechter Eigenschaften eine arglistige Täuschung erblickt werden. Hier kann nur eine verständige Würdigung des Einzelfalls entscheiden. Läßt sich z. B. Jemand als französischer Hauslehrer engagiren, so begeht er eine arglistige Täuschung, wenn er verschweigt, daß er nicht Französisch kann, dagegen nicht, wenn er verschweigt, daß er ein Trinker ist. Immer aber muß es sich bei der arglistigen Täuschung um die Behauptung oder Verschweigung feststehender Ereignisse oder Zustände handeln, nicht bloß um Ansichten, wie Geschmacksäußerungen, oder um Erwartungen. Darum sind übertriebene Anpreisungen einer Waare, die sich in allgemeinen Ausdrücken wie „großartig", „unübertroffen" u. s. w. bewegen, nicht geeignet, den Thatbestand der arglistigen Täuschung zu begründen. Bei Reklame, die für jeden Verständigen als solche erkennbar ist, wird es auch meistens an dem erforderlichen Momente der Kausalität zwischen der falschen Vorspiegelung und der Willenserklärung fehlen.

Die arglistige Täuschung muß nämlich, um eine Anfechtung zu begründen, ebenso wie die Drohung (s. oben unter III, 2), für die Willenserklärung kausal sein d. h. der durch die Täuschung hervorgerufene Irrthum muß das entscheidende Moment sein, welches den Erklärenden zu seiner Willensentschließung veranlaßt hat. Ist diese Kausalität aber gegeben, so ist es gleichgültig, welcher Art der Irrthum ist, der in dem Getäuschten erregt worden ist. Auch der bloße sog. Motiv-Irrthum (vgl. Bem. V, 6 zu § 119) kann hier erheblich sein. Insofern ist also das Anwendungsgebiet des § 123 weiter als das des § 119. (So auch Grueber a. a. O. S. 468.) Es ist aber andererseits auch enger als dieses, insofern der Grund des Irrthums in den Fällen des § 119 nicht Täuschung zu sein braucht. Für eine große Anzahl von Fällen fallen die Sphären beider Vorschriften zusammen d. h. der Thatbestand ist derart, daß die Anfechtung sowohl auf § 119 als auch auf § 123 gegründet werden kann. § 123 ist dabei für den Anfechtenden insoferne günstiger, als die Anfechtung wegen arglistiger Täuschung nicht wie die wegen Irrthums unverzüglich, sondern erst binnen Jahresfrist nach der Entdeckung erfolgen muß.

Die Anfechtung eines Vertrags wegen Betrugs kann nicht darauf gestützt werden, daß bei dessen Abschluß der eine Theil bereits die Absicht gehabt, aber verheimlicht hat, seine Vertragspflichten nicht zu erfüllen; RGE. Bd. 48 S. 282.

2. Rechtsfolge der Willensbeeinflussung durch arglistige Täuschung ist die Möglichkeit der Anfechtung, Folge der Anfechtung die Nichtigkeit der Willenserklärung und damit das Zusammenfallen des ganzen Geschäfts.

Es kann vorkommen, daß bei einem Rechtsgeschäfte verschiedene selbständige Theile sich ausscheiden lassen und daß die arglistige Täuschung nur für einen Theil des Rechtsgeschäfts von Einfluß war, so daß ohne den Betrug nicht das ganze Geschäft unterblieben, sondern nur die Vereinbarung des bestimmten Geschäftstheils unterblieben wäre. Früher sprach man hier von dolus incidens im Gegensatze zum dolus causam dans, welcher für das ganze Geschäft als verursachendes Moment angesehen werden muß und bei dessen Fehlen daher das ganze Geschäft unterblieben wäre. Diese Unterscheidung ist vom BGB. zwar nicht aufgenommen, aber auch hier der Sache nach doch nicht ganz belanglos. Ist nämlich die Willensentschließung nur bezüglich eines Theiles durch arglistige Täuschung (dasselbe gilt für die Drohung) unzulässig beeinflußt, so ist nur dieser Theil anfechtbar. Die aus der Anfechtung sich ergebende Nichtigkeit ergreift jedoch das ganze Rechtsgeschäft, wenn nicht anzunehmen ist, daß das Geschäft auch ohne den nichtigen Theil vorgenommen sein würde; andernfalls bleibt das Geschäft mit Ausnahme eben jenes Theiles wirksam. S. § 139 und Bem. dazu. Vgl. Sprenger, Archiv f. d. civilist. Praxis Bd. 88 S. 388 ff.

Anfechtungsberechtigt wegen arglistiger Täuschung ist nur der Getäuschte selbst, welcher die Willenserklärung abgegeben hat, nicht Dritte und insbesondere nicht der Vertragsgegner. (Vgl. jedoch die Sonderbestimmung des § 318 Abs. 2.)

Ist ein Vertreter zur Abgabe einer Willenserklärung durch arglistige Täuschung bestimmt worden, so kann der Vertretene anfechten; doch kann sich im Falle rechtsgeschäftlicher Vertretungsmacht der Machtgeber in Ansehung solcher Umstände, die er selbst kannte, nicht auf die durch Täuschung hervorgerufene Unkenntniß des Vertreters berufen. S. § 166 Abs. 2. Giebt der durch einen Dritten arglistig Getäuschte seine Willenserklärung gegenüber einem Vertreter ab, so ist nicht entscheidend, ob der Vertreter nach bestimmter Weisung gehandelt hat, sondern, wie sich aus dem letzten Satze des § 123 ergiebt, nur, ob der Vertretene die Täuschung kannte oder kennen mußte; nur wenn dies zutrifft, ist die Erklärung ihm gegenüber anfechtbar.

Näheres über die Anfechtung in den §§ 124, 142—144.

3. Von wem die Willensbeeinflussung ausgeht, ist bei der arglistigen Täuschung nicht, wie bei der Drohung, gleichgültig. Bei der Willensbestimmung durch arglistige Täuschung muß vielmehr unterschieden werden zwischen sog. empfangsbedürftigen und nicht empfangsbedürftigen Willenserklärungen (s. Vorbem. vor § 116 unter III). Nicht empfangsbedürftige Willenserklärungen sind allgemein anfechtbar ohne Rücksicht auf die Kenntniß des Anfechtungsgegners von der Täuschung. Bei empfangsbedürftigen Willenserklärungen dagegen kommt es darauf an, wer die Täuschung verübt hat:

a) Geht die Täuschung vom Erklärungsempfänger selbst aus, so besteht unbeschränkte Anfechtbarkeit.

b) Geht die Täuschung aber von einem Dritten aus, so wird der gute Glaube des Erklärungsempfängers geschützt. Nur wenn dieser die Täuschung gekannt hat oder kennen mußte, ist die ihm gegenüber abgegebene Willenserklärung anfechtbar. Kennenmüssen ist die auf Fahrlässigkeit beruhende Unkenntniß (vgl. Bem. 4 zu § 122). In der II. Komm. war die Meinung laut geworden, man solle trotz guten Glaubens des Erklärungsempfängers die Anfechtung zulassen und dafür eine Entschädigungspflicht des Erklärenden nach Maßgabe des jetzigen § 122 vorschreiben. Diese Meinung drang aber nicht durch. Vgl. P. I, 120. Vielmehr besteht Unanfechtbarkeit. Wenn also A mich ohne Wissen des B durch die wissentlich unwahre Erzählung, B habe sein ganzes Vermögen verloren, zu einer Schenkung an B bestimmt, so kann ich diese Schenkung nicht wegen arglistiger Täuschung anfechten. In solchen Fällen wird aber immer selbständig die Frage zu prüfen sein, ob nicht etwa eine Anfechtung wegen Irrthums nach § 119 begründet ist.

c) Ausnahmsweise soll im Falle b die Kenntniß oder das Kennenmüssen des Erklärungsempfängers dann gleichgültig sein, wenn ein Anderer als der Erklärungsempfänger aus der Erklärung unmittelbar ein Recht erworben hat. Dann soll diesem Anderen gegenüber angefochten werden können, wenn er die Täuschung kannte oder kennen mußte, ohne Rücksicht darauf, ob sie der Erklärungsempfänger gekannt hat oder kennen mußte. In Betracht kommen namentlich die Fälle der Vertretung im Willen (§§ 164, 166, s. auch oben unter VI, 2) und des Vertrags zu Gunsten Dritter nach § 328 (anders Hellwig, Die Verträge auf Leistung an Dritte S. 286; dagegen treffend Hoelder, Komm. Bem. 5 zu § 123). Daraus, daß bestimmt ist, dem Dritten gegenüber, welcher durch die Erklärung unmittelbar ein Recht erworben hat, finde eine durch seine Kenntniß oder sein Kennenmüssen bedingte Anfechtung statt, darf nicht gefolgert werden, daß in diesem Falle dem Erklärungsempfänger gegenüber keine Anfechtung stattfinde; diese Anfechtung gegenüber dem Erklärungsempfänger setzt aber Kenntniß oder Kennenmüssen des Erklärungsempfängers voraus.

Die einer Person gegenüber erfolgende Anfechtung bewirkt Nichtigkeit Jedermann gegenüber (arg. § 142); Modifikationen ergeben sich aus den Vorschriften zu Gunsten solcher gutgläubiger Dritter, welche Rechte von einem Nichtberechtigten herleiten (s. namentlich § 932). Eine andere Frage ist, ob von der Nichtigkeit das ganze Rechtsgeschäft oder nur ein Theil ergriffen wird; diese Frage ist aus § 139 zu beantworten.

VII. Weder bei der Anfechtung wegen Drohung noch bei der wegen arglistiger Täuschung trifft den Anfechtungsberechtigten eine Schadensersatzpflicht im Sinne des § 122. In der II. Komm. drang ein Antrag, der eine solche Verpflichtung hier analog der beim Irrthum bestehenden wünschte, nicht durch, weil die Rechtslage des Irrenden und des Getäuschten doch eine wesentlich verschiedene sei und weil es dem Rechtsgefühle widerstreite, wenn man einmal die Anfechtung zulasse, den Getäuschten zum Schadensersatze zu verpflichten. P. I, 120.

VIII. Wohl aber kann der Täuschende oder Drohende schadensersatzpflichtig werden aus dem Titel der unerlaubten Handlungen, dessen Vorschriften durch § 123 nicht berührt werden. Der Ersatzanspruch kann nicht nur im Falle der Drohung, sondern auch in dem der arglistigen Täuschung nicht nur aus § 826, sondern auch aus § 823 gegeben sein. Dies leugnet Hoelder (Komm. Bem. 7 zu § 123). Aber auch wenn man, ihm folgend, eine Verletzung der Freiheit des Getäuschten im Sinne des § 823 nicht annimmt, so wird man doch kaum bestreiten können, daß die arglistige Täuschung kausal für die Verletzung des Eigenthums des Getäuschten sein kann. Die Bedeutung des Deliktsanspruchs gegenüber dem Anfechtungsrechte liegt nicht nur darin, daß er dem Getäuschten zum Ersatze seines Schadens verhilft, sondern auch darin, daß er unter Umständen eine Beseitigung des Geschäfts selbst ermöglicht, wenn eine solche im Wege der Anfechtung wegen Fristversäumniß (s. § 124) nicht mehr möglich ist. Die Leistung des Schadensersatzes nach den §§ 823, 826 hat ja nach § 249 zunächst durch Wiederherstellung des Zustandes zu geschehen, der bestehen würde, wenn der zum Ersatz verpflichtende Umstand, hier also die Drohung oder Täuschung, nicht eingetreten wäre. Der Schadensersatzanspruch aus unerlaubter Handlung verjährt aber nach § 852 erst in drei Jahren von der Kenntniß an, ohne Rücksicht auf diese Kenntniß in 30 Jahren von der Begehung der Handlung an. Der Wiederherstellungsanspruch, der sich aus den §§ 823, 826, 249 ergiebt, kann auch einredeweise noch geltend gemacht werden, wenn die im Allgemeinen mögliche Geltendmachung der Anfechtung im Wege der Einrede wegen Fristversäumniß (§ 124) unmöglich geworden ist. Demjenigen gegenüber, welcher selbst durch die von ihm begangene unerlaubte Handlung eine Forderung gegen den Getäuschten oder Bedrohten erlangt hat, kann dieser die Erfüllung auch dann verweigern, wenn sein Anspruch auf Aufhebung der Forderung verjährt ist. (§ 853.)

Auch die Ansprüche wegen ungerechtfertigter Bereicherung (§§ 812 ff.) werden durch § 123 nicht berührt. Hier ist wiederum darauf hinzuweisen, daß, wer durch arglistige Täuschung oder Drohung dazu bestimmt worden ist, ohne rechtlichen Grund eine Verbindlichkeit einzugehen, die Erfüllung auch dann verweigern kann, wenn der Anspruch auf Befreiung von der Verbindlichkeit, die condictio liberationis, verjährt ist (§ 821).

Ist die Anfechtung einmal in zulässiger Weise erfolgt, so kann die nunmehr eingetretene Nichtigkeit der Willenserklärung jederzeit einredeweise geltend gemacht werden, soweit dem nicht die Vorschriften über den Schutz des Rechtserwerbs gutgläubiger Nichtberechtigter entgegenstehen.

Die Einrede, daß die abgegebene Willenserklärung auf arglistiger Täuschung beruhe, mag man in Erinnerung an die gemeinrechtliche Terminologie exceptio doli specialis nennen.

Eine exceptio doli generalis d. h. das Recht, jedem Anspruche zu widersprechen, dessen Geltendmachung sich als eine mit den Grundsätzen von Treu und Glauben unvereinbare Arglist darstellt, läßt sich aus § 123 jedenfalls nicht herleiten. Die Behauptung aber, daß nach dem BGB. eine solche Einrede überhaupt unzulässig sei, geht trotz P. I, 239 zu weit. Es giebt Fälle, in welchen sie für die Praxis geradezu unentbehrlich sein wird. Vgl. darüber namentlich Crome, System Bd. 1 S. 186 ff. und die dort angegebene Literatur. Insbesondere die in den §§ 133, 157, 226, 242 zum Ausdrucke kommenden allgemeinen Prinzipien lassen eine Anwendung der exceptio doli generalis auch im Geiste des BGB. innerhalb gewisser Schranken als gerechtfertigt erscheinen. So hat die altbewährte Regel: dolo facit, qui petit quod redditurus est, auch heute noch ihren guten Sinn, wennschon sie im BGB. nicht ausdrücklich verlautbart ist; vgl. Rspr. d. OLG. Bd. 2 S. 44 und Bd. II Bem. 4 zu § 813.

IX. Die widerrechtliche Bestimmung zur Erklärung des Eheschließungswillens oder zu letztwilligen Verfügungen durch Drohung wird in den §§ 1335, 2078 Abs. 2, 2281 ebenso behandelt wie die Bestimmung zu anderen Willenserklärungen durch

Drohung. Dagegen ist die Anfechtung wegen arglistiger Täuschung in Betreff der Eheschließung in § 1334 an besondere Voraussetzungen geknüpft; auf Grund einer Täuschung über Vermögensverhältnisse findet eine Anfechtung der Ehe überhaupt nicht statt. Bei den letztwilligen Verfügungen ist die Anfechtbarkeit wegen arglistiger Täuschung nach D. 21 deßhalb nicht erwähnt, weil sie durch die erweiterte Anfechtbarkeit wegen Irrthums (s. Bem. zu § 2078) gedeckt ist. — Vgl. die Bem. zu §§ 1334 und 1335 in Bd. IV und zu § 2078 in Bd. V.

§ 124.

Die Anfechtung einer nach § 123 anfechtbaren Willenserklärung kann nur binnen Jahresfrist erfolgen.

Die Frist beginnt im Falle der arglistigen Täuschung mit dem Zeitpunkt, in welchem der Anfechtungsberechtigte die Täuschung entdeckt, im Falle der Drohung mit dem Zeitpunkt, in welchem die Zwangslage aufhört. Auf den Lauf der Frist finden die für die Verjährung geltenden Vorschriften des § 203 Abs. 2 und der §§ 206, 207 entsprechende Anwendung.

Die Anfechtung ist ausgeschlossen, wenn seit der Abgabe der Willenserklärung dreißig Jahre verstrichen sind.

E. I, 104; II, 99; III, 120.

1. Wie in den Fällen des Irrthums, so ist auch in denen der Drohung und arglistigen Täuschung der Ungewißheit, ob angefochten wird, eine zeitliche Grenze gesetzt. „So wenig Rücksichtnahme das Gebahren des Drohenden oder Betrügers verdient, so darf doch dem Anfechtungsberechtigten nicht die Möglichkeit gewährt werden, die Rechtslage auf dessen Kosten auszubeuten." (M. I, 209.) Immerhin war es angezeigt, für den Bedrohten oder Getäuschten das Risiko einer Fristversäumniß bei der Anfechtung geringer zu gestalten als für den Irrenden. Die Anfechtung wegen Drohung oder arglistiger Täuschung braucht daher im Gegensatze zur Anfechtung wegen erheblichen Irrthums oder unrichtiger Uebermittelung (§§ 119, 120, 121) nicht unverzüglich, sondern nur innerhalb zweier weiter bemessener Ausschlußfristen zu erfolgen, deren längere, die dreißigjährige, aber natürlich nur dann in Betracht kommt, wenn die Anfechtung nicht schon in Folge Versäumung der kürzeren, einjährigen, ausgeschlossen ist.

2. Die einjährige Frist beginnt mit der subjektiven Möglichkeit der Anfechtung. Diese Möglichkeit wird im Falle der Drohung in dem Zeitpunkte als bestehend angenommen, „in welchem die Zwangslage aufhört". Dieser Zeitpunkt wird sich aber in der Praxis regelmäßig sehr schwer genau bestimmen lassen. Worin besteht hier die Zwangslage? Offenbar nicht darin, daß ich durch meine Furcht genöthigt bin, die Willenserklärung abzugeben — denn wäre das gemeint, so hätte das Gesetz die Frist mit der Willenserklärung beginnen lassen müssen —, sondern, wie Hoelder mit Recht annimmt, darin, daß die Vorstellung des angedrohten Uebels mich auch nach Abgabe der Willerserklärung bestimmt, die Anfechtung zu unterlassen. Die Zwangslage endet also dann, wenn beim Bedrohten der objektiv begründete oder unbegründete Furchtzustand, sei es mit oder ohne Grund, aufhört. Daß die Fixirung dieser Stimmungsänderung auf einen bestimmten Moment oft geradezu unmöglich ist, leuchtet ein. Die Frage nach der Beweislast erlangt darum hier erhöhte Bedeutung. Sie muß dahin beantwortet werden, daß den Moment des Aufhörens der Zwangslage derjenige zu beweisen hat, welcher den Verlust des Anfechtungsrechts durch Fristablauf behauptet, also der Anfechtungsgegner.

Im Falle der arglistigen Täuschung beginnt die einjährige Frist mit der Entdeckung der Täuschung durch den Anfechtungsberechtigten, das ist mit seiner Kenntniß von seinem durch die Täuschung hervorgerufenen Irrthum; dieser Kenntniß steht hier das Kennenmüssen d. h. die auf Fahrlässigkeit beruhende Unkenntniß nicht gleich. Hoelder (Komm. Bem. 2 zu § 124) verlangt für den Fristbeginn nicht nur, daß der Getäuschte sich subjektiv von der Täuschung vergewissert habe, sondern auch, daß er in den Fall gekommen sei, sie beweisen zu können. Aus dem Gesetze läßt sich dieses Erforderniß aber nicht entnehmen. Regelmäßig werden übrigens Kenntniß und Beweismöglichkeit zusammenfallen. Die Beweislast dafür, daß der Anfechtende die Täuschung schon in einem bestimmten Moment entdeckt habe, trifft den Anfechtungsgegner, welcher daraus die Versäumung der Anfechtungsfrist herleitet.

Zweifelhaft erscheint, wie sich der Anfang der einjährigen Frist bei sogen. nichtempfangsbedürftigen Willenserklärungen bestimmt. Die M. I, 209 sagen, es dürfe bei der Seltenheit des Falles der Entscheidung durch die Wissenschaft und Praxis überlassen werden, ob solchen Falles die Voraussetzungen für das Platzgreifen der einjährigen Frist überhaupt als vorhanden angesehen werden können. Es kann ja sein, daß ein bestimmter Anfechtungsgegner noch nicht vorhanden ist. Planck meinte in seiner 1. und 2. Aufl., ein durchschlagender Grund, den Lauf der Frist in solchem Falle zu verneinen, liege nicht vor. Ein Grund zur Verneinung dürfte aber doch darin liegen, daß die mit der Fristsetzung verfolgte Absicht unmöglich dahin gehen kann, den ohnehin schlecht genug gestellten Getäuschten oder Bedrohten in gewissen Fällen der Anfechtungsmöglichkeit überhaupt zu berauben; dieser Konsequenz wäre aber nach der Planck'schen Auffassung nicht auszuweichen, wenn z. B. Jemand durch arglistische Täuschung zu einer Auslobung unter Verzicht auf Widerruflichkeit (§ 658 Abs. 2) veranlaßt wird, gleich hinterher die Täuschung entdeckt, auf Grund der Auslobung aber binnen Jahresfrist noch Niemand einen rechtlichen Vortheil erlangt hat (s. § 143 Abs. 4). Es bleibt wohl nichts anderes übrig, als für den Beginn der Anfechtungsfrist auch das Erforderniß der konkreten Anfechtungsmöglichkeit aufzustellen, also zu verlangen, daß ein Anfechtungsgegner im Sinne des § 143 da sei. (In der 3. Aufl. nimmt Planck an, die Anfechtung könne schon erfolgen, bevor ein Anfechtungsgegner da ist; die Anfechtungserklärung könne in solchen Fällen nach Maßgabe des § 132 Abs. 2 abgegeben werden. Diese Auffassung dürfte aber gegenüber der strikten Vorschrift des § 143 kaum haltbar sein.)

3. Innerhalb der einjährigen Frist, welche nach §§ 187 Abs. 1, 188 Abs. 2 zu berechnen ist, muß die Anfechtungserklärung dem (abwesenden) Anfechtungsgegner (s. § 143) zugegangen sein (s. § 130). Als zugegangen gilt sie auch dann, wenn sie durch Vermittelung des Gerichtsvollziehers zugestellt ist. Ist der Anfechtende in unverschuldeter Unkenntniß über die Person oder den Aufenthalt des Anfechtungsgegners, so kann öffentliche Zustellung erfolgen (Näheres bei § 132). — Vgl. auch den Satz 2 des § 121, zu dem ein Analogon hier fehlt.

4. Die einjährige Frist des § 123 ist ihrer Natur nach keine Verjährungsfrist, sondern eine Ausschließungsfrist (Präklusivfrist). Trotzdem werden aus Billigkeitsrücksichten zu Gunsten des Anfechtungsberechtigten einige Bestimmungen aus dem Verjährungsrechte für anwendbar erklärt. Der Fristenlauf ist nämlich gehemmt, wenn der Anfechtungsberechtigte an der Anfechtung durch höhere Gewalt verhindert ist (§ 203 Abs. 2); ferner vollendet sich gegen eine des gesetzlichen Vertreters entbehrende geschäftsunfähige oder in der Geschäftsfähigkeit beschränkte Person der Ablauf der Frist nicht vor dem Ablaufe von sechs Monaten nach Eintritt der unbeschränkten Geschäftsfähigkeit oder Behebung des Mangels der Vertretung (§ 206). In ähnlicher Weise wird der Fristablauf hinausgeschoben, wenn das Anfechtungsrecht zu einem Nachlasse gehört oder gegen einen Nachlaß sich richtet (§ 207). Näheres über diese Fälle in den Bem. zu den §§ 203, 206, 207. Das Vorhandensein der besonderen das Fristende hinausschiebenden Thatumstände hat der Anfechtungsberechtigte zu beweisen.

Folge des Fristablaufs ist der Verlust des Anfechtungsrechts. Darüber, daß trotz dieses Verlustes ein Wiederherstellungsanspruch aus dem Titel der unerlaubten Handlung sowie ein Bereicherungsanspruch bestehen bleiben können, sowie über das fortdauernde Recht der Erfüllungsverweigerung gemäß § 853 s. die Bem. VIII zu § 123.

5. Die dreißigjährige Frist des Abs. 3 kommt nur dann in Betracht, wenn das Anfechtungsrecht nicht bereits durch Versäumniß der einjährigen Frist verloren ist, setzt also voraus, daß die Täuschung während des ganzen Zeitraums nicht entdeckt ist bezw. die Zwangslage bei der Drohung nicht aufgehört hat. Ihre Bedeutung im Falle der Drohung wird naturgemäß gering sein. Die Frist beginnt mit der Abgabe der Willenserklärung und ist nach den §§ 187 Abs. 1, 188 Abs. 2 zu berechnen. Sie ist gleichfalls keine Verjährungsfrist, sondern eine Präklusivfrist. Sie kann weder unterbrochen noch gehemmt werden. Ueber ihre legislative Begründung s. M. I, 209.

6. Sondervorschriften über die Anfechtungsfrist haben die §§ 318 (Bestimmung der Leistung durch Dritte), 1339 (Ehe), 2082 (letztwillige Verfügung).

§ 125.*)

Ein Rechtsgeschäft, welches der durch Gesetz vorgeschriebenen Form ermangelt, ist nichtig. Der Mangel der durch Rechtsgeschäft bestimmten Form hat im Zweifel gleichfalls Nichtigkeit zur Folge.

E. I, 91 Abs. 2; II, 104 Abs. 2; III, 121.

---

*) Neuere Literatur: Loewe, Die Form der Rechtsgeschäfte (1899); Eck, Vortr. S. 53; Hellmann, Vortr. S. 75 ff., 131 ff.; Hachenburg, Vortr. S. 81 ff. (Die Formvorschriften als Schutzvorschriften); Crome, System Bd. 1 S. 384 ff.; A. Lobe, Die Form der Rechtsgeschäfte; Wunder, Die öffentliche Urkunde nach BGB. und FG.

I. Allgemeines über die Form der Rechtsgeschäfte.

1. Jede Willensäußerung vollzieht sich in irgend welcher Form. Da, wo sie sich in einer bestimmten Form vollziehen muß, um vor der Rechtsordnung Anerkennung zu finden, nennt man das Geschäft ein formelles und spricht von Formzwang. Spricht man von einem formlosen Geschäfte, so ist damit nicht gemeint, daß es keine Form hat, sondern daß es keine bestimmte Form zu haben braucht. Was man oft Formlosigkeit nennt, ist also in Wahrheit Formfreiheit.

Formfreiheit oder Formzwang? Als das BGB. eingeführt wurde, hat es keine Rechtsordnung gegeben, in welcher der eine dieser beiden großen Gegensätze einen vollständigen und allseitigen Sieg davon getragen hätte. Aber das Maß, in welchem das eine oder andere Prinzip überwog, war in den bisherigen Rechten ein sehr verschiedenes.

Im gemeinen Rechte herrschte der Grundsatz der Formfreiheit, ebenso im österreichischen GB. (§ 883), im sächsischen GB. (§§ 100, 821) und im schweizerischen Gesetz über das Obligationenrecht (Art. 9). Immerhin gab es auch in diesen Rechten nicht wenige Fälle, in welchen für die Gültigkeit einer Willenserklärung die Einhaltung einer bestimmten Form erfordert wurde, so namentlich im Erbrechte. Die Hauptformen des gemeinen Rechtes waren schriftliche Aufzeichnung, Zuziehung von Zeugen und gerichtliche Beurkundung (sog. Insinuation).

Auf dem Gebiete des Handelsrechts wurde durch das HGB. (s. Art. 317 ä. F.) der Grundsatz der Formfreiheit eingeführt und seither im Handelsverkehre wohlthätig empfunden.

Das preußische Recht neigte im Gegensatze zum gemeinen Rechte mehr dem Formzwange zu. Zwar kennt auch das PLR. keinen allgemeinen Satz, nach welchem die Einhaltung einer bestimmten Form Gültigkeitsbedingung für das Rechtsgeschäft wäre. Aber die Fälle, für welche das Formerforderniß aufgestellt wird, umfassen ein so weites Gebiet, daß die Formfreiheit im Verkehre thatsächlich außerordentlich eingeengt war. Besonders verkehrserschwerend war, daß für Verträge, deren Gegenstand einen Werth von mehr als 50 Thalern hatte, Schriftlichkeit erfordert wurde. (Vgl. PLR. Thl. I Tit. 3 §§ 40—44; Tit. 4 §§ 94 f.; Tit. 5 §§ 109 ff., 155 ff.) Einige Formvorschriften des PLR. sind schon durch neuere preußische Gesetze (vom 11. Juni 1845 und vom 1. Dezember 1869) wieder beseitigt worden.

Auf einem ganz eigenthümlichen Prinzip beruhten die Vorschriften des französischen Rechtes. Dieses erfordert der Regel nach die Einhaltung einer bestimmten Form zwar nicht für die Rechtswirksamkeit, wohl aber für die Beweislichkeit der Rechtsgeschäfte. Dadurch war ein indirekter Formzwang geschaffen. (Vgl. cod. civ. art. 1341 ff., 1353, 1715, 1834, 1923, 1985, 2044, 2085.) Im Gebiete des Deutschen Reiches war jedoch der Standpunkt des französischen Rechtes schon dadurch unhaltbar geworden, daß die CPO. vom 30. Januar 1877 vom Grundsatze der freien richterlichen Beweiswürdigung ausging; das EG. z. CPO. ordnete in seinem Art. 14 Abs. 2 Ziff. 2 (ä. F.) insbesondere das Außerkrafttreten derjenigen Vorschriften an, „welche in Ansehung gewisser Rechtsverhältnisse einzelne Arten von Beweismitteln ausschließen oder nur unter Beschränkungen zulassen." (Vgl. dazu AG. f. Elsaß-Lothringen vom 8. Juli 1879 § 2.)

Das bayrische Recht wies gegenüber dem gemeinen Rechte mehrfache Besonderheiten auf. Das BLR. (Thl. III cap. 8 § 7) unterschied scharf zwischen der gerichtlichen Insinuation und der Bestätigung (darüber namentlich Vierling, Die fragmentarischen civilrechtlichen Gesetze, 3. Aufl. S. 225 ff.). Ueber die Formbedürftigkeit der Vergleiche s. cap. XVII § 1 der bayr. Gerichtsordnung von 1753 (aufrecht erhalten durch Art. 81 des bayr. AG. z. CPO. vom 23. Februar 1879) und Art. 86 des bayr. AG. z. CPO. Von einschneidender Bedeutung war Art. 14 des bayr. Not.Ges. vom 10. November 1861. Darnach waren über alle Verträge, welche die Besitzveränderung oder das Eigenthum unbeweglicher Sachen oder diesen gleichgeachteter Rechte, sowie über alle Verträge, welche dingliche Rechte an unbeweglichen Sachen betreffen, bei Strafe der Nichtigkeit Notariatsurkunden zu errichten. Vgl. auch die Formvorschriften der Art. 16—18 des genannten Gesetzes. Neue Formvorschriften für Eheverträge, Erbverträge, Erbverzichtsverträge und Einkindschaftsverträge brachte das Gesetz, die Formen einiger Rechtsgeschäfte betr., vom 5. Mai 1890 (G. u. VBl. S. 227). Durch dasselbe Gesetz wurden die in einzelnen Landestheilen noch bestehenden Vorschriften aufgehoben, welche für Gutsübergabs-, Leibgedings-, Altentheils- oder Auszugsverträge, für die Veräußerung unbeweglicher Zugehörungen eines Gutes und die Belastung von Grundstücken mit Dienstbarkeiten und anderen Rechten, für größere Schenkungen unter Lebenden, für Vergleiche und sonstige Verträge über Ansprüche auf künftige Unterhaltsleistungen gerichtliche Bestätigung verlangten (Art. 2).

Jetzt ist das ganze Gesetz vom 5. Mai 1890, da es durch reichsrechtliche Vorschriften ersetzt ist, aufgehoben durch Art. 175 Ziff. 33 bayr. AG. z. BGB. vom 9. Juni 1899. Das neue bayr. Not.Ges. vom 9. Juni 1899 enthält materielle Vorschriften über den Formzwang nicht mehr. Insbesondere ist die Form der Immobiliarverträge jetzt durch das BGB. geregelt. Vgl. jedoch die Art. 141—143 EG. und die Bem. hiezu in Bd. VI dieses Werkes, sowie die Art. 81—84 bayr. AG. und die Bem. dazu bei Böhm und Klein, Komm. S. 137 ff. — Die noch in Gültigkeit gebliebenen Bestimmungen der bayr. Gerichtsordnung von 1753 sind jetzt dadurch aufgehoben, daß Art. 166 Ziff. XVI bayr. AG. z. BGB. den Art. 81 des bayr. AG. z. CPO. aufhebt. Ueber die Ausschließung der Zuständigkeit der Amtsgerichte für die Beurkundung von Rechtsgeschäften in Bayern s. auch Art. 167 bayr. AG. und die Bem. hiezu bei Böhm und Klein S. 337 ff. sowie Oertmann, Bayr. Landescivilrecht § 34.

2. Der Formzwang hat gegenüber der Formfreiheit unleugbare und gewichtige Vortheile. Die Beobachtung der Form ist ein gutes Merkmal für die Perfektion des Geschäfts, sie hebt den wirklichen Geschäftsschluß von bloßen Vorverhandlungen in bestimmter Weise ab. Die Form kann ein Symptom sein für den rechtlichen Charakter des Geschäfts. Die beobachtete Form macht häufig das Geschäft Dritten erkennbar, verleiht ihm eine gewisse Oeffentlichkeit und sichert so den Beweis des Geschäfts. Jeder Richter, jeder Anwalt weiß, wie viele Prozesse zu vermeiden wären, wenn die Parteien ihre Abmachungen schriftlich treffen müßten. Und endlich, was die Hauptsache ist, der Formzwang konzentrirt die Aufmerksamkeit der Betheiligten auf das vorzunehmende Geschäft, führt ihnen den Ernst des Geschäfts vor Augen und kann sie abhalten vor unbedachter Uebereilung.

Auch bei den Berathungen des BGB. hat man diese Vortheile nicht verkannt, sich aber trotzdem im Prinzipe für die Formfreiheit entschieden, für welche schon der 10. deutsche Juristentag sich ausgesprochen hatte. Man machte geltend, daß für wirthschaftlich Schwache und geschäftlich unbewanderte Personen der Formzwang gefährlich werden kann; „man unterschreibt auf Treu und Glauben und dadurch wird die Form ein Fallstrick, in welchen der Unkundige zu seinem Schaden sich verwickelt, während ein gewissenloser Gegner in der Form eine willkommene Handhabe zur Uebervortheilung sieht und findet." M. I, 179. Der durchschlagende Grund gegen den Formzwang war aber die mit ihm verbundene Verkehrserschwerung, die heutzutage mehr als je lästig empfunden werden würde. Auch deutete die Entwicklung, die das schon gegebene Reichsrecht genommen hatte, auf Formfreiheit hin (Grundsatz der Formfreiheit im HGB., der freien Beweiswürdigung in der CPO.).

E. I hatte in seinem § 91 den Grundsatz der Formfreiheit besonders ausgesprochen. Noch die II. Komm. wollte diese Bestimmung, obwohl an ihrer Geltung ohnehin kein Zweifel möglich ist, beibehalten (P. I, 88), schließlich wurde sie aber doch als entbehrlich weggelassen.

Trotz seiner grundsätzlichen Entscheidung für die Formfreiheit hat jedoch das BGB. aus besonderen Rücksichten in zahlreichen und wichtigen Einzelfällen die Beobachtung einer Form vorgeschrieben und zur Existenzbedingung für das Geschäft gemacht. Der Kreis der formbedürftigen Geschäfte ist dadurch gegenüber dem gemeinen Rechte erweitert worden. Auch die Parteien selbst können im Wege des Rechtsgeschäfts von der Regel der Formfreiheit im Einzelfalle Ausnahmen bestimmen. Eine Rechtfertigung der gesetzlichen Formvorschriften des BGB. als Schutzvorschriften giebt Hachenburg in seinen Vortr. S. 81 ff.

3. Die Art der vom Gesetze verlangten Form ist je nach Art und Zweck des Geschäftes verschieden. Das BGB. kennt:

a) die einfache Schriftform (s. § 126; gewillkürte Schriftform § 127);
b) die öffentliche Unterschriftsbeglaubigung (s. § 129);
c) amtliche Beurkundung (s. § 128);
d) amtliche Beurkundung unter gleichzeitiger Anwesenheit der Parteien (s. z. B. die §§ 925, 1015, 1750, 2276, 2290);
e) die Anwesenheit von Urkundspersonen (s. § 1317). —

Crome (System Bd. 1 S. 386) nennt unter den gesetzlichen Formen auch das Erforderniß der Uebergabe beweglicher Sachen bei Uebertragung oder Begründung dinglicher Rechte an ihnen (§§ 929 ff., 1032, 1205). Allerdings trägt die Tradition scheinbar Formcharakter an sich; sie ist aber doch nicht nur Form, sondern mehr, nämlich Herstellung des dem neuen Rechte entsprechenden thatsächlichen Zustandes; die Herstellung dieses thatsächlichen Zustandes erfolgt selbst formlos (vgl. Kipp bei Windscheid Bd. 1 S. 287; Hellmann, Vortr. S. 82). Auch die Eintragung ins Grundbuch im Gebiete des Immobiliarsachenrechts (§ 873) kann nicht als Form der Willenserklärung der Parteien angesehen werden, sondern ist selbständiges Erforderniß für den Eintritt der beabsichtigten Rechtsänderung. Ebensowenig können die Eintragungen ins Heirathsregister oder ins Güterrechtsregister als Formen der betreffenden Rechtsgeschäfte angesehen werden. Endlich handelt es sich nicht um die Form, sondern um eine außerhalb des Geschäfts selbständige Voraussetzung der Wirksamkeit, wenn das Rechtsgeschäft der Bestätigung durch gerichtlichen oder landesherrlichen Staatsakt bedarf (vgl. §§ 80, 795; 1741, 1770).

Keine Formvorschrift für Rechtsgeschäfte ist es, wenn gesagt wird, daß eine Partei über ein bereits bestehendes Geschäft die Errichtung einer Urkunde verlangen kann (s. z. B. BGB. § 403, CPO. § 1027).

4. Auch durch Rechtsgeschäft kann, wie erwähnt, eine Form vorgeschrieben werden und zwar nicht nur durch Vertrag, sondern auch durch letztwillige Verfügung, vorausgesetzt, daß das Rechtsgeschäft, für welches die Form bestimmt werden soll, überhaupt der Dispositionsbefugniß des letztwillig Verfügenden untersteht. Die Bestimmung einer Form durch Rechtsgeschäft kann, was die Wirkung der Nichtbeobachtung der bestimmenden Form betrifft, einen doppelten Sinn haben. Es kann sein, daß nach dem Wunsche der Bestimmenden bei Verletzung der vorgeschriebenen Form das Geschäft überhaupt nicht wirksam sein soll, es kann aber auch sein, daß nach dem Parteiwillen die Form lediglich Beweiszwecken dienen soll, daß die Betheiligten mit der Formvorschrift sich selbst eine Verpflichtung auflegen wollen, ohne jedoch bei Nichteinhaltung dieser Verpflichtung die Wirksamkeit des Geschäfts ausschließen zu wollen; einer Vereinbarung letzterer Art, bei welcher man von einer lex contractus imperfecta reden könnte, will das Gesetz kein Hinderniß in den Weg legen. Es bestimmt daher, daß das der rechtsgeschäftlich bestimmten Form ermangelnde Geschäft nur im Zweifel nichtig ist d. h. nur dann, wenn nicht den Umständen nach ein abweichender Wille der Parteien anzunehmen ist, was im Einzelfalle zu prüfen ist. Die einmal getroffene Vereinbarung der Formnothwendigkeit kann auch von den Betheiligten selbst wieder aufgehoben werden. Eine solche Aufhebung kann stillschweigend dadurch erfolgen, daß die Parteien das Geschäft, welches formbedürftig sein soll, trotz Formmangels vollziehen; ob dem Vollzug im Einzelfalle diese Bedeutung beizulegen ist, ist eine nach den Umständen zu beurtheilende Auslegungsfrage.

5. Ist bei einem Geschäft eine Form, z. B. Schriftform, beobachtet, so ist damit der Nachweis, daß die Parteien außerdem noch etwas anderes vereinbart haben, als sich aus der Urkunde ergiebt, nicht ausgeschlossen. Ob dann die dem Urkundeninhalte etwa widersprechende Vereinbarung als gültig anzusehen sei, hängt mit davon ab, ob sie ihrerseits ihrem Inhalte nach formbedürftig ist. Immerhin hat das formell abgefaßte Geschäft die Vermuthung der Vollständigkeit für sich. (Staub, Komm. z. HGB. 6. u. 7. Aufl. Anm. 50 ff. zu § 350; auch Dernburg, Bürg. R. Bd. 1 § 140 unter IV u. V und RGE. im Sächs. Arch. Bd. 11 S. 455.)

Häufig kommt vor, daß die Parteien zu einem formbedürftigen Geschäfte noch weitere Abreden wesentlicher Natur oder Nebenabreden treffen, für diese aber die Form nicht wahren.*) Auch was nicht beurkundet ist, kann gewollt und für die Auslegung des ganzen Geschäfts zu beachten sein. Ob es wirksam ist, ist nach den §§ 154, 155 und 139 zu beurtheilen. Darnach ist zu sagen:

a) Alle Punkte des Rechtsgeschäfts, auch Nebenabreden, bedürfen der Form, wo eine solche durch Gesetz vorgeschrieben, und im Zweifel (s. oben unter 4) auch dann, wenn sie durch Rechtsgeschäft vorgeschrieben ist. Ist für einen oder mehrere Punkte die nothwendige Form nicht gewahrt, so besteht über diese Punkte kein rechtswirksames Geschäft; so ist z. B. die Zusicherung einer Eigenschaft einer durch formbedürftigen Vertrag verkauften Sache nur dann gültig, wenn sie in den formbedürftigen Kaufvertrag aufgenommen ist; s. RGE. Bd. 52 S. 1 ff., Crome im Recht 1902 S. 334, Seuff. Arch. Bd. 58 Nr. 3 u. Bayr. Oberst. LG. Bd. 3 n. F. S. 547. Das formlos Vereinbarte kann aber immerhin als Erläuterung der übrigen formgerecht vereinbarten Punkte für deren Auslegung von Bedeutung sein. Ueber Heilung durch Erfüllung s. unten Bem. II, 1, c.

b) Ob die übrigen, formgerecht vereinbarten Punkte ein rechtswirksames Geschäft darstellen, hängt bei einem Vertrage davon ab, ob der Vertrag über das formgerecht Vereinbarte auch ohne eine Bestimmung über das nicht formgerecht Vereinbarte geschlossen sein würde (§§ 155, 154 Abs. 2). Praktisch zu demselben Ergebnisse führt für alle Rechtsgeschäfte § 139, wonach die Nichtigkeit eines formbedürftigen Theiles des Geschäftes Nichtigkeit des ganzen Geschäftes nach sich zieht, wenn nicht anzunehmen ist, daß das Geschäft auch ohne den nichtigen Theil vorgenommen sein würde.

c) Ist Schriftlichkeit des Geschäfts vorgeschrieben oder vereinbart, so liegt in der bloßen Aufzeichnung über einzelne Punkte (Punktation) noch kein bindender Vertragsschluß über diese Punkte. (§ 154 Abs. 1 Satz 2.) Vgl. M. I, 182 f.

6. Ueber die Frage der Formbedürftigkeit des sog. „Vorvertrags“ s. Vorbem. 8 vor § 145.

---

*) Vgl. Brückner im Recht, 1900. S. 342.

7. Der vielgehörte Satz: Prout quidque contractum est, ita et solvi debet —, hat im BGB. kein Analogon. Die Form der Aufhebung eines Rechtsgeschäfts braucht also nicht der Form seiner Begründung zu entsprechen, es sei denn, daß das Gesetz für die Aufhebung ausdrücklich dieselbe Form verlangt. Wird z. B. ein Miethvertrag auf 40 Jahre abgeschlossen, so bedarf er der schriftlichen Form und ist nach 30 Jahren jederzeit unter Einhaltung der gesetzlichen Frist kündbar, die Kündigung selbst aber bedarf keiner bestimmten Form.

8. Ueber den Grundsatz: locus regit actum vgl. EG. Art. 11 und die Bem. dazu in Bd. VI. Es gilt auch der Satz: tempus regit actum d. h. über die Formbedürftigkeit entscheidet das Gesetz, welches zu der Zeit gilt, in welcher das Rechtsgeschäft vorgenommen wird.

II. Spezielle Bemerkungen zu § 125.

1. Die gesetzlichen Formvorschriften des BGB. sind nicht Erforderniß für die Beweisbarkeit, auch nicht nur für die Klagbarkeit, sondern für die Wirksamkeit des Rechtsgeschäfts. Die Nichtbeobachtung oder nicht richtige Beobachtung der Form macht daher das Geschäft nichtig d. h. die Rechtsordnung betrachtet das Geschäft schlechthin als nicht existirend. Es bedarf daher regelmäßig auch keines besonderen Rechtsakts, um die Nichtigkeit geltend zu machen. Vgl. oben Bem. V, E, 2 der Einl. vor § 104. Ueber theilweise Nichtigkeit, Konversion und Bestätigung s. die §§ 139—141. Das Wesen eines die Gültigkeit eines Vertrags bedingenden gesetzlichen Formerfordernisses liegt darin, daß vor seiner Erfüllung der erklärte Wille nicht bindend ist und nur der im Augenblicke der Erklärung vorhandene Wille entscheidet; RGE. Bd. 52 S. 436. Formlose Genehmigung macht arg. § 141 das wegen Formmangels nichtige Geschäft nicht wirksam.

Ist bei einem Rechtsgeschäfte die vom Gesetze geforderte Form nicht beobachtet, so gibt es aus dem formlosen Geschäft auch keine Klage auf Vollziehung der Form; RGE. Bd. 43 S. 140; Bd. 50 S. 48.

Nach § 125 hat es den Anschein, als ob die Regel der Nichtigkeit bei Nichtbeobachtung der gesetzlichen Formvorschrift eine ausnahmslose sei. Sie ist aber keine ausnahmslose; aus dem Gesetze selbst ergeben sich Fälle, in welchen die Verletzung der Formvorschrift keine Nichtigkeit oder nicht unbedingt Nichtigkeit nach sich zieht.

a) Nach § 566 bedarf ein Miethvertrag über ein Grundstück, der für längere Zeit als ein Jahr geschlossen wird, der schriftlichen Form. Wird diese Form nicht beobachtet, so gilt jedoch der Vertrag nicht als nichtig, sondern als für unbestimmte Zeit geschlossen; Kündigung ist aber nicht früher als für den Schluß des ersten Jahres zulässig. Dasselbe gilt für die Miethe von Wohnräumen und anderen Räumen (§ 580), sowie für die Pacht (§ 581 Abs. 2).

b) Die schriftliche Form der Abtretungserklärung, welche nach § 1154 zur Abtretung der Forderung (zutreffender: des Hypothekrechts, s. Bd. III Bem. zu § 1154) erforderlich ist, kann dadurch ersetzt werden, daß die Abtretung in das Grundbuch eingetragen wird. In diesem Falle handelt es sich im Grunde genommen überhaupt nicht um eine Formverletzung, da das Gesetz selbst eben zwei Wege zur Wahl stellt.

c) In gewissen Fällen kann der Formmangel durch Erfüllung geheilt werden.

α) Der obligatorische Veräußerungsvertrag über ein Grundstück bedarf der gerichtlichen oder notariellen Beurkundung, wird aber, wenn er ohne Beobachtung dieser Form geschlossen ist, nach § 313 seinem ganzen Inhalte nach gültig, wenn die Auflassung und die Eintragung ins Grundbuch erfolgen. (Für die Uebergangszeit ist dabei zu bemerken, daß in den Gebieten, welche das Grundbuch noch nicht eingeführt haben und eine Auflassung im Sinne der §§ 873, 925 nicht kennen, die thatsächliche Uebertragung des Eigenthums die Wirksamkeit des formell mangelhaften obligatorischen Vertrags zur Folge hat. Das ist zwar im Gesetze nicht gesagt, entspricht aber, wie Hachenburg, Vorträge S. 93 ff., zutreffend ausführt, seinem Zwecke und Willen. Für Bayern vgl. hiezu auch Jacubezky in Bl. f. RA. Bd. 68 S. 449 ff.; dagegen aber Urth. d. Reichsgerichts vom 30. September 1903 V. C. S.

β) Die Bürgschaftserklärung muß schriftlich ertheilt werden; soweit aber der Bürge die Hauptverbindlichkeit erfüllt, wird nach § 766 der Mangel der Form geheilt.

γ) Das Schenkungsversprechen unter Lebenden (§ 518) und mortis causa (§ 2301) bedarf gerichtlicher und notarieller Beurkundung; der Mangel der Form wird aber durch Bewirkung der Leistung geheilt.

δ) Die Nichtigkeit des unter Verletzung der Formvorschrift des § 1317 abgeschlossenen, jedoch ins Heirathsregister eingetragenen Ehe kann unter den in § 1324 Abs. 2 bestimmten Voraussetzungen durch Zeitablauf mit rückwirkender Kraft geheilt werden.

d) Ueber die Möglichkeit der Preisgabe rechtsgeschäftlich vereinbarter Form durch die Parteien selbst s. oben Bem. I, 4 und Dernburg, Bürg.R. Bd. 1 § 140 unter IV.

2. Abgesehen von den unter II, 1, c erwähnten Fällen wird man angesichts der kategorischen Fassung des § 125 und des Mangels weiterer Ausnahmevorschriften wohl nicht behaupten dürfen, daß Erfüllung den Formmangel heile. Daß eine solche Konvalescenz vom gesetzgeberischen Standpunkt aus wünschenswerth und praktisch wäre, soll zugegeben werden. Aber wir haben das Gesetz nicht zu korrigiren, sondern anzuwenden und haben seine Konsequenzen auch da hinzunehmen, wo sie unbequem sind. Es kann daher Hachenburg (Vortr. S. 96 ff.) nicht beigestimmt werden, wenn er auch für „die anderen Fälle, welche eine Formvorschrift als Warnungsruf enthalten", nämlich für die Veräußerung des ganzen oder theilweisen gegenwärtigen Vermögens (§ 311), die Uebertragung eines Antheils am ungetheilten Nachlasse (§ 2033 Abs. 1) und das Leibrentenversprechen (§ 761) bei formloser Vornahme die „Anwendung des Konvalescenzprinzips" im Falle der Erfüllung behauptet. Das BGB. kennt eben kein Konvalescenzprinzip, sondern nur einzelne Konvalescenzfälle. Auch M. I, 183 stehen zweifellos auf unserem Standpunkte. Darin allein liegt allerdings kein durchschlagender Grund für seine Richtigkeit. Auch Planck Bem. 4 zu § 125 und Staub, Komm. z. HGB. 6. u. 7. Aufl. Anm. 60 zu § 350 sind gegen die grundsätzliche Konvalescenz durch Erfüllung. Nach RGE. Bd. 54 S. 418 ff. wird die Nichtigkeit eines der gesetzlichen Form entbehrenden Vertrags über die Errichtung einer Gesellschaft mit beschränkter Haftung nicht dadurch geheilt, daß die Gesellschaft in das Handelsregister eingetragen wird.

Unsere Auffassung, daß die Erfüllung regelmäßig den Formmangel nicht aufzuheben vermag, nöthigt zu der Konsequenz, daß das durch freiwillige Erfüllung Geleistete auf Grund eines Bereicherungsanspruchs zurückgefordert werden kann. Der Einwand, die Erfüllung eines formbedürftigen, aber formlos vorgenommenen Geschäfts sei eine Forderung des Anstandes und das Geleistete könne daher gemäß § 814 nicht zurückgefordert werden, kann hiegegen nicht erhoben werden, da eine solche Anstandspflicht eben nicht anzuerkennen ist. Vgl. P. II, 696 und Bem. zu § 814.

§ 126.

Ist durch Gesetz schriftliche Form vorgeschrieben, so muß die Urkunde von dem Aussteller eigenhändig durch Namensunterschrift oder mittelst gerichtlich oder notariell beglaubigten Handzeichens unterzeichnet werden.

Bei einem Vertrage muß die Unterzeichnung der Parteien auf derselben Urkunde erfolgen. Werden über den Vertrag mehrere gleichlautende Urkunden aufgenommen, so genügt es, wenn jede Partei die für die andere Partei bestimmte Urkunde unterzeichnet.

Die schriftliche Form wird durch die gerichtliche oder notarielle Beurkundung ersetzt.

E. I, 92 Abs. 1, 3; 94 Abs. 1; II, 105; III, 122.

1. Die einfache Schriftform, deren Erfordernisse § 126 bestimmt, ist im BGB. vorgeschrieben oder doch mit besonderer Wirkung begabt in den Fällen der §§ 32 Abs. 2, 37 Abs. 1, 81 Abs. 1, 111, 368, 409, 416 Abs. 2, 566 (mit 581 Abs. 2), 761, 766, 780, 781, 783, 784 Abs. 2, 792 Abs. 1, 793, 1154, 1192; vgl. auch 1321 und 2231. Außerhalb des BGB. s. HGB. §§ 78, 79, 189 Abs. 2 (mit 323), 252 Abs. 2; WO. Art. 45; Gew.O. §§ 130, 132; Rechtsanwaltsordnung § 93 Abs. 2. Nicht überall handelt es sich gerade um Rechtsgeschäfte; so z. B. nicht im Falle des § 78 HGB.; ferner nicht nothwendig im Falle der Quittung (§ 368 BGB.), welche zwar Dispositivakt (negatives Anerkenntniß) sein kann, aber nicht sein muß. Ueber die Erfordernisse der „schriftlichen Uebereinkunft" des § 76 des Ges., betr. die Erwerbs- und Wirthschaftsgenossenschaften s. Bayr. Oberst. LG. n. F. Bd. 1 (1901) S. 484 ff.

2. Im Wesentlichen sind die Erfordernisse der gesetzlichen Schriftform so geregelt, daß das aufzunehmende Schriftstück eine vollbeweisende Privaturkunde im

Sinne des § 416 CPO. darstellt. D. 22. Eine solche Urkunde begründet vollen Beweis dafür, daß die in ihr enthaltenen Erklärungen von dem Aussteller abgegeben sind. Verlangt wird eigenhändige Unterzeichnung der Urkunde durch den Aussteller mittelst Namensunterschrift oder gerichtlichen oder notariell beglaubigten Handzeichens. Werden diese Erfordernisse nicht erfüllt, so macht die Verletzung der gesetzlichen Formvorschrift das Rechtsgeschäft nichtig (§ 125). Möglich ist aber, daß das Geschäft im Wege der Konversion als ein anderes nicht formbedürftiges Geschäft aufrecht erhalten wird (s. § 140); ob und inwieweit dann die den Erfordernissen des § 416 CPO. nicht entsprechende Privaturkunde Beweis schafft, entscheidet die freie richterliche Beweiswürdigung.

3. Die eigenhändige Unterschrift der Urkunde durch den Aussteller wird verlangt. Der Aussteller braucht also den Text der Urkunde nicht selbst zu schreiben, sondern kann ihn durch einen Dritten schreiben lassen (anders ist es beim holographischen Testamente, § 2231 Nr. 2). Aber der Aussteller muß die Urkunde unterzeichnen. Das setzt voraus, daß ein Text bei der Unterzeichnung bereits da ist; ein leeres Blatt Papier ist keine Urkunde, die unterzeichnet werden könnte; die Blankettunterschrift genügt daher grundsätzlich nicht. Die herrschende entgegengesetzte Meinung (M. I, 185; Eck, Vorträge S. 156; Tränkner im Sächs. Arch. Bd. 7 S. 326: Planck, Bem. 2 zu § 126; Rehbein, Komm. Bd. 1 S. 156; Dernburg, Bürg. R. Bd. 1 § 136 unter III, 2) geräth nicht nur mit dem Wortlaute, sondern wohl auch mit dem Zwecke des § 126 in Konflikt. (Zweifelnd Hellmann, Vortr. S. 76, wie hier Loewe, Die Form der Rechtsgeschäfte S. 31.) Es ist jedoch zu präsumiren, daß die Unterschrift unter den bereits vorhandenen Text gesetzt wurde; das Gegentheil muß beweisen, wer es behauptet.*) Eine nicht unterschriebene Nachschrift zu einer unterschriebenen Urkunde genügt der Vorschrift der Schriftform nicht (vgl. RGE. Bd. 36 S. 241), kann aber für die Auslegung des unterschriebenen Urkundeninhalts von Bedeutung sein. Was beim einseitigen Rechtsgeschäfte für den Aussteller gilt, gilt beim Vertrage für beide Parteien. Beide müssen auf derselben Urkunde unterzeichnen; so in den Fällen der §§ 566, 581 Abs. 2 BGB. und des § 93 Abs. 2 der Rechtsanwaltsordnung. In manchen Fällen, in welchen aus einem Vertrage nur eine Partei berechtigt wird, schreibt das Gesetz selbst ausdrücklich nur für eine der beiden Willenserklärungen Schriftlichkeit vor; so bedarf z. B. nicht der Bürgschaftsvertrag der Schriftlichkeit, sondern nur die Bürgschaftserklärung (§ 766; vgl. auch die §§ 518, 761, 780, 781). Werden über einen Vertrag mehrere gleichlautende Urkunden aufgenommen, so genügt es, wenn jede Partei das für den Gegenkontrahenten bestimmte Exemplar unterzeichnet. (So schon sächs. GB. § 825.) Der der Verkehrsübung entsprechende weitere Akt der Aushändigung dieses Exemplars an den Gegenkontrahenten ist nicht Formerforderniß; wohl aber kann er für das Wirksamwerden der Willenserklärung insofern Bedeutung haben, als ein Zugehen der Willenserklärung erforderlich ist (s. § 130). Die Aushändigung ist ferner ein sicheres Merkmal der Vertragsperfektion, was die bloße Unterschrift nicht unter allen Umständen ist; durch die Aushändigung der verpflichtenden Erklärung wird die Bindungsabsicht kundgegeben. Vgl. RGE. Bd. 46 S. 243.

4. Die formbedürftige Willenserklärung braucht nicht der einzige Inhalt der Urkunde zu sein. Auch ein gewöhnlicher Brief, welcher neben der Willenserklärung rechtlich Gleichgültiges enthält, kann eine im Sinne des § 126 formalisirte Urkunde sein; nur ist zu beachten, daß in den wenigen Fällen, in welchen für Verträge durch Gesetz einfache Schriftform vorgeschrieben ist (BGB. §§ 566, 581 Abs. 2, Rechtsanwaltsordnung § 93 Abs. 2), die Unterzeichnung durch den Gegenkontrahenten hinzukommen muß (vgl. dagegen § 127 für die durch Rechtsgeschäft bestimmte Schriftlichkeit), weßhalb für formbedürftige Verträge der Briefwechsel nicht genügt. Begründung D. 22.

5. Die eigenhändige Unterschrift des Ausstellers der Urkunde wird verlangt.

a) Diesem Erfordernisse wird durch ein mechanisches Verfahren, wie Stempelung, Druck, Schreibmaschine, nicht genügt; die faksimilirte Unterschrift ist keine eigenhändige. Vgl. RGE. vom 4. Mai 1900 (Jur. Wschr. 1900 S. 469), Rspr. d. OLG. Bd. 2 S. 255. Auch für die Quittung (§ 368) wird keine Ausnahme gemacht; thatsächlich sind daher eine große Menge von Quittungen nichtig. Für Schuldverschreibungen auf den Inhaber s. jedoch § 793 Abs. 2, für Aktien und Interimsscheine HGB. § 181; über die Frage, ob faksimilirte Namensunterschrift des Ausstellers bei Orderobligationen genügt, s. Hancke in D. Jur.Z. 1902 S. 549 ff.

b) Man sollte meinen, durch das Erforderniß der Eigenhändigkeit, welches zugleich der Vereinfachung der Anerkennung der Echtheit dient (M. I, 185),

*) Aus CPO. § 416 ist für die Zulässigkeit der Blankettunterschrift nichts zu entnehmen. Die formelle Beweisregel des § 416 setzt voraus, daß eine Privaturkunde unterzeichnet ist, nicht ein leeres Blatt Papier.

werde ausgeschlossen, daß ein beauftragter Dritter unterzeichnet; um so mehr, als zweifellos unter dem „Aussteller“ der Urkunde im Sinne des § 126 nur derjenige zu verstehen ist, welcher die in der Urkunde enthaltene Erklärung selbst abgegeben hat und nicht derjenige, in dessen Namen sie abgegeben ist und für oder gegen welchen sie als Erklärung seines Vertreters wirksam werden soll. Das führt zu der Annahme, daß der Vorschrift des § 126 Abs. 1 nicht genügt ist, wenn bei gesetzlich vorgeschriebener Schriftform der bevollmächtigte Vertreter ausschließlich mit dem Namen bez. der Firma des Vertretenen unterschreibt. Diese in unserer 1. Aufl. vertretene Meinung wird auch getheilt von Rehbein, Komm. Bd. 1 S. 156; Hoelder, Komm. Bem. zu § 126; Planck Bem. 2 zu § 126; Loewe, Die Form der Rechtsgeschäfte S. 27 ff.; Simeon, Recht und Rechtsgang S. 157; Müller in D. Jur.Z. 1900 S. 497; ferner vom OLG. Marienwerder (Rspr. d. OLG. 1901 S. 51); prinzipiell auch von Dernburg, Bürg. R. Bd. 2 S. 250 (vgl. aber auch Bd. 1 S. 412 ff.), von diesem jedoch mit der Modifikation, daß § 126 auf den Wechselverkehr nicht anwendbar sei. Daß diese strengere Auffassung etwas für den Geschäftsverkehr Lästiges hat, soll nicht geleugnet werden.

Für die Praxis aber dürfte die Frage jetzt durch die in ihrer Begründung allerdings bedenkliche Stellungnahme des Reichsgerichts im entgegengesetzten Sinne entschieden sein. Das Reichsgericht (E. Bd. 50 S. 51 ff.; D. Jur.Z. 1902 S. 151) nimmt nicht nur für das Wechselrecht, sondern allgemein an, daß der bevollmächtigte Vertreter die im Namen des Vollmachtgebers abgegebene Willenserklärung rechtswirksam unterzeichnet, wenn er lediglich mit dem Namen bez. der Firma des Vollmachtgebers unterzeichnet; damit sei dem Formerfordernisse des § 126 genügt, nach dessen Text nur verlangt sei, daß der Aussteller der Urkunde „durch Namensunterschrift“, nicht, daß er durch seine Namensunterschrift unterzeichne. Die gleiche Ansicht vertreten OLG. Hamm in Rspr. d. OLG. Bd. 3 S. 350 ff.; Staub, Komm. z. HGB. 6. u. 7. Aufl. zu § 51 Anm. 2 und zu § 350 Anm. 8, und in D. Jur.Z. 1900 S. 338; Neumann, Handausgabe des BGB., zu § 126; Cosack, Lehrb. 4. Aufl. § 67 unter II, 4.

Zweifellos ist, daß es genügt, wenn der Vertreter nur mit seinem eigenen Namen unterschreibt, sofern nur irgendwie aus dem übrigen Inhalte der Urkunde erkennbar ist, daß er im Namen eines Anderen handelt (s. Cosack, Lehrb. 4. Aufl. Bd. 1 § 67 unter II, 4); es genügt daher auch die Namensunterschrift des Vertreters unter dem Stempeldrucke der Sachfirma.

Bezüglich der Unterschriften von Prokuristen und Handlungsbevollmächtigten s. die bloßen Ordnungsvorschriften (RGE. Bd. 50 S. 59 ff.) der §§ 51, 57 HGB.

c) Die Unterschrift bleibt auch dann eine eigenhändige, wenn dem Unterzeichnenden die Hand geführt wird; gegen Zwang besteht ja ein hinreichender Rechtsschutz. (Gegentheiliger Ansicht Scherer, Das erste Jahr des BGB. S. 65 und Komm. z. BGB. S. 225.)

d) Der Begriff der Unterzeichnung fordert, daß der Namenszug (bezw. das Handzeichen) nach seiner räumlichen Stellung auf der Urkunde den Text der Urkunde deckt. Vgl. RGE. Bd. 52. S. 280. S. auch oben Bem. 3.

e) Zur Wahl stehen Namensunterschrift oder gerichtlich oder notariell beglaubigtes Handzeichen. Der gültige Gebrauch des amtlich zu beglaubigenden Handzeichens setzt nicht voraus, daß der Unterzeichnende die Namensunterschrift nicht zu leisten im Stande sei. Auch wer nicht blind oder taubstumm oder Analphabet ist und nicht thatsächlich am Schreiben verhindert ist, kann, wenn er will, sich des Handzeichens bedienen.

Die Namensunterschrift geschieht regelmäßig durch Zeichnung mit dem Familiennamen mit oder ohne Vornamen (s. aber HGB. § 106 Nr. 1) oder der Firma. Das ist aber nicht unbedingt vorgeschrieben mit Rücksicht darauf, daß namentlich Fürstlichkeiten sich herkömmlich bei der Unterschrift nur ihres Vornamens bedienen; die Rechtsgültigkeit solcher Unterschriften wollte man nicht ausschließen. Ob die Unterzeichnung mit einem Pseudonym als zulässige Namensunterschrift im Sinne des § 126 anzusehen ist, hängt von Beantwortung der bestrittenen Vorfrage ab, ob im Pseudonym überhaupt ein rechtlich anerkanntes Surrogat des wahren Namens zu erblicken ist; s. darüber die Bem. zu § 12 oben S. 51 ff. und Dernburg, Bürg. R. Bd. 1 S. 139. Kenntniß der Sprache, in welcher das Schriftstück geschrieben ist (vgl. auch Bem. 9) sowie Kenntniß der Schrift seitens des Unterschreibenden sind nicht gefordert. Auch Leserlichkeit der Namensunterschrift ist nicht erforderlich (a. M. Michels in D. Jur.Z. 1903 S. 141 ff.). Der Name muß aber ausgeschrieben sein, der bloße Anfangsbuchstabe genügt nicht; es muß ferner die Möglichkeit bestehen, die angewandten Zeichen überhaupt als Buchstabenschrift gelten zu lassen. Vgl. auch Josef in D. Jur.Z. 1903 S. 270 ff.

Welches Handzeichen der Unterzeichnende wählt, ist gleichgültig. Es müssen nicht gerade die üblichen drei Kreuze sein. Auch ist Niemand gehalten, ein- für allemal dasselbe Handzeichen zu gebrauchen. Das Handzeichen muß gerichtlich oder notariell beglaubigt sein. (Vgl. auch WO. Art. 94.) Für die gerichtliche Beglaubigung eines Handzeichens sind nach § 167 FG. die Amtsgerichte zuständig. Ueber das bei der Beglaubigung zu beobachtende Verfahren s. § 183 FG. Jedoch kann nach § 191 FG. das Landesrecht die Zuständigkeit der Amtsgerichte für die öffentliche Beglaubigung eines Handzeichens ausschließen. Dies ist in Bayern geschehen durch Art. 167 AG. (wodurch in Ziff. I der Art. 15 bayr. AG. z. RGVG. vom 23. Februar 1879 geändert wird). In Bayern sind demnach nicht die Amtsgerichte, sondern — und zwar auf Grund des Art. 1 Not.Ges. vom 9. Juni 1899 — lediglich die Notare zuständig. Für Sachsen s. §§ 36 ff. d. Ges. vom 15. Juni 1900; für Baden Rechtspol.G. § 40; für Elsaß-Lothringen AG. z. FG. § 48. Vgl. auch die Bem. zu Art. 141 EG. — Im Marinedienst sind für die Schiffsbesatzung die Geschwaderauditeure zuständig gemäß FG. § 184.

6. Orts- und Zeitdatum sind keine Erfordernisse der gesetzlichen Schriftform. S. jedoch für das holographische Testament § 2231.

7. Wer weder Namensunterschrift noch ein Handzeichen zu vollziehen im Stande ist, muß die Form der gerichtlichen oder notariellen Beurkundung wählen. Durch sie wird die Schriftform in allen Fällen ersetzt. Näheres bei § 128.

8. Durch telegraphische Uebermittelung kann der gesetzlichen Schriftform niemals Genüge gethan werden. (Anders E. I §§ 92 Abs. 2 mit 94 Abs. 1.) Für die rechtsgeschäftlich bestimmte Schriftform s. dagegen BGB. § 127.

9. Ueber die Frage, ob gegenüber einem schriftlichen Vertrage der Einwand zulässig ist, daß der Einwendende der Sprache, in welcher der Vertrag abgefaßt ist, nicht mächtig sei, s. Berger in Gruchot, Beitr. Bd. 45 S. 207 ff.

§ 127.

Die Vorschriften des § 126 gelten im Zweifel auch für die durch Rechtsgeschäft bestimmte schriftliche Form. Zur Wahrung der Form genügt jedoch, soweit nicht ein anderer Wille anzunehmen ist, telegraphische Uebermittelung und bei einem Vertrage Briefwechsel; wird eine solche Form gewählt, so kann nachträglich eine dem § 126 entsprechende Beurkundung verlangt werden.

E. I, 92 Abs. 2, 93, 94 Abs. 2; II, 106; III, 123.

1. Die Parteien, welche durch Rechtsgeschäft schriftliche Form vorschreiben (sog. gewillkürte Schriftform), verfolgen damit muthmaßlich gleiche Zwecke, wie sie der Gesetzgeber erreichen will, wenn er Schriftlichkeit vorschreibt. Daher stellt § 127 die Auslegungsregel auf, daß die für die gesetzliche Schriftform gegebenen Vorschriften (s. § 126) auch für die rechtsgeschäftlich bestimmte Schriftform gelten sollen. P. I, 92 f; D., 22 f. Darüber, ob eine analoge Auslegungsregel, wie sie § 127 für die Schriftform ausdrücklich giebt, auch da aufzustellen ist, wo rechtsgeschäftlich eine andere vom Gesetze geregelte Form, nämlich gerichtliche oder notarielle Beurkundung vorgeschrieben wird, s. Bem. 1 zu § 128.

Wollen die Parteien der gewillkürten Schriftform eine andere Bedeutung beilegen, als sie der gesetzlichen Schriftform zukommt, so wird dieser abweichende Wille beachtet, falls er zu erkennbarem Ausdrucke kommt.

2. Nicht in Bezug auf alle Erfordernisse der Schriftform wird die Uebereinstimmung der gewillkürten mit der gesetzlich vorgeschriebenen Form als von den Parteien muthmaßlich gewollt angenommen. Vielmehr bestehen in Berücksichtigung der Verkehrsanschauung und des Verkehrsinteresses Erleichterungen, welche dann eintreten, wenn nicht ein entgegengesetzter Parteiwille aus den Umständen zu entnehmen ist. Diese Er-

leichterungen bestehen darin, daß in allen Fällen telegraphische oder briefliche Uebermittelung der Willenserklärungen genügt, während die gesetzliche Schriftform nach § 126 durch Telegramm überhaupt nicht, durch Briefe nur dann gewahrt werden kann, wenn nicht für mehrere übereinstimmende Willenserklärungen Schriftlichkeit vorgeschrieben ist. Im Einzelnen ist dazu zu bemerken:

a) Die telegraphische Uebermittelung genügt. Nach dem Wortlaute des § 127 muß man wohl annehmen, daß es einer schriftlichen Erklärung des Urhebers überhaupt nicht bedarf. Würde also der Telegraphenbeamte der Abgangsstation den Wortlaut des abzufertigenden Telegramms mündlich ohne Aufzeichnung entgegennehmen oder der Telegraphenbeamte der Ankunftsstation dem zufällig anwesenden Destinatär den Inhalt des Telegramms ohne Uebergabe einer Urkunde mündlich mittheilen, so würde das zwar gegen die Telegraphenordnung verstoßen, nicht aber gegen die Formvorschrift des § 127 BGB. Solche Vorgänge kommen ja im Parteiverkehr nicht leicht vor; denkbar sind sie aber dann, wenn ein Telegraphenbeamter in eigener Sache durch den Telegraphen einem Kollegen rechtsgeschäftliche Mittheilungen macht. (Freilich kommt die geschilderte Art der Uebermittelung der vom § 127 zweifellos nicht zugelassenen telephonischen Uebermittelung bedenklich nahe; immerhin bietet die klare mechanische Zeichensprache des Telegraphenapparates größere Sicherheit richtiger Uebermittelung als das Telephon, an welchem Gehörstäuschungen alltäglich vorkommen.) Jedoch: der Parteiwille, der nach § 127 in erster Linie zu beachten ist, wird regelmäßig dahin gehen, daß der Empfänger der Willenserklärung eine schriftliche Ausfertigung des Telegramms erhält. Das aufgegebene Telegramm braucht keineswegs vom Absender unterzeichnet zu sein. Die entgegengesetzte Meinung von Cosack (Bd. 1 § 60 e, III), welcher für Verträge das Erforderniß der eigenhändigen Unterzeichnung der Urschrift der Telegramme durch den Absender aufstellt, beruht wohl auf einer jetzt unhaltbaren Reminiscenz an E. I § 92. Der Gegenkontrahent hätte auch gar keine Möglichkeit, die Echtheit dieser Unterschrift zu prüfen, da er die Urschrift ja doch nicht zu sehen bekommt. Der Absender selbst braucht überhaupt nichts Schriftliches von sich zu geben; es genügt, wenn er z. B. seinen Bedienten beauftragt, auf dem Telegraphenamt das Telegramm zu schreiben und aufzugeben, und dieser den Auftrag vollzieht. Uebermittelt ist das Telegramm dann, wenn es dem Adressaten zugegangen ist. (Vgl. § 130.) Ueber die Folgen unrichtiger Uebermittelung s. § 120. — Vgl. auch RGE. Bd. 46 S. 243.

b) Briefwechsel genügt bei einem Vertrage (KB. 27). Es braucht also nicht nach § 125 Abs. 2 verfahren zu werden. Bei einseitigen Willenserklärungen kann die Briefform ohnehin schon nach § 126 genügen, wenn der Brief vom Aussteller eigenhändig durch Namensunterschrift oder mittelst gerichtlich oder notariell beglaubigten Handzeichens unterzeichnet ist. Bestritten ist, ob die im Falle gewillkürter Schriftform durch § 127 zugelassenen Briefe mit eigenhändiger Namensunterschrift versehen sein müssen. (Ja: Hoelder, Komm. Bem. 3 zu § 127; Cosack Bd. 1 § 60 e, III. Nein: Planck Bem. 2 zu § 127; verneinend auch Fischer-Henle, 6. Aufl. Bem. 2 zu § 127 und Crome, System Bd. 1 S. 390, welche übereinstimmend annehmen, § 126 Abs. 1 bleibe „insoweit außer Anwendung".) Mit rein grammatikalischer und logischer Interpretation ist hier nicht auszukommen, da sie bei der nicht einwandfreien Gesetzesredaktion (Aenderung durch die RTK.) beide Auffassungen ermöglicht. Aber eben weil der Wortlaut des Gesetzes Zweifel übrig läßt, dürfte die Verneinung der Formerschwerung den Vorzug haben; denn das BGB. ist grundsätzlich nicht der Formalisirung, sondern der Formfreiheit gewogen (vgl. Bem. I, 2 zu § 125). Die Verneinung liegt auch im Verkehrsinteresse, welchem es widerstrebt, daß bei gewillkürter Schriftform alles in nichtunterschriebenen Nachschriften der Briefe Erklärte nichtig ist. Für alle Fälle giebt der Schlußsatz des § 127 eine Möglichkeit der Sicherstellung.

3. Ist die Form der telegraphischen Uebermittelung oder bei einem Vertrage die des Briefwechsels gewählt, so kann der Empfänger der Erklärung (beim Briefwechsel also jeder Kontrahent) nachträglich eine der gesetzlichen Schriftform des § 126 entsprechende Beurkundung verlangen und eventuell darauf klagen. Damit wird aber nicht nachträglich ein neues Formerforderniß geschaffen, sondern die nach § 127 gewahrte obligatorische Schriftform genügt zur Wirksamkeit der Erklärung, auch wenn nachträglich das Verlangen der Beurkundung nach § 126 gestellt wird. Die Hauptbedeutung dieses nachträglichen Verlangens liegt in der Beweisverstärkung. Vgl. CPO. § 416.

§ 128.

Ist durch Gesetz gerichtliche oder notarielle Beurkundung eines Vertrags vorgeschrieben, so genügt es, wenn zunächst der Antrag und sodann die Annahme des Antrags von einem Gericht oder einem Notar beurkundet wird.

E. I, –; II, 106 a; III, 124.

1. Das von der öffentlichen Beglaubigung wohl zu unterscheidende Erforderniß der gerichtlichen oder notariellen Beurkundung einer Willenserklärung kann seinen Grund im Gesetz oder in Parteiwillkür haben. Wenn das Gesetz gerichtliche oder notarielle Beurkundung eines Vertrags vorschreibt (mit diesem Falle allein beschäftigt sich § 128), tritt im Verkehrsinteresse insofern eine Erleichterung ein, als nicht simultane Beurkundung der beiden übereinstimmenden Willenserklärungen erforderlich ist, sondern es genügen soll, wenn successive zuerst der Antrag und dann die Annahme beurkundet wird. Vorausgesetzt ist natürlich, daß die beiden successive zu beurkundenden Erklärungen kongruent sind, so daß der Antrag und die Annahme einander entsprechen; vgl. RGE. Bd. 52 S. 437. Gleichzeitige Anwesenheit der Parteien vor Gericht oder dem Notar ist bei diesen beiden Beurkundungsakten gemeinhin nicht erforderlich. (Vgl. unten Bem. 3.) Vereinbaren die Parteien, ein Vertrag solle gerichtlich oder notariell beurkundet werden, so ist es lediglich eine Frage der Auslegung des Parteiwillens, ob simultane Beurkundung erforderlich sein oder successive Beurkundung genügen soll. Planck (Bem. 3 zu § 128) und Gareis (Komm. Bem. 1 zu § 128) meinen, auch bei vertragsmäßig vereinbarter öffentlicher Beurkundung müsse, wie sich aus §§ 152 u. 154 ergebe*), in Ermangelung der Feststellung anderer Willensmeinung die successive Beurkundung des § 128 genügen. Das geht aber aus den angeführten Gesetzesstellen doch wohl nicht zwingend hervor. § 154 Abs. 2 sagt nur, bei verabredeter Beurkundung sei im Zweifel der Vertrag nicht geschlossen, bis die Beurkundung erfolgt ist. Er beschäftigt sich also lediglich mit der Frage der Perfektion des Vertrags, nicht mit der Frage, wie die Beurkundung erfolgen müsse. § 152 trifft für die Fälle gerichtlicher oder notarieller Beurkundung bei nicht gleichzeitiger Anwesenheit beider Parteien die Dispositivbestimmung (nicht Auslegungsregel!), daß der Vertrag mit der nach § 128 erfolgten Beurkundung der Annahme zu Stande kommt d. h. daß es einer Erklärung der Annahme gegenüber dem Antragenden nicht bedarf. Er sagt aber nichts darüber, welches die Fälle sind, in welchen die gerichtliche oder notarielle Beurkundung überhaupt ohne gleichzeitige Anwesenheit der Parteien geschehen kann, wann also eine solche Art der Beurkundung ohne Formverletzung überhaupt möglich ist. Die §§ 152, 154 enthalten demnach nicht eine Bejahung oder Verneinung eines Formerfordernisses, sondern befassen sich mit der davon verschiedenen Frage des Zeitpunkts der Vertragsvollendung. Trotzdem wird man Planck und Gareis im Resultate zustimmen und auch bei gewillkürtem Beurkundungszwange die successive Beurkundung im Zweifel als genügend erachten müssen und zwar aus der allgemeinen Erwägung, daß der prinzipielle Ausgangspunkt des BGB. die Formfreiheit ist, woraus gefolgert werden kann, daß, wo das schwerere Formerforderniß nicht zweifellos vorgeschrieben ist, das geringere genügen muß. (Anderer Ansicht ist anscheinend Hoelder, Komm. Bem. zu § 128, welcher sagt: „Ist durch Privatwillenserklärung gerichtliche oder notarielle Beurkundung eines Vertrags bestimmt, so ist im Zweifel gemeint die Beurkundung der vollendeten Vereinbarung seines Inhaltes durch die Parteien.")

Der vorgeschriebenen Form der gerichtlichen Beurkundung wird auch durch den Abschluß eines prozeßgerichtlichen protokollirten (vgl. CPO. §§ 160, 162, 163) Vergleichs genügt; RGE. Bd. 48 S. 183 ff.; Jur. Wschr. 1901 S. 473; Droncke, Der Prozeßvergleich als Ersatz der gerichtlichen oder notariellen Beurkundung, in Zeitschr. f. Civilprozeß Bd. 30 S. 47 ff.

Regelmäßig ist bei Wahrung der Form des § 128 der Vertrag perfekt mit der Beurkundung der Annahme, ohne daß davon der Antragende Kenntniß haben mußte. Es kann aber sein, daß der beurkundete Antrag einen bestimmten Tag oder eine bestimmte Frist enthält, bis zu welchem oder bis zu deren Ablauf der Antragende nur gebunden sein will; dies ist im Zweifel so aufzufassen, daß der Antragende nicht mehr gebunden sein will, wenn er nicht bis zu jenem Zeitpunkte Kenntniß von der formgerechten Annahmeerklärung erhält; vgl. RGE. Bd. 49 S. 127 ff.

2. Ist nur die Willenserklärung einer Partei gerichtlich oder notariell zu beurkunden, sei es, daß es sich um einseitige Willenserklärungen handelt, sei es, daß bei einem Vertrage nur die eine Willenserklärung beurkundungsbedürftig ist (§ 518),

---

*) Diese Begründung scheint Planck in der 3. Aufl., da hier der Hinweis auf die §§ 152, 154 fehlt, aufgegeben zu haben.

so genügt ohne Rücksicht auf Empfangsbedürftigkeit der Willenserklärung die öffentliche Beurkundung der Erklärung selbst. Die zur Wirksamkeit weiter erforderliche Thatsache des Zugehens (s. § 130) braucht nicht beurkundet zu werden.

3. Für einseitige Willenserklärungen ist im BGB. amtliche Beurkundung vorgeschrieben in den Fällen der §§ 1516 Abs. 2, 1517, 1730, 1748 Abs. 3, 2282 Abs. 3, 2291 Abs. 2, 2296 Abs. 2; für Errichtung (und Widerruf) letztwilliger Verfügungen zum Theil in qualifizirter Form und wahlweise, vgl. die §§ 2231 Nr. 1, 2232 ff., 2254, 2301. — Mit Unrecht nennt hier Fischer-Henle (noch in der 6. Aufl.) den § 81; das Stiftungsgeschäft unter Lebenden bedarf (nach dem Reichstagsbeschlusse) nicht der gerichtlichen oder notariellen Beurkundung, sondern nur der schriftlichen Form (s. Bem. I, 2 zu § 81).

Für Verträge ist im BGB. amtliche Beurkundung vorgeschrieben in den Fällen der §§ 311, 312 Abs. 2, 313 (vgl. § 1017), 873 Abs. 2, 877, 1491 Abs. 2, 1501 Abs. 2, 2033 (vgl. § 2037), 2348, 2351, 2352, 2371, 2385. Dagegen ist in dem von Hellmann (Vortr. S. 81) hier weiter angeführten Falle des § 518 von successiver Beurkundung keine Rede; nur die einseitige Erklärung des Schenkungsversprechens bedarf der Beurkundung, nicht auch die Annahme (vgl. Bem. II, 1 zu § 518).

In einer Reihe von Fällen erfordert das Gesetz ausdrücklich die Errichtung des Vertrags vor Gericht, vor dem Notar oder dem Grundbuchbeamten bei gleichzeitiger Anwesenheit beider Parteien (simultane Beurkundung). Vgl. §§ 925, 1015, 1434, 1750 Abs. 2, 1770, 2276, 2290 Abs. 4.

Das HGB. spricht in § 182 davon, daß bei der Gründung einer Aktiengesellschaft der Inhalt des Gesellschaftsvertrags in gerichtlicher oder notarieller „Verhandlung" festgestellt werden muß. Damit ist einheitliche Verhandlung, also simultane Beurkundung (= Errichtung) gemeint. So auch Staub, Komm. z. HGB., 6. u. 7. Aufl. S. 560.

Eine besondere Beurkundungsform hat die Eheschließung. S. § 1317 und Bem. dazu in Bd. IV.

4. Zuständigkeit und Verfahren bei der gerichtlichen oder notariellen Beurkundung sind nicht im BGB. geregelt (Ausnahmen §§ 2232 ff.: 2275 ff.), sondern im FG. §§ 167—184. Zuständig zur gerichtlichen Beurkundung sind demnach die Amtsgerichte, in den Fällen des § 184 FG. auch die Geschwaderauditeure. Die Vorschriften des FG. können durch die Landesgesetzgebung ergänzt werden. Soweit durch Landesgesetz allgemeine Vorschriften über die Errichtung gerichtlicher oder notarieller Urkunden erlassen sind, ist ein Verstoß gegen eine solche Vorschrift, unbeschadet der Vorschriften über die Folgen des Mangels der sachlichen Zuständigkeit, ohne Einfluß auf die Gültigkeit der Beurkundung (FG. § 200). Für das Militärtestament vgl. auch EG. z. BGB. Art. 44.

5. Die reichsgesetzlich zugelassene Wahlbefugniß zwischen gerichtlicher und notarieller Beurkundung kann durch die Landesgesetzgebung aufgehoben werden. Nach Art. 141 EG. (s. Bem. hiezu) können nämlich die Landesgesetze bestimmen, daß für die Beurkundung von Rechtsgeschäften, die nach den Vorschriften des BGB. gerichtlicher oder notarieller Beurkundung bedürfen, entweder nur die Gerichte oder nur die Notare zuständig sind.

In Bayern sind nur die Notare zuständig auf Grund des Art. 167 Ziff. I bayr. AG. z. BGB., welcher den einschlägigen Art. 15 AG. z. RGVG. abändert, mit Art. 1 bayr. Not.Ges. vom 9. Juni 1899.

In Preußen sind die Gerichte und Notare zuständig (Gesetz vom 21. September 1899 Art. 31); ebenso in Sachsen (Gesetz vom 15. Juni 1900 § 37); in Württemberg (Gesetz vom 28. Juli 1899 Art. 105) und in Baden (Rechtspolizeiges. v. 17. Juni 1899 §§ 34 ff.) im Allgemeinen nur die Notare, jedoch mit Ausnahmen.

Für die Schutzgebiete kann nach § 6 Nr. 8 Schutzgeb.G. vom 25. Juli 1900 für die gerichtliche oder notarielle Beurkundung von Rechtsgeschäften mit Ausschluß der Verfügungen von Todeswegen ein einfacheres Verfahren vorgeschrieben sowie die Zuständigkeit der Notare eingeschränkt werden. S. dazu VO. vom 9. November 1900 § 11.

6. Ueber die Beweiskraft der öffentlichen Urkunden s. CPO. § 415. Daß die Annahme eines Vertragsantrags, wie es zum Zustandekommen des Vertrags an sich erforderlich ist, auch dem Antragenden zugegangen sei, wird durch die öffentliche Beurkundung gemäß § 128 nicht bewiesen. Dieser Beweis wird aber entbehrlich durch die Vorschrift des § 152.

§ 129.

Ist durch Gesetz für eine Erklärung öffentliche Beglaubigung vorgeschrieben, so muß die Erklärung schriftlich abgefaßt und die Unterschrift des Erklärenden von der zuständigen Behörde oder einem zuständigen Beamten oder Notar beglaubigt werden. Wird die Erklärung von dem Aussteller mittelst Handzeichens unterzeichnet, so ist die im § 126 Abs. 1 vorgeschriebene Beglaubigung des Handzeichens erforderlich und genügend.

Die öffentliche Beglaubigung wird durch die gerichtliche oder notarielle Beurkundung der Erklärung ersetzt.

E. I, —; II, —; III, 125.

1. Für eine Reihe von formbedürftigen Erklärungen verlangt das Gesetz nicht amtliche Beurkundung, sondern begnügt sich mit der Beobachtung einer Formvorschrift leichteren Grades, der öffentlichen Beglaubigung. Für diese Fälle will die in E. I und II fehlende, auf Vorschlag des Bundesraths aufgenommene Vorschrift des § 129 klarstellen, was im BGB. (und ebenso in anderen Reichsgesetzen) unter öffentlicher Beglaubigung zu verstehen ist. Nicht die Erklärung selbst muß öffentlich beurkundet werden, sondern nur die Unterschrift muß beglaubigt werden. Für die Erklärung selbst genügt einfache Schriftlichkeit. Das gilt nicht nur für die Fälle, in welchen das Gesetz selbst sagt, die Unterschrift sei zu beglaubigen, sondern auch für diejenigen, in welchen es sagt, die Erklärung oder die Urkunde oder eine Vollmacht oder ein Auszug müsse öffentlich beglaubigt werden.

Wird beim Gebrauche der Schriftform die Erklärung nicht mit dem Namen, sondern mit öffentlich beglaubigtem Handzeichen unterzeichnet, so ist zwischen der gesetzlichen Schriftform des § 126 und der öffentlichen Beglaubigung des § 129 ein Unterschied überhaupt nicht zu entdecken. Das Handzeichen muß dann, entsprechend den Vorschriften des § 126 Abs. 1, gerichtlich oder notariell (s. jedoch EG. Art. 141 sowie die folgende Bem. 4) beglaubigt sein. Die Erklärung muß auch beim Gebrauche des Handzeichens vorher schriftlich abgefaßt sein, gleichviel durch wen.

2. Im BGB. ist öffentliche Beglaubigung vorgeschrieben in den §§ 77, 371, 403, 411, 444, 1035 (dazu 1372), 1154 (nur „auf Verlangen"), 1342, 1491, 1492, 1528 („auf Verlangen"), 1560, 1577, 1597, 1599, 1662, 1706, 1945 (dazu 1955), 1984 Abs. 2, 2020 und 2121 Abs. 1 („auf Verlangen"), 2198 (dazu 2199 Abs. 3), 2215 Abs. 2 (auf Verlangen").

Von anderen Reichsgesetzen vgl. HGB. § 12; CPO. §§ 726, 727, 750, 751, 756; ZwVG. §§ 71, 81, 84, 91, 143. 144.

3. Die Unterschrift ist zu beglaubigen. Da die Unterschrift selbst aber unter dem Text stehen muß (s. Bem. 3 zu § 126), vermag die Beglaubigung selbst auch nur den Inhalt der Urkunde zu decken, welcher über der Unterschrift steht, nicht nachträgliche Zusätze (Postskripta). Solche müßten neu mit Unterschrift versehen und diese Unterschrift neu beglaubigt werden. Auch Zusätze, welche zeitlich nach der Beglaubigung der Unterschrift in den durch die Unterschrift gedeckten Text eingesetzt werden, werden durch die Beglaubigung nicht gedeckt. — Vgl. Entsch. FG. Bd. 2 S. 101.

Die Unterschrift muß den Namen oder die Firma des Ausstellers enthalten. Daß sie gerade den Familiennamen angeben müsse, wird man auch hier (s. Bem. 5, e zu § 126) mit Rücksicht auf die traditionelle Sitte vieler fürstlicher Personen, nur mit ihrem Vornamen zu unterzeichnen, nicht fordern dürfen. (Anders Fischer-Henle, 6. Aufl. Bem 2 zu § 129.)

4. Wer zur Unterschriftsbeglaubigung zuständig ist, ergiebt sich nicht aus dem BGB., sondern aus FG. §§ 167, 191 (vgl. auch § 200). Nach § 167 Abs. 2 FG. ist die Zuständigkeit der Amtsgerichte neben der Zuständigkeit der Notare gegeben, nach § 191 FG. bleiben aber die landesgesetzlichen Vorschriften unberührt, nach welchen auch andere Behörden oder Beamte zuständig sind; ferner kann durch Landesgesetz die Zuständigkeit der Amtsgerichte für die öffentliche Beglaubigung der Unterschrift oder eines Handzeichens ausgeschlossen werden. (EG. Art. 141 kommt hier nicht in Betracht.)

In Bayern sind nur die Notare zuständig (Not.G. Art. 1), nicht die Amtsgerichte (bayr. AG. z. BGB. Art. 167 Ziff. I mit AG. z. GVG. Art. 15), auch keine anderen Behörden oder Beamten. In Preußen sind die Amtsgerichte und die Notare zuständig, in Sachsen (Gesetz vom 15. Juni 1900 §§ 37, 41) die Amtsgerichte, Notare und Gerichtsschreiber; in Württemberg (AG. Art. 124) die Amtsgerichte, Notare, Ortsvorsteher und Rathsschreiber; in Baden (Rechtspol.G. §§ 41, 42) die Amtsgerichte, Notare und Bürgermeister.

Das zu beobachtende Verfahren ergiebt sich aus FG. § 183; dazu für Bayern Not.G. Art. 35, 28 und FG. § 176 Abs. 3.

5. Die öffentliche Beglaubigung wird wie die einfache Schriftform durch gerichtliche oder notarielle Beurkundung (s. § 128) ersetzt. Das ist eine einfache Anwendung des Satzes: plus continet minus. Der Gegenstand der öffentlichen Beurkundung nach § 128 ist nämlich umfassender als der der öffentlichen Beglaubigung nach § 129, insofern sich

die öffentliche Beurkundung nach § 128 auf den Inhalt der Willenserklärung einer Person und auf die Identität dieser Person bezieht, während durch die öffentliche Beglaubigung nur beurkundet wird, daß diese Person die in dieser Urkunde vorliegende Willenserklärung mit ihrer Unterschrift bezw. ihrem Handzeichen versehen habe. Vgl. Hoelder, Komm. Bem. 3 zu § 129.

6. Durch die bloße Unterschriftsbeglaubigung, von welcher § 129 spricht, erhält nicht die ganze Urkunde den Charakter einer öffentlichen Urkunde (im Sinne des § 415 CPO.). Wo daher das BGB. eine „öffentliche Urkunde" fordert (s. §§ 1718, 1720 Abs. 2), kann diesem Erfordernisse nicht einfach im Wege des § 129 Genüge gethan werden. (Ueber die öffentlichen Urkunden der §§ 1718, 1720 s. FG. §§ 167, 191.) Der Beglaubigungsvermerk selbst ist öffentliche Urkunde.

§ 130.*)

Eine Willenserklärung, die einem Anderen gegenüber abzugeben ist, wird, wenn sie in dessen Abwesenheit abgegeben wird, in dem Zeitpunkte wirksam, in welchem sie ihm zugeht. Sie wird nicht wirksam, wenn dem Anderen vorher oder gleichzeitig ein Widerruf zugeht.

Auf die Wirksamkeit der Willenserklärung ist es ohne Einfluß, wenn der Erklärende nach der Abgabe stirbt oder geschäftsunfähig wird.

Diese Vorschriften finden auch dann Anwendung, wenn die Willenserklärung einer Behörde gegenüber abzugeben ist.

E. I, 74; II, 107 Abs. 1 u. 2, 109; III, 126.

1. Die §§ 130 und 131 befassen sich mit dem Zeitpunkte der rechtlichen Wirksamkeit der Willenserklärung.

Die hier gegebenen Vorschriften beziehen sich nicht nur auf einseitige d. h. solche Rechtsgeschäfte, welche die Willenserklärung nur einer Partei als wesentliches Element enthalten, wie Kündigung**), Mahnung, Anfechtung u. s. w., sondern auch auf mehrseitige Rechtsgeschäfte, Verträge, welche begrifflich eine Mehrzahl von Willenserklärungen der betheiligten Personen voraussetzen; auch Verträge bestehen also grundsätzlich erst dann als wirksam, wenn für jede der ihnen wesentlichen Willenserklärungen die Merkmale der Vollendung nach Maßgabe der §§ 130—132 gegeben sind (vgl. jedoch die §§ 151, 152).

Das BGB. geht bei der Frage, wann eine Willenserklärung rechtlich vollendet d. h. rechtswirksam ist, von der Unterscheidung zwischen empfangsbedürftigen und nichtempfangsbedürftigen Willenserklärungen aus. S. darüber Näheres oben Vorbem. III vor § 116.

Die nichtempfangsbedürftigen Willenserklärungen sind, wenn die etwa gesetzlich vorgeschriebene Form gewahrt ist, rechtlich vollzogen, sobald sie thatsächlich abgegeben sind, unabhängig davon, ob damit anderen Personen bereits Kenntniß oder auch nur die subjektive Möglichkeit einer Kenntnißnahme von dieser Willensäußerung gegeben ist. So z. B. die Okkupation.

Empfangsbedürftige Willenserklärungen d. h. solche, die einem Anderen gegenüber abzugeben sind, werden in dem Zeitpunkte wirksam, in welchem sie ihm zugehen. Das Gesetz sagt dies in § 130 freilich nur für solche Willenserklärungen, welche in Abwesenheit dessen abgegeben werden, dem sie gelten. Dasselbe ist aber auch für Willenserklärungen unter Anwesenden zu behaupten (s. darüber oben Vorbem. III vor § 116 und die unten folgende Bem. 3). Auch bei diesen ist zur Vollendung keine thatsächliche Kenntnißnahme durch den Adressaten erfordert, sondern nur das Zugehen an den Adressaten.

---

*) Literatur: Hölder in der D. Jur.Z. 1901 S. 346; Franz Leonhard, Die Wahl bei der Wahlschuld, zugleich ein Beitrag zur Lehre von der Wirksamkeit der Rechtsgeschäfte, in Jherings Jahrb. Bd. 41 S. 1 ff., insbes. S. 33 ff.; Koppers, Die Vollendung empfangsbedürftiger mündlicher Willenserklärungen, in Gruchot, Beitr. Bd. 46 S. 225 ff.; David, Verhinderung bei Abgabe einer empfangsbedürftigen Willenserklärung, in Gruchot, Beitr. Bd. 46 S. 232 ff.; Habicht in D. Jur.Z. 1901 S. 112 ff.; Binder, Die Rechtsstellung des Erben (1901) S. 86 ff.

**) Ueber diese speziell Thiele, Die Kündigung, insbesondere beim Darlehen nach dem BGB., im Archiv f. d. civilist. Praxis Bd. 89 S. 85 ff. Vgl. auch Rspr. d. OLG. Bd. 5 S. 142.

Normaler Weise fällt freilich bei Erklärungen unter Anwesenden das Abgeben, Zugehen und Kenntnißnehmen zusammen.

2. An sich sind bezüglich des Zeitpunkts, welcher als maßgebend für den Eintritt der Wirksamkeit der Willenserklärung unter Abwesenden angesehen wird, vier Möglichkeiten denkbar. Man kann den Zeitpunkt entscheiden lassen, in welchem der Willensentschluß äußere Gestalt gewinnt — Aeußerungstheorie; oder den Zeitpunkt, in welchem die Willenserklärung abgesendet wird, z. B. durch Aufgabe des Schreibens zur Post, durch Entsendung eines mit Ueberbringung des Schreibens oder mit mündlicher Bestellung beauftragten Boten — Uebermittelungstheorie; oder den Zeitpunkt, in welchem die Willensäußerung demjenigen zugeht, an welchen sie gerichtet ist, also z. B. der Brief oder das Telegramm bei ihm abgeliefert wurde, ohne Rücksicht auf die thatsächliche Kenntnißnahme von der Erklärung — Empfangstheorie; oder endlich den Zeitpunkt, in welchem der Adressat thatsächlich Kenntniß von der ihm zugegangenen Willensäußerung genommen hat — Vernehmungstheorie. (M. I, 156.) In der gemeinrechtlichen Lehre sowie für das PLR. vermochte keine dieser Theorien eine entschiedene Herrschaft über die andere zu behaupten. Durch die spätere Gesetzgebung wurde jedoch der Sieg der Empfangstheorie vorbereitet; vgl. österr. GB. § 862, sächs. GB. § 815; Züricher GB. §§ 904, 906; Schweizer Obl.R. Art. 3, 7; und vor allem HGB. Art. 319—321 a. F.

Die Empfangstheorie entspricht am meisten den Bedürfnissen des Verkehrs. Diesen kann eine Theorie nicht gerecht werden, welche, wie die Aeußerungs- und Uebermittelungstheorie, den Adressaten in die Lage bringen kann, eine ihn angehende Willenserklärung als wirksam anerkennen zu müssen, wenn er nicht einmal die Möglichkeit hatte, von ihr Kenntniß zu nehmen. Ebensowenig ist aber dem Verkehrsinteresse mit der in das entgegengesetzte Extrem verfallenden Theorie gedient, welche dem Adressaten die Möglichkeit giebt, das Wirksamwerden der ihm bereits zugegangenen Erklärung durch die in seinem Belieben stehende Verweigerung der Kenntnißnahme zu vereiteln. Auch darf im Streitfalle nicht dem Erklärenden der Beweis zugemuthet werden, daß der Erklärungsempfänger die Erklärung wirklich in sein Bewußtsein aufgenommen habe; das wäre die reinste probatio diabolica. Auch die Vernehmungstheorie ist also unzweckmäßig.

Mit gutem Grunde folgt daher das BGB. in § 130 der Empfangstheorie.

3. Entscheidend ist demnach der Zeitpunkt des Zugehens der Willenserklärung an den Adressaten. Zugegangen ist die Willenserklärung dann, wenn die Möglichkeit ihrer Wahrnehmung durch den Adressaten empirisch begründet ist. Was darunter zu verstehen ist, wurde bereits in der Einl. vor diesem Titel (oben Vorbem. III vor § 116) näher erörtert. Das Zugehen darf, um die ihm durch das Gesetz zugeschriebene rechtliche Bedeutung zu haben, nicht gegen den Willen des Erklärenden erfolgt sein. Habe ich also z. B. eine Willenserklärung schriftlich abgefaßt und unterschrieben, das Schriftstück aber, weil ich mir die Sache noch einmal überlegen will, auf meinem Schreibtische liegen lassen, so wird die Erklärung nicht dadurch rechtswirksam, daß ein Unbefugter sie von meinem Tische wegnimmt und dem Adressaten zugehen läßt.

Eine Willenserklärung durch abzuholende Postsendung ist zugegangen, wenn die Zeit der Abholung nach den Regeln eines ordnungsmäßigen Geschäftsbetriebs eingetreten ist; s. Rathenau in D. Jur.Z. 1902 S. 147 ff.

Auch mittelbare Willenserklärungen (s. Vorbem. II vor § 116) können einer bestimmten Person zugehen. S. darüber oben Vorbem. III vor § 116.

Die Frage, ob eine Erklärung ihrem Adressaten zugegangen ist, ist zwar an sich verschieden von der der Zulässigkeit des gewählten Erklärungsmittels; beide Fragen stehen aber doch, wie sich aus Folgendem ergiebt, in engem Zusammenhange. Der Zweck des Zugehens ist die Kenntnißnahme von der Willenserklärung durch den Empfänger. Nun erfordert ja der Begriff des Zugehens keineswegs, daß dieser Zweck sich im Einzelfalle thatsächlich verwirkliche. Immerhin darf dem Zugehen die ihm eigenthümliche Rechtswirkung dann nicht zugeschrieben werden, wenn von vornherein die Möglichkeit der Zweckerfüllung ausgeschlossen ist. Das ist der Fall, wenn das gewählte Erklärungsmittel ein solches ist, daß es dem Erklärungszwecke gegenüber diesem Adressaten gar nicht dienen kann. Das Erklärungsmittel muß ein zulässiges sein; was zulässig ist, läßt sich dabei nicht absolut bestimmen, sondern muß nach der Verkehrsübung und Lebenserfahrung bemessen werden. Wenn ein Diplomat dem anderen in einem französischen Briefe eine Willenserklärung abgiebt, so ist das etwas anderes, als wenn ein Gutsbesitzer seinem Knechte einen französischen Brief schreibt. Im ersten Falle ist die Möglichkeit der Kenntnißnahme durch den Empfänger empirisch begründet, im zweiten nicht. Es wird also beim Adressaten Erkenntnißfähigkeit in Bezug auf das Erklärungsmittel erfordert. Aber sie ist nur zu fordern ohne Rücksicht darauf, ob sie ihm gerade im konkreten Falle in Folge besonderer Umstände vielleicht mangelt. Erklärt demnach der Gutsbesitzer seinem Knechte, der des Lesens kundig ist, seinen Willen in einem deutsch geschriebenen Briefe, kann aber der Knecht gerade in Folge einer Augenentzündung thatsächlich nicht lesen, so tritt die rechtliche Wirkung des Zugehens trotz dieses besonderen Umstandes ein. Anders wiederum, wenn der Gutsbesitzer selbst weiß, daß der Knecht wegen Augenentzündung nicht lesen kann; denn dann ist das Verhalten des Erklärenden gegenüber dem Erklärungsempfänger kein derartiges, daß es mit Sicherheit zum Schlusse auf den Geschäftswillen des Erklärenden nöthigt; dieser Schluß wird eben dadurch vereitelt, daß der Erklärende sich mit Bewußtsein eines untauglichen Mittels bedient hat. Das Alles gilt für Willenserklärungen unter Anwesenden in gleicher Weise, wie für solche unter Abwesenden; ein durchschlagender Grund für eine Verschiedenheit in der rechtlichen Behandlung beider Fälle ist nicht ersichtlich. Ich kann daher z. B. dem gegenüber, den ich als taub kenne, mündlich keine Willenserklärung abgeben. (S. oben Vorbem. II, 1 vor § 116.) Ergiebt sich für die Wirksamkeit der Willenserklärung gegenüber Abwesenden und gegenüber Anwesenden ein Unterschied, so hat dieser seinen Grund in der Verschiedenheit der thatsächlichen Verhältnisse, nicht der Rechtsregeln. Einem Abwesenden geht eine Willenserklärung mit Rechtswirksamkeit zu, auch wenn er im Augenblicke des Zugehens ein Mittagsschläfchen macht oder in der Narkose ist; einem anwesenden Schlafenden oder Narkotisirten kann sie nicht zugehen nach der Regel, daß der Erklärende sich nicht bewußt eines untauglichen Erklärungsmittels bedienen darf, einer Regel, die ebenso für Erklärungen unter Abwesenden gilt; ist der Schlafende anwesend, so weiß der Erklärende, daß jedes Erklärungsmittel ihm gegenüber jetzt untauglich ist; ist er abwesend, so weiß der Erklärende von dieser Besonderheit seines Zustandes nichts, es fehlt also an der thatsächlichen Voraussetzung für die Anwendung der Regel.

Gegen diese Auffassung läßt sich nicht etwa einwenden, daß § 130 schlechthin das Zugehen als entscheidend erkläre und von Tauglichkeit oder Untauglichkeit des Erklärungsmittels sowie vom Wissen des Erklärenden hierum keine Rede sei. Dieser Einwand würde einer petitio principii gleichkommen. Die Frage ist eben: was heißt „Zugehen“? Diese Frage muß in erster Linie aus dem Zwecke der Vorschrift beantwortet werden. Nun lehnt aber das BGB. die Vernehmungstheorie sicher nicht deßhalb ab, weil ihm eine Aufnahme der Willenserklärung in das Bewußtsein des Erklärungsempfängers überhaupt als überflüssig erscheint, sondern darum, weil dem Erklärungsempfänger nicht die Möglichkeit gewährt werden soll, sich dieser Entgegennahme der Erklärung eigenwillig zu verschließen, und weil dem Erklärenden nicht der schwierige Beweis der thatsächlichen Kenntnißnahme durch den Erklärungsempfänger zugemuthet werden will. Darum kann der Anwesende das Zugehen der mündlichen Erklärung nicht dadurch verhindern, daß er sich die Ohren zuhält, der Abwesende das Zugehen des Briefes nicht dadurch, daß er ihn ungelesen ins Feuer wirft; dem Anwesenden ist die Erklärung auch dann zugegangen, wenn er so wenig aufmerkt, daß er sie gar nicht versteht. Hier ist die Fiktion der Kenntnißnahme gerechtfertigt. Aber sie ist es nicht, wo nach der allgemeinen Lebenserfahrung oder der besonderen Kenntniß des Erklärenden gar nicht die Möglichkeit einer Kenntnißnahme gegeben ist.

4. Bei unserer im Vorstehenden dargelegten Auffassung, welche die Vollendung der Willenserklärung unter Abwesenden und unter Anwesenden grundsätzlich den gleichen Regeln unterstellt, verliert die Frage, ob eine Willenserklärung eine solche unter Anwesenden oder eine solche unter Abwesenden sei, an praktischer Bedeutung. Zweifelhaft kann diese Frage namentlich bei telephonischen Willenserklärungen erscheinen, sofern diese von Person zu Person, also ohne Dazwischentreten von Mittelspersonen gemacht werden. § 147 BGB. stellt für den dort geregelten Fall den telephonischen Vertragsantrag dem einem Anwesenden gemachten Vertragsantrage gleich. Das nöthigt aber noch keineswegs zu dem Schlusse, daß der Verkehr mittelst Fernsprecher rechtlich überhaupt Verkehr unter Anwesenden sei. Die generelle Entscheidung dieser allgemeinen Frage wurde, da sich für sie „schwerlich eine passende Fassung finden lassen“ würde, von der II. Komm. (P. I, 78 ff.) mit Absicht vermieden mit dem Hinweise, „man könne es der Wissenschaft und Praxis überlassen, den dem § 83 Satz 2 (jetzt § 147) zu Grunde liegenden Gedanken in sonstigen Fällen, soweit derselbe zutreffe, gleichfalls zu verwerten“. Vgl. auch E. Jung in d. Gießener Festgabe für Dernburg S. 140 ff.

Die herrschende Meinung behandelt nun die telephonische Erklärung, wenigstens was den Zeitpunkt ihrer Vollendung betrifft, als eine Erklärung unter Anwesenden, weil sie unmittelbar erfolgt und „nicht vermittelt wird durch einen ihrer Abgabe nachfolgenden Vorgang“ (Hoelder, Komm. Bem. 2 zu § 130; s. auch Fischer-Henle, 6. Aufl. Bem. 2 zu § 130; Crome, System Bd. 1 S. 392 Anm. 10; vgl. Endemann Bd. 1 § 66

Anm. 26; Enneccerus Bd. I S. 170; gegen eine Verallgemeinerung der Regel Isay, Die Willenserklärung im Thatbestande des Rechtsgeschäfts S. 9). Bei der telephonischen Erklärung fällt der Zeitpunkt des Zugehens wie bei der unter Anwesenden mit dem der Kenntnißnahme zusammen. Nimmt der eine Theil von der Erklärung deßhalb thatsächlich keine Kenntniß, weil er sie nicht hören will, also z. B. im entscheidenden Moment absichtlich das Hörrohr absetzt, so handelt er ebenso wie der Anwesende, der sich bei der Erklärung die Ohren zuhält, kann sich also nicht darauf berufen, die Erklärung sei ihm nicht zugegangen. Mißversteht der Erklärungsempfänger die Erklärung, was bei Erklärung durch den Fernsprecher ja viel häufiger vorkommt, als bei mündlicher Rede unter Anwesenden, so muß er die Erklärung als wirksam gelten lassen und kann nur, wenn er eine eigene auf diesem Mißverständnisse beruhende Willenserklärung abgiebt, diese nach Maßgabe des § 119 anfechten. Der Erklärende selbst kann nach § 120 anfechten, wenn der seltene Fall vorkommen sollte, daß seine Erklärung dem Erklärungsempfänger nicht wegen dessen Mißverstehens, sondern wegen anomalen Funktionirens des Fernsprechapparats selbst verfälscht zukommt. Mit Recht hebt Planck Bem. 3 zu § 130 hervor, daß, wenn es sich für den Betheiligten darum handelt, die Identität der ihm gegenüberstehenden Person zu prüfen, die Gleichstellung des telephonischen Verkehrs mit der Verhandlung unter Anwesenden nicht gerechtfertigt ist. Vgl. dazu § 119.

5. Die Zustellung durch Vermittelung eines Gerichtsvollziehers soll die Wirkung des „Zugehens" auch dann haben, wenn in ihr ein Zugehen nicht zu erblicken wäre. S. darüber § 132.

6. Rechtzeitiger Widerruf verhindert das Wirksamwerden der abgegebenen Willenserklärung. Rechtzeitig ist der Widerruf dann, wenn er vor der Willenserklärung oder wenigstens gleichzeitig mit dieser dem Adressaten zugeht. Das ist eine einfache Konsequenz des Gedankens, daß die Willenserklärung nicht schon mit ihrer Abgabe, sondern erst mit ihrem Zugehen rechtswirksam ist: solange sie noch nicht rechtswirksam ist, muß es dem Erklärenden freistehen, die zur Herbeiführung ihrer Wirksamkeit eingeleiteten Schritte rückgängig zu machen. Vgl. M. I, 158. Der schon im Art. 320 HGB. ä. F. für Handelsgeschäfte ausgesprochene Grundsatz ist also jetzt verallgemeinert. Selbstverständlich ist, daß der Widerruf vom Urheber der Willenserklärung ausgehen muß. Der Widerruf bedarf auch dann keiner bestimmten Form, wenn etwa die zu widerrufende Willenserklärung formbedürftig ist. — Vgl. auch §§ 146ff.

Die Rechtzeitigkeit des Widerrufs hat zu beweisen, wer seine Rechtswirksamkeit behauptet.

7. Stirbt der Adressat, bevor ihm die Willenserklärung zugeht, so ist das Zugehen und damit das Wirksamwerden der Erklärung eben unmöglich geworden. Wird der Adressat geschäftsunfähig, so ist das Wirksamwerden dadurch möglich, daß die Erklärung seinem gesetzlichen Vertreter zugeht. Hierüber sowie über den Fall der beschränkten Geschäftsfähigkeit des Adressaten s. § 131.

Stirbt der Erklärende nach der Abgabe der Willenserklärung oder wird er geschäftsunfähig, so ist dies nach Abs. 2 des § 130 auf die Wirksamkeit der Willenserklärung ohne Einfluß d. h. die Erklärung wird mit dem Zugehen wirksam und bindet auch den Rechtsnachfolger des Toten bezw. den gesetzlichen Vertreter des Geschäftsunfähigen; beide haben aber die Möglichkeit des Widerrufs, soweit diese der Erklärende selbst noch gehabt hätte, falls er nicht gestorben oder geschäftsunfähig geworden wäre. Daß der Tod oder die Geschäftsunfähigkeit des Urhebers der Erklärung das Wirksamwerden der einmal abgegebenen Erklärung nicht hindert, rechtfertigt sich durch die im Verkehrsinteresse gebotene Rücksichtnahme auf den Erklärungsempfänger, welcher bei gegentheiliger Entscheidung „unverschuldet in eine mißliche, unter Umständen mit erheblichen Nachtheilen für ihn verbundene Lage gerathen" könnte. (M. I, 159.)

Vorausgesetzt wird aber immer, daß der nunmehr gestorbene oder geschäftsunfähige Erklärende die Erklärung bereits abgegeben hat (ohne geschäftsunfähig zu sein). Er muß also seinerseits Alles gethan haben, was seinerseits erforderlich war, um die Wirksamkeit herbeizuführen. Wann darnach die Erklärung abgegeben, hängt ab von dem Mittel, durch welches sie nach dem Willen des Erklärenden zur Existenz gelangen soll. (Darüber eingehend Hoelder, Komm. Bem. 1 zu § 130.) Findet sich also z. B. auf dem Schreibtische des Gestorbenen eine von ihm unterzeichnete Willenserklärung, so wird diese nicht dadurch wirksam, daß Jemand sie dem Adressaten zugehen läßt. Denn der Verstorbene hatte das Schriftstück noch nicht mit seinem Willen aus der Hand gegeben, mithin noch nicht „abgegeben".

Wenn sogar die Geschäftsunfähigkeit des Erklärenden das Wirksamwerden der einmal abgegebenen Willenserklärung nicht zu hindern vermag, so vermag dies umsoweniger der Eintritt der bloßen Beschränkung seiner Geschäftsfähigkeit; ebensowenig die Eröffnung des Konkurses über sein Vermögen (übereinstimmend Jäger, Komm. z.

KO. 2. Aufl. Anm. 14 zu § 7 und Dernburg, Bürg. R. Bd. 1 § 132 unter II gegen Goldmann und Lilienthal, Bürg. R. § 32 Anm. 8).

8. Die Vorschrift des Abs. 2 ist eine dispositive, keine zwingende. Sie greift nur Platz, soweit nicht aus dem Inhalte der Erklärung selbst oder aus den Umständen eine andere Willensmeinung des Erklärenden hervorgeht. M. I, 159. Der dispositive Charakter ist nicht nur für den Fall des § 153 anzunehmen, wo er sich unmittelbar aus dem Wortlaute der Vorschrift ergiebt, sondern auch allgemein für § 130 Abs. 2 zu behaupten. (Uebereinstimmend Gareis, Komm. Bem. 8 zu § 130.)

9. Einer Behörde gegenüber muß eine Willenserklärung nach dem BGB. erfolgen in den Fällen der §§ 376 Abs. 2, 928, 976, 1577 Abs. 2 und 3, 1679 Abs. 2, 1945. Auch der Behörde gegenüber soll nach Abs. 3 die Willenserklärung dann wirksam sein, wenn sie ihr zugegangen ist, vorheriger oder gleichzeitiger Widerruf soll zulässig sein. Fischer-Henle (6. Aufl. S. 49) spricht von „Amtsempfangsbedürftigkeit". Das darf aber nicht dahin mißverstanden werden, als solle die Behörde in Ansehung solcher Willenserklärung als betheiligter Empfänger der Willenserklärung angesehen werden. M. I, 159; P. I, 71. Die Willenserklärung wird hier nicht „einem Anderen" gegenüber abgegeben. Der Behörde kann eine Erklärung selbst dann zugegangen sein, wenn zur Zeit keine zur amtlichen Kenntnißnahme von der Erklärung für die Behörde befugte Person da ist (so mit Recht Hoelder, Komm. Bem. 6 zu § 130).

Dagegen gehören diejenigen Willenserklärungen, welche gegen den Geschäftsgegner oder fakultativ gegen eine Behörde gerichtet werden können (z. B. §§ 875, 876, 880 Abs. 2, 1748), zu den sog. empfangsbedürftigen. S. Dernburg, Bürg. R. Bd. 1 § 108 Anm. 10.

10. Eine allgemeine Verpflichtung zur Entgegennahme von Willenserklärungen läßt sich aus dem Gesetze nicht herleiten. Man braucht daher auch bei längerer Abwesenheit nicht etwa einen zur Entgegennahme von Willenserklärungen legitimirten Vertreter zu bestellen. Eine Verpflichtung hiezu kann sich aber ergeben aus einem bereits bestehenden Rechtsverhältniß und zwar auch ohne ausdrückliche Abmachung aus der allgemeinen Pflicht der Wahrung von Treu und Glauben und der Beobachtung der Verkehrssitte im Rechtsverkehr. Vgl. auch Dernburg, Bürg. R. Bd. 1 § 132 Anm. 15 und Endemann § 66 Anm. 23.

Wer durch Vertrag oder den Umständen nach verpflichtet ist, eine Erklärung innerhalb einer gewissen Zeit entgegenzunehmen, kann sich nicht darauf berufen, daß ihm diese Erklärung nicht rechtzeitig zugegangen sei, wenn der Grund der Verspätung in Umständen liegt, die er selbst zu vertreten hat. Er muß die Erklärung auch noch entgegennehmen, wenn sie später unverzüglich (s. § 121) nach Beseitigung des Hindernisses ihm zugeht. So auch Dernburg a. a. O., der darauf hinweist, daß Treu und Glauben nicht nur bei Verträgen, sondern auch bei einseitigen Rechtsgeschäften maßgebend sein müssen, und mit Recht die von Habicht (in D. Jur.Z. 1901 Nr. 12) für Fälle dieser Art befürwortete Anwendung des § 162 ablehnt; (gegen Habicht auch David in Gruchot, Beitr. Bd. 46 S. 232 ff. und Planck 3. Aufl. Bem. 5 zu § 130). Das Gesetz selbst giebt keine direkte Entscheidung.

§ 131.

Wird die Willenserklärung einem Geschäftsunfähigen gegenüber abgegeben, so wird sie nicht wirksam, bevor sie dem gesetzlichen Vertreter zugeht.

Das Gleiche gilt, wenn die Willenserklärung einer in der Geschäftsfähigkeit beschränkten Person gegenüber abgegeben wird. Bringt die Erklärung jedoch der in der Geschäftsfähigkeit beschränkten Person lediglich einen rechtlichen Vortheil oder hat der gesetzliche Vertreter seine Einwilligung ertheilt, so wird die Erklärung in dem Zeitpunkte wirksam, in welchem sie ihr zugeht.

E. I, 66; II, 107 Abs. 3; III, 127.

1. Die Vorschrift befaßt sich mit dem Wirksamwerden empfangsbedürftiger Willenserklärungen gegenüber Geschäftsunfähigen (Abs. 1) und in der Geschäftsfähigkeit beschränkten Personen (Abs. 2).

Bei solchen Rechtsgeschäften, deren Wirksamkeit nicht davon abhängt, daß sie gegenüber demjenigen vorgenommen werden, auf dessen Rechtslage eingewirkt werden soll, kann auf dessen Geschäftsfähigkeit oder -unfähigkeit nichts ankommen; es ist also z. B. für die Wirksamkeit einer letztwilligen Verfügung gleichgültig, ob der eingesetzte Erbe geschäftsfähig oder geschäftsunfähig ist. Vgl. M. I, 139. Anders bei solchen Geschäften, welche, um wirksam zu sein, in der Richtung auf einen bestimmten Betheiligten vorzunehmen sind (Beispiele in den §§ 143, 263, 284, 293, 333, 349, 388, 409, 497, 505, 531, 609). Bei solchen Geschäften soll nicht zum Schaden des Empfängers der Willenserklärung sofortige Wirksamkeit der Erklärung eintreten, wenn der Empfänger gar nicht im Stande ist, in Folge der ihm zugegangenen Willenserklärung nun selbst rechtlich zu handeln und das wirthschaftlich Erforderliche zu thun. Die Wirksamkeit soll daher hier regelmäßig erst dann eintreten, wenn die Person, welche an Stelle des Betheiligten rechtlich handeln soll, also sein gesetzlicher Vertreter, durch den Zugang der Willenserklärung in die Lage gebracht ist, dies zu thun. Diese Erwägung trifft in gleicher Weise zu, ob es sich um Willenserklärungen unter Abwesenden oder unter Anwesenden handelt. Auch die dem anwesenden Kinde gegenüber mündlich abgegebene Willenserklärung entbehrt der Wirksamkeit, solange nicht der gesetzliche Vertreter des Kindes die Möglichkeit der Kenntnißnahme hat. Darüber, wann diese Möglichkeit unter Abwesenden, wann sie unter Anwesenden als gegeben zu erachten sei, s. die Bem. 3 zu § 130.

2. Wer geschäftsunfähig ist, sagt § 104. Wer sich im Zustande der Bewußtlosigkeit oder vorübergehender Störung der Geistesthätigkeit befindet (§ 105 Abs. 2), dessen Willenserklärungen sind zwar nichtig, aber er gehört nicht zu den Geschäftsunfähigen. Den in § 105 Abs. 2 genannten Personen gegenüber können daher grundsätzlich Willenserklärungen mit Wirksamkeit abgegeben werden (vgl. oben Bem. 4 zu § 105, wo auch die unter § 105 Abs. 2 fallenden Zustände genannt sind). Auf die Bewußtlosen und vorübergehend geistig Gestörten bezieht sich also § 131 nicht. Aber es ist zu beachten, daß bezüglich des Zugehens von Willenserklärungen an solche Personen die Lage eine thatsächlich verschiedene sein kann, je nachdem sie anwesend oder abwesend sind. Von einem Abwesenden, dem ich eine Erklärung abzugeben habe, kann ich nicht wissen, daß er im Momente des Zugehens der Erklärung gerade schläft oder hochgradig trunken ist oder einen epileptischen Anfall hat. Ihm kann trotz dieses Zustandes meine Erklärung zugehen, weil ihm gegenüber ich nach der Lebenserfahrung annehmen darf, daß er Kenntniß nehmen kann und die thatsächliche momentane Verhinderung eben nach der Empfangstheorie nicht berücksichtigt wird. Dem Anwesenden gegenüber jedoch, der sich in einem solchen Zustande befindet, darf ich die Möglichkeit seiner Kenntnißnahme nicht annehmen, weil ich ja die Unmöglichkeit sehe. Anwesenden gegenüber, welche sich in einem der in § 105 Abs. 2 erwähnten Zustände befinden, kann daher eine Willenserklärung nicht mit Rechtswirksamkeit abgegeben werden. Vgl. auch Bem. 3 u. 4 zu § 130.

3. Die Willenserklärung, die durch Zugehen an den Geschäftsunfähigen nicht wirksam werden kann, kann aber dadurch wirksam werden, daß sie seinem gesetzlichen Vertreter zugeht.

Wer das ist, ergiebt sich aus dem Familien- und Vormundschaftsrechte. Hat der Geschäftsunfähige keinen gesetzlichen Vertreter, so muß ihm ein solcher bestellt werden, wenn seine Geschäftsunfähigkeit auf jugendlichem Alter (§ 104 Nr. 1) oder auf Entmündigung wegen Geisteskrankheit (§ 104 Nr. 3) beruht (s. §§ 1773, 1774, 1896, 1897); es kann ihm ein solcher bestellt werden, wenn die Entmündigung beantragt ist (§ 1906). Beruht dagegen die Geschäftsunfähigkeit auf Geisteskrankheit (§ 104 Nr. 2), ohne daß ein Entmündigungsantrag gestellt ist, so ist vorerst eine gesetzliche Grundlage für die Bestellung eines gesetzlichen Vertreters nicht gegeben und kann demnach vor Stellung des Entmündigungsantrags auch eine dem Geisteskranken gegenüber abzugebende Willenserklärung überhaupt nicht wirksam abgegeben werden. Es ist aber für solche Fälle, falls keiner der nach CPO. § 646 Abs. 1 Antragsberechtigten den Antrag stellt, zu beachten, daß das stets bestehende Antragsrecht des Staatsanwalts für diesen zugleich eine Dienstpflicht bedeutet (vgl. v. Thur in D. Jur.Z. 1901 S. 425; L. Seuffert, Komm. z. CPO. 8. Aufl. Bem. 2 zu § 646; Planck 3. Aufl. Bem. 2, c zu § 131).

Die Willenserklärung wird dem Geschäftsunfähigen selbst gegenüber erst in dem Zeitpunkte wirksam, in welchem sie dem gesetzlichen Vertreter zugeht. Dieser ist zur Entgegennahme von Willenserklärungen, welche den Geschäftsunfähigen angehen, kraft seiner gesetzlichen Vertretungsmacht legitimirt. (Vgl. P. I, 73.) Ist die Wirksamkeit einer Willenserklärung an ihr Zugehen innerhalb einer Frist gebunden, so muß sie innerhalb der Frist dem gesetzlichen Vertreter zugehen, um wirksam zu sein.

Nur dann wird die den Geschäftsunfähigen angehende, seinem gesetzlichen Vertreter zugehende Willenserklärung wirksam, wenn sie vom Erklärenden dem gesetzlichen Vertreter gegenüber abgegeben werden will. Ein gegentheiliger Wille würde das Wirksamwerden verhindern. Aber es ist Planck (Bem. 2, b zu § 131) wohl zuzustimmen, wenn er sagt, bei der Abgabe einer Willenserklärung gegenüber einem Geschäftsunfähigen sei regelmäßig die Absicht anzunehmen, die Erklärung mindestens eventuell auch dem gesetzlichen Vertreter gegenüber abzugeben. M. I, 140 sagen, diese Frage sei „nach den Umständen des Falles“ zu beantworten.

4. Wer in der Geschäftsfähigkeit beschränkt ist, sagen die §§ 106, 114. Auch die Willenserklärungen, welche einem in der Geschäftsfähigkeit Beschränkten gegenüber abgegeben werden, können nur dadurch wirksam werden, daß sie seinem gesetzlichen Vertreter zugehen. (Begründung dieses Standpunkts M. I, 139 ff.) Ausnahmen macht das Gesetz

a) für den Fall, daß die Erklärung der in der Geschäftsfähigkeit beschränkten Person lediglich einen rechtlichen Vortheil bringt (vgl. Bem. 3 u. 4 zu § 107);

b) für den Fall, daß der gesetzliche Vertreter dem in der Geschäftsfähigkeit Beschränkten zur Empfangnahme der Willenserklärung seine Einwilligung d. i. vorherige Zustimmung (§ 183) gegeben und diese nicht etwa vor dem Zugehen der Erklärung an den beschränkt Geschäftsfähigen widerrufen hat. Eine Einwilligung zur Empfangnahme der Willenserklärung liegt auch darin, daß der gesetzliche Vertreter überhaupt zum Abschluß eines zweiseitigen Rechtsgeschäfts seine Einwilligung ertheilt.

Mit dem Zugehen an den in der Geschäftsfähigkeit Beschränkten sind auch solche Willenserklärungen wirksam, welche sich auf Rechtsgeschäfte beziehen, bezüglich deren dem Minderjährigen bezw. ihm Gleichgestellten unbeschränkte Geschäftsfähigkeit nach Maßgabe der §§ 112, 113 zukommt.

§ 132.

Eine Willenserklärung gilt auch dann als zugegangen, wenn sie durch Vermittelung eines Gerichtsvollziehers zugestellt worden ist. Die Zustellung erfolgt nach den Vorschriften der Civilprozeßordnung.

Befindet sich der Erklärende über die Person desjenigen, welchem gegenüber die Erklärung abzugeben ist, in einer nicht auf Fahrlässigkeit beruhenden Unkenntniß oder ist der Aufenthalt dieser Person unbekannt, so kann die Zustellung nach den für die öffentliche Zustellung einer Ladung geltenden Vorschriften der Civilprozeßordnung erfolgen. Zuständig für die Bewilligung ist im ersteren Falle das Amtsgericht, in dessen Bezirke der Erklärende seinen Wohnsitz oder in Ermangelung eines inländischen Wohnsitzes seinen Aufenthalt hat, im letzteren Falle das Amtsgericht, in dessen Bezirke die Person, welcher zuzustellen ist, den letzten Wohnsitz oder in Ermangelung eines inländischen Wohnsitzes den letzten Aufenthalt hatte.

E. I, 75; II, 108; III, 128.

1. Die Zustellung kann nach § 132 gesetzliches Surrogat des Zugehens einer Willenserklärung sein.

Schon das bayr. AG. z. CPO. vom 23. Februar 1879 hatte in Art. 17 bestimmt, daß die Parteien befugt sind, auch außerhalb des Prozesses die Zustellung von Erklärungen, welche sie zur Wahrung ihrer Rechte als dienlich erachten, nach den Vorschriften der CPO. über Zustellungen bewirken zu lassen. Ferner ordnete das preuß. AG. z. CPO. vom 24. März 1879 in § 1 Abs. 3 an, daß auch in nicht gerichtlichen Rechtsangelegenheiten die Betheiligten sich zur Bewirkung von Zustellungen der Gerichtsvollzieher bedienen können. Aehnliche Bestimmungen fanden sich auch in Gesetzen anderer Bundesstaaten; s. M. I, 160. In Bayern bedurfte der Gerichtsvollzieher (nach Art. 18 a. a. O.) zur Zustellung von Erklärungen, welche Zugeständnisse, Anerbietungen, Einwilligungen oder Verzichte zum Gegenstande hatten, einer besonderen, qualifizirter Form bedürftigen Ermächtigung; die Erklärung war nur dann rechtlich wirksam, wenn auch die Vollmachtsurkunde zugestellt war. Jetzt sind die Art. 17 u. 18 bayr. AG. z. CPO. aufgehoben durch Art. 166 Ziff. XVI bayr. AG. z. BGB.

2. Die Zustellung einer Erklärung (vgl. über diesen Begriff Seuffert, Komm z. CPO. 8. Aufl. Bem. 1 zu § 166) ist nicht identisch mit dem Zugange der Erklärung. Aber nach der Vorschrift des § 132 soll die Zustellung, die durch Vermittelung eines Gerichtsvollziehers erfolgt ist, auch in den Fällen, in welchen in ihr kein Zugehen im Sinne des § 130 liegen würde, als Ersatz des Zugehens angesehen werden und dieselbe Rechtswirkung haben wie dieses. Die Willenserklärung ist demnach wirksam in dem Zeitpunkt, in welchem die Zustellung durch Vermittelung des Gerichtsvollziehers vollendet ist. Dieser

Zeitpunkt, sowie das Verfahren bei der Zustellung bestimmen sich nach den Vorschriften des 2. Titels des 1. Buches der CPO. (§§ 166 ff.). An wen zuzustellen ist, ist eine Frage des materiellen Rechtes; Willenserklärungen, welche geschäftsunfähigen oder in der Geschäftsfähigkeit beschränkten Personen gegenüber abzugeben sind, sind an deren gesetzliche Vertreter zuzustellen (vgl. jedoch BGB. § 131 Abs. 2 Satz 2). Ersatzzustellungen im Sinne der §§ 181—184 CPO. genügen.

3. Die Zustellung ist auch dann zulässig und hat die ihr nach § 132 eigene Wirkung auch dann, wenn für den Empfänger keine Verpflichtung besteht, die Willenserklärung entgegenzunehmen. Dies im Gegensatze zu E. I § 75, wo jene Voraussetzung aufgestellt war; der II. Komm. schien sie entbehrlich, da „man glaubte, nicht besorgen zu müssen, daß der Empfänger hiedurch benachtheiligt werde". P. I, 73.

4. Durch Vermittelung des Gerichtsvollziehers ist die Zustellung nicht nur dann erfolgt, wenn sie unmittelbar durch den Gerichtsvollzieher erfolgt, sondern auch dann, wenn sie „durch die Post" (CPO. § 193), also auf Ersuchen des Gerichtsvollziehers in letzter Linie durch einen Postboten des Bestimmungsortes geschieht.

Nicht durch Vermittelung des Gerichtsvollziehers im Sinne des § 132 erfolgt dagegen die Zustellung:

a) wenn sie „durch Aufgabe zur Post" (CPO. §§ 192, 175) erfolgt (so auch Planck Bem. 2 zu § 132; Gareis, Komm. Bem. 2 zu § 132; Hoelder, Komm. Bem. 1 zu § 132);
b) wenn sie im Auslande zu bewirken ist (CPO. § 199);
c) wenn sie an Deutsche, welche das Recht der Exterritorialität genießen, oder an die Vorsteher der Reichskonsulate zu bewirken ist (CPO. § 200);
d) wenn sie an Personen erfolgt, welche zu einem im Auslande befindlichen oder zu einem mobilen Truppentheile oder zur Besatzung eines in Dienst gestellten Kriegsfahrzeuges gehören (CPO. § 201);
e) wenn sie unter Vermittelung des Gerichtsschreibers erfolgt und dieser unmittelbar die Post um Bewirkung der Zustellung ersucht (vgl. CPO. § 196).

5. Vom Zugehen der Willenserklärung d. h. der Möglichkeit einer Kenntnißnahme von ihr wird ganz abgesehen, wenn die Zustellung nach den für die öffentliche Zustellung einer Ladung geltenden Vorschriften der CPO. (§§ 204—206) erfolgen kann. In diesem Falle wird also das Zugehen einfach fingirt.

Die Möglichkeit öffentlicher Zustellung besteht nach Abs. 2 dann,

a) wenn der Aufenthalt dessen, dem gegenüber die Erklärung abzugeben ist, unbekannt ist; eine Ausnahme wird jedoch für den Fall zu machen sein, wenn ein Abwesenheitspfleger (§ 1911) bestellt ist (vgl. Seuff. Arch. Bd. 53 Nr. 188);
b) wenn der Erklärende sich über die Person desjenigen, welchem gegenüber die Erklärung abzugeben ist, in einer nicht auf Fahrlässigkeit (§ 276) beruhenden Unkenntniß befindet. Ob eine Erkundigungspflicht besteht, ist nach den Umständen des Falles zu beurtheilen.

Das Gericht, welches die öffentliche Zustellung zu bewilligen hat (durch Beschluß; fakultative mündliche Verhandlung), muß prüfen, ob die Voraussetzung a oder b vorliegt; es hat also insbesondere die öffentliche Zustellung dann zu verweigern, wenn es zu der Ueberzeugung gelangt, daß die Unkenntniß des Erklärenden über die Person des Erklärungsgegners eine fahrlässige ist.

Wegen der Zuständigkeit des Amtsgerichts vgl. bezüglich des Wohnsitzes die §§ 7 bis 11 BGB.

6. Im Falle zulässiger öffentlicher Zustellung ist die Willenserklärung wirksam mit dem Ablaufe des Tages, an welchem seit der letzten Einrückung des Auszugs in die öffentlichen Blätter ein Monat verstrichen ist. Das Gericht kann jedoch bei Bewilligung der öffentlichen Zustellung den Ablauf einer längeren Frist für erforderlich erklären. CPO. § 206; BGB. § 188. (S. jedoch auch CPO. § 207 wegen der möglichen Rückziehung auf den Moment der Ueberreichung des Gesuchs um öffentliche Zustellung.)

7. Der Grundsatz des § 131 wird durch § 132 nicht durchbrochen.

§ 133.*)

Bei der Auslegung einer Willenserklärung ist der wirkliche Wille zu erforschen und nicht an dem buchstäblichen Sinne des Ausdrucks zu haften.

E. I, 73; II, 90; III, 129.

---

*) Neuere Literatur: Danz, Auslegung der Rechtsgeschäfte (1897); derselbe, Laienverstand und Rechtsprechung, in Iherings Jahrb. Bd. 38 S. 373 ff.; Stammler, Recht der Schuldverhältnisse S. 75 ff.; Crome, System Bd. 1 S. 407 ff.

1. Schon die klassische römische Jurisprudenz hat deutlich genug ausgesprochen, daß bei der Auslegung eines Geschäfts nicht am Worte zu haften, sondern der wahre Wille der Parteien zu ermitteln und zu beachten sei. (L. 219 D. de V. S. 50, 16.) Von der älteren deutschen Auffassung läßt sich eine gleiche Freiheit des Standpunkts nicht rühmen. Wohl aber findet sich in der neueren partikularen Gesetzgebung, theils allgemein für Willenserklärungen, theils in Beschränkung auf Verträge, eine Reihe von Auslegungsregeln, welche sich gegen die strenge Wortauslegung richten. Vgl. PLR. Thl. I Tit. 4 §§ 65 ff., Tit. 5 §§ 252 ff.; cod. civ. art. 1156—1164; sächs. GB. §§ 135, 809 ff. (M. I, 154 ff.). Die Regelung ist meist eine kasuistische. Doch hat der cod. civ. (art. 1156) den allgemeinen Satz: On doit dans les conventions rechercher quelle a été la commune intention des parties contractantes plutôt que de s'arrêter au sens littéral des termes. Ebenso hat das deutsche Handelsgesetzbuch in Art. 278 ä. F. für Handelsgeschäfte ausgesprochen, daß bei ihrer Beurtheilung und Auslegung der Richter den Willen der Kontrahenten zu erforschen und nicht an dem buchstäblichen Sinne des Ausdruckes zu haften habe. Diese Regel wurde im E. I § 73 (jetzt § 133) BGB. allgemein für alle Willenserklärungen aufgestellt. In der II. Komm. war zwar der Antrag gestellt worden, die Vorschrift zu streichen; dieser Antrag wurde aber abgelehnt, hauptsächlich mit Rücksicht auf die wohlthätigen Wirkungen, welche die entsprechende Vorschrift des Art. 278 HGB. auf dem Gebiete des Handelsrechts geäußert habe. P. I, 68.

2. Auslegung ist die Feststellung eines bestimmten Erklärungsinhalts, und, da die Erklärung häufig die Manifestation eines Willens enthält, oft zugleich die Feststellung eines bestimmten Willensinhalts. Der Auslegung fähig und bedürftig kann nicht nur der Gesetzeswille sein (über Gesetzesauslegung s. die Einleitung zu diesem Band S. 16), sondern auch der Parteiwille, die lex contractus. Für die Auslegung des Parteiwillens gilt die Vorschrift des § 133. Die hier gegebene allgemeine Auslegungsregel bezieht sich nicht nur auf solche Willenserklärungen, deren Mittel die Sprache oder die Schrift ist, sondern auf jede Art von Willenserklärung, also auch auf die mittelbare, das konkludente Verhalten (vgl. oben Einleitung vor § 116 unter II). Nicht nur Worte, sondern auch andere „Handlungen" (im weitesten Sinne des Wortes) unterliegen der Auslegung (s. Danz, Auslegung S. 83 ff.).

Die Auslegungsregeln wenden sich allerdings, wie Danz (a. a. O. S. 3 ff. vielleicht etwas zu einseitig) hervorhebt, zunächst an den Richter, sie geben ihm Vorschriften für seine urtheilende Thätigkeit. Aber sie beanspruchen ihre Geltung auch außerhalb eines Streitverfahrens für die Parteien selbst und für Dritte, welche von der auslegungsbedürftigen Erklärung berührt werden. Die Partei selbst kann freilich nachher erklären, sie wolle den Sinn ihrer Willenserklärung so oder so verstanden wissen, also eine Art authentischer Interpretation ihrer Willenserklärung vornehmen. Ist derjenige, welcher durch die Erklärung in seiner Rechtssphäre berührt wird, mit dieser Auslegung einverstanden, so gilt sie nun als wahrer Parteiwille; es ist aber zu beachten, daß durch die authentische Interpretation die ursprüngliche Erklärung, für deren Auslegung die gesetzlichen Auslegungsvorschriften, namentlich § 133. maßgebend bleiben, ihrem Inhalte nach verändert worden sein kann, so daß in der vermeintlichen Selbstauslegung in Wahrheit eine erneute Vornahme des Geschäfts erblickt werden muß. Dabei kann § 141 von Bedeutung werden. Niemals kann die Partei ohne Zustimmung dessen, der von ihrer Willenserklärung berührt wird, dieser nachträglich durch authentische Auslegung einen ihrem Inhalte nach den allgemeinen Auslegungsregeln fremden Sinn unterschieben; jeder Interessent kann vielmehr diejenige Auslegung vornehmen, welche der Erklärung bei ihrer ursprünglichen Abgabe nach den gesetzlichen Auslegungsregeln, insbesondere der Vorschrift des § 133 zukommt. Das Alles gilt nicht nur dann, wenn die Auslegungsfrage zu prozessualem Austrage kommt. Die Bestimmung des § 133 ist eine durchaus materiellrechtliche.

Darüber, daß die auslegende Thätigkeit ihrem Wesen nach verschieden ist vom Beweise von Thatsachen, s. Danz a. a. O. S. 45 ff.

3. Durch § 133 wird die reine Buchstabeninterpretation verworfen. Es soll berücksichtigt werden, daß der Sprachgebrauch des rechtsgeschäftlich sich erklärenden Laien nicht der des gewiegten Juristen ist; es soll geprüft werden, welcher der Sprachgebrauch des Laien für solche Fälle ist und soll mit diesem Sprachgebrauche derjenige Sinn verbunden werden, welchen die Partei selbst ihm beilegt, auch wenn diese Ausdrucksweise eine inkorrekte ist. Die Willenserklärung ist als ein Ganzes aufzufassen und unter Beachtung des Zweckes dieses Ganzen ist unter Berücksichtigung aller bei Abgabe der Erklärung erkennbaren Nebenumstände zu fragen, was der Erklärende mit dem Erklärten hat zum Ausdrucke bringen wollen. Diese vom Zwecke des Geschäfts ausgehende Interpretation hat auch die Ortssitte und die Verkehrssitte zu beobachten, welche sich vielleicht bezüglich der Fassung einer bestimmten Art von Rechtsgeschäften entwickelt hat. Im Geschäftsverkehre kann aus längerer gleichförmiger Uebung die Geschäfts-

absicht entnommen werden, wenn die Uebung nicht nachweisbar auf bloßer geschäftlicher Kulanz oder nicht auf die Dauer berechneter Liberalität oder auf Irrthum beruht; s. Dernburg, Bürg.R. Bd. 1 § 111 bei Anm. 11 und die dort angeführte Judikatur. Auch die Entstehungsgeschichte des Vertrags kann zur Erforschung des wirklichen Vertragswillens heranzuziehen sein; vgl. Recht 1901 S. 309. Verträge sind nach § 157 so auszulegen, wie Treu und Glauben mit Rücksicht auf die Verkehrssitte es erfordern. Das ist eine wichtige Ergänzung des § 133, welche auch für die Auffassung dieses Paragraphen selbst von Bedeutung ist.

Die freie Art der Auslegung, welche nicht in einer beschränkten strikten Buchstaben-interpretation, sondern in der Ermittelung und Berücksichtigung des wirklichen Willens besteht, wird in § 133 nicht nur erlaubt, sondern vorgeschrieben. Wird dieser Vorschrift zuwidergehandelt, so wird das Gesetz verletzt.

4. Die Vorschrift des § 133 gilt ihrem Wortlaute nach „bei der Auslegung von Willenserklärungen". Aber man darf wohl kein Bedenken tragen, sie auch da anzuwenden, wo es sich darum handelt, ob eine bestimmte Erklärung überhaupt eine „Willenserklärung" ist, ob also der Erklärung überhaupt ein Einfluß auf irgend ein privates Rechtsverhältniß zukommen soll oder ob etwa nur eine einfache, rechtlich gleichgültige Mittheilung vorliegt. Das kann z. B. praktisch werden bei der Frage, ob die bloße Mittheilung an den Anfechtungsgegner, man habe sich geirrt, als Anfechtungserklärung im Sinne des § 121 aufgefaßt werden kann. Vgl. oben Bem. 3 zu § 121.

5. § 133 darf aber nie dazu führen, den wahren Willen der Parteien da zu berücksichtigen, wo dieser rein innerlich geblieben ist und sich überhaupt nicht in einer Erklärung manifestirt hat, wobei „Erklärung" allerdings in dem weiten Sinne des gesammten Verhaltens zu nehmen ist. Solange die Erklärung selbst klar und unzweideutig ist, ist nichts auszulegen; es darf da gar nicht gefragt werden, ob der Erklärende etwa eine andere innere Absicht gehabt hat und etwa doch etwas anderes gewollt hat, als er erklärt hat. Denn ein nicht erklärter Wille ist eben rechtlich nicht erheblich. In dieser Beziehung gilt auch heute noch der römische Satz: cum in verbis nulla ambiguitas est, non debet admitti voluntatis quaestio. Mit den innerlich gebliebenen Gedanken der Partei hat sich die Auslegung gar nicht zu befassen. Die Worte, daß der „wirkliche Wille" zu erforschen sei, dürfen daher nicht in diesem Sinne mißverstanden werden. Ein Widerspruch zwischen innerlich gebliebenem Willen und Erklärung kann sich als ein sog. Willensmangel darstellen und daher die Frage nach der Rechtswirksamkeit bezw. Anfechtbarkeit der Erklärung veranlassen; aber die Auslegung hat mit den Willensmängeln, insbesondere mit dem Irrthum, nichts zu schaffen.

6. Die Auslegung im Sinne des § 133 ist auch bei formalen Rechtsgeschäften, namentlich beim Testamente, zulässig und unter Umständen nothwendig. (Vgl. Danz, Auslegung S. 120 ff., zum Theile gegen die herrschende Meinung.) Bei der Wechselerklärung ist ja die Auslegung durch den strengen Formalcharakter erheblich eingeschränkt, absolut ausgeschlossen ist eine auslegende Thätigkeit aber auch hier nicht: freilich darf der Wechsel nur aus sich selbst und aus allgemeinen Anschauungen des Verkehrs ausgelegt werden, nicht etwa aus individuellem oder partikularem Sprachgebrauch. (S. Staub, Komm. z. Wechselordnung, 4. Aufl. S. 36 f. und die dort angegebene Judikatur.)

§ 133 findet auch Anwendung auf die Erklärungen, welche die Betheiligten in Angelegenheiten des Liegenschaftsrechts abzugeben haben, insbesondere auf die gemäß § 1183 BGB. zur Aufhebung der Hypothek durch Rechtsgeschäft erforderliche Zustimmung des Eigenthümers; RGE. Bd. 52 S. 411 ff.

Ueber Auslegung einer Kündigung an den Vertreter einer Gesellschaft s. Rspr. d. OLG. Bd. 5 S. 141 f.

7. Im gemeinen Rechte hörte man noch von einer Reihe besonderer Auslegungsregeln allgemeinen Inhalts, welche, in ihrer praktischen Geltung theilweise recht zweifelhaft, meist in kurzen Parömien Ausdruck gefunden haben, z. B.: In dubio pro reo; in dubio mitius; in dubio contra fiscum. Dahin gehört auch der Satz, daß eine Erklärung im Zweifel gegen den auszulegen sei, der sie redigirt hat. Das BGB. hat sich aller dieser Sätze enthalten in der richtigen Erkenntniß, daß dieselben „der Lehre von der Beweislast entnommen und auch nur insoweit richtig sind, als diese Lehre sie ergiebt". M. I, 155. Vgl. auch RGE. Bd. 53 S. 60.

Dagegen giebt das BGB. eine Menge einzelner Auslegungsvorschriften, bei welchen nach der Terminologie des Gesetzes regelmäßig die Wendung „im Zweifel" gebraucht wird (z. B. §§ 154, 314, 672). Vgl. Crome, System Bd. 1 S. 409. Solche Auslegungsregeln sind nicht identisch mit Dispositivvorschriften. Die dispositive Vorschrift kommt, wie Planck in der Einl. zu seinem Komm. (S. 23 ff.) bemerkt, zur Anwendung, soweit nicht eine abweichende rechtsgeschäftliche Bestimmung getroffen ist; eine Auslegungsregel dagegen kommt dann nicht zur Anwendung, wenn aus den Umständen ein abweichender Parteiwille zu entnehmen ist, ohne daß es eines besonderen rechtsgeschäftlichen Aktes bedarf.

8. Kann auf die Verletzung der allgemeinen Auslegungsregel des § 133 Revision gegründet werden? Die Frage muß bejaht werden. Auch die Auslegungsregeln sind positive Rechtssätze, nicht bloße Denkregeln (dagegen M. I, 126). Sie sind Sätze des materiellen Rechtes. Sie sind Rechtsnormen, deren Nichtanwendung oder unrichtige Anwendung eine Gesetzverletzung ist (CPO. § 550). Für die Entscheidung des Revisionsgerichts sind allerdings nach § 561 CPO. die in dem angefochtenen Urtheile gerichtlich festgestellten Thatsachen maßgebend. Hieraus kann jedoch kein Grund gegen die Revisibilität verletzter Auslegungsregeln entnommen werden. Die Feststellung von Thatsachen ist Aufgabe der Beweiserhebung, nicht der Auslegung. Die Auslegungsregeln sind aber keine Beweisvorschriften; die von Amtswegen vom Richter vorzunehmende Auslegung ist grundverschieden von der wesentlich den Parteien anheimgegebenen Beweisführung. Werden bei einem Rechtsgeschäfte durch Beweis die gebrauchten Erklärungsmittel festgestellt, so ist das eine Feststellung von Thatsachen. Die Feststellung der Bedeutung dieser Erklärungsmittel aber geschieht nicht im Wege des Beweises, sondern im Wege der Auslegung, und mit dieser Thätigkeit tritt der Richter in die rechtliche Würdigung ein; die Auslegungsregel selbst ist also Rechtsnorm. In diesem Sinne auch Danz, Auslegung, S. 45 ff. und 100 ff.; and. Ans. Stahl im Archiv f. d. civilist. Praxis Bd. 67 S. 94 ff.; Rocholl in Zeitschr. f. d. Civilprozeß Bd. 10 S. 311 ff. Vgl. auch Danz in der D. Jur.Z. 1899 S. 139 ff., wogegen wiederum Petersen, ebenda S. 281 ff. Eine Zusammenstellung der schwankenden Judikatur des Reichsgerichts giebt Danz a. a. O. S. 119. Vgl. dazu jetzt auch RGE. Bd. 49 S. 44 ff. und Bd. 54 S. 112. Zutreffend Bayr. Oberst. LG. Bd. 1 n. F. (1901) S. 21: „Die Auslegung von Rechtsgeschäften und rechtsgeschäftlichen Urkunden unterliegt der Prüfung des Revisionsgerichtes nach der Richtung, ob die rechtlichen Grundlagen der Auslegung den bestehenden Rechtsnormen entsprechen." O. Fischer (die Reform des Rechtsmittels der Revision im Civilprozeß, in Jherings Jahrb. Bd. 38 S. 265 ff., insbesondere S. 313 ff.) hält es im Interesse der Entlastung des Reichsgerichts für „dringend empfehlenswerth", gesetzlich zu bestimmen, daß für die Entscheidung des Revisionsgerichts auch die in dem angefochtenen Urtheile gegebene Auslegung von Rechtsgeschäften maßgebend sein soll.

§ 134.*)

Ein Rechtsgeschäft, das gegen ein gesetzliches Verbot verstößt, ist nichtig, wenn sich nicht aus dem Gesetz ein Anderes ergiebt.

E. I, 105; II, 100; III, 130.

1. Die §§ 134—138 befassen sich mit der Frage der Wirksamkeit von Rechtsgeschäften, welche wegen ihres Inhalts unerlaubt sind, da sie gegen ein Verbot oder gegen die guten Sitten verstoßen. Zuerst werden in § 134 die gegen ein gesetzliches Verbot verstoßenden Geschäfte behandelt.

Nach römischem Rechte hatte die Uebertretung eines Verbotsgesetzes nicht immer Nichtigkeit zur Folge; vielmehr gab es Gesetze, welche eine Handlung zwar mit Strafe bedrohten, sie aber nicht für nichtig erklärten (sog. leges minus quam perfectae), so das Verbot für die Wittwe, intra legitimum tempus eine neue Ehe zu schließen; ferner Verbotsgesetze, welche weder Nichtigkeit noch Strafe androhten (sog. leges imperfectae), so die lex Cincia. Die lex perfecta, welche an die Verletzung Nichtigkeit knüpfte, war jedoch immerhin die Regel. Gemeinrechtlich wurde, wenn ein Gesetz die Vornahme eines Rechtsgeschäfts verbot bezw. mit Strafe bedrohte, von der sehr anfechtbaren herrschenden Meinung als regelmäßige Folge des Zuwiderhandelns Nichtigkeit angenommen auch dann, wenn diese Folge nicht ausdrücklich angedroht war (so M. I, 210; vgl. RGE. Bd. 16 S. 106; Bd. 17 S. 300; jedoch auch Bd. 6 S. 170); jedenfalls war eine gegentheilige Auslegung keineswegs ausgeschlossen, s. Windscheid-Kipp, Bd. 1 S. 276; Endemann a. a. O. S. 107 ff. Vgl. PLR. Thl. I Tit. 4 §§ 6 ff.; cod. civ. art. 1131 mit 1133; sächs. GB. § 79.

2. Nach § 134 werden auch solche Rechtsgeschäfte von der Folge der Nichtigkeit betroffen, bei welchen das Verbot sich dem Wortlaute nach nicht gegen die Vornahme, sondern gegen den Inhalt des Rechtsgeschäfts richtet, insbesondere auch solche, welche auf eine durch Gesetz verbotene Leistung gerichtet sind. Um dies außer Zweifel zu stellen, wurde E. I § 105, wo nur von einem Rechtsgeschäfte, „dessen Vornahme durch Gesetz verboten ist," gesprochen war, durch die II. Komm. entsprechend geändert (P. I, 123 ff.).

---

*) Literatur: F. Endemann, Die civilrechtlichen Folgen der Verbotsgesetze (1887); Isay, Die Willenserklärung im Thatbestande des Rechtsgeschäfts S. 100 ff.; Ramdohr in Gruchot, Beitr. Bd. 44 S. 324 ff.

Dagegen läßt sich nicht schlechtweg behaupten, daß die Nichtigkeit auch solche Geschäfte treffe, welche zur Umgehung des Gesetzes abgeschlossen sind, also in anderer Rechtsform den nämlichen oder einen ähnlichen Zweck erreichen wollen, wie den, welchem das Verbotsgesetz entgegentritt. In der II. Komm. ist zwar der Antrag gestellt worden, dem § 105 (jetzt 134) einen Zusatz solchen Inhalts beizufügen (vgl. Bähr, Gegenentwurf, § 113); der Antragsteller selbst verzichtete aber auf Abstimmung hierüber, und man hielt es auch für bedenklich, eine positive Bestimmung über Gesetzesumgehung aufzunehmen. Denn „die Entscheidung der Frage, ob ein Rechtsgeschäft als in fraudem legis vorgenommen nichtig sei, hänge ab von der Auslegung des rechtsgeschäftlichen Thatbestandes und der diesen Thatbestand erfassenden Norm. Man würde Gefahr laufen, daß eine Reihe erlaubter Rechtsgeschäfte für nichtig erklärt werde, wenn man hier in die Auslegungsfreiheit des Richters eingreifen und diesem im Gesetze eine Direktive ertheilen wollte" (P. I, 123). S. auch Bem. IV zu § 117; ferner Kahl in den Festgaben für Dernburg S. 211 und Dernburg, Bürg. R. Bd. 1 § 19 unter IV.

Ueber Rechtsgeschäfte, welche „gegen die öffentliche Ordnung" (E. I, § 106) verstoßen, s. Bem. I, 1 zu § 138.

3. Ist das Rechtsgeschäft nichtig, so tritt eine Wirkung überhaupt nicht ein. Es bedarf keines besonderen Rechtsakts, um die Nichtigkeit geltend zu machen. Jedermann kann sich auf sie berufen: sie ist von Amtswegen zu berücksichtigen. Das auf Grund des nichtigen Rechtsgeschäfts etwa Geleistete kann nach den Vorschriften über ungerechtfertigte Bereicherung zurückgefordert werden. S. §§ 812 ff., insbesondere § 817 sowie Bem. zu § 812. Ueber den eventuellen Ersatz des sog. negativen Interesses s. §§ 309, 2171. Das für den Fall der Nichterfüllung einer gesetzlich verbotenen Leistung gegebene Versprechen einer Konventionalstrafe ist unwirksam nach § 344.

Ueber den Schutz redlicher Dritter s. bei § 139. Ueber die „Bestätigung" nichtiger Rechtsgeschäfte s. § 141.

Ueber die absolute und relative Nichtigkeit der Ehe s. Vorbem. vor § 1323.

4. Der letzte Grund der Nichtigkeit des gegen ein Verbotsgesetz verstoßenden Geschäftes liegt darin, daß der Parteiwille keine Wirkungen erzwingen kann, welche die Rechtsordnung als gegen die Interessen der Allgemeinheit verstoßend nicht zulassen will; Vorschriften, die im öffentlichen Interesse eine bestimmte legislativ-politische Tendenz verfolgen, sind mit der Gewalt des zwingenden Rechtes ausgestattet und können durch Parteibelieben nicht geändert werden. Nicht jedes Verbotsgesetz verfolgt aber eine solche Tendenz, nicht immer hat die Allgemeinheit ein Interesse daran, daß nicht gegen das Verbot gehandelt werde. Darum tritt als Folge des Zuwiderhandelns gegen ein Verbotsgesetz auch nicht immer Nichtigkeit ein, sondern nur, wenn sich nicht aus dem Gesetz ein Anderes ergiebt. Die Nichtigkeitsbestimmung hat also nur subsidiären Charakter. Die abweichende Bestimmung, aus welcher sich die Wirksamkeit des gegen das Verbot vorgenommenen Geschäfts ergiebt, braucht im Verbotsgesetze nicht ausdrücklich ausgesprochen zu sein, sondern kann auch im Wege der Auslegung aus ihm zu entnehmen sein und kann auch in seinem legislatorischen Grunde gefunden werden, auf welchen demnach zurückzugehen ist. (S. Endemann Bd. 1 § 11; Eck, Vorträge S. 126; Isay a. a. O. S. 100.)

5. Im Einzelnen ergiebt eine Ueberschau über die gegen ein gesetzliches Verbot verstoßenden nichtigen Rechtsgeschäfte und diejenigen, welche nicht nichtig sind, weil aus dem Gesetz ein Anderes hervorgeht, Folgendes:

a) in einer Reihe von Fällen hat das BGB. selbst die Nichtigkeit ausdrücklich ausgesprochen; so in den §§ 248, 310, 312, 443, 723 Abs. 3, 749 Abs. 3, 795 Abs. 3, 925 Abs. 2, 1136, 1229, 1714 Abs. 2, 2302.

b) Nichtigkeit besteht auch da, wo das BGB., ein Rechtsgeschäft verbietend, die Wendung „kann nicht" (oder: „kann nur") gebraucht; so in den §§ 137, 181, 225, 276 Abs. 2, 399, 400 (vgl. EG. Art. 81), 419 Abs. 3, 1023 Abs. 2. 1088 Abs. 2, 1106, 1110, 1111, 1114, 1149, 1195, 1250, 1274 Abs. 2, 1317 Abs. 2, 1614, 1724, 1742, 1947, 2180, 2382 Abs. 2. Dasselbe gilt, wenn durch die Wendung „ist nicht übertragbar" die Uebertragbarkeit eines Rechtes ausgeschlossen wird; vgl. die §§ 514, 613, 717, 814, 1059, 1092, 1300, 1408, 1427, 1585, 1623, 1658; (dazu CPO. § 851); ferner für den Fall, daß die Ausübung eines Rechtes „unzulässig" ist (§ 626).

Dagegen zieht nach der Terminologie des BGB. die Uebertretung eines Verbotes, welches durch den Ausdruck „darf nicht" ausgesprochen wird, nicht die Nichtigkeit des Geschäfts nach sich, wenn sich nicht diese Folge anderweitig ergiebt; Beispiele für letzteres in den §§ 456 mit 458 und in den §§ 1309, 1310, 1312 mit 1326, 1327, 1328. Ein Zuwiderhandeln gegen die mit der Wendung „soll nicht" gegebenen Vorschriften (sog.

Ordnungsvorschriften) hat gleichfalls nicht die Nichtigkeit der Rechtshandlung zur Folge (s. z. B. § 2237). Vgl. über die Terminologie Planck in der Einleitung zu seinem Komm. S. 27 ff.

c) Es ist anzunehmen, daß in den mit oder nach dem BGB. erlassenen Gesetzen den besprochenen Ausdrucksformen regelmäßig (vgl. jedoch Bem. 5 zu § 90) die gleiche Bedeutung zukommt, wie im BGB. selbst. So sind z. B. die von einem Handlungsgehülfen gegen das gesetzliche Konkurrenzverbot des § 60 HGB. („darf nicht") abgeschlossenen Geschäfte nicht nichtig; das ergiebt sich übrigens logischer Weise auch schon aus dem in § 61 dem Prinzipal eingeräumten Eintrittsrechte. Die Erstreckung einer vertragsmäßigen Konkurrenzbeschränkung auf die Dauer von mehr als 3 Jahren ist nichtig (arg. HGB. § 74 Abs. 3: „kann nicht"). Ausdrücklich für nichtig erklärt ist die Vereinbarung einer Konkurrenzbeschränkung mit einem minderjährigen Handlungsgehülfen (§ 74 Abs. 4); für Handlungslehrlinge s. § 76. Vgl. auch den durch EG. z. HGB. Art. 9 neueingestellten § 133 f der Gew.O. Ueber die Zulässigkeit vertragsmäßiger Beschränkung der Gewerbefreiheit s. RGE. Bd. 53 S. 154 ff. — Aus der Fassung: „dürfen nicht" in HGB. § 81 ist wohl zu folgern, daß Lehrverträge mit Personen, welche nicht im Besitze der bürgerlichen Ehrenrechte sind, nicht nichtig sind (so auch Staub, Komm. z. HGB., 6. u. 7. Aufl. S. 303; anders Düringer und Hachenburg Bd. 1 S. 253). —

Vgl. ferner HGB. §§ 227, 230, 238, 274, 283, 287, 288, 301, 402. Beispiele von Verbotsgesetzen, deren Uebertretung Nichtigkeit zur Folge hat, bieten KO. § 181; Gew.O. § 10; RG. betr. die Abzahlungsgeschäfte §§ 1, 2 Abs. 4 u. 6; Reichsverfassung Art. 32 (dazu RGE. Bd. 16 S. 88; wegen der Rückforderung jedoch jetzt BGB. § 817); Invalidenversicherungsges. § 180. Nichtig ist die privatrechtliche Verfügung über Gegenstände, welche der Einziehung unterliegen; vgl. StGB. §§ 40, 42, 152, 295, 369; StPO. §§ 94, 334; Nahrungsmittelges. § 15.

d) Abgesehen von den Fällen, in welchen schon aus der Fassung des Verbotsgesetzes („darf nicht", „soll nicht") hervorgeht, daß das dem Gesetze zuwider vorgenommene Geschäft nicht nichtig sein soll ergiebt sich in manchen Fällen aus ausdrücklichen Bestimmungen, daß ein Zuwiderhandeln nicht die Nichtigkeitsfolge haben soll, sondern anderweitige Folgen eintreten sollen. Zunächst für gesetzliche oder behördliche Veräußerungsverbote aus den §§ 135, 136. Nach § 458 hängt die Wirksamkeit eines den Vorschriften der §§ 456, 457 zuwider erfolgten Kaufes und der Uebertragung des gekauften Gegenstandes von der Zustimmung der Betheiligten ab. S. ferner: § 763 Satz 2 (staatlich nicht genehmigte Lotterie; dazu Bem. 6 zu § 763 und Jur. Wschr. 1901 S. 479); § 1238 Abs. 2. Das Gesetz schreibt als Rechtsfolge des Zuwiderhandelns nicht Nichtigkeit, sondern Anfechtbarkeit vor in den §§ 1331—1335, 1350. Im Einzelnen s. die Bem. zu den genannten Paragraphen.

e) Häufig bedroht das Gesetz rechtsgeschäftliches Handeln mit Strafe. Darin liegt natürlich ein Verbot dieses Handelns. Daß damit auch das durch dieses Handeln bezweckte Rechtsgeschäft für nichtig erklärt sei, läßt sich nicht allgemein behaupten. Trotz der Strafdrohung kann sich nämlich „aus dem Gesetz ein Anderes" ergeben. Dies ist dann der Fall, wenn der offensichtliche Zweck des Gesetzes nicht dahin geht, die durch das verbotene Geschäft eintretende Veränderung in der Privatrechtssphäre der Betheiligten zu verhindern, sondern die Handlung selbst als ein der öffentlichen Ordnung zuwiderlaufendes Ereigniß; so z. B. bei den gegen die Bestimmungen über die Sonntagsruhe verstoßenden Verkäufen (Gew.O. §§ 41 a, 146 a). In gleichem Sinne Gareis, Komm. Bem. 5 zu § 134; vgl. Endemann a. a. O. und Lehrbuch § 11 Anm. 14; Kuhlenbeck, Von den Pandekten zum BGB. S. 29 ff. Wenn ferner z. B. StGB. § 361 Abs. 1 Nr. 4 das Betteln mit Strafe bedroht, so ist darum die dem Bettler gegenüber erfolgende Schenkung nicht nichtig; denn der Zweck des Gesetzes geht nicht dahin, die durch die Schenkung eintretende Vermögensverschiebung zu verhindern; das Gesetz verbietet nicht, dem Bettler zu schenken, es verbietet auch nicht die Annahme des Geschenks; sondern es verbietet, privatrechtlich gesprochen, nur den vom Bettler ausgehenden Antrag zum Abschluß eines Schenkungsvertrags. Eine von den in diesem Vertrag enthaltenen Willenserklärungen ist also mindestens eine nichtdeliktische; ein Vertrag ist aber nicht schon dann nichtig, wenn er für einen der Vertragschließenden den Thatbestand einer strafbaren Handlung enthält; vgl. auch Rspr. d. OLG.

Bd. 5 S. 102. Ebenso ist die Willenserklärung des Käufers, der während der Sonntagsruhe kauft, ebenso die Erklärung eines Dritten (Nicht-Hehlers), der dem Diebe die gestohlene Sache abkauft, nichtdeliktisch. Letzteren Gesichtspunkt hebt namentlich Isay a. a. O. hervor, welcher das Zurückgehen auf den von Endemann in den Vordergrund gestellten Verbotsgrund für die Lösung der Nichtigkeitsfrage bei strafrechtlichen Verbotsgesetzen nicht für ausreichend erachtet. Isay geht davon aus, daß der Ausdruck „Rechtsgeschäft" in § 134 nicht gleichbedeutend sei mit Willenserklärung, sondern im Sinne des Gesammtthatbestandes zu verstehen sei (s. unsere Bem. oben in der Einl. z. dritten Abschnitt unter II, 2), und kommt zu dem Resultate, daß im Falle eines strafdrohenden Verbotsgesetzes das Rechtsgeschäft dann gültig ist, wenn es mindestens eine nichtdeliktische Willenserklärung enthält. „Jedoch macht eine verbotswidrige causa bei kausalen Rechtsgeschäften das ganze Rechtsgeschäft nichtig, während im Gegensatze hiezu bei abstrakten Rechtsgeschäften die verbotswidrige causa ohne Einfluß auf den Bestand des Rechtsgeschäfts ist." Die praktischen Ergebnisse sind nach der Isay'schen Theorie wohl durchgehends dieselben wie nach der Ansicht, welche im Verbotsgrunde das entscheidende Moment erblickt. Hinsichtlich der §§ 284, 360 Abs. 1 Nr. 14 StGB. vgl. Bem. 4 zu § 762.

6. Ueber gesetzliche Veräußerungsverbote s. die Bem. zu § 135.

7. Bei landesrechtlichen Verbotsgesetzen ist die Frage der Nichtigkeit ebenso zu beurtheilen wie bei reichsgesetzlichen.

Z. B. dürfen nach § 135 preuß. Berggeſ. Bergbeamte und ihre Angehörigen in ihrem Bezirke Bergwerke oder Kuxe nicht ohne Genehmigung des Handelsministers erwerben. Aehnliche Verbote bestehen in Preußen für Forstbeamte und Domänenbeamte. Vgl. Dernburg, PrPR. Bd. I § 225; Rehbein, Komm. Bd. 1 S. 171. Ein diesen Verboten widersprechender Erwerb ist nichtig nach § 134. Dasselbe muß man annehmen für einen Erwerb, der gegen Art. 229 des bayr. Berggeſ. vom 20. März 1869 in der Fassung vom 30. Juni 1900 verstößt: „Die Beamten des Oberbergamtes und der Berginspektionen können in ihrem Verwaltungsbezirke keine Bergwerke oder Kuxe durch Muthung erwerben. Dasselbe gilt von ihren Ehefrauen und unter ihrer elterlichen Gewalt stehenden Kindern. Zu solchen Erwerbungen durch andere Rechtsgeschäfte unter Lebenden ist die Genehmigung des K. Staatsministeriums erforderlich." Wollte man hier (in Satz 1 u. 2) kein absolutes Veräußerungsverbot annehmen, so würde die Fassung „können nicht" mit der Terminologie des BGB. (s. oben Bem. 5, b u. c) in Widerspruch stehen, was wohl bei einem im Jahre 1900 mit Rücksicht auf das BGB. neu redigirten Gesetze nicht ohne triftigen Grund angenommen werden darf. Vgl. auch Bem. 5 zu § 90.

Anders steht es mit § 21 des Bayr. Staatsdieneredíktes (9. Beil. z. Verf.-Urk.): „Dem äußeren Justiz-, Polizei- und Finanzbeamten ist . . . untersagt, in seinem Amtsbezirke eine Gutsrealität zu erwerben"; dazu K. Erkl. vom 24. August 1818. Das Verbot dieses § 21 hat keine bürgerlichrechtliche Wirkung; ein Zuwiderhandeln hat also nicht Nichtigkeit zur Folge. S. Bl. f. RA. Bd. 9 S. 317; Seydel, Bayr. Staatsrecht Bd. 2 S. 227; Hellmann im Archiv f. d. civilist. Praxis Bd. 90 S. 431.

Gemäß BGB. § 134 nichtig ist ein Vertrag, wodurch unter Verletzung des Verbots des noch gültigen § 270 preuß. StGB. von 1851 Einer dem Andern Vermögensvortheile verspricht, um diesen vom Mitbieten bei einer öffentlichen Versteigerung abzuhalten; RGE. Bd. 51 S. 401 ff.; der Erwerb des Ansteigerers aber ist wirksam (s. Endemann Bd. 1 § 11 Anm. 15).

8. Ueber Auslegung gesetzlicher Verbote der Aneignung s. die Bem. zu § 958.

9. Ueber die bestrittene Frage, ob Verbotsgesetze des Auslands für das Inland verbindliche Kraft haben, s. v. Bar, Internationales Privatrecht Bd. 2 S. 30; Dernburg, Bürg. R. § 123; Kohler im Arch. f. bürgerl. R. Bd. 5 S. 206.

§ 135.

Verstößt die Verfügung über einen Gegenstand gegen ein gesetzliches Veräußerungsverbot, das nur den Schutz bestimmter Personen bezweckt, so ist sie nur diesen Personen gegenüber unwirksam. Der rechtsgeschäftlichen Verfügung steht eine Verfügung gleich, die im Wege der Zwangsvollstreckung oder der Arrestvollziehung erfolgt.

Die Vorschriften zu Gunsten derjenigen, welche Rechte von einem Nichtberechtigten herleiten, finden entsprechende Anwendung.

E. I, 107 Abs. 1, 2; II, 101; III, 131.

1. Ueber die hier bedeutsamen Begriffe der „Veräußerung" und der „Verfügung s. oben Bem. VIII der Einl. z. dritten Abschnitt (vor § 104); über den Begriff „Gegenstand" oben Bem. II der Einl. z. zweiten Abschnitt (vor § 90).

2. Der Zweck eines gesetzlichen Veräußerungsverbots, dem in der rechtlichen Behandlung das von einem Gericht oder einer Behörde erlassene Veräußerungsverbot gleichsteht (s. § 136), kann ein verschiedener sein: Das Verbot kann im Interesse der Allgemeinheit erlassen sein oder zum Schutze Einzelner. Dient es den Interessen Aller, so ist die bei seiner Verletzung eintretende Unwirksamkeit des Geschäfts eine absolute; sie wirkt gegenüber Allen; sie ist Nichtigkeit und braucht als solche nicht besonders geltend gemacht zu werden. Man spricht hier von absoluten Veräußerungsverboten. Ihnen gegenüber stehen die relativen Veräußerungsverbote. Von ihnen spricht § 135. Sie bezwecken nur den Schutz bestimmter einzelner Personen. Ein Zuwiderhandeln gegen sie hat nicht die Nichtigkeit des Gehandelten zur Folge, sondern nur die sog. relative Unwirksamkeit d. h. Unwirksamkeit eben den Personen gegenüber, in deren privatem Interesse das Verbot erlassen ist.

3. Die nur relative Bedeutung der Unwirksamkeit tritt in Folgendem hervor:

a) Die Unwirksamkeit wird nicht von Amtswegen beachtet, sondern nur, wenn sie von der Person geltend gemacht wird, zu deren Gunsten das Verbot besteht. Andere Personen können sie nicht geltend machen. Ihnen gegenüber ist das Geschäft voll wirksam; vgl. Rspr. d. OLG. Bd. 5 S. 143.

b) Die Unwirksamkeit kann völlig gehoben werden dadurch, daß die durch das Verbot geschützten Interessenten wegfallen oder daß ihre Interessenteneigenschaft endigt durch Wegfall des Rechtes, auf welchem sie beruht.

c) Auf die Geltendmachung der Unwirksamkeit kann verzichtet werden. Ein Verzicht liegt immer dann vor, wenn die durch das Verbot in ihren Interessen geschützte Person zur Verfügung ihre Zustimmung ertheilt (§ 182). Wird die Zustimmung vorher ertheilt (= Einwilligung), so ist sie zufolge der Regel des § 183 widerruflich. Wird sie nachträglich ertheilt (= Genehmigung), so wirkt sie auf den Zeitpunkt der Vornahme des Geschäfts zurück (§ 184).

d) Das relative Veräußerungsverbot bewirkt nur einen Mangel im Rechte des Veräußerers. Soweit im Rechtsverkehre Mängel im Rechte des Veräußerers gleichgültig sind, ist daher auch das relative Veräußerungsverbot nicht von Bedeutung. Diese Folgerung zieht Abs. 2, indem er ausdrücklich die Vorschriften zu Gunsten derjenigen, welche Rechte von einem Nichtberechtigten herleiten, für entsprechend anwendbar erklärt. Bei der Veräußerung von beweglichen Sachen finden also insbesondere die den Schutz gutgläubiger Dritter bezweckenden Vorschriften der §§ 932 ff. (dazu HGB. § 366) entsprechende Anwendung. Anwendbar sind auch §§ 1032, 1207, 1208, 1244. „Die entsprechende Anwendung dieser Vorschriften schließt in sich, daß der Erwerber das Veräußerungsverbot nicht gekannt haben und, soweit auf das Kennenmüssen Gewicht gelegt ist, seine Unkenntniß des Verbotes auch nicht auf Fahrlässigkeit beruhen darf"; so M. I, 214; es ist indessen zu beachten, daß in den genannten Fällen nicht die auf einfacher, sondern erst die auf grober Fahrlässigkeit beruhende Unkenntniß den guten Glauben ausschließt.

Fraglich ist, ob im Falle der untersagten Veräußerung einer Forderung der in Unkenntniß des Verbots leistende Schuldner schlechthin geschützt wird. In M. I, 214 wird die Frage ausdrücklich verneint: „Die Tragweite des Verbotes in dieser Richtung ist je nach dem Umfange, in welchem die Interessen, denen das Verbot dient, gesichert werden sollen, nothwendig eine verschiedene; ob und wieweit dem in Unkenntniß des Verbotes leistenden Schuldner ein Schutz zu Theil werden soll, kann daher nur bei Aufstellung der Vorschriften, welche ein solches Verbot aussprechen oder zulassen, entschieden werden, wie denn auch in § 7 (6) KO. eine diesbezügliche Bestimmung getroffen worden ist. Was die auf richterlicher Anordnung beruhenden Veräußerungsverbote betrifft, so genügt der nach dem Zusammenhange aus §§ 815, 810, 808, 730 (jetzt 936, 930, 928, 829) CPO. sich ergebende Grundsatz, daß die Wirksamkeit eines Verbotes gegenüber dem Drittschuldner von der Zustellung an denselben abhängt. Ungerechtfertigt würde es sein, hierüber hinauszugehen und den Schuldner auch dann zu schützen, wenn zwar ordnungsmäßig zugestellt, gleichwohl aber in Unkenntniß des Verbotes, z. B. weil eine Ersatzzustellung erfolgt oder ein Erbfall eingetreten ist und der Erbe von der Zustellung nichts weiß, dem Gläubiger geleistet wurde." Planck, Bem. 5 zu § 135, dagegen will hier zu Gunsten des in Unkenntniß des Veräußerungsverbots zahlenden Schuldners den § 407 BGB. entsprechend anwenden, da der Grund, aus welchem der Schuldner bei Unkenntniß der Abtretung geschützt wird, auch bei Unkenntniß eines Veräußerungsverbots zutreffe. Fischer-(Henle), 6. Aufl., hält diese Ansicht offenbar für zutreffend, da auch er zu § 135 Abs. 2 den § 407 citirt. Auch Dernburg, Bürg. R. Bd. 1 § 124 Anm. 5, hält den § 407 hier für anwendbar. Indessen dürfte der Standpunkt der M. doch der richtige sein und § 407 nicht zu den in § 135 Abs. 2 genannten Vorschriften zu zählen sein. Gegen die Planck'sche Ansicht spricht nicht nur der Wortlaut des Gesetzes, sondern auch die allgemeine Erwägung, daß das Prinzip des Schutzes gutgläubigen Erwerbs in unserem bürgerlichen Rechte sich nur auf Sachen, nicht auch auf Forderungen erstreckt, es sei denn, daß die Forderung sich in einem sachlichen Werthträger verkörpert.

Vgl. ferner CPO. §§ 265, 266; ZwVG. § 23 (hierüber speziell Hachenburg, Vorträge S. 153).

e) Betrifft die gegen ein relatives gesetzliches Veräußerungsverbot verstoßende Verfügung Grundstücke oder Rechte an Grundstücken, so sind bezüglich des Schutzes gutgläubiger Dritter die §§ 892, 893, 1138, 1155 maßgebend; insbesondere § 892 Abs. 1 Satz 2: „Ist der Berechtigte in der Verfügung über ein im Grundbuch eingetragenes Recht zu Gunsten einer bestimmten Person beschränkt, so ist die Beschränkung dem Erwerber gegenüber nur wirksam, wenn sie aus dem Grundbuch ersichtlich oder dem Erwerber bekannt ist." Vgl. hiezu im Einzelnen Bem. IV, 2 zu § 892.

f) Bezüglich der Eintragung der gesetzlichen Veräußerungsverbote ins Grundbuch zeigt sich wiederum eine Verschiedenheit zwischen absoluten und relativen Veräußerungsverboten. Die absoluten Veräußerungsverbote sind nicht eintragungsfähig; sie sind „buchfremd" (Cosack, Bd. 2 S. 12; M. I, 214, vgl. Bd. III Bem. A, IV zu § 873 und Bem. IV, 2, b zu § 892; a. M. Dernburg, Bürg. R. Bd. 1 § 124 Anm. 3, welcher annimmt, das Gericht sei nach seinem Ermessen zur Eintragung der Beschlagnahme auf den Grundstücken eines Angeschuldigten befugt). Es kann sich daher auch Niemand darauf berufen, daß das Grundbuch keine Auskunft über sie gegeben habe. Die dem absoluten Veräußerungsverbote zuwider geschehende Uebertragung bleibt unwirksam, auch wenn der Grundbuchbeamte den Rechtsübergang einträgt. Das nur relativ wirkende Veräußerungsverbot dagegen ist eintragungsfähig. Dritten Erwerbern gegenüber kann es nur geltend gemacht werden, wenn die Voraussetzungen des § 892 Abs. 1 Satz 2 vorliegen; vgl. oben unter e.

Ein vom Konkursgericht in Gemäßheit des § 106 KO. erlassenes allgemeines Veräußerungsverbot ist nach § 113 KO. in das Grundbuch einzutragen. Das Konkursgericht hat, wenn die dort genannten Voraussetzungen vorliegen, das Grundbuchamt von Amtswegen um die Eintragung zu ersuchen. Die Eintragung kann auch vom Konkursverwalter beantragt werden. Vgl. GBO. § 39.

Ueber die Eintragung eines Arrestbefehls oder einer einstweiligen Verfügung s. CPO. §§ 932, 936, 941, 942.

Rechtsgeschäftliche Veräußerungsverbote (§ 137) sind nicht eintragungsfähig; wohl aber ist eine Vormerkung möglich nach § 883 Abs. 1, soweit dem Berechtigten zugleich ein Anspruch der in § 883 vermeinten Art zusteht. Vgl. hierüber im Einzelnen Bem. IV, 2, α, γ zu § 892.

4. Ein durch ein Veräußerungsverbot in seinen Interessen geschützter Gläubiger hat gegen den dem Verbote zuwider verfügenden Schuldner einen Anspruch auf Vornahme der Handlungen, welche zur Wiedererlangung des veräußerten bez. belasteten Rechtes erforderlich sind. Daß er aber auch gegen denjenigen, welcher dem Verbote zuwider erworben hat, einen Anspruch auf ein positives Handeln zum Zwecke der Wiedererlangung seines Rechtes habe, ist nirgends allgemein gesagt. Eine spezielle Vorschrift giebt § 888 Abs. 2 für den Fall, daß der Erwerber eines Grundstücks oder eines Rechtes daran als solcher ins Grundbuch eingetragen wurde und im Besitz ist. Der durch das Verbot Geschützte kann nämlich von dem Erwerber des Grundstücks oder Rechtes die Zustimmung zu der Eintragung oder Löschung verlangen, die zur Verwirk-

lichung des durch das Veräußerungsverbot gesicherten Anspruchs erforderlich ist. Vgl. die Bem. zu § 888. Die Zwangsvollstreckung richtet sich hier nach CPO. § 894; die Zustimmung gilt also als ertheilt mit der Rechtskraft des Urtheils, welches die Verpflichtung zur Abgabe der Erklärung ausspricht. Auf dem gleichen Wege des § 894 CPO. kann der verletzte Gläubiger von seinem Schuldner, welcher cedirt oder Eigenthum an Mobilien übertragen hat, aber zufolge des relativen Veräußerungsverbots ihm gegenüber noch als Forderungsinhaber bez. Eigenthümer gilt, die Erklärung erzwingen, er trete den Forderungsanspruch bez. Herausgabeanspruch ab. Hierüber eingehend Planck Bem. 2 zu § 135; vgl. aber auch Dernburg, Bürg. R. Bd. 1 § 124, II, 4, insbes. Anm. 6.

5. Die aus relativen Veräußerungsverboten herrührenden Ansprüche erlöschen durch Ersitzung der dem Verbote zuwider veräußerten Sache. Vgl. Bem. 6 zu § 937. Ob gegenüber einem absoluten Veräußerungsverbot Ersitzung eintreten kann, ist, wie M. I, 214 sagen, „dem Inhalte des Verbotes zu entnehmen".

6. Der rechtsgeschäftlichen Verfügung steht nach § 135 eine im Wege der Zwangsvollstreckung oder Arrestvollziehung erfolgende Verfügung gleich. Solange ein relatives Veräußerungsverbot besteht, soll der Gegenstand, auf welchen es sich bezieht, wegen eines persönlichen Anspruchs oder auf Grund eines in Folge des Verbots unwirksamen Rechtes nicht im Wege der Zwangsvollstreckung veräußert oder überwiesen werden (CPO. § 772, entsprechend dem E. I § 107 Abs. 4; s. P. I, 125). Der durch das Verbot Geschützte, nicht auch der Schuldner, kann auf Grund des Verbots gegen eine Zwangsvollstreckung nach Maßgabe des § 771 CPO. Widerspruchsklage oder nach § 766 CPO. Einwendungen erheben, es müßte denn sein, daß das Vollstreckungsgericht eine Ueberweisung der Forderung an Zahlungsstatt vorgenommen hat (vgl. L. Seuffert, Komm. z. CPO. 8. Aufl. Bem, 3, b u. c zu § 772). § 772 schafft also selbst ein relatives Veräußerungsverbot, auf welches § 135 BGB. Anwendung findet. Daß im Falle des Zuwiderhandelns keine Nichtigkeit der im Wege der Zwangsvollstreckung erfolgenden Veräußerung oder Ueberweisung eintritt, ergiebt sich schon aus der Fassung des § 772 „soll nicht". Eine legislative Begründung des § 772 CPO. geben M. I, 215 ff.

7. Nach § 13 KO. ist ein gegen den Gemeinschuldner bestehendes relatives Veräußerungsverbot den Konkursgläubigern gegenüber unwirksam. (Eine dem Sinne nach gleiche Vorschrift enthielt E. I § 107 Abs. 3; s. P. I, 125.) Das ist eine Konsequenz der Forderung grundsätzlicher Gleichbehandlung aller Gläubiger im Konkurse. Jedoch bleibt eine bei der Zwangsvollstreckung in das unbewegliche Vermögen erfolgte Beschlagnahme wirksam. Sie gewährt nach § 47 KO. ein Recht auf abgesonderte Befriedigung. S. aber für den Nachlaßkonkurs § 221 KO.

Wird die aus § 13 KO. sich ergebende Regel, daß trotz des relativen Verbots eine Veräußerung der Gegenstände im Konkurs auch dem gegenüber wirksam ist, dessen Schutz das Verbot bezweckt, auch dann von Bedeutung, wenn im Konkurse des Ehemannes der Konkursverwalter über ein zum Gesammtgute gehöriges Grundstück ohne Einwilligung der Frau (§ 1445) verfügt? Die Frage ist zu verneinen. Allerdings kann der Verwalter im Konkurs über das Vermögen der Mannes Gesammtgutsgrundstücke ohne Einwilligung der Frau veräußern. Diese Befugniß beruht aber lediglich auf KO. §§ 2 Abs. 1, 6 Abs. 2, nicht auch, wie L. Seuffert (Konkursprozeßrecht S. 178) anzunehmen scheint, auch auf KO. § 13. Vgl. Jäger, Komm. z. KO. 2. Aufl. Anm. 3 zu § 13.

8. Absolute Veräußerungsverbote, welche im öffentlichen Interesse erlassen sind und die Nichtigkeit des ihnen zuwider vorgenommenen Geschäfts zur Folge haben, sind vor allem in den Bestimmungen des StGB. und der StPO. zu erblicken, nach welchen die Beschlagnahme des ganzen Vermögens eines Angeschuldigten erfolgt. S. StGB. § 93; StPO. §§ 333—335; 480. Der Beschlagnahmebeschluß ist im Deutschen Reichsanzeiger bekannt zu machen. Mit der Bekanntmachung verliert der Angeschuldigte das Recht, über das in Beschlag genommene Vermögen unter Lebenden zu verfügen. Verfügt er trotzdem, so ist das Geschäft absolut nichtig. Ebenso, wenn gemäß § 94 StPO. eine Einziehung von Gegenständen erfolgt; s. StGB. §§ 40; 42; 152; 295; 360 Nr. 1, 2, 4, 5, 6, 14; 367 Nr. 7—9; 369 Nr. 2; Nahrungsmittelges. § 15. (Anders nach StGB. § 140 Abs. 3, StPO. § 326; s. Bem. 9.) Wird die Beschlagnahme bez. Einziehung wegen Fortfalls ihrer Gründe nachträglich aufgehoben, so besteht wohl kein Bedenken, mit Rehbein (Komm. Bd. 1 S. 173) den § 115 BGB. analog anzuwenden. Absolute Veräußerungsverbote enthalten ferner Gew.O. §§ 89, b; 115, a; 116; Lohnbeschlagnahmeges. §§ 1 u. 2; CPO. § 850; die Bestimmungen der Gesetze über Kranken-, Unfall- und Invalidenversicherung, welche die Abtretung von Unterstützungsansprüchen verbieten; ferner auch die in Bem. 5, b zu § 134 angeführten Bestimmungen der Unübertragbarkeit eines Rechtes nach BGB. Mit Unrecht führt Fischer(-Henle), 6. Aufl., in seiner Bem. 1, a zu § 134 unter den absoluten Veräußerungsverboten auch KO. §§ 6—8 an; s. unten Bem. 9 am Ende.

Absolute Veräußerungsverbote können endlich auch auf Landesrecht beruhen. S. EG. Art. 119 und Bem. dazu in Bd. VI.

9. Relativ wirksame Veräußerungsverbote im Sinne der §§ 135 u. 136 kennt das BGB. nur wenige. Hervorzuheben ist die Vorschrift des § 2211, daß der Erbe über einen der Verwaltung des Testamentsvollstreckers unterliegenden Nachlaßgegenstand nicht verfügen kann. (Vgl. die Bem. zu § 2211 in Bd. V, ferner Hachenburg, Vortr. S. 146 ff. und Wendt im Archiv f. d. civilist. Praxis Bd. 89 S. 44 ff.) Außerhalb des BGB. gehören hieher die Beschlagnahme nach StGB. § 140 Abs. 3, StPO. §§ 325, 326 (mit 480); die einstweilige Verfügung nach CPO. § 938; das Verfügungsverbot nach CPO. §§ 829, 857; die Zahlungssperre nach CPO. § 1019; die Beschlagnahme eines Grundstücks zum Zwecke der Zwangsversteigerung oder Zwangsverwaltung (ZwVG. § 23); das vom Konkursgericht an den Schuldner erlassene, von Amtswegen ins Grundbuch einzutragende allgemeine Veräußerungsverbot nach KO. §§ 106, 113; endlich auch StGB. § 288, wo dem Schuldner verboten wird, bei drohender Zwangsvollstreckung in der Absicht, die Befriedigung des Gläubigers zu vereiteln, Bestandtheile seines Vermögens zu veräußern; (so auch RGE. Bd. 6 S. 169 ff.; Scherer, Komm. Bd. 1 S. 254, dagegen meint, wenn der Mitkontrahent die Sachlage ebenfalls kenne, falle das Rechtsgeschäft, welches den § 288 StGB. verletzt, unter § 134 BGB.).

Auch Landesgesetze können relative Veräußerungsverbote enthalten. Nach EG. Art. 168 bleiben die z. Z. des Inkrafttretens des BGB. bestehenden Verfügungsbeschränkungen wirksam, unbeschadet der Vorschriften des BGB. zu Gunsten derjenigen, welche Rechte von einem Nichtberechtigten herleiten. Vgl. ferner EG. Art. 61 und Bem. dazu in Bd. VI.

Prinzipiell ist auch das nach KO. §§ 6, 7 für den Gemeinschuldner nach der Eröffnung des Verfahrens bestehende Veräußerungsverbot zu den nur relativ wirksamen Veräußerungsverboten im Sinne des § 135 zu rechnen. Die Rechtshandlungen des Gemeinschuldners sind nur den Konkursgläubigern gegenüber unwirksam. Der Ausdruck „nichtig" wird in KO. § 7 n. F. im Gegensatze zu § 6 ä. F. geflissentlich vermieden. Das Verbot hat nur relative Wirksamkeit, insofern gegenüber allen, welche nicht Konkursgläubiger sind, die dem Verbote zuwider vorgenommene Rechtshandlung, speziell Veräußerung, wirksam ist. Die Vorschriften der §§ 892, 893 (auch des § 1138, s. L. Seuffert, Konkursprozeßrecht S. 173) bleiben gegenüber dem Verbote des § 7 Abs. 1 Halbsatz 1 KO. unberührt; vgl. auch KO. § 15. Aber es finden nicht, wie nach BGB. § 135 Abs. 2 alle Vorschriften zu Gunsten derjenigen, welche Rechte von einem Nichtberechtigten herleiten, entsprechende Anwendung, sondern eben nur die angeführten Bestimmungen des Immobiliensachenrechts; für Mobilien gilt nicht dasselbe; (übereinstimmend Jäger, Komm. z. KO. Anm. 31 zu § 7 und Cosack § 198; and. Ans. Wendt im Archiv f. d. civilist. Praxis Bd. 89 S. 43 ff.). Man muß also zustimmen, wenn M. I, 110 sagen: „Die Eröffnung des Konkurses wirkt stärker als ein derartiges Veräußerungsverbot (nach dem jetzigen § 135) und ist mit demselben nicht auf eine Linie zu stellen." Vgl. auch Hachenburg, Vortr. S. 152 ff. Zu weit geht es jedoch, wenn Fischer(=Henle) der Konkurseröffnung die Wirkung eines absoluten Veräußerungsverbots beilegt.

§ 136.

Ein Veräußerungsverbot, das von einem Gericht oder von einer anderen Behörde innerhalb ihrer Zuständigkeit erlassen wird, steht einem gesetzlichen Veräußerungsverbote der im § 135 bezeichneten Art gleich.

E. I, 107 Abs. 1; EG. I Art. 7; E. II, 102; III, 132.

1. Schon E. I § 107 Abs. 1 hatte das gerichtliche Veräußerungsverbot dem gesetzlichen gleichgestellt und EG. z. E. I Art. 7 hatte die für die Wirkungen des gerichtlichen Veräußerungsverbots maßgebenden Grundsätze auch auf Veräußerungsverbote erstreckt, welche von einer andern Behörde als einem Gericht innerhalb der Grenzen ihrer Zuständigkeit erlassen sind. Diese Erstreckung „entspricht dem Bedürfniß und ist ohne Bedenken". M. I, 66. In der II. Komm. erachtete man es für zweckmäßig, unter Uebernahme der Bestimmung des Art. 7 des Entw. des EG. die Vorschriften über das gerichtliche Veräußerungsverbot und das Veräußerungsverbot anderer Behörden zusammenzufassen. P. I, 125.

2. Zu den Gerichten gehören Strafgerichte und Civilgerichte, auch Gewerbegerichte und Verwaltungsgerichte; zu den Behörden Reichsbehörden und Landesbehörden. Ob Gerichte und Behörden innerhalb ihrer Zuständigkeit gehandelt haben und in welchen Fällen sie Veräußerungsverbote erlassen können, entscheidet das öffentliche Recht.

3. Die wichtigsten Fälle der unter § 136 fallenden Veräußerungsverbote sind bereits bei § 135 (insbesondere Bem. 9) hervorgehoben. Es ist noch darauf hinzuweisen, daß die Wirkung der vom Richter auf Grund der CPO. erlassenen Veräußerungsverbote mit der Zustellung eintritt.

§ 137.*)

Die Befugniß zur Verfügung über ein veräußerliches Recht kann nicht durch Rechtsgeschäft ausgeschlossen oder beschränkt werden. Die Wirksamkeit einer Verpflichtung, über ein solches Recht nicht zu verfügen, wird durch diese Vorschrift nicht berührt.

E. I, 796; II, 102 a; III, 133.

1. § 137 behandelt das auf Parteiwillen beruhende Veräußerungsverbot.

Gemeinrechtlich konnte ein solches durch Vertrag begründet werden; erfolgte die Veräußerung dennoch, so war sie aber nicht nichtig (l. 61 D. 2, 14; Ausnahme in l. 7, § 2 D. 20, 5), sondern es entstand nur ein Forderungsrecht auf Rückgabe des mit der Auflage der Nichtveräußerung Gegebenen oder auf Entschädigung. Letztwillige Veräußerungsverbote waren ohne rechtliche Bedeutung. S. Windscheid-Kipp Bd. 1 S. 797 ff. Den gemeinrechtlichen Standpunkt theilt im Wesentlichen das sächs. GB. §§ 223, 224. Das PLR. gestattet dem Eigenthümer, sich durch Rechtsgeschäft der Befugniß zur Veräußerung oder zur Belastung einer Sache mit der Wirkung zu begeben, daß dieses Geschäft jeden Dritten bindet, sofern es ihm bekannt ist oder in das Hypothekenbuch eingetragen ist. PLR. Thl. I Tit. 4 §§ 15 ff. M. III, 37. Ueber die Behandlung der Dispositionsbeschränkungen im bayr. Hyp.R. s. bayr. HG. §§ 5 Abs. 2, 44 Abs. 2; dazu Regelsberger, Bayr. HR., 2. Aufl. S. 74 ff., 230 ff. und Philipp in den Bl. f. RA. Bd. 64 S. 353 ff.

E. I hatte in seinem sachenrechtlichen Theile, in § 796, die Vorschrift: Die Befugniß desjenigen, welchem das Eigenthum oder ein anderes Recht an einer Sache zusteht, über sein Recht zu verfügen, kann nicht durch Rechtsgeschäft mit Wirkung gegen Dritte ausgeschlossen oder beschränkt werden, soweit nicht das Gesetz ein Anderes bestimmt. Die Vorschrift richtete sich also nur gegen die rechtsgeschäftliche Beschränkung des Verfügungsrechts bei dinglichen Rechten, nicht auch bei rein obligatorischen Rechten; vgl. E. I §§ 295 Abs. 2 und 312. Mit der Ausdehnung der Bestimmung auf Verfügung über alle veräußerlichen Rechte ergab sich von selbst ihre Zugehörigkeit zum Allgemeinen Theile.

2. Bezüglich der Bedeutung des rechtsgeschäftlichen Veräußerungsverbots sind nach § 137 die dingliche und die obligatorische Wirkung scharf zu unterscheiden. Erstere wird durch Satz 1 verneint, letztere durch Satz 2 zugelassen.

a) Dritten gegenüber ist die auf Rechtsgeschäft beruhende Ausschließung oder Beschränkung der Verfügungsbefugniß nichtig. Die Parteien haben nicht die Macht, die Verfügungsbefugniß, die sich als ein wesentlicher Bestandtheil des Rechtes selbst darstellt, mit dinglicher Kraft zu verhindern, weder durch Vertrag, wie etwa Ehevertrag, noch durch einseitige Rechtsgeschäfte, wie etwa durch letztwillige Verfügung noch etwa durch Eintragung im Grundbuch (vgl. nachher). Könnten sie dies, so hätten wir es mit Rechten zu thun, welche zugleich objektiv veräußerlich und subjektiv unveräußerlich sind. Damit würde aber das BGB. seinen Grundsatz, sog. relativ-dingliche Rechte nicht anzuerkennen, aufgeben. (S. Endemann, Lehrbuch 7. Aufl. Bd. 2 S. 14 f., 84 ff.) Auch wäre der unangenehmen Konsequenz nicht auszuweichen, daß Jeder die Möglichkeit hätte, mit Hilfe eines Dritten sein ganzes Vermögen außer Verkehr zu setzen und damit dem Zugriffe seiner Gläubiger zu entziehen. (M. III, 77.) Der Grund der Versagung der dinglichen Wirkung liegt, wie Endemann sagt, darin, „weil man von derartigen relativ-dinglichen Rechten Verwirrung und Unsicherheit befürchtet". Ist dies richtig, so erscheint es bedenklich, wenn Crome (System Bd. 1 S. 379) aus § 137 „die Unhaltbarkeit der Meinung" folgern will, als „könne eine Wirkung der Verbotsklausel gegen Dritte bei Güterübertragungen generell durch Einkleidung des Veräußerungsverbotes in Form einer Resolutivbedingung (des Rückfalles bei verbotener Weiterveräußerung des Gegenstandes) herbeigeführt

*) L. Brütt, Das rechtsgeschäftliche Veräußerungsverbot nach Gem. R. und BGB., Berl. Diss. 1900.

werden". Dieses Verfahren mag den Zweck haben, den § 137 zu umgehen, aber es ist keineswegs jede Gesetzesumgehung unzulässig. Hier ist sie es wohl nicht, da auf den zur Umgehung gewählten rechtsgeschäftlichen Thatbestand eben die ratio, auf welche § 137 gegründet ist, nicht zutrifft. Vgl. auch § 161 Abs. 2.

Die Zulässigkeit des Vorbehalts eines Wiederkaufsrechts (s. §§ 497 ff.) oder der Einräumung eines Vorkaufsrechts (s. §§ 504 ff. und §§ 1094 ff.) wird durch § 137 nicht berührt.

Da das rechtsgeschäftliche Verfügungsverbot Dritten gegenüber von vornherein unwirksam ist, brauchen sich Dritte, an welche trotz des Verbots veräußert wird, nicht erst auf ihren guten Glauben zu berufen. Sie werden von dem Verfügungsverbot auch dann nicht berührt, wenn sie von ihm Kenntniß haben. Daher findet auch eine Eintragung des rechtsgeschäftlichen Verfügungsverbots in das Grundbuch nicht statt und es kann auch nicht etwa ein rechtsgeschäftliches Veräußerungsverbot durch Eintragung verdinglicht werden, auch nicht, wenn es in einem Ehevertrage begründet ist; vgl. Bd. III dieses Werkes S. 101 unter γ, Central-Bl. Bd. 1 S. 515 ff., Bl. f. RA. Bd. 66 S. 524; Bayr. Oberst. LG. Bd. 16 S. 339; Rspr. d. OLG. Bd. 1 S. 457, Bd. 2 S. 226; Dernburg, Bürg. R. Bd. 1 § 124 unter III; anders Böhm, Reichsgrundbuchrecht S. 64, s. auch Philipp a. a. O. S. 374. § 888 Abs. 2 bezieht sich nicht auf rechtsgeschäftliche Veräußerungsverbote. Möglich ist aber eine Vormerkung nach § 883, soweit dem Berechtigten zugleich ein Anspruch der in § 883 vermeinten Art eingeräumt ist. Außerdem kann natürlich durch eine einstweilige Verfügung bei drohender Verletzung obligatorischer Verpflichtungen eine Eintragung im Grundbuch und damit eine dingliche Wirkung geschaffen werden; vgl. Bd. III S. 101 unter γ.

b) Eine persönliche Verpflichtung, nicht zu verfügen oder in einer bestimmten Art nicht zu verfügen, kann durch Rechtsgeschäft geschaffen werden. Das rechtsgeschäftliche Verfügungsverbot hat also obligatorische Wirkung. Es schafft einen Anspruch auf Unterlassung von Person zu Person. Dieser persönliche Anspruch kann durch Vormerkung nach § 883 gesichert werden. Ferner kann auf Grund dieses Anspruchs der Richter im Wege der einstweiligen Verfügung ein Veräußerungsverbot erlassen; dieses Veräußerungsverbot ist dann nach §§ 136, 135 zu beurtheilen.

Handelt der aus dem rechtsgeschäftlichen Verfügungsverbote zur Nichtverfügung Verpflichtete seiner Verpflichtung zuwider, so besteht gegen ihn ein Anspruch auf Schadensersatz, auf dessen Inhalt die allgemeinen Vorschriften der §§ 249 ff. anzuwenden sind. Auch kann für den Fall des Zuwiderhandelns gültig eine Konventionalstrafe vereinbart werden.

Eine Ausnahme macht § 1136: Eine Vereinbarung, durch welche sich der Eigenthümer eines Grundstücks dem Hypothekengläubiger gegenüber verpflichtet, das Grundstück nicht zu veräußern oder nicht weiter zu belasten, ist nichtig, kann also auch keine obligatorischen Wirkungen erzeugen. Mit anderen Personen als Hypothekgläubigern kann der Eigenthümer aber solche Vereinbarungen mit persönlicher Wirkung treffen. S. die Bem. zu § 1136. Vgl. übrigens auch Bem. 2 zu § 2302.

3. § 137 setzt voraus, daß das Recht, auf welches sich das Verfügungsverbot bezieht, ein veräußerliches ist, trifft also nicht die Rechte, welche nach der Rechtsordnung ohnehin unveräußerlich sind.

Die Forderungsrechte sind grundsätzlich veräußerliche Rechte, werden also von der Vorschrift des § 137 betroffen. Aber nach § 399 kann die Abtretung einer Forderung durch Vereinbarung mit dem Schuldner ausgeschlossen werden; das Gesetz selbst hat hier den Parteien die Möglichkeit gegeben, durch eine solche individuelle Bindung des Schuldverhältnisses das Forderungsrecht zu einem unveräußerlichen zu machen und dadurch von der Regel des § 137 auszunehmen. Der rechtsgeschäftliche Ausschluß der Forderungsabtretung nach § 399 wirkt auch gegen Dritte und bindet auch den Konkursverwalter; s. jedoch über den Schutz gutgläubiger Dritter § 405. Bezüglich Anwendung dieser Vorschrift im Hypothekenrechte s. Bd. III S. 101 unter γ.

Das in § 399 für die Abtretung von Forderungen aufgestellte Prinzip gilt arg. § 413 auch für die Abtretung von Urheberrechten, Zeichenrechten, Patentrechten und Verlagsrechten.

4. § 137 gilt, was jetzt im Gegensatze zu E. I 796 nicht mehr ausdrücklich gesagt, aber selbstverständlich ist, nur, soweit nicht das Gesetz ein Anderes bestimmt.

Auch Landesgesetze können ein Anderes bestimmen. In Betracht kommen namentlich die möglichen rechtsgeschäftlichen Beschränkungen nach dem durch EG. Art. 62 aufrecht erhaltenen Fideikommißrecht und nach den durch EG. Art. 62 aufrecht erhaltenen Vorschriften über die Rentengüter (vgl. preuß. Ges. vom 26. April 1886 § 5 und vom 27. Juni 1890 § 3). Vgl. Brütt a. a. O. S. 79 ff.

5. Nach EG. Art. 168 bleibt eine z. Z. des Inkrafttretens des BGB. bestehende Verfügungsbeschränkung wirksam, unbeschadet der Vorschriften des BGB. zu Gunsten derjenigen, welche Rechte von einem Nichtberechtigten herleiten. S. Bem. zu EG. Art. 168 in Bd. VI und Philipp in den Bl. f. RA. Bd. 64 S 374, Dernburg, Bürg. R. Bd. 1 § 124 unter IV, sowie über die hier bestehenden Streitfragen Habicht, 3. Aufl. S. 515, Oberneck, Reichsgrundbuchrecht S. 488, Obermeyer in Bl. f. RA. Bd. 65 S. 325 und die Bem. 7 zu § 1136 in Bd. III.

§ 138.*)

Ein Rechtsgeschäft, das gegen die guten Sitten verstößt, ist nichtig.

Nichtig ist insbesondere ein Rechtsgeschäft, durch das Jemand unter Ausbeutung der Nothlage, des Leichtsinns oder der Unerfahrenheit eines Anderen sich oder einem Dritten für eine Leistung Vermögensvortheile versprechen oder gewähren läßt, welche den Werth der Leistung dergestalt übersteigen, daß den Umständen nach die Vermögensvortheile in auffälligem Mißverhältnisse zu der Leistung stehen.

E. I, 106; II, 103; III, 134.

I. Das sittenwidrige Rechtsgeschäft im Allgemeinen.

1. Bisheriges Recht und Entstehungsgeschichte des Paragraphen. Schon das römische Recht kannte die von wenigen Ausnahmen durchbrochene Regel, daß omnia, quae contra bonos mores vel in pacto vel in stipulatione deducuntur, nullius momenti sunt (c. 4 Cod. 8,38). Dieser Grundsatz fand in zahlreichen Einzelsätzen seine Bestätigung. Nach BLR. (Thl. IV cap. 1 § 16 Nr. 1) hat die Konvention nicht statt in Dingen, welche entweder gegen die Natur oder gegen die Ehrbarkeit, Gesetz und Ordnung gehen. Nach PLR. (Thl. I Tit 4 § 7) kann durch Willenserklärungen Niemand zu Handlungen verpflichtet oder berechtigt werden, welche „die Ehrbarkeit beleidigen." Nach cod. civ. art. 1131 ist die Verpflichtung sur une cause illicite ohne rechtliche Wirkung und Art. 1133 definirt weitgehend: La cause est illicite, quand elle est prohibée par la loi, quand elle est contraire aux bonnes moeurs ou à l'ordre public.

Diese Bestimmungen des cod. civ. hatte E. I zum Vorbild genommen und in § 106 bestimmt, daß ein Rechtsgeschäft, dessen Inhalt gegen die guten Sitten oder die öffentliche Ordnung verstößt, nichtig ist. Die Miterwähnung der öffentlichen Ordnung wird in M. I, 211 damit gerechtfertigt, „weil der Inhalt des Rechtsgeschäftes nicht bloß gegen die moralischen Interessen, sondern auch gegen die allgemeinen Interessen des Staates verstoßen kann und ein Verstoß gegen die letzteren nicht immer einen Verstoß gegen die ersteren enthält. Es darf in dieser Beziehnng namentlich auf die mit dem Prinzip der Gewerbefreiheit sich in Widerspruch setzenden Verträge verwiesen werden". — Im Gegensatze dazu war die II. Komm. der Meinung, es sei der Begriff der „öffentlichen Ordnung", möge er auch in einzelnen Theilen des Rechtes, wie im internationalen Privatrecht und im Völkerrecht, nicht entbehrt werden können, hier auszuscheiden, da dem Begriffe eine sichere Begrenzung fehle (— die fehlt allerdings dem Begriffe der „guten Sitten" auch! —) und die gegen die öffentliche Ordnung verstoßenden Rechtsgeschäfte zumeist auch als gegen die Rechts- oder Sittlichkeitsordnung gerichtete Rechtsgeschäfte anzusehen sein würden. P. I, 124. Die öffentliche Ordnung blieb daher im jetzigen § 138 unerwähnt. Uns dünkt diese Weglassung schon darum erfreulich, weil durch sie die Möglichkeit eines Hereinziehens politischer oder polizeilicher Erwägungen in privatrechtliche Entscheidungen vermieden wird. Der von M. I a. a. O. beliebte Hinweis auf das „Prinzip der Gewerbefreiheit",

*) Literatur: Lotmar, Der unmoralische Vertrag, 1896; Steinbach, Die Moral als Schranke des Rechtserwerbs und der Rechtsausübung (1898); Derselbe in D. Jur.Z. 1899 S. 47 ff.; Hachenburg, Vortr. S. 50 f.; Kohler im Arch. f. bürgerl. R. Bd. 5 S. 161 ff.; Ravit im Archiv f. d. civilist. Praxis Bd. 58 S. 1 ff.; Jacobi in Jherings Jahrb. f. Dogm. Bd. 41 S. 68 ff. und in der Berliner Festgabe für Dernburg S. 105 ff. Für die Uebergangszeit: Mumm in den Bl. f. RA. Bd. 65 S. 248 ff.

entspricht dem Geiste der damaligen Zeit, hat aber kaum dauernde Bedeutung, da jenes Prinzip schon heute wieder erhebliche Einschränkungen erfahren hat.

2. Was sind „gute Sitten"? Eine absolute d. h. allgemeine und für alle Zeiten giltige Moral giebt es ebensowenig, wie es in diesem Sinne ein absolutes Recht giebt. Auch die sog. „Menschenrechte" machen in letzterer Beziehung keine Ausnahme, wie schon ein Blick auf das rechtlich geordnete Institut der Sklaverei in den antiken und einigen neueren Rechts- und Kulturstaaten beweist. Weder irgend einer Religion noch einem philosophischen Systeme der Ethik ist es jemals gelungen, der Wandelbarkeit der Moralbegriffe ein endgiltiges und allgiltiges Halt zu gebieten. Es ist hier natürlich nicht der Ort, die Grundlagen dieser noch verhältnißmäßig jungen Erkenntniß von der Bedingtheit der Moralbegriffe aufzudecken.

Wenn es nun aber einen absolut giltigen Maßstab für eine ethische Bewerthung menschlichen Handelns nicht giebt, so bleibt dem Richter, der im Gesetze dennoch angewiesen wird, eine solche Bewerthung vorzunehmen und menschliches Handeln vom Standpunkte der guten Sitten aus zu beurtheilen, nur der eine Weg: sich zu fragen, ob nach den jetzigen Anschauungen des sozialen Kreises, innerhalb welches das Handeln vor sich geht, in diesem Handeln ein Verstoß gegen die guten Sitten erblickt wird oder nicht. Eine völlige Gleichartigkeit in der Beurtheilung gleichartiger Fragen durch die vielen erkennenden Richter wird sich dabei nicht erzielen lassen; es ist unvermeidlich, daß hier dem Ermessen ein Spielraum bleibt und individuelle richterliche Anschauungen in Urtheile Eingang finden. Dessen waren sich auch die Schöpfer des § 138 wohl bewußt, sie hielten aber das Bedenken doch nicht für erheblich genug, um deßhalb auf die wichtige und prinzipielle Vorschrift zu verzichten. M. I, 211 sagen hierüber: „Die Vorschrift stellt sich als ein bedeutsamer gesetzgeberischer Schritt dar, der vielleicht nicht ohne Bedenken ist. Dem richterlichen Ermessen wird ein Spielraum gewährt, wie ein solcher großen Rechtsgebieten bisher unbekannt ist. Bei der Gewissenhaftigkeit des deutschen Richterstandes darf indessen unbedenklich darauf vertraut werden, daß die Vorschrift im Ganzen und Großen nur in dem Sinne angewendet wird, in dem sie gegeben ist."

Der Richter ist bei Prüfung der Sittenwidrigkeit eines Geschäftes nach zwei verschiedenen Richtungen gebunden: einmal darf er nicht absolute Moral anwenden wollen, sondern muß die ethischen Anschauungen des Kreises zu Grunde legen, innerhalb welches das Rechtsgeschäft seine Wirksamkeit äußern soll; nicht die ethischen Anschauungen gerade der Partei selbst, welche das Geschäft vornimmt, denn diese können höchst subjektiv sein und werden, gerade wenn es sich um die Anwendung des § 138 handelt, mit den „guten Sitten" regelmäßig im Widerspruch sein. Aber unter Umständen auch nicht die Anschauungen des Volksganzen, innerhalb dessen über dieselbe Sache in den verschiedenen sozialen, religiösen, ständischen Gruppen verschiedene ethische Vorstellungen herrschen können; sondern eben jenes bestimmten Kreises des Handelnden, welchen ein zwar fremder, aber bisher durch kein treffendes deutsches Wort ersetzter Ausdruck als sein „Milieu" bezeichnet. (Lotmar a. a. O. S. 96 ff. vertritt das Gegentheil, indem er lehrt, daß der Richter die an die Unterschiede der Geschlechter, der Berufe und der Klassen sich anknüpfenden Moralunterschiede bei Beurtheilung der Moralität von Verträgen nicht zu beachten habe. Aber das von Lotmar angeführte Axiom der „Gleichheit aller Rechtsuchenden vor dem Gesetze" darf und soll nicht dazu führen, als gleich zu behandeln, was thatsächlich ungleich ist; vgl. auch v. Liszt, Deliktsobligationen S. 43.) So wenig aber der Standpunkt des Richters ein absoluter sein kann, ebensowenig darf er der subjektive seiner eigenen individuellen Anschauung sein. (Dagegen Hölder, Komm. Bem. 1, b zu § 138 und Archiv f. d. civilist. Praxis Bd. 73 S. 102: Der Richter sei nicht verpflichtet, die herrschende Auffassung als maßgebend zu behandeln, wenn ihr sein Gewissen widerspricht.) Man wird sich freilich nicht darüber täuschen dürfen, daß eine volle Verwirklichung dieses Postulates ungemein schwierig, ja unter Umständen kaum möglich ist, namentlich da, wo durch dasselbe Rechtsgeschäft die Interessen verschiedener Lebenskreise mit verschiedenen Moralanschauungen berührt werden.

Das Reichsgericht (RGE. Bd. 48 S. 124) hat sich über den Maßstab für den Begriff der guten Sitten dahin ausgesprochen, es sei nicht ausgeschlossen, daß auf die Sittenanschauung eines bestimmten Volkskreises, wenn sich in ihr die herrschende Sitte ausprägt, Rücksicht genommen wird, so z. B. auf die Anschauung des ehrbaren Kaufmanns im Handelsverkehr; damit sei aber nicht zu verwechseln eine im Handelsverkehr thatsächlich aufgekommene Geschäftspraktik, welche möglicher Weise nicht sowohl eine Sitte als vielmehr eine Unsitte sein könne; vgl. auch Rspr. d. OLG. Bd. 5 Nr. 21, d S. 109.

3. Auf die Kenntniß der Kontrahenten von der Moralwidrigkeit ihres Handelns kommt es nicht an; auch wo dem Urheber einer Willenserklärung das Bewußtsein ihres sittenwidrigen Charakters fehlt, ist sie nichtig.

4. Giebt es in unserem Rechte etwas wie moralischen Nothstand? Wird ein Rechtsgeschäft dadurch seiner Immoralität entkleidet, daß es vorgenommen wurde, weil bei seiner Nichtvornahme eine höhere ethische Verpflichtung hätte verletzt werden müssen? Die Frage ist wohl zu verneinen. „Wie die Nothlage des Urhebers regelmäßig kein Grund für die Ungültigkeit des von ihm geschlossenen Vertrages ist, so verschafft sie auch dem Vertrage nicht die Gültigkeit, wo er dieser nach seinem Inhalte entbehren muß." (Lotmar a. a. O. S. 56.)

5. Die Sittenwidrigkeit der Beweggründe zieht nicht nothwendig die Nichtigkeit des aus diesen Beweggründen vorgenommenen Rechtsgeschäfts nach sich. Wohl aber ist das Geschäft dann als sittenwidrig nichtig, wenn es eine ökonomische Leistung in kausale Beziehung zu einer Handlung oder Unterlassung setzt, welche von Moralwegen nicht in solcher Kausalbeziehung zu Geld oder Geldeswerth stehen soll. (Lotmar a. a. O. S. 73 ff.) Nichtig ist daher z. B. die Vereinbarung einer Belohnung für ein bestimmtes Verhalten eines Zeugen vor Gericht (Seuff. Arch. Bd. 44 Nr. 106); die dem Ehemanne gemachte Zusage von Geld für die Einwilligung zur Ehescheidung; die Loskaufung von der Verpflichtung zur ehelichen Treue durch Geld; eine letztwillige Zuwendung, welche erkennbar als Belohnung für ehebrecherischen Verkehr geschieht (Seuff. Arch. Bd. 57 S. 438). Dagegen läßt sich nicht allgemein behaupten, daß jeder Schweigvertrag nothwendig gegen die guten Sitten verstoße (vgl. RGE. Bd. 33 S. 337, sowie Bem. 6 zu § 1717). Es verstößt an sich nicht gegen § 138, wenn Jemand sich zur Unterlassung einer Strafanzeige obligatorisch verpflichtet, wohl aber, wenn der durch eine strafbare Handlung Geschädigte sich vom Thäter Vermögensvortheile versprechen läßt gegen Rückgängigmachung der Folgen einer bereits erstatteten Strafanzeige; s. Seuff. Arch. Bd. 58 Nr. 94 S. 179; Rspr. d. OLG. Bd. 5 S. 110 ff.

Die Verwerflichkeit der Gesinnung allein, welche sich in einem Rechtsgeschäfte verräth, begründet nicht schon seine Nichtigkeit (s. Ravit a. a. O. S. 65); das erkennt auch das Reichsgericht an, welches (Seuff. Arch. Bd. 49 Nr. 238) entschieden hat, daß die Verbürgung für ein zum Betrieb eines Bordells gegebenes Darlehen ein rechtswirksames Geschäft sein kann; auch die Darlehensaufnahme selbst zu diesem Zwecke fällt nicht unter § 138 (gegentheilig RGE. in Jur. Wschr. 1903 Beil. S. 41), ebensowenig wie etwa der Kauf eines Revolvers, mit welchem der Käufer ein Delikt verüben will. Nichtig ist dagegen das Versprechen einer Provision für die Vermittlung des Verkaufs eines Bordells (Seuff. Arch. Bd. 55 S. 148).

Einen sittenwidrigen Inhalt kann das Geschäft auch durch Hinzufügung einer Bedingung erhalten.

6. Das Gesetz selbst schreibt einmal vor, daß ein Thatbestand als gegen die guten Sitten verstoßend zu erachten sei, nämlich in § 138 Abs. 2 (Bewucherung); nicht dagegen in § 656 (Versprechen des Lohnes für Ehevermittelung); auch die Aufgabe und Annahme einer Heiraths-Annonce ist nicht ohne Weiteres unter § 138 zu stellen. — Vgl. auch die besonderen Bestimmungen der §§ 312, 624, 723.

Aus den vielen Beispielen von Fällen, in welchen Sittenwidrigkeit anzunehmen sein dürfte, seien außer den schon unter 5 genannten hervorgehoben: das Verlöbniß mit einem Ehegatten für den Fall der Auflösung seiner Ehe (s. Bd. IV Vorbem. III, g, γ vor § 1297; Seuff. Arch. Bd. 48 Nr. 37); der Vertrag, in welchem Ehegatten thatsächliches Getrenntleben vereinbaren (s. Bd. IV Bem. 6 zu § 1353; Seuff. Arch. Bd. 18 Nr. 126; Bd. 24 Nr. 245); die Vereinbarung falscher Angabe der Vaterschaft (Seuff. Arch. Bd. 20 Nr 114); der Verzicht des Arbeiters auf Befolgung der gesetzlichen Schutzvorschriften durch den Arbeitgeber (die Nichtigkeit ergiebt sich hier schon unmittelbar aus § 619); je nach den Umständen das Versprechen, vom Mitbieten bei einer Versteigerung abzustehen (pactum de non licitando, „Abstandsvertrag"), jedenfalls dann, wenn es gegen Zusicherung einer Vergütung geschieht (vgl. Seuff. Arch. Bd. 17 Nr. 201; Bd. 31 Nr. 193 u. 321; RGE. Bd. 30 S. 304 und Seuff. Arch. Bd. 56 Nr. 2; vgl. aber auch Rspr. d. OLG. Bd. 5 S. 142; für ausnahmslose Nichtigkeit Kohler a. a. O. S. 225 ff.); im Herrschaftsgebiete des noch gültigen § 270 preuß. StGB. von 1851 ist der Abstandsvertrag gesetzlich ausdrücklich verboten und daher nichtig nach § 134; vgl. Bem. 8 zu § 134. Weitere Beispiele sittenwidriger, also gegen § 138 verstoßender Geschäfte sind: Der Verkauf einer ärztlichen Praxis, Rspr. d. OLG. Bd. 5 S. 107 ff., Seuff. Arch. Bd. 58 Nr. 1; der Vertrag über unentgeltliche Verabreichung von Speisen und Getränken zum Zwecke der Wahlbeeinflussung, OLG. Darmstadt in D. Jur.Z. Bd. 8 S. 252, Recht Bd. 6 S. 371; die in einem Dienstvertrag aufgenommene Vereinbarung, daß der Dienstverpflichtete gewissen politische oder soziale Interessen vertretenden Vereinen nicht beitreten dürfe (bezüglich gewerblicher Arbeiter vgl. auch § 152 Gew.O. u. Hilfe im Recht 1903 S. 480); Entgeltzusage mit unmoralischem Kausalverband beim Arbeitsvertrag überhaupt (s. Lotmar,

Der Arbeitsvertrag Bd. 1 S. 176, ferner Bem. III, d u. V, A zu § 611); der Kauf der Stimmen eines einflußreichen Gläubigers für den Akkord durch den insolventen Schuldner (Seuff. Arch. Bd. 5 Nr. 118; vgl. auch KO. §§ 188 Ziff. 1 u. 243); unter Umständen (durchaus nicht immer) das Unternehmerkartell (vgl. Endemann Bd. 1 § 103, a unter 8; Steinmann-Bucher in Schmollers Jahrb. Bd. 15 S. 451 ff.); ferner unter Umständen (s. Rspr. d. OLG. Bd. 5 S. 103 ff. u. Bd. 6 S. 448) die Hingabe eines Darlehens zum Zwecke des Spieles; vgl. hiezu auch Bem. 5 zu § 762. Ueber Verzicht auf den Scheidungsanspruch s. Bem. 6 zu § 1570. Häufig (z. B. von Crome, System Bd. 1 S. 374, Endemann Bd. 1 § 103, a unter Nr. 5) wird auch das Versprechen der Ehelosigkeit als sittenwidriges Rechtsgeschäft angeführt. Es ist aber doch recht fraglich, ob dies so allgemein richtig ist, da es Verhältnisse giebt, in welchen es geradezu als ethische Pflicht erscheint, nicht zu heirathen (unheilbare ansteckende Krankheit, starke hereditäre Belastung); warum es hier gegen die guten Sitten verstoßen soll, die ethische Pflicht freiwillig zur Rechtspflicht zu verstärken, ist nicht einzusehen; daß die Enthaltung von der Ehe nach unseren Anschauungen stets nur auf Freiwilligkeit und nicht auf rechtlicher Gebundenheit beruhen kann, läßt sich kaum anführen: beruht sie doch auch bei dem physisch heirathsfähigen Minderjährigen mit auf gesetzlicher Vorschrift.

Vgl. auch RGE. Bd. 52 S. 287 ff., wonach der Beschluß der Generalversammlung einer Aktiengesellschaft, daß die Aktien derjenigen Aktionäre, welche das Bezugsrecht nicht ausüben, im Verhältnisse von 4 zu 1 zusammenzulegen seien, nicht ohne Weiteres als nach § 138 nichtig angesehen werden kann; ferner RGE. Bd. 53 S. 186 ff., wonach die vertragsmäßige Vereinbarung zwischen einer Stadtgemeinde und einem Schankwirth, die letzterem der Stadtgemeinde gegenüber im Interesse ihrer Angehörigen gewisse Beschränkungen in seinem Gewerbebetriebe auferlegt und ihn für den Fall des Zuwiderhandelns einer Geldstrafe unterwirft, keinen Verstoß gegen die guten Sitten enthält.

Bezüglich rechtsgeschäftlicher Verfügungen über den eigenen Körper oder seine Theile oder über die Leiche s. Bem. 2, a zu § 90.

7. Das sittenwidrige Geschäft ist nichtig. Die Nichtigkeit ist eine absolute, nicht nur auf Parteiantrag, sondern von Amtswegen zu beachtende. Sie kann von Jedem, dessen Interesse durch das nichtige Geschäft berührt wird, geltend gemacht werden (RGE. Bd. 48 S. 296). Sie kann durch Bestätigung (§ 141) nicht geheilt werden, da der Nichtigkeitsgrund, der Verstoß gegen die guten Sitten, durch die Bestätigung (richtiger: Neubegründung) nicht weggeräumt werden kann. (Lotmar a. a. O. S. 57.) Die Nichtigkeit des Vertrags bezieht sich auf die Accessorien, Pfandrecht und Bürgschaft, und nach § 344 BGB. auch auf die vereinbarte Konventionalstrafe. Das auf Grund des nichtigen Geschäfts Geleistete kann zurückgefordert werden nach Maßgabe der §§ 812, 817, 822. S. die Bem. zu diesen Paragraphen in Bd. II. Außerdem kann unter Umständen im Rahmen des 826 auch ein Schadensersatzanspruch begründet sein, vgl. die Bem. zu § 826.

8. Die Frage, in welchen Beziehungen ein Rechtsgeschäft zur Moral stehen muß, also z. B. die Frage, ob auch Sittenwidrigkeit der Beweggründe genügt, um das Geschäft nichtig zu machen, ist eine Rechtsfrage, welche der Revision unterliegt. Dagegen ist die Moralfrage selbst, die Frage, was im einzelnen Falle „gute Sitten“ sind, lediglich Sache der thatsächlichen Feststellung und daher (CPO. § 561) der Nachprüfung des Revisionsgerichts entrückt. Vgl. Lotmar a. a. O. S. 90 ff.; Crome, System, Bd. 1 S. 373 ff.

9. Nach EG. Art. 30 ist die Anwendung eines ausländischen Gesetzes ausgeschlossen, wenn die Anwendung gegen die guten Sitten verstoßen würde. S. Bd. VI Bem. zu EG. Art. 30.

10. § 138 hat als eine im öffentlichen Interesse erlassene, der Parteidisposition entzogene Vorschrift rückwirkende Kraft auch gegenüber solchen Schuldverhältnissen, welche vor dem 1. Januar 1900 entstanden sind. Das gilt auch für Abs. 2 des § 138 (a. M. Dernburg, Bürg. R. Bd. 1 § 127 Anm. 19). Vgl. Rspr. d. OLG. Bd. 1 S. 447; RGE. Bd. 47 S. 103 ff.; Jur. Wschr. 1900 S. 1.

Ein vor dem 1. Januar 1900 erfolgter Verzicht kann aber nicht nachher aus § 138 angefochten werden. Auch ginge es zu weit, auf Grund des neuen Rechtes die Rückforderung von Leistungen zu gestatten, welche unter der Herrschaft des alten Rechtes zur Erfüllung einer damals rechtswirksamen Verbindlichkeit gemacht worden sind: es ist nicht der Sinn des § 138, daß am 1. Januar 1900 Ansprüche auf Rückgabe solcher Leistungen entstehen sollten; s. Bayr. Oberst. LG. n. F. Bd. 2 (1902) S. 602 ff. Die Ansicht von Mumm (in Bl. f. RA. Bd. 65 S. 251), daß der bereits vor dem Jahre 1900 Bewucherte Ersatzansprüche gegen den Wucherer in dem durch das neue Recht gewährten Umfang erheben könne, ist nicht zu billigen.

II. Das Wuchergeschäft insbesondere.*)

1. Bisheriges Recht. Das römische Recht kannte ein absolutes Zinsmaximum, früher zwölf, seit Justinian sechs Prozent, für Kaufleute acht Prozent. Für den Kauf wurde übermäßiger Uebervortheilung entgegengetreten durch die Bestimmungen über laesio enormis. Das kanonische Recht verbot das Zinsnehmen überhaupt; doch wußte man dieses Verbot vielfach zu umgehen, namentlich dadurch, daß Kreditgeschäfte in die Form des Rentenkaufs eingekleidet wurden. Später wurde in Deutschland ein Zinsnehmen bis zum Betrage von fünf Prozent gestattet (vgl. den Jüngsten Reichsabschied von 1654 § 174), darüber hinaus aber für nichtig erklärt. Nach PLR. war die allgemeine Zinsgrenze fünf Prozent, für Kaufleute sechs Prozent, für Juden acht Prozent.

Durch Art. 292 HGB. ä. F. wurde für Darlehen, welche ein Kaufmann empfängt, und bei Schulden eines Kaufmanns aus seinen Handelsgeschäften das Zinsmaximum abgeschafft. Eine allgemeine Aufhebung des Zinsmaximum erfolgte durch das nordd. Bundesges. vom 14. November 1867; jedoch sollte der Schuldner, der mehr als sechs Prozent versprochen hatte, nach Ablauf eines halben Jahres halbjährig kündigen können. Dieses Gesetz galt seit 1871 als Reichsgesetz im ganzen Reiche mit Ausnahme von Elsaß-Lothringen und Bayern. In Bayern blieb das Gesetz vom 5. Dezember 1867 (s. Vierling, S. 169 ff.) bestehen, nach welchem die Beschränkungen des vertragsmäßigen Zinsfußes gleichfalls aufgehoben wurden.

Damit hatten die Doktrinäre des wirthschaftlichen Liberalismus den Wucherern gute Tage geschaffen. Denn zur Anerkennung eines allgemeinen Satzes des Inhalts, daß jedes wucherische Geschäft als contra bonos mores verstoßend nichtig sei, war das auf römischer Grundlage beruhende gemeine Recht nicht gekommen (s. Lotmar a. a. O. S. 30 ff.). Eine gesetzliche Einschränkung des Zinswuchers erfolgte aber wieder durch das Reichsgesetz vom 24. Mai 1880, zwar nicht durch Wiedereinführung eines absoluten Zinsmaximum, sondern in der Art, daß die Zuwendung oder Zusicherung von Vermögensvortheilen, welche den üblichen Zinsfuß dergestalt überschreiten, daß sie den Umständen nach in einem auffälligen Mißverhältnisse zu der Leistung stehen, für strafbar und nichtig erklärt wurde. Das Gesetz richtete sich also zuächst nur gegen den Wucher, der bei Darlehensgeschäften in Gestalt übermäßigen Zinsnehmens vorkommt. Dabei durfte man aber nicht stehen bleiben. Es galt vielmehr, jede Art von Kreditwucher und auch den sog. Sachwucher zu treffen. Dies geschah auch durch das RG. vom 19. Juni 1893 (dessen Gültigkeit, nebenbei gesagt, staatsrechtlich nicht ohne Bedenken ist); das Verbot des Sachwuchers setzte jedoch Gewohnheits- oder Gewerbsmäßigkeit des Wucherbetriebes voraus.

2. Das BGB. endlich hat in § 138 Abs. 2, welcher auf Antrag der RTK. aufgenommen wurde, dem wucherischen Geschäfte sehr weite Grenzen gegeben (Gewohnheits- und Gewerbsmäßigkeit nicht mehr erforderlich) und dasselbe als einen besonderen Fall der gegen die guten Sitten verstoßenden Rechtsgeschäfte behandelt. Dadurch, sowie durch die §§ 134, 343, 823 ff. wurde der Art. 3 des Wuchergesetzes in der Fassung vom 19. Juni 1893 überflüssig und darum durch Art. 47 EG. aufgehoben. Der Thatbestand des Wuchergeschäfts nach § 138 Abs. 2 deckt im Ganzen die Deliktsthatbestände der §§ 302a, 302b, 302e StGB.; nur erfordert § 302e Gewerbs- und Gewohnheitsmäßigkeit für den Sachwucher.

3. Der Wucherbegriff wird bestimmt durch ein objektives und ein subjektives Merkmal:

a) Objektiv ist erforderlich, daß Jemand sich oder einem Dritten für eine Leistung Vermögensvortheile versprechen oder gewähren läßt, welche den Werth der Leistung dergestalt überschreiten, daß den Umständen nach die Vermögensvortheile in auffälligem Mißverhältnisse zu der Leistung stehen. In welcher Form der Vermögensvortheil dem Wucherer zukommt, ist dabei gleichgültig; es gehören hieher übermäßige Zinsen, übertriebene Kaufpreise, Miethpreise, wucherische Pfandleihgeschäfte, Einräumung von Vorzugs- oder Vorkaufsrechten oder von Rückkaufsrechten; Vortheile durch Verkaufsgeschäfte, welche dem Darlehensgeschäfte angehängt werden (RGE. in Straff. Bd. 20 S. 279); der sogen. Cessionswucher; Ausbeutung durch Theateragenten. Auch Gesellschaftsverträge und Dienstverträge können Wuchergeschäfte sein und sind es thatsächlich nicht selten: Lotmar a. a. O. S. 178 sagt sogar mit

---

*) Neuere Literatur: Caro, Der Wucher (1893); Koffka, Die Wuchergesetze (1894); L. Kohn in Gruchot, Beitr. Bd. 41 S. 784; Leyerson im Arch. f. bürgerl. R. Bd. 17 S. 107 ff.; Hachenburg, Vortr. S. 58, 102 ff.; v. Liszt, Lehrbuch des Strafrechtes § 142; Lexis im Handbuch der Staatswissenschaften, 2. Aufl. Bd. 7 S. 904 ff.; Robert von Mayr, Der Bereicherungsanspruch S. 568 ff.; Neubecker in D. Jur.Z. 1902 S. 568 ff.; Eccius in D. Jur.Z. 1903 S. 41 ff. Die Literatur über die geschichtliche Entwickelung der Wuchergesetze ist angegeben bei Endemann Bd. 1 § 123 Anm. 1.

Rücksicht hierauf: „Juristisch betrachtet besteht ein erheblicher Theil der heutigen Waarenproduktion in der Vollziehung nichtiger Dienstverträge." Vgl. hiezu übrigens auch Lotmar, Der Arbeitsvertrag Bd. 1 S. 170 ff. Darüber, daß durch Gründung einer stillen Gesellschaft, welche darlehensähnlichen Charakter hat, eine Bewucherung möglich ist, s. Jur. Wschr. 1900 S. 556. Ob das Mißverhältniß zwischen Leistung und Gegenleistung „auffallend" ist, läßt sich nur in Würdigung der besonderen Umstände des Einzelfalles entscheiden; eine absolute Grenzziehung hat das Gesetz geflissentlich vermieden. Nicht erforderlich ist, daß der Bewucherte zur Vornahme des Geschäftes durch den Wucherer genöthigt oder auch nur aufgefordert wird; das Geschäft verliert seinen wucherischen Charakter dadurch nicht, daß das Anerbieten vom Bewucherten selbst ausgeht. Vgl. RGE. in Civils. Bd. 30 S. 40 ff. Aber vorausgesetzt ist, daß der Wucherer die Sachlage kennt, also von der Nothlage u. s. w. weiß (vgl. b). Der an sich hohe versprochene Vermögensvortheil steht dann nicht in „auffälligem Mißverhältnisse" zur Leistung, wenn mit dieser ein erhebliches Risiko verbunden ist; Rspr. d. OLG. Bd. 4 S. 205.

b) Das subjektive Kriterium liegt in der Vornahme des Geschäfts unter Ausbeutung der Nothlage, des Leichtsinns oder der Unerfahrenheit eines Anderen. In dieser Ausbeutung liegt der Verstoß gegen die guten Sitten. Der reiche, geschäftsmännisch handelnde Häuserspekulant, der einmal um das Doppelte übervortheilt wird, kann nicht von Bewucherung reden. Vgl. auch Bayr. Oberst. LG. n. F. Bd. 3 S. 427 ff. Die Ausnützung günstiger Konjunkturen ist kein Wucher. Der Wucherer muß sich der Nothlage u. s. w. des Andern bewußt sein. Vgl. auch RGE. in Gruchot, Beitr. Bd. 46 S. 897 ff. Unter Nothlage ist nur wirthschaftliche Noth zu verstehen, nicht z. B. Lebensgefahr (s. jedoch unten Bem. 5); eine augenblickliche Geldverlegenheit kann genügen, wenn sie dringend ist. (Liszt: „Ein unabweisliches Kreditbedürfniß, mag der Kredit zu konsumtiven oder zu produktiven Zwecken benöthigt werden.") Es darf aber, wie Hachenburg, Vortr. S. 103, mit Recht bemerkt, nicht jede Situation, die zu einem ungünstigen Abschlusse bestimmt, als Nothlage betrachtet werden; wer, um den Zweck zu erreichen, dem einzigen Kutscher, der aufzutreiben ist, einen enormen Preis zusagen muß, kann sich nicht mit der Begründung, daß der Kutscher seine Nothlage ausbeute, auf die Nichtigkeit des Vertrags berufen. Ob die Nothlage verschuldet oder unverschuldet ist, ist gleichgültig. „Leichtsinn" definirt Liszt zutreffend als das Unbekümmertsein um die weiteren Folgen.

4. Da nach dem BGB. das Wuchergeschäft als ein besonderer Fall des sittenwidrigen Rechtsgeschäfts überhaupt erscheint, sind seine zivilrechtlichen Folgen dieselben, wie die eines Geschäfts, welches gegen Abs. 1 des § 138 verstößt. S. darüber oben Bem. I, 7. Insbesondere kann also der Bewucherte das von ihm Geleistete als grundlose Bereicherung des Wucherers von diesem zurückfordern nach Maßgabe der §§ 812, 819; Bereicherung des Wucherers ist jedoch, wie Dernburg, Bürg. R. Bd. 1 § 127 Anm. 15, mit Recht bemerkt, nur soweit anzunehmen, als der Bewucherte mehr geleistet hat, als er seinerseits aus dem Wuchergeschäft empfing. Ist das Wuchergeschäft durch Verzicht oder Erfüllung schon vor dem 1. Januar 1900 zu völliger Abwickelung gebracht, so kann nicht nachher unter Berufung auf § 138 der Verzicht angefochten oder das Geleistete zurückgefordert werden (s. oben Bem. I, 10). Im Uebrigen aber richten sich die zivilrechtlichen Folgen nur mehr nach dem BGB., was namentlich bezüglich der Verjährungsfrist für den Rückforderungsanspruch (§§ 812, 817 ff.) von Bedeutung ist. Der Wucherer kann auch zum Schadensersatze verpflichtet sein nach den §§ 823, 826.

Das ganze Rechtsgeschäft ist nichtig, nicht bloß der Theil, welcher die Bewucherung enthält. Hellmann (Vortr. S. 128) läßt dies nicht gelten: Die Hingabe einer Summe mit der Vereinbarung der Rückgabe sei kein Rechtsgeschäft, durch welches sich Jemand unter Ausbeutung u. s. w. Vermögensvortheile versprechen läßt, welche u. s. w., die Stipulation normaler Zinsen gleichfalls nicht. „Folglich ist alles dies gültig. Erst die wucherische Zinsstipulation ist nichtig. Sie ist ein materiell selbständiges Geschäft neben dem Darlehen und der nichtwucherischen Zinsstipulation, zu dessen Abschluß der Bewucherte durch seine Nothlage u. s. w. bewogen wurde, während umgekehrt für den Wucherer der Abschluß der Wucherstipulation Beweggrund zum Darlehen war." Dem dürfte doch entgegenzuhalten sein, daß die Kontrahenten eben nicht zwei verschiedene Rechtsgeschäfte abschließen, sondern nur ein einheitliches Geschäft; wenn nun auch nur ein Theil dieses einheitlichen Geschäfts wirthschaftlich als Ausbeutung sich bezeichnen läßt und daher sittenwidrig ist, so muß trotzdem auf Grund des § 139 Nichtigkeit des ganzen Geschäfts angenommen werden. Für gänzliche Nichtigkeit auch Cosack, Bd. 1

3. Aufl. § 90, 3, e; Dernburg, Bürg. R. Bd. 1 § 127 unter II; Hölder, Komm. Bem. 2 zu § 138; Eccius in D. Jur.Z. 1903 S. 42.

Aus der Nichtigkeit des Wuchergeschäfts folgt, daß der Gläubiger das, was er thatsächlich gegeben hat, zurückfordern kann; daß und wieviel er gegeben hat, muß er jedoch beweisen. Uebereinstimmend Eccius in der D. Jur.Z. 1903 S. 41 ff.; Dernburg, Bürg. R. Bd. 1 § 127 Anm. 8 kommt im Anschluß an Cohn (in Gruchot, Beitr. Bd. 41 S. 793) unter Zustimmung von Neubecker (in D. Jur.Z. 1902 S. 568 ff.) auf Grund einer m. E. willkürlich ausdehnenden Interpretation des § 817 zu der entgegengesetzten Ansicht, daß der Wucherer kein Rückforderungsrecht habe. Wäre eine solche Aenderung gegenüber dem bisherigen Rechtszustande (vgl. RGE. in Jur. Wschr. 1900 S. 847) beabsichtigt gewesen, so hätte sie doch deutlicher zum Ausdruck kommen müssen als im § 817, der zur Dernburgschen Auslegung zum Mindesten nicht nöthigt.

Ein abstraktes Schuldversprechen, welches der Bewucherte ausstellt, ist nicht nach § 138 nichtig, wohl aber nach § 817 ob turpem causam condicirbar. S. Oertmann in der Allg. Oesterr. Ger.Z. 1897 S. 251 ff. und in D. Jur.Z. 1902 S. 105 ff.; vgl. auch Collatz in Iherings Jahrb. Bd. 40 S. 141 ff. A. M. Dernburg, Bürg.R. Bd. 1 S. 125 unter V.

5. Solche Rechtsgeschäfte, welchen ein Thatbestandsmerkmal des Wuchers nach Abs. 2 fehlt, können trotzdem nach Abs. 1 des § 138 nichtig sein, wenn andere Umstände hinzutreten, welche die Annahme der übermäßigen Vortheile durch einen Theil als Ausfluß einer niedrigen und verwerflichen Gesinnung und somit das Rechtsgeschäft als gegen die guten Sitten verstoßend erscheinen lassen. S. d. Entsch. d. OLG. Karlsruhe in Bad. Rechtspraxis 1900 S. 176.

§ 139.

Ist ein Theil eines Rechtsgeschäfts nichtig, so ist das ganze Rechtsgeschäft nichtig, wenn nicht anzunehmen ist, daß es auch ohne den nichtigen Theil vorgenommen sein würde.

E. I, 114; II, 112; III, 135.

1. Der bekannte Satz: Utile non debet per inutile vitiari (vgl. l. 1 § 5 D. 45, 1) wollte schon gemeinrechtlich nicht mehr besagen, als daß die Unwirksamkeit abgegebener Willenserklärungen nicht nothwendig sich auf alle Theile des Rechtsgeschäfts erstreckt. Waren in einem Rechtsgeschäfte mehrere Verfügungen vereinigt, welche nicht im Verhältnisse von Haupt- und Nebenbestimmung standen, so ergriff die Fehlerhaftigkeit einer Bestimmung das ganze Geschäft, wenn nach dem Parteiwillen die verschiedenen Verfügungen nur in ihrem Zusammenhange gewollt waren. Beispiele der Anwendung des Satzes utile per inutile u. s. w. waren: Zinsansprüche, welche das gesetzliche Zinsmaximum überschritten, waren bis zum Belaufe der gesetzlichen Zinsen gültig; nicht insinuirte Schenkungen über 500 solidi waren bis zu diesem Betrage gültig, darüber hinaus nichtig. S. Dernburg, Pand. § 124; Regelsberger, Pand. § 175; Windscheid-Kipp § 182 Nr. 4. Bl. f. RA. Bd. 63 S. 372. — Vgl. sächs. GB. §§ 103, 2083.

2. Wenn § 139 unterstellt, daß ein Theil eines Rechtsgeschäfts nichtig ist, so sind damit nicht nur diejenigen Fälle getroffen, in welchen Nichtigkeit von vornherein besteht, sondern auch diejenigen, in welchen ein Theil des Geschäfts anfechtbar ist und Nichtigkeit arg. § 142 deßhalb als von Anfang an bestehend anzunehmen ist, weil die Anfechtung thatsächlich erfolgt ist.

Ueber Nichtigkeit und Anfechtbarkeit im Allgemeinen vgl. die Bem. E in der Einl. vor § 104.

3. Es handelt sich in § 139 darum, inwieweit bei einem als einheitlich sich darstellenden Rechtsgeschäft eine Bestimmung wegen Nichtigkeit oder in Folge Anfechtung hinfällig werden kann, ohne den Bestand des Rechtsgeschäfts im Uebrigen zu gefährden. M. I, 222. Der Ausdruck „Rechtsgeschäft" ist in § 139 offenbar nicht identisch mit Willenserklärung, sondern bedeutet den Gesammtthatbestand, der mehrere inhaltlich zusammengehörige Willenserklärungen enthalten kann. Ob mehrere in einem Zusammenhange stehende Willenserklärungen überhaupt als einheitliches Rechtsgeschäft aufzufassen sind oder ob eine Mehrheit von Rechtsgeschäften vorliegt, in welch letzterem Falle § 139 überhaupt nicht in Betracht käme, ist eine oft nicht leicht zu entscheidende Frage, bei deren Beantwortung man nicht so sehr auf die Einheitlichkeit der juristischen Konstruktion des Geschäfts als vielmehr auf die Einheitlichkeit und Zusammengehörigkeit der von der Partei mit den Willenserklärungen verfolgten wirthschaftlichen oder sonstigen Zwecke wird sehen müssen. Ein Beispiel bietet RGE. Bd. 50 S. 163 ff., insbes. S. 169. — Vgl. auch RGE. Bd. 51 S. 35, S. 94 u. S. 426; Bd. 54 S. 79 ff.

Würde ein Geschäft, dessen einer Theil mangelhaft ist, von den Parteien auch ohne diesen Theil vorgenommen worden sein, so hat das Gesetz keinen Grund, diesen Parteiwillen nicht anzuerkennen. Darüber, ob die theilweise Nichtigkeit Nichtigkeit des Ganzen nach sich zieht, entscheidet also in erster Linie der Parteiwille. Dieser kann dahin gehen, daß der eine Theil des Geschäfts nur in Verbindung mit dem anderen gewollt ist; er kann aber auch dahin gehen, daß der nichtige Theil für das Geschäft nicht in dem Sinne als wesentlich betrachtet wird, daß mit seinem Zusammenfallen das ganze Geschäft hinfällig sein soll. Ersteres, also die gewollte gänzliche Nichtigkeit, ist die Regel und wird vermuthet. Daß das Rechtsgeschäft auch ohne den nichtigen Theil vorgenommen sein würde, muß im Streitfalle darthun, wer seine Wirksamkeit behauptet. Ihn trifft die Beweislast bezüglich der Thatsachen, aus welchen sich jene Annahme rechtfertigt.

§ 139 ist nicht nur dann anzuwenden, wenn quantitativ ein Theil des Rechtsgeschäfts nichtig ist, z. B. von zahlreichen Bestimmungen eines Dienstvertrags einige gegen die guten Sitten verstoßen, sondern auch dann, wenn bei einer Mehrheit von Kontrahenten auf der einen Seite nur bezüglich des einen oder einiger die Nichtigkeit begründet ist, bezüglich des oder der Andern aber nicht, wenn also z. B. Gesammthänder, deren einer geisteskrank ist, über ihre Sache verfügen (vgl. dazu RGE. Bd. 39 S. 221); nicht dagegen, wenn sich mehrere als Gesammtschuldner verpflichten.

4. Die den im HGB. (namentlich § 62) getroffenen Bestimmungen zum Schutze eines Handlungsgehülfen widersprechende Vereinbarung ist nichtig. Hat diese Nichtigkeit eines Theiles des Vertrages die in § 139 BGB. ausgesprochene Folge? Wir möchten die Frage gegen Staub (Komm. z. HGB. 6. u. 7. Aufl. im Exkurs zu § 62 Anm. 2) bejahen. Es ist kein Grund ersichtlich, warum der Fall hier anders liegen soll als nach den §§ 618, 619 BGB. Die von Staub angeführte allgemeine Vorschrift des EG. z. HGB. Art. 2 wäre nur dann beweiskräftig, wenn sich darthun ließe, daß im HGB. „etwas Anderes bestimmt" ist; das bleibt aber unbewiesen.

5. Ueber den versteckten Dissens der Parteien über einen Vertragspunkt s. § 155.

6. Im Falle des § 2085 (favor testamenti) wird die Regel des § 159 modifizirt und die Beweislast umgekehrt. S. Bem. zu § 2085; M. V, 60; Hachenburg, Vortr. S. 133. Für Erbverträge s. § 2298.

Etwas Besonderes gilt nach § 265 für den Fall der Unmöglichkeit der einen Leistung bei der Alternativobligation; eine eigentliche Ausnahme von § 139 kann hierin nicht erblickt werden. Vgl. auch §§ 306, 307 Abs. 2.

§ 140.

Entspricht ein nichtiges Rechtsgeschäft den Erfordernissen eines anderen Rechtsgeschäfts, so gilt das letztere, wenn anzunehmen ist, daß dessen Geltung bei Kenntniß der Nichtigkeit gewollt sein würde.

E. I, 111; II, 111; III, 136.

1. Die Vorschrift entspricht dem bisherigen gemeinen Rechte*); (s. Windscheid-Kipp, Bd. 1 S. 367 ff.). Vgl. sächs. GB. § 103.

2. Wenn ein Rechtsgeschäft, so wie es geschlossen ist, als den Erfordernissen eines bestimmten Rechtssatzes, dessen Wirkung von den Parteien beabsichtigt ist, nicht entsprechend nichtig ist, in seinem Thatbestand aber den Erfordernissen eines andern Rechtssatzes entspricht, welcher einen gleichen oder ähnlichen Erfolg herbeiführt, so kann unter Umständen das Geschäft nach diesem letzteren Satze als ein wirksames aufrecht zu erhalten sein. Wo dies zutrifft, spricht man von Konversion: dieser Ausdruck ist aber nicht sehr bezeichnend, da es sich eigentlich nicht um eine Verwandlung, sondern vielmehr um eine Aufrechthaltung der wahren Gestalt des Rechtsgeschäfts handelt.

Ob das Rechtsgeschäft als ein Geschäft anderer verwandter Art aufrecht erhalten wird, hängt davon ab, ob das in dem beabsichtigten aber nichtigen Rechtsgeschäfte liegende andere Rechtsgeschäft in seinen Wirkungen von dem oder den Betheiligten gewollt ist. Wann anzunehmen ist, daß die Geltung des mängelfreien Geschäfts bei Kenntniß der Nichtigkeit des mangelhaften Geschäfts gewollt wäre, dafür stellt das Gesetz keine Vermuthung auf; die Frage muß also im Einzelfalle nach den allgemeinen Grundsätzen über Auslegung des Parteiwillens entschieden werden. Der Wille der Parteien braucht, um die Konversion zu rechtfertigen, bei Vornahme des nichtigen Rechtsgeschäfts nicht schon thatsächlich auf das in diesem enthaltene andere Rechtsgeschäft gerichtet zu sein; auch nicht eventuell; die Parteien kommen ja bei Abgabe ihrer Willenserklärungen

---

*) Römer im Archiv f. d. civilist. Praxis Bd. 36 S. 66 ff. Unger, Inhaberpapiere, S. 90 ff.

in der Regel überhaupt nicht auf den Gedanken, daß das ihnen vorschwebende Geschäft nichtig sein könnte. Vielmehr entscheidet, sagen P. I, 127 in der Motivirung der redaktionellen Aenderung des E. I, 111, „der auf den ökonomischen Erfolg gerichtete Wille der Parteien"; wozu jedoch zu bemerken ist, daß es sich nicht nur um ökonomische, sondern auch um Erfolge anderer Art handeln kann, so z. B. bei Aufrechterhaltung einer Verfügung in einem nichtigen Erbvertrag als testamentarischer letztwilliger Verfügung. Je gleichartiger Zweck und Erfolg der beiden Rechtsgeschäfte sind, desto eher wird die Aufrechthaltung als im Sinne des Parteiwillens liegend anzusehen sein.

Für die Aufrechthaltung hat man sich natürlich dann zu entscheiden, wenn ausnahmsweise die Parteien selbst den Fall der Nichtigkeit vorgesehen und die Aufrechthaltung durch besondere Klausel gewünscht haben. (Vgl. die römische, jetzt unpraktisch gewordene Codicillarklausel.)

3. Nicht unter § 140 fallen, vom Wechsel abgesehen, die Fälle, in welchen die Parteien bei ihren Vereinbarungen nur eine falsche juristische Bezeichnung des Geschäfts wählen, also anstatt von Darlehen von Leihe reden u. s. w. Eine solche falsche Bezeichnung macht das Geschäft überhaupt nicht nichtig.

Ueber den gleichfalls nicht nach § 140 zu beurtheilenden Fall, daß durch ein Scheingeschäft ein anderes Rechtsgeschäft verdeckt wird, s. § 117 Abs. 2 und Bem. dazu.

4. Beispiele möglicher Anwendung des § 140 sind: Die Bestellung eines Nießbrauchs an einem Gesellschaftsantheile (nichtig nach §§ 1069 Abs. 2, 717) kann aufrecht erhalten werden als Ueberlassung der Ansprüche auf die dem Promittenten gebührenden Gewinnantheile und auf den bei der Auseinandersetzung sich ergebenden Ueberschuß über das Einlagekapital (§ 717 Satz 2; s. M. I, 218). Eine mündliche Bürgschaft kann unter Umständen als Kreditauftrag nach § 778 aufrecht erhalten werden (so auch Crome, System Bd. 1 S. 358); ein von einem nicht Volljährigen abgeschlossener einseitiger Erbvertrag als Testament (vgl. §§ 2275, 2229 Abs. 2; Bd. V Bem. 1 zu § 2275; Cosack Bd. 1 § 53 unter II, 4). Die von einem Minderkaufmann ertheilte Prokura (HGB. § 4) kann als Handlungsvollmacht aufrecht erhalten werden (s. Staub, Komm. z. HGB. 6. u. 7. Aufl. S. 76 Anm. 13). Das in Form eines eigenen Wechsels ausgestellte aber als eigener Wechsel nichtige Schriftstück kann als Schuldschein bezw., falls die Voraussetzungen des § 363 HGB. gegeben sind, als kaufmännischer Verpflichtungsschein gelten; ist jedoch der Wechsel präjudizirt oder verjährt, so ist er weder Schuldschein noch kaufmännischer Verpflichtungsschein, sondern höchstens Beweismittel (vgl RGE. Bd. 8 S. 41, Bd. 48 S. 223 ff.; ROHG. Bd. 9 S. 354, Bd. 22 S. 305; Rehbein, Komm. z. BGB. Bd. 1 S. 194; Staub, Komm. z. WO. bei Art. 83 unter § 34 und bei Art. 96 unter § 16).

§ 141.

Wird ein nichtiges Rechtsgeschäft von demjenigen, welcher es vorgenommen hat, bestätigt, so ist die Bestätigung als erneute Vornahme zu beurtheilen.

Wird ein nichtiger Vertrag von den Parteien bestätigt, so sind diese im Zweifel verpflichtet, einander zu gewähren, was sie haben würden, wenn der Vertrag von Anfang an gültig gewesen wäre.

E. I, 110; II, 110; III, 137.

1. Was hier „Bestätigung" genannt wird, ist einer der verschiedenen Rechtsakte, welche der römische Begriff der ratihabitio deckt. Von Ratihabition sprach man bei Genehmigung fremder Geschäftsführung; ferner bei der nachträglichen Zustimmung eines Dritten, deren Jemand zu einer Rechtshandlung wegen eines Mangels in der eigenen Handlungsfähigkeit bedarf; endlich aber auch bei der Bestätigung, welche dieselbe Person, die ein Geschäft vorgenommen hat, diesem ihrem eigenen Geschäft ertheilt. Im BGB. sind diese Fälle der Ratihabition, deren prinzipielle Verschiedenheit schon Lothar Seuffert in seiner Schrift von der „Lehre von der Ratihabition der Rechtsgeschäfte" (1868) dargethan hat, scharf auseinandergehalten. Sie sind jetzt auch terminologisch geschieden, so daß der Ausdruck Ratihabition wegen seiner Mehrdeutigkeit fernerhin am besten ganz vermieden wird. Die nachträgliche Zustimmung, welche ein Dritter zu einem ihm materiell fremden Rechtsgeschäft ertheilt und welche die Wirksamkeit des Rechtsgeschäfts mit rückwirkender Kraft herstellt, heißt im BGB. (§ 184) Genehmigung (dagegen: „Einwilligung" = vorherige Zustimmung, § 183). Auch in dem Falle, wenn der Geschäftsherr das von einem Anderen in seinem Interesse vorgenommene Geschäft gutheißt, spricht das BGB. von Genehmigung (vgl. §§ 177, 179, 684). Erkennt dagegen die Partei selbst ein von ihr vorgenommenes aus irgend welchem Grunde fehlerhaftes Rechtsgeschäft später

als gültig an, so spricht man von Bestätigung, wobei jedoch wiederum eine rechtlich verschiedene Behandlung eintritt, je nachdem die Fehlerhaftigkeit des Geschäfts bloße Anfechtbarkeit oder Nichtigkeit ist. Nur von letzterem Falle, der Bestätigung eines nichtigen Rechtsgeschäfts durch denjenigen, welcher es vorgenommen hat, handelt § 141.

2. In § 141 wird der römische Grundgedanke beibehalten: Quod ab initio vitiosum est, non potest tractu temporis convalescere. (Die Bestimmungen der bisherigen partikularen Kodifikationen sind zusammengestellt bei L. Seuffert a. a. O. S. 154 ff.; s. auch M. I, 217.)

Der Begriff der Nichtigkeit schließt logischer Weise die Unheilbarkeit in sich. Denn das nichtige Geschäft ist etwas rechtlich überhaupt nicht Vorhandenes; es existirt nur als faktisches Geschehniß. Der Privatwille hat aber nicht die Macht, die rechtliche Existenz dessen zu bejahen, dessen Existenz die Rechtsordnung verneint. Wenn es demnach rechtlich unmöglich ist, durch einen erneuten Willensakt nach rückwärts hin dem Kraft zu verleihen, was nichtig ist, so sollte man besser überhaupt nicht von Bestätigung reden. Was so genannt wird, kommt in Wahrheit nur als erneute Vornahme des Geschäfts in Betracht. Entspricht diese erneute Vornahme allen Erfordernissen des Rechtsgeschäfts, so besteht dieses von nun an mit Rechtswirksamkeit; entspricht sie ihnen nicht, so ist der erneute Willensakt rechtlich gleichgültig. Eine Rückwirkung tritt in keinem Falle ein. Eine Ausnahme macht das Gesetz nur für die nach § 1325 Abs. 1 nichtige Ehe, welche nach dem Wegfalle des Nichtigkeitsgrundes bestätigt wird, bevor sie für nichtig erklärt oder aufgelöst ist; s. § 1325 Abs. 2; vgl. auch §§ 1324 Abs. 2, 1328 Abs. 2.

3. Da die Bestätigung eine Neuvornahme des Geschäfts ist, so muß ihre Form eben den Erfordernissen entsprechen, welche für die Vornahme des Geschäfts selbst zur Zeit seiner Neuvornahme bestehen. Ist eine Form nicht vorgeschrieben, so genügt jedes Verhalten, welches zum Schlusse auf den Geschäftswillen nöthigt: also auch die thatsächliche Erfüllung nach Wegfall des Nichtigkeitsgrundes. Seinem Inhalte nach darf das neu vorgenommene Geschäft Bezug nehmen auf den Inhalt des früheren nichtigen Geschäfts.

4. Durch die Bestätigung erlischt der Bereicherungsanspruch, welcher demjenigen zusteht, der in thatsächlicher Erfüllung eines nichtigen Rechtsgeschäfts eine Leistung bewirkt hat.

5. Die Bestätigung des nichtigen Rechtsgeschäfts ist gemäß § 141 als erneute Vornahme zu beurtheilen ohne Rücksicht darauf, ob der Bestätigende die Nichtigkeit kennt oder nicht. Ist er darüber in Unkenntniß, hält er also das Geschäft für bereits rechtswirksam oder ist er im Zweifel über seine Wirksamkeit, so kann seine Meinung bei der „Bestätigung“ nur die sein, aus irgend welchen Gründen (z. B. um Dritte darauf aufmerksam zu machen) eine Wiederholung des Geschäfts vorzunehmen oder durch erneute Vornahme die Rechtswirksamkeit außer Zweifel zu stellen. Da aber thatsächlich Nichtigkeit vorliegt, muß dieser neuerliche Willensakt rechtlich nothwendig als nunmehrige Begründung des Geschäfts aufgefaßt werden, und es kann dabei höchstens die Frage aufgeworfen werden, ob die nunmehrige Vornahme etwa wegen der falschen Vorstellung über die bisherige Wirksamkeit der Anfechtung wegen Irrthums unterliegt, eine Frage, die aber angesichts des § 119 zu verneinen ist. (Eine theilweise andere Auffassung hat Hoelder, Komm. Bem. 2 zu § 141.)

6. Der Grundsatz, daß die sogen. Bestätigung keine rückwirkende Kraft hat, gilt auch für Verträge, in seinen Konsequenzen aber wird er hier aus Billigkeitsrücksichten wesentlich abgeschwächt durch Abs. 2. Den Parteien wird nämlich im Zweifel die Verpflichtung auferlegt, aus bestätigten d. h. fehlerlos neu errichteten Verträgen sich das zu gewähren, was sie haben würden, wenn der Vertrag von Anfang an gültig gewesen wäre; es besteht also eine obligatorische Verbindlichkeit zur Leistung des Vertragsinteresses. Diese gesetzliche Auslegungsregel (so auch P. I, 126 und Planck Bem. 2 zu § 141; dagegen Gareis, Komm. Bem. 1 zu § 141: „ergänzender Rechtssatz“) hat ihre Rechtfertigung darin, daß sie den regelmäßigen Parteiwillen zum Ausdrucke bringt. Ergiebt sich aus der erneuten Vornahme unzweideutig ein hievon abweichender Parteiwille, so ist er zu beachten.

Die Bestimmung des Abs. 2 ist nur für das Verhältniß der Vertragsparteien untereinander von Einfluß. Darüber hinaus findet eine Rückwirkung auch hier nicht statt. Durch die Bestätigung werden daher die etwa von Dritten in der Zwischenzeit erworbenen Rechte nicht beeinträchtigt. Ist ein Eigenthumsübertragungsakt nichtig, dann nach Bestätigung = erneuter Vornahme rechtswirksam, so ist für die Zwischenzeit der Uebertragende Eigenthümer geblieben und als solcher gegenüber den Ansprüchen Dritter, welche gegen den Eigenthümer der Sache gehen, legitimirt; er hat also (Dritten gegenüber) die Lasten zu tragen, welche auf der Sache ruhen; aber er hat gegenüber dem Erwerber einen persönlichen Anspruch, daß dieser ihn deßhalb für die Zwischenzeit schadlos halte.

Die sog. Bestätigung muß, wenn es sich um einen Vertrag handelt, immer von allen Kontrahenten ausgehen. Vgl. RGE. Bd. 52 S. 161 ff.

7. Ueber die Bestätigung des anfechtbaren Rechtsgeschäfts s. § 144.

§ 142.

Wird ein anfechtbares Rechtsgeschäft angefochten, so ist es als von Anfang an nichtig anzusehen.

Wer die Anfechtbarkeit kannte oder kennen mußte, wird, wenn die Anfechtung erfolgt, so behandelt, wie wenn er die Nichtigkeit des Rechtsgeschäfts gekannt hätte oder hätte kennen müssen.

E. I, 112, 837 Abs. 2 Satz 2, 877 Satz 2; II, 113; III, 138.

1. § 142 handelt von der Bedeutung der Anfechtbarkeit eines Rechtsgeschäfts.

Unter Anfechtbarkeit versteht das BGB. diejenige Art von Fehlerhaftigkeit eines Rechtsgeschäfts, kraft deren dem Geschäfte seine Wirksamkeit nicht sofort, sondern erst durch eine hierauf gerichtete empfangsbedürftige Willenserklärung des hiezu Berechtigten, durch diese aber mit rückwirkender Kraft, entzogen wird. Diese Willenserklärung heißt Anfechtung. Ihre Wirkung ist, daß das Geschäft von Anfang an als nichtig angesehen wird. Mit Recht wird daher (von Jacobi) die Anfechtbarkeit eine Befugniß zu privater Nichtigkeitserklärung genannt. Die erfolgte Anfechtung äußert ihre Wirkung, da diese Nichtigkeit ist, grundsätzlich gegen Jedermann. Bis zur erfolgten Anfechtung besteht das Rechtsgeschäft und äußert seine normalen Wirkungen; es steht aber, wie die M. I, 219 sich ausdrücken, „unter einer auflösenden Gesetzesbedingung, deren Eintritt besonderer Bestimmung zufolge rückwirkende Kraft hat". Erfolgt keine Anfechtung, so bleibt das Geschäft wirksam. Nach erfolgter Anwendung finden, da die Nichtigkeit nunmehr feststeht, auf das Geschäft die §§ 139—141 Anwendung. Folge der Anfechtung ist nicht etwa die Möglichkeit eines „Rücktritts" im Sinne der §§ 346 ff. oder eine Wandelung im Sinne der §§ 462 ff. Der Rückforderungsanspruch, welcher nach erfolgter Anfechtung wegen des etwa schon Geleisteten besteht, ist ein Anspruch aus ungerechtfertigter Bereicherung im Sinne des § 812; dieser Anspruch besteht unabhängig von dem eventuellen Anspruche des Gegenkontrahenten auf Rückgewähr der von ihm gemachten Leistung; vgl. RGE. Bd. 49 S. 421 ff. Eine einseitige Zurücknahme der in der Anfechtung liegenden privaten Nichtigkeitserklärung ist ausgeschlossen; vgl. Recht 1902 S. 233.

Vgl. die allgemeinen Erörterungen in der Einl. z. 3. Abschn. unter V, E, 3.

Das Gesetz will den Zustand der Ungewißheit, welcher bei dem unter der Anfechtungsmöglichkeit stehenden Geschäfte besteht, nicht andauern lassen, sondern sorgt für die wünschenswerthe baldige Klarheit dadurch, daß es die Anfechtung nur binnen bestimmter kurzer Fristen oder gar nur „unverzüglich" zuläßt. S. namentlich die §§ 121, 124.

2. Anfechtungsgründe sind nach dem BGB. Irrthum (§§ 119, 2078, 2079, 2281 ff.), unrichtige Uebermittelung (§ 120), arglistige Täuschung (§ 123) und widerrechtliche Drohung (§§ 123, 2078 Abs. 2). Näheres hierüber bei den einzelnen Paragraphen. Vgl. auch die §§ 1599, 1731, 1755, 1770, 2308.

3. Besonders geregelt ist die Anfechtung der Erklärung des Eheschließungswillens in den §§ 1330 ff., 1350 (s. auch Vorbem. vor § 1323) und die Anfechtung der Annahme und Ausschlagung der Erbschaft (§§ 1954 ff.). Besonderer Art ist ferner das konkursmäßige Anfechtungsrecht, geregelt in den §§ 29—41 KO., und die Anfechtung von Rechtshandlungen eines Schuldners außerhalb des Konkursverfahrens nach dem RG. vom 21. Juli 1879 in der Fassung der Bekanntmachung vom 20. Mai 1898. Vgl. oben in der Einl. z. 3. Abschn. unter V, E, 3, b und RGE. Bd. 52 S. 334 ff.

4. § 142 spricht nur von anfechtbaren Rechtsgeschäften (über letzteren Begriff s. oben in der Einl. z. 3. Abschn. unter II). Außer Betracht bleiben also hier die Fälle, in welchen es sich nicht um Anfechtung von Willenserklärungen, sondern um Anfechtung von anderen Thatbeständen (Rechtsverhältnissen) handelt; dahin gehören die Bestimmungen der §§ 1594 ff. (Anfechtung der Ehelichkeit), 2340 ff. (Geltendmachung der Erbunwürdigkeit durch Anfechtung des Erbschaftserwerbes). Unterlassungen können aus den allgemeinen Anfechtungsgründen (§§ 119, 120, 123) nur angefochten werden, wenn sie als Willenserklärungen aufzufassen sind, was regelmäßig nicht zutrifft; eine besondere Bestimmung ist in § 1956 enthalten. (Eingehend Wendt im Archiv f. d. civilist. Praxis Bd. 92 S. 1 ff.)

Von der Anfechtung gerichtlicher Entscheidungen ist die Rede in den §§ 115, 1348 Abs. 2, 1349 (mit CPO. §§ 957 Abs. 2, 973ff.), von einer Anfechtung des Einspruchs der Verwaltungsbehörde in § 62.

5. Als Konsequenz der durch die Anfechtungserklärung offen gelegten Nichtigkeit des Rechtsgeschäfts ergiebt sich die Nichtexistenz derjenigen Abreden, deren Wirksamkeit von dem rechtlichen Bestande jenes Geschäfts abhängig ist, wie eines Pfandrechts, einer Bürgschaft, einer vereinbarten Konventionalstrafe. Der Bürge ist nicht berechtigt, das Geschäft, für welches er sich verbürgt hat, anzufechten. Aber er kann nach § 770 die Befriedigung des Gläubigers verweigern, wenn und solange der Hauptschuldner bezüglich des Hauptgeschäfts anfechtungsberechtigt ist. Dieses Verweigerungsrecht hat auch der selbstschuldnerische Bürge, der auf die Einrede der Vorausklage verzichtet hat, es müßte denn sein, daß der Verbürgungswille eben den Fall der Anfechtung der Hauptverbindlichkeit mit umfaßt, was dann zu vermuthen ist, wenn der Bürge bei der Verbürgung von der Anfechtbarkeit Kenntniß hat; (übereinstimmend Rehbein, Komm. Bd. 1 S. 200; vgl. auch Bem. zu § 770). Ueber weitere Fälle, in welchen auf die Anfechtbarkeit eine dilatorische Einrede gestützt werden kann, s. §§ 1137 u. 1211 und Bem. dazu in Bd. III. Die Unwirksamkeit der vereinbarten Konventionalstrafe zufolge Anfechtung der Hauptverbindlichkeit ergiebt sich direkt aus § 344. Wenn Rehbein a. a. O. sagt, dieser Paragraph sei nicht immer anwendbar, wer sich ohne Verschulden und Kenntniß des Anderen geirrt habe, zahle die für den Fall des vorbehaltenen Rücktritts versprochene Strafe, so ist das insofern nicht ganz zutreffend formulirt, als dann der unmittelbare Grund dieser Zahlungspflicht nicht mehr die Strafstipulation selbst, sondern die Schadensersatzpflicht nach § 122 ist; das Prinzip des § 344 bleibt also bestehen. Ist der Hauptanspruch anfechtbar, aber nicht angefochten, so bleibt die Wirksamkeit der Strafvereinbarung unberührt.

6. Ist ein Theil des Geschäfts anfechtbar und angefochten, so tritt bezüglich dieses Theiles Nichtigkeit von Anfang an ein, die Nichtigkeit ergreift aber nach § 139 das ganze Geschäft, wenn nicht anzunehmen ist, daß es auch ohne den angefochtenen Theil vorgenommen sein würde. Derselbe Grundsatz gilt, wenn an einem einheitlichen Geschäft auf einer Seite Mehrere betheiligt sind, Anfechtung erfolgt, der Anfechtungsgrund aber nicht alle Betheiligten trifft, wenn also z. B. der Erwerber die Veräußerung, welche zwei Gesammthänder an ihn vorgenommen haben, wegen eines in der Person des einen Gesammthänders begründeten Anfechtungsgrundes anficht. (Vgl. Leonhard, Allg. Theil, S. 450; Rehbein, Komm. Bd. 1 S. 201; auch RGE. in Jur. Wschr. 1903 Beil. S. 40; s. ferner auch Bem. 7 zu § 143.)

7. Der Einfluß der Anfechtung auf Rechtsverhältnisse Dritter d. h. am anfechtbaren Rechtsgeschäfte nicht unmittelbar Betheiligter ist ein verschiedener, je nachdem der Dritte die Anfechtbarkeit kannte bez. kennen mußte oder nicht. Kennenmüssen ist die auf Fahrlässigkeit beruhende Unkenntniß (§ 122 Abs. 2). Die Frage nach der Kenntniß der Anfechtbarkeit wird immer nur dann von Bedeutung, wenn die Anfechtung wirklich erfolgt. Auf die Kenntniß der thatsächlich erfolgten Anfechtung kommt nichts an.

a) Der Dritte, der die Anfechtbarkeit weder kannte noch kennen mußte, wird als Erwerber von Rechten zwar prinzipiell gleichfalls von der mit Wirkung ex tunc eintretenden Nichtigkeit des Geschäfts betroffen, findet aber Schutz auf Grund der weitgehenden Einzelvorschriften zu Gunsten desjenigen, welcher gutgläubig von einem Nichtberechtigten erwirbt (§§ 932 ff., 1207; 892, 1138, 1155, 1244). Hat also z. B. der Anfechtungsgegner die Fahrniß, die er selbst anfechtbarer Weise erworben hat, an einen Dritten veräußert, so wird dieser Eigenthümer und bleibt es, auch wenn die Anfechtung thatsächlich erfolgt. Dabei ist zu beachten, daß der Dritte hier arg. § 932 Abs. 2 nur dann des Schutzes als Eigenthümer entbehrt, wenn ihm in Folge grober Fahrlässigkeit unbekannt war, daß die Sache nicht dem Veräußerer gehört bez. das Eigenthumsrecht des Veräußerers von Anfechtung bedroht ist. § 142 Abs. 2 steht dieser Anschauung nicht entgegen. Allerdings wird hier schon die auf einfacher Fahrlässigkeit beruhende Unkenntniß der Kenntniß gleichgestellt, aber als Folge dieser Unkenntniß wird nur die Gleichstellung mit demjenigen angeordnet, welcher die Nichtigkeit des Geschäfts gekannt hat oder kennen mußte. Nun genügt aber die auf einfacher Fahrlässigkeit beruhende Unkenntniß von der Nichtigkeit im Falle des § 932 nach dem klaren Wortlaute des Gesetzes nicht, um den Erwerber des Eigenthumsschutzes verlustig zu machen, sondern dazu ist eine auf grober Fahrlässigkeit beruhende Unkenntniß erforderlich. Es ist auch gar kein Grund ersichtlich, warum der Dritte, der sich bezüglich des stärkeren Grades der Fehlerhaftigkeit, der Nichtexistenz des Rechtes seines Auctors, in schuldhafter

Unkenntniß befindet, weiteren Schutz genießen soll als derjenige, welcher bezüglich des schwächeren Grades, der bloßen Anfechtbarkeit, in schuldhafter Unkenntniß ist. Vgl. auch Bd. IV Bem. 5 zu § 1343. (Wir können daher der Polemik, welche in dieser Frage Wendt [im Archiv f. d. civilist. Praxis Bd. 89 S. 55 ff.] gegen Biermann gerichtet hat, nicht ganz beistimmen.) —

b) Angenommen, A hat seine Forderung gegen B in anfechtbarer Weise an den C übertragen; B zahlt an C; nun wird die Forderungsübertragung angefochten. In diesem Falle wird B geschützt nach Maßgabe der §§ 409, 410. Planck Bem. 4 zu § 142 will dem Schuldner (der noch nicht geleistet hat), wenn die Forderung durch ein anfechtbares Rechtsgeschäft übertragen ist, auch nach § 372 das Recht der Hinterlegung und, wenn die geschuldete Sache sich zur Hinterlegung nicht eignet, das im § 383 bestimmte Recht zugestehen. Aber die Voraussetzungen des Hinterlegungsrechts nach § 372 sind, strenge genommen, nicht gegeben. Denn aus der Anfechtbarkeit des Uebertragungsgeschäfts kann, so lange die Anfechtung nicht erfolgt, ein Zweifel über die Rechtsnachfolge und damit über die Person des Gläubigers nicht hergeleitet werden, sondern höchstens aus dem Nichtwissen darüber, ob die Anfechtung thatsächlich erfolgt ist. Die anfechtbare Uebertragung ist ja nach dem Gesetze bis zur Anfechtung, die lediglich den am Uebertragungsgeschäfte Betheiligten zustehen kann, wirksam und Unkenntniß des Gesetzes kann doch kaum als Ungewißheit im Sinne des § 372 angesehen werden; (a. M. Beer, Die Hinterlegung zum Zwecke der Befreiung von Schuldverbindlichkeiten, S. 21 und P. Müller in Iherings Jahrb. Bd. 41 S. 432). Es ist auch nicht der Fall gegeben, daß der Schuldner aus einem in der Person des Gläubigers liegenden Grunde nicht oder nicht mit Sicherheit erfüllen könnte, da er ja in Folge der Schutzvorschriften der §§ 409, 410, welche auch durch § 142 Abs. 2 nicht berührt werden, gegen die Gefahr, zweimal leisten zu müssen, sich hinreichend sichern kann (a. M. Müller a. a. O.).

c) Der Dritte, der die Anfechtbarkeit kannte oder in Folge von Fahrlässigkeit nicht kannte, wird nach Abs. 2, wenn die Anfechtung erfolgt, ebenso behandelt, als wenn es sich um gekannte bez. fahrlässig nicht gekannte Nichtigkeit des Geschäftes handeln würde. In der II. Komm. (P. I, 165) wurde insbesondere hervorgehoben: Der Dritte, welcher beim Abschlusse des Vertrags Kenntniß von der Anfechtbarkeit der dem Vertreter ertheilten Vollmacht gehabt hat, hat, wenn demnächst die Anfechtung erfolgt, weder ein „Rücktrittsrecht" (jetzt richtiger: Widerrufsrecht, § 178) noch einen Anspruch gegen den Vertreter (§ 179), weil er in einem solchen Falle mit der Möglichkeit der Anfechtung rechnen mußte, somit nicht mit Sicherheit voraussetzen konnte, daß ein gültiger Vertrag zu Stande kommen wird.

8. § 142 Abs. 1 ist nicht anwendbar auf die Anfechtung nach HGB. § 741; die Anfechtung eines noch während der Gefahr über die Höhe des Hilfslohnes geschlossenen Vertrags wegen erheblichen Uebermaßes der zugesicherten Vergütung hat daher nicht die Nichtigkeit des Vertrags zur Folge, sondern ermöglicht nur die Herabsetzung der vereinbarten Vergütung; RGE. Bd. 51 S. 235 ff.

§ 143.

Die Anfechtung erfolgt durch Erklärung gegenüber dem Anfechtungsgegner.

Anfechtungsgegner ist bei einem Vertrage der andere Theil, im Falle des § 123 Abs. 2 Satz 2 derjenige, welcher aus dem Vertrag unmittelbar ein Recht erworben hat.

Bei einem einseitigen Rechtsgeschäfte, das einem Anderen gegenüber vorzunehmen war, ist der Andere der Anfechtungsgegner. Das Gleiche gilt bei einem Rechtsgeschäfte, das einem Anderen oder einer Behörde gegenüber vorzunehmen war, auch dann, wenn das Rechtsgeschäft der Behörde gegenüber vorgenommen worden ist.

Bei einem einseitigen Rechtsgeschäft anderer Art ist Anfechtungsgegner Jeder, der auf Grund des Rechtsgeschäfts unmittelbar einen rechtlichen Vortheil erlangt hat. Die Anfechtung kann jedoch, wenn die Willenserklärung einer Behörde gegenüber abzugeben war, durch Erklärung gegenüber der Behörde erfolgen; die Behörde soll die Anfechtung demjenigen mittheilen, welcher durch das Rechtsgeschäft unmittelbar betroffen worden ist.

E. I, 113 Abs. 1, 2; II, 114; III, 139.

1. Der Vollzug der Anfechtung geschieht regelmäßig (Ausnahmen in §§ 1341, 1596, 1599; vgl. auch 1349) nicht durch Erhebung einer Klage, sondern durch grundsätzlich formfreie, empfangsbedürftige Willenserklärung des Anfechtungsberechtigten an den sog. Anfechtungsgegner. (Begründung M. I, 220.) Liegen die Voraussetzungen des § 256 CPO. vor, so ist auch Feststellungsklage zulässig (so auch Crome, System Bd. 1 S. 349). Auch Geltendmachung im Wege der Einrede ist möglich. Mehrfach (so z. B. von Rehbein, Komm. S. 199) wird die Ansicht vertreten, die Anfechtungserklärung sei dem Prozeßbevollmächtigten gegenüber allein nicht wirksam; denn die Prozeßvollmacht nach § 81 CPO. ermächtige nicht zur Empfangnahme der Anfechtungserklärung, da diese Empfangnahme keine „Prozeßhandlung" sei: es sei also dafür zu sorgen, daß die von der Partei selbst abgegebene Erklärung vorher dem Kläger selbst zugehe, zugestellt werde (§ 132). Dem gegenüber schließen wir uns, ebenso wie in der analogen Frage bei der Aufrechnungserklärung (die reiche Literatur hierüber citirt L. Seuffert, Komm. z. CPO., 8. Aufl. S. 140) der freieren Auffassung an, welche davon ausgeht, daß der Prozeßbevollmächtigte die Befugniß habe, auch solche dem Angriff oder der Vertheidigung im Prozesse dienende Erklärungen abzugeben und entgegenzunehmen, welchen eine materiellrechtliche Wirkung zukommt. Die Anfechtungserklärung seitens des Prozeßbevollmächtigten kann rechtswirksam nicht nur bei der mündlichen Verhandlung, sondern auch in einem zugestellten Schriftsatze erfolgen, so daß für die Frage, wann die Anfechtungserklärung abgegeben worden, die Zeit der Zustellung des Schriftsatzes entscheidend ist; so RGE. Bd. 53 S. 148 ff. Vgl. ferner RGE. Bd. 48 S. 221 ff.; Jur. Wschr. 1901 S. 495; Seuff. Arch. Bd. 56 Nr. 218. — Vgl. auch Bem. 1 zu § 388. — Ueber die besondere Behandlung der Anfechtung von Rechtshandlungen zahlungsunfähiger Schuldner s. RGE. Bd. 52 S. 335 ff.

2. Eine bestimmte Form ist für die Anfechtungserklärung nicht allgemein vorgeschrieben; spezielle Formvorschriften geben die §§ 1342, 1597 mit 1599, 1955, 2081, 2282 Abs. 3. Ist die Anfechtungserklärung, was die Regel ist, formfrei, so genügt es, daß aus dem Verhalten des Anfechtungsberechtigten sein klarer und unzweideutiger Wille hervorgeht, das Rechtsgeschäft nicht als ein wirksames anzuerkennen und daß die in diesem Verhalten liegende Willenserklärung dem Anfechtungsgegner zugehe. Mit dem Zugehen an den Anfechtungsgegner wird die Anfechtungserklärung wirksam. Ueber den Begriff und Zeitpunkt des Zugehens s. die Bem. zu den §§ 130—132; über die Frage, ob auch mittelbare Willenserklärungen (durch konkludentes Handeln) einer bestimmten Person zugehen können, s. Bem. III in der Einl. vor § 116.

3. Die Anfechtungserklärung ist unwiderruflich, kann aber selbst anfechtbar sein.

4. Die Anfechtungsbefugniß ist kein „Anspruch"; sie unterliegt daher keiner Verjährung. Wohl aber sind ihrer Ausübung im Wege der Präklusivbefristung zeitliche Schranken gesetzt; darüber bei den einzelnen Anfechtungsgründen (s. namentlich §§ 121, 124).

5. Anfechtungsberechtigt ist nur derjenige, dessen unmittelbare Interessen durch den Anfechtungsgrund verletzt sind, also regelmäßig nur ein am anfechtbaren Rechtsgeschäfte selbst Betheiligter, bei der Anfechtung wegen Irrthums nur der Irrende selbst, nicht der Gegenkontrahent, im Falle des § 123 nur der Getäuschte oder Bedrohte. (Vgl. jedoch die Sonderbestimmung des § 318.) Näheres bei den einzelnen Bestimmungen über Anfechtungsgründe. Ein Dritter ist nur ausnahmsweise anfechtungsberechtigt, so bei letztwilligen Verfügungen nach §§ 2078, 2080. Ueber den Bürgen s. Bem. 4 zu 142.

Die Anfechtungsberechtigung ist vererblich.

6. Anfechtungsgegner heißt nach der Sprache des Gesetzes nicht jeder, der von der erfolgten Anfechtung betroffen wird, sondern nur derjenige, welchem gegenüber die empfangsbedürftige Anfechtungserklärung abzugeben ist, um rechtliche Wirkung zu äußern. Wer das ist, ist in § 143 genau bestimmt. Es ist zu unterscheiden, ob es sich handelt:

a) um einen Vertrag; oder

b) um ein einseitiges Rechtsgeschäft, das einem Anderen gegenüber vorzunehmen war; oder

c) um ein „nichtempfangsbedürftiges" einseitiges Rechtsgeschäft.

Zu a. Bei einem Vertrag ist Anfechtungsgegner immer der andere Theil d. h. derjenige, mit welchem der Anfechtungsberechtigte kontrahirt hat. Dieser bleibt auch dann Anfechtungsgegner, wenn er selbst das, was er aus dem anfechtbaren Geschäft erlangt hat, an einen Dritten weiter übertragen, also z. B. die gekaufte Sache veräußert oder die erlangte Forderung cedirt hat. Der Dritte wird dadurch zur Entgegennahme der Anfechtungserklärung nicht legitimirt; (anders natürlich im Falle einer Universalsuccession). Diese Gestaltung entspricht auch den Interessen des Gegenkontrahenten des Anfechtungsberechtigten. Denn dieser hat, auch wenn der Gegenstand des anfechtbaren Geschäftes in der Hand eines Dritten sich befindet, wegen der in der Regel ihn treffenden Gewährleistungspflicht ein wesentliches Interesse daran, sofort Kenntnis von der erfolgten Anfechtung zu erhalten. M. I, 221.

Ausnahmsweise soll im Falle des § 123 Abs. 2 Satz 2 derjenige Anfechtungsgegner sein, welcher aus dem Vertrag unmittelbar ein Recht erworben hat. Dieser Fall ist schon in Bem. VI, 3, c zu § 123 erörtert.

Zu b. Bei einem einseitigen empfangsbedürftigen Rechtsgeschäft (über diesen Begriff oben Bem. III in der Einl. vor § 116) ist Anfechtungsgegner gleichfalls der Andere d. h. derjenige, welchem gegenüber die anfechtbare Willenserklärung vorzunehmen war und vorgenommen wurde (oder sein Universalnachfolger). Die thatsächliche Vornahme der anfechtbaren Willenserklärung ist für die Bestimmung der Person des Anfechtungsgegners dann ausschlaggebend, wenn das empfangsbedürftige Geschäft mehreren Personen gegenüber vorgenommen werden konnte, was z. B. bei der Vollmachtsertheilung zutrifft, welche nach § 167 gegenüber dem zu Bevollmächtigenden erklärt werden kann oder gegenüber dem Dritten, dem gegenüber die Vertretung stattfinden soll; (so auch Planck Bem. 3 zu § 143; a. M. Hoelder Bem. 2, b zu § 143 und Hupka, Die Vollmacht S. 134 ff.); vgl. Bem. 9 zu § 167.

Von einseitigen empfangsbedürftigen Rechtsgeschäften sind namentlich die Bevollmächtigung, die Kündigung, der Rücktritt vom Vertrag und die Aufrechnungserklärung zu nennen. (Die in der II. Komm. gegen den Ausdruck „einseitige Rechtsgeschäfte" erhobenen Bedenken drangen nicht durch: P. I, 129 f.)

Auch dann ist lediglich „der Andere" d. h. hier der mögliche Empfänger der anfechtbaren Willenserklärung der Anfechtungsgegner, wenn ein Rechtsgeschäft, welches gegenüber dem Anderen oder gegenüber einer Behörde vorgenommen werden konnte (s. §§ 875, 876, 880, 1168, 1180, 1183, 1726, 1748), thatsächlich der Behörde gegenüber vorgenommen worden ist. Die Behörde selbst ist hier nicht Anfechtungsgegner; anders, wenn die anfechtbare Erklärung der Behörde gegenüber abgegeben werden mußte, hierüber unter c.

Zu c. Bei nichtempfangsbedürftigen einseitigen Rechtsgeschäften ist Jeder Anfechtungsgegner, der auf Grund des Rechtsgeschäfts unmittelbar einen rechtlichen Vortheil erlangt hat; das ist auch dessen Universalnachfolger, nicht aber sein Singularnachfolger. Hat Niemand aus diesem Geschäft unmittelbar einen Vortheil erlangt, so ist das Geschäft eben trotz etwaigen Vorliegens eines Anfechtungsgrundes thatsächlich unanfechtbar; so die Aufgabe des Eigenthums an einer Sache nach § 959; wird die Sache nachher occupirt, so hat der Occupant den Vortheil, nämlich sein jetziges Eigenthum, nicht unmittelbar aus der Aufgabe des Eigenthums durch den Dereliquenten erlangt, sondern auf Grund eigenen Rechtsgeschäfts. (So auch Hoelder, Komm. Bem. 2, c zu § 143. And. Ans. Cosack Bd. 1 § 53, II, 1, c und Planck, 3. Aufl. Bem. 3 zu § 143, welcher hier eine Anfechtung durch öffentliche Zustellung gemäß § 132 Abs. 2 für möglich hält.) Wer die rechtsgeschäftliche Natur der Eigenthumsaufgabe überhaupt leugnet (s. oben Bem. IV der Einl. vor § 104), wird übrigens praktisch zu demselben Resultate kommen müssen.

Ausschließlich der unmittelbar einen Vortheil Erlangende ist hier Anfechtungsgegner. Daher besteht z. B. bei einer nach § 658 Abs. 2 unwiderruflichen Auslobung die Anfechtungsmöglichkeit erst, wenn Jemand die zu belohnende Handlung vorgenommen hat. Wann in diesem Falle die Anfechtungsfrist beginnt, ist in Bem. 2 zu § 124 erörtert.

In der II. Komm. wurde bezüglich der Anfechtung nicht empfangsbedürftiger Rechtsgeschäfte von einer Seite geltend gemacht, „es könne zweifelhaft erscheinen, ob für diese Geschäfte nicht besser allgemein die Anfechtung durch Erklärung vor dem Amtsgerichte des allgemeinen Gerichtsstandes des Erklärenden vorzuschreiben sei, unter Anweisung des Gerichts, die Anfechtung öffentlich bekannt zu geben". Diese Anregung wurde jedoch nicht weiter verfolgt. Wohl aber bestimmt das Gesetz für die Fälle, in welchen die anfechtbare Willenserklärung einer Behörde gegenüber abzugeben war (Beispiele in §§ 928, 1017, 1109 Abs. 2, 1188, 1196, 1441, 1492, 1577, 1662, 1679 Abs. 2, 1945, 2198, 2226), daß die Anfechtungserklärung gegenüber der Behörde erfolgen kann: sie wirkt dann gegenüber allen Betheiligten. Wenn das Gesetz weiter bestimmt, daß die Behörde die

Anfechtung demjenigen mittheilen soll, welcher durch das Rechtsgeschäft betroffen ist, so ist das nur eine instruktionelle Vorschrift, die sich an die Behörde selbst richtet, von deren Beachtung aber die rechtliche Wirkung der Anfechtungserklärung unabhängig ist.

7. Es können bei einem nicht empfangsbedürftigen einseitigen Rechtsgeschäfte, welches ein einheitliches Rechtsverhältniß zum Gegenstande hat, mehrere Anfechtungsgegner gegeben sein z. B. bei irrthümlicher Vernichtung eines Wechsels mehrere Wechselschuldner unmittelbar einen rechtlichen Vortheil erlangt haben (Eck, Vortr. S. 128). Fraglich ist, ob in diesem Falle die nur dem einen Anfechtungsgegner gegenüber vollzogene Anfechtung nur diesem oder auch den andern Anfechtungsgegnern gegenüber rechtliche Wirkung äußert. In M. I, 221 wird die Frage ausdrücklich in letzterem Sinne beantwortet, mithin absolute Wirkung der Anfechtung angenommen. Im Widerspruche mit dieser Auffassung wurde in der II. Komm. (P. I, 132; vgl. auch Zitelmann, ZG. VI, 134) von zwei Seiten beantragt, vorzuschreiben, daß die Anfechtung gegenüber einem von mehreren Anfechtungsgegnern nicht gegen die andern wirke. Obwohl nun die Mehrheit die diesen Anträgen zu Grunde liegende Anschauung billigte, wurde eine derartige Vorschrift trotzdem nicht aufgenommen mit der etwas sonderbaren Begründung, daß die Frage der absoluten Wirkung im Entwurf unentschieden geblieben „und daß auch ein Bedürfniß zur gesetzlichen Lösung derselben nicht anzuerkennen sei". Bei dieser Unentschiedenheit der Vorverhandlungen sind wir auf das Gesetz selbst angewiesen. Die grundsätzliche Auffassung der Anfechtung ist nun im Gesetze zweifellos die einer privaten Nichtigkeitserklärung. Gerade darin liegt aber das Wesen der Nichtigkeit, daß das Nichtige so angesehen wird, als ob es überhaupt nicht existiren würde; eine relative Nichtexistenz ist aber logisch ein Unding; (weßhalb auch die Terminologie von Cosack, der die nur im Verhältnisse zu bestimmten Personen z. B. den Konkursgläubigern unwirksamen Geschäfte „relativ nichtig" nennt, besser vermieden wird). Auch § 139 in Verbindung mit § 142 deutet darauf hin, daß das Gesetz prinzipiell von der absoluten Wirkung der Anfechtung ausgeht, wenn auch die Schlüsse, die hier Planck (Bem. 4 zu § 143) aus § 139 ableitet, gewagt sein mögen (s. dagegen Hoelder Kom. Bem. 2, c zu § 143). Das Ergebniß ist also, daß die Anfechtung gegenüber allen Anfechtungsgegnern wirkt, wenn sie nur dem einen gegenüber wirksam vollzogen ist. Die gegentheilige Meinung vertreten Cosack Bd. 1 S. 154 unter Berufung auf Zitelmann; Eck, Vortr. S. 128; Crome, System Bd. 1 S. 349. Die absolute Wirkung erkennt an Hoelder, Komm. Bem. 2, c zu § 143; vgl. Gareis, Komm. Bem. 6 zu § 143.

Planck Bem. 4 zu § 143 nimmt an, wenn ein anfechtbarer Vertrag mit mehreren Personen geschlossen sei und die Anfechtung nur einer derselben erklärt werde, so sei der Vertrag zwischen dieser Person und dem Anfechtenden nichtig, bestehe aber zwischen den übrigen Vertragschließenden und es sei dann § 139 anzuwenden; wogegen Hoelder a. a. O. einwendet, daß, wenn der zwischen A, B und C abgeschlossene Vertrag von A angefochten wird, in Folge der Anfechtung des A überhaupt kein Vertrag existire, dessen Partei A ist. Von großer praktischer Bedeutung ist dieser Dissens deßhalb nicht, weil das im Falle der Anwendung des § 139 sich ergebende Resultat, welches dahin geht, daß bei klarem Willen der Parteien, das Geschäft auch ohne den nichtigen Theil aufrecht zu erhalten, dieses dem einen Kontrahenten gegenüber wirksam bleibt, regelmäßig auch ohne § 139 durch Anwendung des § 140 gewonnen werden kann. In keinem Falle aber ist der Grund, warum das Geschäft dem einen Kontrahenten gegenüber aufrecht erhalten bleibt, in einer bloßen Relativität der Wirkung der Anfechtung zu suchen. — Vgl. auch Bem. 6 zu § 142.

§ 144.

Die Anfechtung ist ausgeschlossen, wenn das anfechtbare Rechtsgeschäft von dem Anfechtungsberechtigten bestätigt wird.

Die Bestätigung bedarf nicht der für das Rechtsgeschäft bestimmten Form.

E. I, 113; II, 115; III, 140.

1. Während die sog. Bestätigung des nichtigen Rechtsgeschäfts (§ 141) nur als erneute Vornahme des Geschäfts in Betracht kommen kann und daher, um die Wirksamkeit des Geschäfts hervorzurufen, im Zeitpunkte der Neuvornahme allen Erfordernissen dieses Rechtsgeschäfts entsprechen muß und nicht nach rückwärts hin wirken kann (s. Bem. 1 u. 2 zu § 141), ist die rechtliche Bedeutung einer Bestätigung eines bloß anfechtbaren, aber noch nicht angefochtenen Rechtsgeschäfts eine wesentlich andere: sie beseitigt die Möglichkeit der Anfechtung aus einem bestimmten Grunde und sichert demnach den bereits gegebenen rechtlichen Bestand des Geschäfts gegen einen bestimmten Angriff. Der Wirkung nach kommt sie also einem Verzicht auf Geltendmachung eines Anfechtungs=

grundes gleich. Sie ist weder Novation noch Anerkenntniß. Sie ist nicht wie die „Bestätigung" des nichtigen Geschäfts eine Neuvornahme des Geschäfts selbst, sondern eine außerhalb des Geschäfts liegende selbständige Willenserklärung, die als solche nicht der Form des rechtlich ja bereits existenten Geschäfts bedarf, sondern nur den allgemeinen Anforderungen entsprechen muß, welche das Gesetz an Willenserklärungen stellt, namentlich nicht erzwungen sein darf. Aus der Bestätigung muß unzweideutig hervorgehen, daß der Bestätigende einen ihm bekannten Anfechtungsgrund, der ihn zur Vernichtung des Rechtsgeschäfts berechtigen würde, nicht geltend machen will. Dies kann auch aus konkludentem Verhalten hervorgehen, namentlich liegt, wie die M. I, 222 hervorheben, eine Bestätigung dann vor, wenn der Anfechtungsberechtigte in Kenntniß des Anfechtungsgrundes das anfechtbare obligatorische Rechtsgeschäft durch Abschluß eines gültigen dinglichen Vertrags erfüllt. Sie liegt auch dann vor, wenn der Anfechtungsberechtigte in Kenntniß jenes Anfechtungsgrundes fordert, daß der Gegner erfülle.

E. I spricht hier nicht von Bestätigung, sondern von „Genehmigung". Dazu P. I, 134.

Das bereits angefochtene Rechtsgeschäft ist nichtig und kann daher nicht im Sinne des § 144 bestätigt werden. Soll es wieder zur Wirksamkeit gebracht werden, so muß es gemäß § 141 neu vorgenommen werden. Eine „Zurücknahme" einer Anfechtung unter Zustimmung des Anfechtungsgegners, wie sie Dernburg (Bürg. R. Bd. 1 § 119 unter VI) anerkennen will, ist dem Gesetz unbekannt. Wohl aber kann der Anfechtende unter Umständen die Anfechtungserklärung selbst wieder anfechten, sofern sie auf Irrthum, arglistiger Täuschung oder Drohung beruhte, und kann damit die Nichtigkeit seiner Anfechtungserklärung herbeiführen. Vgl. Bem. 3 zu § 143.

2. Die rechtswirksame Bestätigung nach § 144 setzt Kenntniß des Anfechtungsgrundes voraus. Ist ein Geschäft der Möglichkeit einer Anfechtung aus mehreren Gründen ausgesetzt und bestätigt der Anfechtungsberechtigte nur in Kenntniß eines dieser Gründe, so wird dadurch auch nur dieser eine Anfechtungsgrund beseitigt, nicht aber die anderen. Wer also z. B. ein wegen Irrthums und arglistiger Täuschung anfechtbares Geschäft in Unkenntniß der arglistigen Täuschung bestätigt, weil er etwa die bei der Anfechtung wegen Irrthums eintretende Schadensersatzpflicht nach § 122 scheut, hat sich damit nicht des Rechtes begeben, das Geschäft hinterher noch wegen der arglistigen Täuschung anzufechten.

3. Die Willenserklärung der Bestätigung ist nicht empfangsbedürftig. Der Bestätigungswille muß nur deutlich sein; ein Zugehen an den Gegenkontrahenten ist nicht erforderlich; dieser kann ja aus der Anfechtbarkeit auch kein Recht ableiten. Die Bestätigung kann folgerichtig auch einem Anderen als dem Anfechtungsgegner gegenüber vorgenommen werden; (ebenso Eck, Vortr. S. 127 ff. gegen Goldmann und Lilienthal S. 69). Die Bestätigung umfaßt alle Fälle rechtlicher oder thatsächlicher Verfügung des Anfechtungsberechtigten, welche seinen Willen offenbaren, trotz der Kenntniß des Anfechtungsgrundes beim Rechtsgeschäfte stehen zu bleiben. P. I, 134. Die Ernstlichkeit des Bestätigungswillens kann unter Umständen auch aus einer Dritten gegenüber geschehenen Kundgabe zu entnehmen sein.

Ist das Rechtsgeschäft, was vorkommen kann, von beiden Betheiligten anfechtbar, so kann die Bestätigung von der einen Seite die Anfechtbarkeit von der anderen Seite nicht aufheben. S. Lothar Seuffert, Ratihabition S. 138.

4. Die Anfechtbarkeit eines Rechtsgeschäfts muß beweisen, wer sie für sich in Anspruch nimmt. Daraus darf jedoch hier bezüglich der Beweislast nicht gefolgert werden, daß beim anfechtbaren Rechtsgeschäfte, dessen Bestätigung behauptet wird, der an sich Anfechtungsberechtigte die Nichtbestätigung beweisen müsse. Ihn trifft vielmehr lediglich der Nachweis der anfechtungsbegründenden Thatsachen, während der Anfechtungsgegner beweisen muß, daß die Anfechtungsmöglichkeit in Folge Bestätigung weggefallen ist; die speziellen Voraussetzungen des § 144 fallen also zur Beweislast des Anfechtungsgegners. Gleicher Ansicht Rehbein, Komm. Bd. 1 S. 203.

5. Im Allgemeinen steht nichts im Wege, daß die Bestätigung durch einen Vertreter erfolge. Ausnahmen macht das Gesetz in § 1731 für die Bestätigung des Antrags auf Ehelichkeitserklärung und der hiezu nach § 1726 erforderlichen Einwilligungserklärungen (s. auch §§ 1755, 1770), ferner in § 2284 für die Bestätigung eines anfechtbaren Erbvertrags.

6. Ueber die Bestätigung einer anfechtbaren Ehe geben besondere Bestimmungen die §§ 1337, 1350 Abs. 2.

Dritter Titel.

Vertrag.

Einleitung.*)

1. Der Vertragsbegriff. Verträge sind diejenigen Rechtsgeschäfte, deren Thatbestand die zusammenstimmenden, gegenseitig zum Bewußtsein gebrachten, auf Hervorbringung einer rechtlichen Wirkung unter den Handelnden selbst gerichteten Willenserklärungen mehrerer Rechtssubjekte erfordert. Diese Begriffsbestimmung entspricht im Wesentlichen der herrschenden Anschauung der bisherigen gemeinrechtlichen Doktrin. (Ulpian in l. 1 § 1 D. 2, 14: pactio duorum pluriumve in idem placitum et consensus.) Auf den von Schloßmann (Der Vertrag, 1876) gemachten Versuch, dem Vertragsbegriff überhaupt seine innere Berechtigung abzusprechen, ist angesichts der Thatsache, daß das BGB. diesen Begriff, allerdings ohne ihn ausdrücklich zu definiren (vgl. dagegen E. I § 77), aufgenommen und den Vertrag zum Gegenstande besonderer Regelung gemacht hat, hier nicht einzugehen.

Der Vertrag ist nach dem Gesagten ein mehrseitiges Rechtsgeschäft. Daß er gerade ein zweiseitiges sei, als welches er im Gegensatze zum einseitigen Rechtsgeschäft oft bezeichnet wird, ist begrifflich nicht erforderlich; es können auch mehr als zwei Rechtssubjekte betheiligt und durch das Geschäft gegenseitig gebunden sein; so z. B. häufig beim Gesellschaftsvertrage. Kein Vertrag jedoch ist der Gesammtakt, durch den eine Körperschaft ins Leben gerufen wird; die Körperschaftserrichtung wird zwar häufig durch Verträge vorbereitet, auf sie selbst aber findet die Vertragslehre keine Anwendung. (Vgl. Kuntze, Der Gesammtakt, in der Leipziger Festgabe für Müller, 1892, S. 29 ff. sowie Gierke, DPR. § 33 Anm. 3 und § 63 S. 486 ff.)

Das Wesen des Vertrags liegt in der Einigung. Obschon der Vertrag eine Mehrheit von Willenserklärungen (über diesen Begriff oben Bem. II der Einl. vor § 104 und Bem. I u. II der Einl. vor § 116) erfordert, so ist er doch ein einheitliches Rechtsgeschäft, nicht die Summe zweier selbständiger korrespondirender Rechtsgeschäfte. Jeder Kontrahent eignet sich zugleich den Willen des oder der anderen Kontrahenten an; so entsteht ein einheitlicher Vertragswille. In dieser Beziehung ist aber nicht, wie Planck (Vorbem. 1 vor § 145) in seinen beiden ersten Auflagen annahm, immer „nothwendig, daß der eine Theil dem anderen seinen Willen erklärt, ihm einen Antrag macht, und daß der andere Theil diesen Antrag annimmt." Das Aufeinanderfolgen der Willenserklärungen als Antrag und Annahme ist nicht wesentlich; der Vertrag kann vielmehr auch eingegangen werden „durch gemeinsame That" (Hoelder Bem. 1 zu § 145). Regelmäßig freilich folgen die zusammenstimmenden Willenserklärungen, welche der Vertragsschluß erfordert, als Antrag und Annahme zeitlich aufeinander. Die beiden Erklärungen können aber auch gleichzeitig

*) Literatur (zugleich zu den folgenden Paragraphen): Windscheid-Kipp §§ 305 ff. (wo auch die ältere Literatur citirt wird); Dernburg, Pand. Bd. 2 §§ 10, 11; Regelsberger, Pand. §§ 149, 150; Stobbe, DPR Bd. 3 § 168; Köppen in Jherings Jahrb. Bd. 11 S. 139 ff.; Kühn, ebenda Bd. 16 S. 1 ff; Sohm in der Zeitschr. f. Handelsrecht Bd. 17 S. 16 ff; Schott, Der obligatorische Vertrag unter Abwesenden (1873; Schloßmann, Der Vertrag (1876); (dawider Eisele in der Krit. V.-Schr. Bd. 20 S. 14 ff. und Pernice in der Zeitschr. f. Handelsrecht Bd. 25 S. 99 ff.); Marsson, Die Natur der Vertragsofferte; Gardeike, Verträge unter Abwesenden; Oemler, Der Vertrag unter Abwesenden; Kohler im Arch. f. bürgerl. R. Bd. 1 S. 283 ff.; Maaß, Der Vertragsschluß auf elektrischem Wege. — Zitelmann, Die Rechtsgeschäfte im Entw. I S. 120 ff.; Ehrlich, Die stillschweigende Willenserklärung; Korte, Vertragslehre im BGB.; Freund, Die stillschweigende Vertragsannahme; Eccius, Die Prozeßbehauptung des Vertragsschlusses und die Beweislast dabei, in Gruchot, Beitr. Bd. 45 S. 267 ff.; Stammler im Handwörterbuch der Staatswissenschaften, 2. Aufl. Bd. 7 S. 473 ff.; Hellmann, Vorträge S. 91 ff.; Endemann, Lehrbuch Bd. 1 S. 284 ff.; Cosack, Lehrb. § 58 und § 59 unter III; Leonhard, Allg. Theil S. 261 ff.; 285 ff.; Crome, System Bd. 1 S. 395 ff.

erfolgen oder sich kreuzen. (Letzteres verneinen Degenkolb im Archiv f. d. civilist. Praxis Bd. 71 S. 17; Bekker, Pand. Bd. 2 S. 88; Cosack, Lehrbuch Bd. 1 S. 168 ff. Wie hier Crome, System Bd. 1 S. 396 und auch Dernburg, Bürg.R. Bd. 1 § 128 unter IV.) Allerdings muß, damit durch sich kreuzende Offerten ein Vertrag zustande komme, „die Sachlage ihrer Natur nach so einfach sein, daß jede Erklärung so gut als Angebot wie als zustimmende Antwort darauf betrachtet werden kann“ (Crome a. a. O.), was regelmäßig voraussetzt, daß schon genügende Vorverhandlungen stattgefunden haben.

Näheres über den Vertragsschluß bei § 154, speziell über den Antrag bei § 145, über die Annahme bei § 146.

2. Ob Jemand einen Vertrag eingehen will, ist regelmäßig seinem Belieben überlassen. Aber es giebt Fälle, in welchen einer Partei durch einen von ihr unabhängigen Willen, namentlich durch Gesetz, eine Verpflichtung zur Eingehung bestimmter Verträge auferlegt wird, also ein Kontrahirungszwang besteht. Beispiele bieten HGB. § 453, Postges. § 3, Ges. über das Telegraphenwesen § 5. Dagegen spricht man im Falle eines bindenden Angebots, in welchem Jemand sich selbst durch Aeußerung seines eigenen Willens zum Abschlusse eines Vertrags verpflichtet, wohl besser nicht von Kontrahirungszwang (anders Biermann in Iherings Jahrb. Bd. 32 S. 267 ff.).

3. Das Hauptanwendungsgebiet des Vertrags ist das Recht der Schuldverhältnisse. Aber der Vertragsbegriff ist nicht, wie eine ältere, noch von Vangerow vertretene, Ansicht annahm, auf das Obligationenrecht zu beschränken. Vielmehr kommen Verträge im ganzen Rechtsgebiete vor. Es gibt nicht nur obligatorische, sondern auch dingliche, familienrechtliche, erbrechtliche, öffentlichrechtliche Verträge. Bei Vereinbarungen, welche auf dingliche Rechtswirkungen gerichtet sind, spricht das BGB. häufig nicht von Vertrag, sondern von „Einigung“. Diese Einigung ist aber nichts anderes als der technische Ausdruck für den abstrakten dinglichen Vertrag, bei welchem der auf Uebertragung gerichtete zusammenwirkende Parteiwille wirkt, ohne daß es auf die causa ankommt. Vgl. §§ 854 Abs. 2, 873, 880, 925, 929, 1015, 1032, 1205, 1260. Auch für diese Einigungen sind, soweit nicht Besonderheiten eine Ausnahme erheischen, die Vorschriften der §§ 145 ff. über den Vertrag anzuwenden, ebenso wie auf die in § 474 HGB. sog. „Vereinbarung“ bei Veräußerung eines Schiffes oder einer Schiffspart. E. I hatte in § 828 für das, was jetzt Einigung heißt, noch den Ausdruck „Vertrag“. Wenn dann in der II. Komm. nach längeren Verhandlungen über vorgebrachte Bedenken schließlich die Ansicht durchdrang, „dem Sprachgebrauche und den Anschauungen des Volkes entspreche es nicht, das hier in Rede stehende Rechtsverhältniß als Vertrag zu bezeichnen“, so darf uns das nicht in der Erkenntniß hindern, daß für die juristische Konstruktion auch hier der Vertragsbegriff seinem Wesen nach gegeben und nicht zu entbehren ist. (Endemann II S. 71 ff.; Fischer-Henle Bem. zu § 854; Planck Bem. 2 zu § 145; Rehbein, Komm. Bd. 1 S. 206; Kipp bei Windscheid Bd. 1 S. 272 ff.; Dernburg, Bürg. R. Bd. 1 S. 334; a. M. E. Bruck, Die Einigung im Sachenrecht des BGB. (1900) und Eccius in D. Jur.Z. 1902 S. 61 und 95. Vgl. auch Bem. B, I, 1 u. 2 zu § 873, Bem. II, 2 zu § 854, RGE. Bd. 52 S. 114 u. Förster im Recht 1903 S. 53.)

4. Die bei Schuldverträgen bisher übliche Scheidung in einseitige und in gegenseitige Verträge ist auch nach dem BGB. begründet. Einseitige Verträge nennt man solche, die nur dem einen Kontrahenten eine Verpflichtung auferlegen, gegenseitige solche, welche auf dem Austausche wechselseitiger Leistungsversprechen beruhen und daher beide Kontrahenten belasten. Das Schenkungsversprechen z. B. ist zwar, wie jeder Vertrag ein mehrseitiges Rechtsgeschäft, es ist aber ein einseitiger Vertrag. Das wechselseitige Abhängigkeitsverhältniß bei gegenseitigen Verträgen, wonach die Leistungspflicht des einen Kontrahenten nur besteht, wenn die Leistungspflicht bezüglich des Aequivalents auf Seite des Gegenkontrahenten gültig begründet ist, heißt Synallagma. (Ueber die Unterscheidung des genetischen und funktionellen Synallagma Bechmann, Kauf Bd. 1 S. 540, Bd. 2 S. 180 ff.)

5. Die auch bei Verträgen bedeutsamen Gegensätze von formlosen und formbedürftigen, entgeltlichen und unentgeltlichen, abstrakten und kausalen Geschäften finden sich nicht aus-

schließlich innerhalb der Verträge, sondern zeigen sich bei den Rechtsgeschäften allgemein; sie sind daher schon oben in der Einl. z. dritten Abschn. (vor § 104) näher behandelt.

6. Ueber die Frage, ob Jemand mit sich selbst einen Vertrag schließen kann, s. Bem. zu § 181.

7. Das BGB. giebt keine besonderen Bestimmungen über Vorverhandlungen und Punktationen.*)

a) Die dem Vertragsschlusse vorausgehenden vorläufigen Besprechungen, welche den Zweck haben, einen Vertragsschluß erst herbeizuführen (sog. Tractate), sind ein rechtlich unverbindlicher Meinungsaustausch. Immerhin kann der Richter, der bei der Feststellung des Inhalts eines Vertrags den wahren Willen der Parteien zu erforschen hat, nach dem Prinzipe der freien Beweiswürdigung auch aus diesen Vorbesprechungen Anhaltspunkte für die Feststellung des Parteiwillens gewinnen. Die ausdrückliche oder stillschweigende Bezugnahme auf Vorverhandlungen, namentlich eine vorausgegangene Korrespondenz, kann auch dazu dienen, einem Vertragsantrage diejenige Bestimmtheit zu geben, welche zu seiner Annahmefähigkeit erforderlich ist. Vgl. Bem. 2 zu § 145.

b) Wenn über einzelne Punkte des Vertragsinhalts eine vorläufige Einigung erzielt ist, werden diese Punkte von den Parteien häufig schriftlich fixirt. Auch diese sog. Punktation erzeugt noch keine rechtliche Verbindlichkeit; das darin Zugestandene kann von jeder Partei nach Belieben zurückgezogen werden. Das ergiebt sich klar aus der Bestimmung des § 154 Abs. 1. Eine Modifikation tritt jedoch ein durch § 155. S. Bem. zu den §§ 154, 155.

Möglich ist, daß die Vertragschließenden Willens sind, die bereits getroffenen Vereinbarungen als bindend anzusehen (§ 154 gilt ja nur „im Zweifel"), aber gewisse Nebenpunkte noch unerledigt gelassen haben. Erfolgt nun eine Vereinigung über die unerledigt gebliebenen Punkte nicht, so ist es, wie M. I, 163 sagen, Sache der Prüfung des einzelnen Falles, ob nach dem Willen der Parteien der Richter auf Grund seines durch die Umstände und die muthmaßliche Absicht der Parteien geleiteten Ermessens zu entscheiden hat oder ob auf die sog. naturalia negotii zurückzugehen sei. Unrichtig wäre die Annahme, daß bezüglich der unerledigten Punkte stets die dispositiv gesetzliche Regelung eintrete. Sehen z. B. die Parteien einen Kaufvertrag als geschlossen an, sind sie sich aber nicht darüber einig geworden, ob der Kaufpreis bis zu seiner Zahlung mit 3 % oder mit 3½ % verzinst werden soll (Beispiel von Neumann, Handausgabe des BGB., Anm. zu § 154), so darf nicht die gesetzliche 4 %ige Verzinsung als geltend angenommen werden; denn es steht fest, daß diese von den Parteien nicht gewollt ist. Man wird in solchen Fällen diejenige Zahlungsmodalität als lex contractus anzusehen haben, welche innerhalb der durch die Vorverhandlungen der Parteien bezeichneten Grenzpunkte der dispositiv gesetzlichen Regelung am nächsten kommt, in dem erwähnten Beispiele also die 3½ %ige Verzinsung.

8. Den sog. Vorvertrag*) hat das BGB. (im Gegensatze zum österr. GB. § 936) nicht besonders geregelt. Herkömmlicher Weise nennt man Vorvertrag (pactum de con-

*) Literatur zu Bem. 7 und 8: Regelsberger, Civilrechtliche Erörterungen I; derselbe in Endemanns Handb. d. Handelsr. Bd. 2 S. 417 ff.; Bechmann, Kauf Bd. 2 S. 273 ff.; Degenkolb, Begriff der Vorverträge; derselbe im Archiv f. d. civilist. Praxis Bd. 71 S. 1 ff.; Göppert in der Krit. V.Schr. Bd. 14 S. 400 ff.; Adler, Realkontrakt und Vorvertrag; Meyer im Archiv f. d. civilist. Praxis Bd. 87 S. 77 ff.; F. Schäfer, Der Darlehensvorvertrag, Freib. Diss. 1902; Schloßmann, Ueber den Vorvertrag und die rechtliche Natur der sog. Realkontrakte in Jherings Jahrb. Bd. 45 S. 1 ff.; W. Stintzing, Die Vorverpflichtung im Gebiet der Schuldverhältnisse (1. Theil 1903); Endemann, Lehrbuch des bürgerl. R. Bd. 1 S. 455 ff.

trahendo) einen solchen Vertrag, in welchem die Verbindlichkeit zum Abschluß eines anderen Vertrags bestimmter Art, des sogen. Hauptvertrags, übernommen wird; falls im „Vorvertrage“ der Inhalt des Hauptvertrags genügend festgesetzt war, erzeugte der Vorvertrag nach gemeinrechtlicher Auffassung (vgl. Windscheid § 310) einen klagbaren Anspruch auf Abschluß des Hauptvertrags, eventuell auf das Interesse, nach reinem römischem Recht (s. l. 68 D. 45, 1) lediglich auf das Interesse d. h. auf Leistung dessen, was der Berechtigte durch den Abschluß des Hauptvertrags erlangt haben würde. Es ist aber eine noch unerledigte Streitfrage, ob die gemeinrechtlich herrschende Auffassung des Vorvertrags wirklich haltbar ist. Man wird sagen müssen: Die Zusage, in einen Vertrag einzutreten, kann nicht als solche bindend sein; der sog. „Vorvertrag“ involvirt nicht, wie etwa der Kauf oder das Darlehen, in sich schon eine causa; die Verpflichtung, in einen künftigen Vertrag einzutreten, wäre, wenn sie ohne rechtlichen Grund bestände, kondizirbar. Insofern ist zuzugeben, daß der Vorvertrag nicht wie andere Verträge, welche eben durch den ihnen eigentümlichen Rechtsgrund charakterisirt werden, ein Vertrag sui generis ist, und darum ist es auch verständlich, daß das BGB. sich einer besonderen Regelung des sog. Vorvertrags enthalten hat. Andererseits erscheint es aber doch als ein übertriebener Radikalismus, wenn neuestens Schloßmann (in Iherings Jahrb. Bd. 45 S. 1 ff.) den Vorvertrag überhaupt als einen „inhaltlosen Begriff“ erklärt. Nach Schloßmann handelt es sich beim sog. Vorvertrage nicht um etwas vom „Hauptvertrage“ Verschiedenes, sondern einfach um einen Vertrag mit einem relativ bestimmten Inhalt; es werde nur eine Spezialisirung der in dem Vertrage bedungenen Leistung durch den einen oder andern Kontrahenten, in manchen Fällen unter Mitwirkung des andern Kontrahenten, erfordert; aus den sog. „Vorverträgen“ zu Realkontrakten gebe es überhaupt keinen klagbaren Anspruch auf Vollziehung der Leistung d. h. auf Hingabe der Sache. Gegen die völlige Verwerfung des Begriffs des Vorvertrags läßt sich aber einwenden, daß der Vertrag, wenn ihm eine bestimmte causa zu Grunde liegt, immerhin einer der Gründe sein kann, aus welchen Vorverpflichtungen entstehen, so der Krediteröffnungsvertrag; insofern hat der einmal eingebürgerte Ausdruck „Vorvertrag“ auch noch seine Berechtigung. Nur muß man dabei im Auge behalten, daß der Vertrag nicht der einzige mögliche Rechtsgrund für die Entstehung von Vorverpflichtungen ist d. h. für die Entstehung von Verpflichtungen, auf Verlangen eines anderen in einen Vertrag einzutreten. Eine solche Verpflichtung besteht z. B. für den Ueberbauenden auf Verlangen des rentenberechtigten Grundstückseigners nach § 915; die Thatsache des Ueberbaues, nicht ein Vertrag, schafft hier eine Vorverpflichtung für den Ueberbauenden; dieser wird verpflichtet, auf Verlangen des Grundstückseigners den überbauten Grundstücksteil anzukaufen; vgl. Stintzing a. a. O. S. 59. In diesem wie in den andern von Stintzing angeführten Fällen, in welchen eine Vorverpflichtung aus außerkontraktlichen Thatbeständen entsteht, kann man ebensogut von einem Kontrahirungszwange sprechen; warum Stintzing das Gebiet der Vorverpflichtung, wenn er sie einmal als außerkontraktlich für möglich hält, überhaupt von dem des Kontrahirungszwanges abtrennen will, wird aus seinen Ausführungen (S. 21) nicht recht klar. (Vgl. oben Bem. 2 dieser Einleitung.)

Der wesentliche Inhalt der Vorverpflichtung besteht in der Leistungsbereitschaft, die Verpflichtung hiezu ist nicht eine bedingte, weßhalb der sog. „Vorvertrag“ nicht als ein bedingter Vertrag zu charakterisiren ist. Auf das Verlangen des Gläubigers wird aus der Verpflichtung zur Leistungsbereitschaft eine Verpflichtung zur Leistung. Aus dieser Konstruktion ergiebt sich, daß, wenn eine Vorverpflichtung zum Eintritt in einen sog. Realkontrakt, insbesondere einen Darlehensvertrag, besteht, dieser dadurch seine Natur als Realkontrakt verliert; denn hier wird das Vertragsverhältniß nicht, wie es dem Realkontrakte entsprechen würde, durch die Hingabe perfekt, sondern die Leistungspflicht entsteht schon durch das Verlangen des Berechtigten. Es ist daher nach diesem Zeitpunkt ein Leistungsverzug möglich (s. Stintzing a. a. O. S. 63). Um eine Vorverpflichtung zur Darlehenshingabe, einen reinen Konsensualvertrag, handelt es sich z. B. in § 610 und in allen Fällen der Krediteröffnung (vgl. auch HGB. § 354). Vgl. die Bem. zu § 610.

Die Vorverpflichtung, in einen Vertrag einzutreten, kann an sich eine einseitige sein oder eine solche, welcher eine Vorverpflichtung des Berechtigten, in einen Vertrag anderer Art einzutreten, gegenübersteht. Dagegen kann man überhaupt nicht mehr von „Vorverpflichtung“ beim sog. zweiseitigen Vorvertrag sprechen, bei welchem sich die Verpflichtungen zweier Kontrahenten, in denselben Vertrag einzutreten, gegenüberstehen; ein solcher gegenseitiger Vorvertrag ist nichts anderes als ein (regelmäßig durch Bedingungen oder andere Accidentalien modifizirter) fertiger Hauptvertrag (vgl. namentlich Bechmann a. a O.; Stintzing a. a. O. S. 62; Rehbein, Komm. S. 207).

Die Frage, ob beim Tode des Vorverpflichteten die Verpflichtung auf seine Erben übergeht, läßt sich nicht einheitlich beantworten. Auch hier tritt zu Tage, daß der sog. „Vorvertrag“ nicht ein Vertrag sui generis ist, sondern in Verbindung mit sehr verschiedenartig gestalteten Schuldverhältnissen auftreten kann. Es kommt für die Frage der Vererblichkeit darauf an, ob für die rechtlichen Beziehungen, welche durch den Hauptvertrag begründet werden sollen, die Individualität des verpflichteten Subjekts von erheblicher Bedeutung ist oder nicht, m. a. W., ob das durch den Hauptvertrag zu schaffende Verpflichtungsverhältniß selbst vererblich ist oder nicht. Ueber die Behandlung der Vorverpflichtung im Konkurse eingehend Stintzing a. a. O. S. 41—45.

Da der Berechtigte die Verpflichtung zur Leistungsbereitschaft, welche dem Vorverpflichteten obliegt, durch sein einfaches Verlangen, sofern nicht Bedingungen oder Zeitbestimmungen mitspielen, in eine Leistungspflicht verwandeln kann, kann er, wenn er dieses Verlangen rechtmäßig fruchtlos gestellt hat, auf Leistung klagen und braucht nicht erst auf „Vertragsschluß“ zu klagen. Der Berechtigte kann aber auch, ohne sich selbst jetzt schon über seinen Beitritt entscheiden zu müssen, unter Umständen gegen den Vorverpflichteten auf künftige Leistung klagen (CPO. § 259), wenn die Besorgniß gerechtfertigt ist, daß der Bereitschaftspflichtige solche Verfügungen treffe, welche seine Unfähigkeit, künftig zu leisten, herbeiführen (vgl. Stintzing a. a. O. S. 37 und Wendt im Archiv f. d. civilist. Praxis Bd. 92 S. 85 ff.). Die Verpflichtung des Vorverpflichteten zur Leistungsbereitschaft kann endlich auch Gegenstand einer Feststellungsklage sein, sofern die allgemeinen Voraussetzungen des § 256 CPO. vorliegen. Die Vorverpflichtung kann durch Vereinbarung einer Konventionalstrafe gesichert werden, soweit nicht § 334 (vgl. auch § 1297 Abs. 2) im Wege steht. Auch kann zur Sicherung des Berechtigten unter den Voraussetzungen des § 935 CPO. eine einstweilige Verfügung erwirkt werden. Eine Vorverpflichtung zur Eingehung eines Immobiliarvertrags kann Gegenstand einer Vormerkung (§ 883) sein.

Ist die im Vorstehenden entwickelte Auffassung des sogen. „Vorvertrages“ richtig, so dürfte nichts im Wege stehen, den der Vorverpflichtung gegenüberstehenden Anspruch des Berechtigten als einen „verhaltenen Anspruch“ zu charakterisiren in dem Sinne, in welchem Langheineken (Anspruch und Einrede, 1903, S. 101 ff.) diesen Begriff neuestens in die Rechtswissenschaft eingeführt hat. Langheineken selbst gedenkt bei Erörterung der verhaltenen Ansprüche der Vorverpflichtung als einer typischen Erscheinung allerdings nicht.

Wie steht es mit dem Formerfordernisse bei der Vorverpflichtung? Selbstverständlich ist, daß die Vorverpflichtung zu ihrer Wirksamkeit die für sie selbst etwa (sei es durch Parteiwillen oder Gesetz) vorgeschriebene Form haben muß; ist daher z. B. die Vorverpflichtung ihrem Wesen nach Schenkungsversprechen, so ist gerichtliche oder notarielle Beurkundung erforderlich, durch Bewirkung der Leistung wird jedoch der Formmangel geheilt. Erhebliche Zweifel kann aber die Frage erregen, ob die Vorverpflichtung auch der Form bedarf, welche für den sog. Hauptvertrag vorgeschrieben ist. Vom Standpunkte der (wie oben dargelegt, bedenklichen) Ansicht, welche an der Selbständigkeit des Vorvertrags festhalten will, besteht für die Bejahung dieser Frage kein zwingender Grund. Jedenfalls kann ein solcher aus § 313 nicht entnommen werden. Man kann lediglich darauf hinweisen — und dieser Grund wird in der bisherigen Literatur auch regelmäßig angeführt —, daß das für den Hauptvertrag bestehende Formerforderniß umgangen werden könnte, wenn die Vorverpflichtung zum Eintritt in einen formbedürftigen Hauptvertrag formlos übernommen werden könnte. Unsere Rechtsordnung kennt aber keineswegs einen allgemeinen Satz, welcher an jedes agere in fraudem legis die Folge der Nichtigkeit knüpfen würde (vgl. oben Bem. IV zu § 117 und Bem. 2 zu § 134). Dagegen wird man allerdings von dem namentlich von Stintzing vertheidigten Standpunkt aus, daß Vorverpflichtung und Hauptverpflichtung nur Stadien desselben Schuldverhältnisses sind, folgerichtig auch zur Bejahung der Formbedürftigkeit der Vorverpflichtung zu einer formbedürftigen Hauptverpflichtung kommen. Es ist demnach im Ergebnisse der Entscheidung des OLG. Kiel (in Seuff. Arch. Bd. 58 Nr. 93 S. 177 f.) beizustimmen, welche die Verpflichtung einer Person, an einem künftigen Termin einen schriftlichen Miethvertrag von neun weiteren Jahren zu unterzeichnen, als ihrerseits der Schriftform bedürftig erklärt hat. (Für die Formbedürftigkeit des sog. Vorvertrags auch OLG. Frankfurt im Recht Bd. 7 S. 235 ff.) Die Vorverpflichtung ist aber dann formfrei, wenn nicht die Hauptvertragsverpflichtung des Vorverpflichteten, sondern nur die seines Gegenkontrahenten der Form bedarf: A verpflichtet sich, den B als Bürgen für die Schuld des C anzunehmen; zwar bedarf die künftige Bürgschaftserklärung des B der Form, nicht aber die Vorverpflichtung des A.

Der obligatorische Vertrag, welcher auf Abschluß eines der Form bedürftigen dinglichen Vertrags gerichtet ist, bedarf grundsätzlich (abgesehen von den Vorschriften der §§ 313, 1017) einer Form nicht. In einem solchen Falle läßt sich der obligatorische Vertrag nicht als bloße Vorverpflichtung zu einem auf dasselbe Schuldverhältniß bezüglichen Hauptvertrage charakterisiren, sondern es liegen zwei völlig selbständige, sachlich verschiedene Verträge vor. Das ist allerdings bestritten. (Wie hier OLG. Kiel in Seuff. Arch. Bd. 58 Nr. 93 S. 177 ff. Vgl. auch RGE. in Seuff. Arch. Bd. 58 Nr. 9 S. 18 ff., wo zwar von einem obligatorischen „Vorvertrag" zu einem dinglichen Vertrage gesprochen, weiterhin aber ausgeführt wird, daß § 873 nur den dinglichen Vertrag selbst treffen will; „soweit man Formvorschriften, um Uebereilungen bei Vertragsschlüssen zu vermeiden und die Sicherheit des Grundeigenthums zu wahren, für nöthig hielt, nämlich in Bezug auf Grundstücksveräußerung und Erbbaurechtsbestellung, ist es durch die §§ 313, 1017 geschehen, und es muß gerade aus diesen ausdrücklichen Bestimmungen gefolgert werden, daß man für andere, weniger wichtige Fälle von obligatorischen, auf Rechte an Grundstücken bezüglichen Verträgen ähnlich strenge Formvorschriften nicht aufstellen wollte. Solche würden dem Verkehr kaum erträgliche Fesseln auferlegt und sich in unerklärlichen Widerspruch mit der vom Gesetze angenommenen, nur wo dringend nöthig durchbrochenen Regel des formfreien Vertragsschlusses gesetzt haben".) Vgl. zu der Frage auch Bem. B, I, 2, e zu § 873 in Bd. III und die dort angeführten Entscheidungen.

9. Ueber die Draufgabe als Zeichen des Vertragsschlusses s. § 336.

10. Ort des Vertragsschlusses ist der Ort, an welchem die Annahme wirksam wird, also die Annahmeerklärung dem Antragenden zugeht.

11. Uebersicht über den Inhalt des 3. Titels. Die §§ 145—150 geben, im Wesentlichen an die bewährten Bestimmungen des alten HGB. sich anschließend, Vorschriften über Antrag und Annahme; § 145 stellt den Grundsatz der Gebundenheit an den Antrag auf; in § 146 wird allgemein bestimmt, wann der Antrag erlischt, in §§ 147, 148 des Näheren, binnen welcher Zeit die Annahme erfolgen muß; die §§ 149, 150 regeln den Fall verspäteter Annahme. § 151 bestimmt über die Möglichkeit des Vertragsschlusses ohne Empfangsbedürftigkeit der Annahmeerklärung. § 152 bestimmt den Zeitpunkt des Vertragsschlusses im Falle gerichtlicher oder notarieller Beurkundung; § 153 den Einfluß des Todes oder der Geschäftsunfähigkeit des Antragenden. Die §§ 154, 155 handeln von der nur theilweisen Einigung der Parteien und vom versteckten Parteidissense. § 156 entscheidet über die Konstruktion der Versteigerung. § 157 endlich weist auf Treu und Glauben mit Rücksicht auf die Verkehrssitte als auf eine allgemeine Norm für die Vertragsauslegung hin.

§ 145.

Wer einem Anderen die Schließung eines Vertrags anträgt, ist an den Antrag gebunden, es sei denn, daß er die Gebundenheit ausgeschlossen hat.

E. I, 80, 81; II, 118; III, 141.

1. § 145 stellt den Grundsatz der Gebundenheit an den Vertragsantrag auf.

Nach der herrschenden Lehre des gemeinen und französischen Rechtes ist der Vertragsantrag widerruflich, solange nicht die Annahme von dem andern Theile wirksam erklärt ist. Nur eine Haftung für culpa in contrahendo konnte gemeinrechtlich in Frage kommen. Der andere Theil, welchem vom Antragenden, dem Offerenten, ein Antrag gemacht wird, heißt in der gemeinrechtlichen Lehre der Oblat; wir nennen ihn Antragsgegner.*) Auch das sächs. GB. kennt eine Gebundenheit nur ausnahmsweise, nämlich dann, wenn der Antragende dem anderen Theile eine bestimmte Frist zur Erklärung über den Vertragsantrag gesetzt hat, bis zum Ablaufe dieser Frist. Gegen die Bindung kann namentlich vorgebracht werden, daß der Antragsempfänger durch sie in die Lage gesetzt wird, eine Aenderung der Umstände, die in der Zeit von der Stellung des Vertragsantrags bis zum Eintreffen der Annahmeerklärung sich vollzieht, zu seinen Gunsten auszunutzen, also in dieser Zeit auf Kosten des Antragenden zu spekuliren. Aber nicht nur kann dieser Gefahr durch Ausschluß der Gebundenheit begegnet werden, sondern die Vorzüge der Gebundenheit sind überhaupt so groß, daß das BGB. mit Recht, dem bisherigen Handelsrechte (HGB. Art. 319) folgend, den gemeinrechtlichen Standpunkt verlassen hat. Die Gebundenheit des Antragenden ist ein Bedürfniß des Verkehrs; denn der Antragsempfänger bedarf eines sicheren Ausgangspunktes für die zu fassende Entschließung; er muß unter Umständen sofort die für den Fall des Zustandekommens des Vertrags erforderlichen Maßnahmen treffen. Die Gebundenheit des Antragenden entspricht auch der vernünftiger Weise anzunehmenden Absicht des Antragenden selbst; wollte der Antragende nicht dem Antragsgegner die zu seiner Erklärung unumgängliche Zeit verstatten, so wäre sein Antrag schon bei seiner Stellung zwecklos. Hierüber eingehend M. I, 165 ff., wo auch treffend darauf hingewiesen wird, daß mit einer bloßen Schadensersatzpflicht des Widerrufenden dem Verkehre nicht gedient ist, da der Verkehr eine glatte und rasche Abwickelung der Geschäfte fordert, während die Verweisung auf Schadensersatz erfahrungsgemäß zu Prozessen heikler Art führt und auf den Verkehr lähmend wirkt.

Im Handelsverkehre bestand die Gebundenheit schon bisher auf Grund des Art. 319 HGB.: sie ist hier unentbehrlich; die besondere Bestimmung des HGB. ist jetzt dadurch überflüssig geworden, daß das allgemeine bürgerliche Recht den handelsrechtlichen Satz recipirt hat. — Grundsätzlich für die Gebundenheit auch PLR. Thl. I Tit. 5 §§ 90 ff.; österr. GB. § 862; Schweizer Obl.R. Art. 3 ff.

2. Die Gebundenheit setzt eine bestimmte Beschaffenheit des Antrags in verschiedener Beziehung voraus.

Der Antrag muß vor allem, um rechtsverbindliche Kraft zu haben, so beschaffen sein, daß mit der Annahme der Vertrag unmittelbar zu Stande kommt. Dazu gehört, daß er in bindender Absicht gestellt ist. Diese Absicht ist, sofern sich nicht aus der Fassung selbst das Gegentheil ergiebt, dann zu vermuthen, wenn das weitere Erforderniß zutrifft, daß der Antrag seinem Inhalte nach so bestimmt ist, daß er sofort annahmefähig ist, also durch ein einfaches Ja des Antragsgegners oder durch dessen einfache Wahl zwischen verschiedenen ihm angetragenen Möglichkeiten die Willenseinigung herbeigeführt werden kann. Mangels dieses Erfordernisses stellen z. B. Zeitungsinserate wie: „N. N. hat mehrere alte Bilder zu verkaufen"; oder: „Ottostraße 50 ist ein Zimmer billig zu vermiethen" u. s. w. noch keinen Antrag dar, sondern lediglich eine Aufforderung, einen Antrag zu machen. Eine bloße Anfrage ist kein Antrag. Auch in der bloßen Zusendung von Preislisten liegt kein genügender Vertragsantrag. Vgl. auch RGE. Bd. 48 S. 175 ff. über den Vertragsschluß über ein zugesandtes Lotterieloos. Es geht aber doch zu weit, wenn Planck fordert, daß der Antrag alle für den

*) Es ist bisher nicht gelungen, den sprachlichen Unsinn „Oblat" durch ein völlig deckendes deutsches Wort zu verdrängen. „Antragsempfänger" trifft die Sache deßhalb nicht immer, weil sich damit die Vorstellung verbindet, daß der Antrag bereits zugegangen sei, während es sich darum handelt, einen Ausdruck zu finden, durch welchen auch derjenige getroffen wird, dem der Antrag erst zugehen soll. Unzutreffend ist es darum auch, wenn Crome (System Bd. 1 S. 396) Oblat und Acceptant synonym gebraucht. Planck sagt einfach: „Der andere Theil"; das ist aber doch gar zu farblos. Gareis: „Der Antragsadressat".

Vertrag wesentlichen Punkte enthalte. Mit Recht wendet Staub (Komm. z. HGB., 6. u. 7. Aufl., Exkurs zu § 361 Anm. 7) dagegen ein, wenn Jemand beim Hotelwirth ein Zimmer mit einem Bett bestelle, ohne vom Preis etwas zu erwähnen, so sei die Offerte gleichwohl geeignet, angenommen zu werden, da der fehlende Preis durch die Preise, die der Wirth in anderen Fällen verlangt, ergänzt wird. Es muß also genügen, wenn der Antrag in Verbindung mit den sonstigen Umständen (wozu auch Vorverhandlungen, namentlich eine vorausgegangene Korrespondenz, gehören können), genügend deutlich und bestimmt ist.

Möglich ist, daß nach der Verkehrsübung der Antragende die Vervollständigung des Vertragsinhaltes dem Antragsgegner überläßt; das Gesetz selbst setzt die Annahmefähigkeit solcher Anträge voraus, indem es z. B. bei Arbeitsverträgen Vorschriften über die Höhe der Vergütung giebt, wenn diese nicht bestimmt ist; so in den §§ 612, 632. (Vgl. R. Leonhard, Allg. Theil S. 287.)

Ueber das Erforderniß der Bestimmtheit des Vertragsinhalts s. auch ROHG. Bd. 6 S. 241; Bd. 13 S. 1.

3. Grundsätzlich gehört zu einem wirksamen Antrag auch die Bestimmtheit der Person des Antragsgegners.

Dieser Grundsatz scheint zunächst den Schluß zu rechtfertigen, daß die Offerte an das Publikum*) in Wahrheit nicht Vertragsantrag sei, sondern nur eine Aufforderung, Vertragsanträge zu machen. Aber so einfach liegt die Sache nicht. Der Satz, daß sog. Offerten an das Publikum unverbindlich seien, bedarf vielmehr erheblicher Einschränkungen. Offerten an das Publikum sind Anerbieten an Personen, welche nicht nur subjektiv, sondern auch objektiv unbestimmt sind bis zur Annahme; sie gehen an jeden, der annehmen will. Mit der Annahme wird aus der persona incerta eine persona certa. Das fertige Rechtsgeschäft kommt also stets mit einer persona certa zustande. (Sohm, Zeitschr. f. Handelsrecht Bd. 17 S. 62.) Wenn nun Anträge in personam incertam mit dem Willen abgegeben werden, daß mit der Annahme durch einen Beliebigen, der in der bezeichneten Art abschließen will, der Vertrag geschlossen sein soll, hat die Rechtsordnung keinen Grund, die Verbindlichkeit solcher Anträge nicht anzuerkennen. Schon im gemeinen Rechte erblickte eine Theorie (welcher allerdings eine andere, die sog. Pollicitationstheorie gegenüberstand, die jetzt im BGB. zum Siege gelangt ist) in der Auslobung ein gültiges Vertragsanerbieten in personam incertam; man konnte sich dabei auf die Analogie des römischen iactus missilium berufen. Manche, wie z. B. Regelsberger (Pand. S. 548) und Biermann a. a. O. erklärten auch für andere Fälle die Antragstellung an eine dem Antragenden unbekannte und sogar zur Zeit individuell noch nicht feststehende Person für möglich, ein Standpunkt, dem auch die neuere Praxis zuneigte. So hat das Reichsgericht (Bd. 11 S. 249) die Verbürgung für einen künftigen, noch unbestimmten Gläubiger für wirksam erklärt. Das BGB. nöthigt uns nicht, diese freiere, im Verkehrsinteresse nothwendige Auffassung wieder aufzugeben. Die M. I, 167 sagen, zugleich vorsichtig und prophetisch: offen bleibe die Behandlung der Angebote an eine sog. persona incerta; die Jurisprudenz werde auch ohne besondere Anleitung die richtige Entscheidung im einzelnen Falle treffen.

Die Entscheidung wird in allen den Fällen für die bindende Kraft des Antrags zu treffen sein, in welchen die Umstände, insbesondere die Verkehrsanschauung, zur Annahme der Bindungsabsicht nöthigen und der Antrag inhaltlich die erforderliche Bestimmtheit hat. Das gilt namentlich von öffentlich aufgestellten Automaten; in der Aufstellung liegt ein Realangebot zum Abschlusse von Käufen; eventuell auch zum Abschlusse von anderen Verträgen, so z. B. bei der Aufstellung des Fahrkarten- oder Perronkarten-Automaten, worin ein Antrag zum Abschlusse eines Vertrags auf Beförderung oder Zulassung zum Perron liegt. In der Aufstellung einer Sammelbüchse in einem öffentlichen Lokale, in einer Kirche u. s. w. liegt der Antrag, eine Schenkung zu machen; ebenso aber auch in dem Zeitungsinserat eines Nothleidenden, der um eine Unterstützung bittet (so mit Recht Biermann a. a. O., da es eine ganz unnatürliche Konstruktion wäre, zu verlangen, daß der Hilfesuchende das Geschenk erst noch acceptiren muß). Ebenso liegt die Sache bei der Aufstellung von Körben mit Brot oder bei der Auflegung von Zeitungen in einem Café; ein bindendes Angebot liegt häufig auch in der Aufforderung zum Abschlusse gewisser Werkverträge, so in der öffentlichen Aufforderung zum Theaterbesuche, Konzertbesuche u. s. w., zur Benutzung von Transportanstalten. In allen diesen Fällen ist aber darauf zu achten, daß auch die Anträge in incertam personam nach den Grundsätzen von Treu und Glauben auszulegen sind, und nach der Verkehrsanschauung häufig gewisse Klauseln zu subintelligiren sind, welche den Antragenden vor unmöglichen oder

*) Biermann in Iherings Jahrb. Bd. 32 S. 292 ff.; Auwers, Der Rechtsschutz der automatischen Wage (1891); Neumond im Archiv f. d. civilist. Praxis Bd. 89 S. 166 ff.

unbilligen Anforderungen bewahren und dem Maße seiner Bindung eine gewisse Grenze setzen. Wer z. B. einen Automaten oder einen Korb mit Brot aufstellt, will einen Antrag nur machen, soweit der Vorrat reicht und nur für den Fall, daß der Automat functionirt, wer zum Theaterbesuch einlädt, thut dies nur nach Maßgabe der verfügbaren Plätze, wer zum Abschlusse von Transportverträgen auffordert, bindet sich nur, soweit die im regelmäßigen Betriebe eingestellten Wagen zum Transport ausreichen u. s. w. (Endemann Bd. 1 § 69 Bem. 20 will die Automatenaufstellung überhaupt nicht als vertragsmäßige consensuale Bindung ansehen.) Kein bindender Antrag an das Publikum, sondern erst eine Aufforderung, solche Anträge zu machen, liegt dann vor, wenn es sich um Geschäfte handelt, bei denen die Persönlichkeit des einen Kontrahenten in ihrer Individualität für den andern Kontrahenten in Betracht kommt; das gilt namentlich für den Abschluß von Dienstverträgen, auch wenn der Vertragsinhalt in dem Anerbieten noch so genau bezeichnet ist.

Die gemeinrechtliche Streitfrage nach der Konstruktion der Versteigerung ist jetzt entschieden durch § 156; s. Bem. hiezu. — Ueber die mögliche Unbestimmtheit des Versicherten bei der Seeversicherung s. HGB. §§ 781 ff.

Das alte HGB. hatte in Art. 337 die spezielle Bestimmung: „Das Anerbieten zum Verkauf, welches erkennbar für mehrere Personen, insbesondere durch Mittheilung von Preislisten, Lagerverzeichnissen, Proben oder Mustern geschieht, oder bei welchem die Waare, der Preis oder die Menge nicht bestimmt bezeichnet ist, ist kein verbindlicher Antrag zum Kauf.“ Dieser Satz ist weder ins neue HGB. noch ins BGB. aufgenommen. Der darin zum Ausdruck kommende Gedanke, daß bei einer solchen Vielheit von Adressaten nicht nothwendig auf die Bindungsabsicht des Absenders geschlossen werden müsse, ist nicht unter allen Umständen richtig. Schon jener Art. 337 HGB. war nicht zwingend, sondern hatte höchstens die Bedeutung einer Vermuthung; um so mehr ist jetzt, beim Mangel einer besonderen Vorschrift, anzuerkennen, daß an mehrere Personen zugleich ein gleichlautender Antrag mit verbindlicher Kraft gerichtet wird, wenn aus dem Anerbieten die Bindungsabsicht hervorgeht; die bloße Zusendung des Katalogs rechtfertigt diese Annahme allerdings regelmäßig noch nicht. Die Entscheidung hierüber im Einzelfall ist Sache der Willensauslegung. Vgl. auch Denkschr. z. HGB. S. 246. —

Auch wenn der Antrag an eine einzelne Person geht, ist zu seiner Wirksamkeit nicht gerade erforderlich, daß deren Name, Stand u. s. w. dem Antragenden bekannt sei; die Vorstellung der Individualität des Antragsgegners kann beim Antragenden auch ohne jede Kenntniß der persönlichen Verhältnisse genügend vorhanden sein. Namentlich bei den Baargeschäften des täglichen Lebens fehlt eine nähere Kenntniß sehr häufig; der Antragende will z. B. verkaufen an eben den, der jetzt vor ihm steht, gleichgültig, wer es sei.

4. Der Antrag ist, wenn er auch nicht als ein eigenes Rechtsgeschäft von selbständiger Bedeutung anzusehen ist (vgl. Endemann Bd. 1 § 69 Anm. 6), eine empfangsbedürftige Willenserklärung. Da er Willenserklärung ist, setzt er Geschäftsfähigkeit (§§ 104 ff.) voraus und gelten für ihn bezüglich der Willensmängel die Vorschriften der §§ 116—124, bezüglich der Form die Vorschriften der §§ 125 ff. Der Antrag bedarf also, um wirksam zu sein, der vorgeschriebenen Form, nicht nur da, wo für den Vertrag die Formalisirung der beiderseitigen Willenserklärungen vorgeschrieben ist, sondern auch da, wo sie nur für eine der erforderlichen Willenserklärungen vorgeschrieben ist (z. B. in § 518) und diese eine Willenserklärung sich als Antrag darstellt, weil vom Urheber dieser Erklärung die Initiative ausgeht. Ueber die Formerfordernisse im Einzelnen s. §§ 126—129. Vgl. auch § 152. Aus § 128 ergiebt sich, daß Antrag und Annahme selbständiger Beurkundung fähig sind. Bezüglich dinglicher Rechtsänderungen an Immobilien s. auch § 873 Abs. 2; angesichts dieser Spezialbestimmung ist es übrigens nicht recht verständlich, wenn Hoelder (Komm. Bem. 1 zu § 145) allgemein sagt: „Bedarf die Willenseinigung als solche einer bestimmten Form, so existirt vor ihrer vollendeten Beobachtung nicht nur kein Vertrag, sondern auch kein Antrag.“ (Gegen Hoelder auch Staub im Exkurs zu HGB. § 361 Anm. 10.)

Als empfangsbedürftig ist der Antrag erst in dem Zeitpunkte wirksam, in welchem er dem Antragsgegner zugeht und wird überhaupt nicht wirksam, wenn diesem gleichzeitig oder vorher ein Widerruf des Antrags zugeht. Ueber das Erforderniß des Zugehens s. die Bem. zu den §§ 130—132. Der Widerruf ist wie der Antrag selbst empfangsbedürftig. (Ueber den Widerruf vgl. auch den durch § 130 BGB. jetzt überflüssig gewordenen Art. 320 des alten HGB.)

5. Die Bedeutung der Gebundenheit an den einmal wirksam gewordenen und daher annahmefähigen Antrag ist die, daß der Antragende seinen Antrag nicht mehr widerrufen kann. Während der Gebundenheit hat daher der Antragende keinen Einfluß mehr darauf, ob der Vertrag perfekt werden soll oder nicht, sondern die Entscheidung

liegt nun allein beim Annahmeberechtigten. Wie lange dieser Zustand der Gebundenheit dauert, ergiebt sich aus den §§ 146 ff.

Hat sich der Antragende den Widerruf vorbehalten, so dauert seine Gebundenheit, sofern der Antrag nicht aus anderen Gründen (s. § 146) früher erlischt, solange, bis der Widerruf thatsächlich rechtswirksam erfolgt d. h. dem Antragsgegner zugeht. Der Antragende kann aber nach der ausdrücklichen Vorschrift des § 145 auch die Gebundenheit überhaupt ausschließen. Thut er dies (üblicher Weise durch die Klauseln: „ohne Verbindlichkeit“, „ohne Obligo“, „freibleibend“, „Zwischenkäufe vorbehalten“), so sollte man von Widerruflichkeit überhaupt nicht reden; denn ein wirksamer d. h. annahmefähiger Antrag, der widerrufen werden müßte, um unwirksam zu sein, liegt dann gar nicht vor, sondern lediglich die Einladung, einen Antrag zu machen. Das ist freilich sehr bestritten. Planck, Bem. 3 zu § 145 und Fischer-Henle, Bem. 5 zu § 145, behaupten, der Ausschluß der Gebundenheit schließe nicht die Annahmefähigkeit des Antrags aus. Die hier vertretene Auffassung haben Rehbein (Komm. Bd. 1 S. 230), Gareis (Komm. Bem. 4 zu § 145) und Staub (Komm. z. HGB. im Exkurs zu § 361 Anm. 12); sie dürfte auch den Ansichten der II. Komm. (s. P. I, 76 ff.) entsprechen. Vgl. auch Entsch. d. ROHG. Bd. 14 S. 81. Der Ausschluß der Gebundenheit kann nicht nur in der Antragserklärung selbst, sondern auch in einer von dieser gesonderten Erklärung, selbst noch nachträglich, erklärt werden, sofern nur diese Ausschlußerklärung vor oder gleichzeitig mit der Antragserklärung dem andern Theile zugeht.

Den Antragenden trifft zweifellos die Beweislast für den Vorbehalt des Widerrufs. Trifft ihn aber auch die Beweislast dafür, daß die Gebundenheit ausgeschlossen sei? Planck a. a. O. bejaht die Frage schlechthin und die Fassung des § 145: „es sei denn, ...“ scheint für ihn zu sprechen. Aber man erwäge: Wenn unsere oben dargelegte Auffassung richtig ist, daß beim Ausschlusse der Gebundenheit (als etwas vom Vorbehalte des Widerrufs Verschiedenem) ein wirksamer Antrag überhaupt nicht vorliegt, so ist die Behauptung dieses Ausschlusses materiell nichts anderes als die Verneinung der Existenz eines annahmefähigen Antrags. Der Nachweis dieser Existenz obliegt aber demjenigen, der aus dem Antrag als einer bindenden Erklärung Rechte herleitet. Gegenüber diesem Nachweise hat nun allerdings der Antragende die Beweislast, wenn er geltend macht, daß durch einen besonderen Zusatz (z. B. „freibleibend“) die Gebundenheit ausgeschlossen sei. Geschieht aber der Ausschluß der Gebundenheit, was Planck für möglich hält, stillschweigend, ergiebt also die Auslegung der Erklärung selbst den Umständen nach, daß die Bindungsabsicht fehlt, so muß nicht der Antragende beweisen, daß kein bindender Antrag vorliege, in diesem Falle ist vielmehr die Frage nach dem Ausschluß der Gebundenheit schon inbegriffen in der zur Beweislast des anderen Theiles fallenden Frage nach der Existenz eines wirksamen Antrags überhaupt. (Zustimmend Rosenberg im Archiv f. d. civilist. Praxis Bd. 94 S. 27 Anm. 30.)

6. Darüber, ob beim Tode des Antragenden die Gebundenheit auf seine Erben übergeht, s. § 153.

7. Bezügl. der rechtlichen Behandlung unbestellter Waaren s. Bem. 4 zu § 146.

§ 146.

Der Antrag erlischt, wenn er dem Antragenden gegenüber abgelehnt oder wenn er nicht diesem gegenüber nach den §§ 147 bis 149 rechtzeitig angenommen wird.

E. I, 82—85, 88 Abs. 2; II, 119; III, 142.

1. Da Vertragsanträge mit Rücksicht auf die jeweilige Lage der dem Wechsel unterworfenen Verhältnisse, nicht für immer, gemacht werden, ist es nur zweckentsprechend, daß die Gebundenheit des Antragenden an den Vertragsantrag eine zeitlich begrenzte ist. Es entspricht dem Verkehrsinteresse und dem vermutlichen Willen des Antragenden, daß dieser nicht länger gebunden ist als für die zur Erklärung der Annahme verstattete Zeit. M. I, 168. Der Antrag erlischt daher nicht nur durch Ablehnung, sondern auch durch nicht rechtzeitige Annahme. Das Erlöschen hat die Bedeutung, daß der Antrag seine Annahmefähigkeit verliert. Ist der Antrag erloschen, so braucht der Antragende, um frei zu sein, nicht zu widerrufen bezw. nicht erst seinen Rücktritt zu erklären. Eine nachträglich noch erklärte Annahme hat, da der Antragende nicht mehr gebunden ist, nicht die Wirkung einer solchen, sondern gilt als neuer Antrag (§ 150); eine Modifikation giebt § 149. Dieser neue Antrag bedarf dann, genau genommen, um zur Vertragsperfektion zu führen, erst der Annahme des bisherigen, durch die Verspätung der Antwort frei gewordenen Offerenten. Aber mit Recht macht Staub (Komm. z. HGB. im Exkurs zu § 361 Anm. 17) darauf aufmerksam, daß es sehr häufig der Ver-

kehrsübung entspricht, wenn das bloße Schweigen auf die verspätete Annahmeerklärung als Annahme der neuen Offerte aufgefaßt wird. Wollte man in allen Fällen des Schweigens die Vertragsperfektion leugnen, so käme man zu Konsequenzen, welche dem muthmaßlichen Willen der Parteien, die es mit der rechtzeitigen Annahmeerklärung häufig nicht genau nehmen, offenbar widersprechen würden und im Verkehrsinteresse höchst bedauerlich wären. Ob im einzelnen Falle der Schluß: qui tacet consentire videtur, gerechtfertigt ist, kann nur in Würdigung der konkreten Umstände entschieden werden. Vgl. auch § 151; ferner M. I, 171 ff.

Selbstverständlich hört der Antrag auch durch rechtzeitige Annahme auf, Antrag zu sein; sein Inhalt ist nun Vertragselement.

2. Die Annahme ist ebenso wie der Antrag eine empfangsbedürftige Willenserklärung, die als solche im Augenblicke des Zugehens an den Adressaten wirksam wird (s. §§ 130—132) und bis dahin oder gleichzeitig mit dem Zugehen durch Erklärung des Widerrufs aufgehoben wird. Mit dem Zugehen der Annahmeerklärung kommt der Vertrag zu Stande. — Das ist wenigstens die Regel. Ausnahmsweise braucht der Annahmewille, der zur Vertragsperfektion immer vorhanden sein muß, dem Antragenden nicht durch empfangsbedürftige Willenserklärung kundgethan werden; hierüber s. §§ 151, 152. Aber auch wo die Annahme empfangsbedürftig ist, braucht sie nicht ausdrücklich (im Sinne von „wörtlich") zu geschehen, sondern kann auch aus konkludentem Verhalten zu folgern sein, da unter Umständen auch mittelbare Willenserklärungen adressirungsfähig sein können. Vgl. oben Einleitung vor § 116 unter III. Auch Endemann Bd. 1 § 69 Anm. 3 läßt die Bethätigung des Annahmewillens durch schlüssige Handlungen dem Gegner gegenüber genügen. Abweichend Hellmann, Vorträge S. 85.

Art. 321 des alten HGB. hatte bestimmt: „Ist ein unter Abwesenden verhandelter Vertrag zu Stande gekommen, so gilt der Zeitpunkt, in welchem die Erklärung der Annahme behufs der Absendung abgegeben ist, als der Zeitpunkt des Abschlusses des Vertrages." Weder das neue HGB. noch das BGB. hat diese Vorschrift aufgenommen. Der Vertrag kommt daher jetzt auch im Handelsverkehre mit dem Zugehen der Annahmeerklärung zu Stande (BGB. § 130), nicht schon mit der Absendung. Vgl. M. I, 174.

Ihrem Inhalte nach muß die Annahme eine vorbehaltlose Zustimmung zum Vertragsantrag enthalten. S. § 150 Abs. 2. Ueber die Form der Annahmeerklärung gilt analog dasselbe, was für die Form der Antragserklärung gilt; s. Bem. 4 zu § 145.

Wann die Annahme rechtzeitig erfolgt ist, ist für die Annahme als eine empfangsbedürftige Willenserklärung bestimmt in den §§ 147—149, für die anderen Fälle der Annahme ergiebt es sich aus den §§ 151, 152.

3. Die Ablehnung des Antrags ist wie dieser selbst eine empfangsbedürftige Willenserklärung, welche im Momente des Zugehens an den Antragenden wirksam wird (§ 130), falls sie nicht durch einen vorher oder gleichzeitig zugehenden Widerruf in ihrer Wirkung aufgehoben wird. Durch die Aufhebung erlischt der Antrag auch dann, wenn die etwa gesetzte Annahmefrist (§ 148) noch nicht abgelaufen ist. Eine nachträgliche Annahme ist nach der Ablehnung selbst innerhalb der Frist nicht rechtswirksam, sondern kann nur die Bedeutung eines neuen Antrags haben.

4. Der Antragende hat nicht das Recht, dem Antragsgegner die Ablehnung unter dem Präjudize der Annahme zur Pflicht zu machen (gesetzliche Ausnahmen: BGB. § 516 Abs. 2; vgl. auch § 663; HGB. §§ 85, 362); immerhin kann Schweigen, wie schon in Bem. 1 erwähnt, den Umständen nach als Annahme zu deuten sein, namentlich dann, wenn das Schweigen sich mit konkludentem Handeln verbindet, z. B. Verbrauch der offerirten und zugesandten Waare, Aufschneiden des zugesandten Buches u. s. w. Beim Empfänger herrscht oft Unklarheit über seine Rechte und Pflichten gegenüber solchen Waaren. Die Zusendung unbestellter Waaren*) enthält den Antrag zum Abschluß eines Kaufvertrags. Dadurch allein wird der Empfänger der Waaren, solange ein Vertrag nicht zu Stande gekommen ist, zu gar nichts verpflichtet. Es geht wohl zu weit, wenn behauptet wird (von Beer in der D. Jur.Z. 1901 S. 431), in der bloßen Nichtverweigerung der Annahme der Waaren gegenüber der Post liege die Annahme eines Verwahrungsvertrags gegenüber dem Absender, da anderenfalls Treu und Glauben die Annahmeverweigerung erfordern würden. Denn wenn man sich auch über das eine Bedenken hinwegsetzen mag, daß die Berücksichtigung von Treu und Glauben nach dem Wortlaute des Gesetzes nur für bestehende Vertragsverhältnisse vorgeschrieben wird (§§ 157, 242), so doch nicht leicht über das andere, daß der im Vertragsantrage zum Ausdruck kommende Wille des Absenders eben regelmäßig nicht als ein auf Verwahrung, sondern nur als ein auf

*) Literatur: Aßmann, Die unbestellten Zusendungen, Berlin 1901; Joseph in D. Jur.Z. 1901 S. 383; Beer ebenda S. 431; Mantey im Recht 1901 S. 513; Dernburg, Bürg. R. Bd. 1 § 133 unter II.

Verkauf gerichteter sich darstellt; darüber wird auch die Auslegung nicht hinweghelfen, welche es nicht mit der Ermittelung der geheimen Wünsche einer Partei zu thun hat (s. Bem. 5 zu § 133). Unter Kaufleuten freilich kann man zu einem andern Ergebnisse gelangen auf Grund des § 346 HGB. und der Handelsgebräuche; insbesondere gilt, wenn ein Kaufmann zusammen mit bestellten Waaren unbestellte zugeschickt erhält, sein Stillschweigen als Genehmigung des Kaufes auch hinsichtlich der unbestellten Waaren; vgl. Seuff. Arch. Bd. 56 S. 170. (Ueber die handelsrechtliche Beurtheilung der Frage überhaupt s. Staub, Komm. z. HGB. 6. u. 7. Aufl. Anm. 158 zu § 377.) Andrerseits geht aber auch die Ansicht von Joseph (in der D. Jur.Z. 1901 S. 383) zu weit, daß der Empfänger grundsätzlich berechtigt sei, die ihm unbestellt zugegangene Sache auf die Straße zu werfen. Denn damit würde er eine Verfügung über eine fremde Sache vornehmen, zu welcher er nicht berechtigt ist; selbst wenn darin eine Verletzung des Eigenthums (§ 823) in concreto nicht liegt (was Thatfrage ist), so doch eine Schädigung in einer gegen die guten Sitten verstoßenden Weise (§ 826). Der Empfänger kann die Sache dem Absender auf dessen Kosten zurücksenden, ist aber nicht dazu verpflichtet, auch wenn sich der Absender zur Kostenübernahme erbietet. Das Resultat ist also: Der Empfänger hat gegenüber der Sache keinerlei Verpflichtung positiven Inhalts, muß sich aber jeder Verfügungshandlung ohne Willen des Absenders enthalten. Ist er Besitzer der Sache geworden (was nach den allgemeinen Grundsätzen über Besitzerwerb zu entscheiden ist), so ist er gegenüber der Klage des Eigenthümers auf Herausgabe der Sache passiv legitimirt, hat aber die Verwendungsansprüche nach Maßgabe der §§ 994 ff. und das Herausgabeverweigerungsrecht nach § 1000. Seiner Herausgabepflicht genügt er durch Geschehenlassen der Wegnahme. Bezüglich der Prozeßkosten ist hier namentlich CPO. § 93 zu beachten. Will sich der Empfänger der Sache des ihm lästigen Besitzes entledigen, so kann er, wenn er den seinen Herausgabeanspruch nicht verfolgenden Eigenthümer in Annahmeverzug gesetzt hat, die Sache nach Maßgabe der §§ 372 ff. hinterlegen, eventuell, wenn sie sich zur Hinterlegung nicht eignet, nach §§ 383 ff. versteigern lassen.

5. Ueber den Einfluß von Tod und Geschäftsunfähigkeit des Antragenden oder des anderen Theiles auf das Schicksal des Antrags s. Bem. zu § 153; ebenda über andere Erlöschungsgründe.

§ 147.

Der einem Anwesenden gemachte Antrag kann nur sofort angenommen werden. Dies gilt auch von einem mittelst Fernsprechers von Person zu Person gemachten Antrage.

Der einem Abwesenden gemachte Antrag kann nur bis zu dem Zeitpunkt angenommen werden, in welchem der Antragende den Eingang der Antwort unter regelmäßigen Umständen erwarten darf.

E. I. 83, 84; II, 120; III, 143.

1. § 147 bestimmt den Zeitpunkt, bis zu welchem beim Mangel einer Fristsetzung (§ 148) der Antrag annahmefähig bleibt, also den Antragenden bindet (§ 146). Die Bestimmung geschieht in verschiedener Weise, je nachdem es sich um den einem Anwesenden oder einem Abwesenden gemachten Antrag handelt.

2. Der einem Anwesenden gemachte Antrag verliert seine Annahmefähigkeit, wenn er nicht sofort angenommen wird. Will der Antragende trotzdem bei seinem Antrage stehen bleiben, so muß er ihn erneuern. Die Ertheilung sofortiger Antwort entspricht unter Anwesenden der Parteiabsicht und der Verkehrsauffassung. Die Fristbewilligung kann auch darin liegen, daß der Antragende dem auf seinen Antrag sofort gestellten Ersuchen, für die Antwort eine Frist zu bewilligen, nicht widerspricht.

3. Unter Anwesenden wird dann gehandelt, wenn die Möglichkeit besteht, daß die Abgabe der Willenserklärung mit ihrer Kenntnißnahme unmittelbar zusammenfällt. Das ist stets dann der Fall, wenn bei körperlicher Anwesenheit die Mittheilung durch Auge oder Ohr sofort aufgenommen werden kann, aber auch dann, wenn trotz räumlicher Trennung der Verhandelnden eine unmittelbare sinnliche Wahrnehmung stattfindet, wenn also die Mittheilung durch den Fernsprecher*) ohne Dazwischentreten einer Mittelsperson in Rede und Gegenrede von Person zu Person erfolgen kann. Die II. Komm. wollte vorsichtiger Weise die Frage, ob der Fernsprechverkehr überhaupt Verkehr unter

---

*) Literatur: Francke, Zum Vertragsabschluß durch Fernsprecher, im Recht 1901 S. 201; Koppers, Willenserklärungen mittels Fernsprechers? in D. Jur.Z. 1901 S. 112 ff.

Anwesenden oder unter Abwesenden sei, nicht allgemein entscheiden, sondern eben nur für den hier gegebenen Fall des Vertragsantrags. Hier wurde es für nothwendig befunden, die Gleichstellung des Fernsprechverkehrs mit dem Verkehr unter Anwesenden ausdrücklich auszusprechen, da immerhin erst eine Vermittelung der Laute durch den Mechanismus stattfinde (P. I, 78 f.). Näheres über die Frage in Bem. 4 zu § 130. Wird die telephonische Mittheilung vom Telephon weg erst durch einen Boten überbracht, so ist nicht unter Anwesenden verhandelt.

Unter Anwesenden wird auch dann verhandelt, wenn mit einem Vertreter im Willen des einen Kontrahenten verhandelt wird, nicht aber, wenn mit seinem Vertreter in der Erklärung verhandelt wird. Die Gleichstellung des Willensvertreters mit dem Betheiligten selbst rechtfertigt sich daraus, daß letzterer den Willensentschluß des Stellvertreters prinzipiell als den seinigen anerkennen muß. Ob auch dann unter Anwesenden verhandelt ist, wenn einem Stellvertreter oder von einem solchen durch den Fernsprecher ein Antrag gemacht wird, ist fraglich. Für die Verneinung scheint der Wortlaut des § 147 zu sprechen („von Person zu Person"). Aber zwingend ist dieser Wortlaut, nachdem einmal der Grundsatz der direkten Stellvertretung angenommen ist, doch nicht; erwägt man ferner, daß der Fernsprechverkehr auch ohne Satz 2 des § 147 wohl als Verkehr unter Anwesenden aufgefaßt werden müßte, so wird man entschieden zur Bejahung der erhobenen Frage kommen.

4. Das Erforderniß sofortiger Annahme schließt jedes Zögern aus, nicht nur das schuldhafte. „Sofort" ist also nicht gleichbedeutend mit „unverzüglich" (§ 121). M. I, 169 sagen: ob die Annahmeerklärung als eine sofortige zu betrachten sei, ist nach Lage des Falles zu entscheiden. Eine Einengung des richterlichen Ermessens in dieser Hinsicht könnte nur nachtheilig wirken.

Durch § 147 Abs. 1 ist die dem Sinne nach gleiche Bestimmung des Art. 318 HGB. a. F. überflüssig geworden.

5. Der einem Abwesenden gemachte Antrag (ohne Bestimmung einer Annahmefrist, § 148) erfordert seinem Zwecke nach, daß dem Antragsgegner diejenige Zeit zur Annahme verstattet werde, deren er zur Bewirkung der Annahme bedarf. Das BGB. bemißt die gesetzliche Annahmefrist in sachlicher Uebereinstimmung mit dem nun entbehrlich gewordenen Art. 319 HGB. a. F. (grundsätzlich ebenso PLR. Thl. I Tit. 5 §§ 90 ff.; anders österr. GB. § 862) in der Weise, daß der Antrag nur bis zu dem Zeitpunkt angenommen werden kann, in welchem der Antragende den Eingang der Antwort unter regelmäßigen Umständen erwarten darf; (eingehende Begründung dieses Standpunktes P. I, 80). Bis zu diesem Zeitpunkte muß die Annahmeerklärung dem Antragenden zugegangen sein (§ 130), widrigenfalls der Antrag seine Annahmefähigkeit verliert und die Gebundenheit des Antragenden aufhört. S. Bem. zu § 146. Durch das Zugehen der Annahmeerklärung innerhalb der gesetzlichen Frist wird der Antrag perfekt, aber ohne daß eine Rückziehung stattfindet.

Die gesetzliche Annahmefrist setzt sich nach M. I, 170 zusammen aus der Beförderungszeit des Antrags, dem tempus modicum für die Erklärung der Annahme und der Beförderungszeit der Annahme. Doch handelt es sich nicht etwa um drei Fristen, sondern um eine einheitliche Gesammtfrist, so daß, wie Crome (System Bd. 1 S. 399) richtig bemerkt, Verzögerungen bei dem einen Theile durch größere Beschleunigung bei den anderen Theilen wieder ausgeglichen werden können. Die Wahl des Korrespondenzmittels steht, sofern es ein im Verkehr übliches und nicht durch den Antragenden besonders vorgeschrieben ist, dem Annehmenden frei. Daß auf einen telegraphischen Antrag, auch wenn er Drahtantwort nicht vorschreibt, immer telegraphische Annahme erforderlich sei, läßt sich wohl nicht behaupten; nur dann trifft es zu, wenn wegen der Besonderheit der Verhältnisse die Dringlichkeit offensichtlich ist, wie z. B. im Börsenverkehr: (etwas weitgehend Rehbein, Komm. Bd. 1 S. 212; Entsch. d. ROHG. Bd. 10 S. 378). Der Antragende darf annehmen, daß sein Antrag dem Antragsgegner ohne Verzögerung zugeht und daß der Antragsgegner anwesend ist bezw. für seine Vertretung gesorgt hat; (vgl. Entsch. d. ROHG. Bd. 8 S. 80). Dafür, daß die zur Post gegebene Annahmeerklärung rechtzeitig ankommt, besteht keine Vermuthung. Mit dem innerhalb der üblichen Geschäftszeit geschehenen Einwurfe des Annahmebriefs in den Privatbriefkasten des Antragenden ist die Annahmeerklärung diesem zugegangen.

Die in § 147 Abs. 2 bestimmte Frist gilt auch für die Annahme eines während eines Prozesses brieflich gemachten Vergleichsvorschlags: s. D. Jur. Z. 1902 S. 288.

Im Streitfalle wird das richterliche Ermessen darüber zu entscheiden haben, ob unter Berücksichtigung der Umstände die Antwort rechtzeitig eingegangen ist. Ermessensfrage ist insbesondere, ob dem Antragsgegner nach Lage des Falles ein gewisses spatium deliberandi zuzugestehen ist und ob eine etwa in der Person des Antragsgegners begründete besondere Umständlichkeit in der Entschließung (Beispiele: eine Gemeinde muß erst Beschluß fassen, ein Vormund muß sich erst mit dem Richter besprechen) eine längere Zögerung rechtfertigt.

6. Beide Absätze des § 147 haben insoferne nur subsidiäre Bedeutung, als sie nur zutreffen, wenn nicht der Antragende eine Annahmefrist bestimmt hat (§ 148).

§ 148.

Hat der Antragende für die Annahme des Antrags eine Frist bestimmt, so kann die Annahme nur innerhalb der Frist erfolgen.

E. I, 82; II, 121; III, 144.

1. Sowohl unter Anwesenden als auch unter Abwesenden kommen die gesetzlichen Bestimmungen über Annahmefrist (§ 147) nur dann zur Anwendung, wenn nicht der Antragende selbst eine besondere Frist zur Annahme des Vertragsantrages gesetzt hat. Hat er dies gethan, so verliert der Antrag seine Annahmefähigkeit und endigt die Gebundenheit des Antragenden mit dem Ablaufe der gewillkürten Frist. Dieser selbstverständliche Rechtssatz wird durch § 148 überflüssiger Weise ausgesprochen. Innerhalb der Frist muß die Annahmeerklärung dem Antragenden zugehen (§§ 130ff.). RGE. Bd. 43 S. 80; Bd. 53 S. 59. D. Jur.Z. 1899 S. 257.

2. Die gewillkürte Annahmefrist kann kürzer oder länger bemessen sein als die gesetzliche des § 147 Abs. 2. Gegenüber § 147 Abs. 1, wo bestimmt ist, daß unter Anwesenden sofort angenommen werden muß, kann sie nur länger bemessen sein. A. M. Gareis (Komm. Bem. 1 zu § 148), der annimmt, die gewillkürte Frist könne eine kürzere sein als die aus § 147 Abs. 1 sich ergebende.

Die Fristsetzung kann geschehen durch Bezeichnung eines zeitlichen Endtermins (z. B. bis morgen Mittag 12 Uhr; binnen drei Tagen; s. §§ 186ff.) oder in anderer Weise, z. B. durch Anordnung einer besonders raschen Beförderungsart („sofortige Drahtantwort", „postwendend"). Ist sie so kurz bemessen, daß die Antwort nicht rechtzeitig eintreffen kann, so ist der Antrag als auf etwas Unmögliches gerichtet unwirksam. Vgl. RGE. Bd. 26 S. 8.

Im Uebrigen ist die Dauer der Annahmefrist völlig ins Belieben des Antragenden gestellt, da auch durch eine noch so lange Fristsetzung Niemandes Interessen verletzt werden; auch die des Antragenden selbst nicht, denn volenti non fit injuria.

Durch Ablehnung des Antrags, welche jedoch in der bloßen Bitte um Fristverlängerung nicht zu erblicken ist (so auch Dernburg, Bürg.R. Bd. 1 § 129 Anm. 20), wird natürlich die Fristsetzung bedeutungslos.

3. Ist die gewillkürte Frist kürzer als die gesetzliche, so kann sie gleichzeitig mit dem Antrag oder, was nicht häufig vorkommen wird, vor ihm gesetzt werden. Ist die gewillkürte Frist länger als die gesetzliche Frist, so kann sie, falls sie noch innerhalb der gesetzlichen Frist dem Antragenden zugeht, auch nach dem Antrage gesetzt werden; eine nach Ablauf der gesetzlichen Frist dem Antragenden erst zugehende Fristverlängerung dagegen ist als neuer Antrag mit einer gewillkürten Fristbestimmung anzusehen. In gleichem Sinne jetzt (in der 3. Aufl.) auch Planck, Bem. zu § 148.

§ 149.

Ist eine dem Antragenden verspätet zugegangene Annahmeerklärung dergestalt abgesendet worden, daß sie bei regelmäßiger Beförderung ihm rechtzeitig zugegangen sein würde, und mußte der Antragende dies erkennen, so hat er die Verspätung dem Annehmenden unverzüglich nach dem Empfange der Erklärung anzuzeigen, sofern es nicht schon vorher geschehen ist. Verzögert er die Absendung der Anzeige, so gilt die Annahme als nicht verspätet.

E. I, 85; II, 122; III, 145.

1. Die §§ 149 u. 150 Abs. 1 befassen sich mit der Verspätung der Annahmeerklärung. Ob eine Verspätung vorliegt, ist nach den §§ 147, 148 zu beurtheilen.

In § 150 Abs. 1 ist der Grundsatz aufgestellt, daß bei Verspätung der Annahme diese nicht mehr als wirksame Annahme, sondern als neuer Antrag gilt. Diesen Grundsatz modifizirt § 149 für den Fall, daß die Verspätung der Annahme in unregelmäßiger Beförderung der Annahmeerklärung ihren Grund hat. Der Antragende, der dies erkennen kann, soll verpflichtet sein, die Verspätung dem

Annehmenden unverzüglich anzuzeigen. Thut er dies nicht, so tritt gegen ihn die Fiktion ein, daß die Annahme rechtzeitig erfolgt sei. Diese Fiktion ist aber nicht nur zu seinem Nachtheile geschaffen, sondern entspricht in vielen Fällen seinem eigenen Interesse, da er sehr häufig trotz der Verspätung gar nicht von seinem Anerbieten abgehen will. (Vgl. Crome, System Bd. 1 S. 401.)

Hat Jemand, sagen die M. I, 171 zur Rechtfertigung dieses Standpunktes, auf einen Vertragsantrag die Annahmeerklärung rechtzeitig abgesendet, so darf er der Erwartung sich hingeben, daß die Erklärung innerhalb der Annahmefrist bei dem Antragenden eingeht und der Vertrag zu Stande kommt. Die Rücksicht auf Treu und Glauben erfordert, daß der Antragende, wenn diese Erwartung den thatsächlichen Verhältnissen nicht entspricht, den Absender durch eine entsprechende Benachrichtigung ohne schuldhafte Verzögerung aufklärt. Würde die Folge der Unterlassung der Benachrichtigung nur die sein, daß der Antragende den durch seine Pflichtverletzung erwachsenen Schaden zu ersetzen hätte (so PLR.), so wäre damit dem Verkehre nicht gedient; das Verkehrsinteresse erfordert vielmehr, daß die Annahmeerklärung in diesem Falle als eine rechtzeitige gilt.

Ueber den Standpunkt des PLR. (Thl. I Tit. 5 §§ 100, 104, 105) und des Schweizer. Ges. über d. Obl.R. (Art. 5 u. 3) s. M. I, 170. Der nunmehr gestrichene Art. 319 Abs. 2 HGB. ä. F. bestimmte im Wesentlichen dasselbe wie jetzt § 149 BGB., jedoch ohne die Benachrichtigungspflicht von dem subjektiven Erfordernisse abhängig zu machen, daß der Antragende die rechtzeitige Absendung erkennen mußte.

2. Die Benachrichtigungspflicht setzt voraus:

a) Daß die verspätet zugegangene Annahmeerklärung rechtzeitig abgesendet wurde. Dieses objektive Erforderniß hatte schon E. I § 85. Rechtzeitig abgesendet ist die Annahmeerklärung dann, wenn ihr rechtzeitiges Zugehen lediglich noch dadurch vereitelt werden kann, daß das gewählte verkehrsübliche Beförderungsmittel versagt oder nicht mit der unter normalen Verhältnissen zu erwartenden Geschwindigkeit das Zugehen bewirkt. Giebt also z. B. der Annehmende den Annahmebrief einem Bekannten, der ihn sofort zur Post geben soll, statt dessen aber aus Vergeßlichkeit eine Woche lang in seiner Tasche trägt, so kann sich der Annehmende nicht auf die Vergeßlichkeit des von ihm Beauftragten berufen und findet § 149 keine Anwendung; die Erklärung ist hier zwar abgegeben, aber nicht „abgesendet". (In diesem Sinne auch Hoelder, Komm. Bem. a zu § 149.) Auf die Meinung des Annehmenden über die rechtzeitige Absendung seiner Erklärung kommt es also nicht an, auf sein Verschulden hiebei gleichfalls nicht.

b) Daß der Antragende erkennen mußte, daß die Verspätung des Zugangs der Annahmeerklärung ihren Grund in unregelmäßigem Funktioniren des Beförderungsmittels hat. Dieses subjektive Erforderniß wurde erst in der II. Komm. (mit Einstimmigkeit) beigefügt. P. I, 81. Die Möglichkeit der Erkenntniß hat der Antragende zumeist, da bei den häufigsten Beförderungsmitteln, Post und Telegraph, die Zeit der Absendung regelmäßig aus dem Poststempel bezw. dem Aufgabevermerk ersichtlich ist. Erkennen-Müssen ist gleichbedeutend mit der auf Fahrlässigkeit beruhenden Unkenntniß. (Vgl. §§ 122 Abs. 2, 276.)

3. Die Benachrichtigung muß unverzüglich d. h. ohne schuldhaftes Zögern (§ 121) nach Empfang der Annahmeerklärung geschehen. Die bloße Benachrichtigung von der Thatsache der Verspätung genügt. Eine Erklärung des Rücktritts ist nach BGB. im Gegensatze zu Art. 319 Abs. 2 HGB. ä. F. nicht erforderlich. Der in Folge einer Rücktrittserklärung eintretende Zustand, nämlich die Nichtexistenz des Vertrags, ist hier nach dem Gesetz ohnehin schon gegeben, da ja in Folge verspäteten Zugehens der Annahmeerklärung der Antrag seine Annahmefähigkeit bereits verloren hat und die condicio legis für die ausnahmsweise eingreifende Fiktion der Fortexistenz der Annahmeerklärung, nämlich die Verzögerung der Benachrichtigung, nicht gegeben ist. Wir fassen demnach die Benachrichtigung von der Verspätung insofern wirklich als eine Pflicht des Antragenden auf, als an ihre Unterlassung sich ein für ihn nachtheiliges Präjudiz knüpft. Dieses Präjudiz ist aber etwas von der grundsätzlichen Gestaltung der Vertragsperfektion Abweichendes, was erst durch eine Spezialbestimmung begründet werden mußte. Gekünstelt erscheint die Auffassung von Hoelder (Komm. Bd. 1 Bem. b zu § 149), der in der Anzeige eine Anfechtung erblickt. Konsequenz dieser Auffassung wäre, daß die Benachrichtigung von der Verspätung, um wirksam zu sein, dem Antragsgegner zugegangen sein müßte; dieses Erforderniß läßt sich aber aus dem Gesetze keineswegs entnehmen; in M. I, 171 wird es sogar ausdrücklich geleugnet („die Gefahr des Eintreffens der ordnungsgemäß abgesandten Anzeige trifft den Antragsempfänger").

Die schon vor Empfang der verspäteten Erklärung abgehende Benachrichtigung hat dieselbe Bedeutung wie die unverzüglich nach dem Empfang abgehende.

4. Die Bedeutung der rechtzeitigen Benachrichtigung ist einfach die, daß es bei der Regel der §§ 146, 150 verbleibt, also der Antrag erloschen ist und die verspätete Annahme als neuer Antrag in Betracht kommt.

Die Bedeutung der nicht rechtzeitigen Benachrichtigung oder Nichtbenachrichtigung ist die, daß die Thatsache der Verspätung der Annahmeerklärung als nicht bestehend fingirt wird, also der Vertrag als durch die Annahme zu Stande gekommen angesehen wird. Eine weitere Fiktion dagegen des Inhalts, daß die Annahme nun in den Zeitpunkt verlegt würde, in welchem sie vollendet gewesen wäre, wenn der das rechtzeitige Eintreffen hindernde Umstand nicht vorgelegen hätte, hat das Gesetz nicht aufgestellt. M. I, 171. Der Vertrag ist also erst in dem Augenblicke zu Stande gekommen, in welchem die Annahmeerklärung, wenn schon verspätet, dem Antragenden zugegangen ist.

5. Was die Beweislast betrifft, so muß der Antragsgegner, der die Perfektion des Vertrags behauptet, beweisen, daß die verspätet zugegangene Annahmeerklärung rechtzeitig abgesendet (im Sinne der Bem. 2a) wurde, ferner, daß der Antragende die oben in Bem. 2b behandelte Kenntniß haben mußte. Wer dagegen bezüglich der Thatsache der Anzeige vom verspäteten Zugange der Annahmeerklärung beweispflichtig ist, ist streitig. Man wird davon auszugehen haben, daß, wenn der verspätete Zugang der Annahmeerklärung feststeht, die gesetzliche Regel dahin geht, daß ein Vertrag nicht zu Stande gekommen sei; wer behauptet, diese Regel sei ausnahmsweise durchbrochen, weil keine Anzeige oder keine rechtzeitige Anzeige nach § 149 erfolgt sei, muß die Nichtanzeige oder Verspätung der Anzeige beweisen. Im Resultate übereinstimmend Neumann in seiner Handausgabe, Anm. 1, c zu § 149 und Cosack, Handelsrecht 3. Aufl. § 25 unter II; die herrschende Meinung dagegen (Planck Bem. 3 zu § 149, Rehbein, Komm. Bd. 1 S. 220, Staub, Komm. z. HGB. 6. u. 7. Aufl., im Exkurs zu § 361 Anm. 34, Rosenberg im Archiv f. d. civilist. Praxis Bd. 94 S. 27) nimmt an, daß der Antragende die Absendung der Anzeige und ihren Zeitpunkt zu beweisen habe.

§ 150.

Die verspätete Annahme eines Antrags gilt als neuer Antrag.

Eine Annahme unter Erweiterungen, Einschränkungen oder sonstigen Aenderungen gilt als Ablehnung verbunden mit einem neuen Antrage.

E. I, 88 Abs. 1, 3; II, 123; III, 146.

1. Die verspätete Annahme. Bei nicht rechtzeitiger Annahme verliert der Antrag seine Annahmefähigkeit (§ 146). Eine verspätete d. h. nach Ablauf der gewillkürten (§ 148) oder gesetzlichen (§ 147) Annahmefrist erklärte Annahme kann daher, abgesehen von dem Ausnahmefalle des § 149, als solche keine Wirkung mehr äußern; sie ist nicht wirksam. Immerhin enthält die verspätete Annahme die Erklärung des Willens, den beantragt gewesenen Vertrag schließen zu wollen; in dieser Erklärung liegt ein neuer Vertragsantrag. Der neue Antrag bindet den jetzigen Antragenden nach Maßgabe der §§ 145 ff. Zur Vertragschließung führt der neue Antrag nur im Falle der (rechtzeitigen) Annahme seitens des früheren Antragenden; aber diese Annahme bedarf häufig nicht der besonderen Erklärung gegenüber dem Gegner, da eine solche Erklärung gerade in diesem Falle sehr oft nach der Verkehrssitte gar nicht erwartet wird. Vgl. oben Bem. 1 zu § 146.

Trägt der Antragende selbst die Schuld daran, daß die Annahmeerklärung nicht rechtzeitig bei ihm eintrifft, so z. B. wenn er den Annahmebrief nicht annimmt, so wird er ebenso gebunden als wenn ihm die Annahmeerklärung rechtzeitig zugegangen wäre; s. Dernburg, Bürg. R. Bd. 1 § 130 Anm. 29.

2. Die modifizirte Annahme. Sie liegt dann vor, wenn unter Erweiterungen, Einschränkungen oder sonstigen Aenderungen, unter Hinzufügung oder Ablehnung einer Bedingung, Befristung, des Begehrens einer Rücktrittsbefugniß, einer Konventionalstrafe, einer nicht angetragenen Sicherung angenommen wird, kurz in irgend einem Vertragspunkte der Annahmewille von dem im Antrage zum Ausdrucke kommenden Willen abweicht, sei es auch nur in einem für den Charakter des Geschäftes unwesentlichen Punkte, z. B. bezüglich der Art der Verpackung der zu kaufenden Waare. Schon der jetzt durch § 150 Abs. 2 BGB. ersetzte Art. 322 HGB. ä. F. hatte die Bestimmung, daß eine Annahme unter Bedingungen oder Einschränkungen als Ablehnung des Antrags gilt, verbunden mit einem neuen Antrag. Auf demselben Standpunkte steht jetzt das BGB. Die modifizirte Annahme ist nicht Annahme, sondern Ablehnung, bewirkt also, daß der Antrag erlischt (§ 146); eine nachträgliche vorbehaltlose Annahme findet nun keinen gebundenen Antragenden mehr vor, ist also wirkungslos. Aber in der modifizirten Annahme liegt zugleich, sofern nicht der Parteiwille anders bestimmt hat, ein neuer Antrag, den

Vertrag in der nun vorgeschlagenen modifizirten Weise zu schließen. Dabei ist aber vorausgesetzt, daß dieser Antrag nicht in Folge der Modifikation der inhaltlichen Bestimmtheit entbehrt, welche Erforderniß jedes wirksamen Antrags ist. Antwortet daher der Antragsgegner auf das Angebot des Verkäufers, er nehme an, der Preis sei ihm aber zu hoch, so liegt darin noch kein neuer Antrag, weil die nöthige Bestimmtheit fehlt. (S. Cosack, Lehrb. Bd. 1 § 58, I, 2.)

Die innerhalb der Annahmefrist (§§ 147, 148) zugegangene bloße Bitte um weitere Fristgewährung ist keine Modifikation der Annahme und daher nicht als Ablehnung aufzufassen.

Ob der bloße Zusatz zur Annahme: „Näheres brieflich" oder Gleichbedeutendes als Ablehnung aufzufassen ist, ist im einzelnen Falle Auslegungsfrage; vgl. E. d. ROHG. Bd. 12 S. 290. (Staub im Exkurs zu § 361 HGB. Anm. 49 und Dernburg, Bürg. R. Bd. 1 § 130, sind der Ansicht, es liege hier in der Regel keine gültige Annahme vor.)

§ 151.

Der Vertrag kommt durch die Annahme des Antrags zu Stande, ohne daß die Annahme dem Antragenden gegenüber erklärt zu werden braucht, wenn eine solche Erklärung nach der Verkehrssitte nicht zu erwarten ist oder der Antragende auf sie verzichtet hat. Der Zeitpunkt in welchem der Antrag erlischt, bestimmt sich nach dem aus dem Antrag oder den Umständen zu entnehmenden Willen des Antragenden.

E. I, 86; II, 124; III, 147.

1. In allen Fällen bedarf ein Antrag, um zum Zustandekommen des Vertrags zu führen, der Annahme. Auch der vorliegende Paragraph macht hievon keine Ausnahme. Die Annahme ist stets Willenserklärung,*) regelmäßig empfangsbedürftige Willenserklärung. Ob dem Erfordernisse der Empfangsbedürftigkeit auch durch mittelbare Willenserklärung Genüge gethan werden kann, ist eine in § 151 nicht behandelte Frage für sich, welche wohl nicht allgemein verneint werden darf (s. oben Einl. vor § 116 unter III und Bem. 2 zu § 146; Planck Bem. 1 zu § 151 will sie nur „in ganz besonderen, seltenen Ausnahmsfällen" bejahen), deren praktische Bedeutung aber, wie auch Planck hervorhebt, durch § 151 wesentlich abgeschwächt ist, da für die in Betracht kommenden Fälle die Vorschrift des § 151 regelmäßig genügen wird.

Von dem Erfordernisse der Empfangsbedürftigkeit der Annahme macht § 151 eine Ausnahme. Unter gewissen Voraussetzungen soll es nicht nothwendig sein, daß die Annahme dem Antragenden gegenüber erklärt wird d. h. ihm zugeht. Diese Voraussetzungen sind, daß entweder der Antragende auf Abgabe der Erklärung sich gegenüber verzichtet hat oder daß eine Erklärung ihm gegenüber nach der Verkehrssitte nicht zu erwarten ist. In beiden Fällen wird durch die Bestimmung des § 151 die sonst aus der Nothwendigkeit der Adressirung und des Zugehens sich ergebende Verzögerung in der Erfüllung vermieden. Das fördert die Raschheit und Einfachheit des Verkehrs.

2. Der Verzicht auf die Annahmeerklärung bedarf keiner bestimmten Form. Er kann ein ausdrücklicher sein, kann aber auch aus konkludentem Verhalten zu folgern sein, namentlich daraus, daß sofortiger Vollzug der angesonnenen Vertragshandlung gefordert wird oder die angetragene Leistung gleichzeitig mit dem Antrage selbst erfolgt. Als Hauptfälle, in welchen das Unterbleiben der Annahmeerklärung dem Antragenden gegenüber der Verkehrssitte entspricht, sind die im Verkehre so unendlich häufigen Kaufvertragsanträge anzuführen, welche in Form von Bestellungen ergehen; diese Fälle kann man übrigens auch, was praktisch gleichbedeutend ist, als solche stillschweigenden Verzichts auf die Annahmeerklärung auffassen. Eine Verkehrssitte in der genannten Richtung wird z. B. auch dann anzunehmen sein, wenn das angetragene Geschäft nach seiner Natur und seinem Zwecke eine besonders rasche Erledigung fordert, so bei Aufträgen zum Abschlusse von Börsengeschäften, beim Ersuchen an den Arzt, Hilfe zu leisten, an den Rechtsanwalt, Sistirung einer Versteigerung zu beantragen u. s. w. Vgl. hiezu die auch jetzt noch gerechtfertigten RGE. Bd. 2 S. 44; Bd. 36 S. 323. Ist Jemand zur Besorgung gewisser Geschäfte öffentlich bestellt oder hat er sich dazu öffentlich erboten, so trifft ihn im Falle der Ablehnung eine Anzeigepflicht nach § 663 (dazu § 675; vgl. Bem.

*) Arg. § 151 bestritten von Hellmann in Jherings Jahrb. Bd. 42 S. 425 ff. und, wie es scheint, von Fischer(-Henle), der dem § 151 die m. E. unzutreffende Ueberschrift giebt: „Vertragsschluß ohne Annahmeerklärung". S jedoch Crome, System Bd. 1 S. 382 Anm. 10 und Isay in Jherings Jahrb. Bd. 44 S. 43 ff., insbes. S. 52 ff.

zu § 663); das läßt den Rückschluß zu, daß in solchen Fällen die Verkehrssitte das Zugehen einer Annahmeerklärung nicht verlangt. Vgl. Hachenburg, Vortr. S. 33 ff.

3. Die Hauptfrage ist, wodurch in den Fällen des § 151 der Vertrag zu Stande kommt*). Das Gesetz selbst sagt: „Durch die Annahme des Antrags," läßt also keinen Zweifel darüber, daß von dem Erfordernisse der Annahme auch hier nicht abgegangen wird, sondern nur von dem des Zugehens der Annahmeerklärung (vgl. Bem. 1).

Wenn nun behauptet wird (von Staub, Komm. z. HGB. im Exkurs zu § 361 Anm. 59), der Vertrag komme hier erst dadurch zu Stande, daß der annehmende Theil die Leistung bewirkt d. i. sie vollendet, und hieraus die Konsequenz gezogen wird, daß der Antragsgegner die begonnene Leistung wieder redressiren und dadurch den Antrag unacceptirt lassen kann, so kann das vom theoretischen Standpunkte aus nicht als richtig zugegeben werden. Das Wesen der Vertragsperfektion liegt in der Willenseinigung. Diese liegt dann vor, wenn der andere Theil entschlossen ist, den Antragsinhalt auch zum Inhalte seines eigenen Wollens zu machen. Rechtliche Beachtung kann dieser Entschluß freilich noch nicht finden, solange er ein reines Internum der Psyche bleibt, wohl aber, sobald er sich unzweideutig erkennbar manifestirt, was durch unmittelbare oder mittelbare Erklärung geschehen kann. Gerade in den Fällen des § 151 wird die Erklärung sehr häufig eine mittelbare sein d. h. das Erklärungsmittel wird konkludentes Verhalten sein. Im Vollzuge der angesonnenen Leistung liegt ein solches Verhalten in ganz eminentem Maße. Warum es aber nur hierin soll gefunden werden können, ist nicht einzusehen. Man wird sich also darauf beschränken müssen, zu sagen: Der Vertrag kommt in den Fällen des § 151 zu Stande durch jede unzweideutige Bethätigung des Annahmewillens. Die Bethätigungsmittel sind so mannigfach, daß sich nicht alle Möglichkeiten aufzählen lassen. Nur in Würdigung des konkreten Einzelfalls kann demnach entschieden werden, ob das Verhalten des Antragsgegners zum Schlusse auf seinen Annahmewillen zwingt oder nicht. Stets zwingend ist der Schluß aus dem Realvollzuge der angesonnenen Leistung, zwingend unter Umständen aber auch schon der Schluß aus dem Beginne der nach dem Antrage zu bewirkenden Leistung bezw. aus theilweiser Leistung. Wenn der Antragsempfänger über Sachen, welche der Antragende mit dem Antrage übersandt hat, verfügt, so erfordert schon die Rücksicht auf Treu und Glauben, daß der Verfügende dann, wenn die Folgen der Verfügung sich nicht rückgängig machen lassen, sich so behandeln lassen muß, als ob er eine Annahmeerklärung abgegeben habe. In der II. Komm. (s. P. I, 83 ff.) war im Anschlusse an die Erörterungen Zitelmanns (vgl. ZG. I, 148 ff.) der Antrag gestellt worden, dies gesetzlich festzulegen; man hielt aber eine solche Gesetzesbestimmung doch für bedenklich. Uns scheint sie nur deßhalb bedenklich, weil sie in der Annahme der Gebundenheit nicht weit genug geht. Der jenem Antrage zu Grunde liegende Gedanke, daß grundsätzlich in der Verfügung über die vom Antragenden übersandten Sachen durch den Antragsempfänger eine Annahme noch nicht liege und eine Rückgängigmachung möglich sei, kann nicht gebilligt werden, da er doch kaum etwas anderes bedeutet als die Zulassung einer protestatio facto contraria in anderer Form.

Kann in den Fällen des § 151 die Annahme auch durch Worte Dritten gegenüber geschehen? Planck Bem. 4 zu § 151 will die vom Antragsempfänger einem Dritten gegenüber gemachte Aeußerung, er werde oder er wolle den Antrag annehmen, nicht als Annahme selbst gelten lassen, sondern nur als Erklärung der Absicht, annehmen zu wollen, läßt es aber andererseits genügen, wenn die Erklärung, annehmen zu wollen, vor dem Notar oder Zeugen abgegeben wird. Diese Unterscheidung ist aber schwerlich gerechtfertigt. Zuzugeben ist ja, daß die Solennität der gewählten Erklärungsform als ein gewisses Symptom der Ernstlichkeit des Willens aufgefaßt werden kann; aber weder ist dieses Symptom ein sicheres noch läßt sich bestreiten, daß der Wille, anzunehmen, auch in nicht solenner Weise ernstlich kundgethan werden kann. Soferne nur der Annahmewille unzweideutigen Ausdruck findet, unterscheidet das Gesetz nicht nach der Art, in welcher das geschieht. Es ist im einzelnen Falle Auslegungsfrage, ob die gewählte Erklärungsart zum Schlusse auf den Annahmewillen nöthigt.

4. Auch in den Fällen des § 151 kann der Antragende im Antrag eine Annahmefrist setzen. Ist bis zu deren Ablauf die Annahme nicht erfolgt, so ist der Antrag erloschen (s. § 146). Ist eine gewillkürte Annahmefrist nicht gesetzt, so ist dem Antragsempfänger diejenige Zeit als verstattet anzusehen, welche zur Bewirkung der Annahme

*) Vgl. über die verschiedenen Ansichten in dieser zweifelhaften Frage außer den in Note 1 angeführten Schriften namentlich Zitelmann, Rechtsgeschäfte I, S. 132 ff.; theilweise dagegen P. I, 174 ff.; Hoelder, im Archiv f. d. civilist. Praxis Bd. 73 S. 80 ff.; R. Leonhard, Allg. Theil S. 292 ff.; Wendt im Archiv f. d. civilist. Praxis Bd. 92 S. 235 ff.; M. Rümelin ebenda Bd. 93 S. 172 ff.; Th. Szamotulski, Der Vertragsschluß ohne Annahmeerklärung gegenüber dem Antragenden, Freib. Diss. 1903.

nach den Umständen des Falles erforderlich ist. Die Umstände sind aber regelmäßig derartige, daß sofortige Leistung erwartet wird, widrigenfalls der Antragende nicht mehr gebunden sein will. E. I hatte in § 86 Abs. 4 die besondere Bestimmung, daß der Antragende, der sofortige Leistung verlangt, im Zweifel so lange gebunden sei, als zur Bewirkung der Leistung erforderlich ist. In der II. Komm. hielt man es aber für besser, eine solche Auslegungsregel nicht aufzustellen und der Rechtsprechung völlig freie Hand zu lassen.

5. Ueber die Möglichkeit einer Vertretung in den Fällen des § 151 s. Bem. 5 zu § 164.

§ 152.

Wird ein Vertrag gerichtlich oder notariell beurkundet, ohne daß beide Theile gleichzeitig anwesend sind, so kommt der Vertrag mit der nach § 128 erfolgten Beurkundung der Annahme zu Stande, wenn nicht ein Anderes bestimmt ist. Die Vorschrift des § 151 Satz 2 findet Anwendung.

E. I, —; II, 124a; III, 148.

1. § 152 bestimmt den Zeitpunkt des Vertragsschlusses für den Fall, daß ein Vertrag ohne gleichzeitige Anwesenheit beider Theile gerichtlich oder notariell beurkundet wird, durch einen dispositiven Rechtssatz.

Die Vorschrift gilt sowohl für die Fälle, in welchen die amtliche Beurkundung auf Grund gesetzlicher Vorschrift erfolgt (s. Bem. 3 zu § 128), als auch für diejenigen, in welchen sie auf Parteiwillkür beruht. Vgl. dazu Bem. 1 zu § 128.

Bei nicht simultaner amtlicher Beurkundung verschafft die Beurkundung dem Antragenden noch keine Kenntniß von der Annahmeerklärung. Trotzdem ist hier der Vertrag, wenn nicht eine abweichende Parteibestimmung vorliegt, perfekt, da von dem Erfordernisse des Zugehens der Annahmeerklärung an den Antragenden hier abgesehen wird. Der Grund ist, ähnlich wie in den Fällen des § 151 der, daß die einfachere Gestaltung des Vorgangs als dem Wunsche und Interesse der Partei selbst entsprechend erachtet wird. Dem Antragenden wird so der Gang zur Behörde behufs Kenntnißnahme von der abgegebenen Erklärung erspart (s. Leonhard, Allg. Theil S. 294); andererseits muß der Antragende den Antrag auch dann als bestehend gelten lassen, wenn er erst sehr lange Zeit nach geschehener Beurkundung der Annahme von dieser erfährt (vgl. die Kritik von Hoelder in dessen Komm. zu § 152). Es bleibt jedoch dem Antragenden unbenommen, in dem Antrage zu bestimmen, daß der Vertrag erst dann als geschlossen gelten soll, wenn die Annahmeerklärung ihm zukommt.

2. Die Verweisung auf § 151 Satz 2 hat den Sinn, daß der Antragende, wenn er einmal seine Erklärung hat beurkunden lassen, nicht ins Endlose gebunden bleibt, sondern nur solange, als er nach seinem dem Antrage selbst oder den Umständen zu entnehmenden Willen gebunden sein will (s. Bem. 4 zu § 151), daß also nach Ablauf dieser Zeit der Antragsgegner, der seinen Annahmewillen beurkunden läßt, einen annahmefähigen Antrag nicht mehr vorfindet. Die demnach verspätet geschehende Beurkundung des Annahmewillens kommt nach dem Grundsatz des § 150 Abs. 1 als neuer Antrag in Betracht, welcher jedoch erst mit dem Zugang an die Gegenpartei wirksam wird.

§ 153.

Das Zustandekommen des Vertrags wird nicht dadurch gehindert, daß der Antragende vor der Annahme stirbt oder geschäftsunfähig wird, es sei denn, daß ein anderer Wille des Antragenden anzunehmen ist.

E. I, 89; II, 125; III, 149.

1. Nach gemeinrechtlicher Regel hatten Tod oder Geschäftsunfähigkeit sowohl des Antragenden als auch des Antragsgegners vor der Annahme das Erlöschen des Antrags zur Folge; (so wenigstens nach herrschender Ansicht, s. Windscheid § 307, Dernburg, Pand. § 11, Seuff. Arch. Bd. 31 Nr. 22; abweichend Regelsberger, Pand. § 150 S. 551). Das PLR. (Thl. I Tit. 5 §§ 106 ff.) dagegen und das sächs. GB. (§ 818) gingen davon aus, daß ein Vertragsantrag weder durch den Tod des Antragenden noch durch den Tod desjenigen erlischt, welchem ein Antrag gemacht ist, es müßte denn der Antrag auf persönlichen Beziehungen beruhen, welche mit dem Tode wegfallen Der jetzt durch die Vorschriften des BGB. ersetzte Art. 297 HGB. ä. F. bestimmte, daß ein Antrag,

welcher von einem Kaufmann in dessen Handelsgewerbe ausgegangen ist, durch seinen Tod nicht aufgehoben wird, soferne nicht eine entgegengesetzte Willensmeinung aus seiner Erklärung oder aus den Umständen hervorgeht.

2. Dem § 153 BGB. liegt wie dem erwähnten Art. 297 HGB. der Gedanke zu Grunde, daß Vertragsanträge regelmäßig aus einem wirthschaftlichen Bedürfnisse oder wenigstens aus einem Geldinteresse hervorgehen und daß dieses Bedürfniß bez. Interesse der Regel nach mit dem Vermögen bestehen bleibt, wenn solches auch mit dem Tode des bisherigen Inhabers in andere Hände übergeht. M. I, 176. Der Eintritt der Geschäftsunfähigkeit (s. über diese Bem. zu § 104 und Vorbem. vor § 104) wird hier dem Tode gleichgestellt.

Der Einfluß des Todes oder der Geschäftsunfähigkeit des Antragenden auf das Schicksal des Antrages ist demnach nach BGB. folgender:

a) Stirbt der Antragende oder wird er geschäftsunfähig, wenn der Antrag zwar abgegeben, aber noch nicht zugegangen ist, so wird dadurch das Wirksamwerden des Antrags für den Fall des Zugehens nicht gehindert. Das sagt nicht § 153, sondern § 130 Abs. 2. Näheres in Bem. 7 zu § 130.

b) Stirbt der Antragende oder wird er geschäftsunfähig, nachdem sein Antrag bereits zugegangen und damit wirksam geworden, aber bevor die Annahme wirksam geschehen ist, so gilt nach § 153 die Auslegungsregel, daß dadurch das Zustandekommen des Vertrags nicht gehindert wird. Diese Regel entspricht auch dem Grundsatze der Universalsuccession als des Eintritts des Erben in die gesammte Rechtsstellung, in welcher sich der Erblasser bei seinem Tode befindet. Die Regel greift jedoch dann nicht Platz, wenn aus dem Antrage selbst oder aus den Umständen ein anderer Wille des Antragenden hervorgeht. Letzteres ist namentlich dann der Fall, wenn der Antragende Gegenstände bestellt hat, die ersichtlich zur Befriedigung seines persönlichen Bedürfnisses bestimmt sind oder — im Falle eintretender Geschäftsunfähigkeit — solche, von welchen er ersichtlich nur bei gesunden Sinnen Gebrauch machen kann (M. I, 176), aber auch in allen den Fällen, in welchen Tod bez. Geschäftsunfähigkeit des Antragenden für den Vertrag selbst ein Endigungsgrund wäre, falls dieser schon zu Stande gekommen wäre; vgl. hiezu die §§ 613, 672, 673, 675, 727, 1061.

3. Welchen Einfluß Tod oder Geschäftsunfähigkeit des Antragsgegners auf das Schicksal des Antrags haben, ist im Gesetze nicht bestimmt. Nach E. I § 89 sollte der Fall ebenso behandelt werden wie der des Todes oder der Geschäftsunfähigkeit des Antragenden. Die II. Komm. jedoch (vgl. P. I, 86 ff.) hielt das für bedenklich und strich den fraglichen Passus des § 89. Nach der jetzigen Gesetzeslage ist zu sagen:

a) Stirbt der Antragsgegner, bevor ihm der Antrag zugeht, so kann der Antrag, da der Eintritt einer wesentlichen Voraussetzung seines Wirksamwerdens unmöglich geworden ist, nicht rechtswirksam werden. Das Prinzip der Universalsuccession des Erben ändert hieran nichts, da vor dem Zugehen des Antrags noch gar keine rechtliche Beziehung gegeben ist, welche durch den Erben fortgesetzt werden könnte. Wird dagegen der Antragsgegner, bevor ihm der Antrag zugeht, geschäftsunfähig, so kann der Antrag dadurch wirksam werden, daß er dem gesetzlichen Vertreter zugeht. Dafür läßt sich § 131 anführen, wo dies zwar nicht ausdrücklich gesagt, aber zweifellos vorausgesetzt ist. Vgl. die Bem. zu § 131.

b) Stirbt der Antragsgegner, nachdem ihm der Antrag zugegangen ist, aber bevor er ihn wirksam angenommen hat, so ist an sich die Möglichkeit einer Gebundenheit des Antragenden gegenüber den Erben des Antragsgegners gegeben. Ob diese Gebundenheit thatsächlich fortdauert, ob also durch Vollendung der Annahme der Vertrag zu Stande kommt, ist eine nach den Umständen zu beurtheilende Frage der Willensauslegung, welche durch keine allgemeine gesetzliche Auslegungsregel beantwortet wird. Wenn es also dem muthmaßlichen Willen der Parteien entspricht, daß das Vertragsverhältniß, welches durch die Annahme begründet werden soll, mit den Erben des Antragsgegners sich fortsetze und die Natur des Vertragsverhältnisses dies gestattet (vgl. wiederum die §§ 613, 672, 673, 675, 727, 1061), so kommt durch Annahme seitens der Erben der Vertrag zu Stande. Hat dagegen der Antragende z. B. ersichtlich mit seinem Antrage eine persönliche Begünstigung des anderen Theiles bezweckt (vgl. M. I, 176), so können die Erben nicht wirksam annehmen. Liegt der Fall so, daß der Erblasser selbst die Annahmeerklärung bereits abgegeben hatte, diese aber dem Antragenden noch nicht zugegangen war, so wird die Annahmeerklärung durch Zugehen wirksam und damit der

Vertrag perfekt — arg. § 130 Abs. 2. Letzteres gilt bei eintretender Geschäftsunfähigkeit des Annehmenden in gleicher Weise wie bei seinem Tode. Im Uebrigen ist die Frage, ob der wirksame Antrag nach eingetretener Geschäftsunfähigkeit des Antragsgegners durch dessen gesetzlichen Vertreter wirksam angenommen werden kann, nur in Würdigung der besonderen Umstände mit Rücksicht auf den Inhalt des beabsichtigten Vertrags zu entscheiden. § 131 entscheidet diese Frage keineswegs.

4. Nicht nur Tod oder Geschäftsunfähigkeit des Urhebers der Erklärung, sondern auch andere Umstände können (abgesehen von den in § 146 genannten Gründen) den Antrag zum Erlöschen bringen, wenn der andere Theil von ihnen Kenntniß hat. Dies anzunehmen gebietet die bei der Feststellung des Antragsinhalts gebotene Rücksicht auf Treu und Glauben. Wenn daher z. B. der Jäger A bei B ein neues Jagdgewehr bestellt, B diese Zweckbestimmung kennt und vor der Annahme erfährt, daß A durch einen plötzlichen Unglücksfall einen Arm verloren hat, so ist Annahme nicht mehr möglich. In gleichem Sinne Hoelder, Bem. 2 zu § 153.

5. Der Eintritt der bloßen Beschränkung der Geschäftsfähigkeit des Antragenden vermag das Wirksamwerden des einmal abgegebenen Antrags nicht zu hindern. Die Gebundenheit besteht nun auch für den gesetzlichen Vertreter. Wird der Antragsgegner vor der Annahme in der Geschäftsfähigkeit beschränkt, so erlischt dadurch der Antrag nicht, aber das Entscheidungsrecht über die Annahme geht nun nach Maßgabe der §§ 106 ff. auf den gesetzlichen Vertreter über. § 153 findet keine Anwendung.

6. Geräth der Antragende oder der Antragsgegner in Konkurs, bevor angenommen ist, so ist für die Frage der Fortexistenz der Antragsgebundenheit § 153 nicht direkt anwendbar. Durch Konkurs des Antragenden erlischt an sich der Antrag nicht: die Gebundenheit besteht aber nur gegenüber dem Gemeinschuldner persönlich, nicht gegenüber der Konkursmasse (vgl. Jäger, Komm. z. KO. 2. Aufl. Anm. 15 zu § 7). Durch Konkurs des Antragsgegners verliert der Antrag seine Annahmefähigkeit nicht, es müßte denn sein, daß sich aus seinem Inhalte das Gegentheil als gewollt ergiebt, was nach den Grundsätzen von Treu und Glauben wohl bei Kreditverträgen regelmäßig anzunehmen ist; die Annahmebefugniß bleibt dem Gemeinschuldner; was er durch die Annahme erwirbt, fällt nicht in die Konkursmasse, da das Konkursverfahren nach KO. § 1 nur das zur Zeit der Eröffnung des Verfahrens dem Gemeinschuldner gehörige Vermögen umfaßt, die Annahmebefugniß als solche sich aber noch nicht als ein Vermögensaktivum bezeichnen läßt (anders unsere 1. Aufl.).

§ 154.

Solange nicht die Parteien sich über alle Punkte eines Vertrags geeinigt haben, über die nach der Erklärung auch nur einer Partei eine Vereinbarung getroffen werden soll, ist im Zweifel der Vertrag nicht geschlossen. Die Verständigung über einzelne Punkte ist auch dann nicht bindend, wenn eine Aufzeichnung stattgefunden hat.

Ist eine Beurkundung des beabsichtigten Vertrags verabredet worden, so ist im Zweifel der Vertrag nicht geschlossen, bis die Beurkundung erfolgt ist.

E. I, 78; II, 116; III, 150.

1. § 154 giebt zunächst in Abs. 1 eine Auslegungsregel für den Fall nicht vollständiger Einigung der Parteien beim Vertragsschlusse.

Zum Zustandekommen des Vertrags ist erforderlich, daß die Kontrahenten nicht nur über die nach dem Gesetze zum Wesen des Vertrags gehörigen Punkte sich geeinigt haben, sondern auch über alle Punkte, welche nach dem Willen des einen oder andern Kontrahenten für den Vertrag wesentlich sind. Jeder Theil kann seine Zustimmung von an sich nebensächlichen Umständen abhängig machen, die eben dadurch die Bedeutung von wesentlichen Bestandtheilen des Vertrags erlangen. (Vgl. M. I, 162 und oben in der Einl. vor § 104 unter III.) Wenn § 154 bestimmt, daß beim Mangel der Einigung über einen solchen Punkt der Vertrag noch nicht geschlossen ist, so entspricht das nur der grundsätzlichen Forderung, daß das Gesetz sich, von besonderen Gründen abgesehen, des Eingriffs in die Vertragsfreiheit enthalte. Anschaffungsverträge z. B. sind mit der Einigung über Gegenstand und Preis noch nicht perfekt, sofern auch nur nach dem Willen einer Partei noch besondere Zahlungsmodalitäten oder Lieferungsmodalitäten vereinbart werden sollen. Vgl. auch Rspr. d. OLG. Bd. 2 S. 479; Bd. 4 S. 211.

§ 154 setzt voraus, daß eine Partei ihren Wunsch nach Vereinbarung über einen gewissen thatsächlich noch nicht geregelten Punkt erklärt hat, was erst dann geschehen ist, wenn ihr dahin gehender Wille dem andern Theile zum Bewußtsein gebracht ist. Der Paragraph behandelt also nur den Fall der den Parteien bewußten Unvollständigkeit der Einigung, nicht den des sog. versteckten Dissenses; über letzteren s. § 155. Das Zustandekommen des Vertrags wird, wie Rehbein (Komm. S. 224) mit Recht bemerkt, nicht gehindert durch eine Bedingung, die nicht den Abschluß, sondern den Inhalt des Rechtsgeschäfts bedingt, also eine Vertragsbedingung des Geschäftes ist.

2. Auch eine Aufzeichnung über einzelne Punkte, sog. Punktation, ist im Zweifel nicht als bindende Verständigung über diese Punkte aufzufassen. S. über Traktate und Punktationen die Vorbem. 7 vor § 145.

3. Liegt erkennbar eine Willensmeinung der Partei vor, welche dahin geht, einen nicht zu den gesetzlichen Essentialien gehörigen Punkt, über den eine Vereinbarung getroffen werden soll, nicht als wesentlich zu behandeln, so wird diese Willensmeinung geachtet und kommt der Vertrag trotz Mangels der Einigung über jenen Punkt zu Stande; denn § 154 gilt nur „im Zweifel". — Vgl. auch RGE. Bd. 52 S. 437.

4. Abs. 2 behandelt den Fall, daß vor Abschluß des Vertrags dessen Beurkundung verabredet wurde, gleichviel, welcher Art die Beurkundung ist (gerichtlich, notariell, privatschriftlich). Es gilt hier die Auslegungsregel, daß der Vertrag erst mit der erfolgten Beurkundung geschlossen ist; der Vollzug der Beurkundung ist also im Zweifel Bedingung der Vertragsperfektion (vgl. Hellmann, Vortr. S. 90). Ueber die jetzt entschiedene gemeinrechtliche Kontroverse s. Windscheid-Kipp Bd. 2 § 312. Wird streitig, ob für einen nach dem Gesetze nicht formbedürftigen Vertrag rechtsgeschäftlich eine Form vereinbart wurde, so muß, wer letzteres behauptet, beweisen, daß eine Form vereinbart wurde und welche Form. Vgl. Beckh, Beweislast S. 192, Rosenberg im Archiv f. d. civilist. Praxis Bd. 94 S. 30.

Anders, wenn nach vollzogener Einigung die Parteien vereinbaren, es solle über das nun vertragsmäßig Bestimmte eine Urkunde aufgenommen werden. Hierüber sagt § 154 nichts. Es entscheidet also der Wille der Parteien. Dieser kann dahin gehen, durch die nachträgliche Beurkundung lediglich ein Beweismittel zu schaffen; inwieweit Urkunden einen Beweis begründen, sagen die §§ 415 ff. CPO. Der Wille der Parteien kann aber auch dahin gehen, durch die nachträgliche Beurkundung das früher Verabredete aufzuheben und lediglich den Urkundeninhalt als Vertragsinhalt anzuerkennen; dann liegt in der Beurkundung ein neuer Vertragsschluß unter Aufhebung bezw. Abänderung des bisherigen Vertrags. Ob das eine oder das andere im einzelnen Falle der Wille der Parteien ist, ist Auslegungsfrage; eine Vermuthung existirt nicht. (Die Frage ist bestritten. S. Windscheid-Kipp Bd. 2 § 312; Degenkolb im Archiv f. d. civilist. Praxis Bd. 71 S. 159 ff.; P. Meyer, ebenda Bd. 87 S. 77 ff.; Endemann, Lehrbuch Bd. 1 § 69 Anm. 14. Vgl. auch Bem. II, 6 zu § 125.

§ 155.

Haben sich die Parteien bei einem Vertrage, den sie als geschlossen ansehen, über einen Punkt, über den eine Vereinbarung getroffen werden sollte, in Wirklichkeit nicht geeinigt, so gilt das Vereinbarte, sofern anzunehmen ist, daß der Vertrag auch ohne eine Bestimmung über diesen Punkt geschlossen sein würde.

E. I, 100; II, 117; III, 151.

1. § 155 enthält nicht, wie Planck (Bem. zu § 155), Staub (Komm. z. HGB. im Exkurs zu § 361 Anm. 76) und Endemann (Lehrb. Bd. 1 § 69 Anm. 17) annehmen, eine Ausnahme von der Regel des § 154, sondern geht von einer ganz andern Voraussetzung aus als dieser. Während § 154 eine den Parteien bewußte Unvollständigkeit der Einigung unterstellt (s. Bem. 1 zu § 154), wird in § 155 vorausgesetzt, daß die Parteien über einen Punkt, der in ihrem Sinne oder auch nur im Sinne einer Partei ein wesentlicher ist, uneinig geblieben sind, ohne sich dessen bewußt geworden zu sein. Es handelt sich also um den Fall des sog. versteckten Dissenses.

2. Beim versteckten Dissense glauben sich die Parteien völlig einig, sie halten also selbst den Vertrag für perfekt, hinterher stellt sich aber die Unvollständigkeit oder die Divergenz ihrer Willenserklärungen heraus.

a) Die Unvollständigkeit der Parteierklärungen beruht hier regelmäßig auf einfachem Vergessen. Beispiel: die Parteien wollten bei einem Uebersendungskaufe auch über die Art der Verpackung eine Vereinbarung treffen, glauben hierüber einig zu sein, in Wahrheit haben sie aber vergessen, definitiv hierüber zu bestimmen.

b) Die Divergenz der Willenserklärungen beruht hier auf Mißverständniß. Zwischen Wille und Erklärung des einzelnen Kontrahenten besteht keine Divergenz, die einzelnen Willenserklärungen selbst sind also keine fehlerhaften, aber die mehreren Willenserklärungen stimmen nicht überein, es mangelt am Parteikonsens. Beispiele: Eine musikalische Leihanstalt räumt ihren Kunden, welche sich abonniren, ein, umsonst ein von ihnen zu wählendes Werk von Strauß zu beziehen, wobei Johann Strauß gemeint ist; ein Kunde schließt den Abonnementsvertrag ab und hofft auf diese Weise umsonst den ihm erwünschten Klavierauszug zu Guntram von Richard Strauß zu bekommen; die Parteien glauben einig zu sein. Oder: Ein Badener miethet, lediglich nach Ansicht des Planes, den „ersten Stock" eines Hauses in München in der Meinung, damit die Parterrewohnung zu miethen; der Münchner Vermiether ist, dem Münchner Sprachgebrauche entsprechend, der Meinung, es handle sich um die ein Stockwerk höher liegende Wohnung. Solche Fälle sind nicht nach § 119 aus dem Gesichtspunkte des Irrthums zu behandeln. Irrthum im Sinne des § 119 ist ein einseitiger Willensmangel und setzt Konsens der Parteien über das in Wahrheit Gewollte voraus; hier aber stimmt bei jeder Partei ihr wahrer Wille mit dem von ihr Erklärten überein, es fehlt jedoch am gegenseitigen Konsens. Vgl. auch RGE. Bd. 48 S. 220.

Auch von einer sog. falsa demonstratio ist hier keine Rede; denn bei der falsa dem. meint jede Partei mit ihrer Erklärung dasselbe, sie bedient sich nur einer unzutreffenden Bezeichnung des Vertragsgegenstandes oder des fraglichen Rechtsverhältnisses. Vgl. Bem. V, 5 zu § 119.

3. Folge des versteckten Dissenses ist, da es an der nöthigen Einigung fehlt, das Nichtzustandekommen des Vertrags. Diese Konsequenz erleidet jedoch eine Modifikation durch die hier gegebene positive Vorschrift des § 155. Ist nämlich der Punkt, über welchen eine Einigung fehlt, ein unwesentlicher in dem Sinne, daß die Parteien auch ohne eine Bestimmung über diesen Punkt den Vertrag geschlossen haben würden, so gilt das sonst in giltiger Weise Vereinbarte Wann dies anzunehmen ist, ist eine nach den Umständen des konkreten Falles zu beurtheilende Frage der Willensauslegung. Sofern jene Annahme nicht gerechtfertigt ist, ist das Geschäft nichtig, nicht bloß anfechtbar. Nichtigkeit des Geschäftes tritt stets ein, wenn der unerledigte Differenzpunkt ein gesetzliches Essentiale des Geschäftes betrifft. Hier kann das Geschäft nur unter Umständen durch sog. Konversion nach § 140 gerettet werden; regelmäßig werden aber auch die Voraussetzungen des § 140 nicht vorliegen.

Dem § 155 liegt nach dem Gesagten der gleiche Gedanke zu Grunde, wie dem § 139. Hier wie dort spricht trotz der verschiedenartigen Fassung der beiden Paragraphen die Vermuthung zunächst für die gänzliche Nichtigkeit; wer also behauptet, das Geschäft sei wirksam, hat im Streitfalle die Beweislast bezüglich derjenigen Thatsachen, aus welchen sich die Annahme rechtfertigt, daß das Geschäft auch ohne den Differenzpunkt vorgenommen worden wäre. (Zustimmend Rosenberg, Zur Lehre vom qualifizirten Geständnisse, im Archiv f. d. civilist. Praxis Bd. 94 S. 25.)

4. § 155 sagt nicht, was im Falle der Aufrechterhaltung des gültig Vereinbarten bezüglich des Punktes gilt, über welchen versteckter Dissens besteht. Der Parteiwille bedarf hier der Ergänzung; maßgebend für die Vornahme dieser Ergänzung ist in erster Linie die typische Normirung, welche der Vertrag betreffender Art durch das Gesetz erfahren hat. Fehlt es an einer solchen bezüglich des Differenzpunktes, so ist die Ergänzung arg. §§ 157, 242 so vorzunehmen, wie es den Grundsätzen von Treu und Glauben mit Rücksicht auf die Verkehrssitte entspricht.

§ 156.

Bei einer Versteigerung kommt der Vertrag erst durch den Zuschlag zu Stande. Ein Gebot erlischt, wenn ein Uebergebot abgegeben oder die Versteigerung ohne Ertheilung des Zuschlags geschlossen wird.

E. I, 90; II, 126; III, 152.

1. Der Zweck einer Versteigerung geht dahin, durch eintretenden Wettbewerb für einen Gegenstand den höchstmöglichen Preis zu erzielen oder einen Gegenstand für den möglichst geringen Preis zu beschaffen (M. I, 176). Zur Erreichung dieses Zweckes bringt der Versteigerer nicht nur seine Absicht zu entsprechender Kenntniß, sondern er giebt auch

die näheren Bestimmungen kund, unter welchen er, abgesehen von dem offen gehaltenen Preise, zur Abschließung des Vertrags geneigt ist.

Gemeinrechtlich*) war bestritten, ob schon in der Veranstaltung der Versteigerung durch den Versteigerer ein bindendes Angebot an den Meistbietenden liege, so daß jedes Gebot eines Bieters als eine Annahme und damit als ein Zustandekommen des Vertrags unter der Resolutivbedingung des Nichtnachfolgens eines besseren Gebots aufzufassen sei; oder ob vielmehr, was die überwiegende und jedenfalls natürlichere Auffassung war (die gemeinrechtl. Literatur s. b. Windscheid-Kipp Bd. 2 § 308 Nr. 2), die Veranstaltung der Versteigerung lediglich eine Einladung des Versteigerers ist, ihm geeignete Vertragsanträge zu machen, erst im Gebote des Bieters ein für diesen bindender Vertragsantrag und erst im Zuschlage des Versteigerers die Annahmeerklärung und damit die Vertragsperfektion zu erblicken ist. Vgl. M. I, 177.

2. Das BGB. hat in § 156 diese konstruktive Streitfrage durch einen, allerdings nicht zwingenden, positiven Rechtssatz im Gegensatze zum sächs. GB. (§ 819) in letzterem Sinne entschieden. Diese Entscheidung entspricht der Auffassung des Lebens und dem regelmäßigen Zwecke der Versteigerung. Nach BGB. ist das Gebot des Bieters als Vertragsantrag, der Zuschlag durch den Versteigerer als Annahmeerklärung aufzufassen, durch die der Vertrag zu Stande kommt. Das Ausgebot des Versteigerers hat daher lediglich die Bedeutung einer Aufforderung, Vertragsanträge zu stellen.

Dies gilt nicht nur für die praktisch häufigeren Fälle, in welchen Leistungen an den Meistbietenden gemacht werden sollen, sondern auch für die selteneren, in welchen im Wege der Versteigerung ein Anspruch auf Leistung an den Mindestnehmenden begründet werden soll.

3. Die im Zuschlage liegende Willenserklärung ist keine empfangsbedürftige; der Vertrag kommt daher durch den Zuschlag auch dann zu Stande, wenn der Bieter den Zuschlag nicht vernimmt, weil er sich vorher entfernt hat. Vgl. FG. § 181. Anders Hoelder, Komm., Bem. zu § 156.

4. Da der Vertrag erst durch den Zuschlag zu Stande kommt, behält der Versteigerer es in der Hand, den schließlich gebotenen Preis anzunehmen oder abzulehnen, je nachdem dieser seinem Interesse entspricht oder nicht entspricht. (M. I, 177.) Der letzte Bieter hat also als solcher noch keinen Anspruch, auch nicht einen solchen auf Vertragsschluß.

5. Der Bieter ist als Antragender an sein Gebot gebunden nach § 145. Nach § 156 endigt jedoch diese Gebundenheit durch Abgabe eines Uebergebots (d. i. höheren oder niedereren Gebots je nach der Art der Versteigerung, s. Bem. 2 letzter Satz); das Uebergebot muß rechtswirksam sein, insbesondere darf es nicht von einem Geschäftsunfähigen ausgehen. Diese Regelung entspricht der Verkehrsanschauung. (Nach ZwVG. § 72 Abs. 1 dagegen erlischt ein Gebot durch Uebergebot nur dann, wenn nicht ein Betheiligter der Zulassung des Uebergebots sofort widerspricht.) Die Gebundenheit endigt ferner durch Schluß der Versteigerung ohne Ertheilung eines Zuschlags. Ob endlich die Gebundenheit auch durch Ablehnung des Antrags, also Zurückweisung des Gebots durch den Versteigerer, erlischt, ist mangels einer besonderen Vorschrift (abgesehen von dem Spezialfall des ZwVG. § 72 Abs. 2) für die Versteigerung nach der allgemeinen Regel des § 146 zu entscheiden, mithin zu bejahen. Daß dem Versteigerer überhaupt ein Zurückweisungsrecht zusteht, ergiebt sich bei der vom BGB. einmal angenommenen Konstruktion der Versteigerung aus der einfachen Erwägung, daß aus der bloßen Stellung des Gebots nicht einmal dem letzten Bieter irgend welcher Anspruch erwächst, geschweige den vorhergehenden; wenn aber der Versteigerer jedes abgegebene Gebot beliebig ignoriren darf, ist nicht einzusehen, warum er nicht einem Bieter gegenüber im Voraus soll erklären können, er werde sein Gebot nicht beachten, was in Wahrheit nichts anderes ist als eine Zurückweisung des Gebots; auch das praktische Bedürfniß spricht für das Zurückweisungsrecht, da ohne dieses durch das Dazwischentreten eines zahlungsunfähigen Bieters der Zweck der Versteigerung vereitelt werden könnte. (Warum M. I, 177 den Versteigerer für solche Fälle darauf verweisen, „die erforderliche Vorkehrung bei Festsetzung der Versteigerungsbedingungen zu treffen", ist nicht recht verständlich.)

6. § 156 schafft nicht zwingendes Recht, aber auch nicht eine bloße Auslegungsregel, sondern dispositives Recht. (Um dies klarzustellen, wurden in der II. Komm. aus dem E. I § 90 die Worte „im Zweifel" gestrichen, P. I, 87; irrthümlich führt D. I, 25 den § 152 des E. III [= § 156 BGB.] als Auslegungsregel an.) Aus den Ver-

---

*) Vgl. Tentler, Die juristische Konstruktion der Versteigerung (Erlanger Diss. ohne Datum).

steigerungsbedingungen kann sich eine von § 156 abweichende Konstruktion ergeben; es kann z. B. der Versteigerer sich des Rechtes, den Zuschlag zu verweigern, im Voraus begeben, oder er kann sich das Recht wahren, auch nach erfolgtem Uebergebote das geringere Gebot wirksam anzunehmen. Vgl. Crome, System Bd. 1 S 402 Anm. 35; Hellmann, Vortr. S. 95.

7. § 156 findet Anwendung auf die Fälle, in welchen eine Versteigerung nach den Vorschriften des BGB. vor sich geht (vgl. §§ 383ff., 489, 753, 966 Abs. 2, 975, 979ff., 1219ff.), auch auf den im Wege der öffentlichen Versteigerung zu bewirkenden Pfandverkauf, für welchen in §§ 1233ff. noch besondere Vorschriften gegeben sind, und auf die Fälle der §§ 373, 376 HGB.; ferner auf die Versteigerung zum Zwecke der Zwangsvollstreckung wegen Geldforderungen nach den Vorschriften der CPO. (vgl. namentlich § 817 Abs. 1) und auf den Verkauf im Wege der Zwangsvollstreckung nach BGB. §§ 456ff. Besonderheiten, auf die hier nicht einzugehen ist, bietet das ZwVG. (namentlich § 72).

§ 157.*)

Verträge sind so auszulegen, wie Treu und Glauben mit Rücksicht auf die Verkehrssitte es erfordern.

E. I, 359; II, 127; III, 153.

1. Unsere Rechtsordnung will nicht, daß summum ius zur summa iniuria werde. Sie läßt daher eine chikanöse Ausübung von Rechten nicht zu (§ 226). Sie ordnet für eine Reihe von Fragen an, daß die Entscheidung „nach billigem Ermessen“ (Beispiele §§ 315, 317, 745 Abs. 2, 1024) oder unter Berücksichtigung der Umstände des Einzelfalls (Beispiele §§ 328 Abs. 2, 829) zu treffen ist, sie versagt dem, was „offenbar unbillig“ ist, ihre Anerkennung (Beispiele §§ 319, 2156). Sie verwehrt dem Rechtsgenossen, sich zur Begründung seines nach der reinen Rechtslogik bestehenden Rechtes auf Thatbestände zu berufen, die er selbst durch ein wider Treu und Glauben verstoßendes Verhalten herbeigeführt hat (s. §§ 162, 815). Vgl. auch § 320 Abs. 2. Sie verweist endlich auf die Wahrung von Treu und Glauben als auf ein allgemein zu beobachtendes Prinzip bei Bewirkung jeder Leistung durch den Schuldner (§ 242) und bei der Auslegung von Verträgen jeder Art (§ 157).

2. Damit beugt sich die Rechtsordnung den Anschauungen einer nicht ausschließlich auf egoistischer Interessenverfolgung aufgebauten sozialen Ethik. Sie erhebt die von Haus aus ethischen Begriffe von Treu und Glauben zu Rechtsbegriffen.

Jede Partei soll glauben d. h. mit Zuversicht darauf vertrauen dürfen, daß die andere Partei in Ausübung ihrer Rechte und Pflichten treu sein d. h. den Anforderungen entsprechen wird, welche ein billig Denkender in Würdigung aller Umstände des einzelnen Falles nach einem objektiven Maßstabe für gerecht halten wird. Der objektive Maßstab, welcher anzulegen ist, ist die Verkehrssitte. Das will nicht nur sagen, daß, wenn eine Verkehrssitte sich gebildet hat, auf diese Rücksicht zu nehmen ist, sondern auch weiterhin, daß, wenn keine thatsächliche Uebung besteht, dem Rechtsgeschäfte, soweit es an besonderer Bestimmung durch die Partei fehlt, derjenige Inhalt zu geben ist, welcher der Auffassung redlicher Verkehrsanschauung entspricht; s. Staub in D. Jur.Z. 1902 S. 24.

So wenig zu verkennen ist, daß die Forderung der Durchführung der Herrschaft von Treu und Glauben, welche an den Richter gestellt wird, nicht verwirklicht werden kann, ohne daß dem richterlichen Ermessen ein gewisser Spielraum bleibt und daß hier an das durch keinerlei Gesetze vorzuschreibende und kaum überall im gleichen Maße vorhandene Rechtsempfinden des Richters appellirt wird, so sehr ist doch andererseits zu betonen, daß der Richter hier keineswegs die Freiheit erhält, aus einem subjektiven Billigkeitsgefühle heraus unter Hinwegsetzung über den Inhalt der Rechtsnormen und des Parteiwillens ex aequo et bono festzustellen und zu urtheilen. Nicht praeter legem, noch weniger contra legem, sondern secundum legem d. h. gemäß dem Geiste des

*) Literatur: Hagen, Die Usance und Treu und Glauben im Verkehre (1894); Stammler, Recht der Schuldverhältnisse, S. 36 ff.; Danz, Auslegung der Rechtsgeschäfte (1897); derselbe in Iherings Jahrb. Bd. 38 S. 373 ff.; Hachenburg, Vortr. S. 9 ff., S. 25 ff.; Schneider, Treu und Glauben im Recht der Schuldverhältnisse des BGB. (1902), insbes. S. 88 ff.; derselbe in D. Jur.Z. 1903 S. 232 ff.; Staub in D. Jur.Z. 1902 S. 24; Crome, System, Bd. 1 S. 68; Endemann, Lehrbuch, Bd. 1 § 100; R. Leonhard, Allg. Theil, S. 351 ff. Oertmann im Recht 1900 S. 3 u. 25; Hölder im Recht 1901 S. 216.

Gesetzes, dem die Begriffe von Treu und Glauben immanent sind, ist der einzelne Fall zu würdigen; kann dies nur geschehen unter Verletzung des Buchstabens des Gesetzes, so ist diese Verletzung dem Gesetze gemäß, weil das Gesetz selbst (§§ 133, 157, 226, 242) es so will. Der Boden des positiven Rechtes wird also bei Anwendung des Prinzips von Treu und Glauben nicht verlassen. (Vgl. hiezu auch die gerechtfertigte Polemik von Hoelder, Komm. Bem. 1 zu § 157 gegen Stammler a. a. O.)

Der Grundsatz der Wahrung von Treu und Glauben ist innerhalb seines Herrschaftsgebiets ein absoluter. Der Verzicht einer Partei auf die Beobachtung von Treu und Glauben durch die Gegenpartei wäre unwirksam; die in der Praxis so häufige Verpflichtung einer Person „unter Verzicht auf alle Einreden" ist daher stets in diesem Sinne einzuschränken. Diese Einschränkung geht noch erheblich weiter als die in § 276 Abs. 2 vorgeschriebene Unwirksamkeit des Abkommens, ne dolus praestetur.

3. Speziell die Bestimmung des § 157 spricht ihrem Wortlaute nach nur von der Auslegung von Verträgen. Aber es handelt sich dabei doch nicht immer lediglich um Auslegen im technischen Sinne d. h. um Feststellung eines bestimmten Erklärungsinhalts (vgl. Bem. 2 zu § 133), sondern, wie in der II. Komm. (P. I, 625) ausdrücklich anerkannt wurde, nicht selten um „Ergänzung des fehlenden Willens durch das Gesetz". Man hat sich zu fragen, welches der Wille der Parteien gewesen wäre, wenn sie die jetzt auftauchende Frage in den Bereich ihrer Abreden gezogen hätten. (So auch Hachenburg, Vortr. S. 25.) Diese Frage ist nach Treu und Glauben zu entscheiden unter Würdigung aller begleitenden Umstände, der Zeit, des Ortes, des Anlasses zum Geschäfte, der sozialen Stellung der Kontrahenten u. s. w. und stets unter Berücksichtigung der Verkehrssitte. Ist z. B. in einem Miethvertrag einer Partei nächtliches Klavierspielen untersagt, so ist ihr auch nächtliches Trompetenblasen verboten, selbst wenn hierüber nichts verabredet ist. (Endemann § 100 Anm. 12, b.)

Aber, da es sich nur um Auslegung bezw. Ergänzung, nicht um Korrektur des Parteiwillens handelt, darf der Richter nicht unter Berufung auf die Verkehrssitte über den erkennbaren Willen der Parteien selbst sich hinwegsetzen. Haben diese etwas rechtsgültig vereinbart, was der Verkehrssitte widerspricht, so hat es bei dem Vereinbarten sein Bewenden, soweit nicht etwa § 138 eingreift.

4. § 157 gilt für Verträge und zwar nicht nur für obligatorische, sondern auch für alle andern Verträge, so für Verträge über die Bestellung von Dienstbarkeiten, für ehegüterrechtliche und erbrechtliche Verträge (P. I, 624 ff.).

Gilt § 157 nur für Verträge? Nach dem Wortlaute des Textes hat es diesen Anschein. Leonhard a. a. O. S. 354 sieht den Grund für diese Beschränkung unter Anderem darin, daß Geschäfte, welche nur ein Einziger abschließt, nicht empfangsbedürftige Erklärungen, z. B. das holographische Testament, keine Verkehrsakte sind, also von einer „Verkehrssitte" nicht wohl die Rede sein kann. Aber Treu und Glauben beanspruchen trotzdem eine Bedeutung für die Auslegung von Willenserklärungen auch über das Gebiet der Verträge hinaus. Auch bei der Auslobung z. B. erweckt, wie Hoelder, Komm. Bem. 1 zu § 157 mit Recht bemerkt, ihr Urheber im Publikum ein Vertrauen, dem seine Pflicht der Treue entspricht, dasselbe gilt z. B. bei Vollmachten; s. Dernburg, Bürg.R. Bd. 1 § 111 unter III. Es geht daher kaum zu weit, wenn allgemein behauptet wird, daß das Vertrauen in eine abgegebene Erklärung durch den Erklärenden selbst nicht zerstört werden darf. (In gleichem Sinne Endemann § 100 Anm. 12, e.) Aus diesem Gesichtspunkte ist auch die alte Regel, daß Zweideutigkeiten in Willenserklärungen gegen den auszulegen sind, der sie redigirt hat, immer noch beachtenswerth; vgl. aber auch RGE. Bd. 53 S. 60.

5. Ueber die Pflicht des Schuldners zur Bewirkung der Leistung nach Treu und Glauben mit Rücksicht auf die Verkehrssitte s. § 242 und Bem. dazu in Bd. II. Ueber das Verhältniß der beiden §§ 157 und 242 Hachenburg, Vortr. S. 25 ff.

Ueber Auslegung von Willenserklärungen im Allgemeinen s. die Bem. zu § 133.

6. Aus dem Zusammenhange der §§ 157, 242, 226 rechtfertigt sich die Annahme eines Fortbestandes der sog. exceptio doli generalis; (a. M. Langheineken, Anspruch und Einrede, S. 324 ff.). Kraft dieser Einrede können solche Ansprüche, welche zwar der Rechtskonsequenz entsprechen, aber als eine unbillige Ausnützung dieser Konsequenz wider Treu und Glauben erschienen, zurückgewiesen werden. S. Jur.Wschr. 1898 S. 425, Hachenburg, Vortr. S. 8 ff.; Eck, Vortr. S. 49: aber auch Endemann, Lehrbuch Bd. 1 § 84, a Anm. 4 und § 100 Anm. 6. Vgl. Bem. 5 zu § 226 und Bem. VIII (letzter Absatz) zu § 123; ebenda über den Satz: Dolo tacit qui petit quod redditurus est.

7. Beispiele der Wahrung von Treu und Glauben unter Rücksicht auf die Verkehrssitte im Sinne des § 157: Miethverträge sind im Zweifel dahin zu verstehen, daß der Miether solche Handlungen, welche nach den allgemeinen Regeln des Nachbarrechts dem Nachbarn gegenüber als rechtswidrig erscheinen, nicht vornehmen darf; (Jur. Wschr. 1901 S. 51; s. auch ebenda S. 848; RGE. Bd. 47 S. 162). — Die Klausel „Nach

eröffneter Schifffahrt“ bedeutet als Erfüllungszeit frühestens den 21. März, wenn auch schon früher offenes Wasser gewesen ist; (Endemann Bd. 1 § 100 Anm. 12, c). — Versicherungsbedingungen sind, weil von der Versicherungsgesellschaft aufgestellt, im Falle von Unklarheit eher zu Gunsten des Versicherten auszulegen. RGE. Bd. 10 S. 160; vgl. auch Bd. 49 S. 290. — Bei einer Gesellschaft zur Ausbeutung und Vervollständigung einer Erfindung darf kein Gesellschafter sich bei einem ähnlichen Unternehmen betheiligen, es müßte denn sein, daß er sich im Vertrage seine Freiheit in dieser Beziehung vorbehalten hat; (Hachenburg, Vortr. S. 28). — Der außergerichtliche Nachlaßvergleich ist dahin auszulegen, daß bei einem Arrangement mit der Gesammtheit der Gläubiger die Offerte des Schuldners an dieselben eine gleichheitliche Behandlung zusagt; der Gläubiger ist, wenn der Schuldner die Verpflichtung der Parität, auch wenn er sie nicht ausdrücklich erklärte, verletzt, an den Nachlaß nicht gebunden (Hachenburg a. a. O.). — Die Klausel S. E. et O. (salvo errore et omissione) unter einer Rechnung bedeutet lediglich den Vorbehalt der Berichtigung eines etwaigen Irrthums, berechtigt aber nicht, die Rechnung hinterher willkürlich zu erhöhen (Seuff. Arch. Bd. 56 Nr. 46). — Vgl. auch RGE. Bd. 47 S. 129 und S. 142; Bd. 50 S. 295 ff.; Bd. 49 S. 157 u. 290; Bd. 54 S. 181 u. D. Jur.Z. 1902 S. 510.

Vierter Titel.

Bedingung. Zeitbestimmung.

Vorbemerkungen.*)

1. Die gemeinrechtliche Lehre hat die Bedingungen und Befristungen sowie die im Allgemeinen Theile des BGB. nicht behandelte Auflage zusammengefaßt als Nebenbestimmungen der Rechtsgeschäfte. Diese Bezeichnung ist insofern angängig, als Bedingungen, Befristungen, Auflagen nicht zu den einem Geschäfte begrifflich wesentlichen Punkten gehören; sind sie aber einmal durch den Parteiwillen zu Inhaltsbestandtheilen des Geschäftes geworden, so sind sie diesem Geschäft ebenso wesentlich wie die begrifflich nothwendigen Elemente. Die Bezeichnung als Nebenbestimmungen bedeutet daher nicht, daß es sich hier um etwas Nebensächliches handeln würde. Im BGB. wird der Ausdruck „Nebenbestimmungen“ geflissentlich vermieden; s. M. I, 249.

Allgemeine Bestimmungen giebt das BGB. nur — auch hier sich die größte Beschränkung auferlegend — für Bedingung und Zeitbestimmung, nicht dagegen für die Auflage (modus). Wohl aber hat das BGB. eine Reihe von Einzelbestimmungen über Auflagen. Solche kommen vor bei der Schenkung (§§ 525 ff.), bei einseitigen Verfügungen von Todeswegen (§ 1940) und beim Erbvertrage (§§ 1941, 2278, 2279); s. über letztwillige Auflagen die §§ 2192—2196. Nach § 1940 erscheint die Auflage als die an einen letztwillig Bedachten gerichtete Anordnung der Verpflichtung zu einer Leistung an einen Andern, ohne daß diesem Andern ein Recht auf die Leistung zugewendet wird. Ueber den Begriff und das Anwendungsgebiet der Auflagen bei Schenkungen s. Bem. II und III zu § 526. Immer noch zutreffend ist die Antithese: Die Bedingung (nämlich die aufschiebende) suspendirt, verpflichtet aber nicht, die Auflage verpflichtet, suspendirt aber nicht.

*) Literatur (auch zu den folgenden Paragraphen): Windscheid, Die Wirkung der erfüllten Bedingung (1851); Fitting im Archiv f. d. civilist. Praxis Bd. 39 S. 307 ff.; v. Scheurl, Zur Lehre von den Nebenbestimmungen bei Rechtsgeschäften (1871); Karlowa, Das Rechtsgeschäft und seine Wirkung S. 76 ff.; Czyhlarz, Resolutivbedingung (1871); H. Wendt, Die Lehre vom bedingten Rechtsgeschäfte (1872); Schulin, Resolutivbedingungen (1875); F. Adickes, Zur Lehre von den Bedingungen (1876); Enneccerus, Rechtsgeschäft, Bedingung und Anfangstermin (1888, 1889); hierüber Merkel in der Krit. V.-Schr. Bd. 33 S. 581 ff.; Pietzger im Archiv f. d. civilist. Praxis Bd. 74 S. 462 ff.; Arthur Kohler im Arch. f. bürgerl. R. Bd. 15 S. 1 ff.; Hellmann, Vorträge S. 155 ff.; R. Leonhard, Allgem. Theil S. 382 ff.; F. Leonhard in Iherings Jahrb. Bd. 39 S. 174 ff.; Crome, System Bd. 1 S. 433 ff.; Manigk, Das Anwendungsgebiet der Vorschriften für die Rechtsgeschäfte S. 289 ff.; Langheineken, Anspruch und Einrede (1903), S. 51 ff.

Windscheid erkannte die Auflage als eine selbständige Kategorie von Nebenbestimmungen neben Bedingung und Zeitbestimmung überhaupt nicht an, sondern wollte die Auflage dem von ihm aufgestellten weiten Begriffe der „Voraussetzung“ einfügen, die er als eine nicht zur Bedingung entwickelte Willensbeschränkung definirte. Die Lehre Windscheids von der Voraussetzung war schon von der gemeinrechtlichen Doktrin überwiegend abgelehnt worden, wird jetzt selbst vom Herausgeber der 8. Aufl. des Windscheid'schen Pandektenwerks (Kipp Bd. 1 S. 437) preisgegeben und ist auch vom BGB. nicht recipirt worden. Es ist daher kein Anlaß, auf sie hier näher einzugehen. Dem mit der Voraussetzungslehre in Zusammenhange stehenden richtigen Gedanken, daß die durch eine Leistung eintretende Vermögensverschiebung dann keine definitive sein soll, wenn der rechtliche Grund später wegfällt oder der mit der Leistung nach dem Inhalte des Rechtsgeschäftes bezweckte Erfolg nicht eintritt, trägt das Gesetz jetzt Rechnung durch die Bestimmungen über ungerechtfertigte Bereicherung in den §§ 812 ff. Vgl. auch oben in der Einleitung z. 3. Abschnitt (vor § 104) unter III und VI, F, für den unter unrichtigen Voraussetzungen abgeschlossenen Vergleich s. § 779.

2. Der Ausdruck Bedingung wird in mehrfachem Sinne gebraucht. Er bedeutet:

a) Die durch Parteiwillkür zum Inhalt eines Rechtsgeschäfts erhobene Bestimmung, wonach die Rechtswirkungen dieses Geschäftes von einem zukünftigen, jetzt ungewissen Thatbestand abhängig gemacht werden;

b) diesen ungewissen künftigen Thatbestand selbst;

c) im uneigentlichen Sinne sämmtliche von den Parteien vereinbarten Klauseln eines Rechtsgeschäfts; wenn im letzteren Sinne von Bedingungen (Geschäftsbedingungen) gesprochen wird, ist diese Ausdrucksweise jedoch keine technische (singulär HGB. § 387 Abs. 1).

Das BGB. spricht von Bedingung im Sinne a und b; beide Bedeutungen finden sich z. B. im § 158 Abs. 1: „. . . . so tritt die von der Bedingung (a) abhängig gemachte Wirkung mit dem Eintritte der Bedingung (b) ein.“ Endemann (Lehrbuch, Bd. 1 § 76 Anm. 1) findet die Fassung des § 158 „leide“ unter dieser Doppeldeutigkeit des Wortes; aber die Bedingung hat den erwähnten Doppelsinn nicht erst durch das BGB. erhalten, sondern von jeher gehabt; vgl. z. B. l. 11 § 1 D. 20,4 „. . . cum enim semel condicio (im Sinne b) existit, perinde habetur, ac si illo tempore quo stipulatio interposita est sine condicione (im Sinne a) facta esset.

Ueber Begriffsbestimmung der Bedingung in den bisherigen Kodifikationen s. PLR. Thl. I Tit. 4 § 100; Cod. civ. art. 1168; österr. GB. § 696; Schweiz. Obl.R. Art. 171.

3. Durch Aufnahme einer Bedingung in ein Rechtsgeschäft wird nicht etwa einer Willenserklärung eine zweite, beschränkende Willenserklärung beigefügt. Vielmehr bildet die bedingte Willenserklärung eine untrennbare Einheit; das gilt auch für das resolutiv bedingte Rechtsgeschäft; s. Bem. 7 zu § 158. Ueber die hiemit in Zusammenhang stehende Frage der Beweislast s. Bem. 10 zu § 158.

4. Bedingt ist beim bedingten Rechtsgeschäfte nicht das Wollen, welches als eine gegenwärtige Thatsache gar nicht von einem zukünftigen Ereigniß abhängig sein kann, sondern, je nachdem es sich um aufschiebende oder auflösende Bedingung handelt, der Eintritt oder der Fortbestand der Rechtswirkung; diese wird von einem bestimmten Ereignisse abhängig gemacht. (Vgl. Enneccerus a. a. O. S. 177 ff. gegen Fitting, Unger, Arndts.) Von einer Selbstbeschränkung des Willens zu reden, wäre also nicht richtig.

Auch das bedingte Rechtsgeschäft ist, da es eine gegenwärtige Willenserklärung als wesentliches Thatbestandselement enthält, ein gegenwärtig existirendes Rechtsgeschäft und damit den allgemeinen Vorschriften des BGB. über Rechtsgeschäfte unterworfen.

5. Es giebt Rechtsgeschäfte, welche es ihrer Natur nach überhaupt nicht vertragen, daß ihre Wirkung von einer Bedingung oder Zeitbestimmung abhängig gemacht wird. Schon das römische Recht kannte eine Reihe von actus legitimi qui non recipiunt diem vel condicionem (l. 77 D. 50, 17). Nach dem BGB. gehören

hieher die Aufrechnung (§ 388), die Auflassung (§ 925), die Eheschließung (§ 1317), die Ablehnung der Fortsetzung der Gütergemeinschaft (§ 1484 Abs. 2), die Anerkennung der Ehelichkeit (§ 1598), die Ehelichkeitserklärung (§ 1724), die Begründung oder Aufhebung des Adoptivverhältnisses (§§ 1742, 1768), die Annahme oder Ausschlagung der Erbschaft (§ 1947) oder eines Vermächtnisses (§ 2180 Abs. 3), die Erklärung der Annahme oder Ablehnung des Amtes eines Testamentsvollstreckers (§ 2202). Auch für die Mahnung dürfte, obwohl das im BGB. nicht gesagt ist, ihrer Natur nach das Erforderniß der Unbedingtheit aufzustellen sein; (anders unsere 1. Aufl.).

Auch die Anfechtungserklärung, die Einwilligung und die Genehmigung vertragen ihrer Natur nach keine Bedingung; Unbedingtheit muß hier schon deßhalb gefordert werden, weil durch diese Rechtsakte Dritte unmittelbar berührt werden können, deren Interesse eine klare Entscheidung der Rechtslage verlangt (so auch Hellmann, Vortr. S. 158). Bezüglich der Annahme eines Vertragsantrags s. § 150 Abs. 2. Ueberwiegend wird auch für die Kündigung das Erforderniß der Unbedingtheit aufgestellt, so z. B. von Planck Vorbem. 1 vor § 158, Cosack Bd. 1 § 61 unter V, Fischer(=Henle) zu § 158 Anm. 2, Rehbein, Komm. S. 228, Fränkel, Mieth= und Pachtrecht S. 62, Immerwahr, Kündigung, S. 80 ff., ROHG. Bd. 4 S. 341 ff.; M. I, 249; II, 314. M. I, 413 erachten es geradezu als „selbstverständlich, daß eine bedingte Kündigung wirkungslos ist." Das Gesetz weiß aber hievon nichts und der Natur der Kündigung widerspricht die Hinzufügung einer Bedingung keineswegs in allen Fällen. Vor allem wird man die sog. Potestativbedingungen zulassen müssen. Diese Ausnahme macht auch Thiele (die Kündigung, im Archiv f. d. civilist. Praxis Bd. 89 S. 148), indem er, wohl mit Recht, behauptet, der Grundsatz der Unbedingtheit der Kündigung habe lediglich den Zweck, daß für den Kündigungsempfänger keine Unklarheit darüber besteht, ob das Vertragsverhältniß aufgehoben wird oder nicht, daß aber, wenn er selbst in der Lage ist, die Bedingung jederzeit zu erfüllen, von einer Unklarheit oder Ungewißheit nicht die Rede sein kann (vgl. auch RGE. bei Bolze Bd. 22 N. 264; OLG. Braunschweig in Seuff. Arch. Bd. 57 Nr. 3). Aehnlich R. Leonhard, Allg. Theil S. 402, der annimmt, man dürfe dem Hauswirthe vor Ablauf der Frist unter der Bedingung die Wohnung kündigen, daß er während dieser Frist einen Umbau beginnen werde, nicht aber unter der Bedingung, daß der Miether in demselben Zeitraum nach außerhalb versetzt werden sollte; und Fuld (Das Miethrecht S. 153), der es für wirksam erklärt, wenn der Vermiether kündigt, falls der Miether nicht bis zu einer bestimmten Stunde zahlt. Man wird aber die bedingte Kündigung auch stets dann für zulässig erklären müssen, wenn der Erklärungsgegner in die Bedingtheit einwilligt, was nach den Grundsätzen der Willensauslegung regelmäßig schon dann anzunehmen sein wird, wenn er die bedingte Kündigungserklärung nicht zurückweist. Für die Zulässigkeit der Bedingung in diesem Falle auch Hellmann, Vortr. S. 158; ebenso Crome, System Bd. 1 S. 438, dessen Argument aus § 1160 Abs. 2 wir uns jedoch nicht aneignen möchten; F. Leonhard (in Iherings Jahrb. f. Dogm. Bd. 41 S. 62 f.) giebt zu, daß die vom Gegner angenommene bedingte Kündigung gültig ist, nicht aber, daß bei seinem Stillschweigen seine Zustimmung anzunehmen ist, ebenso Planck, 3. Aufl., Vorbem. 1 vor § 158. Vgl. auch die Konstruktionen von Endemann Bd. 1 § 76 Anm. 12 und von Oertmann, Komm. zu § 564 Bem. 2, b.

Bei gewissen Geschäften werden bestimmte Bedingungen für unzulässig erklärt; s. §§ 506, 2065.

Die Folge der Aufnahme einer unzulässigen Bedingung (oder Zeitbestimmung) in einen Geschäftsinhalt bemißt sich, da in der Bedingung ein Inhaltsbestandtheil eines einheitlich aufzufassenden Rechtsgeschäfts zu erblicken ist, mangels besonderer Vorschriften nach den allgemeinen Bestimmungen über Rechtsgeschäfte, vor allem nach § 139: ist ein Theil eines Rechtsgeschäftes nichtig, so ist das ganze Rechtsgeschäft nichtig, wenn nicht anzunehmen ist, daß es auch ohne den nichtigen Theil vorgenommen sein würde. Kipp (bei Windscheid, Bd. 1 S. 389 u. 420) kommt praktisch zu demselben Ergebnisse, will aber im Falle einer ungültigen Suspensivbedingung den § 139 nicht wie im Falle ungültiger Resolutiv=

bedingung direkt, sondern nur analog anwenden, weil im Rechte des BGB. die aufschiebend bedingte Willenserklärung nicht in zwei Bestandtheile zerlegt werden könne, sondern etwas einheitliches anderes sei als die unbedingte Willenserklärung. Diese Einheitlichkeit ist allerdings, wie schon oben in Bem. 3 erwähnt, zuzugeben; es ist aber nicht einzusehen, warum diese Auffassung einer direkten Anwendung des § 139 hinderlich sein soll, welcher unseres Erachtens gleichfalls ein als einheitlich sich darstellendes Rechtsgeschäft unterstellt. S. unsere Bem. 3 zu § 139.

Ueber die Folgen der Aufnahme unsittlicher oder unmöglicher Bedingungen in einen Geschäftsinhalt s. die folgende Bem. 7e.

6. Was die Eintheilung der Bedingungen betrifft, so hat das BGB. die althergebrachte und wegen ihrer großen praktischen Bedeutung nicht zu entbehrende Scheidung in Suspensiv- und Resolutivbedingungen („aufschiebende" und „auflösende" Bedingungen) acceptirt (s. hierüber die Bem. zu § 158), im Uebrigen aber auf eine Differenzirung verzichtet.

Die Eintheilung in bejahende und verneinende, affirmative und negative Bedingungen (vgl. österr. GB. § 696), je nachdem ihre Erfüllung eine Veränderung oder eine Nichtveränderung des zur Zeit der Vornahme des bedingten Geschäftes bestehenden Zustandes erfordert, hat nur mehr theoretische Bedeutung. Auf die hier zwischen Dernburg (Pand. Bd. 1 § 106) und Regelsberger (Pand. § 152 Anm. 1) bestehende terminologische Kontroverse ist daher nicht einzugehen. Früher spielte die Unterscheidung eine Rolle in der Lehre von der cautio Muciana, einem Falle, der jetzt durch § 2075 BGB. gedeckt wird; die in § 2075 gegebene Auslegungsregel findet Anwendung, gleichgültig, ob die dem Sinne nach gegebene negative Potestativbedingung sprachlich negativ oder affirmativ gefaßt ist.

Die gemeinrechtliche Lehre und der Cod. civ. (art. 1169—1171) unterschieden ferner potestative, kasuelle und sog. gemischte Bedingungen, je nachdem der Eintritt der Bedingungen vom Verhalten dessen abhängt, dem sie gesetzt ist oder, von Umständen, die von seinem Verhalten unabhängig sind, oder von seinem Verhalten und davon unabhängigen Umständen. Es leuchtet jedoch ein, daß es, strenge genommen, eine reine Potestativbedingung gar nicht giebt, es müßte denn der Fall sein, daß der Eintritt bezw. Fortbestand der Rechtswirkung eben lediglich an das Wollen des bedingt Berechtigten oder Verpflichteten geknüpft wird. Das hiefür von Dernburg (Pand. § 106) gebrachte Beispiel „wenn er den N. zum Erben einsetzt", dürfte verfehlt sein, denn N. kann sofort sterben; (ähnlich ungenau allerdings schon Ulpian in l. 4 § 1 D. 28, 5). Die Frage aber, ob die Wirkung eines Geschäfts überhaupt in der Weise bedingt werden kann, daß sie von der reinen Willkür einer Person abhängig gemacht wird, sei es des Erklärenden oder des Gegenkontrahenten oder eines Dritten, ist recht zweifelhaft und auch durch das BGB. keineswegs klar gestellt. Ueber die Ansichten für das gemeine Recht (herrschende Meinung verneinend) s. F. Leonhard, Willkür und Willenserklärung, in Iherings Jahrb. Bd. 39 S. 144 ff. E. I § 138 hatte bestimmt: „Die Bedingung kann in einer Handlung bestehen, deren Vornahme von der Willkür des Verpflichteten abhängt. Besteht die aufschiebende Bedingung in dem bloßen Wollen des Verpflichteten, so ist die Verpflichtung unwirksam". (Ebenso sächs. GB. § 876, cod. civ. art. 1174). In der II. Komm. wurde die Bestimmung gestrichen, weil sie sich „ihres doktrinären Charakters wegen" zur Aufnahme in das BGB. nicht eigne und weil auch E. I § 79, wonach bei gegenseitigen Verträgen bestimmt werden konnte, daß der eine Vertragschließende nur gebunden sei, wenn er wolle, beseitigt worden sei. (P. I, 185; vgl. auch 75.)

Jetzt ist die Gesetzeslage folgende: Beim Kauf auf Probe oder auf Besicht kann nach ausdrücklicher Bestimmung des § 495 BGB. die Entscheidung auf die reine Willkür des Käufers gestellt werden; nach § 2065 kann der Erblasser eine letztwillige Verfügung nicht in der Weise treffen, daß ein Anderer zu bestimmen hat, ob sie gelten oder nicht gelten soll. (Vgl. auch § 2181.) Im Uebrigen fehlt es an einer besonderen Vorschrift. Insbesondere darf § 315, der von der Bestimmung des Inhalts der Leistung handelt, hier nicht ohne Weiteres als Analogon herangezogen werden. Man wird bei dieser Sachlage, da nach BGB. grundsätzlich Vertragsfreiheit herrscht, nicht umhin können, anzuerkennen, daß **grundsätzlich** auch die mera voluntas als Bedingung gesetzt werden kann, vorausgesetzt, daß darunter das irgendwie **erklärte** bloße Belieben verstanden wird, da ein rein innerlich gebliebener Wille überhaupt keine Beachtung der Rechtsordnung finden und daher auch nicht zur Bedingung erhoben werden kann. Für die Gültigkeit auch ROHG. Bd. 16 S. 427 ff. Bei der Auslegung solcher Rechtsgeschäfte ist besonderer Anlaß zur Beachtung der §§ 133, 157, 242. Namentlich ist darauf hinzuweisen, daß nicht selten das „freie Belieben“ nach dem wahren Willen der Parteien in Wahrheit als billiges Ermessen, als boni viri arbitrium zu deuten sein wird. (Vgl. Rehbein, Komm. Bd. 1 S. 231 f., RGE. Bd. 1 S. 342, Bd. 40 S. 195.) So wird z. B. bei der Auslobung der Vorbehalt der Entscheidung vielfach nur den Sinn haben, daß der Auslobende sich ein sachliches Ermessen ausbedingen will. (F. Leonhard a. a. O. S. 207; Regelsberger, Civilrechtl. Erörterungen S. 202 f.) **Nichtig** ist das Rechtsgeschäft dann, wenn es in Folge der Aufnahme einer auf die mera voluntas gestellten Bedingung seinen **ernstlichen Charakter verliert** (s. § 118). Ob dies zutrifft, ist eine nur nach den Umständen des konkreten Falles zu entscheidende Frage der Willensauslegung. (Hellmann, Vortr. S. 158 hält bei Schuldverträgen die Bedingung des Schuldners si volam durchgehends für unzulässig arg. a fortiori aus § 118. Planck, Bem. 8 zu § 158 stellt sich in der 3. Aufl. auf den oben vertretenen Standpunkt, indem er sagt, das Wollen des Verpflichteten könne nicht als Bedingung bestimmt werden, wohl aber die Erklärung des Wollens.)

7. Ueber sog. **uneigentliche Bedingungen** und **Scheinbedingungen** hat das BGB. keine besonderen Bestimmungen getroffen. Die hierauf bezüglichen §§ 137, 139, 140 E. I wurden in der II. Komm. gestrichen. (P. I, 184 ff.) Im Einzelnen ist nunmehr zu sagen:

a) Eine echte Bedingung liegt nur dann vor, wenn die Abhängigkeit der Rechtswirkung von einem gewissen Umstande auf rechtsgeschäftlichem Willen beruht, nicht, wenn sie auf Vorschrift der Rechtsordnung beruht. Die Wiederholung einer nach der Rechtsordnung ohnehin nothwendigen Bedingung eines Geschäfts (**condicio iuris**, **Rechtsbedingung**) ist überflüssig und bedeutungslos. Sie schadet daher auch da nicht, wo etwa das Gesetz den Zusatz von Bedingungen für unzulässig erklärt hat; das Geschäft ist trotz der Bedingungsform in Wahrheit ein unbedingtes und wie ein solches zu behandeln. (Gegentheiliger Ansicht Kipp bei Windscheid, Bd. 1 S. 393 u. 426.) E. I § 140 hatte bestimmt: „Durch Beifügung einer Bedingung, welche die rechtliche Wirkung von einem Umstande abhängig macht, von welchem dieselbe auch ohne den Willen des Erklärten abhängig ist, wird an der rechtlichen Bestimmtheit des Verhältnisses nichts geändert.“ Die II. Komm. hat diese Bestimmung wegen ihrer nur lehrhaften Bedeutung gestrichen. Vgl. auch Langheineken, Anspruch und Einrede, S. 53. Möglich ist, daß die Betheiligten bei Setzung einer Rechtsbedingung ein Mehreres beabsichtigen, als das Gesetz an sich ergiebt. Dann kann eine wahre Bedingung vorliegen. Ob jene Absicht der Partei vorliegt, ist natürlich Frage der Willensauslegung. Vgl. Bd. V Bem. I, 2 zu §§ 2074, 2075.

Die **stillschweigende Bedingung** (condicio tacita) wird vielfach mit der condicio iuris identifizirt. Der Begriff der stillschweigenden Bedingung ist jedoch weiter; er umfaßt auch solche Existenzbedingungen eines Geschäfts, welche nicht auf gesetzlicher Vorschrift, sondern auf dem durch konkludentes Verhalten zum Ausdrucke gebrachten Parteiwillen beruhen. Stillschweigende Bedingungen im letzteren Sinne sind eigentliche Bedingungen, werden also, und dadurch unterscheiden sie sich praktisch von der condicio iuris, von den gesetzlichen Bedingungsverboten betroffen.

Ueber die Möglichkeit der **Eventualaufrechnung** im Prozeß s. Bem. 2 zu § 388.

b) Nothwendige Bedingungen (condiciones necessariae) d. h. das Abhängigmachen der Rechtswirkung von unausbleiblichen Ereignissen, sind nur Scheinbedingungen. Das BGB. bestimmt über sie, ebenso wie über unmögliche Bedingungen, nichts; (Begründung M. I, 265; anders PLR. Thl. I Tit. 4 §§ 129 ff., Tit. 12 §§ 62, 504; cod. civ. art. 1172, 900, sächs. GB. §§ 884, 885). Die unter einer nothwendigen Suspensivbedingung gewollte Rechtswirkung ist eine unbedingt gewollte; die nothwendige Bedingung bleibt also hier unbeachtet. Es wird jedoch in solchen Fällen immer zu prüfen sein, ob die anscheinende Bedingung nicht vielmehr einen dies a quo enthält, eine Auslegung, die wohl in der Regel dem wahren Parteiwillen (s. § 133) entsprechen wird; dann findet § 163 Anwendung. Ist das nothwendige Ereigniß Inhalt einer resolutiven Bedingung, so wird man grundsätzlich, da die Zerstörung der Geschäftswirkung eine von ihrem Schöpfer von vornherein gewollte ist, das Rechtsgeschäft als unwirksam ansehen müssen; aber auch hier wird die Auslegung der Willenserklärung (s. § 133) sehr häufig dazu führen, das Geschäft nicht als ein bedingt gewolltes, sondern als ein durch einen dies ad quem befristetes aufzufassen; Folge dieser Auffassung ist die Anwendung des § 163. Ueber die prinzipielle Unterscheidung von Bedingung und Befristung s. die Bem. 2 zu § 163.

c) Ueber die unmögliche Bedingung d. h. diejenige, deren Nichteintritt schon bei der Vornahme des Geschäfts mit Gewißheit feststeht, hat das BGB. gleichfalls nichts bestimmt. M. I, 265 ff. Die rechtliche Würdigung ist hier einfach. Ist die unmögliche Bedingung eine aufschiebende, so ist das Rechtsgeschäft, da der die Rechtswirkung begründende Umstand nie eintreten kann, unwirksam; ist sie eine auflösende, so ist das Geschäft, da der die Rechtswirkung bedrohende Umstand nie eintreten kann, als unbedingt errichtet anzusehen; die unmögliche Resolutivbedingung gilt also als nicht gesetzt. Nicht eine unmögliche, sondern eine eigentliche Bedingung, die ausfällt, liegt vor, wenn die zur Zeit der Geschäftserrichtung mögliche Erfüllung einer Bedingung in der Folge unmöglich wird; keine unmögliche, sondern eine noch unentschiedene eigentliche Bedingung liegt ferner vor, wenn die Erfüllung zwar zur Zeit der Errichtung des Rechtsgeschäfts unmöglich ist, aber in der Folge noch möglich werden kann, so z. B., wenn die Bedingung die künftige Aenderung einer gesetzlichen Regel zum Inhalte hat. Die vom Gesetze nicht ausdrücklich entschiedene und nach Meinung der M. I, 265 ff. positiver Lösung nicht bedürftige Frage, ob es für die Möglichkeit einer Bedingung genüge, daß das Ereigniß, auf welches sie gestellt ist, unter der Voraussetzung einer künftigen Rechtsänderung eintreten könne, ist zu bejahen. Eine andere Frage ist es, ob durch Aufnahme der Bedingung der Rechtsänderung das Geschäft nicht ein seinem Inhalte nach unerlaubtes bez. gegen die guten Sitten verstoßendes wird. Das kann der Fall sein, wenn in dem Rechtssatze, dessen Aenderung Bedingungsinhalt ist, ein ethischer oder sozialpolitischer Grundsatz zu Tage tritt; nichtig wäre daher z. B. ein Rechtsgeschäft, welches für den Fall abgeschlossen wird, daß die Monogamie aufgehoben wird. Es wird sich aber nicht behaupten lassen, daß das Rechnen mit einer Gesetzesänderung an sich schon den Geschäftsinhalt unzulässig mache, namentlich dann nicht, wenn es sich um Gesetzesvorschriften handelt, denen rein wirthschaftliche, praktische oder juristisch-technische Erwägungen zu Grunde liegen; daher ist z. B. die Aufnahme der sog. Goldklausel in Darlehensverträge für den Fall der Währungsänderung nicht als unzulässig zu erachten. — Vgl. auch § 308 Abs. 2.

Bei letztwilligen Verfügungen sind unmögliche Bedingungen nunmehr ebenso zu behandeln, wie bei Geschäften unter Lebenden; vgl. Bd. 5 Bem. I, 3 zu §§ 2074, 2075.

d) Ueber die zur Zeit der Vornahme des Rechtsgeschäfts bereits entschiedene Bedingung (condicio in praesens vel praeteritum collata) hatte E. I § 137 eine Bestimmung. Darnach sollte das Rechtsgeschäft mit bereits erfüllter Suspensivbedingung als unbedingt errichtet, das Rechtsgeschäft mit bereits eingetretener Resolutivbedingung als unwirksam anzusehen sein, die entgegengesetzte Folge aber eintreten, wenn die Bedingung zur Zeit der Vornahme des Rechtsgeschäfts bereits ausgefallen ist. Das ist, als der Rechtslogik entsprechend, auch nach BGB. anzunehmen, obwohl in der II. Komm. jener § 137 E. I gestrichen wurde. Eine eigentliche Bedingung liegt in der cond. in praes. vel praeteritum collata nicht; der eigenthümliche Schwebezustand fehlt. (Hellmann, Vortr. S. 156 dagegen nimmt an, daß auch die cond. in praes. vel. praet. coll., ebenso wie die cond. necessaria und impossibilis, von dem einen Bedingungsbegriffe gedeckt werden, da das BGB. eine Unterscheidung von eigentlichen und uneigentlichen Bedingungen nicht kenne.) Ob die Betheiligten wissen, daß der als Bedingung gesetzte Umstand bereits entschieden ist oder ob sie sich ihn etwa als einen erst zukünftig zur Entscheidung kommenden vorstellen oder ob sie, was der praktisch häufigste Fall sein wird, über den Eintritt des Umstandes im Ungewissen sind, ist, wie nach bisherigem (vgl. l. 120 D. 45, 1), so auch nach jetzigem Rechte belanglos. Die condicio in praes. vel praet. coll. ist nur eine Scheinbedingung. Denn die echte Bedingung setzt stets objektive Ungewißheit über den Eintritt oder Nichteintritt der gewollten Rechtswirkung voraus; wobei jedoch, da vom rein logischen Standpunkt aus etwas objektiv nur entweder existiren oder nicht existiren kann, das objektiv Ungewisse nur im Sinne eines für menschliches Wissen ungewissen Umstandes zu verstehen ist. (Vgl. Enneccerus, Bürg. R. S. 226; R. Leonhard, Allgem. Theil S. 388 ff. Fischer-Henle, Bem. 2 zu § 158 verlangte früher für die echte Bedingung die Abhängigkeit von einem „wenigstens subjektiv ungewissen" Ereignisse; von der 5. Aufl. an hat er die Worte „wenigstens subjektiv" gestrichen, scheint also jetzt die hier vertretene Auffassung zu theilen.) Häufig wird es sich übrigens bei der cond. in praes. vel praet. collata um eine Wette (§ 762) handeln (s. Endemann Bd. 1 § 76 Anm. 10).

e) Ist einem Rechtsgeschäft eine unverständliche oder widersinnige Bedingung beigefügt, so ist dasselbe nichtig. Dieser Grundsatz gilt auch jetzt, nachdem § 139 E. I, der ihn ausdrücklich aussprach, in der II. Komm. gestrichen wurde; P. I, 185. Er gilt, gleichviel, ob die widersinnige bez. unverständliche Bedingung als eine aufschiebende oder als eine auflösende gewollt ist, da auch bei auflösender Bedingung das Rechtsgeschäft ein einheitliches ist und die Bedingung sich vom Gesammtinhalte des Geschäfts regelmäßig nicht dergestalt trennen läßt, daß der unbedingte Theil in Kraft bliebe, wenn der bedingende Theil hinfällig würde. Vgl. M. I, 267. Der Grund der Nichtigkeit des mit einer unverständlichen bez. widersinnigen Bedingung behafteten Geschäfts liegt darin, weil dabei im Unklaren bleibt, inwieweit der Bestand der rechtlichen Wirkung gewollt ist; kann diese Unklarheit im Wege der Auslegung (s. insbesondere §§ 133, 2084) behoben werden (so häufig, wenn die Perplexität auf Schreibversehen beruht), so tritt Nichtigkeit natürlich nicht ein.

f) Ueber unerlaubte und unsittliche Bedingungen hat das BGB. (im Gegensatze zu PLR. Thl. I Tit. 4 §§ 136, 137, Tit. 5 §§ 227, 228; cod. civ. art. 1172; sächs. GB. §§ 109, 880) keine besondere Bestimmungen getroffen. Vgl. M. I, 267 f. Es sind daher die allgemeinen Vorschriften über unerlaubten bez. unsittlichen Geschäftsinhalt heranzuziehen. Es kommt darauf an, ob durch die Beifügung der Bedingung das Rechtsgeschäft selbst zu einem unerlaubten bez. unsittlichen wird, eine Frage, für deren Beantwortung zu beachten ist, daß die Bedingung, sei sie eine aufschiebende oder eine auflösende, einen wesentlichen und untrennbaren Bestandtheil der Willenserklärung bildet. Unerlaubte und unsittliche Bedingungen sind daher nicht zu streichen, sondern machen das Geschäft nach Maßgabe der §§ 134, 138 unwirksam. (Ueber das bisherige Recht M. I, 267 ff.) Bei letztwilligen Verfügungen sind unerlaubte und unsittliche Bedingungen nach BGB. nicht anders zu behandeln, als bei Geschäften unter Lebenden. (Vgl. Bd. V Bem. I, 4 zu §§ 2074, 2075.) Darüber, wann Unerlaubtheit oder ein Verstoß gegen die guten Sitten anzunehmen ist, s. die Bem. zu den §§ 134 und 138. Als gegen § 138 Abs. 1 verstoßend kann auch ein Rechtsgeschäft nichtig sein, welches eine Bedingung enthält, die bestimmt oder geeignet ist, den Bedachten lächerlich zu machen, ausnahmsweise auch, wenn die besonderen Umstände eine solche Beurtheilung rechtfertigen, ein Rechtsgeschäft, das in Bedingungsform eine kaptatorische Verfügung enthält. (Die Bem. von Strohal, Erbrecht, 2. Aufl. S. 82: die kaptatorischen Verfügungen seien — im Gegensatze zum römischen Rechte — als gültig zu behandeln, entspricht gewiß dem Normalfalle.) Eine Rettung des wegen der unerlaubten bez. unsittlichen Bedingung nichtigen Geschäfts durch seine Aufrechterhaltung als unbedingtes Geschäft dürfte ausgeschlossen sein, da die faktischen Voraussetzungen des § 140 hier kaum je vorliegen werden. Hellmann (Vortr. S. 168) hält es für möglich, daß nur die Bedingung gegen ein gesetzliches Verbot oder die guten Sitten verstößt, nicht das Geschäft im Ganzen, und wendet für diesen Fall § 139 an. Aber wenn, um bei dem von Hellmann angeführten Beispiele zu bleiben, ein Dienstvertrag unter der Bedingung abgeschlossen wird, daß der Dienstverpflichtete die zur Sicherung seines Lebens oder seiner Gesundheit erforderlichen Vorrichtungen innerhalb bestimmter Frist selbst herstelle, so macht doch wohl der hierin liegende Verstoß gegen § 619 den ganzen Dienstvertrag, der als ein einheitlicher zu denken ist, zu einem wegen seines Inhalts unerlaubten. Regelmäßig ist übrigens in solchen Fällen nicht anzunehmen, daß das Geschäft auch ohne die Bedingung vorgenommen sein würde, führt also auch die Anwendung des § 139 zur Annahme gänzlicher Nichtigkeit.

Unnütze Bedingungen stehen den unerlaubten nicht gleich. Das PLR. (Thl. I Tit. 4 §§ 133 ff.) hatte besondere Bestimmungen über Bedingungen, „von deren Erfüllung kein Nutzen abzusehen ist." Das BGB. hat das nicht nachgeahmt (M. I, 264), unterstellt also die unnützen Bedingungen seinen allgemeinen Regeln über Bedingungen.

8. Vererblichkeit und Uebertragbarkeit. Das bedingte Recht und die bedingte Verpflichtung sind nach den für das unbedingte Recht und die unbedingte Verpflichtung geltenden Vorschriften vererblich. Das war in dem von der II. Komm. (P. I, 181) gestrichenen § 132 E. I ausdrücklich gesagt, gilt aber auch ohne diese besondere Bestimmung. Die während der Schwebezeit der Bedingung bestehende Anwartschaft bildet einen Vermögenswerth, welcher wie jeder andere Vermögensbestandtheil auf die Erben übergeht. Jedoch besteht die Auslegungsregel (§ 2074), daß eine letztwillige Zuwendung, welche der Erblasser unter einer aufschiebenden Bedingung gemacht hat, nur gelten soll, wenn der Bedachte den Eintritt der Bedingung erlebt. Hierüber s. Bd. V Bem. IV zu §§ 2074, 2075 und Strohal, Erbrecht, 2. Aufl. S. 78 ff.

Das bedingte Recht und die bedingte Verpflichtung können Gegenstand von Rechtsgeschäften sein. Eine bedingte Forderung ist demnach tauglich, durch Bürgschaft, Hypothek oder Mobiliarpfandrecht gesichert zu werden (vgl. §§ 765 Abs. 2, 1113 Abs. 2, 1204 Abs. 2) und vor allem ist das bedingte Recht übertragbar, soweit das unbedingte Recht übertragbar ist (also nicht, soweit es der Pfändung nicht unterworfen ist, § 400). Vgl. aber § 161 und Bem. dazu.

9. Ueber Sicherstellung bedingter Rechte s. die Bem. 7 zu § 160.

10. Bedingte und befristete Rechtsverhältnisse können Gegenstand einer positiven oder negativen Feststellungsklage nach CPO. § 256 sein.

11. Konkursrechtlich ist zu bemerken, daß bedingte und betagte Rechte des Gemeinschuldners schon vor Eintritt der Bedingung oder des Termines zu seinem Vermögen und damit zur Konkursmasse gehören; so z. B. Ansprüche aus Versicherungsverträgen zu Gunsten des Gemeinschuldners (s. L. Seuffert, Konkursprozeßrecht S. 78). Der Konkursverwalter kann das bedingte Recht, die Anwartschaft, für die Masse unter Umständen verwerthen (s. Jäger, Komm. z. KO. Anm. 54 zu § 1). Auflösend bedingte, zur Konkursmasse gehörige Rechte des Gemeinschuldners werden durch den Bedingungseintritt der Masse entzogen und Gegenstand eines Aussonderungsrechts (Jäger a. a. O. Anm. 55). Aufschiebend bedingte Forderungen gegen die Konkursmasse gehören zur Passivmasse, sie sind Konkursforderungen, aber sie berechtigen nur zu einer Sicherung (KO. § 67); über ihre Berücksichtigung bei einer Abschlagsvertheilung und bei der Schlußvertheilung s. KO. §§ 154, 168 Ziff. 2. Auflösend bedingte Forderungen gegen die Konkursmasse werden nach KO. § 66 wie unbedingte geltend gemacht, die darauf entfallenden Antheile werden aber bei der Vertheilung zurückbehalten, soferne der Gläubiger zu einer Sicherheitsleistung verpflichtet ist und die Sicherheit nicht leistet (KO. § 168 Nr. 4). Ueber das Aufrechnungsrecht mit bedingten oder betagten Forderungen s. KO. § 54, über das Stimmrecht für aufschiebend bedingte Forderungen in der Gläubigerversammlung KO. § 96.

12. Näheres über Zeitbestimmung in den Bem. zu § 163.

§ 158.

Wird ein Rechtsgeschäft unter einer aufschiebenden Bedingung vorgenommen, so tritt die von der Bedingung abhängig gemachte Wirkung mit dem Eintritte der Bedingung ein.

Wird ein Rechtsgeschäft unter einer auflösenden Bedingung vorgenommen, so endigt mit dem Eintritte der Bedingung die Wirkung des Rechtsgeschäfts; mit diesem Zeitpunkte tritt der frühere Rechtszustand wieder ein.

E. I, 124, 129; II, 128; III, 154.

1. Ueber Begriffsbestimmung und Arten der Bedingung s. Vorbem. vor diesem Titel.

2. Die Abhängigkeit der Wirkung eines Rechtsgeschäfts von einem künftigen ungewissen Ereignisse ist in doppelter Weise denkbar: entweder so, daß die Wirkung erst mit dem künftigen Ereignisse eintreten soll, oder so, daß die Wirkung zwar sofort eintreten, aber in ihrem Fortbestande von dem Eintritte bez. Nichteintritte des künftigen Ereignisses abhängig sein soll. Bisher sprach man im ersteren Falle von Suspensivbedingung, im letzteren von Resolutivbedingung. Dieser praktisch wichtige Gegensatz tritt, wie in den bisherigen Rechten, so auch im BGB. zu Tage. Das BGB. unterscheidet zwischen aufschiebender Bedingung (§ 158 Abs. 1) und auflösender Bedingung (§ 158 Abs. 2), je nachdem das Entstehen oder das Bestehen der gewollten rechtlichen Wirkung ins Ungewisse gestellt ist. (M. I, 250.) Die vom theoretischen Standpunkt aus richtigere, von Fitting (in der Zeitschr. f. Civ. Proz. Bd. 13 S. 57) vorgeschlagene Bezeichnung: „Entstehungs-“ und „Auflösungsbedingung“ hat das BGB. nicht angenommen. M. I, 252 sagen, die aufschiebende Bedingung könne nicht bloß die Entstehung, sondern auch die Beendigung des Rechtsverhältnisses zum Gegenstande bezw. zur Folge haben. Wie sich diese Geschäftsform praktisch von dem Rechtsgeschäfte mit einer Resolutivbedingung unterscheiden soll, ist nicht klar. R. Leonhard (Allg. Theil S. 400) meint, ein solches „suspensiv bedingtes Aufhebungsgeschäft liege dann vor, wenn die Parteien bei der bedingten Aufhebung eines Vertrags bestimmen, daß der Inhalt dieses Vertrags, namentlich das Verfügungsrecht, das er giebt, dadurch zunächst nicht beeinträchtigt werden soll“. S. dazu auch unten Bem. 7.

3. Ob die Bedingung eine aufschiebende oder eine auflösende sein soll, ist ins Belieben dessen gestellt, welcher das bedingte Rechtsgeschäft errichtet. Es besteht weder eine Rechtsvermuthung noch auch nur eine allgemeine Auslegungsregel zu Gunsten der aufschiebenden oder auflösenden Bedingung. Vielmehr

ist es eine nach den Umständen des Einzelfalls zu beurtheilende Frage der Willensinterpretation, ob der Bedingung der eine oder andere Charakter beizulegen ist. Das muß namentlich gegenüber R. Leonhard (Allg. Theil S. 397) betont werden, welcher sagt, die auflösende Bedingung sei die stärker wirkende und darum im Zweifel nicht anzunehmen (ähnlich Endemann und Enneccerus in ihren Lehrbüchern, sowie Planck Bem. 5 zu § 158; vgl. dagegen BLR. Thl. IV cap. 4 § 11 Nr. 5 für den Verkauf sub pacto addictionis in diem: „Wird die Kondition im Zweifel allzeit mehr pro resolutiva als suspensiva geachtet"). Mit Bedacht hat man für das BGB. die Aufstellung jeder Auslegungsregel vermieden (vgl. M. I, 251), wie auch für das gemeine Recht eine solche nicht angenommen wurde (s. Seuff. Arch. Bd. 49 Nr. 150).

4. Erfüllt ist die affirmative Bedingung dann, wenn der ihrem Inhalt entsprechende Thatbestand verwirklicht ist; das BGB. hat (abgesehen von der erbrechtlichen Vorschrift des § 2076) darauf verzichtet, darüber kasuistische Auslegungsregeln aufzustellen, wann diese Verwirklichung anzunehmen sei (vgl. M. I, 262 ff.). Es bleibt daher der Auslegung überlassen, zu bestimmen, welches der dem wahren Willen des Geschäfterrichtenden entsprechende (vgl. l. 101 D. 35, 1) eigentliche Sinn der Bedingung sei und in welchen Umständen demnach eine Verwirklichung des Bedingungsinhalts zu finden ist; dabei ist insbesondere § 133 (bei Verträgen auch § 157) zu beachten. Die Auslegung kann dazu führen, eine Bedingung als erfüllt anzusehen, obwohl nicht geschehen ist, was nach dem strengen Wortlaute geschehen sollte. Eine Vermuthung dafür, daß die Bereitwilligkeit zur Erfüllung einer Bedingung zur Erfüllung genüge, existirt nicht. Ueber Vereitelung bezw. Herbeiführung des Bedingungseintritts wider Treu und Glauben s. § 162. Die negative Bedingung ist dann erfüllt, wenn mit Sicherheit feststeht, daß das Ereigniß, an dessen Nichteintritt die Rechtswirkung geknüpft ist, nicht eingetreten ist und nicht mehr eintreten kann.

Ein Anspruch auf Erfüllung der Bedingung besteht nach BGB. so wenig wie nach Röm. R. (vgl. l. 41 D. 18, 1).

Die affirmative Bedingung ist dann ausgefallen (condicio deficit), wenn feststeht, daß der Thatbestand, an welchen sich die Rechtswirkung knüpfen soll, sich nicht verwirklicht hat und sich nicht mehr verwirklichen kann, die negative Bedingung dann, wenn der Thatbestand, der nicht eintreten sollte, eingetreten ist. Die Wirkung des Ausfallens der aufschiebenden Bedingung ist die, daß der Eintritt der von der Bedingung abhängig gemachten rechtlichen Wirkung ausgeschlossen ist (so der als selbstverständlich gestrichene § 131 E. I), daß der in § 161 näher beschriebene Zustand rechtlicher Gebundenheit des bedingt Verfügenden endigt oder vielmehr richtiger, wie sich jetzt ex post herausstellt, gar nie bestanden hat, ferner, daß der in § 160 zum Schutze des bedingt Berechtigten gegebene Schadensersatzanspruch nicht zur Entstehung gelangen kann. Die Wirkung des Ausfallens der auflösenden Bedingung ist einfach die, daß die mit der Vornahme des Rechtsgeschäfts bereits eingetretene Wirkung der Gefahr der Zerstörung durch den Bedingungseintritt nicht mehr ausgesetzt ist, insofern also als definitive bestehen bleibt.

5. Bei der aufschiebenden Bedingung tritt nach der Vorschrift des Abs. 1 die von der Bedingung abhängig gemachte Wirkung erst mit dem Eintritte der Bedingung ein. Damit ist die in der gemeinrechtlichen Theorie (s. Windscheid-Kipp § 91 und die dort citirte Literatur) und den bisherigen Partikularrechten (s. M. I, 252) verschieden beantwortete Frage, ob die Erfüllung der aufschiebenden Bedingung rückwirkende Kraft habe, verneint (gegentheilig cod. civ. art. 1179, ferner BLR. Thl. IV cap. 1 § 8 Nr. 8, wonach erfüllte Conditionen auf die Zeit des geschlossenen Contracts retrotrahirt werden, mithin dieser von solcher Zeit an für purificirt gehalten wird). Nach BGB. wird es also nicht so angesehen, als ob die mit der Erfüllung des Bedingungseintritts eintretende Wirkung bereits zur Zeit der Abgabe der Willenserklärung bestanden hätte. Wer aufschiebend bedingt veräußert, ist bis zum Augenblicke des Eintritts der Bedingung für den Rechtsverkehr noch Eigenthümer bezw. Forderungsinhaber und bleibt bis dahin fruchtbezugsberechtigt, auch wenn die Bedingung sich erfüllt. Eine dingliche d. h. Dritten gegenüber wirkende Rückziehung kann auch durch den Willen des das Rechtgeschäft bedingt Errichtenden nicht geschaffen werden. In der Setzung einer aufschiebenden Bedingung liegt demnach zugleich eine Befristung. Dagegen ist nicht ausgeschlossen, daß, wenn die Parteien Rückziehung wollen, dieser obligatorische Bedeutung zukommt in dem Sinne, daß im Falle des Eintritts der Bedingung die Betheiligten verpflichtet sind, einander zu gewähren, was sie haben würden, wenn die an den Eintritt der Bedingung geknüpften Folgen in dem früheren Zeitpunkte eingetreten wären; darüber s. § 159 mit Bem. Mit der durch § 158 ausgesprochenen Verneinung dinglicher Rückwirkung ist keineswegs die dingliche Gebundenheit dessen verneint, welcher unter einer aufschiebenden Bedingung über einen Gegenstand verfügt; näheres hierüber bei § 161.

6. Die Fassung des § 158 Abs. 1 läßt kaum einen Zweifel, daß bei der aufschiebenden Bedingung, wenn auch die Wirkung des Geschäfts und damit dessen Vollendung erst mit dem Eintritte der Bedingung eintritt, wir es doch schon vorher mit einem Rechtsgeschäfte zu thun haben, für welches die Erfordernisse der Geschäftsfähigkeit und Formbedürftigkeit nach dem Zeitpunkte der Geschäftserrichtung zu beurtheilen sind, nicht nach dem Zeitpunkte des Bedingungseintritts. Schon in der Geschäftserrichtung liegt eine Willenserklärung, an welche sich gewisse rechtliche Folgen knüpfen. Es wäre daher nicht richtig, zu behaupten, das bedingte Rechtsgeschäft entstehe erst mit der Erfüllung der Bedingung (dies lehrte Endemann noch in der 6. Aufl. Bd. 1 S. 332, anders 8. Aufl. § 78 Anm. 5). So viel ist zuzugeben, daß das Erforderniß der Existenz und Verkehrsfähigkeit des Gegenstandes nach dem Augenblicke der Erfüllung der Bedingung zu beurtheilen ist, da der Geschäftsgegenstand für den Geschäftsverkehr erst in diesem Momente von Bedeutung wird. Dafür läßt sich auch § 308 Abs. 2 anführen.

7. Die Konstruktion der auflösenden Bedingung war im bisherigen Rechte streitig. Nach der einen Meinung setzt sich das auflösend bedingte Rechtsgeschäft aus zwei selbständigen Theilen zusammen, einer unbedingten Hauptwillenserklärung und einer auf die Wiederaufhebung der Wirkungen dieser gerichteten aufschiebend bedingten Nebenwillenserklärung (in diesem Sinne Czyhlarz a. a. O., Schulin a. a. O. S. 37 ff., Adickes a. a. O. S. 35 ff., Windscheid-Kipp § 86, Dernburg, Pand. § 106, Bechmann, Kauf Bd. 2 S. 487 ff., A. Kohler a. a. O.). Diese Auffassung mag, was hier nicht erörtert werden kann, in den römischen Quellen ihren Halt gehabt haben. Im BGB. hat sie keine Stütze mehr. Die Behandlung, welche die auflösende Bedingung im BGB. gefunden hat, weist vielmehr auf die von einigen Schriftstellern (z. B. Hoelder, Brinz, Regelsberger) schon für das römische Recht (— für dieses wohl mit Unrecht —) behauptete Konstruktion hin, wonach die bei der Geschäftserrichtung beigefügte auflösende Bedingung mit dem übrigen Thatbestande des Rechtsgeschäfts eine rechtliche Einheit bildet, so daß die auflösende Bedingung gleich der aufschiebenden nichts anderes ist als eine besondere Gestaltung des rechterzeugenden Wollens. Die Richtigkeit dieser Auffassung ergab sich für E. I direkt aus dessen § 139, wo ohne Unterscheidung zwischen aufschiebender und auflösender Bedingung gesagt war, daß die einem Rechtsgeschäfte beigefügte unverständliche oder widersinnige Bedingung dieses nichtig mache, was bei der Auffassung der auflösenden Bedingung als einer selbständigen zweiten Willenserklärung nicht konsequent gewesen wäre. § 139 E. I wurde nun allerdings in der II. Komm. gestrichen, aber nur deßhalb, weil man es nicht für erforderlich hielt, den darin ausgesprochenen Satz im Gesetz ausdrücklich hervorzuheben und weil man der Anschauung war, jener Satz „ergebe sich, und zwar auch für die auflösende Bedingung aus dem Wesen des bedingten Rechtsgeschäfts, bei welchem die Bedingung mit dem Rechtsgeschäfte untrennbar verbunden sei". (P. I, 185.) Auch M. I, 251 reden von einem „grundsätzlichen Standpunkte des Entwurfs, daß die auflösende Bedingung einen wesentlichen und untrennbaren Bestandtheil des Gesammtinhaltes der Willenserklärung bildet" und sprechen im Uebrigen der berührten Meinungsverschiedenheit ihre praktische Bedeutung ab, weil jedenfalls auch bei Annahme einer unbedingten Haupt- und einer bedingten Nebenwillenserklärung das Verhältniß dieser beiden Willenserklärungen zu einander nicht als das zweier trennbarer, verschiedenen Schicksalen unterliegender Rechtsgeschäfte betrachtet werden könne. Wer unseren oben (Bem. II, 2 der Einl. zum dritten Abschnitt, S. 293) vertretenen Standpunkt theilt, daß das Rechtsgeschäft der die Rechtswirkung begründende Thatbestand in seiner Gesammtheit ist, wird in der Einfügung der Resolutivklausel in diesem Gesammtthatbestand nichts Auffallendes finden und mit der Theorie der Einheitlichkeit des resolutiv bedingten Geschäfts eher harmoniren können, als wer die Begriffe Rechtsgeschäft und Willenserklärung indentifiziren zu müssen glaubt. (Für die Einheitlichkeit des Geschäfts auch Endemann, Lehrbuch Bd. 1 § 76, 1, a.)

Das Gesagte gilt von der bei der Geschäftserrichtung beigefügten auflösenden Bedingung. Etwas anderes ist anzunehmen für die nach der bedingungslosen Geschäftserrichtung unter den Parteien getroffene Vereinbarung, daß das Geschäft für den Fall des Eintritts oder Nichteintritts eines annoch ungewissen Ereignisses wieder aufgelöst werden soll; eine solche Abrede wird von R. Leonhard (Allg. Theil S. 399 ff.) als ein Sondervertrag angesehen, der für sich steht und fällt, aber trotzdem mit dem Hauptgeschäft insofern zusammenhängen soll, als er sog. dingliche Gebundenheit bewirkt, derzufolge die Verfügungsgewalt des resolutiv bedingt Berechtigten über den Geschäftsgegenstand durch die Bedingung gelähmt wird. Aber regelmäßig wird wohl eine solche nachträgliche Abrede bedingter Geschäftsauflösung einfach dahin auszulegen sein, daß die Parteien an Stelle des bisher unbedingt vereinbarten ein auflösend bedingtes Geschäft gleichen Inhalts setzen wollen; dieses Geschäft steht dann vom Augenblicke dieser Abrede an unter den allgemeinen Regeln der Rechtsgeschäfte mit auflösender Bedingung. Unsere Auffassung geht also dahin, daß in jener nachträglichen Abrede regelmäßig nicht ein Sondervertrag zu erblicken ist, der neben den bestehenden Hauptvertrag tritt, sondern der Fall einer Novation ohne Personenveränderung; die Wirksamkeit einer solchen Novation kann, wenn schon das BGB. über das Rechtsinstitut der Novation keine Vorschriften gegeben hat, doch nach dem allgemeinen Prinzipe der Vertragsfreiheit, wie auch in den Vorverhandlungen (M. II, 78 ff.) anerkannt wurde, keinem Zweifel unterliegen.

Möglich ist freilich — ob das zutrifft, ist Frage der Willensauslegung, — daß die Absicht der Betheiligten überhaupt nicht dahin geht, die rechtliche Wirkung der Willenserklärung mit dem Eintritt eines bestimmten Ereignisses endigen zu lassen, sondern im Falle des Bedingungseintritts lediglich einen persönlichen Anspruch auf Rückgängigmachung der Wirkung erstehen zu lassen; dann ist das Rechtsgeschäft überhaupt kein auflösend bedingtes, sondern es liegt, gleichviel ob die in jenem Sinne gemeinte Bedingung bei oder nach der Geschäftserrichtung beigefügt wird, ein an das unbedingte Hauptgeschäft sich anschließender „aufschiebend bedingter Nebenvertrag" (M. I, 253) vor.

8. In § 158 Abs. 2 (inhaltlich übereinstimmend mit E. I § 129) wird die Rückwirkung der eingetretenen auflösenden Bedingung verneint; denn die Endigung der Geschäftswirkung tritt nach der Vorschrift erst mit dem Eintritte der Bedingung ein. Ueber die Gebundenheit des bedingt Verpflichteten und die Sicherung des bedingt Berechtigten s. Bem. zu § 161. Wollen die Parteien eine Rückwirkung, so wird diesem Willen in der Weise Rechnung getragen, daß dann unter den Parteien eine obligatorische Verpflichtung besteht, sich zu gewähren, was sie haben würden, wenn die Folgen des Bedingungseintritts in dem früheren Zeitpunkt eingetreten wären; darüber Bem. zu § 159; s. jedoch auch die vorige Bem. 7 am Ende.

Es wäre de lege ferenda denkbar, trotz des Eintritts der auflösenden Bedingung die rechtliche Wirkung fortbestehen zu lassen und nur eine persönliche Verpflichtung des bisher Berechtigten zur Wiederherstellung des früheren Zustandes eintreten zu lassen. Diese Konstruktion wurde, wenigstens was die Eigenthumsübertragung betrifft, für das gemeine Recht auch thatsächlich von mehreren Schriftstellern vertheidigt (z. B. Czyhlarz a. a. O. S. 23 ff., Schulin a. a. O. S. 80 ff.; dagegen, wohl mit Recht, Windscheid Bd. 1 § 90 Anm. 1). Das BGB. steht nicht auf diesem Standpunkte. Vielmehr wird durch den Eintritt der auflösenden Bedingung die durch die bedingte Willenserklärung geschaffene Rechtswirkung direkt aufgehoben und tritt der frühere Rechtszustand unmittelbar wieder ein. Es handelt sich bezüglich dieses Rechtszustandes nicht um translative Neubegründung, sondern um Fortsetzung nach einer Unterbrechung. Der Rückfallsberechtigte ist also nicht Rechtsnachfolger des während der Schwebezeit Berechtigten. Demnach geht mit der Erfüllung der auflösenden Bedingung das bedingt übertragene Eigenthum an der beweglichen Sache ohne Weiteres wieder zurück, ohne daß es der Tradition bedürfte; die übertragenen Sachen müssen zurückgegeben werden, aber nicht auf Grund eines bloß obligatorischen Rückgabeanspruches des Berechtigten, sondern weil der Rückfallsberechtigte nunmehr ipso iure wieder Eigenthümer ist und daher einen dinglichen Herausgabeanspruch hat. Die in der Zwischenzeit gezogenen Früchte bleiben dem bedingt Berechtigten, denn eine Rückwirkung findet ja nicht statt. Ueber den Schutz Dritter, welche in der Zwischenzeit Rechte erworben haben, s. Bem. zu § 161; über die Wirkung eines Urtheils, welches für oder gegen den während der Schwebezeit Berechtigten ergeht, s. Bem. zu § 163.

Bei resolutiv bedingten Immobiliarverträgen geht mit dem Bedingungseintritt das Recht auf den ursprünglich Berechtigten über, ohne daß eine Löschung bezw. Umschreibung im Grundbuch erfolgt; es kann aber nach § 894 eine Grundbuchberichtigung verlangt werden. Zu beachten ist aber, daß die Auflassung nicht unter einer Bedingung erfolgen kann (§ 925 Abs. 2). Bei der auflösend bedingten Uebertragung einer Forderung fällt diese mit dem Bedingungseintritt, ohne daß es einer besonderen Rückübertragung bedarf, an den Uebertragenden zurück. Etwaige Cessionare des Zwischenberechtigten finden keinen Schutz. Der Rückfallberechtigte, welcher wieder Gläubiger seiner Forderung wird, wird dies ipso iure, nicht auf Grund einer Rückübertragung; er ist nicht „neuer Gläubiger" im Sinne des § 407; die Bestimmung des § 407 findet daher nicht zu seinen Ungunsten Anwendung. § 407 zählt wohl überhaupt nicht zu den „Vorschriften zu Gunsten derjenigen, welche Rechte von einem Nichtberechtigten herleiten." Bezüglich der Immobiliarrechte vgl. hinsichtlich des Erwerbs Dritter aber §§ 892, 893, insbes. Bem. IV, 2, a, γ a. E. zu § 892.

9. Ob das zur Verwirklichung eines bedingten obligatorischen Geschäfts vorgenommene dingliche Rechtsgeschäft seinerseits gleichfalls als ein bedingtes vorgenommen wird, hängt, abgesehen von den gesetzlichen Bedingungsverboten (so § 925 Abs. 2), vom Parteiwillen ab. Dieser Wille wird regelmäßig dahin auszulegen sein, daß auch die Wirkung des dinglichen Rechtsaktes unter derselben Bedingung stehen soll wie die des

obligatorischen Vertrags; wer z. B. eine bewegliche Sache bedingt verkauft, will regelmäßig auch nur bedingt ihr Eigenthum übertragen, wer auf Grund eines bedingten Schenkungsversprechens vor Entscheidung der Bedingung leistet, will die Leistung selbst als eine bedingte u. s. w. Immerhin ist nicht ausgeschlossen, daß das dingliche Erfüllungsgeschäft unbedingt gewollt ist. Fällt in diesem Falle die aufschiebende Bedingung, unter welcher das obligatorische Geschäft vorgenommen war, aus, so wird die eingetretene dingliche Rechtsänderung nicht ohne Weiteres aufgehoben, sondern es entsteht nur unter den Parteien eine obligatorische Verbindlichkeit zu ihrer Rückgängigmachung (so auch Planck Bem. 5 zu § 158). Entsprechendes gilt, wenn das obligatorische Geschäft unter einer auflösenden Bedingung vorgenommen war und diese eintritt. — Ueber die mögliche Anwendung des § 158 Abs. 2 für den Fall, daß die Parteien dem an sich obligatorisch wirkenden Rechte des Rücktritts von einem Kaufvertrag über bewegliche Sachen dingliche Wirkung geben wollen, s. RGE. Bd. 54 S. 340.

10. Lebhaft bestritten ist, wie es sich mit der Beweislast bei bedingten (und befristeten) Geschäften verhält. Die entscheidende Frage ist, ob in der Behauptung, das vom Gegner seinem Anspruch zu Grunde gelegte Rechtsgeschäft sei unter einer Bedingung bezw. Befristung abgeschlossen worden, ein Leugnen des Klagegrundes oder ein Zugeständniß des Klagegrundes verbunden mit einer Einrede zu erblicken ist.

E. I hatte zu dieser Frage in Anlehnung an die französische Jurisprudenz klar Stellung genommen in seinem § 196: „Wer Rechte aus einem Rechtsgeschäfte geltend macht, hat zu beweisen, daß dasselbe in der von ihm behaupteten Weise zu Stande gekommen ist, auch wenn der Gegner die Errichtung zugesteht, jedoch behauptet, daß das Rechtsgeschäft in anderer Weise, insbesondere unter Beifügung einer aufschiebenden oder auflösenden Bedingung oder unter Beifügung eines Anfangstermines oder Endtermines errichtet worden sei." Ferner § 197: „Die Erfüllung oder den Ausfall einer Bedingung hat derjenige zu beweisen, welcher aus der betreffenden Thatsache ein Recht herleitet." E. I stand also völlig auf dem Boden der Leugnungstheorie. In der II. Komm. (P. I, 262 ff.) wurden die §§ 196, 197 E. I unter Hinweis auf den (jetzigen) § 289 Abs. 2 CPO. gestrichen. (Gegen die Argumentation aus § 289 CPO. Beckh, Die Beweislast, S. 167.)

Nach der jetzigen Gesetzeslage kann für die auflösende Bedingung der von E. I § 196 eingenommene Standpunkt nicht getheilt werden. Vielmehr ist mit der herrschenden Lehre des gemeinen Rechtes daran festzuhalten, daß, wenn der Beklagte einwendet, das vom Kläger behauptete Geschäft sei nicht pure, sondern unter einer auflösenden Bedingung (oder einem Endtermine) abgeschlossen, der Beklagte den Bedingungseintritt beweisen muß. Um aber diesen beweisen zu können, muß er auch seine Voraussetzung, die Bedingtheit des Geschäfts, beweisen, die an sich hier nicht selbständiges Ziel des Beweises sein kann, und zwar deßhalb nicht, weil ja beim resolutiv bedingten Geschäfte die Wirkungen, welche der Kläger zu seinen Gunsten anführt, bestehen, solange die Bedingung noch in der Schwebe ist. (Vgl. auch Stölzel, Schulung für die civilistische Praxis, 4. Aufl. S. 143; derselbe im Recht 1901 S. 503 ff.) Dieser Grund führt uns dazu, in der Behauptung einer auflösenden Bedingung eine zur Beweislast des Behauptenden fallende Einrede zu erblicken unbeschadet der oben (Bem. 7) angenommenen Einheitlichkeit des ganzen Geschäftes. Wer in der Resolutivbedingung eine Nebenwillenserklärung sieht, muß übrigens bezüglich der Beweislast bei der Resolutivbedingung erst recht zu dem hier vertretenen Resultate kommen. Vgl. vor allem RGE. Bd. 28 S. 145 ff. und die dort allegirte frühere Judikatur; Windscheid-Kipp S. 389 Anm. 6; Dernburg, Pand. 6. Aufl. S. 270; Regelsberger, Pand. S. 563 Anm. 16; Fitting in Zeitschr. f. CP. Bd. 13 S. 56 ff.; Reinhold, Die Lehre vom Klagegrund S. 103 ff.; Lothar Seuffert, Komm. z. CPO., 8. Aufl. S. 446. Bem. 2 zu § 289; Rehbein, Komm. Bd. 1 S. 244; Beckh, Beweislast S. 175 ff.; Dernburg, Bürg.R. Bd. 1 § 159 unter II, 2. (And. Ans. J. W. Planck, Lehrbuch des d. Civilprozeßrechts Bd. 1 S. 328; Römer, im Archiv f. d. civilist. Praxis Bd. 42 S. 165. Auch Endemann, Lehrbuch Bd. 1 § 87 e unter 3, und R. Leonhard, Allg. Theil S. 391, bürden ohne Unterscheidung zwischen aufschiebender und auflösender, also, wie es scheint, auch bei letzterer Bedingung dem Kläger den Beweis der Unbedingtheit auf.)

Bezüglich der aufschiebenden Bedingung jedoch und eines Anfangstermins dürfte trotz der neuerdings sich mehrenden Angriffe auf die sog. Leugnungstheorie daran festzuhalten sein, daß der Beklagte, der einem nach der klägerischen Darstellung bedingungslos abgeschlossenen Geschäfte gegenüber behauptet, es sei unter einer aufschiebenden Bedingung oder einem Anfangstermine abgeschlossen, das Bestehen eben des Thatbestandes, auf welchen der Kläger seine Rechte stützt, leugnet, daß also der Kläger den bedingungslosen bezw. unbefristeten Abschluß zu beweisen hat. Das Vorbringen des Beklagten enthält hier nicht etwa ein Geständniß verbunden mit einer Einrede. Die gegnerische Meinung, welche demjenigen, der die Bedingung behauptet, den Beweis auferlegt, wird hauptsächlich vertreten von Fitting in Zeitschr. f. CP. Bd. 13 S. 55 ff.; Betzinger, Beweislast S. 329 ff.; Staub in der Einl. zu seinem Komm. z. HGB., 6. u. 7. Aufl. S. 23 ff. Anm. 57; Beckh, Beweislast, S. 156 ff.; Gareis, Komm. S. 197 ff. Der gegnerischen Theorie ist zuzugeben, daß der mängelfreie Abschluß eines Rechtsgeschäfts seine gesetzliche Normalgestalt, der Willensmangel die gesetzliche Ausnahme ist. Nicht aber ist zuzugeben, daß alle Accidentalien sich als „Abweichungen von der gesetzlichen Normalregel" darstellen und deßhalb der sie beweisen muß, der sie behauptet (Staub). Es ist irreführend, die Bedingtheit in analogem Sinne als „Ausnahmezustand" zu kennzeichnen wie die Geisteskrankheit, die Täuschung, die Simulation u. s. w. Bei letzteren Erscheinungen handelt es sich überall um gewisse Mängel. Der Ausnahmecharakter dieser Erscheinungen, welche alle, wenn der Ausdruck erlaubt ist, in die juristische Pathologie gehören, darf nicht in Parallele gestellt werden mit der durch die Bedingtheit begründeten Abweichung vom Normaltypus des Geschäftes, bei welcher von Unzulässigem oder Pathologischem keine Rede ist. Auch Minderjährigkeit darf hier nicht als Analogon herangezogen werden, denn die Anomalie der Rechtsregeln über Minderjährigkeit geht zurück auf den Grundgedanken des Mangels der Erkenntnißfähigkeit des Minderjährigen und seiner dadurch veranlaßten Schutzbedürftigkeit.

Zu dem hier vertretenen Resultate kommen bezüglich der aufschiebenden Bedingung (bezw. des Anfangstermines) auch Windscheid-Kipp S. 387 ff. Anm. 4; Dernburg, Pand. 6. Aufl. Bd. 1 S. 270; derselbe, Bürg.R. Bd. 1 § 159 unter II, 1; Bekker, Pand. Bd. 2 S. 348; J. W. Planck, Lehrbuch des Civilprozeßrechtes Bd. 1 S. 327; Römer im Archiv f. d. civilist. Praxis Bd. 42 S. 164; Reinhold, Klagegrund S. 301 ff.; Enneccerus, Rechtsgeschäft u. s. w. S. 186 ff.; Lothar Seuffert, Komm. z. CPO., 8. Aufl. Anm. 2 § 289; Endemann, Lehrbuch Bd. 1 § 87e unter 3; Rehbein, Komm. Bd. 1 S. 244; RGE. Bd. 18 S. 258 und die bei Windscheid-Kipp a. a. O. citirten Entsch. in Seuff. Arch.

Wenn der Beklagte den ursprünglich unbedingten bezw. unbefristeten Vertragsschluß zugiebt, aber geltend macht, es sei nach Abschluß dieses Vertrags eine aufschiebende Bedingung bezw. ein Anfangstermin vereinbart worden (s. hierüber auch oben Bem. 7), so hat er dies zu beweisen.

Ist endlich die Sachlage die, daß über die Bedingtheit Uebereinstimmung, über die Art der Bedingtheit — aufschiebend oder auflösend — Streit besteht, so trifft die Beweislast bezüglich der Thatsachen, aus welchen der aufschiebende bezw. auflösende Charakter zu entnehmen ist, denjenigen, welcher aus der von ihm behaupteten Art der Bedingtheit für sich das Bestehen von Ansprüchen ableitet; darüber, daß eine Vermuthung nicht besteht, s. oben Bem. 3.

§ 159.

Sollen nach dem Inhalte des Rechtsgeschäfts die an den Eintritt der Bedingung geknüpften Folgen auf einen früheren Zeitpunkt zurückbezogen werden, so sind im Falle des Eintritts der Bedingung die Betheiligten verpflichtet, einander zu gewähren, was sie haben würden, wenn die Folgen in dem früheren Zeitpunkt eingetreten wären.

E. I, 130; II, 129; III, 155.

1. Ob die erfüllte Bedingung rückwirkende Kraft hat, ist im gemeinen Rechte eine unerledigte Streitfrage geblieben; s. darüber Windscheid-Kipp Bd. 1 § 91 S. 404 ff. Der cod. civ. bejaht die Frage in art. 1179, 1183. Für das BLR. vgl. Thl. II cap. 6 § 13 Nr. 5; Thl. III cap. 2 § 1 und cap. 3 § 10 Nr. 14; Thl. IV cap. 1 § 8 Nr. 8.

2. § 159 läßt ersehen, daß das BGB. der erfüllten Bedingung dinglich rückwirkende Kraft nicht zuschreibt. Nicht nur, daß solche nicht von Gesetzeswegen anzunehmen ist, sondern selbst wenn die Parteien eine Rückbeziehung vereinbaren, entbehrt diese jeder dinglichen Kraft gegen Dritte.

Dagegen stellt § 159 in unzweideutiger Weise klar, was als Konsequenz der Vertragsfreiheit eigentlich ohnehin schon anzunehmen wäre, daß eine sog. obligatorische Rückbeziehung (gegen diese Terminologie Crome, System Bd. 1 S. 449) stattfindet, wenn der aus dem Inhalte des Geschäftes zu entnehmende Parteiwille darauf gerichtet ist. Die Parteien können nämlich, sagen M. I, 254, ein Interesse daran haben, daß bei Erfüllung der Bedingung das Rechtsverhältniß unter ihnen so beurtheilt werde, als seien die Wirkungen des Rechtsgeschäfts schon in einem früheren Zeitpunkte, insbesondere zur Zeit der Errichtung des Rechtsgeschäfts, eingetreten oder beendigt. Von Werth kann dies namentlich sein wegen des Früchtebezugs, der Tragung der Gefahr, der Abwendung des

Verfalls einer Konventionalstrafe u. s. w. Eine Vermuthung dafür, daß die obligatorische Rückbeziehung gewollt sei, kennt das Gesetz nicht; der Antrag, eine solche Vermuthung bei der auflösenden Bedingung aufzustellen, wurde in der II. Komm. (P. I, 180 ff.) abgelehnt mit dem Hinweise darauf, daß eine solche durchaus nicht in allen Fällen zutreffe, z. B. nicht bei der Schenkung unter einer Resolutivbedingung.

Auf die in der Schwebezeit gezogenen oder zu ziehenden Nutzungen hat nach dem Gesagten der bedingt Berechtigte nur dann einen Anspruch, wenn dies nach dem Geschäftsinhalt als gewollt anzusehen ist. Für die Feststellung des Geschäftsinhalts gelten die gewöhnlichen Auslegungsgrundsätze, insbesondere die der §§ 133, 157.

3. § 159 läßt auch zu, daß die im Vorstehenden beschriebene obligatorische Rückbeziehung anstatt auf den Zeitpunkt des Geschäftsabschlusses auf einen späteren Zeitpunkt vor dem Bedingungseintritte verlegt wird.

§ 160.

Wer unter einer aufschiebenden Bedingung berechtigt ist, kann im Falle des Eintritts der Bedingung Schadensersatz von dem anderen Theile verlangen, wenn dieser während der Schwebezeit das von der Bedingung abhängige Recht durch sein Verschulden vereitelt oder beeinträchtigt.

Den gleichen Anspruch hat unter denselben Voraussetzungen bei einem unter einer auflösenden Bedingung vorgenommenen Rechtsgeschäfte derjenige, zu dessen Gunsten der frühere Rechtszustand wiedereintritt.

E I, 134; II, 130; III, 156.

1. Die §§ 160--162 befassen sich mit den Rechten und Pflichten der Betheiligten während des sog. Schwebezustandes. Dieser besteht beim aufschiebend wie beim auflösend bedingten Geschäfte, so lange die Bedingung noch nicht erfüllt, ihre Erfüllung aber noch möglich ist.

Bei der aufschiebenden Bedingung hat während des Schwebezustandes der bedingt Berechtigte keinen Anspruch auf Erfüllung, der bedingt Verpflichtete keine Verpflichtung zur Leistung. Leistet er dennoch, so leistet er eine Nichtschuld und hat daher nach Maßgabe der Vorschriften über ungerechtfertigte Bereicherung (§§ 812 ff.) ein Rückforderungsrecht, es müßte denn sein, daß er gewußt hat, daß er zur Leistung nicht bezw. noch nicht verpflichtet ist (§ 814). Eine gegen den bedingt Verpflichteten gerichtete Verjährung läuft während der Schwebezeit gegen ihn weiter; andererseits kann eine Verjährung gegen den bedingt Berechtigten während der Schwebezeit noch nicht beginnen, da diesem noch kein gegenwärtig bestehender „Anspruch“ zusteht (a. M. Langheineken, Anspruch und Einrede S. 73 ff., 82 ff., 95, der in dem bedingten Anspruch einen zwar „gehemmten“, aber schon bestehenden Anspruch erblickt), sondern nur eine, allerdings nach allgemeinen Grundsätzen vererbliche (s. Vorbem. 8 vor diesem Titel) Anwartschaft.

Aber doch besteht für die Betheiligten während des Schwebezustandes eine Gebundenheit an das bedingt abgeschlossene Geschäft; sie können dieses nicht mehr einseitig beliebig lösen; ob die bedingt gewollte Rechtswirkung eintritt oder nicht, ist vielmehr lediglich davon abhängig, ob die Bedingung eintritt oder nicht, also von einem von ihrem Willen unabhängigen oder doch nicht ausschließlich abhängigen Ereignisse.

2. Diese Gebundenheit äußert sich nach § 160 darin, daß der unter einer aufschiebenden Bedingung Verpflichtete sich während der Schwebezeit jeder Einwirkung zu enthalten hat, durch welche die Verwirklichung des von der Bedingung abhängigen Rechtes vereitelt oder beeinträchtigt werden könnte. Hierin eine „beschränkte Zurückziehung“ zu finden, ist kein Anlaß; (vgl. Hoelder, Komm. Bem. 1 zu § 160 gegen die beiden ersten Aufl. von Planck Bem. 1 zu § 160).

Diese Unterlassungspflicht bezieht sich

a) auf thatsächliche Einwirkungen. Der bedingt Verpflichtete darf also die bedingt geschuldete Sache nicht zerstören, beschädigen oder sonst irgendwie in ihrem Werthe mindern;

b) auf rechtliche Einwirkungen. Weitere rechtliche Verfügungen des Gebundenen sind nach Maßgabe des § 161 (s. Bem. hiezu) unwirksam; aber abgesehen hievon haftet der Gebundene nach § 160 dem bedingt Berechtigten aus dem Schuldverhältnisse dafür, daß er ihm bei Eintritt der Bedingung leisten kann. Die Inanspruchnahme dieser Haftung auf Schadensersatz kann auch bei rechtlichen Verfügungen trotz deren aus § 161 sich ergebenden Unwirksamkeit praktisch werden, da eben möglich ist, daß der eingetretene Schaden durch die bloße Unwirksamkeit der Verfügung nicht genügend gedeckt wird (so auch Planck; vgl. über den Zusammenhang der §§ 160, 161 auch Rehbein, Komm. Bd. 1 S. 235).

Wenn ein Dritter während der Schwebezeit den Gegenstand des bedingten dinglichen Rechtes vorsätzlich oder fahrlässig vernichtet oder beschädigt, so hat der bedingt Berechtigte gegen ihn einen Schadensersatzanspruch auf Grund des § 823. So auch Enneccerus, Bürg. R. Bd. 1 § 104 und Dernburg, Bürg. R. Bd. 1 § 154.

3. Bei der auflösenden Bedingung besteht die Gebundenheit und die unter 2 erörterte Unterlassungspflicht für den vorerst d. h. bis zur Entscheidung über die Bedingung Berechtigten. Er ist im Falle der Verletzung dieser Pflicht demjenigen gegenüber ersatzpflichtig, zu dessen Gunsten mit dem Bedingungseintritte der frühere Rechtszustand ipso iure (s. § 158) wieder eintritt.

4. Der Inhalt des Schadensersatzanspruchs bemißt sich nach den Vorschriften der §§ 249 ff.

5. Der Schadensersatzanspruch aus § 160 setzt ein Verschulden des anderen Theiles voraus. Die Gefahr zufälligen Untergangs einer bedingt geschuldeten Sache während der Schwebezeit trifft daher den bedingt Berechtigten.

Das Maß der Sorgfalt, für welches der während der Schwebezeit Gebundene einzustehen hat, entspricht demjenigen, welches ein aus demselben Rechtsverhältniß unbedingt Verpflichteter zu vertreten hätte. Die Bestimmung des E. I § 134 Satz 2: „Die Fahrlässigkeit, für welche der Verpflichtete einzustehen hat, wird durch das aus dem Rechtsgeschäfte sich ergebende Rechtsverhältniß bestimmt", wurde in der II. Komm. (P. I, 184) gestrichen, weil sie nicht überall zutreffe und, soweit sie richtig sei, entbehrt werden könne. Sie trifft aber zu, soweit es sich überhaupt um Rechtsgeschäfte handelt, aus denen sich Verpflichtungen ergeben; aus einem bedingten Schenkungsversprechen z. B. hat der Schenker nur Vorsatz und grobe Fahrlässigkeit zu vertreten (§ 521). Auf Verfügungen freilich als auf Rechtsgeschäfte, deren Wirkung auf eine Sache oder ein Recht unmittelbar gerichtet ist (s. Bem. VIII, A der Einl. z. dritten Abschnitt vor § 104), läßt sich das Gesagte nicht direkt anwenden, da durch die Verfügung eben nicht eine Verpflichtung begründet wird, sondern unmittelbar eine Rechtsänderung stattfindet; entscheidend für das Maß der Haftung ist hier das der Verfügung zu Grunde liegende Kausalgeschäft.

6. Der durch § 160 gewährte Ersatzanspruch ist selbst, da er nur „im Falle des Eintritts der Bedingung" wirksam wird, ein aufschiebend bedingter.

7. § 160 gewährt nur einen Anspruch auf Schadensersatz bei eingetretener Vereitelung oder Beeinträchtigung des von der Bedingung abhängigen Rechtes, nicht aber einen während der Schwebezeit verfolgbaren Anspruch auf Nichtvereitelung oder Nichtbeeinträchtigung dieses Rechtes. Der gewährte Schutz ist also nur ein unvollkommener, da er nicht präventiv wirkt.

Welche Sicherungsmittel hat nun der bedingt Berechtigte für seine Anwartschaft?

E. I wollte ihm in § 133 Abs. 1 einen im Klagewege zu verfolgenden Anspruch auf Sicherheitsleistung geben, wenn die Voraussetzungen vorliegen, unter welchen nach den Vorschriften der CPO. Arrest stattfindet. (Ueber die bisherigen Rechte M. I, 256 ff.) Der Anspruch sollte jedoch ausgeschlossen sein, „wenn das bedingte Recht wegen der entfernten Möglichkeit der Erfüllung der Bedingung als ein gegenwärtiger Vermögensbestandtheil sich nicht betrachten läßt."

Die II. Komm. (P. I, 182) hat den § 133 E. I gestrichen. Nach der jetzigen Gesetzeslage ist eine allgemeine Pflicht zur Stellung von Realsicherheit für bedingte und betagte Forderungen wegen einer den Gläubiger gefährdenden Wendung in der Vermögenslage des Schuldners nicht gegeben (Regelsberger in Iherings Jahrb. Bd. 40 S. 451 ff.). Man ging dabei von der Ansicht aus, daß der bedingt Berechtigte einen genügenden Schutz finde in den civilprozessualen Bestimmungen über Arrest. S. namentlich den jetzigen § 916 Abs. 2 CPO.: „Die Zulässigkeit des Arrestes wird nicht dadurch ausgeschlossen, daß der Anspruch ein betagter oder ein bedingter ist, es sei denn, daß der bedingte Anspruch wegen der entfernten Möglichkeit des Eintritts der Bedingung einen gegenwärtigen Vermögenswerth nicht hat." Letztere Einschränkung giebt dem richterlichen Ermessen einen weiten Spielraum.

Auch eine Klage auf künftige Leistung gemäß CPO. § 259 wird man als zulässig erachten müssen, wenn den Umständen nach die Besorgniß gerechtfertigt ist, daß der Schuldner sich beim Bedingungseintritte der rechtzeitigen Leistung entziehen wird. So auch RGE. Bd. 51 S. 243.

Für spezielle Fälle geben Vorschriften über Sicherheitsleistung die §§ 1986, 2128, 2217.

Wegen Besorgniß der Vereitelung oder wesentlichen Erschwerung eines bedingten (oder betagten) Rechtes kann auch eine einstweilige Verfügung erlassen werden nach CPO. §§ 935 ff. Die dies ausdrücklich bestätigende Vorschrift des § 133 Abs. 1 E. I wurde in der II. Komm. als entbehrlich, weil unzweifelhaft, gestrichen.

Zur Sicherung eines künftigen oder eines bedingten, Immobiliarrechte betreffenden Anspruches ist die Eintragung einer Vormerkung in das Grundbuch zulässig; s. §§ 883, 885, insbes. Abs. 1 Satz 2 des § 883, sowie Bem. II, 3 zu § 883 und auch Bem. B, II, 5 zu § 925.

8. Ueber die Behandlung bedingter oder betagter Rechte im Konkurse s. Vorbem. 11 vor diesem Titel, dazu den jetzt gestrichenen § 133 Abs. 2 E. I mit M. I, 258 und P. I, 183. Ueber bedingte und befristete Rechte als Gegenstand eines Rechtsgeschäfts und einer Feststellungsklage s. Vorbem. 8 u. 10 vor diesem Titel.

§ 161.

Hat Jemand unter einer aufschiebenden Bedingung über einen Gegenstand verfügt, so ist jede weitere Verfügung, die er während der Schwebezeit über den Gegenstand trifft, im Falle des Eintritts der Bedingung insoweit unwirksam, als sie die von der Bedingung abhängige Wirkung vereiteln oder beeinträchtigen würde. Einer solchen Verfügung steht eine Verfügung gleich, die während der Schwebezeit im Wege der Zwangsvollstreckung oder der Arrestvollziehung oder durch den Konkursverwalter erfolgt.

Dasselbe gilt bei einer auflösenden Bedingung von den Verfügungen desjenigen, dessen Recht mit dem Eintritte der Bedingung endigt.

Die Vorschriften zu Gunsten derjenigen, welche Rechte von einem Nichtberechtigten herleiten, finden entsprechende Anwendung.

E. I, 135; II, 131; III, 157.

1. § 161, inhaltlich übereinstimmend mit E. I § 135 und sichtlich beeinflußt durch die für das gemeine Recht von Windscheid (Pand. § 89) vertretene Theorie, sorgt für die Sicherung des bedingt Berechtigten dadurch, daß die eine unmittelbare Rechtsänderung herbeiführenden Rechtsakte, die der andere Theil während der Schwebezeit vornimmt, das Anwartschaftsrecht nicht sollen vereiteln oder beeinträchtigen können. Die mit dem Anwartschaftsrecht in Widerspruch stehenden weiteren Verfügungen (über diesen Begriff Bem. VIII, A der Einl. z. dritten Abschnitt oben S. 305) werden daher für unwirksam erklärt. Der bedingt Verpflichtete ist insofern nicht nur obligatorisch gehalten, sich schädigender Beeinflußungen jenes Anwartschaftsrechts zu enthalten (s. § 160), sondern er ist auch dinglich gebunden. Diese dingliche Gebundenheit (so auch Planck Bem. 1 zu § 161, Endemann Bd. 1 § 77 Anm. 19) ist jedoch keineswegs identisch mit einer Rückwirkung der erfüllten Bedingung. Das Recht des sog. „bedingt Berechtigten" (über die Ungenauigkeit dieses Ausdrucks P. I, 183) beginnt trotz § 161 erst mit dem Momente des Bedingungseintritts (§ 158) und eine Rückbeziehung auf einen früheren Zeitpunkt ist selbst durch Parteivereinbarung nur mit obligatorischer Wirkung möglich (§ 159). Es kann demnach leicht mißverstanden werden, wenn Hellmann (Vortr. S. 160) sagt, hier habe die erfüllte Bedingung „kraft Rechtens rückwirkende Kraft und zwar dingliche Rückwirkung".

2. Die dingliche Gebundenheit besteht bei aufschiebend bedingten Geschäften zu Gunsten des bedingt Berechtigten, bei auflösend bedingten zu Gunsten dessen, für den mit dem Bedingungseintritt ipso iure (s. Bem. 8 zu § 158) der frühere Rechtszustand wieder eintritt; insoweit als der Eintritt dieses früheren Zustandes durch Verfügungen des während der Schwebezeit Berechtigten unmöglich gemacht wird, tritt die Unwirksamkeit ein. Resoluto iure concedentis resolvitur ius concessum.

3. Die Unwirksamkeit tritt zwar nur ein zum Schutze und zur Sicherung des bedingt Berechtigten und nur, insoweit dessen Recht vereitelt oder beeinträchtigt würde, sie ist aber trotzdem nicht eine bloß relative Unwirksamkeit im Sinne des § 135, sondern eine absolute d. h. auch Dritten gegenüber wirkende. Während die Unwirksamkeit nach § 135 bloß von der Person geltend gemacht werden kann, zu deren

Gunsten das Veräußerungsverbot besteht, kann sich auf die nach § 161 eintretende Unwirksamkeit der den Eintritt der rechtlichen Wirkung hindernden oder beeinträchtigenden weiteren Verfügung ein jeder berufen. Hat jedoch der bedingt Berechtigte in die anderweite Verfügung eingewilligt oder dieselbe nachträglich genehmigt, so fällt die Unwirksamkeit fort (M. I, 260). Das entspricht der grundsätzlichen Möglichkeit des Verzichts auf privaten Interessenschutz. Die Unwirksamkeit des § 161 läßt sich daher auch mit der Nichtigkeit nach § 134 nicht auf eine Linie stellen, da bei letzterer Bestimmung unverzichtbare öffentliche Interessen in Frage stehen.

Da die Prozeßführung als solche sich nicht als „Verfügung" bezeichnen läßt (vgl. oben Bem. VIII, A der Einl. z. dritten Abschnitt S. 305), so ist in Ansehung eines unter einer aufschiebenden Bedingung übertragenen Rechtes während der Schwebezeit der Uebertragende noch zur Prozeßführung befugt und passiv legitimirt; bei der auflösenden Bedingung natürlich der während der Schwebezeit Berechtigte. Ergeht für oder gegen letzteren ein Urtheil und tritt dann durch den Bedingungseintritt kraft Gesetzes (§ 158 Abs. 2) der frühere Rechtszustand wieder ein, so wirkt das Urtheil nicht für und gegen den nunmehr in Folge des Rückfalls Berechtigten; denn dieser kann, wie schon in Bem. 8 zu § 158 ausgeführt ist, nicht als Rechtsnachfolger des in der Schwebezeit Berechtigten angesehen werden. A. M. Hellwig, Wesen und subjektive Begrenzung der Rechtskraft S. 114; zweifelnd Dernburg, Bürg. R. Bd. 1 § 156 Anm. 3. Vgl. auch Bem. 5 unten.

Solche Verfügungen in der Schwebezeit, welche dem bedingt Berechtigten nur vortheilhaft sind, bleiben als wirksam bestehen.

4. Nach § 161 unwirksam sind nur nachtheilige weitere Verfügungen, die Jemand vornimmt, der bereits zu Gunsten des unter der Bedingung Berechtigten eine Verfügung über einen Gegenstand vorgenommen hat. Hat er sich hinsichtlich des Gegenstandes lediglich obligatorisch verpflichtet, also z. B. unter einer Bedingung an A verkauft, ohne die Eigenthumsübertragung vorzunehmen, oder an A ein bedingtes Schenkungsversprechen abgegeben, so kann er bezüglich derselben Sache zu Gunsten des B verfügen, ohne die Unwirksamkeit gewärtigen zu müssen; aber er macht sich dem A schadensersatzpflichtig nach Maßgabe des § 160.

5. Die Unwirksamkeit betrifft auch solche weitere Verfügungen, welche für denjenigen, der unter der Bedingung verfügt hat und dann in Konkurs geräth, der Konkursverwalter vornimmt. KO. § 13 schlägt hier nicht ein.

Nicht nur Verfügungen des Berechtigten sollen von der Unwirksamkeit nach § 161 getroffen werden, sondern auch Verfügungen von Privatpersonen oder Behörden aus seinem Rechte. Darum stellt das Gesetz ausdrücklich nicht nur die Verfügung gleich, die im Wege der (an sich zulässigen) Zwangsvollstreckung oder Arrestvollziehung (CPO. §§ 916 ff.) erfolgt, sondern auch die durch den Konkursverwalter erfolgende, obschon es bekanntlich sehr bestritten ist, ob der Konkursverwalter wirklich sich als gesetzlicher Vertreter des Gemeinschuldners betrachten läßt. Vgl. P. VI, 133.

Die II. Komm. (P. I, 184) wollte ursprünglich neben der Zwangsvollstreckung und Arrestvollziehung auch das rechtskräftige Urtheil den hier in Frage kommenden Verfügungen gleichstellen. Auf Grund einer späteren Berathung (P. VI, 129 ff.) blieb aber schließlich die Verfügung durch Urtheil doch unerwähnt. Trotzdem lehrt R. Leonhard (Allgem. Theil S. 404) unter Bezugnahme auf M. I, 262 (?), der Verfügung des bedingt Benachtheiligten stehe auch das rechtskräftige Urtheil gleich, das über den Vertragsgegenstand wider ihn ergeht. Dies läßt sich aber keinenfalls behaupten für Strafurtheile, in welchen die Einziehung von Gegenständen befohlen wird und ohne Rücksicht darauf, ob sie dem Thäter oder einem Theilnehmer gehören (vgl. StGB. §§ 152, 295, 360, 367, 369). Mit Recht wies man darauf hin (P. VI, 130), daß, wenn hier aus Gründen des öffentlichen Wohles das fremde Eigenthum nicht beachtet wird, es als ein auffälliger Widerspruch erscheinen würde, wenn das Strafurtheil vor einem bedingt eingeräumten dinglichen Rechte Halt machen sollte. Vgl. im Uebrigen oben Bem. 3.

6. Das Wesen der gemäß § 161 eintretenden Unwirksamkeit ist Nichtigkeit. Zu ihrer Geltendmachung bedarf es daher weder einer Anfechtung noch irgend einer bestimmten Form. Feststellungsklage ist zulässig.

7. Laut Abs. 3 finden Dritte, zu deren Gunsten die nach dem Vorstehenden unwirksame weitere Verfügung erfolgt ist, Schutz nach den Vorschriften zu Gunsten derjenigen, welche Rechte von einem Nichtberechtigten herleiten. Diese Bestimmung hat ihr Analogon in der Vorschrift des § 135 Abs. 2. Das dort (s. oben Bem. 3, d und e) Gesagte findet daher hier entsprechende Anwendung. Wo es auf Gutgläubigkeit ankommt, ist hier das Wissen bezw. Nichtwissen um den durch die Bedingungssetzung veranlaßten Schwebezustand entscheidend. Vgl. BGB. §§ 932 ff., 1032 Satz 2, 1207, 1208, 1242, 1244; 892, 893, 1138, 1155, 1157; HGB. §§ 366, 367, 396 Abs. 3.

§ 162.*)

Wird der Eintritt der Bedingung von der Partei, zu deren Nachtheil er gereichen würde, wider Treu und Glauben verhindert, so gilt die Bedingung als eingetreten.

Wird der Eintritt der Bedingung von der Partei, zu deren Vortheil er gereicht, wider Treu und Glauben herbeigeführt, so gilt der Eintritt als nicht erfolgt.

E. I, 136; II, 132; III, 158.

1. Ueber die Frage, ob und inwieweit der Bedingungseintritt überhaupt vom Wollen des bedingt Berechtigten oder Verpflichteten abhängig gemacht werden kann (Potestativbedingung), s. Vorbem. 6 vor diesem Titel.

Hier handelt es sich um solche Bedingungen, auf deren Eintritt bezw. Nichteintritt nach dem Parteiwillen die Betheiligten selbst sich jeder Einflußnahme oder doch einer bestimmten Art von Einflußnahme enthalten sollen. Thun sie das trotz ihres Wissens um den gewollten Geschäftsinhalt in Verfolgung ihres egoistischen Interesses nicht, so ist dieses Verhalten ein gegen Treu und Glauben verstoßendes. Ob im einzelnen Falle der Einwirkung eines Betheiligten auf den Bedingungseintritt diese Bedeutung zukommt, ist eine nach den konkreten Umständen zu beurtheilende Frage der Auslegung des Parteiwillens (s. insbesondere § 133). Es ist nicht nothwendig, daß die Einflußnahme gerade zum Zwecke der Vereitelung bezw. Herbeiführung der Bedingung geschehe, sofern nur der Zweck, den anderen Theil zu schädigen, ersichtlich ist; schon ein bewußt pflichtwidriges, mittelbares Eingreifen in den Gang der Bedingung genügt: nur eine Einflußnahme in einer „dem Sinne, der Tendenz des Rechtsgeschäfts zuwiderlaufenden Weise" (P. I, 184) ist erforderlich. Eine solche unredliche Einflußnahme ist, wie Rehbein (Komm. Bd. 1 S. 239) mit Recht bemerkt, auch bei rein potestativen Bedingungen, soweit solche überhaupt wirksam sind, möglich; so auch Dernburg, Bürg. R. Bd. 1 § 153 unter V; unentschieden RGE. Bd. 53 S. 259. Anders M. I, 268; aber die Ausübung der an sich erlaubten Einwirkung kann eine chikanöse sein.

Für das Erbrecht vgl. hieher die besonderen Vorschriften der §§ 2076, 2279.

2. Als Folge der unredlichen Einflußnahme auf die Erfüllung der Bedingung tritt kraft Gesetzes eine Fiktion ein: es wird rechtlich so angesehen, als ob die Bedingung, deren Eintritt unredlich verhindert wird, eingetreten sei bezw. die Bedingung, deren Eintritt unredlich herbeigeführt wird, nicht eingetreten sei. Die Entscheidung über die Bedingung ist dabei wohl als in dem Zeitpunkt erfolgt anzunehmen, in welchem die unredliche Verhinderung bezw. Herbeiführung vollendet ist. Die M. I, 263 freilich sagen unter Berufung auf die RGE. Bd. 2 S. 144, die Bedingung werde als zu der Zeit erfüllt angesehen, „zu welcher sie bei ordnungsmäßigem Verhalten des bedingt Verpflichteten eingetreten sein würde". Dem ist entgegenzuhalten, daß sich in sehr vielen Fällen der Natur der Sache nach gar nicht wird sagen lassen, wann bei ordnungsmäßigem Verhalten des Verpflichteten ein von vornherein ungewisses Ereigniß eingetreten wäre. Der Wortlaut des Gesetzes nöthigt auch keineswegs zu der mißlichen Aufgabe, einen Zeitpunkt nach irrealen Vorgängen fixiren zu sollen, sondern dürfte eher unserer Auslegung günstig sein.

3. Abs. 2 wurde erst durch die II. Komm. aufgenommen, namentlich um einem argumentum e contrario aus Abs. 1 vorzubeugen. Vgl. P. VI, 134 gegen M. I, 263, 264.

4. Der Inhalt des § 162 ist in beiden Absätzen seines ethischen Gehalts wegen als zwingendes Recht anzusehen.

5. Schon das gemeine Recht hatte die Regel, daß die Bedingung als erfüllt anzusehen sei, wenn ihre Erfüllung unredlicher Weise durch denjenigen gehindert wird, welcher an ihrer Nichterfüllung interessirt ist. L. 151 D. 50, 17: In iure civili receptum est, quotiens per eum, cuius interest condicionem non impleri, fiat quominus impleatur, haberi ac si impleta condicio fuisset. Vgl. auch l. 24 D. 35, 1. — Von bisherigen Partikularrechten s. PLR. Thl. I Tit. 4 §§ 104 ff.; cod. civ. art. 1178; sächs. GB. § 111; Schweiz. Obl.R. Art. 176.

---

*) Literatur: Schneider, Treu und Glauben im Recht der Schuldverhältnisse des BGB. (1902) S. 153 ff.; David, Verhinderung bei Abgabe einer empfangsbedürftigen Willenserklärung, in Gruchot, Beitr. Bd. 46 S. 232 ff.

§ 163.*)

Ist für die Wirkung eines Rechtsgeschäfts bei dessen Vornahme ein Anfangs- oder ein Endtermin bestimmt worden, so finden im ersteren Falle die für die aufschiebende, im letzteren Falle die für die auflösende Bedingung geltenden Vorschriften der §§ 158, 160, 161 entsprechende Anwendung.

E. I, 141, 142; II, 133; III, 159.

1. Befristung oder, wie das BGB. sagt, Zeitbestimmung, ist diejenige auf Parteiwillen beruhende Gestaltung des Rechtsgeschäfts, kraft deren seine Wirkung entweder erst von einem in der Zukunft liegenden zeitlich bestimmten Augenblick ab oder nur bis zu einem solchen bestehen soll. Im ersteren Falle wird der entscheidende Zeitpunkt „Anfangstermin" (dies a quo), im letzteren „Endtermin" (dies ad quem) genannt.

Je nach der Bestimmtheit des Eintritts des entscheidenden Augenblicks hatte die bisherige gemeinrechtliche Lehre folgende Arten der Befristung geschieden:

a) Dies certus an et quando, z. B. „am 12. Juli des folgenden Jahres";
b) dies certus an incertus quando, z. B. „an meinem Todestage";
c) dies incertus an certus quando, z. B. „am Tage deiner Volljährigkeit";
d) dies incertus an incertus quando, z. B. „an meinem Hochzeitstage".

Nach E. I § 143 (vgl. sächs. GB. § 114) sollte der einem Rechtsgeschäfte beigefügte Termin, von welchem ungewiß ist, ob er eintreten werde (also die Fälle c und d) als Bedingung anzusehen sein. Die II. Komm. strich die Vorschrift, weil sie es nicht für gerathen hielt, die „nicht in allen Fällen zutreffende Regel, welche der Rechtsanwendung eine gewisse Directive geben solle, im Gesetz auszusprechen". Aber der dies incertus an incertus quando wird stets als Bedingung gewollt sein; nicht nothwendig freilich der dies incertus an certus quando. Entscheidend ist der Sinn, den der Parteiwille dem Geschäfte beilegen wollte; vgl. hieher auch RGE. Bd. 8 S. 140. Beim dies certus an incertus quando handelt es sich in der Regel um eine Zeitbestimmung, nicht um eine Bedingung; aber auch hier hat, wie M. I, 270 hervorheben, der erkennbare Parteiwille Maß und Ziel für die rechtliche Beurtheilung zu geben.

Von der Befristung im Sinne des § 163 zu unterscheiden ist die Präklusivfrist, innerhalb deren Jemand eine Handlung vornehmen muß, um einen rechtlichen Nachtheil zu vermeiden. Vgl. Rehbein, Komm. Bd. 1 S. 243 und unsere Vorbem. 3 vor § 194.

2. Von der Bedingung unterscheidet sich die Zeitbestimmung dadurch, daß bei letzterer die Gewißheit des schließlichen Eintritts des Termins besteht, während für die Bedingung gerade die Ungewißheit des entscheidenden künftigen Ereignisses charakteristisch ist. Aber so klar diese Unterscheidung begrifflich ist, so zweifelhaft kann, da es nicht auf den Wortlaut, sondern auf den Sinn der Erklärung ankommt und der wirkliche Wille der Parteien zu erforschen ist, im einzelnen Falle sein, was die Parteien beabsichtigt haben. Bei der hier vorzunehmenden Willensauslegung sind die §§ 133, 157 besonders zu beachten. — Vgl. auch ZwVG. § 111.

3. § 163 betrifft bezüglich des Anfangstermins nur solche Fälle, in welchen die Wirkung des Rechtsgeschäfts aufgeschoben sein soll. Möglich ist aber, daß nach der Willensmeinung der Betheiligten die rechtliche Wirkung trotz des Anfangstermins sofort und unter allen Umständen entstehen soll und nur deren Geltendmachung bis zu dem Anfangstermine hinausgeschoben werden soll. Vgl. RGE. in Gruchot, Beitr. Bd. 46 S. 366 ff. (und in D. Jur.Z. 1902 S. 168 Nr. 35). Diese Gestaltung ist namentlich häufig auf dem Gebiete der Schuldverhältnisse. E. I § 141 hatte darauf ausdrücklich hingewiesen, in der II. Komm. jedoch (P. I, 186) ließ man die Unterscheidung wieder fallen, da ohnehin klar sei, daß die vorgeschriebene Anwendung der Regeln über Bedingung sich auf die Fälle, in welchen bloß die Geltendmachung hinausgeschoben werden soll, sich nicht bezieht. Eine bloße Hinausschiebung der Geltendmachung liegt regelmäßig dann vor, wenn nicht bei, sondern nach Vornahme des Rechtsgeschäfts diesem ein Anfangstermin beigefügt wird.

Man kann die Verbindlichkeiten, die sofort entstehen, deren Geltendmachung aber bis zu einem Anfangstermine hinausgeschoben werden soll, „betagte" nennen und gelangt so zu einem gewissen Gegensatze zwischen der „Betagung" (vgl. namentlich BGB. § 813 Abs. 2 und Bem. dazu, § 2217 Abs. 2, KO. § 65) und der durch § 163 getroffenen „Befristung" bezw. „Zeitbestimmung" im engeren Sinne. Es läßt sich jedoch nicht mit Sicherheit behaupten, daß das Gesetz konsequent an einer Terminologie im Sinne dieser Scheidung festhalte; noch weniger herrscht eine einheitliche Ausdrucksweise in der Literatur.

---

*) Literatur: Romeick, Fristbestimmung (1901); derselbe in D. Jur.Z. Bd. 6 S. 493 ff. Langheineken, Anspruch und Einrede (1903) S. 51 ff.

Vgl. hierüber Endemann Bd. 1 § 79 Anm. 9, R. Leonhard, Allg. Theil S. 415 f., Rehbein, Komm. Bd. 1 S. 241 ff., Langheineken, Anspruch und Einrede S. 69 ff.; RGE. Bd. 2 S. 143, Bd. 8 S. 140.

4. Das BGB. behandelt die Setzung eines Anfangstermins nach Analogie der aufschiebenden Bedingung, die des Endtermins nach Analogie der auflösenden Bedingung und schreibt in § 163 ausdrücklich die entsprechende Anwendung der §§ 158, 160, 161 vor. Er kann daher hier auf das in den Bem. zu diesen Paragraphen Gesagte verwiesen werden.

Die Nichtanwendung des § 162 ist der Natur der Sache nach selbstverständlich. Aber auch § 159 ist von der Anwendung ausgeschlossen, indem er in § 163 nicht erwähnt wird. Das rechtfertigt jedoch die Annahme nicht, daß es den Parteien rechtlich unmöglich gemacht sei, sich im Wege der sog. „obligatorischen Rückbeziehung" z. B. bezüglich der Früchte der Zwischenzeit so zu behandeln, als ob der Termin schon früher eingetreten wäre. (In diesem Sinne auch R. Leonhard, Allg. Theil, S. 414 Anm. 4 gegen Endemann.) Eine Rückziehung mit dinglicher Wirkung freilich findet niemals statt.

5. Ueber die Einheitlichkeit des befristeten Rechtsgeschäfts, ferner über die Unzulässigkeit einer Befristung in gewissen Fällen s. das in den Vorbemerkungen vor diesem Titel Gesagte; über die Beweislast s. Bem. 10 zu § 158.

Fünfter Titel.

Vertretung. Vollmacht.

Vorbemerkungen.*)

1. Inhaltsübersicht des Titels. Die §§ 164—176 befassen sich mit der Vertretung auf Grund von Vertretungsmacht; beruht letztere auf Rechtsgeschäft, so heißt sie Vollmacht; über diese speziell handeln die §§ 166 Abs. 2 bis 176. Die §§ 177—180 behandeln die Vertretung ohne Vertretungsmacht. § 181 endlich entscheidet die bisher streitige Frage der Zulässigkeit des Kontrahirens mit sich selbst.

2. Vertreter und Bote. Wir können uns bei der Angabe von Willenserklärungen der Hilfe Anderer in doppelter Weise bedienen:

a) entweder**) so, daß der Andere den von uns ausgehenden Willensakt lediglich übermittelt, ohne daß bezüglich des zu äußernden Inhalts der Willenserklärung seiner eigenen Entschließung etwas überlassen bleibt. Der Andere wirkt für uns hier nur wie ein mechanisches Werkzeug, wie ein Brief, eine Depesche. Eine solche lediglich mechanische Hilfsthätigkeit kann nicht nur bei der Abgabe, sondern analog auch beim Empfang von Willenserklärungen vorkommen (s. unten Bem. 6).

Die Hilfsperson, welche lediglich als Erklärungsmittler, Erklärungswerkzeug, fungirt, nennt man, vom häufigsten Anwendungsfall ausgehend, regel-

---

*) Literatur: Laband in d. Zeitschr. f. Handelsrecht Bd. 10 S. 183 ff. Hellmann, Die Stellvertretung (1882). Mitteis, Die Lehre von der Stellvertretung (1885). Frese, Lehre von der beauftragten Vermögensverwaltung (1889). Lenel in Iherings Jahrb. f. Dogm. Bd. 36 S. 1 ff. Hellmann, Vortr. S. 98 ff., 146 ff. Hachenburg, Vortr. S. 257 ff. Clerus, Vollmacht und Geschäftsführung ohne Vertretungsmacht, in Bl. f. RA. Bd. 64 S. 161 ff., 177 ff. Schloßmann, Die Lehre von der Stellvertretung, insbesondere bei obligatorischen Verträgen, Bd. 1 1900. Bd. 2 1902; dazu die Besprechung von Hellmann in Zeitschr. f. Civilprozeß Bd. 31 S. 346 ff. F. Leonhard, Vertretung beim Fahrnißerwerb (1899). Isay Die Geschäftsführung nach dem BGB. (1900). Biermann, Die Lehre von der Vertretung und Vollmacht, in den Gießener Festgaben für Dernburg (1900), S. 89 ff. Crome, System Bd. 1 S. 451 ff. R. Leonhard, Allg. Theil S. 295 ff. Hupka, Die Vollmacht (1900). Schloßmann, Organ und Stellvertreter, in Iherings Jahrb. f. Dogm. Bd. 44 S. 289 ff. Manigk, Das Anwendungsgebiet der Vorschriften für die Rechtsgeschäfte S. 297 ff. M. Rümelin, Das Handeln in fremdem Namen im BGB., im Archiv f. d. civilist. Praxis Bd. 93 S. 131 ff. Mumm im Recht 1901 S. 137; David ebenda S. 506 ff. Brach ebenda S. 558.

**) Fleck, Der Bote, im Arch. f. bürgerl. R. Bd. 15 S. 337 ff.

mäßig „Bote" (nuntius). Sie übt nur eine Interessenvertretung aus (vgl. R. Leonhard a. a. O. S. 298), keine Rechtsvertretung. Der Ausdruck „Vertreter" wird für sie am besten ganz vermieden. Bote kann auch der Geschäftsunfähige sein, sofern er nur thatsächliche Uebermittelungsfähigkeit besitzt, Vertreter nicht; s. Bem. zu § 165.

Was der Erklärungsmittler, der Bote, erklärt, gilt als persönlich erklärt. Ueber den Rechtsschutz bei irrthümlicher Uebermittelung s. § 120 und Bem. dazu.

Es giebt aber Fälle, in welchen persönliche Erklärung ohne Zuhülfenahme eines Erklärungsmittlers vorgeschrieben ist und Verletzung dieser Vorschrift die Willenserklärung nichtig macht (z. B. §§ 1317, 2256 Abs. 2);

b) oder so, daß wir den rechtsgeschäftlichen Willen eines Andern als unsern eigenen Willen anerkennen wollen und daher dem Anderen nicht nur die Uebermittelung, sondern auch die Willensentschließung selbst überlassen, wobei es gleichgültig ist, ob er bezüglich dieser Entschließung in höherem oder geringerem Maße an unsere Instruktion gebunden ist. Man spricht hier von Stellvertretung oder Vertretung im Willen. Nur hievon handeln die Vorschriften dieses Titels.

3. Begriffliche Abgrenzung. Es mag im Einzelfalle manchmal zweifelhaft sein, ob Jemand als bloßer Bote oder als gewillkürter Vertreter anzusehen sei. Diese Unklarheit ist aber nur thatsächlicher Natur, begründet in der Unklarheit oder Mangelhaftigkeit der der Hülfsperson ertheilten Instruktion, nicht rechtlicher Natur und würde dadurch nicht gehoben werden, daß man neben den beiden genannten Klassen von Hülfspersonen für die Abgabe von Willenserklärungen noch eine dritte Kategorie aufstellen und etwa von einer „Vertretung in der Erklärung des Willens" als einem Mittelgliede zwischen der eigentlichen Vertretung und dem einfachen Handeln durch Andere reden würde. Theoretisch liegt das Kriterium der Vertretung darin, daß der Person, deren man sich bedient, eine Entscheidung hinsichtlich des Geschäftsinhalts oder hinsichtlich der Frage, ob, wann und wo das Geschäft vorgenommen wird, zustehen soll. Das ist beim Boten als einem bloßen Erklärungswerkzeug ausgeschlossen. Es ist daher nicht richtig, daß die Begriffe Bote und Stellvertreter in einander übergehen. Die Hülfsperson verliert ihren Charakter als Bote dadurch nicht, daß ihr freigestellt ist, dem feststehenden Erklärungsinhalt stilistisch die ihr gut scheinende Form zu geben; aber sie ist nicht mehr Bote sondern Vertreter, wenn ihr bezüglich des Geschäftsinhalts irgend welche Wahl zusteht, wenn also z. B. ihre Instruktion dahin geht, „für 10 oder 20 Pfennig Hustenbonbons" oder „für ein paar Mark Schreibmaterialien" zu kaufen. (So auch R. Leonhard a. a. O. S. 299; vgl. Endemann Bd. 1 § 80 unter 4; abweichend Cosack Bd. 1 § 66 unter I, 1, a; Schloßmann Bd. 1 S. 304.) Wer zwischen mehreren dem Andern alternativ geschuldeten Gegenständen für den Anderen eine Wahl treffen soll, ist Vertreter. Wer für den Andern eine von diesem inhaltlich festgesetzte Erklärung abgeben soll und zwischen mehreren Erklärungsmodalitäten die Wahl hat (z. B. Einwurf in den Briefkasten des Empfängers oder persönliche Abgabe), ist nicht Vertreter, sondern bloßer Bote. Wer endlich als Wahlberechtigter für sich zwischen mehreren Sachen, die ihm Jemand alternativ zuwenden will, eine auswählen soll, ist weder Vertreter noch Erklärungswerkzeug; Vertreter deßhalb nicht, weil die Entscheidung, die er durch die Wahlausübung trifft, hier materiell nicht den Andern angeht und angehen soll, sondern lediglich ihn selbst.

4. Nach dem Sprachgebrauche des BGB. heißt Vertreter nicht nur der legitimirte Vertreter, der auf Grund gesetzlicher oder rechtsgeschäftlicher Vertretungsmacht handelt, sondern auch der nichtlegitimirte Vertreter, der ohne Vertretungsmacht im Namen eines Anderen kontrahirt.

5. Vom Vertreter im Sinne des Gesetzes zu scheiden ist der Geschäftsgehülfe, der für den Andern lediglich eine Interessenvertretung, nicht zugleich eine Rechts-

vertretung vornimmt. Eine solche bloße Geschäftsbeihülfe kann nicht nur bei der Ausführung von Geschäften (vgl. §§ 278, 831), sondern auch beim Geschäftsabschlusse vorkommen. Neben der schon erwähnten Thätigkeit des Boten gehört hieher die des Dolmetschers (and. Ans. Endemann), die des Abschreibers, dem der Geschäftsinhalt diktirt wird. Auch Handlungsagenten und Makler sind keine Vertreter im Sinne dieses Titels, wenngleich erstere sehr häufig Vertreter sich nennen und genannt werden.

Zum Begriffe des Vertreters im Sinne dieses Titels gehört, daß er im Namen eines bestimmten Rechtssubjekts, des Vertretenen, handle. Nicht Vertreter im technischen Sinne ist, wer die ihm zustehende Befugniß lediglich zur Wahrung allgemeiner, nicht eine von vornherein bestimmte Person berührender Interessen auf Grund Gesetzes erhalten hat. Hupka a. a. O. S. 3ff. wendet dagegen ein, Interessenvertretung und Stellvertretung sei nicht dasselbe, die Stellvertretung sei kein materieller, sondern ein juristisch-formaler Begriff, der jedes Handeln in fremdem Namen umfasse, gleichviel zu welchem Zwecke und in wessen Interesse es stattfindet. Das ist zuzugeben. Es darf aber darum doch für die Auffassung der lex lata nicht verkannt werden, daß das BGB. in § 164 offenbar eine bestimmte psychische oder juristische Person als den Vertretenen voraussetzt. An einem bestimmten Vertretenen fehlt es z. B., wenn nach CPO. §§ 58, 787 für ein nach BGB. § 928 vom Eigenthümer derelinquirtes Grundstück ein „Vertreter" aufgestellt wird; a. M. L. Seuffert, Komm. z. CPO., bei § 58. Bezüglich der Vertretereigenschaft des Treuhänders (vgl. Hypothekenbankges. v. 13. Juli 1899 §§ 29ff.) s. Bem. VI zu § 1189. Ueber die Frage der Vertretereigenschaft des Nachlaßverwalters und des Testamentsvollstreckers s. Bem. VI zu § 1975 und Bem. I, F zu den §§ 2197—2201 in Bd. V. Immer noch lebhaft bestritten ist die Vertretereigenschaft des Konkursverwalters; zu der Frage kann hier, da sie nicht ohne eingehende Erörterung konkursrechtlicher Grundsätze zu entscheiden ist, nicht Stellung genommen werden; s. über den status controversiae und die Literatur Jäger, Komm. z. KO. 2. Aufl. Bem. zu § 6.

Vom Vertreter prinzipiell zu scheiden sind endlich nach herrschender Ansicht (namentlich Gierke, Genossenschaftstheorie S. 614ff.; DPR. S. 472ff.; ferner Laband im Archiv f. d. civilist. Praxis Bd. 73 S. 187ff.); die Organe juristischer Personen; Schloßmann*) freilich vertheidigt neuestens die prinzipielle Wesensgleichheit des Organs der juristischen Person mit dem Vertreter. Das Gesetz selbst betrachtet die Organe offenbar nicht als echte gesetzliche Vertreter, nimmt aber für sie ein vertretungsähnliches Verhältniß an, indem es ihnen die Stellung gesetzlicher Vertreter giebt; s. die Bem. zu den §§ 26, 30, 86.

Zu weit geht es, wenn (von Fischer-Henle in der Vorbem. vor § 164) zum Begriffe des Vertreters gefordert wird, daß er im ausschließlichen Interesse des Vertretenen handle. Die Handlung hört darum nicht auf, Stellvertretung zu sein, daß sie auch dem Interesse des Handelnden selbst dient (so auch Hupka a. a. O.).

6. Sog. passive Vertretung. Der Normalfall, von dem auch das BGB. ausgeht, ist die aktive Stellvertretung, das ist die Abgabe von Willenserklärungen im Namen des Vertretenen. Aber nach der Vorschrift der §§ 164 Abs. 3, 165 haben wir, was man, von rein theoretischen Erwägungen ausgehend, wohl bezweifeln könnte, unbestreitbar auch eine sog. passive Stellvertretung anzuerkennen, welche in der Entgegennahme fremder Willenserklärungen besteht. Das nöthigt zu der Konsequenz, da wo ein solches Verhältniß vorliegen soll, auch Handlungsfähigkeit des sog. passiven Vertreters zu fordern, keineswegs aber dazu, in allen Fällen, in welchen die Entgegennahme einer Willenserklärung durch einen andern als den Adressaten (befugter Weise) erfolgt, eine passive Stellvertretung anzunehmen. Vielmehr wird sehr häufig der Fall unselbständiger Beihilfe zum Geschäftsabschlusse, also eine (passive) reine Interessenvertretung, gegeben sein und derjenige, welcher die Willenserklärung entgegennimmt, wie ein Empfangswerkzeug des Adressaten nach Analogie des Boten zu betrachten sein. Ob im Einzelfalle die eine oder andere Auffassung

*) In Iherings Jahrb. Bd. 44 S. 289ff.; dagegen Preuß ebenda S. 429ff.

die richtige ist, hängt wesentlich von dem Maße der Selbständigkeit ab, welches im Verhältnisse des Adressaten zu dem thatsächlichen Empfänger der Willenserklärung dem letzteren zukommen soll. So wird z. B. der Hausmeister oder ein Dienstbote, bei welchem Briefe abgegeben oder mündliche Bestellungen gemacht werden, lediglich als Empfangswerkzeug zu betrachten sein (Rehbein, Komm. S. 251: „er steht dem Briefkasten gleich"), während der eigentliche Insinuationsmandatar Vertreter ist. Wer im Verhältnisse zu seinem Prinzipal zur Annahme einer Eigenthumsübertragung legitimirt ist, ist stets als Vertreter anzusehen, nicht als bloßer Empfangsbote. Eine Legitimation zur vertretungsweisen Entgegennahme von Willenserklärungen kann ein Geschäftsunfähiger nicht haben; für eine gegentheilige Praxis, welche R. Leonhard (a. a. O. S. 301) zu wünschen scheint, bietet das Gesetz keine Grundlage.

7. Ueber die Zulässigkeit der Vertretung hatte E. I § 115 die Bestimmung, daß Rechtsgeschäfte durch einen Vertreter und gegenüber einem solchen vorgenommen werden können, sofern nicht die Natur des Rechtsgeschäfts oder das Gesetz entgegensteht. Diese Bestimmung ist zwar wegen ihrer Entbehrlichkeit in der II. Komm. gestrichen worden, der darin ausgesprochene Grundsatz hat aber auch für die jetzige Gesetzeslage Geltung. Insbesondere läßt sich eine prinzipielle Unzulässigkeit der Vertretung auf familien- und erbrechtlichem Gebiete nicht behaupten, wenn auch hier das Gesetz vorwiegend Anlaß zur Einschränkung der Vertretungsmöglichkeit gefunden hat. Im Einzelnen ist Vertretung unzulässig:

a) wo persönliche Anwesenheit der Betheiligten vom Gesetz verlangt wird; so in den §§ 1317, 2064, 2256 Abs. 3, 2274, 2284, 2290 Abs. 2, 2347 Abs. 2 (in diesen Fällen ist auch die Uebermittelung der Erklärung durch Boten ausgeschlossen); nicht dagegen, wo zwar gleichzeitige, nicht aber auch persönliche Anwesenheit verlangt wird, wie bei der Auflassung nach § 925 (Verwendung von Boten ist auch hier ausgeschlossen), und nicht, wo urkundliche Form für die Erklärung verlangt wird, wie z. B. in § 518. Vgl. Bem. B, II, 3, e zu § 925.

b) wo das Gesetz wegen der höchstpersönlichen Interessen, um deren Wahrung es sich bei dem Geschäfte handelt, die Vertretung direkt für unmöglich erklärt; so in den §§ 1307, 1336, 1337 Abs. 3, 1358 Abs. 3, 1595, 1598 Abs. 3, 1728, 1731, 1748 Abs. 2, 1750, 1755, 2271, 2282, 2296 (nur Abschluß durch einen gesetzlichen Vertreter ist ausgeschlossen in den §§ 1437, 1508 Abs. 2 1549); — vgl. CPO. §§ 612 Abs. 2, 641 Abs. 2.

c) bei einseitigen Rechtsgeschäften ohne Vertretungsmacht nach Maßgabe des § 180; s. Bem. hiezu.

d) zum Zwecke des Kontrahirens mit sich selbst nach Maßgabe des § 181; s. Bem. hiezu.

8. Sog. mittelbare Stellvertretung.

Das BGB. erkennt den Grundsatz der direkten oder unmittelbaren Stellvertretung an und handelt nur von dieser in den Vorschriften dieses Titels. Zu ihrem Wesen gehört, daß Jemand im Namen des Vertretenen Willenserklärungen abgiebt bezw. entgegennimmt, so daß dadurch der Vertretene selbst unmittelbar berechtigt bezw. verpflichtet wird. Näheres hierüber bei § 164.

Möglich ist aber auch, daß Jemand ein Rechtsgeschäft zwar in der Absicht vornimmt, die rechtlichen Wirkungen einem Andern zukommen zu lassen, aber doch im eigenen Namen. In Wahrheit handelt es sich hiebei, juristisch betrachtet, gar nicht um die Vornahme eines Rechtsgeschäfts durch Stellvertretung. Der gewollte wirthschaftliche Erfolg wird hier vielmehr durch die Vornahme mehrerer rechtlich ganz selbständiger Geschäfte herbeigeführt, da es zur Uebertragung der Wirkung auf den sog. „Vertretenen" immer noch eines weiteren besonderen Rechtsgeschäfts zwischen diesem und dem sog. Stellvertreter bedarf. Ein Uebergang kraft Gesetzes findet nicht statt. Von einer Vertretung im Sinne der Vorschriften dieses Titels ist also keine Rede. Gleichwohl wird für das bezeichnete Verhältniß herkömmlicher Weise der Ausdruck indirekte oder mittelbare Stellvertretung gebraucht. Andere Bezeichnungen für die persona interposita wie „Ersatzmann", „Geschäftsvermittler", „eingeschobener Geschäftsherr", „stiller Vertreter" haben keinen allgemeinen Anklang gefunden. Das BGB. befaßt sich mit der sog. mittelbaren Stellvertretung als Rechtsinstitut überhaupt nicht (singulär: „kaufen durch einen Andern" in § 456; für Aufnahme allgemeinerer Bestimmungen Jacubezky, Bem. S. 31, 146, 177 und erfolglose Anregungen in der II. Komm. vgl. P. II, 360 ff.). Die Zulässigkeit des genannten Verhältnisses, das praktisch häufig vorkommt, ist selbstverständlich. Die Rechtslage ist die, daß dem Gegenkontrahenten gegenüber der Handelnde, der ja im eigenen Namen auftritt, allein berechtigt und verpflichtet wird; derjenige, in dessen Interesse er handelt, tritt zu dem Gegenkontrahenten in keinerlei rechtliche Beziehung, haftet ihm auch nicht adjecticisch; daß, wie bei R. Leonhard a. a. O. S. 303 behauptet wird, die (schon bisher recht problematische) actio utilis de in rem verso durch § 816 Abs. 2 in besonderen Fällen einen gewissen Ersatz gefunden hat, bedürfte doch näherer Begründung. Die zwischen dem sog. mittelbaren Stellvertreter und demjenigen, in dessen Interesse er handelt, sich ergebenden obligatorischen Beziehungen können je nach dem Rechtsverhältnisse, welches zwischen beiden besteht (Dienstvertrag, Auftrag [§ 667], aber auch auftragslose Geschäftsführung) verschiedenen Inhalt haben. Gesetzlich besonders geregelt ist das Handeln im eigenen Namen auf fremde Rechnung in den Vorschriften des HGB. über Kommission (§§ 383 ff.) und Spedition (§§ 407 ff.). Vgl. auch Bankdepotgesetz vom 5. Juli 1896 § 7 und ferner die Bem. zu § 930 (const. poss.), sowie Bem. III, 2 zu § 929 bei der Eigenthumsübertragung beweglicher Sachen.

9. Besitzerwerb durch Stellvertreter ist rechtlich insoweit möglich, als es thatsächlich möglich ist, daß Jemand eine Sache, an der ein Anderer Besitz erwirbt, damit in seine eigene faktische Gewaltsphäre bekommt. Denn der Besitzerwerb ist ja nichts anderes als die Erlangung der thatsächlichen Gewalt (§ 854). Diese braucht freilich weder in gesetzlicher Legitimation noch in einem Rechtsgeschäft ihren Grund zu haben, wie denn überhaupt der Besitzerwerb als solcher keine Willenserklärung ist, weßhalb strenge genommen hiebei von einer Vertretung im Sinne des § 164 nicht die Rede ist. Geschäftsfähigkeit des „Stellvertreters" beim Besitzerwerb ist also aus dem Grunde der Stellvertretung nicht erforderlich. Besitzerwerb durch „Stellvertreter" liegt immer dann vor, wenn Jemand die thatsächliche Gewalt über eine Sache erlangt auf Grund eines Verhältnisses, vermöge dessen er den sich auf die Sache beziehenden Weisungen eines Andern Folge zu leisten hat (§ 855). — Vgl. auch Lenel in Jherings Jahrb. Bd. 36 S. 57 ff., M. Rümelin im Archiv f. d. civilist. Praxis Bd. 93 S. 259 ff., ferner im Einzelnen Bem. IV zu § 854, sowie Bem. 4 zu § 930. Ueber das Besitzverhältniß bei gesetzlichen Vertretern s. Bem. IV, 3 zu § 930.

10. Kein eigentlicher Vertreter im Sinne des § 164 ist der Gläubiger, der auf Grund gerichtlichen Ueberweisungsbeschlusses nach § 835 CPO. zur Einziehung einer gepfändeten Geldforderung berechtigt ist. Er vertritt nicht ein fremdes Interesse, sondern übt das Recht des Schuldners im eigenen Interesse aus, wie er auch die Klage gegen den Drittschuldner im eigenen Namen erhebt. Gleiches gilt von dem Pfandgläubiger einer Forderung (vgl. hiezu insbes. Bem. II, 1, b, α zu § 1282). Eine solche Rechtsstellung kann auch auf Rechtsgeschäft beruhen. Man wird den allgemeinen Satz aufstellen dürfen, daß in den Fällen, in welchen einem Andern eine Dispositionsmacht in dessen eigenem Interesse eingeräumt ist, die Vertretungsgrundsätze keine Anwendung finden; namentlich bei der Vornahme von Veräußerungen ist zwischen dem Handeln in fremdem Namen und dem Handeln mit fremder Ermächtigung (im eigenen Interesse) zu unterscheiden; im ersteren Falle ist die Rechtswirkung des Traditionsaktes nach § 164 zu beurtheilen, in letzterem nach § 185 Abs. 1. Vgl. M. Rümelin im Archiv f. d. civilist. Praxis Bd. 93 S. 153 ff. und 182 ff.; auch RGE. Bd. 53 S. 274 ff.

11. Ueber die gegenseitige Vertretung unter Ehegatten s. Bd. IV Vorbem. III vor § 1353.

§ 164.

Eine Willenserklärung, die Jemand innerhalb der ihm zustehenden Vertretungsmacht im Namen des Vertretenen abgiebt, wirkt unmittelbar für und gegen den Vertretenen. Es macht keinen Unterschied, ob die Erklärung ausdrücklich im Namen des Vertretenen erfolgt oder ob die Umstände ergeben, daß sie in dessen Namen erfolgen soll.

Tritt der Wille, in fremdem Namen zu handeln, nicht erkennbar hervor, so kommt der Mangel des Willens, im eigenen Namen zu handeln, nicht in Betracht.

Die Vorschriften des Abs. 1 finden entsprechende Anwendung, wenn eine gegenüber einem Anderen abzugebende Willenserklärung dessen Vertreter gegenüber erfolgt.

E. I, 116; II, 134; III, 160.

1. § 164 stellt den Grundsatz der unmittelbaren (oder direkten) Stellvertretung auf.

Dieser Grundsatz war der klassischen römischen Jurisprudenz fremd. Dies hängt zusammen mit der Besonderheit von Verhältnissen, die auf anderem Gebiete liegen, mit der patria potestas, dem Sklavenrecht, den actiones adiecticiae qualitatis. Nur für gewisse Fälle wurde im Röm. R. die Statthaftigkeit der Vertretung anerkannt, so namentlich für den Besitzerwerb, für die traditio beim Eigenthumserwerb, für den Pfandrechtserwerb. Die Zulässigkeit hatte aber Ausnahmecharakter. Erst ein seit dem 17. Jahrhundert als feststehend zu betrachtendes Gewohnheitsrecht hat mit der römischen Auffassung gebrochen und ein Handeln in fremdem Namen grundsätzlich zugelassen.

Für den heutigen Verkehr ist die grundsätzliche Zulässigkeit der Vornahme von Rechtsgeschäften durch Vertreter, wie M. I, 223 sagen, ein unabweisbares Bedürfniß. Die neueren Kodifikationen erkennen auch alle die unmittelbare Stellvertretung an. Vgl. PLR. Thl. I Tit. 13 §§ 1 ff.; cod. civ. art. 1984 ff.; sächs. GB. § 101.

2. Ueber die mittelbare (indirekte) Stellvertretung s. Vorbem. 8 vor § 164, über die Unterscheidung des Vertreters vom bloßen Uebermittler Vorbem. 2 u. 3, über die Fälle, in welchen Vertretung ausnahmsweise unzulässig ist, Vorbem. 7, über den Besitzerwerb durch Vertreter Vorbem. 9 ebenda und Bem. IV zu § 854, über Eigenthumserwerb durch Stellvertreter vgl. Bem. B, II, 3, e zu § 925 und Bem. III, 2 zu § 929.

3. Die Wirkung der vom Vertreter abgegebenen bezw. entgegengenommenen Erklärung tritt unmittelbar für und gegen den Vertretenen ein und nur für und gegen diesen, nicht für und gegen den Vertreter. E. I § 116 hatte die Fassung: „wird der Vertretene unmittelbar berechtigt und verpflichtet". Diese Fassung wurde als zu eng durch die jetzige allgemeinere Wendung ersetzt, weil die unmittelbare Wirkung für den Vertretenen auch da eintreten soll, wo es sich um das Freiwerden von dinglichen, an der eigenen Sache bestehenden Rechten Dritter, von Verpflichtungen u. s. w. handelt.

a) Ein Handeln im Namen des Vertretenen liegt dann vor, wenn der Vertreter bei Abgabe seiner eigenen Willenserklärung erklärt, daß sie hinsichtlich der Wirkung als die Willenserklärung des Anderen gelten soll oder wenn letzteres aus den Umständen sich ergiebt. Der Vertretungswille braucht also nicht ausdrücklich kundgegeben zu sein. Thatsächlich fehlt es auch an einer ausdrücklichen Bezugnahme auf den Vertretenen überaus häufig, namentlich dann, wenn der Vertreter wiederholt mit demselben Gegenkontrahenten gleichartige Geschäfte abzuschließen hat. „Eine frühere Erklärung kann für spätere Rechtsgeschäfte maßgebend sein, sofern der Vertreter in der übernommenen Rolle beharrt." (M. I, 225.) Vgl. hieher auch die Entsch. d. ROHG. Bd. 17 S. 98, Bd. 18 S. 294 und RGE. Bd. 17 S. 73.

b) Der Wille, in fremdem Namen zu handeln, muß natürlich immer vorhanden sein. Dieser Wille muß aber auch dem anderen Teile erkennbar sein, die Vertretungsmacht muß eine sog. „offene" sein; F. Leonhard und M. Rümelin sprechen (in den bei Vorbem. 1 angeführten Schriften) vom „Offenheitsprinzip". Tritt der Vertretungswille nicht irgendwie, wenn auch nur aus den Umständen erkennbar, hervor, so würde die Rechtskonsequenz eigentlich, da das Gewollte nicht erklärt und das Erklärte nicht gewollt ist, zu der Annahme nöthigen, daß eine wirksame Willenserklärung überhaupt nicht vorliegt. Die Zulassung dieses Einwands würde jedoch dem praktischen Bedürfnisse keineswegs entsprechen und zu einer Quelle von Streitigkeiten werden. Das Gesetz stellt daher in Abs. 2 die Forderung des Verkehrsbedürfnisses höher als die der reinen Rechtslogik und behandelt denjenigen, dessen Vertretungswille sich nicht manifestirt, als Kontrahenten in eigenem Namen. Das entspricht auch der bisherigen Praxis (s. RGE. Bd. 2 S. 194 ff.; ROHG. Bd. 18 S. 294, Bd. 23 S. 57). Der Vertreter, dessen Vertretungsmacht keine offene ist, kann also selbst vom Gegenkontrahenten in Anspruch genommen werden; andererseits kann er auch selbst dem Gegenkontrahenten gegenüber die Rechte aus dem Geschäfte für sich geltend machen, ohne daß der Gegenkontrahent aus dem Mangel der Vertretungsbefugniß gegen ihn einen Einwand ableiten könnte. Die bestrittene Frage, ob in den Fällen des § 164 Abs. 2 auch der Vertretene vom Gegenkontrahenten in Anspruch genommen werden kann, dürfte gegen Kipp (bei Windscheid Bd. 1 § 73 S. 306) grundsätzlich zu verneinen sein. Möglich ist, daß das Verschweigen des Vertretungswillens auf einer sog. Mentalreservation beruht; eine solche ist nach § 116 ohnehin unbeachtlich. Möglich ist aber auch, daß in Folge des Nichthervortretens des Vertretungswillens an sich der Thatbestand des § 119 (Irrthum) gegeben ist; der hierauf sich beziehende Irrthum berechtigt jedoch nicht zur Anfechtung (a. M. Kipp bei Windscheid Bd. 1 § 73 S. 306), sondern der Handelnde wird als Selbstkontrahent betrachtet, wenn gleich er es nicht sein wollte. Hat also z. B. der von A bevollmächtigte B in dessen Namen an C verkauft, ohne daß sein Vertretungswille für C erkennbar geworden ist, so kann der Gläubiger des B, der gegen diesen einen Vollstreckungstitel besitzt, die Kaufpreisforderung pfänden lassen, ohne daß A Widerspruch erheben könnte; denn nicht A, sondern nur B ist aus dem Vertrage mit C berechtigt worden, wie auch nur er verpflichtet worden ist. Soll A Gläubiger werden, so bedarf es eines eigenen zwischen B und ihm vorzunehmenden Abtretungsgeschäfts. Trotzdem dürfte die Entscheidung, welche Planck (Bem. 2 zu § 164) dem von Eck (Vortr. S. 66) gebrachten Beispiele giebt, weder dem Wortlaute noch dem Geiste des Gesetzes entsprechen. Der Fall ist folgender: Meine Hausdame kauft mit einer Vollmacht, aber ohne diese zu erwähnen, für mich ein Dutzend silberner Löffel und bezahlt sie mit meinem Gelde; vor der Ablieferung der Löffel an mich stirbt die Hausdame. Nun gehören, meint Planck, die Löffel zu ihrem Nachlaß und beim Konkurse über diesen zur Konkursmasse; denn die Hausdame habe das Eigenthum der Löffel erworben und die Eigenthumsübertragung, zu der sie verpflichtet sei, könne zwar nach § 181 auch durch ein von ihr, im Namen des Vollmachtgebers, mit sich selbst im eigenen Namen vorgenommenes Rechtsgeschäft erfolgen, welches als stillschweigend vorgenommen z. B. dann anzusehen sei, wenn sie die Löffel in den Schrank des Auftraggebers lege, solange aber eine solche Uebertragung nicht erfolgt sei, bleibe sie Eigenthümerin. Auch sei ein Interesse des Verkäufers denkbar, die Hausdame und nur sie zur Eigenthümerin der Löffel zu machen, so z. B. wenn das gezahlte Kaufgeld falsch gewesen sei. Daß § 164 Abs. 2 auch dem Interessenschutz des Gegenkontrahenten dienen kann, ist nun allerdings zuzugeben. Aber gleichwohl dürfte in Fällen wie dem vorliegenden, in welchen der Handelnde zu seinem Vollmachtgeber in einem Abhängigkeitsverhältnisse steht, auf Grund dessen er seinen Weisungen Folge zu leisten hat, gemäß § 855 anzunehmen sein, daß der Vollmachtgeber den Besitz der Löffel, welche die Dame nur für ihn erwerben wollte, erlangt hat, daß also für den Vollmachtgeber die beiden Voraussetzungen des Eigenthumserwerbs, Einigung und Besitzverschaffung, vorliegen. (In diesem Sinne gegen Planck auch Rehbein, Komm. Bd. 1 S. 252 unter Hinweis auf l. 3 § 18, l. 47 D. 41, 2, l. 67 pr. D. 47, 2 und RGE. Bd. 30 S. 142; s. auch Rspr. d. OLG. Bd. 5 S. 46; ferner Regelsberger in Iherings Jahrb. Bd. 44 S. 425 ff.) Vgl. auch Bem. IV zu § 854 und Bem. III, 2 zu § 929.

Bei Abschluß eines Geschäftes für eine Gesellschaft muß die Absicht, für diese abschließen zu wollen, auf beiden Seiten erkennbar sein, vgl. Reichsgericht in Jur. Wschr. 1901 S. 163.

c) Nicht immer wird der Vertreter, der sich selbst als Geschäftsinhaber gerirt und vom anderen Theile dafür gehalten wird, als Kontrahent im eigenen Namen behandelt. § 164 Abs. 2 hat nur den Zweck, im Interesse der Verkehrssicherheit den zerstörenden Wirkungen des Mangels der Willensübereinstimmung beim Abschlusse von Verträgen vorzubeugen, ist aber nicht anzuwenden, wenn ein solcher Mangel gar nicht vorliegt. Wer z. B. mit einem Gewerbetreibenden kontrahirt, will mit demjenigen abschließen, welcher in Wirklichkeit der rechtliche Inhaber des Betriebs und demgemäß die eingegangenen Verbindlichkeiten zu erfüllen im Stande ist, und es ist ihm in der Regel gleichgültig, ob die Person, mit welcher er verhandelt, der Inhaber selbst oder nur zu seiner Vertretung ermächtigt ist. Hat daher der Vertreter den Willen, den Inhaber zu verpflichten, so ist trotz eines etwaigen Irrthums in der Person des Gegners der Vertrag mit dem Geschäftsinhaber zu Stande gekommen. Das gilt nicht bloß in Bezug auf die unmittelbare Berechtigung des mit dem Vertreter Verhandelnden (vgl. RGE. Bd. 30 S. 77), sondern auch, wo es sich um dessen Verpflichtungen dem Vertretenen gegenüber handelt (Rspr. d. OLG. Bd. 5 S. 48 ff.). Es kann auch vorkommen, daß im Vertrag ausdrücklich unbestimmt gelassen wird, ob der Gegenkontrahent des A der jetzt mit ihm Verhandelnde oder ein von ihm Vertretener sein soll; z. B. Jemand erklärt, er verkaufe die Gegenstände, die er vor sich liegen habe, theils im eigenen Namen, theils in dem des X.; solche Fällen werden durch § 164 Abs. 2 nicht betroffen. S. über die Möglichkeit des vertretungsweisen Handelns für den, „den es angeht", namentlich M. Rümelin im Archiv f. d. civilist. Praxis Bd. 93 S. 218, 232 ff.; in der Frage, ob dabei der Vertreter selbst oder der Vertretene erwerbe, kommt Rümelin (S. 242) zu dem billigenswerten Ergebnisse, es entscheide das objektive zwischen Geschäftsmittler und Geschäftsherrn zu Grunde liegende Verhältniß; zu berücksichtigen sei, welches Verhalten die Verkehrsauffassung erwarte; im übrigen sei, wo eine Verpflichtung des Mittlers zum Fremderwerb nicht konstatirt werden kann, von dessen eigenem Erwerb auszugehen.

d) Ueber Unterschriften der bevollmächtigten Vertreter bei schriftlich abzugebenden Willenserklärungen s. Bem. 5 zu § 126.

4. Das BGB. geht, wie sich aus § 164 ergiebt, grundsätzlich von der sog. Repräsentationstheorie aus: nur in der Person des Vertreters, nicht des Vertretenen, kommt das Rechtsgeschäft zu Stande, der Rechtsgeschäftswille ist ungetheilt beim Vertreter; die Vertretungsmacht ist lediglich Voraussetzung und Grenze für die Wirksamkeit dieses Willens, enthält aber keineswegs den rechtsgeschäftlichen Willen selbst. Rechtsgeschäftswille und Ertheilung der Vertretungsmacht sind zwei juristisch durchaus verschiedene, selbständige Thatsachen. Abzulehnen ist daher einerseits die von Savigny und Anderen vertretene Konstruktion, nach welcher der Vertretene der wahre Kontrahent beim Rechtsgeschäfte sein soll, der durch die Ertheilung der Vertretungsmacht bereits den unmittelbaren Rechtsgeschäftswillen faßt, welcher in der Erklärung des Stellvertreters zum Ausdruck kommt; andererseits aber auch die von Thoel (Handelsrecht 6. Aufl. Bd. 1 S. 229 ff.) aufgestellte sog. Theorie vom Doppelvertrag; nach dieser ist „der präcise Vertragswille, durch welchen allein der Vertrag entstehe, ursprünglich „beim Mandatar" und erst in Folge des fremden präcisen Vertragswillens entsteht in dem Mandanten ein eigener präciser Vertragswille"; es schließe also der Bevollmächtigte einen Vertrag mit dem Dritten unter Hinweisung auf den Willen und die Bevollmächtigung des Prinzipals und der Prinzipal einen Vertrag mit dem Dritten kraft dieser Hinweisung. Abzulehnen ist aber endlich auch die von Mitteis a. a. O. und Crome, System Bd. 1 S. 456, vertretene Auffassung, wonach die rechtsgeschäftliche Wirkung zu Stande kommt durch den vereinten Geschäftswillen des Prinzipals und des Stellvertreters, deren beider Willensentschließungen sich zu einem einheitlichen Willensakte zusammenschließen. — Die hier vertretene Repräsentationstheorie (gegen diese Schloßmann a. a. O. Bd. 1 S. 208 ff.) als grundsätzlicher Ausgangspunkt wird neuerdings unter eingehender Widerlegung der entgegenstehenden Auffassungen auch festgehalten von Hupka a. a. O. S. 29—70. Mit Recht wendet sich aber Hupka gegen die Art, wie die Repräsentationstheorie bisher durchgeführt wurde, indem er (S. 41 ff.) sagt: „Um den Einfluß zu bestimmen, den die Persönlichkeit des Prinzipals auf die Wirkungen des Stellvertretungsaktes ausübt, genügt es nicht, wie die Repräsentationstheorie durchweg thut, den Vertretenen lediglich in seiner Eigenschaft als Partei des Hauptgeschäfts ins Auge zu fassen, sondern es ist nöthig, daneben seine Stellung als Vollmachtgeber zu betonen, vermöge deren sein rechtliches Können und Wollen mittelbar — durch das Vollmachtsgeschäft hindurch — einen weitgehenden Einfluß auf die Wirksamkeit des Hauptgeschäfts gewinnt." S. hiezu im Einzelnen das zu den §§ 165, 168 Bemerkte.

5. Stellvertretung im Sinne der §§ 164 ff. ist nur Vertretung in der Abgabe bezw. in der Entgegennahme von Willenserklärungen; über diesen Begriff oben Bem. II der Einl. vor § 104 und Bem. I der Einl. vor § 116. Daraus folgt:

a) Es giebt keine „Vertretung“ in unerlaubten Handlungen; die Vorschriften der §§ 31, 89, 831 haben mit der Vertretungslehre im Sinne dieses Titels nichts zu thun; ebensowenig die Frage der Haftung des Schuldners bei Bewirkung der Leistung durch einen Vertreter (§ 278). Ueber die Haftung des Vertretenen für Delikte des gesetzlichen Vertreters s. Vorbem. vor § 823.

b) Geschäftsunfähigkeit (s. § 104) schließt die Vertretungsfähigkeit aus; nicht deßgleichen Beschränkung der Geschäftsfähigkeit (§§ 106, 114); s. § 165. Zur aktiven Vertretung unfähig sind auch die in einem Zustande der in § 105 Abs. 2 bezeichneten Art befindlichen Personen; der in § 164 Abs. 3 erwähnten sogen. passiven Vertretung sind diese Personen grundsätzlich fähig, unfähig jedoch, wenn die Willenserklärung ihnen als anwesenden Vertretern gegenüber abgegeben werden soll; Begründung dieser Meinung s. oben in Bem. 2 zu § 131.

Wenn schon § 164 nur von Willenserklärungen spricht, so besteht doch kein Hinderniß, eine Vertretungsmöglichkeit analog auch für solche erlaubte Rechtshandlungen anzuerkennen, welche nicht unter den Begriff der Willenserklärungen zu subsumiren sind, so für die bloße Besitzerwerbshandlung (vgl. Vorbem. 9 vor diesem Titel) und für die auftragslose Geschäftsführung. Vgl. oben Einl. z. dritten Abschnitt (vor § 104) unter IV, 2; M. I, 127; R. Leonhard, Allg. Theil, S. 299.

Vertretungsmöglichkeit besteht nicht nur bei empfangsbedürftigen, sondern auch bei nicht empfangsbedürftigen (s. Bem. III der Einl. vor § 116) Willenserklärungen, wie z. B. bei der Dereliktion beweglicher Sachen. Hellmann, Vortr. S. 100 (vgl. Lenel in Iherings Jahrb. a. a. O.) sagt, bei den von ihm sogen. „Verwirklichungsgeschäften“ (nicht empfangsbedürftigen Geschäften) bestehe nicht die Voraussetzung, daß im Namen eines Andern gehandelt werde, entscheidet sich aber hier trotzdem arg. §§ 855, 860 und deßhalb, weil es sonst nicht des besonderen Ausschlusses der Vertretung bei einzelnen Verwirklichungsgeschäften bedurft hätte, für die Zulässigkeit der Stellvertretung. Das gegen die Zulässigkeit erhobene Bedenken dürfte aber überhaupt nicht bestehen, da nach dem oben (Bem. 3) Gesagten ein Handeln im Namen des Vertretenen schon dann vorliegt, wenn bei Abgabe der eigenen Willenserklärung des Vertreters aus den Umständen sich ergiebt, daß sie hinsichtlich der Wirkung als die Willenserklärung eines Andern gelten soll. Das Bedenken hätte nur dann Berechtigung, wenn es richtig wäre, daß der Begriff der Willenserklärung überhaupt auf solche Willensäußerungen beschränkt werden muß, die eines bestimmten Adressaten bedürfen; dagegen oben Bem. II der Einl. z. dritten Abschnitt (vor § 104). Ist z. B. dem Vertreter unter den in § 151 vorausgesetzten Umständen ein nach objektiver Auslegung ihn selbst betreffender Antrag zugegangen und hat der Vertreter diesen Antrag in der Meinung, er sei für den Vertretenen gestellt, in dem in Bem. 3 zu § 151 erörterten Sinne (etwa durch Realvollzug) angenommen, ohne irgendwie objektiv hervortreten zu lassen, daß er in fremdem Namen handle, so findet § 164 Abs. 2 Anwendung d. h. der Vertreter kann sich nicht darauf berufen, daß er nicht für sich habe annehmen wollen. Das sogen. Offenheitsprinzip bei der Vertretung (s. oben Bem. 3, b) gilt also auch in den Fällen des § 151. Vgl. M. Rümelin im Archiv f. d. civilist. Praxis Bd. 93 S. 172 ff.

6. § 164 setzt das Bestehen einer Vertretungsmacht für den Vertreter und ein Handeln innerhalb dieser Vertretungsmacht voraus. Vertretungsmacht ist nichts anderes als die unmittelbare Wirkung eines Thatbestandes, welcher die rechtliche Ursache für die Macht zu wirksamer Stellvertretung abgiebt. (Gegen den Versuch von Schloßmann, den Begriff der Vertretungsmacht als werthlos hinzustellen, treffend Hupka a. a. O. S. 23 ff. und M. Rümelin im Archiv f. d. civilist. Praxis Bd. 93 S. 134 ff. und S. 293 ff.) Die Thatsachen, durch welche diese Fähigkeit, eine andere Person rechtswirksam zu vertreten, begründet wird, beruhen entweder unmittelbar auf gesetzlicher Ermächtigung oder auf Parteiwillen. Die auf Parteiwillen beruhende Vertretungsmacht heißt im BGB. Vollmacht (§ 166 Abs. 2). Ihr nachträglicher Ersatz heißt Genehmigung (§§ 177 ff.).

Eine gesetzliche Vertretung besteht nach BGB. für geschäftsunfähige oder in der Geschäftsfähigkeit beschränkte Personen. Deren gesetzliche Vertreter sind die Inhaber der elterlichen Gewalt, die Vormünder, die Pfleger; s. §§ 1627, 1630, 1686, 1793, 1909 ff., unter Umständen auch der Beistand (§ 1693). Die Ehefrau hat gesetzliche Vertretungsbefugniß für den Mann in Ausübung der sogen. Schlüsselgewalt nach § 1357; vgl. auch § 1450 sowie Bd. IV Vorbem. III vor § 1353. Auch die nach § 370 dem Ueberbringer einer Quittung*) zukommende Ermächtigung zum Leistungsempfang ist hieher zu stellen (so auch R. Leonhard, Allg. Theil, S. 313 gegen Zitelmann). Vgl. die gesetzliche Empfangsbefugniß des Gerichtsvollziehers nach CPO. § 819. Aus dem Gebiete

*) Vgl. hiezu auch Keyßner, Der Quittungsträger, Festschrift für Dr. Koch 1903 S. 139 ff.

des Handelsrechts vgl. HGB. §§ 125ff., 149; 231, 247, 298; 493, 494; Genossenschaftsges. § 24ff.; Ges. betr. die Gesellschaften m. b. H. §§ 35ff.; Binnenschifffahrtsges. §§ 15ff. Die Stellung gesetzlicher Vertreter haben auch die Organe juristischer Personen; s. §§ 26, 30, 86. — Vgl. hieher auch die Vorbem. 5 vor diesem Titel.

Zur rechtlichen Wirksamkeit der auf Grund gewillkürter Vertretungsmacht (Vollmacht) abgegebenen Willenserklärungen ist der Besitz bezw. die Vorlage einer Vollmachtsurkunde oder die Beibringung eines sonstigen Legitimationsnachweises grundsätzlich nicht erforderlich; Ausnahmen bei einseitigen Rechtsgeschäften gemäß § 174, s. auch CPO. § 613.

Ueber Vertretung ohne Vertretungsmacht §§ 177—180.

7. Von der Vertretungsmacht scharf zu trennen ist die interne Geschäftsführungsbefugniß. Der Bevollmächtigungsakt ist etwas gegenüber dem Geschäftsführungsvertrage, der ganz verschiedene Formen annehmen kann, formell durchaus Selbständiges. Im BGB. ist die erst in neuerer Zeit zur Erkenntniß gebrachte Disparität dieser Begriffe unzweifelhaft anerkannt: einmal dadurch, daß in § 167 die Vollmachtsertheilung als von dem Kausalgeschäfte völlig losgelöst erscheint; ferner dadurch, daß systematisch die Vollmacht (§§ 166ff.) vom Auftrag (§§ 662ff.) weit getrennt ist. Noch schärfer tritt im HGB. die Scheidung zwischen der Legitimation zur äußeren Vertretung und der materiellen internen Geschäftsführungsbefugniß an verschiedenen Stellen zu Tage, indem es hier Verhältnisse giebt, durch welche eine Person, der eine interne Geschäftsführungsbefugniß nicht zusteht, trotzdem Vertretungsmacht nach außen hat; so braucht z. B. für den offenen Handelsgesellschafter der Umfang seiner Geschäftsführungsbefugniß sich nicht zu decken mit dem gesetzlich festgelegten Umfange seiner Vertretungsmacht (HGB. §§ 125ff.); ebenso für die Komplementare bei der Kommanditgesellschaft (§ 161 Abs. 2). Es giebt Vollmachten, welche Dritten gegenüber unbeschränkbar oder nur in bestimmter Richtung beschränkbar sind (so vor allem die Prozeßvollmacht nach CPO. § 83), während für das Innenverhältniß zwischen Vollmachtgeber und Bevollmächtigtem beliebige Beschränkbarkeit besteht; die Ueberschreitung dieser im Innenverhältnisse bestehenden Schranken kann für den Vertreter dann eine Schadensersatzpflicht begründen, nicht aber eine Unwirksamkeit des vom Vertreter mit dem Dritten vorgenommenen Geschäftes.

Es ist darnach ebenso haltlos wie rückschrittlich, wenn Scherer (Allg. Theil d. BGB. S. 348) daraus, daß in den meisten Fällen „Vollmacht und Auftrag verbunden“ sind, folgert, daß „die Trennung unpraktisch“ sei. Die bisherigen Kodifikationen waren allerdings der Vermischung beider Begriffe geneigt (vgl. PLR. Thl. I Tit. 13 § 5, BLR. Thl. IV cap. 9, cod. civ. art. 1984, österr. GB. § 1002, sächs. GB. §§ 101, 1295, 1327; dagegen richtig Schweizer Obl.R. Art. 39ff., 372ff.). Daß das BGB. Vollmacht und Auftrag sondert, ist ein wesentlich der Theorie zu verdankender bewußter Fortschritt, den die Praxis festhalten, nicht ignoriren soll. Die Willenserklärung, durch welche ein Auftrag ertheilt wird, enthält allerdings häufig zugleich eine Vollmachtsertheilung; aber dieses Zusammentreffen beruht, wie in M. I, 229 richtig bemerkt ist, nicht auf begrifflicher Einheit, sondern auf dem Verhältniß von Mittel zum Zweck. Vgl. auch Entsch. d. ROHG. Bd. 2 S. 402ff. Die M. a. a. O. weisen auch darauf hin, daß es Vollmachten ohne Auftrag gebe; so die Vollmacht bei der Anweisung (gegen die Vollmachtsnatur der Anweisung eingehend Hupka a. a. O. S. 74ff.) und die Vollmacht auf Grund eines Dienstverhältnisses. Vgl. hieher ferner Vorbem. 3, a vor § 662.

Näheres über die Vollmacht in den Bem. zu den §§ 166—176.

8. Ueber die Substitutionsbefugniß des Vertreters enthält das Gesetz keine allgemeinen Vorschriften. Es handelt sich um die Frage, ob der Vertreter die von ihm abzugebende Willenserklärung mit der Wirkung durch einen Andern abgeben lassen kann, daß dessen im Namen des Prinzipals abgegebene Willenserklärung für und gegen letzteren ebenso wirkt, als hätte der Vertreter des Prinzipals sie in eigener Person vorgenommen. Entscheidend ist, von gesetzlichen Spezialvorschriften abgesehen, in erster Linie eine etwaige spezielle Willensäußerung des Prinzipals, der die Substitutionsbefugniß des Vertreters ausschließen kann, wie er sie auch ausdrücklich oder durch konkludentes Verhalten, z. B. durch ständig wiederholte Genehmigung von Substitutionsakten, zulassen kann. Die Vertretungsmacht des Prokuristen ist nach HGB. § 52 Abs. 2 überhaupt nicht, die des Handlungsbevollmächtigten nach HGB. § 58 nur mit Zustimmung des Prinzipals übertragbar, ein Verbot, welches sich jedoch nicht auf die Substituirung zu einzelnen Handlungen bezieht; für letzteren Fall gelten vielmehr die Handelsgebräuche und die allgemeinen Grundsätze; s. Hupka a. a. O. S. 353ff. Andererseits ermächtigt die Prozeßvollmacht von Gesetzeswegen (CPO. § 81) zur Bestellung eines (scil. bei Gericht zugelassenen, Seuff. Arch. Bd. 53 Nr. 53) Vertreters. Für den Dienstverpflichteten, den Beauftragten und den geschäftsführenden Gesellschafter als Vertreter besteht die gesetzliche Auslegungsregel, daß sie im Zweifel zu einer Substitution nicht befugt

sind (§§ 613, 664, 713). Für den Unternehmer beim Werkvertrag als Vertreter besteht eine gleiche Auslegungsregel nicht, hier kommt es vielmehr ganz auf die Art der vorzunehmenden Vertretungshandlung bezw. auf das größere oder geringere Gewicht an, welches nach dem Willen des Bestellers und den Umständen gerade auf persönliche Leistung durch den Werkschuldner zu legen ist; vgl. Bem. D, I, 4 zu § 631 und auch Riezler, Werkvertrag S. 107 ff. Im Allgemeinen ist, wenn man von besonderen gewillkürten oder gesetzlichen Bestimmungen absieht, mit Hupka a. a. O. S. 352 zu sagen, daß die Substitutionsbefugniß für Vornahme von Rechtsgeschäften wesentlich davon abhängt, ob der Geschäftsführer nach der Sachlage ein schutzwürdiges Interesse an der persönlichen Ausführung des Geschäftes durch den Beauftragten hat oder nicht.

Abgesehen von den Fällen der §§ 52, 58 HGB., in welchen eine wahre Uebertragung der Vertretungsmacht stattfindet, also der ursprüngliche Vertreter aus dem obligatorischen Verhältnisse zum Prinzipal ausscheidet, bleibt der Substituent auch nach der Substitution Bevollmächtigter des Prinzipals, der Substitut wird zwar Stellvertreter, aber nicht Bevollmächtigter des letzteren; der Substitut succedirt nicht in das zwischen dem Prinzipal und dem Substituenten bestehende Geschäftsführungsverhältniß und ist in dieser Hinsicht nicht Rechtsnachfolger des Substituenten. Die Substitutionsvollmacht (Substitutorium) ist also gerichtet auf Abgabe bezw. Entgegennahme von Willenserklärungen im Namen eines Dritten, des ersten Prinzipals, nicht im Namen des Vollmachtgebers, des Substituenten. Aber ein Vertragsverhältniß entsteht durch die Substitution zwischen dem ersten Prinzipal und dem Substituten nicht; gleichwohl ist es möglich, daß zwischen diesen beiden Personen aus dem Gesichtspunkte der auftragslosen Geschäftsführung (§§ 677 ff.) gegenseitige Ansprüche erwachsen. (Vgl. Hupka a. a. O. S. 360 ff., andererseits Landger. Würzburg in Bl. f. RA. Bd. 65 S. 133 ff.) Ueberschreitungen des Substitutorium durch den Substituten kann der Prinzipal genehmigen in seiner Eigenschaft als Vertretener, aber auch der Substituent innerhalb der ihm selbst zustehenden Vertretungsmacht, selbst wider den Willen des Prinzipals.

9. Die Beweislast trifft bezüglich des Bestehens der Vertretungsmacht denjenigen, der gegen eine Person Ansprüche erhebt mit der Begründung, daß ein Anderer als Vertreter für sie gehandelt habe. Das Bestehen der Vertretungsmacht wird nicht etwa von Gesetzeswegen vermuthet. Wird Jemand in Anspruch genommen als einer, der in eigenem Namen gehandelt hat, so braucht er seine Behauptung, er habe nicht in eigenem, sondern in fremdem Namen als Vertreter gehandelt, nicht zu beweisen, da in seiner Behauptung ein Leugnen des Anspruchs, nicht eine echte Einrede liegt; vielmehr muß hier der andere Theil beweisen, daß der in Anspruch Genommene im eigenen Namen gehandelt habe. (So auch Rehbein, Komm. Bd. 1 S. 253 gegen Striethorsts Arch. Bd. 14 S. 292, Bd. 43 S. 101 und gegen die von Rehbein herausgegebenen Entsch. d. preuß. Ob.Trib. Bd. 1 Nr. 68, 69.) Mit dem einfachen Satze, negativa non esse probanda, ist hier nicht durchzukommen. Steht aber fest, daß Jemand ohne Bezugnahme auf einen Andern kontrahirt hat, und behauptet er, sein Vertretungswille ergebe sich aus den Umständen, so fallen die Thatsachen, welche diesen Schluß rechtfertigen, zu seiner Beweislast. Will im Falle einer durch einen Substituten abgegebenen Willenserklärung der Prinzipal diese nicht für bezw. gegen sich gelten lassen, so trifft den Dritten als Gegenkontrahenten des Substituten die Beweislast für das Bestehen der Substitutionsbefugniß und für die Einhaltung der Grenzen der Hauptvollmacht sowie des Substitutoriums. Vgl. auch Bem. zu § 179 und Hupka a. a. O. S. 354 ff.

§ 165.

Die Wirksamkeit einer von oder gegenüber einem Vertreter abgegebenen Willenserklärung wird nicht dadurch beeinträchtigt, daß der Vertreter in der Geschäftsfähigkeit beschränkt ist.

E. I, —; II, 135; III, 161.

1. Die Vorschrift stammt erst aus der II. Komm. (Vgl. P. I, 138.) Sie hätte wohl auch entbehrt werden können, da sich die Beschränkung in der Geschäftsfähigkeit ihrem Grunde und Zwecke nach ohnehin nur auf die eigenen Angelegenheiten des Handelnden bezieht (M. I, 227), der Vertreter aber als solcher sich in eigenen Sachen nicht belastet.

Wer in der Geschäftsfähigkeit beschränkt ist, sagen die §§ 106, 114. Geschäftsunfähige sind zur Vertretung unfähig. S. Bem. 5, b zu § 164; ebenda über Vertretung durch die in § 105 Abs. 2 bezeichneten Personen.

2. § 165 verneint nur die Unwirksamkeit der vom bezw. gegenüber dem Vertreter abgegebenen Willenserklärung wegen der beschränkten Geschäftsfähigkeit des Vertreters bezw. die Abhängigkeit ihrer Wirksamkeit von der Zustimmung des gesetzlichen Vertreters des beschränkt Geschäftsfähigen, schließt aber keineswegs aus, daß das Rechtsgeschäft,

durch welches die Vertretungsmacht begründet wird, wegen Irrthums des Vertretenen über die volle Geschäftsfähigkeit des Vertreters von ersterem angefochten wird, sofern, was möglich ist, nach den Umständen des Falles der die Beschränkung der Geschäftsfähigkeit begründende Umstand, z. B. das Lebensalter, als ein im Sinne des § 119 erhebliches Moment erscheint. (In diesem Sinne auch Hoelder, Komm. Bem. 2 zu § 165 und Gareis, Komm. Bem. 4 zu § 165.) Die durch den Vollzug der Anfechtung ex tunc festgestellte Nichtigkeit (§ 142) der Vertretungsmacht hat dann die Folge, daß die auf Grund derselben abgegebene Willenserklärung nicht als eine innerhalb der „zustehenden Vertretungsmacht" abgegebene erscheint. Vgl. bezüglich der in Betracht kommenden Haftungen §§ 170 ff., 179, 122, 682; über den Schutz Dritter s. auch § 142 Abs. 2 und Bem. dazu.

§ 165 setzt das Bestehen einer Vertretungsmacht nicht voraus, bezieht sich vielmehr auch auf diejenigen in der Geschäftsfähigkeit beschränkten Personen, welche, ohne Vertretungsmacht zu haben, als Vertreter Willenserklärungen abgeben bezw. entgegennehmen. Das könnte zu dem Schlusse verleiten, als ob in dem eben erwähnten Falle die vollzogene Anfechtung des die Vertretungsmacht begründenden Geschäftes für die Rechtsbeständigkeit des auf Grund dieser Vertretungsmacht vorgenommenen Geschäftes ohne Einfluß wäre. Dieser Schluß wäre ungerechtfertigt. Denn § 165 leugnet nur den unmittelbaren Einfluß einer Beschränkung in der Geschäftsfähigkeit auf die Wirksamkeit der vom Vertreter abgegebenen Willenserklärung, verhindert aber nicht, daß im Verhältniß des Vertreters zum Vertretenen jener Mangel zur Sprache gebracht wird und daß die Unwirksamkeit der zwischen diesen beiden Personen anscheinend bestehenden Beziehungen indirekt das durch die Willenserklärung des Vertreters geschaffene Verhältniß beeinflußt.

Auf das obligatorische Verhältniß zwischen dem Vertreter und dem Vertretenen bezieht sich § 165 überhaupt nicht. Die einem in der Geschäftsfähigkeit Beschränkten ertheilte Vertretungsmacht (Vollmacht) ist daher keineswegs ohne Weiteres wirksam, sondern hängt in ihrer Wirksamkeit regelmäßig (s. §§ 107 ff.) von der Genehmigung des gesetzlichen Vertreters des geschäftsbeschränkten Bevollmächtigten ab.

3. § 165 bezieht sich sowohl auf den Bevollmächtigten als auch auf den gesetzlichen Vertreter. Letzteres trotz der Bedenken einer Minderheit in der II. Komm. (P. I, 138 ff.), welche geltend machte, beim minderjährigen gesetzlichen Vertreter liege die Sache insofern anders als beim bevollmächtigten Minderjährigen, als bei letzterem der Vertreter durch die Wahl des Minderjährigen die Gefahr der Vertretung durch diesen übernehme, bei der gesetzlichen Vertretung aber dieser Grund sich nicht anführen lasse. Trotzdem blieb es bei der Gleichstellung beider Fälle, einmal aus Gründen der Verkehrssicherheit, dann aber auch zur Vermeidung eines Widerspruchs mit dem bloß instruktionellen Charakter des (jetzigen) § 1781 Abs. 1 (dazu § 1886), aus welchen Vorschriften hervorgeht, daß die gegen den Willen des Gesetzes erfolgende Bestellung eines Minderjährigen oder nach § 1906 unter vorläufige Vormundschaft Gestellten zum Vormunde (oder Pfleger, § 1915) rechtswirksam ist (anders nach § 1780, wenn ein wegen Geistesschwäche, Verschwendung oder Trunksucht Entmündigter als Vormund in Frage steht). Die Bestellung Minderjähriger zu Vormündern oder Pflegern wird ja praktisch nicht häufig vorkommen. Um so wichtiger ist § 165 für die Bestellung eines Minderjährigen zum Vorstand einer juristischen Person, einen namentlich bei Studentenkorporationen gar nicht seltenen Fall; denn der Vorstand hat nach der positiven Vorschrift der §§ 26, 86, mag man theoretisch die Organe juristischer Personen mit Schloßmann als wahre gesetzliche Vertreter oder mit Gierke als diesen wesensungleich ansehen (s. Vorbem. 5 vor diesem Titel), die Stellung eines gesetzlichen Vertreters; (in P. I a. a. O. wird dies noch als „offene Frage" behandelt).

Die elterliche Gewalt kann ein in der Geschäftsfähigkeit Beschränkter nicht ausüben nach §§ 1676, 1678, 1686, 1696; dieser Fall gesetzlicher Vertretung scheidet also hier aus. Ueber Anwendbarkeit des § 165 auf die Schlüsselgewalt der Ehefrau s. Bem. 5 zu § 1357.

4. Die nach Maßgabe des § 179 den ohne nachgewiesene Vertretungsmacht auftretenden Vertreter treffende Haftung trifft nach Abs. 3 dieser Vorschrift den Vertreter dann nicht, wenn er in der Geschäftsfähigkeit beschränkt war, es sei denn, daß er mit Zustimmung seines gesetzlichen Vertreters gehandelt hat.

§ 166.

Soweit die rechtlichen Folgen einer Willenserklärung durch Willensmängel oder durch die Kenntniß oder das Kennenmüssen gewisser Umstände beeinflußt werden, kommt nicht die Person des Vertretenen, sondern die des Vertreters in Betracht.

Hat im Falle einer durch Rechtsgeschäft ertheilten Vertretungsmacht (Vollmacht) der Vertreter nach bestimmten Weisungen des Vollmachtgebers gehandelt, so kann sich dieser in Ansehung solcher Umstände, die er selbst kannte, nicht auf die Unkenntniß des Vertreters berufen. Dasselbe gilt von Umständen, die der Vollmachtgeber kennen mußte, sofern das Kennenmüssen der Kenntniß gleichsteht.

E. I, 117, 118; II, 136; III, 162.

1. Wer als Vertreter handelt, giebt seine eigene Willenserklärung ab (s. Bem. 3 zu § 164 und Vorbem. 3). Eben das unterscheidet ihn vom bloßen Erklärungswerkzeug, dem Boten. Das Rechtsgeschäft kommt, wie in Bem. 4 zu § 164 näher ausgeführt, ausschließlich in der Person des Vertreters zu Stande, nicht in der des Vertretenen. Logische Folge dieses Grundgedankens ist das in § 166 Abs. 1 ausgesprochene Prinzip, daß nur die Person des Vertreters, nicht die des Vertretenen, in Betracht kommt, soweit es sich handelt:

a) um den Einfluß von Willensmängeln auf die Willenserklärung; hier gilt das Prinzip der ausschließlichen Berücksichtigung des Vertreters ausnahmslos;

b) um den Einfluß der Kenntniß oder des Kennenmüssens gewisser Umstände auf die Willenserklärung; hier erleidet jedoch das Prinzip eine Ausnahme durch § 166 Abs. 2.

c) Das Prinzip der ausschließlichen Rücksichtnahme auf die Person des Vertreters gilt auch, was das Gesetz nicht besonders ausspricht, soweit es sich um die Frage der Auslegung der Willenserklärung handelt; M. I, 227.

2. Die Regel des Abs. 1 gilt, gleichviel ob die Vertretung auf gesetzlicher oder auf gewillkürter Vertretungsmacht beruht, die Modifikation des Abs. 2 dagegen nur für letzteren Fall.

3. Als Willensmängel (Bem. 1, a) kommen in Betracht Mentalreservation (§ 116), Simulation (§ 117), mangelnde Ernstlichkeit ohne Täuschungsabsicht (§ 118), Irrthum (§ 119), unrichtige Uebermittelung, wenn der Vertreter seinerseits zur Abgabe der Erklärung sich einer unselbständigen Mittelsperson oder eines Erklärungswerkzeugs bedient (§ 120), arglistige Täuschung (§ 123) und Drohung (§ 123). Alle diese Willensmängel können nur da von Erheblichkeit sein, wo die entscheidende Willensentschließung stattfindet, also nach der dem BGB. zu Grunde liegenden Theorie in der Person des Vertreters. Es ist also bei einem vertretungsweise vorgenommenen Rechtsgeschäfte z. B. gleichgültig und begründet keine Anfechtbarkeit dieses Geschäftes, wenn der Vertretene arglistig getäuscht worden ist. Die ratio, wenn auch nicht der Wortlaut des Gesetzes, trifft auch dann zu, wenn es sich nicht um eigentliche Willensmängel, sondern um Nichtübereinstimmung zweier mängelfreier Willenserklärungen (s. oben Bem. VI der Einl. vor § 116) handelt, d. h. von mangelndem Parteikonsens als dem Grunde für Nichtexistenz des Vertrages kann hier nur dann die Rede sein, wenn der Vertreter und sein Gegenkontrahent nicht übereinstimmen, während ein zwischen letzterem und dem Vertretenen etwa bestehender versteckter Dissens als ein solcher im technischen Sinne gar nicht in Betracht kommt, da eine Willenserklärung des Vertretenen gar nicht vorliegt, sondern nur eine Willenserklärung im Namen des Vertretenen.

Für die gesetzliche Stellvertretung wie für die verfassungsmäßig berufenen Organe einer juristischen Person ist der Standpunkt des Gesetzes ohne Weiteres einleuchtend, da eben gesetzliche Vertreter innerhalb der Grenzen ihrer Vertretungsmacht in jeder Beziehung an Stelle des Vertretenen stehen und das Wollen und Wissen des Vertretenen hier in keiner Weise für die durch den Vertreter vermittelten Rechtsfolgen kausal ist. Bei der gewillkürten Vertretung jedoch können sich aus jenem Standpunkte unliebsame Konsequenzen ergeben, auf die namentlich Hupka a. a. O. S. 41 ff. hingewiesen hat, der es (S. 70) für wünschenswerther gehalten hätte, der Praxis die Möglichkeit zu eröffnen, ihre Entscheidungen „in den Fragen des Wollens und Wissens der materiellen Natur der einzelnen einschlägigen Vorschriften anzupassen". Nach der jetzigen Gesetzeslage besteht diese Möglichkeit nicht. Von speziellen Fällen ist hervorzuheben:

a) Ueber Irrthum des Vertreters s. oben Bem. VI zu § 119. Hupka a. a. O. S. 69 meint, ein Geschäftsirrthum des Vertreters mache das Geschäft immer anfechtbar, selbst wenn der Prinzipal nach der konkreten Sachlage ein schutzwürdiges Interesse an der Geltendmachung des Willensfehlers nicht habe. Das ist schwerlich zutreffend. Vielmehr wird, wie schon oben in Bem. VI zu

§ 119 erwähnt, bei der Frage nach der Erheblichkeit des Irrthums zu prüfen sein, wie der Vertreter bei verständiger Würdigung der Interessen und Verhältnisse des Vertretenen ohne Irrthum gehandelt hätte; das Erforderniß eines Interesses des Vertretenen dürfte also schon in dem Erfordernisse der Erheblichkeit des Irrthums inbegriffen sein.

b) Ueber Beeinflussung des Vertreters durch Drohung s. Bem. V zu § 123, durch arglistige Täuschung Bem. IV, 2 zu § 123.

Die Anfechtung steht aber dem Vertretenen zu; er kann sie indeß wiederum, wenn er will, durch einen bevollmächtigten Vertreter vornehmen lassen; hat er einen gesetzlichen Vertreter, so kann nur dieser, solange die gesetzliche Vertretung dauert, anfechten. Vgl. Bem. VI zu § 119.

Willensmängel auf Seite des Vertretenen berühren das vom Vertreter in seinem Namen vorgenommene Geschäft nicht unmittelbar. Einen indirekten Einfluß vermögen sie jedoch insofern zu äußern, als der vom Vertretenen ausgehende Bevollmächtigungsakt (die rechtsgeschäftliche Ertheilung der Vertretungsmacht an den Vertreter) wegen eines Willensmangels in der Person des Vollmachtgebers nichtig bezw. anfechtbar sein und dadurch dem vom Vertreter vorgenommenen Hauptgeschäfte seine Grundlage, die Vertretungsmacht, entzogen werden kann. Vgl. Bem. 9 u. 10 zu § 167.

4. Die Frage, auf wessen Kenntniß oder Kennenmüssen es im Falle der Stellvertretung ankommt, soweit das Wissen um bestimmte Umstände rechtlich bedeutsam ist, wird in Abs. 1 grundsätzlich gleichfalls dahin beantwortet, daß die Person des Vertreters allein in Betracht kommt. In dessen Person muß also der entscheidende Bewußtseinszustand vorliegen z. B. der gute oder böse Glaube beim Erwerbe des Eigenthums oder des Pfandrechts an beweglichen und unbeweglichen Sachen, das Wissen oder Kennenmüssen des Nichtigkeits- bezw. Anfechtbarkeitsgrundes, wenn es sich um die Schadensersatzpflicht nach § 122 handelt, die Kenntniß der Mangelhaftigkeit einer gekauften Sache bei der Mängelvertretungspflicht. BGB. §§ 932 ff., 1207, 1208; 892; HGB. § 366; BGB. 460. Vgl. ferner §§ 142 Abs. 2, 169, 307, 405, 694, 1424, 1682.

Besonders zu beachten ist der Fall der arglistigen Täuschung (§ 123) bei empfangsbedürftigen Willenserklärungen. Geht die Täuschung nämlich von einem Dritten aus, so wird der gute Glaube des Erklärungsempfängers geschützt, wenn nicht dieser (im Falle der Vertretung sein Vertreter) die Täuschung gekannt hat oder kennen mußte. „Soweit ein Anderer als derjenige, welchem gegenüber die Erklärung abzugeben war, aus der Erklärung unmittelbar ein Recht erworben hat, ist die Erklärung ihm gegenüber anfechtbar, wenn er die Täuschung kannte oder kennen mußte." S. oben Bem. VI, 3 zu § 123, wo schon darauf hingewiesen ist, daß im Falle einer Vertretung der Vertretene als „Anderer", der aus der Vertretung unmittelbar ein Recht erwirbt, in Betracht kommt. Dagegen ist der Vertretene nicht „Dritter" im Sinne des § 123, da ja die Wirkungen des Geschäfts ihn unmittelbar treffen. Geht daher die Täuschung vom Vertretenen aus, so besteht für den Erklärungsgegner unbeschränkte Anfechtbarkeit ohne Rücksicht auf die Kenntniß des Vertreters von der Täuschung und findet § 123 Abs. 1 keine Anwendung. Ueber das Verhältniß des § 123 zu § 166 Abs. 2 s. Bem. VI, 2 zu § 123, über die Frage der Anfechtbarkeit der Bevollmächtigung (wohl zu unterscheiden von der hier behandelten Anfechtbarkeit des vom Bevollmächtigten auf Grund der Vertretungsmacht vorgenommenen Geschäfts) s. Bem. 9, b zu § 167.

§ 166 geht davon aus, daß die rechtlichen Folgen der vom Vertreter abgegebenen oder entgegengenommenen Willenserklärung durch Kenntniß oder Kennenmüssen gewisser Umstände beeinflußt werden. Man wird aber dem der Vorschrift zu Grunde liegenden Gedanken, über ihren Wortlaut hinausgehend, auch da Raum gewähren müssen, wo das Kennen oder Kennenmüssen in anderer Weise auf die Rechtslage Einfluß übt. So im Falle des § 254 Abs. 2, wonach event. eine Modifikation der Schadensersatzpflicht eintritt, wenn der Beschädigte es unterlassen hat, den Schuldner auf die Gefahr eines ungewöhnlich hohen Schadens aufmerksam zu machen, die der Schuldner weder kannte noch kennen mußte; besteht also hier auf schuldnerischer Seite ein Vertretungsverhältniß, so kommt es auf das Wissen des Vertreters um die ungewöhnliche Schadensgefahr an, nicht auf das des Vertretenen.

Kennenmüssen ist nach §§ 122 Abs. 2 mit 276 die auf Außerachtlassung der im Verkehr üblichen Sorgfalt beruhende Unkenntniß.

5. Die Modifikation des Abs. 2 setzt voraus, daß die Vertretungsmacht durch Willenserklärung ertheilt ist. Abs. 2 findet also keine Anwendung auf die Fälle der gesetzlichen Vertretung.

Die durch Willenserklärung ertheilte Vertretungsmacht heißt **Vollmacht**, die Willenserklärung, durch welche diese ertheilt wird, wird häufig gleichfalls Vollmacht, besser Bevollmächtigung, genannt. Im Verkehr wird auch die Vollmachtsurkunde häufig kurzweg mit „Vollmacht" bezeichnet. Die Bevollmächtigung ist etwas Selbstständiges einmal gegenüber dem auf ihrer Grundlage vollzogenen Vertretungsgeschäfte, ebenso aber auch gegenüber dem ihr zu Grunde liegenden Kausalgeschäfte, mit welchem sie allerdings regelmäßig verbunden auftritt. Dieses Kausalgeschäft kann rechtlich verschiedene Natur haben z. B. Auftrag, Dienstvertrag, Werkvertrag. Gegen die Vermengung von Vollmacht und Auftrag s. schon oben Bem. 7 zu § 164. Keine Bevollmächtigung im technischen Sinn ist die Anweisung (§§ 783 ff.). Denn weder die Vollziehung der Zahlungsanweisung noch die der Kreditanweisung schließen eine Vertretung für den Anweisenden in sich, das Wesen der Vollmacht ist aber eben Ermächtigung zur Vertretung. Es ist daher nicht richtig, auf die im Gesetze nicht geregelten Fälle der Anweisung die Vorschriften über die Bevollmächtigung anwenden zu wollen; ebenso mit eingehender Begründung Hupka a. a. O. S. 74 ff. gegen Lenel in Jherings Jahrb. f. Dogm. Bd. 36 S. 113 ff., Gide, Etudes sur la novation, S. 470, Hellwig, Verträge auf Leistung an Dritte, S. 113. Keine Bevollmächtigung ist auch die Einwilligung, welche Jemand zu rechtlichem Handeln eines Anderen zu ertheilen hat, wenn der Andere dadurch im eigenen Namen innerhalb seiner eigenen Rechtssphäre disponirt, vgl. z. B. § 107; über den prinzipiellen Unterschied zwischen Vollmacht und Einwilligung s. RGE. Bd. 53 S. 274 ff.; darüber, daß für Einwilligung und Bevollmächtigung analoge Grundsätze gelten, s. Bem. 2 zu § 183. Ueber Ertheilung und Erlöschen der Vollmacht, sowie über Vorlegung, Rückgabe und Kraftloserklärung der Vollmachtsurkunde s. §§ 167—176.

6. Abs. 2 setzt ferner voraus, daß der Vertreter nach bestimmten Weisungen seines Vollmachtgebers gehandelt hat. Nicht erforderlich ist jedoch, daß, wie ein in der II. Komm. (P. I, 139 ff.) gestellter, aber nicht weiter vertheidigter Antrag verlangt hatte, die Weisungen aus der Bevollmächtigung selbst sich ergeben müssen. Sie können sich auch ergeben aus dem zwischen dem Vollmachtgeber und dem Bevollmächtigten bestehenden obligatorischen Kausalverhältnisse. Nicht unter § 166 Abs. 2 zu subsumiren sind die Fälle, in welchen Jemandem lediglich Vertretungsmacht ertheilt ist ohne eine Instruktion darüber, wie diese auszuüben sei. Das kommt nicht selten vor. Es ist ja für die Vollmacht überhaupt nicht wesentlich, daß sie mit einem zwischen dem Bevollmächtigten und dem Vollmachtgeber bestehenden obligatorischen Rechtsverhältnisse zusammentrifft; ein solches fehlt namentlich häufig da, wo die Vollmachtsertheilung durch Erklärung gegenüber dem Dritten geschieht (s. § 167) oder wo Jemand Familienangehörige oder Freunde bevollmächtigt, um für unvorhergesehene Fälle Fürsorge zu treffen. Vgl. Hachenburg, Vortr. S. 270 ff. Die Ansicht von Gareis, Komm. Bem. 1 zu § 167, daß die Vollmacht stets auf dem Grunde eines anderen Rechtsverhältnisses stehe und von diesem auch beeinflußt werde, ist daher nicht zutreffend.

Wer ohne spezielle Instruktion auf Grund einer Generalvollmacht handelt, handelt nicht nach „bestimmten Weisungen" im Sinne des Abs. 2. Der Generalbevollmächtigte, der gutgläubig kauft und kreditirt erhält, erwirbt daher dem Machtgeber Eigenthum, auch wenn dieser Kenntniß von dem Geschäft hatte und wußte, daß die Sache dem Verkäufer nicht gehörte. (So auch Planck Bem. 2 zu § 166; a. M. Hoelder Bem. 5 zu § 166.) Dieses Ergebniß bezeichnet Rehbein (Komm. Bd. 1 S. 258) mit Recht als ungesund und dem Rechtsbewußtsein widersprechend; aber es besteht kein Zweifel, daß das Gesetz zu dieser unbefriedigenden Entscheidung nöthigt. Nach dem Wortlaute des § 166 Abs. 2, der übrigens nicht auf leichtfertiger Redaktion, sondern auf wohldurchdachtem, wenn auch nicht zu billigendem Majoritätsbeschlusse der II. Komm. (P I, 139—143) beruht, kann auch der gutgläubige Prokurist, der bestimmter Weisungen des Prinzipals nicht bedarf, gestohlene Werthpapiere für den Prinzipal wirksam erwerben, obgleich dieser von dem Diebstahl Kenntniß hat. Das gleiche unbefriedigende Resultat ergiebt sich übrigens, wenn die Vertretungsmacht überhaupt nicht auf dem Willen des Vertretenen, sondern auf Gesetz beruht, wenn also z. B. der Vormund für den Mündel gutgläubig Inhaberpapiere erwirbt, von welchen der Mündel weiß, daß sie gestohlen sind; der Mündel wird Eigenthümer trotz seiner Kenntniß; vgl. Cosack § 67, II, 5.

Aus Vorstehendem ergiebt sich immerhin, daß aller Anlaß besteht, das Erforderniß der Bestimmtheit der Weisung in Abs. 2 nicht zu urgiren. Es ist nicht erforderlich, daß die Weisung gerade auf Vornahme eines bestimmten Rechtsgeschäfts geht; daher genügt z. B. der Auftrag, eine bestimmte Sache für den Auftraggeber zu erwerben, ohne daß gesagt zu werden braucht, ob dies durch Kauf oder ein anderes Rechtsgeschäft geschehen soll. Es ist aber kein Grund ersichtlich, warum an die Person des Gegenkontrahenten hinsichtlich des Erfordernisses der Bestimmtheit hier strengere Anforderungen gestellt werden sollen als an die Natur des Rechtsgeschäfts. Die Vorschrift des Abs. 2 findet daher auch dann Anwendung, wenn die Weisung nur insofern eine bestimmte war, als sie dahin ging, eine Sache von bestimmter Art zu einem bestimmten Preise zu erwerben, ohne daß die Person bezeichnet war, von welcher der Erwerb erfolgen sollte; der gegentheiligen Ansicht von Planck (Bem. 2 zu § 166) ist nicht beizustimmen.

7. Liegen die Voraussetzungen des Abs. 2 vor, so ist die Folge die, daß der Vollmachtgeber bezüglich solcher mit der Weisung in Zusammenhang stehender Umstände, die er selbst kannte oder kennen mußte, sich auf die Unkenntniß des Vertreters nicht berufen kann. Dem Vertretenen schadet also hier ausnahmsweise seine eigene Kenntniß bezw., soweit das Kennenmüssen der Kenntniß gleichsteht (z. B. § 307, nicht § 892), seine eigene auf Fahrlässigkeit (im Falle des § 932 Abs. 2 auf grober Fahrlässigkeit) beruhende Unkenntniß. Damit ist nicht gesagt, daß ihm die Kenntniß bezw. das Kennenmüssen des Vertreters nicht gleichfalls schaden würde. Es kommt also die Person des Vertretenen und die des Vertreters in Betracht, so daß z. B. beim Eigenthumserwerb von einem Nichtberechtigten schon der Mangel des guten Glaubens eines der beiden den Rechtsschutz nach § 932 hindert.

8. Die von Crome (System Bd. 1 S. 468) behauptete Ausdehnung der Modifikation des Abs. 2 auf den Fall von Willensmängeln in der Person des Vertretenen bei bestimmter Instruktion ist nicht gerechtfertigt. Sie widerspricht sowohl dem Wortlaute des Gesetzes als auch den Protokollen (I, 142) und ist wohl auch entbehrlich, da ja die Möglichkeit gesonderter Anfechtung der Vollmachtsertheilung (s. Bem. 9 zu § 167) gewahrt bleibt. Gegen die Ausdehnung des Abs. 2 auf Willensmängel auch Fischer-Henle Bem. 7 zu § 166.

9. Im Gesetze nicht direkt beantwortet ist die Frage, wessen Person in Betracht kommt, soweit äußere persönliche Verhältnisse, z. B. die Kaufmannseigenschaft des Handelnden, einem Geschäfte besondere juristische Qualitäten verleihen oder, wie z. B. die Verwandtschaft mit dem Schuldner als Anfechtungsgrund nach dem Anfechtungsgesetze, besondere Rechte begründen. Die Entscheidung hat dahin zu gehen, daß nur auf die Verhältnisse des Vertretenen zu sehen ist, nicht auf die des Vertreters, da es sich hier nicht um die Vornahme, sondern um die Wirkungen des Geschäftes handelt und diese nach § 164 nur für und gegen den Vertretenen eintreten. Das gilt in gleicher Weise für die landesgesetzlichen Erwerbsbeschränkungen der juristischen Personen, Ordensangehörigen und Ausländer gemäß EG. Art. 86—88. Vgl. Mitteis a. a. O. S. 307, Hupka a. a. O. S. 42 ff.

§ 167.*)

Die Ertheilung der Vollmacht erfolgt durch Erklärung gegenüber dem zu Bevollmächtigenden oder dem Dritten, dem gegenüber die Vertretung stattfinden soll.

Die Erklärung bedarf nicht der Form, welche für das Rechtsgeschäft bestimmt ist, auf das sich die Vollmacht bezieht.

E I, —; II, 137; III, 163.

1. Unter Vollmacht versteht das BGB. die auf einer Willenserklärung beruhende Macht zu wirksamer Stellvertretung. Die Willenserklärung selbst, durch welche diese Macht ertheilt wird, heißt Bevollmächtigung oder in der Umgangssprache gleichfalls Vollmacht. Ueber die begriffliche Selbständigkeit der Bevollmächtigung, namentlich gegenüber dem Auftrag, und über ihre Abgrenzung gegenüber anderen Rechtsgeschäften, s. Bem. 7 zu § 164 sowie Bem. 5 u. 6 zu § 166.

Die Bevollmächtigung ist ein abstraktes Rechtsgeschäft. Zwar erfolgt sie normaler Weise mit Rücksicht auf ein bestehendes oder erst zu begründendes Rechtsverhältniß zwischen dem Prinzipal und dem Bevollmächtigten, welches verschiedene Formen annehmen kann, z. B. Auftrag, Dienstvertrag, Werkvertrag. In diesem Rechtsverhältnisse spricht sich die causa aus, warum die Vertretungsmacht eingeräumt wird. Aber die Vollmacht als solche ist durch den Bestand dieses Rechtsverhältnisses keineswegs bedingt. Es kann von Anfang an fehlen, ohne daß seine Nichtexistenz auch die Nichtexistenz der Vollmacht zur Folge bezw. Begleiterscheinung haben müßte. Die Bevollmächtigung ist also von dem Rechtsbestande des zwischen Vollmachtgeber und Bevollmächtigtem bestehenden oder beabsichtigten Vertragsverhältnisses unabhängig. Wenn daher z. B. Jemand, ohne von mir dazu einen Auftrag zu haben, in meinem Namen eine Sache kauft, ich ihn aber, ohne daß er es weiß, zu diesem Kaufe durch eine unmittelbar an den Verkäufer gerichtete Erklärung bevollmächtigt habe, so treten die Wirkungen aus dem Kaufe für und gegen mich ein, obgleich zwischen mir und dem in meinem Namen Handelnden ein kausales Vertragsverhältniß nicht besteht. Es ist

*) Literaturangaben s. bei den Vorbem. vor § 164.

also die in P. I, 145 zum Ausdruck kommende Meinung der II. Komm. nicht zutreffend, daß die Vollmacht sich stets an ein anderes Rechtsverhältniß anlehne „und mit dessen Existenz stehe und falle." Für die abstrakte Natur der Vollmacht läßt sich auch anführen, daß arg. § 165 der rechtliche Bestand der Vertretungsmacht durch die in der Person des Vertreters gegebene Beschränkung in der Geschäftsfähigkeit nicht beeinträchtigt wird, während diese Beschränkung doch die Eingehung eines wirksamen Verpflichtungsverhältnisses gegenüber dem Prinzipal hindert. Für die abstrakte Natur spricht auch die Fassung des § 167, wonach die Bevollmächtigung einfach durch Erklärung geschieht ohne Bezugnahme auf die interne Gestionsbefugniß und nicht der Form des Rechtsgeschäfts bedarf, auf welches sie sich bezieht. Planck Bem. 3 zu § 167 entscheidet sich trotzdem gegen die abstrakte Natur der Bevollmächtigung und behauptet die grundsätzliche Abhängigkeit sowohl des Bestehens wie des Erlöschens der Vollmacht von dem ihr zu Grunde liegenden Rechtsverhältnisse, eine Norm, der er allerdings nur dispositiven Charakter zuschreibt. Aber der von Planck für die prinzipiell kausale Natur angeführte Grund, daß in § 168 das Erlöschen der Vollmacht sich nach dem ihrer Ertheilung zu Grunde liegenden Rechtsverhältnisse bestimmt, ist kaum durchschlagend; denn die Abhängigkeit in der Erlöschungsweise der Vollmacht bedingt noch nicht dieselbe Abhängigkeit in ihrer Begründung.

Gegen die hier vertretene Auffassung außer Planck auch P. I, 143, Gareis, Komm. Bem. 1 zu § 167 und Dernburg, Bürg. R. Bd. 1 S. 476; für die abstrakte Natur mit verschiedener Begründung Enneccerus, Bürg. R. Bd. 1 § 94 S. 209 und namentlich Hupka a. a. O. S. 155 ff. — Crome, System Bd. 1 S. 460 und R. Leonhard, Allgem. Theil, S. 317 ff. wollen den Ausdruck „abstraktes bezw. kausales Rechtsgeschäft" für die Vollmacht aus terminologischen Gründen überhaupt vermieden wissen, da dieser Gegensatz sich nur auf Geschäfte beziehe, die eine Vermögensminderung in sich schließen; aber ein Mißverständniß darüber, was mit dem Ausdruck hier sachlich gemeint ist, ist kaum möglich.

2. Die Bevollmächtigung ist, wie aus § 167 hervorgeht, ein einseitiges Rechtsgeschäft, kein Vertrag. Vgl. Rspr. d. OLG. Bd. 3 S. 188 ff. Die Bevollmächtigung als solche schafft keine subjektiven Ansprüche und Verpflichtungen zwischen dem Vollmachtgeber und dem Bevollmächtigten. Sehr häufig, ja in den meisten Fällen, trifft jedoch die Bevollmächtigung zusammen mit einem gleichzeitig zwischen dem Vollmachtgeber und dem Bevollmächtigten zu schaffenden obligatorischen Rechtsverhältnisse, so daß derselbe äußere Willensakt, der die Vollmacht schafft, zugleich als eine der Willenserklärungen erscheint, durch welche der Vertrag zu Stande kommt. Dieselbe Willenserklärung hat dann eine zweifache Folge, sie schafft die Vertretungsmacht und ist Vertragsantrag bezw. Vertragsannahme. So häufig jedoch dieses Zusammentreffen der Bevollmächtigung mit einem internen Verpflichtungsverhältniß ist, so ist doch immer zu beachten, daß es kein begrifflich nothwendiges, sondern ein zufälliges ist, da es, worauf schon oben (Bem. 7 zu § 164) hingewiesen wurde, einerseits Aufträge, Dienstverträge u. s. w. ohne Vollmacht giebt, andererseits auch Vollmachten ohne solche interne Verpflichtungsverhältnisse. Vgl. auch Hachenburg, Vortr. S. 269 ff. Wo die Willenserklärung der Bevollmächtigung zugleich den Vertragswillen äußert, kann sie in beiden Beziehungen verschiedener rechtlicher Beurtheilung unterliegen. Sie ist z. B. als formloser Bevollmächtigungsakt wirksam (§ 167 Abs. 2), während sie als Verpflichtungserklärung eben wegen des Formmangels unwirksam sein kann. Sie bedarf als Bevollmächtigung keiner Annahme seitens des Bevollmächtigten, während sie vertragerzeugend nur wirkt, wenn die entsprechende Willenserklärung des Gegenkontrahenten dazu kommt.

3. Die Bevollmächtigung kann in dreifacher Weise geschehen:

a) durch Erklärung gegenüber dem zu Bevollmächtigenden selbst, § 167; a. M. Endemann, Bd. 1 § 81 unter 3, der in diesem Falle von „unechter" Vollmachtgebung spricht; oder

b) durch Erklärung gegenüber dem Dritten, dem gegenüber Vertretungsmacht bestehen soll (§ 167); oder

c) durch eine an eine unbestimmte Personenmehrheit gerichtete öffentliche Bekanntmachung. Diese letztere Art der Vollmachtsertheilung läßt das Gesetz freilich nicht ausdrücklich zu; § 171 erwähnt sie nicht als eine Willenserklärung, durch welche die Bevollmächtigung geschieht, sondern nur als Kundgebung einer bereits geschehenen Bevollmächtigung. Trotzdem spricht die Natur der Sache und die Analogie der §§ 167 Abs. 1, 171 entschieden für die Zulässigkeit auch dieser Bevollmächtigungsart. So auch Hachenburg, Vortr. S. 269 und Hupka a. a. O. S. 108.

Von der Bevollmächtigung als einer dispositiven Willenserklärung zu unterscheiden ist die Kundgebung durch besondere Mittheilung an einen Dritten oder durch öffentliche Bekanntmachung, daß eine Bevollmächtigung erfolgt sei (vgl. P. I, 146 ff.). Diese Kundgebung ist ein Rechtsakt, welcher die Mittheilung der bereits vollzogenen Willenserklärung enthält, freilich kann der Vollzug dieser Willenserklärung, wie unter c erwähnt, eben durch die Kundgebung der Bevollmächtigung geschehen.

In den Fällen a und b ist die Bevollmächtigung eine empfangsbedürftige Willenserklärung, welche dadurch wirksam wird, daß sie dem Adressaten d. i. dem zu Bevollmächtigenden oder dem Dritten zugeht. Darüber, wann eine Willenserklärung zugegangen ist, s. die Bem. zu § 130. Ist der Adressat in der Geschäftsfähigkeit beschränkt, so wird arg. § 131 Abs. 2 Satz 2 die Bevollmächtigung wirksam, wenn sie ihm zugeht, ohne daß sie seinem gesetzlichen Vertreter zugehen müßte. Vgl. auch Bem. zu § 165.

Auch die in § 167 vorgesehene Ertheilung der Vollmacht durch Erklärung gegenüber dem Dritten ist ein Dispositivakt, auf welchen die Grundsätze über Willenserklärungen sich schlechthin erstrecken, ebenso wie auf die Ertheilung gegenüber dem zu Bevollmächtigenden. (Anders Gareis Bem. zu § 167, unter Berufung auf P. I, 146, wo jedoch die Vollmachtertheilung durch Erklärung gegenüber dem Dritten nicht zur Bevollmächtigung durch Erklärung gegenüber dem zu Bevollmächtigenden in Gegensatz gestellt wird, sondern zu der in § 171 erwähnten Kundgebung an den Dritten, daß Vollmacht ertheilt sei.)

4. Die Bevollmächtigung kann, von gesetzlich vorgeschriebenen Ausnahmsfällen (z. B. BGB. § 1945 Abs. 2, HGB. § 252 Abs. 2, FG. § 13) abgesehen, formfrei erfolgen. Insbesondere bedarf sie, wie § 167 Abs. 2 (vgl. auch § 182 Abs. 2 und P. I, 177 ff. für die Einwilligung) zur Vermeidung von Zweifeln besonders bestimmt, nicht der Form, welche für das Rechtsgeschäft bestimmt ist, auf welches sie sich bezieht (gegen die Generalisirung de lege ferenda Hupka a. a. O. S. 119). Daher kann z. B. die Vollmacht zu einem Grundstückskauf oder zur Eingehung einer Bürgschaft formfrei ertheilt werden. Die Formfreiheit der Vollmachtserklärung wird aber dann nicht eintreten können, wenn die Vollmacht als Theil eines einheitlichen Rechtsgeschäfts erscheint, das der durch § 313 vorgeschriebenen Form bedarf, vgl. hierüber RGE. Bd. 50 S. 163 ff.

Es giebt jedoch Fälle, in welchen für die Vollmacht eine Form vorgeschrieben wird nicht im Sinne einer rechtlichen Existenzbedingung für die Vertretungsmacht, sondern lediglich zum Zwecke des Nachweises bei der thatsächlichen Ausübung; in diesem Sinne sind die Vorschriften der §§ 174 BGB., 12 HGB., 80 CPO. aufzufassen. Daß im Urkundenprozesse (CPO. § 592) Vollmachten, welche der Anspruchsbegründung dienen, urkundlich beigebracht werden müssen, kann natürlich nicht als Ausnahme von der Formfreiheit des Bevollmächtigungsaktes bezeichnet werden.

5. Die Willenserklärung, durch welche Vollmacht ertheilt wird, kann auch durch konkludentes Verhalten geschehen, ein namentlich auf dem Gebiete des Handelsverkehrs sehr häufiger Fall. Der Schluß auf sog. stillschweigende Bevollmächtigung ist namentlich da gerechtfertigt, wo der Prinzipal früher schon zu wiederholten Malen dieselbe Person als Vertreter gegenüber demselben Gegenkontrahenten bevollmächtigt hat. Vgl. RGE. Bd. 22 S. 76. Ueber die Möglichkeit stillschweigender Ertheilung von Inkassovollmacht an einen Agenten s. Staub, Komm. z. HGB., Anm. 2 u. 3 zu § 86. Ueber die Adressirungsfähigkeit mittelbarer Willenserklärungen s. Bem. III der Einl. vor § 116.

6. Für das Bestehen der Vollmacht spricht keine Vermuthung. Ihre Ertheilung hat daher nachzuweisen, wer daraus Rechte ableitet. S. jedoch § 370 (Ermächtigung des Quittungsüberbringers zum Leistungsempfang) und vgl. hiezu Keyßner, Der Quittungsträger, in der Festschrift für Dr. Koch S. 139 ff.

7. Was den Umfang der Vollmacht betrifft, so scheidet man hergebrachter Weise Spezialvollmacht, Gattungsvollmacht und Generalvollmacht, je nachdem sie gerichtet ist auf die Vornahme im Einzelnen bestimmter Rechtshandlungen oder auf Geschäfte einer gewissen Gattung oder auf einen Komplex von auch der Gattung nach verschiedenartigen Rechtsgeschäften. (Ueber das Schwanken des Sprachgebrauches s. Hupka a. a. O. S. 176.) Dem BGB. ist die ganze Unterscheidung fremd. Spezial-, Gattungs- und Generalvollmacht unterstehen den gleichen gesetzlichen Regeln. Nur wird im Falle des § 166 Abs. 2, beim Vorliegen bestimmter Weisungen des Vollmachtgebers, auch dessen eigene Kenntniß gewisser Umstände von Bedeutung, während beim Mangel bestimmter Weisungen bezüglich der Kenntniß bezw. des Kennenmüssens lediglich auf die Person des Vertreters zu sehen ist. S. Bem. 6 zu § 166. Das Institut der nothwendigen Spezialvollmacht, das sich in den meisten bisherigen Kodifikationen findet (vgl. PLR. Thl. I Tit. 13 §§ 99—108, cod. civ. art. 1988, 1989, österr. GB. § 1008, sächs. GB. § 1306), ist dem BGB. unbekannt. Eingehende Begründung dieses Standpunktes s. in M. I, 230 ff. E. I hatte in seinen §§ 2032 u. 2094 Abs. 2 noch Ausnahmsfälle, in der II. Komm. wurden aber auch diese gestrichen. Dagegen bedarf nach HGB. § 54 Abs. 2 der Handlungsbevollmächtigte einer Spezialvollmacht zur Veräußerung oder Belastung von Grundstücken, zur Eingehung von Wechselverbindlichkeiten, zur Auf-

nahme von Darlehen und zur Prozeßführung. Anderer Art sind, wie Hupka a. a. O. S. 189 zutreffend bemerkt, die Spezialvollmachten des Prokuristen, Korrespondentrheders und Schiffers (HGB. §§ 49 Abs. 2, 493 Abs. 5, 529), da es sich in diesen Fällen nicht um die Beschränkung eines gewillkürten, sondern um die Begrenzung eines überhaupt gesetzlich bestimmten Vollmachtsumfangs handelt. Vgl. auch CPO. § 613.

In erster Linie maßgebend für den Umfang der Vollmacht ist der bei der Bevollmächtigung kundgegebene Wille des Vollmachtgebers. Der Bevollmächtigte darf grundsätzlich keinen Willen erklären, der dem ihm bekannten Willen des Machtgebers widerspricht; aus solcher Willenserklärung kann der Bevollmächtigte keine Rechte gegen den Machtgeber herleiten und ebensowenig der Dritte, der den abweichenden Willen des Machtgebers weiß und erkennen kann, daß die Vollmacht mißbraucht wird; RGE. Bd. 52 S. 99. Für die Feststellung dieses Willens gelten die allgemeinen Auslegungsgrundsätze, insbesondere § 133 (Bedenklich Seuff. Arch. Bd. 28 Nr. 221: dagegen Hupka a. a. O. S. 179.) Auch die Umstände des einzelnen Falles sind neben dem Wortlaut in Betracht zu ziehen; ausschließlich aus den Umständen ist der Vollmachtsinhalt in den Fällen zu beurtheilen, in welchen der Bevollmächtigungswille nur aus konkludentem Verhalten gefolgert werden kann. Auch das Verhalten des Prinzipals gegenüber früheren Vertretungsakten gleicher Art kann zur Auslegung heranzuziehen sein. Im Zweifel wird die Annahme gerechtfertigt sein, daß die Vollmacht, die zu einem bestimmten Zwecke ausgestellt wurde, der durch Vertretungsakte verwirklicht werden soll, sich auf alle Rechtshandlungen erstreckt, die zur Erreichung dieses Zweckes nöthig sind, aber auch nur auf solche Rechtshandlungen. S. Mitteis a. a. O. S. 189, Hupka a. a. O. S. 184 ff., Seuff. Arch. Bd. 12 Nr. 237, Bd. 15 Nr. 22, Bd. 21 Nr. 271. Im Zweifel ist ferner, wer zur Zahlungsannahme bevollmächtigt ist, nicht zugleich zur Annahme an Zahlungsstatt bevollmächtigt (Seuff. Arch. Bd. 41 Nr. 205), wer zum Abschlusse gegen Baarzahlung bevollmächtigt ist, nicht zugleich zur Kreditirung; anders, wenn Kreditirung bei Geschäften der betreffenden Art verkehrsüblich ist und ein ausdrückliches oder stillschweigendes Verbot des Prinzipals nicht vorliegt. Auch bei unbeschränkter Fassung der Vollmachtserklärung kann diese nach den Grundsätzen von Treu und Glauben im Verkehre doch einengend zu interpretiren sein, namentlich wenn das vom Bevollmächtigten beabsichtigte Geschäft so außergewöhnlicher Natur ist, daß der Dritte sich redlicher Weise sagen muß, der Vollmachtgeber könne es in dieser Gestalt unmöglich gutheißen wollen; vgl. hiezu Seuff. Arch. Bd. 29 Nr. 122. Aus der Ertheilung einer Vollmacht als Generalvollmacht von unbeschränktem Inhalt folgt nicht, daß der Bevollmächtigte im Verhältnisse zu seinem Machtgeber materiell zu jeder Willenserklärung auch gegen den ausgesprochenen Willen seines Machtgebers ermächtigt ist, für welche die Generalvollmacht die formelle Legitimation giebt; RGE. Bd. 52 S. 100. Vgl. über Auslegung der Vollmacht auch Seuff. Arch. Bd. 29 Nr. 233, Bd. 31 Nr. 32, Bd. 44 Nr. 175, Bd. 47 Nr. 106; Rspr. d. OLG. Bd. 3 S. 66 ff.

Ueber Substitutionsbefugniß s. oben Bem. 8 zu § 164.

8. Die Vollmacht kann mehreren Personen zusammen ertheilt werden. Es können nämlich zur Vornahme derselben Vertretungshandlungen Mehrere unabhängig von einander gleiche Vertretungsmacht erhalten — sog. Solidarvollmachten, oder die Mehreren können in der Weise bevollmächtigt werden, daß keiner für sich allein, sondern nur alle miteinander in ihrer Gesammtheit vertretungsberechtigt sein sollen — Gesammtvollmacht (oder Kollektivvollmacht). Nach cod. civ. art. 1857 besteht Gesammtvollmacht nur dann, wenn sie bei der Bevollmächtigung ausdrücklich angeordnet wird; anders PLR. Thl. I Tit. 13 §§ 206—208, österr. GB. § 1011, sächs. GB. §§ 1313, 1378. Das BGB. kennt (gleich dem röm. R.) eine Vermuthung weder für die eine noch für die andere Form; es ist vielmehr eine nach den Umständen des konkreten Falles zu entscheidende Auslegungsfrage, ob solidarische oder kollektivische Vertretungsmacht mehrerer Bevollmächtigter anzunehmen ist. Vgl. Hupka a. a. O. S. 368 ff., RGE. Bd. 5 S. 16 ff., Bd. 22 S. 88 ff., Seuff. Arch. Bd. 46 Nr. 184; auch ROHG. Bd. 17 S. 402. Besondere Vorschriften für bestimmte Fälle geben BGB. §§ 709, 710 für die Gesellschaft, CPO. § 84 für die Prozeßvollmacht, HGB. §§ 48 Abs. 2, 125 Abs. 2, 150, 232, Genossenschaftsgesetz § 25, G. betr. d. G. m. b. H. § 35 Abs. 2.

Nicht ohne Weiteres verständlich ist es, wenn Rehbein (Komm. Bd. 1 S. 270 unter d) über das Rechtsverhältniß mehrerer Machtgeber und mehrerer Bevollmächtigter sagt, es kämen nach BGB. die §§ 420 ff., 431 zur Anwendung. Diese Vorschriften beziehen sich doch nur auf eine Mehrheit von Schuldnern und Gläubigern, setzen also das Bestehen obligatorischer Beziehungen voraus; solche werden aber durch die Vollmacht als solche nicht geschaffen, sondern resultiren, wo sie bestehen, aus dem internen Rechtsverhältniß unter den Betheiligten, das, wie schon mehrfach ausgeführt, etwas von der Vollmacht durchaus Verschiedenes ist, oder aus unerlaubten Handlungen.

Von der Gesammtvollmacht zu unterscheiden ist der Fall, daß die Ausübung einer Vollmacht nicht an die Mitwirkung, wohl aber an die Zustimmung anderer Personen geknüpft ist.

Bei der Gesammtvertretung muß der Rechtsgeschäftswille bei allen Vertretern ein mängelfreier sein. Willensmängel auch nur eines Gesammtbevollmächtigten haben daher die aus Willensmängeln des Vertreters überhaupt sich ergebenden Folgen. (So auch Hupka a. a. O. S. 373 gegen Ring, Aktiengeſ. Bem. 3 zu Art. 229.) Vgl. Seuff. Arch. Bd. 40 Nr. 275, Bd. 49 Nr. 109.

9. Nichtigkeit und Anfechtbarkeit treten bei der Willenserklärung der Bevollmächtigung aus denselben Gründen ein wie bei anderen Willenserklärungen; vgl. §§ 116—124. Zweifel erregen folgende Fälle:

a) Für die Simulation könnte man nach dem Wortlaute des § 117 zu dem Ergebnisse gelangen, daß sowohl das Einverständniß des Bevollmächtigten über den Scheincharakter als auch das Einverständniß des Dritten d. h. des Gegenkontrahenten, dem gegenüber Vertretung stattfinden soll, jedes für sich allein die Vollmachtertheilung nichtig macht, daß also nicht nur das Einverständniß des konkreten Erklärungsempfängers, sondern auch das des rechtlich möglichen Erklärungsgegners genügt, um den Thatbestand des § 117 zu erfüllen; dies deßhalb, weil es nach dem Buchstaben der Vorschrift auf das Einverständniß dessen ankommt, dem gegenüber die Willenserklärung „abzugeben ist", nicht „abgegeben wird". Aber die ratio, sowie die Entstehungsgeschichte des § 117 (— E. I, § 95 sprach lediglich vom „Empfänger" und eine sachliche Aenderung war mit der Neuredaktion, wie aus P. I, 94 ff. ersichtlich, nicht beabsichtigt —) sprechen doch mehr dafür, diesen Wortlaut nicht zu urgiren und lediglich auf den konkreten Erklärungsempfänger zu sehen. Vgl. auch die analoge Beurtheilung der Frage nach dem Anfechtungsgegner nach § 143 oben Bem. 6, b zu § 143. Hupka a. a. O. S. 134 ff. will wegen der unbefriedigenden Ergebnisse, zu denen man bei jeder der beiden denkbaren Interpretationen des § 117 hier gelangt, für die Scheinbevollmächtigung „die Rechtsanalogie und die Natur der Sache" zu Hülfe nehmen und gelangt so zu eigenen Resultaten, die aber mit dem nun einmal bestehenden Gesetze nicht in Einklang zu bringen sind.

Ueber den Einfluß der §§ 171, 172 auf die Simulation der Vollmacht s. Bem. II, 1 d zu § 117.

b) Bezüglich der Anfechtbarkeit der Bevollmächtigung wegen argliſtiger Täuschung gehen die Ansichten für den Fall auseinander, daß ein Dritter die Täuschung verübt hat (§ 123 Abs. 2). Vgl. einerseits M. I, 207 und P. I, 120, 142, andrerseits Planck a. a. O. Bem. 4 zu § 167, wieder anders Hupka a. a. O. S. 148 ff. Die Frage ist, wer im Sinne des § 123 Abs. 2 Satz 1 als „Dritter" anzusehen ist und wer als der „Andere", dessen Kenntniß bezw. Kennenmüssen der Täuschung Voraussetzung der Anfechtbarkeit ist. In den Materialien erscheint als Dritter jeder, der weder Erklärender noch jeweiliger Erklärungsempfänger ist, als „Anderer" eben der jeweilige Erklärungsempfänger. Diese Auffassung führt für den Fall der Vollmachtsertheilung durch Erklärung gegenüber dem zu Bevollmächtigenden zu der gewiß nicht wünschenswerthen Konsequenz, daß, wenn derjenige, mit welchem der Bevollmächtigte in Ausübung seiner Vertretungsmacht im Namen des Vollmachtgebers kontrahirt, ohne Wissen des zu Bevollmächtigenden selbst durch arglistige Täuschung den Vollmachtgeber zur Bevollmächtigung bestimmt hat, das Anfechtungsrecht aus § 123 nicht besteht. Planck (dem anscheinend Rehbein, Komm. Bd. 1 S. 266 folgt) glaubt dieser Konsequenz durch Heranziehung des Satzes 2 des § 123 Abs. 2 ausweichen zu können, wonach, wenn ein Anderer als derjenige, welchem gegenüber die Erklärung abzugeben war, aus der Erklärung unmittelbar ein Recht erworben hat, im Falle seines Kennens oder Kennenmüssens der Täuschung die Erklärung ihm gegenüber anfechtbar ist.

Damit vertheidigt Planck eine gute Sache mit einem schlechten Grunde. Denn aus der hier entscheidenden Erklärung, nämlich der Vollmachtertheilung, erwirbt der Gegenkontrahent im Vertretungsgeschäfte nicht nur nicht ein unmittelbares Recht, sondern er erwirbt daraus überhaupt kein Recht. Bei der ganzen Frage ist überhaupt nicht aus dem Auge zu lassen, daß die Anfechtbarkeit des Bevollmächtigungsaktes nach Ziel und Voraussetzungen grundverschieden ist von der (oben in Bem. 4 zu § 166 behandelten) Anfechtbarkeit des Geschäfts, welches der Bevollmächtigte im Namen des

Vollmachtgebers mit dem Gegenkontrahenten vornimmt. Ebensowenig gangbar wie der Planck'sche erscheint aber der von Hupka a. a. O. betretene Ausweg. Hupka sagt, man müsse darauf verzichten, eine Person schon darum als „Dritten" anzusehen, weil die Geschäftserklärung nicht an sie gerichtet ist: nicht auf die Theilnahme an der Geschäftshandlung, sondern lediglich auf den Antheil an der Geschäftswirkung könne es ankommen; die eigenthümliche Rechtswirkung der Vollmacht ergreife aber den Bevollmächtigten wie den Gegenkontrahenten: es könne darum „nichts verschlagen, daß der schuldige Teil in concreto nicht Adressat der Vollmachtserklärung war". Folgerichtig kommt Hupka zu dem Resultat: Eine Bevollmächtigung ist wegen Betrugs anfechtbar, wenn derselbe auch nur von einem der Betheiligten, dem Bevollmächtigten oder dem Geschäftsgegner, verübt war und zwar gleichviel, an welchen von ihnen die Vollmacht erklärt wurde; während aber das schuldhafte Verhalten des Bevollmächtigten immer die absolute Anfechtbarkeit der Vollmacht zur Folge hat, macht das Wissen oder Wissenmüssen des Geschäftsgegners um denselben nur ihm gegenüber, nicht auch gegenüber einem anderen Vertretungsgegner anfechtbar. Der Ausgangspunkt dieser ganzen Argumentation ist bedenklich. Angenommen, es komme bei der Feststellung, wer „Dritter" im Sinne des § 123 ist, wirklich nicht auf die Theilnahme an der Geschäftshandlung, sondern auf den Antheil an der Geschäftswirkung an, so kann doch als „Wirkung" jedenfalls hier nur eine solche Beeinflussung der Rechtssphäre gelten, die eine unmittelbare Folge der entscheidenden Willenserklärung d. i. hier der Bevollmächtigung ist. Eine solche Wirkung tritt aber durch die Vollmachtsertheilung als solche in der Person des Gegners, mit dem der Bevollmächtigte vertretungsweise kontrahiren soll, überhaupt nicht ein, so wenig wie etwa durch die bloße Ausstellung einer Tratte für den Trassaten eine Wirkung eintritt. Also auch aus dem Gesichtspunkte der Geschäftswirkung wird der Gegenkontrahent im Vertretungsgeschäft als Dritter zu behandeln sein. Unsere Anschauung ist: Die durch das Gesetz geschaffene unbillige Einschränkung des Anfechtungsrechts wegen arglistiger Täuschung bei der Bevollmächtigung ist hinzunehmen. Aber das Gesetz selbst bietet in doppelter Richtung einen gewissen, allerdings unvollkommenen, Ersatz. Erstens wird der Vollmachtgeber geschützt durch die Bestimmungen über unerlaubte Handlungen (§§ 823 ff.); er hat gegen den täuschenden Gegenkontrahenten einen obligatorischen Anspruch auf Schadensersatz; diesen Anspruch wird man ihm aus § 826 auch dann zugestehen müssen, wenn der Gegenkontrahent die Täuschung zwar nicht selbst verübt hat, sie aber kannte. Zweitens aber ist bei der arglistigen Täuschung der Thatbestand sehr häufig der Art, daß er auch eine Anfechtung wegen Irrthums nach § 119 ermöglicht (s. oben Bem. zu § 119); bei dieser Anfechtung ist ja gleichgültig, durch wen der Irrthum verursacht wird; die Anfechtung hat aber unverzüglich nach Erlangung der Kenntniß vom Anfechtungsgrunde zu geschehen; eine Schadensersatzpflicht des anfechtenden Vollmachtgebers aus § 122 kann hier nur dem Bevollmächtigten selbst gegenüber in Frage kommen, nicht jedoch dem Gegenkontrahenten gegenüber.

10. Ist die Bevollmächtigung, sei es von vornherein oder in Folge vollzogener Anfechtung mit Wirkung ex tunc (§ 142), nichtig, so ist das auf ihrer Grundlage vertretungsweise vorgenommene Rechtsgeschäft nicht ein innerhalb der zustehenden Vertretungsmacht vorgenommenes; es finden also die in den §§ 177—180 ausgesprochenen Grundsätze über Handeln ohne Vertretungsmacht Anwendung. Der Dritte, der mit dem vermeintlich Bevollmächtigten kontrahirte, kann sich, wenn die Bevollmächtigung nur diesem gegenüber und formlos geschah, nur nach § 179 an den Vertreter halten. Vgl. jedoch auch die §§ 171, 172 und Bem. hiezu.

§ 168.

Das Erlöschen der Vollmacht bestimmt sich nach dem ihrer Ertheilung zu Grunde liegenden Rechtsverhältnisse. Die Vollmacht ist auch bei dem Fortbestehen des Rechtsverhältnisses widerruflich, sofern sich nicht aus diesem ein Anderes ergiebt. Auf die Erklärung des Widerrufs findet die Vorschrift des § 167 Abs. 1 entsprechende Anwendung.

E. I, 119; II, 138, Abs. 1; III, 164.

1. § 168 behandelt das Erlöschen der Vollmacht im Allgemeinen und den Widerruf als speziellen Erlöschungsgrund.

Während das Schweizer Obl.R. (Art. 40—42) die Endigungsgründe der Vollmacht selbständig geordnet hat, haben die übrigen bisherigen Kodifikationen, übereinstimmend mit dem gemeinen Rechte, einfach die Erlöschungsgründe des Auftrags auch für die Vollmacht übernommen. Vgl. PLR. Thl. I Tit. 13 §§ 159 ff., cod. civ. art. 2003 ff., österr. GB. §§ 1020 ff., sächs. GB. §§ 1319 ff. Ebenso E. I § 119, wo zunächst unverzichtbare Widerruflichkeit der Vollmacht bestimmt, im Uebrigen aber vorgeschrieben war, daß für das Erlöschen der Vollmacht die Vorschriften über das Erlöschen des Auftrags gelten, soweit nicht aus dem Verhältnisse des Vollmachtgebers zu dem Bevollmächtigten ein Anderes sich ergiebt.

Dieser Regelung lag die verfehlte Idee zu Grunde, daß Auftrag und Vollmacht lediglich die innere und äußere Seite desselben Rechtsverhältnisses darstellen (dagegen oben Bem. 7 zu § 164), und daß daher der Charakter des Auftrags als eines im Interesse des Auftraggebers begründeten persönlichen Vertrauensverhältnisses nothwendig auch der Vollmacht zukomme. In Wahrheit aber ist die Vollmacht von dem ihr im Einzelfall unterliegenden obligatorischen Kausalverhältnisse, sei dieses Auftrag oder ein anderes Rechtsverhältniß, begrifflich unabhängig. Das BGB. erkennt dies auch für das Entstehen der Vollmacht in § 167 zweifellos an, und es wäre nur konsequent gewesen, sich dieser Erkenntniß auch, wo es sich um die Endigung der Vollmacht handelt, nicht zu verschließen und die Erlöschungsgründe für die Vollmacht in eigenthümlicher, selbständiger Weise zu ordnen.

So aber steckt in § 168 noch ein Rest jener alten, Mandat und Vollmacht vermengenden, nunmehr überwundenen Theorie. (Vgl. die Kritik von Hupka a. a. O. S. 378.) Zwar vermeidet § 168 die im E. I (§ 119) noch vorhandene spezielle Bezugnahme auf den Auftrag, bestimmt aber immerhin bezüglich der Endigung, abgesehen von dem selbständigen Endigungsgrunde des Widerrufs, völlige Abhängigkeit von dem internen Rechtsverhältniß, aus dessen Anlaß und zu dessen Zwecke die Vollmacht ertheilt ist.

2. Die Vorschrift, daß das Erlöschen der Vollmacht sich nach dem ihrer Ertheilung zu Grunde liegenden Rechtsverhältnisse bestimmt, hat nicht zur Folge, daß das Ende der Vollmacht mit dem Ende dieses Verhältnisses immer zeitlich zusammenfallen muß, da in diesem Verhältnisse selbst die Dauer der Vollmacht anderweitig bestimmt sein kann. Es bleibt natürlich der Parteidisposition unbenommen, die Dauer der Vollmacht durch Vertrag in beliebiger Weise zu ordnen. Die vornehmlich in Betracht kommenden internen Rechtsverhältnisse sind Auftrag, Dienstvertrag, Werkvertrag und Gesellschaft. Bei diesen ergiebt eine Vergleichung der gesetzlichen Bestimmungen über die Endigungsgründe Folgendes:

a) Der Tod des Bevollmächtigten ist regelmäßiger Endigungsgrund nach §§ 673, 675; nicht dagegen Tod oder Geschäftsunfähigkeit des Vollmachtgebers (s. §§ 672, 675). Ist eine juristische Person bevollmächtigt, so endigt die Vollmacht mit dem Ende der Rechtspersönlichkeit, nicht aber mit dem Eintritte der bloßen Vermögensliquidation. Die Gesellschaft wird, sofern nicht aus dem Gesellschaftsvertrag ein Anderes sich ergiebt, durch den Tod eines der Gesellschafter aufgelöst (§§ 727, 736), nicht jedoch durch die Geschäftsunfähigkeit einzelner Gesellschafter (M. II, 624; vgl. HGB. § 131). Durch Geschäftsunfähigkeit des Bevollmächtigten endigt für diesen zwar die Fähigkeit, die Vollmacht faktisch auszuüben (anders bei der bloßen Beschränkung in der Geschäftsfähigkeit, § 165), aber das Vollmachtsverhältniß an sich bleibt bestehen (arg. e contr. aus § 673 verglichen mit § 672), erlangt also durch Wiedereintritt der Geschäftsfähigkeit ipso iure wieder praktische Bedeutung. (Gleicher Ansicht Hellwig, Vertr. auf Leistung an Dritte, S. 119 und Hupka a. a. O. S. 383 ff. gegen Planck Bd. 2 S. 421.)

b) Geräth der Bevollmächtigte in Konkurs, so erlöschen dadurch die auf Auftrag, Dienstvertrag oder Werkvertrag beruhenden Vollmachten nicht (vgl. Jaeger, KO. Anm. 8 ff. zu § 23), wohl aber (§ 728, HGB. § 131 Nr. 5) die auf einem Gesellschaftsverhältnisse beruhenden. Geräth der Machtgeber in Konkurs, so ist wiederum nach der Art des unterliegenden Rechtsverhältnisses zu unterscheiden. Nach KO. § 23 (neu) erlischt ein vom Gemeinschuldner ertheilter Auftrag durch die Eröffnung des Verfahrens, es sei denn, daß er sich nicht auf das zur Konkursmasse gehörige Vermögen bezieht; das Gleiche gilt, wenn Jemand durch einen Dienstvertrag oder Werkvertrag sich zu einer Geschäftsbesorgung (vgl. BGB. § 675) für den Gemeinschuldner verpflichtet hat. Darnach richtet sich also auch das Ende der Vollmacht. Jedoch hat der Beauftragte bei Gefahr im Verzug die Besorgung des übertragenen Geschäftes fortzusetzen, ferner gilt der Vertrag zu Gunsten des Beauftragten als fortbestehend, bis dieser von der Konkurseröffnung Kenntniß erlangt hat oder erlangen mußte (KO. § 23 Abs. 1 Satz 2, BGB. §§ 672 Satz 2, 674, 675); in letzteren Fällen bleibt also auch die Vollmacht aufrecht, vgl. aber bezüglich ihrer Wirkung gegenüber Dritten BGB. §§ 169—173. Beruht die Vollmacht auf Gesellschaft, so endigt sie durch Konkurs des Machtgebers, da nach § 728 der Konkurs über das Vermögen auch nur eines Gesellschafters die Gesellschaft auflöst (vgl. HGB. § 131 Nr. 3); nach § 729 gilt sie aber zu seinen Gunsten als fortbestehend, bis er von der Auflösung weiß oder wissen muß, wirkt jedoch gemäß § 169 nicht zu Gunsten eines Dritten, der bei Vornahme des Rechtsgeschäftes die Konkurseröffnung kennt oder kennen muß. Vgl. auch hier §§ 170—173. Die Vollmacht lebt, wenn sie in Folge Konkurses erloschen ist, durch dessen Beendigung nicht wieder auf.

c) Einseitige Kündigung des Bevollmächtigten d. h. seine Erklärung, er wolle fortan nicht mehr Vertreter sein, kann nach § 168 die Vollmacht nur dann zum Erlöschen bringen, wenn das unterliegende interne Rechtsverhältniß ein einseitig kündbares ist. Nun kann nach § 671 der Auftrag vom Beauftragten mit der in § 671 Abs. 2 gegebenen Modifikation jederzeit gekündigt werden; beim Werkvertrage besteht ein solches Kündigungsrecht des Unternehmers nicht, beim Dienstvertrage ein solches des Dienstverpflichteten nur nach Maßgabe der §§ 623, 626, 627; die Kündbarkeit der Gesellschaft bestimmt sich nach § 723.

d) Die Vollmacht erlischt durch Erlöschen des ihr zu Grunde liegenden Rechtsverhältnisses auch dann, wenn dieses sein Ende erreicht durch Ausübung eines vertragsmäßigen oder gesetzlichen Rücktrittsrechts; vgl. §§ 325, 326, 346 ff.

3. Selbstverständlich ist, daß die Vollmacht auch endigt durch Erledigung des Vertretungsgeschäfts, für welches sie ertheilt ist, sowie durch Unmöglichwerden dieses Geschäfts. Dieser Endigungsgrund kann nur bei solchen Vollmachten eintreten, welche auf die Vornahme bestimmter Geschäfte gehen.

4. § 168 versagt gänzlich da, wo der Vollmacht überhaupt kein internes Rechtsverhältniß zwischen Vollmachtgeber und Bevollmächtigtem zu Grunde liegt; daß dies möglich sei, wurde zwar von der II. Komm. (P. I, 145), deren Anschauung Gareis (Komm. Bem. 1 zu § 167) übernimmt, geleugnet, ist aber unbestreitbar und wird auch von Planck (Bem. 3 zu § 168) zugegeben. Vgl. unsere Bem. 1 zu § 167. Man denke nur an den Fall, daß Jemand vor Antritt einer Reise einen Freund oder seine Ehefrau für alle Fälle bevollmächtigt; er braucht dabei keineswegs einen Auftrag zu ertheilen; und daß der Vollmacht an die Ehefrau nicht etwa das Rechtsverhältniß der Ehe zu Grunde liegt, ist klar; (vgl. auch Hoelder, Komm. Bem. 2 zu § 168, Hachenburg, Vortr. S. 270, Rehbein, Komm. S. 274, Hupka a. a. O. S. 375 ff.).

Das Erlöschen der Vollmacht kann, wo es an einem unterliegenden Kausalverhältnisse fehlt, beim Schweigen des Gesetzes nur nach Gründen entschieden werden, die der Natur des Vollmachtsverhältnisses selbst entnommen sind. Diese fordert aber durchaus nicht unbedingte Widerruflichkeit. Diese Widerruflichkeit ist nur ein naturale, nicht ein essentiale der Vollmacht (gegentheilig allerdings RGE. Bd. 3 S. 186 ff. und M. I, 233; s. aber Bähr in der Krit. V.-Schr. Bd. 30 S. 341, Zitelmann, Die Rechtsgeschäfte im E. II, S. 88 ff., Hupka a. a. O. S. 392 ff.). Daher ist gegen Planck (Bem. 3 zu § 168) und Hoelder (Komm. Bem. 1 zu § 168) anzunehmen, daß auch bei mangelndem Kausalverhältnisse die Vollmacht nicht immer und unbedingt widerruflich ist, sondern nur, sofern sich nicht aus dem ausgesprochenen oder den Umständen zu entnehmenden Parteiwillen ein Anderes ergiebt. Ein Verzicht auf Widerruf dürfte demnach auch hier zulässig sein, wenn er nicht wegen Besonderheit der Umstände des einzelnen Falles als gegen die guten Sitten verstoßend zu betrachten ist.

Im Uebrigen erlischt bei mangelndem Kausalverhältnisse die Vollmacht durch Tod des Bevollmächtigten (a. M. Planck Bem. 3 zu § 168); denn sie schafft lediglich eine formale Rechtsposition und ist kein Vermögensbestandtheil, daher auch kein Gegenstand der Erbfolge; aber der besonders darauf gerichtete Wille des Prinzipals kann die Bevollmächtigung auch auf die Erben erstrecken. Gleiches gilt vom Tode des Vollmachtgebers. Eintretende Geschäftsunfähigkeit des Bevollmächtigten hat auch bei mangelndem Kausalverhältnisse nicht das Erlöschen der Vollmacht zur Folge (vgl. oben Bem. 2, a), ebensowenig eintretende Geschäftsunfähigkeit des Vollmachtgebers; s. Hupka a. a. O. S. 384 unter IV; a. M. Planck Bem. 3 zu § 168. Eröffnung des Konkurses über das Vermögen des Bevollmächtigten ist hier Endigungsgrund für die Vollmacht an sich nicht, da ja die Vertretungsmacht eine Dispositionsmacht über fremdes, nicht über eigenes Vermögen ist, der Gemeinschuldner aber nach KO. § 6 nur die Verwaltungs- und Verfügungsbefugniß über sein zur Konkursmasse gehöriges (KO. § 1) Vermögen verliert. Soweit aber die Ausübung der Vollmacht eine Verfügung über das zur Konkursmasse gehörige Vermögen enthalten würde, ist diese Ausübung unwirksam. Geräth der Vollmachtgeber in Konkurs, so endigt beim Fehlen eines Grundverhältnisses die Vollmacht dann, wenn das vermöge der Vertretungsmacht vorzunehmende Geschäft sich auf das zur Konkursmasse gehörige Vermögen bezieht; das ist zwar im Gesetze nirgends gesagt, läßt sich aber wohl aus der Analogie des § 23 KO. rechtfertigen. (Anders Hupka a. a. O. S. 387 ff., der annimmt, nicht die Vollmacht selbst werde durch den Konkurs des Machtgebers aufgehoben, sondern nur ihre Ausübung gelähmt.) Vgl. die gemeinrechtlichen Entsch. in Seuff. Arch. Bd. 3 Nr. 321 und Bd. 48 Nr. 260. Einseitige Kündigung der Vollmacht durch den Bevollmächtigten ist, wo es an einem Kausalverhältnisse fehlt, ausgeschlossen.

5. Widerruf der Vollmacht durch den Vollmachtgeber ist nach § 168 zulässig, auch wenn das zu Grunde liegende Rechtsverhältniß fortbesteht. Nach E. I § 119 sollte auf die Widerruflichkeit nicht verzichtet werden können. Diese aus dem Wesen der Vollmacht keineswegs mit Nothwendigkeit sich ergebende Bestimmung (vgl. Bem. 4) wurde jedoch in der II. Komm. fallen gelassen. Nach der jetzigen Fassung des Gesetzes ist also auch für die Frage, inwieweit einem Verzicht auf die Widerruflichkeit der Vollmacht rechtliche Wirkung beizulegen sei, das der Bevollmächtigung zu Grunde liegende Rechtsverhältniß maßgebend, wo ein solches besteht (andernfalls s. oben Bem. 4). Widerruflichkeit besteht, sofern sich nicht aus dem internen Rechtsverhältnisse selbst ein Grund für die Unwiderruflichkeit ergiebt. Hierher gehört namentlich die nach §§ 715, 712 beschränkte Möglichkeit der Entziehung der Vertretungsmacht bei der Gesellschaft. Vgl. auch HGB. § 127 und BGB. § 27. Dagegen ist die dem Dienstverpflichteten als solchem ertheilte Vollmacht frei widerruflich, auch wenn eine fristlose Kündigung des Dienstverhältnisses selbst nach den §§ 626, 627 unzulässig ist. Die Handlungsvollmacht ist nur nach Maßgabe des vorliegenden § 168 widerruflich, absolut widerruflich dagegen die Prokura nach HGB. § 52. Im Uebrigen ist Unwiderruflichkeit namentlich da anzunehmen, wo sich aus dem internen Verhältniß ergiebt, daß die Vollmacht nicht ausschließlich im Interesse des Machtgebers, sondern auch im Interesse des Bevollmächtigten selbst oder eines Dritten ertheilt wurde. In P. I, 144 ff. werden beispielsweise folgende Fälle hervorgehoben: Die Erklärung, durch welche A den B ermächtigt, eine dem A gehörige Forderung auf eigene Kosten beizutreiben und einen Theil des Betrags als Prämie für sich zu behalten; die seitens des Eigenthümers eines Grundstücks dem Hypothekengläubiger ertheilte Ermächtigung, die Mieth- und Pachtzinsen zu erheben und dieselben auf die Hypothekenzinsen zu verrechnen. Ferner sei es im Interesse der Verkehrsfähigkeit hypothekarisch gesicherter Partialobligationen erforderlich, behufs Vertretung der Inhaber derselben die Möglichkeit einer unwiderruflichen Vollmacht für den Treuhänder zu gewähren, welchem die Stammhypothek bestellt sei. Vgl. auch § 1189. Auch wurde mit Rücksicht auf die nahe Verwandtschaft zwischen der Einwilligung und der Vollmacht (s. M. I, 246) auf den Fall des Blankoaccepts hingewiesen, welches mit der Ermächtigung ertheilt wird, dasselbe mit dem sich aus dem Rechtsverhältnisse des Acceptanten zu dem Empfänger ergebenden Schuldbetrage des ersteren auszufüllen; denn die Ausstellung eines solchen Blankoaccepts sei im Wesentlichen als eine den Widerruf ausschließende Einwilligung des Acceptanten in die Wechselziehung anzusehen. Vgl. auch RGE. Bd. 52 S. 99; Bd. 53 S. 419.

6. Auf die Erklärung des Widerrufs wird § 167 Abs. 1 entsprechend anwendbar erklärt. Der Widerruf ist demnach eine einseitige Willenserklärung, die zu ihrer Wirksamkeit keinerlei Annahme bedarf. Er kann erfolgen entweder durch Erklärung gegenüber dem Bevollmächtigten oder durch Erklärung gegenüber dem betheiligten Dritten. In diesen beiden Fällen ist die Erklärung eine empfangsbedürftige, der Widerruf wird also wirksam mit dem Zugehen an den Adressaten (s. § 130); dem Zugehen steht die nach den Vorschriften der CPO. erfolgende Zustellung durch Vermittelung eines Gerichtsvollziehers gleich (§ 132). Die Widerrufserklärung kann auch aus konkludentem Verhalten zu entnehmen sein; ein solches wird z. B. regelmäßig in der mit Wissen des Bevollmächtigten geschehenden Bestellung eines anderen Bevollmächtigten für dieselbe spezielle Angelegenheit zu erblicken sein, vgl. cod. civ. art. 2006. Kann der Widerruf der Vollmacht auch durch öffentliche Bekanntmachung erfolgen? § 171 Abs. 2 bejaht die Frage nicht direkt, sondern spricht nur vom Widerrufe der Kundgebung der Vertretungsmacht. Für die Bejahung im Falle einer durch öffentliche Bekanntmachung ertheilten Vollmacht spricht aber, wenn man einmal die Möglichkeit solcher Ertheilung annimmt (s. Bem. 3, c zu § 167), sowohl die Analogie als auch das praktische Bedürfniß.

7. Ueber Endigung der **Prozeßvollmacht** s. CPO. §§ 86, 87.

8. Ueber die Rechtsstellung **gutgläubiger Dritter** und des **gutgläubigen Vertreters** beim Eintritt eines **Endigungsgrundes** für die Vollmacht s. die §§ 169—173.

§ 169.

Soweit nach den §§ 674, 729 die erloschene Vollmacht eines Beauftragten oder eines geschäftsführenden Gesellschafters als fortbestehend gilt, wirkt sie nicht zu Gunsten eines Dritten, der bei der Vornahme eines Rechtsgeschäfts das Erlöschen kennt oder kennen muß.

E. I, 119 Abs. 3; II, 138 Abs. 2; III, 165.

1. Nach § 168 bestimmt sich das Erlöschen der Vollmacht nach dem zwischen Vollmachtgeber und Bevollmächtigtem bestehenden Grundverhältnisse. Folgerichtig würde, wenn dieses Grundverhältniß Auftrag, Dienstvertrag, Werkvertrag oder Gesellschaft ist, in den Fällen der §§ 674, 729 die Vollmacht zu Gunsten des gutgläubigen Bevollmächtigten aufrecht bleiben. § 674 bestimmt nämlich, daß der in anderer Weise als durch Widerruf erloschene Auftrag zu Gunsten des Beauftragten gleichwohl als fortbestehend gilt, bis der Beauftragte von dem Erlöschen Kenntniß erlangt oder das Erlöschen kennen muß; gleiches gilt nach § 675 für einen anders als durch Widerruf erloschenen Dienstvertrag oder Werkvertrag, der eine Geschäftsbesorgung zum Gegenstande hat; gleiches nach § 729 für die anders als durch Kündigung aufgelöste Gesellschaft zu Gunsten eines Gesellschafters bezüglich der diesem übertragenen Geschäftsführungsbefugniß. Zweck dieser Vorschriften ist der Schutz des gutgläubigen d. h. in schuldloser Unkenntniß über das Erlöschen befindlichen Beauftragten bezw. Dienstschuldners, Werkschuldners oder geschäftsführenden Gesellschafters. Zu diesem Schutze ist kein Anlaß, wenn solche schuldlose Unkenntniß des Beauftragten u. s. w. nicht vorliegt; daher ist arg. § 168 auch, **wenn der Bevollmächtigte vom Erlöschen des betreffenden Grundverhältnisses Kenntniß hat oder haben muß, die Vollmacht nicht als fortbestehend anzusehen.**

Die Vollmacht soll aber — das ist der Sinn des § 169 — **auch dann nicht als fortbestehend angesehen werden**, wenn in den genannten Fällen **der Dritte**, dem gegenüber das Vertretungsgeschäft vorgenommen wird, bei dieser Vornahme ihr Erlöschen d. h. die **Endigung des betreffenden Grundverhältnisses kennt oder kennen muß.** Das Gesetz sagt für diesen Fall, die Vollmacht wirke „nicht zu Gunsten des Dritten“, in Wahrheit aber wirkt sie, wie Hoelder (Komm. Bem. zu § 169) mit Recht bemerkt, bei dieser Sachlage nicht nur nicht zu Gunsten des Dritten, sondern **überhaupt nicht**. Eine andere, nicht durch § 169 entschiedene, sondern rein dem internen Kausalverhältnisse zwischen Auftraggeber und Beauftragtem angehörige Frage ist es, ob nicht letzterer aus der Vornahme des Rechtsgeschäfts gegen den Auftraggeber einen Anspruch auf Ersatz seiner Verwendungen hat.

2. Kennt der **Dritte** bei der Vornahme des Rechtsgeschäfts das Erlöschen der Vollmacht oder muß er es kennen, so haftet ihm gegenüber auch der Vertreter nicht, obschon dieser mit erloschener Vertretungsmacht kontrahirt hat. S. § 179 Abs. 3.

3. Ueber den Begriff des **Kennenmüssens** s. Bem. 4 zu § 122.

4. Die **Beweislast** trifft nicht den Dritten hinsichtlich seiner Unkenntniß des Endigungsgrundes, sondern umgekehrt hat derjenige, in dessen Namen kontrahirt wurde und der nun aus dem Geschäft in Anspruch genommen wird, zu beweisen, daß der Dritte das Erlöschen kannte, bezw. die Thatsachen zu beweisen, welche die Unkenntniß des Dritten als eine fahrlässige erscheinen lassen.

§ 169 gilt auch dann, wenn die Vollmacht durch Erklärung gegenüber dem Dritten ertheilt ist, wenn eine besondere private oder öffentliche Kundgebung der Vollmachtsertheilung erfolgt ist, und wenn der Vertreter eine ihm vom Vollmachtgeber ausgehändigte Vollmachtsurkunde dem Dritten vorgelegt hat. Denn die das Bestehenbleiben der Vertretungsmacht anordnenden Vorschriften der §§ 170, 171 Abs. 2 und 172 Abs. 2 werden durch § 173 gerade für den Fall für unanwendbar erklärt, daß der Dritte bei der Vornahme des Rechtsgeschäfts das Erlöschen der Vertretungsmacht kennt oder kennen muß.

5. **Liegt der Vollmacht kein Kausalverhältniß zu Grunde** oder nicht ein solches der in den §§ 674 (mit 675), 729 bezeichneten Art, so kann, sobald irgend ein Endigungsgrund für sie eingetreten ist (s. Bem. 4 zu § 168), auch von einem fiktiven Fortbestehen der **durch einfache Erklärung gegenüber dem zu Bevollmächtigenden ertheilten** Vollmacht zu Gunsten irgend Jemandes keine Rede sein,

und es kommt dabei auf Kenntniß oder Unkenntniß des Gegenkontrahenten nur insoweit an, als es sich um die Haftung des Vertreters nach § 179 handelt (s. § 179 Abs. 3). Liegt jedoch einer der besonderen Fälle der §§ 170—172 vor, so dauert die Vertretungsmacht nach Maßgabe dieser Vorschriften auch hier fort, sofern nicht (§ 173) der Dritte bei Geschäftsvornahme vom Erlöschen der Vertretungsmacht Kenntniß hat oder haben muß.

§ 170.

Wird die Vollmacht durch Erklärung gegenüber einem Dritten ertheilt, so bleibt sie diesem gegenüber in Kraft, bis ihm das Erlöschen von dem Vollmachtgeber angezeigt wird.

E I, —; II, 139; III, 166.

1. Nach § 167 erfolgt die Vollmachtsertheilung durch Erklärung gegenüber dem zu Bevollmächtigenden oder dem Dritten, dem gegenüber die Vertretung stattfinden soll. Für letzteren Fall gilt die Vorschrift des § 170. Sie setzt also Erklärung gerade an den Dritten voraus, welcher Gegenkontrahent im Vertretungsgeschäfte sein soll.

Durch § 170 soll das Vertrauen des Dritten auf den Fortbestand der Vollmacht, von deren Erlöschen er noch keine Kenntniß erhalten hat, geschützt werden. Der Schutz dieses Vertrauens tritt aber nicht schon dann ein, wenn letzteres auf der bloßen Versicherung des Vertreters, er habe Vollmacht, beruht, sondern nur dann, wenn es auf einer Aeußerung des Prinzipals beruht, die der Dritte aus eigener Wahrnehmung kennt. Hat der Vollmachtgeber seinen Bevollmächtigungswillen nur dem zu Bevollmächtigenden kundgethan, so endigt die Vollmacht mit dem Eintritt einer ihrer Endigungsgründe grundsätzlich auch gegenüber einem solchen Dritten, der schuldlos vom Endigungsgrunde keine Kenntniß hat. S. Hupka a. a. O. S. 430. Zu beachten ist aber die durch § 169 eintretende Modifikation.

2. Aus § 170 ergiebt sich, daß die an den Dritten gerichtete Bevollmächtigung nur durch die eben diesem Dritten zugegangene Erlöschungsanzeige entkräftet werden kann; dieser Anzeige muß aber der dem Dritten gegenüber erklärte Widerruf (s. § 168) gleichgestellt werden.

Auf den Grund des Erlöschens kommt es nicht an.

Der durch § 170 dem Dritten gegenüber gewährte Schutz versagt jedoch dann, wenn der Dritte bei der Vornahme des Rechtsgeschäfts das Erlöschen der Vertretungsmacht kennt — gleichgültig woher — oder kennen muß (s. § 173). Das ist auch dann der Fall, wenn dem Dritten gleich bei dem durch Erklärung ihm gegenüber geschehenden Bevollmächtigungsakte vom Vollmachtgeber kundgethan wird, daß die Vollmacht nur eine für eine bestimmte Zeit ertheilte oder durch bestimmte Umstände endigende sein soll; ist dann die Zeit abgelaufen oder sind mit Kenntniß (oder fahrlässiger Unkenntniß) des Dritten jene Umstände eingetreten, so kann sich der Dritte, auch wenn er keine besondere Erlöschungsanzeige erhalten hat, nicht auf § 170 berufen.

3. 170 spricht davon, daß die Vollmacht in Kraft bleibe, bis das Erlöschen angezeigt wird. Ein Fall des Erlöschens der bisherigen Vollmacht liegt auch dann vor, wenn eine inhaltliche Abänderung dieser Vollmacht erfolgt. Nach dem Wortlaute des § 170 ist vorausgesetzt, daß die Vollmacht überhaupt in Kraft war d. h., daß eine rechtswirksame Vollmacht bestanden hat. War der nach § 167 dem Dritten gegenüber erfolgte Bevollmächtigungsakt nichtig, z. B. weil der Vollmachtgeber geisteskrank oder physisch gezwungen war, so kann auch von einem Inkraftbleiben der Vollmacht gegenüber dem Dritten auf Grund der dispositiven Vollmachtsertheilung nach § 170 keine Rede sein. Ueber die Behandlung des Vertretungsgeschäfts bei nichtiger Vollmacht s. §§ 177—179. Ist die dem Dritten gegenüber erfolgte Vollmachtsertheilung nicht nichtig, aber anfechtbar, so kommt es, wenn die Anfechtung erfolgt, darauf an, ob der Dritte die Anfechtbarkeit kannte bezw. kennen mußte oder nicht: im ersteren Falle ist er nicht geschützt (arg. §§ 142 Abs. 2, 173), das Vertretungsgeschäft ist auch ihm gegenüber nichtig; im letzteren Falle bleibt die Vollmacht nach § 170 ihm gegenüber in Kraft, bis ihm das Erlöschen vom Vollmachtgeber angezeigt wird; eine solche Anzeige liegt aber auch in der ihm gegenüber erfolgenden Anfechtung.

4. Die Erlöschungsanzeige als solche schafft nach § 170 eine rechtliche Wirkung, die ohne sie nicht vorhanden wäre. Sie kann nur von einem Geschäftsfähigen ausgehen. Beruht sie auf einem der in den §§ 116—123 behandelten Willensmängel, so ist sie wie eine Willenserklärung nach diesen Vorschriften nichtig bezw. anfechtbar. Der Zweifel, ob sie wirklich eine Willenserklärung ist oder nur wie eine solche zu behandeln ist, dürfte ohne praktische Bedeutung sein.

Die Erlöschungsanzeige braucht nicht durch den Vollmachtgeber persönlich zu erfolgen; es genügt, daß sie erkennbar von ihm ausgeht.

5. Eine Verpflichtung des Vollmachtgebers, Erlöschungsanzeige zu erstatten, läßt sich aus § 170 nicht herleiten. Hat er die Vollmacht durch Erklärung dem Dritten gegenüber ertheilt, so ist letzterer gegen Unwirksamkeit seines Geschäftes wegen erloschener Vollmacht eben durch § 170 geschützt, solange ihm die Erlöschungsanzeige nicht zugegangen ist. Es kann nun freilich die Sachlage so sein, daß es in seinem Interesse läge, wenn das Geschäft unwirksam wäre, daß er also durch Unterlassung der Erlöschungsanzeige geschädigt ist; für solchen Schaden hat aber der Vollmachtgeber nicht aufzukommen, da unmittelbare Ursache nicht seine Unterlassung, sondern die Willenserklärung des Dritten ist, deren Abgabe oder Nichtabgabe diesem trotz unterlassener Erlöschungsanzeige freistand. Hat aber der Vollmachtgeber die Vollmacht durch einfache Erklärung gegenüber dem zu Bevollmächtigenden ertheilt, so entbehrt der Dritte des Schutzes des § 170; in diesem Falle kann es gegen die guten Sitten verstoßen, wenn der Vollmachtgeber den kontrahirenden Dritten über das Erlöschen der Vollmacht geflissentlich im Unklaren läßt, und er kann ihm daher aus § 826 schadensersatzpflichtig werden.

6. Ist der Grund des Erlöschens der Vollmacht die Konkurseröffnung über das Vermögen des Vollmachtgebers (s. KO. § 23 und Bem. 2, b zu § 168), so findet die Anwendung des § 170 ihre Begrenzung durch die Vorschrift des § 7 KO. Die vom Bevollmächtigten nach der Konkurseröffnung im Namen des Vollmachtgebers vorgenommenen Rechtshandlungen sind also trotz § 170 den Konkursgläubigern gegenüber unwirksam, da die Verfügungsmacht des Bevollmächtigten nicht weiter reichen kann als diejenige seines Machtgebers, letzterer selbst aber nach der Konkurseröffnung nicht mehr in der Lage ist, über das zur Konkursmasse gehörige Vermögen mit Rechtswirksamkeit den Konkursgläubigern gegenüber zu verfügen. Vgl. P. I, 149.

7. Ueber die Unterscheidung der in § 170 erwähnten Vollmachtsertheilung durch Erklärung gegenüber dem Dritten von der in § 171 genannten Kundgabe der Bevollmächtigung durch besondere Mittheilung an den Dritten s. Bem. 2 zu §§ 171 u. 172.

§ 171.

Hat Jemand durch besondere Mittheilung an einen Dritten oder durch öffentliche Bekanntmachung kundgegeben, daß er einen Anderen bevollmächtigt habe, so ist dieser auf Grund der Kundgebung im ersteren Falle dem Dritten gegenüber, im letzteren Falle jedem Dritten gegenüber zur Vertretung befugt.

Die Vertretungsmacht bleibt bestehen, bis die Kundgebung in derselben Weise, wie sie erfolgt ist, widerrufen wird.

E. I, 121; II, 140; III, 167.

§ 172.

Der besonderen Mittheilung einer Bevollmächtigung durch den Vollmachtgeber steht es gleich, wenn dieser dem Vertreter eine Vollmachtsurkunde ausgehändigt hat und der Vertreter sie dem Dritten vorlegt.

Die Vertretungsmacht bleibt bestehen, bis die Vollmachtsurkunde dem Vollmachtgeber zurückgegeben oder für kraftlos erklärt wird.

E. I, 121 Abs. 1, 4; II, 161; III, 168.

Gemeinsame Bemerkungen zu den §§ 171 u. 172.

1. Die §§ 171 u. 172 bezwecken ebenso wie § 170 den Schutz des gutgläubigen Dritten, der bei Vornahme des Rechtsgeschäfts von dem Erlöschen bezw. der Unwirksamkeit der Vertretungsmacht Kenntniß weder hat noch haben muß. Während aber Voraussetzung dieses Schutzes im Falle des § 170 Vollmachtsertheilung durch Erklärung gegenüber dem Dritten, also Bevollmächtigung als konstitutive Willenserklärung gegenüber dem Dritten ist, kommt es nach den §§ 171, 172 nicht darauf an, ob die Vollmachtsertheilung als Dispositivakt durch Erklärung gegenüber Dritten oder gegenüber dem zu Bevollmächtigenden geschehen ist, sondern Voraussetzung des Schutzes ist hier die Vornahme gewisser deklaratorischer Akte. Diese Akte sind:

a) die vom Vollmachtgeber ausgehende Kundgebung der geschehenen Bevollmächtigung durch besondere Mittheilung an den Dritten, dem gegenüber Vertretungsmacht bestehen soll (§ 171);
b) die Aushändigung einer Vollmachtsurkunde durch den Vollmachtgeber an den Vertreter und Vorlegung dieser Urkunde an den Dritten durch den Vertreter (§ 172);
c) die vom Vollmachtgeber ausgehende Kundgebung der geschehenen Bevollmächtigung durch öffentliche Bekanntmachung (§ 171).

2. Man war sich in der II. Komm. (P. I, 146), aus welcher die jetzige Fassung der hier behandelten Vorschriften stammt, klar darüber, daß zwischen dem Falle, in welchem Jemand einem Dritten erklärt, daß er andurch eine bestimmte Person bevollmächtige und dem Falle, in welchem Jemand einem Dritten lediglich kundgiebt, daß er bereits eine bestimmte Person bevollmächtigt habe, ein theoretischer Unterschied sei. Im ersteren Falle (jetziger § 170) handele es sich um einen Dispositivakt, auf welchen die Grundsätze über Willenserklärungen sich schlechthin erstreckten, während im letzteren Falle (jetziger § 171) nur die Mittheilung einer in der Vergangenheit liegenden Thatsache in Frage komme, eine Mittheilung, welche, sofern sie an einem Willensmangel leide, zwar auch den Grundsätzen über Willensmängel unterstehe, die im Uebrigen aber als Bevollmächtigung zu gelten habe, ohne Rücksicht darauf, ob die thatsächlich schon ertheilte Vollmacht etwa in engeren Grenzen gehalten oder nichtig war oder ob in Wirklichkeit eine Vollmacht überhaupt nicht ertheilt worden war.

In der Praxis liegt nun aber die Sache durchaus nicht immer so, daß der Kundgabe, man habe Jemanden bevollmächtigt, thatsächlich bereits eine Vollmachtsertheilung als Dispositivakt vorausgeht. Vielmehr besteht sehr häufig beim Vollmachtgeber die Meinung, durch jene Kundgabe die bisher noch gar nicht ertheilte Vollmacht zu ertheilen. Wenn die Firma A durch einen Vertreter mit der Firma B zu kontrahiren wünscht, und an diese schreibt: Wir haben Herrn C Vollmacht ertheilt, uns in der und der Sache zu vertreten —, so will sie damit häufig nichts anderes bewirken, als wenn sie schreibt: Wir ertheilen hiemit Herrn C Vollmacht u. s. w. Da es nun für die Feststellung, welches der Inhalt einer Willenserklärung sei und ob eine solche vorliege, nicht so sehr auf den Buchstaben als vielmehr auf den wirklichen Willen der Parteien ankommt (§ 133), außerdem die Willenserklärung, durch welche die Vollmacht ertheilt wird, an eine bestimmte Form und einen bestimmten Wortlaut nicht gebunden ist (§ 167; vgl. auch RGE. in D. Jur.Z. 1902 S. 475 Nr. 85), so hindert nichts die Annahme, daß die in § 171 erwähnte Kundgebung selbst die eigentliche Vollmachtsertheilung enthalten, also Dispositivakt sein kann. Aus dem Gesagten ergiebt sich: Geht der Kundgebung (§ 171) bereits eine der Vorschrift des § 167 entsprechende Vollmachtsertheilung voraus, so ist sie lediglich deklaratorischer Art mit der Wirkung, daß die Vertretungsmacht solange bestehen bleibt, bis eine entsprechende (§§ 171 Abs. 2, 172 Abs. 2) Gegenkundgebung erfolgt ist. Für diesen Fall ist die erwähnte Ausführung der P. I, 146 vollkommen zutreffend. Geht dagegen der Kundgebung eine dispositive Vollmachtsertheilung noch nicht voraus, so ist in der Kundgebung selbst eine solche zu erblicken, die Kundgebung wirkt also dann nicht nur deklaratorisch, sondern konstitutiv. Vgl. auch Hachenburg, Vortr. S. 273.

3. Die unter 1) genannten deklaratorischen Akte haben die ihnen eigenthümliche Schutzwirkung für den Dritten nicht nur dann, wenn die rechtswirksam entstandene Vollmacht aus irgend einem, gleichgültig welchem, Grunde bereits erloschen ist, sondern auch dann, wenn die Vertretungsmacht, deren Existenz mitgetheilt wird, in Wahrheit gar nicht zur Entstehung gelangte, weil die Bevollmächtigung selbst eine unwirksame war. Dagegen muß der deklaratorische Akt selbst, um die ihm in den §§ 171, 172 zugeschriebene Wirkung zu äußern, wirksam sein; er unterliegt unter allen Umständen den Vorschriften der §§ 116—123 und darf nicht von einem Geschäftsunfähigen ausgehen. Ist daher z. B. die Kundgabe durch besondere Mittheilung oder die öffentliche Bekanntmachung von einem geisteskranken Vollmachtgeber ausgegangen oder durch physischen Zwang herbeigeführt, so ist sie nichtig, ebenso, wenn z. B. die Aushändigung der Vollmachtsurkunde durch physische Gewalt erzwungen ist. Bezüglich der weiteren Behandlung, sowie bezüglich des Falles, daß die Kundgebung anfechtbar und angefochten ist, gilt analog das in Bem. 3 zu § 170 Gesagte. Vgl. auch Bem. II, 1, d zu § 117. Hat die Kundgebung (§ 171) konstitutive Bedeutung d. h. enthält sie erst die Vollmachtertheilung selbst (s. Bem. 2), so muß dieser Bevollmächtigungsakt mängelfrei sein; das interne Verhältniß zwischen dem Vollmachtgeber und dem Bevollmächtigten ist aber auch hier unerheblich.

4. Die Kundgabe der Bevollmächtigung durch besondere Mittheilung an den Dritten (§ 171) ist in zeitlicher Hinsicht dann wirksam, wenn die Mittheilung dem Dritten zugegangen ist, s. § 130; daß er sie thatsächlich empfangen und von ihr Kenntniß

genommen habe, ist nicht nothwendig. Er kann also nach § 171 geschützt sein, auch wenn er von der an ihn adressirten Kundgebung des Vollmachtgebers nichts weiß, was freilich mit dem Zweckgedanken des ganzen Instituts nicht ganz im Einklange steht. Auch die Kundgabe durch öffentliche Bekanntmachung, für die eine besondere Art und Form nicht vorgeschrieben ist, hat die ihr eigenthümliche Schutzwirkung für jeden Dritten selbst dann, wenn dieser von der Bekanntmachung aus irgend welchem Grunde keine Kenntniß genommen hat.

5. Die in § 172 genannte Vollmachtsurkunde ist ein vom Vollmachtgeber eigenhändig durch Namensunterschrift oder mittelst gerichtlich oder notariell beglaubigten Handzeichens unterzeichnetes, an eine weitere Form aber nicht gebundenes Schriftstück, in welchem der Vollmachtgeber erklärt, daß er dem X. in der und der Sache Vollmacht ertheile oder ertheilt habe. Die Vorlage eines beglaubigten Auszugs aus der Vollmachtsurkunde genügt nicht, eine Abschrift gleichfalls nicht, selbst wenn sie beglaubigt ist; s. Rspr. d. OLG. Bd. 5 S. 299 ff. Die Vollmachtsurkunde muß echt sein. Ihre Ausstellung und die erforderliche Aushändigung an den Dritten dürfen nicht von einem Geschäftsunfähigen ausgehen und nicht von vornherein, z. B. wegen physischen Zwanges, nichtig oder wegen Irrthums, Drohung oder arglistiger Täuschung angefochten sein; gleiches gilt für die weiter erforderliche Vorlegung an den Dritten durch den Vertreter. Vgl. auch Bem. II, 1, d zu § 117.

Das aus § 172 sich ergebende Bestehen der Vertretungsmacht beruht auf der Erwägung, daß die Vorweisung einer Originalvollmachtsurkunde viel eher geeignet ist, dem Dritten die Ueberzeugung an der wirklichen Vollmachtsertheilung beizubringen als die bloße Behauptung des Vertreters. Darum ist das Bestehen der Vertretungsmacht nach § 172 dadurch bedingt, daß die Vollmachtsurkunde vom Vertreter dem Dritten vorgelegt wird. Daran knüpft sich eine Streitfrage. Ist der Vertreter solange, bis ein Gegenakt im Sinne des § 172 Abs. 2 vorgenommen wird, dem Dritten gegenüber schon dann legitimirt, wenn er ihm irgend einmal eine das betreffende Geschäft deckende Vollmachtsurkunde vorgelegt hat? Oder hat die Urkunde die vollmachtbegründende Wirkung nur für das einzelne Geschäft, bei dessen Verhandlung sie vorgelegt worden ist? Hupka (a. a. O. S. 171 ff., S. 433) entscheidet sich für letzteres, indem er sagt, es wäre eine unbillige Gefährdung des Vertretenen, dem Dritten auch zu gestatten, daß er sich auf eine bei einem anderen Anlasse vorgelegte Vollmachtsurkunde berufe; denn der Vertretene, der den Geschäftsschluß nicht mehr gewollt habe, verdiene unter allen Umständen mehr Rücksicht als der Dritte, der es verabsäumt habe, sich vor dem Abschlusse die Vollmacht vorweisen zu lassen, um sich von ihrem Fortbestande zu überzeugen. Diese de lege ferenda zu billigende Anschauung Hupkas widerspricht aber nicht nur den freilich nicht unbedingt maßgebenden Motiven (I, 239), in welchen ausdrücklich gesagt ist, es genüge, daß der Bevollmächtigte die Urkunde dem Dritten überhaupt vorgelegt hat, nicht nöthig sei die Wiederholung der Vorlegung bei dem Abschluß etwaiger späterer Rechtsgeschäfte, sondern sie widerspricht auch entschieden der Fassung des Gesetzes selbst. § 172 ordnet nämlich die Gleichstellung der Urkundenvorlage mit der in § 171 genannten besonderen Mittheilung der Bevollmächtigung durch den Vollmachtgeber an. Diese besondere Mittheilung hat nun aber zweifellos ihre selbständige vollmachtbegründende Wirkung bis zur Vornahme des entsprechenden Gegenaktes auch, wenn sie aus Anlaß eines früheren Vertretungsgeschäfts erging und jetzt nicht wiederholt wurde, sofern sie nur inhaltlich auch das jetzt vorzunehmende Vertretungsgeschäft deckt. Gleiches muß auch im Falle des § 172 angenommen werden. Diese Rechtslage birgt für den Vertretenen allerdings eine gewisse Gefahr, der er jedoch dadurch entgehen kann, daß er sich die Vollmachtsurkunde vom Bevollmächtigten zurückgeben läßt; zu dieser Rückgabe ist der Bevollmächtigte nach dem Erlöschen der Vollmacht verpflichtet. Durch die Rückgabe der Urkunde endigt der nach § 172 dem Dritten gewährte Schutz (§ 172 Abs. 2). Eben darum wird aber auch der Dritte, der ja nicht wissen kann, ob nicht etwa die Rückgabe erfolgt ist, wenn er vorsichtig ist, sich vom Vertreter bei neuem Anlasse sich nicht auf die früher vorgelegte Urkunde verweisen lassen, sondern erneute Vorlage verlangen.

Ueber die Möglichkeit, die Vollmachtsurkunde für kraftlos zu erklären, s. § 176.

6. Die auf Grund der deklaratorischen Akte der §§ 171, 172 bestehende Vertretungsmacht kann durch bestimmte Gegenakte zum Erlöschen gebracht werden.

a) In den Fällen des § 171 besteht der Gegenakt darin, daß die Kundgebung in derselben Weise, wie sie erfolgt, widerrufen wird. Der Widerruf muß also, falls die Kundgabe durch besondere Mittheilung an den Dritten geschehen war, demselben Dritten mitgetheilt werden; er ist ihm mitgetheilt, wenn er ihm zugegangen ist (§ 130), gleichgültig, ob der Dritte davon thatsächlich Kenntniß genommen hat. Im Falle der Kundgebung durch öffentliche Bekanntmachung muß auch der Widerruf durch eine in möglichster Gleichartigkeit geschehende öffentliche Bekanntmachung erfolgen; eine absolute Forderung der Gleichartigkeit läßt sich nicht aufstellen, die Umstände können vielmehr nach vernünftigem Ermessen eine Abweichung, z. B. Inserat in einer anderen Zeitung rechtfertigen; a. M., wie es scheint, Planck, Bem. 3 zu § 171. Die vollendete öffentliche Bekanntmachung des Widerrufs hebt die Vertretungsmacht jedem Dritten gegenüber auf, auch einem solchen gegenüber, der von der Bekanntmachung, wenn auch schuldlos, keine Kenntniß erlangt hat. (Anders HGB. § 15 Abs. 2.) Dem einzelnen Dritten gegenüber kann die auf einer Kundgebung durch öffentliche Bekanntmachung beruhende Vertretungsmacht auch dadurch entkräftet werden, daß ihm eine an ihn speziell gerichtete Widerrufserklärung zugeht. (Gleicher Ansicht Planck, 1. u. 2. Aufl. Bem. 3 zu § 171 und Kipp bei Windscheid Bd. 1 § 131, deren Argument aus § 173 jedoch kaum stichhaltig ist, und Hupka a. a. O. S. 433, der zutreffend das arg. a maiori aus § 170 und a minori aus § 171 Abs. 2 anführt; etwas anders Planck, 3. Aufl. Bem. 3 zu § 171.)

b) Im Falle des § 172 kann der erforderliche Gegenakt, der die Vertretungsmacht aufhebt, entweder darin bestehen, daß die Vollmachtsurkunde dem Vollmachtgeber zurückgegeben wird (darüber § 175), oder darin, daß die Vollmachtsurkunde für kraftlos erklärt wird (darüber § 176), oder endlich auch, wie aus der grundsätzlichen Gleichstellung der Urkundenvorlegung mit der besonderen Mittheilung an den Dritten (§§ 172 Abs. 1, 171) wohl geschlossen werden darf, darin, daß vor der Rückgabe oder Kraftloserklärung der Urkunde dem Dritten eine Widerrufserklärung des Vollmachtgebers zugeht (vgl. Hupka a. a. O. S. 435 ff.; a. M. Planck, Bem. 3 zu § 172). Gegen letztere Endigungsmöglichkeit kann nicht eingewendet werden, es sei ja möglich, daß der Dritte schuldlos vom Widerrufe keine Kenntniß nimmt: denn er kann auch von der Urkundenrückgabe und von der Kraftloserklärung in schuldloser Unkenntniß bleiben und trotzdem erlischt durch diese Akte die Vertretungsmacht.

7. Der Dritte genießt den Schutz der §§ 171, 172 nur dann, wenn er bei der Vornahme des Rechtsgeschäftes gutgläubig ist d. h. das Erlöschen der Vertretungsmacht weder kennt noch kennen muß. Darüber s. § 173.

8. Bezüglich der Beweislast gilt Folgendes: Behauptet der vom Dritten aus dem Geschäft in Anspruch genommene Vertretene, er brauche das Geschäft nicht gegen sich gelten lassen, weil es nach Erlöschen der Vollmacht abgeschlossen sei, so trifft hinsichtlich des Endigungsgrundes (s. § 168) die Beweislast ihn. Nimmt nun der Dritte wegen seines Nichtwissens um diesen Endigungsgrund den Schutz der §§ 170, 171 oder 172 in Anspruch, so hat er den positiven Thatbestand, an dessen Vorliegen dieser Schutz geknüpft ist, zu beweisen; der Dritte hat also zu beweisen, daß die Vollmacht durch Erklärung ihm gegenüber ertheilt ist (§ 170) oder daß einer der besonders qualifizirten deklaratorischen Akte der §§ 171, 172 vorliegt; dem gegenüber fällt der Nachweis, daß diese besondere Grundlage der Vertretungsmacht wegen Wissens oder Nichtwissens des Dritten um den Erlöschensgrund nicht bestehe (§ 173) oder durch Vornahme entsprechender Gegenakte wieder weggefallen sei (§§ 171 Abs. 2, 172 Abs. 2), wiederum dem Vertretenen zu.

§ 173.

Die Vorschriften des § 170, des § 171 Abs. 2 und des § 172 Abs. 2 finden keine Anwendung, wenn der Dritte das Erlöschen der Vertretungsmacht bei der Vornahme des Rechtsgeschäfts kennt oder kennen muß.

E. I, 120 Abs. 2, 121 Abs. 4; II, 142; III, 169.

1. Die §§ 170, 171, 172 haben nicht den Zweck, die Unkenntniß des Dritten vom Erlöschen der Vertretungsmacht in den Fällen äußerer Kundgebung der Vollmacht schlechthin zu schützen (vgl. dagegen PLR. Thl. I Tit. 13 §§ 168, 200, cod. civ. art. 2005, 2009, sächs. GB. §§ 1326, 1327), sondern nur den Zweck, die schuldlose Unkenntniß des Dritten zu schützen. Daher verneint § 173, auf dessen Bedeutung in den Bem. zu den vorhergehenden Paragraphen schon mehrfach hingewiesen ist, die Anwendbarkeit der §§ 170, 171 Abs. 2, 172 Abs. 2 schon dann, wenn der Dritte das Erlöschen der Vertretungsmacht (darüber § 168) bei der Vornahme des Rechtsgeschäfts auch nur kennen mußte. Kennenmüssen ist, wie sich aus den §§ 122 Abs. 2, 276 Abs. 1 ergiebt, die auf Außerachtlassung der im Verkehr erforderlichen Sorgfalt beruhende Unkenntniß. Die

vom Dritten demnach anzuwendende Sorgfalt braucht nicht soweit zu gehen, daß er ohne besondere Veranlassung über den Fortbestand der Vollmacht Erkundigungen einzieht, ist aber dann verletzt, wenn er Umstände, die ihn vernünftigem Ermessen nach auf das Erlöschen der Vollmacht hinweisen, unbeachtet läßt. Vgl. Hupka a. a. O. S. 431.

2. Der gute Glaube, dessen Mangel für den Dritten den Schutz der §§ 170, 171, 172 ausschließt, muß bei ihm bei der Vornahme des Rechtsgeschäfts, also so lange vorhanden sein, bis der ganze Thatbestand des ihm gegenüber vertretungsweise vorgenommenen Geschäfts erfüllt ist. Diesem Erforderniß ist z. B. dann nicht Genüge gethan, wenn derjenige, an welchen vertretungsweise das Eigenthum einer beweglichen Sache übertragen werden soll, zwar bei der Einigung mit dem Vertreter vom Erlöschen der Vollmacht noch nichts weiß, vor der Uebergabe aber davon erfährt; ebensowenig, wenn derjenige, dem vertretungsweise das Eigenthum einer unbeweglichen Sache übertragen werden soll, nach der Einigung, aber vor der Eintragung ins Grundbuch das Erlöschen der Vollmacht erfährt; des Näheren wird in letzterem Falle der Zeitpunkt, bis zu welchem der gute Glaube vorhanden sein muß, nach dem in § 892 Abs. 2 zum Ausdruck kommenden Grundsatze zu bestimmen sein. So auch Hachenburg, Vortr. S. 276.

3. Beruht die Endigung der Vollmacht auf Anfechtung, so ist der dem Dritten nach § 173 nachtheilige Bewußtseinszustand nicht nur dann vorhanden, wenn er bei Vornahme des Rechtsgeschäfts um die vollzogene Anfechtung weiß oder wissen muß, sondern, wie aus dem hier eingreifenden § 142 Abs. 2 zu folgern ist, auch schon dann, wenn er in diesem Zeitpunkte nur die Anfechtbarkeit kennt oder kennen muß. S. Clarus in Bl. f. RA. Bd. 64 S. 164. Vgl. auch Bem. 3 zu § 170 und Bem. 3 u. 5 zu §§ 171, 172.

§ 174.

Ein einseitiges Rechtsgeschäft, das ein Bevollmächtigter einem Anderen gegenüber vornimmt, ist unwirksam, wenn der Bevollmächtigte eine Vollmachtsurkunde nicht vorlegt und der Andere das Rechtsgeschäft aus diesem Grunde unverzüglich zurückweist. Die Zurückweisung ist ausgeschlossen, wenn der Vollmachtgeber den Anderen von der Bevollmächtigung in Kenntniß gesetzt hatte.

E. I, 122; II, 143; III, 170.

1. Die Vorschrift (vgl. PLR. Thl. I Tit. 13 §§ 91, 140, 141) gilt nur für einseitige, empfangsbedürftige Rechtsgeschäfte (s. Einl. vor § 104 unter VI, A und vor § 116 unter III), also z. B. für eine Mahnung oder Kündigung. Bei solchen Geschäften geräth der Betheiligte, dem gegenüber die Willenserklärung ihre Wirksamkeit äußern soll, insofern in eine ungünstige Lage, als er keine Gewißheit darüber hat, ob die Willenserklärung von einem wirklichen Bevollmächtigten ausgeht und unmittelbar für und gegen den Vertretenen wirkt; M. I, 240. § 174 hilft dem betheiligten Dritten dadurch, daß er ihm gestattet, das Rechtsgeschäft zurückzuweisen, wenn nicht ein vom Vollmachtgeber selbst ausgehender Akt ihm Gewißheit von der Bevollmächtigung verschafft. Der Dritte braucht das Geschäft also nur dann sich gegenüber gelten zu lassen, wenn entweder der Bevollmächtigte ihm eine vom Vollmachtgeber ausgestellte Originalvollmachtsurkunde (s. Bem. zu § 172, einfache Privaturkunde genügt) vorlegt oder (— dieser Zusatz beruht erst auf einem Beschlusse der II. Komm., P. I, 152 ff. —) wenn der Vollmachtgeber ihn von der Bevollmächtigung in Kenntniß gesetzt hatte. Letzteres ist nicht nur dann anzunehmen, wenn der Vollmachtgeber dem Dritten eine besondere Mittheilung von der geschehenen Vollmachtsertheilung hat zukommen lassen (vgl § 171), sondern auch dann, wenn die Vollmachtsertheilung selbst als Dispositivakt durch Erklärung gegenüber dem Dritten geschehen ist (vgl. §§ 167, 170). Dagegen hat der Dritte das Recht der Zurückweisung, wenn er in anderer Weise Kenntniß von der Bevollmächtigung erlangt hat, weil, wie in der II. Komm. (P. I, 154) gegenüber einem abgelehnten Antrage bemerkt wurde, die so erworbene Kenntniß nicht immer als eine unbedingt sichere gelten kann.

2. Das Zurückweisungsrecht des § 174 besteht für den Dritten auch gegenüber einer durch einen Bevollmächtigten abgegebenen Annahmeerklärung auf eine vorausgegangene Offerte. Gegenüber der Offerte selbst bedurfte es der Gewährung des Zurückweisungsrechts nicht, da sie ja ohnehin nach Belieben abgelehnt werden kann.

3. Wird eine einseitige empfangsbedürftige Willenserklärung durch Vermittelung eines Gerichtsvollziehers nach den Vorschriften der CPO. zugestellt (s. § 132), so braucht der Gerichtsvollzieher keine Vollmachtsurkunde vorzulegen; seine Legitimation ist dargethan durch die öffentliche Urkunde, die er aufnimmt. Geht dagegen die Willenserklärung vom Rechtsanwalt als Bevollmächtigten aus, so findet § 174 Anwendung.

4. Der Umstand, daß die Bevollmächtigung selbst eine anfechtbare (nicht angefochtene) ist, berechtigt den Dritten nicht zur Zurückweisung des einseitigen Rechtsgeschäfts, auch dann nicht, wenn er den Anfechtungsgrund kennt. Ueber das Mißliche dieser Rechtslage für den Dritten s. Clarus in Bl. f. RA. Bd. 64 S. 177.

5. Ueber die juristische Natur der Zurückweisung gilt dasselbe, wie in dem eine analoge Bestimmung enthaltenden § 111; s. oben Bem. 4 zu § 111. Vgl. auch Bem. zu §§ 359, 410, 1160, 1831.

6. Die Zurückweisung muß „aus diesem Grunde" d. h. wegen mangelnden Nachweises der Vollmacht erfolgen; das muß aus der Zurückweisungserklärung selbst oder aus den begleitenden Umständen hervorgehen.

Die Zurückweisung muß ferner unverzüglich erfolgen d. h. ohne schuldhaftes Zögern (Näheres in Bem. 3 zu § 121). Erfolgt sie nicht unverzüglich, so bleibt das Geschäft (von etwaigen anderen Unwirksamkeitsgründen abgesehen) wirksam, was es von Anfang an ist. Die Rechtswirksamkeit des Vertretungsaktes ist also keineswegs durch Urkundenvorlage bedingt, die Wirksamkeit der Bevollmächtigung nicht von der Urkundenform abhängig. Die Nöthigung zur schriftlichen Vollmachtsertheilung ist nur eine indirekte. Vgl. auch Dernburg, Bürg.R. Bd. 2 S. 306.

7. Die Beweislast trifft hinsichtlich der erfolgten Zurückweisung und ihrer Rechtzeitigkeit denjenigen, der die Unwirksamkeit des Rechtsgeschäfts behauptet. Steht die unverzügliche Zurückweisung fest, so trifft der Nachweis, daß der Bevollmächtigte die Vollmachtsurkunde vorgelegt habe oder der Vollmachtgeber den Andern von der Bevollmächtigung in Kenntniß gesetzt habe, denjenigen, der die Wirksamkeit des Geschäfts behauptet. Vgl. Beckh, Beweislast f. 154.

§ 175.

Nach dem Erlöschen der Vollmacht hat der Bevollmächtigte die Vollmachtsurkunde dem Vollmachtgeber zurückzugeben; ein Zurückbehaltungsrecht steht ihm nicht zu.

E. I, 121 Abs. 2; II, 144 Abs. 1; III, 171.

1. In sachlicher Uebereinstimmung mit E. I (§ 121 Abs. 2) bestimmt § 175 die unbedingte Verpflichtung des Bevollmächtigten zur Rückgabe der Vollmachtsurkunde an den Vollmachtgeber, wenn die Vollmacht, gleichviel aus welchem Grunde (s. § 168), erloschen ist. Die gleiche Verpflichtung trifft den Bevollmächtigten aber auch dann, wenn die Bevollmächtigung als eine unwirksame sich herausstellt; denn auch in diesem Falle ist der Zweck der Urkunde, die Vollmacht nachzuweisen, erledigt.

2. Die öffentliche Hinterlegung der Urkunde ist dem Bevollmächtigten nach BGB. im Gegensatze zum Schweizer Obl.R. (Art. 43) nicht gestattet. Nach der Tendenz des § 175 ist ihm wohl auch nicht gestattet, von der Vollmachtsurkunde eine Abschrift zurückzubehalten; er hat an einer solchen kein rechtliches Interesse und die Gefahr des Mißbrauchs ist nicht ausgeschlossen.

3. Jede Zurückbehaltungsbefugniß an der Urkunde ist ausgeschlossen, selbst dann, wenn die allgemeinen Voraussetzungen des Zurückbehaltungsrechts (s. § 273) gegeben wären. Auch das Zurückbehaltungsrecht des Rechtsanwalts an seinen Handakten (Rechtsanwaltsordnung § 32) tritt hinter der Rückgabepflicht des § 175 zurück.

4. Die Rückgabe der Vollmachtsurkunde an den Vollmachtgeber ist im Falle des § 172 selbständiger Grund für das Aufhören der Vertretungsmacht (s. Bem. 2 zu § 172); der dem Dritten gewährte Schutz endigt damit. Aber eine Verpflichtung des Vollmachtgebers, diejenigen Personen, welchen der Bevollmächtigte die Vollmacht vorgezeigt hat, von der erfolgten Zurückgabe der Urkunde zu benachrichtigen, besteht trotzdem nicht. Die in der II. Komm. (P. I, 148 ff.) vorgeschlagene Bestimmung, daß die Vollmachtsurkunde dem Dritten gegenüber in Kraft bleibe, bis der Dritte von der Zurückgabe benachrichtigt worden sei, fand nicht die Billigung der Mehrheit, weil hiedurch dem Dritten auf Kosten des Machtgebers, der häufig gar nicht in der Lage ist, alle Personen zu kennen, welchen die Vollmachtsurkunde vorgelegt wurde, ein zu weit gehender Schutz gewährt werde; es „geschehe dem Dritten nicht zu viel, wenn ihm angesonnen werde, sich bei der Vornahme späterer Rechtsgeschäfte die Vollmacht wiederholt vorlegen zu lassen".

5. Das Recht, nach Erlöschen der Vollmacht die Vollmachtsurkunde zurückzufordern, hat der Vollmachtgeber nicht nur gegenüber dem Bevollmächtigten, wie es nach § 175 scheinen könnte, sondern auch gegenüber dem Gegenkontrahenten und gegenüber jedem dritten Besitzer (a. M. Planck Bem. zu § 175). So auch Hoelder (Komm. Bem. zu § 175), der darauf hinweist, daß einerseits ein rechtliches Interesse des Besitzers am

Behalten fehle, andererseits die Gefahr mißbräuchlicher Verwendung gegeben sei. Diese Gründe allein dürften aber schwerlich einen Rechtstitel für die Rückforderung abgeben. Der wahre Grund des Zurückforderungsrechts dürfte vielmehr im Eigenthume des Vollmachtgebers an der Vollmachtsurkunde zu suchen sein. Das scheint Hoelder nicht anzuerkennen, indem er sagt: Die Urkunde könne auch von dem Vertreter oder der anderen Partei herrühren und vom Vollmachtgeber nur unterschrieben sein; daß dieser als solcher ihr Eigenthümer wäre, wie nach § 952 der Gläubiger als solcher der Eigenthümer der Urkunden über sein Forderungsrecht ist, bestimme das Gesetz nicht; im Falle der nicht von ihm herrührenden Vollmachtsurkunde könne er nicht fordern, daß sie ihm ausgehändigt, sondern nur, daß sie vernichtet oder ihrer Eigenschaft als Vollmachtsurkunde entkleidet werde; denn er habe hier ein Recht nicht auf ihren eigenen Besitz, sondern nur darauf, daß sie nicht mehr als Vollmachtsurkunde existire. Aber das Eigenthum des Vollmachtgebers an der Urkunde dürfte doch damit sich begründen lassen, daß derjenige, der eine den Inhalt eines Schriftstücks bildende Willenserklärung durch seine Namensunterschrift deckt, als der Aussteller und damit als der fiktive Schreiber dieses Schriftstückes angesehen wird, mithin als Spezifikant (§ 950) das Eigenthum des Papiers erwirbt. Aber selbst wer diese Konstruktion zu gewagt findet, wird anerkennen müssen, daß in vielen Fällen, in welchen der Vollmachtgeber ein dem Vertreter oder der anderen Partei gehöriges, gleichviel von wem beschriebenes, Papier bezw. Formular benützt, bezüglich dieses materiellen Substrats der Schenkungswille und Schenkungsannahmewille vorhanden ist.

6. Ueber das dem Vollmachtgeber zu Gebote stehende Mittel, wenn die Urkunde verloren gegangen oder vom Bevollmächtigten nicht zu erlangen ist, s. § 176.

§ 176.*)

Der Vollmachtgeber kann die Vollmachtsurkunde durch eine öffentliche Bekanntmachung für kraftlos erklären; die Kraftloserklärung muß nach den für die öffentliche Zustellung einer Ladung geltenden Vorschriften der Civilprozeßordnung veröffentlicht werden. Mit dem Ablauf eines Monats nach der letzten Einrückung in die öffentlichen Blätter wird die Kraftloserklärung wirksam.

Zuständig für die Bewilligung der Veröffentlichung ist sowohl das Amtsgericht, in dessen Bezirke der Vollmachtgeber seinen allgemeinen Gerichtsstand hat, als das Amtsgericht, welches für die Klage auf Rückgabe der Urkunde, abgesehen von dem Werthe des Streitgegenstandes, zuständig sein würde.

Die Kraftloserklärung ist unwirksam, wenn der Vollmachtgeber die Vollmacht nicht widerrufen kann.

E. I, 121 Abs. 3; II, 144 Abs. 2 u. 3; III, 172.

1. Der nach § 175 dem Vollmachtgeber zustehende Anspruch auf Rückgabe der Vollmachtsurkunde nach dem Erlöschen der Vollmacht führt nicht immer zum Ziel: die Vollmachtsurkunde kann verloren gegangen sein, sie kann, ohne daß man weiß von wem, entwendet worden sein, der Bevollmächtigte kann nicht erreichbar oder unbekannten Aufenthalts sein, er kann endlich auch die Herausgabe hartnäckig verweigern. Für solche Fälle des Scheiterns der Rückerlangung stellt § 176 in der Kraftloserklärung dem Vollmachtgeber ein Mittel zu Gebote, dem Mißbrauche der Vollmachtsurkunde auf andere Weise vorzubeugen. Nach E. I u. II sollte diese Kraftloserklärung nur durch einen Gerichtsbeschluß möglich sein; dies namentlich mit Rücksicht auf die unwiderrufliche Vollmacht (vgl. P. I, 151 ff.). Schließlich gab aber die II. Komm. (P. VI, 135 ff.) das Erforderniß des Gerichtsbeschlusses doch als zu zeitraubend und komplizirt auf und stellte die jetzige Fassung des Gesetzes her.

2. Nach § 176 geht die Kraftloserklärung vom Vollmachtgeber selbst aus. Sie geschieht durch öffentliche Bekanntmachung. Das Verfahren ist folgendes: Zunächst stellt der Vollmachtgeber an das Gericht den Antrag, die Veröffentlichung zu bewilligen. Diese Bewilligung ist eine Angelegenheit der freiwilligen Gerichtsbarkeit. Zuständig ist sowohl das Amtsgericht, in dessen Bezirk der Vollmachtgeber seinen allgemeinen Gerichtsstand hat (s. CPO. §§ 12—19), als auch das Amtsgericht, welches für die Klage auf Rückgabe der Urkunde, abgesehen von dem Werthe des Streitgegenstandes,

*) Literatur: von Kujawa, Die Bedeutung der Kraftloserklärung der Vollmachtsurkunde gemäß § 176 BGB. in Gruchot, Beitr. Bd. 45 S. 493 ff.; Eccius ebenda S. 498 ff.

zuständig sein würde; es kann also neben dem allgemeinen Gerichtsstande des Bevollmächtigten auch ein besonderer Gerichtsstand gegeben sein. Das Amtsgericht entscheidet, ohne in eine Prüfung der materiellen Veranlassung des Antrags auf Kraftloserklärung einzutreten, durch Verfügung, gegen welche nach den Vorschriften des FG. §§ 19ff. das Rechtsmittel der Beschwerde stattfindet. Die bewilligte Kraftloserklärung muß nach den für die öffentliche Zustellung einer Ladung geltenden Vorschriften der CPO. (§§ 204, 205) veröffentlicht werden; sie wird, entsprechend CPO. § 206, wirksam mit dem Ablauf eines Monats nach der letzten Einrückung in die öffentlichen Blätter; die Frist ist nach BGB. §§ 187, 188 zu berechnen.

3. Der Antrag auf Bewilligung der Kraftloserklärung braucht nicht näher begründet zu werden; insbesondere ist (im Gegensatze zu E. II) nicht erforderlich, daß das Erlöschen der Vollmacht glaubhaft gemacht werde. Das Gesetz stellt für die Zulässigkeit des Antrages überhaupt keine Bedingungen auf, indem es wohl von der Erwägung ausgeht, ohne triftigen Grund werde sich Niemand die Kosten des Kraftloserklärungsverfahrens aufbürden. Diese Kosten hat nämlich der Antragsteller zu tragen. Er kann aber bezüglich ihrer unter Umständen einen Ersatzanspruch gegen einen Anderen haben, so z. B., wenn die Kraftloserklärung dadurch veranlaßt ist, daß der Herausgabepflichtige die Herausgabe verweigert.

4. Die Wirkung der Kraftloserklärung ist die, daß mit ihr die Vollmacht, falls sie nicht aus einem anderen Grunde schon erloschen ist und die Voraussetzungen eines Widerrufs überhaupt gegeben sind (s. Bem. 6, a zu den §§ 171, 172), als widerrufen anzusehen ist. Ist die Vollmacht eine unwiderrufliche (s. Bem. 5 zu § 168), so ist die Kraftloserklärung überhaupt unwirksam. Im Falle des § 172 hat die Kraftloserklärung der widerruflichen Vollmacht dieselbe Wirkung wie die Rückgabe der Vollmachtsurkunde, sie macht die bereits vorhandenen Erlöschungsgründe der Vollmacht auch gegenüber dem auf die Urkunde vertrauenden Dritten wirksam, bedeutet also das Ende des durch § 172 dem Dritten gewährten besonderen Vertrauensschutzes (s. § 172 Abs. 2). Diese letztere Funktion muß der Kraftloserklärung auch dann zukommen, wenn die Urkunde, auf die sie sich bezieht, zur Zeit der Kraftloserklärung nicht mehr existirt; anders Hoelder (Komm. Bem. 1 zu § 176 verglichen mit Bem. 2 zu § 172), der die Kraftloserklärung in diesem Falle für „gegenstandslos" erklärt.

5. Ueber die Prüfungspflicht des Grundbuchrichters bezüglich der Kraftloserklärung s. Eccius in Gruchot, Beitr. Bd. 45 S. 498 ff. gegen Kujawa ebenda S. 493 ff.

§ 177.*)

Schließt Jemand ohne Vertretungsmacht im Namen eines Anderen einen Vertrag, so hängt die Wirksamkeit des Vertrags für und gegen den Vertretenen von dessen Genehmigung ab.

Fordert der andere Theil den Vertretenen zur Erklärung über die Genehmigung auf, so kann die Erklärung nur ihm gegenüber erfolgen; eine vor der Aufforderung dem Vertreter gegenüber erklärte Genehmigung oder Verweigerung der Genehmigung wird unwirksam. Die Genehmigung kann nur bis zum Ablaufe von zwei Wochen nach dem Empfange der Aufforderung erklärt werden; wird sie nicht erklärt, so gilt sie als verweigert.

E. I, 123 Abs. 1, 3, 4; II, 145 Abs. 1; III, 173.

§ 178.

Bis zur Genehmigung des Vertrags ist der andere Theil zum Widerrufe berechtigt, es sei denn, daß er den Mangel der Vertretungsmacht bei dem Abschlusse des Vertrags gekannt hat. Der Widerruf kann auch dem Vertreter gegenüber erklärt werden.

E. I, 123 Abs. 2, 124; II, 145 Abs. 2; III, 174.

---

*) Literaturangaben zu diesem und den folgenden §§ s. zu Beginn der Vorbem. zu diesem Titel (vor § 164). — Die neuestens erschienene weitere Arbeit von Hupka, Die Haftung des Vertreters ohne Vertretungsmacht (Leipzig 1903), konnte leider nicht mehr berücksichtigt werden.

Gemeinsame Bemerkungen zu den §§ 177 u. 178.

1. Die eigenthümliche Wirkung der direkten Stellvertretung tritt nach § 164 nur ein, wenn Jemand „innerhalb der ihm zustehenden Vertretungsmacht" handelt. Handelt er im Namen eines Anderen (s. Bem. 3 zu § 164) ohne Vertretungsmacht, so ist die rechtliche Behandlung eine verschiedene, je nachdem ein einseitiges Rechtsgeschäft in Frage steht (hierüber s. § 180) oder ein Vertrag. Von letzterem Falle handeln die §§ 177—179. — Ueber den Begriff der Vertretungsmacht s. Bem. 6 zu § 166.

Ueber die im Wesentlichen gleichartige Behandlung der Vertretung ohne Vertretungsmacht in den bisherigen Kodifikationen s. M. I, 241; über den gemeinrechtlichen Satz: ratihabitio mandato comparatur (l. 12 § 4 D. 46, 3) Lothar Seuffert, Ratihabition, S. 49 f. und Pernice, Labeo Bd. 1 S. 515 ff.

2. Ein Handeln ohne Vertretungsmacht liegt nicht nur dann vor, wenn eine gesetzliche oder gewillkürte Ermächtigung zu wirksamer Stellvertretung überhaupt nie existirt hat, sondern auch, wenn die vorhanden gewesene erloschen ist, und auch, wenn und insoweit die vorhandene Ermächtigung, die einen bestimmten Umfang hat, überschritten wird.

Das Handeln ohne Vertretungsmacht ist, wenn man auf das Verhältniß des Handelnden zu demjenigen sieht, in dessen Namen er handelt, regelmäßig eine auftragslose Geschäftsführung im Sinne der §§ 677 ff. In den §§ 177—179 bleibt jedoch dieses Verhältniß völlig außer Betracht. Vielmehr handelt es sich hier in den §§ 177, 178 um das Verhältniß zwischen dem Dritten, mit dem kontrahirt wird, und dem Geschäftsherrn, in § 179 um das Verhältniß zwischen dem Vertreter*) und dem Gegenkontrahenten.

3. Der von einem Vertreter ohne Vertretungsmacht geschlossene Vertrag wird in § 177 den gleichen Grundsätzen unterstellt, denen nach § 108 ein von einem in der Geschäftsfähigkeit beschränkten Minderjährigen ohne Einwilligung des gesetzlichen Vertreters eingegangener Vertrag untersteht. Die thatsächlichen und rechtlichen Gesichtspunkte sind für beide Fälle dieselben. M. I, 241. Es wird daher hier bezüglich der Bedeutung des § 177 auf die Bem. 2—6 zu § 108 (oben S. 316 ff.) verwiesen. Die Rolle, die in § 108 der Minderjährige hat, kommt in § 177 dem Vertreter zu, die des dortigen gesetzlichen Vertreters hier dem Vertretenen. Die Genehmigung ist hier nachträglicher Ersatz der Vertretungsmacht. Vgl. RGE. Bd. 24 S. 307; ROHG. Bd. 15 S. 46. — S. auch Entsch. FG. Bd. 1 S. 149; Entsch. d. Kammerger. Bd. 20 Abth. D, S. 29; Jur. Wschr. 1901 S. 519.

§ 177 ist anwendbar ohne Rücksicht darauf, ob der Vertreter das Fehlen der Vertretungsmacht dem Gegenkontrahenten kundgegeben hat oder nicht und ob dieser aus andern Gründen den Mangel der Vertretungsmacht kannte bezw. kennen mußte oder nicht. Anders in §§ 178, 179.

Ueber die im Namen des Geschäftsherrn abgeschlossenen Geschäfte des sogen. bloßen Vermittelungsagenten s. HGB. § 85; über Vertretung ohne Vollmacht im Prozesse s. CPO. §§ 88, 89.

4. Bis zur Genehmigung des Vertrags durch den Vertretenen ist der andere Theil nach § 178 grundsätzlich zum Widerruf berechtigt. Durch den Widerruf wird die Unwirksamkeit des Vertrags definitiv entschieden; eine Genehmigung ist jetzt nicht mehr möglich. Thatsächlich schon gemachte Leistungen sind nach dem Widerrufe gemäß §§ 812 ff. zurückzuerstatten. Der Widerruf geschieht durch einseitige, empfangsbedürftige, formfreie Willenserklärung, welche sowohl an den Vertretenen als auch an den Vertreter adressirt werden kann und durch Zugehen (§§ 130 ff.) an den Adressaten wirksam wird. Der andere Theil kann, wenn nur die Genehmigung noch nicht erfolgt ist, auch dann noch widerrufen, wenn er an den Geschäftsherrn bereits die Aufforderung zur Genehmigung hat ergehen lassen. Das Alles entspricht der Analogie des § 109; s. oben Bem. zu § 109.

Das Widerrufsrecht des Gegenkontrahenten besteht dann nicht, wenn dieser den Mangel der Vertretungsmacht beim Vertragsabschlusse gekannt hat, sei es, daß der Vertreter selbst ihm den Mangel kundgegeben hat oder daß er ihn auf anderem Wege erfahren hat. Das entspricht dem Gedanken des § 109 Abs. 2, wonach das Widerrufsrecht gleichfalls dadurch ausgeschlossen wird, daß der andere Theil um die Genehmigungsbedürftigkeit des Vertrags gewußt hat. Das Kennenmüssen ist in § 178 ebenso wie in § 109 dem Kennen nicht gleichgestellt. Entscheidender Zeitpunkt bezüglich der das Widerrufsrecht zerstörenden Kenntniß ist der Moment der Vertragsperfektion.

*) „Vertreter" heißt in der Sprache des BGB. auch, wer ohne Vertretungsmacht im Namen eines Anderen handelt. S. oben Bem. 4 vor § 164.

5. An sich würde, wer beim Kontrahiren mit einem Nichtvertretungsberechtigten diesen für vertretungsberechtigt hält, vor erfolgter Genehmigung eine Willenserklärung nach Maßgabe der §§ 119, 121 wegen Irrthums „unverzüglich" anfechten können. (Darüber eingehend Hoelder, Komm., Bem. zu § 178.) Dieses Anfechtungsrecht wird aber durch den nach § 178 gestatteten Widerruf überflüssig.

6. Die Beweislast vertheilt sich folgendermaßen: Wer die Wirksamkeit des Vertrags für oder gegen den Vertretenen behauptet, muß beweisen, daß der Vertreter mit Vertretungsmacht gehandelt hat, oder daß die Genehmigung des Vertretenen vorliegt; er hat ferner den Zeitpunkt der Genehmigung zu beweisen und insbesondere hat er, wenn der andere Theil den Vertretenen zur Genehmigung aufgefordert hat (§ 177 Abs. 2), zu beweisen, daß die Genehmigung nach dieser Aufforderung ertheilt wurde. Den Zeitpunkt der Aufforderung selbst dagegen hat derjenige zu beweisen, der die Unwirksamkeit des Vertrags für und gegen den Vertretenen behauptet. Die Beweislast bezüglich der das Widerrufsrecht zerstörenden Kenntniß (§ 178) trifft denjenigen, der aus diesem Grunde die Berechtigung zum Widerrufe verneint. Ueber die Beweislast in dem Falle, wenn trotz unbestritten erfolgtem Widerrufe die Wirksamkeit des Vertrags geltend gemacht wird mit der Behauptung, der Widerruf sei unzulässig gewesen, weil die Genehmigung des Vertrags schon vorher erfolgt sei, s. Bem. 8, f zu §§ 108, 109.

7. Der Grundsatz des § 177 bezieht sich nicht nur auf obligatorische, sondern auch auf dingliche Verträge, insbesondere auch auf die immobiliarsachenrechtliche Einigung im Sinne des § 873. Denn auch die letztere ist ihrem Wesen nach ein Vertrag und auch auf sie müssen die allgemeinen Vorschriften über Verträge, soweit nicht ein Besonderes bestimmt ist, Anwendung finden (vgl. Bem. B, I, 2, a zu § 873 in Bd. III). Auf demselben Standpunkte stehen Entsch. d. Kammerger. 1901 A S. 146 und Planck Bem. 2 zu § 177; a. M. Eccius in D. Jur.Z. 1902 S. 61 ff. § 179 Abs. 1 kann im Falle des dinglichen Vertrags freilich insofern nicht zur Anwendung kommen, als aus dem dinglichen Vertrage kein Anspruch auf Erfüllung erwächst und daher die Wahlbefugniß des Gegenkontrahenten zwischen Erfüllung und Schadensersatz nicht bestehen kann. In diesem Falle beschränkt sich also der Anspruch des Gegenkontrahenten gegen den Pseudovertreter auf die Forderung von Schadensersatz.

Ueber eine Auflassung durch einen Vertreter ohne Vertretungsmacht vgl. Bem. B, II, 3, e zu § 925.

§ 179.

Wer als Vertreter einen Vertrag geschlossen hat, ist, sofern er nicht seine Vertretungsmacht nachweist, dem anderen Theile nach dessen Wahl zur Erfüllung oder zum Schadensersatze verpflichtet, wenn der Vertretene die Genehmigung des Vertrags verweigert.

Hat der Vertreter den Mangel der Vertretungsmacht nicht gekannt, so ist er nur zum Ersatze desjenigen Schadens verpflichtet, welchen der andere Theil dadurch erleidet, daß er auf die Vertretungsmacht vertraut, jedoch nicht über den Betrag des Interesses hinaus, welches der andere Theil an der Wirksamkeit des Vertrags hat.

Der Vertreter haftet nicht, wenn der andere Theil den Mangel der Vertretungsmacht kannte oder kennen mußte. Der Vertreter haftet auch dann nicht, wenn er in der Geschäftsfähigkeit beschränkt war, es sei denn, daß er mit Zustimmung seines gesetzlichen Vertreters gehandelt hat.

E. I, 125; II, 146; III, 175.

1. § 179 behandelt die Haftung des Vertreters gegenüber dem Gegenkontrahenten für den Fall des Vertragsschlusses im Namen eines Anderen ohne Vertretungsmacht; (für einseitige Rechtsgeschäfte s. § 180).

Im gemeinen Rechte war das Maß dieser Haftung sehr bestritten. Windscheid (§ 74 bei Anm. 8, wo auch die bisherige Literatur und Judikatur citirt ist) läßt den Vertreter bei Verträgen, „insoferne er für die Ertheilung der Genehmigung oder das Dasein der Vollmacht ausdrücklich oder stillschweigend die Garantie übernommen hat", verpflichtet sein, dem anderen Vertragschließenden sein Interesse zu vergüten und also, insofern das Interesse des anderen Theiles hierauf geht, den Vertrag selbst zu erfüllen. Er erblickt den Grund der Haftung in einer Garantieübernahme. Laband, Mitteis und Dernburg stützen die Haftung auf culpa in contrahendo, woraus sich ihre Beschränkung auf das sog. negative Vertragsinteresse ergiebt und ihr gänzlicher Wegfall, wenn der Vertreter sich über den Inhalt seiner Vertretungsbefugniß in einem entschuldbaren Irrthume befunden hat. Nach RGE. Bd. 35 S. 145 ff. haftet der nicht legitimirte Vertreter unabhängig von einem Verschulden auf Vertragserfüllung, wenn der Mitkontrahent den Mangel der Vollmacht nicht kennt, indem im Kontrahiren des Vertreters stets eine stillschweigende Garantieübernahme für die Vertretungsmacht zu erblicken sei; vgl. auch Seuf. Arch. Bd. 50 S. 83.

PLR. Thl. I Tit. 13 §§ 9, 96, 128, 151, 171; dazu RGE. Bd. 6 S. 258 ff., Bd. 10 S. 237. — Cod. civ. art. 1997.

Der jetzt durch BGB. § 179 entbehrlich gewordene (s. D. z. HGB. S. 53) und daher gestrichene Art. 55 HGB. ä. F. bestimmte: „Wer ein Handelsgeschäft als Prokurist oder als Handlungsbevollmächtigter schließt, ohne Prokura oder Handlungsvollmacht erhalten zu haben, ingleichen ein Handlungsbevollmächtigter, welcher bei Abschluß eines Geschäfts seine Vollmacht überschreitet, ist dem Dritten persönlich nach Handelsrecht verhaftet; der Dritte kann nach seiner Wahl ihn auf Schadensersatz oder Erfüllung belangen. Diese Haftungspflicht tritt nicht ein, wenn der Dritte, ungeachtet er den Mangel der Prokura oder der Vollmacht oder die Ueberschreitung der letzteren kannte, sich mit ihm eingelassen hat." Diese Vorschrift dehnte HGB. Art. 298 Abs. 2 auf Jeden aus, welcher ein Handelsgeschäft als Bevollmächtigter schließt, ohne Vollmacht dazu erhalten zu haben oder welcher bei dem Abschlusse des Handelsgeschäftes seine Vollmacht überschreitet. Nach WO Art. 95 haftet derjenige, welcher ohne Vertretungsmacht die Wechselerklärung eines Anderen unterzeichnet, persönlich in gleicher Weise, wie der angebliche Machtgeber gehaftet haben würde, wenn die Vollmacht ertheilt gewesen wäre.

2. Das BGB. entscheidet die bisherige Kontroverse in selbständiger Weise. Nach § 179 haftet der Vertreter für die Wahrheit seiner ausgesprochenen oder stillschweigenden Behauptung, Vertreter zu sein.

a) Bewahrheitet sich diese Behauptung nicht, so hat der Gegenkontrahent, wie früher nach HGB. Art. 55, 292 Abs. 2 die Wahl, entweder Erfüllung oder Schadensersatz zu verlangen.

b) Die Haftung des Vertreters ist aber ganz ausgeschlossen, wenn sein Gegenkontrahent den Mangel der Vertretungsmacht gekannt hat oder — dies im Gegensatze zu HGB. Art. 55 — ihn auch nur kennen mußte.

c) Der Erfüllungsanspruch des Gegenkontrahenten ist ausgeschlossen, wenn der Vertreter den Mangel der Vertretungsmacht, sei es aus oder ohne Verschulden, nicht kannte; der Schadensersatzanspruch reduzirt sich in diesem Falle auf das sogen. negative Vertragsinteresse.

Daraus ergiebt sich, daß eine unbeschränkte Haftung des nicht legitimirten Vertreters nur dann eintritt, wenn er allein (nicht der Gegenkontrahent) um den Mangel der Vertretungsmacht gewußt hat. Eingehende Begründung des Standpunktes des Gesetzes P. I, 158 ff.

3. Voraussetzung der Haftung nach § 179 ist, daß Jemand „als Vertreter", also im Namen eines Anderen (s. Bem. 3 zu § 164) kontrahirt hat und er eine Vertretungsmacht hiefür d. h. für diese Art des Vertragsschlusses nicht nachweisen kann, sei es, daß er überhaupt keine Vertretungsmacht besessen hat, oder daß die vorhanden gewesene erloschen ist und auch nicht als fortbestehend fingirt wird, oder daß er bei diesem Vertragsschlusse die Grenzen der bestehenden Vertretungsmacht überschritten hat.

Weitere Voraussetzung ist, daß der Vertreter die Genehmigung des Vertrags verweigert. Der Verweigerung gleich steht die gemäß § 177 Abs. 2 nach dem Ablauf der Zweiwochenfrist eintretende Fiktion der Verweigerung. Aber auch eine diese Grenzen nicht überschreitende Verzögerung der Genehmigung kann, wie Hoelder mit Recht annimmt, die Ersatzpflicht begründen, wenn dadurch der andere Theil geschädigt wird, wenn z. B. der Vertretene zur Erfüllung der ihm erwachsenen Verpflichtung zur Genehmigungszeit nur mehr in geringerem Umfange im Stande ist, als zur Zeit des Vertragsschlusses.

Voraussetzung ist endlich auch, da es sich hier um eine durch eigene Willenserklärung verursachte Verpflichtung des Pseudovertreters handelt, daß dieser voll geschäftsfähig sei oder, falls er beschränkt geschäftsfähig ist, mit Zustimmung seines gesetzlichen Vertreters gehandelt habe. Der beschränkt Geschäftsfähige kann aber möglicher Weise haften aus dem Gesichtspunkte der Bereicherung oder der unerlaubten Handlung.

4. Nach § 179 Abs. 1 hat der andere Theil die Wahl zwischen Erfüllung und Schadensersatz. Es handelt sich also um ein alternatives Schuldverhältniß,

auf welches die §§ 262—265 Anwendung finden. (So auch Planck Bem. 2 zu § 179 unter eingehender Erörterung über den Gebrauch des Terminus „Wahl" im BGB. und HGB., anders Hellmann, Vorträge S. 109.) Die Wahl erfolgt durch Erklärung des Dritten gegenüber dem verpflichteten Pseudovertreter; die gewählte Leistung gilt als die von Anfang an allein geschuldete (§ 263). Ist der Dritte mit der Wahl im Verzug, so kann der Pseudovertreter ihn unter Bestimmung einer angemessenen Frist zur Vornahme der Wahl auffordern. Mit dem Ablaufe der Frist geht das Wahlrecht auf den Pseudovertreter über, wenn nicht der Dritte rechtzeitig die Wahl vornimmt (§ 264 Abs. 2). Ist Erfüllung von Anfang an unmöglich oder wird sie später unmöglich, so beschränkt sich das Schuldverhältniß auf den Schadensersatz (§ 264 Abs. 1). Auch dann kann nur die Haftung auf Schadensersatz in Frage kommen, wenn es sich um Pseudovertretung beim Abschluß eines dinglichen Vertrages handelt; vgl. darüber Bem. 7 zu den §§ 177, 178.

Der Erfüllungsanspruch (erste Alternative) kann nicht darauf gehen, daß die Wirkung des Vertragsschlusses in der Person des Vertretenen eintrete, sondern nur darauf, daß dem anspruchsberechtigten Dritten durch den Vertreter die Rechtsposition verschafft werde, welche ihm zukäme, wenn jene Wirkung eingetreten wäre. Den durch Verzug in der Erfüllung entstehenden Schaden hat der Pseudovertreter dem Dritten gemäß § 286 zu ersetzen. Wird die Erfüllung in Folge eines vom Pseudovertreter zu vertretenden Umstandes unmöglich, so tritt an Stelle des Erfüllungsanspruchs als dessen Surrogat der Anspruch auf Ersatz des durch die Nichterfüllung entstehenden Schadens nach Maßgabe der §§ 280—283.

Der Schadensersatzanspruch (zweite Alternative) geht nach § 249 zunächst auf Herstellung des Zustandes, der bestehen würde, wenn der zum Ersatze verpflichtende Umstand nicht eingetreten wäre. Diese Vorschrift kann hier nicht buchstäblich angewendet werden, da man sonst zu einer vom Gesetze offenbar nicht gewollten Verpflichtung des angeblich Vertretenen kommen würde. Vielmehr führt die sinngemäße Durchführung des den §§ 179 mit 249 zu Grunde liegenden Gedankens zu der Annahme, daß der Schadensersatzanspruch in erster Linie auf Erfüllung bezw. Verschaffung durch den Pseudovertreter geht. Weiterhin finden die §§ 250—252 Anwendung.

Auf Nachweisung seiner Vertretungsmacht kann der Bevollmächtigte nicht verklagt werden; Kammerger. in Rspr. d. OLG. Bd. 5 S. 52.

5. Ist der Vertreter über den Mangel der Vertretungsmacht in Unkenntniß, hält er sie also z. B. für fortbestehend, während sie in Wahrheit erloschen ist, so hat er nur das sog. negative Vertragsinteresse zu ersetzen und keinenfalls mehr als das sog. Erfüllungsinteresse (analog § 122 Abs. 1). Ueber diese beiden Grenzen des Maßes der Haftung s. oben Bem. 5 zu § 122. Ob die Unkenntniß des Vertreters über seine Nichtlegitimation eine entschuldbare oder verschuldete ist, ist gleichgültig; der Grund seiner Haftung ist hier nicht, wie R. Leonhard (Allgem. Theil S. 329) meint, culpa in contrahendo.

Die Einschränkung der Haftung des Pseudovertreters gemäß § 179 Abs. 2 tritt trotz seiner eigenen Unkenntniß über den Mangel seiner Vertretungsmacht dann nicht ein, wenn er gegenüber dem Gegenkontrahenten eine ausdrückliche Gewährleistung für das Bestehen seiner Vertretungsmacht übernommen hatte; in diesem Falle haftet er vielmehr gemäß Abs. 1. (So auch Hölder Bem. 4 zu § 179; Planck Bem. 1 zu § 179.)

6. Kennenmüssen des Mangels der Vertretungsmacht auf Seite des Gegenkontrahenten schließt nach Abs. 3 ebenso wie seine Kenntniß die Haftung des Pseudovertreters völlig aus ohne Rücksicht darauf, ob letzterer selbst sich seiner Nichtlegitimation bewußt war oder nicht. Kennenmüssen ist die auf Außerachtlassung der im Verkehr erforderlichen Sorgfalt beruhende Unkenntniß (§§ 122 Abs. 2, 276 Abs. 1 Satz 2).

7. Die Vertheilung der Beweislast beansprucht bei § 179 besondere Beachtung. Der Gegenkontrahent, welcher den ohne Vertretungsmacht als Vertreter aufgetretenen Beklagten in Anspruch nimmt, muß beweisen, daß der Beklagte mit ihm als Vertreter den Vertrag geschlossen und daß der Vertretene die Genehmigung verweigert bezw. daß die Voraussetzungen vorliegen, auf Grund deren die Genehmigung als verweigert gilt (§ 177). Er braucht aber nicht zu beweisen, daß der Vertreter keine Vertretungsmacht gehabt habe. Vielmehr trifft umgekehrt der Beweis der bestehenden Vertretungsmacht den Vertreter, welcher nach § 179 Abs. 1 haftet, „sofern er nicht seine Vertretungsmacht nachweist". In der II. Komm. (P. I, 161) wurde darauf hingewiesen, daß der in Anspruch genommene Vertreter zu diesem Nachweise weit eher im Stande sei als der Kläger, da ihm die etwa vorhandenen Beweismittel voraussichtlich zu Gebote stehen würden, während der Kläger den Beweis der Negative nur schwer erbringen könne und meist auf das unzuverlässige Beweismittel der Eideszuschiebung beschränkt sein würde. Die Beweispflicht des in Anspruch genommenen Vertreters erstreckt sich aber nur auf die Begründung, nicht auf die Fortdauer der Vertretungsmacht. S. Beckh, Be-

weislast S. 152. Steht daher z. B. die Vollmachtsertheilung fest, so hat den Beweis ihres Erlöschens der klagende Gegenkontrahent zu führen, wogegen dem angeblichen Vertreter wiederum der Gegenbeweis offensteht, daß trotz des Erlöschens der Vollmacht die Voraussetzungen für ihre fiktive Fortdauer (§§ 170—172) gegeben waren; dieser Gegenbeweis hilft aber dann nichts, wenn der Dritte bei der Vornahme des Rechtsgeschäfts das Erlöschen der Vertretungsmacht kannte oder kennen mußte, was aber zur Beweislast des Vertreters fällt.

Erkennt der Vertreter seine Haftung an, nimmt er aber bezüglich ihres Maßes für sich den Abs. 2 des § 179 in Anspruch, da er den Mangel der Vertretungsmacht nicht gekannt habe, so muß er diese seine Unkenntniß beweisen; das ist eine Anomalie, da regelmäßig Bösgläubigkeit nicht vermuthet wird. Steht die Unkenntniß des Vertreters fest, so muß er, wenn er nicht auf das negative Vertragsinteresse, sondern lediglich auf das positive Interesse haften will, weiter beweisen, daß das positive Interesse geringer sei, als das (vom Gegenkontrahenten nachzuweisende) negative. Lehnt endlich der Vertreter nach Abs. 3 seine Haftung überhaupt ab mit der Behauptung, der andere Theil habe den Mangel der Vertretungsmacht gekannt oder kennen müssen, so hat er die Kenntniß bezw. Fahrlässigkeit des anderen Theiles zu beweisen.

Muß der Pseudovertreter beweisen, daß er in der Geschäftsfähigkeit beschränkt war, wenn er aus diesem Grunde seine Haftung ablehnt? Planck (Bem. 3, c zu § 179) bejaht die Frage, wofür auch die Fassung der Vorschrift zu sprechen scheint; Beck (die Beweislast, S. 153) verneint sie und bürdet dem Kläger den Beweis der unbeschränkten Geschäftsfähigkeit des Pseudovertreters auf, da prinzipiell, insoweit das Alter einer Person fraglich sei, die Beweislast den treffe, der die unbeschränkte Geschäftsfähigkeit behauptet, und ein innerer Grund dafür, daß von dieser Regel im Falle des § 179 Abs. 3 eine Ausnahme bestehen sollte, sich nicht auffinden lasse. Im Allgemeinen trifft nun allerdings die Beweislast dafür, daß Jemand ein bestimmtes Alter erreicht habe, denjenigen, der daraus Rechte ableitet; vgl. Vorbem. 6 vor § 104. Das hat aber kaum praktische Bedeutung, da bei der Publizität unserer Standesregister das Lebensalter nicht leicht als Streitpunkt im Prozesse zur Prüfung der Beweislast Anlaß geben wird. Die Beschränkung der Geschäftsfähigkeit kann aber nicht bloß im Lebensalter, sondern auch in den in § 114 genannten Thatbeständen ihren Grund haben, und für letztere Thatbestände ist es zweifellos, daß im Streitfalle derjenige sie zu erweisen hat, der aus ihnen eine der allgemeinen Regel widersprechende bevorzugte Rechtsstellung bezw. ein Freisein von einer Verpflichtung herleitet, im Falle des § 179 Abs. 3 also der Vertreter, der seine Haftung leugnet. Dagegen hat der Gegenkontrahent, der trotzdem die Haftung des Pseudovertreters in Anspruch nimmt, die Zustimmung (Einwilligung oder Genehmigung) des gesetzlichen Vertreters zu beweisen.

§ 180.

Bei einem einseitigen Rechtsgeschäft ist Vertretung ohne Vertretungsmacht unzulässig. Hat jedoch derjenige, welchem gegenüber ein solches Rechtsgeschäft vorzunehmen war, die von dem Vertreter behauptete Vertretungsmacht bei der Vornahme des Rechtsgeschäfts nicht beanstandet oder ist er damit einverstanden gewesen, daß der Vertreter ohne Vertretungsmacht handele, so finden die Vorschriften über Verträge entsprechende Anwendung. Das Gleiche gilt, wenn ein einseitiges Rechtsgeschäft gegenüber einem Vertreter ohne Vertretungsmacht mit dessen Einverständnisse vorgenommen wird.

E. I, 126; II, 148; III, 176.

1. § 180 stellt als Regel den Satz auf, daß einseitige Rechtsgeschäfte (über diesen Begriff Bem. VI, A der Einl. zum dritten Abschnitt oben S. 301) weder von einem Vertreter ohne Vertretungsmacht (s. Bem. 2 zu § 177) noch gegenüber einem solchen mit Rechtswirksamkeit vorgenommen werden können. Grund dieser Regel ist (vgl. M. 1, 245) die nothwendige Rücksicht auf den Betheiligten, welcher der Vornahme eines solchen Rechtsgeschäftes sich nicht entziehen kann und dabei allen Unzuträglichkeiten ausgesetzt sein würde, welche die bis zur Entscheidung über die Ertheilung oder Verweigerung der Genehmigung bestehende Ungewißheit nothwendig mit sich bringt. Ausnahmslos gilt die Regel für die Vornahme nicht empfangsbedürftiger einseitiger Rechtsgeschäfte, z. B. für die Erbschaftsannahme. Vgl. Entsch. FG. Bd. 2 S. 216. Die in der II. Komm. (P. I, 169 ff.) gegen die „unabsehbare Tragweite" der allgemeinen Ausdehnung der Regel auf nicht empfangsbedürftige einseitige Rechtsgeschäfte erhobenen Bedenken drangen nicht durch. — Vgl. auch die analoge Regel in § 111.

2. Das vom nichtlegitimirten Vertreter entgegen der Regel des § 180 vorgenommene Rechtsgeschäft ist nichtig. Die Nichtigkeit besteht von vornherein ipso iure; ein späteres Wirksamwerden des Geschäfts ist ausgeschlossen. Genehmigt der angeblich Vertretene nachträglich das Geschäft, so ist diese Genehmigung als eine erneute Vornahme zu beurtheilen und muß daher, wenn nunmehr ein wirksames Geschäft bestehen soll, allen formellen und materiellen Erfordernissen dieses Geschäfts entsprechen.

Wer ein Interesse an der Nichtigkeit des einseitigen Rechtsgeschäfts hat, kann negative Feststellungsklage erheben.

3. Der nicht legitimirte Vertreter haftet aus dem nichtigen einseitigen Rechtsgeschäfte nicht, es sei denn aus dem Gesichtspunkte der unerlaubten Handlung.

4. Von der Regel der Unzulässigkeit der Vornahme einseitiger Rechtsgeschäfte durch nichtlegitimirte Vertreter macht das Gesetz eine Ausnahme in zwei Fällen, nämlich:

a) wenn der andere Theil damit einverstanden war, daß der Vertreter ohne Vertretungsmacht handle. Das Einverständniß muß bei der Vornahme des Rechtsgeschäfts vorhanden sein. Es braucht nicht ausdrücklich erklärt zu werden, sondern kann nach den Umständen auch aus konkludentem Verhalten sich ergeben. Es kann nur vorhanden sein, wenn der Dritte den Mangel der Vertretungsmacht kannte. Andrerseits genügt die bloße Kenntniß des Dritten mit rein passivem Verhalten noch nicht zur Annahme seines Einverständnisses; es müssen vielmehr positive Anhaltspunkte gegeben sein, um diese Annahme zu begründen (dagegen Kipp bei Windscheid Bd. 1 S. 318: Der Nichtwiderspruch genüge). Der Beweis des Einverständnisses fällt zu Lasten dessen, der das Geschäft aufrecht halten will;

b) wenn der nichtlegitimirte Vertreter behauptet, er habe Vertretungsmacht und der andere Theil diese bei der Vornahme des Rechtsgeschäfts nicht beanstandet. Ob die Unwahrheit der Behauptung des Pseudovertreters eine diesem bewußte oder unbewußte ist, ist für das Wirksamwerden des Vertrags gegenüber dem angeblich Vertretenen unerheblich, wird aber von Bedeutung für die Haftung des Pseudovertreters gegenüber dem Gegenkontrahenten im Falle der Nichtgenehmigung (s. § 179 Abs. 2). Die Beanstandung gemäß § 180 ist sachlich nichts anderes, als die in den §§ 111, 174 genannte Zurückweisung. „Bei der Vornahme des Rechtsgeschäfts", wie der Buchstabe des Gesetzes will, kann die Beanstandung regelmäßig gar nicht erfolgen, da es sich ja um einseitige Willenserklärungen handelt. Es muß daher genügen, wenn die Beanstandung unverzüglich d. h. ohne schuldhaftes Zögern (s. Bem. 3 zu § 121) erfolgt (so auch Planck und Hoelder zu § 180). Der Beweis der Verspätung der Beanstandung obliegt demjenigen, der die Genehmigungsfähigkeit bezw. Wirksamkeit des Geschäfts behauptet, ebenso der Beweis, daß der nichtlegitimirte Vertreter das Bestehen der Vertretungsmacht behauptet habe.

5. Liegt einer der beiden besprochenen Ausnahmsfälle vor, so finden „die Vorschriften über Verträge", das will sagen die §§ 177, 178, 179, entsprechende Anwendung. Die Wirksamkeit des Geschäfts für und gegen den angeblich Vertretenen hängt also nunmehr von dessen Genehmigung ab, für deren Ertheilung bezw. Verweigerung die Vorschriften der §§ 177, 184 maßgebend sind. Bis zur Genehmigung kann der Gegenkontrahent das Geschäft zurückweisen (das entspricht dem bei Verträgen bestehenden Widerrufsrechte nach § 178), es sei denn, daß er den Mangel der Vertretungsmacht beim Empfange der einseitigen Willenserklärung gekannt hat, was immer der Fall ist, wenn er damit einverstanden war, daß der Vertreter ohne Vertretungsmacht handle (vgl. Bem. 4, a). Die Zurückweisung kann auch dem Vertreter gegenüber erfolgen.

Verweigert der angeblich Vertretene die Genehmigung des genehmigungsfähigen Geschäfts oder gilt die Genehmigung als verweigert (§ 177), so haftet der Pseudovertreter dem Gegenkontrahenten nach Maßgabe des § 179; er haftet also gemäß § 179 Abs. 3 überhaupt nicht, wenn der andere Theil damit einverstanden war, daß er ohne Vertretungsmacht handle.

6. In den Fällen, in welchen eine einseitige Willenserklärung entweder einem Betheiligten oder einer Behörde gegenüber abzugeben ist, kommt es darauf an, ob in concreto thatsächlich die Erklärung gegenüber dem Betheiligten oder gegenüber der Behörde abgegeben wird. Im ersteren Falle findet der ganze § 180 Anwendung, das Geschäft ist also, wenn die Voraussetzungen des Satzes 2 vorliegen, genehmigungsfähig. Bei Vornahme gegenüber der Behörde jedoch ist Vertretung in einseitigen Geschäften ohne Vertretungsmacht schlechthin unzulässig.

7. Gegenüber einem nichtlegitimirten Vertreter ist die Vornahme eines einseitigen Rechtsgeschäfts prinzipiell unzulässig. Es erscheint geradezu als

selbstverständlich, daß ich die rechtlichen Beziehungen, die zwischen mir und A bestehen, nicht dadurch zur Auflösung bringen kann, daß ich dem B, der von A keinerlei Vertretungsmacht hat, kündige. Die Bedeutung des § 180 Satz 3 liegt nur darin, daß er vor diesem ohne Weiteres einleuchtenden Grundsatz eine Ausnahme macht für den Fall, daß der nichtlegitimirte Vertreter mit der ihm gegenüber erfolgenden unberufenen Geschäftsvornahme einverstanden war, was aber von ihm nicht ausdrücklich erklärt zu werden braucht, sondern auch aus den Umständen zu entnehmen sein kann. In diesem Falle wird das Geschäft genehmigungsfähig und sind die Vorschriften der §§ 177, 184, 178, 179 entsprechend anwendbar, wobei jedoch zu beachten ist, daß der im Falle verweigerter Genehmigung dem anderen Theile nach § 179 gegen den Pseudovertreter zustehende Anspruch hier niemals auf Erfüllung, sondern nur auf Schadensersatz gehen kann. § 180 Satz 3 erfordert nur Einverständniß über die Vornahme des Rechtsgeschäfts; auf das Wissen um den Mangel der Vertretungsmacht kommt es also hier nur insoweit an, als dieses nach den §§ 178, 179 von Bedeutung ist, während ein Einverständniß im Sinne des § 180 Satz 2 überhaupt voraussetzt, daß der andere Theil den Mangel der Vertretungsmacht kennt.

8. In der II. Komm. (s. P. I, 172 ff.) wurde auch die Frage berührt, wie es mit der Wirksamkeit einer von einem nicht legitimirten Vertreter ausgehenden Willenserklärung dann stehe, wenn sie sich ihrem Inhalte nach auf eine andere genehmigte oder genehmigungsfähige Willenserklärung desselben Vertreters bezieht. Planck Bem. 2 zu § 180 (vgl. auch P. I, 173) führt hiefür folgende Beispiele an: Der Vertreter hat einen Miethvertrag geschlossen und kündigt ihn später; kann nun der andere Theil die Kündigung wegen Mangels der Vertretungsmacht zurückweisen? Kann der Vertretene die Genehmigung zu dem Miethvertrag ertheilen, zur Kündigung aber verweigern? Wie ist der Vertrag zu beurtheilen, durch welchen der Vertreter die Zahlung des Miethzinses annimmt oder die Forderung erläßt oder den Miethvertrag wieder aufhebt? Die in der II. Komm. gestellten Anträge stimmten in dem Gedanken überein, daß die Vornahme gewisser Rechtsgeschäfte durch einen vollmachtlosen Vertreter zulässig sein müsse, falls sie mit einem von dem Vertreter ohne Vertretungsmacht abgeschlossenen Vertrag im Zusammenhange stehen, m. a. W., daß der Vertretene, wenn er den Vertrag genehmige, auch diese späteren Geschäfte genehmigen müsse. Eine Ergänzung der gesetzlichen Bestimmungen über Handeln ohne Vertretungsmacht im Sinne dieser Anträge wurde aber abgelehnt. Das Gesetz enthält demnach über die ganze Frage überhaupt keine besondere Bestimmung. Aus dem Gesetze läßt sich daher nur die Annahme rechtfertigen, daß jede der mehreren rechtlich selbständigen Willenserklärungen, auch wenn sie in einem sachlichen Zusammenhange stehen, für sich den Grundsätzen über Handeln ohne Vertretungsmacht unterliegt. Hat daher z. B. A ohne Vertretungsmacht im Namen des B mit C einen Miethvertrag abgeschlossen und B diesen Vertrag genehmigt, so ist B keineswegs verpflichtet, nun auch die Kündigung zu genehmigen, welche A, wiederum ohne Vertretungsmacht, in seinem Namen demnächst vornimmt; ja diese Kündigung ist überhaupt keine genehmigungsfähige, sondern eine unzulässige, wenn nicht einer der in § 180 Satz 2 genannten Ausnahmefälle vorliegt; schließt A ohne Vertretungsmacht mit dem Miethschuldner C einen Erlaßvertrag, so bedarf dieser der nach §§ 177, 178 zu beurtheilenden Genehmigung des B, selbst wenn letzterer den Abschluß des Miethvertrags durch den nichtlegitimirten A genehmigt hat. Indessen wird für solche Fälle zweierlei besonders zu beachten sein. Erstens, daß die Ertheilung der Vertretungsmacht nicht ausdrücklich zu geschehen braucht, sondern auch aus konkludentem Verhalten des Prinzipals entnommen werden kann (s. Bem. 5 zu § 167), und daß daher immer unter Berücksichtigung der Umstände des konkreten Falles zu prüfen sein wird, ob nicht in der Genehmigung des vorausgehenden Geschäfts zugleich eine Bevollmächtigung für das nachfolgende zu erblicken ist; ob im Einzelfalle die Genehmigung nur den Charakter eines nachträglichen Ersatzes fehlender Vertretungsmacht oder zugleich den einer Erstreckung der Vertretungsmacht auf Künftiges hat, ist eine Auslegungsfrage, welche jedoch beim Mangel besonderer Anhaltspunkte für das Gegentheil zu verneinen ist. Zweitens kann in dem ersten Vertrag ausdrücklich oder aus den Umständen ersichtlich vereinbart sein, daß der Vertreter zur Vornahme solcher Rechtsgeschäfte befugt sein solle, welche sich auf den Vertrag beziehen, bei welcher Sachlage nachfolgende einseitige Rechtsgeschäfte wegen des Einverständnisses den Bestimmungen des Satzes 2 bezw. 3 des § 180 unterliegen.

§ 181.*)

Ein Vertreter kann, soweit nicht ein Anderes ihm gestattet ist, im Namen des Vertretenen mit sich im eigenen Namen oder als Vertreter eines Dritten ein

*) Literatur: Römer, in der Zeitschr. f. Handelsrecht Bd. 19 S. 67 ff.; Mitteis, Stellvertretung S. 97 ff.; Lepa, Selbsteintritt des Kommissionärs S. 226 ff.; Bechmann,

Rechtsgeschäft nicht vornehmen, es sei denn, daß das Rechtsgeschäft ausschließlich in der Erfüllung einer Verbindlichkeit besteht.

E. I, —; II, 149; III, 177.

1. Die Vorschrift entscheidet die Frage, ob ein Vertreter im Namen des Vertretenen mit sich selbst ein Rechtsgeschäft vornehmen kann und ob er beim Abschluß eines Rechtsgeschäfts die beiden einander gegenüberstehenden Parteien zugleich in seiner Person vertreten kann. Man bezeichnet einen derartigen rechtlichen Vorgang herkömmlicher Weise der Kürze halber als „Selbstkontrahiren" des Vertreters, obwohl die herrschende Meinung anerkennt, daß es sich dabei überhaupt nicht um einen Kontrakt, sondern, da nur ein Wille thätig wird, um ein einseitiges (und zwar nicht empfangsbedürftiges) Rechtsgeschäft handelt.

2. Die bisherige Doktrin hat zum Theil schon aus allgemeinen Gründen die juristische Möglichkeit des sog. Selbstkontrahirens bestritten. Aber auch wo diese zugegeben wurde, bezweifelte man vielfach ihre Zulässigkeit. Gegen sie schien die Erwägung zu sprechen, daß die beim Selbstkontrahiren regelmäßig stattfindende Interessenkollision für den Vertretenen die Gefahr einer Uebervortheilung mit sich bringt. Das Reichsgericht hat in der Entsch. Bd. 6 S. 11 ff. (gegen ROHG. Bd. 8 Nr. 95) nicht nur die Möglichkeit, sondern auch die Zulässigkeit einer Doppelvertretung anerkannt und ihre Wirksamkeit nur verneint, wenn ihr positive Vorschriften oder der Wille des Machtgebers entgegenstehen oder wenn eine arglistige Uebervortheilung des Vertretenen durch den Selbstkontrahenten stattfindet, in welch letzterem Falle der Vertrag aber nicht nichtig, sondern anfechtbar sei. Vgl. auch RGE. Bd. 7 S. 119 ff., Bd 24 S. 287 ff.

Für das PLR. vgl. Thl. I Tit. 13 §§ 21 ff., Thl. II Tit. 18 §§ 29, 34, 253 ff.; Vorm. Ordn. § 86; dazu Förster-Eccius Bd. 1 S. 427; Dernburg, Vormundschaftsrecht S. 215 ff.; Hupka, Vollmacht S. 333 ff. Beschränkungen des Selbstkontrahirens für gesetzliche Vertreter haben cod. civ. art. 420, 450, 1596, österr. GB. §§ 271, 272, sächs. GB. §§ 1827, 1919 ff.

E. I des BGB. ging von der prinzipiellen Zulässigkeit des Selbstkontrahirens aus, durchbrach aber diese (nicht besonders ausgesprochene) Regel aus besonderen Gründen durch Sondervorschriften (vgl. E. I §§ 45 Satz 1, 50 Abs. 4, 1651). M. I, 224 ff.

3. Das BGB. hat den Standpunkt des E. I verlassen. Die II. Komm. (s. P. I, 175) war der Anschauung, für die gesetzgeberische Behandlung könne nicht maßgebend sein, ob man das Selbstkontrahiren logisch und juristisch für möglich halte, sondern ob und wieweit die Zulassung mit der Verkehrssicherheit verträglich bezw. durch das Verkehrsbedürfniß gefordert sei. In dieser Hinsicht aber sei für die Regel davon auszugehen, daß das sog. Selbstkontrahiren stets die Gefahr eines Konflikts der Interessen und einer Schädigung des einen oder anderen Theiles mit sich bringe und daß es deßhalb, soweit nicht durch das Gesetz oder durch die Vollmacht (ausdrücklich oder stillschweigend) dem Vertreter ein Anderes gestattet sei, ausgeschlossen werden müsse. Insbesondere bedürfe der Vertretene einem Generalbevollmächtigten gegenüber nicht minder des Schutzes als einem gesetzlichen Vertreter gegenüber. Von dem Falle besonderer Gestattung abgesehen, erfordere das Verkehrsbedürfniß die Zulassung des Selbstkontrahirens nur insoweit, als es sich um Rechtsgeschäfte handle, welche ausschließlich in der Erfüllung einer Verbindlichkeit bestehen, gegenüber dieser Forderung des Verkehrs könne das Bedenken, daß ungetreue Verwalter gerade dadurch, daß sie an sich selbst zahlen, das Interesse des Vertretenen wesentlich zu schädigen pflegen, nicht durchgreifen.

4. Die Regel ist nach § 181 die Unzulässigkeit des Selbstkontrahirens für den gesetzlichen (vgl. auch §§ 1795, 1630 Abs. 2, 1915) sowie für den gewillkürten Stellvertreter. Daher kann z. B. ein Vormund nicht Geld seines Mündels in Form eines Darlehens für sich verwenden. Ein Verwalter mehrerer Vermögen kann ohne Gestattung der Eigenthümer zwischen den mehreren Vermögen keine Geschäfte zu Stande bringen. Der Eigenthümer zweier Grundstücke kann nicht an dem einen zu Gunsten des anderen eine Grunddienstbarkeit bestellen; eine solche Bestellung ist der Eintragung in das Grundbuch unfähig; RGE. Bd. 47 S. 202 ff. Vgl. ferner Entsch. FG. Bd. 1 S. 167 u. Bem. I, f zu § 1018. Soll die Auseinandersetzung zwischen dem einen Ehegatten und seinen minderjährigen Kindern zugleich unter den letzteren selbst stattfinden, so ist ein besonderer Pfleger für jeden der Minderjährigen zu bestellen; Kammerger. in Rspr. d. OLG. Bd. 3 S. 107 ff.

Kauf S. 286 ff.; Muskat, in der Zeitschr. f. Handelsrecht Bd. 33 S. 507 ff.; Eck, ebenda Bd. 39 S. 235 ff.; Salmann, ebenda Bd. 41 S. 365 ff.; Rümelin, Das Selbstkontrahiren des Stellvertreters nach gemeinem Recht (1888); Ruhstrat, in Iherings Jahrb. f. Dogm. Bd. 27 S. 147 ff.; Arnò im Arch. giuridico Bd. 56 S. 22 ff., Bd. 57 S. 420 ff.; Du Chesne im Sächs. Arch. Bd. 12 S. 65; Hupka, Vollmacht S. 258 ff.

(vgl. auch Bayer. Oberst. LG. Bd. 1 n. F. S. 261); § 181 trifft dagegen nicht zu, wenn es sich bei einer Nachlaßsache, bei welcher unter elterlicher Gewalt stehende Kinder mit einem Stammtheile betheiligt sind, lediglich um die Vertretung der Kinder gegenüber den Miterben, nicht um die Vertheilung ihres Stammtheils handelt; Bayr. Oberst. LG. n. F. Bd. 3 (1903) S. 311 ff. Ein Verstoß gegen § 181 liegt vor, wenn ein Geschäftsführer einer Gesellschaft m. b. H., zugleich sich selbst und seine Gesellschaft vertretend, mit seinem Gläubiger die Verabredung trifft, daß dieser die Gesellschaft statt seiner als Schuldnerin annehme; s. RGE. Bd. 51 S. 422 ff. Darüber, daß ein offener Handelsgesellschafter bei Vornahme von Rechtsgeschäften für die Gesellschaft deren Vertreter im Sinne des § 181 ist, s. Rspr. d. OLG. Bd. 5 S. 50 ff. Wenn aber Hupka a. a. O. S. 340 ff., um die „Unangemessenheit der Vorschrift des § 181" darzuthun, als Beispiele anführt, ein Prokurist oder Handlungsbevollmächtigter könne „ohne besondere Ermächtigung" des Prinzipals kein Stück an sich selbst verkaufen, und wenn eine Geldumwechselung für die Kasse des Vertretenen nöthig werde, so müsse sich der Vertreter dieserhalb unbedingt an eine dritte Person wenden, so sind das Uebertreibungen. Das Verbot des Selbstkontrahirens besteht für den Vertreter ja nur, „soweit nicht ein Anderes ihm gestattet ist". Das Gesetz nöthigt nun aber keineswegs zu der Annahme, daß die Gestattung immer eine ausdrückliche, mit Worten zu erklärende, sein müsse. Sie kann vielmehr auch aus den Umständen hervorgehen und insbesondere aus einer vom Vertretenen stillschweigend sanktionirten Verkehrsübung zu entnehmen sein. In gleichem Sinne Cosack zu § 181, Hoelder und Staub (Komm. z. HGB., 6. u. 7. Aufl., Exkurs zu § 58 Anm. 11), der darauf hinweist, daß es in vielen Geschäften herkömmlich ist, daß Handlungsgehülfen die in dem betreffenden Geschäfte gehandelten Artikel auch für den eigenen Bedarf für den Kostenpreis des Geschäfts oder für einen bestimmten niedrigeren Preis, z. B. den Einkaufspreis, entnehmen. Zu weit geht es aber wiederum angesichts des § 181, wenn Staub a. a. O. schon dann eine Gestattung annimmt, wo das Geschäft dem Prinzipal offenbar zum Vortheil gereicht und nur in dieser Absicht geschlossen wurde. RGE. Bd. 51 S. 427 sagt, § 181 setze eine „ausdrückliche oder doch unzweifelhaft aus den Umständen hervorgehende Gestattung des Vertragschließens mit sich voraus". Vgl. auch Rspr. d. OLG. Bd. 5 S. 46 f. Die Beweispflicht bezüglich der Gestattung trifft denjenigen, der die Zulässigkeit des Geschäfts behauptet.

Die Vertretung beider Auflassungsbetheiligten durch einen Bevollmächtigten ist grundsätzlich dann nicht ausgeschlossen, wenn beide Theile in der das Veräußerungsgeschäft enthaltenden Urkunde einen identischen Vertreter bestellt haben. Entsch. d. Kammerger. Bd. 21 Abth. A S. 292 und Rspr. d. OLG. Bd. 2 S. 493. Vgl. Turnau-Förster GBO. S. 167 und Oberneck, Reichsgrundbuchrecht S. 278.

Die Unzulässigkeit der Doppelvertretung besteht auch im Prozeß. Niemand kann im Namen eines Anderen mit sich selbst für seine eigene Person oder mit sich als Vertreter eines Dritten einen Rechtsstreit führen. (Vgl. die zwar nicht zum Gesetz erhobene, ihrem Inhalte nach aber gleichwohl anzuerkennende Bestimmung des Entw. z. CPO. n. F. § 53a und RGE. Bd. 7 S. 404 ff.).

Ueber das Verhältniß des § 181 zu § 456 s. Bem. I zu § 456 in Bd. II.

Ueber den Fall, daß ein Verein mit einem seiner Mitglieder Rechtsgeschäfte abschließt, s. § 34 und Bem. 2 dazu.

5. Das zuwider dem Verbote des § 181 vorgenommene Rechtsgeschäft ist nichtig. Hupka a. a. O. S. 341 ff. erblickt in dem verbotswidrigen Geschäfte lediglich eine Ueberschreitung der Vertretungsmacht, welche im Falle gewillkürter Vertretung durch nachträgliche Genehmigung des Prinzipals sanirt werden könne; wenn die vorausgehende Gestattung des Prinzipals dem Selbstkontrahirungsakte Wirksamkeit verleihe, sei nicht einzusehen, warum die nachträgliche Genehmigung diese Kraft nicht haben solle. (Aehnlich Hoelder, Komm. zu § 181, Enneccerus, Bürg. R. Bd. 1 § 87 und Dernburg, Bürg. R. Bd. 1 § 170 unter III.) Gegen diese Auffassung spricht aber nicht nur die freilich nicht unbedingt maßgebende Meinung der II. Komm. (vgl. P. II, 74), sondern auch der Wortlaut des Gesetzes selbst, welches die Wendung „kann nicht" konstant da gebraucht, wo Nichtigkeit bestehen soll. Gegen sie spricht aber auch die Erwägung, daß doch die Wirkung, richtiger Wirkungslosigkeit, verbotenen Selbstkontrahirens offenbar überall die gleiche sein soll ohne Rücksicht auf die Grundlage, auf welcher im Einzelfalle die Vertretungsmacht beruht. Diese Gleichartigkeit der Behandlung wäre aber bei Verfolgung des Hupka'schen Gedankens unmöglich, da es Fälle giebt, in welchen es an einem zur Genehmigung zuständigen Subjekte fehlt. § 181 findet zweifellos auch auf den Vereinsvorstand Anwendung, der nach § 26 die Stellung eines gesetzlichen Vertreters hat. Wer soll hier die Genehmigung ertheilen? Etwa die Mitgliederversammlung? Die analoge Frage ergiebt sich für die Stiftungsorgane (s. § 86), wenn sie das Verbot des § 181 überschreiten; soll hier die Genehmigung etwa der staatlichen Kuratelbehörde zustehen? Daß dem nicht so ist, ergiebt sich für bayrische sog. reine Privatstiftungen schon aus Bayr. AG. Art. 6 (vgl. auch

Seydel in Bl. f. admin. Praxis Bd. 38 S. 171 ff.). Man könnte höchstens an den „besonderen Vertreter" als curator ad hoc denken, der nach §§ 86, 30 „für gewisse Geschäfte", also wohl auch zum Zwecke der Genehmigungsertheilung, bestellt werden kann; ein solcher wird aber nur bestellt, wenn es die Satzung bestimmt. Für die Nichtigkeit des verbotswidrigen Selbstkontrahirungsaktes auch Cosack und Endemann in ihren Lehrb., ferner Planck Bem. 2 zu § 181, Gareis zu § 181; Rehbein, Komm. Bd. 1 S. 255; Matthiaß, Lehrbuch Bd. 1 S. 106; Clarus in Bl. f. RA. Bd. 64 S. 177; Staub, Komm. z. HGB., 6. u. 7. Aufl., im Exkurs zu § 58 Anm. 11. Ebenso RGE. Bd. 51 S. 426: „Die von § 181 verordnete Nichtigkeit ist eine allgemeine, gegen jeden Betheiligten ohne Rücksicht auf seinen guten oder bösen Glauben wirksam". Kammerger. in Rspr. d. OLG. Bd. 3 S. 109: „Ein gegen § 181 geschlossener Vertrag ist nichtig". — Darüber, daß im Falle des § 456 keine Nichtigkeit eintritt, s. die Bem. zu § 458.

6. Die Regel der Unzulässigkeit des Selbstkontrahirens wird nach § 181 durch zwei Ausnahmen durchbrochen. Das Selbstkontrahiren ist zulässig:

a) wenn es dem Vertreter gestattet ist. Es kann gestattet sein durch den Willen des Vertretenen oder durch Gesetz. Ueber ersteren Fall s. oben in Bem. 4. Fälle gesetzlicher Gestattung hat das BGB., abgesehen von dem in § 181 selbst ausgesprochenen gleich nachher unter b zu erörternden, nach Hupka a. a. O. S. 339 überhaupt nicht, wogegen das Reichsgericht (Entsch. Bd. 47 S. 209) meint, ein solcher Fall ausnahmsweiser gesetzlicher Gestattung könne „vielleicht" im § 1009 gefunden werden (ebenso Turnau-Förster und Fischer-Henle zu § 1009, vgl. auch Bem. 1 zu § 1009 in Bd. III, dagegen Rehbein, Komm. Bd. 1 S. 255 ff.). Ein zweifelloser Fall gesetzlicher Gestattung des Selbstkontrahirens ergiebt sich aus dem von Hupka übersehenen § 1409 (vgl. Bem. 2 zu § 1409 in Bd. IV). Hier ist auch HGB. § 125 Abs. 2 zu erwähnen, wonach bei der offenen Handelsgesellschaft Kollektivvertreter einzelnen von ihnen Handlungsvollmacht ertheilen können; an der Vornahme des Rechtsgeschäfts dieser Ermächtigung wirken dieselben Personen mit, denen gegenüber das Geschäft vorgenommen wird; s. auch die analoge Bestimmung für den Vorstand einer Aktiengesellschaft in HGB. § 232 Abs. 1. Vgl. Hupka a. a. O. S. 339 Anm. 2. Ob, wie Hupka a. a. O. behauptet, man es auch beim Selbsteintritte des Kommissionärs (HGB. § 400) mit einem „gesetzlich anerkannten Ausnahmefall einer wahren Doppelvertretung" zu thun hat, ist doch recht zweifelhaft, da der Selbsteintritt nur eine besondere Art der Ausführung des Kommissionsgeschäfts ist, die Kommission aber kein echtes Vertretungsverhältniß begründet; vgl. Entsch. d. ROHG. Bd. 2 S. 402; Staub, Komm. z. HGB., 6. u. 7. Aufl., Anm. 13 zu § 383 und Anm. 1 u. 15 ff. zu § 400;

b) wenn das Rechtsgeschäft ausschließlich in der Erfüllung einer Verbindlichkeit besteht. Das bezieht sich auf die Erfüllung von Verbindlichkeiten des Vertreters gegenüber dem Vertretenen sowie des Vertretenen gegenüber dem Vertreter, aber auch auf den Fall, daß Jemand, der mehrere Vertretungen hat, im Namen des einen Vertretenen an den andern erfüllt. Die Aufrechnung ist gleich der Erfüllung zulässig (übereinstimmend Dernburg, Bürg. R. Bd. 1 § 170 Anm. 4, a. M. Planck Bem. 1 zu § 181), nicht aber die Hingabe an Zahlungsstatt. Um ein reines Erfüllungsgeschäft handelt es sich auch dann, wenn bei bestehender Einigung über Eigenthumsübertragung an einer beweglichen Sache die Uebergabe der Sache (§ 929) vollzogen werden soll. Vgl. RGE. Bd. 52 S. 130 ff. Streitig ist, ob es sich um ausschließliche Erfüllung einer Verbindlichkeit im Sinne des § 181 auch dann handelt, wenn eine Verbindlichkeit erfüllt wird, der eine Einrede entgegensteht. Man wird unterscheiden müssen. Ob der Vertreter die ihm seinerseits zustehende Einrede geltend machen will, steht in seinem Belieben, die Erfüllung unter Nichtbeachtung der Einrede ist ihm nicht verwehrt (a. M. Planck, 3. Aufl. Bem. 1 zu § 181, der hier in der Nichtgeltendmachung der Einrede einen nach § 181 unzulässigen „Verzicht" erblickt). Dagegen dürfte es nicht im Sinne des § 181 liegen, daß der Vertretene durch Erfüllung auch die Einreden desjenigen preisgeben kann, den er vertritt.

7. Wo Akte des sog. Selbstkontrahirens zulässig sind, müssen sie, um rechtswirksam zu sein, äußerlich wahrnehmbar in die Erscheinung treten. Erklärungen, die der Doppelvertreter lediglich an sich selbst richtet, genügen selbst als schriftliche nicht, solange sie vom Vertreter selbst jeder Zeit wieder vernichtet werden können, ohne daß Jemand von ihrer Existenz etwas erfahren hat. Genügend ist aber eine Erklärung, die an die betheiligten Vertretenen selbst gerichtet ist, genügend auch eine schriftliche Erklärung, die, ohne vorerst

den Vertretenen zu Gesicht zu kommen, einem Dritten in Verwahrung gegeben wird, und wohl auch eine mündliche Erklärung vor unbetheiligten Zeugen (anders Hupka a. a. O. S. 278). Eine hinreichende äußere Manifestation liegt natürlich in der Erklärung vor einer öffentlichen Urkundsperson (Gericht oder Notar), im Einlegen von Geld in eine der Kontrolle Dritter zugängliche Kasse; endlich auch im Eintrage in die den gesetzlichen und statutarischen Vorschriften entsprechenden Geschäftsbücher; so z. B. wenn ein Vertreter zweier Genossenschaften die von ihm zwischen beiden vollzogenen Abrechnungsgeschäfte in die Bücher der beiden Genossenschaften einträgt (s. RGE. Bd. 6 S. 11ff.). Handelt es sich um Uebergabe von Sachen und werden dabei der Uebergebende und der Empfänger durch eine Person vertreten, so können rein interne, nach außen unkontrollirbare Akte, die der Vertreter vornimmt, z. B. bloßes Getrenntlegen von Geld oder Werthpapieren, nicht genügen, sondern es ist auch hier eine Dritten erkennbare Bethätigung des Besitzänderungswillens erforderlich; eine solche muß namentlich in einem Bucheintrag oder in der Uebersendung einer Anzeige an den Vertretenen gefunden werden, wobei Werthpapiere spezifizirt anzuführen sind. (Vgl. die Uebersendung des sog. Stückeverzeichnisses durch den Einkaufskommissionär nach §§ 3 u. 7 des Bankdepotges. vom 5. Juli 1896.) Vgl. hieher auch im Einzelnen Bem. 4 zu § 930 in Bd. III, ferner RGE. Bd. 52 S. 130ff. und Langen, Eigenthums-Erwerb und -Verlust bei Kommissionsgeschäften.

8. Daß ein Vertreter im Namen des Vertretenen mit diesem ein Rechtsgeschäft vornehme, ist zwar durch § 181 nicht verboten, aber gleichwohl unzulässig, da Niemand Berechtigter und Verpflichteter in einer Person sein kann. Vgl. M. I, 225; RGE. Bd. 5 S. 58ff. S. aber die Sonderbestimmung des § 1239 beim Pfandrechte.

9. Ein Bevollmächtigter kann im Allgemeinen, wenn ihm dies nicht besonders vom Vollmachtgeber gestattet ist, einen Gegenstand, auf welchen sich die Vollmacht bezieht, nicht für sich selbst in der Art erwerben oder über denselben verfügen, daß er einem Andern Substitutionsvollmacht ertheilt und lediglich mit diesem im eigenen Namen den Vertrag abschließt. Das würde, wenn auch nicht dem Wortlaut, so doch dem Zwecke des § 181 widersprechen. Vgl. OLG. Colmar in D. Jur.Z. 1903 S. 204; Endemann Bd. 1 § 80 Anm. 31; a. M. Planck, 3. Aufl. Bem. 1 zu § 181.

10. Gesetzlich zulässig ist, daß Jemand bei Schließung eines einheitlichen Vertrages eine rechtliche Doppelstellung dadurch einnimmt, daß er als für sich und zugleich für eine von ihm vertretene andere Person, und in deren Namen handelnd auftritt, vorausgesetzt, daß sich dabei deutlich ersehen läßt, welche Rechtshandlung er für sich selbst und welche er für die vertretene Person vornimmt, und daß die Interessen dieser beiden Personen an dem Vertragsschlusse nicht mit einander im Widerstreite stehen und sich ausschließen. Bayr. Oberst. LG. n. F. Bd. 1 S. 394. Vgl. auch Hangen in D. Jur.Z. 1902 S. 267ff.

11. Für das Familienrecht vgl. insbes. §§ 1630 u. 1795, 1796 mit Bem.

Sechster Titel.

Einwilligung. Genehmigung.

§ 182.

Hängt die Wirksamkeit eines Vertrags oder eines einseitigen Rechtsgeschäfts, das einem Anderen gegenüber vorzunehmen ist, von der Zustimmung eines Dritten ab, so kann die Ertheilung sowie die Verweigerung der Zustimmung sowohl dem einen als dem anderen Theile gegenüber erklärt werden.

Die Zustimmung bedarf nicht der für das Rechtsgeschäft bestimmten Form.

Wird ein einseitiges Rechtsgeschäft, dessen Wirksamkeit von der Zustimmung eines Dritten abhängt, mit Einwilligung des Dritten vorgenommen, so finden die Vorschriften des § 111 Satz 2, 3 entsprechende Anwendung.

E. I, 127 Abs. 1; II, 150; III, 178.

1. Gleich den bisherigen Rechten hat das BGB. eine Reihe von Bestimmungen, in welchen die Wirksamkeit eines Rechtsgeschäfts davon abhängig gemacht wird, daß ein Anderer (Cosack Bd. 1 § 70 nennt ihn „Nebenpartei") dazu seine Zustimmung ertheilt. Es könnte die Frage erhoben werden, ob die herrschende Meinung (s. z. B. M. I, 246, Planck Bem. 1 zu § 182), die in der Zustimmung ein „Rechtsgeschäft" erblickt, damit

nicht dem Rechtsgeschäftsbegriffe eine zu weite Ausdehnung giebt, da die Willensäußerung der Zustimmung nicht auf Verwirklichung eigener, sondern lediglich fremder Zwecke gerichtet ist und insofern etwas völlig Unselbständiges ist, als sie stets nur in organischem Zusammenhange mit einem bestehenden oder vorzunehmenden Rechtsgeschäfte einer andern Person, als dessen Stück sie trotz ihrer äußerlichen Selbständigkeit erscheint, einen Sinn hat. Dieser Zweifel hat aber kaum mehr als terminologische Bedeutung. Denn jedenfalls unterliegt die Zustimmung den allgemeinen Vorschriften über Willenserklärungen (§§ 116 ff.). Das BGB. behandelt die Zustimmung als eine besondere Willenserklärung, wie man namentlich aus dem Grundsatze des § 182 Abs. 2 ersieht. S. auch Vorbem. IV vor § 104.

2. Terminologie. Die „Zustimmung" des BGB. deckt sich nicht mit der mehrdeutigen „ratihabitio" des römischen Rechtes. Ueber die Bedeutungen des jetzt am Besten ganz zu vermeidenden Ausdrucks „Ratihabition" s. Lothar Seuffert, die Lehre von der Ratihabition der Rechtsgeschäfte, und Bem. 1 zu § 141. Eine „Zustimmung" erfolgt immer zu fremden Geschäften, die analoge Willenserklärung zum Zwecke der Anerkennung eigener Geschäfte heißt „Bestätigung".

Die Zustimmung kann dem Hauptgeschäfte vorhergehen oder ihm nachfolgen; im ersteren Falle heißt sie „Einwilligung" (§ 183), im letzteren Falle „Genehmigung" (§ 184). Die Vorschrift des § 182 bezieht sich auf Beides. Die Zustimmung des Vormundschaftsgerichts oder des Gegenvormundes, welche nach den §§ 1643, 1812 ff., 1819 ff., 1824 dem gesetzlichen Vertreter ertheilt wird, heißt immer „Genehmigung" ohne Rücksicht darauf, ob sie dem Hauptgeschäfte vorangeht oder ihm nachfolgt.

Nicht Zustimmung im technischen Sinne der §§ 182 ff. ist die nach den §§ 549, 583, 603, 1315, 1784, 1888 erforderliche „Erlaubniß". Auch auf solche Fälle beziehen sich die §§ 182 ff. nicht, in welchen die Zustimmung nicht zu einem Rechtsgeschäft erfolgt, so in § 1726.

Ueber die Terminologie in den Fällen der §§ 1828, 1829 s. die Bem. hiezu in Bd. IV.

3. Die Vorschriften der §§ 182 ff. finden Anwendung namentlich für folgende Gruppen von Fällen:

a) für Rechtsgeschäfte der Personen, die in der Geschäftsfähigkeit beschränkt sind (§§ 106—114); zur erforderlichen Zustimmung des gesetzlichen Vertreters muß hier häufig noch die Zustimmung des Vormundschaftsgerichts oder des Gegenvormundes kommen;
b) für die Zustimmung des Berechtigten zu Verfügungen, die ein Nichtberechtigter über einen Gegenstand trifft; s. § 185;
c) beim Handeln ohne Vertretungsmacht nach § 177;
d) je nach dem ehelichen Güterstande für zahlreiche Rechtsgeschäfte eines Ehegatten, die der Zustimmung des andern Ehegatten bedürfen; vgl. §§ 1395 ff., 1405, 1444 ff., 1516;
e) für die Einwilligung, die der Nacherbe zu Verfügungen des Vorerben ertheilen muß (§ 2120);
f) für eine Reihe ganz verschieden gearteter Fälle, deren Gemeinsames darin liegt, daß durch ein Rechtsgeschäft unmittelbar oder mittelbar in die Rechtssphäre eines Dritten eingegriffen wird, weßhalb zur Wirksamkeit des Geschäfts die Zustimmung dieses Dritten erforderlich ist; s. §§ 415, 458, 876, 1071, 1245, 1255, 1276.

4. Die §§ 182 ff. setzen voraus, daß das Geschäft, dessen Wirksamkeit von der Zustimmung des Dritten abhängt, ein Vertrag oder ein einseitiges empfangsbedürftiges (s. Bem. III der Einl. vor § 116) Rechtsgeschäft ist. Die Zustimmung, die ein Dritter zu einem nichtempfangsbedürftigen einseitigen Rechtsgeschäfte, z. B. zu einer Dereliktion oder zur Ausstellung eines Inhaberpapiers, ertheilt, ist nicht eine solche im technischen Sinne der Vorschriften dieses Titels.

5. Sowohl die Zustimmung als auch ihre Verweigerung können nicht nur ausdrücklich, sondern auch durch konkludentes Verhalten des Zustimmungsberechtigten erfolgen. Die besondere Vorschrift des E. I § 127 Abs. 2, daß die Erklärung ausdrücklich oder stillschweigend erfolgen könne, wurde in der II. Komm. (P. I, 177) als entbehrlich gestrichen, „weil es sich von selbst verstehe, daß jede Willenserklärung in Ermangelung einer entgegenstehenden gesetzlichen Bestimmung sowohl ausdrücklich als stillschweigend erfolgen könne".

6. Die Zustimmung sowie die Verweigerung bedürfen aber stets der Adressirung und werden wirksam mit dem Zugehen an den Adressaten (s. § 130). Darüber, daß auch mittelbare („stillschweigende") Willensmanifestationen der Adressirung fähig sind, s. oben Bem. III der Einl. vor § 116.

Die Zustimmung (und ebenso ihre Verweigerung) muß entweder demjenigen gegenüber erklärt werden, dessen rechtliches Handeln der Zustimmung bedarf, oder gegenüber dem andern Theile, dem gegenüber jener zu handeln hatte bezw. gehandelt hat. Ihre Erklärung dritten Personen gegenüber ist rechtlich bedeutungslos. Nach der Regel des § 182 Abs. 1 ist es gleichgültig, ob die Ertheilung bezw. Verweigerung dem einen oder dem anderen Theile gegenüber erfolgt. Diese Regel erleidet jedoch wichtige Ausnahmen; so kann z. B., wenn ein Minderjähriger ohne die erforderliche Einwilligung des gesetzlichen Vertreters einen Vertrag schließt und der andere Theil den Vertreter zur Genehmigung auffordert, diese nur dem andern Theile gegenüber, nicht dem Minderjährigen selbst gegenüber erfolgen (§ 108); analog beim Handeln ohne Vertretungsmacht nach § 177, wenn der andere Theil den Vertretenen zur Erklärung über die Genehmigung auffordert. Das Vormundschaftsgericht kann nach § 1828 die Genehmigung zu einem Rechtsgeschäfte nur dem Vormunde gegenüber erklären (bezw. dem Vater gegenüber gemäß § 1643); vgl. dazu § 1829 und für die Genehmigung des Gegenvormundes § 1832. Ausnahmen von der Regel des § 182 Abs. 1 enthalten ferner die §§ 876, 1071, 1178 Abs. 2, 1245, 1255, 1276, 1396 Abs. 2, 1448 Abs. 2, 1748.

7. Die Zustimmung kann formfrei erfolgen; insbesondere bedarf sie, wie § 182 Abs. 2 (vgl. die analoge Bestimmung des § 137 Abs. 2) vorschreibt, nicht der für das Rechtsgeschäft bestimmten Form (bezüglich des bisherigen preußischen R. vgl. RGE. Bd. 10 S. 258 ff.). Daher braucht z. B. die Zustimmung zur Bürgschaftserklärung eines Minderjährigen nicht schriftlich ertheilt zu werden. Aber auch die Regel der Formfreiheit der Zustimmungserklärung hat Ausnahmen; s. §§ 1518 Abs. 2, 1517, 1730, 1748 Abs. 3; ZwVG. § 71 Abs. 2; vgl. GBO. § 29; über Genehmigung bei Rechtsgeschäften mit notarieller Beurkundung s. Lutz in Bl. f. RA. Bd. 66 S. 177 ff. und G. Schmitt ebenda S. 121 ff.; Scherer in Jur. Wschr. 1901 S. 352 ff. und Pinner, ebenda S. 421 ff.

Bei einseitigen Rechtsgeschäften, deren Wirksamkeit von der Zustimmung eines Dritten abhängt, besteht zwar kein direkter Formzwang, aber ein indirekter, sofern als der andere Theil das Rechtsgeschäft unverzüglich zurückweisen und dadurch seine Wirksamkeit vereiteln kann, wenn der rechtsgeschäftlich ihm gegenüber Handelnde die erforderliche Zustimmung des Dritten nicht in schriftlicher Form vorlegt; die Zurückweisung ist aber ausgeschlossen, wenn der zustimmungsberechtigte Dritte den Anderen von der Zustimmung in Kenntniß gesetzt hatte. Das ergiebt sich aus dem durch § 182 Abs. 3 für entsprechend anwendbar erklärten § 111 Satz 2 u. 3 (analog § 1831). Näheres über das Zurückweisungsrecht s. in Bem. 4 zu § 111. Auch hier ist zu beachten: § 111 Abs. 2 setzt nicht voraus, daß bei dem einseitigen Rechtsgeschäfte der Handelnde ausdrücklich erklärt, er handle mit der erforderlichen Einwilligung; hat der andere Theil Bedenken über das Vorhandensein dieses Erfordernisses, so darf er den Handelnden nicht im Zweifel darüber lassen, ob er das Rechtsgeschäft als wirksam anerkenne, vielmehr muß er dem Handelnden durch Zurückweisung des Rechtsgeschäfts wegen Fehlens schriftlicher Einwilligung Gelegenheit geben, ein wirksames Geschäft alsbald vornehmen zu können. So speziell für die Kündigung RGE. Bd. 50 S. 212 ff.

8. Die Zustimmung kann auf einem Willensmangel oder auf unzulässiger Beeinflussung beruhen und ist dann nach denselben Grundsätzen (s. §§ 116 ff.) nichtig bezw. anfechtbar, nach welchen es Willenserklärungen im Allgemeinen sind. Anfechtungsgegner ist derjenige, welchem gegenüber die Zustimmung zu ertheilen ist; kann die Zustimmung gegenüber der einen oder andern Person ertheilt werden, so ist Anfechtungsgegner derjenige, welchem gegenüber die Zustimmung in concreto ertheilt wurde.

Ist der Zustimmende durch arglistige Täuschung zur Zustimmung bestimmt worden, so kann er diese anfechten (§ 123 Abs. 1). Geht die Täuschung von einem Dritten aus, so ist die Zustimmung nur dann anfechtbar, wenn ihr konkreter Adressat die Täuschung kannte oder kennen mußte. Ist die Sachlage die, daß nach § 182 die Möglichkeit der Zustimmungserklärung gegenüber dem einen oder anderen Theile bestand, und derjenige, welchem gegenüber die Zustimmung thatsächlich erklärt wurde, die Täuschung nicht kannte, wohl aber der andere mögliche Erklärungsgegner sie kannte oder kennen mußte, so entsteht die Frage, ob die Zustimmung diesem letzteren gegenüber anfechtbar ist. Von Planck (Bem. 3 zu § 182) wird die Frage in eingehender Erörterung auf Grund des § 123 Abs. 2 Satz 2 bejaht, soweit der andere mögliche Erklärungsgegner nach dem Inhalte des Rechtsgeschäfts, dessen Wirksamkeit von der Zustimmung abhängt, ein Recht erwerben sollte. Die Begründung der Planck'schen Meinung erregt aber doch erhebliche Zweifel. Es kommt nach § 123 Abs. 2 Satz 2 darauf an, ob der Andere aus der Zustimmungserklärung unmittelbar ein Recht erwirbt. Planck sagt, für die Bejahung sprächen im genannten Falle „im Wesentlichen dieselben Gründe, welche für die Anwendbarkeit der Vorschrift des § 123 Abs. 2 Satz 2 bei einer anfechtbaren Bevollmächtigung sprechen".

Nun dürften aber gerade bei der anfechtbaren Bevollmächtigung die Voraussetzungen des § 123 Abs. 2 Satz 2 nicht gegeben sein, da, wie schon oben in Bem. 9, b zu § 167 ausgeführt, durch die Vollmachtsertheilung der Gegenkontrahent im Vertretungsgeschäfte nicht nur nicht ein unmittelbares Recht, sondern überhaupt kein Recht erwirbt. Bei der Zustimmung liegt die Sache nicht anders. Die Zustimmung ist zwar condicio sine qua non, aber keineswegs causa efficiens für die Wirksamkeit des Geschäfts. Es läßt sich daher nicht sagen, daß der Gegenkontrahent sein Recht aus der Zustimmungserklärung erwirbt, wie es die Anwendung des § 123 Abs. 2 Satz 2 verlangen würde, ebensowenig wie er es im Falle gewillkürter Vertretung aus der Bevollmächtigung erwirbt. Also gerade, wer mit Planck und M. I, 246 die nahe Verwandtschaft der Einwilligung mit der Vollmachtsertheilung anerkennt oder gar mit Hoelder (Komm. Bem. 1 zu § 167, Bem. zu § 183) in der Vollmachtsertheilung einen Fall der Einwilligung, also einen Fall der Zustimmung, erblickt, wird zugeben müssen, daß für die mit einem Anfechtungsgrunde behaftete Zustimmung die Planck'sche Auffassung sich nur mittels einer sehr freien Auslegung halten läßt, welche über dem Streben, dem Zweckgedanken des Gesetzes gerecht zu werden, auf Schärfe der juristischen Konstruktion verzichtet. Daß ein solches Streben in der Praxis sich als gerechtfertigt und wünschenswerth erweisen kann, soll nicht geleugnet werden.

§ 183.

Die vorherige Zustimmung (Einwilligung) ist bis zur Vornahme des Rechtsgeschäfts widerruflich, soweit nicht aus dem ihrer Ertheilung zu Grunde liegenden Rechtsverhältnisse sich ein Anderes ergiebt. Der Widerruf kann sowohl dem einen als dem anderen Theile gegenüber erklärt werden.

E. I, 127 Abs. 3; II, 151; III, 179.

1. Die dem zustimmungsbedürftigen Rechtsgeschäfte (s. Bem. zu § 182) vorausgehende Zustimmung heißt Einwilligung. Sie geschieht durch eine regelmäßig keiner bestimmten Form bedürftige (Ausnahmen s. Bem. 7 zu § 182) Erklärung, die sowohl dem einen wie dem anderen Theile gegenüber erklärt werden kann.

2. Ueber das Erlöschen der Einwilligung giebt § 183 die Bestimmung, daß die Einwilligung grundsätzlich bis zur Vornahme des Rechtsgeschäfts d. h. bis zur Vollendung seiner Vornahme frei widerrufen werden kann, soweit nicht aus dem ihrer Ertheilung zu Grunde liegenden Rechtsverhältnisse sich ein Anderes ergiebt. Das entspricht der Analogie der Vollmacht, welche nach § 168 auch bei dem Fortbestehen des zu Grunde liegenden Rechtsverhältnisses widerruflich ist, sofern sich nicht aus diesem ein Anderes ergiebt. In E. I § 127 Abs. 3 war die Analogie noch schärfer betont, indem dort bestimmt war: „Auf das Erlöschen der Wirksamkeit der im Voraus ertheilten Einwilligung finden die Vorschriften über das Erlöschen der Vollmacht entsprechende Anwendung." Aus dieser Fassung hätte sich die Folgerung ergeben, daß, vom Widerruf abgesehen, allgemein das Erlöschen der Einwilligung nach dem ihrer Ertheilung zu Grunde liegenden Rechtsverhältnisse sich bestimmt (§ 168 Satz 1). Nach der jetzigen Fassung des § 183 dagegen ist bezüglich des Erlöschens der Einwilligung eine solche allgemeine Abhängigkeit von dem unterliegenden Kausalverhältnisse nicht vorgeschrieben. Man muß daher bei der anzuerkennenden Verwandtschaft der Einwilligung mit der Vollmacht annehmen, daß die Wirksamkeit der Einwilligung, vom Widerruf abgesehen, aus denselben Gründen erlischt, aus denen eine Vollmacht erlischt, der ein kausales Rechtsverhältniß nicht zu Grunde liegt. S. darüber Bem. 5 zu § 168. (A. M. Hoelder Bem. zu § 183; und Endemann, 8. Aufl. Bd. 1 § 83 Anm. 6, welcher annimmt, der Unterschied der Fassung des § 183 und des § 168 sei unwesentlich.) Was speziell den Konkurs dessen betrifft, zu dessen rechtlichem Handeln die Einwilligung ertheilt wurde, so ist zu beachten, daß trotz der Einwilligung der Gemeinschuldner mit der Eröffnung des Verfahrens über sein zur Konkursmasse gehöriges Vermögen nicht mehr disponiren kann (KO. § 6); die Einwilligung selbst aber erlischt dadurch nicht; wird daher der Konkurs über das Vermögen dessen, dem sie ertheilt ist, wieder aufgehoben, so kann dieser auf Grund der ertheilten Einwilligung nunmehr das Geschäft vornehmen, sofern nicht inzwischen ein anderer Endigungsgrund, z. B. Widerruf, eingetreten ist.

3. Der Widerruf der Einwilligung kann sowohl dem einen wie dem anderen Theile gegenüber erklärt werden. Er bedarf nicht der Annahme. Er wird dadurch wirksam, daß er dem Adressaten zugeht (s. § 130); dem Zugehen steht die nach den Vorschriften der CPO. erfolgende Zustellung durch Vermittelung eines Gerichtsvollziehers gleich (§ 132). Ein Verzicht auf den Widerruf der Einwilligung ist nur dann unmöglich, wenn eine solche Einschränkung sich aus dem der Einwilligung zu Grunde liegenden Rechts=

verhältnisse ergiebt; das Wesen der Einwilligung erfordert keineswegs Unverzichtbarkeit des Widerrufs.

Die Unwiderruflichkeit der Einwilligung kann sich ergeben aus dem ihrer Ertheilung zu Grunde liegenden Rechtsverhältnisse oder direkt aus gesetzlicher Vorschrift; solche Vorschriften haben die §§ 876, 880 Abs. 2, 1071, 1178 Abs. 2, 1183, 1245, 1255, 1517, 1748, 2291 Abs. 2. Vgl. Hellmann, Vortr. S. 121. Die Unwiderruflichkeit kann auch dem Gegenkontrahenten bindend zugesagt werden; s. Dernburg, Bürgerl. Recht Bd. 1 § 114, III, 1.

4. Auf die einmal ertheilte Einwilligung gemäß § 182 finden, obwohl dies nicht vorgeschrieben ist, hinsichtlich des Fortbestehens die §§ 170—173 entsprechende Anwendung. Wird daher z. B. die Einwilligung durch Erklärung gegenüber dem Dritten ertheilt, so bleibt sie diesem gegenüber in Kraft, bis ihm das Erlöschen von dem Einwilligenden angezeigt wird, es sei denn, daß der Dritte das Erlöschen der Einwilligung bei der Vornahme des Rechtsgeschäfts kannte oder kennen mußte. Der Zweck und die Gründe, welche für die Bevollmächtigung zu den Bestimmungen der §§ 170 ff. geführt haben, sind hier in gleicher Weise gegeben, und die in der II. Komm. vorgenommene Aenderung des E. I § 127 Abs. 3 läßt nicht ersehen, daß damit die analoge Anwendung der §§ 170 ff. ausgeschlossen werden sollte. Für die Analogie auch Fischer-Henle (Anm. 2 zu § 182), Rehbein (Komm. Bd. 1 S. 286) und mit eingehender Begründung Planck, Bem. 2 zu § 183.

5. Bis zur Perfektion des Rechtsgeschäfts hat derjenige, auf dessen Einwilligung es ankommt, es in der Hand, ob er sie ertheilen will oder nicht. Bis zu diesem Zeitpunkte präjudizirt er sich nicht durch eine Verweigerung der Einwilligung; er kann bis dahin trotz der Verweigerung immer noch wirksam die Einwilligung ertheilen.

§ 184.

Die nachträgliche Zustimmung (Genehmigung) wirkt auf den Zeitpunkt der Vornahme des Rechtsgeschäfts zurück, soweit nicht ein Anderes bestimmt ist.

Durch die Rückwirkung werden Verfügungen nicht unwirksam, die vor der Genehmigung über den Gegenstand des Rechtsgeschäfts von dem Genehmigenden getroffen worden oder im Wege der Zwangsvollstreckung oder der Arrestvollziehung oder durch den Konkursverwalter erfolgt sind.

E. I, 127 Abs. 4; II, 152; III, 180.

1. Die dem zustimmungsbedürftigen Rechtsgeschäfte (s. Bem. zu § 182) nachfolgende Zustimmung heißt Genehmigung.

Auf die Genehmigung finden die Bestimmungen des § 182 Abs. 1 u. 2 Anwendung. Die Genehmigung braucht nicht ausdrücklich erklärt zu werden; sie wird dadurch wirksam, daß sie dem Adressaten zugeht (§ 130); dem Zugehen steht die nach den Vorschriften der CPO. erfolgende Zustellung durch Vermittelung eines Gerichtsvollziehers gleich (§ 132).

2. Die Genehmigung ist stets unwiderruflich. Etwas Anderes ist es, daß sie wegen Irrthums, Drohung oder arglistiger Täuschung anfechtbar sein kann, ebenso wie sie auch nach den allgemeinen Grundsätzen über Willensmängel (§§ 166 ff.) nichtig sein kann.

Die Verweigerung der Genehmigung aber ist grundsätzlich widerruflich d. h. selbst die ausdrückliche Erklärung, nicht genehmigen zu wollen, ist für den Genehmigungsberechtigten nicht bindend; er kann trotzdem noch durch Genehmigung das Geschäft zur Wirksamkeit bringen. (Dagegen von der Pfordten, Das neue deutsche Civilrecht S. 116: Die Ablehnung der Genehmigung sei stets unabänderlich.) Häufig jedoch kann die einmal verweigerte Genehmigung nicht mehr mit Rechtswirksamkeit nachgeholt werden, nämlich dann, wenn das Gesetz selbst an die einmalige Verweigerung der Genehmigung die Annahme der Nichtexistenz des Rechtsgeschäfts knüpft (so § 415) oder wenn ein berechtigtes Interesse des Dritten vorliegt, definitive Gewißheit über die Wirksamkeit oder Unwirksamkeit des Rechtsgeschäftes zu erhalten. Dieses Interesse ist anzunehmen in den Fällen der §§ 108, 177, 1396, 1448, wo das Gesetz selbst, jeweils in Abs. 2, ein solches indirekt anerkennt, indem es dem Dritten zum Zwecke einer raschen Herbeiführung der Entscheidung die Möglichkeit einer Fristsetzung für die Ertheilung oder Verweigerung der Genehmigung giebt. (Die Meinung von Planck Bem. 3 zu § 184: Aus dem Zwecke der betreffenden Vorschrift und ihrem Zusammenhange mit anderen Vorschriften müsse in jedem einzelnen Falle ermittelt werden, in welchem Sinne die Vorschrift gemeint ist —, führt wohl praktisch zu demselben Resultat.)

3. Bis zur Genehmigung besteht für das Geschäft ein Zustand sogen. schwebender Unwirksamkeit; s. Vorbem. V, E, 4 in der Einleitung vor § 104 und Bem. 1 zu §§ 108, 109. Mit der Genehmigung ist entschieden, daß das Geschäft wirksam ist und zwar mit rückwirkender Kraft. Das Geschäft wird nun so angesehen, als ob es von Anfang an voll wirksam gewesen wäre. Die Rückwirkung ist also nicht nur eine obligatorische. Ist demnach z. B. ein fremder Gegenstand gestohlen und veräußert worden, so wird mit der Genehmigung des bisherigen Verfügungsberechtigten der Erwerber trotz der ursprünglichen Furtivität der Sache Eigenthümer ex tunc (s. § 185 Abs. 2). Wenn ferner — dieses Beispiel bringt R. Leonhard (Allg. Theil S 343) — ein Sohn die Uhr seines Vaters heimlich in das Leihhaus getragen hat, so kann der Vater, um öffentliches Aergerniß zu vermeiden, dies Geschäft durch einfache Genehmigung, die er dem Sohne erklärt, in eine vollgültige Verpfändung der Sache umwandeln. Vgl. auch Jur. Wschr. 1901 S. 519. Aus der Rückdatirung des genehmigten Geschäfts ergiebt sich, daß dieses nach den zur Zeit der Vornahme des Geschäfts, nicht zur Zeit der Genehmigung, geltenden Gesetzen zu beurtheilen ist (bezüglich der davon verschiedenen Frage, ob ein in der Uebergangszeit abgeschlossenes Geschäft hinsichtlich der Genehmigungsbedürftigkeit dem alten oder neuen Rechte unterworfen ist, namentlich für den Fall des EG. Art. 86, s. Francke in Bl. f. RA. Bd. 65 S. 341 ff.); ferner, daß die Verjährung der Ansprüche aus dem Geschäfte schon mit der Vornahme, nicht erst mit der Genehmigung, zu laufen beginnt

Ob die Rückwirkung der Genehmigung schon römisch-gemeinrechtlich ist, ist kontrovers, dürfte aber zu bejahen sein; vgl. einerseits Hoelder, Pand. S. 308 Anm. 3 und Komm. Bem. 2 zu § 184, andererseits Rehbein, Komm. Bd. 1 S. 286 und R. Leonhard, Allg. Theil S. 343 ff., welch letzterer für die Bejahung l. 58 § 2, l. 71 § 2 D. 46, 3 anführt.

4. Die Vorschrift der Rückwirkung der Genehmigung auf den Zeitpunkt der Geschäftsvornahme ist eine dispositive; sie gilt nach Abs. 1 nur, „soweit nicht ein Anderes bestimmt ist.“ Vgl. jedoch das in Bem. 2 zu §§ 108, 109 S. 268 Gesagte, Windscheid-Kipp, Bd. 1 S. 282 und die Bedenken von Hoelder, Komm. Bem. 2 zu § 184.

5. Durch die Rückziehung sollen Rechte Dritter nicht berührt werden. Daher bestimmt Abs. 2, daß Verfügungen bestehen bleiben, die vor der Genehmigung von dem Genehmigenden über den Gegenstand des Rechtsgeschäfts getroffen worden sind. (Auch nach cod. civ. art. 1338 Abs. 3 hat die Genehmigung die ihr eigenthümliche Wirkung nur sans préjudice . . . du droit du tiers.) Ueber den Begriff der „Verfügung“ s. oben Bem. VIII der Einl. z. dritten Abschnitt (vor § 104). Den eigenen Verfügungen des Genehmigenden stehen diejenigen gleich, welche aus seinem Rechte erfolgen; M. I, 247. Darum sind solche Verfügungen gleichgestellt, die im Wege der gegen den Genehmigenden ergehenden Zwangsvollstreckung oder der Arrestvollziehung oder nach Eröffnung des Konkurses über sein Vermögen durch den Konkursverwalter erfolgt sind. Die II. Komm. (P. I, 184) beabsichtigte zuerst, auch die durch rechtskräftiges Urtheil erfolgenden Verfügungen gleichzustellen (die Gleichstellung nimmt auch Dernburg, Bürg.R. Bd. 1 § 114, an), ließ aber auf Grund späterer Berathungen (P. VI, 129 ff.) das Urtheil doch unerwähnt; vgl. hieher auch Bem. 5 zu § 161. Planck (3. Aufl., Bem. 1 zu § 184) sieht in Abs. 2 des § 184 den Ausfluß eines allgemeinen Prinzips, welches er dahin formulirt, daß wohlerworbene Rechte Dritter durch die auf dem Willen des Genehmigenden beruhende Rückwirkung nicht beeinträchtigt werden können; er dehnt daher den Satz des Abs. 2 auf alle Fälle aus, in welchen ein Dritter in der Zwischenzeit ein Recht erworben hat, das bei unbeschränkter Rückwirkung wegfallen würde, also auch auf den Fall des gegen den Genehmigenden ergangenen rechtskräftigen Urtheils und auf den der Enteignung. Wäre die Planck'sche Auffassung, die ja de lege ferenda zu billigen ist, wirklich auch die des geltenden Rechtes, so hätte sich hier das BGB. in einen schwer verständlichen Widerspruch gesetzt mit einer elementaren Forderung der modernen Gesetzestechnik, welche doch da, wo sie einen allgemeinen Rechtsatz aufstellen will, nicht kasuistisch bloße Beispiele anführt, ohne sie als solche zu kennzeichnen.

§ 185.

Eine Verfügung, die ein Nichtberechtigter über einen Gegenstand trifft, ist wirksam, wenn sie mit Einwilligung des Berechtigten erfolgt.

Die Verfügung wird wirksam, wenn der Berechtigte sie genehmigt oder wenn der Verfügende den Gegenstand erwirbt oder wenn er von dem Berechtigten beerbt wird und dieser für die Nachlaßverbindlichkeiten unbeschränkt haftet. In den beiden letzteren Fällen wird, wenn über den Gegenstand mehrere mit einander nicht in Einklang stehende Verfügungen getroffen worden sind, nur die frühere Verfügung wirksam.

E. I, —; II, 153; III, 181.

1. Ueber den Begriff „Verfügung" s. oben Bem. VIII der Einl. z. dritten Abschnitt (vor § 104), auch RGE. Bd. 49 S. 416 ff. und Bayr. Oberst. LG. n. F. Bd. 3 S. 143. Ueber den Begriff „Gegenstand" s. oben Bem. II der Einl. z. zweiten Abschnitt (vor § 90).

2. § 185 handelt von der Rechtswirksamkeit der Verfügungen, die ein Nichtberechtigter im eigenen Namen (vgl. RGE. Bd. 53 S. 274 ff.) über einen Gegenstand trifft. Insofern in Abs. 2 solche Verfügungen als wirksam erklärt werden, wenn der Verfügende den Gegenstand erwirbt oder wenn er von dem für die Nachlaßverbindlichkeiten unbeschränkt haftenden Berechtigten beerbt wird, ist die Vorschrift eine lex fugitiva, da sie mit der Einwilligung und Genehmigung nichts zu thun hat. Die gemeinsame Kategorie der in § 185 behandelten Fälle ist nicht die Zustimmung, sondern die Konvaleszenz. Schon E. I hatte entsprechende einzelne Konvaleszenzfälle in seinen §§ 310, 830, 876 (vgl. M. II, 139 ff.; M. III, 188 ff., 340 ff.). Die II. Komm. (P. I, 179) entschloß sich, das allgemeine Prinzip, das diesen Fällen zu Grunde liegt, durch eine allgemeine Vorschrift auszusprechen.

3. Abs. 1 bestimmt, daß die mit Einwilligung des Berechtigten erfolgte Verfügung wirksam ist. Einwilligung ist die vor der Vornahme des Rechtsgeschäfts ertheilte Zustimmung; Näheres über sie bei § 183. Die Einwilligung muß der Berechtigte in dem Bewußtsein ertheilen, Berechtigter zu sein. Hat er seine Zustimmung zur Veräußerung seiner Sache ertheilt, ohne sein Eigenthum zu kennen, so liegt nach Hoelder (Komm. Bem. 1 zu § 185) eine die Gültigkeit der Veräußerung begründende Einwilligung überhaupt nicht vor; richtiger dürfte es sein, die Veräußerung als eine zunächst rechtswirksame, die Einwilligung aber als eine wegen wesentlichen Irrthums im Sinne des § 119 anfechtbare zu behandeln. Glaubt dagegen umgekehrt der Einwilligende, Berechtigter zu sein, ist er es aber in Wahrheit nicht, so ist seine Einwilligung rechtlich bedeutungslos. Wer ohne Einwilligung des Berechtigten eine Sache veräußert, ist obligatorisch verpflichtet, dem Gegenkontrahenten sein Eigenthum zu verschaffen, Eigenthum übertragen kann er aber nur nach Maßgabe der Vorschriften, nach welchen gutgläubige Dritte Eigenthum von einem Nichtberechtigten erwerben können (vgl. §§ 932 ff., 892 ff.); analog bei Verfügungen, welche auf unmittelbare Verschaffung anderweitiger Rechte gerichtet sind.

Wenn die Verfügung in fremdem Namen erfolgt, so ist die hiezu ertheilte „Einwilligung" nicht eine solche im Sinne des § 183, sondern in Wahrheit Ertheilung einer Vertretungsmacht (Vollmacht, § 166 Abs. 2). Wird A von B ermächtigt, in einer bestimmten Rechtsangelegenheit nach seiner Wahl entweder im Namen des Berechtigten B oder in eigenem Namen zu handeln, so ist ihm zugleich eine Vollmacht und eine Einwilligung im Sinne des § 185 Abs. 1 ertheilt. Vgl. hiezu RGE. Bd. 53 S. 274 ff.

4. Während die Verfügung des Nichtberechtigten von Anfang an wirksam ist, wenn sie mit Einwilligung des Berechtigten erfolgt, wird sie erst hinterher wirksam, wenn der Berechtigte sie genehmigt d. h. seine nachträgliche Zustimmung ertheilt. Sie wird aber in diesem Falle wirksam mit rückwirkender Kraft nach Maßgabe des § 184. Vgl. die Bem. zu § 184. Die Konvaleszenz tritt ein ohne Rücksicht darauf, ob der andere Theil den ursprünglichen Mangel des Verfügungsrechts des rechtsgeschäftlich Handelnden kannte oder nicht. Die Genehmigung ist unwiderruflich. Eine Frist für die Ertheilung der Genehmigung ist weder vom Gesetze bestimmt, noch kann eine solche durch die Gegenpartei gesetzt werden. (Cosack, Lehrbuch Bd. 1 § 58, VI, 3, a sagt, die Frist sei im Einzelfalle nach freiem Ermessen zu bestimmen. Dafür bietet aber das Gesetz keinen Anhalt; vgl. Bem. 5 zu §§ 108, 109 S. 317.) Durch bloßen Zeitablauf endigt der Schwebezustand, während dessen noch das Genehmigungsrecht besteht, überhaupt nicht. Wohl aber kann er dadurch endigen, daß der Berechtigte, der um die Verfügung über seinen Gegenstand weiß, dieser Verfügung ruhig zusieht, ohne ihr zu widersprechen, obwohl ihm Anlaß dazu gegeben war; denn in solchem Verhalten kann den konkreten Umständen nach eine stillschweigende Genehmigung zu finden sein. Nach den Umständen und der Absicht der Parteien ist auch die Frage zu beantworten, ob die Verweigerung der Genehmigung widerrufen werden kann, ob also der Berechtigte trotz verweigerter Genehmigung diese nachträglich doch noch ertheilen und dadurch das Geschäft wirksam machen kann. Im Zweifel wird man annehmen dürfen, daß, wenn die Parteien die Genehmigungsbedürftigkeit des Geschäftes gekannt haben, sie, wenn einmal die Genehmigung verweigert wird, nicht weiter gebunden sein wollen. Vgl. auch Planck Bem. 4 zu § 185.

Einseitige Rechtsgeschäfte, die ein Nichtberechtigter vornimmt, z. B. eine Kündigung, können nicht durch Genehmigung des Berechtigten konvaleszieren; § 185 findet seinem Sinne nach auf sie keine Anwendung; im Resultate übereinstimmend mit verschiedener Begründung Rehbein (Komm. Bd. 1 S. 288), Cosack (Lehrbuch Bd. 1 § 58, VI, 3, a) und Clarus (in Bl. f. RA. Bd. 64 S. 182 ff.).

5. Die Verfügung wird außer durch Genehmigung auch dann wirksam:

a) wenn der Verfügende den Gegenstand erwirbt, gleichgültig durch welches Rechtsgeschäft. Eine Rückwirkung tritt aber in diesem Falle nicht ein. Der Grundsatz von der Konvaleszenz der Verfügung eines Nichtberechtigten im Falle des nachträglichen Erwerbs des Rechtes durch den Verfügenden gilt auch für den Grundbuchverkehr. Da aber als Verfügung im Sinne des § 185 nur diejenige Rechtshandlung erscheint, durch welche die Rechtsänderung unmittelbar bewirkt wird, so ist im Grundbuchverkehr für die Regelfälle, in denen die Rechtsänderung durch Einigung und Eintragung erfolgt, nur diejenige Bewilligung, zu welcher auch die Eintragung hinzu gekommen, die Verfügung im Sinn des § 185. Entsch. d. Kammerger. Bd. 21 Abt. A S. 150, Rspr. d. OLG. Jahrg. 2 S. 154. Vgl. zu dieser Frage auch Jur. Wschr. 1901 S. 867; ferner Rspr. d. OLG. Bd. 4 S. 33, Bd. 5 S. 418, Eccius in D. Jur.Z. 1902 S. 61 ff., Förster, Recht 1902 S. 115 ff., Kretzschmar, Centralbl. Bd. 2 S. 812 ff. und Bem. B, II, 3, c zu § 925.

b) wenn der Verfügende von dem Berechtigten beerbt wird und dieser für die Nachlaßverbindlichkeiten unbeschränkt haftet. Verfügung und Berechtigung müssen in derselben Person zusammentreffen; das ist auch dann der Fall, wenn der Verfügende nicht von dem zur Zeit der Verfügung Berechtigten, sondern von einem später Berechtigten beerbt wird, und auch dann, wenn der Erbe des Verfügenden von dem Berechtigten beerbt wird. Das Zusammentreffen von Verfügung und Berechtigung in einer Person ist nur dann ein völliges und unbedingtes, wenn eine Haftungsbeschränkung nicht eintreten kann. Wann unbeschränkte Haftung besteht, ergiebt sich aus den Vorschriften des II. Titels des II. Abschnittes des V. Buches. Ueber die Kontroverse, ob prinzipiell der Erbe beschränkt oder unbeschränkt haftet, s. die Erörterungen in Bd. V zu § 1967. Ist die Erbenhaftung eine beschränkte, so tritt Konvaleszenz nicht ein, vielmehr unterliegt dann der Erbe denselben obligatorischen Ansprüchen, welche gegen seinen Universalvorgänger bestanden hätten, jedoch mit der aus der Haftungsbeschränkung sich ergebenden Modifikation. Die im Falle unbeschränkter Erbenhaftung eintretende Konvaleszenz hat keine rückwirkende Kraft.

6. Hat Jemand über denselben Gegenstand mehrere sich widersprechende Verfügungen getroffen, so kann in den unter 5, a u. b erörterten Fällen die in Abs. 2 Satz 1 vorgeschriebene Konvaleszenz natürlich nicht für die mehreren Verfügungen eintreten. Das Gesetz löst die Kollision dadurch, daß es nur die frühere Verfügung für wirksam erklärt (ohne rückwirkende Kraft). Dieselbe Entscheidung muß wohl, obwohl das Gesetz sie nicht ausdrücklich vorschreibt, dann getroffen werden, wenn der Berechtigte mehrere sich widersprechende Verfügungen, die ein Nichtberechtigter getroffen hat, gleichzeitig genehmigt (so auch Planck Bem. 6 zu § 185); daß er sie hintereinander genehmigt, ist rechtlich unmöglich, da er selbst in Folge der durch seine erste Genehmigung eintretenden Konvaleszenz aufhört, Berechtigter zu sein, und daher zur weiteren Genehmigung nicht mehr legitimirt ist.

Beispiel: A hat die Sache, die er vom Eigenthümer B zur Verwahrung erhalten hat, an C und hinterher an D verkauft; mit beiden Käufern hat er ein constitutum possessorium abgeschlossen (§ 930). Dem A droht eine Anzeige wegen Unterschlagung; B, der ihn schonen will, schenkt ihm die Sache. Dadurch konvaleszirt der Verkauf an C, nicht der an D. Angenommen nun, C ficht diesen Verkauf mit Erfolg an, weil er widerrechtlich durch Drohung zum Kauf bestimmt wurde, so konvaleszirt infolge der nun offen gelegten Nichtigkeit des Geschäfts zwischen A und C das Geschäft zwischen A und D und zwar mit Rückziehung auf den Moment der Konvaleszenz des Geschäfts zwischen A und C, also der Schenkung des B, nicht auf den Moment der Vornahme des Geschäfts zwischen A und D. Diese Konsequenz ergiebt sich aus dem Zusammenhalte der §§ 185 mit 142 Abs. 1.

7. Die Vorschriften des § 185 finden auch Anwendung, wenn bei einem bestehenden Schuldverhältniß an einen Andern als den Gläubiger zum Zwecke der Erfüllung geleistet wird. S. P. I, 334 ff. und Bem. zu § 362.

8. Gemeinrechtlich trat Konvaleszenz zwar ein im Falle der Genehmigung der Verfügung über die Rechtssphäre eines Anderen durch diesen, nicht aber in den andern

in § 185 Abs. 2 behandelten Fällen; hier war vielmehr der Dritte, zu dessen Gunsten der Nichtberechtigte verfügt hatte, gegen den dinglichen Anspruch des Verfügenden, welcher das betreffende Recht erworben hat, bezw. des Berechtigten, welcher den Verfügenden beerbt hat, im Wesentlichen auf die sog. exceptio rei venditae et traditae beschränkt. Vgl. M. II, 309; Windscheid-Kipp, Bd. 1 § 197 Anm. 6; Dernburg, Pand. Bd. 1 § 216.

Vierter Abschnitt.

Fristen. Termine.

§ 186.*)

Für die in Gesetzen, gerichtlichen Verfügungen und Rechtsgeschäften enthaltenen Frist- und Terminsbestimmungen gelten die Auslegungsvorschriften der §§ 187 bis 193.

E. I, 147; II, 154; III, 182.

1. Schon im römischen Rechte ist das Bedürfniß hervorgetreten, für die Berechnung der Zeitbestimmungen, wo solche von rechtlicher Bedeutung werden, Normen aufzustellen: s. Windscheid-Kipp, Pand. Bd. 1 § 103. In den neueren Kodifikationen geben solche Normen namentlich PLR. Thl. I Tit. 3 §§ 45 ff.; cod. civ. art. 1156, 1159, 2260, 2261, 2271; sächs. GB. §§ 82 ff.; HGB. a. F. Art. 327—334; WO. Art. 30, 32, 41 Abs. 2, 92; CPO. §§ 221 ff.

2. Das BGB. giebt für Frist- und Terminsbestimmungen in den §§ 187—193 eine Reihe von Auslegungsvorschriften. Ihr Zweck ist, „Bestimmtheit und Einfachheit der Sprache zu ermöglichen und eine Gewähr dafür zu bieten, daß Ausdrucksweisen, welche einer mehrfachen Deutung empfänglich sind, so verstanden werden, wie dies der aus der Regel des Lebens geschöpften muthmaßlichen Absicht des Verfügenden entspricht" (M. I, 282). Dadurch, daß § 186 die nachfolgenden Normen als Auslegungsvorschriften bezeichnet, wird zum Ausdrucke gebracht, daß sie dann nicht anwendbar sind, wenn aus ausdrücklicher Bestimmung oder auch nur aus den Umständen ein abweichender Wille der Parteien zu entnehmen ist. Ein abweichender Wille ist z. B. regelmäßig dann anzunehmen, wenn entsprechend dem konstanten Sprachgebrauche des gewöhnlichen Lebens die Redewendung gebraucht wird: „Heute in acht Tagen"; damit sind gewöhnlich nicht acht Tage, sondern eine Woche, also sieben Tage zu verstehen, ebenso wie nach französischem Sprachgebrauche „quinze jours" regelmäßig nicht 15, sondern 14 Tage bedeutet. Es geht kaum zu weit, wenn man den erwähnten inkorrekten Sprachgebrauch als einen so feststehenden betrachtet, daß die Beweislast dafür, daß der Ausdruck wörtlich zu nehmen sei, dem dies Behauptenden aufgebürdet wird (so auch von der Pfordten, das neue Civilrecht, S. 163). In Handelssachen ist die gegentheilige Auslegung vorgeschrieben durch HGB. § 359.

3. Die Auslegungsvorschriften der §§ 187 ff. betreffen Frist- und Terminsbestimmungen. Der Ausdruck „Frist" bezieht sich im engeren Sinne auf Zeiträume, innerhalb deren eine Handlung vorgenommen, im Besonderen ein Recht ausgeübt oder eine Willenserklärung abgegeben werden soll; das BGB. gebraucht jedoch den Ausdruck auch in dem weiteren Sinne, in welchem er jeden abgegrenzten Zeitraum bezeichnet, auch einen solchen, der nicht zusammenhängend zu verlaufen braucht (s. § 191); M. I, 282. Die meisten Fristen sind sogen. Präklusivfristen (Ausschlußfristen): irgend eine rechtlich bedeutsame Handlung muß innerhalb eines bestimmten Zeitraums vorgenommen werden, widrigenfalls eine bestimmte Rechtsfolge auch wider den Willen dessen, der handeln sollte, eintritt. Gegenüber den Ausschlußfristen wirken grundsätzlich weder Hemmung noch Unterbrechung, die dagegen für den Lauf der Verjährungsfristen von Einfluß sind. Aber das BGB. schwächt in vielen Fällen die streng präklusive Wirkung der Ausschlußfristen ab, indem es die für den Lauf der Verjährung geltenden Normen der §§ 203, 206, 207 auch hier für anwendbar erklärt; s. die Aufzählung bei Planck Bd. 1 Bem. 2 zu § 186. Ueber die Unterscheidung der Befristung und der Verjährung s. im Uebrigen Vorbem. 3 vor § 194.

*) Literatur: Hoelder, Theorie der Zeitrechnung (1873); Brinz, Ueber die Zeit im Rechte (Münchner Rektoratsrede 1882); Bilfinger, Der bürgerliche Tag (1888); Trost, Fristen und Termine nach dem BGB. (1897); Kloß, Das deutsche und badische Sonntagsrecht. — Eine Zusammenstellung aller derjenigen Gesetzesstellen des Reichsrechts, welche Fristen enthalten, giebt J. Hermann, Zivilrechtliche Fristen und Verjährungen der deutschen Reichsgesetze (München 1901, J. Schweitzer Verlag [Arthur Sellier]).

Termin ist ein bestimmter Zeitpunkt, an welchem etwas, was von rechtlicher Bedeutung ist, vorgehen soll. Ueber Termine im civilprozessualen Sinne s. CPO. §§ 214 ff. und die Kommentare dazu.

4. Die Vorschriften der §§ 187 ff. gelten für den Inhalt gesetzlicher, gerichtlicher und rechtsgeschäftlicher Frist- und Terminsbestimmungen. Sie gelten auch für Handelssachen, abgesehen von der besonderen Vorschrift des § 359 HGB. Sie gelten auch in Wechselsachen, unbeschadet der besonderen Vorschriften der Art. 30, 32, 41 Abs. 2, 92 WO. Sie gelten endlich auch für die Berechnung der Fristen im Civilprozesse nach der ausdrücklichen Vorschrift des § 222 Abs. 1 CPO. (dazu giebt die CPO. besondere Vorschriften in §§ 214 ff.), und für Berechnung der Fristen in der freiwilligen Gerichtsbarkeit nach FG. § 17 Abs. 1 (dazu § 17 Abs. 2). Vgl. StPO. §§ 42, 43, dagegen StGB. §§ 61, 67 Abs. 4, 70 Abs. 2.

Beispiele gesetzlicher Fristen bieten im BGB. die §§ 51, 63, 73, 124, 176, 485, 510, 1944, 2109 und viele andere. Eine richterliche Frist ist z. B. die Inventarfrist, welche das Nachlaßgericht dem Erben auf Antrag eines Nachlaßgläubigers bestimmt (§ 1994). Unter den „gerichtlichen Verfügungen" des § 186 sind Erlasse gerichtlicher Organe jeder Art (Fischer-Henle Bem. 2 zu § 186) zu verstehen, des Gesammtgerichts, des Vorsitzenden, des beauftragten Richters, des Gerichtsschreibers, des Gerichtsvollziehers, auch der Schiedsrichter, der besonderen Gerichte (namentlich Gewerbegerichte) und der Verwaltungsgerichte. Rechtsgeschäftliche Zeitbestimmungen sind namentlich solche im Sinne des § 163; aber auch sonst hat das Gesetz Fälle, in welchen auf eine von den Parteien selbst zur Abgabe von Erklärungen oder Vornahme von Handlungen zu setzende Frist hingewiesen wird; vgl. z. B. §§ 108, 177.

5. Grundlage der Zeitberechnung ist im Geltungsbereiche des BGB. der sog. Gregorianische Kalender (von Gregor XIII; 1581), der eine Verbesserung des in den griechisch-gläubigen Staaten heute noch geltenden Julianischen Kalenders gebracht hat. Den 365 Kalendertagen wird, da das Sonnenjahr in Wahrheit 365 Tage 5 Stunden 48 Minuten und 28 Sekunden hat, alle vier Jahre im Februar ein sogen. Schalttag beigefügt; die bei dieser Methode noch bestehende Ungenauigkeit gleicht der Gregorianische Kalender dadurch aus, daß in je 400 Jahren 3 Schalttage weggelassen werden.

Die gesetzliche Zeit ist im Deutschen Reiche die sog. mitteleuropäische. Darüber bestimmt das RG. v. 12. März 1893, betr. die Einführung einer einheitlichen Zeitrechnung: Die gesetzliche Zeit in Deutschland ist die mittlere Sonnenzeit des 15. Längengrades östlich von Greenwich.

6. Ueber die Anwendung des BGB. für die Berechnung von Fristen, die nach dem 31. Dezember 1899 in Betreff eines Vertragsverhältnisses vereinbart worden sind, das bereits vorher entstanden war, s. RGE. Bd. 50 S. 253 ff.

§ 187.

Ist für den Anfang einer Frist ein Ereigniß oder ein in den Lauf eines Tages fallender Zeitpunkt maßgebend, so wird bei der Berechnung der Frist der Tag nicht mitgerechnet, in welchen das Ereigniß oder der Zeitpunkt fällt.

Ist der Beginn eines Tages der für den Anfang einer Frist maßgebende Zeitpunkt, so wird dieser Tag bei der Berechnung der Frist mitgerechnet. Das Gleiche gilt von dem Tage der Geburt bei der Berechnung des Lebensalters.

E. I, 148 Abs. 1; II, 155; III, 183.

1. Schon das römische Recht hatte für Fristen, die nach Tagen, Wochen, Monaten oder Jahren bemessen sind, die sog. Civilcomputation, bei welcher nur nach ganzen Tagen gerechnet wird, nicht die Naturalcomputation, die von der Stunde und Minute an rechnet, in welche das maßgebende Anfangsereigniß oder der maßgebende Anfangstermin fällt; non ad momenta temporum, sed ad dies numeramus (l. 134 D. 50. 16). Derselben Berechnungsmethode folgt auch das BGB.; die Frist wird also so berechnet und bestimmt, daß sie mit dem Anfang eines Kalendertages beginnt und mit dem Schlusse eines solchen endigt. Doch kann die Berechnung a momento ad momentum bei Fristen, die auf Parteiwillen beruhen, durch diesen bestimmt werden. Naturalcomputation findet immer statt bei solchen Fristen, die nach kürzeren Zeiträumen als nach Tagen berechnet sind; vgl. CPO. §§ 216, 217.

2. Nach § 187 Abs. 1 bleibt der Tag, in dessen Verlauf das Ereigniß oder der Zeitpunkt, nach welchem der Beginn der Frist sich richten soll, fällt, außer Ansatz; M. I, 283. Diese Zählungsmethode widerspricht der römischen, welche die entgegengesetzte war,

sie entspricht aber der neueren Verkehrsauffassung (vgl. RGE. Bd. 11 S. 44), welche bisher schon im sächs. GB. § 87, in WO. Art. 31 Abs. 1 Ziff. 1, in HGB. ä. F. Art. 328 Ziff. 1, in StPO. § 42 und vor allem in CPO. ä. F. § 199 zum Ausdruck kam; jetzt ist CPO. ä. F. § 199 dadurch überflüssig geworden, daß in CPO. n. F. § 222 nunmehr allgemein für Berechnung der Fristen im Civilprozesse die Vorschriften des BGB. für anwendbar erklärt sind. Bei rechtsgeschäftlichen Fristen ist zu beachten, daß der Grundsatz der Nichteinrechnung des Anfangstags kein zwingender Rechtssatz, sondern nur eine Auslegungsregel ist. Eine abweichende, für die Auslegung maßgebende Verkehrssitte besteht z. B. (dieses Beispiel führt Hoelder, Komm. Bem. 2, b zu § 187 an), wenn die Geltung einer Eisenbahnfahrkarte mit eintägiger Gültigkeit mit dem Ablaufe des Lösungstags erlischt.

3. Die Regel der Nichteinrechnung des Anfangstags hat ihren Grund darin, daß es vermieden werden soll, Bruchtheile von Tagen berücksichtigen zu müssen. Dieser Grund fällt weg, wenn der Beginn eines Tages der für den Anfang der Frist maßgebende Zeitpunkt ist, wenn also z. B. eine Wohnung am 20. März vom 1. April an auf ein halbes Jahr gemiethet wird. Für solche Fälle bestimmt daher § 187 Abs. 2, daß der Anfangstag bei der Fristberechnung mitzurechnen ist; in dem genannten Falle endigt also die Miethe mit dem Ablaufe des 30. September; vgl. §§ 188 Abs. 2, 189.

4. Auch bei Berechnung des Lebensalters wird entgegen der Regel des Abs. 1 der Tag der Geburt mitgerechnet. Die Volljährigkeit tritt demnach schon mit dem Beginne des Tages ein, an welchem das 21. Lebensjahr vollendet wird. Diese Bestimmung, die in E. I fehlte, hatte namentlich Hoelder (im Archiv f. d. civilist. Praxis Bd. 73 S. 137) gefordert mit dem Hinweis darauf, daß ohne sie nicht alle in demselben Jahrgange geborenen Personen derselben Jahresklasse, sondern die am 31. Dezember geborenen erst der folgenden Jahresklasse angehören würden. Auch hier handelt es sich jedoch, wie aus § 186 hervorgeht, nur um eine Auslegungsregel.

§ 188.

Eine nach Tagen bestimmte Frist endigt mit dem Ablaufe des letzten Tages der Frist.

Eine Frist, die nach Wochen, nach Monaten oder nach einem mehrere Monate umfassenden Zeitraume — Jahr, halbes Jahr, Vierteljahr — bestimmt ist, endigt im Falle des § 187 Abs. 1 mit dem Ablaufe desjenigen Tages der letzten Woche oder des letzten Monats, welcher durch seine Benennung oder seine Zahl dem Tage entspricht, in den das Ereigniß oder der Zeitpunkt fällt, im Falle des § 187 Abs. 2 mit dem Ablaufe desjenigen Tages der letzten Woche oder des letzten Monats, welcher dem Tage vorhergeht, der durch seine Benennung oder seine Zahl dem Anfangstage der Frist entspricht.

Fehlt bei einer nach Monaten bestimmten Frist in dem letzten Monate der für ihren Ablauf maßgebende Tag, so endigt die Frist mit dem Ablaufe des letzten Tages dieses Monats.

E. I, 148 Abs. 2, 149; II, 156; III, 184.

1. Die Bestimmung, daß eine nach Tagen bestimmte Frist mit dem Ablaufe des letzten Tages der Frist endigt, gilt, abgesehen von der durch § 193 eintretenden Modifikation, ausnahmslos, also nicht nur dann, wenn ein Recht durch Unthätigkeit binnen einer gewissen Frist verloren gehen soll, sondern auch, soweit es sich um den Erwerb eines Rechtes handelt, wie bei Ersitzungsfristen. Das gemeine Recht kannte den im römischen Rechte nur für einzelne Fälle nachweisbaren Satz, daß, soweit es sich um den Erwerb eines Rechtes handelt, dies coeptus pro iam completo habetur (vgl. auch PLR. Thl. I Tit. 3 §§ 46 f., Tit. 9 §§ 47 ff., österr. GB. § 903). Das BGB. hat durch § 188 Abs. 1 diesen Satz abgelehnt.

2. Ist eine Frist nach einer Woche oder nach mehreren Wochen bestimmt, so wird von Wochentag zu Wochentag gerechnet und der Ablauf des letzten Tages gefordert. Fällt daher das Anfangsereigniß oder der Anfangszeitpunkt einer nach Wochen bestimmten Frist auf einen Dienstag, so endigt die Frist mit dem Ablauf eines Dienstags u. s. w. Ist dagegen der Beginn eines Dienstags der für den Anfang einer nach Wochen be-

messenen Frist maßgebende Zeitpunkt (§ 187 Abs. 2), so endigt die Frist mit dem Ablaufe eines Montags.

Bei einer Frist, die nach einem oder mehreren Monaten oder nach einem mehrere Monate umfassenden Zeitraum — Jahr, halbes Jahr, Vierteljahr — bemessen ist, ist die Berechnung von Datum zu Datum vorgeschrieben, wiederum unter Berücksichtigung der Vorschriften des § 187. Diese Rechnungsweise hat, wie M. I, 284 sagen, die Zweckmäßigkeit für sich und ist diejenige des heutigen Verkehrs. „Die Leichtigkeit und Bequemlichkeit der Handhabung der Berechnung wird höher gestellt als die Gleichförmigkeit der betreffenden Zeitabschnitte. Eine nothwendige Folge der Rechnungsweise ist, daß, wenn das Ereigniß oder der Zeitpunkt, nach welchem der Beginn der Frist sich bestimmt, auf einen Monatstag fällt, welcher in dem Endmonate fehlt, der letzte Tag dieses Monats als der letzte Tag der Frist behandelt werden muß" (Abs. 3). Fällt daher z. B. der Anfangszeitpunkt oder das Anfangsereigniß einer Frist von einem Monate auf den 13. Februar, so endigt die Frist mit dem Ablaufe des 13. März, ohne Rücksicht darauf, daß der Februar nur 28 bezw. 29 Tage hat. Ist der Beginn des 13. Februar der für den Anfang einer Monatsfrist maßgebende Zeitpunkt, so endigt die Frist nach §§ 188 Abs. 2, 187 Abs. 2 schon mit dem Ablaufe des 12. März.

Vgl. CPO. ä. F. § 200 (jetzt gestrichen wegen des auf das BGB. verweisenden § 222 CPO. n. F.); ferner den durch vorliegenden § 188 BGB. ersetzten Art. 328 HGB. ä. F.; WO. Art. 32 Abs. 1 Nr. 2; StPO. § 43 Abs. 1.

3. Hinsichtlich des Schalttags (über diesen eingehend Hoelder, Komm. Bem. 2, c zu § 188) gilt nichts Besonderes; er bildet in jeder Beziehung einen selbständigen Tag. M. I, 284.

4. Die Anwendung des § 188 für die Berechnung von Monats- bezw. Jahresfristen setzt voraus, daß es sich um tempus continuum d. h. um zusammenhängende Zeitabschnitte handelt; über die Berechnung von Zeiträumen, die nicht zusammenhängend zu verlaufen brauchen, s. § 191.

§ 189.

Unter einem halben Jahre wird eine Frist von sechs Monaten, unter einem Vierteljahre eine Frist von drei Monaten, unter einem halben Monat eine Frist von fünfzehn Tagen verstanden.

Ist eine Frist auf einen oder mehrere ganze Monate und einen halben Monat gestellt, so sind die fünfzehn Tage zuletzt zu zählen.

E. I, 150; II, 157; III, 185.

1. Durch die keiner Erläuterung bedürftige Auslegungsregel (s. Bem. 2 zu § 186), daß unter einem halben Jahre eine Frist von sechs Monaten, unter einem Vierteljahre eine Frist von drei Monaten verstanden wird, soll vermieden werden, daß eine Abzählung der Tage stattfindet. Die Frist ist also wie eine nach Monaten bestimmte gemäß § 188 Abs. 2 zu behandeln.

2. Daß unter einem halben Monat eine Frist von fünfzehn Tagen zu verstehen ist, gleichgültig, wie viele Tage der betreffende Monat hat, und daß diese fünfzehn Tage, wenn die Frist auf einen oder mehrere ganze Monate und einen halben Monat gestellt ist, nicht zu Anfang, sondern zuletzt zu zählen sind, entspricht den bisherigen Vorschriften des Art. 32 Abs. 2 WO. und des (jetzt gestrichenen) Art. 328 HGB. ä. F. Eine am 20. Februar eines Schaltjahrs oder Nichtschaltjahrs beginnende Frist von dreieinhalb Monaten endigt demnach mit dem Ablaufe des 4. Juni.

3. Eine Frist von vier Wochen oder von sechs Wochen ist als Wochenfrist (Berechnung nach § 188 Abs. 2) auszulegen, nicht als Monatsfrist oder Frist von anderthalb Monaten. Vgl. Bernstein, Komm. z. WO. S. 174; Staub, Komm. z. WO. 4. Aufl. S. 101.

Ueber die Frist von „acht Tagen" s. Bem. 2 zu § 186.

§ 190.

Im Falle der Verlängerung einer Frist wird die neue Frist von dem Ablaufe der vorigen Frist an berechnet.

E. I, 152; II, 158; III, 186.

1. Diese Vorschrift gilt sowohl für die Verlängerung einer im Laufe begriffenen als auch für die Verlängerung einer abgelaufenen Frist; auch im letzteren Falle soll

nicht vom Tage der Bewilligung der Verlängerung, sondern vom Ablaufe des Verfalltags an gerechnet werden, so daß der Beginn des auf den Verfalltag folgenden Tages den Beginn der Verlängerungsfrist bezeichnet (§ 187 Abs. 2).

M. I, 286 sagen: Ob in einer nach dem Ablauf einer Frist erfolgten Bestimmung einer neuen Frist eine Verlängerung der früheren Frist liegt, hat die Beschaffenheit des Falles zu ergeben; nur wenn eine solche Verlängerung gewollt ist, greift die Vorschrift Platz. Kein Raum für die letztere ist, wenn eine im Laufe begriffene Frist erkennbar nur in dem Sinne verlängert wird, daß sie eine längere Dauer erhält, als anfänglich bestimmt war. Ebenso liegt keine Verlängerung einer Frist vor, wenn eine laufende Frist aufgehoben und durch eine neue von der Bewilligung an zu berechnende Frist ersetzt wird.

2. Die Bestimmung des § 190 ist schon durch § 186 deutlich als bloße Auslegungsvorschrift gekennzeichnet. Daher ist der Zusatz, den die inhaltlich gleiche Bestimmung in CPO. § 224 Abs. 3 erhalten hat: „wenn nicht im einzelnen Falle ein Anderes bebestimmt ist", hier weggeblieben. — Vgl. HGB. ä. F. Art. 333.

3. Die Vorschrift des § 190 gilt auch dann, wenn die erste Frist an einem Sonntag oder Feiertag endigt. Fällt z. B. der Erfüllungs- oder Verfalltag auf den Ostersonntag, so bildet der Ostermontag den ersten Tag der neuen Frist. So schon für das alte HGB. Staub, Komm. z. HGB. 5. Aufl. Anm. 3 zu Art. 333.

§ 191.

Ist ein Zeitraum nach Monaten oder nach Jahren in dem Sinne bestimmt, daß er nicht zusammenhängend zu verlaufen braucht, so wird der Monat zu dreißig, das Jahr zu dreihundertfünfundsechzig Tagen gerechnet.

E. I, 151; II, 159; III, 187.

1. Die Vorschrift (— über die praktische Unerheblichkeit ihrer Abweichung von E. I § 151 s. Planck Bem. zu § 191 —) hat Bedeutung für diejenigen Fälle, in welchen eine Zeitbestimmung nicht eine zwischen dem Anfangs- und Endpunkte liegende zusammenhängende Zeiterstreckung, sondern eine Summe von nicht nothwendig aufeinander folgenden Tagen bezeichnet. Als Beispiele werden in M. I, 286 angeführt: die Zusicherung eines dreimonatigen, aber nicht auf einmal zu nehmenden Urlaubs an einen Schauspieler; die Anstellung eines Geschäftsreisenden mit der Klausel, daß er sich mindestens neun Monate im Jahre auf der Reise befinden solle; die Auflage, ein vermachtes Grundstück sechs Monate im Jahre zu bewohnen. In solchen und ähnlichen Fällen kann nicht die Berechnung von Datum zu Datum (§ 188 Abs 2, 3) eintreten, sondern es werden die Tage gezählt, wobei der Monat ohne Rücksicht auf die Länge der im Einzelfall in Betracht kommenden Monate zu dreißig, das Jahr ohne Rücksicht auf Schaltjahre zu dreihundertfünfundsechzig Tagen gezählt wird.

Der Ansicht von Hellmann (Vorträge S. 182), die Berechnung nach § 191 komme auch bei Hemmung einer Verjährung zur Geltung, ist nicht beizustimmen, wenngleich die Verjährungsfrist wegen der Möglichkeit der Hemmung und nachherigen Fortsetzung ein Zeitraum ist, der „nicht zusammenhängend zu verlaufen braucht". Ist die Verjährung von ihrem Beginn an gehemmt, so wird sie erst von dem Zeitpunkte an berechnet, in welchem die Hemmung aufhört, dann aber nach den §§ 187, 188 berechnet. Wird die Verjährung aber erst während ihres Laufes gehemmt, so erfolgt die Berechnung der Verjährungsfrist unter Nichteinrechnung des Zeitraums der Hemmung (§ 205) zunächst gleichfalls nach §§ 187, 188, nicht nach § 191; dann wird die Zeit dazu gerechnet, während welcher die Hemmung bestand. Gegen die Anwendung des § 191 auch Fischer-Henle zu § 191 und Planck zu § 205, vgl. auch die eingehende Erörterung von Hoelder, Komm. Bem. 4 zu § 195.

2. Ist „ein halbes Jahr" oder „ein Vierteljahr" als ein Zeitraum in dem Sinne bestimmt, daß er nicht zusammenhängend zu verlaufen braucht, wird z. B. einem Schauspieler für das Jahr ein vierteljähriger, nicht zusammenhängend zu nehmender Urlaub zugesichert, so werden die Tage nicht aus dem Dividenden 365 berechnet, sondern es werden nach § 189 unter dem halben Jahre sechs Monate, unter dem Vierteljahre drei Monate verstanden und die Monate nach § 191 zu dreißig Tagen gerechnet. So auch Hoelder, Komm. Bem. 2 zu § 191.

§ 192.

Unter Anfang des Monats wird der erste, unter Mitte des Monats der fünfzehnte, unter Ende des Monats der letzte Tag des Monats verstanden.

E. I, 153; II, 160; III, 188.

1. Zweck dieser dem Art. 30 WO. entsprechenden Vorschrift ist, wie M. I, 286 sagen, für die nicht selten vorkommenden Terminsfestsetzungen: Anfang, Mitte, Ende des Monats, den in verschiedenen Beziehungen wichtigen dies certus zu gewinnen. — Vgl. auch den nunmehr gestrichenen Art. 327 Abs. 2 HGB. ä. F.

2. Unter der Zeitbestimmung „im Frühjahr" oder „im Herbst" ist das kalendermäßige Beginnen bezw. Ende dieser Jahreszeiten nur dann zu verstehen, wenn nicht, soweit es sich um vorzunehmende Leistungen handelt, eine abweichende Verkehrsübung am Orte der Leistung besteht. S. für Handelssachen HGB. § 359 Abs. 1. Abgesehen hievon sind allerdings die kalendermäßigen Zeitpunkte entscheidend, so daß z. B., wenn etwas „im Frühjahr" geschehen soll, es vor dem 21. Juni geschehen muß, und wenn es nicht vor dem Herbst geschehen soll, es nicht vor dem 22. September geschehen darf.

3. Ist ein Kalendertag ohne Angabe des Jahres rechtsgeschäftlich festgesetzt, so ist im Zweifel darunter der nächste entsprechende Kalendertag zu verstehen. Dies besonders auszusprechen bestand kein Bedürfniß. M. I, 286.

§ 193.

Ist an einem bestimmten Tage oder innerhalb einer Frist eine Willenserklärung abzugeben oder eine Leistung zu bewirken und fällt der bestimmte Tag oder der letzte Tag der Frist auf einen Sonntag oder einen am Erklärungs- oder Leistungsorte staatlich anerkannten allgemeinen Feiertag, so tritt an die Stelle des Sonntags oder Feiertags der nächstfolgende Werktag.

E. I, —; vgl. E. II, 228; III, 265. Eingesetzt durch RTK.

1. E. I hatte eine Vorschrift in Betreff der Einwirkung von Sonn- und Feiertagen auf Termine und den Ablauf von Fristen nicht aufgenommen; die I. Komm. (vgl. M. I, 286 ff.) ging davon aus, daß die für den Wechsel- und Handelsverkehr, sowie für den gerichtlichen Verkehr getroffenen besonderen Bestimmungen (WO. Art. 92; HGB. Art. 329, 330 Abs. 2; CPO. § 200 Abs. 2 [jetzt § 222 Abs. 2, 3]; StPO. § 43 Abs. 2) in besonderen Verhältnissen ihren Grund haben und sich nicht zur Uebertragung auf das bürgerliche Recht eignen. Die leitende Regel müsse sein, daß Sonn- und Feiertage, soweit nicht der Wille der Parteien ein Anderes ergiebt, auf die Zeitberechnung im Allgemeinen ohne Einfluß sind. Im jetzigen § 193, der einem Beschlusse der Reichstagskommission entstammt, ist diese Regel mit Rücksicht auf die wünschenswerthe Sonntagsruhe der arbeitenden Klassen aufgegeben. Schon E. II § 228 hatte eine dem jetzigen § 193 entsprechende Vorschrift für den Fall, daß eine Leistung zu bewirken ist; jetzt ist die Vorschrift auch auf den Fall abzugebender Willenserklärungen ausgedehnt.

2. Folge der Vorschrift des § 193 ist, daß die Frist, welche an einem Sonntag oder allgemeinen Feiertag endigen würde, um den nächstfolgenden Werktag verlängert wird bezw. der Termin, an welchem zu erklären bezw. zu leisten ist, verlegt wird. Dagegen ist ein Verbot der Abgabe von Willenserklärungen oder der Bewirkung von Leistungen an Sonn- und Feiertagen aus § 193 nicht zu entnehmen (vgl. dagegen GewO. § 105 a). Es handelt sich lediglich um eine Begünstigung dessen, der die Willenserklärung abzugeben oder die Leistung zu bewirken hat; vgl. Hoelder, Komm. Bem. 1 zu § 193; Staub, Komm. z. HGB. 6. u. 7. Aufl. Anm. 36 im Exkurse zu § 359. Der Erklärungs- bezw. Erfüllungspflichtige ist daher berechtigt, innerhalb der Frist auch an dem Sonn- oder Feiertage zu erklären bezw. zu erfüllen, welcher ohne die Vorschrift des § 193 das natürliche Ende der Frist sein würde; ein Recht zur Verweigerung der Entgegennahme wegen des Sonn- oder Feiertags besteht für den andern Theil nicht, es müßte sich denn im einzelnen Falle aus dem § 157 BGB. oder § 358 HGB. ein Anderes ergeben. Endemann (Bd. 1 § 59 Anm. 24) liest aus § 193 heraus, daß Willenserklärungen an Sonn- und Feiertagen auch nicht angenommen werden sollen; das mag die Meinung der Reichstagskommission gewesen sein; aber das allein maßgebende Gesetz selbst enthält darüber nichts. Handelt es sich um einen Termin, an welchem zu erklären oder zu erfüllen ist, so ist die schon am Sonn- oder Feiertag erfolgende Erklärung bezw. Erfüllung nach § 193 eine vorzeitige, darum aber regelmäßig d. h. im Zweifel noch keine unwirksame (arg. § 271 Abs. 2); so auch Staub a. a. O. gegen Hoelder a. a. O.; für Handelsgeschäfte kommt wiederum HGB. § 358 in Betracht.

3. § 193 gilt für alle Arten von Fristen und Terminen, ist aber, soweit es sich um solche handelt, die auf Parteibestimmung beruhen, arg. § 186 nur Auslegungsregel. Es kann sein, daß nach dem Zwecke und Inhalte des Geschäfts die Willenserklärung bezw. Leistung gerade am Sonntage oder Feiertage oder bis spätestens gerade

am Sonntag oder Feiertage gewollt ist; so bei sogen. Fixgeschäften. Es wird z. B. von einem Wirthe eine größere Bierlieferung gerade für den Sonntag bestellt; es soll zu einem am Feiertage stattfindenden Festzug eine Schaubühne errichtet werden. Die Außerachtlassung der Rücksichtnahme auf Sonn- oder Feiertag kann nach dem Parteiwillen auch da geboten sein, wo es sich um alsbaldige Erklärung auf eine Offerte handelt (so auch Rehbein, Komm. Bd. 1 S. 292). Vgl. auch § 361 und Bem. dazu.

4. § 193 unterscheidet nicht ausdrücklich, ob die Frist, innerhalb welcher die Erklärung abzugeben oder die Leistung zu bewirken ist, eine nach Monaten, Wochen, Tagen bemessene oder eine nach Stunden bemessene ist. Nach dem Wortlaute des Gesetzes könnte wohl auch im letzteren Falle, soweit es sich um Erklärungsabgabe oder Bewirkung von Leistungen handelt, eine Verlängerung der Frist eintreten; die Stundenfrist wäre also mit Auslassung der Sonn- und Feiertage a momento ad momentum zu berechnen. Das entspräche der dem § 193 zu Grunde liegenden Tendenz der Förderung der Sonntagsruhe, sowie der für die Berechnung prozessualer Stundenfristen gegebenen Vorschrift in CPO. § 222 Abs. 3. Aber gerade bei Stundenfristen wird besonders darauf zu achten sein, daß § 193 nur eine Auslegungsvorschrift ist; regelmäßig wird bei einer durch Parteiwillen festgesetzten Stundenfrist eine Berücksichtigung des Sonn- oder Feiertags als ausgeschlossen zu gelten haben.

5. Nur solche allgemeine Feiertage führen die Fristverlängerung herbei, welche, wenn es sich um Abgabe von Willenserklärungen handelt, am Erklärungsorte, wenn es sich um Bewirkung einer Leistung handelt, am Leistungsorte staatlich anerkannt sind. Der Leistungsort, zu unterscheiden vom Bestimmungs- und Ablieferungsorte (s. Oertmann, Komm. Bem. 5 zu § 269), bestimmt sich nach § 269; vgl. die Bem. zu § 269.

6. Die staatliche Anerkennung der allgemeinen Feiertage steht den einzelnen Bundesstaaten zu. In allen Staaten anerkannt sind nur der Neujahrstag, der Ostermontag, der Pfingstmontag, Christi Himmelfahrt und der 25. und 26. Dezember. Im Uebrigen besteht Verschiedenheit.

In Preußen sind außer den in allen Staaten anerkannten Feiertagen (s. oben) anerkannt der Charfreitag (Ges. vom 2. September 1899), der Buß- und Bettag; vgl. preuß. Ed. vom 12. März 1754, Verordnung vom 28. Januar 1778, Verordnung vom 4. März 1789, Ges. vom 12. März 1893; in der preuß. Rheinprovinz auch Allerheiligen (Kab.O. vom 7. Februar 1831 und vom 22. Juli 1839).

In Bayern fehlt eine allgemeine gesetzliche Bestimmung der Feiertage; s. die gewerbepolizeiliche Allerh. Verordnung vom 30. Juli 1862 und die zu § 105a Gewerbeordnung ergangene Min.-Bek. vom 30. April 1895 sowie die K. VO. v. 21. Mai 1897. (Vgl. Seydel, Bayr. Staatsrecht, 2. Aufl. Bd. 3 S. 528; Landmann-Rohmer, Komm. z. Gew.O., bei § 105, a; Riedel-Pröbst, Komm. z. PStGB. 5. Aufl. S. 162 ff. und Roth, Sonntagsfeier und Sonntagsruhe in Bayern, insbes. S. 30 ff.) Als staatlich anerkannte Feiertage sind außer den oben genannten in allen Bundesstaaten anerkannten anzusehen: im rechtsrheinischen Bayern in überwiegend katholischen Orten Fronleichnam, Lichtmeß, Mariä Verkündigung, Mariä Himmelfahrt, Mariä Geburt, Mariä Empfängniß, Hl. Joseph, Johann der Täufer, Peter und Paul, Allerheiligen, das Diözesanpatrocinium (nach Maßgabe des vor 1842 bestandenen Herkommens); in überwiegend protestantischen Orten der Charfreitag; in der bayr. Pfalz in überwiegend katholischen Orten Fronleichnam, Allerheiligen und Mariä Himmelfahrt, in überwiegend protestantischen Orten der Charfreitag.

Für Württemberg s. Verordnung vom 28. Juni 1849 und AG. z. GVG. Art. 135. Für Sachsen Verordnung v. 6. Juli 1899. Für Baden setzt jetzt die Allg. Ausführungs-Verordnung vom 11. November 1899 als allgemeine Feiertage fest: Neujahr, Charfreitag, Ostermontag, Christi-Himmelfahrtstag, Pfingstmontag, Fronleichnamstag, Allerheiligen, Christtag und Stephanstag.

Bezüglich der übrigen Bundesstaaten s. die Allegate bei Fischer-Henle, 6. Aufl. Anm. 5 zu § 193.

Politische Feiertage, z. B. der Geburtstag des Landesherrn, sind keine Feiertage im Sinne des § 193; ebensowenig jüdische Feiertage, selbst dann nicht, wenn beide Kontrahenten jüdischer Religion sind (vgl. Entsch. d. ROHG. Bd. 2 S. 411); doch kann unter Kaufleuten die Berücksichtigung jüdischer Feiertage bindender Handelsgebrauch im Sinne des § 346 HGB. sein, vgl. § 4 der Bedingungen der Berliner Fondsbörse und Staub, Komm. z. alten HGB. Anm. 3 zu Art. 329.

Fünfter Abschnitt.

Verjährung.*)

Vorbemerkungen.

1. Unter Verjährung im weiteren Sinne versteht man die Verwandlung eines bloß thatsächlichen Zustandes in einen rechtlich anerkannten durch Zeitablauf. Ein einheitliches, alle Rechtsverhältnisse gleichmäßig berührendes Verjährungsinstitut, wie es die Glossatoren annahmen und mit praescriptio bezeichneten, giebt es jedoch nicht und hat es, was schon Savigny dargethan hat, auch im römischen Rechte nicht gegeben. Der Grundgedanke, daß gewisse Zustände, welche längere Zeit hindurch unangefochten thatsächlich bestanden haben, im Interesse des Rechtsfriedens und der Rechtssicherheit als zu Recht bestehend anerkannt werden, kommt vielmehr in mehreren rechtlich ganz verschieden behandelten Instituten zum Ausdruck: in der Ersitzung (usucapio), im Erlöschen von Rechten an Sachen durch Nichtgebrauch (non usus) und im Untergange der Klagen oder Ansprüche in Folge von Nichtausübung (praescriptio actionum). Wo es sich um letzteres handelt, mag man von Verjährung im engeren Sinne reden.

Im BGB. wird nur diese Verjährung im engeren Sinne, die jetzt sog. Anspruchsverjährung, als „Verjährung" bezeichnet; nur von ihr handeln die Vorschriften dieses Titels. Die Ersitzung ist von der Anspruchsverjährung streng zu scheiden und schon äußerlich im Gesetze (s. §§ 900, 937 ff., 1033) weit getrennt. Ein Untergang der Grunddienstbarkeiten durch Nichtgebrauch ist dem BGB. grundsätzlich fremd; ausnahmsweise ist jedoch eine Art usucapio libertatis zugelassen in dem durch den Reichstag neu eingeführten § 1028 (s. Bem. hiezu in Bd. III S. 302).

Gemeinrechtlich unterschied man acquisitive (erwerbende) und extinctive (erlöschende) Verjährung, je nachdem durch den Zeitablauf ein thatsächlich bestehender Zustand zu einem Rechte erhoben und so ein neuer Erwerbstitel begründet wird oder durch die mit dem Zeitlauf eintretende Befestigung des thatsächlichen Zustandes entgegenstehende Rechte untergehen bezw. abgeschwächt werden. Hauptfall der sog. Acquisitivverjährung war die Ersitzung, Hauptfall der sog. Extinctivverjährung die Klagenverjährung. Das BGB. hat die Unterscheidung zwischen erwerbender und erlöschender Verjährung nicht, da nach dem oben Gesagten in der Terminologie des BGB. der Ausdruck Verjährung nur in dem engeren Sinne gebraucht wird, in welchem er lediglich die Anspruchsverjährung, nicht auch die Ersitzung bezeichnet. Eine „eigenartige Verbindung von Verjährung und Ersitzung" findet Dernburg (Bürg.R. Bd. 1 S. 507 Anm. 6) in § 2026; eine begriffliche Verbindung ist aber damit nicht gemeint; vgl. Bem. zu § 2026.

---

*) Literatur: Unterholzner, Ausführliche Entwickelung der gesammten Verjährungslehre, 2 Bde., 2. Aufl. (1858) von Schirmer; Reinhardt, Die usucapio und praescriptio des röm. R. (1882); Grawein, Verjährung und gesetzliche Befristung (1880); Heymann, Das Vorschützen der Verjährung (1895); Friedenthal, Einwendung und Einrede (1898) S. 51 ff.; Eisele in Jherings Jahrb. f. Dogm. Bd. 31 S. 379 ff.; Brettner im Arch. f. bürgerl. R. Bd. 5 S. 58 ff.; Hoelder im Archiv f. d. civilist. Praxis Bd. 73 S. 144 und Bd. 80 S. 48 ff.; derselbe im Arch. f. bürgerl. R. Bd. 11 S. 217 ff.; Bähr und Hanauseck in den Verhandlungen des 20. Dtsch. Juristentags; Fischer, Recht und Rechtsschutz S. 117 ff.; Lehmann in ZG. S. 97 ff.; Hellmann im Archiv f. d. civilist. Praxis Bd. 84 S. 130 ff.; derselbe, Vortr. S. 205 ff.; Regelsberger, Zur Lehre von der Wirkung der Anspruchsverjährung, in Jherings Jahrb. Bd. 41 S. 328 ff; Wendt im Archiv f. d. civilist. Praxis Bd. 92 S. 93 ff., 150 ff., 154 ff.; Hachenburg, Vortr. 2. Aufl. S. 294 ff.; Hellwig, Anspruch und Klagerecht, 1900; Hoelder in Zeitschr. f. Civilprozeß Bd. 29 S. 50 ff.; derselbe im Archiv f. d. civilist. Praxis Bd. 93 S. 1 ff.; Du Chesne im sächs. Arch. f. bürgerl. R. Bd. 10 S. 684 ff.; Bd. 11 S. 529 ff.; Staffel ebenda Bd. 10 S. 665 ff.; Bolze, Der Anspruch, in Gruchot, Beitr. Bd. 46 S. 753 ff.; Windscheid-Kipp S. 468 ff. (§§ 105 ff.); Eck, Vortr. S. 203 ff.; Crome, System Bd. 1 S. 503 ff.; R. Leonhard, Allg. Theil S. 184 ff.; Hermann, Civilrechtliche Fristen und Verjährungen der deutschen Reichsgesetze; Langheineken, Anspruch und Einrede (1903), insbesondere S. 166 ff.

Verjährung im Sinne des BGB. ist die durch Zeitablauf begründete, rechtlich anerkannte Unmöglichkeit, einen Anspruch wider den Willen des Anspruchsgegners durch gerichtliche Hülfe zu erzwingen. Folge der rechtlichen Anerkennung dieser Unmöglichkeit ist das Leistungsverweigerungsrecht des Anspruchsgegners (§ 222). Die verjährte Schuld ist eine Schuld ohne Haftung. Ueber den Begriff „Anspruch" s. § 194 und Bem. dazu.

2. Grund und Zweck der Anspruchsverjährung stehen in nahem Zusammenhange mit der Grundidee der Privatrechtsordnung als eines Systems der staatlichen Ordnung und Hülfe für schutzwürdige subjektive Interessen. Es entspricht der Erfahrung des Lebens, daß Ansprüche, an deren Inhalt der Berechtigte wirklich ein Interesse hat, innerhalb nicht allzu langer Zeit sich auch bethätigen. Geschieht dies nicht, so spricht die Wahrscheinlichkeit dafür, daß der Anspruch unbegründet, also des Staatsschutzes nicht würdig ist. Der Schwerpunkt der Verjährung liegt also, wie in M. I, 291 zutreffend gesagt ist, nicht darin, daß dem Berechtigten sein gutes Recht entzogen, sondern darin, daß dem Verpflichteten ein Schutzmittel gegeben wird, gegen voraussichtlich unberechtigte Ansprüche ohne ein Eingehen auf die Sache sich zu vertheidigen. Das Verjährungsinstitut will es dem auf Grund weit zurückliegender Thatsachen Angesprochenen ersparen, seinerseits die rechtliche Unerheblichkeit oder Entkräftung dieser Thatsachen durch den Nachweis von Umständen darthun zu müssen, welche die lange Zeit bereits verdunkelt hat. Insofern kommt also der Verjährung zunächst die Funktion einer Beweiserleichterung zu.

Das ist jedoch nicht der einzige Zweck der Verjährung. Die Verjährung hat für die große Masse der verhältnißmäßig unbedeutenden Ansprüche aus den Geschäften des täglichen Verkehrs auch eine wirthschaftspolitische Funktion. Indem die Rechtsordnung für solche Geschäfte eine besonders kurze Verjährungszeit festsetzt, mahnt sie den Einzelnen zur rechtzeitigen und strengen Einziehung seiner Geschäftsaußenstände und zur baldigen Wiedervervollständigung des Betriebsfonds, hält den Verlust an Zinsen und sonstigem Gewinn hintan und fördert indirekt den schnellen Umsatz. Dieser wirthschaftliche Gesichtspunkt sollte zwar nach der Anschauung der I. Komm. (M. I, 299 ff.) hinter dem rechtspolizeilichen Zwecke der kurzen Verjährung zurücktreten, läßt sich aber doch nicht völlig verleugnen. Vgl. auch Bem. 1 zu § 196.

3. Anspruchsverjährung und sogen. Präklusivbefristung sind im BGB. im Gegensatze zum PLR. geflissentlich auseinandergehalten. Die Ausschlußfristen beruhen nicht wie die Verjährungsfristen auf einem einheitlichen Grundgedanken, sondern dienen mannigfachen Zwecken; vgl. M. z. EG. S. 254. Ein logischer Widerspruch besteht zwar zwischen Verjährung und Ausschlußfrist nicht (vgl. Eck, Vortr. 2. Aufl. S. 213 ff.; Hoelder, im Archiv f. d. civilist. Praxis Bd. 93 S. 97 ff.). Aber während Verjährungsfristen nur gegenüber Ansprüchen vorkommen, dienen Ausschlußfristen nur ausnahmsweise (s. Wendt im Archiv f. d. civilist. Praxis Bd. 92 S. 152 Anm. 80 und S. 165 ff.) der Abschneidung von Ansprüchen, betreffen aber regelmäßig Rechte, welche keine Ansprüche sind, z. B. das Anfechtungsrecht (§ 124), das Widerrufsrecht des Schenkers (§ 532). In ihrer Wirkung sind Verjährung und Ausschlußfrist grundverschieden: Die Verjährung erzeugt nur eine Einrede gegen den Anspruch (Näheres bei § 222), die Ausschlußfrist dagegen hat die Bedeutung, daß mit ihrer Versäumung das nicht gewahrte Recht verloren ist. (Vgl. RGE. Bd. 48 S. 163 ff.) Die Ausschlußfrist ist von Amtswegen zu berücksichtigen (Eck a. a. O., s. aber die Bedenken von Wendt im Archiv f. d. civilist. Praxis Bd. 92 S. 175 ff.), die Verjährung nur, wenn sie geltend gemacht wird. Die Ausschlußfrist ist ferner regelmäßig ein tempus continuum, dessen Lauf weder gehemmt noch unterbrochen wird, wogegen die Verjährungsfrist sowohl der Hemmung als auch der Unterbrechung aus mehrfachen Gründen zugänglich ist. Es giebt jedoch zahlreiche Fälle, in welchen auch bei Ausschlußfristen eine Hemmung bezw. Hinausschiebung nach den für die Verjährung geltenden Grundsätzen der §§ 203, 206, 207 stattfindet; vgl. z. B. §§ 124 Abs. 2, 210, 215 Abs. 2, 477 Abs. 2, 802, 1002, 1599, 1997. Eine erschöpfende Aufzählung dieser Fälle und derer, in welchen es bei der Regel verbleibt, giebt Hellmann, Vortr. S. 220 ff.

Gegen die herrschende Ansicht möchte neuestens Wendt (im Archiv f. d. civilist. Praxis Bd. 92 S. 171 ff.) „am liebsten die Meinung aussprechen, die Anwendung von § 203 (und ebenso von § 206 und § 207) sei überall selbstverständlich, so oft Klageerhebung zur Frage steht, ohne Rücksicht darauf, ob es sich um Befristung oder Verjährung handelt"; beides seien doch nur verschiedene Wege, den gleichen Zweck zu verwirklichen und keinenfalls könne es im Wesen der Ausschlußfrist von selbst liegen, daß sie strenger behandelt werden müßte als die Verjährungsfristen. Es ist Wendt zuzugeben, daß eine begriffliche Nothwendigkeit zu verschiedenartiger Behandlung nicht besteht. Aber Wendt wird sich entgegenhalten lassen müssen, daß er mit seiner Ansicht ein vernünftiges Postulat an den Gesetzgeber gegen den klaren Willen des Gesetzes zur lex lata stempeln will. Für die Bestimmung der Dauer der Ausschlußfrist kann das Belieben eines Betheiligten maßgebend sein (§ 148) oder sein billiges Ermessen (§§ 264 Abs. 2, 283, 326, 542, 634, 1003) oder auch der Wille eines Gerichts oder einer Behörde (§§ 976 Abs. 2, 1052, 2151 Abs. 3, 2198 Abs. 2, 2202 Abs. 3). In den meisten Fällen jedoch ist die Dauer der Ausschlußfrist durch das Gesetz bestimmt; sie schwankt hier zwischen zwei Tagen (§ 485) und 30 Jahren (z. B. §§ 503, 1199); s. die Aufzählung bei Hellmann a. a. O. S. 222.

Ein Zweifel darüber, ob eine Frist Ausschlußfrist oder Verjährungsfrist sei, kann in den Fällen, in welchen das BGB. eine Frist setzt, nicht aufkommen, da hier in konstanter Terminologie überall da, wo die Setzung einer Verjährungsfrist bezweckt ist, von „Verjährung", „verjähren" gesprochen wird. M. I, 292.

Ueber die Unanwendbarkeit der Vorschriften des BGB. über Verjährung auf Fristen der CPO. („Rechtzeitigkeitsmaße für prozessuale Handlungen") s. L. Seuffert, Komm. z. CPO. 8. Aufl. S. 293.

4. Auch die Wechselverjährung (WO. Art. 77 ff.) ist grundsätzlich Verjährung im Sinne des Bürg.R., nicht Ausschlußfrist (vgl. Grünhut, Lehrb. des Wechselrechts S. 425; Staub, Komm. z. WO. 4. Aufl. in Bem. § 1 zu Art. 77; dagegen Grawein a. a. O. und Lehmann in Jherings Jahrb. Bd. 34 S. 434). Immerhin unterliegt die Wechselverjährung aus spezifisch wechselrechtlichen Gründen in mehrfacher Richtung den strengeren Grundsätzen der Präklusivbefristung; die allgemeinen Sätze des BGB. über Verjährung finden auf die Wechselverjährung nur insoweit Anwendung, als das den besonderen Zwecken des Wechselrechts nicht widerspricht. Wann dies der Fall ist, kann hier im Einzelnen nicht verfolgt werden. Nur soviel sei bemerkt, daß aus der WO. Art. 83 ein zwingendes Argument dafür, die Wechselverjährung hinsichtlich ihrer Wirkung anders als die bürgerrechtliche Verjährung zu behandeln, nicht entnommen werden kann. Grünhut a. a. O. S. 425 und Dernburg, Bürg.R. Bd. 2 S. 326 nehmen an, da WO. Art. 83 von einer durch Verjährung „erloschenen" wechselmäßigen Verbindlichkeit spreche, sei die Wechselverjährung von Amtswegen zu berücksichtigen und könne Versäumnißurtheil auf Grund eines verjährten Wechsels nicht ergehen. Dem hält Staub (a. a. O. Bem. § 13 zu Art. 77) entgegen, der Ausdruck „Erlöschen" sei hiefür nicht beweiskräftig, da ja auch durch eine Zahlung der Anspruch erlösche und es doch Sache des Einwandes sei, die Zahlung vorzuschützen. Dieses Argument von Staub dürfte kaum stichhaltig sein; denn wenn sich aus dem Klagevorbringen selbst ergiebt, daß das Geforderte bereits bezahlt ist, so kann zweifellos Versäumnißurtheil nicht ergehen. Trotzdem treten wir der Meinung Staubs, daß auch auf Grund eines verjährten Wechsels Versäumnißurtheil ergehen könne, bei, weil diese Meinung uns dem Wesen der Verjährung überhaupt, der wir lediglich die sogen. schwächere Wirkung beilegen (s. Bem. 2 zu § 194 und Bem. 2 zu § 222), zu entsprechen scheint und demgegenüber der bloße Wortlaut des Art. 83 nicht entscheidend ins Gewicht fallen kann. Vgl. auch Wendt im Archiv f. d. civilist. Praxis Bd. 92 S. 174 ff.; aus der Judikatur des ROHG. Entsch. Bd. 2 S. 124, Bd. 3 S. 131, Bd. 6 S. 228. Daß übrigens der Sprachgebrauch es mit dem „Erlöschen" der Forderung durch Verjährung wohl vereinbart hält, daß der Schuldner sich erst darauf berufen muß und die Verjährung nicht von Amtswegen berücksichtigt wird, wird bewiesen durch den (von der I. Komm. in seiner

Fassung hier nicht gebilligten) Theilentwurf des Redaktors Gebhard (s. Fischer a. a. O. S. 121) und durch den Dresdener Entw. Art. 417.

5. Ueber unverjährbare Rechte s. Bem. zu § 194.

6. Das Verjährungsrecht ist insofern zwingendes Recht, als die Verjährung durch Rechtsgeschäft weder ausgeschlossen noch erschwert werden kann; ein vertragsmäßiger Verzicht auf Verjährung wäre nichtig. Ein öffentliches Interesse besteht jedoch nur an einem genügenden Schutze des Verpflichteten, dem die Verjährung zu gut kommen soll, nicht an einer Unabänderlichkeit der Verjährungsnormen überhaupt; daher ist eine Erleichterung der Verjährung durch § 225 zugelassen. Unverjährbare Rechte können aber nicht durch Rechtsgeschäft der Verjährung unterworfen werden. Vgl. auch Bem. zu § 225.

7. Die bisherigen Rechte haben das Verjährungsinstitut in ganz verschiedener Weise geregelt:

a) In der römischen Jurisprudenz, die, wie schon oben in Bem. 1 erwähnt, einen allgemeinen Verjährungsbegriff nicht kennt, entspricht dem, was jetzt im BGB. Anspruchsverjährung ist, die sog. Actionenverjährung, welche ihrerseits, aus verschiedenen Wurzeln entstanden (s. Demelius, Geschichte der Klagenverjährung; Unterholzner a. a. O. §§ 56 ff.; Heymann a. a. O. S. 13 ff.), im Jahre 424 durch Honorius und Theodosius II. eine abschließende, einheitliche Regelung fand, indem die konstantinische dreißigjährige sog. longissimi temporis praescriptio auf sämmtliche Actionen mit wenigen Ausnahmen ausgedehnt wurde; c. 3 Cod. 7, 37. Ob diese Actionenverjährung nur dem Verpflichteten ein Recht auf Verhinderung der gerichtlichen Durchführung des Anspruchs gab (so Regelsberger, Pand. S. 666) oder die Aufhebung des Anspruchs selbst herbeiführte, blieb bestritten; s. Heymann a. a. O. S. 55 ff. Nach der Auffassung der Glossatoren (Heymann S. 87 ff.) mußte die Actionenverjährung als exceptio iuris im Prozeß ausdrücklich vorgeschützt werden, wenn sie Berücksichtigung finden sollte.

b) In den älteren deutschen Rechten steht an Stelle der römischen Verjährung das Institut der Rechtsverschweigung mit einer regelmäßigen Frist von Jahr und Tag (vgl. Stobbe, Deutsch. Priv R. Bd. 1 § 68).

c) In der neueren gemeinrechtlichen Doktrin hat an Stelle des üblichen Ausdrucks „Klagenverjährung" (Heymann: „Forderungsverjährung") Windscheid (8. Aufl. von Kipp § 106 S. 472 ff.) den Ausdruck „Anspruchsverjährung" einzubürgern gesucht mit dem Hinweise, daß unter der verjährenden actio schon bei den Römern nicht die Befugniß, das Gericht anzurufen, sondern die Berechtigung selbst zu verstehen sei, die zur Vermeidung einer Vermengung mit dem prozessualen Klagebegriffe besser Anspruch als Klage genannt werde. (Vgl. auch RGE. Bd. 2 S. 158 ff. Ueber den verschiedenen Sprachgebrauch in den bisherigen Reichsgesetzen s. M. I, 290.) Windscheid läßt daher die Verjährung auch nicht, wie die gemeinrechtlich herrschende Meinung, mit der sog. Nativität der Klage, sondern mit der Entstehung des Anspruchs beginnen.

Das BGB. steht ganz auf dem Boden der Windscheidschen Auffassung. Die in letzter Stunde veröffentlichte eingehende Kritik von Hoelder (im Arch. f. bürgerl. R. Bd. 11 S. 217 ff.) hat im Gesetze keine Berücksichtigung mehr gefunden. Näheres über „Anspruchsverjährung" und „Klagenverjährung" s. in den Bem. zu § 194.

d) Für das ältere bayr. Recht vgl. BLR. Thl. II cap. 1 §§ 11 ff.; Thl. I cap. 3 § 4 Nr. 6; Bayr. Ger. O. cap. IV § 3; vgl. ferner PLR. Thl. I Tit. 9 §§ 500 ff.; cod. civ. art. 2219 ff.; sächs. GB. §§ 150 ff.; 1017, 1018.

e) Im Laufe des 19. Jahrhunderts ergingen in den meisten deutschen Staaten besondere Verjährungsgesetze, die sich vornehmlich die Abkürzung der

Verjährungsfristen für die häufig vorkommenden Forderungen aus den Geschäften des täglichen Lebens zur Aufgabe machten. Das Verjährungsrecht war daher beim Inkrafttreten des BGB. ein partikular sehr verschiedenes. Hervorzuheben sind:

Preußisches Ges. vom 31. Mai 1838, betr. Einführung kürzerer Verjährungsfristen, mit mehrfachen späteren Ausdehnungen (aufgezählt M. 1, 288). Nassauisches Ges. vom 5. April 1849. Hannoversches Ges. vom 22. September 1850. Württembergisches Ges. vom 6. Mai 1852. Hessisches Ges. vom 19. März 1853. Kurhessisches Ges. vom 14. Juli 1853.

Bayrisches Ges. vom 26. März 1859, betr. die Verjährungsfristen (Ges.Bl. 1859 S. 25; Bierling, Fragm. civilrechtl. Ges., 3. Aufl., S. 121 ff.).

Ueber die Verjährungsgesetze der kleineren Staaten s. M. I, 288 ff.

8. Ueber die Frage, nach welchem örtlichen Rechte die Verjährung zu beurtheilen sei, schweigt das Gesetz. Man wird davon auszugehen haben, daß es sich bei der Verjährung nicht um ein prozessuales, sondern um ein materiellrechtliches Institut handelt, also kein Grund gegeben ist, das Gesetz des Gerichtsstandes entscheiden zu lassen. Vielmehr wird man dasjenige Gesetz als maßgebend ansehen müssen, welchem das Rechtsverhältniß unterliegt, das durch die Verjährung beeinflußt wird. Daher sind z. B. für die Ansprüche aus dem Rechtsverhältnisse zwischen den Eltern und dem ehelichen Kinde bezw. zwischen der Mutter und dem unehelichen Kinde auch bezüglich der Verjährung die Grundsätze der Art. 19, 20 EG. maßgebend, d. h. die Verjährung wird unter den dort genannten Voraussetzungen nach deutschem Rechte beurtheilt. Im Falle des Art. 21 EG. (Unterhaltspflicht des Vaters gegenüber dem unehelichen Kinde und Ersatzpflicht gegenüber der Mutter) sind auch bezüglich der Verjährung die Gesetze des Staates maßgebend, dem die Mutter zur Zeit der Geburt des Kindes angehört; wäre jedoch hier nach deutschem Gesetze der Anspruch verjährt, so kann er nicht mehr geltend gemacht werden, auch wenn er nach den grundsätzlich etwa anzuwendenden ausländischen Gesetzen noch nicht verjährt ist. Vgl. im Uebrigen aus der bisherigen Praxis RGE. Bd. 2 S. 13, Bd. 6 S. 25, Bd. 23 S. 31, Bd. 24 S. 112 und 383. S. Niemeyer, Das internationale Privatrecht des BGB. S. 54; Cosack, Lehrbuch 3. Aufl. Bd. 1 S. 265; Dernburg, Bürg. R. Bd. 1 S. 104; Rehbein, Komm. Bd. 1 S. 336 ff.

9. Für die Frage, nach welchem zeitlichen Rechte die Verjährung in einer Uebergangszeit zu beurtheilen sei, ist jetzt vor Allem EG. Art. 169 maßgebend. S. die Erläuterung dazu im Bd. VI und die eingehende Erörterung von Habicht, Einwirkung des BGB. auf zuvor entstandene Rechtsverhältnisse, 3. Aufl. S. 144 ff. Vgl. auch RGE. Bd. 49 S. 94; Bd. 50 S. 273 ff.; Bd. 52 S. 188; Bd. 52 S. 329. Abweichend von EG. Art. 169 ist für die Verjährung der Ansprüche aus den vor dem Inkrafttreten des BGB. ausgestellten Schuldverschreibungen auf den Inhaber in EG. Art. 174 Abs. 2 etwas Besonderes bestimmt; s. darüber Bem. zu Art. 169 und Habicht a. a. O. S. 325 ff.; bezüglich der Ansprüche aus abhanden gekommenen Zinsscheinen Habicht a. a. O. S. 340 ff. Zu EG. Art. 169 s. auch die Beispiele bei Cosack Bd. 1 S. 265 ff.; ferner Dernburg, Bürg. R. Bd. 1 S. 507 Anm. 7; Förtsch in D. Jur.Z. 1899 S. 201; Gutfeld in D. Jur.Z. 1903 S. 542. Ueber die Frage, ob EG. Art. 169 auf die kurzen Verjährungen der Art. 2271—2275 cod. civ. anwendbar ist, s. Osthelder im Recht 1900 S. 95 ff.

Auf schwebende Prozesse kann in den Fällen, wo die Verjährungsfrist des älteren Rechtes durch Erhebung der Klage bereits vor dem 1. Januar 1900 gewahrt ist, die Anwendbarkeit der Vorschriften des BGB. überhaupt nicht in Frage kommen; RGE. Bd. 46 S. 156 ff.

Die in EG. Art. 169 Abs. 1 Satz 1 vorgeschriebene Anwendung der Vorschriften des BGB. auf die vor dem Inkrafttreten des BGB. entstandenen Ansprüche bezieht sich nicht auch auf Ausschlußfristen, an welche die Geltendmachung von Ansprüchen geknüpft ist. So jetzt ausdrücklich RGE. Bd. 48 S. 157 ff. Lauf und Einfluß der Ausschlußfrist bei den unter altem Rechte entstandenen Rechtsverhältnissen sind daher nach altem Recht zu beurtheilen.

10. Die (unzutreffend) sog. unvordenkliche Verjährung (Immemorialpräscription, richtiger unvordenkliche Zeit) als Ersatz des Nachweises eines anderweitigen Rechtstitels, bezüglich deren Voraussetzungen hier auf Darstellungen des gemeinen und deutschen Rechtes verwiesen werden muß (s. Friedländer, Unvordenkliche Zeit (1843); Windscheid-Kipp, Bd. 1 § 113 S. 503 ff.; Gierke, Deutsches Priv.R. § 35, IV, S. 313 ff., jetzt auch Crome, System Bd. 1 S. 523 ff.), ist dem BGB. unbekannt. Auch der cod. civ., das österreichische und das sächsische GB. kennen sie nicht. Der 16. Dtsch. Juristentag (s. die Gutachten von Strohal, Leonhard, Pann in Verhandl. S. 117 ff., 241 ff., 310 ff.) hat sich gegen ihre Aufnahme in das BGB. ausgesprochen. In M. I, 346 ff. wird zur Begründung des ablehnenden Standpunktes unter Anderem das Folgende, zum Theil recht Anfechtbare, vorgebracht: Der Schwerpunkt der unvordenklichen Verjährung liege auf dem Gebiete des öffentlichen Rechtes. Für das bürgerliche Recht sei ihre Bedeutung an sich eine geringe (?). Sie werde sich in Folge der Unbestimmtheit ihres Wesens (?) kaum je so gestalten lassen, daß eine sichere Handhabung möglich sei. Ein Bedürfniß für die Annahme liege nicht vor; das auf dem Gebiete des Immobiliarsachenrechts zur Geltung gebrachte Grundbuchsystem lasse weder für die Verjährung noch für die Ersitzung oder den Verlust eines Rechtes durch Nichtgebrauch (— s. aber jetzt § 1028! —), geschweige denn für die unvordenkliche Verjährung Raum; zur Beseitigung etwaiger Zweifel über den Fortbestand von Forderungsrechten genüge die Anspruchsverjährung; den Erwerb von Forderungsrechten durch Zeitablauf zu ermöglichen, fehle jeder Anlaß.

Die herrschende Meinung (s. Cosack Bd. 1 S. 285; Endemann Bd. 1 § 59 Anm. 9; Crome, System Bd. 1 S 524; Hellmann, Vortr. S. 183 ff.; Planck, Komm. Bd. 1 Bem. 4 zu § 194; Habicht, Einwirkung des BGB. auf zuvor entstandene Rechtsverhältnisse, 3. Aufl. S. 445 ff.) folgert nun aus dem Schweigen des BGB. über die unvordenkliche Verjährung, daß in den vom Rechte des BGB. beherrschten Materien nach dem 1. Januar 1900 (bezw. bei Rechten an Liegenschaften nach dem Zeitpunkt, in welchem das Grundbuch für das betreffende Grundstück als angelegt anzusehen ist: EG. Art. 189) eine unvordenkliche Verjährung nicht mehr beginnen kann und, wenn sie schon vorher begonnen hat, sich nicht mehr vollenden kann. Nur wenn der Erwerb sich schon vorher durch Vollendung der unvordenklichen Verjährung vollzogen hat, soll er unberührt bleiben, was namentlich für Reallasten auf dem Gebiete des Forstrechtes wichtig ist; eine Sicherung des Beweises ist möglich nach CPO. §§ 485 ff.

Dagegen behält die unvordenkliche Verjährung — und das ist unbestritten und unzweifelhaft — ihre bisherige Geltung und kann auch neu beginnen in dem Bereiche, der nach dem BGB. bezw. dem EG. der Landesgesetzgebung vorbehalten ist; darunter fällt nun allerdings ein ganz erheblicher Theil der Gebiete, auf denen die unvordenkliche Verjährung überhaupt zur Anwendung kommt, so das Wasserrecht und das Mühlenrecht (EG. Art. 65), das Deich- und Sielrecht (EG. Art. 66), das Fischereirecht (EG. Art. 69), das Regalienrecht (EG. Art. 73), die Zwangs- und Bannrechte und die Realgewerbeberechtigungen (EG. Art. 74), das Recht der Kirchen- und Schulbaulast (EG. Art. 132) und das Recht auf Kirchenstühle und Begräbnißstätten (EG. Art. 133). Dagegen gehören nicht hieher die Forstrechte, soweit sie nicht etwa (EG. Art. 164) auf der Zugehörigkeit zu einer Realgemeinde oder einem ähnlichen Verbande beruhen. — Vgl. Mecklenburg-Schw. AG. z. BGB. § 33; Mecklenburg-Strel. AG. § 32. Die Aufhebung der unvordenklichen Verjährung wird angeordnet durch Hess. AG. Art. 268; vgl. Preuß. AG. Art. 89.

Gegen die herrschende Meinung erheben sich aber, insofern sie die fernere Möglichkeit einer unvordenklichen Verjährung auf den dem Rechte des BGB. unterliegenden Gebieten schlechthin verneint, doch Bedenken. Wenn es richtig ist, daß das Institut der unvordenklichen Verjährung abgesehen von positiven römischen und kanonischen Bestimmungen durch ein allgemeines deutsches Gewohnheitsrecht anerkannt ist (Windscheid-Kipp Bd. 1 S. 504), so läßt sich der Gedanke nicht abweisen, daß auch im neuen Rechte trotz des Mangels einer gesetzlichen Regelung des Instituts dieses nach wie vor seine frühere

Bedeutung beanspruchen darf, um so mehr, als sich ein Bedürfniß hiefür trotz der Verneinung in den Motiven auch in gewissen nicht der Landesgesetzgebung überlassenen Materien, z. B. bei Forstrechten, nicht wird leugnen lassen. Es kommt demnach nach unserer Anschauung darauf an, ob und inwieweit man heute dem Gewohnheitsrechte gegenüber dem geschriebenen Rechte überhaupt noch die Kraft einer verbindlichen Rechtsquelle zugesteht. Ueber diese fundamentale Frage s. oben in der Einl. zum ganzen Komm. S. 12.

R. Leonhard (Allgem. Theil S. 186 ff.) meint, eine Rücksicht auf das Herkommen werde auch in Zukunft „als Folge der freien Beweistheorie" unumgänglich sein, nur werde der Richter in dieser Rücksicht an die früheren Beweisregeln über immemorialis praescriptio nicht mehr gebunden sein. Eine solche Vermengung der von Haus aus materiellrechtlichen Frage mit der Beweistheorie des Civilprozesses ist aber bedenklich. -- Vgl. auch Hartmann im Archiv f. d. civilist. Praxis Bd. 73 S. 326; Gierke, Deutsch. Priv.R. Bd. 1 S. 313 ff.

11. Eine Wiedereinsetzung in den vorigen Stand (restitutio in integrum) gewährt das BGB. weder gegen Verjährung noch gegen eine Versäumniß gesetzlicher Ausschlußfristen. Das dem römischen und gemeinen Rechte angehörige, auch im PLR. (vgl. Thl. I cap. 7 §§ 30, 36; Thl. III cap. 1 § 19 Nr. 14; Thl. IV cap. 1 § 25, cap. 15 § 13) übernommene Institut der rest. in integr. ist dem BGB. überhaupt fremd. Eine Begründung der Ablehnung geben M. I, 392 ff.

12. Uebersicht des Titels. § 194 stellt den Grundsatz der Anspruchsverjährung auf. Die §§ 195—197 behandeln die Verjährungsfrist, die §§ 198—201 den Beginn der Verjährung, die §§ 202—205 die Hemmung der Verjährung, die §§ 205, 206 besondere Hinderungsgründe für die Vollendung der Verjährung (sog. „Ablaufshemmung"), die §§ 208—220 handeln von der Unterbrechung der Verjährung. § 221 schreibt vor, daß die Besitzzeit des Rechtsvorgängers als Verjährungszeit dem Rechtsnachfolger zu Statten kommt. Die §§ 222 bis 224 bestimmen die Wirkung der Verjährung. § 225 endlich entscheidet über die Möglichkeit rechtsgeschäftlicher Abänderung der Verjährung.

§ 194.

Das Recht, von einem Anderen ein Thun oder ein Unterlassen zu verlangen (Anspruch), unterliegt der Verjährung.

Der Anspruch aus einem familienrechtlichen Verhältniß unterliegt der Verjährung nicht, soweit er auf die Herstellung des dem Verhältniß entsprechenden Zustandes für die Zukunft gerichtet ist.

E. I, 154; II, 161; III, 189.

1. Beeinflußt durch die Windscheid'sche Theorie (s. Vorbem. 7, c vor § 194) hat das BGB. unter Außerachtlassung der namentlich in den Arbeiten von Hoelder (s. die Literaturangabe zu den Vorbem.) erhobenen Bedenken an die Stelle der in der gemeinrechtlichen Doktrin von den meisten angenommenen Klagenverjährung die Anspruchsverjährung gesetzt. Der Ausdruck der „Rechtsverjährung" wurde vermieden, weil die Verjährung in dem hier gemeinten Sinne das dingliche Recht unberührt läßt, der Ausdruck „Schuldverjährung", weil „unter Schuld gewöhnlich nur die dem Forderungsrecht entsprechende Verbindlichkeit verstanden wird"; M. I, 290. Ueber Grund und Zweck der Anspruchsverjährung s. Vorbem. 2 vor § 194 und M. I, 291.

2. Gegenstand der Verjährung sind also ausschließlich Ansprüche. Der Anspruch wird in § 194 definirt als das Recht, von einem Anderen ein Thun oder ein Unterlassen zu verlangen. Die Verjährung betrifft Ansprüche sowohl aus obligatorischen als auch dinglichen Rechten; sie soll im Folgenden zunächst für beide Fälle gesondert betrachtet werden.

Der Anspruch setzt die Beziehung eines bestimmten Berechtigten zu einem bestimmten Verpflichteten voraus. Hat diese Beziehung ihren Grund in einem zwischen Berechtigtem und Verpflichtetem bestehenden Schuldverhältnisse, so ist der Anspruch ein persönlicher, ein obligatorischer. Der persönliche Anspruch ist aber nicht identisch mit dem persönlichen Rechte, dem Forderungsrecht (vgl. Dernburg, Bürg. R. Bd. 1 § 42 Anm. 5; Langheineken, Anspruch und Einrede S. 24; a. M. Hellwig, Anspruch und

Klagerecht S. 5 ff.). Auch das Erlöschen des persönlichen Anspruchs ist nicht immer identisch mit dem Untergange des subjektiven Rechtes selbst. Insbesondere wäre es nicht richtig, zu sagen, daß durch die **Verjährung** des persönlichen Anspruchs das subjektive Recht selbst untergehe. Nach den positiven Vorschriften, welche das BGB. für die Verjährungswirkung giebt (§ 222), ist Folge der Verjährung auch bei Ansprüchen, welche sich aus rein obligatorischen Beziehungen herleiten, lediglich das Leistungsverweigerungsrecht des Verpflichteten; aber **das subjektive Recht als solches bleibt** für den Berechtigten trotz der Verjährung des Anspruchs **bestehen**. Das äußert sich darin, daß die Verpflichtung trotz Verjährung des Anspruchs erfüllbar bleibt und, wenn sie erfüllt wird, das Geleistete nicht aus dem Grunde der Verjährung zurückgefordert werden kann (§ 222 Abs. 2), daß die verjährte Schuld vertragsmäßig anerkannt werden kann und daß für sie eine Sicherheitsleistung möglich ist (§ 222 Abs. 2), daß sie unter der im § 390 genannten Voraussetzung zur Aufrechnung verwendet werden kann, endlich daß für den Berechtigten trotz der Verjährung des Anspruchs die Sachhaftung der dafür etwa bestellten Hypotheken oder Pfandrechte bestehen bleibt. Nur persönlich kann der Schuldner nicht mehr gegen seinen Willen durch die Zwangsmittel des Staates in Anspruch genommen werden, **er haftet nicht mehr persönlich**. **Die verjährte Schuld ist demnach nichts Anderes als eine Schuld ohne persönliche Haftung**. Andere sprechen davon, die verjährte Forderung hinterlasse eine „natürliche Verpflichtung“, eine „Naturalobligation“. Aber das Wesen der sogen. Naturalobligation liegt eben darin, daß sie Schuld ohne Haftung ist. Nach der hier vertretenen Auffassung ist es also vom Standpunkte des geltenden Rechtes aus nicht zutreffend, wenn M. I, 291 sagen, das obligatorische Recht gehe auf in dem Anspruch, den es erzeugt, und wenn Eck (Vortr. S. 204) lehrt, bei Schuldverhältnissen sei der Anspruch mit der Forderung identisch.

Der „**dingliche Anspruch**“ hat im Gegensatze zum persönlichen seinen **Grund** nicht in einer Beziehung des Berechtigten zu einem bestimmten Verpflichteten, sondern in einem Rechte unmittelbarer Herrschaft über eine Sache. Dem Rechtsverhältnisse, welches den dinglichen Anspruch begründet, fehlt die Beziehung auf eine bestimmte andere Person; **aber dem dinglichen Anspruche selbst fehlt diese Beziehung nicht**. (S. Hoelder im Archiv f. d. civilist. Praxis Bd. 93 S. 19 ff.) Das Eigenthum z. B. wirkt absolut, gegen Jedermann, ohne Beziehung auf eine bestimmte Person; aber **der aus dem** Eigenthum resultirende dingliche Herausgabeanspruch richtet sich gegen einen Bestimmten, gegen den Besitzer. Der dingliche Anspruch besteht so lange als ein dem dinglichen Rechte widersprechender Zustand währt. Aus § 194 ergiebt sich: **Der dingliche Anspruch kann verjähren**, da das Begehren nach Herstellung des dem dinglichen Rechte entsprechenden Zustandes ein Thun oder ein Unterlassen dessen zum Gegenstande hat, der diesen Zustand stört oder gestört hat; aber das dingliche Recht selbst wird durch die Verjährung eines daraus resultirenden Anspruchs in seinem Bestande nicht berührt. **Das dingliche Recht selbst ist unverjährbar** und kann stets zur Quelle neuer Ansprüche werden. Ein gutes Beispiel giebt Cosack Bd. 1 S. 264: B hat dem A einen Ring gestohlen; der Dieb bleibt unentdeckt; nach 30 Jahren ist der Eigenthumsanspruch des A gegen B auf Herausgabe verjährt; jetzt wird dem B der Ring durch C gestohlen; nach abermals 20 Jahren findet A den Ring bei C; A hat jetzt aus seinem Eigenthum einen noch unverjährten Herausgabeanspruch gegen C.

Die Verjährbarkeit des **dinglichen Anspruchs**, soweit er auf Herstellung des dem dinglichen Rechte entsprechenden Zustandes für die Zukunft gerichtet ist, wurde mehrfach beanstandet. Man wies darauf hin, daß das dingliche Recht durch Verjährung des dinglichen Anspruchs im Wesentlichen seines sachlichen Inhalts entkleidet werde und so zu einem Scheinrechte herabsinke. Namentlich könne die Verjährbarkeit des Eigenthumsanspruchs ein sogen. dominium sine re zur Folge haben, sofern nicht die Sache wieder in die Hände des wirklichen Eigenthümers oder in die eines Dritten gelange, der nicht zugleich Rechtsnachfolger des Besitzers sei oder unabhängig von dessen Rechten seinerseits Rechte erwerbe. Das BGB. hat aber trotzdem im Anschluß an die gemeinrechtliche, preußische, österreichische und sächsische Jurisprudenz mit Recht an der Verjährbarkeit der dinglichen Ansprüche festgehalten. Begründung dieses Standpunkts s. M. I, 293 ff. Vgl. auch Hoelder im Arch. f. bürgerl. R. Bd. 11 S. 224. Daß trotz der Verjährung das dingliche Recht kein inhaltloser Schein ist, zeigt sich in den Fällen, in welchen der dem Einen gegenüber verjährte Anspruch aus dem dinglichen Rechte **einem Anderen gegenüber** neu entsteht: vgl. das obige Beispiel. Nach cod. civ. (s. art. 2262 mit 2180) fallen die Verjährung des Eigenthumsanspruchs und der Erwerb des dinglichen Rechtes seitens des Besitzers ohne Rücksicht auf guten oder schlechten Glauben des letzteren zusammen; Verjährung und Ersitzung decken sich. Nicht so nach BGB., da hier die Ersitzung an beweglichen Sachen sich schon nach zehnjährigem Eigenbesitz vollzieht, aber durch den Mangel des guten Glaubens des Erwerbers ausgeschlossen wird. S. aber Bem. zu § 195. Die praktische Bedeutung der Verjährbarkeit des dinglichen Anspruchs nach BGB. ist übrigens, wie

Endemann Bd. 1 § 92 Anm. 9 hervorhebt, wesentlich abgeschwächt dadurch, daß bei beweglichen Sachen der gutgläubige Erwerber nach §§ 932 ff. Eigenthum erwirbt, bei Grundstücken die wichtigsten Ansprüche (s. §§ 898, 902, 924, 1138) für unverjährbar erklärt sind.

3. Auch Ansprüche aus sog. Persönlichkeitsrechten oder Individualrechten, wie der Anspruch auf Beseitigung der Beeinträchtigung des Namensrechts (§ 12), des Firmenrechts (HGB. § 37), des Patentrechts unterliegen grundsätzlich der Anspruchsverjährung.

4. Die in der Literatur schon mehrfach aufgeworfene Frage, ob denn nun die „Anspruchsverjährung" des BGB. ihrem Wesen nach etwas Anderes sei als die alte „Klagenverjährung" des gemeinen Rechtes, ist, wie sich schon aus dem unter 2 Gesagten ergiebt, zu verneinen. Hier wie dort handelt es sich um die durch Zeitablauf begründete Unmöglichkeit, die Durchsetzung subjektiver Rechte wider den Willen des Gegners durch gerichtliche Hülfe zu erzwingen. Daß es sich bei der Klagenverjährung nicht um die Klage im civilprozessualischen Sinne d. h. um das von einer Partei an das Gericht gestellte Verlangen eines Urtheils handelt, sondern um die actio im materiellrechtlichen Sinne, hat ja auch die neuere gemeinrechtliche Doktrin nicht verkannt und es hätte zur Vermeidung dieses Mißverständnisses der terminologischen Aenderung wohl nicht bedurft. Vgl. Eck, Vortr. 2. Aufl. S. 204 ff., Hoelder, Komm. Bem. V vor § 194, S. 409 ff., Dernburg, Bürgerl. R. Bd. 1 S. 510, Leonhard, Allg. Theil S. 225 ff. Immerhin ist durch die Fassung des BGB. klar gestellt, daß nicht jedes Klagerecht der Verjährung unterliegt, sondern eben nur ein solches, welches sich als ein Recht darstellt, von einem Andern ein Thun oder ein Unterlassen zu verlangen. Vgl. Hellmann, Vortr. S. 207 ff.; Wendt im Archiv f. d. civilist. Praxis Bd. 92 S. 152 ff.

5. Der Verjährung nicht unterworfen, weil sie nicht Ansprüche sind, sind demnach:

a) Die nach CPO. § 256 und § 280 mögliche Feststellungsklage. Sie stellt keinen materiellrechtlichen Anspruch dar, sondern ein prozessualisches Begehren eines Urtheils; s. M. I, 291, 295; Wach in der Leipziger Festg. für Windscheid S. 30; Kayser im Archiv f. d. civilist. Praxis Bd. 70 S. 458 ff.; Hellmann, ebenda Bd. 84 S. 130 ff. und Vortr. S. 207; L. Seuffert, Komm. z. CPO. 8. Aufl. S. 371; Dernburg, Bürg. R. S. 510; Leonhard, Allg. Theil, S. 229 ff.; Rehbein, Komm. S. 302; Gareis, Komm. Bem. 3 zu § 194; Hoelder, Komm. Bem. 3 zu § 194 u. im Archiv f. d. civilist. Praxis Bd 93 S. 45 ff.; Endemann, Lehrbuch Bd. 1 § 92 Anm. 10. Aber wenn auch die Feststellungsklage als solche der Verjährung nicht unterliegt, so kann doch die Verjährung des ihr zu Grunde liegenden Anspruchs ihr gegenüber unter Umständen vorgebracht und Grund zur Klagabweisung werden; nämlich dann, wenn sich aus dieser Verjährung der Mangel eines rechtlichen Interesses an alsbaldiger gerichtlicher Feststellung ergiebt. Aber durchaus nicht immer wird durch den Nachweis der Verjährung des Anspruchs der Mangel eines solchen Interesses dargethan; z. B. dann nicht, wenn für den verjährten Anspruch eine Hypothek oder ein Pfandrecht besteht und der Feststellungskläger noch seine Befriedigung aus dem verhafteten Gegenstande suchen kann.

b) Die auf konstitutives Urtheil gerichteten Klagerechte. Unverjährbar sind daher z. B. die Ehescheidungsklage (s. oben § 1571), die Klage auf Aufhebung einer Entmündigung, auf Aufhebung der ehelichen Gütergemeinschaft, das Klagerecht auf Herabsetzung der Vertragsstrafe nach § 343.

c) Die Ehenichtigkeitsklage nach § 1329. Sie ist actio perpetua; vgl. jedoch § 1324 Abs. 2; s. auch Wendt im Archiv f. d. civilist. Praxis Bd. 92 S. 153.

d) Anfechtungsklagen. Die bei ihnen bestehende Zeitbeschränkung ist Befristung, nicht Verjährung; s. §§ 1341, 1339, 1350; 1594, 1596, 1599; 2342.

e) Das Anfechtungsrecht nach KO. § 41 und Anf.Ges. § 12. Dieses Recht anzufechten, ist kein „Anspruch" im Sinne des § 194; es ist begrenzt durch Ausschlußfristen, unterliegt aber nicht der Verjährung. Ein Anfechtungsanspruch entsteht erst mit Abgabe der Anfechtungserklärung; dieser Anspruch unterliegt der ordentlichen dreißigjährigen Verjährung. Vgl. L. Seuffert, Konkursprozeßrecht S. 220, 227; Jaeger, Komm. z. KO. Anm. 1 und 7 zu § 41. A. M. Langheineken (Anspruch und Einrede, S. 119), welcher die Begriffe Anfechtungsrecht (im Sinne der KO. und des Anf.Ges.) und Anfechtungsanspruch identifizirt, auf sie die Kategorie des „verhaltenen" Anspruchs anwendet. Unentschieden Wendt im Archiv f. d. civilist. Praxis Bd. 92 S. 152.

f) Die Aufrechnung. Diese ist kein Recht auf ein Thun oder Unterlassen eines Andern, kann daher nicht verjähren. Etwas Anderes ist es natürlich, daß die Forderung, mit welcher oder gegen welche aufgerechnet werden soll, der Verjährung unterliegen kann; über diesen Fall s. § 390 und Bem. dazu.

6. Nur Ansprüche verjähren nach § 194, aber nicht alle Ansprüche unterliegen der Verjährung. Unverjährbar sind vor Allem Ansprüche aus einem familienrechtlichen Verhältnisse, soweit sie auf die Herstellung des dem Verhältniß entsprechenden Zustandes für die Zukunft gerichtet sind. Ihre innere Rechtfertigung findet diese in § 194 Abs. 2 ausgesprochene Ausnahme vornehmlich darin, daß es sich hier um Ansprüche handelt, welche einer zur Rechtspflicht erhobenen ethischen Verpflichtung gegenüber stehen. Als weiterer Grund für die Unverjährbarkeit wird angeführt (s. Planck Bem. 2 zu § 194), daß das familienrechtliche Verhältniß selbst durch die Verjährung nicht berührt wird, die Verjährung des in dem einen Augenblick entstandenen Anspruchs also zwecklos sein würde, weil immer ein anderer nicht verjährter Anspruch desselben Inhalts entstehen könnte. Dieser letztere Grund würde aber, strenge genommen, auch für die Unverjährbarkeit der dinglichen Ansprüche sprechen, und doch unterliegen diese nach der positiven Regelung im Gesetze der Verjährung.

§ 194 Abs. 2 bezieht sich nicht auf solche familienrechtliche Ansprüche, die in der Vergangenheit ihren Grund haben. Was insbesondere den Unterhaltsanspruch betrifft, so kann nach § 1613 der Berechtigte Erfüllung oder Schadensersatz wegen Nichterfüllung für die Vergangenheit nur von der Zeit an fordern, zu welcher der Verpflichtete in Verzug gekommen oder der Unterhaltsanspruch rechtshängig geworden ist; insoweit ist der Unterhaltsanspruch aber auch der Verjährung unterworfen. Bezüglich der Hemmung s. § 204.

§ 194 Abs. 2 bezieht sich ferner nicht auf Ansprüche, die aus dem Rücktritte von einem Verlöbniß entstehen (§§ 1298—1301); diese Ansprüche verjähren vielmehr nach § 1302 schon in 2 Jahren. § 194 Abs. 2 bezieht sich auch nicht auf den Anspruch auf Zurückgabe der Geschenke nach erfolgter Ehescheidung (§ 1584); auch nicht auf den Anspruch der Mutter eines Kindes gegen dessen unehelichen Vater auf Ersatzleistung wegen der Entbindungskosten und der Unterhaltskosten während der ersten sechs Wochen nach der Geburt des Kindes (§ 1715); auch nicht auf den Anspruch der Tochter auf Aussteuer (§ 1620), der nach § 1623 in einem Jahre von der Eingehung der Ehe an verjährt. Dagegen dürfte der Anspruch des unschuldig geschiedenen Ehegatten gegen den schuldigen Theil aus § 1578 unter § 194 Abs. 2 fallen, sohin der Verjährung nicht unterliegen; denn dieser Anspruch beruht weniger auf dem Gesichtspunkte der Entschädigung, als auf dem einer Nachwirkung der Ehe. Vgl. M. IV, 617 ff.; gleicher Ansicht Fischer-Henle, 6. Aufl. Bem. 7 zu § 1578 und Crome, System Bd. 1 S. 506; a. M. Endemann, Bd. 1 § 92 Anm. 11; zweifelnd M. I, 294.

Unter der in § 194 genannten Voraussetzung sind unverjährbar nicht nur die Ansprüche eines Familienglieds gegen Angehörige derselben Familie, sondern auch die in einem familienrechtlichen Verhältnisse wurzelnden Ansprüche gegen Dritte, z. B. das nach § 1632 dem Inhaber der elterlichen Gewalt (bezw. nach § 1800 dem Vormund) zustehende Recht, die Herausgabe des Kindes von Jedem zu verlangen, der es ihm widerrechtlich vorenthält; s. auch Planck Bem. 2 zu § 194 und M. I, 295; praktische Bedeutung könnte im Falle des § 1632 die Verjährung bei dreißigjähriger Verjährungszeit ohnehin nicht erlangen. Von der Ausnahme des § 194 Abs. 2 werden betroffen Ansprüche aus den §§ 1353; 1360, 1361 (vgl. jedoch dazu 1613); 1427; 1617, 1685, 1963.

Die Klagen auf Feststellung des Bestehens oder Nichtbestehens eines familienrechtlichen Verhältnisses entziehen sich schon an und für sich aus dem oben (Bem. 5, a) genannten Grunde der Verjährung.

7. Abgesehen von Ansprüchen aus familienrechtlichen Verhältnissen sind folgende Ansprüche der Verjährung nicht unterworfen:

a) Der Anspruch auf Aufhebung einer Gemeinschaft nach § 758 und auf Auseinandersetzung der Erbengemeinschaft nach § 2042 Abs. 2;

b) Ansprüche aus Rechten, die im Grundbuch eingetragen sind, wobei ein Recht, wegen dessen ein Widerspruch gegen die Richtigkeit des Grundbuchs eingetragen ist, einem eingetragenen Rechte gleichsteht. Jedoch sind solche Ansprüche aus eingetragenen Rechten, die auf Rückstände wiederkehrender Leistungen oder auf Schadensersatz gerichtet sind, verjährbar. S. § 902 und Bem. dazu in Bd. III S. 118 ff.; s. auch § 1028.

c) Die in den §§ 894—896 bestimmten Ansprüche zum Zwecke der Grundbuchberichtigung; s. §§ 898 u. 1138 und Bem. dazu in Bd. III S. 111 u. 426 ff.; ferner der Anspruch auf Berichtigung des Schiffsregisters; s. § 1263 und Bem. dazu in Bd. III S. 604.

d) Eine Reihe von Ansprüchen aus dem Gebiete des Nachbarrechts nach § 924; vgl. hieher Rönnberg im Arch. f. bürgerl. R. Bd. 11 S. 284 ff.

In den unter a—d aufgeführten Fällen besteht actio perpetua. Daneben giebt es aber Ansprüche, die zwar gleichfalls nicht der Verjährung im Sinne dieses Abschnitts unterliegen, für deren Geltendmachung aber eine zeitliche Schranke in Form einer Ausschlußfrist gesetzt ist: s. §§ 864 (Besitzansprüche), 977 (Bereicherungsanspruch gegen den zum Eigenthümer gewordenen Finder), 1002 (Anspruch auf Ersatz von Verwendungen gegen den Besitzer). Ueber die Unterscheidung von Verjährungsfrist und Ausschlußfrist s. Vorbem. 3 vor § 194. Vgl. auch Wendt im Archiv f. d. civilist. Praxis Bd. 92 S. 152 ff.

8. Können auch Einreden verjähren? Für das römische Recht wurde die Frage auf Grund der l. 5 § 6 D. 44, 4 grundsätzlich verneint; diese Verneinung fand Ausdruck in der Parömie: quae ad agendum sunt temporalia, ad excipiendum sunt perpetua. Vgl. Wildhagen in Iherings Jahrb. f. Dogm. Bd. 21 S. 1 ff.: Thon, ebenda Bd. 28 S. 78. Windscheid (8. Aufl. S. 500) lehrte jedoch, durch die Verjährung des obligatorischen Anspruchs werde auch die auf der Obligation beruhende Einrede beseitigt; dies nur dann nicht, wenn die Einrede neben der Obligation eine „selbständige Existenz" habe. So auch RGE. Bd. 2 S. 159. Dernburg dagegen (Pand. Bd. 1 § 150) meinte, es könnten nur solche Einreden verjähren, für welche das Gesetz (vgl. altes HGB. Art. 349, 386, 408) dies besonders vorschreibe.

Für das Recht des BGB. ist hier vor Allem Klarheit über die Terminologie geboten. Es entspricht dem gesetzlichen Sprachgebrauch, mit welchem nunmehr, wenn nicht Verwirrung entstehen soll, Theorie und Praxis sich in Einklang zu setzen haben, nur auf solche Fälle den Einredebegriff anzuwenden, in welchen es sich um die Befugniß handelt, gegenüber einem Anspruche die geschuldete Leistung zu verweigern. (Literaturangaben s. bei § 202. Ueber die Scheidung in peremtorische und dilatorische Einreden s. Bem. 4 zu § 202.) Um eine Einwendung im weiteren Sinne, nicht um eine Einrede, handelt es sich dagegen da, wo geltend gemacht wird, daß der Anspruch überhaupt nicht zur Existenz gelangt oder bereits durch Erfüllung erloschen ist. Es giebt daher wohl einen Einwand der Zahlung, aber es giebt keine „Einrede" der Zahlung, ebensowenig wie es etwa eine „Einrede" der Geschäftsunfähigkeit giebt. Die Vermengung des Einrederechtes mit dem Anfechtungsrechte, wie sie sich bei Hoelder (Komm. Vorbem. VII vor § 194) und mehrfach auch bei Hellwig findet, kann bei der erheblichen Verschiedenheit der Normen, welchen die beiden Rechte unterstehen, nicht als Gewinn bezeichnet werden (gegen Hoelder auch R. Leonhard, Allg. Theil S. 224 und Langheineken, Anspruch und Einrede S. 43 ff.; vgl. auch Hellmann, Vorträge S. 201). Wenn Hoelder (im Archiv f. d. civilist. Praxis Bd. 93 S. 59 ff.) unter spezieller Exemplifizirung auf das Anfechtungsrecht und Aufrechnungsrecht zu dem allgemeinen Satze gelangt, „daß die ausgeübte Berechtigung zur Verweigerung der Leistung deren Eigenschaft als einer geschuldeten ausschließt", so vermögen wir das nicht als zutreffend anzuerkennen. Dadurch daß die Rechtsordnung dem Schuldner gestattet, die Erfüllung seiner Verbindlichkeit zu verweigern, entzieht sie lediglich dem Gläubiger ihre Beihilfe zur zwangsweisen Durchsetzung seines Rechtes, erklärt aber keineswegs die Schuld des Verpflichteten zu einer Nichtschuld. Vielmehr bleibt die Schuld als solche, wie sich gerade bei der Verjährung besonders deutlich ergiebt (aus §§ 222, 223), bestehen, nur muß der Schuldner nicht mehr persönlich für sie einstehen, seine Schuld ist eine Schuld ohne Haftung. Diese Auffassung des Verhältnisses ist auch für die Frage der Einredenverjährung, wie sich im Folgenden ergeben wird, nicht ohne Bedeutung.

Nimmt man die Einrede des BGB. in dem engeren Sinne, in welchem die herrschende Meinung sie nimmt, nämlich als das „Recht eine geschuldete Leistung zu verweigern", so kann von einer Verjährung der Einrede nach § 194 keine Rede sein, da die Einrede eben nicht das Verlangen eines Thuns oder Unterlassens eines Andern zum Inhalte hat. Daher sind z. B. die Einreden des nicht erfüllten Vertrages (§ 320), die Einrede der mangelnden Sicherheitsleistung (§§ 321, 811 Abs. 2), der Vorausklage (§ 771) nicht verjährbar. Die sogen. Kompensationseinrede ist überhaupt nicht Einrede in dem hier gemeinten Sinne (so auch Langheineken, Anspruch und Einrede S. 320); s. bezüglich der Verjährung § 390 und Bem. dazu in Bd. II; vgl. auch Endemann Bd. 1 § 88, insbes. Anm. 25.

Ist der die Geltendmachung eines Anspruchs in Form der Einrede ausschließende Umstand in einem der Verjährung unterworfenen Rechte begründet, so entsteht die Frage, ob die Verjährung des Rechtes auch den Verlust der Einrede zur Folge hat. Die Frage wird in M. I, 291 unter Berufung auf RGE. Bd. 2 S. 158 ff. bejaht. Ebenso von Kipp (bei Windscheid 8. Aufl. S. 502), welcher sagt: „selbstverständlich kann der Geltendmachung eines Anspruchs im Wege der Einrede die Gegeneinrede der Verjährung in derselben Weise und mit derselben Wirkung entgegengesetzt werden, wie wenn der Anspruch im Wege der Klage geltend gemacht würde". Darnach wären also solche Einreden, welche aus einem Anspruche sich herleiten, doch verjährbar d. h. der vertheidigungsweisen Geltendmachung einer solchen Einrede könnte die Replik der Verjährung des ihr zu Grunde liegenden Anspruchs entgegengehalten werden. Dieser Anschauung folgen Cosack Bd. 1 S. 253, Crome, System Bd. 1 S. 505 ff. Das BGB. selbst aber nöthigt keineswegs zu dieser Auffassung, wennschon sie seinen unter dem Einflusse der Windscheid'schen Lehre stehenden Redaktoren vorgeschwebt haben mag. Vielmehr erscheint es richtiger, eine Verjährung der Einrede nur dann anzunehmen, wenn das Gesetz selbst eine Vorschrift in diesem Sinne giebt. Letzteres trifft zu im Falle des § 478, wonach der Käufer, der den Mangel der Kaufsache dem Verkäufer angezeigt oder die Anzeige an ihn abgesendet hat, bevor der Anspruch auf Wandelung oder Minderung verjährt war, auch nach der Vollendung der Verjährung die Zahlung des Kaufpreises insoweit verweigern kann, als er auf Grund der Wandelung oder Minderung dazu berechtigt sein würde; die Mängeleinrede wird also durch rechtzeitige Anzeige perpetuirt, wird aber bei Unterlassung dieser Anzeige durch die Verjährung des Anspruchs wegen der Mängel zerstört. Ferner: Nach Gew.O. § 112 ist ein Arbeitgeber, welcher das Arbeitsbuch dem Arbeiter gesetzwidrig nicht rechtzeitig ausgehändigt hat oder dasselbe bezüglich der Eintragungen vorschriftswidrig behandelt hat, dem Arbeiter entschädigungspflichtig; der Entschädigungsanspruch erlischt, wenn er nicht innerhalb einer Woche nach seiner Entstehung im Wege der Klage oder Einrede geltend gemacht ist; auch hier ist anzunehmen, daß nur durch Geltendmachung innerhalb dieser Frist die Einrede perpetuirt d. h. von der Verjährung des ihr zu Grunde liegenden Anspruchs unabhängig gemacht wird. Aber diese Fälle haben singulären Charakter und mit Recht lehnt Dernburg (Bürg. R. Bd. 1 S. 537) es ab, aus § 478 eine Folgerung zu Gunsten regelmäßiger Verjährbarkeit der Einreden zu ziehen; ebensowenig darf eine solche Folgerung gezogen werden aus § 853, wonach der Verletzte, gegen welchen Jemand durch eine von ihm begangene unerlaubte Handlung eine Forderung erlangt hat, die Erfüllung auch dann verweigern kann, wenn der Anspruch auf Aufhebung der Forderung verjährt ist. Dieses Erfüllungsverweigerungsrecht bestünde auch ohne § 853; dieser Paragraph spricht etwas aus, was sich unseres Erachtens auch ohne ihn aus einer richtigen Auffassung der Verjährung ergiebt.

Unsere Meinung ist also: der Bestand der Einrede wird grundsätzlich und regelmäßig auch dadurch nicht berührt, daß der Anspruch, aus dem sie sich herleitet, verjährt. Der gegnerischen Ansicht liegt offenbar die oben bekämpfte Auffassung zu Grunde, daß eine verjährte Forderung keine geschuldete mehr sei; jedoch die Schuld als solche bleibt bestehen, nur die Haftung fällt weg, der Schuldner braucht sich vom Gläubiger wegen der Schuld nicht mehr gerichtlich „ansprechen" zu lassen; aber der Gläubiger kann sich, wenn er angegriffen wird, vertheidigungsweise auf das Bestehen jener Schuld, die zu existiren nicht aufgehört hat, berufen, wenn auch die Haftung des Gegners dafür wegen des Zeitablaufs weggefallen ist. Einen weiteren Grund für die hier vertretene, der herrschenden Ansicht widersprechende Meinung hat schon Dernburg (Bürg.R. Bd. 1 S. 537) angeführt: „Der Zweck der Verjährung ist, die bestehenden Zustände zu erhalten; die Verjährbarkeit der Einreden würde umgekehrt dahin führen, das Hinderniß, welches dem Angriff auf die bestehenden Zustände entgegensteht, zu entfernen. Sie stünde also im Gegensatze zu der Grundidee der Verjährung."

9. Ueber Ansprüche, welche auf ein Unterlassen gerichtet sind, s. noch speziell die Bem. 3, e zu § 198.

10. Der Anspruch, den ich gegen eine Person habe, kann auf mehrfachem Entstehungsgrunde beruhen. Ich kann z. B. gegen den Entleiher meines Buches, der dieses einem Dritten verkauft und übergeben hat, eine auf dasselbe Ziel gehende Forderung haben aus dem Gesichtspunkte der Leihe und aus dem der unerlaubten Handlung und, falls das Leihverhältniß aufgelöst ist, aus dem meines Eigenthums. Bei Identität des Thatbestandes bestehen hier mehrere Ansprüche. Gemeinrechtlich sprach man hier von Klagenkonkurrenz.*) Angesichts der Terminologie des BGB. mag man mit Hellwig (Anspruch und Klagrecht S. 90 ff.) und Endemann Bd. 1 § 84 von „Anspruchskonkurrenz" reden, die aber doch nichts wesentlich Anderes ist als die alte Klagenkonkurrenz. Bei der Verjährung ist ihrer deßhalb zu gedenken, weil es bei der verschiedenen Länge der Verjährungsfristen kommen kann, daß der Anspruch, der aus dem einen Entstehungsgrunde sich herleitet, bereits verjährt ist, der aus einem anderen sich herleitende dagegen noch fortbesteht. Das schuldnerische Leistungsverweigerungsrecht als Folge der Verjährung tritt erst dann ein, wenn die Verjährung hinsichtlich des Entstehungsgrundes, bezüglich dessen die längste Verjährungsfrist besteht, abgelaufen ist. Es kann sich nur fragen, ob dies auch dann gilt, wenn der Anspruch nur auf den einen Entstehungsgrund gestützt wird, bezüglich dessen die Verjährung bereits abgelaufen ist. Die Frage ist zu verneinen d. h. die Verjährungseinrede kann in diesem Falle auch dann mit Erfolg gebraucht werden, wenn der

*) Literatur: Eisele im Archiv f. d. civilist. Praxis Bd. 79 S. 327 ff.; Hellwig, Anspruch und Klagerecht, S. 90 ff.; Peters, Die Klagenkonkurrenz (Berlin 1902); Wrzeszinski, Die Konkurrenz der Ansprüche (Freib. Diss. 1902).

Anspruch nicht hinsichtlich sämmtlicher Entstehungsgründe, auf welche er gestützt werden könnte, verjährt ist, sondern eben nur hinsichtlich der als Klagegrund angeführten. Dem Kläger geht ja damit die Möglichkeit, durch Erhebung neuer Klage den Anspruch auf die noch nicht von der Verjährung betroffenen Rechtsthatsachen zu stützen, nicht verloren, da es sich in Wahrheit um eine Mehrheit konkurrirender Ansprüche handelt, und da die Rechtskraft einer neuen Beurtheilung des Anspruchs aus einem neu vorgebrachten, wenn auch schon früher vorhandenen, Entstehungsgrunde nicht im Wege steht. So wenigstens vom Standpunkte der sog. Substanziirungstheorie aus. Ob diese freilich begründet ist, kann hier nicht erörtert werden. Zweifellos ist vom Standpunkte des BGB. aus, daß bei konkurrirenden Ansprüchen das subjektive Recht niemals untergeht durch Verfolgung des einen Anspruchs mittels Klage, sondern erst durch Befriedigung des einen Anspruchs. Ueber die Zulässigkeit der Verbindung mehrerer Ansprüche in einer Klage s. CPO. § 260.

11. Voraussetzungen der Verjährung sind ein der Verjährung fähiger Anspruch, Beginn und Ablauf der Verjährungsfrist. Dagegen ist guter Glaube auf Seite desjenigen, zu dessen Gunsten die Verjährung wirkt, nach BGB. im Gegensatze zum kanonischen Rechte, aber in Uebereinstimmung mit dem cod. civ. (art. 2262) und dem österr. GB. (§§ 1478, 1493) nicht erforderlich. Denn die Anspruchsverjährung entnimmt, wie M. I, 267 bemerken, „ihre Voraussetzungen dem Verhalten des Berechtigten, nicht demjenigen des Verpflichteten". Auch Ansprüche gegen den Dieb unterliegen daher der Verjährung.

12. Gegen den Ablauf der Verjährungsfrist giebt es nach BGB. keine Wiedereinsetzung in den vorigen Stand. Das BGB. hat das römische Institut der restitutio in integrum überhaupt beseitigt; es kennt eine Wiedereinsetzung weder gegen Rechtsgeschäfte noch gegen Versäumnisse. Eine Begründung des ablehnenden Standpunktes geben M. I, 392 ff.

§ 195.

Die regelmäßige Verjährungsfrist beträgt dreißig Jahre.

E. I, 155; II, 162; III, 190.

1. In der Bestimmung, daß die regelmäßige Verjährungfrist dreißig Jahre beträgt, folgt das BGB. dem gemeinen Recht (c. 3 Cod. 7,39), der bayr. Ger.O. von 1753 cap. IV § 3, dem PLR. Thl. I Tit. 9 § 546, dem österr. GB. §§ 1479, 1486, dem cod. civ. art. 2262 und dem sächs. GB. § 150.

Man hatte darauf hingewiesen, daß die lange Frist von dreißig Jahren den umgestalteten Verkehrsverhältnissen unserer Zeit nicht mehr entspreche, und daß es doch auffallend und mit einem gesunden Rechtsgefühle kaum in Einklang zu bringen sei, wenn die Verfolgung einer Geldforderung um zehn Jahre länger möglich sei als die Verfolgung eines Mordes, und wenn das Gesetz, das dem Kaufmanne nicht zumuthet, seine Handelsbücher länger als zehn Jahre aufzubewahren, den Bürger, der ein Darlehen erhalten und gleich darauf zurückgezahlt hat, indirekt nöthigt, die Quittung über die Rückzahlung dreißig Jahre lang aufzubewahren. S. namentlich Hoelder im Arch. f. bürgerl. R. Bd. 11 S. 238 ff. und Komm. Bem. 2 zu § 195.

2. Die dreißigjährige Dauer der Frist ist zwar die rechtliche Regel, nicht aber die thatsächliche Regel. Sie tritt nur da ein, wo das Gesetz nicht eine kürzere Verjährungsfrist bestimmt hat. Diese Ausnahmefälle sind so zahlreich, daß sie in Wirklichkeit viel häufiger zur Anwendung kommen als die Regel. Für die am häufigsten vorkommenden Ansprüche des täglichen Lebens bestimmt § 196 eine zweijährige Verjährungsfrist, für Ansprüche auf Zinsen und regelmäßig wiederkehrende Leistungen § 197 eine vierjährige, für Ansprüche aus Delikten § 852 eine dreijährige Frist. Außerdem kommen vor Fristen von sechs Wochen, drei Monaten, sechs Monaten, ein, zwei, drei, vier, fünf Jahren. Vgl. BGB. §§ 477, 480, 490, 524, 558, 606, 638, 786, 801, 804, 1057, 1226, 1302, 1623, 1715, 2287, 2332; HGB. §§ 26, 61, 113, 159, 206, 236, 241, 249, 326, 414, 423, 439, 470, 901; WO. Art. 77, 78, 79, 100; Binnenschiffahrts-Ges. § 117 (der bei Fischer-Henle citirte § 119 hat mit der Verjährung nichts zu thun); Flößerei-Ges. § 30. Außerdem können auf Grund der §§ 80, 104 EG. landesgesetzliche Verjährungsfristen bestehen bleiben. Vgl. Preuß. Ges. vom 31. März 1838 § 2 Nr. 1, 2, 6, 8. Preuß. AG. Art. 89. S. auch Bad. AG. z. BGB. Art. 7.

3. Längere Verjährungsfristen als dreißigjährige sind dem BGB. unbekannt. Eine besondere Verjährung der Litispendenz giebt es nicht mehr. — Ueber die fernere Möglichkeit einer sog. unvordenklichen Verjährung s. Vorbem. 10 vor § 194.

4. Die nach § 195 bestehende dreißigjährige Frist kommt z. B. zur Anwendung für die Ansprüche des Darlehensgläubigers auf Rückzahlung des Darlehens, des Grundstückverkäufers auf Zahlung des Kaufschillings, für den Anspruch auf Herausgabe einer ungerechtfertigten Bereicherung. Ferner verjähren in dreißig Jahren alle rechtskräftig festgestellten Ansprüche, auch wenn sie an sich einer kürzeren Verjährung unterliegen; s darüber § 218 und Bem. dazu.

Cosack (Lehrbuch Bd. 1 § 74, IV, 1, e) führt als Beispiel eines der dreißigjährigen Verjährung unterliegenden Anspruchs auch den Eigenthumsanspruch auf Rückgabe einer beweglichen Sache an. Das Gesetz scheint diese Auffassung zu bestätigen, indem es über die Frist nichts besonderes bestimmt, also der Anwendung des § 195 Raum läßt. Dennoch besteht ein erhebliches Bedenken. Der redliche Besitzer erwirbt durch zehnjährigen Eigenbesitz Eigenthum, er hat die Sache ersessen (§ 937). Nimmt man nun an, daß auch für Forderungen gegen redliche Besitzer beweglicher Sachen die dreißigjährige Verjährungsfrist gilt, so kommt man zu dem von Hoelder (Komm. Bem. 3 zu § 195) mit Recht als widersinnig bezeichneten Resultat, daß Jemand, der die Sache vor Vollendung der Ersitzung verloren hat, selbst nach Ablauf der Ersitzungszeit noch Ersatz dafür leisten muß, daß er durch seine Schuld die Sache nicht restituiren kann, zu deren Restitution er, wenn er sie noch besäße, gar nicht verpflichtet wäre. Es entspricht daher zwar nicht dem Buchstaben des Gesetzes, wohl aber der folgerichtigen Anwendung des bei der Ersitzung zum Ausdrucke kommenden Rechtsgedankens, wenn mit Hoelder a. a. O. angenommen wird, daß für Ansprüche gegen redliche Besitzer beweglicher Sachen nicht die dreißigjährige, sondern eine zehnjährige Verjährung besteht.

5. Zu berechnen ist die Verjährungsfrist nach den §§ 187, 188 Abs. 2 u. 3; auch § 193 findet entsprechende Anwendung (a. M. Planck, 3. Aufl. Bem. 2 zu § 195), nicht dagegen § 191. Vgl. hieher auch Bem. 1 zu § 191 und Bem. zu § 205.

6. Darüber, daß guter Glaube kein Erforderniß der Verjährung ist, s. Bem. 11 zu § 194.

§ 196.*)

In zwei Jahren verjähren die Ansprüche:

1. der Kaufleute, Fabrikanten, Handwerker und derjenigen, welche ein Kunstgewerbe betreiben, für Lieferung von Waaren, Ausführung von Arbeiten und Besorgung fremder Geschäfte, mit Einschluß der Auslagen, es sei denn, daß die Leistung für den Gewerbebetrieb des Schuldners erfolgt;
2. derjenigen, welche Land- oder Forstwirthschaft betreiben, für Lieferung von land- oder forstwirthschaftlichen Erzeugnissen, sofern die Lieferung zur Verwendung im Haushalte des Schuldners erfolgt;
3. der Eisenbahnunternehmungen, Frachtfuhrleute, Schiffer, Lohnkutscher und Boten wegen des Fahrgeldes, der Fracht, des Fuhr- und Botenlohns, mit Einschluß der Auslagen;
4. der Gastwirthe und derjenigen, welche Speisen oder Getränke gewerbsmäßig verabreichen, für Gewährung von Wohnung und Beköstigung sowie für andere den Gästen zur Befriedigung ihrer Bedürfnisse gewährte Leistungen, mit Einschluß der Auslagen;
5. derjenigen, welche Lotterieloose vertreiben, aus dem Vertriebe der Loose, es sei denn, daß die Loose zum Weitervertriebe geliefert werden;
6. derjenigen, welche bewegliche Sachen gewerbsmäßig vermiethen, wegen des Miethzinses;
7. derjenigen, welche, ohne zu den in Nr. 1 bezeichneten Personen zu gehören, die Besorgung fremder Geschäfte oder die Leistung von Diensten gewerbs-

*) Literatur: Josef, Zur Auslegung der §§ 196, 197 des BGB., in Gruchot, Beitr. Bd. 42 S. 1 ff.; Mantey, Die Verjährung der auf cessio legis beruhenden Ansprüche des § 1709 BGB. und des § 62 RG. vom 6. Juni 1870, ebenda S. 545 ff.

mäßig betreiben, wegen der ihnen aus dem Gewerbebetriebe gebührenden Vergütungen, mit Einschluß der Auslagen;

8. derjenigen, welche im Privatdienste stehen, wegen des Gehalts, Lohnes oder anderer Dienstbezüge, mit Einschluß der Auslagen, sowie der Dienstberechtigten wegen der auf solche Ansprüche gewährten Vorschüsse;
9. der gewerblichen Arbeiter — Gesellen, Gehilfen, Lehrlinge, Fabrikarbeiter —, der Tagelöhner und Handarbeiter wegen des Lohnes und anderer an Stelle oder als Theil des Lohnes vereinbarter Leistungen, mit Einschluß der Auslagen, sowie der Arbeitgeber wegen der auf solche Ansprüche gewährten Vorschüsse;
10. der Lehrherren und Lehrmeister wegen des Lehrgeldes und anderer im Lehrvertrage vereinbarter Leistungen sowie wegen der für die Lehrlinge bestrittenen Auslagen;
11. der öffentlichen Anstalten, welche dem Unterrichte, der Erziehung, Verpflegung oder Heilung dienen, sowie der Inhaber der Privatanstalten solcher Art für Gewährung von Unterricht, Verpflegung oder Heilung und für die damit zusammenhängenden Aufwendungen;
12. derjenigen, welche Personen zur Verpflegung oder zur Erziehung aufnehmen, für Leistungen und Aufwendungen der in Nr. 11 bezeichneten Art;
13. der öffentlichen Lehrer und der Privatlehrer wegen ihrer Honorare, die Ansprüche der öffentlichen Lehrer jedoch nicht, wenn sie auf Grund besonderer Einrichtungen gestundet sind;
14. der Aerzte, insbesondere auch der Wundärzte, Geburtshelfer, Zahnärzte und Thierärzte, sowie der Hebammen für ihre Dienstleistungen, mit Einschluß der Auslagen;
15. der Rechtsanwälte, Notare und Gerichtsvollzieher sowie aller Personen, die zur Besorgung gewisser Geschäfte öffentlich bestellt oder zugelassen sind, wegen ihrer Gebühren und Auslagen, soweit nicht diese zur Staatskasse fließen;
16. der Parteien wegen der ihren Rechtsanwälten geleisteten Vorschüsse;
17. der Zeugen und Sachverständigen wegen ihrer Gebühren und Auslagen.

Soweit die im Abs. 1 Nr. 1, 2, 5 bezeichneten Ansprüche nicht der Verjährung von zwei Jahren unterliegen, verjähren sie in vier Jahren.

E. I. 156; II, 163; III, 191.

1. Dem Vorbilde der in den meisten Einzelstaaten ergangenen besonderen Verjährungsgesetze (s. Vorbem. 7, e vor § 194) folgend hat das BGB. in § 196 für eine Menge von Ansprüchen aus Geschäften des täglichen Verkehrs die Verjährungsfrist erheblich abgekürzt. Zur Begründung sagen die M. I, 297 ff. unter Anderm: „Die Geschäfte des täglichen Verkehrs sind zu zahlreich und dem Gegenstande nach in der Regel zu unbedeutend, als daß sie dem Gedächtnisse der Betheiligten längere Zeit gegenwärtig blieben. Schriftliche Notizen werden vom Verpflichteten nur ausnahmsweise gemacht, Quittungen über die vom gewissenhaften Schuldner gewöhnlich sofort oder doch in üblichen Fristen bewirkte Berichtigung selten ertheilt, noch seltener, wenn ertheilt, aufbewahrt. Eine in kurzer Zeit eintretende Verdunkelung des Sachverhalts ist unvermeidlich. Der Schuldner und namentlich dessen Erben dürfen nicht der Gefahr ausgesetzt werden, nach einer Reihe von Jahren wegen Forderungen in Anspruch genommen zu werden, die voraussichtlich bezahlt sind, über deren Bezahlung aber ein Nachweis nicht vorhanden ist." Ueber die noch weiter ins Gewicht fallende wirthschaftspolitische Funktion der kurzen Verjährungszeit s. Vorbem. 2 vor § 194.

Mehrfache Petitionen von Handels- und Gewerbekammern (z. B. der H.- u. GK. für Oberbayern vom 7. August 1876) und von kaufmännischen Vereinen hatten von der I. Komm. verlangt, die Verjährungsfrist für die Forderungen des täglichen Lebens auf ein Jahr herabzumindern. Die Komm. konnte sich jedoch zu einer so weitgehenden Abkürzung, als deren häufige Folge man mit Recht den Verlust wohlbegründeter Ansprüche fürchtete, nicht entschließen. (Vgl. M. I, 299 ff.)

2. Ueber die Berechnung der kurzen Verjährung und über ihren Beginn s. Bem. zu § 201.

3. Es handelt sich in § 196 in den Nr. 1—15 um Ansprüche aus berufsmäßig übernommenen Leistungen und nur unter der Voraussetzung der Berufsmäßigkeit der Leistung unterliegt der Anspruch der kurzen Verjährung. Eine Ausnahme hievon ist nach Hoelder (Komm. Bem. 1 zu § 196) für die in Nr. 14 genannten Personen (Aerzte u. s. w.) zu machen, deren Ansprüche auch dann der kurzen Verjährung unterliegen, wenn diese Personen ihre Praxis längst aufgegeben haben und nur in einem einzelnen Falle sich bestimmen lassen, ihre Kunst noch einmal auszuüben. Eine wahre Ausnahme dürfte aber darin nicht liegen; es fehlt nur an der Gewerbsmäßigkeit, nicht an der Berufsmäßigkeit, welche mit jener keineswegs sich deckt.

4. Die kurze Verjährung des § 196 (und 197) findet auch dann Anwendung, wenn der Anspruch nicht auf Erfüllung, sondern auf Schadensersatz wegen Nichterfüllung geht, welcher nach den §§ 326 Abs. 2, 286 Abs. 2 unter den dort genannten Voraussetzungen gefordert werden kann, wenn die nachträgliche Leistung für den Gläubiger kein Interesse hat. Denn es handelt sich auch bei dem wegen schuldhafter Nichterfüllung des Schuldverhältnisses entstehenden Schadensersatzanspruch um einen Anspruch aus dem ursprünglichen Schuldverhältniß. Ebenso, wenn aus einem der in § 196 genannten Schuldverhältnisse als Schadensersatz vom Gläubiger der entgangene Gewinn verlangt wird, da auch diese Interesseforderung aus dem ursprünglichen Schuldverhältniß erhoben wird. S. Josef a. a. O. S. 2 ff.

5. Die kurze Verjährung findet, da für sie lediglich die objektive Natur des zu Grunde liegenden Schuldverhältnisses maßgebend ist, auch dann statt, wenn der Schuldner über die Schuld einen Schuldschein ausgestellt und sich verpflichtet hat, die Schuld auf Kündigung zu bezahlen. Eine solche besondere Abmachung beeinflußt zwar den Beginn der Verjährung (s. § 199), nicht aber ihre Dauer. Auch dadurch wird die kurze Verjährung nicht ausgeschlossen, daß die Betheiligten über den ihr unterliegenden Anspruch einen außergerichtlichen Vergleich schließen, auch wenn der Anspruch rechtshängig war und der Kläger auf Grund des Vergleichs die Klage zurückgenommen hat; durch die Klageerhebung wird zwar die Verjährung unterbrochen (§ 209), an ihrer Zeitdauer aber nichts geändert, und die in § 218 dem „vollstreckbaren Vergleich“ zugeschriebene Bewirkung der dreißigjährigen Dauer der Verjährung hat nicht auch der außergerichtliche Vergleich. S. Josef a. a. O. S. 12.

Wird die kurze Verjährung dadurch beeinflußt, daß der Schuldner dem Gläubiger über die der kurzen Verjährung unterliegende Schuld einen Schuldschein ausstellt und sich verpflichtet, die Schuld als verzinsliches Darlehen auf Kündigung abzubezahlen? Durch § 607 Abs. 2 ist die Vereinbarung mit dem Gläubiger, daß das aus einem andern Grunde geschuldete Geld als Darlehen geschuldet werden solle, ausdrücklich zugelassen. Rehbein (Komm. Bd. 1 S. 326) sagt, damit falle dann auch die Berufung auf die kurze Verjährungsfrist fort; ebenso Dernburg, Bürg.R. Bd. 1 S. 522. Diese Anschauung dürfte aber dem Zwecke des § 607 Abs. 2 kaum gerecht werden. Dieser Abs. 2 (E. I § 454) wurde nur der Vorsicht halber deßhalb aufgenommen, um den Gläubiger, welcher auf Grund einer solchen Vereinbarung mit der Darlehensklage auftritt, gegen die Abweisung wegen unrichtigen Klagefundaments zu schützen; aber die Vorschrift bestimmt, wie in M. II, 312 bemerkt wird, „keineswegs darüber, ob und inwiefern der Schuldner mit Einwendungen aus dem früheren Schuldverhältnisse sich zu schützen vermag“. Eigentlich novatorische Wirkung im Sinne der römischen Novation als einer transfusio atque translatio prioris debiti in aliam obligationem (l. 1 D. 46,2) kommt der gedachten Vereinbarung nicht zu. Vgl. auch Bem. II, 1 zu § 607. Man wird sich daher mit Josef a. a. O. S. 12ff. dahin zu entscheiden haben, daß jene Vereinbarung die kurze Verjährung unberührt läßt. Der etwaige Wille der Parteien, eben durch eine solche Vereinbarung den Anspruch der kurzen Verjährung zu entziehen, kann im Hinblick auf § 225 keine rechtliche Beachtung finden.

Dagegen wird, wenn der Schuldner, der aus einem der in §§ 196, 197 genannten Verhältnisse schuldet, ein abstraktes d. h. von vornherein von dem Verpflichtungsgrund unabhängig gedachtes Schuldversprechen oder ein abstrakt gewolltes (nicht bloß Beweiszwecken dienendes) Schuldanerkenntniß in der Form der §§ 780, 781 abgiebt, damit allerdings auch die Berufung auf die kurze Verjährung unmöglich gemacht. Denn der rechtlich anerkannte Zweck und das Wesen eines solchen Vorgangs liegen eben darin, daß dadurch eine Loslösung vom ursprünglichen Schuldgrunde stattfinden und Einwendungen, die in der Natur dieses Schuldgrundes begründet sind, abgeschnitten werden sollen. Zu diesen Einwendungen gehört auch die der kurzen Verjährung. Die Frage kann also nur sein, ob nicht ein Verstoß gegen den Grundsatz des § 225 vorliegt. Allerdings können die Parteien nicht zwingende Rechtssätze dadurch umgehen, daß sie einseitige Schuldversprechen ausstellen (s. Bem. 4, 1, b zu 780); aber § 225 dürfte doch nur solche Rechtsgeschäfte verbieten wollen, deren unmittelbarer Zweck der Ausschluß oder die Erschwerung ist, nicht solche, die, wie Schuldversprechen und Schuldanerkenntniß, anderen Zwecken dienen und bei denen die Erschwerung der Verjährung nicht als unmittelbares Produkt des hierauf gerichteten Parteiwillens, sondern als fernere Rechtskonsequenz erscheint. Will man dies nicht zugeben, so bleibt nur die Wahl, entweder anzunehmen, daß trotz des abstrakten Charakters der Schuld die Verjährbarkeit sich beim abstrakten Schuldanerkenntniß und Schuldversprechen nach dem zu Grunde liegenden Kausalverhältnisse richte — eine Annahme, die dem Grundcharakter dieser Institute direkt widerspricht — oder die Möglichkeit einer solchen Verwandlung in abstrakte Forderungen für alle die Fälle auszuschließen, in welchen kurz verjährbare Ansprüche zu Grunde liegen, und damit die eigenartige im Verkehrsinteresse höchst erwünschte Funktion jener abstrakten Verträge für die Mehrzahl der Fälle einfach illusorisch zu machen. Man wird demnach jene abstrakten Verträge nur dann als gegen § 225 verstoßend ansehen dürfen, wenn sie nachgewiesener Maßen gerade unmittelbar dem Zwecke dienen sollen, die Verjährung zu erschweren, was aber im Zweifel nicht angenommen werden darf.

6. Durch den Umstand, daß an Stelle des ursprünglichen Berechtigten auf Grund einer sog. cessio legis (s. §§ 774, 1143, 1225, 1607 Abs. 2) ein anderer Berechtigter tritt, wird der Anspruch in seiner objektiven Natur, die hier entscheidend ist, nicht geändert. Es bleibt daher auch in diesen Fällen bei der kurzen Verjährung, als ob eine Veränderung auf der Gläubigerseite nicht eingetreten wäre. Das gilt trotz M. I, 306 auch für den dem unehelichen Kinde gegen den Vater zustehenden Unterhaltsanspruch, wenn dieser, weil die Mutter oder ein unterhaltspflichtiger mütterlicher Verwandter dem Kinde den Unterhalt gewährt hat, kraft Gesetzes nach § 1709 Abs. 2 auf die Mutter oder den Verwandten übergeht; bezüglich der Rückstände aus diesem Unterhaltsanspruche läuft die dem Kinde gegenüber begonnene vierjährige Verjährung (§ 197) auch den gesetzlichen Cessionaren gegenüber fort. Diese vierjährige Verjährung des Anspruchs auf Grund des § 1709 Abs. 2 beginnt mit dem Schlusse des Kalenderjahrs, an welchem die betreffende Unterhaltsrate fällig geworden ist, ohne Rücksicht darauf, ob ihr Maß bereits richterlich oder vertragsmäßig feststeht. In gleichem Sinne ist zu entscheiden, wenn ein Armenverband, der einen Hilfsbedürftigen unterstützt hat, als gesetzlicher Cessionar auf Grund des § 62 des Unterstützungswohnsitzgesetzes (und wohl analog auf Grund des Art. 5 Abs. 2 bayr. Gesetz über die öffentliche Armen- und Krankenpflege) den Regreßanspruch gegen den familienrechtlich Unterhaltspflichtigen geltend macht. So auch Mantey a. a. O. S. 545 ff. gegen Josef a. a. O. S. 4 ff.; letzterer nimmt an, daß der Regreßanspruch des Armenverbandes und ebenso der Regreßanspruch auf Grund des § 1709 Abs. 2 der dreißigjährigen Verjährung unterliege.

Im Uebrigen erkennt auch Josef a. a. O. an, daß, wenn der Anspruch aus einem der in § 196 bezeichneten Schuldverhältnisse aus dem Gesichtspunkt auftragsloser Geschäftsführung oder ungerechtfertigter Bereicherung erhoben wird, die kurze Verjährung Anwendung findet, weil die objektive Natur der Forderung, auf die es hier ankommt, dadurch nicht geändert wird, daß sie nicht gegen den Vertragsgenossen, sondern gegen einen Dritten erhoben wird. Dem ist beizutreten, wennschon angesichts M. I, 306, II, 864, IV, 900 fraglich ist, ob die I. Komm. ebenso entschieden wissen wollte.

7. Im Einzelnen ist zu den in § 196 aufgezählten Kategorien zu bemerken:

Zu Nr. 1. Erfolgt die Leistung der hier genannten Gläubiger für den Gewerbebetrieb (über diesen Begriff s. RGE. Bd. 38 S. 20), nicht für die privaten Bedürfnisse oder den Haushalt des Schuldners, werden also z. B. Möbel für ein Bureau geliefert, so unterliegt der Anspruch nicht der zweijährigen (vgl. P. I, 203 ff.), sondern nach dem (vom Bundesrath eingesetzten, durch die RTK. geänderten) Abs. 2 der vierjährigen Verjährung. Daß die Leistung für den Gewerbebetrieb erfolgte, muß beweisen, wer die längere Verjährungsfrist behauptet. Auch Ansprüche für Ausführung von geistigen Leistungen, sofern sie den hier genannten Personen zukommen, und Provisionsansprüche fallen unter Ziff. 1. Wer Kaufmann ist, ergiebt sich aus HGB. §§ 1—6; die sog. Minderkaufleute (HGB. § 4) sind hier nicht ausgenommen. Eine Aufzählung der Kaufleute kraft Gewerbes giebt Staub, Komm. z. HGB., 6. u. 7. Aufl. Anm. 79 zu § 1. Apotheker sind Kaufleute. Fabrikanten sind ohnehin regelmäßig Kaufleute (HGB. § 1 Nr. 1, 2): ihre Erwähnung neben den Kaufleuten war deßhalb nicht überflüssig, weil sie, soweit sie, wie z. B. die Ziegelfabrikanten, Selbstproduzenten sind, kein reines Handelsgewerbe nach HGB. § 1 betreiben und daher nicht nothwendig Kaufleute zu sein brauchen. Handwerker sind solche Gewerbetreibende, die zum Zwecke der Bearbeitung oder Verarbeitung und demnächstiger Weiterveräußerung Material anschaffen, deren Gewerbebetrieb aber seines Umfangs halber eine kaufmännische Organisation nicht erfordert.

Künstler fallen unter Ziff. 1 nur, wenn sie ein Kunstgewerbe betreiben, d. h. wenn sie zur Verwerthung ihrer Kunstprodukte eine Thätigkeit entwickeln, die mittelst kaufmännischer Kenntnisse und Fertigkeiten den Zweck der Gewinnerzielung erreicht. (Vgl. Staub, Komm. z. HGB. 6. u. 7. Aufl. Anm. 5 ff. zu § 1.) Hoelder, Komm. Bem. 1 zu § 196, sagt, das Kunstgewerbe unterscheide sich von der Kunst dadurch, daß es zugleich einem praktischen Zwecke dient. Aber eine scharfe Grenzziehung zwischen rein ästhetischen und „praktischen" Zwecken dürfte unmöglich sein. Unseres Erachtens verfällt das Gesetz mit der Erwähnung des Kunstgewerbes in einen Pleonasmus, da der Kunstgewerbetreibende immer Kaufmann oder Handwerker im juristischen Sinne dieser Begriffe ist.

Zu Nr. 2. Hierunter fallen vor Allem diejenigen, welche aus erster Hand Lebensmittel und Brennmaterialien liefern. Die „Forstwirthschaft" wurde erst von der II. Komm. (P. I, 201 ff.) beigefügt. Daß die Land- oder Forstwirthschaft den Haupterwerbszweig des Gläubigers bilde, ist nicht vorausgesetzt. Die Lieferung von Haushaltungsgegenständen durch Fischer und Jäger fällt nach dem Wortlaute nicht unter Nr. 2; aber die Ausdehnung im Wege der Analogie ist wohl durch den Zweck der Bestimmung gerechtfertigt. Für die Ausdehnung Hoelder, Komm. Bem. 2, b zu § 196; unentschieden Dernburg, Bürg. R. Bd. 1 S. 520; dagegen Planck, 3. Aufl. Bem. 3 zu § 196. Erfolgt die Lieferung der land- und forstwirthschaftlichen Erzeugnisse nicht zur Verwendung im Haushalte des Schuldners (oder, wie Dernburg a. a. O. mit Recht ausdehnend interpretirt, seiner Familiengenossen), so greift nicht die zweijährige, sondern nach Abs. 2 die vierjährige Verjährung Platz. Die Beweislast dafür, daß die Lieferung zur Verwendung im Haushalte des Schuldners erfolgt ist, trifft denjenigen, der die kürzere Verjährung geltend macht (vgl. dagegen Nr. 1).

Zu Nr. 3. Auch die Ansprüche der Staatseisenbahnen gehören hieher. Der Staat als Eisenbahnunternehmer ist übrigens Kaufmann; in M. I, 303 wird dies noch als „Streitfrage" behandelt. Ob zu den „Frachtfuhrleuten" auch die Staatspost bezw. Reichspost gehört, ist streitig. Dafür Fischer(-Henle) in Bem. 5 zu § 196, dagegen Gareis, Komm. Bem. 12 zu § 196. Die bejahende Ansicht dürfte den Vorzug verdienen. Allerdings sind die Beförderungsverträge der Staatspost oder Reichspost, da der Staat bezw. das Reich als Postfiskus nicht Kaufmann ist (HGB. §§ 452, 1 Nr. 5), keine Frachtgeschäfte im Sinne der §§ 425 ff. HGB. Aber das ist wohl hier auch nicht entscheidend. Vielmehr dürfte es dem Zwecke des Gesetzes entsprechen, alle Transportunternehmer (nach Hoelder z. B. auch die Luftschiffer!) den hier besonders aufgezählten gleichzustellen. Eine Privilegirung des Fiskus hinsichtlich der Verjährung entspricht der heutigen Auffassung nicht mehr und wurde auch, wie aus M. I, 304 hervorgeht, von der I. Komm. nicht gewollt.

Zu Nr. 5. Diese Ziffer wurde erst von der II. Komm. eingesetzt; Begründung P. I, 207. Werden die Loose zum (berufsmäßigen) Weitervertriebe geliefert, so tritt nach Abs. 2 die vierjährige Verjährung ein, nicht die zweijährige. Die Beweislast dafür, daß die Loose zum Weitervertriebe geliefert wurden, hat, wer die längere Verjährungsfrist behauptet. Es sei hier daran erinnert, daß aus dem Lotterievertrag eine klagbare Forderung nur dann entsteht, wenn er staatlich genehmigt ist (§ 763), daß das Spiel in einer verbotenen Lotterie überhaupt keinen rechtswirksamen Vertrag darstellt (§ 134), daß der Kauf eines Looses von einem Andern als dem Unternehmer oder dessen Vertreter kein Lotterievertrag ist (s. Bem. zu § 762), endlich, daß der Verkauf von Lotterieloosen gegen Theilzahlungen oder durch sonstige auf die gleichen Zwecke abzielenden Verträge nach § 7 des RG. vom 16. Mai 1894, betr. die Abzahlungsgeschäfte, strafbar ist (über die civilrechtliche Wirksamkeit letzterer Geschäfte s. Hoffmann, Komm. z. Ges. vom 16. Mai 1894 Bem. 3 zu § 7).

Zu Nr. 6. In Betracht kommt hier namentlich „Leihgeld" (M. I, 303) für Bücher, Noten, Zeitschriften, Musikinstrumente, Garderobegegenstände, Möbel u. s. w. Bezüglich der Rückstände aus der Miethe von unbeweglichen Sachen s. § 197.

Zu Nr. 7. Hieher gehören namentlich Mäkler, Stellenvermiether, Gesindevermiether, Lohnbediente, Dienstmänner, Fremdenführer, Wäscherinnen. Auch Winkeladvokaten und gewerbsmäßige Kurpfuscher und solche, welche gewerbsmäßig Dienste höherer Art leisten, sind hieher zu rechnen. Dagegen gehören die Kommissionäre zu den in Nr. 1 bezeichneten Personen.

Zu Nr. 8. Es handelt sich namentlich um Ansprüche der Haus- und Wirthschaftsbeamten einschließlich der Güterdirektoren und sonstigen Beamten der Großgrundbesitzer, der Angestellten bei industriellen Unternehmungen, der Handlungs- und andern Geschäftsgehülfen, Erzieherinnen, Gesellschafterinnen, Vorleserinnen, Hauslehrer, Privatsekretäre, Privatschreiber, des Gesindes. M. I, 303. Die Art der Entlohnung ist gleichgültig; daher gehören z. B. auch Tantiemenansprüche von Betriebsbeamten und Technikern hieher. Dagegen kann das Versprechen der Bedenkung im Testamente (— § 2302 zu beachten! —) nicht als „Lohn" aufgefaßt werden. Bezüglich der Verjährung der Heuerforderung der Schiffsbesatzung s. HGB. §§ 901 ff. mit 754; vgl. Binnenschifffahrtsges. §§ 117, 118, Flößereiges. § 30. — Die Gleichstellung der Ansprüche der Dienstberechtigten wegen der gewährten Vorschüsse erfolgte erst durch die II. Komm.

Zu Nr. 9. Ueber die rechtlichen Verhältnisse der gewerblichen Arbeiter s. die Vorschriften des VII. Titels der Gew.O. (§ 105 ff.). Ansprüche der Arbeitgeber unterliegen der zweijährigen Verjährung nur, soweit sie wegen gewährter Vorschüsse bestehen, nicht, soweit sie sich aus anderen Gründen herleiten, z. B. Entschädigungsansprüche sind.

Zu Nr. 11. Nicht hieher gehört das Schulgeld, zu dessen Entrichtung das öffentliche Recht verpflichtet; M. I, 301, P. I, 205; ebensowenig der Anspruch der öffentlichen Armenverbände auf Ersatz ihrer Kosten; s. jedoch oben Bem. 6 für den Fall, daß der Armenverband auf Grund einer cessio legis an die Stelle des ursprünglich Unterhaltsberechtigten tritt.

Zu Nr. 12. Hier soll namentlich das sog. Kostkinderverhältniß getroffen werden, sowie der Fall, daß ältere Personen in Pflege und Kost genommen werden. S. die treffende Begründung in M. I, 301 ff.

Zu Nr. 13. „Besondere Einrichtungen", auf Grund deren die den akademischen Lehrern geschuldeten Honorare bis zum Eintritt einer besseren Vermögenslage des Schuldners gestundet werden, bestehen z. B. in Preußen. Man wollte für diese Fälle nicht den Gläubiger der Gefahr aussetzen, in Folge der kurzen Verjährung des Anspruchs verlustig zu gehen, bevor er von der besseren Vermögenslage des Schuldners Kenntniß erlangt hat, zumal die Stundung nicht vom Gläubiger selbst, sondern von einer Behörde nach deren Ermessen bewilligt wird. Vgl. M. I, 302. Die Frage, ob in Preußen die Honorarforderung durch die Stundung auf unbestimmte Zeit den Charakter einer Honorarforderung eines einzelnen öffentlichen Lehrers verliert (so P. I, 206; dagegen Gareis, Komm. Bem. 26 zu § 196), dürfte von geringer praktischer Bedeutung sein, da wohl kaum ein akademischer Lehrer es mit seinem nobile officium vereinbar halten wird, gestundetes Honorar nachträglich selbst einzuklagen.

Zu Nr. 14. Hieher gehören nur approbirte Aerzte und Hebammen (s. Gew.O. §§ 29, 30 Abs. 2), diese jedoch auch, wenn sie die Praxis schon aufgegeben haben und nur mehr in besonderen Einzelfällen thätig werden (vgl. oben Bem. 2). E. I unterwarf auch die Ansprüche der nicht approbirten Aerzte und Hebammen der zweijährigen Verjährung mit der plausibeln Begründung (M. I, 303), diese könnten doch nicht besser gestellt sein, als die approbirten Aerzte und Hebammen. Mit Rücksicht auf den auf dem 17. deutschen Aerztetag gegen die Gleichstellung laut gewordenen Protest hat die II. Komm. (P. I, 207) die nicht approbirten Aerzte hier unerwähnt gelassen. Bezüglich der Ansprüche dieser ist daher die Rechtslage jetzt die, daß sie auf Grund der Nr. 7 in zwei Jahren verjähren, wenn sie sich aus gewerbsmäßig betriebener Kurpfuscherei herleiten, im Uebrigen erst in dreißig Jahren.

Zu Nr. 15.*) Zu den „Personen, welche zur Besorgung gewisser Geschäfte öffentlich bestellt oder zugelassen sind, gehören z. B. Feldmesser (Feldgeschworene, Geometer, Markscheider), Schiffs- und Gütervermesser, öffentliche Fleischbeschauer, Auktionskommissarien, Auktionshalter, Auktionatoren, Taxatoren, besondere bei den Gerichten (in Oldenburg) zugelassene Rechnungssteller. Vgl. Gew.O. § 36. Die öffentliche Bestellung bezw. Zulassung von Personen zu Geschäften der genannten Art ist der Landesgesetzgebung überlassen. Bezüglich der Ansprüche der Rechtsanwälte s. Geb.O. f. Rechtsanwälte, jetzt in der Fassung vom 28. Mai 1898 (RGBl. S. 692 ff.), bezüglich der Ansprüche der Gerichtsvollzieher s. Geb.O. f. Gerichtsvollzieher, jetzt in der Fassung vom 20. Mai 1898 (RGBl. S. 683 ff.), dazu preuß. Ges. über die Geb. der Rechtsanwälte und Gerichtsvollzieher vom 6. Oktober 1899, bayr. Ges. vom 26. März 1902 (G. u. VBl. S. 133); bezüglich der Ansprüche der Notare s. preuß. Geb.O. f. Notare vom 25. Juni 1895 mit preuß. Ges. freiw. Gerichtsb. vom 21. September 1899 Art. 134, 135; bayr. Geb.O. f. Notare vom 28. Dezember 1899 (G. u. VBl. S. 1183). Ueber Gebühren für rechtspolizeiliche

*) Mayer, Die Verjährung der Ansprüche der Rechtsanwälte wegen Gebühren und Auslagen, in Jur. Wschr. 1900 S. 657.

Dienstverrichtungen in Baden s. Allg. Ausf. VO. vom 11. November 1899 §§ 81 ff. Die Ausnahme bezüglich der zur Staatskasse fließenden Gebühren wurde erst in der II. Komm. (s. P. I, 206) ausdrücklich hervorgehoben; sie bezieht sich auch auf die Kassen von Elsaß-Lothringen (EG. Art. 5). Vgl. auch § 4 der Geb.O. f. Gerichtsvollzieher. Gegen die „durch die Begünstigung des Fiskus eintretende Durchbrechung der Rechtseinheit" Hoelder, Komm. Bem. 2, c, E zu § 196.

Zu Nr. 16. Nicht hieher gehört der Anspruch der Partei gegen den Rechtsanwalt wegen Auslieferung von Urkunden und sonstigen aus Anlaß der Geschäftsbesorgung entstandenen oder anvertrauten Aktenstücken; s. hiefür Rechtsanwaltsordnung § 32 Abs. 2.

Zu Nr. 17.*) S. Geb.O. f. Zeugen und Sachverständige vom 30. Juni 1878, jetzt in der Fassung vom 20. Mai 1898. Nach § 16 dieser Geb.O. gehen Zeugen und Sachverständige ihres Anspruchs auf Gebühren verlustig, wenn das Verlangen nicht binnen drei Monaten nach Beendigung der Zuziehung oder Abgabe des Gutachtens bei dem zuständigen Gericht angebracht worden ist. Diese Ausschlußfrist von drei Monaten wird durch § 196 Ziff. 17 nicht berührt.

8. Ueber den Beginn der Verjährung der in § 196 bezeichneten Ansprüche s. § 201.

§ 197.**)

In vier Jahren verjähren die Ansprüche auf Rückstände von Zinsen, mit Einschluß der als Zuschlag zu den Zinsen zum Zwecke allmählicher Tilgung des Kapitals zu entrichtenden Beträge, die Ansprüche auf Rückstände von Mieth- und Pachtzinsen, soweit sie nicht unter die Vorschrift des § 196 Abs. 1 Nr. 6 fallen, und die Ansprüche auf Rückstände von Renten, Auszugsleistungen, Besoldungen, Wartegeldern, Ruhegehalten, Unterhaltsbeiträgen und allen anderen regelmäßig wiederkehrenden Leistungen.

E. I, 157; II, 164; III, 192.

1. Entscheidend bezüglich der Frage, ob es sich um einen der hier genannten Ansprüche handelt, ist die objektive Natur der Forderung. Die Konsequenzen hieraus sind in Bem. 5 u. 6 zu § 196 entwickelt.

2. Die Zinsen brauchen nicht, wie man nach der Fassung des Gesetzes vielleicht meinen könnte, „regelmäßig wiederkehrende Leistungen" zu sein; auch wenn die Verbindlichkeit zur Zinszahlung durch einmalige Leistung getilgt wird, unterliegt der Anspruch der vierjährigen Verjährung. Das gilt namentlich für Mieth- und Pachtzinsen. Die vierjährige Verjährung ergreift die Rückstände von gesetzlichen Zinsen, wie Verzugszinsen, ebensogut (anders E. I, 157; M. I, 305, s. jedoch P. I, 208) wie die von rechtsgeschäftlich bestimmten Zinsen, z. B. hypothekarischen Zinsen und Grundschuldzinsen, auch wenn solche ins Grundbuch eingetragen sind (§ 902 Abs. 1 Satz 2). Vgl. auch § 223 Abs. 3. Bezüglich der Ansprüche aus den zu einer Schuldverschreibung auf den Inhaber ausgestellten Zinsscheinen tritt eine besondere Behandlung ein; s. § 801 und Bem. dazu in Bd. II. Nicht der vierjährigen, sondern der ordentlichen Verjährung (§ 195) unterliegen der im Falle des Verzugs außer den Verzugszinsen eventuell entstehende Anspruch auf Geltendmachung eines weiteren Schadens nach § 288 Abs. 2 sowie der Anspruch auf Rückerstattung gezahlter nicht geschuldeter Zinsen.

3. Dividenden sind ihrer Natur nach keine Zinsen. Sie unterliegen nicht der vierjährigen Verjährung des § 197, da sie sich auch nicht als „regelmäßig wiederkehrende Leistungen" bezeichnen lassen (RGE. Bd. 9 S. 35, Bd. 24 S. 205); die Verjährung bemißt sich vielmehr, wenn ein Dividendenschein ausgegeben ist, nach § 801; darnach läuft zunächst vom Schlusse des Fälligkeitsjahrs ab eine vierjährige Vorlegungsfrist, welche nicht Verjährungsfrist, sondern Ausschlußfrist ist; erfolgt die Vorlegung rechtzeitig, so läuft vom Ende der Vorlegungsfrist an eine zweijährige Verjährungsfrist. Ist kein Dividendenschein ausgegeben, so verjährt der Dividendenanspruch in dreißig Jahren (§ 195).

4. Auch Amortisationsquoten als Zuschläge zu den Zinsen sind ihrer Natur nach keine Zinsen, sondern Kapitalrückzahlungen. Vgl. Bayr. Oberst.LG. n. F. Bd. 3 S. 642 ff. Sie werden aber aus Zweckmäßigkeitsgründen (s. P. I, 212 ff.) hier wie Nebenleistungen behandelt (vgl. § 1115, ZwVG. § 10 Nr. 4), obwohl sie solche nicht sind (vgl. RGE. Bd. 54 S. 88 ff. u. Bem. I, A, 5, d zu § 1115, sowie Bem. 1, b zu § 1178) und

---

*) Wochinger, Ueber Verjährung und Erlöschung von Ansprüchen der Zeugen und Sachverständigen wegen ihrer Gebühren und Auslagen, in Bl. f. RA. Bd. 65 S. 313 ff.

**) S. die Literaturangabe bei § 196.

bezüglich der Verjährung den Zinsen gleichgestellt. Diese Gleichstellung besteht aber nur, wo die Amortisationsquoten als „Zuschlag zu den Zinsen“ erscheinen, daher nicht, wenn die Rückzahlung des Kapitals durch Theilzahlungen in anderer Weise vereinbart wird, selbst wenn die Theilzahlungen in regelmäßig wiederkehrenden Fristen zu entrichten sind. So auch Planck in Bem. 2 zu § 197. Hoelder, Komm. Bem. 3 zu § 197, stellt für die Anwendung des § 197 auf Amortisationsquoten das Erforderniß auf, daß der Betrag der Amortisationsquote den Betrag des Zinses nicht erreiche oder gar übersteige; denn bestehe dieselbe Zahlung aus zwei durch ihren Zweck sich unterscheidenden Bestandtheilen, so könne der eine als bloßer Zuschlag zum anderen nur dann gelten, wenn dieser auf mehr gehe als jener. Eine von Hoelder selbst gezogene Konsequenz ist, daß, wenn z. B. ein Zins von 5 % nebst jährlicher Rückzahlung des dreißigsten Theiles des Kapitals bestimmt ist, die Forderung dieser Rückzahlung anfangs mit der ihren Betrag übersteigenden Zinsforderung verjährt, während durch die Minderung des rückständigen Kapitals und damit des geschuldeten Zinses das Größenverhältniß beider Forderungen sich umdreht, so daß die Amortisationsquote nicht mehr als „Zuschlag zu den Zinsen“ gelten kann. Das ist ein gekünsteltes, dem Verkehrsbedürfnisse widersprechendes, vom Gesetze gewiß nicht gewolltes Resultat. Das Wort „Zuschlag“ darf hier nicht in dem Sinne verstanden werden, daß damit ein arithmetisches Größenverhältniß zum Ausdrucke kommen soll. Vielmehr ist die Amortisationsquote als Zuschlag zum Zinse schon dann zu betrachten, wenn nach der Auffassung der Betheiligten die Unterscheidung beider verschwindet.

Ueber die Natur der Amortisationsquoten in Bezug auf die Frage der Succession des Eigenthümers in die Amortisationshypotheken s. einerseits Kammerger. in Rspr. d. OLG. Bd. 4 S. 70, andererseits Dronke in D. Jur.Z. Jahrg. 1902 S. 342 und Dernburg, Bürg. R. Bd. 1 S. 521 ff. Anm. 16; vgl. auch Bl. f. RA. Bd. 64 S. 211 ff., Bd. 67 S. 457 ff. und Beschluß des Bayr. Oberst. LG. vom 10. Juli 1902 im Recht 1902 S. 508 sowie RGE. Bd. 54 S. 88 ff. u. Bem. 1, b zu § 1178.

5. Ansprüche auf Miethzinsen unterliegen, wenn sie sich aus gewerbsmäßig betriebener Vermiethung beweglicher Sachen herleiten, der zweijährigen Verjährung nach § 196 Nr. 6.

6. Renten sind vielfach zugleich Unterhaltsbeiträge (s. §§ 1361, 1580, 1612, 1710); es gehören ferner hieher Leibrenten (§§ 759 ff.), sei es, daß sie von Privaten oder von Rentenanstalten zu entrichten sind, die Renten und Apanagen, die aus Stiftungen oder Fideikommissen gezahlt werden, die Renten, welche aus dem ehemaligen lehens-, guts- und grundherrlichen Verbande stammen bezw. die an deren Stelle getretenen Ablösungsrenten, die auf dem Ewiggelde beruhende Gilt; endlich auch die in den §§ 843, 912 Abs. 2 mit 913—516, 917 Abs. 2, 1199 erwähnten Geldrenten. Bezüglich der Ansprüche aus Rentenscheinen s. § 801.

Rückstände aus Reallasten fallen, auch wo das zu Leistende nicht als Rente bezeichnet wird, unter § 197, da es sich jedenfalls um „regelmäßig wiederkehrende Leistungen“ handelt; ebenso Rückstände von Bodenzinsen, mögen diese ihren rechtlichen Ursprung haben woher immer.

Ob die Leistungen in Geld oder anderen vertretbaren Sachen bestehen, ist einflußlos. M. I, 306.

7. Als Besoldungen, Wartegelder, Ruhegehalte sind hier nur solche Leistungen anzusehen, welche aus einem öffentlich-rechtlichen Beamten- oder Dienstverhältnisse geschuldet werden. Vgl. EG. Art. 80, 81. Bezüglich solcher Ansprüche aus Privat-Diensten s. § 196 Nr. 8.

8. Zu den Unterhaltsbeiträgen gehören auch die Witwen- und Waisengelder auf Grund der RG. v. 20. April 1881, 17. Juni 1887, 13. Juli 1895 und der verschiedenen Landesgesetze. Die besonderen Verjährungsvorschriften der genannten Gesetze sind aufgehoben durch EG. Art. 48, 49, 51, 55.

9. Rückständig ist die Leistung nicht nur dann, wenn sie theilweise vollzogen, theilweise geschuldet ist, sondern, wie Hoelder (Komm. Bem. 1 zu § 197) mit Recht annimmt, auch dann, wenn sie noch ganz geschuldet ist, sofern sie nur nach Art und Betrag feststeht und fällig ist. Der Beginn der Verjährung kann hier vor der Fälligkeit ohnehin nicht eintreten. Warum das Gesetz hier die „Ansprüche auf Rückstände von Zinsen“ u. s. w. verjähren läßt und nicht einfach die „Ansprüche auf Zinsen“ u. s. w., bleibt dunkel.

10. Ueber kurze Verjährung auf Grund von Landesgesetzen s. Bem. 2 zu § 195 und speziell für Preußen Dernburg Bürg. R. Bd. 1 S. 522 ff.

11. Ueber den Beginn der Verjährung der in § 197 bezeichneten Ansprüche s. § 201, über die Verjährung rechtskräftig festgestellter Ansprüche s. § 218.

§ 198.

Die Verjährung beginnt mit der Entstehung des Anspruchs. Geht der Anspruch auf ein Unterlassen, so beginnt die Verjährung mit der Zuwiderhandlung.

E. I, 158 Abs. 1, 2; II, 165 Abs. 1; III, 193.

1. Nach der gemeinrechtlichen Theorie beginnt der Lauf der Verjährung mit der actio nata, der Nativität der Klage. Wann diese vorliege, war aber im Einzelnen mehrfach streitig, so namentlich für die Darlehensklage und für Forderungen, die nach Kündigung zahlbar sind. Vgl. Windscheid-Kipp, Pand. Bd. 1 § 107; Dernburg, Pand. Bd. 1 § 146. — Bezüglich der Partikularrechte s. PLR. Thl. I Tit. 9 § 543 ff.; cod. civ. art. 2257; österr. GB. § 1478; sächs. GB. § 158.

E. I sagte in § 158 Abs. 1: „Die Verjährung beginnt mit dem Zeitpunkte, in welchem die Befriedigung des Anspruchs rechtlich verlangt werden kann" und bestimmte weiterhin in Abs. 2 insbesondere, daß die Verjährung eines bedingten oder betagten Anspruchs erst nach dem Eintritt der Bedingung oder des Termins beginnt. Die II. Komm. (P. I, 210) ersetzte den Abs. 1 durch den jetzigen Satz 1 des § 198 in der Absicht, damit der im gemeinen Recht noch nicht aufgegebenen unrichtigen sog. Rechtsverletzungstheorie entgegenzutreten, und erachtete die Bestimmung bezüglich der Verjährung bedingter und betagter Ansprüche als selbstverständlich und daher entbehrlich.

2. Nach § 198 beginnt die Verjährung mit der Entstehung des Anspruchs. Der „Anspruch" im Sinne des BGB. setzt die Beziehung eines bestimmten Berechtigten zu einem bestimmten Verpflichteten voraus. Er ist das Recht, von einem Andern ein Thun oder ein Unterlassen zu verlangen (§ 194). Näheres hierüber in Bem. 2 zu § 194. Die Verjährung beginnt daher nicht, bevor dieses Verlangen gestellt werden kann, also grundsätzlich nicht, wie Rehbein (Komm. Bd. 1 S. 303) annimmt, schon mit der Begründung des Gläubigerrechts, sondern erst mit der Möglichkeit der Inanspruchnahme des Schuldners d. i. mit der Entstehung der Klage auf Leistung bezw. Unterlassung, richtiger Beseitigung der Beeinträchtigung. Grundsätzlich ist also an dem gemeinrechtlichen Axiom, daß die Verjährung mit der Nativität der Klage beginne, nichts geändert. (In diesem Sinne auch Dernburg, Bürg. R. Bd. 1 S. 513 ff.) Daß Unbefriedigtheit des Anspruchs (Windscheid-Kipp Bd. 1 S. 476) Voraussetzung für den Beginn der Verjährung ist, daß also dem sogen. „saturirten" Anspruch (s. Langheineken, Anspruch und Einrede S. 176, 250 ff.) keine Verjährung läuft, ist selbstverständlich und in dem Gesagten schon inbegriffen.

3. Aus dem Satze, daß die Verjährung schon und erst mit der Entstehung des Anspruchs in dem unter 2 dargelegten Sinne beginnt, ergeben sich folgende Konsequenzen:

a) Eine Rechtsverletzung oder auch nur Rechtsbestreitung ist für den Verjährungsbeginn bei obligatorischen Ansprüchen nicht erforderlich; daher beginnen sogen. „verhaltene Ansprüche" (s. Langheineken, Anspruch und Einrede S. 103 ff.) sofort mit ihrer Entstehung zu verjähren, also mit dem Augenblicke der rechtlichen Zulässigkeit ihrer Geltendmachung, nicht erst mit der thatsächlichen Geltendmachung; so beginnt z. B. der Anspruch des Hinterlegers auf Rückgabe der hinterlegten Sache schon mit dem Augenblicke der Hinterlegung, der Anspruch des Verleihers auf Rückgabe im Falle des § 604 Abs. 3 schon mit der Hingabe zu verjähren. Der Schuldner braucht nicht in Verzug gekommen zu sein.

b) Es kommt grundsätzlich nicht darauf an, ob der Berechtigte seinen Anspruch kennt; daher verjährt z. B. der Anspruch, den der bestohlene Eigenthümer gegen den Dieb hat, vom Augenblicke des Diebstahls an ohne Rücksicht darauf, daß der Eigenthümer den Diebstahl vielleicht noch gar nicht bemerkt hat; vgl. Cosack, Bd. 1 § 74 unter V. Jedoch knüpft sich der Verjährungsbeginn in gesetzlich bestimmten Ausnahmefällen erst an die Kenntniß des Anspruchsberechtigten, so z. B. nach §§ 852, 2332.

c) Die Verjährung aufschiebend bedingter oder an einen Anfangstermin gebundener oder von der Ausübung eines Rücktrittsrechts abhängiger Ansprüche beginnt erst mit dem Eintritte der aufschiebenden Bedingung oder des Anfangstermins bezw. mit dem Rücktritt. Das subjektive Recht selbst besteht zwar als ein bedingtes oder befristetes schon vorher; aber das subjektive Recht selbst ist nicht identisch mit dem aus ihm erwachsenden Anspruch; dieser entsteht erst mit der Fälligkeit.

Daß die Verjährung erst mit dem Eintritte der Bedingung oder des Termines beginnt, wird allgemein anerkannt; vgl. P. I, 210; Kipp bei Windscheid Bd. 1 S. 482 ff.; Cosack Bd. 1 § 74 unter V; Endemann Bd. 1 § 93 Anm. 2; Crome, System Bd. 1 S. 509; Planck Bem. 1 zu § 198; Gareis

Komm. Bem. 3 zu § 198; Hellmann, Vortr. S. 210. Wer es aber damit vereinbar findet, daß der Anspruch mit der Begründung des Gläubigerrechts entstehe (s. oben unter 2), widerspricht sich selbst.

Soweit aus dem noch bedingten bezw. befristeten Rechte schon ein Anspruch besteht, beginnt auch die Verjährung eben dieses Anspruchs schon vor dem Eintritte der Bedingung bezw. des Termins; das gilt insbesondere von einem etwaigen Anspruch auf Sicherheitsleistung. Vgl. Cosack Bd. 1 S. 256.

Ist die Fälligkeit durch nachträgliche Stundung hinausgeschoben, so ist die Verjährung gehemmt; s. Bem. 5 zu § 202.

d) Ansprüche auf wiederkehrende Leistungen verjähren successive je von der Fälligkeit der einzelnen Leistung an. Das gilt wenigstens für selbständige wiederkehrende Leistungen. Der Anspruch auf die einzelne Leistung ist hier nicht Theil eines gleichsam darüberstehenden Gesammtanspruchs; das BGB. kennt hier im Gegensatze zu E. I § 184 keinen „Anspruch im Ganzen". Handelt es sich jedoch nicht um selbständige wiederkehrende Leistungen, sondern um einen Anspruch auf Nebenleistungen, der von einem Hauptanspruch abhängig ist, so tritt die Regel des § 224 ein. S. Bem. hiezu.

e) „Geht der Anspruch auf ein Unterlassen, so beginnt die Verjährung mit der Zuwiderhandlung." So § 198 Satz 2. Darin liegt unseres Erachtens nicht eine Ausnahme von der Regel des ersten Satzes des § 198, sondern im Gegentheil eine ihrer Konsequenzen, die besonders auszusprechen nicht einmal nothwendig gewesen wäre; (übereinstimmend Dernburg, Bürg. R. Bd. 1 § 175, III, 3; anders die herrschende Meinung, insbesondere Planck, Bem. 2 zu § 198, Langheineken, Anspruch und Einrede S. 252). Das Gesetz selbst giebt allerdings dadurch, daß es in § 194 das Recht, von einem Andern ein Unterlassen zu verlangen, als Anspruch bezeichnet, zu Mißverständnissen Anlaß. In Wahrheit kann die Unterlassung als solche zwar Gegenstand eines mir zustehenden Rechtes, nicht aber Gegenstand meines Anspruchs (im materiellrechtlichen Sinne) sein. Hat z. B. der Eigenthümer eines Grundstücks sich obligatorisch verpflichtet, gewisse Handlungen, zu denen er an sich kraft des Eigenthums berechtigt ist, nicht vorzunehmen, so kann der aus diesem Verhältniß obligatorisch Berechtigte zwar, wenn er daran ein rechtliches Interesse hat, begehren, daß gerichtlich festgestellt werde, der Eigenthümer sei zur Unterlassung der und der Handlung verpflichtet. Diese Feststellungsklage ist jedoch kein „Anspruch" und unterliegt nicht der Verjährung; s. Bem. 5, a zu § 194. Ein verjährbarer Anspruch entsteht erst, wenn der Unterlassungspflichtige zuwiderhandelt. Inhalt dieses Anspruchs ist aber dann nicht die Unterlassung, sondern die Beseitigung der durch die Zuwiderhandlung verursachten Beeinträchtigung. Nur dieses Recht auf Beseitigung der Störung ist es, das verjähren kann, nicht das Recht auf Unterlassung. Hoelder (im Archiv f. d. civilist. Praxis Bd. 93 S. 40 ff.) illustrirt dies durch ein treffendes Beispiel: Jemand hat sich seinem Nachbarn verpflichtet, während seines Lebens auf seinem Grundstücke nicht zu bauen. „Baut er nun doch und steht der Bau während der Verjährungszeit, ohne daß eine Unterbrechung oder Hemmung der Verjährung eintritt, so kann der Nachbar die Beseitigung dieses Baues nicht mehr verlangen, dadurch ist aber nicht dessen Recht auf Unterlassung des Baues verjährt. Hat sich der Nachbar einen Bau von geringer Höhe, an dessen Abwesenheit er kein Interesse hatte, gefallen lassen und ist sein Recht, dessen Beseitigung zu verlangen, verjährt, so muß er nicht deßhalb auch einen höheren und ihm lästigeren Bau sich gefallen lassen." Mit jeder Zuwiderhandlung beginnt also ein neuer selbständiger Anspruch und damit von Neuem der Lauf der Verjährung.

4. Die herrschende Meinung (Planck in Bem. 2 zu § 198; Hoelder in seinem Komm. Bem. 2 zu § 194 und in Zeitschr. f. Civilprozeß Bd. 29 S. 56; dagegen jetzt, zum Theil gegen seine eigene frühere Auffassung, Hoelder im Archiv f. d. civilist. Praxis Bd. 93 S. 34 ff.) lehnt es ab, den unter 3, e besprochenen Fall des „Anspruchs auf ein Unterlassen" (§ 198 Satz 2) auch auf die sogen. dinglichen Ansprüche und sonstigen Ansprüche aus absoluten Rechten zu beziehen. Mit Unrecht. Es wird geltend gemacht, die nicht einen bestimmten Verpflichteten, sondern den Rechtsgenossen als solchen treffende Unterhaltspflicht falle nicht unter den Anspruchsbegriff, denn der Anspruch sei nach § 194 das Recht, „von einem Andern" etwas zu verlangen. Dieses Argument ist eine Nachwirkung der Unklarheit darüber, daß das dingliche Recht und der sogen. „dingliche Anspruch" zwei

verschiedene Dinge sind. Schon in Bem. 2 zu § 194 wurde darauf hingewiesen, daß zwar dem dinglichen Rechte, aus welchem der Anspruch sich herleitet, z. B. dem Eigenthum, die Beziehung auf eine bestimmte andere Person fehlt, dem Anspruche selbst aber, der erst durch eine Zuwiderhandlung gegen den dem dinglichen Rechte entsprechenden Zustand entsteht, diese Beziehung nicht fehlt. Erst mit dieser Zuwiderhandlung beginnt beim dinglichen Rechte wie überhaupt bei absoluten Rechten die Verjährung, gleichgültig, ob die Zuwiderhandlung eine widerrechtliche ist oder etwa mit Willen des Berechtigten geschieht. Daher beginnt z. B. die Verjährung des Herausgabeanspruchs des Eigenthümers mit dem Augenblicke, in welchem ein Nichteigenthümer die Sache besitzt, die Verjährung des Anspruchs aus dem Namenrechte mit dem Augenblicke, in welchem Jemand dieses beeinträchtigt. Das erkennt ja auch Planck an. Das entspricht auch völlig dem Grundsatz, daß die Verjährung mit der Entstehung des Anspruchs beginnt, einem Grundsatz, der aber durch den nachfolgenden Satz, daß der sogen. „Anspruch auf ein Unterlassen" mit der Zuwiderhandlung zu verjähren beginnt, nicht, wie Planck annimmt, eine Beeinträchtigung, sondern eine Bestätigung erfährt.

5. Der Verjährungsbeginn fällt grundsätzlich zusammen mit der Fälligkeit der Leistung, diese mit deren Klagbarkeit. Ausnahmsweise kann in den Fällen der §§ 257, 258, 259 CPO. aus besonderen praktischen Rücksichten (s. L. Seuffert, Komm. z. CPO. 8. Aufl. Bem. 1 zu § 257) Klage auf künftige Leistung erhoben werden. Hier fällt also die Klagemöglichkeit nicht zusammen mit der Fälligkeit. Aber auch hier verbleibt es trotz der vorher bestehenden Möglichkeit der Klageerhebung bei der Regel, daß die Verjährung erst mit der Fälligkeit beginnt. Vgl. Dernburg, Bürg.R. Bd. 1 S. 514.

6. Ausnahmsweise kann die Verjährung des Anspruchs vor seiner Fälligkeit beginnen. Es gehören hieher folgende Fälle:

a) Für die Verjährung von Ansprüchen aus unerlaubten Handlungen läuft außer der dreijährigen Frist, welche vom Zeitpunkte der Kenntnißnahme des Verletzten an datirt, auch noch ohne Rücksicht auf die Kenntniß eine Frist von dreißig Jahren. Diese Frist beginnt mit der Begehung der unerlaubten Handlung, während ein Anspruch mit dem Eintritte des Schadens, also unter Umständen erst nach dem Verjährungsbeginn entsteht.

b) Nach § 8 des Haftpflichtgesetzes (in der Fassung des Art. 42 EG.) beginnt die zweijährige Verjährung der Forderungen auf Schadensersatz mit dem Unfall, ohne Rücksicht darauf, ob etwa der Schaden und damit der Anspruch erst später entsteht.

7. Für den Fall, daß die Fälligkeit und damit die Klagemöglichkeit vom bloßen Wollen des Gläubigers abhängt, nahm eine gemeinrechtlich verbreitete Meinung an, die Verjährung beginne schon vor der Fälligkeit, nämlich mit der gegebenen Möglichkeit, die Fälligkeit herbeizuführen. Diese Anschauung fand Ausdruck in dem Satze: Toties praescribitur actioni nondum natae, quoties nativitas est in potestate creditoris. Die Anwendungsfälle dieses Satzes blieben jedoch zweifelhaft; s. Windscheid-Kipp § 107 Anm. 9 und die dort citirten oberstrichterlichen Entscheidungen; Dernburg, Pand. Bd. 1 § 146; Regelsberger, Pand. Bd. 1 § 183. Das BGB. hat sich den Satz in seiner Allgemeinheit nicht angeeignet (vgl. dagegen E. I § 158 Abs. 3; M. I, 308 ff.). Der ihm zu Grunde liegende Gedanke wird zwar anerkannt in den Einzelfällen der §§ 199, 200; aber eigentliche Ausnahmen von dem Grundsatze des § 198 sind in diesen Fällen nicht zu erblicken; s. Bem. zu §§ 199, 200.

8. Ausnahmsweise beginnt die Verjährung auf Grund positiver Bestimmungen erst nach der Entstehung des Anspruchs, nämlich

a) wenn von Anfang an der Verjährung ein Hemmungsgrund entgegensteht; s. §§ 202, 205;

b) wenn, wie bei der dreijährigen Verjährung des Schadensersatzanspruchs aus unerlaubten Handlungen (§ 852) und des Pflichttheilsanspruchs (§ 2332), bestimmt ist, daß die Verjährung erst mit der Kenntniß des Beeinträchtigten von der ihn schädigenden Handlung bezw. Verfügung beginnt;

c) wenn es sich um die der kurzen Verjährung unterliegenden in den §§ 196, 197 bezeichneten Ansprüche handelt; für diese beginnt die Verjährung erst mit dem Schlusse des Jahres, in welchem der Anspruch entsteht; s. § 201;

d) wenn, wie in den §§ 490, 801, bestimmt ist, daß die Verjährung erst nach Ablauf einer Ausschlußfrist beginnt;

e) in den Fällen der §§ 480, 588 Abs. 2, 606, 1057, 1226, 1715 Abs. 3, 2287 Abs. 2. S. Hellmann, Vortr. S. 209 ff. Vgl. ferner HGB. §§ 414 Abs. 2, 423, 439, 470 Abs. 1. Ueber den Verjährungsbeginn im Falle des § 477 BGB. s. Süßheim in Bl. f. RA. Bd. 66 S. 228 ff.

§ 199.

Kann der Berechtigte die Leistung erst verlangen, wenn er dem Verpflichteten gekündigt hat, so beginnt die Verjährung mit dem Zeitpunkte, von welchem an die Kündigung zulässig ist. Hat der Verpflichtete die Leistung erst zu bewirken, wenn seit der Kündigung eine bestimmte Frist verstrichen ist, so wird der Beginn der Verjährung um die Dauer der Frist hinausgeschoben.

E. I, 158 Abs. 3, 4; II, 165 Abs. 2; III, 194.

1. Kann der Berechtigte eine Leistung durch eine ihm freistehende Kündigung verlangen, so hat er auf diese Leistung einen gegenwärtigen Anspruch, da eben hier die Kündigung nichts anderes ist als das Begehren der Leistung. Der Satz des § 199 Satz 1, daß in solchem Falle die Verjährung mit dem Zeitpunkte beginnt, von welchem an die Kündigung zulässig ist, erscheint demnach nur äußerlich als eine Ausnahme von der Regel des § 198, ist aber in Wahrheit nur eine Konsequenz dieser. Denn die Entstehung des Anspruchs datirt grundsätzlich vom Augenblicke der Fälligkeit der Leistung (s. Bem. 5 zu § 198), d. i. von dem Zeitpunkt an, von welchem die Leistung begehrt werden kann. § 199 Abs. 1 besagt für einen bestimmten Fall dasselbe, was früher Ausdruck fand in der Parömie: Toties praescribitur actioni nondum natae, quoties nativitas est in potestate creditoris. Allgemeine Geltung hat dieser Satz nicht; vgl. Bem. 7 zu § 198.

2. Steht die Kündigung nicht dem Berechtigten, sondern dem zur Leistung Verpflichteten zu, so beginnt die Verjährung erst, wenn die Kündigung wirklich erfolgt, nicht schon, wenn sie zulässig ist.

3. Hat der Verpflichtete die Leistung erst zu bewirken, wenn seit der Kündigung eine bestimmte Frist verstrichen ist, wie z. B. wenn es sich um Rückerstattung eines nicht auf bestimmte Zeit gegebenen Darlehens handelt (s. § 609), so beginnt die Verjährung erst, wenn jene Frist abgelaufen ist. Die Berechnung ist nach den §§ 187 Abs. 1, 138 Abs. 2 vorzunehmen. Die Kündigungsfrist wird hier nicht etwa zu einem Theile der Verjährungsfrist gemacht, so daß die Dauer der Verjährung sich um die Kündigungsfrist verlängern würde. Vielmehr wird durch die Kündigungsfrist der Beginn der Verjährung um die entsprechende Zeit hinausgeschoben. Von einer Hemmung (gemäß §§ 202 ff.) oder Unterbrechung (gemäß §§ 208 ff.) kann also vor Ablauf der Kündigungsfrist keine Rede sein.

Aus der Verbindung der §§ 199 Satz 2, 198, 201 Satz 1 geht schon zweifellos hervor, daß, wenn bei einem der kurzen Verjährung der §§ 196 oder 197 unterliegenden Anspruche die Leistung erst nach dem Ablauf einer über den Jahresschluß hinausreichenden Kündigungsfrist verlangt werden kann, die Verjährung mit dem Schlusse des Jahres beginnt, in welchem die Frist abläuft. Zur Abschneidung jeden Zweifels ist das in § 201 Satz 2 besonders ausgesprochen.

4. § 199 Satz 2 setzt nicht, wie Hoelder, Komm. Bem. 2 zu § 199, anzunehmen scheint, voraus, daß die Kündigung innerhalb der vom Beginn ihrer Möglichkeit an berechneten Verjährungsfrist stattgefunden hat. Hoelder sagt, wenn ich ein auf halbjährige Kündigung gegebenes Darlehen nach dreißig Jahren kündige und dann vor Ablauf eines weiteren halben Jahres einklage, so sei ich nicht nur deßhalb abzuweisen, weil seit meiner Kündigung die Kündigungsfrist noch nicht verstrichen ist, sondern auf Antrag des Beklagten auch wegen Verjährung. Diese Auffassung widerspricht aber nicht nur dem Wortlaute des § 199, nach welchem der Beginn der Verjährung um die Dauer der Frist hinausgeschoben wird, sondern sie führt auch zu einer unnöthigen, durch kein praktisches Bedürfniß gefordertes Einschränkung des Parteibeliebens; die Rechtsordnung soll und will den Betheiligten nicht die Möglichkeit abschneiden, unverzinsliche Anleihen ohne Klageerhebung oder einen sonstigen Unterbrechungsakt länger als dreißig Jahre stehen zu lassen.

§ 200.

Hängt die Entstehung eines Anspruchs davon ab, daß der Berechtigte von einem ihm zustehenden Anfechtungsrechte Gebrauch macht, so beginnt die Verjährung mit dem Zeitpunkte, von welchem an die Anfechtung zulässig ist. Dies gilt jedoch nicht, wenn die Anfechtung sich auf ein familienrechtliches Verhältniß bezieht.

E. I, —; II, —; III, 195.

1. Ist ein anfechtbares Rechtsgeschäft mit Erfolg angefochten, so ist es nach § 142 als von Anfang an nichtig anzusehen. Was aus einem solchen Rechtsgeschäfte geleistet

wurde, kann nach den Vorschriften der §§ 812 ff. zurückgefordert werden. Die Entstehung dieses Rückforderungsanspruchs ist, wenn dieser auch thatsächlich erst mit dem Vollzuge der Anfechtung erhoben werden kann, in Konsequenz des § 142 auf den Augenblick der objektiv unbegründeten Leistung zurückzubeziehen. Obwohl also die Entstehung des Anspruchs davon abhängt, daß der Berechtigte von dem ihm zustehenden Anfechtungsrechte Gebrauch macht, so kann der Anspruch doch beliebig einfach dadurch zu einem mit rückwirkender Kraft bestehenden werden, daß er unter ausdrücklicher oder stillschweigender Bezugnahme auf die Anfechtbarkeit erhoben wird. Schon eine folgerichtige Durchführung des in § 142 Abs. 1 ausgesprochenen Gedankens müßte demnach in Verbindung mit § 198 Satz 1 zu der Annahme führen, daß die Verjährung des durch den Vollzug der Anfechtung bedingten Anspruchs sofort d. h. mit der auf Grund des anfechtbaren Geschäfts geschehenden, der Rückforderung unterliegenden Leistung, beginnt. (Vgl. auch Hoelder im Archiv f. d. civilist. Praxis Bd. 93 S. 42; dagegen Langheineken, Anspruch und Einrede S. 177.) § 200 Satz 1 spricht dies ausdrücklich aus und bietet damit einen weiteren (s. Bem. 1 zu § 199) Anwendungsfall des in seiner Allgemeinheit vom BGB. nicht recipirten Satzes: Toties praescribitur actioni nondum natae, quoties nativitas est in potestate creditoris.

2. Die Anfechtung ist **zulässig**, sobald die anfechtbare Willenserklärung abgegeben ist, also unter Umständen schon bevor die Anfechtungsfrist (vgl. §§ 121, 124 Abs. 2) zu laufen beginnt. **Auch die Verjährung kann daher**, wie sich aus § 200 ergiebt, **schon vor dem Beginne der Anfechtungsfrist zu laufen beginnen**. (So auch Planck Bem. 1 zu § 200 und nunmehr auch Fischer-Henle, 6. Aufl. Bem. 3 zu § 200.) Demnach beginnt z. B., wenn das Geschäft widerrechtlich durch Drohung herbeigeführt wurde, die Verjährung des Anspruchs auf Rückforderung des etwa Geleisteten nicht erst mit dem Zeitpunkt, in welchem die Zwangslage aufhört, sondern mit dem Augenblicke der Leistung. Auf Kenntniß des Anfechtungsgrundes kommt es für den Verjährungsbeginn nicht an. Sind z. B. seit der Abgabe einer auf Täuschung beruhenden Willenserklärung dreißig Jahre verstrichen, so steht dem Anspruch auf Rückforderung des mit dieser Willenserklärung Geleisteten nicht nur der Umstand entgegen, daß wegen Zeitablaufs die Anfechtung ausgeschlossen ist (§ 124 Abs. 3), sondern auch die Thatsache der Verjährung.

3. **Bezieht sich die Anfechtung auf ein familienrechtliches Verhältniß**, so beginnt die Verjährung nicht schon mit dem Zeitpunkte, von welchem an die Anfechtung zulässig ist. Sie beginnt hier vielmehr mit der Entstehung des Anspruchs, **ohne** daß dieser Anspruch, wenn die Anfechtung erfolgt, auch in Bezug auf die Verjährung als bereits mit der angefochtenen Willenserklärung entstanden angesehen würde. Es beginnen daher die Ansprüche aus der **Anfechtung der Ehe** (s. §§ 1330—1347) erst zu verjähren, wenn die Ehe für nichtig erklärt oder aufgelöst ist, nicht etwa von der Eheschließung an (vgl. Bd. IV Bem. 8 zu § 1345). Die Verjährung der Ansprüche aus der **Anfechtung der Ehelichkeit eines Kindes** (§§ 1593 ff.) sowie der **Annahme an Kindesstatt** beginnt mit dem Vollzuge der Anfechtung; warum sie in diesen beiden Fällen, wie Rehbein (Komm. Bd. 1 S. 305) ohne Angabe von Gründen annimmt, mit der Kenntniß von dem Anfechtungsgrunde beginnen soll, ist nicht einzusehen.

§ 201.

Die Verjährung der in den §§ 196, 197 bezeichneten Ansprüche beginnt mit dem Schlusse des Jahres, in welchem der nach den §§ 198 bis 200 maßgebende Zeitpunkt eintritt. Kann die Leistung erst nach dem Ablauf einer über diesen Zeitpunkt hinausreichenden Frist verlangt werden, so beginnt die Verjährung mit dem Schlusse des Jahres, in welchem die Frist abläuft.

E. I, 159; II, 166; III, 196.

1. In § 196 ist eine große Menge besonders häufig vorkommender Ansprüche aus Zweckmäßigkeitsgründen der kurzen zweijährigen bezw. vierjährigen Verjährung unterstellt. Für diese Ansprüche erheischt das Verkehrsinteresse, wie M. I, 310 zur Begründung der vorliegenden, im Wesentlichen an den bisherigen Rechtszustand sich anschließenden Vorschrift ausführen, einen unschwer festzustellenden und leicht im Gedächtnisse zu behaltenden Anfangspunkt der Verjährung. „Sollte es bei dem allgemeinen Grundsatze bewenden, so würden den Geschäftsleuten so viele einzelne Verjährungsfristen gegenüber jedem ihrer Abnehmer laufen als sie Waaren oder Arbeiten geliefert haben. Ein tägliches Studium der Geschäftsbücher wäre unumgänglich und aller Sorgfalt ungeachtet würde nicht zu vermeiden sein, daß einzelne übersehene Posten verloren gingen. Außerdem pflegen Leistungen und Lieferungen der fraglichen Art, sofern sie überhaupt auf Rechnung erfolgen, erst nach Ablauf einer gewissen Frist, gewöhnlich mit Schluß des Jahres, be-

glichen zu werden, so daß die Erstreckung des Verjährungsbeginnes zugleich die übliche Stundungsfrist deckt." Für die in § 197 genannten Ansprüche treffen zwar nicht überall die gleichen Erwägungen zu, hier wurde jedoch im Interesse der Einfachheit des Rechtes der gleiche Anfangspunkt für die Verjährung gewählt.

2. Für die Berechnung der Verjährungsfrist braucht hier nicht, wie Planck (Bem. 2 zu § 201) und Fischer=Henle (6. Aufl. Bem. 1 zu § 201) annehmen, die Vorschrift des § 187 herangezogen zu werden, die dem strengen Wortlaute nach gar nicht zutrifft. Vielmehr ergiebt sich unmittelbar aus § 201, daß der erste Tag des Kalenderjahrs, welches dem nach den §§ 198ff. für den Verjährungsbeginn maßgebenden Zeitpunkte folgt, der erste Tag der Verjährung ist. Das Ende der Verjährung tritt hier, wenn keine Hemmung oder Unterbrechung stattfindet, stets mit dem Schlusse eines 31. Dezembers ein (vgl. § 188 Abs. 2). Es beginnt z. B. die Verjährung eines Anspruchs, den der Gastwirt auf Berichtigung der am 3. März 1901 gemachten Zeche hat, mit dem 1. Januar 1902; sie vollendet sich, von Hemmung und Unterbrechung abgesehen, mit dem 31. Dezember 1903.

3. Dadurch, daß das Verhältniß, aus welchem der Anspruch entstanden ist, fortgedauert hat, also z. B. der Schüler, für welchen das Unterrichtsgeld geschuldet wird, immer noch derselben öffentlichen Anstalt angehört (s. § 196 Nr. 11), wird der Beginn der Verjährung nicht gehindert.

4. § 201 ist nicht anwendbar, wenn die Verjährung eines in § 196 oder 197 bezeichneten Anspruchs bereits begonnen hat und dann nach einer Unterbrechung von Neuem beginnt. Für diesen Neubeginn ist nicht der Wechsel des Kalenderjahrs, sondern das Ende der Unterbrechung maßgebend. So auch Hoelder, Komm. Bem. zu § 201.

5. Satz 2 des § 201 setzt außer Zweifel, daß auch für den Fall der Gewährung einer Stundung die Verjährung eines der in §§ 196, 197 bezeichneten Ansprüche nicht mit dem Ende der Stundungsfrist, sondern mit dem darauffolgenden Ende des Kalenderjahrs beginnt.

§ 202.

Die Verjährung ist gehemmt, solange die Leistung gestundet oder der Verpflichtete aus einem anderen Grunde vorübergehend zur Verweigerung der Leistung berechtigt ist.

Diese Vorschrift findet keine Anwendung auf die Einrede des Zurückbehaltungsrechts, des nicht erfüllten Vertrags, der mangelnden Sicherheitsleistung, der Vorausklage sowie auf die nach § 770 dem Bürgen und nach den §§ 2014, 2015 dem Erben zustehenden Einreden.

E. I, 162; II, 168; III, 197.

1. Wennschon die Verjährung nach BGB. regelmäßig fortlaufend berechnet wird, die Verjährungsfrist also ein tempus continuum ist, so bewirken doch gewisse Hemmnisse ein Ruhen der Verjährung, sei es, daß durch sie schon der Beginn der Verjährung hinausgeschoben wird oder daß die Hemmung erst nach Beginn des Fristlaufs eintritt und dann der Zeitraum, während dessen sie besteht, in die Verjährungsfrist nicht eingerechnet wird.

Bezüglich der Hemmungsgründe nach den bisherigen Rechten s. PLR. Thl. I Tit. 9 §§ 512ff., 526; cod. civ. art. 2251ff.; sächs. GB. §§ 154ff. Das gemeine Recht (vgl. Windscheid=Kipp Bd. 1 § 109) ging aus von dem Grundgedanken, so lange die Geltendmachung eines Anspruchs rechtlich ausgeschlossen sei, müsse seine Verjährung ruhen und formulirte diesen Gedanken in dem bekannten Satze: Agere non valenti non currit praescriptio. Dieser Satz wurde jedoch schon für das gemeine Recht als zu allgemein und Mißdeutungen ausgesetzt von Dernburg (Pand. Bd. 1 § 147) beanstandet.

Auch das BGB. hat ein solches allgemeines Prinzip nicht aufgestellt, hält es vielmehr für angemessener und der Handhabung des Rechtes förderlicher (M. I, 313), die rechtlichen Hindernisse der Geltendmachung, denen hemmende Wirkung zukommen soll, unmittelbar festzustellen. Das BGB. zählt daher die einzelnen Hemmungsgründe in ausschließender Weise auf in den §§ 202, 203, 204; dazu kommen die singulären Fälle der §§ 639 Abs. 2 und 802; s. auch HGB. § 470 Abs. 2.

Als Hemmungsgründe kommen nach BGB. nicht mehr in Betracht: Abwesenheit in Staatsgeschäften, Krieg (soweit nicht § 203 Abs. 2 einschlägt), Minderjährigkeit (s. jedoch § 206), Rechtsunkenntniß (dagegen PLR.), Gutsverpachtung (dagegen PLR.).

2. Die Hemmung der Verjährung ist zu unterscheiden:

a) von der Unterbrechung (§§ 208 ff.). Die gehemmte Verjährung läuft nach Beseitigung des Hemmungsgrundes weiter, die bis zur Hemmung verstrichene Frist wird eingerechnet, s. Bem. zu § 205; die unterbrochene Verjährung dagegen beginnt nach Endigung des Unterbrechungsgrundes von Neuem, der bis zum Eintritte der Unterbrechung abgelaufene Theil der Frist kommt gar nicht in Betracht;

b) von dem in den §§ 206, 207 behandelten Aufschube der Vollendung der Verjährung, der sogen. „Ablaufshemmung". Während die Hemmung dem Beginn oder dem Weiterlaufe der Verjährung entgegentritt, bleibt hier beides unbeeinflußt, aber die Verjährungswirkung kann hier trotz des Fristablaufs vor einem gewissen Zeitpunkte nicht eintreten; sachlich kommt freilich dieser Aufschub der Vollendung einer Hemmung gleich, die ja in ihrer Wirkung gleichfalls den Ablauf der Verjährung hinausschiebt. Dernburg (Bürg. R. Bd. 1 S. 526) behandelt daher die §§ 206, 207 ohne Weiteres unter den Hemmungsfällen.

3. Die Hemmung der Verjährung hat nach BGB. ihren Grund immer darin, daß der momentanen Geltendmachung des Anspruchs ein rechtliches (§ 202) oder thatsächliches (§ 203) Hinderniß oder ein von der Rechtsordnung als berücksichtigenswerth anerkanntes Pietätsverhältniß (§ 204) entgegensteht. Keiner dieser Gründe liegt vor, wenn das Rechtsverhältniß, aus welchem der Anspruch sich herleitet, der Anfechtung unterliegt. Die anfechtbare, aber nicht angefochtene Willenserklärung ist eine wirksame Willenserklärung und der hierauf sich gründende Anspruch ist ein solcher, der zur Zeit geltend gemacht werden kann. Gleiches gilt von dem Anspruche, gegen welchen eine Aufrechnung möglich ist. Solange die Aufrechnungserklärung (s. § 388) nicht erfolgt ist, bildet die Thatsache der Aufrechenbarkeit kein rechtliches Hinderniß für die Geltendmachung des Anspruchs; ist aber die Aufrechnungserklärung erfolgt, so wird der Anspruch als ein solcher angesehen, der seit der Aufrechenbarkeit nicht existirt hat (§ 389). Die sogen. „Einreden" des Irrthums, der arglistigen Täuschung, der Drohung und der Aufrechnung lassen sich einerseits nach der Gestaltung, welche im BGB. die Anfechtung (§§ 142, 143) und der Vollzug der Aufrechnung erfahren haben, andererseits nach der Umgrenzung, welche die Redaktoren dem an sich verschiedener Deutungen fähigen Einredebegriff geben wollten*), nach geltendem Rechte nicht als Einreden im eigentlichen Sinne bezeichnen (übereinstimmend Langheineken, Anspruch und Einrede S. 317 ff., Fischer-Henle Bem. zu §§ 202, 389, Crome, System Bd. 1 S. 183, Endemann, Lehrb. Bd. 1 § 88 Anm. 25; a. M. mit eingehender Begründung Hoelder im Archiv f. d. civilist. Praxis Bd. 93 S. 125 ff.); weder die Anfechtbarkeit der den Anspruch begründenden Willenserklärung, noch der Umstand, daß dem Anspruch eine aufrechenbare Forderung entgegensteht, hemmen die Verjährung des Anspruchs. Die dies ausdrücklich aussprechende Vorschrift des E. I § 162 Abs. 3 wurde in der II. Komm. (P. I, 218) als entbehrlich gestrichen, „weil der Berechtigte, solange die Aufrechnung oder die Anfechtung nicht erfolgt sei, an der Geltendmachung seines Anspruchs nicht verhindert werde".

4. Als Hindernisse der Geltendmachung des Anspruchs und deßhalb als Hemmungsgründe für dessen Verjährung behandelt das BGB. zunächst in § 202 die materiellrechtlichen Einreden. Aus der hier gegebenen Bestimmung geht bezüglich der Auffassung, welche das Gesetz von der Einrede hat (vgl. die oben bei Bem. 3 angeführte Literatur sowie Bem. 8 zu § 194) soviel hervor, daß eine Scheidung in dilatorische (verzögernde, anspruchhemmende) und peremptorische (sog. „zerstörende") Einreden vorzunehmen ist. Dilatorische Einreden sind solche, welche den Verpflichteten vorübergehend zur Verweigerung der Leistung berechtigen, peremptorische solche, welche der Geltendmachung des Anspruchs dauernd entgegenstehen. Langheineken a. a. O. S. 291 zählt 17 dilatorische und 26 peremptorische Einreden auf.

5. Dilatorische Einreden hemmen nach Abs. 1, solange sie bestehen, grundsätzlich die Verjährung.

Dies gilt vor Allem von der Einrede der Stundung, sei es des Kaufpreises (darüber § 509) oder einer andern geschuldeten Leistung. Der Stundung als Hemmungsgrund kommt indessen nicht die große praktische Bedeutung zu, welche man bei ihrer

*) Literatur: Friedenthal, Einwendung und Einrede; Fischer, Recht und Rechtsschutz S. 94; Hellwig, Anspruch und Klagerecht S. 8 ff.; Hellmann, Vortr. S. 197 ff.; Crome, System Bd. 1 S. 183 ff., 554 ff.; Endemann, Lehrb. Bd. 1 § 88; Kipp bei Windscheid Bd. 1 S. 174 ff., 180 ff.; Hoelder im Archiv f. d. civilist. Praxis Bd. 93 S. 68—130; Langheineken, Anspruch und Einrede (1903).

besonderen Hervorhebung durch das Gesetz zu vermuthen geneigt sein könnte. Keine Stundung in dem hier gemeinten Sinne liegt nämlich vor, wenn von vornherein bei Begründung der Leistungsverbindlichkeit der Fälligkeitstermin für die Schuld hinausgeschoben wird, wenn also z. B. ein Darlehen mit der Bestimmung der Rückzahlung nach einem halben Jahre gegeben wird. In diesem Falle braucht die Verjährung nicht „gehemmt" zu werden, da sie ohnehin erst mit der Fälligkeit zu laufen beginnt (s. § 271 Abs. 2 und Bem. 2 und 3, c zu § 198). Vgl. auch Dernburg, Bürg. R. Bd. 1 S. 524, Kipp bei Windscheid Bd. 1 S. 183. Andererseits liegt in der auf Vertrag zwischen Gläubiger und Schuldner beruhenden nachträglichen Stundung wenn auch nicht nothwendig so doch regelmäßig eine Anerkennung des Anspruchs durch den Verpflichteten und damit nach § 208 ein Unterbrechungsgrund, so daß auch in diesem Falle § 202 nicht zur Anwendung kommt. Dagegen ist, was Planck als zweifelhaft hinstellt, anzunehmen, daß Moratorien und Sistirungsgesetze durch den Wortlaut des § 202 (wie durch E. I § 162; s. M. I, 313) getroffen werden. Die Landesgesetzgebung ist zwar in dieser Beziehung durch EG. z. CPO. § 14 Abs. 2 Nr. 4 außer Kraft gesetzt, künftige derartige Reichsgesetze sind aber nicht gerade undenkbar. (Nicht annehmbar erscheint die im Widerspruche mit der herrschenden Meinung von Langheineken a. a. O. S. 277, 311 ff. vertretene Anschauung, es gebe überhaupt keine materielle Einrede der Stundung.)

Außer der Stundung kommen als hemmende dilatorische Einreden in Betracht: die vorübergehende Berechtigung des Beklagten z. B. des Miethers oder Nießbrauchers (über den Erbbauberechtigten Hoelder, im Archiv f. d. civilist. Praxis Bd. 93 S. 92 ff.) zum Besitze gegenüber dem Eigenthümer (s. § 986); ein auf Zeit abgeschlossenes pactum de non petendo; die nach § 2059 dem einzelnen Miterben gegenüber dem Verlangen der Berichtigung von Nachlaßverbindlichkeiten aus seinem dem Nachlasse nicht zugehörigen Privatvermögen zustehende Einrede der noch nicht erfolgten Nachlaßtheilung; die dem Eigenthümer eines mit einem dinglichen Vorkaufsrechte belasteten Grundstücks nach § 1100 dem Vorkaufsberechtigten gegenüber zustehende Einrede, daß ihm erst der zwischen dem Verpflichteten und dem Käufer vereinbarte Kaufpreis, soweit er berichtigt ist, zu erstatten sei. Vgl. auch Langheineken, Anspruch und Einrede S. 291 ff., 170 ff. Die Prot. I, 217 (und ihnen folgend R. Leonhard, Allg. Theil S. 239 und Gareis, Komm. Bem. 7 zu § 202) führen als Beispiel einer hemmenden dilatorischen Einrede auch den § 14 (früher 11) KO. an; es ist aber zu beachten, daß § 14 Abs. 1 KO. den einzelnen Konkursgläubiger für die Dauer des Konkurses zwar an der Betreibung einer Sonderexekution in das Vermögen des Gemeinschuldners, aber nicht daran hindert, gegen diesen ein Urtheil auf Leistung zu erwirken (s. L. Seuffert, Konkursprozeßrecht S. 186, und Jaeger, Komm. z. KO. Anm. 15 zu § 12 und Anm. 14 zu § 14) und daß der Konkurs dem Gemeinschuldner kein Recht giebt, die Leistung aus seinem gantfreien Vermögen zu verweigern; etwas anderes ist es, daß der Konkursgläubiger, der sich am Konkursverfahren betheiligt, seinen Anspruch auf Leistung nicht gleichzeitig außerhalb des Konkurses verfolgen darf (vgl. RGE. Bd. 29 S. 74), was sich jedoch nicht aus KO. § 14, sondern aus der Idee der Rechtshängigkeit ergiebt.

6. Folgende dilatorische Einreden haben nicht die Wirkung, die Verjährung zu hemmen:

a) Die Einrede des Zurückbehaltungsrechts; s. §§ 273, 274, 1000, 1428, 1585.

b) Die Einrede des nicht erfüllten Vertrags nach §§ 320—322.

c) Die Einrede der mangelnden Sicherheitsleistung; s. §§ 258, 811, 867, 997, 1005, 1049 Abs. 2, 1216, 2125 Abs. 2 (so jetzt auch Fischer-Henle; gegen die Zugehörigkeit der in früheren Auflagen von Fischer angeführten Fälle der §§ 509, 1218, 1391, 1986, 2128 und der auch von Gareis, Komm. Bem. 5 zu § 202 erwähnten §§ 1039, 1051 Hellmann, Vorträge S. 203 ff.).

d) Die dem Bürgen zustehende Einrede der Vorausklage (§ 771) sowie seine Einrede, dem Hauptschuldner stehe das Recht der Anfechtung des der Hauptverbindlichkeit zu Grunde liegenden Rechtsgeschäfts zu (§ 770 Abs. 1) und seine dem Aufrechnungsrechte des Gläubigers entnommene Einrede (§ 770 Abs. 2). Vgl. Langheineken a. a. O. S. 273 ff.

e) Die dem beschränkt haftenden (§ 2016) Erben gegenüber Ansprüchen auf Berichtigung von Nachlaßverbindlichkeiten vor der Inventarerrichtung innerhalb dreier Monate nach der Erbschaftsannahme nach § 2014 zustehende Einrede sowie die ihm unter den im § 2015 genannten Voraussetzungen zustehende Einrede der Nichtbeendigung des Aufgebotsverfahrens.

f) Die dem Erben gegenüber Pflichttheilsansprüchen zustehende Einrede, der Pflichttheilsberechtigte müsse zuerst den ihm hinterlassenen Erbtheil (s. § 2306) oder das ihm zugedachte Vermächtniß (s. § 2307) ausschlagen, nach § 2332 Abs. 3.

Der Grund, warum die Einrede keine die Verjährung hemmende Wirkung hat, ist in den soeben unter a, b und c genannten Fällen sowie bei der Einrede der Vorausklage darin zu sehen, daß es in der Macht des Berechtigten steht, diese Einreden zu beseitigen, wozu in den Fällen a und b noch kommt, daß diese Beseitigung für ihn sogar rechtliche Pflicht ist und überdies die Einrede hier (s. §§ 274, 322) eine Verurtheilung zur Leistung nicht unmöglich macht, sondern nur in der Art beschränkt. Schon in Bem. 3 wurde erwähnt, daß die Verjährung der Hauptschuld durch den Umstand, daß der Schuldner anfechten oder aufrechnen kann, nicht gehemmt wird; bei der accessorischen Natur der dem Bürgen nach § 770 zustehenden Einreden ist es natürlich, daß auch dem Bürgen gegenüber jene Umstände keine Hemmung der Verjährung herbeiführen. Vgl. Hoelder, Komm. Bem. 7 zu § 202, sowie Langheineken a. a. O. S. 169 ff. Die Einreden des Erben aus den §§ 2014, 2015 (vgl. Bem. dazu in Bd. V) bewirken weder eine Abweisung der Klage noch eine Unterbrechung des Verfahrens; CPO. § 305 bestimmt ausdrücklich, daß durch sie eine unter dem Vorbehalte der beschränkten Haftung ergehende Verurtheilung des Erben nicht ausgeschlossen wird. Es war daher auch nicht veranlaßt, diesen Einreden Verjährung hemmende Kraft beizulegen. Vgl. hieher auch § 207. Ueber § 2332 Abs. 3 s. die Bem. zu § 2332 in Bd. V.

7. In M. I, 314 wird auch die Bestimmung des E. I § 162 Abs 2 begründet, nach welcher der sog. „Abzugseinrede des Inventarerben" die hemmende Wirkung versagt ist. Jene Bestimmung sowie ihre Begründung sind jetzt hinfällig geworden. § 202 Abs. 2 erwähnt die Einrede nicht mehr, weil diese nach der Gestaltung, welche sie im BGB. durch die Beschlüsse der II. Komm. erfahren hat, keine dilatorische Einrede ist; aus dem Schweigen des Gesetzes ergiebt sich daher jetzt ohne Weiteres, daß sie keine die Verjährung hemmende Wirkung hat.

8. Durch das Bestehen einer peremptorischen Einrede d. h. einer solchen, welche die Geltendmachung des Anspruchs dauernd ausschließt (vgl. die Ausdrucksweise der §§ 813, 886, 1169, 1254), wird die Verjährung des Anspruchs nach BGB. nicht gehemmt. So auch die herrschende Lehre; a. M. Langheineken a. a. O. S. 171 ff. E. I stand auf dem entgegengesetzten Standpunkte; doch weisen M. I, 313 schon darauf hin, daß der Verpflichtete, der eine „zerstörende" Einrede dem erhobenen Anspruch entgegenzustellen glaubt, schwerlich von derselben Gebrauch machen werde, wenn ihm die in der Regel eines besonderen Beweises nicht bedürftige Einrede der Verjährung zu Gebote stehe; der Berechtigte aber werde sich hüten, dem Einwande der Verjährung mit der Behauptung und dem Zugeständnisse zu begegnen, daß der Verpflichtete eine zerstörende Einrede habe. Der jetzige Standpunkt des Gesetzes wurde namentlich damit motivirt (P. I, 216), daß es dem Zwecke der Verjährung entspreche, den Schuldner von der Nothwendigkeit des Nachweises, daß seine Schuld durch eine peremptorische Einrede aufgehoben sei, zu entbinden. Es ist eben mit Rücksicht auf den Zweck der Verjährung (s. Vorbem. 2 vor § 194), obwohl dies eigentlich der Rechtslogik widerspricht, zulässig, die Verjährungseinrede neben einer andern gleichzeitig geltend gemachten peremptorischen Einrede vorzubringen.

§ 203.

Die Verjährung ist gehemmt, solange der Berechtigte durch Stillstand der Rechtspflege innerhalb der letzten sechs Monate der Verjährungsfrist an der Rechtsverfolgung verhindert ist.

Das Gleiche gilt, wenn eine solche Verhinderung in anderer Weise durch höhere Gewalt herbeigeführt wird.

E. I, 164, 165; II, 169; III, 198.

1. Während in § 202 die rechtlichen Hindernisse bestimmt sind, welche den Verjährungslauf hemmen, behandelt § 203 die Hemmung der Verjährung in Folge thatsächlicher Behinderung an der Geltendmachung des Anspruchs. Gemeinrechtlich wurden Hindernisse thatsächlicher Art bei kurzen Verjährungsfristen in der Weise berücksichtigt, daß die Berechnungsweise des tempus utile eintrat, mithin die Tage nicht gezählt wurden, an welchen der Berechtigte ohne sein Verschulden außer Stande war, den Anspruch geltend zu machen; abgesehen hievon wurde die Verjährung nur gehemmt durch feindlichen Einbruch (tempus hostilitatis) und bei Ansprüchen der Kirche durch ein Schisma. Ueber den Standpunkt des PLR. und anderer Partikularrechte s. M. I, 315 ff.

2. Das BGB. erkennt als thatsächlichen Hemmungsgrund in § 203 lediglich die höhere Gewalt an und hebt als einen ihrer Fälle den Stillstand der Rechtspflege hervor; vorausgesetzt ist, daß dieser Hemmungsgrund innerhalb der letzten sechs

Monate der Verjährungsfrist bestanden hat. Bei Verjährungsfristen, welche sechs Monate oder kürzer dauern, muß also der Hemmungsgrund während der ganzen ursprünglichen Fristdauer vorliegen. Eine Motivirung der sechs Monate geben M. I, 317 ff., I, 219. Es ist gegenüber der mißverständlichen Darstellung bei R. Leonhard, Allg. Theil S. 340, besonders hervorzuheben, daß das Erforderniß der Verhinderung an der Rechtsverfolgung innerhalb der letzten sechs Monate sich nicht nur auf den Fall des Gerichtsstillstandes, sondern auf jeden Fall höherer Gewalt bezieht.

3. Liegen die Voraussetzungen des § 203 vor, so verlängert sich die Verjährungsdauer um den der Dauer der Verhinderung entsprechenden Zeitraum; s. § 205.

4. Der Begriff der „höheren Gewalt" (vis maior, damnum fatale, force majeure) wird im BGB. nirgends definirt. M. I, 317 ff. meinen beruhigend, der Ausdruck „höhere Gewalt" werde, obwohl er in sich ein verschiedenes Verständniß gestatte, nicht zu beanstanden sein, da Wissenschaft und Praxis mit dem Ausdrucke einen bestimmten, der Verdeutlichung durch Gesetz sich entziehenden Sinn verbinden, und die Mehrheit der II. Komm. (P. I, 219) machte für die Ablehnung eines Antrags, den Ausdruck durch eine bestimmte näher definirende Fassung zu ersetzen, geltend, die höhere Gewalt sei ein dem Entwurf und verschiedenen neueren Reichsgesetzen bekannter Begriff.

Thatsächlich ist aber die Abgrenzung dieses Begriffs immer noch streitig.*) Eine subjektive und eine objektive Theorie stehen sich gegenüber. Erstere begreift unter höherer Gewalt alle Ereignisse, welche von demjenigen, der die entscheidende rechtlich bedeutsame Handlung vornehmen soll, auch mit der äußersten peinlichsten Sorgfalt nicht hatten abgewendet werden können. Die sog. objektive Theorie dagegen, als deren Hauptvertreter Exner anzusehen ist, verlangt, daß das unvermeidliche Ereigniß ein von außen kommendes, nicht innerhalb des Betriebskreises der betreffenden Person entstandenes sei.

Aus der Judikatur vgl. die zahlreichen bei Windscheid-Kipp Bd. 2 § 384 Anm. 6 citirten Entsch. in Seufferts Archiv; ferner Entsch. d. ROHG. Bd. 2 S. 248; Bd. 8 S. 26 u. S. 159; Bd. 20 S. 124; RGE. Bd. 2 S. 425 und namentlich Bd. 21 S. 18, auch Bd. 44 S. 27.

Der Begriff der höheren Gewalt wird im BGB. verwendet außer in § 208 in den §§ 701 (Haftung des Gastwirths) und 1996 (Verhinderung des Erben an der Inventarerrichtung), im HGB. in § 456 (Haftung der Eisenbahn), im Reichshaftpflichtges. § 1, im Reichspostges. § 11 Ziff. 2.

Zweifellos ist, daß jedes Verschulden, auch das geringste, die Annahme höherer Gewalt ausschließt. Damit ist aber nicht gesagt, daß immer da höhere Gewalt vorliege, wo ein Verschulden fehlt. Höhere Gewalt ist keineswegs identisch mit dem gewöhnlichen Zufall, mit entschuldbarer Verhinderung. Daher können z. B. Irrthum, Nichtwissen oder die wenn auch durch die Umstände noch so sehr erforderte Abwesenheit niemals als höhere Gewalt gelten. Vielmehr muß es sich um besondere außergewöhnliche Arten von Zufall handeln. Bei näherer Bestimmung des Moments der Außergewöhnlichkeit wird aber darauf zu achten sein, daß das geltende Gesetz den Begriff der höheren Gewalt bei ganz verschiedener Veranlassung verwendet. In § 701 BGB. wie auch in § 456 HGB. handelt es sich um Begründung einer Haftung ohne Schuld aus einem obligatorischen Verhältnisse; höhere Gewalt soll diese Haftung ausschließen. Der Grundgedanke ist hier, daß Gastwirthe sowie Eisenbahnen für die Gefahren ihres Betriebs unbedingt einstehen sollen, daß sie sich solchen Gefahren gegenüber nicht darauf sollen berufen können, es treffe sie kein Verschulden. Da ist es also gerechtfertigt, wenn man unter höherer Gewalt solche von außen kommende

*) Literatur: Goldschmidt in Zeitschr. f. Handelsrecht Bd. 3 S. 58 ff., 331 ff.; Bd. 16 S. 328; Exner, in Grünhuts Zeitschr. Bd. 10 S. 495 ff.; Dernburg, ebenda Bd. 11 S. 334; Huber, Höhere Gewalt (1885); Hafner, Begriff der höheren Gewalt (1887); Stucki, Begriff der höheren Gewalt (1888); Bruckner, Die custodia (1889) S. 253 ff; Th. Engelmann, Die custodiae praestatio nach Röm. R. (1887) S. 146 ff.; Gerth, Begriff der vis maior (1890); v. Hollander, Vis maior als Schranke der Haftung (1892); Knauer, Die höhere Gewalt im Reichsrecht 1901 (darüber v. Hollander in Krit. Vjschr. Bd. 44 S. 461 ff.); Unger in Jherings Jahrb. Bd. 30 S. 414 ff.; Fischer, ebenda Bd. 37 S. 199 ff.; Baron, im Archiv f. d. civilist. Praxis Bd. 78 S. 203 ff.; W. Stintzing, ebenda Bd. 81 S. 427; Hoelder in Krit. Vjschr. Bd. 24 S. 531 ff. und in Göttinger Gel. Anz. Jahrg. 1892 S. 145; Schneider in Zeitschr. f. Handelsrecht Bd. 44 S. 75 ff.; Rümelin, Der Zufall im Recht, S. 26 ff.; R. Merkel, Die Kollision rechtmäßiger Interessen S. 209 ff.; Langen, Die privatrechtliche Stellung der Wirte und der Gastaufnahmevertrag, S. 79 ff.; Endemann, Lehrb. Bd. 1 § 115; Hellmann, Vorträge S. 179 ff; Oertmann, Komm. z. BGB., Bem. 4, c zu § 701; L. Seuffert, Komm. z. CPO. 8. Aufl. bei § 233; Staub, Komm. z. HGB. 6. u. 7. Aufl. Anm. 7—9 zu § 456; Crome, System Bd. 1 S. 492 ff.; Wendt im Archiv f. d. civilist. Praxis Bd. 92 S. 157 ff.

Ereignisse begreift, deren Eintritt nicht vorhersehbar und bei Anwendung größter Vorsicht im Betriebe nicht mit den üblichen und gewöhnlichen Maßregeln abzuwenden war. Daher ist z. B. der im Gasthofe begangene Diebstahl nicht höhere Gewalt, ebensowenig das im Gasthofe selbst ausbrechende Feuer. Es liegt nicht höhere Gewalt vor, wenn der Lokomotivführer aus Schrecken über eine auf der Maschine erfolgende Explosion plötzlich geisteskrank wird, wohl aber, wenn er es aus Schrecken darüber wird, daß sich unmittelbar vor seinen Augen ein Mensch auf die Schienen wirft. Etwas anders liegt die Sache in den Fällen der §§ 203 und 1996. Hier steht nicht die Haftung aus einem Verpflichtungsverhältniß in Frage, sondern die Wahrnehmung von Rechtshandlungen innerhalb bestimmter Fristen; nicht schon die unverschuldete Verhinderung an dieser Wahrnehmung soll rechtliche Berücksichtigung finden, sondern nur die durch höhere Gewalt veranlaßte Verhinderung. Während in §§ 701 BGB. und 456 HGB. die Haftung im Zusammenhange steht mit der Betriebsgefahr, muß in den §§ 203, 1996 dieser Gesichtspunkt völlig ausgeschaltet werden. Hier hat es keinen Sinn, bei der Feststellung, was höhere Gewalt sei, unterscheiden zu wollen zwischen Ereignissen, die von außen kommen, und solchen, welche innerhalb des Betriebskreises einer bestimmten Person ihren Ursprung haben. Hier muß also die Exnersche Theorie, die ja nur von Fällen der Haftung von Betriebsunternehmern ausgeht und für diese Fälle auch die richtige sein dürfte, versagen. Für die §§ 203, 1996 wird vielmehr das Verständniß des Begriffs der höheren Gewalt im Anschluß an die bisherige Auffassung des § 233 (früher 211) CPO. (vgl. auch StPO. § 44) zu gewinnen sein, wo es sich gleichfalls um Verhinderung an der Wahrung einer Frist handelt und wo dieser Verhinderung dann rechtliche Berücksichtigung zu Theil wird, wenn sie ihren Grund hat in „Naturereignissen oder andern unabwendbaren Zufällen". Es schließt also zwar jedes eigene Verschulden sowie jedes Verschulden des Vertreters die Annahme höherer Gewalt aus, im Uebrigen aber ist lediglich entscheidend, ob der „Zufall" mit gewöhnlichen Mitteln abwendbar war oder nicht, nicht dagegen ob er seinen Grund in einem „von außen" kommenden Ereigniß oder in einer Sphäre hat, auf welche sich im Allgemeinen der Einfluß des an der Fristwahrung Gehinderten erstreckt. Es geht zu weit, wenn Planck (Bem. 1 zu § 203) alle diejenigen Hindernisse von der Berücksichtigung ausschließen will, welche ihren Grund lediglich in der Person des Berechtigten haben; z. B. kann schwere (unverschuldete) Krankheit des Berechtigten, auch wenn sie weder auf äußerer Verletzung noch nachweisbar auf Ansteckung durch Andere beruht, trotzdem Hemmungsgrund sein.

5. Der Stillstand der Rechtspflege (iustitium) ist nach der Fassung des § 203 nur eine besonders hervorgehobene Art höherer Gewalt. Er kann seinen Grund haben in einem Kriege, einer Revolution, aber auch in anderen Ereignissen wie einer weitausgedehnten Ueberschwemmung oder einer Epidemie oder auch, wennschon das, solange überhaupt noch eine staatliche Ordnung herrscht, kaum vorkommen wird, in einer Nichtbesetzung der Richterämter. Der Stillstand der Rechtspflege kann, wie dies in einzelnen preußischen Provinzen in den napoleonischen Kriegen geschehen ist, durch einen Akt der Staatsgewalt verkündet werden, Voraussetzung für die Anwendung des § 203 ist dies aber nicht. Die durch den Stillstand hervorgerufene Hemmung der Verjährung endigt mit der Wiederaufnahme der gerichtlichen Thätigkeit. Geräth die Rechtspflege nur bei einem von mehreren zuständigen Gerichten in Stillstand, so wird die Verjährung, gleichviel, ob das nichtfunktionirende Gericht ein inländisches oder ein ausländisches ist, gehemmt, da, wie Dernburg (Bürg. R. Bd. 1 S. 256) mit Recht anführt, der Kläger unter mehreren zuständigen Gerichten nach CPO. § 35 die Wahl hat und diese Wahl ihm sonst entzogen würde; a. M. Hoelder, Komm. Bem. zu § 203. — Ueber die Wirkung des Stillstandes der Rechtspflege auf laufende Prozesse s. CPO. § 245.

6. § 203 kommt auch in einer Reihe von Fällen zur Anwendung, in welchen es sich nicht um Verjährungsfristen, sondern um andere Fristen handelt; vgl. §§ 210, 212 Abs. 2, 215 Abs. 2, 802, 1002 Abs. 2, 1339 Abs. 3, 1571 Abs. 4, 1594 Abs. 3, 1599, 1944 Abs. 2, 1954 Abs. 2, 2082 Abs. 2, 2283 Abs. 2.

§ 204.

Die Verjährung von Ansprüchen zwischen Ehegatten ist gehemmt, solange die Ehe besteht. Das Gleiche gilt von Ansprüchen zwischen Eltern und Kindern während der Minderjährigkeit der Kinder und von Ansprüchen zwischen dem Vormund und dem Mündel während der Dauer des Vormundschaftsverhältnisses.

E. I, 168; II, 170; III, 199.

1. Wegen ähnlicher Bestimmungen bisheriger Partikularrechte vgl. PLR. Thl. I Tit. 9 §§ 524 ff.; cod. civ. art. 2253; österr. GB. § 1495; sächs. GB. § 156.

2. Durch das Bestehen eines der hier erwähnten Pietätsverhältnisse ist die rechtliche Verfolgung von Ansprüchen gegen den zu dem Berechtigten in einem solchen Verhältnisse stehenden an sich grundsätzlich nicht gehindert. Daß trotzdem die Verjährung während der Dauer eines solchen Verhältnisses gehemmt wird, findet eine genügende Begründung darin, daß es wünschenswerth ist, aus dem Pietätsverhältnisse jede Störung fernzuhalten und zu einer solchen auch dadurch keinen Anlaß zu geben, daß bei zweifelhaften Ansprüchen der eine oder andere Theil genöthigt wird, zur Verhinderung des Ablaufs der Verjährung den Klageweg zu betreten. In M. I, 324 wird auch noch angeführt, die Ansprüche, um welche es sich hier handelt, seien vielfach derart, daß eine Auseinandersetzung hinsichtlich ihrer überhaupt erst nach Beendigung des betreffenden Verhältnisses am Platze ist. Es hätte sich aber noch weiter, wenigstens für die Ansprüche minderjähriger Kinder gegen ihre Eltern und für die Ansprüche des Mündels gegen den Vormund, auf den hier regelmäßig bestehenden metus reverentialis hinweisen lassen, der dem Kinde bezw. dem Mündel die Geltendmachung seines Anspruchs wenn auch nicht rechtlich, so doch thatsächlich häufig unmöglich macht. Die Berücksichtigung dieses letzteren Gesichtspunktes hätte es wohl angezeigt erscheinen lassen, nach dem Vorgange des Schweizer Obl.R. (Art. 153 Nr. 4) auch die Verjährung der Ansprüche der Dienstboten gegen die Dienstherrschaft während der Dauer des Dienstverhältnisses zu hemmen. Die I. Komm. hat es aber mit unzureichender Begründung (M. I, 326) abgelehnt, das Verhältniß der Dienstboten zur Herrschaft für seine Dauer als einen Hemmungsgrund zu erklären.

Das Verhältniß zwischen der juristischen Person und ihrem Vertreter wurde mit Recht unberücksichtigt gelassen, da hier der Gesichtspunkt der persönlichen Vertretung fehlt.

3. Nach § 204 sind Hemmungsgründe für die Dauer ihres Bestehens folgende Pietätsverhältnisse:

a) Die bestehende Ehe. Ist die Ehe relativ nichtig (s. Bd. IV Vorbem. III vor § 1323) oder anfechtbar und angefochten und ist sie für nichtig erklärt oder aufgelöst (vgl. §§ 1329, 1343), so ist die Berufung auf eine durch die Ehe eingetretene Hemmung der Verjährung unzulässig, da in diesen Fällen die betreffenden Personen rechtlich nicht als Ehegatten anzusehen sind und die Aufhebung des ehelichen Verhältnisses mit rückwirkender Kraft erfolgt; übereinstimmend Planck Bem. 2 zu § 204; vgl. Rehbein, Komm. Bd. 1 S. 310, M. I, 235 ff.: abweichend Hoelder, Komm. Bem. a zu § 204. Allgemein anerkannt ist, daß von Hemmung der Verjährung keine Rede sein kann, wenn absolute Ehenichtigkeit vorliegt. (Vgl. Vorbem. III und VII vor § 1323.) Mit der Rechtskraft des Urtheils, welches auf Scheidung der Ehe erkennt, fällt die Hemmung weg. Darüber, daß dieselbe Wirkung nicht auch dem Urtheil auf Aufhebung der ehelichen Gemeinschaft (§ 1575) zukommt, s. Bem. III, A, c, 2 zu § 1586 in Bd. IV.

b) Das Verhältniß zwischen Eltern und Kindern. Ob die elterliche Gewalt besteht oder nicht besteht, ebenso ob die Ehe zwischen den Eltern noch besteht, ist einflußlos. Hat ein anderer das Kind adoptirt, so bleibt trotzdem die Verjährung der Ansprüche zwischen dem Kinde und seinen natürlichen Eltern bis zur Volljährigkeit des Kindes gehemmt; aber auch die Verjährung der Ansprüche zwischen dem Annehmenden und dem angenommenen Kinde ist arg. § 1757 bis zu des letzteren Volljährigkeit gehemmt; ebenso die Verjährung der Ansprüche zwischen dem Vater und dem durch nachfolgende Ehe legitimirten Kinde (§ 1719) oder dem auf Antrag des Vaters durch Verfügung der Staatsgewalt für ehelich erklärten Kinde (§§ 1723, 1736). Dagegen kommt dem Verhältnisse des nichtlegitimirenden Vaters zu seinem unehelichen Kinde hemmende Wirkung nicht zu (s. § 1589 Abs. 2), wohl aber dem Verhältnisse der Mutter zu ihrem unehelichen Kinde (§ 1705). Vgl. Bd. IV Bem. 4, d zu § 1589. Gleichgültig ist in allen Fällen, ob dem Kinde die Rolle des Berechtigten oder die des Verpflichteten zukommt.

c) Das Verhältniß zwischen dem Vormund und dem Mündel während der Dauer des Vormundschaftsverhältnisses. Gleichgültig ist wiederum, ob es sich um Ansprüche des Vormundes gegen den Mündel oder um Ansprüche des Mündels gegen den Vormund handelt. Gleichgültig ist auch, ob etwa dem Mündel ein weiterer Vertreter zur Seite steht und die Wahrung des betreffenden Anspruchs bezw. die Vertheidigung dagegen zu dem Geschäftskreise dieses Vertreters gehört; M. I, 325. Die gleiche hemmende Wirkung wie dem Verhältnisse zwischen Vormund und Mündel kommt auch dem Verhältnisse zwischen Gegenvormund und Mündel, sowie dem Verhältnisse zwischen Pfleger und Pflegebefohlenem (§ 1915 Abs. 1) zu.

§ 205.

Der Zeitraum, während dessen die Verjährung gehemmt ist, wird in die Verjährungsfrist nicht eingerechnet.

E. I, 161 Abs. 1; II, 167; III, 200.

1. Ueber die Bedeutung der Hemmung im Allgemeinen und über ihre Unterscheidung von der Unterbrechung und von dem in den §§ 206, 207 behandelten Aufschube der Vollendung der Verjährung s. die Bem. 1 und 2 zu § 202. Der Inhalt des § 205 ist selbstverständlich; gegen die inkorrekte Fassung Hoelder, Komm. Bem. zu § 205.

2. Die Hemmung wirkt regelmäßig nur unter den Personen, zwischen denen der Hemmungsgrund eingetreten ist, sowie deren Rechtsnachfolgern; auf die Verpflichtung des Bürgen ist die gegenüber dem Hauptschuldner eingetretene Hemmung insofern von Einfluß, als die dem Bürgen nach § 768 Abs. 1 zu Statten kommende Vollendung der Verjährung des Hauptanspruchs hinausgeschoben wird; der Lauf der Verjährung des Anspruchs des Gläubigers gegen den Bürgen wird aber durch eine solche Hemmung nicht berührt. So M. I, 312.

3. Ueber die Berechnung der Verjährungsfrist im Falle der Hemmung, insbesondere über die Frage, ob § 191 Anwendung finde, s. Bem. 1 zu § 191.

§ 206.

Ist eine geschäftsunfähige oder in der Geschäftsfähigkeit beschränkte Person ohne gesetzlichen Vertreter, so wird die gegen sie laufende Verjährung nicht vor dem Ablaufe von sechs Monaten nach dem Zeitpunkte vollendet, in welchem die Person unbeschränkt geschäftsfähig wird oder der Mangel der Vertretung aufhört. Ist die Verjährungsfrist kürzer als sechs Monate, so tritt der für die Verjährung bestimmte Zeitraum an die Stelle der sechs Monate.

Diese Vorschriften finden keine Anwendung, soweit eine in der Geschäftsfähigkeit beschränkte Person prozeßfähig ist.

E. I, 166; II, 171; III, 201.

1. Das römische Recht ging von der Idee aus, daß der Minderjährige als solcher ohne Rücksicht auf die ihm beigeordnete Vertretung gegen die Verjährung geschützt werden müsse. Gegen impuberes lief daher überhaupt keine Verjährung, gegen puberes minores 25 annis nur die dreißigjährige oder längere, nicht aber eine kürzere Verjährung. Dagegen erkannte das römische Recht die rechtliche Unfähigkeit des Berechtigten, seinen Anspruch geltend zu machen, speziell die Geisteskrankheit, als Hemmungsgrund für die Verjährung nicht an. S. Windscheid-Kipp, Bd. 1 § 109. Ueber die Stellungnahme des preußischen, französischen, österreichischen und sächsischen Rechtes s. M. I, 318 f.

2. Das BGB. schützt in § 206 nicht den Geschäftsunfähigen oder in der Geschäftsfähigkeit Beschränkten schlechthin, was einer ganz unmotivirten Privilegirung gleichkäme, sondern nur denjenigen Geschäftsunfähigen oder in der Geschäftsfähigkeit Beschränkten, der ohne gesetzliche Vertretung ist. Der Kreis der geschäftsunfähigen oder in der Geschäftsfähigkeit beschränkten Personen wird durch die §§ 104, 106, 114 bestimmt. Abwesende, Taubstumme und Gebrechliche sind nach BGB. weder geschäftsunfähig noch in der Geschäftsfähigkeit beschränkt, finden daher durch § 206 keinen Schutz.

3. § 206 findet nicht nur Anwendung beim Mangel jeglicher Vertretung, sondern schon beim Mangel gesetzlicher Vertretung. Gesetzlicher Vertreter kann sein der Inhaber der elterlichen Gewalt; Anwendungsfälle des § 206 können sich in diesem Falle ergeben durch den Tod des Gewalthabers, dadurch, daß diesem die Vertretung entzogen wird (§§ 1630 Abs. 2 Satz 2 mit 1796), dadurch, daß die Gewalt ruht (§§ 1676 ff.), oder dadurch, daß es sich um Ansprüche aus Rechtsgeschäften handelt, bei welchen der gesetzliche Vertreter den Geschäftsunfähigen bezw. in der Geschäftsfähigkeit Beschränkten nicht vertreten kann (§§ 1630 Abs. 2 Satz 1 mit 1795). Gesetzlicher Vertreter kann auch ein Vormund sein. Es kann sich die Frage erheben, ob der Schutz des § 206 eintrete,

wenn es trotz Vorhandenseins des gesetzlichen Vertreters doch im Einzelfall an der erforderlichen Vertretung fehlt, weil der gesetzliche Vertreter thatsächlich, z. B. durch schwere Krankheit, oder rechtlich durch eintretende Geschäftsunfähigkeit behindert ist. Die Frage ist zu verneinen. Für die Fälle thatsächlicher Behinderung des gesetzlichen Vertreters wird sie ausdrücklich verneint in P. I, 221. Aber auch für den Fall eintretender Geschäftsunfähigkeit des Vormundes wird man nach der gegebenen Gesetzeslage zu einem anderen Resultate nicht kommen können. (So auch Planck in Bem. 2 zu § 206). Der Grund dieser Unbilligkeit ist in letzter Linie darin zu suchen, daß nach dem BGB. das Amt des Vormundes nicht schon mit dem Eintritte des zu seiner Entmündigung führenden Zustandes, sondern erst mit der Entmündigung selbst (§ 1885) bezw. mit der Zustellung der gerichtlichen Entlassungsverfügung (§ 1886) endigt.

Dagegen findet § 206 auch dann Anwendung, wenn ein gesetzlicher Vertreter nicht vorhanden ist, es aber gleichwohl nach Lage der Sache an der in concreto erforderlichen Vertretung nicht gefehlt hat, wie dies beispielsweise vorkommen kann, wenn der gesetzliche Vertreter für das dem Mündel gehörige Geschäft einen Prokuristen bestellt hat und nach der Bestellung stirbt. Denn § 206 setzt eben nur das Fehlen eines „gesetzlichen Vertreters" voraus und ein solcher fehlt hier. Ein in der II. Komm. gestellter Antrag wollte freilich an Stelle des Fehlens der gesetzlichen Vertretung das Fehlen der „erforderlichen" Vertretung zur Voraussetzung machen. Der Antrag wurde aber abgelehnt mit der Begründung (P. I, 221), daß man den von einem gesetzlichen Vertreter bestellten Bevollmächtigten nicht nöthigen dürfe, nach dem Aufhören der gesetzlichen Vertretung auf Grund der Vollmacht noch fernerhin Rechtshandlungen vorzunehmen, einer Begründung, die sich allerdings mit der bei Entscheidung anderer analoger Fragen (z. B. § 672 Satz 2) hervortretenden Tendenz des Gesetzgebers, bis zur Möglichkeit anderweitiger Fürsorge den bisher mit der Angelegenheit Befaßten weiter zu verpflichten, schwer vereinigen läßt.

4. Der Schutz, welchen § 206 gegen Ablauf der Verjährung gegen den Unvertretenen diesem gewährt, besteht nicht darin, daß der Vertretungsmangel in Ansehung des Beginns der Verjährung hemmende Wirkung hätte; auch der in den Lauf der Verjährung fallende Vertretungsmangel ist der Regel nach bedeutungslos. Es findet also keine eigentliche Hemmung des Verjährungslaufs im Sinne der §§ 202—204 statt. Vielmehr findet ein der Hemmung sachlich allerdings gleichkommender Aufschub der Vollendung der Verjährung (vgl. Bem. 2, b zu § 202 und Kipp bei Windscheid Bd. 1 S. 492) statt, wenn der Vertretungsmangel in die letzte Zeit der Verjährung fällt. Man spricht hier von Ablaufshemmung. Die Verjährung läuft nicht eher ab als sechs Monate nach dem Zeitpunkte, in welchem der Vertretungsmangel endet oder die Person unbeschränkt geschäftsfähig wird, also wenn sie minderjährig ist, volljährig wird (§ 2) oder für volljährig erklärt wird (§ 3) oder, wenn sie entmündigt ist, ihre Entmündigung aufgehoben wird (§ 6 Abs. 2 und Bem. dazu). Die Berechnung der sechs Monate geschieht nach §§ 187, 188 Abs. 2. Die Verjährungsfrist kann auch kürzer sein als sechs Monate; s. BGB. § 490, WO. Art. 78 Nr. 1, 79 Nr. 1, 98 Nr. 10. In diesen Fällen tritt diese kürzere gesetzliche Verjährungsfrist an die Stelle der sechs Monate, wobei wiederum nach §§ 187, 188 Abs. 2 zu rechnen ist. Hat daher z. B. ein unter Vormundschaft Stehender einen Regreßanspruch als letzter Indossatar eines am 12. Juli 1902 protestirten Wechsels, so vollendet sich die gegen ihn laufende Verjährung, wenn sein Vormund am 28. August stirbt und am 20. September 1902 durch einen neuen Vormund ersetzt wird, nicht vor Ablauf des 20. Dezember 1902.

5. Würde in dem soeben erwähnten Falle der neue Vormund am 28. September 1902 gleichfalls sterben und erst am 14. Dezember 1902 durch einen Nachfolger (den dritten Vormund) ersetzt werden, so könnte die Verjährung sich nicht vor dem Ablaufe des 14. März 1903 vollenden. Denn jeder vor Vollendung der Verjährung aufs Neue eintretende Vertretungsmangel hat aufs Neue die in § 206 bestimmte Wirkung und hat zur Folge, daß von seinem Ende an erst die Verjährungsfrist oder, wenn diese länger ist als sechs Monate, die sechsmonatige Frist laufen muß.

6. § 206 gilt auch für die kurze Verjährung der §§ 196, 197. M. I, 321 ff.

7. Nach Abs. 2 tritt der Schutz des § 206 nicht ein, soweit eine in der Geschäftsfähigkeit beschränkte Person prozeßfähig ist, eben weil dann die Person die aus derartigen Rechtsgeschäften sich ergebenden Ansprüche selbständig vor Gericht zu verfolgen fähig ist. Prozeßfähig ist eine Person nach CPO. § 52 insoweit, als sie sich durch Verträge verpflichten kann. Insoweit sie sich aber durch Verträge verpflichten kann, ist sie nicht in der Geschäftsfähigkeit beschränkt. Daraus ergiebt sich, daß Abs. 2 des § 206 eine nichtssagende Tautologie enthält. Mehrfach (so von Planck Bem. 5 zu § 206; Rehbein, Komm. Bd. 1 S. 11) werden zur Erklärung des Abs. 2 die §§ 112, 113 angeführt; soweit aber deren Voraussetzungen vorliegen, ist der Minderjährige gar nicht in der

Geschäftsfähigkeit beschränkt (s. Bem. 2 u. 5 zu § 112 und Bem. 3 zu § 113), würde also § 206 Abs. 1 ohnehin nicht zutreffen. Vgl. auch Hellmann, Vortr. S. 213 ff. Bedenken erregt die Annahme von Gareis (Komm. Bem. 4 zu § 206), daß ein Minderjähriger in Bezug auf eine Forderung, die einem von ihm unter den Voraussetzungen des § 110 geschlossenen Vertrag entspringt, prozeßfähig sei, daß also hier § 206 Abs. 1 außer Anwendung bleibe.

8. Handelt es sich um einen Anspruch gegen eine vertretungsbedürftige Person ohne gesetzlichen Vertreter, so wird die Verjährung dieses Anspruchs durch § 206 nicht berührt. Begründung M. I, 322. Vgl. CPO. § 57.

9. E. I wollte den Schutz seines § 166 (jetzt 206) auch juristischen Personen gewähren, soweit sie ohne gesetzliche Vertretung sind. Die II. Komm. hat ihnen aus guten Gründen (P. I, 220) diesen Schutz versagt. Ist also eine juristische Person zeitweilig ohne Vertretung, so hindert das nicht die Vollendung der gegen sie laufenden Verjährung.

10. Ueber Anwendbarkeit des § 206 auf Präklusivfristen (z. B. §§ 1339 Abs. 3, 1594 Abs. 3), s. Bem. 6 zu § 203.

§ 207.

Die Verjährung eines Anspruchs, der zu einem Nachlasse gehört oder sich gegen einen Nachlaß richtet, wird nicht vor dem Ablaufe von sechs Monaten nach dem Zeitpunkte vollendet, in welchem die Erbschaft von dem Erben angenommen oder der Konkurs über den Nachlaß eröffnet wird oder von welchem an der Anspruch von einem Vertreter oder gegen einen Vertreter geltend gemacht werden kann. Ist die Verjährungsfrist kürzer als sechs Monate, so tritt der für die Verjährung bestimmte Zeitraum an die Stelle der sechs Monate.

E. I, 167; II, 172; III, 202.

1. Der durch § 207 begründete Schutz der zu einem Nachlasse gehörigen oder gegen einen Nachlaß gerichteten Ansprüche gegen zu rasche Verjährung ist dem französischen und sächsischen Rechte überhaupt, dem römischen und preußischen Rechte wenigstens in der hier gewährten Art fremd. Ueber den Schutz des römischen Inventarerben s. c. 22 § 11 Cod. 6, 30 und dazu Windscheid-Kipp, Bd. 1 § 109 Anm. 2; bezüglich des preußischen Rechtes PLR. Thl. I Tit. 9 § 386, 5 und die bei Rehbein, Komm. Bd. 1 S. 311 angeführte Judikatur.

2. Die Art des gewährten Schutzes ist in § 207 dieselbe wie in § 206: hier wie dort nicht eine eigentliche Hemmung der Verjährung, sondern ein Aufschub ihrer Vollendung (sogen. „Ablaufshemmung"); hier wie dort die sechsmonatige Aufschubsfrist oder an ihrer Stelle, wenn die Verjährungsfrist kürzer ist als sechs Monate, die dieser Verjährungsfrist entsprechende kürzere Aufschubsfrist. Bezüglich der rechtlichen Bedeutung und der Berechnung dieses Aufschubs sei daher auf das in Bem. 4 zu § 206 Gesagte verwiesen.

3. § 207 hindert zunächst die zu rasche Verjährung der zu einem Nachlasse gehörigen Ansprüche und schützt damit den Erben gegen die Nachlaßschuldner. Begründung M. I, 824.

Welche Ansprüche zu einem Nachlasse gehören können, ist in Bem. IV, 2 zu § 1922 in Bd. V näher dargelegt. Zu den zum Nachlasse gehörigen Ansprüchen gehören auch solche Forderungen, die im Wege der Surrogation dazu kommen; s. § 2041.

Die Gründe, welche die sechsmonatige (bezw. kürzere) Aufschubsfrist in Lauf setzen, sind verschiedene:

a) Die Annahme der Erbschaft durch den Erben. Ueber die „Annahme" (nicht zu verwechseln mit dem „Anfall", § 1942) der Erbschaft s. Bem. III zu § 1943; als angenommen gilt die Erbschaft auch, wenn der Erbe, ohne auszuschlagen, die für die Ausschlagung vorgeschriebene Frist hat verstreichen lassen. Der Erbe ist zwar vor der Annahme berechtigt, Nachlaßforderungen geltend zu machen, da er überhaupt erbschaftliche Geschäfte besorgen kann (§ 1959); aber er ist dazu nicht verpflichtet und das Gesetz will auch nicht, daß er sich durch Rücksichtnahme auf die sonst drohende Verjährung dazu gedrängt fühle, umso weniger als die Geltendmachung von Nachlaßforderungen sehr häufig, wenn auch nicht immer (vgl. Bem. III, 1 zu § 1943), als Erbschaftsannahme auszulegen sein wird. Wie ist es, wenn von mehreren Miterben zunächst nur einer die Erbschaft annimmt? Darüber, sowie überhaupt über das Verhältniß der §§ 207 und 2039 s. Bem. 4 zu § 2039. Vgl. hierüber auch Bem. 5, b zu § 1944.

b) Die Eröffnung des Konkurses über den Nachlaß. Nach diesem Zeitpunkte hat der Konkursverwalter das Recht und die Pflicht, die zum Nachlasse gehörigen Ansprüche geltend zu machen. Ueber den Nachlaßkonkurs KO. §§ 214 ff. Wird die Aufhebung oder Einstellung des Nachlaßkonkurses beschlossen (und öffentlich bekannt gemacht), bevor die sechsmonatige oder kürzere Aufschubsfrist des § 207 abgelaufen ist, so läuft diese von einer später erfolgten Erbschaftsannahme oder Bestellung eines Nachlaßvertreters an aufs Neue in vollem Umfange; vgl. Planck Bem. 2 zu § 207 und Jaeger, Komm. z. KO. Anm. 31 zu § 25.

c) Die Bestellung eines zur Geltendmachung des Anspruchs befugten Vertreters. Die speziell beim Testamentsvollstrecker streitig gewordene Frage (s. Bem. zu §§ 2197 ff. in Bd. V), ob das vertretene Rechtssubjekt der Erbe oder der Nachlaß selbst als „positives Institut" sei, braucht hier nicht entschieden zu werden. Als Vertreter im Sinne des § 207 kommen in Betracht der Nachlaßpfleger (über seine Stellung s. Bem. 4, b zu § 1960), der Nachlaßverwalter (über dessen Vertretungsbefugniß s. Bem. IV, A, d zu § 1975) und der Testamentsvollstrecker, wenn und soweit letzterer zur Verwaltung des Nachlasses berufen ist (s. darüber die Ausführungen im Bd. V Bem. I zu §§ 2197 ff.) und sein Amt angenommen hat (§ 2202); endlich möglicher Weise auch ein für den Erblasser bestellter Abwesenheitspfleger (§ 1911), nämlich dann, wenn der verschollene Erblasser zwar gestorben ist, aber noch nicht für todt erklärt worden ist und die Abwesenheitspflegschaft noch nicht aufgehoben worden ist (s. § 1921 Abs. 2, 3); vgl. M. I, 323. Fällt die Vertretung weg, bevor die sechsmonatige oder kürzere Aufschubsfrist des § 207 abgelaufen ist, so läuft diese, wenn später die Erbschaft vom Erben angenommen wird oder eine neue Vertretung eintritt oder der Nachlaßkonkurs eröffnet wird, von diesem späteren Zeitpunkt an analog dem zu b erörterten Falle aufs Neue in vollem Umfange.

4. § 207 hindert auch die zu rasche Verjährung der gegen einen Nachlaß gerichteten Ansprüche und schützt damit die Nachlaßgläubiger gegenüber dem Erben. Begründung M. I, 323.

Zu den gegen den Nachlaß gerichteten Ansprüchen im Sinne des § 207 gehören:
a) die Forderungen, die schon gegen den Erblasser bestanden haben;
b) die gegen den Erben als solchen gerichteten Ansprüche, insbesondere solche aus Pflichttheilsrechten, Vermächtnissen und Auflagen (§ 1967 Abs. 2);
c) Aussonderungs- und Absonderungsrechte; vgl. Jaeger, Komm. z. KO. Anm. 31 zu § 25.

Die Gründe, welche die sechsmonatige (bezw. kürzere) Aufschubsfrist in Lauf setzen, sind wiederum die in Bem. 3, a u. b genannten, also die Annahme der Erbschaft durch den Erben (Näheres unter 3, a, dazu §§ 202 Abs. 2, 2014, 2015, CPO. §§ 305, 782), die Eröffnung des Konkurses über den Nachlaß (Näheres unter 3, b), ferner die Bestellung eines Vertreters, gegen welchen der Anspruch geltend gemacht werden kann Als solche Vertreter kommen hier wiederum die oben unter 3, c genannten Personen in Betracht, wobei jedoch hier besonders zu beachten ist, daß als Vertreter im Sinne des § 207, gegen welchen der Pflichttheilsanspruch geltend gemacht werden kann, der Testamentsvollstrecker gemäß § 2213 nicht angesehen werden kann; vgl. Bem. 3 zu § 2332.

5. Ueber den Aufschub der Verjährung der Ansprüche eines zu Unrecht für todt Erklärten s. § 2031.

§ 208.

Die Verjährung wird unterbrochen, wenn der Verpflichtete dem Berechtigten gegenüber den Anspruch durch Abschlagzahlung, Zinszahlung, Sicherheitsleistung oder in anderer Weise anerkennt.

E. I, 169, II, 174; III, 203.

1. Die §§ 208—217 behandeln die Unterbrechung der Verjährung.

Das Wesen der Unterbrechung liegt, wie aus § 217 hervorgeht, darin, daß die bis zu ihrem Eintritt abgelaufene Verjährungszeit gar nicht in Betracht kommt und nach Beendigung der Unterbrechung die volle Verjährungsfrist von Neuem zu laufen beginnt. Ueber den Unterschied von der Hemmung s. Bem. 2, a zu § 202. Näheres über die Wirkung der Unterbrechung bei § 217.

Gegen das „Sprachwidrige und Irreführende" des Ausdrucks „Unterbrechung" Hoelder im Arch. f. bürgerl. R. Bd. 11 S. 229.

2. Ueber die Unterbrechungsgründe des römischen und gemeinen Rechtes s. Windscheid-Kipp Bd. 1 § 108 und Dernburg, Pand. Bd. 1 § 148; über die bisherigen Partikularrechte s. M. I, 326 ff. Gemeinsamer Grundgedanke ist, daß Anerkennung, sowie Klageerhebung und ihr gleichstehende Schritte die Verjährung unterbrechen sollen; im Einzelnen aber herrschte Verschiedenheit.

Nach BGB. kommen als Unterbrechungsgründe nicht mehr in Betracht: außergerichtliche Mahnung, einfache Anmeldung der Forderung durch den Nachlaßgläubiger im Aufgebotsverfahren, Ladung zum Sühneversuch, Protestation vor Gericht. Dagegen finden sich außerhalb dieses Abschnitts des BGB. Unterbrechungsgründe in BGB. § 477 Abs. 2 (Antrag des Käufers auf gerichtliche Beweisaufnahme zur Sicherung des Beweises), Postges. § 14 (Reklamation bei der zuständigen Postbehörde). S. Rehbein, Komm. Bd. 1 S. 311.

Die Unterbrechung der Wechselverjährung war besonders geregelt in WO. Art. 80, der aber jetzt durch EG. z. HGB. Art. 8 Nr. 2 aufgehoben ist. Die Wechselverjährung unterliegt daher hinsichtlich der Unterbrechung jetzt den Vorschriften des BGB. Insbesondere wird sie auch durch Anerkennung nach BGB. § 208 unterbrochen (bestritten von Dernburg, Bürg. R. Bd. 2 S. 326; gegen ihn Staub, Komm. zur WO., 4. Aufl., im Exkurs zu Art. 79 unter 3, a).

Bezüglich der Unterbrechung der Verjährung für die Zeit vor dem Inkrafttreten des BGB. s. EG. Art. 169; dazu RGE. Bd. 52 S. 329 ff.

3. Unterbrechend wirkt nach § 208 die Anerkennung des Anspruchs durch den Verpflichteten gegenüber dem Berechtigten.

Lediglich als Beispiele solcher Anerkennung werden die Abschlagzahlung, die Zinszahlung und die Sicherheitsleistung angeführt. Zu einer Abschlagzahlung (= Theilleistung) ist der Schuldner regelmäßig (§ 266, dagegen WO. Art. 38, KO. § 149) nicht berechtigt, der Gläubiger kann sie zurückweisen; aber auch die mit Recht zurückgewiesene Abschlagzahlung wirkt unterbrechend, da sie immerhin einen Akt der Anerkennung enthält.

Ohne Weiteres ergiebt sich aus § 208, daß nur die dem Berechtigten oder dessen Vertreter gegenüber geschehende Anerkennung unterbrechend wirkt. Theilt A einem Dritten mit, er sei dem B etwas schuldig, so wird die Verjährung des Anspruchs des B dadurch nicht unterbrochen. Einigkeit besteht auch darüber, daß eine „Annahme" der Anerkennung durch den Berechtigten nicht erforderlich ist und daß die Anerkennung keiner bestimmten Form bedarf; insbesondere ist sie nicht etwa mit dem „Schuldanerkenntniß" des § 781 zu verwechseln.

Im Uebrigen besteht Streit darüber, was unter Anerkennung im Sinne des § 208 zu verstehen sei. Nach der einen Meinung (vertreten von Endemann, Lehrbuch Bd. 1 § 93 Anm. 21) muß die Anerkennung „inhaltlich in verbindlicher Weise den Anerkennungswillen zum Ausdruck bringen". Demnach müßte also die Anerkennung eine Willenserklärung, ein Dispositivakt, sein. Auch Hoelder (Komm. Bem. 3 zu § 208) versteht den Unterbrechungsgrund der Anerkennung „nicht im Sinne eines beliebigen von der Existenz der Schuld Zeugniß gebenden Verhaltens, sondern im Sinne einer ihre Anerkennung gegenüber dem Gläubiger bezweckenden Willenserklärung". Diese Auffassung findet eine Stütze zwar nicht (wie Endemann in den früheren Aufl. annahm) durch die in § 208 genannten Anwendungsfälle: Abschlagzahlung, Zinszahlung, Sicherheitsleistung, da der bloß exemplifikatorische Charakter dieser Anwendungsfälle eben durch den Wortlaut des § 208 deutlich genug gekennzeichnet ist, wohl aber in einer allerdings auch nicht unwidersprochen gebliebenen Doktrin des gemeinen Rechtes, welche annahm, daß die einfache mündliche Anerkennung nicht genüge, sondern die Anerkennung sich manifestiren müsse durch Schrift oder einen „realen Vorgang" (so Dernburg Pand. Bd. 1 § 148). Die strengere Auffassung wird ferner gestützt durch die persönliche Autorität von Windscheid, welcher, wie aus seinen nachgelassenen Aufzeichnungen hervorgeht (s. Hoelder im Arch. f. bürgerl. R. Bd. 11 S. 233 ff.), in der Gesetzgebungskommission gegen E. I § 169 (jetzt 208) Bedenken erhob und die Auffassung vertrat, es solle nur die in bindender Absicht erfolgte oder mit einer Befriedigung des Berechtigten verbundene Anerkennung unterbrechende Wirkung haben. Man wird die Gründe, welche diese Auffassung als eine Forderung an den Gesetzgeber rechtfertigen, als berechtigte gelten lassen müssen. Aber man darf doch nicht verkennen, daß diese Auffassung im Gesetze selbst in keiner Weise zum Ausdruck kommt. Nichts deutet darauf hin, daß das Anerkenntniß des § 208 nothwendig ein Dispositivakt sein müsse, die Worte „oder in anderer Weise" deuten auf das Gegentheil. M. I, 326 (vgl. auch P. I, 222 ff.) lehnen es mit Entschiedenheit ab, daß das Anerkenntniß, um als Unterbrechungsgrund zu wirken, eine neue besondere Bindung des Verpflichteten in sich schließen müsse, und dieser Standpunkt der Motive wird auch von der herrschenden Meinung getheilt; s. Cosack, Lehrbuch 4. Aufl. S. 271; Crome, System Bd. 1 S. 515; Kipp bei Windscheid 8. Aufl. Bd. 1 S. 486; Eck, Vortr. S. 209; Planck Bem. 2 zu § 208; Gareis, Komm. Bem. 6 zu § 208; Fischer-Henle, 6. Aufl. Bem. 2 zu § 208; Neumann Bem. zu § 208; Langheineken,

Anspruch und Einrede S. 168 Ein Anerkenntniß im Sinne des § 208 ist also zu erblicken in jedem zur Kenntnißnahme des Berechtigten bestimmten und geeigneten Verhalten, welches klar und unzweideutig das Bewußtsein des Schuldners von der Existenz der Schuld bezeugt. Das Anerkenntniß braucht nicht Willensbezeugung zu sein, sondern nur Wissensbezeugung. Ein Anerkenntniß im Sinne des § 208 kann daher z. B. auch in einem Stundungsgesuche gefunden werden (vgl. Staub, Komm. z. WO. im Exkurs zu Art. 79 § 3) oder in einem dem Berechtigten gegenüber abgelegten Geständniß oder in einer einfachen Erklärung zur Kenntnißnahme (vgl. Crome a. a. O. Anm. 14; RGE. Bd. 15 S. 180 ff.); auch in der seitens eines Dritten erfolgenden Abschlags- oder Zinszahlung oder Bestellung eines Pfandrechts kann unter Umständen ein Anerkenntniß des Verpflichteten gegenüber dem Berechtigten erblickt werden (M. I, 327), so z. B. wenn eine derartige Handlung des Dritten auf Veranlassung oder mit Genehmigung des Verpflichteten erfolgt.

4. M. I, 327 sagen: „Bei wiederkehrenden Leistungen, welche von einem Hauptrechte nicht abhängen, wird die Verjährung des Anspruchs im Ganzen auch dadurch unterbrochen, daß eine einzelne Leistung erfolgt, bezw. die Verpflichtung zu derselben anerkannt wird." Das BGB. aber kennt bei selbständigen wiederkehrenden Leistungen keinen „Anspruch im Ganzen" (s. Bem. 8, d zu § 198). Ansprüche auf wiederkehrende Leistungen verjähren successive je von der Fälligkeit der einzelnen Leistung an. Wird die Verpflichtung zur einzelnen Leistung anerkannt, so wird dadurch nur die Verjährung des Anspruchs auf diese Leistung unterbrochen, es müßten denn besondere Umstände dazu nöthigen, dieses Anerkenntniß auch auf andere bereits dem Verjährungslauf unterworfene geschuldete Raten zu beziehen; ob diese Deutung gerechtfertigt ist, ist Auslegungsfrage.

5. Das Anerkenntniß und die dadurch bewirkte Unterbrechung der Verjährung hindern nicht, daß vom Zeitpunkte des Anerkenntnisses an sofort (jedoch mit der durch § 187 Abs. 1 nothwendigen Modifikation) die ganze Verjährungsfrist von Neuem zu laufen beginnt. Dem Anerkenntniß als solchem kommt perpetuirende Wirkung nicht zu. Etwas Anderes ist es, daß in fortgesetzten Verhandlungen über den Anspruch ein fortgesetztes und wiederholtes Anerkenntniß gefunden werden kann; s. den von Rehbein, Komm. S. 316, mitgetheilten preußischrechtlichen Fall.

§ 209.

Die Verjährung wird unterbrochen, wenn der Berechtigte auf Befriedigung oder auf Feststellung des Anspruchs, auf Ertheilung der Vollstreckungsklausel oder auf Erlassung des Vollstreckungsurtheils Klage erhebt.

Der Erhebung der Klage stehen gleich:

1. die Zustellung eines Zahlungsbefehls im Mahnverfahren;
2. die Anmeldung des Anspruchs im Konkurse;
3. die Geltendmachung der Aufrechnung des Anspruchs im Prozesse;
4. die Streitverkündung in dem Prozesse, von dessen Ausgange der Anspruch abhängt;
5. die Vornahme einer Vollstreckungshandlung und, soweit die Zwangsvollstreckung den Gerichten oder anderen Behörden zugewiesen ist, die Stellung des Antrags auf Zwangsvollstreckung.

E. I, 170; II, 175; III, 204.

1. Wie nach allen bisherigen Rechten so wird auch nach BGB. die Verjährung des Anspruchs unterbrochen durch Klagerhebung. Ueber den Begriff der Unterbrechung s. Bem. 1 zu § 208, über ihre Wirkung § 217. Die Klagerhebung unterbricht die Verjährung aber nur insoweit, als durch sie der Anspruch der richterlichen Entscheidung unterstellt wird; denn nur in diesem Umfange kann das Urtheil Rechtskraft und damit Rechtsgewißheit schaffen. Im Uebrigen läuft die Verjährung für den Anspruch weiter. Die Klage auf einen Theil unterbricht also nicht die Verjährung des Anspruchs auf den Rest. Die Einklagung eines Zinspostens unterbricht nicht die dem Hauptanspruche laufende Verjährung; umgekehrt unterbricht die ausschließlich auf Leistung des Kapitals gerichtete Klage nicht die Verjährung des Zinsanspruchs.

Durch die gegen die eine Person erhobene Klage wird nicht der Anspruch gegen eine andere Person der richterlichen Entscheidung unterstellt, selbst wenn etwa letzterer Anspruch für ersteren präjudiziell sein sollte. Demgemäß kann der Klageerhebung unterbrechende Wirkung auch nur gegenüber dem Beklagten selbst zukommen. Daraus ergiebt sich, daß durch eine gegen den Nichtschuldner, den Nichterben, den Nichtbesitzer gerichtete Klage die Verjährung des Anspruchs gegen den Schuldner, den Erben, den Besitzer nicht unterbrochen wird. Ebenso wird, was in § 425 Abs. 2 besonders gesagt ist, durch die Klage gegen einen von mehreren Gesammtschuldnern die Verjährung des Anspruchs gegen den oder die übrigen Gesammtschuldner nicht unterbrochen.

Eine Ausnahme von dem erwähnten Grundsatz ergiebt sich aus der positiven Bestimmung des § 477 Abs. 3; eine weitere Ausnahme folgert Dernburg, Bürg. R. Bd. 1 S. 528 (übereinstimmend mit Rehbein, Komm. Bd. 1 S. 318) aus der „Natur der Sache" bei der Bürgschaft: Die Klage gegen den Hauptschuldner unterbreche die Verjährung des Anspruchs gegen den Bürgen. S. hierüber Bem. zu § 768.

Ueber die Frage, ob die Klage gegen die offene Handelsgesellschaft die Verjährung des Anspruchs gegen die einzelnen Gesellschafter unterbricht und umgekehrt, s. die Erörterungen von Staub zu HGB. § 160.

Ebenso wie durch die Klagerhebung grundsätzlich nur die Verjährung des diesem Beklagten gegenüber erhobenen Anspruchs unterbrochen wird, so wird durch sie auch nur die Verjährung des diesem Kläger zustehenden und von ihm geltend gemachten Anspruchs unterbrochen. Aus §§ 429 Abs. 3 mit 425 geht hervor, daß die durch die Klage eines Gesammtgläubigers herbeigeführte Unterbrechung nicht zu Gunsten der übrigen Gesammtgläubiger wirkt, ferner aus § 432 Abs. 2, daß, wenn von einer Mehrheit von Gläubigern, welche, ohne Gesammtgläubiger zu sein, eine untheilbare Leistung zu fordern haben, der eine Klage erhebt, dieser Unterbrechungsgrund den übrigen Gläubigern nicht zu Statten kommt.

2. Unterbrechende Wirkung hat nach § 209 die Klage auf Befriedigung des Anspruchs (Leistungsklage, kondemnatorische Klage). Fischer-Henle (Bem. 1 zu § 209) führt hierher auch die §§ 257—259 CPO. an. Die dort genannten Klagen sind nun allerdings ihrer Natur nach Leistungsklagen, nicht etwa Feststellungsklagen, aber die Anspruchsverjährung kann durch sie nicht unterbrochen werden, da sie im Momente der Erhebung einer derartigen Klage noch gar nicht begonnen hat (vgl. Bem. 3, c und d zu § 198).

„Erhoben" ist die Klage regelmäßig (s. aber CPO. §§ 500 Abs. 2, 510 Abs. 2, 696), wenn der Klageschriftsatz dem Gegner zugestellt ist (CPO. §§ 253, 499, 166 ff.). Mit diesem Augenblicke, mit der Rechtshängigkeit, tritt die Unterbrechung der Verjährung ein. Die Zustellung einer Klage ohne rechtswirksame Ladung unterbricht die Verjährung nicht; RGE. im sächs. Arch. f. bürgerl. R. u. Proz. Bd. 10 S. 168. Ueber die Dauer der Unterbrechung s. § 211, über die Rechtshängigkeit eines erst im Lauf des Prozesses erhobenen Anspruchs s. CPO. § 281. In gewissen Fällen gilt die Unterbrechung durch Klagerhebung als nicht erfolgt, s. § 212.

3. Die Verjährung soll nach § 209 auch unterbrochen werden durch Klage „auf Feststellung des Anspruchs". Die CPO. kennt aber keine Klage „auf Feststellung eines Anspruchs". Der von Planck und Fischer-Henle hieher angeführte § 256 weiß von einer solchen Klage nichts, sondern spricht von der Klage „auf Feststellung des Bestehens oder Nichtbestehens eines Rechtsverhältnisses". Aus einem Rechtsverhältnisse kann nun allerdings ein Anspruch erwachsen, keineswegs ist aber die Existenz des Rechtsverhältnisses selbst identisch mit dem Anspruch. L. Seuffert (Komm. z. CPO. 8. Aufl. Bem. 1, a zu § 267), der auf die Inkongruenz des § 209 mit den Bestimmungen der CPO. hinweist, spricht die Vermuthung aus, „vielleicht" sei in § 209 an die Klage auf Feststellung einer Verbindlichkeit vorbehaltlich der Liquidation zu denken, eine Hypothese, welche jedoch durch das bei dieser Gelegenheit in M. I, 327 sich findende Citat der §§ 231, 253, 254 CPO. ä. F. unwahrscheinlich wird. Man wird vielmehr als den Willen des Gesetzes annehmen müssen: Die gegen einen Anspruch laufende Verjährung wird dadurch unterbrochen, daß auf Feststellung des Bestehens des dem Anspruche zu Grunde liegenden Rechtsverhältnisses Klage erhoben wird. Freilich darf dabei nicht übersehen werden, daß, wenn Unterbrechung überhaupt in Frage kommen soll, die Verjährung bereits begonnen haben muß, daß, wenn die Verjährung begonnen hat, regelmäßig Leistungsklage möglich ist, und daß, wenn Leistungsklage möglich ist, meistens, wenn auch nicht immer, die Feststellungsklage ausgeschlossen bleibt, weil es dann an dem besonderen rechtlichen Interesse (CPO. § 256) des Klägers an der Erlangung eines Feststellungsurtheils meistens fehlen wird.

4. Sogen. konstitutive Klagen kommen als Unterbrechungsgrund nicht in Betracht, weil die auf konstitutives Urtheil gerichteten Klagerechte der Verjährung überhaupt nicht unterworfen sind; s. Bem. 5, b zu § 194.

5. Dagegen sind Unterbrechungsgründe auch die Klage auf Ertheilung der Vollstreckungsklausel aus dem Urtheil (CPO. § 731), sowie die Klage auf Erlassung eines Vollstreckungsurtheils zum Zwecke der Zwangsvollstreckung aus einem Schiedsspruche (CPO. § 1042) oder aus dem Urtheil eines ausländischen Gerichts (CPO. § 722).

6. Die Verwendung des Anspruchs zur Einrede im Prozeß ist im BGB. in Uebereinstimmung mit dem gemeinen und österreichischen, im Widerspruch mit dem sächsischen Rechte nicht als Unterbrechungsgrund anerkannt. Begründung M. I, 328. Ueber die (mit Unrecht) sogen. „Einrede" der Aufrechnung s. die folgende Bem. 8 unter Nr. 3.

7. Die Geltendmachung des Anspruchs im Wege der Widerklage (CPO. § 33) unterbricht die Verjährung dieses Anspruchs. Denn die Widerklage hat durchaus den Charakter einer Klage. Die Unterbrechung tritt ein mit der Erhebung der Widerklage in der mündlichen Verhandlung (CPO. § 281), nicht etwa mit ihrer Zustellung an den Kläger.

8. Gleich der Klagerhebung haben unterbrechende Wirkung eine Reihe anderer rechtsverfolgender Akte, nämlich:

Nr. 1. Die Zustellung eines Zahlungsbefehls im Mahnverfahren (CPO. §§ 688, 693). So schon bisher RGE. Bd. 24 S. 195. Führt das Mahnverfahren zur Erlassung eines Vollstreckungsbefehls und ist gegen diesen ein Einspruch nicht mehr möglich, so ist damit der Anspruch rechtskräftig festgestellt und unterliegt von jetzt an der dreißigjährigen Verjährung des § 218. Die Unterbrechung durch Zustellung eines Zahlungsbefehls gilt nach § 213 als nicht erfolgt, wenn die Wirkungen der Rechtshängigkeit erlöschen; s. Bem. zu § 213.

Da der zugestellte Zahlungsbefehl der Klagerhebung gleichsteht, ist wohl anzunehmen, daß auch § 212 Abs. 2 hier Anwendung findet (and. Ans. Kipp bei Windscheid, 8. Aufl. Bd. 1 S. 487). Wird also z. B. binnen vier Wochen nach der Zustellung des Zahlungsbefehls vom Schuldner Widerspruch erhoben und in der darauf vor dem Amtsgericht (s. CPO. § 696) folgenden Verhandlung die Klage zurückgenommen, vom Berechtigten aber binnen sechs Monaten von Neuem erhoben, so gilt die Verjährung nach § 212 Abs. 2 als schon durch die Zustellung des Zahlungsbefehls unterbrochen. Vgl. auch Fischer-Henle, Bem. 6 zu § 212.

Nr. 2. Die Anmeldung des Anspruchs im Konkurse. Ueber die Erfordernisse wirksamer Anmeldung s. KO. § 139 und RGE. Bd. 39 S. 44. Die Konkurseröffnung selbst bildet keinen Unterbrechungsgrund. Da die Anmeldung nur Konkursforderungen zum Gegenstande haben kann, wird nur die Verjährung von Konkursforderungen durch die Anmeldung unterbrochen, dies aber mit Wirkung nicht nur dem Konkursverwalter und der Masse, sondern auch dem Gemeinschuldner gegenüber. Die Unterbrechung dauert fort bis zur Beendigung des Konkurses; sie gilt als nicht erfolgt, wenn die Anmeldung zurückgenommen wird; Näheres darüber bei § 214.

Nr. 3. Die Geltendmachung der Aufrechnung des Anspruchs im Prozesse. Diese Geltendmachung ist zwar keine auf richterliche Feststellung des Anspruchs abzielende Handlung. Trotzdem wurde ihr aus Zweckmäßigkeitsgründen (s. P. I, 224 ff.; dagegen eingehend Hoelder im Arch. f. bürgerl. Recht Bd. 11 S. 231 ff.) von der II. Komm. unterbrechende Wirkung zugeschrieben. Die Nr. 3 des § 209 bezieht sich auf die Fälle der sogen. Eventualaufrechnung im Prozeß (vgl. Bem. zu den §§ 388, 389); vorausgesetzt ist, daß die Aufrechnung nicht wirklich erfolgt ist; denn ist sie erfolgt, so kommt, wie Planck in seiner Bem. 2, a zu § 209 und Rehbein, Komm. Bd. 1 S. 319 mit Recht ausführen, die Unterbrechung der Verjährung durch die Aufrechnung nicht in Frage, weil der Berechtigte, wenn er sie geltend machte, dadurch selbst das Erlöschen seines Anspruchs behaupten würde (anders Kipp bei Windscheid, 8. Aufl. S. 487). Die Verjährung des Anspruchs wird durch Geltendmachung der Aufrechnung immer nur insoweit unterbrochen, als eben Aufrechnung im Prozeß möglich wäre, also nie über die Höhe des eingeklagten Anspruchs hinaus (so auch Rehbein a. a. O. und Dernburg, Bürg. R. Bd. 1 S. 530). Die Unterbrechung gilt als nicht erfolgt, wenn nicht binnen sechs Monaten nach Beendigung des Prozesses auf Befriedigung oder Feststellung des Anspruchs, dessen Aufrechnung geltend gemacht wird, Klage erhoben wird (§ 215 Abs. 2). Ueber die Dauer der Unterbrechung s. § 215 Abs. 1 und Bem. dazu.

Nr. 4. Die Streitverkündung in dem Prozesse, von dessen Ausgange der Anspruch abhängt. Ueber das bisherige Recht s. RGE. Bd. 10 S. 290 ff. Nach CPO. § 72 kann eine Partei, welche für den Fall des ihr ungünstigen Ausgangs des Rechtsstreits einen Anspruch auf Gewährleistung oder Schadloshaltung gegen einen Dritten erheben zu können glaubt, bis zur rechtskräftigen Entscheidung des Rechtsstreits dem Dritten gerichtlich den Streit verkünden. Wenn nun dem Regreßanspruch gegen den

Dritten im Augenblicke der Streitverkündung bereits die Verjährung läuft, unterbricht die Streitverkündung diese Verjährung; wird jedoch der Anspruch gegen den Dritten erst durch den Ausgang des Hauptprozesses begründet, so kann die Streitverkündung natürlich als Unterbrechungsgrund nicht in Betracht kommen. Von Bedeutung ist die Vorschrift des § 209 Abs. 2 Nr. 4 vornehmlich für die Verjährung der aus der Gewährleistung wegen Mängel einer veräußerten Sache sich ergebenden Ansprüche; s. §§ 434, 440. Die Unterbrechung durch die Streitverkündung tritt ein mit der Zustellung des den Erfordernissen des § 73 CPO. entsprechenden Schriftsatzes. — Vgl. auch § 215.

Nr. 5. Die Vornahme einer Vollstreckungshandlung und der rechtmäßig gestellte Antrag auf Zwangsvollstreckung, letzterer, soweit die Zwangsvollstreckung den Gerichten oder andern Behörden zugewiesen ist. Durch diese Handlungen, bezüglich deren Zulässigkeit und Voraussetzungen auf die Vorschriften der CPO. (s. §§ 794 ff., 808, 814, 826, 829, 844, 883, 885; 790, 791, 828, 887) und das ZwVG. verwiesen werden muß, wird die nach § 218 eintretende dreißigjährige Verjährung des rechtskräftig festgestellten Anspruchs unterbrochen. Ueber die Fälle, in welchen die Unterbrechung hier als nicht erfolgt gilt, s. § 216. Die Vornahme der Zwangsvollstreckung aus einem nur vorläufig vollstreckbaren Titel kann die Verjährung schon deßhalb nicht unterbrechen, weil die dreißigjährige Verjährung des § 218, um die es sich hier handelt, vor der Rechtskraft nicht beginnt; s. Rehbein, Komm. Bd. 1 S. 320.

9. Bezüglich der Unterbrechung der Verjährung für die Zeit vor dem Inkrafttreten des BGB. s. EG. Art. 169 und dazu RGE. Bd. 52 S. 329 ff.

§ 210.

Hängt die Zulässigkeit des Rechtswegs von der Vorentscheidung einer Behörde ab oder hat die Bestimmung des zuständigen Gerichts durch ein höheres Gericht zu erfolgen, so wird die Verjährung durch die Einreichung des Gesuchs an die Behörde oder das höhere Gericht in gleicher Weise wie durch Klagerhebung unterbrochen, wenn die Klage binnen drei Monaten nach der Erledigung des Gesuchs erhoben wird. Auf diese Frist finden die Vorschriften der §§ 203, 206, 207 entsprechende Anwendung.

E. I, 171 Abs. 3, 5; 180; II, 176; III, 205.

1. Wann die Bestimmung des zuständigen Gerichts durch ein höheres Gericht erfolgt, ergiebt sich aus CPO. § 36. Daß die Zulässigkeit des Rechtswegs von der Vorentscheidung einer Behörde abhänge, kann sowohl reichsgesetzlich als auch nach Maßgabe des § 11 EG. z. GVG. landesgesetzlich bestimmt sein. Von reichsrechtlichen Vorschriften vgl. Militärpensionsges. vom 27. Juni 1871, §§ 113 ff.; Festungsrayonges. vom 21. Dezember 1871, §§ 40 ff.; Reichsbeamtenges. vom 31. März 1873 §§ 134 ff.; Telegr.Ges. vom 18. Dezember 1899, § 13. Für Bayern s. AG. z. CPO. Art. 2 und Bl. f. RA. Bd. 60 S. 385 ff., Bd. 61 S. 148 ff.

2. Unterbrechend wirkt die Einreichung des Gesuchs an das höhere Gericht um Bestimmung des zuständigen Gerichts bezw. an die Behörde um Vorentscheidung jedoch nur, wenn daraufhin das zuständige Gericht wirklich vom höheren Gerichte bestimmt wird bezw. die um Vorentscheidung angegangene Behörde den Rechtsweg für zulässig erklärt, und nur, wenn binnen drei Monaten nach der Entscheidung des höheren Gerichts über das Gesuch bezw. nach der Vorentscheidung der Behörde vom Anspruchsberechtigten, gegen den die Verjährung läuft, die Klage erhoben wird. Vgl. P. I, 227. Geschieht dies nicht innerhalb der dreimonatlichen Frist, so gilt eine Unterbrechung der Verjährung als nicht eingetreten. Die Unterbrechung ist demnach eine bedingte; (nach Hoelder, Komm. Bem. zu § 210 eine „unnütze Komplikation"). Die dreimonatliche Frist ist ihrer Natur nach eine Ausschlußfrist, auf welche jedoch aus Billigkeitsrücksichten die Vorschriften der §§ 203, 206, 207 für anwendbar erklärt worden sind; vgl. Bem. 3 zu § 186.

3. Was soll es heißen, daß die Einreichung des Gesuchs nach § 210 die Verjährung in gleicher Weise wie durch Klagerhebung unterbricht? Diese in der II. Komm. formulirte Fassung zielt auf einen sehr seltenen Fall ab, nämlich den, daß das höhere Gericht um Bestimmung des zuständigen Gerichts deßhalb angegangen wird, weil ein sog. negativer Kompetenzkonflikt (CPO. § 36 Nr. 6) vorliegt. Man wollte für diesen Fall die Anwendung des § 212 Abs. 2 ermöglichen. Der praktische Erfolg ist der, daß dadurch der Berechtigte, der zunächst mit seiner Klage wegen Unzuständigkeit des Gerichts

abgewiesen ist (s. § 212 Abs. 1), sich die unterbrechende Wirkung dieser ersten Klage auch noch sichern kann, wenn er nur binnen sechs Monaten nach der Abweisung dieser Klage beim höheren Gerichte das Gesuch um Zuständigkeitsbestimmung einreicht. Vgl. P. I, 228. Besonders klar kommt dieser Gesetzeswille freilich nicht zum Ausdruck.

§ 211.

Die Unterbrechung durch Klagerhebung dauert fort, bis der Prozeß rechtskräftig entschieden oder anderweitig erledigt ist.

Geräth der Prozeß in Folge einer Vereinbarung oder dadurch, daß er nicht betrieben wird, in Stillstand, so endigt die Unterbrechung mit der letzten Prozeßhandlung der Parteien oder des Gerichts. Die nach der Beendigung der Unterbrechung beginnende neue Verjährung wird dadurch, daß eine der Parteien den Prozeß weiter betreibt, in gleicher Weise wie durch Klagerhebung unterbrochen.

E. I, 174; II, 177; III, 206.

1. Durch die Klagerhebung wird nach § 209 wie durch Anerkenntniß nach § 208 die Verjährung unterbrochen d. h. es muß nun eine neue Verjährung beginnen. Diese Erneuerung der Verjährung tritt mit dem Anerkenntnisse sofort ein; s. Bem. zu § 208. Im Falle der Klagerhebung bleibt die Erneuerung der Verjährung vorerst gehemmt und zwar grundsätzlich solange, als die Partei noch ihren Willen zu erkennen giebt, ihren Anspruch rechtlich weiter zu verfolgen. Die Hemmung der neu beginnenden Verjährung — eine solche ist nämlich in Wahrheit die sog. „Fortdauer der Unterbrechung" (s. Hoelder, Komm. Bem. 1 zu § 211) — dauert also, wenn der Rechtsstreit in regelmäßigem Fortbetriebe der Erledigung entgegengeführt wird, bis zur Erledigung des Rechtsstreits.

2. Der Hauptfall der Erledigung des Prozesses ist seine rechtskräftige Entscheidung. Als rechtskräftige Entscheidung in dem hier gemeinten Sinne gilt nach § 219 auch ein unter Vorbehalt ergangenes rechtskräftiges Urtheil (vgl. Bem. zu § 219), nicht jedoch das bedingte Endurtheil, durch welches einer Partei der Eid auferlegt wird. Unter „anderweitiger" Erledigung des Prozesses kann hier wohl nur der gerichtliche Vergleich (CPO. § 794) verstanden werden; vgl. die folgende Bem. 4.

Ueber den Fall der Klagezurücknahme sowie der rechtskräftigen Abweisung durch ein nicht in der Sache selbst entscheidendes Urtheil s. § 212.

3. Mit der rechtskräftigen Feststellung des Anspruchs oder dem vollstreckbaren Vergleiche beginnt der Lauf der dreißigjährigen Verjährung nach § 218.

4. Für den Fall des Stillstandes des Prozesses kannten das gemeine Recht (c. 9 Cod. 7, 39), sowie die Bayr. Ger.O. (cap. 3 § 9 Nr. 5) eine auch durch die CPO. nicht beseitigte Verjährung der Litispendenz von vierzigjähriger Dauer. Ueber das französische Institut der Peremtion der Instanz s. code de proc. art. 397 ff.

Das BGB. kennt keine besondere Verjährung der Litispendenz, sondern läßt bei einem Prozeßstillstande die eingetretene Unterbrechung der Klagerhebung mit der letzten Prozeßhandlung der Parteien oder des Gerichts endigen. Ueber den Begriff der „Prozeßhandlung" (der Partei) s. L. Seuffert, Komm. z. CPO. 8. Aufl. Bem. 3 zu § 81. Entscheidend ist also nicht der Zeitpunkt, in welchem der Stillstand eintritt, sondern der unter Umständen frühere Zeitpunkt der letzten Prozeßhandlung. Hat daher z. B. das Gericht noch eine Frist zur Vornahme einer Prozeßhandlung durch die Partei gesetzt, geschieht jedoch während dieser Frist nichts, so endigt die Unterbrechung nicht mit dem Ablaufe der Frist, sondern schon mit ihrer Setzung durch das Gericht. Vgl. P. I, 229.

5. Der Stillstand des Prozesses kann auf einer Vereinbarung der Parteien beruhen, namentlich auf außergerichtlichem Vergleich. Stillstand tritt aber auch ein, wenn der Kläger in der mündlichen Verhandlung auf den geltend gemachten Anspruch verzichtet und der Beklagte nicht die Abweisung beantragt (s. CPO. § 306) oder wenn der Beklagte bezw. Widerbeklagte in der mündlichen Verhandlung den gegen ihn geltend gemachten Anspruch anerkennt, sein Gegner aber keinen Antrag auf Erlassung eines Anerkenntnißurtheils stellt (s. CPO. § 307). Der Stillstand des Prozesses kann auch unmittelbar auf gesetzlicher Vorschrift beruhen; der technische Ausdruck hiefür heißt „Unterbrechung des Verfahrens"; s. CPO. §§ 239—242, 244, 245. Stillstand kann endlich auch eintreten zufolge eines Gerichtsbeschlusses, der die „Aussetzung des Verfahrens" (CPO. §§ 246 ff.) anordnet.

6. Im Falle des Stillstandes des Prozesses beginnt mit der letzten Prozeßhandlung der Parteien oder des Gerichts eine neue Verjährung (Berechnung nach §§ 187 Abs. 1, 188 Abs. 2); handelt es sich dabei um die kurze Verjährung eines der in den §§ 196, 197 bezeichneten Ansprüche, so ist für den Neubeginn nicht der Wechsel des Kalenderjahres (s. § 201), sondern gleichfalls die letzte Prozeßhandlung der Parteien oder des Gerichts maßgebend; vgl. Bem. 4 zu § 201. Die neue Verjährung wird wiederum dadurch unterbrochen, daß eine der Parteien, gleichgültig welche, den bereits anhängig gemachten aber stillstehenden Prozeß „weiter betreibt" d. h. in demselben eine neue Prozeßhandlung vornimmt, insbesondere dem Gegner eine Ladung zu neuerlicher Verhandlung zustellt.

7. Ergeht über einen rechtshängigen Anspruch ein Theilurtheil (CPO. § 301), so beginnt mit dessen Rechtskraft die dreißigjährige Verjährung (§ 218) des Anspruchs, insoweit dieser durch das Theilurtheil entschieden ist. Bezüglich des Restes dauert die mit der Rechtshängigkeit eingetretene Unterbrechung fort nach Maßgabe des § 211.

§ 212.

Die Unterbrechung durch Klagerhebung gilt als nicht erfolgt, wenn die Klage zurückgenommen oder durch ein nicht in der Sache selbst entscheidendes Urtheil rechtskräftig abgewiesen wird.

Erhebt der Berechtigte binnen sechs Monaten von neuem Klage, so gilt die Verjährung als durch die Erhebung der ersten Klage unterbrochen. Auf diese Frist finden die Vorschriften der §§ 203, 206, 207 entsprechende Anwendung.

E. I, 171 Abs. 1, 2, 4, 5; II, 178; III, 207.

1. Voraussetzung für die Anwendung des seine jetzige Fassung der II. Komm. (P. I, 226) verdankenden § 212 ist, daß die Klage entweder zurückgenommen oder durch ein nicht in der Sache selbst entscheidendes Urtheil rechtskräftig abgewiesen wird. Die Zurücknahme der Klage kann erfolgen durch Erklärung in der mündlichen Verhandlung vor dem Prozeßgericht oder durch Zustellung eines die Zurücknahmeerklärung enthaltenden Schriftsatzes an den Beklagten (s. CPO. § 271 Abs. 2). Die Wirkung der Zurücknahme ist nach CPO. § 271 Abs. 3 die, daß der Rechtsstreit als nicht anhängig geworden anzusehen ist. Nur eine Konsequenz dieser prozessualen Vorschrift ist es, daß auch die materiell-rechtlichen Wirkungen der Rechtshängigkeit, als deren eine die Unterbrechung der Verjährung des mit der Klage verfolgten Anspruchs sich darstellt (§ 209), als nicht eingetreten angesehen werden. Sofern also nicht binnen sechs Monaten neue Klage erhoben wird (§ 212 Abs. 2), wird die Verjährung unter Ignorirung der ersten Klage fortlaufend berechnet.

2. Der nach seiner Meinung Berechtigte hat es jedoch in der Hand, sich die unterbrechende Wirkung der ersten (zurückgenommenen) Klage zu sichern; er braucht nur binnen sechs Monaten von Neuem Klage zu erheben. Ueber die Frage der Gleichstellung des Zahlungsbefehls mit der Klage hinsichtlich der Anwendung des § 212 Abs. 2 s. Bem. 8 Nr. 1 zu § 209.

Die sechsmonatige Frist beginnt mit der Zurücknahme bezw. der Rechtskraft der Abweisung der ersten Klage. Sie ist zu berechnen nach §§ 187 Abs. 1, 188 Abs. 2. Sie ist ihrer Natur nach Ausschlußfrist; aus Billigkeitsgründen ist jedoch ihr Lauf gehemmt, wenn der Berechtigte durch höhere Gewalt, insbesondere durch Stillstand der Rechtspflege, an der Erhebung der neuen Klage gehindert ist (s. § 203), und wird ihre Vollendung hinausgeschoben, wenn eines der in den §§ 206, 207 bezeichneten Verhältnisse vorliegt.

Es kann vorkommen, daß die binnen sechs Monaten erhobene zweite Klage wiederum zurückgenommen oder durch ein Urtheil der in § 212 Abs. 1 bezeichneten Art abgewiesen wird. Dann tritt wiederum § 212 Abs. 1 in Kraft, wonach die Unterbrechung durch Klagerhebung als nicht erfolgt gilt und zwar gilt dies nun bezüglich der beiden bisherigen Klagerhebungen.

3. Hinsichtlich der bisher besprochenen Wirkungen steht der Klagezurücknahme gleich die Abweisung durch ein nicht in der Sache selbst entscheidendes rechtskräftiges Urtheil. Eine solche Abweisung hat zu erfolgen, wenn ein Mangel in den sog. Prozeßvoraussetzungen (über diese L. Seuffert, Komm. z. CPO. 8. Aufl. Bem. 1 zu § 274) vorliegt, wenn also z. B. das angegangene Gericht unzuständig ist. Die Abweisung erfolgt hier regelmäßig „angebrachtermaßen". Nicht hieher gehört die Abweisung wegen Mangels der Aktivlegitimation zur Sache; diese Legitimation (zu unterscheiden von der

Prozeßfähigkeit) ist nicht eine sog. Prozeßvoraussetzung, sondern ein Theil des Klagefundaments; das wegen Mangels dieser Legitimation abweisende Urtheil ist nicht ein solches im Sinne des § 212 Abs. 1, sondern ein Sachurtheil. Wohl aber liegt ein nicht in der Sache selbst entscheidendes Urtheil vor, wenn die Klage als in der gewählten Prozeßart unstatthaft (s. CPO. § 597 Abs. 2) abgewiesen wird; ferner, wenn die Abweisung deßhalb erfolgt, weil die Klage nicht ordnungsmäßig erhoben war; dahin gehört der Fall, daß in der Klageschrift die nothwendige thatsächliche Begründung des Anspruchs, somit (CPO. § 225 Ziff. 2) einer ihrer wesentlichen Bestandtheile fehlt; vgl. RGE. Bd. 5 S. 122 und Dernburg, Bürg.R. Bd. 1 S. 528.

4. Für die Zeit vor dem Inkrafttreten des BGB. bestimmt sich die Wirkung der Unterbrechung nach bisherigem Recht (EG. Art. 169); diese Wirkung kann auch nicht dadurch beseitigt werden, daß das neue Recht wie in § 212 an den Eintritt gewisser Umstände die Wiederaufhebung der Wirkung der Unterbrechung knüpft. RGE. Bd. 52 S. 329.

§ 213.

Die Unterbrechung durch Zustellung eines Zahlungsbefehls im Mahnverfahren gilt als nicht erfolgt, wenn die Wirkungen der Rechtshängigkeit erlöschen.

E. I, 172; II, 179; III, 208.

1. Nach § 209 Abs. 2 Nr. 1 unterbricht gleich der Klagerhebung auch die Zustellung eines Zahlungsbefehls im Mahnverfahren die Anspruchsverjährung, was damit im Zusammenhange steht, daß nach CPO. § 693 mit der Zustellung des Zahlungsbefehls an den Schuldner die Wirkungen der Rechtshängigkeit eintreten. Wenn mit der Klagezurücknahme, wie § 212 vorschreibt, die durch die Klagerhebung eingetretene Unterbrechung als nicht erfolgt gilt und dies darin seinen Grund hat, daß mit der Klagezurücknahme die Wirkungen der Rechtshängigkeit erlöschen (s. CPO. § 271 Abs. 3), so ist es nur konsequent, wenn die an die Zustellung des Zahlungsbefehls geknüpfte Verjährungswirkung mit dem Erlöschen der Wirkungen der Rechtshängigkeit gleichfalls mit rückwirkender Kraft versagt. Ob der mit dieser Bestimmung hier wie dort geschaffene Zustand der Unentschiedenheit (bedingte Unterbrechung; Hellmann: „Fiktion der Nichtunterbrechung") billig und zweckmäßig ist, ist eine weitere Frage; dagegen Hoelder, Komm. zu den §§ 210, 212, 213.

2. Die durch Zustellung des Zahlungsbefehls eingetretenen Wirkungen der Rechtshängigkeit erlöschen:

a) nach Maßgabe der in CPO. §§ 697, 700, 701 getroffenen Bestimmungen;
b) wenn es zur Erlassung eines Vollstreckungsbefehls kommt und gegen diesen Einspruch nicht mehr zulässig ist. In diesem Falle ist jedoch § 213 bedeutungslos, da mit der Rechtskraft des Vollstreckungsbefehles nach § 218 eine neue dreißigjährige Verjährung des Anspruchs beginnt.

3. Während die Unterbrechung durch Klagerhebung nach § 211 fortdauert, bis der Prozeß rechtskräftig entschieden oder anderweit erledigt ist, findet sich eine analoge Bestimmung für die Unterbrechung durch Zustellung eines Zahlungsbefehls im Gesetze nicht. Es geht nicht an, die entsprechende Anwendbarkeit des § 211 für den Fall des Zahlungsbefehls einfach daraus abzuleiten, daß im § 209 bezüglich der Unterbrechung gesagt ist, daß die Zustellung des Zahlungsbefehls der Klagerhebung gleichstehe. Die Unhaltbarkeit einer solchen Argumentation geht daraus hervor, daß, wo es sich um gewisse andere in § 209 hinsichtlich der Unterbrechung der Klagerhebung gleichfalls gleichgestellte Rechtsakte handelt, die (entsprechende) Anwendung des § 211 ausdrücklich angeordnet ist (s. §§ 214, 220). Man muß also grundsätzlich davon ausgehen, daß die durch Zustellung des Zahlungsbefehls eintretende Unterbrechung der Verjährung nur eine momentane ist und sofort mit der Zustellung die erneute Verjährungsfrist zu laufen beginnt.

Jedoch gestaltet sich die Sache in Folge des Mahnverfahrens selbst, wie es in der CPO. geregelt ist, wesentlich anders, wenn gegen den Zahlungsbefehl rechtzeitig Widerspruch erhoben wird und die amtsgerichtliche Zuständigkeit gegeben ist. In diesem Falle wird nach CPO. § 696 mit der Zustellung des Zahlungsbefehls die Klage als erhoben angesehen; folglich ist dann doch § 211 anzuwenden. Anders, wenn rechtzeitig Widerspruch erhoben ist und die Sache zur landgerichtlichen Zuständigkeit gehört; in diesem Falle kann § 211 nur zur Geltung kommen, wenn innerhalb der sechsmonatigen Frist, deren Beginn CPO. § 697 (vgl. § 700) näher bestimmt, die Klage thatsächlich erhoben wird und nicht etwa vor Ablauf dieser sechsmonatigen Frist die mit der Zustellung des Zahlungsbefehls beginnende erneute Verjährungsfrist, die ja kürzer als sechsmonatig sein kann (s. z. B. BGB. § 490), schon abgelaufen ist; wird die Klage zum Landgericht innerhalb der sechsmonatigen Frist nicht erhoben, so erlöschen nach CPO. § 697 (vgl. 700) die Wirkungen der Rechtshängigkeit und gilt demgemäß nach BGB. § 213 die Unterbrechung durch Zustellung des Zahlungsbefehls als nicht erfolgt.

Wenn Widerspruch gegen den Zahlungsbefehl nicht erhoben wird, gilt Folgendes: Wird die Erlassung des Vollstreckungsbefehls nicht innerhalb der durch CPO. § 701 vorgeschriebenen sechsmonatigen Frist nachgesucht oder wird das Gesuch um Erlassung des Vollstreckungsbefehls zurückgewiesen, so erlöschen nach CPO. § 701 die Wirkungen der Rechtshängigkeit und gilt demgemäß nach BGB. § 213 die Unterbrechung durch Zustellung des Zahlungsbefehls als nicht erfolgt. Wird aber das Gesuch um Erlassung des Vollstreckungsbefehls rechtzeitig gestellt, so kommt es darauf an, ob dieser Vollstreckungsbefehl rechtskräftig wird; wird er rechtskräftig, so wird damit eine neue dreißigjährige Verjährung des Anspruchs in Lauf gesetzt (§ 218); wird aber gegen den Vollstreckungsbefehl rechtzeitig (s. CPO. §§ 700 mit 339) Einspruch erhoben, so tritt hinsichtlich der Unterbrechung der Verjährung die analoge Behandlung ein, wie in dem Falle, wenn gegen den zugestellten Zahlungsbefehl rechtzeitig Widerspruch erhoben wird (s. oben). Vgl. Planck Bem. 2 zu § 213; Rehbein, Komm. Bd. 1 S. 322 ff.; Hellmann, Vorträge S. 217 ff.

§ 214.

Die Unterbrechung durch Anmeldung im Konkurse dauert fort, bis der Konkurs beendigt ist.

Die Unterbrechung gilt als nicht erfolgt, wenn die Anmeldung zurückgenommen wird.

Wird bei der Beendigung des Konkurses für eine Forderung, die in Folge eines bei der Prüfung erhobenen Widerspruchs in Prozeß befangen ist, ein Betrag zurückbehalten, so dauert die Unterbrechung auch nach der Beendigung des Konkurses fort; das Ende der Unterbrechung bestimmt sich nach den Vorschriften des § 211.

E. I, 176; II, 180; III, 209.

1. Durch Anmeldung des Anspruchs im Konkurse wird die Verjährung nach § 209 Abs. 2 Ziff. 2 ebenso wie durch Klagerhebung unterbrochen. Die Unterbrechung dauert nach § 214 Abs. 1 bis zur Beendigung des Konkurses. Diese tritt ein durch die Aufhebung des Konkurses (s. KO. §§ 163, 190) oder durch Einstellung des Konkurses (s. KO. §§ 202, 204, 205). Maßgebend ist nicht der Zeitpunkt, in welchem der Aufhebungs- bezw. Einstellungsbeschluß gefaßt wird, sondern derjenige, in welchem er öffentlich bekannt gemacht wird. Vgl. L. Seuffert, Konkursprozeßrecht S. 384; unentschieden P. I, 231.

2. Wird der Konkurseröffnungsbeschluß auf erhobene Beschwerde (KO. §§ 109, 116) aufgehoben, so bleibt es trotz der Aufhebung bei der Regel, daß durch die Anmeldung die Verjährung unterbrochen wird; die Unterbrechung dauert dann so lange fort, bis die den Eröffnungsbeschluß aufhebende Entscheidung rechtskräftig ist. L. Seuffert, Konkursprozeßrecht S. 254 Anm. 6, Fischer-Henle Bem. 4 zu § 214 und Hoelder, Bem. 2 zu § 214 vertreten die Ansicht, mit der Aufhebung des Eröffnungsbeschlusses im Beschwerdeverfahren müsse die Unterbrechung als nicht erfolgt gelten. Dagegen läßt sich aber geltend machen, daß die Unterbrechung nicht Wirkung der Konkurseröffnung als solcher, sondern der in der Anmeldung liegenden Rechtsverfolgung ist. Wie hier Jaeger, Komm. z. KO., Anm. 20 zu § 25; Planck Bem. 1 zu § 214; Rehbein, Komm. Bd. 1 S. 223; Neumann, Bem. 2 zu § 214; Dernburg, Bürg. R. Bd. 1 S. 530; Endemann Bd. 1 § 93 Anm. 31.

3. Die durch die Anmeldung erfolgte Unterbrechung dauert immer mindestens bis zur Aufhebung oder Einstellung des Konkurses; dies selbst dann, wenn im Laufe des Konkursverfahrens die angemeldete Forderung von irgend einer Seite bestritten wird oder gar auf Grund einer vom Gläubiger der bestrittenen Forderung oder gegen ihn betriebenen Feststellung der Anspruch rechtskräftig aberkannt wird; s. Jaeger, Komm. z. KO. Anm. 24 zu § 25. Die Unterbrechung dauert nach § 214 Abs. 3 sogar länger als bis zur Aufhebung bezw. Einstellung des Konkurses, wenn die Forderung in diesem Zeitpunkt in Folge eines bei der Prüfung erhobenen Widerspruchs im Prozeß befangen ist (s. darüber KO. § 146) und deßhalb entsprechend der Vorschrift des § 168 Nr. 1 KO. ein Betrag zurückbehalten ist. In diesem Falle dauert die Unterbrechung, wie sich aus dem hier für anwendbar erklärten § 211 ergiebt, bis der Prozeß rechtskräftig entschieden oder anderweit

erledigt ist oder, falls der Prozeß in Stillstand geräth, bis zur letzten Prozeßhandlung der Parteien oder des Gerichts.

4. Mit dem Ende der Unterbrechung beginnt eine erneute Verjährung, es müßte denn sein, daß wegen einer bestehenden Hemmung diese noch nicht laufen kann, was z. B. dann der Fall ist, wenn der Konkurs aufgehoben wird in Folge eines Zwangsvergleichs, in welchem eine Stundung bewilligt wird; s. § 202 Abs. 1.

5. Wird die Anmeldung zurückgenommen, so gilt sie als nicht erfolgt, mithin die Verjährung als nicht unterbrochen (dagegen de lege ferenda Hoelder, Komm. Bem. 2 zu § 214). Vgl. die Analogie des § 212 Abs. 1. Die fiktive Nichtunterbrechung ist aber nicht auch auf den Fall auszudehnen, daß bloß die Substantiirung der Anmeldung berichtigt wird (s. Jaeger, Komm. z. KO. Anm. 23 zu § 25).

§ 215.

Die Unterbrechung durch Geltendmachung der Aufrechnung im Prozeß oder durch Streitverkündung dauert fort, bis der Prozeß rechtskräftig entschieden oder anderweit erledigt ist; die Vorschriften des § 211 Abs. 2 finden Anwendung.

Die Unterbrechung gilt als nicht erfolgt, wenn nicht binnen sechs Monaten nach der Beendigung des Prozesses Klage auf Befriedigung oder Feststellung des Anspruchs erhoben wird. Auf diese Frist finden die Vorschriften der §§ 203, 206, 207 entsprechende Anwendung.

E. I, 175; II, 181; III, 210.

1. Durch Geltendmachung der Aufrechnung des Anspruchs im Prozesse sowie durch die Streitverkündung in dem Prozesse, von dessen Ausgange der Anspruch abhängt, wird die Verjährung nach § 209 Abs. 2 Nr. 3 und 4 ebenso wie durch Klagerhebung unterbrochen. Bezüglich der Dauer der Unterbrechung gilt in diesen Fällen nach § 215 Abs. 1 gleichfalls dasselbe, was für die Dauer der durch Klagerhebung erfolgten Unterbrechung in § 211 vorgeschrieben ist; vgl. daher hieher die Bem. zu § 211.

2. Die Unterbrechung der Verjährung ist auch in den Fällen der Geltendmachung der Aufrechnung und der Streitverkündung wie in denen der Klagerhebung (s. § 212) eine negativ bedingte. Die Bedingung — es handelt sich natürlich hier wie dort nicht um Bedingungen im Sinne der §§ 158 ff., sondern um eine sog. condicio legis — ist aber hier in eigenartiger Weise normirt. Es muß, wenn die Unterbrechung wirksam sein soll, regelmäßig binnen sechs Monaten, im Falle des § 490 binnen sechs Wochen, nach Beendigung des Prozesses, in welchem die Aufrechnung (ohne Erfolg) versucht oder die Streitverkündung vorgenommen wurde, „Klage auf Befriedigung oder Feststellung des Anspruchs" (hiezu s. Bem. 3 zu § 209) erhoben sein. Eine Begründung dieser Bestimmung geben P. I, 229. Die sechsmonatige (bezw. im Falle als § 490 sechswöchige) Klagefrist ist ihrer Natur nach zwar eine Ausschlußfrist, sie wird aber aus Billigkeitsrücksichten durch höhere Gewalt, insbesondere Stillstand der Rechtspflege, gehemmt (§ 203) und unter den in den §§ 206, 207 genannten Voraussetzungen in ihrer Vollendung hinausgeschoben.

Zu beachten ist, daß § 215, soweit er sich auf Aufrechnung bezieht, eine ohne Erfolg geltend gemachte Eventualaufrechnung voraussetzt; s. Bem. 8 (bei Nr. 3) zu § 209.

3. Die Beweislast dafür, daß innerhalb der sechsmonatigen (bezw. im Falle des § 490 sechswöchigen) Frist des Abs. 2 die Klage erhoben sei, trifft den Anspruchsberechtigten, welcher gegenüber der Verjährungseinrede des Gegners auf die Unterbrechung der Verjährung sich beruft.

§ 216.

Die Unterbrechung durch Vornahme einer Vollstreckungshandlung gilt als nicht erfolgt, wenn die Vollstreckungsmaßregel auf Antrag des Berechtigten oder wegen Mangels der gesetzlichen Voraussetzungen aufgehoben wird.

Die Unterbrechung durch Stellung des Antrags auf Zwangsvollstreckung gilt als nicht erfolgt, wenn dem Antrage nicht stattgegeben oder der Antrag vor der Vornahme der Vollstreckungshandlung zurückgenommen oder die erwirkte Vollstreckungsmaßregel nach Abs. 1 aufgehoben wird.

E. I, 173; II, 182; III, 211.

1. Durch die Vornahme einer Vollstreckungshandlung sowie durch die Stellung des Antrags auf Zwangsvollstreckung wird die Verjährung nach § 209 Abs. 2 Ziff. 5 ebenso wie durch Klagerhebung unterbrochen. Macht jedoch der Berechtigte selbst die erwirkte Vollstreckungsmaßregel wieder rückgängig oder wird diese, weil sie sich als eine gesetzwidrige erweist, nachträglich wieder aufgehoben, so wird auch der Unterbrechung nachträglich ihre Wirkung versagt. Diese Behandlung tritt aber nicht ein, wenn die Aufhebung der Vollstreckungsmaßregel weder auf Antrag des Berechtigten noch wegen Mangels der gesetzlichen Voraussetzungen, sondern aus andern Gründen aufgehoben wird, z. B. weil ein Dritter gegen die Zwangsvollstreckung Widerspruchsklage erhoben hat; in diesem Falle bleibt den in § 209 Abs. 2 Nr. 5 genannten Akten ihre unterbrechende Wirkung.

2. Die Unterbrechung der Verjährung durch Vornahme der Vollstreckungshandlung oder durch Antrag auf Zwangsvollstreckung ist immer nur eine momentane. Die sofort neu beginnende Verjährung ist regelmäßig eine dreißigjährige (nach § 218), jedoch nicht immer, da ja der Vollstreckungshandlung bezw. dem Antrag auf Zwangsvollstreckung auch ein nur vorläufig vollstreckbares Urtheil zu Grunde liegen kann.

§ 217.

Wird die Verjährung unterbrochen, so kommt die bis zur Unterbrechung verstrichene Zeit nicht in Betracht; eine neue Verjährung kann erst nach der Beendigung der Unterbrechung beginnen.

E. I, 161; II, 173; III, 212.

1. Ueber die Wirkung der Unterbrechung s. Bem. 1 zu § 208.
Schreibt das Gesetz vor, daß die Unterbrechung eine Zeit lang „fortdauert" (gegen diese Terminologie Hoelder im Arch. f. bürgerl. R. Bd. 11 S. 229), wie in den §§ 211, 214 Abs. 1, 215 Abs. 1, so liegt in dieser Fortdauer in Wahrheit eine Hemmung der nach der Unterbrechung neu beginnenden Verjährung. Aber auch an diese im Gesetze nicht Hemmung genannte fortdauernde Unterbrechung kann sich nach deren Ende unmittelbar eine „Hemmung" im Sinne des gesetzlichen Sprachgebrauchs anschließen, so wenn der Berechtigte nach dem Ende der Unterbrechung an der Rechtsverfolgung vorerst durch höhere Gewalt (§ 203) verhindert ist.

2. Die mit dem Ende der Unterbrechung neu beginnende Verjährung hat in vollem Umfange die für die konkrete Art des Anspruchs gesetzlich vorgeschriebene Dauer; sie beginnt auch als kurze Verjährung der in den §§ 196, 197 genannten Ansprüche sofort mit dem Ende der Unterbrechung (bezw. eventuell der weiteren Hemmung), nicht erst, wie man vielleicht angesichts des § 201 meinen könnte, mit dem Wechsel des Kalenderjahrs; das Gegentheil lehrt Cosack Bd. 1 § 74, VII, 3.

§ 218.

Ein rechtskräftig festgestellter Anspruch verjährt in dreißig Jahren, auch wenn er an sich einer kürzeren Verjährung unterliegt. Das Gleiche gilt von dem Anspruch aus einem vollstreckbaren Vergleich oder einer vollstreckbaren Urkunde sowie von einem Anspruche, welcher durch die im Konkurs erfolgte Feststellung vollstreckbar geworden ist.

Soweit sich die Feststellung auf regelmäßig wiederkehrende, erst künftig fällig werdende Leistungen bezieht, bewendet es bei der kürzeren Verjährungsfrist.

E. I, 177; II, 183; III, 213.

1. § 218 Abs. 1 giebt für die meisten bisherigen Rechtsgebiete bisheriges Recht wieder. Vgl. die Aufzählung in M. I, 337.
Ist ein Anspruch rechtskräftig festgestellt, so sind die wichtigsten Gründe, welche für eine Menge von Ansprüchen zu einer Abkürzung der ordentlichen Verjährungsdauer dringen, weggefallen. Darum bestimmt das Gesetz, daß rechtskräftig festgestellte

Ansprüche ohne Rücksicht auf die ihnen von Haus aus etwa eigene kürzere Verjährungsdauer (s. Bem. 2 zu § 195) der ordentlichen dreißigjährigen Verjährung unterliegen. Diese Verjährung beginnt, soweit nicht etwa ein Hemmungsgrund vorliegt, mit der rechtskräftigen Feststellung. Berechnung nach §§ 187 Abs. 1, 188 Abs. 2.

2. Die dreißigjährige Verjährung des § 218 tritt ein, wenn das rechtskräftige Urtheil auf Bewirkung einer Leistung gerichtet ist (Leistungsurtheil, kondemnatorisches Urtheil). Nach M. I, 138 soll sie auch dann eintreten, wenn das Urtheil „nur auf die Feststellung des Anspruchs" gerichtet ist. Damit soll wohl, da die CPO. eine Klage auf Feststellung des Anspruchs nicht kennt (vgl. Bem. 3 zu § 209), das Feststellungsurtheil im Sinne der CPO. gemeint sein. Ein solches Urtheil stellt aber, strenge genommen, nicht den Anspruch selbst fest (vgl. L. Seuffert, Komm. z. CPO. 8. Aufl. Bem. 9, b zu § 256), sondern nur das Rechtsverhältniß, welches die Grundlage des Anspruchs bildet. Gleichwohl wird auch in diesem Falle die dreißigjährige Verjährung des Anspruchs gemäß § 218 anzunehmen sein; das war auch zweifellos die Meinung bei den Berathungen des Gesetzes (vgl. M. a. a. O.).

Ein Anspruch kann rechtskräftig festgestellt sein auch in einem Vollstreckungsbefehle, gegen den Einspruch nicht mehr zulässig ist, sowie in einem Kostenfestsetzungsbeschluß, gegen welchen Beschwerde nicht mehr zulässig ist. Ueber das unter Vorbehalt ergangene rechtskräftige Urtheil s. § 219.

3. Dem rechtskräftig festgestellten Anspruch sind in § 218 gleichgestellt:

a) Der Anspruch aus einem vollstreckbaren Vergleiche d. i. aus einem solchen im Sinne der CPO. § 794 Nr. 1 und 2, dagegen nicht der Anspruch aus einem außergerichtlichen Vergleich;

b) der Anspruch aus einer vollstreckbaren Urkunde (exekutorischen Schuldurkunde) im Sinne der CPO. § 794 Nr. 5 (dazu §§ 797—800) sowie einer durch die Landesgesetzgebung auf Grund der CPO. § 801 für vollstreckbar erklärten Urkunde;

c) der Anspruch, welcher durch die im Konkurs erfolgte Feststellung vollstreckbar geworden ist (vgl. KO. §§ 164 Abs. 2, 194, 206 Abs. 2).

4. Trotz judikatmäßiger oder ihr gleichstehender Feststellung tritt nicht die dreißigjährige, sondern die vorgeschriebene kürzere Verjährungsfrist d. i. die vierjährige des § 197 ein, soweit es sich um regelmäßig wiederkehrende, erst künftig fällig werdende Leistungen handelt. Diese Vorschrift des § 218 Abs. 2 kann sich nicht nur auf selbständige wiederkehrende Leistungen beziehen, wie z. B. Rentenleistungen, sondern auch auf die von einem Hauptanspruch abhängigen wiederkehrenden Nebenleistungen, wie z. B. Zinsen; für die Verjährung solcher Nebenleistungen ist aber auch § 224 zu beachten.

Ansprüche auf wiederkehrende Leistungen verjähren successive von der Fälligkeit der einzelnen Leistung an; s. Bem. 3, d zu § 198. Der Verjährungslauf für die einzelne erst künftig fällig werdende Leistung beginnt erst mit ihrer Fälligkeit und zwar auch dann, wenn bereits rechtskräftiges Urtheil gemäß CPO. § 258 ergangen ist. Spricht das Urtheil zugleich die Verpflichtung zur Zahlung von Rückständen von wiederkehrenden Leistungen aus, so findet bezüglich der Verjährung der rückständigen Leistungen § 218 Abs. 1 Anwendung.

5. Trotz judikatmäßiger oder ihr gleichstehender Feststellung bleibt es nicht bei der dreißigjährigen Verjährung des § 218, wenn es sich um Fortdauer der Inanspruchnahme eines Kaufmanns handelt, der sein Geschäft veräußert hat, und der Geschäftserwerber nach HGB. § 25 Abs. 1, 3 in Folge Fortführung der Firma oder in Folge Publikation der Passivenübernahme den Gläubigern gleichfalls haftet; war in diesem Falle schon vor der Uebernahme die Forderung gegen den Geschäftsveräußerer rechtskräftig festgestellt, so kann dieser trotz § 218 schon fünf Jahre nach dem in HGB. § 26 Abs. 2 bezeichneten Zeitpunkte die Verjährung geltend machen und einer etwa gegen ihn versuchten Zwangsvollstreckung mit der Klage nach CPO. § 767 begegnen. Vgl. Staub, Komm. z. HGB. 6. u. 7. Aufl., Anm. 3 zu § 26.

6. Für die Uebergangszeit s. EG. Art. 169 Abs. 2.

§ 219.

Als rechtskräftige Entscheidung im Sinne des § 211 Abs. 1 und des § 218 Abs. 1 gilt auch ein unter Vorbehalt ergangenes rechtskräftiges Urtheil.

E. I, 178; II, 184; III, 214.

1. Eine Motivirung dieser eigentlich entbehrlichen Vorschrift geben M. I, 338 ff.

2. Wird der Prozeß auf Grund des Vorbehalts fortgesetzt, so wird die Verjährung von Neuem wie durch Klagerhebung unterbrochen.

3. In Betracht kommen hier folgende unter Vorbehalt ergehende Urtheile:
a) das Urtheil mit Vorbehalt der Entscheidung über die Aufrechnung nach CPO. § 302;
b) das Urtheil gegen den Erben unter dem Vorbehalte seiner beschränkten Haftung nach CPO. § 305 Abs. 1;
c) das Urtheil, welches gegen den überlebenden Ehegatten bei fortgesetzter Gütergemeinschaft unter dem Vorbehalte seiner beschränkten Haftung ergeht; s. BGB. § 1489 Abs. 2 mit CPO. § 305 Abs. 2;
d) das in der Berufungsinstanz unter Vorbehalt der Geltendmachung von Vertheidigungsmitteln ergehende Urtheil; s. CPO. §§ 540, 529 Abs. 3;
e) das Urtheil unter Vorbehalt der Rechte im Urkunden- und Wechselprozeß nach CPO. § 599.

§ 220.

Ist der Anspruch vor einem Schiedsgericht oder einem besonderen Gerichte, vor einem Verwaltungsgericht oder einer Verwaltungsbehörde geltend zu machen, so finden die Vorschriften der §§ 209 bis 213, 215, 216, 218, 219 entsprechende Anwendung.

Sind in dem Schiedsvertrage die Schiedsrichter nicht ernannt oder ist die Ernennung eines Schiedsrichters aus einem anderen Grunde erforderlich oder kann das Schiedsgericht erst nach der Erfüllung einer sonstigen Voraussetzung angerufen werden, so wird die Verjährung schon dadurch unterbrochen, daß der Berechtigte das zur Erledigung der Sache seinerseits Erforderliche vornimmt.

E I, 179; II, 185; III, 215.

1. Der Abschluß eines Schiedsvertrags zum Zwecke der Erledigung eines streitig gewordenen Anspruchs (s. CPO. §§ 1025 ff.) ist auf den Lauf der Verjährung ohne Einfluß.

2. Wird aber der Anspruch vor einem Schiedsgerichte, vor einem besonderen Gerichte (s. die in GVG. § 14 aufgezählten Gerichte, wozu künftig wahrscheinlich noch besondere kaufmännische Gerichte kommen), vor einem Verwaltungsgericht oder einer Verwaltungsbehörde (auf Grund der Landesgesetzgebung; vgl. GVG. § 13) geltend gemacht, so finden hinsichtlich der Unterbrechung der Verjährung die Vorschriften der §§ 209 bis 213, 215, 216 und hinsichtlich der Dauer der Verjährung nach rechtskräftiger Feststellung des Anspruchs die Vorschriften der §§ 218, 219 entsprechende Anwendung. Die Verjährung wird demnach (§ 209) durch Klagerhebung oder einen dieser gleichkommenden Rechtsakt unterbrochen. Hier ist EG. Art. 152 einschlägig, welcher bestimmt: „Unberührt bleiben die landesgesetzlichen Vorschriften, welche für die nicht nach den Vorschriften der CPO. zu erledigenden Rechtsstreitigkeiten die Vorgänge bestimmen, mit denen die nach den Vorschriften des BGB. an die Klagerhebung und an die Rechtshängigkeit geknüpften Wirkungen eintreten. Soweit solche Vorschriften fehlen, finden die Vorschriften der CPO. entsprechende Anwendung." Ueber die Klagerhebung und den Eintritt der Rechtshängigkeit im Verfahren vor dem Schiedsgericht enthält aber weder die CPO. noch ein anderes Gesetz eine Bestimmung. Es erhebt sich also angesichts der §§ 220 mit 209 die Frage, wann hier die Unterbrechung der Verjährung eintrete. Es kommt, wie M. I, 360 ff. sagen, darauf an, ob und wann das von dem Schiedsgerichte thatsächlich beobachtete Verfahren bis zu einem der Klagerhebung im Sinne der CPO. entsprechenden Abschnitte geführt ist. Ueber das zu beobachtende Verfahren entscheidet in erster Linie der Schiedsvertrag, in zweiter Linie das Ermessen des Schiedsgerichts.

3. Der in § 220 Abs. 1 nicht angeführte § 214 kann hier seinem ganzen Inhalte nach gar nicht in Betracht kommen. A. M. Hellmann (Vorträge S. 216), der den § 214 Abs. 2 für direkt anwendbar erklärt.

4. § 220 Abs. 2 schützt den Berechtigten gegen Verjährung seines Anspruchs für diejenigen Fälle des schiedsgerichtlichen Austrags, in welchen die Einleitung des Verfahrens ohne Verschulden des Berechtigten in bedenklicher Weise sich verzögert (M. I, 339), sei es, daß in dem Schiedsvertrag auf die Ernennung von Schiedsrichtern nicht Bedacht genommen worden ist oder daß die Ernennung eines Schiedsgerichts aus einem anderen Grunde erforderlich wird oder das Schiedsgericht erst nach Erfüllung einer sonstigen Voraussetzung angerufen werden kann. Vgl. wegen der hier in Betracht kommenden Möglichkeiten CPO. §§ 1028, 1031 ff. und P. I, 231.

Der in den Fällen des § 220 Abs. 2 dem Berechtigten gewährte Schutz besteht darin, daß die Verjährung schon unterbrochen wird, wenn er selbst „das zur Erledigung der Sache seinerseits Erforderliche vornimmt“ d. h. wenn er diejenigen Rechtshandlungen vornimmt, welche ihm obliegen, damit das Schiedsgericht bestellt sei bez. angerufen werden könne, wenn also z. B. im Falle des § 1028 er einen Schiedsrichter ernennt.

Die durch das einseitige Thätigwerden des Berechtigten eintretende Unterbrechung (Abs. 2) ist nur eine momentane; sofort beginnt eine neue Verjährung. Dieser neue Verjährungslauf wird dann wiederum unterbrochen, wenn bei nun konstituirtem Schiedsgericht ein der Klagerhebung analog zu behandelnder Akt vorgenommen wird (Abs. 1); bezüglich der Dauer dieser Unterbrechung ist § 211 entsprechend anzuwenden.

5. Auf die Geltendmachung eines Anspruchs auf Buße im Strafverfahren findet § 220 keine Anwendung.

§ 221.

Gelangt eine Sache, in Ansehung deren ein dinglicher Anspruch besteht, durch Rechtsnachfolge in den Besitz eines Dritten, so kommt die während des Besitzes des Rechtsvorgängers verstrichene Verjährungszeit dem Rechtsnachfolger zu Statten.

E. I, 181; II, 186; III, 216.

1. Schon gemeinrechtlich konnte, wer in Folge Erbgangs oder durch Singularsuccession von einem Präskribenten Besitz erhielt, sich die Verjährungszeit seines Autors gegenüber dinglichen Klagen anrechnen. Man sprach hier von einer accessio temporis. Vgl. c. 7 § 2, c. 8 § 1 Cod. 7, 39; Windscheid-Kipp Bd. 1 § 110 Anm. 5; Dernburg, Pand. Bd. 1 § 147.

2. Findet eine Rechtsnachfolge in den Anspruch selbst statt, so berührt die dadurch herbeigeführte Aenderung in der Person des Berechtigten oder Verpflichteten das Wesen des Anspruchs nicht. Die Verjährung, welche dem Anspruche zu laufen begonnen hat, setzt trotz der Rechtsnachfolge ihren Lauf fort. Der Erbe des Verpflichteten kann die bei Lebzeiten seines Erblassers verstrichene Verjährungszeit einrechnen; der aus einer Uebertragung sich ergebende neue Gläubiger muß die gegen den bisherigen verstrichene Verjährungszeit gegen sich gelten lassen. M. I, 340.

Daß dem so ist, ergiebt sich nicht aus dem vorliegenden § 221, welcher nicht von der Rechtsnachfolge in den Anspruch selbst, sondern von der Rechtsnachfolge in den Besitz einer Sache ausgeht, es erhellt vielmehr aus der in § 194 zu Tage tretenden gesetzlichen Auffassung der Verjährung als einer Anspruchsverjährung überhaupt, welche solange eine einheitliche sein muß, als eben Identität des Anspruchs besteht.

3. Die in § 221 angeordnete accessio temporis setzt einen „dinglichen Anspruch“ voraus, welcher sich auf eine im Wege der Rechtsnachfolge in den Besitz eines Dritten gelangte Sache bezieht. § 221 ist die einzige Stelle, an welcher das BGB. von einem „dinglichen Anspruche“ spricht. Der dingliche Anspruch geht wie andere Ansprüche gegen eine bestimmte Person, unterscheidet sich aber von anderen Ansprüchen dadurch, daß dem ihn begründenden Rechtsverhältnisse die Beziehung gegen eine bestimmte Person fehlt. Auch der dingliche Anspruch ist das Recht, von einem Andern etwas zu verlangen (§ 194), aber sein Grund ist nicht der, daß der Andere mir etwas leisten soll oder mir für etwas einstehen muß, sondern mein Recht unmittelbarer Einwirkung auf eine Sache. Vgl. auch Bem. 4 zu § 198, ferner Hoelder im Archiv f. d. civilist. Praxis Bd. 93 S. 19 ff. und Langheineken, Anspruch und Einrede S. 49 ff. Der dingliche Anspruch ist also keineswegs identisch mit dem ihm zu Grunde liegenden dinglichen Rechte, er macht aber, wenn er erhoben wird, zugleich dieses geltend.

Wechselt die Sache, in Ansehung deren für mich ein „dinglicher Anspruch“ besteht, ihren Besitzer, so bleibt zwar das meinem Anspruche zu Grunde liegende dingliche Recht dasselbe, aber der daraus resultirende Anspruch ist nicht mehr derselbe, er hat mit meinem Anspruche gegen den Besitzvorgänger nichts gemein. Es würde daher der Rechtslogik entsprechen, wenn auch die Verjährung meines Anspruchs gegenüber dem Besitznachfolger aufs Neue zu laufen begänne. Das BGB. zieht jedoch diese Konsequenz nicht, sondern schließt sich aus praktischen Erwägungen (vgl. M. I. 341) der im Verkehre vorherrschenden Auffassung an, nach welcher dem Besitznachfolger dieselbe Rechtslage verbleibt, die sein Vorgänger eingenommen hat, dies aber nur, sofern der Besitzerwerb des Nachfolgers ein derivativer ist. Unter dieser Voraussetzung kann der Nachfolger sich die während des Besitzes des Vorgängers verstrichene Verjährungszeit anrechnen d. h. er kann dem Anspruchsberechtigten die Verjährung entgegenhalten, wenn unter der

Fiktion, daß er selbst schon während der Besitzzeit seines Vorgängers Besitzer gewesen wäre, der Anspruch ihm gegenüber verjährt wäre.

4. Auch die während der Besitzzeit mehrerer Rechtsvorgänger verstrichene Verjährungszeit kommt dem jetzigen Besitzer zu Statten, wenn jeder der mehreren Besitzübergänge sich im Wege der Rechtsnachfolge vollzogen hat.

5. § 221 setzt voraus, daß die Sache durch Rechtsnachfolge in den Besitz des Dritten gelangt ist. Redlicher Besitz ist dabei nicht erfordert. Zu beachten ist aber, daß es sich in § 221 nur um Rechtsnachfolge in den Besitz (nicht nothwendig „Eigenbesitz") handelt. Eine solche liegt stets vor, wenn eine Sache im Wege Erbgangs auf einen Andern übergeht, da der Erbe kraft Gesetzes (s. § 857) Besitznachfolger des Erblassers wird. Im Uebrigen wird von einer „Rechtsnachfolge" in den Besitz dann gesprochen werden können, wenn der neue Besitzer besitzt auf Grund einer Willenseinigung mit dem bisherigen Besitzer und zwar auch dann, wenn das Recht zum Besitze von einem Nichtberechtigten hergeleitet wird, insoweit nur nach den Vorschriften des BGB. überhaupt Rechte von einem Nichtberechtigten hergeleitet werden können. Vgl. Crome, System Bd. 1 S. 313; Endemann, Lehrb. Bd. 1 § 93a Anm. 9. Auch dann liegt eine Rechtsnachfolge in den Besitz vor, wenn der Besitzvorgänger zwar nicht Willens, aber rechtlich verpflichtet ist, seinen Besitz zu Gunsten eines Anderen aufzugeben und der Andere thatsächlich den Besitz erlangt. Gelangt daher eine an einen Dritten veräußerte Sache in Folge später eintretender Unwirksamkeit der Uebertragung (Anfechtung wegen Betrugs, Eintritt einer auflösenden Bedingung u. s. w.) von dem Dritten in den Besitz des Veräußerers zurück, so ist der Veräußerer insoweit Rechtsnachfolger des Dritten in den Besitz im Sinne des § 221; (dagegen M. I, 341 und Planck Bem. 2 zu § 221; s. aber Hoelder, Komm. Bem. 3 zu § 221). Dem Veräußerer kommt also hinsichtlich der Verjährung der Besitz, den der Dritte in der Zwischenzeit gehabt hat, zu Gute; (zu gleichem Resultate kommen mit unzutreffender Begründung M. I, 341, zu gegentheiligem gelangt — von seinem prinzipiell verschiedenen Ausgangspunkt aus konsequent — Planck a. a. O. 1. und 2. Aufl.; in der 3. Aufl. hat Planck seine Auffassung geändert).

Die Anwendung des § 221 ist ausgeschlossen, wenn der Besitzerwerb des Nachfolgers ein rein originärer ist, also z. B. auf Ersitzung, Okkupation, Raub oder Diebstahl beruht. Sie muß nach dem Zwecke der Vorschrift ferner dann ausgeschlossen sein, wenn der Besitz des Nachfolgers zwar mit Willen des Vorgängers begründet wurde, seine Fortdauer aber auf unerlaubter Handlung (Unterschlagung) des Nachfolgers beruht.

6. Für die Fälle des § 868 ist zu beachten, daß der mit Willen des Vorgängers auf Grund eines der in § 868 genannten Rechsverhältnisse erlangte (unmittelbare) Besitz den gleichzeitigen (mittelbaren) Besitz des Vorgängers nicht ausschließt, also die Verjährung des gegen den mittelbaren Besitzer bestehenden Anspruchs weiterläuft, und daß, wenn der mittelbare Besitzer auf Grund der zu seinen Gunsten eingetretenen Verjährung dem Eigenthümer gegenüber zum Besitze berechtigt ist, nach § 986 Abs. 1 auch der unmittelbare Besitzer die Herausgabe der Sache verweigern kann.

§ 222.

Nach der Vollendung der Verjährung ist der Verpflichtete berechtigt, die Leistung zu verweigern.

Das zur Befriedigung eines verjährten Anspruchs Geleistete kann nicht zurückgefordert werden, auch wenn die Leistung in Unkenntniß der Verjährung bewirkt worden ist. Das Gleiche gilt von einem vertragsmäßigen Anerkenntnisse, sowie einer Sicherheitsleistung des Verpflichteten.

E. I, 182; II, 187; III, 217.

1. Vollendet ist die Verjährung, wenn nach ihrem Beginn (§§ 198 ff.) unter Berücksichtigung etwaiger Hemmungen (§§ 202 ff.) und Unterbrechungen (§§ 208 ff.) die Verjährungszeit (§§ 195 ff.) abgelaufen ist. Guter Glaube spielt für die Vollendung keine Rolle.

2. Die Wirkung der vollendeten Verjährung ist nach BGB. (über PLR. und cod. civ. s. Rehbein, Komm. Bd. 1 S. 332) die, daß der dem Anspruche gegenüber Verpflichtete nunmehr berechtigt ist, die geschuldete Leistung zu verweigern. Der Verpflichtete erlangt durch die Verjährung dem Anspruche gegenüber eine peremptorische Einrede (s. Bem. zu § 202 und D. 36, wo die Geltendmachung der Verjährung als „Einrede" bezeichnet wird). Die weitere Geltendmachung des Anspruchs, sei es im Wege der Klage oder im Wege der Einrede, ist damit ausgeschlossen.

Gemeinrechtlich bestand, soweit es sich nicht um dingliche, sondern um persönliche Rechte handelte, Streit über die sogen. „stärkere" oder „schwächere" Wirkung der Verjährung. Die Vertheidiger der stärkeren Wirkung, unter ihnen Windscheid (Bd. 1 § 112) und das Reichsgericht (vgl. Entsch. Bd. 2 S. 158), nehmen an, es gehe mit der Verjährung das Forderungsrecht selbst unter, das Schuldverhältniß höre auf zu existiren. Dagegen behaupten die Anhänger der schwächeren Wirkung, unter ihnen Savigny (System §§ 248 ff.) und Dernburg (Pand. Bd. 1 § 150), die Forderung bleibe bestehen, dem Berechtigten seien nur die Mittel entzogen, sie zwangsweise durchzusetzen, es bestehe also nach der Verjährung noch eine natürliche Verbindlichkeit, eine Naturalobligation.

Wie stellt sich zu dieser Frage das BGB.? In M. I, 342 wird, was sich wohl aus dem Einfluß erklärt, den die Autorität Windscheids in der I. Komm. hatte, direkt ausgesprochen, es sei die sogen. stärkere Wirkung der Verjährung anerkannt. Unseres Erachtens geht aus dem Gesetze selbst gerade das Gegentheil hervor, nämlich die Anerkennung der schwächeren Wirkung. Nicht das Recht selbst geht durch die Verjährung des Anspruchs unter, sondern nur seine zwangsweise Durchsetzung wird unmöglich gemacht. Die Verjährung ist kein Endigungsgrund für das Rechtsverhältniß; die Schuld bleibt bestehen, aber sie ist fortan eine Schuld ohne persönliche Haftung. Die Gründe für diese Auffassung sind bereits in Bem. 2 zu § 194 dargelegt.

3. Durch die Verjährung des sogen. „dinglichen Anspruchs" (vgl. § 221) verjährt nicht das dingliche Recht; dieses selbst ist unverjährbar; s. darüber Bem. 2 zu § 194. Ausnahmsweise hat aber auf Grund positiver Vorschriften die Verjährung des Anspruchs das Erlöschen des dinglichen Rechtes selbst zur Folge in den Fällen der §§ 901 und 1028.

Nach § 194 unterliegt auch das Recht, von einem Andern ein Unterlassen zu verlangen, der Verjährung. Es kann aber nicht als zutreffend erachtet werden, wenn Fischer-Henle (Bem. 2 zu § 222) sagt, bei „Ansprüchen auf Unterlassung" sei nach der Vollendung der Verjährung der Verpflichtete berechtigt, „Zuwiderhandlungen vorzunehmen". Denn mit jeder Zuwiderhandlung beginnt ein neuer selbständiger Anspruch und damit eine neue Verjährung. Gegenstand dieser Verjährung ist aber nur der Anspruch auf Beseitigung der durch die Zuwiderhandlung verursachten Beeinträchtigung. Die Wirkung der Verjährung des (eigentlich fälschlicher Weise) sogen. Unterlassungsanspruchs besteht lediglich darin, daß der Anspruchsgegner jetzt nicht mehr genöthigt werden kann, die in Folge der begangenen Zuwiderhandlung bestehende Störung zu beseitigen; keineswegs aber erhält er das Recht, neue Zuwiderhandlungen vorzunehmen. Vgl. hieher auch Bem. 3, e zu § 198.

4. Damit, daß das Gesetz § 222 Abs. 1 als Wirkung der Verjährung das Leistungsverweigerungsrecht des Verpflichteten eintreten läßt, bringt es zugleich zum Ausdruck, daß dieser, wenn er den Verjährungsschutz beansprucht, die Verjährung erst geltend machen muß. Thut er dies nicht, so liegt kein Grund vor, ihm diesen Schutz aufzudrängen. Die Verjährung wirkt also nur ope exceptionis. „Das bei der Verjährung gleichzeitig obwaltende öffentliche Interesse ist zur Genüge gewahrt, wenn der Einzelne jederzeit in der Lage ist, auf die Verjährung sich zu berufen und so seine Befreiung zu erzielen. Folge dieser Gestaltung ist einerseits, daß die Vollendung der Verjährung im Prozesse von dem Richter nicht von Amtswegen berücksichtigt werden darf, andererseits, daß auf die vollendete Verjährung einseitig mit der Wirkung verzichtet werden kann, daß der Anspruch seine volle Kraft behält." So M. I, 341. Die Möglichkeit des Verzichts auf die vollendete Verjährung steht nicht im Widerspruche mit der Regel des § 225. Dem Kläger erwächst aus solchem Verzicht eine Replik gegen die Verjährungseinrede. Die Frage der Berücksichtigung der Verjährung von Amtswegen behandelt historisch und rechtspolitisch eingehend Heymann, Das Vorschützen der Verjährung (Breslau 1895). Vgl. auch die kritischen Erörterungen von O. Fischer, Recht und Rechtsschutz S. 123 ff. und Hoelder im Arch. f. bürgerl. R. Bd. 11 S. 241 ff.

5. Die Verjährungswirkung kann auch geltend gemacht werden, wenn der Anspruch gar nicht existirt hat oder schon vor Ablauf der Verjährungsfrist erloschen ist, bezw. ohne Rücksicht darauf, ob der Anspruch existirt. Das ist zwar unlogisch, aber durch das praktische Bedürfniß unbedingt gefordert. Ein Hauptzweck des Verjährungsinstituts liegt eben darin, eine Prüfung der Gründe, aus welchen der angeblich Berechtigte die Existenz oder die Fortdauer seines Anspruchs herleitet, entbehrlich zu machen und damit die Feststellung des jetzigen Rechtszustandes zu vereinfachen.

6. Der oben in Bem. 2 ausgesprochene Gedanke, daß die verjährte Schuld eine Schuld ohne persönliche Haftung, aber immerhin noch eine Schuld ist, bewährt sich in folgenden Rechtssätzen:

a) Die verjährte Schuld ist zahlbar. Daher kann das zur Befriedigung des verjährten Anspruchs Geleistete nicht zurückgefordert werden, auch wenn die Leistung in Unkenntniß der Verjährung bewirkt worden ist. § 813 Abs. 1

läßt den Abs. 2 des § 222 ausdrücklich unberührt. Es findet also soluti retentio statt.

b) Hat der Verpflichtete, dessen Schuld verjährt ist, diese, wenn auch in Unkenntniß der Verjährung, vertragsmäßig anerkannt oder für sie eine Sicherheit geleistet, so sind diese Rechtsgeschäfte ohne Rücksicht auf die Thatsache der vollendeten Verjährung rechtswirksam. Die Verjährung der ursprünglichen Schuld begründet weder die Möglichkeit der Anfechtung noch die des Widerrufs des Anerkenntnisses bezw. der Sicherheitsleistung, noch begründet sie gegenüber der Inanspruchnahme aus diesen Rechtsgeschäften eine Einrede. Dem Anerkenntnisse oder der Sicherheitsleistung gegenüber findet keine condictio indebiti statt. Das hier in § 222 Abs. 2 gemeinte Anerkenntniß ist ganz verschieden von dem in § 208 erwähnten, welches die Verjährung unterbricht. Während letzteres nicht einmal rechtsgeschäftlicher Natur zu sein braucht (s. Bem. 3 zu § 208), ist in § 222 ein vertragsmäßiges Anerkenntniß vorausgesetzt. Die II. Komm. (vgl. P. I, 235) scheint dabei das abstrakte Schuldanerkenntniß des jetzigen § 781 im Auge gehabt zu haben. Darnach wäre also regelmäßig (abgesehen von den Fällen des § 782 und HGB. § 350) Schriftform erforderlich. Diese Ansicht vertreten Endemann, Lehrbuch Bd. 1 § 93b Anm. 8; Crome, System Bd. 1 S. 521 Anm. 10; Fischer-Henle, Bem. 3 zu § 222; Hoelder, Komm. Bem. 3 zu § 222; Planck Bem. 3, b zu § 222; Gareis, Komm. Bem. 3 zu § 222. Aus dem hier allein entscheidenden § 222 läßt sich aber nur das Erforderniß der Vertragsmäßigkeit, nicht zugleich das der Schriftlichkeit des Anerkenntnisses entnehmen. Es ist daher zwar die Einigung zwischen Schuldner und Gläubiger wesentlich, nicht aber die Beobachtung einer bestimmten Form. Demnach liegt ein Anerkenntniß im Sinne des § 222 Abs. 2 auch dann vor, wenn z. B. ein vom Gläubiger angenommenes Versprechen des Schuldners vorliegt, ratenweise Zahlung zu leisten, oder wenn nach Ablauf der Verjährung der Schuldner um Stundung bittet und der Gläubiger die Bitte gewährt. Uebereinstimmend Rehbein, Komm. Bd. 1 S. 303; Dernburg, Bürg. R. Bd. 1 S. 535.

c) Die verjährte Forderung kann zur Aufrechnung benutzt werden, wenn sie nur zu der Zeit, zu welcher die Möglichkeit ihrer Aufrechnung gegen die andere Forderung entstand, noch nicht verjährt war. S. § 390 und Bem. dazu in Bd. II sowie P. I, 362ff.

d) Die Sachhaftung aus den für den Anspruch etwa bestehenden Hypotheken oder Pfandrechten bleibt trotz der Verjährung des Anspruchs bestehen. S. darüber § 223 und Bem. dazu.

e) Wer ohne rechtlichen Grund eine Verbindlichkeit eingeht, behält nach § 821 sein Erfüllungsverweigerungsrecht auch dann, wenn der Anspruch auf Befreiung von der Verbindlichkeit verjährt ist. Ferner: Erlangt Jemand durch eine von ihm begangene unerlaubte Handlung eine Forderung gegen den Verletzten, so kann nach § 853 der Verletzte die Erfüllung auch dann verweigern, wenn der Anspruch auf Aufhebung der Forderung verjährt ist. S. ferner §§ 478, 490 Abs. 3. Vgl. hieher auch Bem. 8 zu § 194.

§ 223.

Die Verjährung eines Anspruchs, für den eine Hypothek oder ein Pfandrecht besteht, hindert den Berechtigten nicht, seine Befriedigung aus dem verhafteten Gegenstande zu suchen.

Ist zur Sicherung eines Anspruchs ein Recht übertragen worden, so kann die Rückübertragung nicht auf Grund der Verjährung des Anspruchs gefordert werden.

Diese Vorschriften finden keine Anwendung bei der Verjährung von Ansprüchen auf Rückstände von Zinsen oder anderen wiederkehrenden Leistungen.

E. I, 183; II, 188; III, 218.

1. Schon nach römischem Rechte wurde, wie aus c. 7 Cod. 7, 39 hervorgeht, durch die Verjährung des persönlichen Anspruchs die Haftung des zu seiner Sicherung bestellten Pfandes nicht aufgehoben. Diesen Standpunkt theilten das PLR. Thl. 1 Tit. 20 §§ 247, 248 und das österr. GB. § 1483.

2. Auch das BGB. läßt in § 223 Abs. 1 die Sachhaftung der für den Anspruch zu dessen Sicherung bestellten Mobiliarpfänder oder hypothekarisch belasteten Grundstücke trotz der Verjährung des Anspruchs fortbestehen; der Gläubiger kann daraus immer noch seine Befriedigung suchen. Ueber die juristische Konstruktion dieser fortdauernden Pfandhaftung sind M. I, 344 sowie Planck (Bem. 1 zu § 223) im Zweifel. Die Motive a. a. O. sagen: „Ob die Vorschrift dahin aufzufassen ist, die Forderung bleibe bis zur Höhe des Werthes des Pfandes und unter Beschränkung auf die Befriedigung aus demselben unverjährt, oder dahin, die verjährte Forderung bestehe nur insoferne fort, als das Pfandrecht seiner accessorischen Natur wegen einer Grundlage bedürfe, darf dahingestellt bleiben." Diese beiden Konstruktionsversuche haben etwas Gekünsteltes. Das πρῶτον ψεῦδος, von dem sie beide ausgehen, ist die in der ersten Komm. herrschende Anschauung, daß der Verjährung von Haus aus die sog. „stärkere Wirkung" zukomme; s. Bem. 2 zu § 222. Von unserer Annahme der „schwächeren Wirkung" aus läßt sich die fortdauernde Pfandhaftung ganz natürlich erklären: die Verjährung äußert ihre Wirkung nur in dem Fortfalle der persönlichen Haftung des Schuldners (seinem Leistungsverweigerungsrecht); das Schuldverhältniß als solches aber bleibt bestehen und zwar nicht nur „bis zur Höhe des Werthes des Pfandes", sondern in vollem Umfange, soweit keine Befriedigung eingetreten ist. Auch wäre es durchaus unlogisch, wenn die Forderung deßhalb fortbestünde, damit das Pfandrecht, das wegen seiner accessorischen Natur einer Grundlage bedarf, einer solchen nicht entbehrt. Vielmehr ist es umgekehrt: weil die Forderung fortbesteht, besteht die Möglichkeit einer Fortdauer der Pfandhaftung.

3. Ganz aus demselben Gedanken erklärt sich die Vorschrift des Abs. 2, nach welcher, wenn zur Sicherung des Anspruchs ein Recht übertragen worden ist, die Rückübertragung nicht auf Grund der Verjährung des Anspruchs gefordert werden kann. Es handelt sich dabei um sog. fiduciarische Geschäfte; s. darüber Bem. VI, H der Einl. z. dritt. Abschn. (vor § 104). Dabei ist gleichgültig, ob die Forderung durch Uebertragung des Eigenthums oder eines anderen Rechtes z. B. einer Grundschuld sicher gestellt ist. Die Rückübertragung des fiduciarisch übertragenen Rechtes könnte gefordert werden, wenn durch die Verjährung die Schuld, zu deren Sicherung das Recht fiduciarisch übertragen wurde, zu einer Nichtschuld geworden wäre. In Wahrheit bleibt aber die Schuld, wenn auch als eine klaglose, bestehen und ist daher kein Anlaß zur Gewährung jener condictio gegeben. Eine Inkonsequenz liegt nur darin, daß § 223 nicht auch auf den Fall einer Sicherung des Anspruchs durch Stellung eines Bürgen ausgedehnt wurde.

4. § 223 Abs. 1, 2 ist nicht anwendbar, wenn der Anspruch durch eine Vormerkung gemäß §§ 883 ff. gesichert ist. In diesem Falle greift § 886 Platz, wonach Beseitigung der Vormerkung verlangt werden kann, wenn gegen die Geltendmachung des durch die Vormerkung gesicherten Anspruchs eine peremptorische Einrede besteht.

5. Dernburg (Bürg.R. Bd. 1 S. 335 Anm. 9) lehnt unter Berufung auf Rehbein, Komm. Bd. 1 S. 334, und RGE. Bd. 36 S. 116 die Anwendung des § 223 schlechthin ab für die Fälle einer Sicherung des Anspruchs durch ein gesetzliches Pfandrecht; insbesondere sei § 223 nicht auf das Pfandrecht des Vermiethers, des Verpächters, des Schiffsgläubigers zu beziehen. Diese Verneinung dürfte aber in ihrer Allgemeinheit schwerlich gerechtfertigt sein. Zunächst spricht gegen sie der Wortlaut des Gesetzes selbst, welches in § 223 Abs. 1, ohne eine weitere Unterscheidung zu machen, einfach von einem „Pfandrecht" spricht, und welches in § 1257 befiehlt, die Vorschriften über das durch ein Rechtsgeschäft entstandene Pfandrecht auf ein kraft Gesetzes entstandenes Pfandrecht entsprechend anzuwenden. Auch liegt, sofern man überhaupt einmal sich zur Theorie von der „schwächeren Wirkung" der Verjährung bekennt (— und das thut grundsätzlich auch Dernburg —), kein zwingender Grund vor, die Sachhaftung des gesetzlichen Pfandes eher preiszugeben als die des gewillkürten. Daß die Beschränkungen und speziellen Endigungsgründe zu beachten sind, welchen das gesetzliche Pfandrecht selbst in Folge besonderer gesetzlicher Bestimmungen (s. speziell für das Pfandrecht des Vermiethers §§ 559, 560, 561 Abs. 2) unterliegt, ist selbstverständlich.

6. Durch § 223 werden die §§ 1169, 1254 für diejenigen Fälle außer Anwendung gesetzt, für welche die in den letzteren Vorschriften vorausgesetzte Einrede die Einrede der Verjährung ist. Vgl. M. I, 344.

7. Wiederkehrende Leistungen sind dadurch charakterisirt, daß sie gleichartig sind und auf Grund desselben Rechtsverhältnisses in Zeitabständen zu entrichten sind.

Die in Abs. 3 des § 223 vor Allem im Interesse des Pfandeigenthümers getroffene (vgl. M. I, 344) Ausnahmebestimmung greift Platz, ohne Rücksicht darauf, ob die betreffenden Leistungen in regelmäßigen Zeiten wiederkehren oder nicht, und bezieht sich nach der Fassung, welche sie in der II. Komm. (P. I, 183) erhalten hat, auf Abs. 1 und auf Abs. 2, also auch auf den Fall einer zur Sicherung eines Anspruchs erfolgten fiduciarischen Rechtsübertragung. Ist also die Forderung auf die wiederkehrende

Leistung verjährt (vgl. § 197 und Bem. 3, d zu § 198), so kann auch die Sachhaftung des zu Gunsten dieser Leistungen etwa hypothekarisch belasteten Grundstücks bezw. des Mobiliarpfandes nicht mehr in Anspruch genommen werden und kann, falls die Hypothek bezw. das Mobiliarpfandrecht lediglich zur Sicherung jener Leistung bestanden haben, die Löschung der Hypothek bezw. die Rückgabe des Mobiliarpfandes begehrt werden; ferner kann das zur Sicherung der nunmehr gewährten Forderung etwa fiduciarisch übertragene Recht kondizirt werden.

§ 224.

Mit dem Hauptanspruche verjährt der Anspruch auf die von ihm abhängenden Nebenleistungen, auch wenn die für diesen Anspruch geltende besondere Verjährung noch nicht vollendet ist.

E. I, 184; II, 189; III, 219.

1. § 224 wiederholt, wenigstens soweit es sich um Früchte und Zinsen handelt, dem Sinne nach eine in c. 26 pr. Cod. 4, 32 überlieferte Verordnung Justinians von 528. § 224 steht auch im Einklange mit dem preußischen, französischen, österreichischen und sächsischen Rechte.

2. Unter „Nebenleistungen" sind gesetzliche und vertragsmäßige Zinsen, Früchte, Nutzungen, Kosten, Provisionen zu verstehen; in CPO. § 4 werden auch „Schäden" genannt; deren Ersatz dürfte aber regelmäßig nicht als Gegenstand eines abhängigen Anspruchs auf eine Nebenleistung, sondern als Gegenstand des Hauptanspruchs erscheinen. Die Verjährung des Anspruchs auf die abhängige Nebenleistung kann später beginnen als die des Hauptanspruchs, sie kann aber auch an sich von längerer Dauer sein, so wenn es sich um Zinsen aus einer nach § 196 der zweijährigen Verjährung unterliegenden Forderung handelt; in jedem Falle soll aber die Verfolgbarkeit der Nebenleistung in der Verfolgbarkeit des Hauptanspruchs ihre zeitliche Grenze finden.

3. Für Ansprüche auf selbständige d. h. von einem Hauptrechte nicht abhängige wiederkehrende Leistungen (Alimentationsansprüche, Leibrentenansprüche) gilt § 224 nicht. E. I § 184 hatte die Bestimmung, daß bei wiederkehrenden Leistungen mit der Verjährung des „Anspruchs im Ganzen" auch der Anspruch auf die fälligen einzelnen Leistungen verjährt sei. Das BGB. aber kennt keinen „Anspruch im Ganzen"; s. Bem. 3, d zu § 198.

§ 225.

Die Verjährung kann durch Rechtsgeschäft weder ausgeschlossen noch erschwert werden. Erleichterung der Verjährung, insbesondere Abkürzung der Verjährungsfrist, ist zulässig.

E. I, 185; II, 190; III, 220.

1. Unverjährbare Rechte (s. Bem. 5, 6, 7 zu § 194) können nicht durch Belieben der Parteien zu verjährbaren werden. Das ist im BGB. nicht wie im sächs. GB. (§ 152) ausdrücklich ausgesprochen, aber als selbstverständlich vorausgesetzt.

2. Da das Verjährungsinstitut nicht nur privaten, sondern zugleich öffentlichen Interessen dient (vgl. Vorbem. 2 vor § 194), werden in § 195 die Verjährungsvorschriften insofern für zwingendes Recht erklärt, als die Verjährung durch Rechtsgeschäft weder ausgeschlossen noch erschwert werden kann. Es kann also auf die Verjährung im Voraus weder einseitig noch vertragsmäßig verzichtet werden, die Dauer der Verjährung kann nicht verlängert werden, ihr gesetzlicher Beginn kann nicht unmittelbar hinausgeschoben werden, in Bezug auf Hemmung und Unterbrechung können keine den Ablauf der Verjährung erschwerenden Abreden getroffen werden. Rechtsgeschäfte, welche gegen § 225 Satz 1 verstoßen, sind nichtig.

Wohl aber können Vereinbarungen getroffen werden, welche die Fälligkeit des Anspruchs hinausschieben und damit mittelbar auch den Beginn der Verjährung verzögern, so bei sogen. Besserungsscheinen. S. Dernburg, Bürg. R. Bd. 1 S. 512.

3. Ausnahmen von dem Grundsatze des § 225 Satz 1 enthalten die §§ 477 Abs. 1, 486, 638 Abs. 2; ferner HGB. §§ 414 Abs. 1, 423, 439.

4. Die Erleichterung der Verjährung, insbesondere die Abkürzung der Verjährungsfrist durch Privatwillkür, ist durch § 225 Satz 2 zugelassen. „Derartige Verfügungen fördern den Verjährungszweck"; M. I, 346. In der Praxis wird aber die von den Parteien gewünschte Abkürzung der Klagemöglichkeit sehr häufig nicht durch

eine Abkürzung der Verjährungsfrist herbeigeführt, sondern dadurch, daß rechtsgeschäftlich bestimmt wird, das Recht sei innerhalb einer bestimmten Frist geltend zu machen, widrigenfalls es als nicht entstanden oder als verloren anzusehen sei, also durch Setzung einer Ausschlußfrist: so namentlich bei Zeitkaufgeschäften und in Versicherungspolizen. Vgl. Rehbein, Komm. Bd. 1 S. 300; Dernburg, Bürg. R. Bd. 1 S. 512.

Sechster Abschnitt.

Ausübung der Rechte. Selbstvertheidigung. Selbsthülfe.

Vorbemerkungen.

1. Stellung dieses Abschnitts im System und Inhalt im Allgemeinen. Die Verwirklichung privater Rechte überläßt die Rechtsordnung grundsätzlich dem Interessenten selbst. Sie kann es ihm aber, soll der allgemeine Rechtsfriede gewahrt werden, nicht überlassen, zum Zwecke dieser Verwirklichung gegen die Rechtsgenossen mit Zwang selbst vorzugehen. Wer ohne Anwendung von Zwang sein Recht nicht durchsetzen kann, muß die zur Feststellung der Zwangsberechtigung und zur Ausübung des Zwanges berufenen staatlichen Organe anrufen. Die Normirung des dabei zu beobachtenden Verfahrens ist nicht Aufgabe einer Privatrechtsordnung, sondern des öffentlichen Rechtes, vornehmlich des Prozeßrechts. Freilich kann die Durchführung des gerichtlichen Verfahrens in ihren einzelnen Phasen zu einer Beeinflussung privater Rechte in ihrem materiellen Bestande führen; es sei nur an die materiellrechtlichen Wirkungen der Rechtshängigkeit und der Rechtskraft erinnert. Auch abgesehen davon giebt es Normengruppen, die sowohl für das bürgerliche Recht als auch für das Prozeßrecht von Bedeutung sind, bezüglich deren es daher weniger Frage der Systematik als Frage der Zweckmäßigkeit ist, ob sie in der Privatrechtsordnung oder in der Prozeßordnung Platz finden sollen; dahin gehören namentlich die Regeln der Beweislast. Das BGB. hat im Gegensatze zum E. I weder allgemeine Vorschriften über das Urtheil noch allgemeine Vorschriften über den Beweis aufgenommen.

Von dem Grundsatze, daß ein Zwang zur Vertheidigung und Durchsetzung von Privatrechten nur durch Inanspruchnahme der staatlichen Macht- und Zwangsmittel geübt werden kann, muß jede Rechtsordnung, will sie nicht selbst zur Entwerthung subjektiver Rechte des einzelnen Rechtsgenossen beitragen, gewisse Ausnahmen zulassen. Die typische Normirung und Abgrenzung dieser Ausnahmen ist Zweck und Aufgabe dieses Abschnitts des ersten Buches. Sie war seine ausschließliche Aufgabe im E. I. Hier war dieser Abschnitt (als achter Abschnitt) überschrieben: „Selbstvertheidigung und Selbsthülfe"; sein Inhalt war im Wesentlichen der der jetzigen §§ 227—231.

§ 227 behandelt die Selbstvertheidigung aus Nothwehr. § 228 erlaubt die sogen. vertheidigende Nothstandshandlung; das Gegenstück, die sogen. angreifende Nothstandshandlung ist nicht in diesem Abschnitte, sondern in dem mit § 228 in nahem Zusammenhange stehenden § 904 in Form einer allgemeinen Eigenthumsbeschränkung geregelt. Die §§ 229—231 behandeln die Selbsthülfe.

Erst auf Antrag der RTK. wurde durch den Reichstag diesem Abschnitte der jetzige § 226 (sogen. Chikaneparagraph) beigefügt. Wegen dieses Zusatzes wurde auch die Ueberschrift des Abschnitts erweitert, indem die Worte: „Ausübung der Rechte" vorangestellt wurden, obwohl nicht einzusehen ist, inwiefern gerade § 226 dazu einen besonderen Anlaß bot. Denn auch bei der Selbstvertheidigung und Selbsthülfe (§§ 227—231) handelt es sich um eine Ausübung der Rechte, und zwar um eine anomal qualifizirte Art der Ausübung, während § 226 eine Beschränkung der Ausübung bezweckt.

2. Dieser Abschnitt behandelt nicht alle Fälle von Selbsthülfe. Vielmehr ergeben sich aus dem Rechte der Schuldverhältnisse und dem Sachenrechte noch eine Reihe besonderer Fälle erlaubter Selbsthülfe. Dahin gehören das Selbsthülferecht des Vermiethers, des Verpächters und des Gastwirths nach §§ 561, 581, 704, das Selbsthülferecht des Besitzers

gegen verbotene Eigenmacht nach §§ 859, 860, 865, 1029; das nach Maßgabe des § 910 dem Grundstückseigner zustehende Recht, vom Nachbargrundstück eindringende Wurzeln oder überhängende Zweige abzuschneiden; ferner das unbeschränkte Verfolgungsrecht, welches gemäß § 962 für den Eigenthümer des ausgezogenen Bienenschwarmes besteht, in beschränkterem Maße der Abholungsanspruch gemäß §§ 867, 1005.

3. Zu den Fällen erlaubter Selbsthülfe gehört auch das auf altgermanischer Grundlage beruhende Privatpfändungsrecht. Die Regelung dieses Instituts ist wegen seines nahen Zusammenhangs mit dem Agrarrechte der einzelnen Staaten durch EG. Art. 89 der Landesgesetzgebung überlassen. S. hierüber Bem. zu EG. Art. 89 und Bayr. Feldschadengesetz vom 6. März 1902; auch Cosack Bd. 1 S. 294 ff.

§ 226.*)

Die Ausübung eines Rechtes ist unzulässig, wenn sie nur den Zweck haben kann, einem Anderen Schaden zuzufügen.

E. I, —; II, —; III, —.

1. Grundsätzlich darf Jedermann die ihm zustehenden subjektiven Rechte ausnutzen ohne Rücksicht darauf, ob dadurch etwa Interessen der Rechtsgenossen beeinträchtigt werden, sofern er sich nur an die Schranken der Rechtsordnung hält (vgl. Dernburg, Pand. Bd. 1 § 41). Speziell für das Eigenthum giebt BGB. § 903 den Satz, daß der Eigenthümer, soweit nicht das Gesetz oder Rechte Dritter entgegenstehen, mit seiner Sache nach Belieben verfahren und Andere von jeder Einwirkung ausschließen darf. Schranken, welche die Ausnützung des eigenen Rechtes eindämmen, fanden sich namentlich von jeher im Nachbarrecht in Form der sogen. „gesetzlichen Eigenthumsbeschränkungen"; vgl. jetzt BGB. §§ 905 ff. und ferner die Zusammenstellung der Eigenthumsbeschränkungen überhaupt in Bem. IV zu § 903. Derartige Beschränkungen bestanden und bestehen ohne Bezugnahme auf die Zwecke, die der Berechtigte mit einer ungehinderten Ausnützung seines Rechtes verfolgen möchte. Vielleicht wäre es besser, hier überhaupt nicht von Beschränkungen, sondern von näheren Inhaltsbestimmungen des Rechtes zu sprechen; die Vorstellung von einer „Beschränkung" steht wohl im Zusammenhange mit dem durch die einseitig romanistische Doktrin des gemeinen Rechtes genährten Dogma, daß das Eigenthum begrifflich das Recht unbeschränkter Herrschaft über die Sache sei, einem Satze, welcher vielleicht (— obwohl man auch darüber Zweifel haben kann —) der spezifisch römischen Rechtsauffassung entspricht, im Uebrigen aber weder historisch noch rechtsphilosophisch sich rechtfertigen läßt.

Mit den im Vorstehenden erwähnten „Beschränkungen" in keinem nothwendigen Zusammenhange steht der in § 226 zum Ausdruck kommende Gedanke, daß die Rechtsausübung dann unzulässig sei, wenn sie sich als offensichtlich gewollte Chikane des Rechtsgenossen, als bösen Rechtsmißbrauch darstellt. Dieser Gedanke ist nicht neu. Schon im Röm. R. findet sich neben der mehrfach überlieferten Regel, daß nullus videtur dolo facere, qui iure suo utitur (l. 55 D. 50 § 17; vgl. l. 151 ibid., l. 3 § 2 D. 43, 29) auch das Wort des Celsus: neque malitiis indulgendum est (l. 38 D. 6, 1). In älteren deutschen Rechten tritt uns die Mißbilligung der chikanösen Rechtsausnützung namentlich als Verbot des Neidbaus entgegen; so z. B. in Art. 27 der Münchener Bauordnung von 1489.

2. Ueber die Entstehungsgeschichte des jetzigen § 226 sei kurz Folgendes bemerkt: In der II. Komm. (s. P. I, 238 ff.) war der Antrag gestellt worden, die Vorschrift aufzunehmen: „Ein Anspruch kann von demjenigen, gegen welchen er geltend gemacht wird, zurückgewiesen werden, wenn die Geltendmachung unter den Umständen des Falles gegen die guten Sitten verstößt"; und eventuell: „Ein Anspruch kann von demjenigen, gegen welchen er geltend gemacht wird, zurückgewiesen werden, wenn erhellt, daß die Geltendmachung für den Berechtigten kein Interesse hat, dem Gegner aber erheblichen Nachtheil bringen werde." Der Zweck dieser Anträge war, einerseits durch die Aufstellung eines beschränkten Chikaneverbots, andererseits durch die Anerkennung der sog. exceptio

*) Literatur: Pernice, Labeo 2. Aufl. Bd. 2 S. 57 ff.; Bauke, Rechtswissenschaftliche Untersuchungen (1897) S. 5 ff.; Steinbach, Die Moral als Schranke des Rechtserwerbs und der Rechtsausübung (1898); Fuld, Der Chikaneparagraph des BGB. in Bl. f. RA. Bd. 63 (1898) S. 501 ff.; Blümner, Zur Lehre vom böswilligen Rechtsmißbrauch (1900); Jacubezky in Gruchot, Beitr. Bd. 40 S. 591 ff.; Ramdohr, ebenda Bd. 46 S. 577 ff., 806 ff.; R. Leonhard, Allg. Theil S. 150; Endemann, Lehrb. Bd. 1 § 84 a; Crome, System Bd. 1 S. 529 ff.

doli generalis der Rechtsprechung ein zur Berücksichtigung der aequitas gegenüber dem formellen Rechte dienliches Mittel an die Hand zu geben und der Neigung des Richterstandes zu einer lediglich den Buchstaben des Gesetzes zur Geltung bringenden Rechtsprechung entgegenzuwirken. Die Komm. lehnte jedoch den Hauptantrag ab, worauf der Eventualantrag zurückgezogen wurde. Gegen die Zulassung der exceptio doli generalis wurde namentlich geltend gemacht, durch diese werde in höchst bedenklicher Weise an Stelle der festen Rechtsnorm das subjektive Gefühl des Richters gesetzt und die Grenze zwischen Recht und Moral verwischt. Dieser rein negative Standpunkt der Mehrheit der II. Komm. wurde jedoch wieder verlassen. Zunächst schob der Bundesrath in den Entwurf des § 887 Abs. 2 die Bestimmung ein: „Eine Ausübung des Eigenthums, die nur den Zweck haben kann, einem Andern Schaden zuzufügen, ist unzulässig". (Vgl. die ähnliche Bestimmung PLR. Thl. I Tit. 8 § 28.) In der RTK. wurde dann das, was jener § 887 Abs. 2 E. III nur für das Eigenthum bestimmte, in Form des jetzigen § 226 zu einem allgemeinen Grundsatz erhoben und in den Allgemeinen Theil gestellt. Das Plenum des Reichstags nahm den Chikaneparagraphen ohne Diskussion an.

3. § 226 hat unverkennbar einen starken ethischen Gehalt. Er ist eine der mannigfachen Vorschriften des BGB., durch welche einer rein egoistischen Interessenverfolgung die zu Rechtsnormen erhobenen Gebote der heutigen sozialen Ethik hemmend entgegengestellt werden. Eine Zusammenstellung anderer die gleiche Grundtendenz verfolgender Vorschriften s. in Bem. 1 zu § 157.

4. § 226 setzt keineswegs, wie in der II. Komm. von ähnlichen Vorschriften befürchtet wurde, an Stelle der festen Rechtsnorm das subjektive Gefühl des Richters. Gegen eine Uebertreibung der in § 226 verfolgten Tendenz schützt genügend sein Wortlaut. Dieser ist allerdings streng zu beachten. Aus ihm ergiebt sich Folgendes:

a) § 226 verneint nicht das Bestehen des Rechtes selbst, sondern nur die Möglichkeit seiner Ausübung. Es wird auch durch ein wegen Chikane abweisendes Urtheil keineswegs mit Rechtskraft festgestellt, daß die Rechtsausübung überhaupt unzulässig sei; sie kann in andern Fällen als dem judikatmäßig entschiedenen zulässig sein, wenn sie jetzt einen andern Zweck verfolgt. Ganz anders § 138, welcher das durch sittenwidriges Rechtsgeschäft entstehende Recht in seiner Existenz verneint.

Ueber das Verhältniß der §§ 226 und 826 s. Bem. zu § 826 und Oertmann in D. Jur.Z. Bd. 8 S. 325 ff. In der Begebung eines Wechsels, welche erfolgt, um dem Wechselschuldner die Einrede aus § 66 des Börsengesetz. abzuschneiden, ist nicht die Ausübung eines Rechtes zu finden, auf welche § 226 Anwendung finden könnte, sondern eine Handlung, die gegen § 826 verstößt; RGE. Bd. 51 S. 357 ff.

b) § 226 setzt voraus, daß die Rechtsausübung keinen andern Zweck haben kann, als den, einem Andern Schaden zuzufügen. Der bezweckte Schaden braucht nicht gerade Vermögensschaden zu sein; auch ist nicht vorausgesetzt, daß der Schädigende eine bestimmte Vorstellung von der Person dessen habe, den er schädigt; vgl. Hoelder, Komm. Bem. 3 zu § 226. Zur Anwendung des § 226 genügt nicht die Feststellung der Absicht der Chikane, sondern es muß in der Ueberzeugung des Richters feststehen, daß eine gleichzeitige andere Absicht ausgeschlossen ist. Kann die Rechtsausübung verschiedenen Zwecken dienen, so ist, wenn auch die Schädigung des Andern zweifellos ist, § 226 nicht anwendbar, da er eben Exklusivität des Schädigungszwecks voraussetzt. Vgl. Entsch. d. bayr. Oberst. LG. im „Recht" 1900 S. 556. Daraus ergiebt sich, daß eine Eideszuschiebung über die Chikaneabsicht unzulässig ist. Zwar kann auch das Vorhandensein einer bestimmten Absicht Gegenstand der Eideszuschiebung sein; dem steht CPO. § 445 nicht entgegen (s. L. Seuffert, Komm. z. CPO. 8. Aufl. Bem. 1 zu § 445; anders Dernburg, Bürg. R. Bd. 1 S. 110); aber die bloße Thatsache der Chikaneabsicht ist hier keine rechtserhebliche, da aus ihr für die Anwendung des § 226 noch nichts folgt. In gleichem Sinne Crome, System Bd. 1 S. 531. (Crome müßte übrigens von seinem Standpunkt aus die Zulässigkeit der Eideszuschiebung schon aus dem Grunde verneinen, weil er annimmt, das Chikaneverbot sei von Amtswegen zu berücksichtigen; s. darüber unten Bem. 6.)

5. Aus § 226 kann eine Einrede hergeleitet werden, welche demjenigen zusteht, der auf Grund eines dem Gegner zustehenden aber lediglich zu Chikanezwecken ausgeübten Rechtes in Anspruch genommen wird (a. M. Planck Bem. 2 zu § 226). Diese Einrede der Chikane ist eine der verschiedenen jetzigen Erscheinungsformen der ehemaligen

exceptio doli generalis; vgl. über diese auch Bem. VIII (letzter Absatz) zu § 123 und Bem. 6 zu § 157 sowie auch Flechtheim in Gruchot, Beitr. Bd. 44 S. 87 ff.

Es ist aber auch nicht ausgeschlossen, daß auf Grund des § 226 Klage erhoben werde, z. B. um die Beseitigung einer auf fremdem Eigenthum getroffenen Einrichtung durchzusetzen und um Schadensersatz zu begehren (so Endemann Bd. 1 S. 360); regelmäßig aber wird sich in solchen Fällen die Klage anderweitig (s. namentlich §§ 906 ff.) begründen lassen.

6. Ist das Chikaneverbot vom Richter von Amtswegen zu berücksichtigen? Crome (System Bd. 1 S. 531) bejaht die Frage, da es sich um eine „öffentlichrechtliche Vorschrift" handle; ähnlich Endemann Bd. 1 § 84, a unter 2. Dernburg (Bürg. R. Bd. 1 S. 110) verneint sie, da es sich „um den Schutz privater Interessen" handle. Die Verneinung dürfte den Vorzug verdienen. Macht der Geschädigte die Chikane des Gegners nicht geltend, so deutet das erfahrungsgemäß darauf hin, daß er sie als solche nicht empfindet. Eine Chikane, die als solche nicht empfunden wird, auf rein privatrechtlichem Gebiete von Amtswegen hintanzuhalten, mag der Polizeistaat zu seinen Aufgaben zählen, nicht aber der Rechtsstaat.

7. Oertlich und zeitlich ist das Chikaneverbot des § 226 auf jede Rechtsausübung anzuwenden, die im Inlande nach dem 31. Dezember 1899 vorgenommen werden will. S. Cosack Bd. 1 S. 300. Vgl. Entsch. des Kammerger. vom 1. September 1900 in Rspr. d. OLG. Bd. 1 S. 439.

8. § 226 ist, wie schon hervorgehoben wurde, nur anzuwenden, wenn die Rechtsausübung nur den Chikanezweck und keinen anderen haben kann. Ob diese Voraussetzung vorliegt, kann in jedem Einzelfalle nur nach den konkreten Umständen beurtheilt werden. Es läßt sich nicht von vornherein typisch feststellen, welche Thatumstände zur Anwendung des § 226 führen müssen. Daraus ergiebt sich schon, daß Präjudizien hier nur mit großer Vorsicht verwerthbar sind. Nur unter diesem ausdrücklichen Hinweise sollen im Folgenden Fälle aus der Praxis angeführt werden:

Das berechtigte Interesse, ein verpachtetes Grundstück in dem früheren Zustande zurückzuerhalten, schließt die Anwendung des § 226 auf das Verlangen, ein auf dem Grundstück inzwischen erbautes massives Haus niederzureißen, aus; RGE. vom 2. Juli 1900 in D. Jur.Z. Jahrg. 1900 S. 481 (vgl. oben Bem. 4, b). Wenn der Gläubiger nur einen Theil der Pfandstücke versteigern läßt, so ist darin selbst dann keine Chikane zu erblicken, wenn er damit einen Druck auf den Schuldner ausüben will; Entsch. d. Kammerger. in Rspr. d. OLG. Bd. 4 S. 144. Die Wirksamkeit eines Konkurrenzverbots ist nicht davon abhängig, daß auf Seiten des Berechtigten ein Konkurrenzgeschäft vorhanden ist; RGE. vom 24. Oktober 1900 im „Recht" 1901 S. 44. (§ 226 versagt auch, wie Endemann Bd. 1 S. 361 mit Recht annimmt, bei ausbeuterischen Verträgen der Kartelle, „Ringe", Trusts.) Die Pfändung der Forderung eines Bauunternehmers aus dem Baugeldervertrag auf Gewährung der auf dem Baugrundstücke sichergestellten Baugelderraten ist aus dem Gesichtspunkte der Zwecklosigkeit einer solchen Maßnahme unzulässig; Entsch. d. OLG. Dresden vom 7. Dezember 1901 in Seuff. Arch. Bd. 57 S. 343. — Vgl. auch Entsch. d. OLG. Jena vom 28. April 1902 in Rspr. d. OLG. Bd. 5 S. 62; RGE. Bd. 48 S. 141 ff., Bd. 54 S. 434 ff.; Bayr. Oberst. LG. n. F. Bd. 3 (1903) S. 753 ff.; ferner die bei Dernburg (Bürg. R. Bd. 1 S. 109) citirte noch preußischrechtliche Entsch. d. OLG. Marienwerder in Jur. Monatsschr. f. Posen Jahrg. 1900 S. 21.

§ 227.*)

Eine durch Nothwehr gebotene Handlung ist nicht widerrechtlich.

Nothwehr ist diejenige Vertheidigung, welche erforderlich ist, um einen gegenwärtigen rechtswidrigen Angriff von sich oder einem Anderen abzuwenden.

E. I, 186; II, 191; III, 221.

---

*) Literatur zu diesem und den folgenden §§: von Thur, Der Nothstand im Civilrecht (1888); Tobler, Die Grenzgebiete zwischen Nothstand und Nothwehr (1894); Rudolf Merkel, Die Kollision rechtmäßiger Interessen und die Schadensersatzpflicht bei rechtmäßigen Handlungen (1895); M. Rümelin, Die Gründe der Schadenszurechnung (1896); Titze, Die Nothstandsrechte im BGB. (1897); Schläger, Die Rechtswidrigkeit des Angriffs bei der Nothwehr (1897); von Kallina, Nothwehr gegenüber Amtshandlungen (1898); v. Liszt, Die Deliktsobligationen im System des BGB. (1898); Schollmeyer, Das Recht der Nothwehr im BGB. (1899); Jürgen, Der Nothstand im bürgerl. Recht

1. Die Bedeutung erlaubter Selbstvertheidigung liegt sowohl auf dem Gebiete des Strafrechts als auch auf dem des bürgerlichen Rechtes. Das StGB. bezeichnet in § 53 die durch Nothwehr gebotene Handlung als eine nicht strafbare, das BGB. erklärt in § 227 die durch Nothwehr gebotene Handlung als nicht widerrechtlich.

2. Aus § 227 ergiebt sich, daß an eine durch Nothwehr gebotene Handlung alle diejenigen Rechtsfolgen nicht geknüpft werden können, welche Widerrechtlichkeit des Handelns zur Voraussetzung haben. Im Einzelnen tritt das namentlich in folgenden Rechtssätzen zu Tage:

a) Die Schadensersatzpflicht wegen unerlaubter Handlung (§§ 823 ff.) tritt nicht ein, wenn die an sich unerlaubte Handlung durch Nothwehr geboten war. (Anders nach § 904!) Dies gilt jedoch nur, soweit es sich um eine Schädigung des Angreifers handelt; kommt durch die Nothwehrhandlung ein Dritter zu Schaden, so tritt diesem gegenüber die Schadensersatzpflicht ein; übereinstimmend Planck Bem. 2 zu § 227, Rehbein, Komm. Bd. 1 S. 340, Endemann Bd. 1 § 85 Anm. 13; zwar ist die Beschädigung von Sachen Dritter nicht widerrechtlich, soweit die Voraussetzungen des § 904 gegeben sind; aber auch in diesem Falle besteht eine Verpflichtung zum Schadensersatz. Auch dann wird man, trotzdem das Gesetz in § 227 über diese Frage schweigt (s. dagegen § 228 Satz 2), die Schadensersatzpflicht als bestehend annehmen müssen, wenn die in Nothwehr handelnde Person den Sachverhalt, der ihre Nothwehrhandlung veranlaßte, selbst verschuldet hat z. B. durch vorhergehende Beschimpfung des Angreifenden; vgl. Cosack Bd. 1 S. 295; and. Ans. Titze a. a. O. S. 94, Oetker a. a. O. S. 243. Jedoch ist in solchen Fällen § 254 zu berücksichtigen.

Selbstverständlich ist, daß der Angreifer nach den allgemeinen Bestimmungen über unerlaubte Handlungen (§§ 823 ff.) für den angerichteten Schaden haftet: diese Haftung des Angreifers erstreckt sich auch auf den durch das Verhalten des Angegriffenen einem Dritten verursachten Schaden, soferne eben für dieses Verhalten und damit für den Schaden selbst der Angriff als kausal anzusehen ist. Der Dritte, der durch eine Nothwehrhandlung des Angegriffenen zu Schaden kommt, kann sich demnach an den Angreifer und (nach dem oben Gesagten) auch an den Angegriffenen halten; hat dabei der Angegriffene dem Dritten gegenüber widerrechtlich gehandelt (so z. B. wenn er dem Angriffe gegenüber, um sich Deckung zu verschaffen, ein Kind vorgehalten hat), so haften Angreifer und Angegriffener dem Dritten gegenüber als Gesammtschuldner (nach § 840); dasselbe wird man aber, obwohl der Wortlaut des § 840 hier zu Zweifeln Anlaß geben kann, auch dann annehmen müssen, wenn der Angegriffene dem Dritten gegenüber zwar nicht widerrechtlich gehandelt hat, weil die Voraussetzungen des § 904 vorliegen, er aber auf Grund des § 904 trotzdem haftet (Beispiel: A wehrt sich gegen den Angriff des B mit dem Spazierstock des C und zerbricht ihn). Im Verhältnisse des Angreifers zum Angegriffenen hat den dem Dritten zugehenden Schaden immer der Angreifer allein zu tragen. Ueber den Ersatzanspruch des Nothhelfers s. unter Bem. 5, c.

b) Liegt eine durch Nothwehr gebotene Handlung vor, so liegt keine verbotene Eigenmacht vor. Eine Nothwehrhandlung, durch welche dem Besitzer einer Sache ohne dessen Willen der Besitz entzogen oder durch die er im Besitze gestört wird, fällt nicht unter § 858; der in Ausübung der Nothwehr erlangte Besitz, z. B. der Besitz der dem Angreifer entrissenen Waffe, ist kein fehlerhafter. Das in § 859 dem Besitzer gegenüber verbotener Eigenmacht gegebene Selbsthülferecht ist kein Nothwehrrecht im technischen Sinne des § 227, sondern geht über dieses weit hinaus. Vgl. Bem. I, 1 zu § 859.

c) Da die Nothwehrhandlung selbst keine widerrechtliche, mithin eine rechtmäßige ist, kann sie selbst keinen „rechtswidrigen Angriff" darstellen. Daraus folgt,

---

(1899); von Alberti, Das Nothwehrrecht (1901); Baumann, Die Nothstandsbestimmungen des BGB. in ihren Beziehungen zum StGB. (Münchener Diss. ohne Datum, meines Wissens 1901); Heyer, Die Selbsthilfe, im Archiv f. bürgerl. Recht Bd. 19 S. 38 ff.; Oetker, Ueber Nothwehr und Nothstand nach den §§ 227, 228, 904 BGB., in Bernhöfts Beitr. zur Ausl. d. BGB. Heft 4 u. 5 S. 237 ff.; Freiherr A. Hold von Ferneck, Die Rechtswidrigkeit (1. Band 1903); Endemann, Lehrbuch, Bd. 1 §§ 85 ff.; Cosack, Lehrbuch Bd. 1 § 78; Hellmann, Vorträge S. 185 ff.; Hachenburg, Vorträge 2. Aufl. S. 75 ff.; Crome, System Bd. 1 S. 533 ff.; Kipp bei Windscheid, 8. Aufl. Bd. 1 S. 541 ff.; R. Leonhard, Allg. Theil S. 206 ff.; Eck, Vorträge S. 218 ff.

daß es gegen Nothwehr keine Nothwehr giebt, wohl aber gegen einen Nothwehrexzeß. Aus der gleichen Erwägung giebt es auch keine Nothwehr gegen eine dem § 228 entsprechende Nothstandshandlung oder gegen eine dem § 229 entsprechende Angriffshandlung zum Zwecke der Selbsthülfe.

3. Die Ueberschreitung der Nothwehr (Nothwehrexzeß) ist nach StGB. § 53 Abs. 3 nicht strafbar, wenn der Thäter in Bestürzung, Furcht oder Schrecken über die Grenzen der Vertheidigung hinausgegangen ist. Aus der kriminellen Straflosigkeit folgt aber nicht die civilrechtliche Rechtmäßigkeit. Die in Ueberschreitung der Nothwehr begangene Handlung bleibt eine widerrechtliche. Es finden daher die allgemeinen Regeln über Schadensersatzpflicht wegen unerlaubter Handlungen (§§ 823 ff.) Anwendung; § 254 ist aber hier besonders zu beachten.

4. Die Beurtheilung der sog. Putativnothwehr d. h. des Falles, daß der Stand der Nothwehr irrthümlich angenommen wird, so z. B. wenn der Ueberfall ein Faschingsscherz ist, ist für das Strafrecht bestritten. Für das Civilrecht ist diese Streitfrage belanglos, da hier außer Zweifel steht, daß der in Putativnothwehr vorgenommenen Handlung der Schutz des § 227 nicht zukommt. Ob durch eine solche Handlung eine Schadensersatzpflicht begründet wird, richtet sich nach den allgemeinen Regeln über Verpflichtung zum Schadensersatz. Die Frage ist also speziell mit Rücksicht auf § 823 dann zu bejahen, wenn der Irrthum über das Vorliegen der Voraussetzungen der Nothwehr auf Fahrlässigkeit beruht; jedoch ist auch in diesem Falle § 254 zu beachten.

5. Den Nothwehrbegriff definirt § 227 Abs. 2 in wörtlicher Uebereinstimmung mit StGB. § 53 Abs. 2. Es ist daher hier bei aller grundsätzlichen Wahrung des Standpunkts, daß das Civilrecht die ihm eigenen Begriffe selbständig zu entwickeln hat, ohne an die Auslegung gebunden zu sein, welche diese Begriffe in anderen Zweigen der Jurisprudenz erfahren, doch die reiche strafrechtliche Literatur und Judikatur zu berücksichtigen. S. insbesondere die Angaben bei v. Liszt, Lehrb. des D. Strafrechts § 32 und in den Kommentaren zum StGB. von Olshausen und von Frank zu § 53.

Die Elemente des Nothwehrbegriffs im Einzelnen:

a) Ein rechtswidriger Angriff ist vorausgesetzt. Der Angriff muß nicht gerade gegen den Körper des Angegriffenen gehen; es genügt, wenn er gegen irgend ein rechtlich geschütztes Interesse des Angegriffenen geht, z. B. gegen dessen Eigenthum, Freiheit, Ehre. Doch darf, wie Cosack (Bd. 1 S. 290) mit Recht hervorhebt, der Gegner des Berechtigten nicht im unmittelbaren Besitze des „angegriffenen" Gutes sein; daher giebt z. B. die Beschädigung der im Besitze des Miethers befindlichen Wohnung durch diesen dem Eigenthümer der Wohnung kein Nothwehrrecht. Es ist objektive, nicht auch subjektive Rechtswidrigkeit des Angriffs vorausgesetzt. Auf ein Verschulden des Angreifenden kommt es nicht an. Der Angriff kann daher auch von Geisteskranken oder Kindern ausgehen. Immerhin ist als Angreifender ein Rechtssubjekt vorausgesetzt. Diese Voraussetzung ist auch dann gegeben, wenn das Rechtssubjekt zum Angriffe sich eines Nichtrechtssubjekts als eines Mittels zum Angriff bedient, z. B. ein Thier hetzt. Nur insofern kann man von einer Nothwehr gegen Thiere reden (bestritten). Fischer-Henle Bem. 5 zu § 227 scheint in der Annahme einer Nothwehr gegen Thiere unter Heranziehung des § 833 noch weiter gehen zu wollen. Dazu liegt aber unseres Erachtens kein Anlaß vor, da der gewiß als praktisches Bedürfniß anzuerkennenden Nothwendigkeit civilrechtlich erlaubter Selbstvertheidigung gegen Angriffe von Thieren durch das BGB. in § 228 genügend Rechnung getragen wird. In gleichem Sinne Planck Bem. 1, c zu § 227; Hoelder, Komm. Bem. 1 zu § 227; Gareis, Komm. Bem. 7 zu § 227; Endemann Bd. 1 S. 433; Crome, System Bd. 1 S. 535; Titze, Nothstandsrechte S. 82 ff.; v. Liszt, Deliktsobligationen S. 86 ff. und Strafrecht § 33; abweichend Cosack Bd. 1 S. 290 und Oetker a. a. O. S. 259 ff. Auch ein Angriff durch eine Amtshandlung kann rechtswidrig sein und zu einer Nothwehrhandlung berechtigen; so z. B., wenn eine an sich zu Verhaftungen zuständige Amtsperson eine Verhaftung vornimmt, an deren rechtlichen Voraussetzungen es im konkreten Falle fehlt; vgl. Endemann Bd. 1 § 85 Anm. 4.

b) Der Angriff muß ein gegenwärtiger sein. Er darf einerseits noch nicht vorüber sein, er darf also nicht bereits aufgegeben oder abgewehrt sein, andererseits darf der Angriff aber auch nicht erst in der Zukunft zu befürchten sein; damit ist aber nicht gesagt, daß es bereits zu einer Verletzung des Angegriffenen gekommen sein müsse; damit würde der Zweck des Nothwehrrechts illusorisch; es genügt eine Versuchshandlung des Angreifenden (vgl. Crome a. a. O. S. 535 Anm. 8), wobei jedoch der Versuchsbegriff nicht nach juristischen, sondern lediglich nach thatsächlichen Gesichtspunkten zu beurtheilen ist (vgl. Titze, Nothstandsrechte S. 78).

c) Gegen wen der Angriff sich richtet, ist gleichgültig. Er braucht sich nicht gerade gegen denjenigen zu richten, welcher die Vertheidigungshandlung vornimmt. Auch die sogen. „Nothhülfe" kann als nicht widerrechtlich unter § 227 fallen, wenn auch auf sie der vom BGB. beliebte Ausdruck „Selbstvertheidigung" nicht paßt. Das Objekt des Angriffs braucht nicht einmal eine bestimmte Person zu sein; auch zur Abwendung einer durch den Angriff eines Menschen drohenden gemeinen Gefahr giebt es eine Nothwehr. Vgl. Hoelder Bem. 3 zu § 227. Der Nothhelfer kann sich wegen der durch die Nothhülfe gemachten Aufwendungen an den von ihm Unterstützten halten nach Maßgabe des § 683; der Unterstützte kann dann Regreß nehmen gegen den Angreifer. Der von Oetker a. a. O. behauptete direkte Anspruch des Nothhelfers gegen den Angreifer aber läßt sich nur mittels einer bedenklich weitgehenden ausdehnenden Auslegung des § 823 rechtfertigen.

d) Die Vertheidigungshandlung muß zur Abwendung des Angriffs erforderlich sein, und zwar nach objektivem Ermessen erforderlich. Es genügt nicht, daß sie vom Angegriffenen für erforderlich gehalten wird (über Nothwehrexzeß und Putativnothwehr s. oben Bem. 4 u. 5). Das Maß der „erforderlichen" Vertheidigung liegt in der Heftigkeit des Angriffs; v. Liszt, Lehrbuch des Strafrechts a. a. O. Es kann also auch dem Angriff auf ein minderwerthiges rechtliches Interesse mit einer schweren Rechtsgüterverletzung begegnet werden, es kann unter Umständen als Nothwehrhandlung gegenüber einem Angriffe auf Vermögensobjekte die Tödtung des Angreifenden eine nichtwiderrechtliche sein. Es ist demnach bei der Nothwehr im Gegensatze zum Falle des § 228 nicht vorausgesetzt, daß zwischen der durch den Angriff drohenden Rechtsgüterverletzung und dem durch die Ausübung der Vertheidigungshandlung entstehenden Schaden ein entsprechendes Verhältniß besteht; auch wenn der durch die Nothwehrhandlung angerichtete Schaden ganz außer Verhältniß zur Angriffsgefährdung steht, tritt der Schutz des § 227 ein. Ueber die innere Berechtigung dieses gesetzlichen Standpunkts s. Crome, System Bd. 1 S. 536 ff. Anm. 14 gegen Liszt, Deliktsobligationen S. 87; vgl. auch Oetker a. a. O. S. 247.

§ 228.*)

Wer eine fremde Sache beschädigt oder zerstört, um eine durch sie drohende Gefahr von sich oder einem Anderen abzuwenden, handelt nicht widerrechtlich, wenn die Beschädigung oder die Zerstörung zur Abwendung der Gefahr erforderlich ist und der Schaden nicht außer Verhältniß zu der Gefahr steht. Hat der Handelnde die Gefahr verschuldet, so ist er zum Schadensersatze verpflichtet.

E. I, 187; II, 192; III, 222.

1. § 228 befaßt sich, ebenso wie § 904, mit dem civilrechtlichen Nothstand. Beide Bestimmungen stehen trotz ihrer auffallenden äußeren Trennung inhaltlich in einem nahen Zusammenhange. In beiden herrscht der Gedanke, daß der Nothstand unter Umständen ein Recht giebt, in die Güterwelt unbetheiligter Dritter einzugreifen, ein Gedanke, der schon den altnordischen und älteren deutschen Rechten nicht fremd war (s. v. Amira, Nordg. Obl.R. Bd. 1 S. 729 ff.; Bd. 2 S. 400 ff., 863 ff.; Titze, Nothstandsrechte S. 47 ff.). Die Nothstandshandlung soll dann als nicht widerrechtlich angesehen werden, wenn sie, wie R. Merkel es ausdrückt, der Wahrung eines in der sozialen Werthung überwiegenden Interesses dient. Den beiden Fällen der §§ 228 und 904 gemeinsam ist, daß eine drohende Gefahr vorliegen muß, daß das zu erwartende Uebel für den Betroffenen eine Nothlage begründen würde, daß das gefährdete Rechtsgut nur durch die Verletzung des fremden Rechtsguts gerettet werden kann, ferner daß die dem fremden Rechtsgute zugefügte Verletzung zu dem durch die Gefahr drohenden Rechtsgüterverluste nicht außer Verhältniß steht; bezüglich des zuletzt genannten Punktes haben die §§ 228 und 904 zwar nicht ganz denselben Wortlaut, aber denselben Sinn (so auch Titze a. a. O. S. 105 ff. gegen Planck Bem. 6 zu § 228). Gemeinsam ist den §§ 228 und 904 auch, daß es gleichgültig ist, welches Rechtsgut durch die Gefahr bedroht wird. Gemeinsam

*) Literatur s. bei § 227 Bem. 1.

ist ihnen endlich auch die Wirkung der Ausübung des Nothstandsrechts insofern, als in beiden Fällen die innerhalb der Grenzen jener Vorschriften begangene Nothstandshandlung nicht widerrechtlich ist.

2. Die Unterscheidung der §§ 228 und 904 tritt im Folgenden hervor:

a) Bei der Nothstandshandlung des § 228 (sog. vertheidigende Nothstandshandlung, defensiver Nothstand) muß die Gefahr durch die fremde Sache selbst drohen, welche in Ausübung des Nothrechts beschädigt oder zerstört wird. Bei der sog. angreifenden Nothstandshandlung (aggressiver Nothstand) des § 904 besteht dieses Erforderniß nicht. Vgl. Bem. 1 zu § 904.

b) Von geringerer Bedeutung ist, daß § 228 nur eine „drohende“ Gefahr voraussetzt, § 904 eine „gegenwärtige“ Gefahr.

c) Im Falle des § 228 kann der durch die Nothstandshandlung Beschädigte Ersatz des ihm zugefügten Schadens nur verlangen, wenn der im Nothstand Handelnde die Gefahr verschuldet hat. Im Falle des § 904 dagegen kann er Schadensersatz verlangen ohne Rücksicht auf ein Verschulden dessen, der im Nothstande handelt.

d) In § 228 tritt durch die Fassung klar hervor, wer zum Schadensersatze verpflichtet ist: der im Nothstande Handelnde. Die Fassung des § 904 dagegen läßt dem Zweifel Raum, ob hier auch nur der Handelnde in Anspruch genommen werden kann (so Titze a. a. O. S. 117; Rümelin, Gründe der Schadenszurechnung S. 96; Dernburg, Bürg. R. Bd. 3 S. 227; Baumann, Nothstandsbestimmungen des BGB. S. 74; prinzipiell auch R. Merkel, die Kollision rechtmäßiger Interessen S. 184) oder vielmehr derjenige, zu dessen Rettung die Sache beschädigt wurde (so Endemann Bd. 1 S. 379; Biermann, Komm. Bem. 3 zu § 904). Erstere Meinung dürfte die zutreffende sein (vgl. auch Bem. 3, a zu § 904 in Bd. III); jedoch kann nach den Umständen des Falles der im Nothstande Handelnde, der seiner Schadensersatzpflicht genügen muß, gegen denjenigen, dessen Sache gerettet wurde, einen Ersatzanspruch aus dem Gesichtspunkte der auftragslosen Geschäftsführung oder ungerechtfertigten Bereicherung haben.

Ueber das Verhältniß der §§ 228 und 904 vgl. auch R. Merkel a. a. O. S. 90 ff., 132 ff. und in der Krit. Vschr. Jahrg. 1899 S. 376 ff.; Endemann, Lehrb. Bd. 1 § 85 a; Baumann a. a. O. S. 36 ff., 61; s. aber auch Oetker in Bernhöfts Beitr. Heft 4 u. 5 S. 289 ff.

3. Während die strafrechtliche und die bürgerlichrechtliche Begriffsbestimmung der Nothwehr völlig übereinstimmen (s. Bem. 6 zu § 227), findet sich dieser Parallelismus von Strafrecht und Civilrecht beim Nothstande nicht. Im Strafrechte liegt Nothstand im engeren Sinne (d. h. abgesehen von der in StGB. § 52 behandelten Nöthigung) dann vor, wenn außer dem Falle der Nothwehr ein unverschuldeter, auf andere Weise nicht zu beseitigender Zustand gegenwärtiger Gefahr „für Leib oder Leben des Thäters oder eines Angehörigen“ besteht. Die zur Rettung aus solcher Gefahr im Nothstande begangene Handlung wird für nicht strafbar erklärt: sie bleibt aber vom Standpunkte des StGB. aus rechtswidrig. Für die unter die §§ 228, 904 BGB. fallenden Nothstandshandlungen ist durch das BGB. die Annahme der Rechtswidrigkeit ausgeschlossen; das hat Rückwirkung auf das Strafrecht insofern, als aus der Verneinung der Rechtswidrigkeit der unter §§ 228, 904 fallenden Nothstandshandlungen nicht nur deren Straflosigkeit sich ergiebt, sondern auch die Unmöglichkeit der Subsumtion dieser Thatbestände unter die Nothstandsbestimmungen des StGB.; denn letztere setzen ein an sich rechtswidriges Handeln voraus. Vgl. über das Verhältniß der §§ 228 BGB. und 54 StGB. namentlich Oetker in Bernhöfts Beitr. Heft 4 und 5 S. 251 ff. und 282 ff.

4. Die Elemente der nicht widerrechtlichen Nothstandshandlung des § 228 im Einzelnen:

a) Es muß eine Gefahr drohen. Wem sie droht, ist gleichgültig; es braucht also nicht der im Nothstande Handelnde selbst oder einer seiner Angehörigen gefährdet zu sein; es kann auch ein beliebiger Anderer oder eine vorerst unbestimmte Personenmehrheit gefährdet sein. Gleichgültig ist auch, welches Rechtsgut durch die Gefahr bedroht ist; alle rechtlichen Interessen, die überhaupt gefährdet werden können, sind schutzfähig nach § 228, auch reine Vermögensinteressen. Eine „Gefahr“ im Sinne des § 228 kann nicht nur durch ein drohendes damnum emergens, sondern auch durch ein drohendes lucrum cessans begründet werden. Nimmt man z. B. in dem berühmt gewordenen Falle (RGE. Bd. 5 S. 161), daß ein Schiffskapitän, dessen Anker in ein Telegraphenkabel sich verfangen hatte, dieses, um das Schiff loszubringen, kappen ließ, an, der Kapitän habe bei einer Verspätung seines Schiffes einen ganz außerordentlichen Gewinnausfall für sich oder seinen Rheder zu erwarten gehabt, so würde das Kappen des Kabels als eine nicht widerrechtliche Nothstandshandlung anzusehen sein (s. Titze a. a. O. S. 101 ff.; bezüglich der bloßen Gewinnaussicht einschränkend Oetker a. a. O. S. 253). § 228 erfordert im Gegensatze zu § 904 nicht, daß die drohende Gefahr eine gegenwärtige sein müsse. Planck Bem. 1, a zu § 228 und Titze a. a. O. S. 104 wollen trotzdem auch für § 228 das Erforderniß der Gegenwärtigkeit der Gefahr festhalten aus der Erwägung, daß hier die zur Abwendung der Gefahr vorgenommene Handlung erforderlich sein müsse, um die Gefahr abzuwenden. Eine Abwehrhandlung kann aber wohl auch erforderlich sein, um eine noch nicht gegenwärtige Gefahr abzuwenden. Man nehme folgendes Beispiel: Nahe einem Kinderspielplatz ist ein tollwüthiger Hund an einem Hundehäuschen mit einem schwachen Stricke angebunden, den er durch seine heftigen Bewegungen zusehends mehr und mehr abwetzt; da brauche ich mit der Unschädlichmachung des Hundes nicht zu warten, bis der Strick vollends durchgewetzt ist; in diesem Falle ist die Gefahr zwar jetzt noch nicht „gegenwärtig", aber sie „droht".

b) Die Gefahr muß durch die Sache drohen, welche in Ausübung der Nothstandshandlung beschädigt oder zerstört wird. Vgl. dagegen § 904. Man wird den § 228 so aufzufassen haben, daß die Gefahr unmittelbar durch die Sache drohen muß, daß sie die ursprüngliche Ursache der Gefahr sein muß. Dagegen ist die Anwendung des § 228 ausgeschlossen, wenn die Gefahr nur durch Vermittlung der Sache indirekt durch diese droht. In gleichem Sinne Endemann Bd. 1 § 85 a, Ziff. 2, b; Titze a. a. O. S. 114; Rümelin a. a. O. S. 94. Es kann daher § 228 Anwendung finden, wenn z. B. mein Schiff durch ein Telegraphenkabel aufgehalten wird (s. oben unter a), nicht aber, wenn ich z. B. in der Nothwehr die einem Dritten gehörige Waffe des Angreifers zertrümmere; in letzterem Falle muß ich dem Dritten Ersatz leisten und erlange eine Regreßforderung gegen meinen Angreifer. § 228 findet auch Anwendung bei Vertheidigung gegen Angriffe von Thieren; vgl. Bem 5, a zu § 227. Ferner kann § 228 auch Anwendung finden, wenn zwei Sachen (oder zwei Thiere) sich wechselseitig gefährden; der Eigenthümer jeder der beiden Sachen (bezw. Thiere) darf dann die Sache (oder das Thier) des Andern beschädigen oder vernichten unter der (gleich nachher zu besprechenden) Voraussetzung der Verhältnißmäßigkeit. (Ueber Selbstvertheidigung gegen jagdbares Wild vgl. die RGE. in Jur. Wschr. 1901 S. 306 u. D. Jur.Z. 1902 S. 152 (Tödtung eines Marders) und ihre Kritik durch Oetker in Bernhöfts Beitr. Heft 4 u. 5 S. 261.)

c) Die im Nothstande begangene Rechtsgüterverletzung muß nach objektivem Ermessen (nicht nur in der Meinung des Thäters) zur Abwendung der Gefahr erforderlich sein. Titze a. a. O. S. 104 verlangt die Erforderlichkeit gerade dieser Rechtsgüterverletzung d. h. die Thatsache, daß das gefährdete Rechtsgut nur durch sie und auf keine andere Weise gerettet werden kann. Das geht wohl zu weit. Es muß genügen, wenn zur Gefahrabwendung überhaupt die Verletzung eines fremden Rechtsguts erforderlich und die Verletzung eines minderwerthigen fremden Rechtsguts nicht genügend ist; liegen aber diese Voraussetzungen vor, so braucht die in concreto begangene Rechtsgüterverletzung nicht das einzige Mittel zu sein, durch welches die Gefahr beseitigt werden konnte. Vgl. Fischer-Henle Bem. 9 zu § 228.

d) Der durch die Beschädigung oder Zerstörung der fremden Sache angerichtete Schaden darf nicht außer Verhältniß zu der dadurch abgewendeten Gefahr stehen. (Im Falle des § 227 besteht dieses Erforderniß der Verhältnißmäßigkeit nicht; s. Bem. 6, d zu § 227.) Hier zeigt sich der Charakter des Nothstandsrechts als eines Schutzes des höheren Rechtsguts gegenüber dem minderwerthigen, eines Schutzes des überwiegenden Interesses. Die Gefahr eines ganz unbedeutenden Schadens wird daher überhaupt kein Nothstandsrecht zu begründen vermögen. Das im § 228 aufgestellte Erforderniß der Verhältnißmäßigkeit führt jedoch nicht zur Aufstellung einer Werthskala der einzelnen Rechtsgüter. Eine solche wäre als eine allgemeingültige auch ganz undurchführbar. Mag es richtig sein, daß das Leben in der allgemeinen Rechtsgüterwerthung an erster Stelle steht, und daß daher das Nothrecht immer anzuerkennen ist, wenn es sich um Abwendung einer Lebensgefahr handelt. Aber bei den übrigen Rechtsgütern muß eine a priori vorgenommene Werthabstufung als praktisch unbrauchbar versagen. Nur aus den Umständen des Einzelfalls kann entschieden werden, ob die durch das gesetzliche Erforderniß der Relativität der Interessen gezogene Grenze des Nothrechts nicht überschritten ist. Hier bleibt also naturgemäß dem pflichtmäßigen Ermessen des Richters ein Spielraum. Im Zweifel dürfen aber dabei für den Richter nicht seine eigenen subjektiven Anschauungen über Güterwerthung maßgebend sein, auch nicht die des Thäters oder die des Geschädigten, sondern die des sozialen Kreises, innerhalb dessen die Nothstandshandlung sich abspielt, über Fälle der konkreten Art. Bei dieser Abschätzung können auch Affektionswerthe in Anschlag kommen; a. M. Oetker a. a. O. S. 254. (Vgl. hieher die verwandten Ausführungen über ethische Bewerthungen in Bem. I, 2 zu § 138.)

5. Die Anwendung des § 228 setzt nicht voraus, daß der Thäter an der drohenden Gefahr schuldlos sei (anders E. I § 187). Auch wer in selbstverschuldetem Nothstand eine fremde Sache beschädigt oder zerstört, handelt nicht widerrechtlich; er ist aber in diesem Falle nach § 228 Satz 2 zum Schadensersatze verpflichtet.

§ 228 setzt auch nicht voraus, daß der Thäter das Bewußtsein davon hat, daß die Voraussetzungen einer rechtlichen geschützten Nothstandshandlung vorliegen. Der Schutz des § 228 kann daher auch Geisteskranken zu Gute kommen. So auch Titze a. a. O. S. 108; abweichend Oetker in Bernhöfts Beitr. Heft 4 u. 5 S. 246.

6. Hat Jemand irrthümlich angenommen, es seien die Voraussetzungen des Nothstandsrechts gegeben, so gilt für die Beurtheilung analog dasselbe wie bei der sog. Putativnothwehr; s. Bem. 5 zu § 227.

7. Die Beweislast dafür, daß die Voraussetzungen des Nothstandes vorliegen, trifft denjenigen, der die Nichtwiderrechtlichkeit seines schädigenden Handelns auf Grund des § 228 behauptet.

8. Das Nothrecht des § 228 ermächtigt zur Beschädigung oder Zerstörung einer fremden Sache. Nur um berechtigte Verletzung von Sachgütern handelt es sich hier, nicht, wie in § 227, um eine Erlaubniß zur Verletzung anderweitiger Rechtsgüter, insbesondere des Lebens oder Körpers. Mit Rücksicht darauf spricht man angesichts der §§ 228, 904 auch von einer „privatrechtlichen Enteignung". Die Einwirkung auf die fremde Sache, von der Gefahr droht, braucht nicht gerade, wie man nach dem Wortlaute des § 228 meinen könnte, eine „Beschädigung" oder „Zerstörung" zu sein, sondern kann auch anderer Art sein, z. B. in einer Einsperrung des gefährlichen Thieres bestehen. Vgl. auch Bem. 1 a. E. zu § 904 und Oetker in Bernhöfts Beitr. Heft 4 S. 245 ff.

9. Die Wirkung des Nothrechts bestimmt § 228 dahin, daß die zur Abwendung der Gefahr vorgenommene Sachgüterverletzung nicht widerrechtlich ist. Daraus folgt:

a) daß sie nicht kriminell strafbar ist (namentlich wichtig für die Anwendung der §§ 303—305 StGB.); vgl. oben Bem. 3;
b) daß sie keinen „rechtswidrigen Angriff" (§ 227 Abs. 2) darstellen kann und daß es daher gegen eine den Voraussetzungen des § 228 entsprechende Nothstandshandlung keine Nothwehr giebt;
c) daß durch eine echte Nothstandshandlung keine verbotene Eigenmacht begangen wird; es gilt hier analog das in Bem. 3, b zu § 227 Gesagte;
d) grundsätzlich auch, daß die Nothstandshandlung den Thäter nicht zum Schadensersatze verpflichtet. Von diesem Grundsatze macht jedoch das Gesetz in § 228 Satz 2 eine Ausnahme, wenn der Thäter die Gefahr verschuldet hat. Es besteht also hier eine Schadensersatzpflicht (s. §§ 249 ff.) auf Grund eines nicht widerrechtlichen Handelns; denn den Charakter der Rechtmäßigkeit büßt die Nothstandshandlung auch im Falle des Satzes 2 nicht ein. Die Voraussetzung des Verschuldens in Satz 2 bezieht sich nicht auf die Beschädigung oder Zerstörung der fremden Sache, sondern auf das Bestehen der gefährlichen Lage. Ein Verschulden in dieser Beziehung liegt dann vor, wenn der Thäter selbst durch sein Verhalten die Gefahr wissentlich herbeigeführt hat oder unter Beobachtung der im Verkehr erforderlichen Sorgfalt sich hätte sagen müssen, daß er durch sein Verhalten die Gefahr d. h. diese konkrete Gefahr (vgl. Endemann Bd. 1 § 85, a Anm. 25) herbeiführe. Die Exkulpationsgründe der §§ 827, 828 gelten, entsprechend auf die Herbeiführung der Gefahr angewendet, auch hier; man mag mit guten Gründen den Standpunkt vertreten, daß die Haftung auf Schadensersatz auch beim Vorliegen der Thatbestände der §§ 827, 828 eintreten sollte: nach der jetzigen Gesetzeslage wird man aber die Haftung in diesen Fällen verneinen müssen, da das Gesetz

in § 228 Satz 2 die Schadensersatzpflicht nicht an die einfache Verursachung der Gefahr durch den Handelnden, sondern erst an die Verschuldung durch ihn anknüpft. Hat nicht der Handelnde, sondern ein Anderer die Gefahr schuldhaft herbeigeführt, so ist das Verschulden dieses Andern regelmäßig zugleich kausal für die schließliche Beschädigung oder Zerstörung der fremden Sache; liegt diese Kausalität vor, so haftet der Andere nach den allgemeinen Regeln über Haftung aus unerlaubtem Handeln (§§ 823 ff.); übereinstimmend Endemann § 85, a Anm. 31 gegen Titze a. a. O. S. 116.

10. Es könnte sich die Frage erheben, ob, wer die eigene Sache opfert, um die fremde zu schonen, obwohl er nach § 228 berechtigt gewesen wäre, letztere zu zerstören oder zu beschädigen, für den Verlust der eigenen Sache vom Eigenthümer der geschonten fremden Sache Ersatz fordern kann. Grundsätzlich besteht ein solcher Ersatzanspruch nicht. Ausnahmsweise besteht er auf Grund des internationalen Vertrages zum Schutze der unterseeischen Telegraphenkabel vom 14. März 1884 Art. 7, wo bestimmt ist, daß die Eigenthümer von Schiffen oder Fahrzeugen, welche zu beweisen vermögen, daß sie, um einem unterseeischen Kabel keinen Schaden zuzufügen, einen Anker, ein Netz oder ein sonstiges Fischereigeräth geopfert haben, von dem Eigenthümer des Kabels schadlos gehalten werden sollen. Vgl. Oetker a. a. O. S. 262 ff.

11. Der Schadensersatzanspruch nach Maßgabe des § 228 Abs. 2 unterliegt, da es sich nicht um Haftung aus unerlaubter Handlung handelt, nicht der dreijährigen Verjährung des § 852, sondern der allgemeinen dreißigjährigen des § 195. So auch Titze a. a. O. S. 119, Oetker a. a. O. S. 255.

§ 229.*)

Wer zum Zwecke der Selbsthülfe eine Sache wegnimmt, zerstört oder beschädigt oder wer zum Zwecke der Selbsthülfe einen Verpflichteten, welcher der Flucht verdächtig ist, festnimmt oder den Widerstand des Verpflichteten gegen eine Handlung, die dieser zu dulden verpflichtet ist, beseitigt, handelt nicht widerrechtlich, wenn obrigkeitliche Hülfe nicht rechtzeitig zu erlangen ist und ohne sofortiges Eingreifen die Gefahr besteht, daß die Verwirklichung des Anspruchs vereitelt oder wesentlich erschwert werde.

E. I, 189 Abs. 1; II, 193; III, 223.

1. Nicht die Selbsthülfe als solche ist unerlaubt, sondern es läßt sich nur sagen, daß eine an sich unerlaubte Handlung grundsätzlich dadurch nicht zur rechtmäßigen wird, daß sie dem Selbsthülfezwecke dient. (Vgl. Windscheid-Kipp Bd. 1 § 123; dort auch über die Selbsthülfeverbote des römischen und gemeinen Rechtes, insbesondere über das decretum Divi Marci.) Während im späteren römischen Rechte gewisse Fälle von Selbsthülfe mit besonderer Strafe bedroht waren, handelt es sich im BGB. umgekehrt darum, gewisse an sich rechtswidrige und verbotene Handlungen dadurch zu legalisiren, daß sie für nicht widerrechtlich erklärt werden, wenn sie zum Zwecke der Selbsthülfe geschehen; dadurch werden von dem vorher erwähnten Grundsatze, daß der Selbsthülfezweck die an sich unrechtmäßigen Handlungen nicht zu rechtmäßigen macht, Ausnahmen geschaffen.

2. Unter Selbsthülfe im Sinne der §§ 229 ff. ist die eigenmächtige Anspruchsverwirklichung durch Angriffshandlungen zu verstehen. Ueber besondere Fälle erlaubter Selbsthülfe im BGB. außerhalb der §§ 229 ff. sowie über das Privatpfändungsrecht s. die Vorbem. 2 und 3 vor § 226.

3. Die Voraussetzungen des durch § 229 gewährten Selbsthülferechtes sind:

a) Es muß sich um Verwirklichung eines Anspruchs handeln. Ueber den Anspruchsbegriff des BGB. s. § 194 und Bem. dazu. Dadurch, daß der Anspruch ein betagter oder ein bedingter ist, wird die Anwendung des § 229 nicht ausgeschlossen, sofern nur die Voraussetzungen vorliegen, unter welchen zur Sicherung des Anspruchs ein Arrest zulässig wäre; s. CPO. § 916 Abs. 2. Vgl. Titze, Nothstandsrechte S. 122 ff., Heyer a. a. O. S. 59. Der Anspruch muß wirklich bestehen; ein Putativanspruch genügt nicht. Ein rechtskräftig abgewiesener Anspruch genügt gleichfalls nicht; die gegentheilige Ansicht von Heyer (a. a. O. S. 59 ff.), wonach Selbsthülfe dann zulässig sein soll, wenn der Gläubiger „mit einigem Grunde annehmen darf", daß

*) Literatur s. bei § 227 Bem. 1; insbes. Heyer im Arch. f. bürgerl. R. Bd. 19 S. 38 ff.

er mittelst der Wiederaufnahme des Verfahrens ein ihm günstiges Urtheil erstreiten könne, dürfte mit dem Wesen der Rechtskraft unverträglich sein. Es muß sich um einen eigenen Anspruch dessen handeln, der Selbsthülfe üben will. Es giebt im Sinne des § 229 keine „Selbsthülfe" für einen Anderen. Wenn die Anspruchsverwirklichung im Wege der Klage unmöglich ist (z. B. § 762), ist sie auch im Wege der Selbsthülfe unzulässig; so auch Heyer a. a. O. S. 59.

b) Es ist vorausgesetzt, daß obrigkeitliche Hülfe nicht rechtzeitig zu erlangen ist. Dies trifft auch dann zu, wenn die Obrigkeit ihre Hülfeleistung zu Unrecht verweigert; a. M. Heyer a. a. O. S. 61. Kann sofort ein Arrest oder eine einstweilige Verfügung erwirkt werden, so besteht das Selbsthülferecht nicht.

c) Es muß die Gefahr bestehen, daß ohne sofortiges Eingreifen die Verwirklichung des Anspruchs vereitelt oder wesentlich erschwert werde. Daß der drohende Verlust ein „unwiederbringlicher" sei, wie gemeinrechtlich (s. Windscheid-Kipp Bd. 1 S. 541) erfordert wurde, ist nicht vorausgesetzt. Ob die erwähnte Gefahr besteht, ist quaestio facti; sie besteht z. B., wenn der Schuldner Anstalten zur Flucht ins Ausland trifft, dagegen noch nicht, wenn er Verluste erleidet, welche die baldige Eröffnung des Konkurses über sein Vermögen wahrscheinlich machen. Durch die für den Berechtigten bestehende Möglichkeit, Schadensersatz zu erlangen, wird die Anwendung des § 229 nicht ausgeschlossen, da Schadensersatz und Erfüllung nicht gleichwerthig sind; vgl. M. I, 355. So auch Planck Bem. 2, b zu § 229 und vorbehaltlich des § 226 (selbstverständlich!) auch Titze a. a. O. S. 125; a. M. Hoelder, Komm. Bem. 4 zu § 229. Nicht zu den Voraussetzungen berechtigter Selbsthülfe gehört, daß der dem Gläubiger drohende Verlust und der durch die Selbsthülfe entstehende Schaden verhältnißmäßig gleichbedeutend seien.

4. Auch ein Unzurechnungsfähiger kann berechtigte Selbsthülfe vornehmen. Vgl. Titze a. a. O. S. 124.

5. Als Mittel der Selbsthülfe werden grundsätzlich nur solche Maßregeln zugelassen, welche auch die Organe der Obrigkeit im Falle der Anrufung ihrer Hülfe zur Sicherung des gefährdeten Anspruchs zu treffen befugt sind. Im Interesse der Deutlichkeit bestimmt das Gesetz die zulässigen Handlungen aber nicht durch bloße Aufstellung dieses Grundsatzes, sondern bestimmt sie im Einzelnen. (D. 37.) Für alle diese Mittel gilt der Satz des § 230 Abs. 1, daß die Selbsthülfe nicht weiter gehen darf, als zur Abwendung der Gefahr erforderlich ist.

Als Mittel der Selbsthülfe sind zugelassen:

a) Die Wegnahme, Zerstörung oder Beschädigung von Sachen. Ueber den Sachbegriff s. § 90 und Bem. dazu. Auch Urkunden, z. B. Hypothekenbriefe und Wechsel, können weggenommen werden. Im Falle der Wegnahme von Sachen ist, sofern nicht Zwangsvollstreckung erwirkt wird, der dingliche Arrest zu beantragen (§ 230 Abs. 2); wird der Arrestantrag verzögert oder abgelehnt, so hat die Rückgabe der weggenommenen Sachen unverzüglich zu erfolgen (§ 230 Abs. 4). Der Eingriff zum Zwecke der Selbsthülfe darf sich immer nur auf Sachen des Schuldners, nicht auf Sachen dritter Personen erstrecken; ebenso Titze a. a. O. S. 126, a. M. bezüglich der Zerstörung und Beschädigung Heyer a. a. O. S. 69. Soweit die Sachen des Schuldners nicht der Zwangsvollstreckung oder dem Arrest unterliegen würden (s. CPO. § 811), können sie auch nicht zum Zwecke der Selbsthülfe weggenommen werden, es sei denn, daß der Anspruch des Berechtigten auf Herausgabe dieser Sache selbst geht. Von den durch die Exekutionsprivilegien der CPO. geschützten Sachen abgesehen darf der Gläubiger zum Zwecke der Selbsthülfe auch solche Sachen des Schuldners wegnehmen, zerstören oder beschädigen, auf welche er einen Anspruch nicht hat, immer natürlich unter Beachtung der durch § 230 Abs. 1 gezogenen Grenze.

b) Die Festnahme des Verpflichteten, jedoch nur, wenn dieser der Flucht verdächtig ist. Das Erforderniß des Fluchtverdachts stammt aus der II. Komm. (P. I, 241 ff.). Gegen Mißbrauch bei der Festnahme des Schuldners schafft § 230 in Abs. 3 und 4 besondere Kautelen. Da Fluchtverdacht Voraussetzung für die Ausübung des Festnahmerechts ist, können z. B. streikende Arbeiter nicht durch Festnahme zur Weiterarbeit gezwungen werden. Häufig, nämlich dann, wenn die Selbsthülfe zur Abwehr strafbarer Handlungen erfolgt, kann die Festnahme auch auf StPO. § 127 gegründet werden: „Wird Jemand auf frischer That betroffen oder verfolgt, so ist, wenn er der Flucht verdächtig ist oder seine Persönlichkeit nicht sofort festgestellt werden kann, Jedermann befugt, ihn auch ohne richterlichen Befehl vorläufig festzunehmen." Der Fluchtverdächtige kann, wenn im Uebrigen die Voraussetzungen des § 229 vorliegen, nicht nur festgenommen, sondern auch eingesperrt werden, soweit der Selbsthülfezweck das erfordert (s. Bl. f. RA. Bd. 66 S. 95); er ist aber dann, sobald dies nach der Sachlage geschehen kann, jedenfalls ohne schuldhaftes Zögern, dem Gerichte vorzuführen (s. § 230 Abs. 3).

c) Die Beseitigung des Widerstandes des Verpflichteten gegen eine Handlung, die dieser zu dulden verpflichtet ist; vgl. CPO. § 892. Zur Beseitigung des Widerstandes des Verpflichteten sind Gewaltmaßregeln nicht nur gegen Sachen, sondern auch gegen die Person als Verpflichteten zulässig, wobei jedoch § 230 Abs. 1 zu beachten ist.

6. Die Wirkungen erlaubter Selbsthülfe werden in § 229 dahin zusammengefaßt, daß die Selbsthülfehandlung als nicht widerrechtlich erklärt wird. Daraus folgt, daß sie nicht strafbar ist (wichtig insbesondere für StGB. §§ 123, 239, 240, 242, 303), daß sie keine verbotene Eigenmacht darstellt (s. BGB. § 858), daß es gegen sie als gegen einen nicht rechtswidrigen Angriff keine Nothwehr giebt, und daß sie, soweit nicht etwa ein Selbsthülfeexzeß vorliegt, den in Ausübung der Selbsthülfe Handelnden nicht zum Schadensersatze gegenüber dem in seinen Rechtsgütern Angegriffenen verpflichtet. Ueber die Verpflichtung zum Schadensersatze im Falle irriger Annahme des Vorliegens der Voraussetzungen des Selbsthülferechts s. § 231. Die erforderlichen Kosten rechtmäßiger Selbsthülfe trägt der Schuldner, die der unrechtmäßigen der Gläubiger (Heyer a. a. O. S. 101).

7. Ueber das Privatpfändungsrecht s. Vorbem. 3 vor §§ 226ff.

§ 230.

Die Selbsthülfe darf nicht weiter gehen, als zur Abwendung der Gefahr erforderlich ist.

Im Falle der Wegnahme von Sachen ist, sofern nicht Zwangsvollstreckung erwirkt wird, der dingliche Arrest zu beantragen.

Im Falle der Festnahme des Verpflichteten ist, sofern er nicht wieder in Freiheit gesetzt wird, der persönliche Sicherheitsarrest bei dem Amtsgerichte zu beantragen, in dessen Bezirke die Festnahme erfolgt ist; der Verpflichtete ist unverzüglich dem Gerichte vorzuführen.

Wird der Arrestantrag verzögert oder abgelehnt, so hat die Rückgabe der weggenommenen Sachen und die Freilassung des Festgenommenen unverzüglich zu erfolgen.

E. I, 189 Abs. 2–4; II, 194; III, 224.

1. Den eigentlich selbstverständlichen Satz, daß die Selbsthülfe nicht weitergehen darf, als zur Abwendung der Gefahr erforderlich ist, hat das Gesetz mit Rücksicht auf seine große praktische Bedeutung besonders ausgesprochen. Dieselbe Schranke besteht auch für die Ausübung der Nothwehr nach § 227 und der Nothstandshandlung nach § 228. Durch § 230 Abs. 1 wird das zulässige Maß der Selbsthülfe nicht nur quantitativ, sondern auch qualitativ bestimmt; ich darf also dem Schuldner nicht drei Sachen wegnehmen, wenn ich nach Lage des Falles durch Wegnahme einer dieser Sachen meinen Anspruch sichern kann; ich darf aber auch den Schuldner, selbst wenn er fluchtverdächtig ist, nicht festnehmen, wenn ich meinen Anspruch dadurch sichern kann, daß ich ihm Sachen wegnehme.

Die Unterstützung des Berechtigten bei Ausübung der Selbsthülfe durch Andere (vgl. sächs. GB. § 179) ist zulässig. M. I, 356.

2. Durch die erlaubte Ausübung der Selbsthülfe wird der Berechtigte nicht Richter und Vollstrecker in eigener Sache. (M. I, 256.) Er erlangt durch die Wegnahme der Sache des Verpflichteten an dieser weder ein Pfandrecht noch ein Zurückbehaltungsrecht. Er muß sich nun mit geeigneten Anträgen an das Gericht wenden und die Entscheidung über das Vollstreckungsrecht diesem überlassen. Zu diesem Zwecke hat er nach den Vorschriften der CPO. die Zwangsvollstreckung zu erwirken oder den dinglichen Arrest zu beantragen. Ueber das Verfahren beim dinglichen Sicherheitsarrest und über dessen

Wirkung s. CPO. §§ 916 ff. Wird der Arrestantrag verzögert oder vom Gerichte abgelehnt, so sind die Sachen dem Verpflichteten unverzüglich d. h. ohne schuldhaftes Zögern (§ 121 Abs. 1) zurückzugeben, was übrigens im Ablehnungsbeschlusse durch das Gericht anzuordnen ist, aber auch ohne solche Anordnung geschehen muß. Eine Verletzung der Rückgabepflicht begründet die Verpflichtung zum Schadensersatz. Wird der Rückgabepflicht genügt, so kann trotzdem wegen der Entziehung eine Schadensersatzpflicht bestehen, wenn nämlich die Voraussetzungen des § 231 vorliegen.

Der Erlassung des Arrestes oder der einstweiligen Verfügung bedarf es dann nicht, wenn durch den Selbsthülfeakt nur der einem bereits bestehenden Rechte entsprechende Zustand hergestellt wird, so z. B. wenn der Eigenthümer seine Sache dem Diebe wegnimmt oder wenn der Vater sein unmündiges Kind demjenigen, welcher es ihm zu Unrecht vorenthält, wegnimmt; ebensowenig dann, wenn für denjenigen, welcher Selbsthülfe ausübt, durch Aneignung ein Recht entsteht, so z. B. wenn der Fruchtbezugsberechtigte gegen den Widerstand des Eigenthümers die Früchte an sich nimmt; endlich auch dann nicht, wenn durch den Selbsthülfeakt der Berechtigte eine einmalige Duldung erzwungen hat, zu welcher der Gegner verpflichtet war; s. Heyer a. a. O. S. 65, 71 ff.

3. Persönlicher Sicherheitsarrest findet nach CPO. § 918 nur statt, wenn er erforderlich ist, um die gefährdete Zwangsvollstreckung in das Vermögen des Schuldners zu sichern, nicht zur Erzwingung einer Handlung oder Unterlassung des Schuldners. Dieselben Voraussetzungen bestehen auch für die Berechtigung zur Festnahme des Schuldners. Die Entscheidung, ob die Festnahme des Schuldners mit Recht erfolgt ist, ist in jedem Falle, wenn der Schuldner nicht sofort wieder in Freiheit gesetzt wird, dem Gerichte zu überlassen; dies geschieht dadurch, daß bei dem Amtsgerichte, in dessen Bezirk die Festnahme erfolgt ist, der persönliche Sicherheitsarrest beantragt wird; überdies ist der Verpflichtete diesem Gerichte unverzüglich (s. § 121 Abs. 1) vorzuführen; (vgl. StPO. § 128). Wird der Antrag auf persönlichen Sicherheitsarrest verzögert oder vom Gericht abgelehnt, so hat unverzüglich die (vom Gericht im Ablehnungsbeschluß übrigens anzuordnende) Freilassung des Festgenommenen zu erfolgen; bezüglich der Schadensersatzpflicht gilt dann analog dasselbe wie im Falle der Wegnahme von Sachen; s. Bem. 2.

§ 231.

Wer eine der im § 229 bezeichneten Handlungen in der irrigen Annahme vornimmt, daß die für den Ausschluß der Widerrechtlichkeit erforderlichen Voraussetzungen vorhanden seien, ist dem anderen Theile zum Schadensersatze verpflichtet, auch wenn der Irrthum nicht auf Fahrlässigkeit beruht.

E. I. —; II, 195; III, 225.

1. Selbstverständlich ist, daß eine bewußt widerrechtlich vorgenommene Selbsthülfe oder ein bewußtes Ueberschreiten der dem Selbsthülferechte gezogenen Grenzen den Handelnden nach Maßgabe der allgemeinen Vorschriften über Haftung aus unerlaubtem Handeln zum Schadensersatze verpflichtet. Dieselbe Verpflichtung ergiebt sich aus § 823 auch schon für den Fall einer fahrlässigen falschen Annahme der Voraussetzungen des Selbsthülferechts bezw. einer fahrlässigen Ueberschreitung dieses Rechtes.

2. Die II. Komm. (P. I, 244) ging aber noch weiter und traf durch den (jetzigen) § 231 die Bestimmung, daß, wer in der Meinung, das Selbsthülferecht gemäß § 229 auszuüben, schuldlos die Voraussetzungen dieses Rechtes irrthümlich für gegeben hält, dem andern Theile zum Schadensersatze verpflichtet ist. Die Begründung dieser Haftung ohne Verschulden für den Fall putativer Selbsthülfe ist dadurch motivirt, daß es dem Rechtsgefühl entspricht, denjenigen, der von der exceptionellen Selbsthülfebefugniß Gebrauch macht, dies auf eigene Gefahr thun zu lassen. § 231 bezieht sich sowohl auf Fälle des thatsächlichen als auch auf solche des rechtlichen Irrthums. Es haftet also nach § 231 sowohl, wer über die thatsächliche Lage, z. B. über die Fluchtverdächtigkeit des Verpflichteten, eine irrthümliche Vorstellung hatte, als auch derjenige, welcher bei richtiger Beurtheilung der Sachlage sich in einem sog. Subsumtionsirrthum befand. S. Oertmann in Bl. f. RA. Bd. 67 S. 48.

Siebenter Abschnitt.

Sicherheitsleistung.

Vorbemerkungen.

1. Die in diesem Abschnitte behandelte Sicherheitsleistung ist nur eines der verschiedenen Sicherungsmittel für ein Recht. Außer der Sicherheitsleistung kommen als Sicherungsmittel vornehmlich in Betracht die Vertragsstrafe (§§ 339 ff.), die Eintragung einer Vormerkung ins Grundbuch (§§ 883 ff.), die Eintragung eines Widerspruchs gegen die Richtigkeit des Grundbuchs (§ 899) und die dem Prozeßrechte angehörigen Mittel des Arrestes und der einstweiligen Verfügung; nicht dagegen der Eid.

2. In diesem Abschnitte wird die Sicherheitsleistung nur behandelt, soweit es sich um Realsicherung handelt. Ueber die Fälle von Verbalkautionen im BGB. s. Hellmann, Vorträge S. 189.

3. Die Verpflichtung zur Sicherheitsleistung kann beruhen auf Rechtsgeschäft (cautio voluntaria) oder auf gerichtlicher Verfügung oder auf Rechtsvorschrift (cautio necessaria). In allen diesen Fällen kommen die Vorschriften dieses Abschnitts zur Anwendung, soweit nicht ein abweichender Parteiwille oder die Verfügung des Richters oder besondere Rechtsvorschriften ein Anderes bestimmen. Sie kommen aber auch zur Anwendung in den Fällen, in welchen Jemand zur Sicherheitsleistung nicht verpflichtet, wohl aber berechtigt ist; P. I, 265. — Ueber prozessualische Sicherheitsleistung s. die besonderen Vorschriften der CPO. §§ 108 ff. — Vgl. auch ZwVG. §§ 61, 67 ff., 85, 153 Abs. 2.

Mit der Frage, ob eine Verpflichtung zur Sicherheitsleistung besteht, befassen sich die Bestimmungen dieses Abschnittes nicht.

4. Der Zweck der Sicherheitsleistung ist immer die Sicherung eines gegenwärtigen oder zukünftigen Rechtes. Es kann sich darum handeln, durch Sicherheitsstellung des Schuldners die Gläubiger vor drohendem Schaden zu schützen (vgl. §§ 52, 257, 775 Abs. 2, 843 Abs. 2, 867, 1039, 1391, 1580, 1668, 1844, 1986, 2128, 2217 Abs. 2), aber auch darum, den Schuldner zu schützen gegen etwaige Nachtheile, die ihm aus der Ausübung eines in seinem Bestand oder Beginnen noch ungewissen Rechtes durch den Berechtigten drohen können; in letzteren Fällen kann der Berechtigte die Ausübung des Rechtes nur gegen Sicherheitsleistung begehren (vgl. §§ 273, 509, 562, 1218). S. Endemann Bd. 1 § 94, Crome, System Bd. 1 S. 591 Anm. 4; Hellmann, Vorträge S. 190 ff.

5. Ueber die Höhe der zu leistenden Sicherheit bestimmt dieser Abschnitt nichts. In Ermangelung besonderer Festsetzung ist die Sicherheit zu leisten „in einem dem Werthe des zu sichernden Rechtes entsprechenden Betrage"; so der in der II. Komm. (P. I, 265) als insoweit überflüssig geänderte § 199 des E. I. Können sich die Betheiligten über die angemessene Höhe der Sicherheitsleistung nicht einigen, so ist diese im Prozeßwege festzustellen. Vgl. M. I, 387.

6. Unberührt bleiben nach EG. Art. 90 die landesgesetzlichen Vorschriften über die Rechtsverhältnisse, welche sich aus einer auf Grund des öffentlichen Rechtes wegen der Führung eines Amtes oder wegen eines Gewerbebetriebs erfolgten Sicherheitsleistung ergeben. Unberührt bleiben auch nach EG. Art. 91 die landesgesetzlichen Vorschriften, nach welchen der Fiskus, Körperschaften u. s. w. die Eintragung einer Sicherungshypothek verlangen dürfen.

7. Uebersicht. § 232 zählt die möglichen Mittel der Sicherheitsleistung auf; die §§ 233—239 befassen sich mit diesen Mitteln im Einzelnen; § 240 endlich behandelt die Ergänzungspflicht für den Fall, daß die geleistete Sicherheit unzureichend wird.

§ 232.

Wer Sicherheit zu leisten hat, kann dies bewirken

durch Hinterlegung von Geld oder Werthpapieren,

durch Verpfändung von Forderungen, die in das Reichsschuldbuch oder in das Staatsschuldbuch eines Bundesstaats eingetragen sind,

durch Verpfändung beweglicher Sachen,

durch Bestellung von Hypotheken an inländischen Grundstücken,

durch Verpfändung von Forderungen, für die eine Hypothek an einem inländischen Grundstücke besteht, oder durch Verpfändung von Grundschulden oder Rentenschulden an inländischen Grundstücken.

Kann die Sicherheit nicht in dieser Weise geleistet werden, so ist die Stellung eines tauglichen Bürgen zulässig.

E. I, 199; II. 196; III, 226.

1. Ueber Begriff und Zweck der Sicherheitsleistung, über die Verpflichtung bezw. Berechtigung zur Sicherheitsleistung und über deren Höhe s. die Vorbemerkungen.

2. § 232 zählt die möglichen Mittel der Sicherheitsleistung auf. Unter den im Abs. 1 genannten Mitteln hat der Sicherheitsleistende die freie Wahl, dagegen ist das im Abs. 2 zugelassene Mittel der Bürgenstellung nur ein subsidiäres d. h. es ist nur dann zugelassen, wenn keines der in Abs. 1 erwähnten Mittel zu Gebote steht.

Daß der Sicherheitsleistende unter den Mitteln des § 232 Abs. 1 die Wahl hat, bedeutet nicht, daß eine Alternativobligation im Sinne der §§ 262 ff. bestände. Die Wahl des Sicherungsmittels erfolgt nicht durch Erklärung gegenüber dem andern Theile, sondern dadurch, daß die Sicherheit thatsächlich gestellt wird: ein Recht, die einmal geleistete Sicherheit mit einer andern zu vertauschen, besteht nur in der durch § 235 gegebenen Beschränkung; eine Verpflichtung dazu kann sich gemäß § 240 ergeben. Ist der Gläubiger genöthigt, die Sicherheitsleistung des dazu Verpflichteten im Wege der Zwangsvollstreckung zu erzwingen, so ist, obwohl es sich nicht um eine wahre Alternativobligation handelt, § 264 entsprechend anzuwenden. Uebereinstimmend Planck Bem. 1 zu § 232; Rehbein, Komm. Bd. 1 S. 347.

Sofern der Sicherheitsleistende überhaupt die Wahl hat (er hat sie nicht in den Fällen der §§ 843, 1688, 1844), kann er die Sicherheit auch zum Theil durch das eine, zum Theil durch ein anderes der zulässigen Mittel bewirken. Vgl. Hoelder, Komm. Bem. 3 zu § 232.

3. Die nach Abs. 1 zulässigen Mittel sind:

a) Hinterlegung von Geld oder Werthpapieren. Ueber „Geld“ s. § 244 Bem. 5 zu § 91 und Bem. 2 zu § 233, auch Bem. II, 1 zu § 935; „Werthpapiere“ sind nur geeignetes Mittel nach Maßgabe des § 234. Ueber die Wirkung der Hinterlegung s. § 233, über das Umtauschungsrecht § 235. Auf die „Hinterlegung“ im Sinne der §§ 232, 233 sind die Vorschriften der §§ 372 ff. nicht anwendbar. Bezüglich der sachlichen und örtlichen Zuständigkeit der Hinterlegungsstellen bleiben die landesgesetzlichen Vorschriften unberührt nach EG. Art. 144; vgl. die Bem. hiezu in Bd. VI. Die Landesgesetze können über die Hinterlegung nähere Bestimmungen treffen: Näheres darüber in EG. Art. 145 mit Bem.

b) Verpfändung von Forderungen, die in das Reichsschuldbuch oder in das Staatsschuldbuch eines Bundesstaats eingetragen sind, nicht jedoch Verpfändung anderer Forderungen. P. I, 265; vgl. die Bedenken von Jacubezky, Bemerkungen S. 47 ff. Staatsschuldbücher bestehen in Preußen, Kgr. Sachsen, Hessen, Elsaß-Lothringen, Sachsen-Weimar und Bremen; vgl. EG. Art. 97. Ueber die Einrichtung des Reichsschuldbuchs s. RG. v. 31. Mai 1891 (RGBl. S. 321); über die Tauglichkeit der Buchforderungen zur Sicherheitsleistung s. auch noch § 236.

c) Verpfändung beweglicher Sachen, jedoch mit der durch § 237 gegebenen Modifikation. Ueber den Sachbegriff s. § 90, über die Bestellung eines Pfandrechts an beweglichen Sachen s. §§ 1205 ff.

d) Bestellung von Hypotheken an inländischen Grundstücken, auch Bestellung einer Sicherungshypothek (nicht Verpfändung einer Forderung, für die eine Sicherungshypothek besteht, s. § 238 Abs. 2). Ueber

Hypothekbestellung s. §§ 1113 ff. Die Hypothek muß, obwohl das nicht ausdrücklich vorgeschrieben ist (§ 238 Abs. 1 kann nur im Wege der Analogie herangezogen werden), den Voraussetzungen entsprechen, unter welchen Mündelgeld hypothekarisch ausgeliehen werden darf (vgl. § 1807 Abs. 2); so auch Planck Bem. 2 zu § 238 und Rehbein, Komm. Bd. 1 S. 348.

e) Verpfändung von Forderungen, für die eine Hypothek an einem inländischen Grundstücke besteht, oder Verpfändung von Grundschulden oder Rentenschulden an inländischen Grundstücken, jedoch nur mit der durch § 238 gegebenen Modifikation. Ueber das Pfandrecht an Rechten s. §§ 1273 ff., 1291.

4. Ueber das subsidiär (s. Bem. 3) zugelassene Mittel der Bürgenstellung s. § 239. Die Beweislast bezüglich der Voraussetzungen der Zulässigkeit dieses Mittels trifft den Sicherheitsleistenden. Schlechthin unzulässig ist die Sicherheitsleistung durch Bürgen in den Fällen der §§ 273 Abs. 3, 1218 Abs. 1.

§ 233.

Mit der Hinterlegung erwirbt der Berechtigte ein Pfandrecht an dem hinterlegten Gelde oder an den hinterlegten Werthpapieren und, wenn das Geld oder die Werthpapiere nach landesgesetzlicher Vorschrift in das Eigenthum des Fiskus oder der als Hinterlegungsstelle bestimmten Anstalt übergehen, ein Pfandrecht an der Forderung auf Rückerstattung.

E. I, 200; II, 197; III, 227.

1. Nach § 232 Abs. 1 kann durch Hinterlegung von Geld oder Werthpapieren (vgl. Bem. 3, a zu § 232) Sicherheitsleistung bewirkt werden. Soll die Hinterlegung ihren Zweck erfüllen, so muß das Recht, welches durch sie dem zu Sichernden gewährt wird, ein solches sein, daß dieser nicht nur vor einseitigen Verfügungen des Hinterlegenden, sondern auch vor Ansprüchen Dritter, insbesondere im Konkurse, geschützt ist. Vgl. M. I, 389. Dies wird dadurch erreicht, daß der Berechtigte an dem hinterlegten Gelde oder den hinterlegten Werthpapieren ein Pfandrecht erwirbt, auf welches als auf ein kraft Gesetzes entstandenes Pfandrecht nach § 1257 die Vorschriften über das durch ein Rechtsgeschäft entstandene Pfandrecht (s. §§ 1209—1254) entsprechende Anwendung finden. S. über das Pfandrecht an Werthpapieren auch die §§ 1293—1296. Gehen nach landesgesetzlicher Vorschrift (vgl. EG. Art. 145 und Bem. dazu in Bd. VI) das Geld oder die Werthpapiere in das Eigenthum des Fiskus oder der als Hinterlegungsstelle bestimmten Anstalt über, so ist dem zu Sichernden die Forderung auf Rückerstattung verpfändet. Es entsteht also ein gesetzliches Pfandrecht an einem Rechte; anwendbar sind hierauf die §§ 1273 ff.

2. Ueber die erforderliche Beschaffenheit des zu hinterlegenden Geldes bestimmt das Gesetz hier nichts. M. I, 390 und ihnen zustimmend Planck Bem. 2 zu § 390 stellen die Regel auf, daß, wenn das hinterlegte Geld von der öffentlichen Hinterlegungsstelle nur in Verwahrung genommen wird, dasselbe in solchen Münzsorten zu entrichten ist, zu deren Inzahlungnahme nach dem Reichsmünzgesetz eine gesetzliche Verpflichtung besteht, und daß, wenn das Geld in das Eigenthum des Staates oder einer Anstalt übergeht, es darauf ankommt, welche Geldsorten die Hinterlegungsstelle annimmt bezw. anzunehmen verpflichtet ist (vgl. dazu Bem. zu EG. Art. 145). Diese Regel dürfte jedoch mit Hoelder (Komm. Bem. zu § 233) dahin einzuschränken sein, daß, wenn anstatt Geldes Werthpapiere hinterlegt werden können, auch fremdes Geld von der Hinterlegung nicht ausgeschlossen ist; Hoelder meint, das fremde Geld sei in solcher Höhe zu hinterlegen, daß sein Werth in unserem Gelde den zu sichernden Betrag nicht nur nach dem momentanen Stande seines Kurses, sondern auch dann erreicht, wenn sein Kurs den niedrigsten nach den Verhältnissen der Gegenwart als möglich anzunehmenden Stand hat. Unseres Erachtens besteht jedoch kein Anlaß, der Berechnung einen andern als den thatsächlichen gegenwärtigen Kurswerth zu Grunde zu legen, da im Falle eines Kursrückgangs die Bestimmung des § 240 eingreift.

§ 234.

Werthpapiere sind zur Sicherheitsleistung nur geeignet, wenn sie auf den Inhaber lauten, einen Kurswerth haben und einer Gattung angehören, in der

Mündelgeld angelegt werden darf. Den Inhaberpapieren stehen Orderpapiere gleich, die mit Blankoindossament versehen sind.

Mit den Werthpapieren sind die Zins-, Renten-, Gewinnantheil- und Erneuerungsscheine zu hinterlegen.

Mit Werthpapieren kann Sicherheit nur in Höhe von drei Viertheilen des Kurswerths geleistet werden.

E. I, 201; II, 188; III, 228.

1. Ueber Werthpapiere s. die Einleitung vor § 793 und vgl. hiezu auch Jacobi, Die Werthpapiere im Bürgerlichen Recht (Jena 1901 bei Gustav Fischer) insbesondere S. 20 ff. Die hier allein in Betracht kommenden Arten von Papieren sind allgemein als Werthpapiere anerkannt. Als Mittel der Sicherheitsleistung sind nicht alle Werthpapiere geeignet, sondern nur:

a) Mündelsichere Inhaberpapiere, die einen Kurswerth haben. „Inhaberpapiere" sind nicht nur Schuldverschreibungen auf den Inhaber (§§ 793 ff.), sondern auch Inhaberaktien nach HGB. § 183, nicht dagegen die in § 808 behandelten Urkunden. Kurswerth ist der durch den Einfluß von Angebot und Nachfrage beeinflußte Marktpreis des Geldes im Verkehr. Welche Papiere als mündelsicher anzusehen sind, ergiebt sich aus § 1807 Abs. 1 Nr. 2—4. Das Erforderniß der Mündelsicherheit des Papieres besteht nicht im Falle des § 69 ZwVG.

b) Orderpapiere, die mit Blankoindossament versehen sind, jedoch auch diese nur, soweit sie mündelsicher sind (s. § 1807). Wechsel sind daher, auch wenn sie in blanko girirt sind, zur Sicherheitsleistung untauglich.
Durch Hinterlegung von Pfandscheinen kann Sicherheitsleistung nicht bewirkt werden; Entsch. d. OLG. Hamburg im Gewerbearchiv Bd. 1 S. 86.

2. Mit Ausnahme des im ZwVG. § 69 behandelten Falles kann mit Werthpapieren Sicherheit nur in der Höhe von drei Viertheilen des Kurswerths geleistet werden. Anders ausgedrückt: Der Kurswerth der Werthpapiere muß die Höhe des zu sichernden Betrags um ein Drittel dieses Betrags übersteigen.

3. Die Folge der Vorschrift des Abs. 2, daß mit den Werthpapieren auch die Zins-, Renten-, Gewinnantheil- und Erneuerungsscheine zu hinterlegen sind, ist die, daß sich das Pfandrecht, das der Berechtigte erwirbt (§ 233), auch auf diese Papiere erstreckt. Der Verpfänder kann aber nach § 1296 Satz 2 die Herausgabe dieser Scheine verlangen, soweit sie vor dem Eintritte der Voraussetzungen des § 1228 Abs. 2 fällig werden (vgl. Bem. zu § 1296).

§ 235.

Wer durch Hinterlegung von Geld oder von Werthpapieren Sicherheit geleistet hat, ist berechtigt, das hinterlegte Geld gegen geeignete Werthpapiere, die hinterlegten Werthpapiere gegen andere geeignete Werthpapiere oder gegen Geld umzutauschen.

E. I —; II, 199; III, 229.

1. Diese Vorschrift stammt aus der II. Komm.; s. P. I, 268 ff.

2. Der Sicherheitsleistende hat zwar unter den verschiedenen durch § 232 zugelassenen Mitteln die Auswahl (s. Bem. 2 zu § 232), hat er aber einmal die Wahl getroffen, so ist diese unwiderruflich. Ein Umtauschungsrecht besteht grundsätzlich nicht. Eine Ausnahme hievon ist durch § 235 zugelassen für den Fall der Hinterlegung von Geld oder Werthpapieren, da für diesen Fall aus dem Umtausch eine Gefährdung der Sicherheit des zu Sichernden nicht zu befürchten ist, vorausgesetzt, daß die an Stelle der zurückgenommenen Sicherheit hinterlegten Werthpapiere den Anforderungen des § 234 entsprechen, was ohne Schwierigkeit geprüft werden kann. Für den Hinterleger kann das Umtauschungsrecht von erheblichem Werthe sein, wenn er beabsichtigt, die hinterlegten Papiere zu veräußern.

Abgesehen von dem in § 235 vorgesehenen Ausnahmefalle kann der Sicherheitsleistende einen Umtausch von Sicherungsmitteln nur mit Zustimmung des Berechtigten vornehmen.

§ 236.

Mit einer Buchforderung gegen das Reich oder gegen einen Bundesstaat kann Sicherheit nur in Höhe von drei Viertheilen des Kurswerths der Werthpapiere geleistet werden, deren Aushändigung der Gläubiger gegen Löschung seiner Forderung verlangen kann.

E. I, —; II, 200; III, 230.

1. Diese Vorschrift stammt aus der II. Komm.; s. P. I, 267.

2. Nach § 232 ist die Verpfändung von Forderungen, die in das Reichsschuldbuch oder in das Staatsschuldbuch eines Bundesstaats eingetragen sind, ein geeignetes Mittel zur Sicherheitsleistung; s. darüber Bem. 3, b zu § 232. Wer eine solche Buchforderung hat, kann verlangen, daß ihm gegen deren Löschung die Reichs- bezw. Staatsschuldverschreibungen ausgehändigt werden, die er zur Begründung der Buchforderung hatte einliefern müssen. Der Kurswerth *dieser* Schuldverschreibungen muß nach der Vorschrift des § 236 um mindestens ein Drittel höher sein als der Betrag, in dessen Höhe Sicherheit geleistet werden soll. Die hier bestimmte Werthgrenze entspricht der Bestimmung des § 234 Abs. 3; vgl. dagegen § 237.

§ 237.

Mit einer beweglichen Sache kann Sicherheit nur in Höhe von zwei Drittheilen des Schätzungswerths geleistet werden. Sachen, deren Verderb zu besorgen oder deren Aufbewahrung mit besonderen Schwierigkeiten verbunden ist, können zurückgewiesen werden.

E. I, 202; II, 201; III, 231.

1. Die *Verpfändung beweglicher Sachen* (vgl. Bem. 3, c zu § 232) ist ein geeignetes Mittel zur Sicherheitsleistung. Jedoch muß nach § 237 Satz 1 (übereinstimmend mit österr. GB. § 1374, sächs. GB. § 137) der Schätzungswerth der zu verpfändenden Sache den Betrag, für welchen Sicherheit geleistet werden soll, um die Hälfte übersteigen.

2. Durch den in der II. Komm. (P. I, 268) beigefügten Satz 2 des § 237 werden im Interesse des Berechtigten solche Sachen, deren Verderb zu besorgen ist, z. B. viele Lebensmittel, oder deren Aufbewahrung mit besonderen Schwierigkeiten verbunden ist, so namentlich Thiere (vgl. Jacubezky Bem. S. 48), als untauglich für die Verpfändung zum Zwecke der Sicherheitsleistung erklärt. Daß *mit Zustimmung* des zu Sichernden auch durch Verpfänden solcher Objekte Sicherheit geleistet werden kann, ist selbstverständlich.

§ 238.

Eine Hypothekenforderung, eine Grundschuld oder eine Rentenschuld ist zur Sicherheitsleistung nur geeignet, wenn sie den Voraussetzungen entspricht, unter denen am Orte der Sicherheitsleistung Mündelgeld in Hypothekenforderungen, Grundschulden oder Rentenschulden angelegt werden darf.

Eine Forderung, für die eine Sicherungshypothek besteht, ist zur Sicherheitsleistung nicht geeignet.

E. I, 203; II, 202; III, 232.

1. § 238 bezieht sich *nicht* auf den Fall, daß durch *Bestellung* von Hypotheken Sicherheit geleistet wird, sondern lediglich auf den Fall, daß sie geleistet wird durch *Verpfändung* von Hypothekenforderungen, Grundschulden und Rentenschulden; vgl. Bem. 3, e zu § 232. Die Hypothekenforderungen, Grundschulden oder Rentenschulden müssen, um mögliche Mittel der Sicherheitsleistung zu sein, *mündelsicher* sein. Nach § 1807 Abs. 1 Nr. 1 sind nur als mündelsicher zu erachten Forderungen, für die eine *sichere* Hypothek an einem *inländischen* Grundstücke besteht bezw. *sichere* Rentenschulden oder Grundschulden an *inländischen* Grundstücken. Die Feststellung der Beleihungsgrenze, bis zu welcher die Hypothek bezw. Grundschuld oder Rentenschuld als *sicher* anzusehen ist, ist durch § 1807 Abs. 2 der *Landesgesetzgebung* überlassen. Maßgebend sind im Falle des § 238 diejenigen Landesgesetze, in deren Geltungsbereich *der Ort der Sicherheitsleistung* gelegen ist. Dieser Ort ist, falls es sich um eine

Verpflichtung zur Sicherheitsleistung handelt, der gesetzliche Erfüllungsort (§ 269) für diese Verpflichtung, falls es sich um eine Berechtigung zur Sicherheitsleistung handelt, in Ermangelung besonderer auf einen andern Ort hindeutender Umstände, der Wohnsitz dessen, der die Sicherheit leistet. Vgl. Hoelder Bem. zu § 238.

2. Die Verpfändung einer Forderung, für die eine Sicherungshypothek (s. §§ 1184 ff.) besteht, ist nach § 238 Abs. 2 kein geeignetes Mittel zur Sicherheitsleistung, wohl aber ist ein solches Mittel die Bestellung einer Sicherungshypothek an einem inländischen Grundstück. Vgl. Bem. 3, d zu § 232.

§ 239.

Ein Bürge ist tauglich, wenn er ein der Höhe der zu leistenden Sicherheit angemessenes Vermögen besitzt und seinen allgemeinen Gerichtsstand im Inlande hat.

Die Bürgschaftserklärung muß den Verzicht auf die Einrede der Vorausklage enthalten.

E. I, 204; II, 203; III, 233.

1. Die Stellung eines Bürgen als Mittel der Sicherheitsleistung ist nach § 232 Abs. 2 nur dann zugelassen, wenn keines der in § 232 Abs. 1 erwähnten Mittel zu Gebote steht. Die Bürgenstellung ist also nur subsidiär zulässig, überhaupt unzulässig ist sie in den Fällen der §§ 273 Abs. 3, 1218 Abs. 1.

Ueber die Beweislast bezüglich der Voraussetzungen der Zulässigkeit s. Bem. 4 zu § 232.

2. Damit die Bürgenstellung, sofern sie als Mittel der Sicherheitsleistung überhaupt zulässig ist, geeignetes Mittel sei, müssen folgende Voraussetzungen erfüllt sein:

a) Die Bürgschaftserklärung muß den Verzicht auf die Vorausklage enthalten (vgl. §§ 771, 773 Nr. 1). Da dieser Verzicht in der Bürgschaftserklärung enthalten sein muß, muß er ein schriftlicher sein, wenn die Bürgschaftserklärung selbst der schriftlichen Form bedarf; sie bedarf der Schriftlichkeit nur dann nicht, wenn sie auf Seite des Bürgen ein Handelsgeschäft ist (HGB. § 350), bedarf ihrer aber bei Minderkaufleuten (HGB. § 351 mit BGB. § 766) und in allen Fällen, in denen kein Handelsgeschäft vorliegt (§ 766).

b) Der Bürge muß ein der Höhe der zu leistenden Sicherheit angemessenes Vermögen besitzen. Diese Voraussetzung soll nach P. I, 270 auch dann als erfüllt angesehen werden, wenn der Bürge genügend hohe regelmäßig wiederkehrende Einkünfte hat.

c) Der Bürge muß seinen allgemeinen Gerichtsstand im Inlande haben. Ueber die bisherigen Rechte in dieser Beziehung s. M. I, 391. Ueber den allgemeinen Gerichtsstand einer Person bestimmen die §§ 13—18 CPO. Ist nach diesen Bestimmungen der allgemeine Gerichtsstand des Bürgen wegen Verlegung des Wohnsitzes bezw. Aufenthalts (s. CPO. § 16) ins Ausland nicht mehr im Inlande, so ist damit die durch die Bürgenstellung geleistete Sicherheit eine unzureichende geworden und daher nach § 240 anderweitige Sicherheit zu leisten.

§ 240.

Wird die geleistete Sicherheit ohne Verschulden des Berechtigten unzureichend, so ist sie zu ergänzen oder anderweitige Sicherheit zu leisten.

E. I, 205; II, 204; III, 234.

1. Geht die geleistete Sicherheit ohne Verschulden des Berechtigten völlig unter, verbrennt z. B. die verpfändete bewegliche Sache ohne Verschulden des Berechtigten, so ist eine neue den Anforderungen des § 232 entsprechende Sicherheit zu leisten.

2. Die geleistete Sicherheit kann unzureichend werden dadurch, daß der sicherzustellende Betrag sich erhöht oder dadurch, daß die geleistete Sicherheit vermindert, verschlechtert oder entwerthet wird. Sie kann im Falle der Bürgenstellung auch dadurch unzureichend werden, daß der Bürge seine Tauglichkeit im Sinne des § 239 verliert, also z. B. seinen allgemeinen Gerichtsstand nicht mehr im Inlande hat.

Der Berechtigte hat die Wahl, ob er die unzureichend gewordene Sicherheit belassen und durch weitere Sicherheitsleistung mit demselben oder einem andern nach § 232 zulässigen Mittel ergänzen will oder ob er die unzureichend gewordene Sicherheit zurücknehmen und dafür neue Sicherheit durch ein nach § 232 zulässiges Mittel leisten will. So auch Planck Bem. 2 zu § 240 und Hoelder, Komm. zu § 240.

3. Den Berechtigten, der die Ergänzung oder Erneuerung der Sicherheit beansprucht, trifft die Beweislast bezüglich seiner nach § 240 vorausgesetzten Schuldlosigkeit.

4. Die Ergänzungs= bezw. Erneuerungspflicht besteht nicht:

a) wenn im Falle einer von den Parteien besonders vereinbarten Sicherheit die Absicht der Betheiligten dahin ging, daß nur der gewählte Gegenstand und kein anderer zur Sicherheit dienen soll; vgl. M. I, 392;

b) wenn die geleistete Sicherheit durch Verschulden des Berechtigten unzureichend wird. Ein solches Verschulden kann nicht, wie Planck in der 1. u. 2. Aufl. (Bem. 1 zu § 240) annahm, nur in Frage kommen, wenn die Sicherheit durch Verpfändung beweglicher Sachen geleistet ist, obschon ein Verschulden in diesem Falle praktisch am häufigsten vorkommen wird, sondern auch in anderen Fällen: es kann z. B. die als Sicherheit bestellte Hypothek dadurch entwerthet werden, daß durch Verschulden des Berechtigten das zum Wirthschaftsbetriebe des belasteten Grundstückes bestimmte Vieh von einer Seuche ergriffen wird und umsteht, was einer Verschlechterung des Grundstücks gleichkommt: vgl. §§ 1133, 1135, 1120, 97, 98.

Alphabetisches Register.

Bearbeitet von **Fritz Keidel**, k. Amtsrichter.

Die Zahlen bezeichnen die Seite.

A.

B.

C.

D.

E.

F.

N.

O.

P.

Q.

R.

S.

T.

U.

V.

Z.

FSC
www.fsc.org
MIX
Papier | Fördert gute Waldnutzung
FSC® C083411

Kolibri 360 GmbH
Ferdinand-Jühlke-Straße 7
99095 Erfurt, Deutschland
produktsicherheit@kolibri360.de